I0649204

Todos los libros de Linkgua Ediciones cuentan con modelos de Inteligencia Artificial entrenados por hispanistas. Pregúntale al chat de tu libro lo que desees acerca de la obra o su autor/a.

Para ebooks: Accede a nuestro modelo de IA a través de este enlace.

Para libros impresos: Escanea el código QR de la portada con tu dispositivo móvil.

Obtén análisis detallados de nuestros libros, resúmenes, respuestas a tus preguntas y accede a nuestras ediciones críticas generativas para una experiencia de lectura más enriquecedora.
La transparencia y el respeto hacia la autoría de las fuentes utilizadas son distintivos básicos de nuestro proyecto. Por ello, las respuestas ofrecen, mediante un sistema de citas, las fuentes con las que han sido elaboradas.

Jaime Balmes

Filosofía fundamental

Barcelona **2024**
Linkgua-ediciones.com

Créditos

Título original: Filosofía fundamental.

© 2024, Red ediciones S.L.

e-mail: info@linkgua.com

Diseño de cubierta: Michel Mallard.

ISBN rústica: 978-84-9816-143-4.
ISBN ebook: 978-84-9816-903-4.

Cualquier forma de reproducción, distribución, comunicación pública o transformación de esta obra solo puede ser realizada con la autorización de sus titulares, salvo excepción prevista por la ley. Diríjase a CEDRO (Centro Español de Derechos Reprográficos, www.cedro.org) si necesita fotocopiar, escanear o hacer copias digitales de algún fragmento de esta obra.

Sumario

Brevísima presentación

La vida

Jaime Luciano Balmes Urpià (1810-1848). España.

Estudió en el Seminario de Vic filosofía y teología, y continuó su formación en la Universidad de Barcelona, en teología y derecho. Se licenció en 1833 y fue profesor auxiliar y más tarde profesor titular, tras ser doctor en leyes y cánones. En 1834 estudió física y matemáticas, siendo profesor de esta asignatura en el seminario de Vic. En 1840, tras vivir consagrado al estudio, comenzó a publicar sus obras, entre las que destacan: *El Criterio*, *El protestantismo comparado con el catolicismo en sus relaciones con la civilización europea* (1844), *Filosofía fundamental* (1846) y *Filosofía elemental* (1847).

El proyecto

El prólogo de la *Filosofía fundamental* revela el proyecto intelectual de Balmes:

No me lisonjeo de fundar una filosofía, pero me propongo examinar sus cuestiones fundamentales; por eso llamo a la obra: Filosofía fundamental. Me ha impulsado a publicarla el deseo de contribuir a que los estudios filosóficos adquieran en España mayor amplitud de la que tienen en la actualidad, y de prevenir, en cuanto alcancen mis débiles fuerzas, un grave peligro que nos amenaza, el de introducírsenos una filosofía plagada de errores trascendentales... Tamaña calamidad solo puede precaverse con estudios sólidos y bien dirigidos; en nuestra época el mal no se contiene con la sola represión; es necesario ahogarle con la abundancia del bien. La presente obra, ¿podrá conducir a este objeto? El público lo ha de juzgar.

Prólogo

El título de «Filosofía fundamental», no significa una pretensión vanidosa, sino el objeto de que se trata. No me lisonjeo en fundar de filosofía, pero me propongo examinar sus cuestiones fundamentales; por esto llamo a la obra: «Filosofía fundamental». Me ha impulsado a publicarla el deseo de contribuir a que los estudios filosóficos adquieran en España mayor amplitud de la que tienen en la actualidad; y de prevenir, en cuanto alcancen mis débiles fuerzas, un grave peligro que nos amenaza: el de introducírsenos una filosofía plagada de errores trascendentales. A pesar de la turbación de los tiempos, se nota en España un desarrollo intelectual que dentro de algunos años se hará sentir con mucha fuerza; y es preciso guardarnos de que los errores que se han extendido por moda, se arraiguen por principios. Tamaña calamidad solo puede precaverse con estudios sólidos y bien dirigidos: en nuestra época el mal no se contiene con la sola represión; es necesario ahogarle con la abundancia del bien. La presente obra ¿podrá conducir a este objeto? El público lo ha de juzgar.

Libro primero. De la certeza

Capítulo I. Importancia y utilidad de las cuestiones sobre la certeza

1. El estudio de la filosofía debe comenzar por el examen de las cuestiones sobre la certeza; antes de levantar el edificio es necesario pensar en el cimiento.

Desde que hay filosofía, es decir, desde que los hombres reflexionan sobre sí mismos y sobre los seres que los rodean, se han agitado cuestiones que tienen por objeto la base en que estriban los conocimientos humanos: esto prueba que hay aquí dificultades serias. La esterilidad de los trabajos filosóficos no ha desalentado a los investigadores: esto manifiesta que en el último término de la investigación, se divisa un objeto de alta importancia.

Sobre las cuestiones indicadas han cavilado los filósofos de la manera más extravagante; en pocas materias nos ofrece la historia del espíritu humano tantas y tan lamentables aberraciones. Esta consideración podría sugerir la sospecha de que semejantes investigaciones nada sólido presentan al espíritu y que solo sirven para alimentar la vanidad del sofista. En la presente materia, como en muchas otras, no doy demasiada importancia a las opiniones de los filósofos, y estoy lejos de creer que deban ser considerados como legítimos representantes de la razón humana; pero no se puede negar al menos, que en el orden intelectual son la parte más activa del humano linaje. Cuando todos los filósofos disputan, disputan en cierto modo la humanidad misma. Todo hecho que afecta al linaje humano es digno de un examen profundo; despreciarle por las cavilaciones que le rodean, sería caer en la mayor de ellas: la razón y el buen sentido no deben contradecirse, y esta contradicción existiría si en nombre del buen sentido se despreciara como inútil lo que ocupa la razón de las inteligencias más privilegiadas. Sucede con frecuencia que lo grave, lo significativo, lo que hace meditar a un hombre pensador, no son ni los resultados de una disputa, ni las razones que en ella se aducen, sino la existencia misma de la disputa. Esta vale tal vez poco por lo que es en sí, pero quizás vale mucho por lo que indica.

2. En la cuestión de la certeza están encerradas en algún modo todas las cuestiones filosóficas: cuando se la ha desenvuelto completamente, se

ha examinado bajo uno u otro aspecto todo lo que la razón humana puede concebir sobre Dios, sobre el hombre, sobre el universo. A primera vista se presenta quizás como un mero cimiento del edificio científico: pero en este cimiento, si se le examina con atención, se ve retratado el edificio entero: es un plano en que se proyectan de una manera muy visible, y en hermosa perspectiva, todos los sólidos que ha de sustentar.

3. Por más escaso que fuere el resultado directo e inmediato de estas investigaciones, es sobre manera útil el hacerlas. Importa mucho acaudalar ciencia, pero no importa menos conocer sus límites. Cercanos a los límites se hallan los escollos, y estos debe conocerlos el navegante. Los límites de la ciencia humana se descubren en el examen de las cuestiones sobre la certeza.

Al descender a las profundidades a que estas cuestiones nos conducen, el entendimiento se ofusca y el corazón se siente sobrecogido de un religioso pavor. Momentos antes contemplábamos el edificio de los conocimientos humanos, y nos llenábamos de orgullo al verle con sus dimensiones colosales, sus formas vistosas, su construcción galana y atrevida; hemos penetrado en él, se nos conduce por hondas cavidades, y como si nos halláramos sometidos a la influencia de un encanto, parece que los cimientos se adelgazan, se evaporan, y que el soberbio edificio queda flotando en el aire.

4. Bien se echa de ver que al entrar en el examen de la cuestión sobre la certeza no desconozco las dificultades de que está erizada; ocultarlas no sería resolverlas; por el contrario, la primera condición para hallarles solución cumplida, es verlas con toda claridad, sentirlas con viveza. Que no se apoca el humano entendimiento por descubrir el borde más allá del cual no le es dado caminar; muy al contrario esto le eleva y fortalece: así el intrépido naturalista que en busca de un objeto ha penetrado en las entrañas de la tierra, siente una mezcla de terror y de orgullo al hallarse sepultado en lóbregos subterráneos, sin más luz que la necesaria para ver sobre su cabeza inmensas moles medio desgajadas, y discurrir a sus plantas abismos insondables.

En la oscuridad de los misterios de la ciencia, en la misma incertidumbre, en los asaltos de la duda que amenaza arrebatarnos en un instante la obra levantada por el espíritu humano en el espacio de largos siglos, hay algo de sublime que atrae y cautiva. En la contemplación de esos misterios se han saboreado en todas épocas los hombres más grandes: el genio que agitara sus alas sobre el Oriente, sobre la Grecia, sobre Roma, sobre las escuelas de los siglos medios, es el mismo que se cierne sobre la Europa moderna. Platón, Aristóteles, san Agustín, Abelardo, san Anselmo, santo Tomás de Aquino, Luis Vives, Bacon, Descartes, Malebranche, Leibnitz; todos, cada cual a su manera, se han sentido poseídos de la inspiración filosófica, que inspiración hay también en la filosofía, e inspiración sublime.

Todo lo que concentra al hombre llamándole a elevada contemplación en el santuario de su alma, contribuye a engrandecerle, porque le despega de los objetos materiales, le recuerda su alto origen, y le anuncia su inmenso destino. En un siglo de metálico y de goces, en que todo parece encaminarse a no desarrollar las fuerzas del espíritu, sino en cuanto pueden servir a regalar el cuerpo, conviene que se renueven esas grandes cuestiones, en que el entendimiento divaga con amplísima libertad por espacios sin fin. Solo la inteligencia se examina a sí propia. La piedra cae sin conocer su caída; el rayo calcina y pulveriza, ignorando su fuerza; la flor nada sabe de su encantadora hermosura; el bruto animal sigue sus instintos, sin preguntarse la razón de ellos; solo el hombre, en frágil organización que aparece un momento sobre la tierra para deshacerse luego en polvo, abriga un espíritu que después de abarcar el mundo, ansía por comprenderse, encerrándose en sí propio, allí dentro, como en un santuario donde él mismo es a un tiempo el oráculo y el consultor. Quién soy, qué hago, qué pienso, por qué pienso, cómo pienso, qué son esos fenómenos que experimento en mí, por qué estoy sujeto a ellos, cuál es su causa, cuál el orden de su producción, cuáles sus relaciones; he aquí lo que se pregunta el espíritu; cuestiones graves, cuestiones espinosas, es verdad; pero nobles, sublimes, perenne testimonio de que hay dentro nosotros algo superior a esa materia inerte, solo capaz de recibir movimiento y variedad de formas, de que hay algo que con su actividad íntima, espontánea, radicada en su naturaleza misma, nos ofrece la imagen de la actividad infinita que ha sacado el mundo de la nada con un solo acto de su voluntad.

Capítulo II. Verdadero estado de la cuestión

5. ¿Estamos ciertos de algo? a esta pregunta responde afirmativamente el sentido común. ¿En qué se funda la certeza? ¿Cómo la adquirimos?

estas son dos cuestiones difíciles de resolver en el tribunal de la filosofía. La cuestión de la certeza encierra tres muy diferentes, cuya confusión contribuye no poco a crear dificultades y a embrollar materias que, aun deslindados con suma exactitud los varios aspectos que presentan, son siempre harto complicadas y espinosas.

Para fijar bien las ideas conviene distinguir con mucho cuidado entre la existencia de la certeza, los fundamentos en que estriba, y el modo con que la adquirimos. Su existencia es un hecho indisputable; sus fundamentos son objeto de cuestiones filosóficas; el modo de adquirirla es en muchos casos un fenómeno oculto que no está sujeto a la observación.

6. Apliquemos esta distinción a la certeza sobre la existencia de los cuerpos. Que los cuerpos existen, es un hecho del cual no duda nadie que esté en su juicio. Todas las cuestiones que se susciten sobre este punto no harán vacilar la profunda convicción de que al rededor de nosotros existe lo que llamamos mundo corpóreo: esta convicción es un fenómeno de nuestra existencia, que no acertaremos quizás a explicar, pero destruirle nos es imposible: estamos sometidos a él como a una necesidad indeclinable.

¿En qué se funda esta certeza? Aquí ya nos hallamos no con un simple hecho, sino con una cuestión que cada filósofo resuelve a su manera: Descartes y Malebranche recurren a la veracidad de Dios; Locke y Condillac se atienen al desarrollo y carácter peculiar de algunas sensaciones.

¿Cómo adquiere el hombre esta certeza? no lo sabe: la poseía antes de reflexionar; oye con extrañeza que se suscitan disputas sobre estas materias; y jamás hubiera podido sospechar que se buscase porque estamos ciertos de la existencia de lo que afecta nuestros sentidos. En vano se le interroga sobre el modo con que ha hecho tan preciosa adquisición, se encuentra con ella como con un hecho apenas distinto de su existencia misma. Nada recuerda del orden de las sensaciones en su infancia; se halla con el espíritu desarrollado, pero ignora las leyes de este desarrollo, de la propia suerte que nada conoce de las que han presidido a la generación y crecimiento de su cuerpo.

7. La filosofía debe comenzar no por disputar sobre el hecho de la certeza sino por la explicación del mismo.

No estando ciertos de algo nos es absolutamente imposible dar un solo paso en ninguna ciencia, ni tomar una resolución cualquiera en los negocios de la vida. Un escéptico completo sería un demente, y con demencia llevada al más alto grado; imposible le fuera toda comunicación con sus semejantes, imposible toda serie ordenada de acciones externas, ni aun de pensamientos o actos de la voluntad. Consignemos pues el hecho, y no caigamos en la extravagancia de afirmar que en el umbral del templo de la filosofía está sentada la locura.

Al examinar su objeto, debe la filosofía analizarle, mas no destruirle; que si esto hace se destruye a sí propia.

Todo raciocinio ha de tener un punto de apoyo, y este punto no puede ser sino un hecho. Que sea interno o externo, que sea una idea o un objeto, el hecho ha de existir; es necesario comenzar por suponer algo; a este algo le llamamos hecho: quien los niega todos o comienza por dudar de todos, se asemeja al anatómico que antes de hacer la disección quemase el cadáver y aventase las cenizas.

8. Entonces la filosofía, se dirá, no comienza por un examen sino por una afirmación; sí, no lo niego, y esta es una verdad tan fecunda que su consignación puede cerrar la puerta a muchas cavilaciones y difundir abundante luz por toda la teoría de la certeza.

Los filósofos se hacen la ilusión de que comienzan por la duda; nada más falso; por lo mismo que piensan afirman, cuando no otra cosa, su propia duda; por lo mismo que raciocinan afirman el enlace de las ideas, es decir, de todo el mundo lógico.

Fichte, por cierto nada fácil de contentar, al tratarse del punto de apoyo de los conocimientos humanos, empieza no obstante por una afirmación, y así lo confiesa con una ingenuidad que le honra. Hablando de la reflexión que sirve de base a su filosofía, dice: «Las reglas a que esta reflexión se halla sujeta, no están todavía demostradas; se las supone tácitamente admitidas. En su origen más retirado, se derivan de un principio cuya legitimidad no puede ser establecida, sino bajo la condición de que ellas sean justas. Hay un círculo, pero "círculo inevitable". Y supuesto que es inevitable, y que lo confesamos francamente, es permitido, para asentar el principio más elevado, "confiarse a todas las leyes de la lógica general". En el camino donde vamos a entrar con la reflexión, debemos partir de una proposición cualquiera que nos sea concedida por todo el mundo, sin ninguna contradicción» (Fichte, Doctrina de la ciencia, 1.ª Part., § 1.).

9. La certeza es para nosotros una feliz necesidad; la naturaleza nos la impone, y de la naturaleza no se despojan los filósofos. Vióse un día Pirron acometido por un perro, y como se deja suponer, tuvo buen cuidado de apartarse, sin detenerse a examinar si aquello era un perro verdadero o solo una apariencia; riéronse los circunstantes echándole en cara la incongruencia de su conducta con su doctrina, mas Pirron les respondió con la siguiente sentencia que para el caso era muy profunda: «es difícil despojarse totalmente de la naturaleza humana».

10. En buena filosofía, pues, la cuestión no versa sobre la existencia de la certeza, sino sobre los motivos de ella y los medios de adquirirla. Este es un patrimonio de que no podemos privarnos, aun cuando nos empeñemos en repudiar los títulos que nos garantizan su propiedad. ¿Quién no está cierto de que piensa, siente, quiere, de que tiene un cuerpo propio, de que en su alrededor hay otros semejantes al suyo, de que existe el universo corpóreo? Anteriormente a todos los sistemas, la humanidad ha estado en posesión de esta certeza, y en el mismo caso se halla todo individuo, aun cuando en su vida no llegue a preguntarse qué es el mundo, qué es un cuerpo, ni en qué consisten la sensación, el pensamiento y la voluntad. Después de examinados los fundamentos de la certeza, y reconocidas las graves dificultades que sobre ellos levanta el raciocinio, tampoco es posible dudar de todo. No ha habido jamás un verdadero escéptico en toda la propiedad de la palabra.

11. Sucede con la certeza lo mismo que en otros objetos de los conocimientos humanos. El hecho se nos presenta de bulto, con toda claridad, mas no penetramos su íntima naturaleza. Nuestro entendimiento está abundantemente provisto de medios para adquirir noticia de los fenómenos así en el orden material como en el espiritual, y posee bastante perspicacia para descubrir, deslindar y clasificar las leyes a que están sujetos; pero cuando trata de elevarse al conocimiento de la esencia misma de las cosas, o investigar los principios en que se funda la ciencia de que se gloría, siente que sus fuerzas se debiliten, y como que el terreno donde fija su planta, tiembla y se hunde.

Afortunadamente el humano linaje está en posesión de la certeza independientemente de los sistemas filosóficos, y no limitada a los fenómenos del alma, sino extendiéndose a cuanto necesitamos para dirigir nuestra conducta con respecto a nosotros y a los objetos externos. Antes que se pensase en buscar si había certeza, todos los hombres estaban ciertos de que pensaban, querían, sentían, de que tenían un cuerpo con movimiento sometido a la voluntad, y de que existía el conjunto de varios cuerpos que se llama universo.

Comenzadas las investigaciones, la certeza ha continuado la misma entre todos los hombres, inclusos los que disputaban sobre ella; ninguno de estos ha podido ir más allá que Pirron y encontrar fácil el despojarse de la naturaleza humana.

12. No es posible determinar hasta qué punto haya alcanzado a producir duda sobre algunos objetos el esfuerzo del espíritu de ciertos filósofos empeñados en luchar con la naturaleza; pero es bien cierto: primero, que ninguno ha llegado a dudar de los fenómenos internos cuya presencia sentía íntimamente; segundo, que si alguno ha podido persuadirse de que a estos fenómenos no les correspondía algún objeto externo, esta habrá sido una excepción tan extraña que, en la historia de la ciencia y a los ojos de una buena filosofía, no debe tener más peso que las ilusiones de un maniático. Si a este punto llegó Berkeley al negar la existencia de los cuerpos, haciendo triunfar sobre el instinto de la naturaleza las cavilaciones de la razón, el filósofo de Cloyne, aislado, y en oposición con la humanidad entera, merecería el dictado que con razón se aplica a los que se hallan en situación semejante: la locura por ser sublime no deja de ser locura.

Los mismos filósofos que llevaron más lejos el escepticismo, han convenido en la necesidad de acomodarse en la práctica a las apariencias de los sentidos, relegando la duda al mundo de la especulación. Un filósofo disputará sobre todo, cuanto se quiera; pero en cesando la disputa deja de ser filósofo, continúa siendo hombre a semejanza de los demás, y disfruta de la certeza como todos ellos. Así lo confiesa Hume que negaba con Berkeley la existencia de los cuerpos: «Yo como, dice, juego al chaquete, hablo con mis amigos, soy feliz en su compañía, y cuando después de dos o tres horas de diversión vuelvo a estas especulaciones, me parecen tan frías, tan violentas, tan ridículas, que no tengo valor para continuarlas. Me veo pues absoluta y necesariamente forzado a vivir, hablar y obrar como los demás hombres en los negocios comunes de la vida» (Tratado de la naturaleza humana, tomo 1.º).

13. En las discusiones sobre la certeza es necesario precaverse contra el prurito pueril de conmover los fundamentos de la razón humana. Lo que se debe buscar en esta clase de cuestiones es un conocimiento profundo de los principios de la ciencia y de las leyes que presiden al desarrollo de nuestro espíritu. Empeñarse en destruir estas leyes es desconocer el objeto de la verdadera filosofía; basta que las sometamos a nuestra observación, de la propia suerte que determinamos las del mundo material sin intención de trastornar el orden admirable que reina en el universo. Los escépticos que comienzan por dudar de todo para hacer más sólida su filosofía, se parecen a quien, curioso de observar y fijar con exactitud los fenómenos de la vida, se abriese sin piedad el pecho y aplicase el escalpelo a su corazón palpitante.

La sobriedad es tan necesaria al espíritu para sus adelantos como al cuerpo para su salud; no hay sabiduría sin prudencia, no hay filosofía sin cordura. Existe en el fondo de nuestra alma una luz divina que nos conduce con admirable acierto, si no nos obstinamos en apagarla; su resplandor nos guía, y en llegando al límite de la ciencia nos le muestra, haciéndonos leer con claros caracteres la palabra basta. No vayáis más allá; quien la ha escrito es el Autor de todos los seres, el que ha establecido las leyes que rigen al espíritu como al cuerpo, y que contiene en su esencia infinita la última razón de todo.

14. La certeza que preexiste a todo examen no es ciega; antes por el contrario, o nace de la claridad de la visión intelectual, o de un instinto conforme a la razón: no es contra la razón, es su basa. Cuando discurrimos, nuestro espíritu conoce la verdad por el enlace de las proposiciones, como si dijéramos por la luz que refleja de unas verdades a otras. En la certeza primitiva, la visión es por luz directa, no necesita de reflexión.

Al consignar pues la existencia de la certeza no hablamos de un hecho ciego, no queremos extinguir la luz en su mismo origen, antes decimos que allí la luz es más brillante que en sus raudales. Tenemos a la vista un cuerpo cuyos resplandores iluminan el mundo en que vivimos; si se nos pide que expliquemos su naturaleza y sus relaciones con los demás, ¿comenzaremos por apagarle? Los físicos para buscar la naturaleza de la luz y determinar las leyes a que está sometida, no han comenzado por privarse de la luz misma y ponerse a oscuras.

15. Este método de filosofar tiene algo de dogmatismo, pero dogmatismo tal que, como hemos visto, tiene en su apoyo a los mismos Pirron, Hume, Fichte, mal de su grado. No es un simple método filosófico, es la sumisión voluntaria a una necesidad indeclinable de nuestra propia naturaleza; es la combinación de la razón con el instinto, es la atención simultánea a las diferentes voces que resuenan en el fondo de nuestro espíritu.

Pascal ha dicho: «la naturaleza confunde a los pirrónicos, y la razón a los dogmáticos». Este pensamiento que pasa por profundo, y que lo es bajo cierto aspecto, encierra no obstante alguna inexactitud. La confusión no es igual en ambos casos: la razón no confunde al dogmático si no se la separa de la naturaleza; y la naturaleza confunde al pirrónico, ya sola, ya unida con la razón. El verdadero dogmático comienza por dar a la razón el cimiento de la naturaleza; emplea una razón que se conoce a sí misma, que confiesa la imposibilidad de probarlo todo, que no toma arbitrariamente el postulado que ha menester, sino que lo recibe de la naturaleza misma. Así la razón no confunde al dogmático que guiado por ella busca el fundamento que la puede asegurar. Cuando la naturaleza confunde a los pirrónicos atestigua el triunfo de la razón de los dogmáticos, cuyo argumento principal contra aquellos, es la voz de la misma naturaleza. El pensamiento de Pascal sería más exacto reformado de esta manera: «La naturaleza confunde a los pirrónicos, y es necesaria a la razón de los dogmáticos». Habría menos antítesis, pero más verdad. La necesidad de la naturaleza no la desconocen los dogmáticos; sin esta basa la razón nada puede; para ejercer su fuerza exige un punto de apoyo; con él ofrecía Arquímedes levantar la tierra; sin él la inmensa palanca no hubiera movido un solo átomo.

Capítulo III. Dos certezas: la del género humano y la filosofía

16. La certeza no nace de la reflexión; es un producto espontáneo de la naturaleza del hombre, y va aneja al acto directo de las facultades intelectuales y sensitivas. Como que es una condición necesaria al ejercicio de

ambas, y que sin ella la vida es un caos, la poseemos instintivamente y sin reflexión alguna, disfrutando de este beneficio del Criador como de los demás que acompañan inseparablemente nuestra existencia.

17. Es preciso pues distinguir entre la certeza del género humano, y la filosófica; bien que hablando ingenuamente, no se comprende bastante lo que pueda valer una certeza humana diferente de la del género humano. Prescindiendo de los esfuerzos que por algunos instantes hace el filósofo para descubrir la base de los humanos conocimientos, es fácil de notar que él mismo se confunde luego con el común de los hombres. Esas cavilaciones no dejan rastro en su espíritu en lo tocante a la certeza de todo aquello de que está cierta la humanidad. Descubre entonces que no era una verdadera duda lo que sentía, aunque quizás él mismo se hiciese la ilusión de lo contrario; eran simples suposiciones, nada más. En interrumpiendo la meditación, y aun si bien se observa, mientras ella dura, se halla tan cierto como el más rústico, de sus actos interiores, de la existencia del cuerpo propio, de los demás que rodean el suyo, y de mil otras cosas que constituyen el caudal de conocimiento necesario para los usos de la vida.

Desde el niño de pocos años hasta el varón de edad provecta y juicio maduro, preguntadles sobre la certeza de la existencia propia, de sus actos, internos y externos, de los parientes y amigos, del pueblo en que residen y de otros objetos que han visto, o de que han oído hablar, no observaréis vacilación alguna; y lo que es más, ni diferencia de ninguna clase, entre los grados de semejante certeza; de modo que si no tienen noticia de las cuestiones filosóficas que sobre estas materias se agitan, leeréis en sus semblantes la admiración y el asombro de que haya quien pueda ocuparse seriamente en averiguar cosas tan claras.

18. Como no es posible saber de qué manera se van desenvolviendo las facultades sensitivas intelectuales y morales de un niño, no es dable tampoco demostrar «a priori», por el análisis de las operaciones que en su espíritu se realizan, que a la formación de la certeza no concurren los actos reflejos; pero no será difícil demostrarlo por los indicios que de sí arroja el ejercicio de estas facultades, cuando ya se hallan en mucho desarrollo.

Si bien se observa, las facultades del niño tienen un hábito de obrar en un sentido directo, y no reflejo, lo cual manifiesta que su desarrollo no se ha hecho por reflexión, sino directamente.

Si el desarrollo primitivo fuese por reflexión, la fuerza reflexiva sería grande; y sin embargo no sucede así: son muy pocos los hombres dotados de esta fuerza, y en la mayor parte es poco menos que nula. Los que llegan a tenerla, la adquieren con asiduo trabajo, y no sin haberse violentado mucho, para pasar del conocimiento directo al reflejo.

19. Enseñad a un niño un objeto cualquiera y lo percibe bien; pero llamadle la atención sobre la percepción misma, y desde luego su entendimiento se oscurece y se confunde.

Hagamos la experiencia. Supongamos un niño a quien se enseñan los rudimentos de la geometría.

—¿Ves esta figura, que se cierra con las tres líneas? Esto se llama triángulo: las líneas tienen el nombre de lados, y esos puntos donde se reúnen las líneas se apellidan vértices de sus ángulos.

—Lo comprendo bien.

—¿Ves esa otra que se cierra con cuatro líneas? es un cuadrilátero; el cual como el triángulo, tiene también sus lados y sus vértices.

—Muy bien.

—¿Un cuadrilátero puede ser triángulo o viceversa?

—No señor.

—¿Jamás?

—Jamás.

—¿Y por qué?

—¿No ve usted que aquí hay cuatro y aquí tres lados? ¿Cómo pueden ser una misma cosa?

—Pero, ¿quién sabe?... A ti te lo parece... Pero...

—¿No señor, no lo ve usted aquí? este tres, ese otro cuatro, y no es lo mismo cuatro que tres.

Atormentad el entendimiento del niño tanto como queráis, no le sacaréis de su tema: siempre notaréis su percepción y su razón obrando en sentido directo, esto es, fijándose sobre el objeto; pero no lograréis que por sí solo dirija la atención a los actos interiores, que piense en su pensamiento, que combine ideas reflejas, ni que en ellas busque la certeza de su juicio.

20. Y he aquí un defecto capital del arte de pensar, tal como se ha enseñado hasta ahora. A una inteligencia tierna, se la ejercita luego con lo más difícil que ofrece la ciencia, el reflexionar: lo que es tan desacertado como si se comenzase el desarrollo material del niño, por los ejercicios más arduos de la gimnástica. El desarrollo científico del hombre se ha de fundar sobre el natural, y este no es reflejo sino directo.

21. Apíquese la misma observación al uso de los sentidos.

¿Oye usted qué música? dice el niño.

—¿Cómo, qué música?

—¿No oye usted? ¿Está usted sordo?

—A ti te lo parece.

—Pero señor, ¡si se oye tan bien!... ¿cómo es posible?

—Pero, ¿cómo lo sabes?

—¡Señor si lo oigo!...

Y de ese lo oigo no se le podrá sacar, y no lograréis que vacile, ni que para deshacerse de las importunidades apele a ningún acto reflejo: «yo la oigo; ¿no la oye usted?» para él no hay más razón, y toda vuestra filosofía no valdría tanto como la irresistible fuerza de la sensación que le asegura de que hay música, y que quien lo dude, o se chancea o está sordo.

22. Si las facultades del niño se hubiesen desarrollado en una alternativa de actos directos y reflejos, si al irse cercionando de las cosas hubiese pensado en algo más que en las cosas mismas, claro es que una continuación de actos semejantes hubiera dejado huella en su espíritu, y que al encontrarse en una situación apremiadora en que se le preguntaban los motivos de su certeza, hubiera echado mano de los mismos medios que le sirvieron en el sucesivo desarrollo de sus facultades, se hubiera desentendido del objeto, se hubiera replegado sobre sí mismo, y de un modo u otro habría pensado en su pensamiento, y contestado a la dificultad en el mismo sentido. Nada de esto sucede; lo que indica que no han existido tales actos reflejos, que no ha habido más que las percepciones acompañadas de la conciencia íntima y de la certeza de ellas; pero todo en confuso, de una manera instintiva, sin nada que parecerse pudiera a reflexiones filosóficas.

23. Y es de notar que lo que acontece al niño, se verifica también en los hombres adultos, por claro y despejado que sea su entendimiento. Si no están iniciados en las cuestiones filosóficas, recibiréis a poca diferencia las mismas respuestas al proponerles dificultades sobre los expresados objetos, y aun sobre muchísimos otros en que al parecer podría caber más duda. La experiencia prueba mejor que todos los discursos, que nadie adquiere la certeza por acto reflejo.

24. Dicen los filósofos que las fuentes de la certeza son el sentido íntimo o la conciencia de los actos, los sentidos exteriores, el sentido común, la razón, la autoridad. Veamos con algunos ejemplos lo que hay de reflejo en todas estas fuentes, cómo piensa el común de los hombres, y hasta los mismos filósofos, cuando no piensan como filósofos sino como hombres.

25. Una persona de entendimiento claro, pero sin noticia de las cuestiones sobre la certeza, acaba de ver un monumento que deja en el alma una impresión viva y duradera, el Escorial por ejemplo. Al ponderar lo grato del recuerdo, suscitadle dudas sobre la existencia de este en su espíritu, y su correspondencia, ya con el acto pasado de ver, ya con el edificio visto; es bien seguro que si no piensa que os chanceáis, le desconcertaréis completamente haciéndole sospechar que habéis perdido el juicio. Entre cosas tan diferentes como son: la existencia actual del recuerdo, su correspondencia con el acto pasado de ver, y la conveniencia de todo con el edificio visto, él no descubre diferencia alguna. Para este caso no sabe más que un niño de seis años: «me acuerdo; lo vi; es tal como lo recuerdo» he aquí toda su ciencia; nada de reflexión, nada de separación, todo directo y simultáneo.

Haced las suposiciones que bien os parezcan, no sacaréis del común de los hombres, con respecto al sentido íntimo, más que lo que habéis sacado del recuerdo del Escorial: «es así y no hay más». Aquí no hay actos reflejos, la certeza acompaña al directo; y todas las reflexiones filosóficas no son capaces de añadir un adarme de seguridad, a la que nos da la fuerza misma de las cosas, el instinto de la naturaleza.

26. Ejemplo del testimonio de los sentidos.

Se presenta a nuestros ojos un objeto cualquiera, y si está a la correspondiente distancia y con la luz suficiente, juzgamos luego de su tamaño, figura y color; quedándonos muy seguros de la verdad de nuestro juicio, aun cuando en nuestra vida no hayamos pensado en las teorías de las sensaciones, ni en las relaciones de nuestros órganos entre sí y con los objetos externos. Ningún acto reflejo acompaña la formación del juicio; todo se hace instintivamente, sin que intervengan consideraciones filosóficas. Lo vemos y nada más; esto nos basta para la certeza. Solo después de haber manejado los libros donde se ventilan semejantes cuestiones, volvemos la atención sobre nuestros actos; y aun es de notar, que esta atención dura, ínterin nos ocupamos del análisis científico; pues en olvidándonos de esto, lo que sucede bien pronto, entramos de nuevo en la corriente universal, y solo echamos mano de la filosofía en casos muy contados.

Nótese que aquí se habla de la certeza del juicio formado a consecuencia de la sensación, solo en cuanto está ligado con los usos de la vida, y de ninguna manera en lo tocante a su mayor o menor exactitud con respecto a la naturaleza de las cosas. Así, poco importa que los colores por ejemplo, sean considerados como calidades inherentes a los cuerpos, aun cuando esto sea ilusión; basta que el juicio formado no altere en nada nuestras relaciones con los objetos, sea cual fuere la teoría filosófica.

27. Ejemplo del sentido común.

En presencia de un concurso numeroso, arrojad a la aventura en el suelo un cajón de caracteres de imprenta, y decid a los circunstantes que resultarán escritos los nombres de todos ellos; por unanimidad se reirán de vuestra insensatez; y ¿en qué se fundan? ¿Han reflexionado sobre el fundamento de su certeza? No, de seguro.

28. Ejemplo de la razón.

Todos raciocinamos, y en muchos casos con acierto. Sin arte, sin reflexión de ninguna clase, distinguimos con frecuencia lo sólido de lo fútil, lo sofístico de lo concluyente. Para esto no necesitamos atender al curso que sigue nuestro entendimiento; sin advertirlo siquiera nos vamos por el buen camino; y tal hombre habrá formado en su vida millones de raciocinios muy rigurosos y exactos, que no habrá atendido una sola vez al modo con que raciocina. Aun los más versados en el artificio de la dialéctica se olvidan a menudo de ella; la practican quizás muy bien, pero sin atender expresamente a ninguna de sus reglas.

29. Los ideólogos escriben volúmenes enteros sobre las operaciones de nuestro entendimiento; y estas operaciones las ejecuta el hombre más rústico sin pensar que las hace. ¡Cuánto no se ha escrito sobre la abstracción, sobre la generalización, sobre los universales! Y no hay hombre que no tenga todo esto muy bien arreglado en su cabeza, aunque no sepa que existe una ciencia que lo examina. En su lenguaje, hallaréis expresado lo universal y lo particular, notaréis que en su discurso cada cosa ocupa el puesto que le corresponde; sus actos directos no le ofrecen dificultad. Pero llamadle la atención sobre esos mismos actos, sobre la abstracción por ejemplo: lo que en el orden directo del pensamiento era tan claro y luminoso, se convierte en un caos al pasar al orden reflejo.

Se echa pues de ver que en el medio de suyo más reflexivo, cual es el raciocinio, obra muy poco la reflexión, que tiene por objeto el mismo acto que se ejerce.

30. Ejemplo de la autoridad.

Ningún habitante de países civilizados ignora que existe una nación llamada «Inglaterra»; y la mayor parte de ellos, no lo saben sino por haberlo oído o leído, es decir, por autoridad. Claro es que la certeza de la existencia de la Inglaterra es tanta, que no la excede la de los mismos objetos que se tienen a la vista; y sin embargo, ¿cuántos son los que han pensado en el análisis de los fundamentos en que se apoya semejante certeza? Muy pocos. ¿Y esta será mayor en los que se hayan ocupado de ella que en los demás? No, seguramente. Luego en el presente caso y otros infinitos análogos, para nada intervienen los actos reflejos; la certeza se forma instintivamente, sin el auxilio de ningún medio parecido a los filosóficos.

31. Estos ejemplos manifiestan que la humanidad en lo tocante a la certeza, anda por caminos muy diferentes de los de la filosofía: el Criador que ha sacado de la nada a los seres, los ha provisto de lo necesario para ejercer sus funciones según el lugar que ocupan en el universo; y una de las primeras necesidades del ser inteligente era la certeza de algunas verdades. ¿Qué sería de nosotros si al comenzar a recibir impresiones, al germinar en nuestro entendimiento las primeras ideas, nos encontrásemos con el fatigoso trabajo de labrar un sistema que nos pusiese a cubierto de la incertidumbre? Si así fuese, nuestra inteligencia moriría al nacer; porque envuelta en el caos de

sus propias cavilaciones en el momento de abrir los ojos a la luz, y cuando sus fuerzas son todavía tan escasas, no alcanzaría a disipar las nubes que se levantarían de todos lados, y acabarían por sumirla en una completa oscuridad.

Si los filósofos más aventajados, si las inteligencias más claras y penetrantes, si los genios de más pujanza y brío, han trabajado con tan escaso fruto por asentar los principios sólidos que pudiesen servir de fundamento a las ciencias, ¿qué sucediera si el Criador no hubiese acudido a esta necesidad, proveyendo de certeza a la tierna inteligencia, del propio modo que para la conservación del cuerpo ha preparado el aire que le vivifica, y la leche que le alimenta?

32. Si alguna parte de la ciencia debe ser considerada como puramente especulativa, es sin duda la que versa sobre la certeza: y esta proposición por más que a primera vista parezca una paradoja, es sin embargo una verdad nada difícil de demostrar.

33. ¿Qué puede proponerse en este particular la filosofía? ¿Producir la certeza? Esta existe, independiente de todos los sistemas filosóficos: nadie había pensado en semejantes cuestiones, cuando la humanidad estaba ya cierta de infinitas cosas. Todavía más: después de suscitada la cuestión, han sido pocos los que se han ocupado de ella, comparados con la totalidad del género humano: lo mismo sucede ahora, y sucederá en adelante. Luego cuantas teorías se excogiten sobre este punto en nada pueden influir en el fenómeno de la certeza. Lo que se dice con respecto a producirla, puede extenderse al intento de consolidarla. ¿Cuándo han tenido o tendrán ni ocasión ni tiempo el común de los hombres, para ocuparse de semejantes cuestiones?

34. Si algo hubiera podido producir la filosofía en esta parte, habría sido el escepticismo; pues que la variedad y oposición de los sistemas eran más propias para engendrar dudas que para disiparlas.

Afortunadamente, la naturaleza se resiste al escepticismo de una manera insuperable; y los sueños del gabinete de los sabios no trascienden a los usos de la vida del común de los hombres, ni aun de los mismos que los padecen o los fingen.

35. El objeto más razonable que en esta cuestión puede proponerse la filosofía es el examinar simplemente los cimientos de la certeza, solo con la mira de conocer más a fondo al espíritu humano, sin lisonjearse de producir ninguna alteración en la práctica: a la manera que los astrónomos observan la carrera de los astros, y procuran averiguar y determinar las leyes a que está sujeta, sin que por esto presuman poder modificarlas.

36. Más aun en esta suposición, se halla la filosofía en situación nada satisfactoria: porque si recordamos lo que arriba se lleva establecido, echaremos de ver que la ciencia observa un fenómeno real y verdadero, pero le da una explicación gratuita, haciendo de él un análisis imaginario.

En efecto, se ha demostrado con la experiencia que nuestro entendimiento no se guía por ninguna de las consideraciones que tienen presentes los filósofos; su asenso, en los casos en que va acompañado de mayor certeza, es un fruto espontáneo de un instinto natural, no de combinaciones; una adhesión firme arrancada por la evidencia de la verdad, o la fuerza del sentido íntimo o el impulso del instinto, no una convicción producida por una serie de raciocinios; luego esas combinaciones y raciocinios, solo existen en la mente del filósofo, mas no en la realidad; luego cuando se quieren señalar los cimientos de la certeza, se indica lo que tal vez pudiera o debiera haber, pero no lo que hay.

Si los filósofos se guiasen por sus sistemas y no se olvidasen o no prescindiesen de ellos, tan pronto como acaban de explicarlos, y aun mientras los explican, pudiera decirse que si no se da razón de la certeza humana, se da de la certeza filosófica; pero limitándose los mismos filósofos a usar de sus medios científicos, solo cuando los desenvuelven en sus cátedras, resulta que los pretendidos cimientos son una pura título que poco o nada tiene que ver con la realidad de las cosas.

37. Esta demostración de la vanidad de los sistemas filosóficos en lo tocante a los fundamentos de la certeza, lejos de conducir al escepticismo, lleva a un punto directamente opuesto: porque haciéndonos apreciar en su justo valor la vanidad de las cavilaciones humanas, y comparando su impotencia con la irresistible fuerza de la naturaleza, nos aparta del necio orgullo de sobreponernos a las leyes dictadas por el Criador a nuestra inteligencia, nos hace entrar en el cauce por donde corre la humanidad en el torrente de

los siglos, y nos inclina a aceptar con una filosofía juiciosa, lo mismo que de todos modos nos fuerzan a aceptar las leyes de nuestra naturaleza.

Capítulo IV. Si existe la ciencia trascendental en el orden intelectual absoluto

38. Los filósofos han buscado un primer principio de los conocimientos humanos: cada cual le ha señalado a su manera, y después de tanta discusión, todavía es dudoso quién ha acertado, y hasta si ha acertado nadie.

Antes de preguntar cuál era el primer principio, era necesario saber si existía. Esta última cuestión no puede suponerse resuelta en sentido afirmativo, pues como veremos luego, es susceptible de diferentes resoluciones según el aspecto bajo el cual se la mira.

El primer principio de los conocimientos puede entenderse de dos maneras: o en cuanto significa una verdad única de la cual nazcan todas las demás; o en cuanto expresa una verdad cuya suposición sea necesaria, si no se quiere que desaparezcan todas las otras. En el primer sentido se busca un manantial del cual nazcan todas las aguas que riegan una campiña; en el segundo, se pide un punto de apoyo para afianzar sobre él un gran peso.

39. ¿Existe una verdad de la cual dimanen todas las otras? En la realidad, en el orden de los seres, en el orden intelectual universal, sí; en el orden intelectual humano, no.

40. En el orden de los seres hay una verdad origen de todas; porque la verdad es la realidad, y hay un Ser, autor de todos los seres. Este ser es una verdad, la verdad misma, la plenitud de verdad; porque es el ser por esencia, la plenitud del ser.

Esta unidad de origen la han reconocido en cierto modo todas las escuelas filosóficas. Los ateos hablan de la fuerza de la naturaleza, los panteístas, de la substancia única, de lo absoluto, de lo incondicional; unos y otros han abandonado la idea de Dios, y trabajan por reemplazarla con algo que sirva de origen a la existencia del universo y al desarrollo de sus fenómenos.

41. En el orden intelectual universal hay una verdad de la cual dimanan todas; es decir, que esa unidad de origen de todas las verdades, no solo se halla en las verdades realizadas, o en los seres considerados en sí mismos, sino también en el encadenamiento de ideas que representan a estos seres.

Por manera que si nuestro entendimiento pudiese elevarse al conocimiento de todas las verdades, abrazándolas en su conjunto, en todas las relaciones que las unen, vería que a pesar de la dispersión en que se nos ofrecen en las direcciones más remotas y divergentes, en llegando a cierta altura van convergiendo a un centro, en el cual se enlazan, como las madejas de luz en el punto luminoso que las despide.

42. Los teólogos al paso que explican los dogmas de la Iglesia, siembran a menudo en sus tratados doctrinas filosóficas muy profundas. Así santo Tomás en sus cuestiones sobre el entendimiento de los ángeles, y en otras partes de sus obras, nos ha dejado una teoría muy interesante y luminosa. Según él, a proporción que los espíritus son de un orden superior, entienden por un menor número de ideas; y así continúa la disminución hasta llegar a Dios, que entiendo por medio de una idea única, que es su misma esencia. De esta suerte según el Santo Doctor, hay no solo un ser autor de todos los seres, sino también una idea única, infinita, que las encierra todas. Quien la posea plenamente lo verá todo en ella; pero como esta plenitud, que en términos teológicos se llama comprensión, es propia únicamente de la inteligencia infinita de Dios, las criaturas cuando en la otra vida alcancen la visión beatífica, que consiste en la intuición de la esencia divina, verán más o menos objetos en Dios según sea la mayor o menor perfección con que le posean. ¡Cosa admirable! ¡El dogma de la visión beatífica bien examinado, es también una verdad que derrama torrentes de luz sobre las teorías filosóficas! El sueño sublime de Malebranche sobre las ideas, era quizás una reminiscencia de sus estudios teológicos.

43. La ciencia trascendental, que las abraza y explica todas, es una quimera para nuestro espíritu mientras habita sobre la tierra; pero es una realidad para otros espíritus de un orden superior, y lo será para el nuestro cuando desprendido del cuerpo mortal, llegue a las regiones de la luz.

44. En cuanto podemos conjeturar por analogías, tenemos pruebas de que existe en efecto esa ciencia trascendental que las encierra todas, y que a su vez se refunde en un solo principio, o mejor, en una sola idea, en una sola intuición. Observando la escala de los seres, los grados en que están distribuidas las inteligencias individuales, y el sucesivo progreso de las ciencias, se nos presenta la imagen de esta verdad de una manera muy notable.

Uno de los caracteres distintivos de la inteligencia es el generalizar, el percibir lo común en lo vario, el reducir lo múltiplo a la unidad; y esta fuerza es proporcional al grado de inteligencia.

45. El bruto está limitado a sus sensaciones, y a los objetos que se las causan. Nada de generalizar, nada de clasificar, nada que se eleve sobre la impresión recibida, y el instinto de satisfacer sus necesidades. El hombre, tan pronto como abre los ojos de su inteligencia, percibe desde luego un sinnúmero de relaciones; lo que ha visto en un caso lo aplica a otros diferentes: generaliza, encerrando en una idea muchísimas otras. Quiere el niño alcanzar un objeto, no puede llegar a él; y al instante improvisa su escalera arrimando una silla o un banquillo. Un bruto estará mirando largas horas la tajada que le hechiza, pero que está colgada demasiado alto, sin que le ocurra que pudiera practicar la misma operación que el niño, y formar una escalera. Si se le disponen los objetos a propósito para subir, sube; pero es incapaz de pensar que en situaciones semejantes se debe ejecutar la misma operación. En un caso vemos un ser que tiene la idea general de un medio y de sus relaciones con el «fin», y que cuando la necesita la emplea; en el segundo, vemos otro ser que tiene delante de sus ojos el fin y el medio, pero que no percibe su relación, y que por consiguiente no se eleva sobre la individualidad material de los objetos.

En el primero hay la percepción de la unidad; en el segundo, no hay ningún lazo que reúna la variedad de los hechos particulares.

En este ejemplo tan sencillo se nota que la infinidad de casos, en que por estar el objeto demasiado alto ofrece dificultad el alcanzarle, los tiene reducidos el niño a uno solo: posee por decirlo así la fórmula del pequeño problema.

Por cierto que él no se da cuenta a sí mismo de esta fórmula, es decir que no hace acto reflejo sobre ella: pero en la realidad la tiene, y la prueba es, que en ofreciéndose el caso, la aplica instantáneamente. Aun más: no le pongáis delante un objeto determinado, y habladle en general de cosas demasiado altas, indicándole velozmente unas tras otras; veréis que con la rapidez del relámpago aplica siempre la idea general de un medio auxiliar. Serán los brazos de sus padres, o de un hermano mayor, o de un criado; será una silla si está en su casa, será un montón de piedras si se halla en el campo; de todo se vale, en todo descubre la relación del medio con el fin. Cuando el fin se presenta, su atención se vuelve instantáneamente hacia el medio; la idea general, busca un caso en que individualizarse.

46. ¿Qué es un arte? ¿Es un conjunto de reglas para hacer bien alguna cosa? ¿Y cuándo es más perfecto? lo es tanto más, cuanto encierra mayor número de casos en cada regla, y por consiguiente cuanto es menor el número de estas. Antes de que se hubiesen formulado las de la arquitectura, se habían construido sin duda edificios sólidos, hermosos, y adaptados al uso a que se destinaban: pero el gran progreso de la inteligencia en lo relativo a la construcción de edificios consistió en encontrar lo que tenían de común los bien construidos; en fijar la causa de la solidez y de la belleza en sí mismas, pasando de lo individual a lo universal, es decir, formándose ideas generales de solidez y de belleza aplicables a un sinnúmero de casos particulares: simplificando.

47. Lo dicho de la arquitectura, puede extenderse a las demás artes liberales y mecánicas: en todas se encontrará que el adelanto de la inteligencia se cifra en reducir a la unidad la multiplicidad, en hacer que en el menor número de ideas posible, se encierre el mayor número de aplicaciones posible. Por esta razón los amantes de las letras y de las bellas artes, se afanan en busca de la idea de la belleza en general, con la mira de encontrar un tipo aplicable a todos los objetos literarios y artísticos. También podemos observar que los que se ocupan de artes mecánicas, discurren siempre por reducir sus procedimientos a pocas reglas, y aquel se tiene por más adelantado que alcanza a combinar mayor variedad de los productos con más sencillez en los medios, haciendo depender de una sola idea lo que otros tienen vinculado con muchas. Al contemplar una máquina que nos da admirables productos con una combinación muy sencilla, no tributamos menos elogios al artífice por lo segundo que por lo primero: «esto es magnífico, decimos, y lo más asombroso es la sencillez con que se ejecuta».

48. Hagamos aplicación de esta doctrina a las ciencias naturales y exactas.

El mérito del sistema actual de numeración consiste en encerrar en una sola idea la expresión de todos los números, haciendo el valor de cada guarismo, décuplo del que tiene a la derecha, y supliendo los huecos con el cero. La expresión de la infinidad de los números, está reducida a una sola regla, fundada en una sola idea: la relación del lugar con el décuplo del valor. La aritmética ha hecho un grande adelanto disminuyendo el número de sus operaciones fundamentales por medio de los logaritmos: reduciendo a sumar y restar las de multiplicar y dividir. El álgebra no es más que la generalización de las expresiones y operaciones aritméticas: su simplificación. La aplicación del álgebra a la geometría, es la generalización de las expresiones geométricas: las fórmulas de las líneas, de las figuras, de los cuerpos, no son más que la expresión de su idea universal. En ella, como en un tipo conserva el geómetra la idea matriz, generadora, bástanle las aplicaciones más sencillas para formar cálculos exactos de todas las líneas de la misma clase que puedan ofrecérsele en la práctica. En la sencilla expresión dz/dx = A, apellidada coeficiente diferencial, se encierra la idea matriz del cálculo infinitesimal; ella dimanó de consideraciones geométricas, pero tan pronto como fue concebida en su universalidad, esparció sobre todos los ramos de las matemáticas y de las ciencias naturales un raudal de luz que hizo descubrir un nuevo mundo cuyos confines no se alcanzan. La prodigiosa fecundidad de este cálculo dimana de su simplicidad, de que generaliza por decirlo así de un golpe la misma álgebra y la geometría, reuniéndolas en un solo punto que es la relación de los límites de las diferencias de toda función.

49. Esta unidad de idea, es el objeto de la ambición de la humana inteligencia, y una vez encontrada es el manantial de los mayores adelantos. La gloria de los genios más grandes se ha cifrado en descubrirla; el progreso de las ciencias ha consistido en aprovecharla. Vieta expone y aplica el principio de la expresión general de las cantidades aritméticas; Descartes hace lo mismo con respecto a las geométricas; Newton asienta el principio de la gravitación universal; él propio, al mismo tiempo que Leibnitz, inventa el cálculo infinitesimal; y las ciencias naturales y exactas alumbradas por una grande antorcha marchan a pasos agigantados por caminos antes desconocidos. ¿Y por qué? porque la inteligencia se ha aproximado a la unidad, ha entrado en posesión de una idea matriz en que se encierran otras infinitas.

50. Es digno de notarse que a medida que se va adelantando en las ciencias se encuentran entre ellas numerosos puntos de contacto, estrechas relaciones que a primera vista nadie hubiera podido sospechar.

Cuando los matemáticos antiguos se ocupaban de las secciones cónicas estaban muy lejos de creer que la idea de la elipse hubiese de servir de base a un sistema astronómico; los focos eran simples puntos, la curva una línea y nada más; las relaciones de aquellos con esta, eran objeto de combinaciones estériles, sin aplicación.

Siglos después esos focos son el Sol, y la curva las órbitas de los planetas. ¡Las líneas de la mesa del geómetra representaban un mundo!... El íntimo enlace de las ciencias matemáticas con las naturales es un hecho fuera de duda; ¿y quién sabe hasta qué punto se enlazan unas y otras con las ontológicas, psicológicas, teológicas y morales? La dilatada escala en que están distribuidos los seres, y que a primera vista pudiera parecer un conjunto de objetos inconexos, va manifestándose a los ojos de la ciencia como una cadena delicadamente trabajada cuyos eslabones presentan sucesivamente mayor belleza y perfección. Los diferentes reinos de la naturaleza se muestran enlazados con íntimas relaciones; así las ciencias que los tienen por objeto, se prestan recíprocamente sus luces, y entran alternativamente la una en el terreno de la otra. La complicación de los objetos entre sí, trae consigo esa complicación de conocimientos; y la unidad de las leyes que rigen diferentes órdenes de seres, aproximan todas las ciencias y las encaminan a formar una sola. ¡Quién nos diera ver la identidad de origen, la unidad del fin, la sencillez de los caminos! Entonces poseeríamos la verdadera ciencia trascendental, la ciencia única, que las encierra todas; o mejor diremos, la idea única en que todo se pinta tal como es, en que todo se ve sin necesidad de combinar, sin esfuerzo de ninguna clase, como en un clarísimo espejo se retrata un magnífico paisaje, con su tamaño, figura y colores! Entretanto, nos es preciso contentarnos con sombras de la realidad; y en el instinto de nuestro entendimiento para simplificar, para reducirlo todo o aproximarlo cuando menos a la unidad, debemos ver el indicio, el anuncio, de esa ciencia única, de esa intuición de la idea única, infinita; así como en el deseo de felicidad que agita nuestro corazón, en la sed de gozar que nos atormenta, hallamos la prueba de que no acaba todo aquí, de que nuestra alma ha sido criada para la posesión de un bien que no se alcanza en la vida mortal.

51. Lo mismo que hemos observado en la escala de los seres, y en el progreso de las ciencias, podemos notarlo comparando hombres con hombres,

y atendiendo el carácter que ofrece el punto más elevado de la humana inteligencia: el genio. Los hombres de verdadero genio se distinguen por la unidad y amplitud de su concepción. Si tratan una cuestión difícil y complicada, la simplifican y allanan tomando un punto de vista elevado, fijando una idea principal que comunica luz a todas las otras; si se proponen contestar a una dificultad, señalan la raíz del error, y destruyen con una palabra toda la ilusión del sofisma; si emplean la síntesis, aciertan desde luego en el principio que ha de servir de base, y de un rasgo trazan el camino que se ha de seguir para llegar al resultado que se desea; si se valen del análisis atinan en el punto por donde debe empezar la descomposición, en el resorte oculto, y de un golpe por decirlo así, nos abren el objeto, nos ponen de manifiesto sus interioridades más recónditas; si se trata de una invención, mientras los demás están buscando acá y acullá, ellos hieren el suelo con el pie, y dicen «el tesoro está aquí». Nada de dilatados raciocinios; nada de rodeos: pocos pensamientos, pero fecundos: pocas palabras, pero en cada una de ellas engastada una perla de inmenso valor.

52. No cabe pues duda alguna de que en el orden intelectual hay una verdad de la cual dimanan todas las verdades, hay una idea que encierra todas las ideas; así nos lo enseña la filosofía, así nos los indican los esfuerzos, las tendencias naturales, instintivas, de toda inteligencia, cuando se afana por la simplificación y la unidad; así lo estima el sentido común, que considera tanto más alto y noble el pensamiento, cuanto es más vasto y más uno.

Capítulo V. No existe la ciencia trascendental en el orden intelectual humano no puede dimanar de los sentidos

53. En el orden intelectual humano, mientras vivimos sobre la tierra, no hay una verdad de la cual dimanen todas: en vano la han buscado los filósofos; no la han encontrado porque no era posible encontrarla. Y en efecto, ¿dónde se hallaría la deseada verdad?

54. ¿Dimanará de los sentidos?

Las sensaciones son tan varias como los objetos que las producen. Por ellas adquirimos noticia de cosas individuales y materiales; y en ninguna de estas ni en las sensaciones que de ellas dimanan, puede hallarse la verdad, fuente de todas las demás.

55. Observando las impresiones que por los sentidos recibimos, podemos notar que con respecto a producir certeza, todas son iguales entre sí. Tan ciertos estamos de la sensación que nos causa un ruido cualquiera como de la producida por la presencia de un objeto a nuestros ojos, de un cuerpo oloroso cercano al olfato, de uno sabroso aplicado al paladar, o de otro que afecte vivamente el tacto. En la certeza producida por aquellas sensaciones no hay gradación, todas son iguales; porque si hablamos de la sensación misma, esta la experimentamos de una manera que no nos consiente incertidumbre; y si se trata de la relación de la sensación con la existencia del objeto externo que la causa, tan ciertos estamos de que a la sensación que se llama «visión», corresponde un objeto externo «visto», como que a lo que se apellida «tacto», corresponde un objeto externo tocado.

Se infiere de lo dicho, que no hay una sensación origen de la certeza de las demás; en este punto todas son iguales; y para el común de los hombres no hay más razón que los asegure de la certeza, sino que lo experimentan así. No ignoro que lo sucedido con los individuos a quienes se ha hecho la operación de las cataratas, indica que para apreciar debidamente el objeto sentido no es suficiente la simple sensación, y que unos sentidos auxilian a los otros; pero esto no prueba la preferencia de ninguno de ellos; pues así como el ciego a quien se dio repentinamente la vista, no formaba por la simple visión juicio exacto sobre el tamaño y distancia de los objetos vistos, sino que necesitaba el auxilio del tacto; así es muy probable que si suponemos a una persona con vista, privada de tacto desde su nacimiento, y se lo damos después repentinamente, tampoco formará juicio exacto de los objetos tocados, hasta que con el auxilio de la vista, se haya ido acostumbrando a combinar el nuevo orden de sensaciones con el antiguo, aprendiendo con el ejercicio a fijar las relaciones de la sensación con el objeto y a conocer por medio de aquella las propiedades de este.

56. El mismo hecho del ciego a quien se quitaron las cataratas, está contrariado por otros que conducen a un resultado directamente opuesto. La joven a quien hizo la misma operación el oculista Juan Janin, y unos ciegos de nacimiento a quienes el profesor Luis de Gregori restituyó en parte la vista, no creyeron como el ciego de Cheselden, que los objetos estuviesen pegados a sus ojos, sino que luego los vieron como cosas realmente exter-

nas y separadas. Así lo refiere Rosmini (Ensayo sobre el origen de las ideas. Part. 5, Cap. 4, tomo, 2, p. 286 citando el opúsculo «de las cataratas de los ciegos de nacimiento, observaciones teórico-químicas, del profesor de química y oftalmia Luis de Gregori, Romano». Roma 1826); bien que dando la preferencia al de Cheselden que dice fue renovado en Italia por el profesor Jacobo de Pavía, con toda diligencia y con el mismo resultado en todas sus partes.

57. El modo con que esta combinación de unas sensaciones con otras nos enseña a juzgar bien de los objetos externos es difícil saberlo: porque cabalmente el desarrollo de nuestras facultades sensitivas e intelectuales se verifica antes que podamos reflexionar sobre él; y así nos encontramos ya ciertos de la existencia y propiedades de las cosas, sin que hayamos pensado en la certeza, ni mucho menos en los medios de adquirirla.

58. Pero aun suponiendo que después nos ocupemos de las sensaciones mismas, y de sus relaciones con los objetos, prescindiendo de la certeza que ya tenemos y haciendo como que la buscamos, es imposible hallar una sensación que pueda servir de punto de apoyo a la certeza de los demás. Las dificultades que estas nos ofrecieran las encontraríamos en aquella.

59. El fijar las relaciones del sentido de la vista con el del tacto, y el determinar hasta qué punto dependen uno de otro, da lugar a cuestiones que pienso examinar más abajo con alguna extensión; y por lo mismo me abstendré de entrar en ellas por ahora, ya porque no son tales que puedan ventilarse por incidencia, ya también porque su resolución sea en el sentido que fuere, en nada se opone a lo que me propongo establecer aquí.

60. Nada adelantaríamos con saber que la certeza de todas las sensaciones está, filosóficamente hablando, vinculada en una. Toda sensación es un hecho individual contingente; ¿cómo podemos sacar de él la luz para guiarnos a las verdades necesarias? Considérese bajo el aspecto que se quiera la sensación, no es más que la impresión que recibimos por conducto de los órganos. De la impresión estamos seguros porque está íntimamente presente a nuestra alma; de sus relaciones con el objeto que la produce, nos cercioramos por la repetición de ella, con el auxilio de otras sensaciones, ya del mismo sentido, ya de otros; pero todo instintivamente, con poca o nin-

guna reflexión, y siempre condenados, por más que reflexionemos, a llegar a un punto del cual no podemos pasar porque allí nos detiene la naturaleza.

61. Lejos pues de encontrar en ninguna sensación un hecho fundamental en que podamos apoyarnos para establecer una certeza filosófica, vemos un conjunto de hechos particulares, muy distintos entre sí, pero que se parecen en cuanto a producir en nosotros esa seguridad que se llama certeza. En vano es que se descomponga al hombre, que se le reduzca primero a una máquina inanimada, que luego se le otorgue un sentido haciéndole percibir diferentes sensaciones, que después se le conceda otro, haciéndole combinar las nuevas con las antiguas, y así se proceda sintéticamente hasta llegar a la posesión y ejercicio de todos; estas cosas son buenas para entretener la curiosidad, alimentar pretensiones filosóficas, y dar un viso de probabilidad a sistemas imaginarios; pero en la realidad se adelanta poco o nada: las evoluciones que finge el observador, no se parecen a las de la naturaleza; y el verdadero filósofo debe examinar, no lo que en su concepto pudiera haber, sino lo que hay.

Condillac animando progresivamente su estatua y haciendo dimanar de una sensación todo el caudal de los conocimientos humanos, se parece a aquellos sacerdotes que se ocultaban dentro de la estatua del ídolo y desde allí emitían sus oráculos. No es la estatua que se va animando lo que piensa y habla, es Condillac que está dentro. Concedámosle al filósofo sensualista todo lo que quiera; dejémosle que arregle a su modo la dependencia respectiva de las sensaciones; todo se le desconcierta desde el momento en que le exigís que no discurra sino con sensaciones puras, por más que las suponga transformadas. Pero reservemos estas cuestiones para el lugar en que examinaremos la naturaleza y el origen de las ideas.

62. ¿Por qué estoy seguro de que la grata sensación que experimento en el sentido del olfato procede de un objeto que se llama «rosa»? Porque así me lo atestigua el recuerdo de mil otras ocasiones en que he experimentado la misma impresión, porque con el testimonio del olfato están de acuerdo el tacto y la vista.

Pero ¿cómo puedo saber que estas sensaciones son algo más que impresiones que recibe mi alma? ¿Por qué no he de creer que viene de una causa cualquiera sin relación a objetos externos? ¿Será porque dicen lo contrario los demás hombres? ¿Me consta que existan? ¿Y cómo saben ellos lo que me dicen? ¿Cómo sé que los oigo bien? La misma dificultad que se ofrece con respeto a los otros sentidos existe en cuanto al oído; si dudo del testimonio de tres, ¿por qué no dudo del de cuatro? No adelanto pues nada con el raciocinio; este me conduciría a cavilaciones tales, que me exigirían una duda imposible, que me arrancarían una seguridad de que no puedo desprenderme por más esfuerzos que haga.

Además, si para apoyar la verdad de la sensación apelo a los principios del raciocinio, ya salgo del terreno de las sensaciones, ya no pongo en estas la verdad primitiva origen de las otras, no cumplo lo que había ofrecido.

63. De lo dicho resulta: 1.º que no se encuentra una sensación origen de la certeza de las otras, lo que me he contentado con indicarlo aquí, reserván-dome demostrarlo al tratar de las sensaciones; 2.º que aun cuando existiese esta sensación, no bastaría a fundar nada en el orden intelectual, pues con las solas sensaciones no es posible ni aun pensar; 3.º que las sensaciones lejos de poder ser la basa de la ciencia trascendental, no sirven por sí solas para establecer ninguna ciencia; pues de ellas, por ser hechos contingentes, no pueden dimanar las verdades necesarias.

Capítulo VI. Continúa la discusión sobre la ciencia trascendental. Insuficiencia de las verdades reales

64. Ha sido conveniente rebatir de paso el sistema de Condillac, no por su importancia intrínseca, ni porque no esté ya bastante desacreditado, sino para dejar el campo libre a investigaciones más elevadas, más propiamente filosóficas. Es preciso no perder ocasión de indemnizar a la filosofía de los perjuicios que le irrogara un sistema tan vanidoso como estéril. Todo lo más sublime de la ciencia del espíritu, desaparecía con el «hombre-estatua», y las sensaciones transformadas; venguemos pues los derechos de la razón humana, manifestando que antes de entrar en las cuestiones más trascendentales, le es indispensable descartar el sistema de Condillac; como para construir un buen camino se quita ante todo la broza que obstruye el paso.

65. Vamos ahora a probar que en el orden intelectual humano, tal como es en esta vida, no existe ningún principio que sea fuente de todas las verdades; porque no hay ninguna verdad que las encierre todas.

Las verdades son de dos clases: reales o ideales. Llamo verdades reales a los hechos, o lo que existe; llamo ideales el enlace necesario de las ideas. Una verdad real puede expresarse por el verbo ser tomado sustantivamente, o al menos supone una proposición en que el verbo se haya tomado en este sentido; una verdad ideal se expresa por el mismo verbo tomado copulativamente, en cuanto significa la relación necesaria de un predicado con un sujeto, prescindiendo de la existencia de uno y de otro. «Yo soy», esto es, «yo existo», expresa una verdad real, un hecho. «Lo que piensa existe»; expresa una verdad ideal, pues no se afirma que haya quien piense ni quien exista, sino que si hay quien piensa, existe; o en otros términos, se afirma una relación necesaria entre el pensamiento y el ser. A las verdades reales corresponde el mundo real, el mundo de las existencias; a las ideales el mundo lógico, el de la posibilidad.

El verbo ser se toma a veces copulativamente sin que la relación que por él se expresa sea necesaria; así sucede en todas las proposiciones contingentes, o cuando el predicado no pertenece a la esencia del sujeto. A veces la necesidad es condicional, es decir que supone un hecho; y en tal caso tampoco hay necesidad absoluta, pues el hecho supuesto es siempre contingente. Cuando hablo de las verdades ideales, me refiero a las que expresan una relación absolutamente necesaria, prescindiendo de todo orden a la existencia; y por el contrario, comprendo entre las reales a todas las que suponen una proposición en que se haya establecido un hecho. A esta clase pertenecen las de las ciencias naturales, por suponer todas algún hecho objeto de observación.

66. Ninguna verdad real finita puede ser origen de todas las demás. La verdad de esta clase es la expresión de un hecho particular, contingente; y que por lo mismo no puede encerrar en sí ni las demás verdades reales, o sea el mundo de las existencias, ni tampoco las verdades ideales, que solo se refieren a las relaciones necesarias en el mundo de la posibilidad.

67. Si nosotros viésemos intuitivamente la existencia infinita, causa de todas las demás, conoceríamos una verdad real, origen de las otras; pero como

esta existencia infinita no la conocemos por intuición, sino por discurso, resulta que no conocemos el hecho de la existencia en que se contiene la razón de todas las demás existencias. Después que por el discurso nos hemos elevado a dicho conocimiento, tampoco nos es posible explicar desde aquel punto de vista la existencia de lo finito por sola la existencia de lo infinito; porque si prescindimos de la existencia de lo finito, desaparece el discurso por el cual nos habíamos elevado hasta el conocimiento de lo infinito, y por consiguiente se hunde todo el edificio de nuestra ciencia. Dad a un hombre por medio del discurso la demostración de la existencia de Dios, y pedidle que prescindiendo del punto de partida, y fijándose solo en la idea de lo infinito explique la creación, no solo en su posibilidad sino en su realidad, no lo podrá verificar. Con solo prescindir de lo finito se hunde todo su discurso, sin que ningún esfuerzo sea bastante a evitarlo; se halla en el caso de un arquitecto a quien, habiendo construido una soberbia cúpula, se le exigiese que la sostuviera, quitando el cimiento al edificio.

68. Tómese una verdad real cualquiera, el hecho más seguro, más cierto para nosotros; nada se puede sacar de él si no se le fecunda con verdades ideales. Yo existo, yo pienso, yo siento. He aquí hechos indudables; pero ¿qué puede deducir de ellos la ciencia? nada: son hechos particulares, contingentes, cuya existencia o no existencia, no afecta a los demás hechos ni alcanza al mundo de las ideas.

Estas verdades son de puro sentimiento; en sí solas nada tienen que ver con el orden científico, y solo se elevan hasta él, cuando se las combina con verdades ideales. Descartes, al consignar el hecho del pensamiento y de la existencia, pasaba sin advertirlo, del orden real al orden ideal, forzado por su propósito de levantar el edificio científico. «Yo pienso», decía; si se hubiese limitado a esto, se habría reducido su filosofía a una simple intuición de su conciencia; pero quería hacer algo más, quería discurrir, y por necesidad echaba mano de una verdad ideal: Lo que piensa existe. Así fecundaba el hecho individual, contingente, con la verdad universal y necesaria; y como había menester una regla para conducirse en adelante, la buscaba en la legitimidad de la evidencia de las ideas. Por donde se echa de ver como este filósofo, que con tanto afán buscaba la unidad, se encontraba desde luego con la triplicidad: «un hecho, una verdad objetiva, un criterio».

Un hecho en la conciencia del «yo»; una verdad objetiva en la relación necesaria del pensamiento con la existencia; un criterio, en la legitimidad de la evidencia de las ideas.

Se puede desafiar a todos los filósofos del mundo a que discurran sobre un hecho cualquiera sin el auxilio de las verdades ideales. La esterilidad que hemos encontrado en el hecho de la «conciencia», se hallará en todos los demás. Esto no es una conjetura, es una demostración rigurosa. Solo una existencia contiene la razón de todas las demás; en no conociéndola pues de una manera inmediata, intuitiva, nos es imposible encontrar una verdad real origen de todas las otras.

69. Aun suponiendo que en el orden de la creación hubiese un hecho primitivo de tal naturaleza que todo el universo no fuera más que un simple desarrollo suyo, tampoco habríamos encontrado la verdad real, fuente de toda ciencia; pues con esto nada adelantaríamos con respecto al mundo de la posibilidad, es decir, al orden ideal, infinitamente mayor que el de las existencias infinitas.

Supongamos que el progreso de las ciencias naturales conduzca al descubrimiento de una ley simple, única, que presida al desarrollo de todas las demás, y cuya aplicación, variada según las circunstancias, sea suficiente para dar razón de todos los fenómenos que ahora se reducen a muchas y muy complicadas. Este sería sin duda un adelanto inmenso en las ciencias que tienen por objeto el mundo visible; ¿pero qué sabríamos por esto del mundo de las inteligencias? ¿Qué del mundo de la posibilidad?

Capítulo VII. Esterilidad de la filosofía del yo para producir la ciencia trascendental

70. El testimonio de la conciencia es seguro, irresistible, pero nada tiene que ver con el de la evidencia.

Aquel tiene por objeto un hecho particular y contingente, este una verdad necesaria. Que yo pienso ahora, es absolutamente cierto para mí; pero este pensar mío no es una verdad necesaria sino muy contingente, ya que podía muy bien suceder que jamás hubiese pensado ni existido; es un hecho puramente individual, pues no sale de mí, y su existencia y no existencia en nada afecta las verdades universales.

La conciencia es un áncora no un faro; basta para evitar el naufragio de la inteligencia, no para indicarle el derrotero. En los asaltos de la duda universal, ahí está la conciencia que no deja perecer; pero si le pedís que os dirija, os presenta hechos particulares, nada más.

Estos hechos no tienen un valor científico sino cuando se objetivan, permítaseme la expresión; o bien cuando reflexionando sobre ellos el espíritu, los baña con la luz de las verdades necesarias.

Yo pienso; yo siento; yo soy libre; he aquí hechos; pero ¿qué sacáis de ellos por sí solos? nada. Para fecundarlos es necesario que los toméis como una especie de materia de las ideas universales. El pensamiento se inmoviliza, se hiela, si no le hacéis andar con el impulso de estas ideas; la sensación os es común con los brutos; y la libertad carece de objeto, de vida, si no hay combinación de motivos presentados por la razón.

71. Aquí se encuentra la causa de la oscuridad y esterilidad de la filosofía alemana, desde Fichte. Kant, se fijaba en el sujeto, pero sin destruir la objetividad en el mundo interior; y por esto su filosofía, si bien contiene muchos errores, ofrece al entendimiento algunos puntos luminosos; pero fue más allá, se colocó en el «yo», no sirviéndose de la objetividad sino en cuanto le era necesaria para establecerse más hondamente en un simple hecho de conciencia; así no encontró más que regiones tenebrosas o contradicciones.

La inteligencia de hombres de talento se ha fatigado en vano para hacer brotar un rayo de luz de un punto condenado a la oscuridad. El yo se manifiesta a sí mismo por sus actos; y para ser concebido de sí propio no disfruta de ningún privilegio sobre los seres distintos de él, sino el de presentar inmediatamente los hechos que pueden conducir a su conocimiento. ¿Qué sabría el alma de sí misma, si no sintiera su pensamiento, su voluntad, y el ejercicio de todas sus facultades? ¿Cómo discurre sobre su propia naturaleza sino fundándose en lo que le suministra el testimonio de sus actos? El yo pues no es visto por sí propio intuitivamente; no se ofrece a sus mismos ojos, sino mediatamente, esto es por sus propios actos; es decir que en cuanto a ser conocido, se halla en un caso semejante al de los seres externos, que lo son por los efectos que nos causan.

El yo considerando en sí, no es un punto luminoso; es un sustentáculo para el edificio de la razón; mas no la regla para construirle. La verdadera luz se halla en la objetividad; pues en ella está propiamente el blanco del conocimiento. El yo no puede ni ser conocido, ni pensado de ninguna manera, sino en cuanto se toma a sí mismo por objeto, y por consiguiente en cuanto se coloca en la línea de los demás seres, para sujetarse a la actividad intelectual que solo obra en fuerza de las verdades objetivas.

72. La inteligencia no se concibe sin objetos al menos internos; y estos objetos serán estériles, si el entendimiento no concibe en ellos relaciones y por consiguiente verdades. Estas verdades, no tendrán ningún enlace, serán hechos sueltos, si no entrañan alguna necesidad; y aun las relaciones que se refieran a hechos particulares suministrados por la experiencia, no serán susceptibles de ninguna combinación, si al menos condicionalmente, no incluyen algo de necesario. El brillo de la luz en el aposento en que escribo es en sí un hecho particular y contingente; y la ciencia como tal, no puede ocuparse de él, sino sujetando el movimiento de la luz a leyes geométricas, es decir a verdades necesarias.

Luego el yo en sí mismo, como sujeto, no es punto de partida para la ciencia, aunque sea un punto de apoyo.

Lo individual no sirve para lo universal, ni lo contingente para lo necesario. La ciencia del individuo A, es cierto que no existiría si el individuo A no existiese; pero esta ciencia que necesita del yo individual, no es la ciencia propiamente dicha, sino el conjunto de actos individuales con que el individuo percibe la ciencia. Mas lo percibido no es esto; lo percibido es común a todas las inteligencias; no necesita de este o aquel individuo; el fondo de verdades que constituyen la ciencia no ha nacido de aquel conjunto de actos individuales, hechos contingentes que se pierden cual gotas imperceptibles en el océano de la inteligencias.

¿Cómo se quiere pues fundar la ciencia sobre el simple yo subjetivo? ¿Cómo de este yo se quiere hacer brotar el objeto? El hecho de la conciencia nada tiene que ver con la ciencia, sino en cuanto ofrece hechos a los cuales se pueden aplicar los principios objetivos, universales, necesarios, independientes de toda individualidad finita, que constituyen el patrimonio de la razón humana, pero que no han menester la existencia de ningún hombre.

73. Analícense cuanto se quiera los hechos de la conciencia, jamás se encontrará en ellos uno que pueda engendrar la luz científica. Aquel acto

será o una percepción directa o refleja. Si es directa, su valor no es subjetivo sino objetivo; no es el acto lo que funda la ciencia, sino la verdad percibida, no el sujeto sino el objeto, no el yo sino lo visto por el yo. Si el acto es reflejo, supone otro acto anterior, a saber, el objeto de la reflexión; no es pues aquel el primitivo sino este.

La combinación del acto directo con el reflejo, tampoco sirve para nada científico, sino en cuanto se somete a las verdades necesarias, objetivas, independientes del yo. ¿Qué es un acto individualmente considerado? un fenómeno interior. Y ¿qué nos enseña este fenómeno separado de las verdades objetivas? nada. El fenómeno representa algo en la ciencia, en cuanto es considerado bajo las ideas generales, de ser, de causa, de efecto, de principio o de producto de actividad, de modificación, de sus relaciones con su sujeto que es el substratum de otros actos semejantes; es decir cuando es considerado como un caso particular, comprendido en las ideas generales, como un fenómeno contingente, apreciable con el auxilio de las verdades necesarias, como un hecho experimental, al cual se aplica una teoría.

El acto reflejo no es más que el conocimiento de un conocimiento, o sentimiento, o de algún fenómeno interior sea cual fuere; y así toda reflexión sobre la conciencia presupone acto anterior directo. Este acto directo no tiene por objeto el «yo»; luego el conocimiento no tiene por principio fundamental el «yo», sino como una condición necesaria (pues no puede haber pensamiento sin sujeto pensante), mas no como objeto conocido.

74. Estas consideraciones derriban por su cimiento el sistema de Fichte y de cuantos toman el yo humano por punto de partida en la carrera de las ciencias. El yo en sí mismo, no se nos presenta; lo que conocemos de él lo sabemos por sus actos, y en esto participa de una calidad de los demás objetos, que no nos ofrecen inmediatamente su esencia sino lo que de ella emana, por la actividad con que obran sobre nosotros.

De esta manera nos elevamos por raciocinio al conocimiento de las cosas mismas, guiados por las verdades objetivas y necesarias, que son la ley de nuestro entendimiento, el tipo de las relaciones de los seres, y por tanto una regla segura para juzgar de ellos. ¿Qué sabemos de nuestro espíritu? que es simple: ¿y esto, cómo lo sabemos? porque piensa, y lo compuesto, lo múltiplo, no puede pensar. He aquí como conocemos el yo. La conciencia nos manifiesta su actividad pensadora; esta es la materia suministrada por el hecho; pero luego viene el principio, la verdad objetiva, iluminando el hecho, mostrando la repugnancia entre el pensamiento y la composición, el enlace necesario entre la simplicidad y la conciencia.

Si bien se observa, este raciocinio se aplica no solo al «yo», sino a todo ser que piense; y así es que la misma demostración la extendemos a todos; el yo pues que la aplica no crea esta verdad, solo la conoce, y se conoce a sí propio como un caso particular comprendido en la regla general.

75. El pretender que del yo subjetivo surja la verdad, es comenzar por suponer al yo un ser absoluto, infinito, origen de todas las verdades, y razón de todos los seres: lo que equivale a comenzar la filosofía divinizando el entendimiento del hombre. Y como a esta divinización no tiene más derecho un individuo que otro, el admitirla equivale a establecer el panteísmo racional, que como veremos en su lugar, dista poco o nada del panteísmo absoluto.

Suponiendo que las razones individuales no son más que fenómenos de la razón única y absoluta; y que por tanto lo que llamamos espíritus, no son verdaderas substancias, sino simples modificaciones de un espíritu único, y las conciencias particulares meras apariciones de la conciencia universal, se concibe por qué se busca en el yo la fuente de toda verdad, y se interroga a la conciencia propia como una especie de oráculo por el cual habla la conciencia universal. Pero la dificultad está en que la suposición es gratuita; y que tratándose de buscar la razón de todas las verdades, se principia por establecer la más incomprensible y repugnante de las proposiciones. ¿Quién es capaz de persuadirnos que nuestras conciencias no son más que una modificación de una tercera? ¿Quién nos hará creer que eso que llamamos el «yo», es común a todos los hombres, a todos los seres inteligentes, y que no hay más diferencia que la de modificaciones de un ser absoluto? Este ser absoluto, ¿por qué no tiene conciencia de todas las conciencias que comprende? ¿Por qué ignora lo que encierra en sí, lo que le modifica? ¿Por qué se cree múltiplo si es uno? ¿Dónde está el lazo de tanta multiplicidad? ¿Las conciencias particulares, tendrán su unidad, su vínculo de todo lo que les acontece, a pesar de no ser más que modificaciones; y este vínculo, esta unidad, faltarán a la substancia que ellas modifican?

76. Como quiera, aun con la suposición del panteísmo, nada adelantan en sus pretensiones los amigos de la filosofía del yo. Con su panteísmo, legitiman por decirlo así su pretensión, mas no logran lo que pretenden. Se llaman a sí mismos dioses; y así tienen razón en que en ellos está la fuente de verdad; pero como en su conciencia no hay más que una aparición de su divinidad, una sola fase del astro luminoso, no pueden ver en ella otra cosa que lo que se les presenta; y su divinidad se encuentra sujeta a ciertas leyes que la imposibilitan para dar la luz que la filosofía le pide.

77. Si interrogamos nuestra conciencia sobre las verdades necesarias, notaremos que lejos de pretender o fundarlas o crearlas, las conoce, las confiesa independientes de sí misma. Pensemos en esta proposición: «es imposible que a un mismo tiempo, una cosa sea y no sea» y preguntémonos si la verdad de ella nace de nuestro pensamiento; desde luego la conciencia misma responde que no. Antes de que mi conciencia existiera, la proposición era verdad; si yo no existiese ahora, sería también verdad; cuando no pienso en ella, es también verdad; el yo no es más que un ojo que contempla el Sol, pero que no es necesario para la existencia del Sol.

78. Otra consideración hay que demuestra la esterilidad de toda filosofía que busque en el solo yo el origen único y universal de los conocimientos humanos. Todo conocimiento exige un objeto; el conocimiento puramente subjetivo es inconcebible; aun suponiendo identidad entre el sujeto y el objeto, se necesita la dualidad de relación, real o concebida; es decir que el sujeto en cuanto conocido, esté en cierta oposición al menos concebida, con el mismo sujeto en cuanto conoce. Ahora bien; ¿cuál es el objeto en el acto primitivo que se busca? ¿Es el «no yo»? Entonces la filosofía del yo entra en el cauce de las demás filosofías: pues en este no yo están las verdades objetivas, ¿Es el «yo»? Entonces preguntaremos, si es el yo en sí, o en sus actos; si es el yo en sus actos, entonces la filosofía del yo se reduce a un análisis ideológico, nada tiene de característico; si es el yo en sí, diremos que este no es conocido intuitivamente; y que menos que nadie pueden pretender a esta intuición, los que le llaman el absoluto. Para ellos más que para los otros, es el yo un abismo tenebroso. En vano os inclináis sobre este abismo y gritáis para evocar la verdad; el sordo ruido que os llega a los oídos

es el eco de vuestra voz misma, son vuestras palabras que la honda cavidad os devuelve más ahuecadas y misteriosas.

79. Entre estos filósofos que se pierden en vanas cavilaciones, descuella el autor de la «Doctrina de la ciencia», Fichte, de cuyo sistema ha dicho con mucha gracia Madama de Stael, que se parece algún tanto al despertar de la estatua de Pigmalión, que tocándose alternativamente a sí misma y a la piedra sobre que está sentada, dice: soy yo, no soy yo.

Fichte comienza su obra titulada «Doctrina de la ciencia», diciendo que se propone buscar el principio más absoluto, el principio absolutamente incondicional de todo conocimiento humano. He aquí un método erróneo; se comienza por suponer lo que se ignora, la unidad del principio, y ni aun se sospecha que en la basa del conocimiento humano puede haber una verdadera multiplicidad. Yo creo que la puede haber y la hay en efecto, que las fuentes de nuestro conocimiento son varias, de órdenes diversos, y que no es posible llegar a la unidad, sino saliéndose del hombre y remontándose a Dios. Lo repito, hay aquí una equivocación en que se ha incurrido con demasiada generalidad, resultando de ella el fatigar inútilmente los espíritus investigadores, y arrojarlos a sistemas extravagantes.

Pocos filósofos habrán hecho un esfuerzo mayor que Fichte para llegar a este principio absoluto. ¿Y qué consiguió? Lo diré francamente; nada: o repite el principio de Descartes, o se entretiene en un juego de palabras. Lástima da el verle forcejear con tal ahínco y con tan poco resultado. Ruego al lector que tenga paciencia para seguirme en el examen de la doctrina del filósofo alemán, no con la esperanza de adquirir una luz que le guíe en los senderos de la filosofía, sino para poder juzgar con conocimiento de causa, doctrinas que tanto ruido meten en el mundo.

«Si este principio, dice Fichte, es verdaderamente el más absoluto, no podrá ser ni definido ni demostrado. Deberá expresar el acto que no se presenta ni puede presentarse entre las determinaciones empíricas de nuestra conciencia; por el contrario, sobre él descansa toda conciencia, y solo él la hace posible.» (1.° Part. § 1.) «Sin ningún antecedente, sin ninguna razón, sin tomarse siquiera la pena de indicar en qué se funda, asegura Fichte que el primer principio deberá expresar un acto. ¿Por qué no podría ser una verdad objetiva? esto merecía cuando menos algún examen, ya que todas las escuelas anteriores, incluso la de Descartes, no habían colocado el primer principio entre los actos, sino entre las verdades objetivas.» El mismo Descartes al consignar el hecho del pensamiento y de la existencia, echa mano de una verdad objetiva. «Lo que piensa existe» o en otros términos: «Lo que no existe, no puede pensar».

80. La observación que precede, señala uno de los vicios radicales de la doctrina de Fichte y otros filósofos alemanes, que dan a la filosofía subjetiva, o del sujeto, una importancia que no merece. Ellos acusan a los demás de hacer con demasiada facilidad la transición del sujeto al objeto, y olvidan que al propio tiempo ellos pasan del pensamiento objetivo al sujeto puro, sin ninguna razón ni título que los autorice. Ateniéndonos al citado pasaje de Fichte, ¿qué será un acto que no se presenta, ni se puede presentar entre las determinaciones empíricas de nuestra conciencia? El principio buscado, por ser absoluto, no se exime de ser conocido, pues si no lo conocemos, mal podremos afirmar que es absoluto; y si no se presenta ni se puede presentar entre las determinaciones empíricas de nuestra conciencia, ni es, ni puede ser conocido. El hombre no conoce lo que no se presenta en su conciencia.

El principio absoluto en que toda conciencia descansa y que la hace posible, pertenece o no a la conciencia. Si lo primero, sufre todas las dificultades que afectan a los demás actos de la conciencia; si lo segundo, no puede ser objeto de observación, y por consiguiente nada sabemos de él.

Para llegar al acto primitivo, separando del mismo todo lo que no le pertenece realmente, confiesa Fichte que es necesario suponer valederas las reglas de toda reflexión, y partir de una proposición cualquiera de las muchas que se podrían escoger entre aquellas que todo el mundo concede sin ningún reparo.

«Concediéndosenos esta proposición, dice, se nos debe conceder al mismo tiempo como acto, lo que queremos poner como principio de la ciencia del conocimiento; y el resultado de la reflexión debe ser que este acto nos sea concedido como principio, junto con la proposición. Ponemos un hecho cualquiera de la conciencia empírica, y quitamos de él una tras otra todas las determinaciones empíricas, hasta que se reduzca a toda su pureza, sin contener más que lo que el pensamiento no puede absolutamente excluir y de lo que nada puede quitar (Ibíd.).»

Se ve por estas palabras que el filósofo alemán se proponía elevarse a un acto de conciencia enteramente puro, sin ninguna determinación. Esto es imposible: o Fichte toma el acto en un sentido muy lato, entendiendo por él el substratum de toda conciencia, en cuyo caso no hace más que expresar en otros términos la idea de substancia; o habla de un acto propiamente dicho, esto es, de un ejercicio cualquiera de esa actividad, de esa espontaneidad que sentimos dentro de nosotros; y en este concepto el acto de conciencia no puede estar libre de toda determinación so pena de destruir su individualidad y su existencia. No se piensa sin pensar algo; no se quiere sin querer algo; no se siente sin sentir algo; no se reflexiona sobre los actos internos, sin que la reflexión se fije en algo. En todo acto de conciencia hay determinación: un acto del todo puro, abstraído de todo, enteramente indeterminado, es imposible, absolutamente imposible; ya subjetivamente, porque el acto de conciencia aun considerado en el sujeto, exige una determinación; ya objetivamente, porque un acto semejante es inconcebible como individual, y por tanto como existente, pues que nada determinado ofrece al espíritu.

81. El acto indeterminado de Fichte no es más que la idea de acto en general; el filósofo alemán creyó haber hecho un gran descubrimiento cuando en el fondo no concebía otra cosa que el principio de los actos, es decir la idea de la substancia aplicada a ese ser activo cuya existencia nos atestigua la conciencia misma.

Si he de decir ingenuamente lo que pienso, séame permitido manifestar que en mi concepto Fichte con todo el alambicar de su análisis, no ha hecho adelantar un solo paso a la filosofía en la investigación del primer principio. Por lo dicho hasta aquí se echa de ver que es muy fácil detenerle con solo pedirle cuenta de las suposiciones que hace desde la primera página de su libro. Sin embargo, para proceder en la impugnación con cumplida lealtad, no quiero extractar sus ideas, sino dejarle que las explique él mismo.

«Todo el mundo concede la proposición: A es A, así como que A = A, porque esto es lo que significa la cópula lógica, y esto es admitido sin reflexión alguna como completamente cierto. Si alguno pidiese la demostración, nadie pensaría en dársela sino que se sostendría que esta proposición es cierta absolutamente, es decir, sin razón alguna más desarrollada. Procediendo así incontestablemente con el asentimiento general, nos atribuimos el derecho de poner alguna cosa absolutamente.»

«Al afirmar que la proposición precedente es cierta en sí, no se pone la existencia de A. La proposición A es A, no equivale a esta A es, o hay un A. ("Ser", puesto sin predicado, tiene un significado muy distinto de ser con predicado, según veremos después). Si se admite que A designa un espacio comprendido entre dos rectas, la proposición permanece exacta, aun cuando en este caso la proposición A es, sea de una falsedad evidente.

»Lo que se pone es, que si A es, A es así. La cuestión no está en si A es o no; se trata aquí no del contenido de la proposición, sino únicamente de su forma; no de un objeto del cual se sepa algo, sino de lo que se sabe de todo objeto sea el que fuere.»

«De la certeza absoluta de la proposición precedente resulta que entre el si y el "así" hay una relación necesaria: ella es la que está puesta absolutamente y sin otro fundamento; a esta relación necesaria la llamo previsoriamente X.»

Todo este aparato de análisis no significa más de lo que sabe un estudiante de lógica; esto es, que en toda proposición la cópula, o el verbo «ser», no significa la existencia del sujeto, sino su relación con el predicado; para decirnos una cosa tan sencilla no eran necesarias tantas palabras, ni tan afectados esfuerzos de entendimiento, mucho menos tratándose de una proposición idéntica. Pero tengamos paciencia para continuar oyendo al filósofo alemán.

«¿Este A es o no es? nada hay decidido todavía sobre el particular; se presenta pues la siguiente cuestión, bajo qué condición A es?

»En cuanto a X ella está en el yo y es puesta por el "yo"; porque el yo es quien juzga en la proposición expresada y hasta juzga con verdad, con arreglo a X como una ley; por consiguiente X es dada al "yo"; y siendo puesta absolutamente y sin otro fundamento, debe ser dada al yo por el yo mismo.»

82. ¿A qué se reduce toda esa algarabía? helo aquí traducido al lenguaje común; en las proposiciones de identidad o igualdad, hay una relación, el espíritu la conoce, la juzga y falla sobre lo demás con arreglo a ella.

Esta relación es dada a nuestro espíritu, en las proposiciones idénticas no necesitamos de ninguna prueba para el asenso. Todo esto es muy verdadero, muy claro, muy sencillo; pero cuando Fichte añade que esta relación debe ser dada al yo por el mismo «yo», afirma lo que no sabe ni puede saber. ¿Quién le ha dicho que las verdades objetivas nos vienen de nosotros mismos? ¿Tan ligeramente, de una sola plumada, se resuelve una de las principales cuestiones de la filosofía, cual es la del origen de la verdad?, ¿nos ha definido por ventura el «yo»?, ¿nos ha dado de él alguna idea? Sus palabras o no significan nada o expresan lo siguiente. Juzgo de una relación; este juicio está en mí; esta relación como conocida, y prescindiendo de su existencia real, está en mí; todo lo cual se reduce a lo mismo que con más sencillez y naturalidad dijo Descartes: «Yo pienso, luego existo».

83. Examinando detenidamente las palabras de Fichte se ve con toda claridad que nada más adelantaba sobre lo dicho por el filósofo francés. «No sabemos, continúa, si A está puesto, ni cómo lo es; pero debiendo X expresar una relación entre un poner desconocido de A y un poner absoluto del mismo A, en tanto por lo menos que la relación es puesta, A existe en el "yo", y está puesto por el "yo", lo mismo que X. X no es posible sino relativamente a un A; es así que X es realmente puesta en el "yo"; luego A debe estar puesto en el "yo", si en él se encuentra la X.» ¡Qué lenguaje más embrollado y misterioso para decir cosas muy comunes! ¡Cuán grande parece Descartes al lado de Fichte! Ambos comienzan su filosofía por el hecho de conciencia que revela la existencia. El uno expresa lo que piensa con claridad, con sencillez, en un lenguaje que todo el mundo entiende y no puede menos de entender; y el otro para hacer como que inventa, para no manifestarse discípulo de nadie, se envuelve en una nube misteriosa, rodeada de tinieblas, y desde allí con voz ahuecada pronuncia sus oráculos. Descartes dice: «yo pienso, de esto no puedo dudar, es un hecho que me atestigua mi sentido íntimo; nada puede pensar sin existir; luego yo existo». Esto es claro, es sencillo, ingenuo, esto manifiesta un verdadero filósofo, un hombre sin afectación ni pretensiones. El otro dice: «déseme una proposición cualquiera, por ejemplo A es A» explica enseguida que en las proposiciones el verbo ser no expresa la existencia absoluta del sujeto, sino su relación con el predicado; todo con un aparato de doctrina, que cansa por su forma y hace reír por su esterilidad; ¿y para qué? para decirnos que A está en el yo porque la relación del predicado con el sujeto o sea la X, no es posible sino en un ser, pues que A significa un

ser cualquiera. Pongamos en parangón los dos silogismos. Descartes dice: «nada puede pensar sin existir, es así que yo pienso, luego existo». Fichte dice literalmente lo que sigue: «X no es posible sino relativamente a un A; es así que X es realmente puesto en el "yo"; luego A debe estar puesto en el yo». ¿Cuál es en el fondo la diferencia? ninguna. ¿Cuál es en la forma? la que va del lenguaje de un hombre sencillo a un hombre vano.

Repito que en el fondo los silogismos no son diferentes. La mayor de Descartes es: «nada puede pensar sin existir». No la prueba, y confiesa que no se puede probar. La mayor de Fichte es: «X no es posible sino relativamente a un A» o en otros términos: una relación de un predicado con un sujeto, en cuanto conocida, no es posible sin un ser que conozca. «Debiendo X expresar una relación entre un poner desconocido de A, y un poner absoluto del mismo A, en tanto por lo menos que "esta relación es puesta"» es decir en tanto que es conocida. ¿Y cómo prueba Fichte que un poner relativo, supone un poner absoluto, esto es, un sujeto en que se «ponga»? Lo mismo que Descartes: de ninguna manera. No hay A relativo, si no le hay absoluto; nada puede pensar sin existir; esto es claro, es evidente, y ni Descartes ni Fichte van más allá.

La menor de Descartes es esta: yo pienso; la prueba de esta menor no la da el filósofo, se refiere al sentido íntimo y de allí confiesa que no puede pasar. La menor de Fichte, es la siguiente: X es realmente puesta en el «yo», lo que equivale a decir, la relación del predicado con el sujeto es realmente conocida por el «yo»; y como la proposición podía ser escogida a arbitrio según el mismo Fichte, siendo indiferente la una o la otra, decir la relación del predicado con el sujeto es conocida por el «yo», es lo mismo que decir una relación cualquiera es conocida por el «yo», lo que podía expresarse en términos más claros: yo pienso.

84. Y nótese bien; si hay aquí alguna diferencia, toda la ventaja está de parte del filósofo francés. Descartes entiende por pensamiento todo fenómeno interno de que tenemos conciencia. Para consignar este hecho, no necesita analizar proposiciones, ni confundir el entendimiento, cuando cabalmente es menester más claridad y precisión. Para llegar al mismo hecho Fichte da largos rodeos, Descartes lo señala con el dedo, y dice: aquí está. Lo primero es propio del sofista, lo segundo del genio.

Estas formas del filósofo alemán aunque poco a propósito para ilustrar la ciencia, no tendrían otro inconveniente que el de fatigar al lector, si se las limitase a lo que hemos visto hasta aquí; pero desgraciadamente, ese yo misterioso que se nos hace aparecer en el vestíbulo mismo de la ciencia, y que a los ojos de la sana razón, no es ni puede ser otra cosa que lo que fue para Descartes, a saber, el espíritu humano que conoce su existencia por su propio pensamiento, va dilatándose en manos de Fichte como una sombra gigantesca, que comenzando por un punto acaba por ocultar su cabeza en el cielo y sus pies en el abismo. Ese yo sujeto absoluto, es luego un ser que existe simplemente porque se pone a sí mismo; es un ser que se crea a sí propio, que lo absorbe todo, que lo es todo, que se revela en la conciencia humana como en una de las infinitas fases que comparten la existencia infinita.

Basta la presente indicación para dar a conocer las tendencias del sistema de Fichte. Tratándose de la certeza y de sus fundamentos no sería oportuno adelantar lo que pienso decir largamente en el lugar que corresponde, al exponer la idea de substancia y refutar el panteísmo.

Este es uno de los graves errores de la filosofía de nuestra época; en todas partes, y bajo todos los aspectos, es menester combatirle; y para hacerlo con fruto conviene detenerle en sus primeros pasos. Por esto, he examinado con detención la reflexión fundamental de Fichte en su «Doctrina de la ciencia»; despojándola de la importancia que el filósofo pretende atribuirle para establecer sobre ella una ciencia trascendental, pues que se lisonjea de poder determinar el principio absolutamente incondicional de todos los conocimientos humanos.

Capítulo VIII. La identidad universal

85. Para dar unidad a la ciencia apelan algunos a la identidad universal; pero esto no es encontrar la unidad, sino refugiarse en el caos.

Por de pronto la identidad universal, cuando no fuese absurda, es una hipótesis destituida de fundamento.

Excepto la unidad de la conciencia, nada encontramos en nosotros que sea uno: muchedumbre de ideas, de percepciones, de juicios, de actos de voluntad, de impresiones las más varias; esto es lo que sentimos en nosotros;

multitud en los seres que nos rodean o si se quiere en las apariencias; esto es lo que experimentamos con relación a los objetos externos. ¿Dónde están pues la unidad y la identidad, si no se las encuentra ni en nosotros, ni fuera de nosotros?

86. Si se dice que todo cuanto se nos ofrece no son más que fenómenos, y que no alcanzamos a la realidad, a la unidad idéntica y absoluta que se oculta debajo de ellos, se puede replicar con el siguiente dilema: o nuestra experiencia se limita a los fenómenos, o llega a la naturaleza misma de las cosas; si lo primero, no podemos saber lo que bajo los fenómenos se esconde, y la unidad idéntica y absoluta nos será desconocida; si lo segundo, luego la naturaleza no es una sino múltipla, pues que encontramos por todas partes la multiplicidad.

87. Es curioso observar la ligereza con que hombres escépticos en las cosas más sencillas, se convierten de repente en dogmáticos, precisamente al llegar al punto donde más motivos se ofrecen de duda. Para ellos el mundo exterior es o una pura apariencia, o un ser que nada tiene de semejante a lo que se figura el linaje humano; el criterio de la evidencia, el del sentido común, el del testimonio de los sentidos son de escasa importancia para obligar al asenso; solo el vulgo debe contentarse con fundamentos tan ligeros: el filósofo necesita otros mucho más robustos. Pero, ¡cosa singular! el mismo filósofo que llamaba a la realidad apariencia engañosa, que veía oscuro lo que el humano linaje considera claro, tan pronto como sale del mundo fenomenal y llega a las regiones de lo absoluto, se encuentra alumbrado por un resplandor misterioso, no necesita discurrir, sino que por una intuición purísima ve lo incondicional, lo infinito, lo único, en que se refunde todo lo múltiplo, la gran realidad cimiento de todos los fenómenos, el gran todo que en su seno tiene la variedad de todas las existencias, que lo reasume todo, que lo absorbe todo en la más perfecta identidad; fija la mirada del filósofo en aquel foco de luz y de vida, ve desarrollarse como en inmensas oleadas el piélago de la existencia, y así explica lo vario por lo uno, lo compuesto por lo simple, lo finito por lo infinito. Para estos prodigios no ha menester salir de sí propio, le basta ir destruyendo todo lo «empírico», remontarse hasta el acto puro, por senderos misteriosos a todos desconocidos menos a él. Ese yo que se creyera una existencia fugaz, dependiente de otra existencia

superior, se asombra al descubrirse tan grande; en sí encuentra el origen de todos los seres, o por mejor decir el ser único del cual todos los demás son modificaciones fenomenales; él es el universo mismo que por un desarrollo gradual ha llegado a tener conciencia de sí propio; todo lo que contempla fuera de sí y que a primera vista le parece distinto, no es más que él mismo, no es más que un reflejo de sí propio, que se presenta a sus ojos y se desenvuelve bajo mil formas como un soberbio panorama. ¿Creerán los lectores que finjo un sistema para tener el gusto de combatirle? nada de eso: la doctrina que se acaba de exponer es la doctrina de Schelling.

88. Una de las causas de este error es la oscuridad del problema del conocimiento. El conocer es una acción inmanente y al propio tiempo relativa a un objeto externo, exceptuando los casos en que el ser inteligente se toma por objeto a sí propio con un acto reflejo. Para conocer una verdad sea la que fuere, el espíritu no sale de sí mismo; su acción no se ejerce fuera de sí mismo: la conciencia íntima le está diciendo que permanece en sí y que su actividad se desenvuelve dentro de sí.

Esta acción inmanente se extiende a los objetos más distantes en lugar y tiempo y diferentes en naturaleza.

¿Cómo puede el espíritu ponerse en contacto con ellos? ¿Cómo puede explicarse que estén conformes la realidad y la representación? Sin esta última no hay conocimiento; sin conformidad no hay verdad, el conocimiento es una pura ilusión a que nada corresponde, y el entendimiento humano es continuo juguete de vanas apariencias.

No puede negarse que hay en este problema dificultades gravísimas, quizás insuperables a la ciencia del hombre mientras vive sobre la tierra. Aquí se ofrecen todas las cuestiones ideológicas y psicológicas que han ocupado a los metafísicos más eminentes. Pero como quiera que no es mi ánimo adelantar discusiones que pertenecen a otro lugar, me limitaré al punto de vista indicado por la cuestión que examino sobre la certeza y su principio fundamental.

89. Que existe la representación es un hecho atestiguado por el sentido íntimo; sin ella no hay pensamiento; y la afirmación «yo pienso», es, si no el origen de toda filosofía, al menos su condición indispensable.

90. ¿De dónde viene la representación? ¿Cómo se explica que un ser se ponga en tal comunicación con los demás, y no por una acción transitiva sino inminente? ¿Cómo se explica la conformidad entre la representación y los objetos? Este misterio, ¿no está indicando que en el fondo de todas las cosas hay unidad, identidad, que el ser que conoce es el mismo ser conocido que se aparece a sí propio bajo distinta forma, y que todo lo que llamamos realidades no son más que fenómenos de un mismo ser siempre idéntico, infinitamente activo, que desenvuelve sus fuerzas en sentidos varios, constituyendo con su desarrollo ese conjunto que llamamos universo? No: no es así, no puede ser así, esto es un absurdo que la razón más extraviada no alcanza a devorar; este es un recurso tan desesperado como impotente para explicar un misterio si se quiere, pero mil veces menos oscuro que el sistema con que se le pretende aclarar.

91. La identidad universal nada explica, más bien confunde; no disipa la dificultad, la robustece, la hace insoluble. Es cierto que no es fácil dar razón del modo con que se ofrece al espíritu la representación de cosas distintas de él; pero no es más fácil el darla de cómo el espíritu puede tener representación de sí propio. Si hay unidad, sí hay completa identidad, entre el sujeto y el objeto, ¿cómo es que los dos se nos ofrecen cual cosas distintas? de la unidad ¿cómo sale esta dualidad? de la identidad ¿cómo puede nacer la diversidad?

Es un hecho atestiguado por la experiencia, y no por la experiencia de los objetos exteriores, sino por la del sentido íntimo, por lo más recóndito de nuestra alma, que en todo conocimiento hay sujeto y objeto, percepción y cosa percibida, y sin esta diferencia no es posible el conocimiento. Aun cuando por un esfuerzo de reflexión nos tomamos por objetos a nosotros mismos, la dualidad aparece; si no existe la fingimos, pues sin esta ficción no alcanzamos a pensar.

92. Si bien se observa, aun en la reflexión más íntima y concentrada, la dualidad se halla, no por ficción como a primera vista pudiera parecer, sino realmente. Cuando la inteligencia se vuelve sobre sí misma, no ve su esencia, pues no le es dada la intuición directa de sí propia; lo que ve son sus actos, y a estos toma por objeto. Ahora bien; el acto reflexivo no es el mismo acto reflexionado; cuando pienso que pienso, el primer pensar es distinto del se-

gundo, y tan distinto, que el uno sucede al otro, no pudiendo existir el pensar reflexivo, sin que antes haya existido el pensar reflexionado.

93. Un profundo análisis de la reflexión confirma lo que se acaba de explicar. ¿Es posible reflexionar sin objeto reflexionado? Es evidente que no. ¿Cuál es este objeto en el caso que nos ocupa? El pensamiento propio; luego este pensamiento ha debido preexistir a la reflexión. Si se supone que no hay necesidad de que se sucedan en diferentes instantes de tiempo, y que la dependencia se salva a pesar de la simultaneidad, todavía queda en pie la fuerza del argumento; dado y no concedido que lo simultaneidad sea posible, no lo es al menos la dependencia, si no hay distinción. La dependencia es una relación; la relación supone oposición de extremos; y esta oposición trae consigo la distinción.

94. Que estos actos son distintos, aun cuando se supongan simultáneos, se puede demostrar todavía de otra manera. Uno de ellos, el reflexionado, puede existir sin el reflexivo. Se piensa continuamente sin pensar en que se piensa; y de toda reflexión sea la que fuere, se puede verificar lo mismo, ya sea no presentándose ella para ocuparse del acto pensado, ya desapareciendo y dejando solo al acto directo: luego estos actos son no solo distintos sino separables; luego la dualidad de sujeto y de objeto existe no solo con respecto al mundo exterior, sino en lo más íntimo, en lo más puro de nuestra alma.

95. No vale decir que la reflexión no tiene por objeto un acto determinado, sino el pensamiento en general.

Esto es falso en muchos casos, pues no solo pensamos que pensamos, sino que pensamos una cosa determinada. Además, aun cuando la reflexión tenga por objeto algunas veces el pensamiento en general, ni aun entonces la dualidad desaparece: el acto subjetivo es en tal caso un acto individual, que existe en determinado instante de tiempo, y su objeto es el pensamiento en general, es decir, una idea representante de todo pensamiento, una idea que envuelve una especie de recuerdo confuso de todos los actos pasados, o de eso que se llama actividad, fuerza intelectual. La dualidad existe pues, más evidente sí cabe, que cuando el objeto es un pensamiento determinado. En un caso se comparaban al menos dos actos individuales; mas en este se compara un acto individual con una idea abstracta, una cosa que existe en un instante de tiempo, con una idea que o prescinde de él, o abarca confusamente todo el trascurrido desde la época en que ha comenzado la conciencia del ser que reflexiona.

96. Estas razones tienen mucha más fuerza dirigiéndose contra filósofos que ponen la esencia del espíritu, no en la fuerza de pensar, sino en el pensamiento mismo, que no dan al yo más existencia de la que nace de su propio conocimiento, afirmando que solo existe porque se pone a sí mismo conociéndose, y que solo existe en cuanto se «pone», es decir, en cuanto se conoce. Con este sistema no solo existe la dualidad o más bien la pluralidad en los actos, sino en el mismo «yo»; porque ese yo es un acto, y los actos se suceden como una serie de fluxiones desenvueltas hasta lo infinito. Así, lejos de salvarse la unidad absoluta, ni la identidad entre el sujeto y el objeto, se establece la pluralidad y multiplicidad en el sujeto mismo; y la misma unidad de conciencia, en peligro de ser rasgada por las cavilaciones filosóficas, tiene que guarecerse a la sombra de la invencible naturaleza.

97. Queda probado pues de una manera incontestable, que hay en nosotros una dualidad primitiva entre el sujeto y el objeto; que sin esta no se concibe el conocimiento; y que la representación misma es una palabra contradictoria, si de un modo u otro no se admiten en los arcanos de la inteligencia cosas realmente distintas.

Permítaseme recordar que de esta distinción hallamos un tipo sublime en el augusto misterio de la Trinidad, dogma fundamental de nuestra sacrosanta religión, cubierto con un velo impenetrable, pero de donde salen torrentes de luz para ilustrar las cuestiones filosóficas más profundas. Este misterio no es explicado por el débil hombre; pero es para el hombre una explicación sublime. Así Platón se apoderó de las vislumbres de aquel arcano como de un tesoro de inmenso valor para las teorías filosóficas; así los santos padres y los teólogos al esforzarse por aclararle con algunas razones de congruencia, han ilustrado los más recónditos misterios del pensamiento humano.

98. Los sostenedores de la identidad universal a más de contradecir uno de los hechos primitivos y fundamentales de la conciencia, no adelantan nada para explicar ni el origen de la representación intelectual, ni su conformidad con los objetos. Es evidente que ningún hombre posee la intuición de la naturaleza del yo individual, y mucho menos del ser absoluto que estos

filósofos suponen como el «substratum», de todo lo que existe o aparece. Sin esta intuición, no les será posible explicar «a priori» la representación de los objetos, ni tampoco la conformidad de estos con aquella. El hecho pues en que se quiere cimentar toda la filosofía, o no existe, o nos es desconocido, en ambos casos no puede servir para fundar un sistema.

Si este hecho existiese no se podría presentar a nuestro entendimiento por medio de una enunciación a que llegásemos por raciocinio. Ha de ser más bien visto que conocido; o ha de ocupar el primer lugar o ninguno.

Si empezamos por raciocinar sin tomarle a él por fundamento, estribamos en lo aparente para llegar a lo verdadero; nos valemos de la ilusión para alcanzar la realidad. Así resulta evidentemente del sistema de nuestros adversarios, que, o la filosofía debe comenzar por la intuición más poderosa que imaginarse pueda, o no le es dable adelantar un paso.

99. Las escuelas distinguían entre el principio de ser y el de conocer, «principium essendi et principium cognoscendi»; mas esta distinción no tiene cabida en el sistema filosófico que impugnamos; el ser se confunde con el conocer; lo que existe, existe porque se conoce, y solo existe en cuanto se conoce. Deducir la serie de los conocimientos es desenvolver la serie de la existencia. No hay ni siquiera dos movimientos paralelos, no hay más que un movimiento; el yo es el universo, el universo es el «yo»; todo cuanto existe es un desarrollo del hecho primitivo, es el mismo hecho que se despliega ofreciendo diferentes formas, extendiéndose como un océano infinito: su lugar es un espacio sin límites, su duración la eternidad.

Capítulo IX. Continúa el examen del sistema de la identidad universal

100. Estos sistemas tan absurdos como funestos, y que bajo formas distintas y por diversos caminos, van a parar al panteísmo, encierran no obstante una verdad profunda, que desfigurada por vanas cavilaciones, se presenta como un abismo de tinieblas, cuando en sí es un rayo de vivísima luz.

El espíritu humano busca con el discurso lo mismo a que le impele un instinto intelectual: el modo de reducir la pluralidad a la unidad, de recoger por decirlo así la variedad infinita de las existencias en un punto del cual todas dimanen y en que se confundan. El entendimiento conoce que lo condicional ha de refundirse en lo incondicional, lo relativo en lo absoluto, lo finito en lo infinito, lo múltiplo en lo uno. En esto convienen todas las religiones, todas las escuelas filosóficas. La proclamación de esta verdad no pertenece a ninguna exclusivamente; se la encuentra en todos los países del mundo, en los tiempos primitivos, junto a la cuna de la humanidad. Tradición bella, tradición sublime, que conservada al través de todas las generaciones, entre el flujo y reflujo de los acontecimientos, nos presenta la idea de la divinidad presidiendo al origen y al destino del universo.

101. Sí: la unidad buscada por los filósofos es la Divinidad misma, es la Divinidad cuya gloria anuncia el firmamento y cuya faz augusta nos aparece en lo interior de nuestra conciencia con resplandor inefable. Sí: ella es la que ilumina y consuela al verdadero filósofo, y ciega y perturba al orgulloso sofista; ella es la que el verdadero filósofo llama Dios, a quien acata y adora en el santuario de su alma, y la que el filósofo insensato apellida el yo con profanación sacrílega; ella es la que considerada con su personalidad, con su conciencia, con su inteligencia infinita, con su perfectísima libertad, es el cimiento y la cúpula de la religión; ella es la que distinta del mundo le ha sacado de la nada, la que le conserva, le gobierna, le conduce por misteriosos senderos al destino señalado en sus decretos inmutables.

102. Hay pues unidad en el mundo; hay unidad en la filosofía; en esto convienen todos; la diferencia está en que unos separan con muchísimo cuidado lo infinito de lo finito, la fuerza creatriz de la cosa creada, la unidad de la multiplicidad, manteniendo la comunicación necesaria entre la libre voluntad del agente todopoderoso y las existencias finitas, entre la sabiduría de la soberana inteligencia y la ordenada marcha del universo; mientras los otros tocados de una ceguera lamentable, confunden el efecto con la causa, lo finito con lo infinito, lo vario con lo uno; y reproducen en la región de la filosofía el caos de los tiempos primitivos; pero todo en dispersión, todo en confusión espantosa, sin esperanza de reunión ni de orden: la tierra de esos filósofos está vacía, las tinieblas yacen sobre la faz del abismo, mas no hay el espíritu de Dios llevado sobre las aguas para fecundar el caos y hacer que surjan de las sombras y de la muerte piélagos de luz y de vida.

Con los absurdos sistemas excogitados por la vanidad filosófica, nada se aclara; con el sistema de la religión que es al propio tiempo el de la sana filosofía y el de la humanidad entera, todo se explica; el mundo de las inteligencias como el mundo de los cuerpos es para el espíritu humano un caos desde el momento en que desecha la idea de Dios; ponedla de nuevo, y el orden reaparece.

103. Los dos problemas capitales: ¿de dónde nace la representación intelectual? ¿De dónde su conformidad con los objetos? tienen entre nosotros una explicación muy sencilla. Nuestro entendimiento aunque limitado, participa de la luz infinita: esta luz no es la que existe en el mismo Dios, es una semejanza comunicada a un ser, criado a imagen del mismo Dios.

Con el auxilio de esta luz resplandecen los objetos a los ojos de nuestro espíritu; ya sea que aquellos estén en comunicación con este por medios que nos son desconocidos; ya sea que la representación nos haya sido dada directamente por Dios a la presencia de los objetos.

La conformidad de la representación con la cosa representada, es un resultado de la veracidad divina. Un Dios infinitamente perfecto no puede complacerse en engañar a sus criaturas. Esta es la teoría de Descartes y Malebranche: pensadores eminentes que no sabían dar un paso en el orden intelectual sin dirigir una mirada al Autor de todas las luces, que no acertaban a escribir una página donde no pusiesen la palabra Dios.

104. Como veremos en su lugar, admitía Malebranche que el hombre lo ve todo en Dios mismo, aun en esta vida; pero su sistema lejos de identificar el yo humano con el ser infinito, los distinguía cuidadosamente, no encontrando otro medio para sostener e iluminar al primero que acercarle y unirle al segundo. Basta leer la obra inmortal del insigne metafísico para convencerse de que su sistema no era el de esa intuición primitiva, purísima, que es un acto despegado de todo empirismo, y que parece salir de las regiones de la individualidad, de esa intuición del hecho simple, origen de todas las ideas y de todos los hechos, y en que, uno de los dogmas de nuestra religión; la visión beatífica, parece realizado sobre la tierra, en la región de la filosofía. Estas son pretensiones insensatas, que estaban muy lejos del ánimo y del sistema de Malebranche.

Capítulo X. El problema de la representación. Mónadas de leibnitz

105. La pretensión de encontrar una verdad real en que se funden todas las demás, es sumamente peligrosa, por más que a primera vista parezca indiferente. El panteísmo o la divinización del «yo», dos sistemas que en el fondo coinciden, son una consecuencia que difícilmente se evita, si se quiere que toda la ciencia humana nazca de un hecho.

106. La verdad real, o el hecho que serviría de base a toda ciencia, debiera ser percibido inmediatamente.

Sin esta inmediación le faltaría el carácter de origen y cimiento de las demás verdades; pues que el medio con que le percibiríamos, tendría más derecho que él al título de verdad primera. Si este hecho mediador fuese causa del otro, es evidente que este último no sería el primero; y si la anterioridad no se refiriese al orden de ser sino de conocer, entonces resultarían las mismas dificultades que tenemos ahora para explicar la transición del sujeto al objeto, o sea la legitimidad del medio que nos haría percibir el hecho primitivo.

Siendo necesaria la inmediación, la unión íntima de la inteligencia con el hecho conocido, claro es que como esta inmediación no la tiene el yo sino para sí mismo y para sus propios actos, el hecho buscado ha de ser el mismo yo. Lo que tenemos inmediatamente presente son los hechos de nuestra conciencia; por ellos nos ponemos en comunicación con lo que es distinto de nosotros mismos. En el caso pues de deberse encontrar un hecho primitivo origen de todos los demás, este hecho sería el mismo yo. En no admitiendo esta consecuencia, es necesario declarar inadmisible la posibilidad de encontrar el hecho fuente de la ciencia trascendental. He aquí como las pretensiones filosóficas en apariencia más inocentes, conducen a resultados funestos.

107. Hay aquí un efugio, bien débil por cierto, pero que es bastante especioso para que merezca ser examinado.

El hecho, origen científico de todos los demás, no es necesario que sea origen verdadero. Distinguiendo entre el principio de ser y el principio de conocer, parecen quedar salvadas todas las dificultades. Es absurdo, y además contrario al sentido común, que el yo sea origen de todo lo que existe; pero no lo es que sea principio representativo de todo lo que se conoce y se puede conocer. La representación no es sinónima de causalidad.

Las ideas representan y no causan los objetos representados. ¿Por qué pues no se podría admitir que existe un hecho representativo de todo lo que el humano entendimiento puede conocer? Es cierto que la percepción de este hecho ha de ser inmediata, que se le ha de suponer íntimamente presente a la inteligencia que le percibe, por cuyo motivo no puede ser otra cosa que el mismo «yo»; pero esto no diviniza al «yo», solo le concede una fuerza representativa que puede haberle sido comunicada por un ser superior. Hace del «yo», no una causa universal, sino un espejo en que reflejan el mundo interno y el externo.

Esta explicación recuerda el famoso sistema de las mónadas de Leibnitz, sistema ingenioso, arranque sublime de uno de los genios más poderosos que honraron jamás al humano linaje. El mundo entero formado de seres indivisibles, todos representativos del mismo universo del cual forman parte, pero con representación adecuada a su categoría respectiva y con arreglo al punto de vista que les corresponde según el lugar que ocupan; desenvolviéndose en una serie inmensa que principiando por el orden más inferior va subiendo en gradación continua hasta los umbrales de lo infinito; y en la cúspide de todas las existencias la mónada que contiene en sí la razón de todas, que las ha sacado de la nada, les ha dado la fuerza representativa, las ha distribuido en sus convenientes categorías estableciendo entre todas ellas una especie de paralelismo de percepción, de voluntad, de acción, de movimiento, de tal suerte que sin comunicarse nada las unas a las otras, marchen todas en la más perfecta conformidad, en inefable armonía; esto es grande, esto es bello, esto es asombroso, esta es una hipótesis colosal que solo concebir pudiera el genio de Leibnitz.

108. Pagado este tributo de admiración al eminente autor de la «Monadología», advertiré que su concepción gigantesca es solo una hipótesis que todos los recursos del talento de su inventor no bastaron a fundar en ningún hecho que le diera visos de probabilidad. Prescindiré también de las dificultades gravísimas que, contra la voluntad del autor sin duda, ofrece esta hipó-

tesis a la explicación del libre albedrío: me ceñiré al examen de las relaciones de dicho sistema con la cuestión que me ocupa.

En primer lugar, siendo la representación de las mónadas una mera hipótesis, no sirve para explicar nada, a no ser que la filosofía se convierta en un juego de combinaciones ingeniosas. El yo es una mónada, esto es, una unidad indivisible; en esto no cabe duda; el yo es una mónada representativa del universo; esta es una afirmación absolutamente gratuita. Hasta que se la pruebe de un modo u otro, tenemos derecho a no querer ocuparnos de ella.

109. Pero supongamos que la fuerza representativa tal como la entiende Leibnitz, exista en el «yo»; esta hipótesis no destruye lo que se ha dicho contra el origen primitivo de la ciencia trascendental. Si bien se observa, la hipótesis de Leibnitz explica el origen de las ideas, más no su enlace. Hace del alma un espejo en que por efecto de la voluntad creatriz, se representa todo; pero no explica el orden de estas representaciones, no da razón de cómo unas nacen de otras, ni les señala otro vínculo que la unidad de la conciencia. Este sistema pues, se halla fuera de la cuestión; no disputamos sobre el modo con que las representaciones existen en el alma, ni sobre la procedencia de ellas, sino que examinamos la opinión que pretende fundar toda la ciencia en un solo hecho, desenvolviendo todas las ideas, como simples modificaciones del mismo. Esto jamás lo ha dicho Leibnitz; ni en sus obras se encuentra nada que indique semejante pensamiento. Además, las diferencias entre el sistema del autor de la Monadología y el de los filósofos alemanes que estamos impugnando, son demasiado palpables para que puedan ocultarse a nadie.

1.º Tan lejos está Leibnitz de la identidad universal, que establece una pluralidad y multiplicidad infinitas: sus mónadas son seres realmente distintos y diferentes entre sí.

2.º Todo el universo compuesto de mónadas ha procedido según Leibnitz, de una mónada infinita; y esta procedencia no es por emanación sino por creación.

3.º En la mónada infinita o en Dios, pone Leibnitz la razón suficiente de todo.

4.º El conocimiento les ha sido dado a las mónadas libremente por el mismo Dios.

5.º Dicho conocimiento y la conciencia de él, les pertenece a las mónadas individualmente, sin que Leibnitz pensase ni remotamente en ese «absoluto», fondo de todas las cosas, que con sus transformaciones se eleva de naturaleza a conciencia, o desciende de la región de la conciencia y se convierte en naturaleza.

110. Estas diferencias tan marcadas, no han menester comentarios; ellas manifiestan hasta la última evidencia que los filósofos alemanes modernos no pueden escudarse con el nombre de Leibnitz; bien que a decir verdad no es este el flaco de esos filósofos; lejos de buscar guías, todos aspiran a la originalidad, siendo esta una de las principales causas de sus extravagancias. Hegel, Schelling y Fichte todos pretenden ser fundadores de una filosofía; y Kant abrigaba la misma ambición, hasta el punto de hacer alteraciones gravísimas en su segunda edición de la «Crítica de la razón pura», por temor de que se le tuviese por plagiario del idealismo de Berkeley.

Capítulo XI. Examen del problema de la representación

111. Todo lo conocemos por la representación; sin ella el conocimiento es inconcebible; no obstante ¿qué es la representación considerada en sí? Lo ignoramos; nos ilumina para lo demás, pero no para conocerla a ella misma.

Bien se echa de ver que no disimulo las gravísimas dificultades que ofrece la solución del presente problema; por el contrario las señalo con toda claridad para evitar desde el principio la vana presunción, que pierde en las ciencias como en todo. Mas no se crea que intente desterrar esta cuestión del dominio de la filosofía; opino que las dificultades aunque son muchas y espinosas, permiten sin embargo conjeturas bastante probables.

112. La fuerza representativa puede dimanar de tres fuentes: identidad, causalidad, idealidad. Me explicaré.

Una cosa puede representarse a sí misma; esta representación es la que llamo de identidad. Una causa puede representar a sus efectos; esto entiendo por representación de causalidad. Un ser, substancia o accidente, puede ser representativo de otro, distinto de él y que no es su efecto; a este llamo representación de idealidad.

No veo que puedan señalarse otras fuentes de la representación; y así teniendo la división por completa, voy a examinar sus tres partes, llamando muy especialmente sobre este punto la atención del lector, por ser uno de los más importantes de la filosofía.

113. Lo que representa ha de tener alguna relación con la cosa representada. Esencial o accidental, propia o comunicada, la relación ha de existir. Dos seres que no tienen absolutamente ninguna relación, y sin embargo, el uno representante del otro, son una monstruosidad. Nada hay sin razón suficiente; y no existiendo ninguna relación entre el representante y el representado, no habría razón suficiente de la representación.

Téngase en cuenta que por ahora prescindo de la naturaleza de esta relación, no afirmo que sea real ni ideal, solo digo que entre lo representante y lo representado ha de haber algún vínculo sea el que fuere. Sus misterios, su incomprensibilidad, no destruirían su existencia. La filosofía será impotente quizás para explicar el enigma, pero es bastante a demostrar que el vínculo existe. Así es que prescindiendo de toda experiencia, se puede demostrar «a priori» que hay una relación entre el yo y los demás seres, por el mero hecho de existir la representación de estos en aquel.

La incesante comunicación en que están las inteligencias entre sí y con el universo, prueba que hay un punto de reunión para todo. La sola representación es de ello una prueba incontestable; tantos seres en apariencia dispersos e indiferentes unos a otros, están íntimamente unidos en algún centro; por manera que el simple fenómeno de la inteligencia nos conduce a la afirmación del vínculo común, de la unidad en que se enlaza la pluralidad. Esta unidad es para los panteístas la identidad universal, para nosotros es Dios.

114. Adviértase que esta relación entre lo representante y lo representado, no es necesario que sea directa o inmediata; basta que sea con un tercero; así han de admitirla tanto los que explican la representación por la identidad, como los que dan razón de ella por las ideas intermedias, sin que para el caso presente, haya ninguna diferencia entre los que las consideran producidas por la acción de los objetos sobre nuestro espíritu, y los que las hacen dimanar inmediatamente de Dios.

115. Todo la que representa contiene en cierto modo la cosa representada; esta no puede tener carácter de tal si de alguna manera no se halla en la representación. Puede ser ella misma o una imagen suya, pero esta imagen no representará al objeto si no se sabe que es imagen. Toda idea pues, encierra la relación de objetividad, de otro modo no representaría al objeto, sino a sí misma. El acto de entender es inmanente, pero de tal modo que el entendimiento sin salir de sí, se apodera del objeto mismo. Cuando pienso en un astro colocado a millones de leguas de distancia, mi espíritu no va ciertamente al punto donde el astro se halla; pero por medio de la idea salva en un instante la inmensa distancia y se une con el astro mismo. Lo que percibe, no es la idea sino el objeto de ella; si esta idea no envolviese una relación al objeto, dejaría de ser idea para el espíritu, no le representaría nada, a no ser que se representase a sí misma.

116. Hay pues en toda percepción una unión del ser que percibe con la cosa percibida; cuando esta percepción no es inmediata, el medio ha de ser tal que contenga una relación necesaria al objeto; se ha de ocultar a sí propio para no ofrecer a los ojos del espíritu sino la cosa representada. Desde el momento que él se presenta, que es visto o solamente advertido, deja de ser idea y pasa a ser objeto. Es la idea un espejo que será tanto más perfecto cuanto más completa produzca la ilusión. Es necesario que presente los objetos solos, proyectándolos a la conveniente distancia, sin que el ojo vea nada del cristalino plano que los refleja.

117. Esta unión de lo representante con lo representado, de lo inteligente con lo entendido, puede explicarse en algunos casos por la identidad. En general no se descubre ninguna contradicción en que una cosa se represente a sí misma a los ojos de una inteligencia, si se supone que de un modo u otro estén unidas. En el caso pues de que la cosa conocida sea ella misma inteligente, no se ve ninguna dificultad en que ella sea para sí misma su propia representación y que de consiguiente se confundan en un mismo ser la idealidad y la realidad.

Si una idea puede representar a un objeto, ¿por qué este no se podrá representar a sí mismo? si un ser inteligente puede conocer un objeto, mediante una idea, ¿por qué no le podrá conocer inmediatamente? La unión de la cosa entendida con la inteligente será para nosotros un misterio, es verdad; ¿pero lo es menos la unión, que se hace por medio de la idea? A esta se puede objetar todo lo que se diga contra la cosa misma; y aun si bien se considera, más inexplicable es el que una cosa represente a otra, que no que se represente a sí misma. Lo representante y lo representado tienen entre sí una especie de relación de continente y contenido; fácilmente se concibe que lo idéntico se contenga a sí mismo, pues que la identidad expresa mucho más que el contener; pero no se concibe tan bien cómo el accidente puede contener a la substancia, lo transitorio a lo permanente, lo ideal a lo real. Es pues la identidad un verdadero principio de representación.

118. Aquí advertiré lo siguiente, que es muy necesario para evitar equivocaciones.

1.º No afirmo la relación necesaria entre la identidad y la representación; de lo contrario se afirmaría que todo ser ha de ser representativo, ya que todo ser es idéntico consigo mismo. Establezco esta proposición: «la identidad puede ser origen de representación»; pero niego las siguientes: «la identidad es origen necesario de representación»; «la representación es signo de identidad».

2.º Nada determino con respecto a la aplicación de las relaciones entre la representación y la identidad en lo que concierne a los seres finitos.

3.º Prescindo de la dualidad que existe por solo suponer sujeto y objeto, y no entro en ninguna cuestión sobre la naturaleza de esta dualidad.

119. Fijadas las ideas, advertiré que tenemos una prueba irrecusable de que no hay repugnancia intrínseca entre la identidad y la representación, en dos dogmas de la religión católica; el de la visión beatífica y el de la inteligencia divina. El dogma de la visión beatífica nos enseña que el alma humana en la mansión de los bienaventurados, está unida íntimamente con Dios, viéndole cara a cara, en su misma esencia. Nadie ha dicho que esta visión se hiciese por medio de una idea, antes bien los teólogos enseñan lo contrario, entre ellos Santo Tomás. Tenemos pues la identidad unida con la representación, es decir la esencia divina representándose o más bien presentándose a sí propia a los ojos del espíritu humano. El dogma de la inteligencia divina nos enseña que Dios es infinitamente inteligente. Dios, para entender, no sale de sí mismo, no se vale de ideas distintas, se ve a sí mismo en su esencia. Dios no se distingue de su esencia; tenemos pues la

identidad unida con la representación, y el ser inteligente identificado con la cosa entendida.

Capítulo XII. Inteligibilidad inmediata

120. No todas las cosas tienen representación activa ni aun pasiva; quiero decir que no todas están dotadas de actividad intelectual, ni son aptas para terminar el acto del entendimiento ni aun pasivamente.

Por lo tocante a la fuerza de representación activa, que en el fondo no es más que la capacidad de entender, es evidente que son muchos los seres destituidos de ella. Alguna mayor dificultad puede haber con respecto a la representación pasiva o a la disposición para ser objeto inmediato de la inteligencia.

121. Un objeto no puede ser conocido inmediatamente, es decir, sin la mediación de una idea, si el propio no hace las veces de esta idea, uniéndose al entendimiento que lo ha de conocer. Esta sola razón quita a todas las cosas materiales el carácter de inmediatamente inteligibles, por manera que fingiendo un espíritu a quien no se hubiese dado una idea del universo corpóreo, nada conocería de este aunque estuviese en medio del mismo por toda la eternidad.

Resulta de esto que la materia no es ni puede ser ni inteligente ni inteligible; las ideas que tenemos de ella han dimanado de otra parte; sin cuyo auxilio podríamos estar ligados a la misma, sin conocerla nunca, ni sospechar que existiese.

122. Aquí se me ofrece la oportunidad de exponer una doctrina de Santo Tomás sumamente curiosa. Este metafísico eminente es de parecer que requiere más perfección el ser inmediatamente inteligible que el ser inteligente, de manera que el alma humana dotada de la inteligencia no posee la inteligibilidad.

En la primera parte de la Suma teológica, cuestión 87, artículo 1.º, pregunta el Santo Doctor si el alma se conoce a sí misma por su esencia, y responde que no, apoyando su opinión de la manera siguiente. Las cosas son inteligibles en cuanto están en acto y no en cuanto están en potencia; lo que cae bajo el conocimiento es el ser, lo verdadero, en cuanto está en acto, así como la vista percibe, no lo que puede ser colorado, sino lo que lo es.

De esto se sigue que las substancias inmateriales en tanto son inteligibles por su esencia, en cuanto están en acto, y así la esencia de Dios; que es un acto puro y perfecto, es absoluta y perfectamente inteligible por sí misma, y de aquí es que por ella Dios se conoce a sí mismo y a todas las cosas. La esencia del ángel pertenece al género de las cosas inteligibles en cuanto es acto; pero como no es acto puro ni completo, su entender no se completa por su esencia. Pues aunque el ángel se conozca a sí mismo por su esencia, no conoce las demás cosas sino por ideas que las representan. El entendimiento humano, en el género de las cosas inteligibles, se halla como un ser en potencia tan solamente, por lo cual considerado en su esencia tiene facultad para entender más no para ser entendido, sino en cuanto se pone en acto. Por esta causa los platónicos señalaron a los seres inteligibles un rango superior a los entendimientos, porque el entendimiento no entiende sino por la participación inteligible; y según ellos, el que participa es menos perfecto que la cosa participada. Si pues el entendimiento humano se pusiese en acto por la participación de las formas inteligibles separadas como opinaron los platónicos, el entendimiento humano se conocería a sí mismo por la participación de ellas; pero como es natural a nuestro entendimiento en la presente vida el entender con relación a las cosas sensibles, no se pone en acto sino por las ideas sacadas de la experiencia sensible por la luz del entendimiento agente que es el acto de las cosas inteligibles; y así el entendimiento no se conoce por su esencia sino por su propio acto.

Esta es en substancia, la doctrina de Santo Tomás; que más bien he traducido que no extractado.

El cardenal Cayetano, uno de los entendimientos más penetrantes y sutiles que han existido jamás, pone sobre este lugar un comentario digno del texto. He aquí sus palabras: «de lo dicho en el texto resultan dos cosas. 1.ª Que nuestro entendimiento tiene por sí mismo la facultad de entender. 2.ª Que no tiene la de ser entendido; de donde se sigue que el orden de los entendimientos es inferior al de las cosas inteligibles; pues que si la perfección que de sí tiene nuestro entendimiento le basta para entender, mas no para ser entendido, se infiere que se necesita más perfección para ser entendido que para entender. Y como Santo Tomás veía que así resultaba de lo dicho, y esto a primera vista no parece ser verdad, antes se le podía objetar lo mismo como un inconveniente, por esto excluye semejante aprehensión manifestando que así lo debían admitir no solo los peripatéticos, en cuya doctrina se fundaba, sino también los platónicos».

Más abajo, respondiendo a una dificultad de Escoto, llamado el doctor sutil, añade: «Para entender se necesita entendimiento e inteligible. La relación de aquel a este es la de lo perfectible a la propia perfección; pues que el estar el entendimiento en acto consiste en que él sea la misma cosa inteligible según se ha dicho antes; de donde se sigue que los seres inmateriales se distribuyen en dos órdenes, inteligibles e inteligentes. Y como el ser inteligible consiste un ser inmaterialmente perfectivo; resulta que una cosa en tanto es inteligible, en cuanto es inmaterialmente perfectiva. Que la inteligibilidad exija la inmaterialidad lo demuestra el que las cosas materiales no son inteligibles sino en cuanto están abstraídas de la materia... Se ha manifestado más arriba que una cosa es inteligente en cuanto es no solo ella misma sino las otras en el orden ideal; este modo de ser es en acto o en potencia, y así no es más que ser perfeccionado o perfectible por la cosa entendida».

123. Esta teoría será más o menos sólida, pero de todos modos es algo más que ingeniosa; suscita un nuevo problema filosófico de la más alta importancia: señalar las condiciones de la inteligibilidad. Además tiene la ventaja de estar acorde con un hecho atestiguado por la experiencia, cual es, la dificultad que siente el espíritu en conocerse a sí propio. Si fuese inteligible inmediatamente, ¿por qué no se conoce a sí mismo? ¿Qué condición le falta? ¿Acaso la presencia íntima? tiene no solo la presencia sino la identidad. ¿Por ventura el esfuerzo para conocerse? la mayor parte de la filosofía no tiene otro fin que este conocimiento. Negando al alma la inteligibilidad inmediata se explica por qué es tanta la dificultad que envuelven las investigaciones ideológicas y psicológicas, señalándose la razón de la oscuridad que sentimos al pasar de los actos directos a los reflejos.

124. La opinión de Santo Tomás sobre no ser una simple conjetura, por fundarse en algún modo sobre un hecho, puede apoyarse en una razón que en mi concepto la robustece mucho, y que tal vez puede ser mirada como una ampliación de la señalada más arriba.

Para ser una cosa inmediatamente inteligible es menester suponerle dos calidades, 1.ª La inmaterialidad. 2.ª La actividad necesaria para operar sobre el ser inteligente. Esta actividad es indispensable; porque si bien se observa, en la operación de entender, la acción nace de la idea; el entendimiento en cierto modo está pasivo.

Cuando la idea se ofrece, no es posible no entender; y cuando falta, es imposible entender; la idea pues fecunda al entendimiento, y este sin aquella nada puede. Por consiguiente si admitimos que un ser puede servir de idea a un entendimiento, es necesario que le concedamos una actividad para excitar la operación intelectual y que por tanto le hagamos superior al entendimiento excitado.

De esta suerte se explica por qué nuestro entendimiento, al menos mientras nos hallamos en esta vida, no es inteligible por sí mismo para sí mismo. La experiencia atestigua que su actividad ha menester excitación.

Entregado a sí propio como que duerme: es uno de los hechos psicológicos más constantes la falta de actividad en nuestro espíritu, cuando no han precedido influencias excitantes.

No es esto decir que estemos destituidos de espontaneidad, y que ninguna acción sea posible sin una causa externa determinante; pero sí que el mismo desarrollo espontáneo no existiría, si anteriormente no hubiésemos estado sometidos al influjo de causas que han despertado nuestra actividad. Podemos aprender cosas que no se nos enseñan; pero nada podríamos aprender si al primitivo desarrollo de nuestro espíritu no hubiese presidido la enseñanza. Hay en nuestro espíritu muchas ideas que no son sensaciones ni pueden haber dimanado de ellas, es verdad; pero también lo es que un hombre que careciese de todos los sentidos, nada pensaría por faltarle a su espíritu la causa excitante.

125. Me he detenido en la explicación del problema de la inteligibilidad, porque en mi concepto es poco menos importante que el de la inteligencia, por más que no se le vea tratado cual merece en las obras filosóficas. Ahora voy a reducir la doctrina anterior a proposiciones claras y sencillas; ya para que el lector se forme de ella concepto más cabal; ya también para deducir algunas consecuencias que no se han tocado en la exposición, o han sido solamente indicadas.

1.ª Para ser una cosa inmediatamente inteligible, debe ser inmaterial.

2.ª La materia por sí misma no puede ser inteligible.

3.ª La relación entre los espíritus y los cuerpos, o la representación de estos en aquellos, no puede ser de pura objetividad.

4.ª Es necesario admitir algún otro género de relación con que se explique la unión representativa del mundo de las inteligencias y del mundo corpóreo.

5.ª La representación objetiva inmediata, supone actividad en el objeto.

6.ª La fuerza de representarse un objeto por sí mismo a los ojos de una inteligencia, supone en aquel una facultad de obrar sobre esta.

7.ª Esta facultad de obrar produce necesariamente su efecto; y por consiguiente envuelve una especie de superioridad del objeto sobre la inteligencia.

8.ª Un ser inteligente puede no ser inmediatamente inteligible.

9.ª La inteligibilidad inmediata, parece encerrar mayor perfección que la misma inteligencia.

10.ª Aunque no todo ser inteligente sea inteligible, todo ser inteligible es inteligente.

11.ª Dios, actividad infinita en todos sentidos, es infinitamente inteligente e infinitamente inteligible para sí mismo.

12.ª Dios es inteligible para todos los entendimientos creados, siempre que él quiera presentarse inmediatamente a ellos, fortaleciéndolos y elevándolos de la manera conveniente.

13.ª No hay ninguna repugnancia en que la inteligibilidad inmediata se haya comunicado a algunos espíritus, y por consiguiente el que estos sean inteligibles por sí mismos.

14.ª Nuestra alma mientras está unida al cuerpo, no es inmediatamente inteligible, y solo la conocemos por sus actos.

15.ª En esta falta de inteligibilidad inmediata se encuentra la razón de la dificultad de los estudios ideológicos y psicológicos, y de la oscuridad que experimentamos al pasar del conocimiento directo al reflejo.

16.ª Luego la filosofía del «yo», o la que quiere explicar el mundo interno y externo, partiendo del «yo», es imposible, y comienza por prescindir de uno de los hechos fundamentales de la psicología.

17.ª Luego la doctrina de la identidad universal es absurda también; pues que da a la materia inteligencia e inteligibilidad inmediata, cuando no puede tener ni uno ni otro.

18.ª Luego el espiritualismo es una verdad que nace así de la filosofía subjetiva como de la objetiva, así de la inteligencia como de la inteligibilidad.

19.ª Luego es necesario salir de nosotros mismos y elevarnos además sobre el universo, para encontrar el origen de la representación así subjetiva como objetiva.

20.ª Luego es necesario llegar a una actividad primitiva, infinita, que ponga en comunicación a las inteligencias entre sí y con el mundo corpóreo.

21.ª Luego la filosofía puramente ideológica y psicológica nos conduce a Dios.

22.ª Luego la filosofía no puede comenzar por un hecho único, origen de todos los hechos; sino que debe acabar y acaba por este hecho supremo, por la existencia infinita, que es Dios.

Capítulo XIII. Representación de causalidad y de idealidad

126. A más de la representación por identidad, hay la que he llamado de causalidad. Un ser puede representarse a sí propio; una causa puede representar a sus efectos. La actividad productiva no se concibe si el principio de la acción productriz, no contiene en algún modo a la cosa producida. Por esto se dice que Dios, causa universal de todo lo que existe y puede existir, contiene en sí a todos los seres reales y posibles de una manera virtual eminente. Si un ser puede representarse a sí propio, puede representar también lo que en sí contiene; luego la causalidad, con tal que existan las demás condiciones arriba expresadas, puede ser origen de representación.

127. Aquí haré notar cuán profundo filósofo se muestra Santo Tomás al explicar el modo con que Dios conoce las criaturas. En la Suma teológica cuestión 14, artículo 5, pregunta si Dios conoce las cosas distintas de sí mismo (alia a se) y responde afirmativamente, no porque considere a la esencia divina como un espejo, sino que apelando a una consideración más profunda, busca el origen de este conocimiento en la causalidad.

He aquí en pocas palabras extractada su doctrina. Dios se conoce perfectamente a sí mismo; luego conoce todo su poder y por consiguiente todas las cosas a que este poder se extiende. Otra razón o más bien ampliación de la misma. El ser de la primera causa, es su mismo entender: todos los efectos preexisten en Dios, como en su causa, luego han de estar en él, en un modo inteligible, siendo su mismo entender. Dios pues, se ve a sí mismo por su misma esencia; pero las demás cosas las ve, no en sí mismas sino en sí mismo, en cuanto su esencia contiene la semejanza de todo. La misma doctrina se halla en la cuestión 12 artículo 8.º donde pregunta si los que ven la esencia divina ven en Dios todas las cosas.

128. La representación por idealidad es la que no dimana ni de la identidad de la cosa representante con la representada, ni de la relación de causa con efecto. Nuestras ideas se hallan en este caso, pues ni se identifican con los objetos ni los causan. Nos es imposible saber si a más de esa fuerza representativa que experimentamos en nuestras ideas, existen substancias finitas capaces de representar cosas distintas de ellas y no causadas por ellas. Está por la afirmativa Leibnitz; pero como se ha visto en su lugar, su sistema de las mónadas debe ser considerado como meramente hipotético. Siendo preferible no decir nada a entretenerse en conjeturas que no podrían conducir a ningún resultado, me contentaré con asentar las proposiciones siguientes.

1.ª Si hay algún ser que represente a otro que no sea su efecto, esta fuerza representativa no la tiene propia, le ha sido dada.

2.ª La comunicación de las inteligencias no puede explicarse sino apelando a una inteligencia primera que siendo causa de las mismas, pueda darles la fuerza de influir una sobre otra, y por consiguiente de producirse representaciones.

129. La causalidad puede ser principio de representación, pero no es razón suficiente de ella.

En primer lugar, una causa no será representativa de sus efectos, si ella en sí misma no es inteligible. Así, aun cuando atribuyéramos a la materia una actividad propia, no deberíamos concederle la fuerza de representación de sus efectos, por faltarle la condición indispensable que es la inteligibilidad inmediata.

130. Para que los efectos sean inteligibles en la causa, es necesario que esta tenga completamente el carácter de causa, reuniendo todas las condiciones y determinaciones necesarias para la producción del efecto. Las causas libres no representan a sus efectos porque estos se hallan relativamente

a ellas en la sola esfera de la posibilidad. Puede realizarse la producción, pero no es necesaria; y así en la causa se verá lo posible mas no lo real. Dios conoce los futuros contingentes que dependen de la voluntad humana, no precisamente porque conoce la actividad de esta, sino porque ve en sí mismo, sin sucesión de tiempo, no solo todo lo que puede suceder sino lo que ha de suceder, pues que nada puede existir ni en lo presente ni en lo futuro sin su voluntad o permisión. Conoce también los futuros contingentes dependientes de su sola voluntad, porque desde toda la eternidad sabe lo que tiene resuelto y sus decretos son inmutables e indefectibles.

131. Aun refiriéndonos al orden necesario de la naturaleza, y suponiendo conocida una o más causas secundarias, no es posible ver en ellas todos sus efectos con toda seguridad, a no ser que la causa obrase aisladamente o que junto con ella se conociesen todas las demás. Como la experiencia nos enseña que las partes de la naturaleza están en comunicación íntima y recíproca, no es dado suponer el indicado aislamiento, y por consiguiente la acción de toda causa secundaria está sujeta a la combinación de otras que pueden o impedir su efecto o modificarle. De aquí la dificultad de establecer leyes generales enteramente seguras en todo lo que concierne a la naturaleza.

132. Es de notar que las consideraciones precedentes son una nueva demostración de la absurdidad de la ciencia trascendental, si se la quiere fundar en un hecho del cual dimanen todos los demás. La representación intelectual no se explica sustituyendo la emanación necesaria a la creación libre. Aun suponiendo que la variedad del universo sea puramente fenomenal, no existiendo en el fondo más que un ser siempre idéntico, siempre único, siempre absoluto, no puede negarse que las apariencias están sujetas a ciertas leyes y sometidas a condiciones muy varias. O el entendimiento humano puede ver lo absoluto de tal manera que con una intuición simple descubra todo lo que en él se encierra, todo lo que es y puede ser bajo todas las formas posibles, o está condenado a seguir el desarrollo de lo incondicional, absoluto y permanente, al través de sus formas condicionales, relativas y variables: lo primero, que es una especie de plagio ridículo del dogma de la visión beatífica, es un absurdo tan palpable tratándose del entendimiento en su estado actual, que no merece ni refutación ni contestación; lo secundo

sujeta al entendimiento si todas las fatigas de la observación, destruyendo de un golpe las ilusiones que se le habían hecho concebir prometiéndole la ciencia trascendental.

133. Nuestro entendimiento está sujeto en sus actos a una ley de sucesión, o sea a la idea del tiempo. El mismo hecho domina en la naturaleza; ya sea que así se verifique en la realidad, ya sea que el tiempo deba ser considerado como una condición subjetiva que nosotros trasladamos a los objetos; sea lo que fuere de esta doctrina de Kant, cuyo valor examinaré en el lugar debido, lo cierto es que la sucesión existe, al menos para nosotros, y que de ella no podemos prescindir. En este supuesto, ningún desarrollo infinito puede sernos conocido sino con el auxilio de un tiempo infinito. Así estamos privados por necesidad metafísica, de conocer no solo el desarrollo futuro de lo absoluto, sino el presente y el pasado. Siendo este desarrollo necesario absolutamente, según la doctrina a que me refiero, ha debido precedernos una sucesión infinita; por manera que la organización actual del universo ha de ser mirada como un punto de una escala sin límites que así en lo pasado como en lo futuro no tiene otra medida que la eternidad. Cuál sea el estado actual del mundo no lo podemos saber con sola la observación, sino en una parte muy pequeña, y por tanto nos será preciso sacarlo de la idea de lo absoluto, siguiéndole en su desarrollo infinito. Esto, aun cuando en sí no fuera radicalmente imposible, tiene el inconveniente de que no cabe en el tiempo de vida otorgado a un solo hombre, ni en la suma de los tiempos que han vivido todos los hombres juntos.

134. Pero volvamos a la representación de causalidad. Si bien se observa, la representación ideal va a refundirse en la causal; porque no pudiendo un espíritu tener idea de un objeto que no ha producido, sino en cuanto se la comunica otro espíritu causa de la cosa representada, se infiere que todas las representaciones puramente ideales proceden directa o indirectamente, inmediata o mediatamente, de la causa de los objetos conocidos. Y como por otro lado según hemos visto ya (127), el primer Ser no conoce las cosas distintas de sí mismo, sino en cuanto es causa de ellas, tenemos que la representación de idealidad viene a refundirse en la de causalidad, verificándose en parte el principio de un profundo pensador napolitano, Vico, «la inteligencia solo conoce lo que ella hace».

135. De la doctrina expuesta se siguen dos consecuencias que es preciso notar.

1.º Las fuentes primitivas de representación intelectual son solo dos: identidad y causalidad. La de idealidad es necesariamente derivada de la de causalidad.

2.º En el orden real, el principio de ser es idéntico al principio de conocer. Solo lo que da el ser puede dar el conocimiento; solo lo que da el conocimiento puede dar el ser. La causa primera, en tanto puede dar el conocimiento en cuanto da el ser; representa porque causa.

136. La representación de idealidad, aunque enlazada con la de causalidad, es realmente distinta. Bien que la explicación de su naturaleza pertenezca al tratado de las ideas, no quiero dejar sin alguna aclaración un punto tan íntimamente ligado con el problema de la representación intelectual.

Conciben algunos las ideas como una especie de imágenes o retratos del objeto: si bien se observa, esto no tiene sentido sino refiriéndose a las representaciones de la imaginación, es decir, a lo puramente corpóreo; y en cuyo caso, aun exige la suposición de que el mundo externo sea tal cual nos lo presentan los sentidos, lo que bajo muchos aspectos no es verdad. Para convencerse de cuán ilusoria es la teoría fundada en la semejanza de las cosas sensibles, basta preguntar ¿qué es la imagen de una relación? ¿Cómo se retratan el tiempo, la causalidad, la substancia, el ser? Hay en la percepción de estas ideas algo más profundo, algo de un orden enteramente distinto de cuanto se parece a cosas sensibles; la necesidad ha obligado a comparar el entendimiento con un ojo que ve, y a la idea con una imagen presente; pero esto es una comparación; la realidad es algo más misterioso, más secreto, más íntimo; entre la percepción y la idea hay una unión inefable; el hombre no la explica pero la experimenta.

137. La conciencia nos atestigua que hay en nosotros unidad de ser, que el yo es siempre idéntico a sí mismo, y que permanece constante a pesar de la variedad de ideas y de actos que pasan por él como las olas sobre la superficie de un lago. Las ideas son un modo de ser del espíritu; pero ¿qué es este modo? ¿En qué consiste su naturaleza? La producción y reproducción de las ideas ¿dimana de una causa distinta que influya perennemente sobre nuestra alma y le produzca inmediatamente esos modos de ser que llama-

mos representaciones e ideas, o deberemos admitir que le haya sido dada al espíritu una actividad productriz de estas representaciones, bien que sujeta a la determinación de causas existentes? Estas son cuestiones que por ahora me contento con indicar (XIII).

Capítulo XIV. Imposibilidad de hallar el primer principio en el orden ideal

138. Lo que no hemos encontrado en la región de los hechos, tampoco lo hallaremos en la de las ideas; pues no hay ninguna verdad ideal origen de todas las verdades.

La verdad ideal es aquella que solo expresa relación necesaria de ideas, prescindiendo de la existencia de los objetos a que se refieren; luego resulta en primer lugar, que las verdades ideales son absolutamente incapaces de producir el conocimiento de la realidad.

Para conducir a algún resultado en el orden de las existencias, toda verdad ideal necesita un hecho al cual se pueda aplicar. Sin esta condición, por más fecunda que fuese en el orden de las ideas, sería absolutamente estéril en el de los hechos. Sin la verdad ideal, el hecho queda en su individualidad aislada, incapaz de producir otra cosa que el conocimiento de sí mismo; pero en cambio la verdad ideal separada del hecho, permanece en el mundo lógico, de pura objetividad, sin miedo para descender al terreno de las existencias.

139. Hagamos aplicación de esta doctrina a los principios ideales más ciertos, más evidentes, y que por contenerse en las ideas que expresan lo más general del ser, deben de poseer la fecundidad que estamos buscando, si es que sea dable encontrarla.

«Es imposible que una cosa sea y no sea a un mismo tiempo.» Ente es el famoso principio de contradicción, que sin duda puede pretender a ser considerado como una de las fuentes de verdad para el entendimiento humano. Las ideas que en él se contienen son las más sencillas y más claras que puedan concebirse; en él se afirma la repugnancia del ser al no ser, y del no ser al ser a un mismo tiempo; lo que es evidente en el más alto grado. Pero ¿qué se adelanta con este principio solo? Presentadle al entendimiento más penetrante o al genio más poderoso, dejadle solo con él, y no resultará más que una intuición pura, clarísima, si, pero estéril. Como no se afirma que algo sea, o que no sea, nada se podrá inferir en pro ni en contra de ninguna existencia; lo que se ofrece al espíritu es una relación condicional, que si algo existe repugna que no exista a un mismo tiempo y viceversa; pero si no se pone la condición de la existencia, o no existencia, el sí el no son indiferentes en el orden real, nada se sabe con respecto a ellos por grande que sea la evidencia en el orden ideal.

Para pasar del mundo lógico al mundo de la realidad, bastará un hecho que sirva como de puente; si le ofrecemos al entendimiento, las dos riberas se aproximan, y la ciencia nace. Yo siento, yo pienso, yo existo.

He aquí hechos de conciencia; combínese uno cualquiera de ellos con el principio de contradicción, y lo que antes eran intuiciones estériles, se desenvuelven en raciocinios fecundos que se dilatan a un tiempo por el mundo de las ideas y el de la realidad.

140. Aun en el orden puramente ideal, el principio de contradicción es estéril si no se junta con verdades particulares del mismo orden. En la geometría, por ejemplo, se hace uso con mucha frecuencia del raciocinio siguiente. «Tal cantidad es mayor o menor que otra, o le es igual; porque de lo contrario resultaría mayor y menor, igual y desigual a un mismo tiempo, lo que es absurdo»; aquí se aplica con fruto el principio de contradicción, mas no solo, sino unido con una verdad ideal particular que hace útil la aplicación dicha. Así, en el raciocinio citado, no se podría hacer uso del principio de contradicción para probar la igualdad o la desigualdad, si antes no se hubiese probado o supuesto que existe, o no existe una de las dos; lo cual no resulta ni puede resultar del principio de contradicción que no encierra ninguna idea particular, sino las más generales que se ofrecen al entendimiento humano.

141. Las verdades generales por sí solas, aun en el orden puramente ideal, no conducen a nada, por lo indeterminado de las ideas que contienen; y por el contrario, las verdades particulares por sí solas, tampoco producen ningún resultado, porque se limitan a lo que son, imposibilitando el discurso que no puede dar un paso sin el auxilio de las ideas y proposiciones generales. De la unión de unas con otras resulta la luz; con la separación, no se obtiene más que, o una intuición abstracta y vaga, o la contemplación de una verdad particular que, limitada a pequeña esfera, nada puede enseñar sobre los seres considerados bajo un aspecto científico.

142. Veremos al tratar de las ideas, que nuestro entendimiento las tiene de dos clases muy diferentes: unas que suponen el espacio, y no pueden prescindir de él, como son todas las geométricas; otras que no se refieren al espacio, como son todas las no geométricas. Estos dos órdenes de ideas están separados por un abismo que solo se puede salvar procurando la aproximación con el uso simultáneo de unas y otras. El mismo orden ideal queda incompleto si no se hace la aproximación; y el orden real del universo se vuelve un caos, o por mejor decir desaparece, ni no se combinan en ambos órdenes, tanto geométrico como no geométrico, las verdades reales con las ideales. De todas las ideas geométricas imaginables, consideradas en toda su pureza ideal, no resultaría nada para el orden ideal geométrico, ni tampoco para el mundo de las realidades aun las materiales, mucho menos de las inmateriales; y por el contrario, de las ideas no geométricas por sí solas, no se podría sacar ni la idea de una recta. Esta observación acaba de demostrar que en el orden ideal no hay para nosotros la verdad única, porque si la tomamos en el orden geométrico, nos limitamos a combinaciones que no salen de él; y si en el orden no geométrico, nos falta la idea del espacio, y con ella perdemos hasta la posibilidad de concebir el mundo corpóreo.

Capítulo XV. La condición indispensable de todo conocimiento humano. Medios de percepción de la verdad

143. No hemos podido encontrar ni en el orden real ni en el ideal, una verdad origen de todas las demás, para nuestro entendimiento, mientras nos hallamos en esta vida. Queda pues demostrado que la ciencia trascendental propiamente dicha, es para nosotros una quimera. Nuestros conocimientos sin embargo han de tener algún punto de apoyo: éste es el que vamos a buscar ahora.

Para la mejor inteligencia de lo que me propongo examinar, recordaré el verdadero estado de la cuestión. No busco un primer principio tal que ilumine por sí solo todas las verdades, o que las produzca, sino una verdad que sea condición indispensable de todo conocimiento; por esto no la llamo origen, sino punto de apoyo: el edificio no nace del cimiento pero estriba en él. Como un cimiento hemos de considerar el principio buscado, así como en los capítulos anteriores tratábamos de encontrar una semilla: estas dos imágenes, semilla y cimiento, expresan perfectamente mis ideas y deslindan con toda exactitud las dos cuestiones.

144. ¿Existe un punto de apoyo para la ciencia, y para todo conocimiento, sea o no científico? Si existe, ¿cuál es? ¿Hay uno solo, o son muchos?

Es evidente que el punto de apoyo ha de existir; si se nos pregunta el por qué de un asenso cierto, hemos de llegar al fin a un hecho o a una proposición de donde no podemos pasar; ya que no es dable admitir el proceso hasta lo infinito. El punto en que nos sea preciso detenernos, es para nosotros el primero, y por consiguiente el de apoyo para la certeza.

145. Partiendo de un asenso dado, quizás podemos ser conducidos a principios diferentes, independientes unos de otros, todos igualmente fundamentales para nuestro espíritu; en cuyo caso no habrá un punto solo de apoyo, sino muchos.

No creo posible determinar «a priori», si en esta parte hay para nuestro entendimiento unidad o pluralidad.

Que la ciencia humana se haya de reducir a un principio solo, es una proposición que se afirma mas no se prueba. No existiendo en el hombre la fuente de toda verdad como se ha demostrado en los capítulos anteriores, es claro que los principios en que se funde su conocimiento han de ser comunicados. ¿Quién nos asegura que estos no sean muchos y de órdenes diferentes? ¿No cabe pues resolver nada «a priori» en la cuestión presente; es preciso descender al terreno de la observación ideológica y psicológica?

146. Nuestro espíritu alcanza la verdad, o al menos su apariencia; es decir, que de un modo u otro tiene estos actos que llamamos percibir y sentir. Que la realidad corresponda o no a los actos de nuestra alma, nada importa por ahora; no es esto lo que buscamos; ponemos la cuestión en un terreno en que pueden caber hasta los más escépticos; ni aun estos niegan la percepción y la sensación: si destruyen la realidad, admiten al menos la apariencia.

147. Los medios con que percibimos la verdad son de varios órdenes; lo que hace que las verdades mismas percibidas correspondan también a órdenes diferentes, paralelos por decirlo así, con los respectivos medios de percepción.

Conciencia, evidencia, instinto intelectual o sentido común, he aquí los tres medios; verdades de sentido íntimo, verdades necesarias, verdades de sentido común, he aquí lo correspondiente a dichos medios. Estas son cosas distintas, diferentes, que en muchos casos no tienen nada que ver entre sí: es preciso deslindarlas con mucho cuidado, si se quieren adquirir ideas exactas y cabales en las cuestiones relativas al primer principio de los conocimientos humanos.

148. El medio que he llamado de conciencia, es decir, el sentido íntimo de lo que pasa en nosotros, de lo que experimentamos, es independiente de todos los demás. Destrúyase la evidencia, destrúyase el instinto intelectual, la conciencia permanece. Para experimentar y estar seguros de que experimentamos y de lo que experimentamos, no hemos menester sino la experiencia misma. Si se supone en duda el principio de contradicción, todavía no se hará vacilar la certeza de que sufrimos cuando sufrimos, de que gozamos cuando gozamos, de que pensamos cuando pensamos. La presencia del acto o de la impresión allá en el fondo de nuestro espíritu, es íntima, inmediata, de una eficacia irresistible para hacer que nos sobrepongamos a toda duda. El sueño y la vigilia, la demencia y la cordura, son indiferentes para el testimonio de la conciencia; el error puede estar en el objeto más no en el fenómeno interno. El loco que cree contar numerosas talegas no las cuenta ciertamente, y en esto se engaña; pero tiene en su espíritu la conciencia de que lo hace, y en esto es infalible. El que sueña haber caído en manos de ladrones se engaña en lo tocante al objeto externo; mas no en lo que pertenece al acto mismo con que lo cree.

La conciencia es independiente de todo testimonio extrínseco a ella; es de una necesidad indeclinable, de una fuerza irresistible para producir certeza; es infalible en lo que concierne a ella sola: si existe no puede menos de dar testimonio de sí misma; si no existe no lo puede dar. En ella la realidad y la apariencia se confunden: no puede ser aparente sin ser real; la apariencia por sí sola, es ya una verdadera conciencia.

149. Comprendo en el testimonio de la conciencia todo lo que experimentamos en nuestra alma, todo lo que afecta a lo que se llama el yo humano: ideas, pensamientos de todas clases, actos de voluntad, sentimientos, sensaciones, en una palabra, todo aquello de que podemos decir: lo experimento.

150. Es claro que las verdades de conciencia son más bien hechos que se pueden señalar, que no combinaciones enunciables en una proposición. No es esto decir que no se puedan enunciar, sino que ellas en sí mismas prescinden de toda forma intelectual, que son simples elementos de que el entendimiento se puede ocupar ordenándolos y comparándolos de varios modos, pero que por sí solos no dan ninguna luz, que ellos por sí mismos nada «representan», que solo presentan lo que son, son meros hechos, más allá de los cuales no se puede ir.

151. La costumbre de reflexionar sobre la conciencia, y el andar mezcladas las operaciones puramente intelectuales con los hechos de simple experiencia interna, hace que no se conciba fácilmente ese aislamiento en que se encuentra por su naturaleza todo lo que es puramente subjetivo. Se quiere prescindir de la reflexión, pero se reflexiona sobre el esfuerzo mismo que se hace para prescindir de ella: nuestro entendimiento es una luz que se enciende por una parte cuando se la apaga en otra; la insistencia misma en apagarla suele hacerla más viva y centelleante. De aquí la dificultad de distinguir los dos caracteres de lo puramente subjetivo y puramente objetivo, de deslindar la evidencia de la conciencia, lo conocido de lo experimentado. Sin embargo, la separación de dos elementos tan diferentes se puede facilitar considerando que los brutos, a su modo, tienen también conciencia de lo que experimentan dentro de sí mismos: no suponiéndolos meras máquinas, es preciso otorgarles la conciencia, es decir, la presencia íntima de sus sensaciones: sin esto, ni aun la sensación se concibe; no tendrá sensación lo que no siente que siente. El bruto no reflexiona sobre lo que pasa en su interior, lo experimenta, nada más. Las sensaciones se suceden unas a otras en su alma, sin más vínculo que la unidad del ser que las experimenta; pero este no las toma por objeto y por consiguiente no las combina ni transforma de ninguna manera, las deja lo que son, simples hechos. De aquí podemos sacar alguna luz para concebir lo que son en nosotros los simples hechos de conciencia, abandonados a sí solos, en todo su aislamiento, sin ninguna mezcla de operaciones puramente intelectuales, y sin estar sujetos a la actividad reflexiva que combinándolos de varias maneras y elevándolos a la región de lo puramente ideal, nos los presenta de tal modo que nos hace olvidar su pureza primitiva. Es necesario esforzarse en percibir con toda cla-

ridad lo que son los hechos de conciencia, lo que es su testimonio; pues sin esto es imposible adelantar un paso en la investigación del primer principio de los conocimientos humanos. La confusión en este punto hace incurrir en equivocaciones trascendentales. Ocasión tendremos de notarlo en lo sucesivo; y hemos encontrado ya lastimosos ejemplos de semejantes extravíos en los errores de la filosofía del yo.

152. La evidencia, suele decirse, es una luz intelectual: esta es una metáfora muy oportuna y hasta muy exacta si se quiere; pero que adolece del mismo defecto que todas las metáforas, las cuales, por sí solas, sirven poco para explicar los misterios de la filosofía. Luz intelectual también la encontramos en muchos actos de conciencia. En aquella presencia íntima con que una operación o una impresión se ofrece al espíritu, también hay una especie de luz clara, viva, que hiere por decirlo así el ojo del alma, y no le permite dejar de ver lo que tiene delante. Si pues para definir la evidencia nos contentamos con llamarla luz del entendimiento, la confundimos con la conciencia, o a lo menos damos ocasión, con un lenguaje ambiguo, a que otros la confundan.

No se crea que me proponga inculpar a los que han empleado la metáfora de la luz, ni que me lisonjee de poder definir la evidencia con toda propiedad: ¿quién expresa con palabras este fenómeno de nuestro entendimiento? Al querer emplear alguna, se ofrece la de luz como la más adecuada. Porque en verdad, cuando atendemos a la evidencia, para examinar ya su naturaleza, ya sus efectos sobre el espíritu, se nos presenta naturalísimamente bajo la imagen de una luz cuyos resplandores alumbran los objetos para que nuestra alma pueda contemplarlos: pero esto, repito, no es suficiente: y así, aunque no formo el empeño de definirla con exactitud, voy a señalar un carácter que la distingue de todo lo que no es ella.

153. La evidencia anda siempre acompañada de la necesidad, y por consiguiente de la universalidad de las verdades que atestigua. No la hay cuando no existen las dos condiciones señaladas. De lo contingente no hay evidencia, sino en cuanto está sometido a un principio de necesidad.

Expliquemos esta doctrina comprando ejemplos tomados respectivamente de la conciencia y de la evidencia. Que hay en mí un ser que piensa, esto no lo sé por evidencia sino por conciencia. Que lo que piensa existe, esto no lo sé por conciencia sino por evidencia. En ambos casos hay certeza absoluta, irresistible; pero en el primero, versa sobre un hecho particular, contingente; en el segundo sobre una verdad universal y necesaria.

Que yo piense es cierto para mí, pero no es preciso que lo sea para los demás; la desaparición de mi pensamiento no trastorna el mundo de las inteligencias; si mi pensamiento dejase ahora de existir, la verdad en sí misma no sufriría ninguna alteración; otras inteligencias podrían continuar y continuarían percibiéndola; ni en el orden real ni en el ideal, se echarían de menos el concierto y la armonía.

Me pregunto a mí mismo si pienso; y en el fondo de mi alma leo que sí; me pregunto si este pensamiento es necesario, y a más de que la experiencia me dice que no, tampoco encuentro razón ninguna en que fundar la necesidad. Aun suponiendo que mi pensamiento deja de existir, veo que continúo discurriendo con buen orden; así examino lo que hubiera sucedido si yo no existiese, o lo que podría suceder en adelante, y asiento principios y saco consecuencias, sin quebrantar ninguna de las leyes intelectuales. El mundo ideal y el real se ofrecen a mis ojos como un magnífico espectáculo al cual yo asisto ciertamente, si, pero de donde puedo retirarme sin que la representación cese, ni se altere nada, ni resulte otra mudanza que la de quedar vacío el imperceptible lugar que estoy ocupando. Muy de otro modo sucede en las verdades objeto de evidencia; no es necesario que yo piense, pero es tan necesario que lo que piensa exista, que todos mis esfuerzos no bastan para prescindir por un momento de esta necesidad. Si supongo lo contrario, si colocándome en el terreno de lo absurdo finjo por un instante que queda cortada la relación entre el pensar y el ser, se rompe el vínculo que mantiene en orden al universo entero: todo se trastorna, todo se confunde, y lo que se me presenta a la vista no sé si es el caos o la nada. ¿Qué ha sucedido? Nada más sino que el entendimiento ha supuesto una cosa contradictoria, afirmando y negando a un mismo tiempo el pensar, porque afirmaba un pensamiento al cual negaba la existencia. Se ha quebrantado una ley universal, absolutamente necesaria; en faltando ella todo se hunde en el caos; la certeza de la existencia del yo afianzada en el testimonio de la conciencia, no basta a impedir la confusión: la inteligencia contradiciéndose, se ha negado a sí propia; de su palabra insensata no ha salido el ser sino la nada, no la luz sino las tinieblas; y esas tinieblas que ella ha soplado sobre todo lo existente y lo posible, vuelven a caer a torrentes sobre ella misma y la envuelven en eterna noche.

154. he aquí fijados y deslindados los caracteres de la conciencia y de la evidencia. La primera tiene por objeto lo individual y contingente; la segunda lo universal y necesario: solo Dios, fuente de toda verdad, principio universal y necesario de ser y de conocer, tiene identificada la conciencia con la evidencia en sí propio: en aquel ser infinito que todo lo encierra, ve la razón de todas las esencias y de todas las existencias, y no le es dable prescindir de sí mismo, del testimonio de su conciencia, sin anonadarlo todo. ¿Qué quedaría en el mundo, se dice la criatura, si tú desaparecieses? y se responde a sí misma: «todo excepto tú». Si Dios se dirigiese esta pregunta, se respondería a sí propio: nada.

155. He llamado instinto intelectual a ese impulso que nos lleva a la certeza en muchos casos, sin que medien ni el testimonio de la conciencia, ni el de la evidencia. Si se indica a un hombre un blanco de una línea de diámetro, y luego se le vendan los ojos y después de haberle hecho dar muchas vueltas a la aventura, se le pone un arco en la mano para que dispare y se asegura que la flecha irá a clavarse precisamente en el pequeñísimo blanco, dirá que esto es imposible y nadie será capaz de persuadirle tamaño dislate. ¿Y porqué? ¿Se apoya en el testimonio de la conciencia? no, porque se trata de objetos externos. ¿Se funda en la evidencia? tampoco, porque esta tiene por objeto las cosas necesarias, y no hay ninguna imposibilidad intrínseca en que la flecha vaya a dar en el punto señalado. ¿En qué estriba pues la profunda convicción de la negativa? Si suponemos que este hombre nada sabe de las teorías de probabilidades y combinaciones, que ni aun tiene noticia de esta ciencia, ni ha pensado nunca en cosas semejantes, su certeza será igual, sin embargo de que no podrá fundarla en cálculo de ninguna especie; igual la tendrán todos los circunstantes rudos o cultos, ignorantes o sabios: sin necesidad de reflexión, instantáneamente, todos dirán o pensarán: «esto es imposible, esto no se verificará». ¿En qué fundan, repito, tan fuerte convicción? Es claro que no naciendo ni de la conciencia, ni de la evidencia inmediata ni mediata, no puede tener otro origen que esa fuerza interior que llamo instinto intelectual, y que dejaré llamar sentido común o lo que se quiera, con tal que se reconozca la existencia del hecho. Don precioso que nos ha otorgado

el Criador para hacernos razonables aun antes de raciocinar; y a fin de que dirijamos nuestra conducta de una manera prudente, cuando no tenemos tiempo para examinar las razones de prudencia.

156. Ese instinto intelectual abraza muchísimos objetos de orden muy diferente; es, por decirlo así, la guía y el escudo de la razón; la guía, porque la precede y le indica el camino verdadero, antes de que comience a andar; el escudo, porque la pone a cubierto de sus propias cavilaciones, haciendo enmudecer el sofisma en presencia del sentido común.

157. El testimonio de la autoridad humana, tan necesario al individuo y a la sociedad, arranca nuestro asenso por medio de un instinto intelectual. El hombre cree al hombre, cree a la sociedad, antes de pensar en los motivos de su fe; pocos los examinan, y sin embargo la fe es universal.

No se trata ahora de saber si el instinto intelectual nos engaña algunas veces, en qué casos y por qué; al presente solo quiero consignar su existencia; y con respecto a los errores a que nos conduce, me contentaré con observar que en un ser débil como es el hombre, la regla se dobla muy a menudo; y que así como no es posible encontrar en él lo bueno sin mezcla de lo malo, tampoco es dable hallar la verdad sin mezcla de error.

158. Si bien se observa, no objetivamos las sensaciones sino en fuerza de un instinto irresistible. Nada más cierto, más evidente a los ojos de la filosofía que la subjetividad de toda sensación; es decir, que las sensaciones son fenómenos inmanentes, o que están dentro de nosotros y no salen fuera de nosotros; y sin embargo, nada más constante que el tránsito que hace el género humano entero de lo subjetivo a lo objetivo, de lo interno a lo externo, del fenómeno a la realidad. ¿En qué se funda este tránsito? Cuando los filósofos más eminentes han tenido tanta dificultad en encontrar el puente, por decirlo así, que une las dos riberas opuestas, cuando algunos de ellos cansados de investigar han dicho resueltamente que no era posible encontrarle, ¿lo descubrirá el común de los hombres desde su más tierna niñez? es evidente que el tránsito que hacen no puede explicarse por motivos de raciocinio, y que es preciso apelar al instinto de la naturaleza.

Luego hay un instinto que por sí solo nos asegura de la verdad de una proposición, a cuya demostración llega difícilmente la filosofía más recóndita.

159. Aquí observaré lo errado de los métodos que aíslan las facultades del hombre, y que para conocer mejor el espíritu, le desfiguran y mutilan. Es uno de los hechos más constantes y fundamentales de las ciencias ideológicas y psicológicas, la multiplicidad de actos y facultades de nuestra alma, a pesar de su simplicidad atestiguada por la unidad de conciencia. Hay en el hombre como en el universo un conjunto de leyes cuyos efectos se desenvuelven simultáneamente, con una regularidad armoniosa; separarlas equivale muchas veces a ponerlas en contradicción; porque no siendo dado a ninguna de ellas el producir su efecto aisladamente, sino en combinación con las demás, cuando se les exige que obren por sí solas, en vez de efectos regulares, producen monstruosidades las más deformes. Si dejáis sola en el mundo la ley de gravitación no combinándola con ninguna fuerza de proyección, todo se precipitará hacia un centro; en vez de esa infinidad de sistemas que hermosean el firmamento, tendréis una mole ruda e indigesta: si quitáis la gravitación y dejáis la fuerza de proyección, los cuerpos todos se descompondrán en átomos imperceptibles, dispersándose cual éter levísimo por las regiones de la inmensidad.

Capítulo XVI. Confusión de ideas en las disputas sobre el principio fundamental

160. En mi concepto hay varios principios que con relación al entendimiento humano pueden llamarse igualmente fundamentales, ya porque todos sirven de cimiento en el orden común y en el científico, ya porque no se apoyan en otro; no siendo dable señalar uno que disfrute de esta calidad como privilegio exclusivo. Al buscarse en las escuelas el principio fundamental, suele advertirse que no se trata de encontrar una verdad de la cual dimanen todas las otras; pero sí un axioma tal que su ruina traiga consigo la de todas las verdades, y su firmeza las sostenga, al menos indirectamente; de manera que quien las negare pueda ser reducido por demostración indirecta o «ad absurdum»; es decir, que admitido dicho axioma, se podrá conseguir que quien niegue los otros sea convencido de hallarse en oposición con el que había reconocido como verdadero.

161. Mucho se ha disputado sobre si era este o aquel principio el merecedor de la preferencia; yo creo que hay aquí cierta confusión de ideas, nacida

en buena parte, de no deslindar suficientemente testimonios tan distintos como son el de la conciencia, el de la evidencia y el del sentido común.

El famoso principio de Descartes «yo pienso, luego soy»; el de contradicción, «es imposible que una cosa sea y no sea a un mismo tiempo»; el otro que llaman de los cartesianos, «lo que está contenido en la idea clara y distinta de una cosa, se puede afirmar de ella con toda certeza»; son los tres principios que han dividido las escuelas. En favor de todos ellos se alegaban razones poderosísimas, y hasta concluyentes contra el adversario, atendido el terreno en que estaba colocada la cuestión.

Si no estáis seguros de que pensáis, argüiría un partidario de Descartes, no podéis estarlo ni aun del principio de contradicción, ni tampoco de la legitimidad del criterio de la evidencia; para saber todo esto, es necesario pensar; quien afirma o niega, piensa; sin suponer el pensamiento, no son posibles ni la afirmación ni la negación. Pero admitamos el pensamiento; tenemos ya un punto de apoyo, y de tal naturaleza, que lo encontramos en nosotros mismos, atestiguado por el sentido íntimo, imponiéndonos con una eficacia irresistible la certeza de su existencia. Establecido el fundamento, veamos cómo se puede levantar el edificio: para esto, no es necesario salir del pensamiento propio; allí está el punto luminoso para guiarnos en el camino de la verdad; sigamos sus resplandores, y fijado un punto inmóvil hagamos salir de él el hilo misterioso que nos conduzca en el laberinto de la ciencia. Así, nuestro principio es el primero, es la basa de todos los demás, posee una fuerza propia para sostenerse y la tiene sobrante para comunicar firmeza a los otros.

Este lenguaje es razonable ciertamente; pero hay la desgracia de que la convicción que pudiera producir, está neutralizada con otro lenguaje no menos razonable, en sentido directamente opuesto. He aquí cómo pudiera contestar un sostenedor del principio de contradicción. Si nos dais por supuesto que es imposible que una cosa sea y no sea a un mismo tiempo, será posible que a un mismo tiempo penséis y no penséis; vuestra afirmación pues «yo pienso» no significa nada; porque junto con ella se puede verificar la opuesta «yo no pienso». En tal caso, la ilación de la existencia queda destruida; porque aun admitiendo la legitimidad de la consecuencia «yo pienso, luego existo», como por otra parte sabríamos que es posible esta otra premisa, «yo no pienso», la deducción no tendría lugar. Sin el principio de contradicción tampoco vale nada el otro: «lo que está contenido en la idea clara y distinta de una cosa se puede afirmar de ella con toda certeza»: porque si a un mismo tiempo es posible el ser y el no ser, una idea podrá ser clara y oscura, distinta y contusa; un predicado podrá estar contenido en un sujeto y no contenido; podrá haber certeza e incertidumbre; afirmación y negación; luego esta regla no sirve para nada.

Y tiene mucha razón el que discurre de este modo; pero lo curioso es, que el tercer contrincante las alegará igualmente fuertes contra sus dos adversarios. ¿Cómo se sabe, podrá preguntar, que el principio de contradicción es verdadero? claro es que no lo sabemos sino porque en la idea del ser vemos la imposibilidad del no ser a un mismo tiempo y viceversa; luego no estáis seguros del principio de contradicción sino aplicando mi principio: «lo que está contenido en la idea clara y distinta de una cosa, se puede afirmar de ella con toda certeza». Si nada puede sostenerse en cayendo al principio de contradicción, y este se funda en el mío, el mío es el cimiento de todo.

162. Los tres tienen razón y no la tiene ninguno. La tienen los tres, en cuanto afirman que negado el respectivo principio se arruinan los demás; no la tiene ninguno, en cuanto pretenden que negados los demás no se arruina el propio. ¿De dónde pues nace la disputa? de la confusión de ideas, de que se comparan principios de órdenes muy diferentes, todos de seguro muy verdaderos, pero que no pueden parangonarse por la misma razón que no se compara lo blanco con lo caliente, disputando si una cosa tiene más grados de calor que de blancura. Para la comparación, se necesita cierta oposición en los extremos; pero estos deben tener algo común; si son enteramente disparatados, la comparación es imposible.

El principio de Descartes es la anunciación de un simple hecho de conciencia; el de contradicción es una verdad conocida por evidencia; y el otro es la afirmación de la legitimidad del criterio de la evidencia misma; es una verdad de reflexión que expresa el impulso intelectual por el que somos llevados a creer verdadero lo que conocemos con evidencia.

La importancia de la cuestión exige que examinemos por separado los tres principios; así lo haré en los capítulos siguientes.

Capítulo XVII. La existencia y el pensamiento. Principio de descartes

163. ¿Estoy seguro de que existo? sí. ¿Puedo probarlo? no. La prueba supone un raciocinio; no hay raciocinio sólido sin principio firme en que estribe; y no hay principio firme, si no está supuesta la existencia del ser que raciocina.

En efecto: si quien discurre no está seguro de su existencia, no puede estarlo ni de la existencia de su propio discurso; pues no habrá discurso si no hay quien discurre. Luego sin este supuesto no hay principios sobre que fundar, no hay nada; no hay más que ilusión, y bien mirado, ni ilusión siquiera, pues no hay ilusión si no hay iluso.

Nuestra existencia no puede ser demostrada: tenemos de ella una conciencia tan clara, tan viva, que no nos deja la menor incertidumbre; pero probarla con el raciocinio es imposible.

164. Es una preocupación, un error de fatales consecuencias, el creer que podemos probarlo todo con el uso de la razón; antes que el uso de la razón están los principios en que ella se funda; y antes que uno y otro, está la existencia de la razón misma, y del ser que raciocina.

Lejos de que todo sea demostrable, se puede demostrar que hay cosas indemostrables. La demostración es una argumentación en la cual se infiere de proposiciones evidentes una proposición evidentemente enlazada con ellas. Si las premisas son evidentes por sí mismas, no consentirán demostración; si suponemos que ellas a su vez sean demostrables, tendremos la misma dificultad con respecto a las otras en que se funde la nueva demostración; luego, o es preciso detenerse en un punto indemostrable, o proceder hasta lo infinito, lo que equivaldría a no acabar jamás la demostración.

165. Y es de observar que la indemostrabilidad, por decirlo así, no es propia únicamente de ciertas premisas: se la halla en algún modo en todo raciocinio, por su misma naturaleza, prescindiendo de las proposiciones de que se compone. Sabemos que las premisas A y B son ciertas; de ellas inferiremos la proposición C. ¿Con qué derecho? Porque vemos que C se enlaza con las A y B. ¿Y cómo sabemos esto? Si es con evidencia inmediata, por intuición: he aquí otra cosa indemostrable: el enlace de la conclusión

con las premisas. Si es por raciocinio, fundándonos en los principios del arte de raciocinar, entonces hay dos consideraciones, ambas conducentes a demostrar la indemostrabilidad. 1.ª Si los principios del arte son indemostrables, tenemos ya una cosa indemostrable; si lo son, al fin hemos de valernos de otros que les sirvan de basa, y o pararnos en alguno que no consienta demostración, o proceder hasta lo infinito. 2.ª ¿Cómo sabemos que los principios del raciocinio se aplican a este caso? ¿Será por otro raciocinio? resultan los mismos inconvenientes que en el caso anterior. ¿Será porque lo vemos así? ¿Porque es evidente con evidencia inmediata? henos aquí en otro punto indemostrable.

Estas reflexiones no dejan ninguna duda de que el pedir la prueba de todo es pedir lo imposible.

166. El ser que no piensa, no tiene conciencia de sí mismo: la piedra existe, mas ella no lo sabe, y en un caso semejante se encuentra el hombre mismo cuando todas sus facultades intelectuales y sensitivas se hallan en completa inacción. La diferencia de estos dos estados se concibe muy bien recordando lo que acontece al pasar de la vigilia a un sueño profundo, y al volver de este a la vigilia.

El primer punto de partida para dar un paso en nuestros conocimientos, es esta presencia íntima de nuestros actos interiores, prescindiendo de las cuestiones que suscitarse puedan sobre la naturaleza de ellos. Si todo existiese como ahora, y existiesen infinitos mundos diferentes del que tenemos a la vista, nada existiría para nosotros, si nos faltasen esos actos interiores de que estamos hablando. Seríamos como el cuerpo insensible colocado en la inmensidad del espacio, que se halla lo mismo ahora que si todo desapareciese alrededor de él, y no percibiría mudanza alguna aun cuando él propio se sumiese de nuevo en el abismo de la nada. Al contrario, si suponemos que todo se aniquila excepto este ser que dentro de nosotros siente, piensa y quiere; todavía queda un punto donde hacer estribar el edificio de los humanos conocimientos: este ser, solo en la inmensidad, se dará cuenta a sí mismo de sus propios actos, y según el alcance de sus facultades intelectuales, podrá arrojarse a innumerables combinaciones que tengan por objeto lo posible, ya que no la realidad.

167. Se ha combatido mucho el famoso principio de Descartes: «"Yo" pienso, luego "existo"»; el ataque es justo y concluyente, si en efecto el filósofo hubiese entendido su principio en el sentido que se le acostumbra dar en las escuelas. Si Descartes le hubiese presentado como un verdadero raciocinio, como un entimema en que asentado el antecedente dedujera la consecuencia, claro es que el argumento claudicaba por su basa, estaba en el aire. Porque, cuando él dijera: «Voy a probar mi existencia con este entimema: yo pienso, luego soy», se le podía objetar lo siguiente: vuestro entimema se reduce a un silogismo en esta forma: «Todo lo que piensa existe; es así que yo pienso, luego existo». Este silogismo, en el supuesto de una duda universal, en que no se dé por supuesta ni aun la misma existencia, es inadmisible en sus proposiciones y en la trabazón de ellas. En primer lugar: ¿cómo sabéis que todo lo que piensa existe?

—Porque nada puede pensar sin existir.

—Y esto ¿cómo se sabe?

—Porque lo que no existe no obra.

—Y esto ¿cómo se sabe? Suponiendo que de todo se duda, que nada se sabe, no se pueden saber estos principios; de otra suerte faltamos a la suposición de la duda universal, y por consiguiente nos salimos de la cuestión. Si alguno de estos principios se ha de admitir sin prueba, tanto valía admitir desde luego la existencia propia, y ahorrarse el trabajo de probarla con un entimema.

En segundo lugar: ¿cómo sabéis que pensáis? Se os puede hacer el siguiente argumento, retorciendo el vuestro, como dicen los dialécticos: nada puede pensar sin existir, vuestra existencia es dudosa, tratáis de probarla, luego no estáis seguros de pensar.

168. Queda pues en claro que el principio de Descartes es insostenible tomado como un verdadero raciocinio; y siendo tan fácil de alcanzar su flaqueza, parece imposible que no la viese un entendimiento tan claro y penetrante. Es probable pues que Descartes entendió su principio en un sentido muy diferente, y voy a exponer en pocas palabras el que en mi juicio debió de darle el ilustre filósofo. Suponiéndose por un momento en una duda universal, sin aceptar como cierto nada de cuanto sabía, se concentraba dentro de sí mismo, y buscaba en el fondo de su alma un punto de apoyo donde

hacer estribar el edificio de los conocimientos humanos. Claro es que, aun haciendo abstracción de todo cuanto nos rodea, no podemos prescindir de nosotros mismos, de nuestro espíritu que se presenta a sus propios ojos con tanta mayor lucidez, cuanto es mayor la abstracción en que nos constituimos con respecto a los objetos externos.

Ahora bien, en esa concentración, en ese acto de ensimismarse, retrayéndose el hombre de todo por temor de errar, e interrogándose a sí mismo, si hay algo cierto, si hay algo que pueda servir de apoyo, si hay un punto de partida en la carrera de los conocimientos, lo primero que se ofrece es la conciencia del pensamiento, la presencia misma de los actos de nuestra alma, de eso que se llama pensar. He aquí si no me engaño la mente de Descartes; «yo quiero dudar de todo; me retraigo de afirmar como de negar nada; me aíslo de cuanto me rodea, porque ignoro si esto es algo más que una ilusión. Pero en este mismo aislamiento me encuentro con el sentimiento íntimo de mis actos interiores, con la presencia de mi espíritu: yo pienso, luego soy: yo pienso, así lo experimento de una manera que no me consiente duda, ni incertidumbre; luego soy, es decir, ese sentimiento de mi pensamiento me hace sabedor de mi existencia».

169. Así se explica cómo Descartes no presentaba su principio cual un mero entimema, cual un raciocinio común; sino como la consignación de un hecho que se le ofrecía el primero en el orden de los hechos; y cuando del pensamiento infería la existencia, no era con una deducción propiamente dicha, sino como un hecho comprendido en otro, expresado por otro, o mejor diremos, identificado con él. He dicho «identificado», porque en realidad es así en concepto de Descartes; y esto acaba de confirmar lo que he asentado anteriormente, que el filósofo no presentaba un raciocinio, sino que consignaba un hecho. Sabido es que, según él, la esencia del espíritu es el mismo pensamiento, de suerte que así como otras escuelas filosóficas distinguen entre la substancia y su acto, considerando al espíritu en la primera clase y al pensamiento en la segunda, Descartes sostenía que no había distinción alguna entre el espíritu y el pensamiento, que era una misma cosa: que el pensamiento constituía la esencia del alma. «Aunque un atributo, dice, sea suficiente para hacernos conocer la substancia, hay sin embargo en cada una de ellas, uno que constituye su naturaleza y esencia, y del cual dependen

todos los demás. La extensión en longitud, latitud y profundidad, constituye la esencia de la substancia corpórea; "y el pensamiento constituye la naturaleza de la substancia que piensa".» (Descartes, Principios de la filosofía, 1.ª Part.) De esto se infiere que Descartes al asentar el principio «yo pienso, luego existo»; no hacía más que consignar un hecho atestiguado por el sentido íntimo; y tan simple le consideraba, tan único por decirlo así, que en el desarrollo de su sistema, identificó el pensamiento con el alma, y la esencia de esta con su misma existencia. Sintió el pensamiento, y dijo: «Este pensamiento es el alma; soy yo». No trato de apreciar ahora el valor de esta doctrina, y sí tan solo de explicar en qué consiste.

Capítulo XVIII. Más sobre el principio de descartes. Su método

170. Descartes al anunciar y explicar su principio, no siempre se expresó con la debida exactitud, lo cual dio motivo a que se interpretasen mal sus palabras. Al paso que señalaba la conciencia del propio pensamiento y de la existencia, como la basa sobre la cual debían estribar todos los conocimientos, empleaba términos de los cuales se podía inferir que no solo quería consignar un hecho, sino que intentaba presentar un verdadero raciocinio. Sin embargo, leyendo con atención sus palabras, y cotejándolas unas con otras, se ve que no era esta su idea; aunque tal vez no habría inconveniente en decir que no se daba exacta cuenta a sí propio de la diferencia que acabo de indicar, entre un raciocinio y la simple consignación de un hecho; y que al concentrarse en sí mismo, no tuvo un conocimiento reflejo bastante claro del modo con que se apoyaba en su principio fundamental.

Para convencernos de esto, examinemos sus mismas palabras. «Mientras desechamos de esta manera todo aquello de que podemos dudar, y que hasta fingimos que es falso, suponemos fácilmente que no hay Dios, ni cielo, ni tierra, y que ni aun tenemos cuerpo, pero no "alcanzamos a suponer que no existimos", mientras dudamos de la verdad de todas estas cosas; porque tenemos tanta repugnancia a concebir que lo que piensa no existe verdaderamente al mismo tiempo que piensa; que no obstante las suposiciones más extravagantes, no podemos dejar de creer que esta conclusión "yo pienso, luego soy" no sea verdadera, y por consiguiente la primera y la más cierta que se presenta al que conduce sus pensamientos con orden.» (Descartes, Principios de la filosofía, P. 1. § 6 y 7.)

En este pasaje nos encontramos con un verdadero silogismo: «Lo que piensa existe; yo pienso, luego existo».

«Tenemos, dice Descartes, tanta repugnancia a concebir, que lo que piensa no existe mientras piensa», lo que equivale a decir: «Lo que piensa existe»; esto en términos escolásticos, se llama establecer la mayor; luego continúa que «no obstante las suposiciones más extravagantes, no podemos dejar de creer que esta conclusión "yo pienso, luego soy" sea verdadera»; lo que equivale a poner la menor y la consecuencia del silogismo. Se conoce que Descartes estaba algo preocupado con la idea de querer probar, al mismo tiempo que trataba de consignar. Este era el prurito general de su época; y aun los más ardientes reformadores se preservan con mucha dificultad de la atmósfera que los rodea. En todo el curso de sus meditaciones se encuentra este mismo espíritu, bien que enlazado admirablemente con el de observación.

Pero al través de esas explicaciones oscuras o ambiguas, ¿qué es lo que se descubre? ¿Cuál es el pensamiento que se halla en el fondo del sistema de «Descartes», prescindiendo de sí él se daba o no a sí mismo exacta cuenta de lo que experimentaba? helo aquí. «Yo por un esfuerzo de mi espíritu, puedo dudar de la verdad de todo; pero este esfuerzo tiene un límite en mí mismo. Cuando la atención se convierte sobre mí, sobre la conciencia de mis actos interiores, sobre mi existencia, la duda se detiene, no puede llegar a tal punto, encuentra una "tal repugnancia", que las suposiciones más extravagantes no alcanzan a vencer.» Esto es lo que indican sus mismas palabras, mas al consignar este hecho se eleva a una proposición general, muy verdadera sin duda, saca una consecuencia, muy legítima también; pero que para nada eran necesarias en el caso presente, y que o explicaban mal su misma opinión o la hacían vacilar.

171. Si bien se observa, no hacía más Descartes en este punto, que lo que hacen todos los filósofos; y por más extraño que pueda parecer, no estaba en desacuerdo con los jefes de la escuela metafísica diametralmente opuesta: la de Locke y Condillac. En efecto: que el hombre al querer examinar el origen de sus conocimientos, y los principios en que estriba su certeza, se

encuentra con el hecho de la conciencia de sus actos internos, que esta conciencia produce una certeza firmísima, y que nada podemos concebir más cierto para nosotros que ella, es un hecho en que están de acuerdo todos los ideólogos, y que todos asientan, bien que con diferentes palabras. Cuanto más se medita sobre estas materias, más se descubre en ellas la realización de un principio confirmado por la razón y la experiencia, de que muchas verdades no son nuevas, sino presentadas de una manera nueva; que muchos sistemas no son nuevos, sino formulados de una manera nueva.

172. La misma duda universal de Descartes, cuerdamente entendida, es practicada por todo filósofo; con lo cual se ve que las bases de su sistema, combatidas por muchos, son en el fondo adoptadas por todos. ¿En qué consiste el método de Descartes? todo se reduce a dos pasos: 1.º Quiero dudar de todo. 2.º Cuando quiero dudar de mí mismo no puedo.

Examinemos estos dos pasos, y veremos que con Descartes los da todo filósofo.

¿Por qué Descartes quiere dudar de todo? Porque se propone examinar el origen y la certeza de sus conocimientos; quiere llamar a examen todo su saber, y por lo mismo no puede empezar suponiendo nada verdadero. Si supone algo, ya no examinará el origen y los motivos de la certeza de todo; pues exceptúa aquello que supone verdadero. Le es preciso no suponer, como tal, nada; antes por el contrario suponer que no sabe nada de nada; sin esto no puede decir que examina los fundamentos de todo. O no hay tal cuestión filosófica, que sin embargo se la encuentra en todos los libros de filosofía, o es necesario emplear el método de Descartes.

¿Pero en qué consiste esta duda? Racionalmente hablando ¿puede ser una duda real y verdadera? No: esto es imposible, absolutamente imposible. El hombre, por ser filósofo, no alcanza a destruir su naturaleza: y la naturaleza se opone invenciblemente a esta duda, tomada en el sentido riguroso.

173. ¿Qué es pues esta duda? Nada más que una «suposición», una «ficción», suposición y ficción que hacemos a cada paso en todas las ciencias, y que en realidad no es más que la no atención a un convencimiento que abrigamos. Esta duda se la emplea para descubrir la primera verdad en que estriba nuestro entendimiento; a cuyo fin basta que la duda sea ficticia; no hay ninguna necesidad de que sea positiva; porque es evidente, que lo mis-

mo se logra dudando efectivamente de todo, no admitiendo absolutamente nada, que diciendo: «si supongo que no tengo por cierto nada, que no sé nada, que no admito nada». Un ejemplo aclarará esta explicación hasta la última evidencia. Quien conozca los rudimentos de geometría sabrá que en un triángulo al mayor lado se opone el mayor ángulo, y está absolutamente cierto de la verdad del teorema: pero si se propone dar a otro la demostración, o repetírsela a sí propio, prescinde de dicha certeza, procede como si no la tuviera, para manifestar que se la puede fundar en algo.

En todos los estudios ejecutamos a cada paso esto mismo. Son vulgares las expresiones: «esto es así, es evidente; pero supongamos que no lo sea; ¿qué resultará?». «Esta demostración es concluyente, pero prescindamos de ella, supongamos que no la tenemos, ¿cómo podríamos demostrar lo que deseamos?» Los argumentos ad absurdum tan en uso en todas las ciencias, y muy particularmente en las matemáticas, estriban no solo en prescindir de lo que conocemos, sino en suponer una cosa directamente contraria a lo que conocemos. «Si la línea A, dice a cada paso el geómetra, no es igual a la B, será mayor o menor; supongamos que es mayor: etc. etc.» Por manera que para la investigación de la verdad prescindimos frecuentemente de lo que sabemos, y hasta suponemos lo contrario de lo que sabemos. Apliquese este sistema a la investigación del principio fundamental de nuestros conocimientos y resultará la duda universal de Descartes, en el único sentido que puede ser admisible en el tribunal de la razón, y posible a la humana naturaleza.

Es probable que el ilustre filósofo la entendía en el mismo sentido, si bien es menester confesar que sus palabras son ambiguas. No se concibe qué objeto podía proponerse en entenderlas de diferente modo, supuesto que no trataba de otra cosa que de allanar el camino a la investigación de la verdad. Con su manera de expresarse dio lugar a disputas, que con alguna mayor claridad se habrían evitado. Así como Descartes no se explicaba con la claridad suficiente, sus adversarios no le estrechaban quizás con toda la precisión y nervio que podían. En mi concepto, para resolver la cuestión bastaba dirigirle esta pregunta: «¿Entendéis que al comenzar las investigaciones filosóficas, haya de haber un momento en que real y efectivamente dudemos de todo; o juzgáis bastante el prescindir de la certeza, suponiendo que no la tenemos, como se hace con frecuencia en todos los estudios?».

174. Descartes se encontró en el caso de todos los reformadores. Están dominados de una idea; y la expresan tan fuertemente, que al parecer no consienten otra a su lado. Todo en su lenguaje es absoluto, exclusivo.

Prevén la lucha que habrán de sostener, quizás la experimentan ya; y así concentran toda su fuerza en la idea cuyo triunfo se proponen, y llegan a perder de vista todo lo que no es ella. No se puede inferir que el reformador no tenga otras que modifiquen notablemente la principal; mas para hacer frente a sus adversarios que le dicen: «Esto es absolutamente falso», él dice: «Esto es verdadero absolutamente». La historia y la experiencia nos presentan innumerables ejemplos de estas exageraciones.

La idea dominante de Descartes era arruinar la filosofía que a la sazón reinaba en las escuelas; y daba el impulso tan fuerte que hacía temblar el mundo. Véase cómo expresaba su desdén para con muchos que se apellidan filósofos. «La experiencia enseña, que los que hacen profesión de filósofos, son frecuentemente menos sabios y razonables que otros que no se han aplicado nunca a este estudio» (Prefacio de los Principios de filosofía).

175. La segunda parte del método de Descartes, consiste en tomar el pensamiento propio por punto de partida, estableciendo que al esforzarse el hombre por dudar de todo, encuentra un límite en la conciencia de su pensamiento, de su existencia. Es evidente, que este es el fenómeno que naturalmente resta inmóvil en la mente del observador, después de haber procurado dudar de todo. Al menos no podrá dudar de que duda; y por consiguiente de su pensamiento; siendo de notar que este es un argumento que se ha hecho siempre a los escépticos, lo que equivalía a emplear el método de Descartes, esto es, a consignar como un fenómeno innegable una certeza superior a todas las extravagancias: la conciencia de sí mismo.

Cuando Descartes decía «yo pienso» entendía por esta palabra todo acto interno, todo fenómeno presente al alma inmediatamente; no hablaba del pensamiento tomado en un sentido puramente intelectual, sino que comprendía todo aquello de que tenemos conciencia inmediata. «Por la palabra "pensar", dice, entiendo todo aquello que se hace en nosotros, de tal suerte, que lo percibimos inmediatamente por nosotros mismos; así es que aquí el pensar no significa tan solo entender, querer, imaginar, sino también sentir. Porque si digo que veo o que ando, y de ahí infiero que existo, si entiendo hablar de la acción que se hace con mis ojos o mis piernas, esta conclusión no es tan infalible, que no ofrezca algún motivo de duda, ya que puede suceder que yo crea ver o andar sin que abra los ojos, ni me mueva de mi sitio; pues que esto me acontece cuando duermo, y quizás podría acontecer lo mismo si yo no tuviese cuerpo; pero si entiendo hablar únicamente de la acción de mi pensamiento o del sentimiento, es decir, del conocimiento que hay en mí, por el cual me parece que veo o ando, esta conclusión es verdadera tan absolutamente que no me es posible dudar de ella, a causa de que se refiere al alma, única que tiene la facultad de sentir o bien de pensar, de cualquier modo que esto sea» (Principios de filosofía, 1.ª Part., § 9).

176. Este pasaje manifiesta bien claro las ideas de Descartes; lo arruinaba todo con la duda, pero había una cosa que resistía a todos los esfuerzos: la conciencia de sí mismo. Y esta conciencia la tomaba él como punto de apoyo, sobre el cual y con toda certeza, pudiera levantar de nuevo el edificio de las ciencias, Locke y Condillac no han hecho otra cosa: han seguido un camino muy diferente del de Descartes: pero el punto de partida ha sido el mismo. Oigamos a Locke. «En primer lugar examinaré cuál es el origen de las ideas, nociones, o como se las quiera llamar, que el hombre percibe en su alma, y que su propio sentimiento le hace descubrir en ella» (Ensayo sobre el entendimiento humano. Prólogo). «Pues que el espíritu no tiene otro objeto de sus pensamientos y raciocinios que sus propias ideas, las cuales son la única cosa que el contempla o que puede contemplar, es evidente que nuestro conocimiento se funda todo entero sobre nuestras ideas» (Ibíd. Lib. 4, Cap. 1). «Sea que nos remontemos hasta los cielos, por hablar metafóricamente, dice Condillac, sea que descendamos a los abismos, no salimos de nosotros, y jamás percibimos otra cosa que nuestro propio pensamiento» (Ensayo sobre el origen de los conocimientos humanos. Cap. 1).

177. Todos los trabajos ideológicos comienzan pues por la consignación del hecho de la conciencia de nuestras ideas; y no puede ser de otro modo con respecto a su certeza. El hombre al trastornarlo todo, al arruinarlo todo, al anonadarlo todo, se encuentra consigo mismo, que es quien trastorna, arruina y anonada.

Cuando haya llegado a dudar de la existencia de Dios, del mundo, de sus semejantes, de su cuerpo, en medio de aquella inmensa soledad se encuentra todavía a sí mismo. El esfuerzo por anonadarse a sus propios ojos, solo sirve para hacerle más visible: es una sombra que no muere con ningún golpe, y que por cada herida que se le abre, despide nuevos torrentes de luz. Si duda que siente, siente al menos que duda; si duda de esta duda, siente que duda de la misma duda; por manera que en dudando de los actos directos entra en una serie interminable de actos reflejos que se encadenan por necesidad unos con otros, y se desenvuelven a la vista interior como los pliegues de un lienzo sin fin.

Capítulo XIX. Lo que vale el principio: yo pienso. Su análisis

178. El principio de Descartes considerado como un entimema, ya hemos visto que no puede aspirar al título de fundamental. En todo raciocinio hay premisas y consecuencia, y para que sea concluyente son necesarias la verdad de las primeras y la legitimidad de la segunda. Decir que un raciocinio puede ser principio fundamental, es una contradicción manifiesta.

Pero si tomamos el principio de Descartes en el sentido explicado anteriormente, esto es, no como un raciocinio sino como la consignación de un hecho, la contradicción cesa; y es cuestión digna de examinarse la de si merece o no el título de principio fundamental y de qué manera. En los capítulos anteriores se ha esclarecido ya en parte esta materia, pero no hasta tal punto que se la pueda dar por suficientemente dilucidada: más bien se han presentado reflexiones preliminares para aclarar el estado de la cuestión que no se la ha resuelto cumplidamente.

179. La proposición «yo pienso» no expresa, como se ha notado ya, el solo pensamiento propiamente dicho; abraza los actos de la voluntad, los sentimientos, las sensaciones, los actos e impresiones de todas clases que se realizan en nuestro interior, comprende todos los fenómenos que presentes a nuestro espíritu con presencia inmediata, nos son atestiguados por el sentido íntimo o por la conciencia.

Nada que distinga entre las varias clases de actos o impresiones puede servirnos de principio fundamental; la distinción supone el análisis, y el análisis no existe sin reflexión. No se reflexiona sin reglas y sin objeto conocidos ya: por consiguiente admitir clasificaciones en el primer principio, es despojarle de su carácter, es contradecirse.

180. Conviene no confundir lo expresado por la proposición «yo pienso» con la proposición misma; el fondo y la forma son aquí cosas muy diferentes; pudiendo la naturaleza de esta hacer concebir ideas equivocadas sobre aquel. El fondo es un hecho simplicísimo; la forma es una combinación lógica que encierra elementos muy heterogéneos. Esto necesita explicación.

El hecho de conciencia considerado en sí mismo, prescinde de relaciones, no es nada más que el mismo, no conduce a nada más que a sí mismo, es la presencia del acto o de la impresión, o más bien es el acto mismo, la impresión misma, que están presentes al espíritu. Nada de combinación de ideas, nada de análisis de conceptos; cuando se llega a esto último, se sale del terreno de la conciencia pura y se entra en las regiones objetivas de la actividad intelectual. Pero como el lenguaje es para expresar los productos de esa actividad; como no está vaciado, por decirlo así, en el molde de la conciencia pura sino en el del entendimiento, nos es imposible hablar sin alguna combinación lógica o ideal. Si quisiéramos encontrar una expresión de la conciencia pura sin mezcla de elementos intelectuales, deberíamos buscarla, no en el lenguaje, sino en el signo natural del dolor o de la alegría o de una pasión cualquiera; solo en este caso se expresa con espontaneidad y sin combinaciones de elementos ajenos, que pasa algo en nuestro espíritu, que tenemos conciencia de alguna cosa; pero desde el momento en que hablamos, expresamos algo más que la conciencia pura; el verbo externo indica el interno, producto de la actividad intelectual, concepto de ella, que envuelve ya un sujeto y un objeto, y que por tanto se halla ya en una región muy superior a la de la conciencia pura.

181. Para demostrar la verdad de lo que acabo de decir, examinemos la expresión «yo pienso». Esta es una verdadera proposición que sin alterarse en lo más mínimo, puede presentarse bajo una forma rigurosamente lógica: «yo soy pensante». Aquí encontramos sujeto, predicado y cópula. El sujeto es el «yo», es decir que nos hallamos ya con la idea de un ser, sujeto de actos e impresiones, posesor de una actividad significada en el predicado; ese «yo», pues, se nos ofrece como algo muy superior al orden de la conciencia pura, es nada menos que la idea de substancia. Analicemos más detenidamente lo que en él se encierra.

Tenemos en primer lugar la unidad de conciencia; el yo carece de sentido, si no significa algo que es uno e idéntico, a pesar de la pluralidad y diversidad que en él se realizan. La unidad experimental de conciencia trae consigo por consecuencia precisa la unidad del ser que la experimenta. Este ser es el sujeto en que se realizan las variaciones, sin lo cual no su podría decir: yo. Tenemos pues, que en una expresión tan simple están envueltas las ideas de unidad y de su relación a la pluralidad, de substancia, y de su relación a los accidentes; es decir que la idea del «yo», bien que expresiva de una unidad simplicísima, es compuesta bajo el aspecto lógico, encerrando varias cosas del orden ideal, y que no se hallan en la conciencia pura. La idea del yo propiamente dicha, aunque común en cierto modo a todos los hombres, es en sí misma altamente filosófica, por encerrar una combinación de elementos que pertenecen al orden intelectual puro.

182. El predicado pensante es la expresión de una idea general, comprensiva, no solo de todo pensamiento, sino también de todo fenómeno que afecta inmediatamente al espíritu. Estos fenómenos considerados en lo que tienen de común, bajo la idea general de presentes al espíritu, vienen significados en la palabra pensante.

La relación del predicado con el sujeto, o la conveniencia de pensante al «yo», expresa también un análisis digno de atención. Por el pronto se echa de ver una descomposición del concepto del yo en dos ideas: la de sujeto de varias modificaciones, y la de pensante; sin esto la proposición carece de sentido, o mejor, su expresión se hace imposible. La idea de sujeto, envuelve las de unidad y de substancia; y la de pensante encierra la de actividad o bien la de pasividad (permítaseme la expresión) acompañada de conciencia.

183. Para que la proposición sea posible, es preciso suponer que la descomposición de las ideas ha comenzado en algún punto: es decir, que o en la del yo hemos encontrado la de «pensante», o en esta última la del yo. Colocándonos en el «yo», prescindiendo de «pensante», nos encontramos con la idea de sujeto o de substancia en general, donde por más que cavilemos no alcanzaremos a descubrir la de pensante. El yo en sí, no se nos manifiesta, le conocemos por el pensamiento, y por tanto en este debemos fijar el punto de partida, y no en aquel; de lo que se infiere que en dicha proposición, lo primitivamente conocido, es más bien el predicado que el

sujeto; y que de los dos conceptos, el del sujeto tiene más bien el carácter de contenido que el de continente.

En efecto: el yo nace, digámoslo así, para sí mismo, con la presencia del pensamiento; si la actividad intelectual se concentra para buscar su primer apoyo, se encuentra no con el yo puro, sino con sus actos; es decir, con su pensamiento. Este último es por consiguiente el objeto primitivo de la actividad intelectual reflexiva; este es su primer elemento de combinación, su primer dato para la resolución del problema. Fijando la vista en este elemento, descubre una unidad en medio de la pluralidad, descubre un ser que continúa el mismo en medio del flujo y reflujo de los fenómenos de la conciencia: esta identidad se la atestigua de una manera irresistible la conciencia misma. La idea del yo pues está sacada del pensamiento, y por consiguiente más bien nace el sujeto del predicado que no el predicado del sujeto.

184. El pensamiento de donde se saca la idea del «yo», no es el pensamiento en general, sino realizado, existente en nosotros mismos. Pero esta realidad es infecunda, si no se ofrece al espíritu bajo una idea general; porque es evidente que el yo no sale de un acto solo, pues que es la unidad sujeto de la pluralidad. Para llegar a la idea del yo necesitamos la unidad de conciencia, y esta no la conocemos sino en cuanto la tenemos experimentada, es decir, en cuanto percibimos la relación de lo uno a lo múltiplo, de un sujeto a sus modificaciones.

Tanta elaboración es necesaria para producir una expresión tan sencilla como «yo pienso»; por donde se echa de ver con cuánta razón he distinguido entre el fondo y la forma, y cuán inconsideradamente proceden los que confunden cosas tan diversas. Así, y por falta del debido análisis, se dan en la filosofía saltos inmensos pasando de un orden a otro, confundiendo las ideas y embrollando las cuestiones.

185. Para dilucidar completamente la materia examinaré las relaciones de la existencia con el pensamiento; examen que será muy fácil teniendo presentes las observaciones anteriores.

Es cierto que concebimos la existencia anterior al pensamiento: nada puede pensar sin existir, la existencia es para el pensamiento una condición indispensable; pensar y no existir, es una contradicción manifiesta. Pero lo que se ofrece primitivamente a nuestro espíritu, no es la existencia sino el pensamiento; y este no en abstracto, sino determinado, experimental, empírico como se dice ahora. La idea de existencia es general, comprende a todo ser, y la conciencia no puede comenzar por ella; ora lleguemos a esta idea por abstracción, ora sea una forma preexistente en nuestro espíritu, no es lo primero que se nos ocurre; o para hablar con más exactitud, no es el último punto que encontramos al seguir con movimiento retrógrado el hilo de nuestros conocimientos para descubrir su punto de partida. Este es la conciencia, que después de objetivada, y habiendo sufrido el análisis del concepto que ofrece, nos presenta la idea de existencia como contenido en ella.

Se infiere de esto, que el «luego existo», no es rigurosamente hablando una consecuencia del «yo pienso», sino la intuición de la idea de existencia en la de pensamiento. Hay aquí dos proposiciones «per se notæ» como dicen los escolásticos; una general: «lo pensante es existente»; otra particular; «yo pensante, soy existente». La primera pertenece al orden puramente ideal, es de evidencia intrínseca, independientemente de toda conciencia particular; la segunda participa de los dos órdenes; real e ideal; real, en cuanto encierra el hecho particular de la conciencia; ideal, en cuanto incluye una combinación de la idea general de la existencia con el hecho particular: pues solo así es concebible la unión del predicado con el sujeto.

186. Ahora será sumamente fácil resolver todas las cuestiones que se agitan en las escuelas.

Primera cuestión. ¿El principio «yo pienso» depende de otro? Debe responderse con distinción: si se entiende por este principio el simple hecho de la conciencia, es evidente que no. Para nuestro entendimiento, no hay nada anterior a nosotros; todo lo que conocemos, en cuanto conocido por nosotros, supone nuestra conciencia; si la suprimimos, lo destruimos todo; y si ensayamos el destruirlo todo, ella permanece indestructible: no depende pues de nada, no presupone nada.

Si por el principio «yo pienso» se entiende una proposición, en tal caso no puede haber dimanado sino de un raciocinio, o más bien de un análisis: y así no puede ser el principio fundamental de nuestros conocimientos.

187. Segunda cuestión. Faltando los demás principios, ¿falta también el presente? Aplíquese la misma distinción: como simple hecho, no; como pro-

posición, sí. Niéguese todo, incluso el principio de contradicción, la conciencia subsiste. Pero negado el principio de contradicción, queda destruida toda proposición; toda combinación es absurda; el análisis, la relación del predicado con el sujeto, son palabras vacías de sentido.

188. Tercera cuestión. Admitido el principio «yo pienso», ¿puede ser conducido a la verdad al menos indirectamente, quien niegue los demás? Es menester distinguir: o se trata de reducirle por raciocinio o por observación; es decir, o se le quiere combatir con argumentos o se trata de llamarle la atención sobre sí propio, como se hace con un hombre distraído o con uno que padece enajenación mental. Lo segundo se puede hacer; lo primero no. Quien niega todos los principios incluso el de contradicción, hace imposible todo raciocinio; en vano pues se discurre contra él. Ensayémoslo.

Tú piensas, se le dirá; al menos así lo afirmas cuando admites el principio «yo pienso».

Es verdad.

Luego debes admitir también el principio de contradicción.

¿Por qué?

Porque de otro modo podrías pensar y no pensar a un mismo tiempo.

No hay inconveniente.

Pero entonces destruyes tu pensamiento...

¿Por qué?

¿Piensas? ¿No es verdad?

Cierto.

Según tú mismo, es posible que no pienses al mismo tiempo.

Estamos conformes.

Luego destruyes tu pensamiento: porque cuando no piensas se destruye el «yo pienso»; y como todo esto es simultáneo, resulta que destruyes tu propio pensamiento.

Nada de eso: lo que hay en el argumento que se me objeta es que se supone verdadero lo que yo niego; incurriéndose en el sofisma que los dialécticos llaman petición de principio. En efecto, por lo mismo que niego el principio de contradicción, no admito que el no ser destruya al ser, ni el ser al no ser; y por consiguiente, que el no pienso pueda destruir el yo pienso. Cuando se me arguye en este sentido, se supone lo mismo que se busca; se me ataca por principios que yo no reconozco. En vuestro sistema, en que el ser destruye al no ser y viceversa, es cierto que el pensar y el no pensar son incompatibles; pero en mis principios el caso es muy sencillo, como según ellos no es imposible que una cosa sea y no sea a un mismo tiempo, cuando no pienso no dejo de pensar.

Este lenguaje es absurdo, pero consecuente: negado el principio, la deducción es necesaria; y si se le replica que en tal caso no puede ni hacer el raciocinio que se acaba de oír, podrá él contestar, que tampoco pueden raciocinar los adversarios; o que si se quiere, no halla inconveniente en que se raciocine y no se raciocine.

No hay otro medio de reducir a un hombre extraviado de esta manera que el de la observación; se ha salido de la razón y por tanto es imposible volverle a ella por medio de ella misma. Las observaciones que se le dirigen han de ser más bien un llamamiento, una especie de grito para despertar la razón, que no una combinación para reconstruirla; es un hombre dormido o desvanecido a quien se llama y se toca para volverle en sí, no un adversario con quien se disputa.

Capítulo XX. Verdadero sentido del principio de contradicción. Opinión de Kant

189. Antes de examinar el valor del principio de contradicción como punto de apoyo de todo conocimiento, será bien fijar con exactitud su verdadero sentido. Esto me obliga a entrar en algunas consideraciones sobre una opinión de Kant manifestada en su «Crítica de la razón pura», a propósito de la forma con que el principio de contradicción ha sido enunciado hasta el presente en todas las escuelas filosóficas. Conviene el metafísico alemán en que sea cual fuere la materia de nuestro conocimiento y de cualquier modo que se le refiera el objeto, es condición general aunque puramente negativa, de todos nuestros juicios, el que no se contradigan mutuamente; de otro modo, aun sin orden al objeto, no son nada en sí mismos. Asentada esta doctrina advierte que se llama principio de contradicción el siguiente: «un predicado que repugna a una cosa no le conviene»; observando enseguida que este es un criterio universal de toda verdad, aunque puramente negativo; mas que por lo mismo pertenece exclusiva-

mente a la lógica, pues que vale para los conocimientos puramente como conocimientos en general, sin relación a su objeto, y declara que la contradicción los hace desaparecer completamente. «Hay sin embargo, continúa, una fórmula de este célebre principio puramente formal y desprovisto de contenido, fórmula que encierra una síntesis confundida mal a propósito con el principio mismo, y sin la menor necesidad. Hela aquí; es imposible que una cosa sea y no sea a un mismo tiempo. A más de que la certeza apodíctica ha sido añadida inútilmente aquí (por la palabra "imposible"), certeza que debe de sí misma estar comprendida en la proposición, este juicio se halla además afectado por la condición del tiempo y significa en algún modo lo siguiente: una cosa = A, que es alguna cosa = B, no puede al mismo tiempo ser no B; pero puede muy bien ser sucesivamente lo uno y lo otro (B y no B). Por ejemplo, un hombre que es joven no puede ser viejo a un mismo tiempo; pero este mismo hombre puede muy bien ser joven en un tiempo y ser viejo o no ser joven en otro; es así que el principio de contradicción, como principio puramente lógico, no debe restringir su significado a relaciones de tiempo; luego esta fórmula es del todo contraria al objeto del principio mismo. La equivocación nace de que se comienza por separar el predicado de una cosa del concepto de ella; y enseguida se une a este mismo predicado su contrario, lo que no da jamás una contradicción con el sujeto sino únicamente con su predicado que le está unido sintéticamente; contradicción que ni aun tiene lugar sino en cuanto el primer predicado y el segundo son puestos al mismo tiempo. Si digo, un hombre que es ignorante no es instruido, la condición al mismo tiempo debe estar expresada, porque el que es ignorante en un tiempo puede muy bien ser instruido en otro. Pero si digo, ningún hombre ignorante es instruido, la proposición será analítica, porque el carácter de la ignorancia constituye ahora el concepto del sujeto, en cuyo caso la proposición negativa dimana inmediatamente de la proposición contradictoria, sin que la condición al mismo tiempo deba intervenir. Por esta razón he cambiado más arriba la fórmula del principio de contradicción, de manera que por ella fuese explicada claramente la naturaleza de una proposición analítica» (Lógica trascendental, libro 2.º Cap. 2.º sección 1.ª).

190. El lector no comprenderá bien el sentido de este pasaje, ya de suyo no muy claro, si no sabe lo que Kant entiende por proposiciones analíticas y sintéticas; lo explicaré. En todos los juicios afirmativos la relación de un predicado con un sujeto es posible de dos maneras: o el predicado pertenece al sujeto como contenido en él, o le es completamente extraño, aunque en realidad esté ligado con él mismo. En el primer caso, el juicio es analítico, en el segundo sintético. Los juicios analíticos afirmativos son aquellos en que la unión del predicado con el sujeto es concebida por identidad; al contrario se llaman sintéticos aquellos en que dicha unión está concebida sin identidad. Kant aclara su idea con los ejemplos siguientes. «Cuando digo todos los cuerpos son extensos, este es un juicio analítico, pues no necesito salir del concepto de cuerpo para encontrarle unida la extensión; me basta descomponerle, es decir, que es suficiente el tener conciencia de la diversidad que pensamos siempre en este concepto, para encontrar en él el predicado de que se trata. Este es pues un juicio analítico. Al contrario, cuando digo, todos los cuerpos son pesados, aquí el predicado es una cosa del todo diferente de lo que pienso en general por el simple concepto de cuerpo: la unión pues de semejante predicado da un juicio sintético» (Crítica de la razón pura. Introducción § 1).

Échase de ver fácilmente la razón de la nueva nomenclatura empleada por el filósofo alemán. Llama analíticos a los juicios en que basta descomponer el sujeto para encontrar en él el predicado, sin necesidad de añadirle nada que no estuviese ya pensado en el concepto mismo del sujeto, a lo menos oscuramente; y apellida sintéticos o de composición, aquellos en que es preciso añadir algo al concepto del sujeto, pues que el predicado no se encuentra en este concepto por más que se le descomponga.

191. Esta división de juicios en analíticos y sintéticos es muy nombrada en la filosofía moderna, sobre todo entre los alemanes; y de seguro no falta quien se imagina que este es un descubrimiento del autor de la «Crítica de la razón pura»; la misma novedad del nombre puede dar origen a la equivocación. Sin embargo, en todos los autores escolásticos que olvidados y cubiertos de polvo yacen ahora en el fondo de las bibliotecas, se habla de juicios analíticos y sintéticos; bien que no con estos nombres. Se decía que los juicios eran de dos especies: unos en que el predicado estaba contenido

en la idea del sujeto y otros en que no; a las proposiciones que expresaban los juicios de la primera clase se las llamaba «per se notæ» o conocidas por sí mismas, a causa de que entendida la significación de los términos se veía que el predicado estaba contenido en la idea o en el concepto del sujeto. Se les daba también el nombre de primeros principios, y a la percepción de ellos se la llamaba «inteligencia, intellectus», distinguiéndola de la razón en cuanto esta versaba sobre los conocimientos de evidencia mediata o de raciocinio.

Véase si dejan algo que desear ni en claridad ni en precisión, los siguientes textos de Santo Tomás. «Una proposición es conocida por sí, "per se nota", cuando el predicado está incluido en la razón del sujeto, como el hombre es animal; pues que animal es de la esencia del hombre. Si pues todos conocen lo que es el sujeto y el predicado, la proposición será conocida por sí, para todos; como se ve en los primeros principios de las demostraciones cuyos términos son cosas comunes que nadie ignora, como ser y no ser; todo y parte y otras semejantes» (1.ª Part. Quest. 2. Art. 1.º).

«Cualquiera proposición cuyo predicado es de la esencia del sujeto, es conocida por sí, bien que puede suceder que no lo sea para quien ignore lo que significa la definición del sujeto: así esta proposición, "el hombre es racional", es de su naturaleza conocida por sí; pues quien dice hombre dice racional» (1.ª 2.ª Quest. 94. Art. 2).

192. Por estos ejemplos, y otros muchos que sería fácil aducir, se ve que la distinción entre los juicios analíticos y sintéticos era vulgar en las escuelas muchos siglos antes de Kant. Los analíticos eran todos los que se formaban por evidencia inmediata; y sintéticos, los que resultaban de evidencia mediata, ya fuese esta del orden puramente ideal, ya dependiese en algún modo de la experiencia. Se sabía muy bien que hay conceptos de sujeto en los cuales está pensado el predicado, a lo menos en confuso: y por esto se explicaba esta unión o identidad, diciendo que las proposiciones en que se enunciaba, eran «per se notæ ex terminis». El predicado en los juicios analíticos está ya en el sujeto; nada se le añade según Kant; solo se le explica: «Quien dice hombre dice "racional"»; así habla Santo Tomás: la idea es la misma que la del filósofo alemán.

193. Pero volvamos al examen de si debe o no mudarse la fórmula en que hasta ahora se ha expresado el principio de contradicción.

La primera observación de Kant se refiere a la palabra imposible por juzgarla añadida inútilmente, ya que la certeza apodíctica que se quiere expresar, debe estar comprendida en la misma proposición. Kant formula el principio de esta manera: «un predicado que repugna a una cosa no le conviene». ¿Qué se entiende por la palabra imposible? «Posible e imposible absolutamente, se dice por la relación de los términos: posible porque el predicado no repugna al sujeto; imposible, cuando el predicado repugna al sujeto»; así se expresa Santo Tomás (1 P. Quest. 25. Art. 3.) y con él todas las escuelas; luego la imposibilidad es la repugnancia del predicado al sujeto, luego ser una cosa imposible es ser repugnante, luego emplea Kant el mismo lenguaje que reprende en los otros. La fórmula común podría expresarse de esta manera: «que una cosa sea y no sea al mismo tiempo, repugna; o bien hay repugnancia entre el ser y el no ser; o bien el ser excluye al no ser»; todo viene a parar a lo mismo, y nada más expresa Kant cuando dice: un predicado que repugna a una cosa, no le conviene.

194. Tratándose de un criterio universal, hay más exactitud en la fórmula común que en la de Kant. Esta ciñe el principio a la relación de predicado y sujeto, y por consiguiente le encierra en el orden puramente ideal, no valiendo para el real sino por una especie de ampliación. Esta ampliación aunque muy legítima y muy fácil, no la necesita la fórmula común: con decir, el ser excluye al no ser, abraza lo ideal y lo real, y presenta al entendimiento la imposibilidad, no solo de los juicios contradictorios, sino también de las cosas contradictorias.

Kant admite que este principio es la condición sine qua non de la verdad de nuestros conocimientos, de manera que debemos tener cuidado de no ponernos jamás en contradicción con él so pena de anonadar todo conocimiento. Hágase la prueba: a un hombre que no se haya ocupado a fondo de estas materias, aunque sepa muy bien lo que se entiende por predicado y sujeto, dénsele las dos fórmulas; ¿cuál de ellas se le presentará como más fácil para todos los usos así en lo externo como en lo interno? es claro que no será la de Kant. Que una cosa no puede ser y no ser a un mismo tiempo, al instante se ve con toda generalidad, y se aplica el principio a todos los usos así en el orden real como en el ideal. Se trata de un objeto externo y se dice: esto no puede ser y no ser a un mismo tiempo; se trata de juicios contradictorios, de ideas que se excluyen, y se dice sin dificultad: esto no puede ser, porque es imposible que a un mismo tiempo una cosa sea y no sea. Pero no se ve con la misma facilidad y prontitud cómo se hace el tránsito del orden ideal al real, o cómo pueden tener uso en el orden de los hechos las ideas puramente lógicas de sujeto y predicado. Luego la fórmula común, a más de ser igualmente exacta que la de Kant, es más sencilla, más inteligente, y más fácilmente aplicable.

¿Pueden desearse calidades mejores para un criterio universal, para la condición sine qua non de la verdad de nuestros conocimientos?

195. Hasta aquí he dado por supuesto que la fórmula de Kant expresaba realmente el principio de contradicción; pero esta suposición es cuando menos inexacta. No cabe duda que sería una contradicción el que un predicado que repugnase a un sujeto, le conviniese; y en este sentido se puede decir que el principio de contradicción está de algún modo expresado en la fórmula de Kant. Mas esto no es suficiente: porque de lo contrario sería preciso decir que todo axioma expresa el principio de contradicción, pues no es posible negar ningún axioma sin una contradicción. La fórmula del principio debe expresar directamente la exclusión recíproca, la repugnancia entre el ser y el no ser; esto es lo que se quiere significar; jamás se ha entendido otra cosa por el principio de contradicción. Kant en su nueva fórmula no expresa directamente esta exclusión: lo que expresa es, que cuando de la idea de un sujeto está excluido el predicado, este no le conviene. Si bien se mira, lejos de que esta fórmula exprese el principio de contradicción, es la famosa de los cartesianos: lo que está comprendido en la idea clara y distinta de una cosa, se puede afirmar de ella con toda certeza. En substancia las dos fórmulas expresan lo mismo, y solo se distinguen por dos diferencias puramente accidentales: 1.ª en que la de Kant es más concisa; 2.ª en que la de este filósofo es negativa y la de los cartesianos afirmativa.

196. Kant viene a decir: «lo que está excluido de la idea clara y distinta de una cosa, se puede negar de ella».

Predicado que repugna a un sujeto, es lo mismo que lo que está excluido de la idea de una cosa; «no le conviene», es lo mismo que «se puede negar de él». Y como por otra parte es evidente que el principio de los cartesianos debe entenderse en ambos sentidos, afirmativo y negativo, pues que al decir que lo que está comprendido en la idea clara y distinta de una cosa, se puede afirmar de la misma, entendían también que cuando una cosa estaba excluida, se podía negar; resulta que Kant dice lo mismo que ellos; así intentando corregir a todas las escuelas, ha incurrido en una equivocación no muy a propósito para abonar su perspicacia.

Claro es que la misma fórmula de Kant implica esta otra: el predicado contenido en la idea de un sujeto, le conviene. Esta proposición es también condición «sine qua non», de todos los juicios analíticos afirmativos: pues estos desaparecen, si no conviene al sujeto lo que está en su idea. En tal caso, no hay diferencia ni aun aparente entre la fórmula de Kant y la de los cartesianos; solo hay variedad en los términos: la proposición es exactamente la misma. Por donde se echa de ver que antes de afirmar que en el punto más claro y más fundamental de los conocimientos humanos, se han expresado mal todas las escuelas, es necesario andar con mucho tiento: testigo la originalidad de la fórmula de Kant.

197. No fue más feliz el autor de la «Crítica de la razón pura» al censurar la condición «a un mismo tiempo», que se añade generalmente a la fórmula del principio de contradicción. Ya que él se tomó la libertad de creer que ningún filósofo antes de él había expresado de la manera conveniente este principio, permítaseme decir que él no entendió bien lo que querían significar los otros. No creo que con decir esto cometa una profanación filosófica; si para ciertos hombres Kant es un oráculo, todos los filósofos juntos y la humanidad entera son también oráculos que deben ser oídos y respetados.

Según el mismo Kant, el principio de contradicción es condición sine qua non de todos los conocimientos humanos. Si pues esta condición ha de servir para su objeto, es necesario que se la exprese de un modo aplicable a todos los casos. Nuestros conocimientos no se componen únicamente de elementos necesarios, sino que admiten en buena parte ideas enlazadas con lo contingente; pues como hemos visto ya, las verdades puramente ideales no conducen a nada positivo si no se las hace descender al terreno de la realidad. Los seres contingentes están sometidos a la condición del tiempo; y todos los conocimientos que a ellos se refieren, deben contar siempre con esta condición. Su existencia se limita a un determinado espacio de tiempo; y conforme a esta determinación es preciso pensar y hablar de la misma.

Aun las propiedades esenciales están afectadas en cierto modo por la condición del tiempo; porque si bien prescinden de él, si se las considera en general, no es así cuando están realizadas, es decir, cuando dejan de ser una pura abstracción y son una cosa positiva. He aquí pues la razón, y razón bien poderosa y profunda, de que todas las escuelas hayan juntado la condición del tiempo con la fórmula del principio de contradicción: razón bien profunda, repito, y que es extraño se escapase a la penetración del filósofo alemán.

198. La importancia de la materia reclama todavía ulteriores aclaraciones. Lo esencial en el principio de contradicción, es la exclusión del ser por el no ser y del no ser por el ser. La fórmula debe expresar este hecho, esta verdad que se nos ofrece con evidencia inmediata y que es contemplada por el entendimiento con una intuición clarísima que no consiente duda ni oscuridad de ninguna especie.

El verbo ser puede tomarse de dos maneras: sustantivamente, en cuanto significa la existencia, y copulativamente, en cuanto expresa la relación de un predicado con un sujeto. Pedro es; aquí el verbo es significa la existencia de Pedro, y equivale a esta otra: Pedro existe. El triángulo equilátero es equiángulo; aquí el verbo es se toma copulativamente; pues no se afirma que exista ningún triángulo equilátero, y solo se establece la relación de la igualdad de los ángulos con la igualdad de los lados, prescindiendo absolutamente de que existan unos ni otros.

El principio de contradicción debe extenderse a los casos en que el verbo ser es copulativo y a los en que es sustantivo; porque cuando decimos que es imposible que una cosa sea y no sea, no hablamos únicamente del orden ideal o de las relaciones entre predicados y sujetos, sino también del orden real: si no se refiriese a este último tendríamos que el mundo entero de las existencias estaría falto de la condición indispensable para todo conocimiento sino también para todo ser en sí mismo, prescindiendo de que sea conocido y de que sea inteligente. ¿Qué fuera un ser real que pudiese ser y no ser? ¿Qué significa una contradicción realizada? luego el principio se ha de extender no solo al verbo ser como copulativo, sino también como sustantivo. Todas las existencias finitas, inclusa la nuestra, son medidas por una duración sucesiva; luego si la fórmula del principio de contradicción no ha de ser inaplicable a todo cuanto conocemos en el universo, ha de estar acompañado de la condición del tiempo. De todas las cosas finitas que existen se ha verificado que no existían y de todas se podría verificar que no existiesen: de ninguna se afirmaría con verdad que su no existencia fuese imposible; esta imposibilidad nace de la existencia en un tiempo dado, y solo con respecto a este tiempo se la puede afirmar. Luego la condición del tiempo es absolutamente necesaria en la fórmula del principio de contradicción, si esta fórmula ha de poder servirnos para lo existente, es decir, para lo que tienen de objeto real nuestros conocimientos.

199. Veamos ahora lo que sucede en el orden puramente ideal, donde el verbo ser se toma copulativamente.

Las proposiciones del orden puramente ideal son de dos clases: unas tienen por sujeto una idea genérica que con la unión de la diferencia, puede pasar a una especie determinada; otras tienen por sujeto la misma especie, o sea la idea genérica junto con la determinación de la diferencia. La palabra «ángulo» expresa la idea genérica comprensiva de todos los ángulos, idea que unida con la diferencia correspondiente, puede constituir las especies de ángulo recto, agudo u obtuso. Sucédenos a cada paso el modificar la idea genérica de varias maneras; y como en esto entra por necesidad una sucesión en que se nos representan distintos conceptos que todos tienen por base la idea genérica, resulta que consideramos a esta como un ser que sucesivamente se transforma. Para expresar esta sucesión puramente intelectual, empleamos la idea de tiempo; y he aquí una de las razones que justifican el empleo de esta condición aun en el orden puramente ideal. Así decimos: un ángulo no puede ser a un mismo tiempo recto y no recto; porque encontramos que la idea de ángulo puede estar sucesivamente determinada por la diferencia que le constituye recto y no recto; pero estas determinaciones no pueden coexistir ni aun en nuestro concepto, por cuya razón no afirmamos la imposibilidad absoluta de la unión de la diferencia con el género, sino que la limitamos a la condición de la simultaneidad.

En esta proposición: un ángulo recto no puede ser obtuso; el sujeto no es la idea genérica sola, sino unida con la diferencia recto. En el concepto del sujeto formado de estas dos ideas, ángulo y recto, vemos la imposibilidad de que se les una la idea obtuso. Esto sin ninguna condición de tiempo, y en este caso tampoco se la expresa. Se dice con frecuencia: un ángulo no puede ser al mismo tiempo recto y obtuso; pero jamás se dice el ángulo recto no puede «a un mismo tiempo» ser obtuso, sino absolutamente: el ángulo recto no puede ser obtuso.

200. Observa Kant que la equivocación dimana de que se comienza por separar el predicado de una cosa del concepto de esta cosa, y que enseguida se le junta a este mismo predicado su contrario, lo que no da jamás una contradicción con el sujeto sino con el predicado que le está unido sintéticamente; contradicción que no tiene lugar sino en cuanto el primero y el segundo predicado están puestos a un mismo tiempo. Esta observación de Kant es en el fondo muy verdadera; pero adolece de dos defectos: el que se la presenta como original cuando no dice sino cosas muy sabidas; y el que se le emplea para combatir una equivocación que no existe sino en la mente del filósofo que pretende quitarla a los demás. Las dos proposiciones analizadas en el párrafo anterior confirman lo que acabo de decir: el ángulo no puede ser recto y no recto. Aquí la condición del tiempo es necesaria porque la repugnancia no está entre el predicado y el sujeto sino entre los dos predicados. El ángulo puede ser recto o no recto, con tal que esto se verifique en tiempos diferentes. El ángulo recto no puede ser obtuso; aquí la condición del tiempo no debe ser expresada, porque entrando en el concepto del sujeto la idea «recto», está enteramente excluida la de obtuso.

201. Si el principio de contradicción hubiese de servir únicamente para los juicios analíticos, esto es, para aquellos en que el predicado está contenido en la idea del sujeto, la condición del tiempo no debiera ser expresada nunca; pero como este principio ha de guiarnos también para todos los demás juicios, se sigue que en la fórmula general no podía prescindirse de una condición absolutamente indispensable en la mayor parte de los casos. En el estado actual de nuestro entendimiento, mientras nos hallamos en esta vida, el no prescindir del tiempo es la regla, el prescindir la excepción: ¿y se quería que una fórmula general se refiriese solo a la excepción y dejase en olvido la regla?

202. No se concibe la razón que pudo mover a Kant a ilustrar esta materia con los ejemplos arriba citados.

No cabe decir cosas más comunes e inoportunas que las añadidas por este filósofo cuando ilustra la materia con algunos ejemplos. «Si digo, un hombre que es ignorante no es instruido, la condición al mismo tiempo debe estar expresada; porque el que es ignorante en un tiempo, puedo muy bien ser instruido en otro.» Esto a más de ser común e inoportuno, es sobre manera inexacto. Si la proposición fuese: un hombre no puede ser ignorante e instruido; entonces la condición al mismo tiempo debiera añadirse, porque no dándose preferencia a ningún predicado con respecto al otro, se indicaría el motivo de la repugnancia, que es de predicado a predicado y no de predicado a sujeto. Pero en el ejemplo aducido por Kant, «el hombre que es ignorante no es instruido», el sujeto no es solo hombre, sino hombre ignorante; el predicado instruido recae sobre el hombre modificado con el predicado ignorante; y por consiguiente la expresión del tiempo no es necesaria ni se la emplea en el lenguaje común.

Hay mucha diferencia entre estas dos proposiciones: el hombre que es ignorante no es instruido; el hombre que es ignorante, no puede ser instruido. En la primera, la condición del tiempo no debe estar expresada por las razones dichas: en la segunda sí, porque hablándose de la imposibilidad de un modo absoluto, se negaría al ignorante hasta la potencia de ser instruido.

203. El otro ejemplo de Kant es el siguiente: «Pero si digo, ningún hombre ignorante es instruido, la proposición será analítica, porque el carácter de la ignorancia constituye ahora el concepto del sujeto y por tanto la proposición negativa se deriva inmediatamente de la proposición contradictoria sin que la condición al mismo tiempo deba intervenir». No se ve la razón porque establece Kant tanta diferencia entre estas dos proposiciones: un hombre que es ignorante no es instruido; ningún hombre ignorante es instruido; en ambas el predicado no se refiere tan solo a hombre, sino a hombre ignorante, y tanto vale decir hombre que es ignorante, como hombre ignorante. Si pues la expresión del tiempo no es necesaria en la una, tampoco lo será en la otra.

Si la idea de ignorante afecta al sujeto mismo, el predicado está necesariamente excluido, porque las ideas de instrucción y de ignorancia, son contradictorias: entonces nos hallamos con la regla de los dialécticos de que en materias necesarias, la proposición indefinida equivale a la universal.

De esta discusión resulta que la fórmula del principio de contradicción debe ser conservada tal como está, y que no debe suprimirse la condición del tiempo, porque de otro modo se inutilizaría la fórmula para muchísimos casos.

Capítulo XXI. Si el principio de contradicción merece el título de fundamental; y en qué sentido

204. Aclarado ya el verdadero sentido del principio de contradicción, veamos si merece el título de fundamental, reuniendo todos los caracteres exigidos para esta dignidad científica. Estos son tres: primero, que no se apoye en otro principio. Segundo, que cayendo él, se arruinen todos los demás. Tercero, que permaneciendo él firme, pueda argüirse de una manera concluyente contra quien niegue los demás, reduciéndole a buen camino por demostración, al menos indirecta.

205. Para resolver cumplidamente todas las cuestiones que se refieren al principio de contradicción, asentaré algunas proposiciones acompañándolas con la demostración correspondiente.

PRIMERA PROPOSICIÓN

Si se niega el principio de contradicción, se desploma toda certeza, toda verdad, todo conocimiento.

Demostración. Si una cosa puede ser y no ser a un mismo tiempo, podemos estar ciertos y no ciertos, conocer y no conocer, existir y no existir; la afirmación puede estar junto con la negación, las cosas contradictorias pueden hermanarse, las distintas identificarse, las idénticas distinguirse; la inteligencia es un caos en toda la extensión de la palabra; la razón se trastorna, el lenguaje es absurdo, el sujeto y el objeto se chocan en medio de espantosas tinieblas, toda luz intelectual se ha extinguido para siempre. Todos los principios están envueltos en la ruina universal; y la misma conciencia vacilaría, si al hacer esta suposición absurda no se hallase sostenida por la invencible mano de la naturaleza. Pero en medio de la absurda hipótesis, la conciencia que no desaparece porque no puede desaparecer, se siente arrastrada también por el violento torbellino que lo arroja todo a las tinieblas del caos; en vano se esfuerza por conservar sus ideas, todas desaparecen por la fuerza de la contradicción; en vano hace brotar otras nuevas para sustituirlas a las que va perdiendo, desaparecen también; en vano busca objetos nuevos, desaparecen también; y ella misma no continúa sino para sentir la imposibilidad radical de pensar nada; solo ve a la contradicción que señoreada de la inteligencia, destruye con fuerza irresistible cuanto se quiera levantar.

SEGUNDA PROPOSICIÓN.

206. No basta que no se suponga falso el principio de contradicción; es preciso además suponerle verdadero, si no se quiere que se arruine toda certeza, todo conocimiento, toda verdad.

Demostración. Las razones alegadas con respecto a la proposición anterior podrían reproducirse por entero.

En el primer caso se supone negada la verdad del principio; en el segundo no se le da por verdadero ni por falso; pero es evidente que la indiferencia no basta; porque desde el momento en que el principio de contradicción no esté fuera de toda duda, volvemos a caer en las tinieblas, debemos dudar de todo.

No quiero decir que para tener certeza de cualquiera cosa, sea necesario pensar explícitamente en dicho principio; pero sí que debemos tenerle por firmemente asentado, que no podemos abrigar sobre él la menor duda, y que en viendo alguna cosa ligada con él mismo, es preciso considerarla como asida de un punto inmóvil; la menor vacilación, el más ligero «quién sabe»!... sobre este principio, lo arruina todo: la posibilidad de un absurdo es ya por sí misma un absurdo.

TERCERA PROPOSICIÓN

207. Es imposible encontrar un principio que nos asegure de la verdad del de contradicción.

Demostración. Hemos visto que en todo conocimiento es necesario suponer la verdad del principio de contradicción; luego ninguna puede servir para demostrarle a él. En cualquiera raciocinio que con este objeto se haga, habrá por necesidad un círculo vicioso; se probará el principio de contradicción con otro principio que a su vez supondrá siempre el de contradicción. Tendremos pues un edificio que estribará sobre un cimiento y un cimiento que estribará sobre el mismo edificio.

CUARTA PROPOSICIÓN.

208. A quien niegue el principio de contradicción, no se le puede reducir directa ni indirectamente por ningún otro.

Demostración. Sería curioso oír los argumentos dirigidos contra un hombre que admite la posibilidad del sí y del no en todo. Cuando se le reduzca al sí, no se le hará perder el no, y viceversa. Es imposible no solo argumentar, sino hablar, ni pensar en suposición semejante.

QUINTA PROPOSICIÓN.

209. No es exacto lo que suele decirse que con el principio de contradicción podamos argüir de una manera concluyente contra quien niegue los demás.

Adviértase que solo digo que «no es exacto»; porque en efecto creo que en el fondo es verdadero, pero mezclado con alguna inexactitud. Para manifestarlo examinemos el valor de la demostración que se da en casos semejantes. En forma de diálogo las razones, las contestaciones y las réplicas se presentarán con más claridad y viveza. Supongamos que uno niega este axioma. El todo es mayor que la parte.

Si usted niega esto, admite que una cosa puede ser y no ser a un mismo tiempo.

Esto es lo que se me ha de probar.

El todo de usted será todo y no lo será, y la parte será parte y no parte. ¿Por qué?

En primer lugar, será todo, porque así se supone.

Admitido.

Al mismo tiempo no lo será...

Negado.

No lo será porque no será mayor que su parte.

Buen modo de argumentar; esto es una petición de principio: yo comienzo por afirmar que el todo no es mayor que su parte, y usted me arguye en el supuesto contrario; pues me dice que el todo no será todo si no es mayor que su parte. Si yo concediese que el todo es mayor que su parte, y luego negase esta propiedad, entonces incurriría en contradicción haciendo un todo que según mis principios no sería todo; pero como ahora niego que el todo haya de ser mayor que su parte, debo negar también que deje de ser todo, por no ser mayor que su parte.

210. ¿A quien discurre de esta manera qué se le puede replicar? nada absolutamente en forma de raciocinio; lo que se puede hacer es llamarle la atención hacia el absurdo en que se coloca; pero esto no argumentando, sino determinando con toda exactitud el sentido de las palabras y analizando los conceptos que por ellas se expresan. Esto es lo único que se puede y debe hacer. La contradicción existe, es cierto; y lo que conviene es que la vea el que ha incurrido en la misma; para lo cual, o será suficiente la explicación de los términos y el análisis de los conceptos, o no bastará nada.

Veámoslo en el mismo ejemplo. El todo es mayor que su parte. ¿Qué es todo? es el conjunto de las partes, es las partes mismas reunidas. En la idea del todo entran pues las partes. ¿Qué significa mayor? Una cosa se dice mayor que otra, cuando además de contener cantidad igual a esta, contiene alguna otra; el siete es mayor que el cinco, porque a más de contener el mismo cinco, contiene también el dos. El todo contiene a la parte y además a las otras partes, luego en la idea de todo entra la idea de ser mayor que su parte. Así se podría reducir a quien negase este principio: método que más bien que de argumentación, podría llamarse de explicación de términos y análisis de conceptos, porque es claro que no se ha hecho más que definir aquellos y descomponer estos.

SEXTA PROPOSICIÓN

211. El principio de contradicción no puede ser conocido sino por evidencia inmediata.

Demostración. Se han de probar dos cosas. Que el conocimiento es por evidencia, y que la evidencia es inmediata. Tocante a lo primero observaré que el principio de contradicción no es un simple hecho de conciencia sino una verdad puramente ideal. El hecho de conciencia envuelve la realidad, no puede expresarse de ningún modo sin que se afirme alguna existencia; el principio de contradicción no afirma ni niega nada positivo; esto es, no dice que algo exista o no exista; solo expresa la repugnancia del ser al no ser, y del no ser al ser, prescindiendo de que el verbo ser se tome sustantiva o copulativamente.

212. Todo hecho de conciencia es algo, no solo existente sino determinado; no es un pensamiento en abstracto, sino tal o cual pensamiento. El principio de contradicción no contiene nada determinado; no solo prescinde de la existencia de las cosas sino también de la esencia, pues no se refiere a solas las existentes sino también a las posibles; y entre estas no distingue especies, sino que las abraza todas en su mayor generalidad.

Cuando se dice «es imposible que una cosa sea y no sea», la palabra cosa no restringe su significación de ninguna manera; expresa el ser en general, en su mayor indeterminación. En el sea o «no sea», el verbo ser no expresa solo la existencia sino toda clase de relaciones de esencias, también en su más completa indeterminación. Así el principio se aplica igualmente en estas dos proposiciones; es imposible que la Luna sea y no sea; es imposible que un círculo sea y no sea círculo; no obstante que la primera es del orden real, y en ella el verbo ser expresa existencia; y la segunda es del orden ideal, y el verbo ser significa únicamente relación de predicado a sujeto.

213. Todo hecho de conciencia es individual, el principio de contradicción es lo más universal que imaginarse pueda; todo hecho de conciencia es contingente, el principio de contradicción es absolutamente necesario: necesidad que es uno de los caracteres de las verdades conocidas por evidencia.

214. El principio de contradicción es una ley de toda inteligencia; es de una necesidad absoluta tanto para lo finito como para lo infinito: ni la inteligencia infinita se halla fuera de esta necesidad, porque la infinita perfección no puede ser un absurdo. El hecho de conciencia como puramente individual, se refiere tan solo al ser que lo experimenta; de que yo exista o no exista ni el orden de las inteligencias ni el de las verdades sufre alteración alguna.

215. El principio de contradicción, a más del carácter de universalidad y necesidad con que se distinguen las verdades de evidencia, posee también el del ser visto con esa claridad intelectual inmediata, de que más arriba se ha tratado. En la idea del ser vemos clarísimamente la exclusión del no ser.

De esto se infiere la prueba de la segunda parte de la proposición: porque hay evidencia inmediata de la relación de un predicado con un sujeto, cuando para verla nos basta la sola idea del sujeto sin necesidad de ninguna combinación con otras ideas; así se verifica en el caso presente, pues no solo no es necesaria ninguna combinación, sino que todas son imposibles si no se presupone la verdad del principio.

Capítulo XXII. El principio de la evidencia

216. Entre los principios que han figurado en las escuelas en primera línea, con pretensión al título de fundamentales, se encuentra el que ha sólido llamarse de los cartesianos. «Lo que está comprendido en la idea clara y distinta de una cosa, se puede afirmar de ella con toda certeza.» Ya hemos visto que Kant resucita, aunque en otras palabras, este principio, tomándole equívocamente por sinónimo del de contradicción. Bien examinada la cosa se echa de ver que tanto la fórmula de los cartesianos como la de Kant no son más que la expresión de la legitimidad del criterio de la evidencia. Ambas podrían reducirse a otras más sencillas: la evidencia es criterio de verdad; o bien, lo evidente es verdadero. Como esta transformación me ha de servir en adelante para distinguir ideas, en mi opinión muy confusas, daré la razón de ella manifestando la igualdad de las dos expresiones.

217. Decir que una cosa está comprendida en la idea clara y distinta de otra, es lo mismo que decir que hay evidencia de que un predicado conviene a un sujeto; las palabras no tienen ni pueden tener otro sentido; «estar comprendido en una idea clara y distinta», equivale a decir que vemos una cosa en otra con aquella luz intelectual que llamamos evidencia: luego esta expresión: «Lo que está comprendido en la idea clara y distinta de una cosa» es exactamente igual a esta: «Lo que es evidente».

Decir que una cosa se puede afirmar de otra con toda certeza, es lo mismo que decir: «La cosa es verdadera, y de esto podemos estar completamente seguros». Lo que se puede afirmar, es la verdad y solo la verdad: luego esta expresión: «Se puede afirmar de ella con toda certeza», es exactamente igual a esta otra: «Es verdadero».

Así, la expresión de los cartesianos puede transformarse en esta: «Lo evidente es verdadero», o en su equivalente: «La evidencia es seguro criterio de verdad».

218. «El predicado que repugna a un sujeto, no le conviene», esta es la fórmula de Kant. La repugnancia de que aquí se trata es la que se encuen-

tra en las ideas, esto es, cuando de la idea del sujeto está necesariamente excluido el predicado por repugnancia intrínseca. La expresión pues «el predicado que repugna a un sujeto», equivale a esta otra: «Cuando de la idea del sujeto se ve con claridad excluido el predicado»; la que a su vez es igual a esta «la exclusión o la repugnancia entre el sujeto y el predicado es evidente».

«No le conviene» significa lo mismo que es verdadero que no le conviene; y como estas fórmulas tienen dos valores, uno para los casos afirmativos, otro para los negativos, pues si se dice: el predicado que repugna a un sujeto no le conviene, se puede decir con la misma razón, el predicado contenido en la idea del sujeto le conviene, resulta que la fórmula de Kant coincide exactamente con esta: «Lo que es evidente es verdadero».

219. Con esta transformación se logra mayor sencillez y más generalidad: sencillez, por la expresión misma; generalidad, porque están contenidos tanto los casos afirmativos como los negativos. Las palabras «lo que es evidente» abrazan tanto las afirmaciones como las negaciones; porque tan evidente puede ser la inclusión de un predicado en un sujeto como su mutua repugnancia. Se puede ver que está contenida una cosa en la idea de otra, como que está excluida de ella. Bajo todos los conceptos es preferible la fórmula: lo que es evidente es verdadero; y si se quiere expresar no como principio sino como regla aplicable, se puede convertir en esta otra: «La evidencia es seguro criterio de verdad».

220. No se crea que el análisis precedente tenga por único objeto la transformación indicada; bien que en estas materias la claridad y la precisión deben ser llevadas al más alto punto posible, no obstante me hubiera abstenido de entrar en semejantes consideraciones si solo me hubiese propuesto lograr una innovación que en la práctica puede producir muy escaso resultado; lo mismo se expresa de un modo que de otro, quien no entienda las primeras fórmulas no entenderá la última. Pero no era esta innovación mi objeto principal; sino el manifestar la confusión de ideas que hay en este punto cuando se examina si el principio que contiene la legitimidad del criterio de la evidencia debe ser considerado o no como fundamental y preferido al de contradicción y al de Descartes.

221. Comienzo por asentar una proposición que parecerá la más extraña paradoja, pero que está muy lejos de serlo. «El principio de la evidencia no es evidente.»

Demostración. Este principio puesto en forma más sencilla es el que sigue. Lo evidente es verdadero. Yo digo que esta proposición no es evidente. ¿Cuándo es evidente una proposición? cuando en la idea del sujeto vemos el predicado; esto no sucede aquí. Evidente es lo mismo que visto con claridad, que ofrecido al entendimiento de una manera muy luminosa. Verdadero es lo mismo que conformidad de la idea con el objeto. Pregunto ahora ¿por más que se analice esta idea: «visto con claridad» se puede descubrir esta otra, «conforme al objeto»? no. Se da aquí un salto inmenso, se pasa de la subjetividad a la objetividad, se afirma que las condiciones subjetivas son el reflejo de las objetivas, se hace el tránsito de la idea a su objeto, tránsito que constituye el problema más trascendental, más difícil, más oscuro de la filosofía. Vea pues el lector si he dicho con fundamento que no era una paradoja esta aserción: El principio de la evidencia no es evidente.

222. ¿Qué diremos pues de esta proposición: lo evidente es verdadero? helo aquí. No es un axioma porque el predicado no está contenido en la idea del sujeto; no es una proposición demostrable porque toda demostración estriba en principios evidentes y consiste en deducir de los mismos una consecuencia evidentemente enlazada con ellos; lo que no puede tener lugar si no se presupone la legitimidad de la evidencia, es decir, lo mismo que es objeto de la demostración. Al comenzar el raciocinio se podría preguntar desde luego, ¿cómo es conocido el principio en que se le quiere fundar? ¿Cómo se sabe que sea verdadero? ¿Por la evidencia? recuérdese que se trata de probar que lo evidente es verdadero, y por tanto hay una petición de principio. La verdad de las leyes lógicas a que debe conformarse todo raciocinio, es conocida solo por evidencia: luego si no se supone que lo evidente es verdadero, no se puede ni raciocinar siquiera.

223. Tenemos pues que el principio de la evidencia no puede apoyarse en otro, y por consiguiente reúne el primer carácter de principio fundamental. Cayendo él caen también todos los demás, incluso el de contradicción, que como todos, no es conocido sino por evidencia; este es otro de los caracte-

res del principio fundamental. Veamos sí reúne el tercero, a saber, que con su auxilio se pueda reducir a quien niegue los demás.

Difícil es encontrar quien niegue el principio de contradicción y admita el de evidencia; sin embargo haciendo esta suposición extravagante, si algún principio pudiera servir para el caso sería este sin duda, porque la cuestión estaría reducida a si confesaría que los principios son para él evidentes; si no lo son, su entendimiento es diferente del de los demás hombres; si lo son, el argumento que se le hace es concluyente.

Según usted confiesa lo evidente es verdadero; tal o cual principio es evidente para usted, luego es verdadero. Las premisas son admitidas por él mismo; la legitimidad de la consecuencia es evidente, y por tanto debe reconocerla también, ya que por regla general admite el criterio de la evidencia.

224. ¿De qué nacen las extrañezas que hemos notado en este principio? No es evidente, ni es demostrable; es necesario para todos los demás, y con su auxilio se puede reducir a quien los niegue; ¿de dónde semejante extrañeza? de un origen muy sencillo. Es que el principio de la evidencia no expresa ninguna verdad objetiva, y por consiguiente no es demostrable; no es un simple hecho de conciencia porque expresa la relación del sujeto al objeto y por consiguiente no puede limitarse a lo puramente subjetivo; es una proposición que conocemos por acto reflejo y que expresa la ley primitiva de todos nuestros conocimientos objetivos. Estos se fundan en la evidencia; así lo experimentamos; pero cuando el espíritu se pregunta ¿por qué debes fiarte de la evidencia? no puede responder otra cosa sino que lo evidente es verdadero. ¿En qué funda esta proposición? ordinariamente en nada: se conforma a la misma sin haber pensado nunca en ella; pero si se empeña en reflexionar encuentra tres motivos para asentir a la misma. Primero: un irresistible instinto de la naturaleza.

Segundo: el ver que no admitiendo la legitimidad del criterio de la evidencia, se hunden todos sus, conocimientos y le es imposible pensar. Tercero: el notar que admitiendo este criterio todo se pone en orden en la inteligencia, que en vez de un caos halla un universo ideal con trabazón admirable, y se siente con los medios necesarios para raciocinar y construir un edificio científico con respecto al universo real del que tiene conocimiento por la experiencia.

Capítulo XXIII. Criterio de la conciencia

225. Apreciado el mérito de los tres principios, de conciencia, de contradicción y de evidencia, con respecto a la dignidad de principio fundamental, vamos ahora a examinar el valor intrínseco de los diferentes criterios.

Para esto nos suministra mucha luz la doctrina de los capítulos anteriores, de la cual son los siguientes un desarrollo y complemento. Comencemos por la conciencia o sentido íntimo.

El testimonio de la conciencia o del sentido íntimo, comprende todos los fenómenos que activa o pasivamente se realizan en nuestra alma. Por su naturaleza, es puramente subjetivo; de modo que considerado en sí mismo, separadamente del instinto intelectual y de la luz de la evidencia, nada atestigua con respecto a los objetos.

Por él sabemos lo que experimentamos, no lo que es; percibimos el fenómeno, no la realidad; él nos autoriza a decir: me parece tal cosa; pero no, es tal cosa.

La transición del sujeto al objeto, de la idea representante a la cosa representada, de la impresión a la causa imprimente, pertenece a otros criterios: la conciencia se limita a lo interior, o por mejor decir a ella misma, que no es más que un hecho de nuestra alma.

226. Conviene distinguir entre la conciencia directa y la refleja; aquella acompaña a todo fenómeno interno, esta no; aquella es natural, esta es filosófica; aquella prescinde de los actos de la razón, esta es uno de estos actos.

La conciencia directa es la presencia misma del fenómeno al espíritu, ya sea una sensación, ya una idea, ya un acto o impresión cualquiera, en el orden intelectual o moral.

Por esta definición se echa de ver que la conciencia directa acompaña a todo ejercicio de las facultades de nuestra alma, activo o pasivo. Decir que estos fenómenos existen en el alma y no están presentes a ella, es una contradicción.

Estos fenómenos no son modificaciones como las que se verifican en las cosas insensibles; se trata de modificaciones vivas por decirlo así, en un ser vivo también: en la idea de las mismas está contenida su presencia al espíritu.

Es imposible sentir sin que la sensación se experimente: porque quien dice sentir, dice experimentar la sensación; esta experiencia es la presencia misma: una sensación experimentada es una sensación presente.

El pensamiento es por su esencia una representación, la que no puede existir ni aun concebirse sin la presencia; el nombre mismo lo está indicando; y la idea que le unimos confirma el significado de la palabra.

Cuando de representación hablamos, entendemos que hay algún objeto real o imaginario, que mediata o inmediatamente se ofrece a un sujeto: hay pues presencia en toda representación, y por consiguiente en todo pensamiento.

Si de lo pasivo como son las sensaciones y representaciones, pasamos a lo activo, es decir, a los fenómenos en que el alma desenvuelve libremente su fuerza en el orden intelectual o moral, combinando o «queriendo», la presencia es, si cabe, más evidente. El ser que obra de este modo no obedece a un impulso natural, sino a motivos que él se propone, y a que puede atender o dejar de atender: combinar intelectualmente, ejercer actos de voluntad, sin que ni lo primero ni lo segundo estén presentes al alma, son afirmaciones contradictorias.

227. La conciencia refleja, que los franceses suelen llamar apercepción, del verbo «s'apercevoir», apercibirse, que entre ellos puede significar percepción de la percepción, es el acto con que el espíritu conoce explícitamente algún fenómeno que en él se realiza. En la actualidad oigo ruido; la simple sensación presente a mi espíritu afectándole, constituye lo que he llamado conciencia directa; pero si a más de oír me apercibo (permítaseme el galicismo) de que oigo, entonces no solo oigo sino que pienso que oigo: esto es lo que llamo conciencia refleja.

228. Claro es por el ejemplo que se acaba de aducir, que la conciencia directa y la refleja son no solo distintas, sino separables; puedo oír sin pensar que oigo, y esto se verifica infinitas veces.

229. El común de los hombres tiene poca conciencia refleja y la mayor fuerza intelectual es en sentido directo. Este hecho ideológico se enlaza con

verdades morales de la mayor importancia. El espíritu humano no ha nacido para contemplarse a sí propio, para pensar que piensa; los afectos no le han sido concedidos para objetos de reflexión, sino como impulsos que le llevan a donde es llamado; el objeto principal de su inteligencia y de su amor es el ser infinito así en esta vida como en la otra. El culto de sí propio es una aberración del orgullo cuya pena son las tinieblas.

230. Los grandes adelantos científicos son todos con relación a los objetos, no al sujeto. Las ciencias exactas, las naturales y también las morales, no han nacido de la reflexión sobre el «yo», sino del conocimiento de los objetos y de sus relaciones. Aun las ciencias metafísicas, en lo que tienen de más sólido, que es lo ontológico, cosmológico y teológico, son puramente objetivas; la ideología y psicología que versan sobre el sujeto, se resienten ya de la oscuridad inherente a todo lo subjetivo; la ideología apenas sale de los límites de la pura observación de los fenómenos internos, observación que para decirlo de paso suele ser escasa y muy mal hecha, se pierde en vanas cavilaciones; y la misma psicología, ¿qué es lo que tiene verdaderamente demostrado sino la simplicidad del espíritu, consecuencia precisa de la unidad de conciencia?

En todo lo demás hace lo mismo que la ideología, y hasta cierto punto se confunde con ella; observa fenómenos que luego deslinda y clasifica bien o mal, sin que acierte a explicar su misteriosa naturaleza.

231. El sentido íntimo o la conciencia, es el fundamento de los demás criterios, no como una proposición que les sirva de apoyo, sino como un hecho que es para todos ellos una condición indispensable.

232. La conciencia nos dice que vemos la idea de una cosa contenida en la de otra; hasta aquí no hay más que apariencia: la fórmula en que podría expresarse el testimonio sería: «me parece», designándose un fenómeno puramente subjetivo. Pero este fenómeno anda acompañado de un instinto intelectual, de un irresistible impulso de la naturaleza, el cual nos hace asentir a la verdad de la relación, no solo en cuanto está en nosotros, sino también en cuanto se halla fuera de nosotros, en el orden puramente objetivo, ya sea en la esfera de la realidad, o de la posibilidad. Así se explica cómo la evidencia se funda en la conciencia, no identificándose con ella, sino estribando

sobre la misma como en un hecho imprescindible, pero encerrando algo más: a saber, el instinto intelectual que nos hace creer verdadero lo evidente.

233. La sensación considerada en sí misma, es un hecho de pura conciencia, pues que es inmanente; lejos de que sea un acto por el cual el espíritu salga de sí trasladándose al objeto, debe más bien ser mirada como una pasión que como una acción; lo que está acorde con el lenguaje común, que le da el significado del ejercicio de una facultad pasiva más bien que activa. Sin embargo, sobre este puro hecho de conciencia se funda en algún modo lo que se llama el testimonio de los sentidos, y por consiguiente todo el conocimiento del mundo externo y de sus propiedades y relaciones.

En la sensación de ver el Sol, hay dos cosas: primera: la sensación misma; es decir, esta representación que experimento en mí, y que llamo «ver»; segunda: la correspondencia de esta sensación con un objeto externo que llamo Sol. Es evidente que estas son cosas muy distintas, y sin embargo las hacemos andar siempre juntas.

La conciencia es ciertamente la primera base para formar el juicio, pero no es suficiente para él; ella en sí, atestigua lo que se siente, no lo que esto es. ¿Cómo se completa el juicio? por medio de un instinto natural que nos hace objetivar las sensaciones, es decir, nos hace creer en un objeto externo correspondiente al fenómeno interno. He aquí cómo el testimonio de los sentidos se funda en algún modo sobre la conciencia; pero no nace de ella sola, sino que ha menester el instinto natural que hace formar con toda seguridad el juicio.

234. Aquí es de notar que el testimonio de los sentidos, aun en la parte que encierra de intelectual, en cuanto se juzga que a la sensación le corresponde un objeto externo, nada tiene que ver con la evidencia. En la idea de la sensación como puramente subjetiva, no se encierra la idea de la existencia o posibilidad de un objeto externo: condición indispensable para que el criterio de la evidencia pueda tener lugar. Esto, a más de ser claro de suyo, se confirma con la experiencia de todos los días. La representación de lo externo considerada subjetivamente, como puro fenómeno de nuestra alma, la tenemos continuamente sin que le correspondan objetos reales: más o menos clara, en la sola imaginación durante la vigilia; viva, vivísima, hasta producir una ilusión completa, en el estado de sueño.

235. Con la exposición que precede podemos determinar fijamente el valor y la extensión del criterio de la conciencia, lo que haré en las siguientes proposiciones, advirtiendo que en todas ellas me refiero a la conciencia directa.

Proposición primera

El testimonio de la conciencia se extiende a todos los fenómenos que se realizan en nuestra alma, considerada como un ser intelectual y sensitivo.

Proposición segunda

236. Si en nuestra alma existen fenómenos de algún otro orden, es decir, que ella pueda ser modificada en algún modo en facultades no representativas, a estos fenómenos no se extiende el testimonio de la conciencia.

Esta proposición no la establezco sin fundado motivo. Es posible y además muy probable, que nuestra alma tiene facultades activas de cuyo ejercicio no tiene conciencia: sin esta suposición parece difícil explicar los misterios de la vida orgánica. El alma está unida al cuerpo, y es para él un principio vital cuya separación produce la muerte, manifestada en una desorganización y descomposición completas. Esta actividad se ejerce sin conciencia, así en cuanto al modo, como en cuanto a la existencia misma del ejercicio.

Tal vez se pueda objetar que hay en esto una serie de aquellas percepciones confusas de que nos habla Leibnitz en su monadología; tal vez estas percepciones sean tan tenues, tan pálidas por decirlo así, que no dejen rastro en la memoria ni puedan ser objeto de reflexión; pero todo esto son conjeturas, nada más. Es difícil persuadirse que el feto al encontrarse todavía en el seno de la madre, tenga conciencia de la actividad ejercida para el desarrollo de la organización; es difícil persuadirse que aun en los adultos haya conciencia de esa misma actividad productora de la circulación de la sangre, de la nutrición y demás fenómenos que constituyen la vida. Si estos fenómenos son producidos por el alma, como es cierto, hay en ella un ejercicio de actividad de que, o no tiene conciencia, o la tiene tan confusa y tan débil que es como si no la tuviese.

Proposición tercera

237. El testimonio de la conciencia considerado en «sí mismo», se limita de tal modo a lo puramente interno, que «por sí solo» nada vale para lo externo: ya sea para el criterio de la evidencia, ya para el de los sentidos.

Proposición cuarta

El testimonio de la conciencia es fundamento de los demás criterios en cuanto es un hecho que todos ellos han menester, y sin el cual son imposibles.

Proposición quinta

238. De la combinación de la conciencia con el instinto intelectual, nacen todos los demás criterios.

Capítulo XXIV. Criterio de la evidencia

239. Hay dos especies de evidencia: inmediata y mediata. Se llama evidencia inmediata, la que solo ha menester la inteligencia de los términos; y mediata, la que necesita raciocinio. Que el todo es mayor que su parte, es evidente con evidencia inmediata; que el cuadrado de la hipotenusa sea igual a la suma de los cuadrados de los catetos, lo sabemos por evidencia mediata, esto es, por raciocinio demostrativo.

240. Se dijo más arriba que uno de los caracteres distintivos de la evidencia era la necesidad y universalidad de su objeto. Este carácter conviene tanto a la evidencia mediata como a la inmediata.

A más de este carácter existe otro que con mayor razón puede llamarse constitutivo, bien que hay alguna dificultad sobre si comprende o no a la evidencia mediata, y es, el que la idea del predicado se halle contenida en la del sujeto. Esta es la noción esencial más cumplida del criterio de la evidencia inmediata; por la cual se distingue del de la conciencia y del sentido común.

He dicho que hay alguna dificultad sobre si este carácter conviene o no a la evidencia mediata: con lo cual doy a entender que también en la evidencia mediata la idea del predicado podría estar contenida en la del sujeto.

Al indicar esto, no es mi ánimo desconocer la diferencia que hay entre los teoremas y los axiomas, sino llamar la atención sobre una doctrina que me propongo desenvolver al tratar de la evidencia mediata. En el presente capítulo, no me ocuparé de esta cuestión; o me ceñiré a la evidencia en general, o trataré tan solo de la mediata.

241. La evidencia exige relación, porque implica comparación. Cuando el entendimiento no compara, no tiene evidencia, tiene simplemente una percepción que es un puro hecho de conciencia; por manera que la evidencia no se refiere a la sola percepción, sino que siempre supone o produce un juicio.

En todo acto donde hay evidencia se encuentran dos cosas: primera, la pura intuición de la idea; segunda, la descomposición de esta idea en varios conceptos, acompañada de la percepción de las relaciones que estos tienen entre sí. Expliquemos esto con un ejemplo de geometría. El triángulo tiene tres lados: esta es una proposición evidente, porque en la misma idea de triángulo encuentro los tres lados, y al pensar el triángulo, ya pensaba en algún modo sus tres lados. Si me hubiese limitado a la contemplación de la simple idea de triángulo, hubiera tenido intuición de la idea, pero no evidencia, que no principia sino cuando descomponiendo el concepto de triángulo y considerando en él la idea de figura en general, la de lado, y la del número tres, encuentro que todas ellas están ya contenidas en el concepto primitivo: en la clara percepción de esto, consiste la evidencia.

Tanta verdad es lo que acabo de decir, que la fuerza misma de las cosas obliga al lenguaje común a ser filosófico. No se dice que una idea es evidente, pero sí un juicio; nadie llama evidente a un término, pero sí a una proposición. ¿Por qué? porque el término expresa simplemente la idea sin relación alguna, sin descomposición en sus conceptos parciales; y por el contrario, la proposición expresa el juicio, es decir, la afirmación o negación de que un concepto está contenido en otro, lo que en la materia de que se trata, supone la descomposición del concepto total.

242. La evidencia inmediata es la percepción de la identidad entre varios conceptos, que la fuerza analítica del entendimiento había separado; esta identidad, combinada en cierto modo con la diversidad, no es una contradicción como a primera vista pudiera parecer, es una cosa muy natural si se

atiende a uno de los hechos más constantes de nuestra inteligencia, cual es, la facultad de descomponer los conceptos más simples y de ver relaciones entre cosas idénticas.

¿Qué son todos los axiomas? ¿Qué todas las proposiciones que se llaman «per se notæ»? no son más que expresiones en que se afirma un predicado que pertenece a la esencia del sujeto o está contenido en su idea. El solo concepto del sujeto incluye ya el predicado; el término que significa al primero, significa también al segundo; sin embargo el entendimiento, con una misteriosa fuerza de descomposición, distingue entre cosas idénticas y luego las compara para volverlas a identificar. Quien dice triángulo, dice figura compuesta de tres lados y tres ángulos; pero el entendimiento puede tomar esta idea y considerar en ella la idea del número tres, la del lado, la del ángulo, y compararlas con el concepto primitivo. En esta distinción no hay engaño, hay solo el ejercicio de la facultad que mira la cosa bajo aspectos diferentes, para venir a parar a la intuición y afirmación de la identidad de las mismas cosas que antes había distinguido.

243. La evidencia es una especie de cuenta y razón del entendimiento, por la cual halla en el concepto descompuesto lo mismo que él puso en un principio, o que le dieron contenido en él. De aquí nace la necesidad y universalidad del objeto de la evidencia, en cuanto y del modo que está expresado por la idea. En esto no caben excepciones: o un predicado estaba puesto en el concepto primitivo, o no; si estaba puesto, allí está, so pena de faltar al principio de contradicción; o estaba excluido del concepto o no; si ya el concepto mismo le excluía o le negaba, negado está en fuerza del mismo principio de contradicción.

He aquí cómo de los dos caracteres de la evidencia arriba señalados, es más fundamental el de que la idea del predicado está contenido en la idea del sujeto. De esto dimanan la necesidad y universalidad: pues que en verificándose la condición de estar contenida la idea del predicado en la del sujeto, ya es imposible que el predicado no convenga «necesariamente a todos» los sujetos.

244. Hasta ahora no encontramos dificultad, porque se trata de la evidencia considerada subjetivamente, es decir, en cuanto se refiere a los conceptos puros; mas el entendimiento no se para en el concepto sino que se ex-

tiende al objeto y dice, no solo que ve la cosa, sino que la cosa es como él la ve. Así el principio de contradicción mirado en el orden puramente subjetivo, significa que el concepto del ser repugna al del no ser, que le destruye, así como el concepto del no ser destruye el del ser; significa que al esforzarnos en pensar juntamente estas dos cosas, queriéndolas hacer coexistir, se entabla en el fondo de nuestro espíritu una especie de lucha de pensamientos que se anonadan recíprocamente, lucha que el entendimiento está condenado a presenciar sin esperanza de poner la paz entre los contendientes. Si nos limitamos a consignar este fenómeno, nada se nos puede objetar; los experimentamos así y no hay más cuestión; pero al anunciar el principio queremos anunciar algo más que la incompatibilidad de los conceptos, trasladamos esta incompatibilidad a las cosas mismas y aseguramos que a esta ley están sometidos no solo nuestros conceptos sino todos los seres reales y posibles. Sea cual fuere el objeto de que se trate, sean cuales fueren las condiciones en que se le suponga existente o posible, decimos que mientras es, no puede no ser, y que mientras no es, no puede ser.

Afirmamos pues la ley de contradicción no solo para nuestros conceptos, sino para las cosas mismas: el entendimiento aplica a todo la ley que encuentra necesaria para si.

¿Con qué derecho? inconcuso, porque es la ley de la necesidad: ¿con qué razón? con ninguna, porque tocamos al cimiento de la razón: aquí hay para el humano entendimiento el «non plus ultra»: la filosofía no va más allá.

Sin embargo, no se crea que intente abandonar el campo a los escépticos o atrincherarme en la necesidad, contento con señalar un hecho de nuestra naturaleza; la cuestión es susceptible de diferentes soluciones, que si no alcanzan a llevarnos más lejos del non plus ultra de nuestro espíritu, dejan mal parada la causa de los escépticos.

245. Preguntar la razón de la legitimidad del criterio de la evidencia, pedir el por qué de esta proposición «lo evidente es verdadero», es suscitar la cuestión de la objetividad de las ideas. La diferencia fundamental entre los dogmáticos y los escépticos no está en que estos no admitan los hechos de conciencia; no llega a tanto el más refinado escepticismo: unos y otros convienen en reconocer la apariencia o sea el fenómeno puramente subjetivo; la diferencia está en que los dogmáticos fundan en la conciencia la ciencia,

y los escépticos sostienen que este es un tránsito ilegítimo, que es necesario desesperar de la ciencia y limitarse a la mera conciencia.

Según esta doctrina las ideas son vanas formas de nuestro entendimiento que no significan nada, ni pueden conducir a nada; no obstante de que entretienen a nuestra inteligencia ofreciéndole un campo inmenso para sus combinaciones, el mundo que le presentan es de pura ilusión que para nada puede servir en la realidad. Al contemplar estas formas enteramente vacías, el entendimiento es juguete de visiones fantásticas de cuyo conjunto resulta el espectáculo que ora nos parece de realidad ora de posibilidad, no obstante de que o es un puro nada, o si es algo, no puede cerciorarnos jamás de la realidad que posee.

246. Difícil es combatir al escepticismo colocado en este terreno: situado fuera de los dominios de la razón. De todos le será lícito apelar, ya que comienza recusando al juez a título de incompetencia. Sin embargo, estos escépticos ya que admiten la conciencia, justo será que la defiendan contra quien se la intente arrebatar: pues bien, yo creo que negada la objetividad de las ideas se anonada no solo la ciencia sino también la conciencia; y que se puede acusar de inconsecuentes a los escépticos, porque al paso que niegan la objetividad de ciertas ideas admiten la de otras. La conciencia propiamente dicha, no puede existir si esta objetividad se destruye absolutamente. Ruego al lector me siga con atención en un breve pero severo análisis de los hechos de conciencia en sus relaciones con la objetividad de las ideas.

Capítulo XXV. Valor objetivo de las ideas

247. La transición del sujeto al objeto, o de la apariencia subjetiva a la realidad objetiva, es el problema que atormenta a la filosofía fundamental. El sentido íntimo no nos permite dudar de que ciertas cosas nos parecen de tal manera, pero ¿son en realidad lo que nos parecen? ¿Cómo nos consta esto? Esa conformidad de la idea con el objeto, ¿cómo se nos asegura?

La cuestión no se refiere únicamente a las sensaciones, se extiende a las ideas puramente intelectuales, aun a las que están inundadas de esa luz interior que llamamos evidencia. «Lo que veo evidentemente en la idea de una cosa, es como yo lo veo» han dicho los filósofos, y con ellos está la humanidad entera. Nadie duda de aquello que se le ofrece como verdadero evidentemente. Pero, ¿cómo se prueba que la evidencia sea un criterio legítimo de verdad?

248. «Dios es veraz, dice Descartes; él no ha podido engañarnos; no ha podido complacerse en hacernos víctimas de ilusiones perpetuas.» Todo esto es verdad; pero ¿cómo sabemos, dirá el escéptico, que Dios es veraz, y aun que existe? Si lo fundamos en la idea misma de un ser infinitamente perfecto, como lo funda el citado filósofo, nos quedamos con la misma dificultad sobre la correspondencia del objeto con la idea. Si la demostración de la veracidad y de la existencia de Dios la sacamos de las ideas de los seres contingentes y necesarios, de efectos y causas, de orden y de inteligencia, tropezamos otra vez con el mismo obstáculo, y todavía no sabemos cómo hacer el tránsito de la idea al objeto.

Cavílese cuanto se quiera, nunca saldremos de este círculo, siempre volveremos al mismo punto. El espíritu no puede pensar fuera de sí mismo; lo que conoce, lo conoce por medio de sus ideas; si estas le engañan, carece de medios para rectificarse. Toda rectificación, toda prueba, debería emplear ideas, que a su vez necesitarían de nueva prueba y rectificación.

249. En muchos libros de filosofía se ponderan las ilusiones de los sentidos, y la dificultad de asegurarnos de la realidad sensible resolviendo la siguiente cuestión: «Así lo siento, pero ¿es como lo siento?». En estos mismos libros se habla luego del orden de las ideas con seguridad igual a la desconfianza que se manifiesta sobre el orden sensible; este proceder no parece muy lógico: porque los fenómenos relativos a los sentidos, pueden examinarse a la luz de la razón, para ver hasta qué punto concuerdan con ella; pero ¿cuál será la piedra de toque de los fenómenos de la razón misma? Si en lo sensible hay dificultad, la hay también en lo intelectual; y tanto más grave, cuanto afecta la base misma de todos los conocimientos, inclusos los que se refieren a las sensaciones.

Si dudamos de la existencia del mundo exterior que nos presentan los sentidos, podremos apelar al enlace de las sensaciones con causas que no están en nosotros, y así sacar por demostración las relaciones de las apariencias con la realidad; mas para esto necesitamos las ideas de causa y efecto, necesitamos la verdad, algunos principios generales, como por ejemplo que nada se produce a sí mismo, y otros semejantes, y sin ellos no podemos dar un paso.

250. No creo que el hombre pueda señalar una razón satisfactoria en pro de la veracidad del criterio de la evidencia; no obstante de que le es imposible dejar de rendirse a ella. El enlace pues de la evidencia con la realidad, y por tanto el tránsito de la idea al objeto, es un hecho primitivo de nuestra naturaleza, una ley necesaria de nuestro entendimiento, es el fundamento de todo lo que hay en él, fundamento que a su vez no estriba ni estribar puede en otra cosa que en Dios criador de nuestro espíritu.

251. Es de notar sin embargo, la contradicción en que incurren los filósofos que dicen: «Yo no puedo dudar de lo que es subjetivo, esto es, de lo que me afecta a mí mismo, de lo que siento en mí, pero no tengo derecho a salir de mi mismo, y afirmar que lo que pienso es en realidad como lo pienso». ¿Sabes que sientes, que piensas, que tienes en ti tal o cual apariencia? ¿Lo puedes probar? Es evidente que no. Lo que haces es ceder a un hecho, a una necesidad íntima que te fuerza a creer que piensas, que sientes, que te parece tal o cual cosa; pues bien, igual necesidad hay en el enlace del objeto con la idea, igual necesidad te fuerza a creer que lo que evidentemente te parece que es de tal o cual manera, es en efecto de la misma manera; ninguno de los dos casos admite demostración, en ambos hay indeclinable necesidad; ¿dónde está pues la filosofía cuando tanta diferencia se quiere establecer entre cosas que no admiten ninguna?

Fichte ha dicho: «Es imposible explicar de una manera precisa cómo un pensador ha podido salir jamás del "yo"» (Doct. de la Ciencia 1. Par. § 3.), y con igual derecho se le podría decir a él que no se concibe cómo ha podido levantar su sistema sobre el yo. ¿A qué apela? a un hecho de conciencia; es decir, a una necesidad. Y el asenso a la evidencia, la certeza de que a la apariencia corresponde la realidad, ¿no es también una necesidad? ¿En qué funda Fichte su sistema del yo y del «no yo»? Basta leer su obra, para ver que no estriba sino en consideraciones que suponen un valor a ciertas ideas, una verdad a ciertos juicios. Sin esto es imposible hablar ni pensar; y hasta él propio lo reconoce cuando al comenzar sus investigaciones sobre el principio de nuestros conocimientos dice lo que ya tengo copiado más arriba (§ 8). Allí confiesa que no puede dar un paso sin confiarse a todas las leyes de la lógica general, que no están «todavía demostradas, y que se suponen tácitamente admitidas». ¿Y qué son esas leyes, sin verdad objetiva? Qué son sin el valor de las ideas, sin la correspondencia de estas con los objetos? Es un círculo, dice bien Fichte; y de él no sale este filósofo, como no han salido los demás.

252. El quitar a las ideas su valor objetivo, el reducirlas a meros fenómenos subjetivos, el no ceder a esa necesidad íntima que nos obliga a admitir la correspondencia del yo con los objetos, arruina la conciencia misma del yo. Esto es lo que se debería haber visto, y lo que creo poder demostrar hasta la última evidencia.

253. Tengo conciencia de mí mismo. Prescindo ahora de lo que siento, de lo que soy; pero sé que siento, y que soy. Esta experiencia es para mí tan clara, tan viva, que no puedo resistir a la verdad de lo que ella me dice. Pero ese yo no es solo el yo de este instante, es también el yo de ayer, y de todo el tiempo anterior de que tengo conciencia. Yo soy el mismo que era ayer; yo soy el mismo en quien se verifica esa sucesión de fenómenos; el mismo a quien se presentan esa variedad de apariencias. La conciencia del «yo», encierra pues la identidad de un ser, en distintos tiempos, en situaciones varias, con diferentes ideas, con diversas afecciones: la identidad de un ser que «dura», que es el mismo, a pesar de las mudanzas que en él se suceden.

Si esa duración de identidad se rompe; si no estoy seguro que soy el mismo yo ahora que era antes, se destruye la conciencia del yo. Existirá una serie de hechos inconexos, de conciencias aisladas; mas no esa conciencia íntima que ahora experimento. Esto es indudable; esto lo siente todo hombre en sí mismo; esto para nadie admite discusión ni prueba, para nadie las necesita. En el momento en que esa conciencia de identidad nos faltase, nos anonadaríamos a nuestros ojos; fuéramos lo que fuésemos en la realidad, para nosotros no seríamos nada. ¿Qué es la conciencia de un ser, formada de una serie de conciencias, sin trabazón, sin relación entre sí? Es un ser que se revela sucesivamente a sí propio; pero no como él mismo, sino como un ser nuevo; un ser que nace y muere, y muere y nace a sus ojos, sin que él propio sepa que el que nace es el que murió, ni el que muere el que nació: una luz que se enciende y se extingue, y vuelve a encenderse y a extinguirse otra vez, sin que se sepa que es la misma.

254. Esta conciencia la arruinan completamente los que niegan el enlace de la idea con el objeto.

Demostración. En el instante A, yo no tengo otra presencia subjetiva de mis actos, que el acto mismo que en aquel instante estoy ejerciendo: luego no puedo cerciorarme de haber tenido los anteriores, sino en cuanto están representados en la idea actual; luego hay un enlace entre esta y su objeto. Luego ateniéndonos simplemente a los fenómenos de la conciencia, a la simple conciencia del «yo», encontramos que por indeclinable necesidad atribuimos a las ideas un valor objetivo, a los juicios una verdad objetiva.

255. Sin esta verdad objetiva, es imposible todo recuerdo cierto, hasta de los fenómenos interiores, y por consiguiente, todo raciocinio, todo juicio, todo pensamiento.

El recuerdo es de actos pasados: cuando los recordamos ya no son; pues si fueran, no habría recuerdo con respecto a ellos, sino conciencia de presente. Aun cuando en el acto de recordarlos tengamos otros actos semejantes, estos no son los mismos; pues en la idea de recuerdo entra siempre la de tiempo pasado. Luego, de ellos no puede haber más certeza que por el enlace que tienen con el acto presente, por su correspondencia con la idea que nos los ofrece.

256. He dicho que en faltando la certeza de la verdad objetiva en los fenómenos interiores, era imposible todo raciocinio. En efecto, todo raciocinio supone una sucesión de actos: cuando el uno existe en el espíritu, ya no existe el otro: luego hay necesidad de pequeños recuerdos continuos, para que la cadena no se quebrante: es así que sin esta cadena no hay raciocinio, y sin recuerdo no hay esa cadena, y sin verdad objetiva no hay recuerdo cierto; luego sin verdad objetiva no hay raciocinio.

257. También parecen imposibles todos los juicios. Estos son de dos clases: los que no necesitan demostración, o los que la necesitan. Los que han menester demostración serán imposibles, porque no hay demostración sin raciocinio, y este en tal caso sería imposible también. En cuanto a los que no la han menester porque brillan con evidencia inmediata, serían imposibles todos los que no se refiriesen al acto presente del alma, en el instante mismo en que se emitiera el juicio. Luego no habría más juicio que el del acto presente: es decir, la conciencia del momento sin relación con nada de lo

anterior. Pero lo curioso es que aun con respecto a los actos de conciencia, este juicio sería poco menos que imposible: porque cuando formamos el juicio sobre el acto de conciencia, no es con este, sino con un acto reflejo: esta reflexión implica sucesión: y lo sucesivo no es conocido con certeza si no hay verdad objetiva.

Es muy dudoso que ni aun fueran posibles los juicios de evidencia inmediata. Ellos, como se ha explicado en el capítulo anterior, suponen la relación de los conceptos parciales en que se ha descompuesto el total: ¿cómo se descompone sin sucesión? Si hay sucesión hay recuerdo, si hay recuerdo no hay presencia inmediata de lo recordado; es necesaria por consiguiente la objetividad de la idea representante con relación a la cosa recordada.

258. Semejantes consecuencias espantan, pero son indeclinables: si quitamos la verdad objetiva, desaparece todo pensamiento razonado. Este encierra cierta continuidad de actos correspondientes a diversos instantes: si esta continuidad se rompe, el pensamiento humano deja de ser lo que es: deja de existir como «razón»: es una serie de actos sin conexión de ninguna especie y que a nada pueden conducir. En tal caso desaparece toda expresión, toda palabra: nada tiene un valor seguro: todo se hunde, así en el orden intelectual y moral como en el material, y el hombre queda hasta sin el consuelo de poseerse a sí mismo; se desvanece en sus propias manos cual vana sombra.

259. Las sensaciones podrán existir como serie inconexa también; pero no habrá de ellas ningún recuerdo cierto, pues falta la verdad objetiva: y las sensaciones pasadas no existen sino como pasadas, y por tanto como simples objetos.

Toda reflexión intelectual sobre ellas será imposible; porque la reflexión no es la sensación: esto es un objeto de aquella, más no ella misma. Así el rudo tiene la misma sensación que el filósofo, pero no la reflexión sobre ella. Mil veces sentimos sin reflexionar que sentimos. La conciencia sensible, es muy diferente de la intelectual: la primera es la simple presencia de la sensación, la sensación misma: la segunda es el acto del entendimiento que se ocupa de la sensación.

260. Esta distinción se encuentra también en todos los actos puramente intelectuales: la reflexión sobre el acto no es el acto mismo. El uno es objeto

del otro: no se identifican, ya que con frecuencia se encuentran separados; si no hubiese pues verdad objetiva la reflexión sería imposible.

261. Es difícil también de comprender cómo sería posible ningún acto de la conciencia del yo, aun de presente. Ya hemos visto como desaparece el «yo», en rompiéndose la serie de los recuerdos, pero hay además, que sin verdad objetiva no os posible concebir el yo ni aun por un momento. El yo pensante, no conoce al yo pensado, sino como objeto. Sea que lo «sienta», sea que lo «conozca», para darse cuenta a sí mismo de sí mismo necesita reflexionar sobre sí mismo, tomarse a sí mismo por objeto. Y en no habiendo verdad objetiva, no se concibe que ningún objeto pueda tener ningún valor.

De esto se infiere, que los que atacan la objetividad, atacan una ley fundamental de nuestro espíritu, destruyen el pensamiento, y arruinan hasta la conciencia, hasta todo lo subjetivo, que les servía de base.

262. Contra la certeza objetiva suele argumentarse fundándose en los errores a que ella nos induce. El delirante cree ver objetos que no existen; el loco cree firmemente en la verdad de sus pensamientos desconcertados: ¿por qué lo que en un caso nos engaña, no podría engañarnos en otros, o en todos? Un criterio que alguna vez flaquea, ¿podrá pasar por seguro? ¿Por qué no atenernos a lo puramente subjetivo? El delirante, el maniático, el loco se engañan en el objeto, mas no en el sujeto: aunque no sea verdad lo que ellos piensan, es bien cierto y verdadero que ellos lo piensan.

Esta objeción es especiosa; pero deja en pie todas las dificultades en contra del sistema a cuyo favor se aduce; y por otra parte no carece de respuesta, en cuanto tiende a debilitar la verdad objetiva.

El delirante, el maniático, el loco tienen también recuerdos de cosas que no han existido nunca. Esos recuerdos no se refieran tan solo a lo exterior, sino también a sus actos interiores. El demente que se llama rey, se acuerda de lo que pensó, de lo que sintió, cuando lo coronaron, cuando le destronaron, y de una larga historia de semejantes actos: y sin embargo estos fenómenos intelectuales no existieron: y sea como fuere, tantos recuerdos se los puede producir él mismo. Tenemos pues que el criterio con respecto a la memoria, flaquea en este caso: y por lo mismo no podrá servir en ninguno. Luego, aun cuando más arriba no hubiésemos demostrado que sin verdad objetiva no hay recuerdo ni aun de lo interior, el argumento de los adversarios bastaría para arruinarlos todos. Esta objeción, si algo probase, confirmaría todo lo que se ha dicho para demostrar que sin objetividad no hay conciencia propiamente dicha, lo cual no lo admiten los adversarios.

263. Además: desde luego salta a los ojos lo que puede valer en el tribunal de la razón, lo que comienza por apoyarse en la locura. Todo esto prueba a lo más, la debilidad de nuestra naturaleza; la posibilidad de que en algunos desgraciados se trastorne el orden establecido para la humanidad; que la regla de la verdad en el hombre, como que existe en una criatura tan débil, admite algunas excepciones; pero estas son conocidas, porque tienen caracteres marcados. La excepción no destruye la regla, sino que la confirma.

Capítulo XXVI. Si todos los conocimientos se reducen a la percepción de la identidad

264. La evidencia inmediata tiene por objeto las verdades que el entendimiento alcanza con toda claridad, y a que asiente con absoluta certeza sin que intervenga ningún «medio», como lo dice el mismo nombre. Estas verdades se enuncian en las proposiciones llamadas «per se notæ», primeros principios o axiomas; en las cuales basta entender el sentido de los términos, para ver que el predicado está contenido en la idea del sujeto.

Las proposiciones de esta clase son pocas en todas las ciencias: la mayor parte de nuestros conocimientos es fruto de raciocinio, el cual procede por evidencia mediata. En la geometría son en muy reducido número las proposiciones que no han menester ser demostradas sino explicadas; el cuerpo de la ciencia geométrica con las dimensiones colosales que tiene en la actualidad, ha dimanado del raciocinio: aun en las obras más extensas los axiomas ocupan pocas páginas; lo demás está formado de teoremas, esto es, de proposiciones que no siendo evidentes por sí mismas, necesitan demostración. Lo mismo se verifica en todas las ciencias.

265. Como en los axiomas percibe el entendimiento la identidad del sujeto con el predicado, viendo por intuición que la idea de este se halla contenida en la de aquel, surge aquí una cuestión filosófica sumamente grave, que puede ser muy difícil y dar pie a extrañas controversias, si no se tiene cuidado de colocarla en su verdadero terreno. ¿Todo conocimiento humano se reduce a la simple percepción de la identidad? y su fórmula general, ¿po-

dría ser la siguiente: A es A, o bien una cosa es ella misma? Filósofos de nota opinan por la afirmativa, otros sienten lo contrario. Yo creo que hay en esto cierta confusión de ideas, relativa más bien al estado de la cuestión que no al fondo de ella misma. Conduce mucho a resolverla con acierto el formarse ideas bien claras y exactas de lo que es el juicio, y la relación que por él se afirma o se niega.

266. En todo juicio hay percepción de identidad o de no identidad según es afirmativo o negativo. El verbo es no expresa unión de predicado con el sujeto, sino identidad; cuando va acompañado de la negación diciéndose «no es», se expresa simplemente la no identidad, prescindiendo de la unión o separación. Esto es tan verdadero y exacto, que en cosas realmente unidas no cabe juicio afirmativo por solo faltarles la identidad; en tales casos, para poder afirmar, es preciso expresar el predicado en concreto, esto es, envolviendo en él de algún modo la idea del sujeto mismo; por manera que la misma propiedad que en concreto debiera ser afirmada, no puede serle en abstracto, antes bien debe ser negada. Así se puede decir: el hombre es racional; pero no, el hombre es la racionalidad; el cuerpo es extenso; pero no, el cuerpo es la extensión; el papel es blanco; pero no el papel es la blancura. Y esto ¿por qué? ¿es que la racionalidad no está en el hombre, que la extensión no se halle unida al cuerpo y la blancura al papel? no ciertamente; pero, aunque la racionalidad esté en el hombre y la extensión en el cuerpo y la blancura en el papel, basta que no percibamos identidad entre los predicados y los sujetos para que la afirmación no pueda tener cabida: por el contrario, lo que la tiene es la negación, a pesar de la unión: así se podrá decir: el hombre no es la racionalidad; el cuerpo no es la extensión; el papel no es la blancura.

He dicho que para salvar la expresión de identidad empleábamos el nombre concreto en lugar del abstracto, envolviendo en aquel la idea del sujeto. No se puede decir el papel es la blancura, pero sí el papel es blanco: porque esta última proposición significa el papel es una cosa blanca; es decir, que en el predicado, blanco, en concreto, hacemos entrar la idea general de «una cosa», esto es, de un sujeto modificable, y este sujeto es idéntico al papel modificado por la blancura.

267. Así se echa de ver que la expresión: «Unión del predicado con el sujeto», es cuando menos inexacta. En toda proposición afirmativa se expresa la identidad del predicado con el sujeto; el uso autoriza estos modos de hablar, que sin embargo no dejan de producir alguna confusión cuando se trata de entender perfectamente estas materias. Y es de notar que el lenguaje común por sí solo, es en este punto como en muchos otros, admirablemente propio y exacto; nadie dice, el papel es la blancura, sino el papel es blanco; solo cuando se quiere encarecer mucho la perfección con que un sujeto posee una calidad, se la expresa en abstracto, uniéndole el pronombre «mismo»: así se dice hiperbólicamente: es la misma belleza, es la misma blancura, es la misma bondad.

268. Hasta lo que se llama igualdad en las matemáticas, viene a significar también identidad, de suerte que en esta clase de juicios, a más de lo que hemos observado de general en todos, a saber, la identidad salvada por la expresión del predicado en concreto, hay que la misma relación de igualdad significa identidad: esto necesita explicación.

Si digo $6 + 3 = 9$, expreso lo mismo que $6 + 3$ es idéntico a 9. Claro es que en la afirmación de igualdad no se atiende a la forma con que las cantidades están expresadas, sino a las cantidades mismas; pues de lo contrario, no solo no se podría afirmar la identidad, pero ni aun la igualdad: porque es evidente que $6 + 3$ en cuanto a su forma, ni escrita, ni hablada, ni pensada, no es idéntico ni igual con 9. La igualdad se refiere a los valores expresados, y estos no solo son iguales, sino idénticos: $6 + 3$ es lo mismo que 9. El todo no se distingue de sus partes reunidas: el 9 es el todo; $6 + 3$ con sus partes reunidas.

El modo diferente con que se conciben 9 y $6 + 3$, no excluye la identidad: esta diferencia es relativa a la forma intelectual; y tiene lugar no solo en este caso, sino en las percepciones de las cosas más simples; no hay nada que nosotros no concibamos bajo aspectos diferentes, y cuyo concepto no podamos descomponer de diversos modos; y sin embargo no por esto se dice que la cosa deje de ser simple e idéntica consigo misma.

Lo que se aplica a una ecuación aritmética, puede extenderse a las algebraicas y geométricas. Si se tiene una ecuación en que el primer miembro sea muy sencillo, por ejemplo Z, y el segundo muy complicado, por ejemplo el desarrollo de una serie, no se quiere decir que la expresión primera sea igual a la segunda; la igualdad se refiere, no a la misma expresión sino a lo expresado, al valor que con las letras se designa: esto último es verdadero; lo primero sería evidentemente falso.

Dos circunferencias que tengan un mismo radio son iguales. Aquí parece que se trata solamente de igualdad, pues que hay en efecto dos objetos distintos que son las dos circunferencias, las cuales pueden trazarse en el papel o representarse en la imaginación: no obstante, ni aun en este caso la distinción es verdadera y sí solo aparente, verificándose lo que en las ecuaciones aritméticas y algebraicas, de que hay distinción y hasta diversidad en las formas, e identidad en el fondo. Desde luego se puede combatir el argumento principal en que se funda la distinción, si se observa que las circunferencias que se pueden trazar o representar, no son más que formas de la idea, y de ningún modo la idea misma. Ya se tracen ya se representen, tendrán una magnitud determinada y una cierta posición en los planos que se tengan a la vista o que se imaginen: en la idea y en la proposición que a ella se refiere, no hay nada de esto; se prescinde de todas las magnitudes, de todas las posiciones, se habla en un sentido general y absoluto. Es verdad que las representaciones pueden ser infinitas, ya en la imaginación ya en lo exterior: pero esto, lejos de probar su identidad con la idea, indica su diversidad; pues que la idea es única, ellas son infinitas; la idea es constante, ellas son variables; la idea es independiente de las mismas, y ellas son dependientes de la idea, teniendo el carácter y la denominación de circunferencias en cuanto se le aproximan representando lo que ella contiene.

¿Qué se expresa pues en la proposición: dos circunferencias que tengan un mismo radio, son iguales? la idea fundamental es que el valor de la circunferencia depende del radio; y la proposición aquí enunciada no es más que una aplicación de aquella propiedad al caso de igualdad de los radios. Luego las circunferencias que concebimos como distintas, no son más que ejemplos que nos ponemos en lo interior para hacernos visible la verdad de la aplicación; pero en el fondo puramente intelectual, no se encuentra más que la descomposición de la idea misma de la circunferencia, o su relación con el radio aplicada al caso de igualdad. No hay pues dos circunferencias en el orden puramente ideal; hay una sola cuyas propiedades conocemos bajo diferentes conceptos y que expresamos de diversas maneras.

Si en todos los juicios hay afirmación de identidad o no identidad, y todos nuestros conocimientos o nacen de un juicio o van a parar a él, parece que todos se han de reducir a una simple percepción de identidad: entonces, la fórmula general de nuestros conocimientos será: A es A, o una cosa es ella misma. Este resultado parece una paradoja extravagante, y lo es según el modo con que se le entiende; pero si se explica como se debe, puede ser admitido como una verdad, y verdad muy sencilla. Por lo dicho en los párrafos anteriores, se puede columbrar cuál es el sentido de esta opinión; pero la importancia de la materia exige otras aclaraciones.

Capítulo XXVII. Continuación

269. Es hasta ridículo el decir que los conocimientos de los más sublimes matemáticos, se hayan reducido a esta ecuación: A es A. Esto, dicho absolutamente, es no solo falso sino contrario al sentido común; pero ni es contrario al sentido común, ni es falso, el decir que los conocimientos de todos los matemáticos, son percepciones de identidad, la cual presentada bajo diferentes conceptos sufre infinitas variaciones de forma, que fecundan al entendimiento y constituyen la ciencia. Para mayor claridad tomemos un ejemplo y sigamos una idea al través de sus transformaciones.

270. La ecuación círculo = círculo(1) es muy verdadera, pero no muy luminosa, pues no sirve para nada, a causa de que hay identidad no solo de ideas sino también de conceptos y expresión. Para que haya un verdadero progreso en la ciencia, no basta que la expresión se mude, es necesario que se varíe en algún modo el concepto bajo el cual se presenta la cosa idéntica. Así es que si la ecuación anterior la abreviamos en esta forma C = círculo(2) nada hemos adelantado, sino en cuanto a la expresión puramente material. La única ventaja que puede resultarnos, es el que aliviamos un tanto la memoria porque en vez de expresar el círculo por una palabra la expresamos por una letra, la inicial C. ¿Por qué? porque la variedad está en la expresión, no en el concepto.

Si en vez de considerar la identidad en toda su simplicidad en ambos miembros de la ecuación, referimos el valor del círculo al de la circunferencia, tendremos C = circunferencia x 1/2 R (3) es decir que el valor del círculo es igual a la circunferencia multiplicada por la mitad del radio. En la ecuación (3) hay identidad como en las (1) y (2) porque en ella se significa que el valor expresado por C es el mismo expresado por circunferencia x 1/2 R; de la propia suerte que en las anteriores se expresa que el valor del círculo es el valor del círculo. ¿Pero hay alguna diferencia de esta ecuación a las anteriores? sí, y muy grande. ¿Cuál es? en las primeras se expresaba simplemente la identidad concebida bajo un mismo punto de vista; el círculo expresado en el segundo miembro no excitaba ninguna idea que no excitase el primero; pero en la última el segundo miembro expresa el mismo círculo sí, pero en sus relaciones con la circunferencia y el radio, y por consiguiente a más de contener una especie de análisis de la idea del círculo, recuerda el análisis que anteriormente se ha hecho de la idea de la circunferencia con relación a la del radio. La diferencia pues no está en la sola expresión material, sino en la variedad de conceptos bajo los cuales se presenta una cosa misma.

Llamando N el valor de la relación de la circunferencia con el diámetro, y C al círculo, la ecuación se nos convierte en esta otra C = N R1 (4). Aquí hay también identidad en los valores, pero encontramos un progreso notable en la expresión del segundo miembro, en el cual se nos ofrece el valor del círculo desembarazado de sus relaciones con el de la circunferencia y dependiente tan solo de un valor numérico N y de una recta que es el radio. Sin perder pues la identidad y solo por sucesión de percepciones de identidad, hemos llegado a adelantar en la ciencia, y habiendo partido de una proposición tan estéril como círculo = círculo, nos encontramos en otra por la cual podemos desde luego calcular el valor de un círculo cualquiera con tal que se nos dé su radio.

Saliendo de la geometría elemental y considerando el círculo como una curva referida a dos ejes y cuyos puntos se determinan con respecto a estos, tendremos Z = 2Bx-x1 (5); expresando Z el valor de la ordenada; B el de una parte constante del eje de las abscisas; y x la abscisa correspondiente a Z. Aquí encontramos ya otro progreso de ideas todavía más notable; en ambos miembros, no expresamos ya el valor del círculo sino el de unas líneas, con las cuales se determinan todos los puntos de la curva; y concebimos fácilmente que esta curva que nos cerraba la figura cuyas propiedades determinábamos en la geometría elemental, puede ser concebida bajo tal forma que pertenezca a un género de curvas de las cuales ella constituya una especie por la particular relación de las cantidades 2 x y B; de manera que modificando la expresión con la añadidura de una nueva cantidad combinada de este o de aquel modo, puede resultarnos una curva de otra especie. Entonces, si queremos determinar el valor de la superficie encerrada en esto círculo, podremos considerarla, no simplemente con respecto al radio, sino a las áreas encerradas entre las varias perpendiculares cuyos extremos determinan los puntos de la curva y que se llaman ordenadas: con lo cual resultará que el mismo valor del círculo se determinará bajo conceptos diferentes, no obstante de que ese valor es siempre idéntico: la transición de unos conceptos a otros será la sucesión de las percepciones de identidad presentada bajo formas diferentes.

Consideremos ahora que el valor del círculo depende del radio, lo cual nos da C = función x (6). Ecuación que nos lleva a concebir el círculo bajo la idea general de una función de su radio o de x, y por consiguiente nos autoriza a someterle a todas las leyes a que una función está sujeta y nos conduce a las propiedades de las diferencias, de los límites, y de las relaciones de estos; con lo cual entramos en el cálculo infinitesimal cuyas expresiones nos presentan la identidad bajo una forma que nos recuerda una serie de conceptos de análisis detenida y profunda. Así, expresando la diferencial del círculo por dc; y su integral por S. dc; tendremos c = S. dc (7) ecuación en que se expresan los mismos valores que en aquella otra, círculo = círculo, pero con la diferencia de que la (7) recuerda inmensos trabajos analíticos, es el resultado de la dilatada sucesión de conceptos del cálculo integral, del diferencial, de los límites de las diferencias de las funciones, de la aplicación del álgebra a la geometría y de una muchedumbre de nociones geométricas elementales, reglas y combinaciones algebraicas y de todo cuanto ha sido menester para llegar al resultado. Entonces, cuando se integre la diferencial, y por integración se llegue a sacar el valor del círculo, es claro que sería lo más extravagante el afirmar que la ecuación integral no es más que la de círculo = círculo; pero no lo es el decir que en el fondo hay identidad, y que la diversidad de expresión a que hemos llegado es el fruto de una sucesión de percepciones de la misma identidad presentada bajo aspectos diferentes.

Suponiendo que los conceptos por los cuales haya sido necesario pasar sean A B C D E M; la ley de su enlace científico podrá expresarse de esta manera: A = B, B = C, C = D, D = E, E = M; luego A = M.

271. Lo que acabo de explicar no puede comprenderse bien si no se recuerdan algunos caracteres de nuestra inteligencia, en los cuales se encuentra la razón de tamañas anomalías. Nuestro entendimiento tiene la debilidad de no poder percibir muchas cosas sino sucesivamente, y de que aun en las ideas más claras, no ve lo que en ellas se contiene, sino con mucho trabajo. De esto resulta una necesidad a la cual corresponde con admirable armonía una facultad que la satisface: una necesidad de concebir bajo varias formas no solo distintas sino diferentes, aun las cosas más simples; una facultad de descomponer un concepto en muchas partes, multiplicando en el orden de las ideas lo que en realidad es uno. Esta facultad de descomposición sería inútil si al pasar el entendimiento por la sucesión de conceptos, no tuviese medio de enlazarlos y retenerlos, en cuyo caso iría perdiendo el fruto de sus tareas escapándosele de la mano tan pronto como lo acababa de coger.

Afortunadamente, este medio le tiene en los signos escritos, hablados o pensados; expresiones misteriosas que a veces designan no solo una idea, sino que son como el compendio de los trabajos de una larga vida y quizás de una dilatada serie de siglos. Al presentársenos el signo, no vemos ciertamente con entera claridad todo lo que por él se expresa, ni las razones de la legitimidad de la expresión; pero sabemos en confuso el significado que allí se encierra, sabemos que en caso necesario nos basta tomar el hilo de las percepciones por las cuales hemos pasado, volviendo así con paso retrógrado hasta los elementos más simples de la ciencia. Al hacer los cálculos, el matemático más eminente no ve con toda claridad lo que significan las expresiones que va empleando, sino en cuanto se refieren al objeto que le ocupa; pero está cierto que aquellas expresiones no le engañan, que las reglas por las cuales se guía son enteramente seguras; porque sabe que en otro tiempo las afianzó en inconcusas demostraciones. El desarrollo de una ciencia puede compararse a una serie de columnas en las cuales se han marcado las distancias de un camino; el ingeniero que ha hecho las operaciones se sirve de los guarismos de las columnas, sin necesidad de recordar las operaciones que le condujeron a marcar la cantidad que tiene a la vista;

bástale saber que las operaciones fueron bien hechas y que el resultado de ellas se escribió bien.

272. La prueba de esta necesidad de descomposición, a más de tenerla ampliamente consignada en los ejemplos anteriores, se la encuentra en los elementos de toda enseñanza, donde se hace preciso explicar bajo una forma de demostración proposiciones que nada más dicen que las definiciones o axiomas que se han asentado. Por ejemplo, en las obras elementales de geometría se encuentra este teorema: todos los diámetros de un círculo son iguales; y si se quiere que los principiantes le comprendan, es necesario dar la forma de demostración a lo que no es ni puede ser más que una explicación, y casi un recuerdo de la idea del círculo.

Cuando se traza la circunferencia se fija un punto en torno del cual se hace girar una línea que se llama radio; pues bien, no siendo el diámetro otra cosa que el conjunto de los dos radios continuados en una misma línea, parece que debiera bastar la enunciación del teorema para que se le viese evidentemente contenido en la idea del círculo y como una especie de repetición del postulado en que se funda la construcción de la curva; sin embargo no sucede así, y es necesario explicar, haciendo como que se prueba, y mostrar el diámetro igual a dos radios, y recordar que estos son iguales, y a veces repetir que así se supone en la misma construcción; en una palabra, emplear una porción de conceptos para convencer de una verdad que debiera ser conocida con la simple intuición de uno solo, como sucede cuando las fuerzas geométricas del entendimiento han adquirido cierta robustez.

273. Ahora podremos apreciar en su justo valor la opinión de Dugald-Steward en sus «Elementos de la filosofía del espíritu humano», cuando dice: «Es lícito dudar que aun esta ecuación aritmética $2 \times 2 = 4$ pueda ser representada con exactitud por la fórmula $A = A$. Esta ecuación es una proposición que enuncia "la equivalencia de dos expresiones diferentes", equivalencia cuyo descubrimiento puede ser de la mayor importancia en una infinidad de casos. La fórmula es una proposición del todo insignificante y frívola que no puede en ningún caso recibir la menor aplicación práctica; ¿qué pensaremos pues de esta proposición $A = A$, si se la compara con la fórmula del binomio de Newton a la cual en tal caso representaría? sin duda cuando se la aplica a la ecuación $2 \times 2 = 4$ (que por su extrema sim-

plicidad y vulgaridad puede pasar por un axioma) la paradoja no presenta tan de bulto su monstruosidad; pero en este segundo caso parece del todo imposible que tenga ni aun significación» (2.a Part. Cap. 2. sección 3. § 2.)». Este filósofo no advierte que la pretendida monstruosidad nace de la errada interpretación que él mismo da a la opinión de sus adversarios. Nadie ha pensado en negar la importancia de los descubrimientos en que se prueba la equivalencia de expresiones diferentes; nadie dudará de que la fórmula del binomio de Newton sea un gran progreso sobre la fórmula $A = A$; pero la cuestión no está aquí, está en ver si la fórmula del binomio de Newton es más que la expresión de cosas idénticas, y si aun el mérito mismo de la expresión, es o no el fruto de una serie de percepciones de identidad. Si la cuestión se presentase bajo el punto de vista de Dugald-Steward, sería hasta indigna de ser ventilada: en buena filosofía no puede disputarse sobre cosas no solo absurdas sino ridículas.

Capítulo XXVIII. Continuación

274. Expliquemos ahora cómo la doctrina de la identidad se aplica en general a todos los raciocinios, versen o no sobre objetos matemáticos; para esto examinaremos algunas de las formas dialécticas en las cuales está consignado el arte de raciocinar.

Todo A es B; M es A, luego M es B. En este silogismo encontramos en la mayor, la identidad de todo A con B, y en la menor la de M con A, de lo cual sacamos la de M con B. En las tres proposiciones hay afirmación de identidad, y por consiguiente percepción de ella: veamos lo que sucede en el enlace que constituye la fuerza del raciocinio.

¿Por qué digo que M es B? porque M es A, y todo A es B. M es uno de los A, que estaba expresado ya en las palabras: todo A; luego cuando digo M es A, no digo nada nuevo sobre lo que había dicho por todo A; ¿qué diferencia hay pues? hay la diferencia de que en la expresión todo A, no hacía atención a uno de sus contenidos M, del cual sin embargo afirmaba que era B, por lo mismo que decía todo A es B. Si en la expresión todo A hubiese visto distintamente a M, no hubiera sido necesario el silogismo, pues por lo mismo que decía todo A es B, hubiera entendido M es B.

Esta observación es tan verdadera y exacta, que en tratándose de relaciones demasiado claras se suprime el silogismo y se le reemplaza por el entimema. El entimema es ciertamente la abreviación del silogismo; pero en esta abreviación debemos ver algo más que un ahorro de palabras; hay un «ahorro de conceptos», porque el entendimiento ve intuitivamente lo uno en lo otro sin necesidad de descomposición. Es hombre, luego es racional; callamos la mayor y ni aun la pensamos, porque en la idea de hombre y en su aplicación a un individuo, vemos intuitivamente la de racional, sin gradación de ideas ni sucesión de conceptos.

Supongamos que se trata de demostrar que el perímetro de un polígono inscrito en un círculo es menor que la circunferencia, y que se hace el siguiente silogismo: todo conjunto de rectas inscritas en sus respectivas curvas es menor que el conjunto de las mismas curvas; es así que el perímetro del polígono es un conjunto de rectas, y la circunferencia un conjunto de arcos o curvas; luego el perímetro inscrito os menor que la circunferencia.

Pregunto ahora, si quien sepa que el conjunto de rectas es menor que el conjunto de curvas no verá con igual facilidad que el perímetro es menor que la circunferencia circunscrita, con tal que entienda perfectamente el significado de las palabras; es evidente que sí. ¿Para qué pues se necesita el recuerdo del principio general? ¿Es para añadir nada al concepto particular? no por cierto; porque nada puede haber más claro que las siguientes proposiciones: el perímetro del polígono es un conjunto de rectas; la circunferencia es un conjunto de arcos o curvas; lo que se hace pues con el principio general es llamar la atención sobre una fase del concepto particular, para que con la reflexión se vea en este lo que sin la reflexión no se veía. La certeza de la conclusión no depende del principio general; pues que si se hubiese pensado en las relaciones de mayoría y minoría, solo con respecto a las rectas del perímetro y a los arcos cuyo conjunto forma la circunferencia, se hubiera inferido lo mismo.

Con este ejemplo se confirma que el entimema no es una simple abreviación de palabras, y se explica por qué le empleamos en los raciocinios que versan sobre materias familiares al entendimiento. Entonces, en uno cualquiera de los conceptos vemos lo que necesitamos para la consecuencia, y por esto tenemos bastante con una premisa, en la cual incluimos la otra, más bien que no la sobreentendemos. El principiante dirá: el arco es mayor que la cuerda, porque la curva es mayor que la recta; pero cuando se haya familiarizado con las ideas geométricas dirá simplemente, el arco es mayor que la cuerda, viendo en la misma idea del arco la idea de curva, en la de cuerda la de recta, sin ninguna descomposición. ¿Por ventura es verdad que el arco sea mayor que la cuerda porque toda curva es mayor que su recta? no, de ninguna manera; si no existiese la idea abstracta de curva y la única curva pensada fuese la particular arco de círculo; si no existiese tampoco la idea abstracta de recta y la única recta pensada fuese la cuerda, sería verdad como ahora que el arco es mayor que la cuerda.

275. En tratándose de las relaciones necesarias de los objetos, los principios generales, los términos medios, y cuantos recursos nos ofrece la dialéctica para auxiliar el raciocinio, no son más en el fondo que invenciones del arte para inducirnos a reflexionar sobre el concepto de la cosa, haciéndonos ver en él lo que antes no veíamos. De esto se sigue que todos los juicios sobre los objetos necesarios, son en cierto modo analíticos; equivocándose Kant cuando afirma que los hay sintéticos prescindiendo de la experiencia. Si esta no existe, no tenemos ningún dato de la cosa, solo poseemos su concepto; de lo extraño a este nada podemos saber. No quiero decir que todas las proposiciones expresen tal relación del predicado al sujeto, que el concepto de este sea suficiente para que descubramos aquel; pero sí que la razón de la insuficiencia está en que el concepto es incompleto o en sí o con respecto a nuestra comprensión; y que suponiéndole completo en sí mismo y la debida capacidad en nuestro entendimiento para comprender todo lo que él nos dice, encontraríamos en el mismo todo lo que puede formar materia científica.

276. Un ejemplo geométrico aclarará mis ideas. El triángulo tiene muchas propiedades cuya explicación, demostración y aplicaciones ocupan largas páginas en los libros de geometría. En el concepto del triángulo entran el de rectas y el de los ángulos que estas forman: pregunto ahora ¿en todas las explicaciones y demostraciones de las propiedades de los triángulos en general, ¿se sale jamás de las ideas de ángulo y de recta? no, jamás, ni se sale, ni se puede salir; de lo contrario flaquearía cuanto se dijese fundado en nuevos elementos que se hubiesen introducido en el concepto. Estos

elementos serían ajenos al triángulo, y por consiguiente le quitarían su naturaleza. En las relaciones necesarias no cabe más ni menos, ni añadiduras, ni sustracciones de ninguna clase: lo que es es, y nada más. Cuando se pasa del triángulo en general a sus varias especies, como equilátero, isósceles, rectángulo, oblicuángulo etc. etc., es de notar que la demostración se atiene rigurosamente a lo contenido en el concepto general modificado con la propiedad determinante de la especie, es decir, a la igualdad de los tres lados, o de dos, o a la desigualdad de todos, o a la suposición de un ángulo recto etc. etc.

277. En la aplicación del álgebra a la geometría, se ve con más claridad lo que estoy explicando. Una curva se expresa por una fórmula que contiene el concepto de la misma curva; es decir, su esencia. Para demostrar todas las propiedades de la curva, el geómetra no necesita salir de la fórmula; en todas las cuestiones que se suscitan lleva la fórmula en la mano como la piedra de toque, y en la misma encuentra todo cuanto ha menester. Es verdad que traza triángulos u otras figuras dentro de la misma curva, que de la misma tira rectas a puntos fuera de ella, pero jamás sale del concepto expresado en la fórmula; lo que hace es descomponerle y descubrir en él cosas que antes no había descubierto.

En esta ecuación $z2 = e2/E2 (2 Ex - x3)$ se encuentra la expresión de las relaciones constitutivas de la elipse, expresando E el semieje mayor, e el semieje menor, z las ordenadas, y x las abscisas. Con esta ecuación desenvuelta y transformada de varias maneras, se determinan las propiedades de la curva; ¿y cómo? haciendo ver con la ayuda de las construcciones, que la nueva propiedad está contenida en el concepto mismo, y que basta analizarle para encontrarla en él.

Si suponemos un entendimiento que concibe la esencia de la curva, con inmediata intuición de la ley que preside a la inflexión de los puntos, sin necesidad de referirla a ninguna línea, o bien bastándole un eje en vez de necesitar dos, o de algún otro modo que nosotros no podemos ni siquiera imaginar, resultará que no habrá menester dar los rodeos que nosotros para demostrar las propiedades de la curva, pues las verá claramente pensadas en el mismo concepto de ella. Esta suposición no es arbitraria: hasta cierto punto la vemos realizada todos los días, aunque en escala menor; un geómetra vulgar tiene el concepto de una curva como lo tenía Pascal: en este mismo concepto el geómetra vulgar ve las propiedades de la misma con largo trabajo, y limitándose a las comunes; Pascal veía las más recónditas poco menos que de una ojeada. Kant, por no haberse hecho cargo de esta doctrina, no puede dar solución al problema filosófico de los juicios sintéticos puros: profundizando más la materia hubiera visto que hablando en rigor, no hay tales juicios, y en vez de cansarse por resolver el problema se hubiera abstenido de suscitarle.

Capítulo XXIX. Si hay verdaderos juicios sintéticos «a priori», en el sentido de Kant

278. La mucha importancia que da el filósofo alemán a su imaginado descubrimiento exige que le examinemos con detención. Júzguese de esta importancia por lo que él mismo dice: «Si algún antiguo hubiese tenido la idea de solo proponer la presente cuestión, ella hubiera sido una barrera poderosa contra todos los sistemas de la razón pura hasta nuestros días, y habría ahorrado muchas tentativas infructuosas que se han emprendido "ciegamente sin saber de qué se trataba"» (Crítica de la razón pura. Introducción). El pasaje no es nada modesto, y excita naturalmente la curiosidad de saber en qué consiste un problema cuyo solo planteo habría sido bastante a evitar los extravíos de la razón pura.

He aquí sus palabras: «en los juicios sintéticos a más del concepto del sujeto debo tener alguna otra cosa (x) sobre la cual el entendimiento se apoye para reconocer que un predicado no contenido en este concepto, no obstante le pertenece.

»Tocante a los juicios empíricos o de experiencia, no hay ninguna dificultad; porque esta x es la experiencia completa del objeto que conozco por un concepto "a", el cual no forma más que una parte de esta experiencia. En efecto: aunque yo no comprenda en el concepto de cuerpo en general el predicado pesadez, este concepto indica no obstante una parte total de la experiencia; puedo por consiguiente añadirle otra parte de la misma experiencia como perteneciente al primer concepto. De antemano puedo reconocer analíticamente el concepto de cuerpo por los caracteres de extensión, impenetrabilidad, figura etc., caracteres concebidos todos en este concepto. Pero si extiendo mi conocimiento volviendo la atención del lado de la experiencia de donde he sacado este concepto; entonces hallo siempre la pesadez unida a los caracteres precedentes. Esta x que está fuera del concepto a y que es el fundamento de la posibilidad de la síntesis del predicado pesadez, con el concepto "a", pertenece pues a la experiencia». Pero en los juicios sintéticos «a priori», este medio falla absolutamente. Si debo salir del concepto a para conocer otro concepto b como unido con aquel, ¿dónde me apoyaré y cómo será posible la síntesis, cuando no me es dable volverme hacia el campo de la experiencia?

»Hay pues aquí un cierto misterio, cuya explicación puede solo asegurar el progreso en el campo ilimitado del conocimiento intelectual puro» (Ibíd.).

279. La razón de esta síntesis, la encontramos en la facultad de nuestro entendimiento para formar conceptos totales, en los que descubra la relación de los parciales que los componen; y la legitimidad de la misma síntesis, se funda en los principios en que estriba el criterio de la evidencia.

La síntesis de que se habla en las escuelas, consiste en la reunión de conceptos, y no se opone a que se tengan por analíticos los conceptos totales, de cuya descomposición resulta el conocimiento de las relaciones de los parciales.

Si Kant se hubiese ceñido a los juicios de experiencia, no habría inconveniente en su doctrina; pero extendiéndola al orden intelectual puro, o es inadmisible, o cuando menos está expresada con poca exactitud.

280. Afirma Kant que los juicios matemáticos son todos sintéticos, y que esta verdad que en su juicio es «ciertamente incontestable y muy importante por sus consecuencias, parece haber escapado hasta aquí a la sagacidad de los analistas de la razón humana, haciendo muy contrarias sus conjeturas»; yo creo que lo que falta aquí no es la sagacidad de los analistas, sino la de su Aristarco. Lo demostraré.

«Tal vez se podría creer a primera vista que la proposición $7 + 5 = 12$, es una proposición puramente analítica que resulta de la idea de siete más cinco, según el principio de contradicción; pero bien mirado se encuentra que el concepto de la suma de siete y de cinco, no contiene otra cosa que la reunión de dos números en uno solo, lo que de ningún modo trae consigo el pensamiento de lo que es este número único compuesto de los otros dos.»

Si se dijese que quien oye siete más cinco, no siempre piensa doce, porque no ve bastante bien que un concepto es el otro, aunque bajo diferente forma, se diría verdad; pero no lo es que por esta razón el concepto no sea puramente analítico. La simple explicación de ambos es bastante a manifestar su identidad.

Para que se comprenda mejor, tomemos la inversa $12 = 7 + 5$. Es evidente que quien no sepa que $7 + 5 = 12$, tampoco sabrá que $12 = 7 + 5$; y pregunto ahora, examinando el concepto 12, ¿no veo contenido en él el $7 + 5$? es cierto: luego el concepto de 12 se identifica con el de $7 + 5$; luego así como de que oyendo 12 no siempre se piensa $7 + 5$ no se puede inferir que el concepto de 12 no contenga el $7 + 5$, tampoco de que quien oiga el $7 + 5$ no siempre comprenda 12, no se puede deducir que el primer concepto no incluya el segundo.

La causa de la equivocación está en que dos conceptos idénticos están presentados al entendimiento bajo diferente forma; y hasta que quitándoles la forma se ve el fondo, no se descubre la identidad. No hay propiamente raciocinio sino «explicación».

Lo que añade Kant sobre la necesidad de apelar en este caso a una intuición, con respecto a uno de los dos números, añadiendo al siete el cinco expresado sucesivamente por los dedos de la mano, es sobre manera fútil.

1.º Añádase como se quiera el cinco, nunca será más que el cinco añadido, y por tanto nada dará ni quitará a $7 + 5$. 2.º La sucesiva adición por los dedos equivale a decir $1 + 1 + 1 + 1 + 1 = 5$. Lo que transforma la expresión $7 + 5 = 12$, en esta otra $7 + 1 + 1 + 1 + 1 + 1 = 12$; es así que la misma relación tiene el concepto $1 + 1 + 1 + 1 + 1$ con 5, que $7 + 5$ con 12; luego si de estos el uno no está contenido en el otro, tampoco lo estarán los de Kant. Se replicará que Kant no habla de identidad sino de intuición; pero esta intuición no es la sensación, sino la idea; si es la idea, es el concepto explicado, nada más. 3.º Este método de intuición vemos que no es necesario ni aun para los niños. 4.º Dicho método es imposible en los números grandes.

281. Añade Kant que esta proposición: «Entre dos puntos, la línea recta es la más corta» no es puramente analítica, porque en la idea de recta no entra la de más corta. Prescindiré de que hay autores que demuestran o pretenden demostrar esta proposición; y me ceñiré únicamente a la razón de Kant. Este

autor olvida que no se trata de la recta sola, sino de la recta comparada. En la recta sola, no entra ni puede entrar lo de «más», ni de «menos», pues esto supone comparación; pero desde el momento en que se comparan la recta y la curva, con respecto a la «longitud», en el concepto de la curva, se ve el exceso sobre la recta. La proposición pues resulta de la simple comparación de dos conceptos puramente analíticos, con un tercero que es longitud.

282. Sí la razón de Kant fuese de algún valor, se inferiría que ni aun el juicio «el todo es mayor que su parte» es analítico; porque en la idea de «todo», no entra la de «mayor», hasta que se la compara con la de parte. Tampoco sería juicio analítico este: 4 es mayor que 3; porque en el concepto de 4, no entra la idea de mayor, hasta que se le compara con el de 3.

El axioma: cosas iguales a una tercera son iguales entre sí, tampoco sería juicio analítico: porque en el concepto de «cosas iguales a una tercera», tampoco entra la igualdad entre sí, hasta que se reflexiona que la igualdad del medio implica la de los extremos.

Esa x de que nos habla Kant, se encontraría en casi todos los juicios, si no pudiésemos formar conceptos totales en que se envolviese la comparación de los parciales: en cuyo caso no tendríamos más juicios analíticos que los puramente idénticos, o los comprendidos directamente en esta fórmula A es A.

283. La comparación de dos conceptos con un tercero no quita al resultado el carácter de juicio analítico, así como el que un predicado no pueda verse desde luego en la idea del sujeto sin el auxilio de dicha comparación. Esta la necesitamos muchas veces, porque pensamos solo muy confusamente lo que se halla en el concepto que ya tenemos, y hasta sucede que no lo pensemos de ningún modo. A cada paso estamos viendo que una persona dice una cosa y sin notarlo se contradice luego, por no advertir que lo que añade se opone a lo mismo que había dicho. Son comunes en la conversación las siguientes réplicas: ¿no ve usted que supone lo contrario de lo que ahora dice? ¿No ve usted que en las mismas condiciones antes asentadas, se implica lo contrario de lo que ahora establece?

284. En un concepto no solo se incluye lo que expresamente se piensa en él, sino todo lo que se puede pensar. Si descomponiéndole encontramos en el mismo cosas nuevas, no se puede decir que las añadimos, sino que

las descubrimos: no hay entonces síntesis, sino análisis; de lo contrario sería preciso inferir que no hay ningún concepto analítico o que solo lo son los puramente idénticos. Excepto este último caso cuya fórmula general es, A es A, siempre hay en el predicado algo más de lo pensado en el sujeto, si no en cuanto a la substancia, al menos en cuanto al modo. El círculo es una curva: esta es sin duda una proposición analítica de las más sencillas que imaginarse pueden; y no obstante, el predicado expresa la razón general de curva, que en el sujeto puede estar envuelta de un modo confuso con relación a una especie particular de las curvas.

Siguiendo una gradación en las proposiciones geométricas se podría notar que no hay más que lo dicho en la proposición anterior, sino la mayor o menor dificultad de descomponer el concepto y ver en él lo que antes no se veía.

Si digo: el círculo es una sección cónica; el predicado no está pensado en el sujeto por quien no sepa lo que significan los términos o no haya reflexionado sobre su verdadero sentido. Al concepto del círculo nada le añado, solo le descubro una propiedad que antes no conocía, y este descubrimiento nace de su comparación con el cono. ¿Hay aquí síntesis? no, de ningún modo; lo que hay es análisis comparado de los dos conceptos; círculo y cono.

285. Como esta doctrina destruye por su base el sistema de Kant en este punto, voy a desenvolverla y darle más sólido fundamento.

Para que haya síntesis propiamente dicha, es menester que se una al concepto una cosa que de ningún modo le pertenece, como se ve en el ejemplo aducido por el mismo Kant. La figurabilidad se encuentra en el concepto del cuerpo; pero la pesadez es una idea totalmente extraña, y que solo podemos unir al concepto del cuerpo porque así nos lo atestigua la experiencia. Solo con esta añadidura se verifica propiamente la síntesis; pero no con la unión de ideas que nazcan del mismo concepto de la cosa, aunque para fecundarle se necesite la comparación. Los conceptos no son enteramente absolutos; contienen relaciones, y el descubrimiento de estas no es una síntesis sino un análisis más completa. Si se replica que en tal caso hay algo más que el concepto primitivo, observaré que esto se verifica en todos los que no son puramente idénticos. Además que con la comparación se forma un concepto total nuevo, resultante de los conceptos primitivos; en cuyo caso las propiedades de las relaciones son vistas no por síntesis sino por el análisis del concepto total.

Según Kant, la verdadera síntesis necesita reunión de cosas extrañas entre sí, y tan extrañas, que el lazo que las une es una especie de misterio, una x cuya determinación es un gran problema filosófico. Si esta x se encuentra en la relación esencial de los conceptos parciales que entran en el concepto total, se ha resuelto el problema por el simple análisis; o para hablar con más exactitud, se ha manifestado que el problema no existía pues la x era una cantidad conocida.

Yo no sé que pueda haber juicio más analítico que aquel en el cual vemos las partes en el todo: pues este no es más que las mismas partes reunidas. Si digo; uno y uno son dos, o bien dos es igual a uno más uno, no puede negarse que tengo un concepto total dos, en cuya descomposición hallo uno más uno: si esto no es analítico, es decir, si aquí el predicado no está contenido en la idea del sujeto, no se alcanza cuándo podrá estarlo. Pues bien, aquí mismo hay diferentes conceptos, uno más uno, se los reúne y de ellos se forma el concepto total.

Aunque sencillísima, la relación existe; y el que sea más o menos sencilla o complicada y que por consiguiente sea vista con más o menos facilidad, no altera el carácter de los juicios convirtiéndolos de analíticos en sintéticos.

286. Completemos esta explicación con un ejemplo de geometría elemental. Si se dice un paralelogramo oblicuángulo es igual en superficie a un rectángulo de la misma base y altura, tenemos: 1.º Que en la idea de paralelogramo oblicuángulo no vemos la de igualdad con el rectángulo. Ni tampoco la podemos ver, porque la relación no existe cuando no hay otro extremo al cual se refiera. En la idea de paralelogramo no entra la de rectángulo, y por consiguiente no puede entrar la de igualdad. 2.º La relación nace de la comparación del oblicuángulo con el rectángulo, y por consiguiente se la ha de encontrar en un concepto total en que entren los dos. Entonces no puede decirse que al concepto del oblicuángulo le añadamos algo que no le pertenezca, sino que por el contrario esta igualdad la vemos surgir del concepto del oblicuángulo y del rectángulo como conceptos parciales del total en que los dos se combinan. El análisis de este concepto total, nos lleva a descubrir la relación buscada; siendo de notar, que cuando la simple reu-

nión de los conceptos comparados no basta, nos valemos de otro que comprenda a los mismos y alguno más; y del concepto del nuevo debidamente analizado, sacamos la relación de las dos partes comparadas.

287. Precisamente en la construcción geométrica que suele hacerse para demostrar el teorema que me sirve de ejemplo, puede sensibilizarse por decirlo así lo que acabo de explicar con respecto a los conceptos totales que contienen otros a más de los comparados. Confundidas las bases del paralelogramo rectángulo y oblicuángulo, se ve desde luego una parte que les es común, y es el triángulo formado por la base, una parte de un lado del oblicuángulo y otra de uno del rectángulo; para esto no se necesita ni síntesis ni análisis, pues hay perfecta coincidencia, lo que en geometría equivale a identidad. La dificultad está en las dos partes restantes, es decir, en los trapecios a que se reducen los dos paralelogramos quitado el triángulo común. La simple intuición de las figuras nada dice con respecto a la equivalencia de las dos superficies: solo se ve que los dos lados del oblicuángulo van extendiéndose, encerrando menor distancia a proporción que el ángulo va siendo más oblicuo, hallándose estas dos condiciones de longitud de lados y disminución de distancias entre dos límites, de los cuales el uno es lo infinito y el otro el rectángulo. Se puede demostrar la relación de la equivalencia de las superficies, prolongando la paralela opuesta a la base, y formando así un cuadrilátero del cual son partes los trapecios; para descubrir la igualdad de estos trapecios basta descomponer el cuadrilátero atendiendo a la igualdad de dos triángulos formados respectivamente cada uno por uno de los trapecios y un triángulo común. ¿Añado con esto nada al concepto de cada trapecio? no; solo le comparo. Esta comparación no la he podido hacer directamente, y por esto los he incluido en un concepto total cuya simple análisis me ha bastado para descubrir la relación que buscaba. Esta relación no se la da el concepto, solo la manifiesta; por manera que si el concepto de las dos figuras comparadas fuese más perfecto, de suerte que viésemos intuitivamente la relación que existe entre el aumento de los lados y el decremento de la distancia de los mismos, veríamos que hay aquí una ley constante que suple de una parte lo que se pierde por otra; y por consiguiente en el mismo concepto del oblicuángulo descubriríamos la razón fundamental de la igualdad, es decir la no alteración del valor de la superficie

por la mayor o menor oblicuidad de los ángulos, teniendo así lo que después sacamos por la expresada comparación y que generalizamos refiriéndonos a dos valores lineales constantes: base y altura. Lo mismo nos sucedería con respecto a la equivalencia de todas las cantidades variables expresadas de diferente modo, si sus conceptos pudiésemos reducirlos a fórmulas tan claras y sencillas como las de las funciones aparentes, por ejemplo n s/m s, donde sea cual fuere el valor de la variable resulta siempre el mismo el valor de la expresión, el cual es constante, a saber n/m.

288. No se crea que estas investigaciones sean inútiles: en la cuestión presente como en muchas otras, sucede que de un problema filosófico, al parecer meramente especulativo, están pendientes verdades importantísimas. Así en el caso que nos ocupa, notaremos que Kant explica el principio de causalidad de una manera inexacta, y que según como se interpreten sus palabras debe llamarse completamente falsa; y quizás la raíz de su equivocación está en que considera el principio de causalidad como sintético, aunque «a priori», cuando en realidad debe ser tenido por analítico, como demostraré al tratar de la idea de causa.

Considerando de la mayor importancia el tener ideas claras y distintas en la presente materia, voy a resumir en pocas palabras la doctrina expuesta sobre la evidencia inmediata y la mediata.

289. Hay evidencia inmediata cuando por el concepto del sujeto vemos la conveniencia o repugnancia del predicado, sin necesitar otro medio que la simple reflexión sobre el significado de las palabras. A los juicios de esta clase, se los llama con propiedad analíticos, porque basta descomponer el concepto del sujeto para encontrar en él la conveniencia o repugnancia del predicado.

Hay evidencia mediata cuando por el simple concepto del sujeto, no vemos desde luego la conveniencia o repugnancia del predicado; por lo cual necesitamos apelar a un medio que nos la manifieste.

290. Surge aquí la cuestión de si los juicios de evidencia mediata pueden llamarse analíticos. Claro es que si por analíticos se entienden solamente aquellos en los cuales basta entender el significado de los términos para ver la conveniencia o repugnancia del predicado, no pueden llamarse tales los de evidencia mediata. Pero si entendemos por juicio analítico aquel en

que basta descomponer un concepto para encontrar en él la conveniencia o repugnancia del predicado, hallaremos que los juicios de evidencia mediata pertenecen también a dicha clase, y que el medio empleado no es más que la formación de un concepto total en que se hacen entrar los parciales cuya relación se quiere descubrir. En la reunión de estos conceptos parciales hay síntesis, es verdad, pero no la hay en el descubrimiento de sus relaciones, pues este se hace por análisis.

El que se hayan tenido que reunir varios conceptos para formar un juicio, no destruye su carácter de analítico, pues de otro modo sería menester decir que no hay ningún juicio analítico. Si se afirma: el hombre es racional; en el concepto de hombre entran dos, animal y racional, lo que no quita que el juicio sea analítico. Este carácter consiste en que como lo dice su mismo nombre, baste la descomposición de un concepto para encontrar en él ciertos predicados, y prescinde del modo con que se ha formado el concepto que se descompone y de si se han hecho entrar en él dos o más conceptos.

291. De esta doctrina resulta con claridad en qué consiste la evidencia mediata. El predicado está también contenido en la idea del sujeto, pero la limitación de nuestra inteligencia hace que o estas ideas sean incompletas, o no las veamos en toda su extensión, o no distingamos bien lo que en las mismas pensamos ya de un modo confuso; y de aquí dimana el que no sea suficiente entender el significado de las palabras para ver desde luego contenido el predicado en la idea del sujeto. Además, los objetos, aun los puramente ideales, se nos presentan como dispersos; de aquí es que no conociendo el conjunto, vamos pasando sucesivamente de unos a otros, descubriendo las relaciones que tienen entre sí, a medida que los vamos aproximando.

292. De lo dicho se infiere que en el orden puramente ideal todos los juicios son analíticos, pues todo conocimiento de este orden se hace con la intuición de lo que hay en un concepto más o menos complicado, y que no hay más síntesis que la necesaria para aproximar los objetos reuniendo sus conceptos en uno total que nos sirva para el descubrimiento de la relación de los parciales.

293. La x pues de que nos habla Kant, y cuyo despejo es uno de los problemas más importantes de la filosofía, no será más que la facultad del entendimiento para reunir en un concepto total conceptos de cosas dife-

rentes y descubrir en aquel las relaciones que estos tienen entre sí. Esta facultad no es un descubrimiento nuevo; pues que con este o aquel nombre, la han reconocido todas las escuelas. Nadie ha disputado al entendimiento la facultad de comparar; y la comparación es una operación por la cual el entendimiento se pone a la vista dos o más conceptos para conocer las relaciones que tienen entre sí. En este acto se forma un concepto total del cual los comparados son una parte; así como hemos visto que en las construcciones geométricas para averiguar la relación de varias figuras, se construye una que las comprenda todas y que sea como el campo en el cual se haga la comparación.

Basta por ahora lo dicho sobre los juicios analíticos y sintéticos, pues que no proponiéndome tratarlos sino en general, y en cuanto tienen relación con la certeza, no descenderé a pormenores haciendo aplicación a varias ideas, cuyo análisis corresponde a otros lugares de esta obra.

Capítulo XXX. Criterio de Vico

294. Con las cuestiones de los capítulos anteriores relativas a la evidencia inmediata y a la mediata, está enlazada la doctrina de Vico sobre el criterio de la verdad. Cree este filósofo que dicho criterio consiste en haber hecho la verdad conocida; que nuestros conocimientos son completamente ciertos cuando se verifica dicha circunstancia; y que van perdiendo de su certeza a proporción que el entendimiento pierde su carácter de causa con respecto a los objetos. Dios, causa de todo, lo conoce perfectamente todo; la criatura, de causalidad muy limitada, conoce también con mucha limitación; y si en alguna esfera puede asemejarse a lo infinito, es en ese mundo ideal que ella propia se construye, y que puede extender a su voluntad, sin que sea dable señalarle un linde que no pueda todavía retirar.

Dejemos hablar al mismo autor. «Los términos "verum et factum", lo verdadero y lo hecho, se ponen el uno por el otro entre los latinos, o como dice la escuela, se convierten. Para los latinos "intelligere", comprender, es lo mismo que leer con claridad y conocer con evidencia. Llamaban cogitare lo que en italiano se dice "pensare e andar raccogliendo"; "ratio", razón, designaba entre ellos una colección de elementos numéricos, y ese don que distingue al hombre de los brutos y constituye su superioridad. Llamaban ordinariamente al hombre un animal partícipe de la razón ("rationis particeps") y que por tanto no la posee absolutamente. Así como las palabras son los signos de las ideas, las ideas son los signos y representaciones de las cosas. Así como leer "legere", es reunir los elementos de la escritura de los cuales se forman las palabras, la inteligencia, "intelligere", consiste en reunir todos los elementos de una cosa, de lo que resulta la idea perfecta. Por donde podemos conjeturar que los antiguos italianos admitían la doctrina siguiente sobre lo verdadero: lo verdadero es lo hecho mismo; y por consiguiente Dios es la verdad primera porque es el primer hacedor ("factor"), la verdad infinita porque ha hecho todas las cosas, la verdad absoluta, pues que representa todos los elementos de las cosas tanto internos como externos, porque los contiene. Saber es reunir los elementos de las cosas; de donde se sigue que el pensamiento ("cogitatio") es propio del espíritu humano, y la inteligencia lo es del espíritu divino: porque Dios reúne todos los elementos de las cosas internos y externos a causa de que los contiene, y él propio es quien los dispone; mientras el espíritu humano limitado como es, y fuera de todo lo que no es él mismo, puede aproximar los puntos extremos mas no reunirlo todo; de manera que puede pensar sobre las cosas, pero no comprenderlas; y he aquí por qué participa de la razón, mas no la posee. Para aclarar estas ideas con una comparación: lo verdadero divino es una imagen sólida de las cosas, como una figura plástica; lo verdadero humano es una imagen plana sin profundidad, como una pintura. Así como lo verdadero divino lo es, porque Dios en el acto mismo de su conocimiento dispone y produce, lo verdadero humano es para las cosas en que el hombre dispone y crea de una manera semejante. La ciencia es el conocimiento del modo con que la cosa se hace; conocimiento en el cual el espíritu mismo hace el objeto, pues que recompone sus elementos. El objeto es un sólido para Dios que comprende todas las cosas; una superficie para el hombre que no comprende sino lo exterior. Establecidos estos puntos para ponerlos más fácilmente en armonía con nuestra religión, conviene saber, que los antiguos filósofos de Italia identificaban lo verdadero con lo hecho, porque creían el mundo eterno: así los filósofos paganos adoraron un Dios que obraba siempre "ad extra", cosa desechada por nuestra teología. Por cuyo motivo en nuestra religión, en la cual profesamos que el mundo ha sido criado de la nada en el tiempo, es necesario establecer una distinción, identificando lo verdadero criado con lo hecho, y lo verdadero increado con el engendrado (genito). Así la Sagrada Escritura con una elegancia verdaderamente divina, llama Verbo a la sabiduría de Dios que contiene en sí las ideas de todas las cosas y los elementos de las ideas mismas. En este Verbo, lo verdadero es la comprensión misma de todos los elementos de este universo, la cual podría formar infinitos mundos. De estos elementos conocidos y contenidos en la omnipotencia divina, se forma el Verbo real absoluto, conocido desde toda la eternidad por el Padre y engendrado por él, también desde toda la eternidad» (De la antigua sabiduría de la Italia, Lib. 1. Cap. 1).

295. De estos principios saca Vico consecuencias muy trascendentales, entre ellas la de explicar la causa de la división de nuestra ciencia en muchos ramos, y de los diferentes grados de certeza con que se distinguen. Las matemáticas son las más ciertas porque son una especie de creación del entendimiento, el que partiendo de la unidad y de un punto, se construye un mundo de formas y de números, prolongando las líneas y multiplicando la unidad, hasta lo infinito. Así conoce lo que él mismo produce, resultando que los mismos teoremas tenidos vulgarmente como objetos de pura contemplación, han menester acción como los problemas.

La mecánica ya es menos cierta que la geometría y la aritmética, porque considera el movimiento realizado en las máquinas; y la física lo es todavía menos, porque no considera como la mecánica el movimiento externo de las circunferencias sino el movimiento interno de los centros. En las ciencias del orden moral hay todavía menos certeza, porque no se ocupan de los movimientos de los cuerpos, los cuales dimanan de un origen cierto y constante que es la naturaleza, sino de los movimientos de las almas que se realizan a grandes profundidades y con frecuencia nacen del capricho.

«La ciencia humana, dice, ha nacido de un defecto del espíritu humano, que en su extrema limitación está fuera de todas las cosas, no contiene nada de lo que quiere conocer, y por consiguiente no puede hacer la verdad a la cual aspira. Las ciencias más ciertas son las que expían el vicio de su origen, y se asimilan como creación a la ciencia divina, es decir, aquellas en que lo verdadero y lo hecho son mutuamente convertibles.

»De lo que precede se puede inferir que el criterio de lo verdadero y la regla para reconocerlo, es el "haberlo hecho"; por consiguiente la idea clara y distinta que tenemos de nuestro espíritu, no es un criterio de lo verdadero, y no es ni aun un criterio de nuestro espíritu; porque el alma conociéndose, no se hace a sí misma; y pues que no se hace, no sabe la manera con que se conoce. Como la ciencia humana tiene por base la abstracción, las ciencias son tanto menos ciertas cuanto más se acercan a la materia corporal...

»Para decirlo en una palabra, lo verdadero es convertible con lo bueno, si lo que es conocido como verdadero tiene su ser del espíritu que lo conoce, imitando la ciencia humana a la divina por la cual Dios conociendo lo verdadero lo engendra en lo interior en la eternidad, y lo hace en lo exterior en el tiempo. En cuanto al criterio de verdad es para Dios el comunicar la bondad a los objetos de su pensamiento (vidit Deus quod essent bona): y para los hombres el haber hecho lo verdadero que conocen» (Ibíd. § 1).

296. No puede negarse que el sistema de Vico revela un pensador profundo que ha meditado detenidamente sobre los problemas de la inteligencia. La línea divisoria en cuanto a la certeza de las ciencias es sobre manera interesante. A primera vista nada más especioso que la diferencia señalada entre las ciencias matemáticas y las naturales y morales. Las matemáticas son absolutamente ciertas porque son obra del entendimiento, son como el entendimiento las ve, porque él mismo las construye; al contrario, las naturales y morales versan sobre objetos independientes de la razón, que tienen por sí mismos una existencia propia, y de aquí es que el entendimiento conoce poco de ellos; y en esto se engaña con tanta más facilidad cuanto más penetra en la esfera donde su construcción no alcanza. He llamado especioso a este sistema porque examinado a fondo se le encuentra destituido de cimiento sólido; al paso que he reconocido en su autor un pensamiento profundo, porque efectivamente lo hay en considerar las ciencias bajo el punto de vista que él las considera.

297. La inteligencia solo conoce lo que hace. Esta proposición que resume todo el sistema de Vico, no puede afianzarse en nada; y el filósofo napolitano se encontraría detenido en sus primeros pasos con solo pedirle la prueba de lo que afirma. ¿Por qué la inteligencia solo conoce lo que hace? ¿Por qué el problema de la representación no ha de tener solución posible sino en la

causalidad? Creo haber demostrado que a más de este origen se encuentra otro en la identidad, y también en la idealidad enlazado del modo debido con la causalidad.

298. Entender no es causar: puede haber, y la hay en efecto, una inteligencia productora; pero en general el acto de entender y el de causar ofrecen ideas distintas. La inteligencia supone una actividad, porque sin ésta no se concibe aquella vida íntima que distingue al ser inteligente: pero esta actividad no es productora de los objetos conocidos, se ejerce de un modo inmanente sobre estos objetos, presupuestos ya en unión con la inteligencia, mediata o inmediatamente.

299. Si la inteligencia estuviese condenada a no conocer sino lo que ella misma hace, no es fácil concebir cómo el acto de entender pudiera comenzar; colocándonos en el momento inicial, no sabremos cómo explicar el desarrollo de esta actividad: porque si no puede entender sino lo que ella hace, ¿qué entenderá en el primer momento cuando aun no ha hecho nada? En el sistema que nos ocupa, no hay otro objeto para la inteligencia que el que ella misma se produce; por otra parte entender sin objeto entendido es una contradicción; así, en el momento inicial, no habiendo nada producido, no puede haber nada entendido; y por consiguiente la inteligencia es inexplicable. No cabe suponer que la actividad se despliega ciegamente; no hay nada ciego cuando se trata de representación, y la actividad productiva se refiere esencialmente a cosas representadas en cuanto representadas. El que estas sean producidas en lo exterior con existencia distinta de la representación intelectual, es indiferente para el problema de la inteligencia. Así, como explica el mismo Vico, la razón humana conoce lo que ella construye en un mundo puramente ideal, y Dios conoce al Verbo que engendra, no obstante de que este Verbo no está fuera de la esencia divina sino identificado con ella.

300. No se contenta el filósofo napolitano con aplicar su sistema a la razón humana; lo generaliza a todas las inteligencias, inclusa la divina; bien que procurando con loable religiosidad, conciliar sus doctrinas ideológicas con los dogmas del cristianismo. Y en verdad que los problemas de la inteligencia no pueden resolverse cumplidamente sino encumbrándose a tanta altura. Para conocer al entendimiento humano, no basta seguir los pasos de

la humana razón; es necesario proponerse además el problema general de la inteligencia misma, ora se limite como la nuestra a flacas vislumbres, ora se dilate por las regiones de la infinidad en un piélago de luz. Las sublimes palabras con que san Juan comienza su Evangelio, encierran, a más de la verdad augusta enseñada por la inspiración divina, doctrinas trascendentales que aun miradas bajo un punto de vista meramente filosófico, son de una importancia mayor de la que encontrarse pudiera en las palabras de ningún hombre.

Al identificar lo verdadero con lo hecho, advierte Vico que según el dogma de nuestra religión, es necesario distinguir entre lo creado y lo increado. A lo primero se le debe llamar hecho, a lo segundo engendrado. Pondera la elegancia divina con que la Escritura santa llama Verbo a la Sabiduría de Dios, en la cual se contienen las ideas de todas las cosas, y los elementos de las ideas mismas; sin embargo, las palabras de Vico son muy inexactas, cuando al explicar la concepción de dicho Verbo, parecen dar a entender que solo resulta de los elementos conocidos y contenidos en la omnipotencia divina. «En este Verbo, dice, lo verdadero es la comprensión misma de todos los elementos de este universo, la cual podría formar infinitos mundos; de estos elementos conocidos y contenidos en la omnipotencia divina, se forma el Verbo real, absoluto, conocido desde toda la eternidad por el Padre, y engendrado por él desde toda la eternidad» (De la Antigua Sabiduría de la Italia, Lib. 1, Cap. 1). Si el autor quiere significar que el Verbo es concebido por solo el conocimiento de lo contenido en la omnipotencia divina, su aserción es falsa; si no quiso significar esto, su locución es inexacta.

Santo Tomás (1.ª Part., Quest. 34, Art. 3.) pregunta si en el nombre del Verbo se contiene alguna relación a la criatura «utrum in nomine Verbi importetur respectus ad creaturam» y allí resuelve la cuestión con admirable laconismo y solidez. «Respondo que en el Verbo se contiene relación a la criatura. Dios conociéndose a sí mismo, conoce a toda criatura. El verbo pues, concebido en la mente, es representativo de todo aquello que actualmente se entiende. Así en nosotros hay diversos verbos según son diversas las cosas entendidas. Pero como Dios con un solo acto se conoce a sí y a todas las cosas, su único Verbo es expresivo no solo del padre sino también de las criaturas. Y así como la ciencia de Dios en cuanto a Dios, es solo conocimiento, pero en cuanto a las criaturas es conocimiento y causa, así el Verbo de Dios con respecto a Dios Padre, es solo expresivo, pero con relación a las criaturas es expresivo y productivo, por cuya razón se dice en el salmo 32: dijo, y las cosas fueron hechas, porque en el Verbo se contiene la razón productiva de las cosas que Dios hace.»1

Por este pasaje se echa de ver que según la doctrina de Santo Tomás, el Verbo expresa también a las criaturas, pero que él es concebido no solo por el conocimiento de estas, sino y primariamente, por el conocimiento de la esencia divina; «el Padre, dice en otra parte el Santo Doctor, entendiéndose a sí y al Hijo y al Espíritu Santo y a todas las cosas contenidas en su ciencia, concibe al Verbo de manera que toda la Trinidad es dicha en el Verbo y también toda criatura».2

301. Hay también otra doctrina de Santo Tomás que se opone al sistema de Vico. Según éste, la inteligencia conoce lo que hace, y solo lo que hace, y solo por qué lo hace; pues que lo hecho y lo verdadero son convertibles, siendo lo hecho el único criterio de verdad. Esta doctrina la aplica Vico a la inteligencia divina sustituyendo a «hecho, engendrado»; con lo cual invierte el orden de las ideas, pues que ni según nuestro modo de concebir, Dios entiende porque engendra, sino que engendra porque entiende; no se concibe la generación del Verbo sin concebir antes la inteligencia. «En quien entiende, dice Santo Tomás, por lo mismo que entiende, procede alguna cosa dentro de él, lo cual es el concepto de la cosa entendida, y proviene de la fuerza intelectual y de su noticia.»3

302. No es mi ánimo inculpar a Vico; solo he querido hacer notar la inexactitud de sus palabras, haciéndole por otra parte la justicia de creer que él entendía las cosas del mismo modo que las he explicado, aunque no acertó a expresarse con la debida claridad. Pasemos ahora a considerar el sistema de Vico bajo puntos de vista menos delicados.

Es fácil notar que admitiendo lo hecho por único criterio de verdad, la inteligencia queda incomunicada con todo lo que no sean sus obras. Ni a sí misma se puede conocer, porque no se hace. «El alma, conociéndose, dice Vico, no se hace, y por lo mismo no sabe la manera con que se conoce»; de suerte que prescindiendo del problema de la inteligibilidad que se ha ventilado más arriba (Cap. XII), niega Vico a nuestra alma el criterio de sí propia por la única razón de que no se causa a sí misma. Entonces, la identidad lejos de ser un origen de representación como se ha probado (Cap. XI), es incompatible con ella; nada podrá conocerse a sí mismo porque nada se hace a sí mismo.

De esto resulta un gravísimo error; pues que se infiere que tampoco Dios puede conocerse a sí mismo; porque no se causa a sí mismo. Ni basta decir que se conoce en el Verbo, pues que si no se supone la inteligencia, el Verbo es imposible.

303. Todo el mundo de la realidad distinto del ser intelectual, será desconocido para siempre; de donde se deduce que el sistema de Vico lleva al escepticismo más riguroso. ¿Qué admite el filósofo napolitano? el conocimiento por el espíritu, de la obra misma del espíritu; en esto se comprenden los actos de conciencia y todos los objetos puramente ideales que en ella nos creamos; esto también lo admiten los escépticos, ninguno de ellos dejará de convenir que hay en nosotros conciencia, que hay un mundo ideal, obra de esta conciencia misma o atestiguado por ella.

Si pues no admitimos otro criterio de verdad que lo hecho, abrimos la puerta al escepticismo, abandonamos el mundo de las realidades para establecernos en el de las apariencias. No obstante ¡singularidad de las opiniones humanas! Vico pensaba todo lo contrario; él creía que solo con su sistema era posible rebatir a los escépticos.

Es curioso oírle decir con admirable seriedad «el único medio de destruir el escepticismo es tomar por criterio de verdad, que cada cual está seguro de lo verdadero que hace».

¿En qué puede fundarse tamaña extrañeza? oigamos al filósofo, que dice cosas muy buenas, pero que no se alcanza cómo pueden conducir a la destrucción del escepticismo. «Los escépticos van repitiendo siempre que las cosas les "parecen", pero que ignoran lo que ellas son en realidad; confiesan los efectos y conceden por consiguiente que estos efectos tienen sus causas; pero afirman que no conocen a estas porque ignoran el género o la forma según la cual las cosas se hacen. Admitid estas proposiciones, y retorcedlas contra ellos de la manera siguiente: esta comprensión de causas que contiene todos los géneros o todas las formas bajo las cuales son dados todos los efectos, cuyas apariencias confiesa ver el escéptico, pero cuya esencia real asegura ignorar; esta comprensión de causas se halla en la primera verdad que las comprende todas, y donde todas están contenidas hasta las últimas. Y pues que esta verdad las comprende todas, es infinita, y no excluye ninguna, y tiene la prioridad sobre el cuerpo que no es más que un efecto. Por consiguiente esta verdad es alguna cosa espiritual, en otros términos es Dios, el Dios que confesamos nosotros los cristianos; sobre esta verdad debemos medir la verdad humana, pues que la verdad humana es aquella cuyos elementos hemos ordenado nosotros mismos, aquello que contenemos en nosotros y que por medio de ciertos postulados podemos prolongar y seguir hasta lo infinito. Ordenando estas verdades las conocemos, y las hacemos a un mismo tiempo; y he aquí por qué en este caso poseemos el género o la forma según la cual hacemos» (Ibíd. 3).

En esta refutación de los escépticos nada encuentro que pueda destruir el escepticismo. Aun suponiendo que todos admiten el principio de causalidad, lo que no es exacto, ¿qué se puede sacar de este principio cuando se señala por único criterio la obra del mismo entendimiento que ha de emplear el principio? Si no hay más criterio que el de causalidad, el entendimiento se encuentra aislado, sin poder ir más allá en el orden de los efectos, que hasta donde llegan los producidos por él mismo; y en el de las causas, no puede subir más arriba que de sí propio; porque si sube, ya conoce cosas que él no ha hecho, a saber, la causa que le ha producido a él. En este supuesto los escépticos quedan triunfantes; el conocimiento se reduce al mundo interior, a las simples apariencias; cuando de estas se quiera salir se tropieza con el obstáculo del criterio único, el cual se opone al conocimiento de todo lo no hecho por el entendimiento mismo. Entonces la realidad nos está vedada y nos hallamos separados de ella por un vallado insalvable. El mundo en sí, será lo que se quiera suponer; mas para nosotros no será nada. Esta ley se aplicará a todas las inteligencias, de manera que la realidad solo podrá ser conocida por la causa primera.

Estas consecuencias son inadmisibles en no arrojándose sin reserva al campo del escepticismo, y no obstante son inevitables en el sistema de Vico. Original ocurrencia la de querer combatir el escepticismo con un sistema que le abre la más anchurosa puerta.

Capítulo XXXI. Continuación

304. Si en algún terreno pudiera ser admitido el criterio del filósofo napolitano, sería en el de las verdades ideales. Como estas prescinden absolutamente de la existencia, puede suponérselas conocidas hasta por un entendimiento que no las produzca en la realidad. En cuanto conocidas por el entendimiento nada envuelven de real, y por consiguiente no entrañan ninguna condición que exija fuerza productiva, a no ser que esta se refiera a un orden de pura idealidad. En este orden parece que la razón humana produce efectivamente: porque tomando por ejemplo la geometría, es fácil de notar que aun en su parte más elevada y de mayor complicación, no es más que una especie de construcción intelectual donde solo se halla lo que la razón ha puesto. Esta razón es la que a fuerza de trabajo ha ido reuniendo los elementos y combinándolos de distintas maneras hasta llegar al asombroso resultado del cual pueda decir con verdad: esto es mi obra.

Sígase con atenta observación el desarrollo de la ciencia geométrica y se echará de ver que la dilatada serie de axiomas, teoremas, problemas, demostraciones, resoluciones, arranca de unos cuantos postulados, y que continúa siempre con la ayuda o de estos mismos o de otros que la razón excogita, conforme lo exige la necesidad o la utilidad.

¿Qué es la línea? una serie de puntos. La línea pues es una construcción intelectual, no envuelve otra cosa que las fluxiones sucesivas de un punto. ¿Qué es el triángulo? una construcción intelectual en que se reúnen los extremos de tres líneas. ¿Qué es el círculo? es otra construcción intelectual, el espacio encerrado por la circunferencia, formada a su vez por el extremo de una línea que gira al rededor de un punto. ¿Qué son todas las demás curvas? líneas marcadas por el movimiento de un punto con arreglo a una cierta ley de inflexión.

¿Qué es la superficie? ¿No se engendra su idea con el movimiento de una línea, así como el sólido con el movimiento de una superficie? ¿Qué son todos los objetos de la geometría sino líneas, superficies y sólidos de varias especies y con diversas combinaciones?

La aritmética universal es una creación del entendimiento, ora la consideremos en la aritmética propiamente dicha, ora en el álgebra. El número es un conjunto de unidades; el entendimiento es quien las reúne: el dos no es más que uno más uno, el tres es dos más uno, y de esta suerte se forman todos los valores numéricos, por consiguiente las ideas expresivas de estos valores contienen una creación de nuestro espíritu, son su obra, nada encierran sino lo que él mismo ha puesto en ellas.

Ya se ha notado que el álgebra es una especie de lenguaje. Sus reglas tienen una parte de convencionales, y las fórmulas más complicadas se resuelven en un principio convencional. Tomemos una muy sencilla: $a0=1$; ¿por qué? porque $a0=an\text{-}n$; ¿por qué? La razón es porque se ha convenido en señalar la división por la resta de los exponentes; y de consiguiente an/an que evidentemente es igual a uno; se puede expresar por $an/an=an\text{-}n=a0$.

305. Estas observaciones parecen probar que en realidad es verdadero el sistema de Vico en lo que concierne a las matemáticas puras, es decir a una ciencia del orden puramente ideal. Aunque tal vez podría ensayarse lo mismo con relación a otras ciencias, por ejemplo a la metafísica, no lo haré, porque en saliendo de las matemáticas, ya es difícil encontrar un terreno donde no haya opiniones opuestas. Además, que en habiendo manifestado hasta qué punto es admisible el sistema de Vico en las ciencias matemáticas, quedarán también resueltas las dificultades que puede haber en lo que concierne a otros ramos.

306. El entendimiento construye en un orden puramente ideal, es innegable; y en esto convienen todas las escuelas. Nadie duda de que la razón supone, combina, compara, deduce: operaciones que no pueden concebirse sin una especie de construcción intelectual. En este caso el entendimiento sabe lo que hace, porque su obra le está presente; cuando combina sabe lo que combina, cuando compara y deduce, sabe lo que deduce y compara, cuando estriba en ciertas suposiciones que él mismo ha establecido, sabe en qué consisten, pues se apoya en ellas.

307. El entendimiento conoce lo que hace, pero conoce más de lo que hace; hay verdades que no son ni pueden ser su obra, pues que son el cimiento de todas sus obras: por ejemplo el principio de contradicción.

¿Puede decirse que la imposibilidad de ser y no ser una cosa a un mismo tiempo, sea obra de nuestra razón? no ciertamente. La razón misma es imposible si el principio no está supuesto ya; el entendimiento le encuentra en si propio como una ley absolutamente necesaria, como una condición sine qua non de todos sus actos. He aquí fallido el criterio de Vico: «El entendimiento solo conoce la verdad que hace»; sin embargo la verdad del principio de contradicción, el entendimiento la conoce y no la hace.

308. Los hechos de conciencia son conocidos por la razón, no obstante de que no son su obra. Estos hechos a más de estar presentes a la conciencia, son objeto de las combinaciones de la razón; he aquí otro caso en que falla el criterio de Vico.

309. Aun en las cosas que son obra puramente intelectual, el entendimiento conoce lo que hace, pero no hace lo que quiere; de lo contrario sería menester decir que las ciencias son absolutamente arbitrarias; en vez de los resultados geométricos que tenemos ahora, podríamos tener tantos otros cuantos son los hombres que piensan en líneas, superficies y sólidos. ¿Esto qué indica? que la razón está sometida a ciertas leyes, que sus construcciones están ligadas a condiciones de que no se puede prescindir: una de ellas es el principio de contradicción, al cual no se puede faltar nunca so pena de anonadar todo conocimiento. Es verdad que se llega a sacar el volumen de una esfera por medio de una serie de construcciones intelectuales; pero yo pregunto: ¿pueden dos entendimientos llegar a dos valores diferentes? no, esto es absurdo; seguirán quizás diversos caminos, expresarán sus demostraciones y sus resultados de distintas maneras, pero el valor es el mismo; si hay diferencia, hay error por una u otra parte.

310. Profundizando la materia se echa de ver que la construcción intelectual de que nos habla Vico, es una cosa generalmente admitida. Lo que hay de nuevo en el sistema de este filósofo son dos cosas, una buena y otra mala: la buena, es el haber indicado una de las razones de la certeza de las matemáticas y demás ciencias de un orden puramente ideal; la mala es el haber exagerado el valor de su criterio.

He dicho que el sistema del filósofo napolitano expresaba un hecho generalmente reconocido, más que por su parte lo había exagerado. No cabe duda en que el entendimiento crea en algún modo las ciencias ideales ¿pero de qué manera? no de otra sino tomando postulados, y combinando los datos de varias maneras. Aquí se acaba su fuerza creatriz; porque en esos postulados y en esas combinaciones encuentra verdades necesarias que él no ha puesto.

¿Qué es el triángulo en el orden puramente ideal? una creación del entendimiento: él es quien dispone las líneas en forma triangular, él es quien, salva esa misma forma, la modifica de infinitas maneras. Hasta aquí no hay más que un postulado y diferentes combinaciones del mismo. Pero las propiedades del triángulo dimanan por absoluta necesidad de las condiciones del mismo postulado; estas propiedades el entendimiento no las hace, las encuentra. El ejemplo del triángulo es aplicable a toda la geometría; el entendimiento toma un postulado, esta es su obra libre, con tal que no se ponga en lucha con el principio de contradicción; de este postulado dimanan consecuencias absolutamente necesarias, independientes de la acción intelectual, que encierran una verdad absoluta conocida por el entendimiento mismo. Por consiguiente con respecto a ellas, es falso el decir que las hace. Un hombre pone un cuerpo en tal disposición que abandonado a su gravedad cae al suelo; ¿es el hombre quien le da la fuerza de caer? no por cierto, sino la naturaleza. Lo que el hombre hace es poner la condición bajo la cual la fuerza de gravedad pueda producir sus efectos: desde que la condición existe, la caída es inevitable. He aquí una semejanza que manifiesta con claridad y exactitud lo que sucede en el orden puramente ideal: el entendimiento pone las condiciones, pero de estas dimanan otras verdades, no hechas por el entendimiento, sino conocidas; esta verdad es absoluta, es como si dijéramos la fuerza de gravedad en el orden de las ideas. He aquí deslindado lo que hay de admisible e inadmisible en el sistema de Vico. Admisible, la fuerza de combinación, hecho generalmente reconocido; inadmisible, la exageración de este hecho extendido a todas las verdades, cuando solo comprende los postulados en sus varias combinaciones.

En las reglas algebraicas hay una parte de convencional, en cuanto se refieren a la «expresión»; porque es evidente que esta podría haber sido diferente. Pero supuesta la expresión, el desarrollo de las reglas, no es convencional, sino necesario. En la misma expresión a^n/a^n, claro es que el número de veces que la cantidad a entra por factor, podía haberse expresado de infinitas maneras; pero supuesto que se ha adoptado la presente, no es convencional la regla sino absolutamente necesaria; pues que sea cual fuere la expresión, siempre es cierto que la división de una cantidad por sí misma con distintos exponentes, da por resultado la disminución del número de veces que entra por factor; lo que se significa por la resta de los exponentes; y por tanto, si el número de veces es igual en el dividendo y en el divisor, el resultado ha de ser $= 0$. Por donde se echa de ver, que aun en el álgebra, lo que hace el entendimiento es poner las condiciones, y expresarlas como mejor le parece: mas aquí concluye su obra libre, pues de estas condiciones resultan verdades necesarias; él no las hace, solo las conoce.

El mérito de Vico en este punto consiste en haber emitido una idea muy luminosa sobre la causa de la mayor certeza en las ciencias puramente ideales. En estas el entendimiento pone él propio las condiciones bajo las cuales ha de levantar el edificio; él escoge por decirlo así el terreno, forma el plan, y levanta las construcciones con arreglo a este; en el orden real este terreno lo es previamente señalado, así como el plan del edificio y los materiales con que lo ha de levantar. En ambos casos está sometido a las leyes generales de la razón; pero con la diferencia de que en el orden puramente ideal, ha de atender a esas leyes y a nada más; pero en el real, no puede prescindir de los objetos considerados en sí, y está condenado a sufrir todos los inconvenientes que por su naturaleza le ofrecen. Aclaremos estas ideas con un ejemplo. Si quiero determinar la relación de los lados de un triángulo bajo ciertas condiciones, me basta suponerlas y atenerme a ellas; el triángulo ideal es en mi entendimiento una cosa enteramente exacta y además fija: si le supongo isósceles con la relación de los lados a la base como de cinco a tres, esta razón es absoluta, inmutable, mientras yo no altere el supuesto; en todas las operaciones que haga sobre estos datos puedo engañarme en el cálculo, pero el error no provendrá de la inexactitud de los datos. El entendimiento conoce bien, porque lo conocido es su misma obra. Si el triángulo no es puramente ideal sino realizado sobre el papel o en el terreno, el entendimiento vacila; porque las condiciones que él fija con toda exactitud en el orden ideal, no pueden ser trasladadas de la misma manera al orden real: y aun cuando lo fuesen, el entendimiento carece de medios para apreciarlo. He aquí por qué dice Vico con mucha verdad, que nuestros conocimientos pierden en certeza a proporción que se alejan del orden ideal y se engolfan en la realidad de las cosas.

311. Dugald Steward se aprovecharía probablemente de esta doctrina de Vico al explicar la causa de la mayor certeza de las ciencias matemáticas. Dice que esta no se funda en los axiomas sino en las definiciones; es decir que con corta diferencia, viene a parar al sistema del filósofo napolitano de que las matemáticas son las ciencias más ciertas, porque son una construcción intelectual fundada en ciertas condiciones que el mismo entendimiento pone, y que están expresadas por la definición.

312. Esta diferencia entre el orden puramente ideal y el real no se había escapado a los filósofos escolásticos. Era común entre ellos el dicho de que de los contingentes y particulares no hay ciencia, que las ciencias solo son de las cosas necesarias y universales: sustituid a la palabra contingente la de real, pues toda realidad finita es contingente; en vez de universal poned ideal, pues lo puramente ideal es todo universal; y encontraréis expresado lo mismo con distintas palabras. Difícil es deslindar hasta qué punto se hayan aprovechado los filósofos modernos de las doctrinas de los escolásticos en lo tocante a la distinción entre los conocimientos puros y los empíricos; pero lo cierto es que en las obras de los escolásticos se hallan sobre estas cuestiones, pasajes sumamente luminosos. No fuera extraño que hubiesen sido leídos por algunos modernos, particularmente por los alemanes, cuya laboriosidad es proverbial, especialmente en lo que toca a las materias de erudición.

Capítulo XXXII. Criterio del sentido común

313. «Sentido común», he aquí una expresión sumamente vaga. Como todas las expresiones que encierran muchas y diferentes ideas, la de sentido común debe ser considerada bajo dos aspectos, el de su valor etimológico, y el de su valor real. Estos dos valores no siempre son idénticos: a veces discrepan muchísimo; pero aun en su discrepancia, suelen conservar íntimas relaciones. Para apreciar debidamente el significado de expresiones semejantes, es preciso no limitarse al sentido filosófico y no desdeñarse del vulgar. En este último hay con frecuencia una filosofía profunda, porque en tales casos el sentido vulgar es una especie de sedimento precioso que ha dejado sobre la palabra el tránsito de la razón por espacio de muchos siglos. Sucede a menudo que entendido y analizado el

sentido vulgar, está fijado el sentido filosófico, y se resuelven con facilidad suma las cuestiones más intrincadas.

314. Es notable que aparte los sentidos corporales, haya otro criterio llamado sentido común. «Sentido»; esta palabra excluye la reflexión, excluye todo raciocinio, toda combinación nada de esto tiene cabida en el significado de la palabra sentir. Cuando sentimos, el espíritu más bien se halla pasivo que activo; nada pone de sí propio; no da, recibe; no ejerce una acción, la sufre. Este análisis nos conduce a un resultado importante, el separar del sentido común todo aquello en que el espíritu ejerce su actividad, y el fijar uno de los caracteres de este criterio, cual es, el que con respecto a él, no hace más el entendimiento que someterse a una ley que siente, a una necesidad instintiva que no puede declinar.

315. «Común»: esta palabra excluye todo lo individual, e indica que el objeto del sentido común es general a todos los hombres.

Los simples hechos de conciencia son de sentido, mas no de sentido común; el espíritu los siente prescindiendo de la objetividad y de la generalidad; lo que experimenta en sí propio es experiencia exclusivamente suya, nada tiene que ver con la de los demás.

En la palabra común, se significa que los objetos de este criterio lo son para todos los hombres, y de consiguiente se refieren al orden objetivo; pues que lo puramente subjetivo, como tal, se ciñe a la individualidad, en nada afecta a la generalidad. Esta observación es tan exacta que en el lenguaje ordinario jamás se llama opuesto al sentido común un fenómeno interior por extravagante que sea, con tal que se exprese simplemente el fenómeno y se prescinda de su relación al objeto. A un hombre que dice, yo experimento tal o cual sensación, me parece que veo tal o cual cosa, no se le opone el sentido común; pero si dice: tal cosa es de tal manera, si la aserción es extravagante, se le objeta: esto es contrario al sentido común.

316. Yo creo que la expresión, sentido común, significa una ley de nuestro espíritu, diferente en apariencia según son diferentes los casos a que se aplica, pero que en realidad y a pesar de sus modificaciones, es una sola, siempre la misma, y consiste en una inclinación natural de nuestro espíritu a dar su asenso a ciertas verdades, no atestiguadas por la conciencia, ni

demostradas por la razón; y que todos los hombres han menester para satisfacer las necesidades de la vida sensitiva, intelectual o moral.

Poco importa el nombre si se conviene en el hecho; sentido común, sea o no la expresión más adecuada para significarle, es cuestión de lenguaje, no de filosofía. Lo que debemos hacer es examinar si en efecto existe esta inclinación de que hablamos, bajo qué formas se presenta, a qué casos se aplica y hasta qué punto y en qué grado puede ser considerada como criterio de verdad.

En la complicación de los actos y facultades de nuestro espíritu, y en la muchedumbre y diversidad de objetos que se le ofrecen, claro es que dicha inclinación no puede presentarse siempre con el mismo carácter y que ha de sufrir varias modificaciones, capaces de hacerla considerar como un hecho distinto, aunque en realidad no sea más que el mismo, transformado de la manera conveniente. El mejor medio de evitar la confusión de ideas, es deslindar los varios casos en que tiene cabida el ejercicio de esta inclinación.

317. Desde luego la encontramos con respecto a las verdades de evidencia inmediata. El entendimiento no las prueba ni las puede probar, y sin embargo necesita asentir a ellas so pena de extinguirse, como una luz que carece de pábulo. Para la vida intelectual es condición indispensable la posesión de una o más verdades primitivas; sin ellas la inteligencia es un absurdo. Nos encontramos pues con un caso comprendido en la definición del sentido común: imposibilidad de prueba; necesidad intelectual que se ha de satisfacer con el asenso; irresistible y universal inclinación a dicho asenso.

¿Hay algún inconveniente en dar a esta inclinación el nombre de sentido común? por mi parte no disputaré de palabras, consigno el hecho, y no necesito nada más en el terreno de la filosofía. Convengo en que al tratarse de la evidencia inmediata, la inclinación al asenso no suele llamarse sentido común: esto no carece de razón.

Para que se aplique con propiedad el nombre de «sentido», es necesario que el entendimiento más bien sienta que conozca, y en la evidencia inmediata más bien conoce que siente. Como quiera, repito que el nombre nada importa, aunque no sería difícil encontrar algún autor grave que ha dado al criterio de evidencia el título de sentido común; lo que deseo es consignar esa ley de nuestra naturaleza que nos inclina a dar asenso a ciertas verdades, independientes de la conciencia y del raciocinio. No es solo la evidencia inmediata, la que tiene en su favor la irresistible inclinación de la naturaleza; lo propio se verifica en la mediata. Nuestro entendimiento asiente por necesidad, no solo a los primeros principios, sí que también a todas las proposiciones enlazadas claramente con ellos.

318. Esta natural inclinación al asenso, no se limita al valor subjetivo de las ideas, se extiende también al objetivo. Ya se ha visto que esa objetividad tampoco es demostrable directamente y «a priori», no obstante que la necesitamos. Si nuestra inteligencia no se ha de limitar a un mundo puramente ideal y subjetivo, es preciso que no solo sepamos que las cosas nos parecen tales con evidencia inmediata o mediata, sino que son en realidad como nos parecen. Hay pues necesidad de asentir a la objetividad de las ideas, y nos hallamos con la irresistible y universal inclinación a este asenso.

319. Lo dicho de la evidencia mediata e inmediata con respecto al valor objetivo de las ideas, tiene lugar no solo en el orden puramente intelectual sino también en el moral. El espíritu, dotado como está de libertad, ha menester reglas para dirigirse; si los primeros principios intelectuales son necesarios para conocer, no lo son menos los morales para querer y obrar; lo que son para el entendimiento la verdad y el error, son para la voluntad el bien y el mal. A más de la vida del entendimiento, hay la vida de la voluntad; aquel se anonada si carece de principios en que pueda estribar; esta perece también como ser moral, o es una monstruosidad inconcebible, si no tiene ninguna regla cuya observancia o quebrantamiento constituya su perfección o imperfección. He aquí otra necesidad del asenso a ciertas verdades morales, y he aquí por qué encontramos también esa irresistible y universal inclinación al asenso.

Y es de notar, que como en el orden moral no basta conocer, sino que es necesario obrar, y uno de los principios de acción es el sentimiento, las verdades morales no solo son conocidas sino también sentidas: cuando se ofrecen al espíritu, el entendimiento asiente a ellas como a inconcusas, y el corazón las abraza con entusiasmo y con amor.

320. Las sensaciones consideradas como puramente subjetivas, tampoco bastan para las necesidades de la vida sensitiva. Es preciso que estemos seguros de la correspondencia de nuestras sensaciones con un mundo ex-

terior, no puramente fenomenal, sino real y verdadero. El común de los hombres no posee ni la capacidad ni el tiempo que son menester para ventilar las cuestiones filosóficas sobre la existencia de los cuerpos, y decidirlas en pro o en contra de Berkeley y sus secuaces: lo que necesita es estar enteramente seguro de que los cuerpos existen, de que las sensaciones tienen en realidad un objeto externo. Esta seguridad la poseen todos los hombres, asintiendo a la objetividad de las sensaciones, esto es, a la existencia de los cuerpos, con asenso irresistible.

321. La fe en la autoridad humana nos ofrece otro caso de este instinto admirable. El individuo y la sociedad necesitan esa fe; sin ella, la sociedad y la familia serían imposibles; el mismo individuo estaría condenado al aislamiento, y por tanto a la muerte. Sin la fe en la palabra del hombre, el linaje humano desaparecería. Esta creencia tiene distintos grados según las diferentes circunstancias, pero existe siempre; el hombre se inclina a creer al hombre por un instinto natural. Cuando son muchos los hombres que hablan, y no tienen contra sí otros que hablan en sentido opuesto, la fuerza de la inclinación es mayor a proporción que es mayor el número de los testigos, hasta llegar a un punto en que es irresistible: ¿quién duda de que existe Constantinopla? y sin embargo los más, solo lo sabemos por la palabra de otros hombres.

¿En qué se funda la fe en la autoridad humana? las razones filosóficas que se pueden señalar no las conoce el común de los hombres; mas por esto su fe no deja de ser igualmente viva que la de los filósofos. ¿Cuál es la causa? es que hay una necesidad, y a su lado el instinto para satisfacerla; el hombre necesita creer al hombre, y le cree. Y nótese bien, cuanto mayor es la necesidad tanto mayor es la fe: los muy ignorantes, los imbéciles, creen todo lo que se les dice; su guía está en los demás hombres y ellos la siguen a ciegas; el tierno niño que nada conoce por sí propio, cree con absoluto abandono las mayores extravagancias; la palabra de cuantos le rodean es para él un infalible criterio de verdad.

322. A más de los primeros principios intelectuales y morales, de la objetividad de las ideas y sensaciones, y del valor de la autoridad humana, necesita el hombre el asenso instantáneo a ciertas verdades que, si bien con la ayuda del tiempo podría demostrar, no le es permitido hacerlo, atendido

el modo repentino con que se le ofrecen, exigiendo formación de juicio y a veces acción. Para todos estos casos hay una inclinación natural que nos impele al asenso.

De aquí dimana el que juzguemos instintivamente por imposible o poco menos que imposible, obtener un efecto determinado por una combinación fortuita: por ejemplo el formar una página de Virgilio arrojando a la aventura algunos caracteres de imprenta; el dar en un blanco pequeñísimo sin apuntar hacia él, y otras cosas semejantes. ¿Hay aquí una razón filosófica? ciertamente; pero no es conocida del vulgo. Esta razón se evidencia en la teoría de las probabilidades, y es una aplicación instintiva del principio de causalidad y de la natural oposición de nuestro entendimiento a suponer efecto cuando no hay causa, orden cuando no hay inteligencia ordenadora.

323. En la vida humana son necesarios en infinitos casos los argumentos de analogía; ¿cómo sabemos que el Sol saldrá mañana? por las leyes de la naturaleza. ¿Cómo sabemos que continuarán rigiendo? claro es que al fin hemos de parar a la analogía: saldrá mañana porque ha salido hoy, y salió ayer, y no ha faltado nunca; ¿cómo sabemos que la primavera traerá consigo las flores, y el otoño los frutos? porque así sucedió en los años anteriores. Las razones que se pueden alegar fundando el argumento de analogía en la constancia de las leyes de la naturaleza y en la relación de ciertas causas físicas con determinados efectos, no las conoce el común de los hombres; pero necesita el asenso, y le tiene.

324. En todos los casos que acabo de enumerar la inclinación al asenso se puede llamar y se llama en realidad sentido común, excepto quizás el de la evidencia inmediata. La razón de que esta se exceptúe es que en ella, si bien no cabe demostración, hay sin embargo visión clarísima de que el predicado está contenido en la idea del sujeto; pero en los demás casos no hay ni la demostración, ni esa visión: el hombre asiente por un impulso natural; cuando se le objeta algo contra su creencia no llama la atención sobre el concepto, como sucede en la evidencia inmediata; se halla completamente desconcertado, sin saber qué responder; entonces aplica a la objeción, no el nombre de error ni de absurdo, sino de despropósito, de cosa contraria al sentido común.

Veámoslo en algunos ejemplos. Supóngase a la vista un gran montón de arena en el cual se arroja al acaso un grano muy pequeño, revolviendo enseguida en todas direcciones; llega un hombre y dice: voy a meter la mano en el montón y a sacar al instante el grano oculto; ¿qué se le objeta a este hombre? ¿Qué le responden los circunstantes? nada; desconcertados se mirarán unos a otros diciéndose de palabra o con la vista: ¡qué despropósito! no tiene sentido común. Otro dice: todo lo que vemos es nada, ni hay mundo externo, ni nosotros tenemos cuerpo. Otro dice eso que nos cuentan de que existe una ciudad llamada Londres, no es verdad. En todos estos casos nadie sabe qué objetar: se oye el desatino, se le rechaza por un impulso natural, el espíritu siente que aquello es un desatino, sin verlo.

325. El sentido común, ¿es criterio seguro de verdad? ¿Lo es en todos los casos? ¿En cuáles? ¿Qué caracteres debe poseer para ser tenido como criterio infalible? esto es lo que vamos a examinar.

El hombre no puede despojarse de su naturaleza; cuando esta habla, la razón dice que no se la puede despreciar. Una inclinación natural es a los ojos de la filosofía una cosa muy respetable, por solo ser natural; a la razón y al libre albedrío corresponde el no dejarla extraviar. Lo que es natural en el hombre no es siempre enteramente fijo como en los brutos. En estos el instinto es ciego, porque debe serlo donde no hay razón ni libertad. En el hombre las inclinaciones naturales están subordinadas en su ejercicio, a la libertad y a la razón: por esto, cuando se las llama instintos, la palabra debe tener acepción muy diferente de la que le damos al aplicarla a los brutos. Esto que sucede en el orden moral, se verifica también en el intelectual: no solo debemos cuidar de nuestro corazón sino también de nuestro entendimiento: ambos están sujetos a la ley de perfectibilidad; el bien y el mal, la verdad y el error son los objetos que se nos ofrecen; la naturaleza misma nos dice cuál es el sendero que debemos tomar, pero no nos fuerza a tomarle: delante tenemos la vida y la muerte: lo que nos agrada, aquello se nos da.

326. Independientemente de la acción del libre albedrío, hay en el hombre una cualidad muy a propósito para que las inclinaciones naturales se desvíen con frecuencia de su objeto: la debilidad. Así pues no es de extrañar que estas inclinaciones se extravíen tan a menudo, conduciéndonos al error

en lugar de la verdad; esto hace más necesario el fijar los caracteres del sentido común, que pueda servir de criterio absolutamente infalible.

327. Señalaré las condiciones que en mi concepto tiene el verdadero sentido común, que no engaña nunca.

CONDICIÓN 1.ª

La inclinación al asenso es de todo punto irresistible, de manera que el hombre ni aun con la reflexión, puede resistirle ni despojarse de ella.

CONDICIÓN 2.ª

De la primera dimana la otra, a saber: toda verdad de sentido común es absolutamente cierta para todo el linaje humano.

CONDICIÓN 3.ª

Toda verdad de sentido común puede sufrir el examen de la razón.

CONDICIÓN 4.ª

Toda verdad de sentido común tiene por objeto la satisfacción de alguna gran necesidad de la vida sensitiva, intelectual o moral.

328. Cuando estos caracteres se reúnen, el criterio del sentido común es absolutamente infalible, y se puede desafiar a los escépticos a que señalen un ejemplo en que haya fallado. A proporción que estas condiciones se reúnen en más alto grado, el criterio del sentido común es más seguro, debiéndose medir por ellas los grados de su valor. Expliquémoslo con algunos ejemplos.

No cabe duda en que el común de los hombres objetiva las sensaciones hasta el punto de trasladar a lo exterior lo mismo que ellos sienten, sin distinguir entre lo que hay de subjetivo y de objetivo. Los colores, el linaje humano los considera en las cosas mismas; para él lo verde no es la sensación de lo verde, sino una cierta cosa, una calidad o lo que se quiera llamar, inherente al objeto. ¿Es así en realidad? no ciertamente: en el objeto externo hay la causa de la sensación, hay la disposición de las partes para producir por medio de la luz esa impresión que llamamos verde. El sentido común nos engaña, ya que el análisis filosófico le convence de falaz. ¿Pero tiene todas las condiciones arriba señaladas? no. Por lo pronto le falta el ser capaz de sufrir el examen de la razón; tan luego como se reflexiona sobre el particular, se descubre que hay aquí una ilusión tan inocente como hermosa. Le falta además al asenso la condición de irresistible; porque desde el momento en que nos convencemos de que hay ilusión, el asenso deja de existir. No es universal el asenso pues no le tienen los filósofos. No es indispensable para satisfacer alguna necesidad de la vida; y por consiguiente no tiene ninguna de las condiciones arriba señaladas. Lo que se ha dicho de la vista puede aplicarse a todas las sensaciones; ¿hasta qué punto será valedero pues el testimonio del sentido común en cuanto nos lleva a objetivar la sensación? helo aquí.

Para las necesidades de la vida es necesaria la seguridad de que a las sensaciones les corresponden objetos externos; a esto asentimos con impulso irresistible, todos los hombres, sin distinción alguna. La reflexión no basta para despojarnos de la inclinación natural; y la razón, aun la más cavilosa, si alguna vez puede hacer vacilar los fundamentos de esta creencia, no alcanza a convencerla de errónea. Los que dan mayor importancia a esas cavilaciones podrán decir que no sabemos si existen los cuerpos, pero no probar que no existan.

En este punto pues, la inclinación natural reúne todos los caracteres para elevarse al rango de criterio infalible; es irresistible, es universal, satisface una gran necesidad de la vida y sufre el examen de la razón.

Por lo que toca a las calidades, objeto directo de la sensación, no necesitamos que existan en los mismos cuerpos; nos basta que en estos haya algo que nos produzca de cualquiera modo que sea, la impresión correspondiente. Poco importa que el color verde y el anaranjado sean o no calidades de los objetos, con tal que en ellos sea constante la calidad que nos produce en los casos respectivos, la sensación de anaranjado o de verde. Para todos los usos de la vida resulta lo mismo en un caso que en otro; aun cuando el análisis filosófico se generalizase, no se perturbarían las relaciones del hombre con el mundo sensible. Hay quizás una especie de desencanto de la naturaleza, pues que el mundo despojado de las sensaciones no es ni con mucho tan bello; pero el encanto continúa para la generalidad de los hombres; a él está sometido también el filósofo excepto en los breves instantes de reflexión; y aun en estos, siente un encanto de otro género, al considerar que gran parte de esa belleza que se atribuye a los objetos la lleva el hombre en sí mismo, y que basta el simple ejercicio de las facultades armónicas de un ser sensible para que el universo entero se revista de esplendor y de galas.

Capítulo XXXIII. Error de La-Mennais sobre el consentimiento común

329. La fe instintiva en la autoridad humana de que hablo en el capítulo anterior, es un hecho atestiguado por la experiencia y que ningún filósofo ha puesto en duda. Esa fe, dirigida por la razón de la manera conveniente, constituye uno de los criterios de verdad. Los errores a que en ciertos casos puede inducir, son inherentes a la debilidad humana, y están abundantemente compensados por las ventajas que dicha fe produce al individuo y a la sociedad.

Un célebre escritor ha querido refundir todos los criterios en el de la autoridad humana, afirmando resueltamente que el «consentimiento común, "sensus communis", es para nosotros el sello de la verdad, y que no hay otro» (La-Mennais, Ensayo sobre la indiferencia en materia de religión, Tom. 2 Cap. 13). Este sistema tan erróneo como extraño, y en que se confunden palabras tan diversas como sensus y «consensus», está defendida con aquella elocuente exageración que caracteriza al eminente escritor; bien que al lado de la elocuencia se echa de menos la profundidad filosófica. Los resultados de semejante doctrina se hallan patentes en la triste suerte que ha cabido a tan brillante como malogrado ingenio; abrió una sima en que se hundía toda verdad; el primero que se ha sepultado en ella, ha sido él mismo. Apelar a la autoridad de los demás en todo y para todo, despojar al individuo de todo criterio, era anonadarlos todos, incluso el que se pretendía establecer.

No se concibe cómo un sistema semejante puede tener cabida en tan elevado entendimiento; cuando se leen las elocuentes páginas en que está desenvuelto, se siente una pena inexplicable al ver empleados rasgos tan brillantes en repetir todas las vulgaridades de los escépticos, para venir a parar a la paradoja más insigne y al sistema menos filosófico que se pueda imaginar.

Único criterio llama La-Mennais al consentimiento común; sin embargo basta dar una ojeada sobre los demás para convencerse de la esterilidad del nuevo para producirlos.

330. En primer lugar, el testimonio de la conciencia no puede apoyarse de ningún modo en la autoridad ajena. Formado como está por una serie de hechos íntimamente presentes a nuestro espíritu, sin que sea dable ni aun concebir sin ellos el pensamiento individual, claro es que ha de preexistir a la aplicación de todo criterio, pues que el criterio es imposible para quien no piense.

Nada más débil bajo el aspecto científico, que la refutación que pretende hacer Mr. de La-Mennais del principio de Descartes. «Cuando Descartes para salir de su duda metódica establece esta proposición, "yo pienso luego soy", salva un abismo inmenso, y coloca en el aire la primera piedra del edificio que pretende levantar; porque en rigor no podemos decir yo pienso, yo soy; no podemos decir "luego", ni afirmar nada por vía de consecuencia» (Ibíd.). El principio de Descartes era digno de más detenido examen para quien trataba de inventar un sistema; oponerle que no podemos decir «luego», es repetir el manoseado argumento de las escuelas; y el afirmar que no podemos decir, yo pienso, es contrariar un hecho de la conciencia que no han negado los mismos escépticos. En el lugar correspondiente llevo explicado con la debida extensión cuál es, o al menos cuál debe ser, el sentido del principio de Descartes.

Si según La-Mennais, no podemos decir yo pienso, menos podremos decir que piensan los demás; y como el pensamiento ajeno le necesitamos absolutamente en el sistema que asienta por único criterio el consentimiento común, resulta que su primera piedra la pone La-Mennais más en el aire que los que hacen estribar la filosofía en un hecho de conciencia.

331. Un criterio, mayormente si tiene la pretensión de ser el único, ha de reunir dos condiciones: no suponer otro, y tener aplicación a todos los casos. Cabalmente el del consentimiento común es el que menos las reúne; antes que él está el testimonio de la conciencia; antes que él está también el testimonio de los sentidos; pues no podemos saber que los demás consienten, si de esto no nos cercioran el oído o la vista.

332. Este criterio no es posible en estos casos, y en muchos otros es harto difícil, cuando no imposible del todo. ¿Hasta qué punto se necesita el consentimiento común? si la palabra común se refiere a todo el linaje humano, ¿cómo se recogen los votos de toda la humanidad? si el consentimiento no debe ser unánime, ¿hasta qué punto la contradicción o el simple no asentimiento de algunos, destruirá la legitimidad del criterio?

333. El origen del error de La-Mennais está en que tomó el efecto por la causa, y la causa por el efecto. Vio que hay ciertas verdades en que convienen todos, y dijo: la garantía del acierto de cada uno, está en el consentimiento de la totalidad. Analizando bien la materia hubiera notado que la razón de la seguridad del individuo, no nace del consentimiento de los demás, sino que ser el contrario la razón de que convienen todos, es que cada uno de por sí se siente obligado a convenir. En esa gran votación del linaje humano, vota cada uno en cierto sentido, por el impulso mismo de la naturaleza; y como todos experimentan el mismo impulso, todos votan de la misma manera. La-Mennais ha dicho: cada uno vota de un mismo modo porque todos votan así; no advirtiendo que de esta suerte la votación no podría acabar ni aun comenzar. Esta comparación no es una ocurrencia satírica, es un argumento rigurosamente filosófico a que nada se puede contestar; él basta para poner de manifiesto lo infundado y contradictorio del sistema de La-Mennais, así como indica por otra parte el origen de la equivocación, que consiste en tomar el efecto por la causa.

334. La-Mennais apela al testimonio de la conciencia para probar que su criterio es el único: yo creo que este testimonio enseña todo lo contrario. ¿Quién ha esperado jamás la autoridad de los otros para cerciorarse de la existencia de los cuerpos? ¿No vemos que los mismos brutos en fuerza de un instinto natural, objetivan a su modo las sensaciones? Para prestar asenso a la palabra de los hombres, si no tuviésemos más criterio que el consentimiento común, no podríamos jamás creer a ninguno, por la sencilla razón de que no es dable asegurarnos de lo que dicen o piensan los demás sin comenzar por creer a alguno. El niño para dar fe a lo que le cuenta su madre, ¿se refiere por ventura a la autoridad de los otros? ¿No obedece más bien al instinto natural que con mano benéfica le ha comunicado el Criador? El niño no cree porque todos creen; por el contrario, todos los niños creen porque cada uno

cree; la creencia individual no nace de la general; antes bien la general se forma del conjunto de las creencias individuales: no es natural porque es universal, sino que es universal porque es natural.

335. El Aquiles de La-Mennais consiste en que en ciertos casos para asegurarnos de la verdad con respecto a los demás criterios, apelamos al consentimiento común, y que la locura misma no es más que el desvío de este consentimiento. A un hombre se le dice que sus ojos le engañan con respecto a un objeto que tiene a la vista; instintivamente se vuelve hacia los demás y les pregunta si no lo ven de la misma manera. Si todos convienen en que yerra y está seguro de que no se chancean, sentirá vacilar por un momento la fe en el testimonio de la vista, se acercará al objeto, se colocará en otra posición, o empleará el medio que mejor le parezca para cerciorarse de que no se engaña. Si a pesar de esto ve el objeto de la misma manera, y las mismas personas y cuantas sobrevienen persisten en asegurar que la cosa no es como él la ve, si está en su juicio, desconfiará del testimonio de la vista y se creerá atacado de alguna enfermedad que le desordena la visión. A esto se reduce el argumento de La-Mennais. ¿Qué resulta de él? nada en favor del sistema del consentimiento común: es cierto que los demás criterios están sujetos a error en circunstancias excepcionales; es cierto que en tales casos, y en naciendo la duda, se apela al testimonio de los otros; mas, ¿para qué? Para asegurarse de si el que teme errar, ha sufrido uno de estos trastornos a que está sujeta la miseria humana. Se sabe que lo natural es general; y el paciente que duda, pregunta a los otros para saber si por algún accidente está fuera del estado ordinario de la naturaleza, ¿Quién no ve la sinrazón de elevar un medio excepcional al rango de criterio general y único? ¿Quién no ve la extravagancia de afirmar que estamos seguros del testimonio de los sentidos, por la autoridad de los demás hombres, solo porque en casos extremos, y al temer algún trastorno de nuestros órganos, preguntamos a los demás si les parece lo mismo que a nosotros?

336. No es posible llevar más allá la exageración de lo que hace La-Mennais cuando afirma «que las ciencias exactas se fundan también en el consentimiento común, que en esta parte no disfrutan ningún privilegio, y que el mismo nombre de exactas no es más que uno de esos "vanos títulos" con que el hombre engalana su flaqueza; que la geometría misma no subsiste

sino en virtud de un convenio tácito de admirar ciertas verdades necesarias, convenio que puede expresarse en los términos siguientes: "Nosotros nos obligamos a tener tales principios por ciertos; y a cualquiera que se niegue a creerlos sin demostración, le declaramos culpable de rebeldía contra el sentido común, que no es más que la autoridad del gran número"».

Esta exageración es intolerable: los argumentos que en las notas aduce La-Mennais para probar la incertidumbre intrínseca de las matemáticas, son sumamente débiles; y alguno de ellos pudiera hacernos sospechar que el autor del Ensayo sobre la indiferencia no era tan profundo matemático como escritor elocuente.

No desconozco lo que se ha dicho contra la certeza de las ciencias exactas, ni las dificultades que se ofrecen cuando se las llama al tribunal de la metafísica: en el tomo 1.° del «Protestantismo comparado con el Catolicismo», tengo dedicado un capítulo a lo que llamo instinto de fe, y en él me hago cargo de que este instinto ejerce también su influencia en las ciencias exactas. No levantemos a estas sobre las morales; tengamos en más a las morales que a las exactas; pero guardémonos de una exageración que las destruye todas.

Capítulo XXXIV. Resumen y conclusión

337. Quiero terminar este libro, presentando en resumen mis opiniones sobre la certeza. En este resumen se manifestará también el enlace de las doctrinas expuestas en los capítulos anteriores.

Cuando la filosofía se encuentra con un hecho necesario, tiene el deber de consignarle. Tal es la certeza: disputar sobre su existencia, es disputar sobre el resplandor de la luz del Sol en medio del día. El humano linaje está cierto de muchas cosas; lo están igualmente los filósofos, inclusos los escépticos; el escepticismo absoluto es imposible.

Descartadas las cuestiones sobre la existencia de la certeza, la filosofía está libre de extravagancias, y situada en los dominios de la razón; entonces se puede examinar cómo adquirimos la certeza, y en qué se funda.

El linaje humano posee la certeza, como una calidad aneja a la vida; como un resultado espontáneo del desarrollo de las facultades del espíritu. La certeza es natural; precede por consiguiente a toda filosofía, y es independiente de las opiniones de los hombres. Por lo mismo, las cuestiones sobre la certeza, aunque importantes para el conocimiento de las leyes a que está sujeto nuestro espíritu, son y serán siempre estériles en resultados prácticos. Esta es una línea divisoria, que la razón aconseja fijar, para que de las regiones abstractas, no descienda jamás nada que pueda perjudicar a la sociedad ni al individuo. Así, desde el principio de las investigaciones, la filosofía y el buen sentido forman una especie de alianza, y se comprometen a no hostilizarse jamás.

Al examinar los fundamentos de la certeza, surge la cuestión sobre el primer principio de los conocimientos humanos: ¿existe? ¿Cuál es? Esta cuestión ofrece dos sentidos: o se busca una primera verdad, que contenga todas las demás como la semilla las plantas y los frutos, o se busca simplemente un punto de apoyo; lo primero da lugar a las cuestiones sobre la ciencia trascendental; lo segundo, produce las disputas de las escuelas sobre la preferencia de diferentes verdades con respecto a la dignidad de primer principio.

Si hay verdad, ha de haber medios de conocerla: esto da origen a las cuestiones sobre el valor de los criterios.

En el orden de los seres, hay una verdad origen de todas: Dios. En el orden intelectual absoluto, hay también esta verdad origen de todas: Dios. En el orden intelectual humano, no hay una verdad origen de todas, ni en el orden real, ni en el ideal. La filosofía del yo no puede conducir a ningún resultado, para fundar la ciencia trascendental. La doctrina de la identidad absoluta es un absurdo, que además tampoco explica nada.

Aquí se ofrece el problema de la representación. Esta puede ser de identidad, causalidad, o idealidad. La tercera es distinta de la segunda, pero se funda en ella.

A más del problema de la representación, se examina el de la inteligibilidad inmediata: problema difícil, pero importantísimo para completar el conocimiento del mundo de las inteligencias.

Las disputas sobre el valor de los diferentes principios con respecto a la dignidad de fundamental, nacen de la confusión de las ideas. Se quieren comparar cosas de orden muy diverso, lo que no es posible. El principio de Descartes es la enunciación de un simple hecho de conciencia; el de contradicción, es una verdad objetiva, condición indispensable de todo conocimiento; el llamado de los cartesianos es la expresión de una ley que preside a nuestro espíritu. Cada cual en su clase, y a su manera, los tres no son necesarios: ninguno de ellos es del todo independiente; la ruina de uno, sea el que fuere, trastorna nuestra inteligencia.

Hay en nosotros varios criterios; pueden reducirse a tres: la conciencia o sentido íntimo, la evidencia, y el instinto intelectual, o sentido común. La conciencia abraza todos los hechos presentes a nuestra alma con presencia inmediata, como puramente subjetivos. La evidencia se extiende a todas las verdades objetivas en que se ejercita nuestra razón. El instinto intelectual es la natural inclinación al asenso en los casos que están fuera del dominio de la conciencia y de la evidencia.

El instinto intelectual, nos obliga a dar a las ideas un valor objetivo; en este caso, se mezcla con las verdades de evidencia, y en el lenguaje ordinario se confunde con ella.

Cuando el instinto intelectual versa sobre objetos no evidentes, y nos inclina al asenso, se llama «sentido común».

La conciencia y el instinto intelectual, forman los demás criterios.

El criterio de la evidencia encierra dos cosas: la apariencia de las ideas; esto pertenece a la conciencia: el valor objetivo, existente o posible; esto pertenece al instinto intelectual.

El testimonio de los sentidos, encierra también dos partes: la sensación, como puramente subjetiva; esto es de la conciencia: la creencia en la objetividad de la sensación; esto es del instinto intelectual.

El testimonio de la autoridad humana se compone del de los sentidos, que nos pone en relación con nuestros semejantes, y del instinto intelectual, que nos induce a creerle.

No todo se puede probar; pero todo criterio sufre el examen de la razón. El de la conciencia es un hecho primitivo de nuestra naturaleza; en el de la evidencia se descubre la condición indispensable para la existencia de la razón misma; en el del instinto intelectual, para objetivar las ideas, se halla una ley de la naturaleza, indispensable también para la existencia de la razón; en el del sentido común, propiamente dicho, hay el asenso instintivo a verdades, que luego examinadas, se nos presentan altamente razonables; en el de los sentidos y de la autoridad humana, se encuentra lo que en los demás casos del sentido común, y es un medio para satisfacer las necesidades de la vida sensitiva, intelectual y moral.

Los criterios no se dañan, se favorecen, y se fortifican recíprocamente. Ni la razón lucha con la naturaleza, ni la naturaleza con la razón; ambas nos son necesarias; ambas nos dirigen con acierto; aunque las dos están sujetas a extravío, como que pertenecen a un ser limitado y muy débil.

338. Una filosofía que no considera al hombre sino bajo un aspecto, es una filosofía incompleta, que está en peligro de degenerar en falsa. En lo tocante a la certeza, conviene no perder de vista la observación que precede: hacerse demasiado exclusivo, es colocarse al borde del error. Analícense enhorabuena las fuentes de verdad; pero al mirarlas por separado, no se pierda de vista el conjunto. Concebir de antemano un sistema, y querer sujetarlo todo a sus exigencias, es poner la verdad en el lecho de Procusto. La unidad es un gran bien; pero es menester contentarse con la medida que nos impone la naturaleza. La verdad, es preciso buscarla por los medios humanos, y en proporción de nuestro alcance. Las facultades de nuestro espíritu están sometidas a ciertas leyes de que no podemos prescindir.

Una de las leyes más constantes de nuestro ser, es la necesidad de un ejercicio simultáneo de facultades, no solo para cerciorarse de la verdad sino también para encontrarla. El hombre reúne con la simplicidad la mayor multiplicidad; uno su espíritu, está dotado de varias facultades, está unido a un cuerpo de tal variedad y complicación, que con mucha razón ha sido llamado un pequeño mundo. Las facultades están en relación íntima y recíproca; influyen de continuo las unas sobre las otras. Aislarlas es mutilarlas, y a veces extinguirlas.

Esta consideración es importante, porque indica el vicio radical de toda filosofía exclusiva.

El hombre sin sensaciones carece de materiales para el entendimiento, y además se halla privado del estímulo sin el cual su inteligencia permanece adormecida. Cuando Dios ha unido nuestra alma con un cuerpo, ha sido para que sirviese el uno al otro; por lo cual ha establecido esa admirable correspondencia entre las impresiones del cuerpo, y las afecciones del alma. Esta necesita pues el cuerpo como un medio, como un instrumento, ya se suponga una verdadera acción de él sobre ella, ya una simple ocasión para la causalidad de un orden superior.

Aun cuando sin sensación, el hombre pensase, no pensaría más que como un espíritu puro; no estaría en relación con el mundo exterior, no sería hombre en el sentido que damos a esta palabra. En tal caso el cuerpo sobra; y no hay razón porque estén unidos.

Si admitimos las sensaciones y prescindimos de la razón, el hombre se nos convierte en un bruto. Siente, mas no piensa; nada de combinación en las impresiones que experimenta, porque es incapaz de reflexionar: todo se sucede en él como una serie de fenómenos necesarios, aislados, que nada indican, a nada conducen, nada son, sino afecciones de un ser particular, que ni los comprende, ni se da a sí mismo cuenta de ellos. Hasta es difícil decir de qué clase son sus relaciones con el mundo externo. Discurriendo por apariencias y por analogía, se hace probable que los brutos objetivan también sus sensaciones; pero es regular que su objetividad se distingue de la nuestra en muchos casos. Tomemos por ejemplo el sueño. Si los brutos sueñan, como parece probable, y lo indican algunas apariencias, no fuera extraño que no distinguiesen entre el sueño y la vigilia del modo que lo hacemos nosotros. Esto supone alguna reflexión sobre los actos, alguna comparación entre el orden y constancia de los unos con el desorden e inconstancia de los otros: reflexión que hace el hombre desde su infancia, y que continúa haciendo toda su vida sin advertirlo. Cuando despertamos de un sueño muy vivo, estamos a veces por algunos momentos dudando de si hay sueño o realidad; esta sola duda ya supone la reflexión comparativa de los dos estados. ¿Y qué hacemos para resolver la duda? Atendemos al lugar donde nos hallamos; y el hecho de estar en la cama, en la oscuridad y silencio de la noche, nos indica que la visión anterior no tiene ningún enlace con nuestra situación, y que por tanto es un sueño. Sin esta reflexión, se habrían encadenado las sensaciones del sueño con las de la vigilia, confundidas todas en una misma clase.

El instinto concedido a los brutos y negado al hombre, es un indicio de que para apreciar las sensaciones se nos ha dado la razón.

No hay pues en el hombre criterios de verdad enteramente aislados. Todos están en relación; se afirman y completan recíprocamente; siendo de notar que las verdades de que están ciertos todos los hombres, están apoyadas de algún modo por todos los criterios.

Las sensaciones nos llevan instintivamente a creer en la existencia de un mundo exterior; y si dicha creencia se sujeta al examen de la razón, esta confirma la misma verdad, fundándose en las ideas generales de causas y de efectos. El entendimiento puro conoce ciertos principios, y asiente a ellos como a verdades necesarias; si se sujetan los principios a la experiencia de los sentidos, salen confirmados, en cuanto lo consiente la perfección de estos, o de los instrumentos con que se auxilian. «En un círculo todos los radios son iguales.» Esta es una verdad necesaria; los sentidos no ven ningún círculo perfecto; pero ven sí que los radios se acercan tanto más a la igualdad, cuanto más perfecto es el instrumento con que se le construye. «No hay mudanza, sin causa que la produzca.» Los sentidos no pueden comprobar la proposición en toda su universalidad, pues por su naturaleza se limitan a un número determinado de casos particulares; pero en todo cuanto se somete a su experiencia, encuentran el orden de dependencia en la sucesión de los fenómenos.

Los sentidos se auxilian recíprocamente: la sensación de un sentido, se compara con las de otros, cuando hay duda sobre la correspondencia entre ella y un objeto. Nos parece oír el ruido del viento; pero nuestro oído nos ha engañado otras veces; para asegurarnos de la verdad miramos si hay movimiento en los árboles o en otros objetos. La vista nos muestra un bulto; no hay bastante luz para discernirle de una sombra: nos acercamos y tocamos.

Las facultades intelectuales y morales, ejercen también entre sí esta influencia saludable. Las ideas rectifican los sentimientos, y los sentimientos las ideas. El valor de las ideas de un orden se comprueba con las de otro orden; y lo mismo se verifica en los sentimientos. La compasión por el castigado inspira el perdón de todo criminal; la indignación inspirada por las víctimas del crimen, induce a la aplicación del castigo: ambos sentimientos encierran algo bueno: mas el uno podría engendrar la impunidad, el otro la crueldad; para temperarlos existen las ideas de justicia. Pero esta justicia a su vez podría dar fallos demasiado absolutos; la justicia es una, y las circunstancias de los pueblos son muy diferentes. La justicia no considera más que los grados de culpabilidad, y falla en consecuencia. Este fallo podría no ser conveniente: ahí están otras ideas morales de un orden distinto, la enmienda del culpable combinada con la reparación hecha a la víctima; ahí están además las ideas de conveniencia pública, que no repugnan a la sana moral, y pueden guiar en las aplicaciones.

La verdad completa, como el bien perfecto, no existen sin la armonía: esta es una ley necesaria, y a ella está sujeto el hombre. Como nosotros no vemos intuitivamente la verdad infinita en que todas las verdades son una, en que todos los bienes son uno, y como estamos en relación con un mundo de seres finitos y por consecuencia múltiplos, hemos menester diferentes potencias que nos pongan en contacto, por decirlo así, con esa variedad de verdades y bondades finitas; pero como estas a su vez nacen de un mismo principio y se dirigen a un mismo fin, están sometidas a la armonía, que es la unidad de la multiplicidad.

339. Con estas doctrinas, creo posible la filosofía sin escepticismo: el examen no desaparece, por el contrario se extiende y se completa. Este método trae consigo otra ventaja, y es que no hace a la filosofía extravagante, no hace de los filósofos hombres excepcionales. La filosofía no puede generalizarse hasta el punto de ser una cosa popular; a este se opone la humana naturaleza; pero tampoco tiene necesidad de condenarse a un aislamiento misantrópico, a fuerza de pretensiones extravagantes. En tal caso la filosofía degenera en filosofismo. Consignación de los hechos, examen concienzudo; lenguaje claro; he aquí cómo concibo la buena filosofía. Por esto no dejará de ser profunda, a no ser que por profundidad entendamos tinieblas: los rayos solares alumbran en las más remotas profundidades del espacio.

340. Ya sé que no piensan de este modo algunos filósofos de nuestra época: ya sé que al examinar las cuestiones fundamentales de la filosofía creen necesario conmover los cimientos del mundo; sin embargo, yo jamás he podido persuadirme que para examinar fuese necesario destruir, ni que para ser filósofos debiéramos hacernos insensatos. La sinrazón y extravagancia de esos maestros de la humanidad, puede hacerse sensible con una alegoría, siquiera la amenidad de las formas mortifique un tanto su profundidad filosófica. Bien necesita el lector algún solaz y descanso después de tratados tan abstrusos, que todos los esfuerzos del escritor no alcanzan a esclarecer, cuanto menos hermosear.

Hay una familia noble, rica y numerosa, que posee un magnífico archivo donde están los títulos de su nobleza, parentesco y posesiones. Entre los muchos documentos, hay algunos mal legibles o por el carácter de su escritura, o por su mucha antigüedad, o por el deterioro que naturalmente han producido los años. También se sospecha que los hay apócrifos en bastante cantidad; bien que ciertamente ha de haber muchos auténticos, pues que la nobleza y demás derechos de la familia, tan universalmente reconocidos, en algo deben de fundarse; y se sabe que no existe otra colección de documentos. Todos están allí.

Un curioso entra en el archivo, echa una ojeada sobre los estantes, armarios y cajones, y dice: «Esto es una confusión; para distinguir lo auténtico de lo apócrifo, y arreglarlo todo en buen orden, es necesario pegar fuego al archivo por sus cuatro ángulos, y luego examinar la ceniza».

¿Qué os parece de la ocurrencia? Pues este curioso es el filósofo que para distinguir lo verdadero de lo falso en nuestros conocimientos, empieza por negar toda verdad, toda certeza, toda razón.

Se nos dirá, no se trata de negar sino de dudar; pero quien duda de toda verdad, la destruye; quien duda de toda certeza la niega; quien duda de toda razón, la anonada.

La prudencia, el buen sentido en las cosas pequeñas, se funda en los mismos principios que la sabiduría en las grandes. Sigamos la alegoría, y veamos lo que el buen sentido indicaría en dicho caso.

Tomar inventario de todas las existencias, sin olvidar nada por despreciable que pareciese; hacer las clasificaciones provisionales, que se creyesen más propias a facilitar el examen, reservando para el fin la clasificación definitiva; notar cuidadosamente las fechas, los caracteres, las referencias, y distinguir así la prioridad o posterioridad; ver si en aquella balumba se encuentran algunas escrituras primitivas, que no se refieran a otras anteriores, y que contengan la fundación de la casa; establecer reglas claras para distinguir las primitivas de las secundarias; no empeñarse en referir todos los documentos a uno solo exigiéndoles una unidad, que quizás no tienen, pues podría suceder que hubiese varios primitivos, e independientes entre sí.

Aun distinguido lo auténtico de lo apócrifo, sería bueno guardarse de quemar nada; porque a veces lo apócrifo guía para la interpretación de lo auténtico, y puede convenir el estudiar quiénes fueron los falsarios y por qué motivos falsificaron. Además, ¿quién sabe si se juzga apócrifo un documento, que solo lo parece porque no se le entiende bien? Guárdese pues todo, con la debida separación; que si lo apócrifo no sirve para fundar derechos ni defenderlos, puede servir para la historia del mismo archivo, lo que no es de poca importancia para distinguir lo apócrifo de lo auténtico.

El espíritu humano no se examina a sí mismo hasta que llega a mucho desarrollo: entonces, a la primera ojeada ve en sí un conjunto de sensaciones, ideas, juicios, afecciones de mil clases, y todo enlazado de una manera inextricable. Para aumentar la complicación, no se halla solo, sino en compañía, en íntima relación con sus semejantes, en recíproca comunicación de sensaciones, de ideas, de sentimientos; y todos a su vez en contacto, y bajo la influencia de seres desemejantes, de asombrosa variedad, y cuyo conjunto forma el universo. ¿Comenzará por echarlo todo abajo? ¿Querrá reducirlo todo a cenizas, sin exceptuarse a sí propio, y esperando renacer de la pira, cual otro fénix? Así lo hacen los que para ser filósofos comienzan por negarlo todo, o dudar de todo. ¿Escogerá arbitrariamente un hecho, un principio, diciendo: «Algo he de tomar por punto de apoyo, tomo este, y sobre él voy a fundar la ciencia?». ¿Antes de examinar, antes de analizar, dirá: «Todo esto es uno; no hay nada si no hay la unidad absoluta; en ella me coloco, y rechazo todo lo que no veo desde mi punto de vista?» no: lo que debe hacer es saber primero lo que hay en su espíritu, y luego examinarlo, clasificarlo, apreciarlo en su justo valor: no comenzar por insensatos e impotentes esfuerzos contra la naturaleza, sino por prestar a las inspiraciones de la misma un oído atento.

No hay filosofía sin filósofo; no hay razón sin ser racional; la existencia del yo es pues una suposición necesaria. No hay razón posible, cuando la contradicción del ser y no ser no es imposible; toda razón pues supone verdadero el principio de contradicción. Cuando se examina la razón, la razón es quien examina; la razón ha menester reglas, luz; todo examen pues supone esta luz, la evidencia, y la legitimidad de su criterio.

El hombre no se hace a sí propio, se encuentra hecho ya: las condiciones de su ser, no es él quien las pone: se las halla impuestas. Estas condiciones son las leyes de su naturaleza: ¿a qué luchar contra ellas? «A más de las preocupaciones facticias, dice Schelling, las hay primordiales puestas en el hombre, no por la educación, sino por "la naturaleza misma", que para todos los hombres ocupan el lugar de principios del conocimiento, y son un escollo para el pensador libre.» Por mi parte no quiero ser más que todos los hombres: no quiero estar reñido con la naturaleza: si no puedo ser filósofo, sin dejar de ser hombre, renuncio a la filosofía y me quedo con la humanidad.

Notas

SOBRE EL CAPÍTULO I

I. Conviene distinguir entre la certeza y la verdad: entre las dos hay relaciones íntimas, pero son cosas muy diferentes. La verdad es la conformidad del entendimiento con la cosa. La certeza es un firme asenso a una verdad, real o aparente.

La certeza no es la verdad, pero necesita al menos la ilusión de la verdad. Podemos estar ciertos de una cosa falsa; mas no lo estaríamos, sino la creyésemos verdadera.

No hay verdad hasta que hay juicio, pues sin juicio no hay más que percepción, no comparación de la idea con la cosa; y sin comparación no puede haber conformidad ni discrepancia. Si concibo una montaña de mil leguas de elevación, concibo una cosa que no existe, mas no yerro mientras me guardo de afirmar la existencia de la montaña. Si la afirmo, entonces hay oposición de mi juicio con la realidad, lo que constituye el error.

El objeto del entendimiento es la verdad; por esto necesitamos al menos la ilusión de ella para estar ciertos; nuestro entendimiento es débil; y de aquí es que su certeza está sujeta al error. Lo primero es una ley del entendimiento, lo segundo un indicio de su flaqueza.

La filosofía, o mejor, el hombre, no puede contentarse con apariencias, ha menester la realidad; quien se convenciere de que no tiene más que apariencia, o dudase de si tiene algo más, perdería la misma certeza; esta admite la apariencia, con la condición de que le sea desconocida.

SOBRE EL CAPÍTULO II

II. El mismo Pirron, no dudaba de todo como creen algunos: admitía las sensaciones en cuanto pasivas, y se resignaba a las consecuencias de estas impresiones, conviniendo en la necesidad de acomodarse en la práctica a lo que ellas nos indican. Nadie hasta ahora ha negado las apariencias; las disputas versan sobre la realidad; sosteniendo los unos que el hombre debe contentarse con decir: «parece»; y otros que puede llegar a decir: es. Conviene tener presente esta distinción, que evita confusión de ideas en la historia de la filosofía, y conduce a esclarecer las cuestiones sobre la certeza. Así de las tres cuestiones: hay certeza; en qué se funda; cómo se adquiere; la primera está resuelta en un mismo sentido por todas las escuelas, en cuanto se refiere a un hecho de nuestra alma; con solo admitir las apariencias admitían la certeza de ellas.

SOBRE EL CAPÍTULO III

III. Para formarse ideas claras sobre el desarrollo del entendimiento y demás facultades de nuestro espíritu véase lo que digo en la obra titulada «El Criterio», particularmente en los capítulos I, II, III, XII, XIII, XIV, XVIII y XXII.

SOBRE EL CAPÍTULO IV

IV. Pongo a continuación los notables pasajes de Santo Tomás, a que me he referido en el texto, sobre la unidad y multiplicidad de ideas. Creo que los leerán con gusto todos los amantes de una metafísica sólida y profunda.

In omnibus enim substantiis intellectualibus, invenitur virtus intellectiva per influentiam divini luminis. Quod quidem in primo principio est unum et simplex, et quanto magis creatura intellectuales distant a primo principio, tanto magis dividitur illud lumen, et diversificatur, sicut accidit in lineis a centro egredientibus. Et inde est quod Deus per suam essentiam omnia intelligit; superiores autem intellectualium substantiarum, etsi per plures formas intelligant, tamen intelligunt per pauciores et magis universales, et virtuosiores ad comprehensionem rerum, propter efficaciam virtutis intellectivæ, quæ est in eis. In inferioribus autem sunt formæ plures et minus universales, et minus efficaces ad comprehensionem rerum in quantum deficiunt a virtute intellectiva superiorum. Si ergo inferiores substantiæ haberent formas in illa universalitate, in qua habent superiores; quia non sunt tantæ efficaciæ in intelligendo, non acciperent per eas perfectam cognitionem de rebus, sed in quadam communitate, et confusione, quod aliqualiter apparet in hominibus. Nam qui sunt debilioris intellectus, per universales conceptiones magis intelligentium, non accipiunt perfectam cognitionem, nisi eis singula in speciali explicentur (1.ª Part., Quest. 89, Art. 1.).

Intellectus quanto est altior et perspicacior tanto ex uno potest plura cognoscere. Et quia intellectus divinus est altissimus, per unam simplicem essentiam suam onmia cognoscit: nec est ibi aliqua pluralitas formarum idealium, nisi secundum diversos respectus divinæ essentiæ ad res cognitas; sed in intellectu creato multiplicatur secundum rem quod est unum secundum rem in mente divina, ut non possit omnia per unum cognoscere: ita tamen quod quanto intellectus creatus est altior, tanto pauciores habet formas ad plura cognoscenda efficaces. Et hoc est quod Dio. dicit, 12. cæ. hier. quod superiores ordines habent scientiam magis universalem in inferioribus. Et in lib. de causis dicitur, quod intelligentiæ superiores habent formas magis universales: hoc tamen observato, quod in infimis angelis sunt formæ adhuc universales in tantum, quod per unam formam possunt cognoscere omnia individua unius speciei; ita quod illa species sit propria uniuscuiusque particularium secundum diversos respectus eius ad particularia, sicut essentia divina efficitur propria similitudo singulorum secundum diversos respectus; sed intellectus humanus qui est ultimus in ordine substantiarum intellectualium habet formas in tantum particulatas quod non potest per unam speciem nisi unum quid cognoscere. Et ideo similitudo speciei existens in intellectu humano non sufficit ad cognoscenda plura singularia; et propter hoc intellectui adjuncti sunt sensus quibus singularia accipiat (Quodlib. 7. Art. 3.).

Respondeo dicendum, quod ex hoc sunt in rebus aliqua superiora, quod sunt uni primo, quod est Deus, propinquiora et similiora. In Deo autem tota plenitudo intellectualis cognitionis continetur in uno, scilicet in essentia divina, per quam Deus omnia cognoscit. Quæ quidem intelligibilis plenitudo, in intelligibilibus creaturis inferiori modo et minus simpliciter invenitur. Unde oportet, quod ea quæ Deus cognoscit per unum, inferiores intellectus cognoscant per multa: et tanto amplius per plura, quanto amplius intellectus inferior fuerit. Sic igitur quanto Angelus fuerit superior, tanto per pauciores species universitatem intelligibilium apprehendere poterit, et ideo oportet quod eius formæ sint universaliores, quasi ad plura se extendentes unaquæque earum. Et de hoc, exemplum aliqualiter in nobis perspici potest: sunt enim quidam, qui veritatem intelligibilem capere non possunt; nisi eis particulatim per singula explicetur. Et hoc quidem ex debilitate intellectus eorum contingit. Alii vero qui sunt fortioris intellectus, ex paucis multa capere possunt (1.ª Part., Quest. 55. Art. 3.).

SOBRE EL CAPÍTULO V

V. he aquí explicada por el mismo Condillac la idea de su hombre estatua: «Para llenar este objeto nos imaginamos una estatua organizada interiormente como nosotros y animada de un espíritu, sin ninguna especie de ideas, suponiéndola además de un exterior toda de mármol que no le permitía el uso de ningún sentido, nos reservamos la libertad de abrírselos a las diferentes impresiones de que son susceptibles, según mejor nos pareciese.

»Creímos deber empezar por el olfato, porque esto es el sentido que parece contribuir menos a los conocimientos del espíritu humano. Enseguida examinamos los otros; y después de haberlos considerado separadamente y en conjunto, vimos que la estatua llegaba a ser un animal capaz de velar por su conservación.

»El principio que determina el desarrollo de sus facultades es simple; las sensaciones mismas le contienen; porque siendo todas por necesidad agradables o desagradables, la estatua está interesada en gozar de las unas y evitarse las otras. El lector se convencerá de que este interés es suficiente para dar lugar a las operaciones del entendimiento y de la voluntad. El juicio, la reflexión, los deseos, las pasiones no son otra cosa que la sensación misma que se transforma de diferentes maneras; por esta razón nos pareció inútil el suponer que el alma recibe inmediatamente de la naturaleza todas las facultades de que está dotada: la naturaleza nos da órganos para advertirnos por el placer, lo que debemos buscar, y por el dolor, lo que debemos huir; pero se detiene allí, y deja a la experiencia el cuidado de hacernos contraer hábitos y de acabar la obra que ella comenzó.

»Este objeto es nuevo, y manifiesta toda la sencillez de las vías del Autor de la naturaleza: ¿no es cosa digna de admiración el que haya bastado hacer al hombre sensible al placer y al dolor, para que naciesen en él ideas, deseos, hábitos, talentos de toda especie?» (Tratado de las sensaciones, «Idea de la obra»).

Lo que admira no es el sistema de Condillac, sino la candidez de su autor: y todavía más el que siquiera por breve tiempo, haya podido tener numerosos secuaces un sistema tan superficial y tan pobre. Propónese el autor la dificultad de que no siendo todo lo que hay en el alma más que la sensación transformada, es extraño que los brutos que también tienen sensaciones, no estén dotados de las mismas facultades que el hombre.

¿Atinaría el lector en la profunda razón señalada por el filósofo francés? mucho lo dudamos. Hela aquí, como un pensamiento curioso: «El órgano del tacto es en los brutos "menos perfecto", y por consiguiente no puede ser para ellos la causa ocasional de todas las operaciones que se notan en nosotros». Bien hizo en adoptar el lema: nec tamen quasi Pythius Apollo.

SOBRE EL CAPÍTULO VI
VI. En estas materias, son dignas de leerse las obras de los escolásticos: al tratar del «objeto de la ciencia», son a un tiempo exactos y profundos. Difícilmente se puede excogitar nada con respecto a clasificaciones de verdades, que ellos no hayan explicado o indicado.

SOBRE EL CAPÍTULO VII
VII. No se crea que juzgo con demasiada severidad las formas adoptadas por los filósofos alemanes. Sabido es como habla de ellos Madama de Stael; pero felizmente puedo citar en mi apoyo un juez más competente todavía, Schelling, uno de los jefes de la filosofía alemana. Dice así: «Los alemanes han filosofado tan largo tiempo entre sí solos, que poco a poco se han apartado en sus ideas y en su lenguaje, de las formas universalmente inteligibles, llegando a tomar por medida del talento filosófico los grados de apartamiento de la manera común de pensar y de expresarse; fácil me sería citar ejemplos; ha sucedido a los alemanes lo que a las familias que se separan del resto del mundo para vivir únicamente entre ellas, y que acaban por adoptar, a más de otras singularidades, expresiones que les son propias y que solo ellas mismas pueden entender.

«Después de algunos esfuerzos infructuosos para difundir en el extranjero la filosofía de Kant, renunciaron a hacerse inteligibles a las demás naciones, acostumbráronse a mirarse como el pueblo escogido de la filosofía, y la consideraron como una cosa que existió por sí misma con existencia absoluta e independiente; olvidando que el objeto de toda filosofía, objeto al cual se falta con harta frecuencia, pero que jamás debe perderse de vista, es obtener el asentimiento universal, haciéndose universalmente inteligible. No es esto decir que las obras de pensamiento deban ser juzgadas como ejercicios de estilo; pero toda filosofía que no puede ser inteligible para todas las naciones ilustradas y accesible a todas las lenguas, no puede ser por lo mismo una filosofía verdadera y universal» («Juicio de M. de Schelling sobre la filosofía de M. Cousin y sobre el estado de la filosofía francesa y de la filosofía alemana en general», 1834).

Lisonjéase M. Schelling de que la filosofía alemana irá entrando en mejor camino con respecto a la claridad, y añade: «El filósofo que hace diez años no habría podido apartarse del lenguaje y de las formas de la escuela so pena de dañar a su reputación científica, podrá en adelante libertarse de semejantes trabas; la profundidad la buscará en los pensamientos; y una incapacidad absoluta de expresarse con claridad, no será mirada como la señal del talento y de la inspiración filosófica». Nada tengo que añadir al pasaje de Schelling; solo recordaré a su autor aquello de «mututo nomine, de te fabula ista narratur».

SOBRE EL CAPÍTULO VIII

VIII. La lectura de la obra de Schelling, titulada «Sistema del idealismo trascendental», no deja ninguna duda sobre su modo de pensar con respecto a esa identidad, que en el fondo no es ni puede ser otra cosa que el panteísmo; sin embargo, en obsequio de la verdad confesaré que Schelling parece haber modificado su doctrina, o temido sus consecuencias, si hemos de atenernos a las indicaciones que se hallan en su discurso pronunciado en la apertura de su curso de filosofía en Berlín el 15 de noviembre de 1841. En él se lee el siguiente pasaje, digno de llamar la atención de todos los hombres pensadores. «Los dificultades y los obstáculos de todas clases contra los que lucha la filosofía, son visibles, y en vano los quisiéramos disimular.

»Jamás se verificó contra la filosofía, reacción más poderosa de parte de la vida activa y real, que en la época presente; esto prueba que la filosofía ha penetrado hasta en las cuestiones más vitales de la sociedad, en las que a nadie es permitido ser indiferente. Mientras una filosofía se halla en los primeros rudimentos de su formación, y aun en los primeros pasos de su marcha, nadie se ocupa de ella, sino los mismos filósofos: los demás hombres aguardan a la filosofía en su última palabra; pues no adquiere importancia para el público en general, sino por sus resultados.

»Confieso que no se debe tomar por resultado práctico de una filosofía sólida y meditada profundamente, lo que se le antoja a cualquiera señalar como tal; si así fuese, el mundo debería someterse a las doctrinas más contrarias a la sana moral, aun a aquellas que zapasen sus cimientos. No, nadie juzga una filosofía por las conclusiones prácticas sacadas por la ignorancia o la presunción. Además, que en este punto tampoco sería posible el engaño: el público rechazaría una filosofía que tuviese tales resultados, sin querer ni aun juzgarla en sus principios; diría que nada entiende sobre el fondo de las cuestiones, ni la marcha artificial e intrincada de los argumentos; mas sin pararse en esto, decidiría bien pronto que una filosofía que conduce a tales conclusiones, no puede ser verdadera en sus bases. Lo que la moral romana ha dicho de lo útil, "nihil utile nisi quod honestum", se aplica igualmente a la investigación de la verdad; "ninguna filosofía que se respete, confesará que lleve a la irreligión". Sin embargo, la actual filosofía se halla precisamente en situación tal que por más que prometa un resultado religioso, nadie se lo concede; pues que las deducciones que de ella se sacan, convierten los dogmas de la religión cristiana en una vana fantasmagoría.

»En esto convienen abiertamente algunos de sus discípulos más fieles; la sospecha sea o no fundada, basta su existencia, y que esta opinión se haya establecido.

»Pero en último resultado la vida activa tiene siempre razón; de suerte que la filosofía está expuesta a grandes riesgos. Los que hacen la guerra a una cierta filosofía, están muy cercanos a condenarlas todas; ellos que dicen en su corazón: no haya más filosofía en el mundo. Yo mismo no estoy exento de sus condenaciones; pues que "el primer impulso de esta filosofía, al presente tan mal conceptuada, a causa de sus resultados religiosos, se pretende que soy yo quien lo he dado".

»¿Cómo me defenderé? por cierto que yo no atacaré jamás una filosofía por sus últimos resultados; pero la juzgaré en sus primeros principios como debe hacerlo todo espíritu filosófico. Además, es bastante sabido que desde luego me he manifestado poco satisfecho de la filosofía de que hablo, y poco de acuerdo con ella...

»El mundo moral y espiritual se halla tan dividido, que debe ser un motivo de contento el hallar siquiera por un instante, un punto de reunión. Además, el destruir es cosa muy triste cuando no se tiene nada con que reemplazar lo destruido: «Hazlo mejor» se dice al que solo sabe criticar...

»Yo me consagro pues todo entero a la misión de que estoy encargado; para vosotros viviré, para vosotros trabajaré sin descanso, mientras haya en mí un soplo de vida, y me lo permita Aquel sin cuya voluntad no puede caer de nuestras cabezas un cabello, y menos aun salir de nuestra boca una palabra profundamente sentida; "Aquel", sin cuya inspiración no puede brillar en nuestro espíritu una idea luminosa, ni un pensamiento de verdad y de libertad alumbrar nuestra alma.»

Este pasaje manifiesta todo lo embarazoso de la posición del filósofo alemán, y las consecuencias irreligiosas que se achacan a sus doctrinas; es consolador el verle tributar un cierto homenaje a la verdad, pero aflige el notar que todavía pretende salvar su inconsecuencia.

SOBRE EL CAPÍTULO IX

IX. En estos últimos tiempos no ha faltado quien pretendiese contar al ilustre Malebranche entre los partidarios del panteísmo. No se concibe cómo Mr. Cousin ha podido decir: «Malebranche es con Espinosa, el más grande discípulo de Descartes: ambos han sacado de los principios de su común maestro, las consecuencias que en los mismos se contenían. Malebranche es al pie de la letra el Espinosa cristiano» (Fragmentos filosóficos, tom. 2, pág. 167). No se concibe, repito, cómo ha podido asentar tamaña paradoja quien haya leído siquiera las obras del insigne metafísico. Basta echar la vista sobre sus escritos para ver en ellos el espiritualismo más elevado unido con el respeto más profundo a los dogmas de nuestra religión sacrosanta. Al exponer los varios sistemas filosóficos sobre el origen de las ideas y el problema del universo, se me ofrecerán nuevas ocasiones de vindicar al sabio y piadoso autor de la «investigación de la verdad»; pero no he querido dejar la presente, sin hacerle la debida justicia defendiéndole de esas imputaciones que él, si viviese, rechazaría con horror como intolerables calumnias. ¡Quién se lo dijera al escribir aquellas páginas donde a cada paso se encuentran Dios, el espíritu, la religión cristiana, la verdad eterna, el pecado original, con numerosos textos de la Sagrada Escritura y de san Agustín, que andando el tiempo había de verse al lado de Espinosa, bien que con el absurdo epíteto de Espinosa «cristiano»! Esta es a veces la triste suerte de los grandes hombres, de ser tenidos por jefes de sectas que ellos detestaron. Malebranche llamaba a Espinosa el «impío de nuestros días», y M. Cousin se atreve a llamar a Malebranche el Espinosa cristiano.

SOBRE EL CAPÍTULO X

X. No ignoro las dificultades a que están sujetos los sistemas de Leibnitz; pero es preciso dejar bien consignado que en la mente de este grande hombre no tenían cabida las erróneas doctrinas de los modernos alemanes. «La última razón de todas las cosas, dice en su "Monadología", se halla en una substancia necesaria donde está el origen de todas las mudanzas, a la que llamamos Dios.

»Siendo esta substancia la razón suficiente de todo el universo, no hay más que un Dios, y este Dios basta.

»Como esta substancia suprema, que es única, universal y necesaria, no tiene nada fuera de ella que sea independiente de la misma, debe ser incapaz de límites y contener tantas realidades como es posible.

»De donde se infiere que Dios es absolutamente perfecto; pues que la perfección no es otra cosa que el grandor de la realidad positiva tomada precisamente, dejando a un lado los límites en las cosas que los tienen. Donde no hay límites, como se verifica en Dios, la perfección es absolutamente infinita.

»De aquí se deduce que las criaturas reciben sus perfecciones de la acción de Dios; pero tienen sus imperfecciones de su propia naturaleza, incapaz de ser ilimitada, en lo que se distinguen de Dios.

»Es verdad también que en Dios se halla no solo el manantial de las existencias, sino también el de las esencias, en cuanto reales, o en lo que la posibilidad contiene de real.»

En su disertación sobre la filosofía platónica, combate las tendencias panteístas de Valentín Vegelio con estas palabras: «Yo quisiera que Valentín Vegelio explicando en un tratado particular la vida bienaventurada por la transformación en Dios, y preconizando con frecuencia una muerte y un reposo de este género, no hubiese dado motivo a la sospecha de que él y otros quietistas adoptaban esta opinión. Al mismo punto se dirige Espinosa bien que por otro camino: no admite más que una sola substancia que es Dios, las criaturas son modificaciones de esta substancia, como las figuras que con el movimiento nacen y perecen de continuo en la cera blanda. Líguese de esto lo mismo que de la opinión de Almerio, que el alma no subsiste después de la muerte, sino por su ser ideal en Dios, como ha existido allí desde toda la eternidad.

»Pero yo nada encuentro en Platón para creer que su opinión haya sido que los espíritus no conservan su propia substancia. Esta doctrina es incontestable a los ojos de todos los que razonan sabiamente en filosofía; y ni aun es posible formarse idea de la opinión contraria, a no ser que nos figuremos a Dios y al alma como seres corpóreos, pues de otro modo las almas no podrían ser sacadas de Dios como partículas: pero es absurdo formarse semejantes ideas de Dios y del alma» (tomo 2, diss. de phil. platonica, pág. 224, epist. ad Hanschium, an. 1707, y se halla entre los Pensamientos de Leibnitz sobre la religión y la moral publicados por M. Emery).

Tan lejos estaba Leibnitz de abrigar tendencia al panteísmo, ni de reputarle por una filosofía elevada, que antes bien, como acabamos de ver, le considera como el resultado de una imaginación grosera. Es muy notable que así bajo el aspecto metafísico como histórico, está completamente de acuerdo Leibnitz con Santo Tomás, manifestando ambos las mismas ideas con palabras muy semejantes. Busca el santo Doctor si el alma es hecha de la substancia de Dios, y con esta ocasión examina el origen del error, y dice lo siguiente: «Respondeo dicendum, quod dicere animam esse de substantia Dei, manifestam improbabilitatem continet. Ut enim ex dictis patet, anima humana est quandoque intelligens in potentia, et scientiam quodammodo a rebus acquirit, et habet diversas potentias quæ omnia aliena sunt a Dei natura, qui est actus purus, et nihil ab alio accipiens, et nullam in se diversitatem habens, ut supra probatum est.

»Sed hic error principium habuisse videtur ex duabus positionibus antiquorum. Primi enim, qui naturas rerunt considerare inceperunt, imaginationem transcendere non valentes, nihil præter corpora esse possuerunt. Et ideo Deum dicebant esse quoddam corpus, quod aliorum corporum judicabant esse principium. Et quia animam ponebant esse de natura illius corporis, quod dicebant esse principium, ut "dicitur in primo de anima", per consequens sequebatur quod anima esset deo substantia Dei. Juxta quam positionem etiam Manichari, Deum esse quamdam lucem corpoream existimantes, quamdam partem illius lucis animam esse possuerunt corpori alligatam. Secundo vero processuoi fuit ad hoc quod aliqui aliquid incorporeum esse apprehenderunt: non tamen a corpore separatum, sed corporis formam. Unde et Varro dixit quod Deus est anima, mundum intuitu, vel motu et ratione gubernans: ut Augu. narrat 7 de civit. Dei. Sic igitur illius totalis animæ partem, aliqui possuerunt animam hominis: sicut homo est pars totius mundi: non valentes intellectu pertingere ad distinguendos spiritualium substantiarum gradus, nisi secundum distinctionas corporum. Hæc autem omnia sunt impossibilia, ut supra probatum est, unde manifeste falsum est animam esse de substantia Dei» (1.ª Part. Quest. 90. Art. 1).

SOBRE EL CAPÍTULO XI

XI. En los escolásticos se encuentra a menudo que el entendimiento es la misma cosa entendida, aun tratándose de los entendimientos creados; pero esta identidad se limita a un orden puramente ideal, y no significa más que la íntima unión de la idea con el entendimiento. Sabido es cuánta importancia tienen en la filosofía escolástica las materias y formas; y esta distinción se la aplica también a los fenómenos de la inteligencia. Bien que la idea era considerada como una cosa distinta del entendimiento, no obstante como este era perfeccionado por ella y puesto en relación con la cosa representada, se decía que el entendimiento era la misma cosa entendida. Así deben explicarse los pasajes que se encuentran en Santo Tomás y otros escolásticos; pues aunque las expresiones de que se valen, consideradas aisladamente, serían inexactas; no lo son si se atiende al sentido que ellos les atribuyen y que resulta bien claro de los principios en que se fundan.

Por ejemplo Santo Tomás (quodlibet 7. Art. 2) para probar que el entendimiento criado no puede entender muchas cosas a un mismo tiempo dice: «Sed quod intellectus simul intelligat plura intelligibilia, primò et principaliter, est impossibile. Cuius ratio est, quia "intellectus secundum actum est omninò, id est perfectè res intellecta: ut dicitur" in 3. de anima. "Quod quidem intelligendum, est non quòd essentia intellectus fiat res intelecta" vel species eius; sed quia completè informatur per speciem rei intellectæ, dum eam actu intelligit. Unde intellectum simul plura intelligere primò, idem est acsi res una simul esset plura. In rebus enim materialibus videmus quod una res numero non potest esse simul plura in actu, sed plura in potentia...

»Unde patet quòd sicut una res materialis non potest esse simul plura actu, ita unus intellectus non potest simul plura intelligere primo. Et hoc est quòd Alga, dicit, quòd sicut unum corpus non potest simul figurari pluribus figuris: ita unus intellectus non potest simul plura intelligere. Nec potest dici quod intellectus informetur perfectè simul pluribus speciebus intelligibilibus, sicut unum corpus simul informatur figura et colore: quia figura et color non sunt formæ unius generis, nec in eodem ordine accipiuntur quia non ordinantur ad perficiendum in esse unius rationis: sed omnes formæ intelligibiles in quantum huiusmodi, sunt unius generis, et in eodem ordine se habent ad intellectum, in quantum perficiunt intellectum in hoc quod est esse intellectum. Unde plures species intelligibiles se habent sicut figuræ plures; vel plures colores qui simul in actu in eodem esse non possunt secundum idem».

Por el anterior pasaje se echa de ver que el sentido de la identidad del entendimiento con la cosa entendida, no era otro que el explicado al principio de esta nota, a saber, el de la unión íntima de la idea o especie inteligible con el entendimiento, como una forma con su materia; forma que perfeccionaba al entendimiento, haciéndole pasar del estado de potencia al de acto, y poniéndole en relación con la cosa representada.

SOBRE EL CAPÍTULO XII
XII. La doctrina de la inteligibilidad inmediata, es susceptible de ulteriores aclaraciones; pero como estas no podrían ser cabales sin examinar a fondo la naturaleza de la idea, lo que no corresponde al presente tratado, me reservo darlas en el lugar oportuno.

SOBRE EL CAPÍTULO XIII
XIII. Quizás no bastará lo dicho en el texto para que todos los lectores se formen ideas bastante claras y completas de la representación de causalidad; pero debo advertir que esta doctrina en lo tocante a la inteligencia primera, está íntimamente enlazada con las cuestiones sobre el fundamento de la posibilidad aun de las cosas no existentes, cuestiones que no podría exponer aquí, sin trastornar el orden de las materias.

SOBRE EL CAPÍTULO XIV
XIV. La distinción de los órdenes de ideas, geométrico y no geométrico, es de la mayor importancia para la ideología. He adelantado esta distinción porque la necesitaba para no dejar incompleto el examen de la posibilidad de una verdad fundamental entre las puramente ideales. Pero su explicación y los cimientos en que estriba, se encontrarán en el tratado sobre las ideas del espacio y de la extensión.

SOBRE CAPÍTULO XV

XV. La palabra instinto aplicada al entendimiento, claro es que se toma en una acepción muy diferente de cuando se habla de los irracionales. No encierra aquí ningún significado ignoble; lo que está de acuerdo con el uso que de la misma se hace, aun para las cosas divinas. Una de las acepciones que le da el Diccionario de la lengua, es: «impulso o movimiento del Espíritu Santo hablando de inspiraciones sobrenaturales». El latín «instinctus», significaba «inspiración»: sacro mens instincta furore.

SOBRE EL CAPÍTULO XVI

XVI. El origen de la confusión de ideas en la presente cuestión, es esa tendencia a la unidad de que he tratado en el capítulo IV. Se comienza por suponer que no ha de haber más que un principio, y se busca cuál es; cuando antes de investigar cuál es, se debería saber si existe solo, como se lo supone. Ya hemos visto que el sistema de Fichte estriba en la misma suposición: por manera que la misma causa que en las escuelas producía disputas inocentes, puede llevar a extravíos de la mayor trascendencia.

SOBRE EL CAPÍTULO XVII

XVII. Creo haber interpretado fielmente el pensamiento de Descartes, mas por si alguna dificultad quedase sobre el particular, pongo a continuación un notable pasaje del mismo autor, en su respuesta a las objeciones recogidas por el P. Mersenne de boca de varios filósofos y teólogos contra las Meditaciones II, III, IV, V y VI.

«Cuando conocemos que somos una cosa que piensa, esta primera noción "no está sacada de ningún silogismo"; y cuando alguno dice: yo pienso luego soy o existo, no infiere su existencia del pensamiento como por la fuerza de un silogismo sino como una cosa conocida por sí misma, "la ve por una simple inspección del espíritu"; pues que si la dedujera de un silogismo habría necesitado conocer de antemano esta mayor: todo lo que piensa es o existe. Por el contrario, esta proposición se la manifiesta su propio sentimiento, de que no puede suceder que piense sin existir. Este es el carácter propio de nuestro espíritu de formar proposiciones generales por el conocimiento de las particulares.» No siempre se expresa Descartes con la misma lucidez; se conoce que las objeciones de sus adversarios le hacían meditar más profundamente su doctrina, y contribuían a que aclarase sus ideas.

SOBRE EL CAPÍTULO XVIII

XVIII. Para formarnos ideas cabales sobre la mente de Descartes, oigámosle a él mismo explicando su sistema.

«Como los sentidos nos engañan algunas veces, quise suponer que no había nada parecido a lo que ellos nos hacen imaginar; como hay hombres que se engañan raciocinando aun sobre las materias más sencillas de geometría y hacen paralogismos, juzgando yo que estaba tan sujeto a errar como ellos, deseché como falsas todas las razones que antes había tomado por demostraciones; y considerando en fin que aun los mismos pensamientos que tenemos durante la vigilia, pueden venirnos en el sueño sin que entonces ninguno de ellos sea verdadero, me resolví a fingir que todas las cosas que habían entrado en mi espíritu no encerraban más verdad que las ilusiones de los sueños. Pero desde luego advertí que mientras quería pensar que todo era falso, era necesario que yo que lo pensaba, fuese alguna cosa; y notando que esta verdad, yo pienso luego soy, era tan firme y segura que las más extravagantes suposiciones de los escépticos no eran capaces de conmoverla, juzgué que podía recibirla sin escrúpulo por el primer principio de filosofía» (Discurso sobre el Método, 4.a Part.).

He dicho que la duda de Descartes era una «suposición», una «ficción»; y cabalmente estas son las palabras que emplea el mismo autor. En la ya citada respuesta a las objeciones recogidas por el P. Mersenne, se halla el siguiente pasaje:

«He leído con mucha satisfacción las observaciones que me habéis hecho sobre mi primer tratado de la filosofía, porque ellas me dan a conocer vuestra benevolencia para conmigo, vuestra piedad hacia Dios, y el cuidado que os tomáis por el progreso de su gloria. No puedo dejar de alegrarme, no solo de que hayáis juzgado mis razones dignas de vuestra censura, sino también de que nada decís a que yo no pueda contestar fácilmente.

»En primer lugar me recordáis que "no veras sino tan solo por una mera ficción", he desechado las ideas o los fantasmas de los cuerpos para concluir que yo soy una cosa que pienso, por temor quizás que yo no crea que se sigue de esto que yo no soy sino una cosa que pienso; mas ya os he hecho ver en mi segunda Meditación que yo me acordaba de esto, ya que decía lo siguiente: "pero puede suceder que estas cosas que yo supongo que no son, porque no las conozco, no sean en efecto diferentes de mí a quien conozco; no sé nada de esto, no me ocupo de esto en la actualidad"»...

Como se ve, Descartes no rechaza el que su duda no sea una mera ficción; hasta dice en términos expresos que no hace más que aplicar un método cuya necesidad reconocen todos los filósofos.

«Os suplico, continúa, que recordéis que por lo tocante a las cosas relativas a la voluntad, he puesto siempre una gran distinción entre la contemplación de la verdad y los usos de la vida: con respecto a estos, tan distante me hallo de pensar que solo debamos seguir las cosas conocidas muy claramente, que por el contrario creo que ni aun es preciso aguardar siempre las más verosímiles, sino que es preciso a veces entre muchas cosas del todo desconocidas e inciertas, escoger una, y atenerse a ella firmemente, mientras no se vean razones en contra, cual si la hubiésemos escogido por motivos ciertos y evidentes, como lo tengo ya explicado en el "Discurso sobre el Método"; pero cuando solo se trata de la contemplación de la verdad ¿quién ha dudado jamás que sea necesario suspender el juicio sobre las cosas oscuras o que no son distintamente conocidas"?»

¿Entonces, se nos dirá, en qué consiste el mérito de Descartes? En haber aplicado una regla que todos conocen, y pocos emplean; y en haberlo hecho en una época en que la preocupación a favor de las doctrinas aristotélicas, era todavía muy poderosa. Descartes lo dice terminantemente; su método de dudar no es nuevo, lo que le faltaba era la aplicación; pues por lo tocante al principio en que se funda: «¿"Quién ha dudado jamás que sea necesario suspender el juicio" sobre las cosas oscuras, o que no son distintamente conocidas?».

Entendido el método de Descartes en este sentido, es decir tomando la duda como una suposición, como una mera ficción, no se opone a los buenos principios religiosos y morales. El profundo filósofo no se desdeña de tranquilizar sobre este punto a los lectores, manifestando ingenuamente que al comenzar sus investigaciones había puesto en salvo sus creencias religiosas.

«Y en fin, como antes de empezar a reconstruir la casa en que se habita, no basta el derribarla y hacer provisión de materiales y de arquitectos o ejercitarse en la arquitectura y en trazar cuidadosamente el diseño del nuevo edificio, sino que es preciso estar provisto de algún otro donde se pueda vivir cómodamente mientras se trabaja en el nuevo; para que no estuviese irresoluto en mis acciones en tanto que la razón me obligaba a estarlo en mis juicios, y para no dejar de vivir entre tanto lo más felizmente que pudiera, me formé una moral provisoria que consistía en tres o cuatro máximas que voy a exponer. La primera es el obedecer a las leyes y costumbres de mi país conservando constantemente la religión en que por la gracia de Dios había sido instruido desde mi infancia...

»Después de haberme asegurado de estas máximas y haberlas puesto aparte "con las verdades de la fe, que han sido siempre las primeras en mi creencia", juzgué que podía deshacerme libremente del resto de mis opiniones» («Discurso sobre el Método», 3.a Part.).

SOBRE EL CAPÍTULO XIX

XIX. Con respecto a la distinción entre el testimonio de la conciencia y el de la evidencia, así como en lo tocante al análisis de la proposición: yo pienso, luego soy, no cabe duda que Descartes no se expresa con bastante precisión y exactitud. Véase por ejemplo el siguiente pasaje donde se nota alguna confusión de ideas.

«Después de esto consideré en general lo que se necesita para que una proposición sea verdadera y cierta, porque ya que yo acababa de encontrar una que tenía dicho carácter, pensé que debía saber también en qué consiste esta certeza, y habiendo notado que en la proposición, yo pienso, luego soy, no hay nada que me asegure de que yo digo la verdad, sino que veo muy claramente que para pensar es preciso ser, juzgué que podía tomar por regla general que las cosas concebidas con mucha claridad y distinción, son todas verdaderas; pero que solo hay alguna dificultad en notar bien cuáles son las que concebimos distintamente» («Discurso sobre el Método», 4.a Part.).

SOBRE EL CAPÍTULO XX

XX. La certeza «apodíctica» de que habla Kant en el citado pasaje, es la que resulta de la evidencia intrínseca de las ideas; o en otros términos, es la misma que en las escuelas suele llamarse metafísica.

SOBRE EL CAPÍTULO XXI

XXI. A más de las cuestiones sobre el principio de contradicción, como único fundamento de certeza, hay otras con respecto a su importancia y fecundidad científicas. Nada he querido prejuzgar aquí sobre estos puntos, porque me reservo ventilar largamente dichas cuestiones, al tratar de la idea del ser en general.

SOBRE EL CAPÍTULO XXII

XXII. Por un pasaje de Descartes de la cuarta parte de su «Discurso sobre el Método», citado en la nota (XIX), se echa de ver que a más del principio, yo pienso luego soy, admitía el de la legitimidad de la evidencia; pues al buscar lo que se necesita para que una proposición sea verdadera y cierta, dice que habiendo notado que si estaba seguro de la verdad de esta proposición, yo pienso luego soy, era tan solo porque lo veía claramente así, creyó que podía tomar por «regla general», que las cosas conocidas con claridad y distinción son todas verdaderas. Por donde se echa de ver que en el sistema de Descartes entran dos principios ligados entre sí, pero muy diferentes: 1.º el hecho de conciencia del pensamiento; 2.º La regla general de la legitimidad del criterio de la evidencia.

Es de notar también que hay aquí cierta confusión de ideas que he señalado ya en otra parte. No es exacto que el principio yo pienso luego soy, sea evidente: la evidencia se refiere a la «consecuencia», pero en cuanto al acto de pensar, no hay evidencia propiamente dicha, sino conciencia. La evidencia es un criterio, mas no el único.

SOBRE EL CAPÍTULO XXIII

XXIII. Lo dicho en la proposición segunda de este capítulo, es independiente de las disputas sobre el modo con que el alma y el cuerpo ejercen su influencia recíproca, cuestiones que no son de este lugar. Sea cual fuere el sistema que se adopte, la influencia es un hecho que la experiencia nos atestigua; lo que me basta para lo que me propongo establecer allí.

SOBRE EL CAPÍTULO XXIV

XXIV. Para entender mejor lo que se dice en este capítulo sobre la evidencia, será útil enterarse bien de las doctrinas expuestas más abajo desde el XXVI, hasta el XXXI inclusive.

SOBRE EL CAPÍTULO XXV

XXV. Por lo dicho en este capítulo se manifiesta la verdad de lo que digo en el XXIV, sobre el enlace de los diferentes criterios y la necesidad de no atenerse a una filosofía exclusiva. El sentido íntimo, o la conciencia, sirve de base a los demás, como un hecho indispensable; pero él mismo se destruye, si se niegan los otros.

SOBRE LOS CAPÍTULOS XXVI, XXVII Y XXVIII

XXVI. Dugald-Steward (P. 2. Cap. 2. Sección 3. §. 2.) cita un pasaje de una disertación publicada en Berlín en 1764, que no parece tan poco razonable como pretende el autor de la «Filosofía del espíritu humano». Lo pongo a continuación, porque la opinión del filósofo alemán me parece ser la misma que he sostenido en el texto.

«Omnes mathematicorum propositiones sunt identicæ et representantur hac formula, A = A. Sunt veritates identicæ sub varia forma expressæ, imo ipsum quod dicitur contradictionis principium vario modo enuntiatum et involutum; si quidem omnes hujus generis propositiones revera in eo continentur. Secundum nostram autem intelligendi facultatem ea est propositionum differentia, quod quædam longa ratiociniorum serie, alia autem breviore vía, ad primum omnium principium reducantur, et in illud resolvantur. Sic v.g. propositio 2 + 2 = 4 statim huc cedit: 1 + 1 + 1 + 1 = 1 + 1 + 1 + 1; id est, idem est idem; et, proprie loquendo, hac modo enunciari debet: −si contingat adesse vel existere quatuor entia, tum existunt quatuor entia; nam de existentia non agunt geometræ, sed ea hypothetice tantum subintelligitur. Inde summa oritur certitudo ratiocinia perspicienti; observat nempe idearum identitatem; et hæc est evidentia assensum immediate cogens, quam mathematicam aut geometricam vocamus. Mathesi tamen sua natura priva non est et propria; oritur etenim ex identitatis perceptione, quæ locum habere potest, etiamsi ideæ non repræsentent extensum.»

SOBRE LOS CAPÍTULOS XXX Y XXXI

XXVII. He indicado que quizás Dugald-Steward se había aprovechado de las doctrinas de Vico; sin que por esto quiera hacerle el cargo que se dirigió contra su maestro Reid, de quien se dijo que resucitaba las doctrinas del P. Buffier jesuita. No obstante, para que el lector pueda juzgar con pleno conocimiento de causa, pongo a continuación un notable pasaje del filósofo escocés, por el cual se verá la coincidencia de algunas de sus observaciones con las del filósofo napolitano. Me inclino a creer que si Dugald-Steward hubiese leído a Vico, no se quejaría de la confusión con que explicaron esta doctrina varios autores antiguos y modernos.

«El carácter particular de esta especie de evidencia llamada demostrativa, y que tan marcadamente distingue las conclusiones matemáticas de las de otras ciencias, es un hecho que debe haber llamado la atención de cualquiera que conozca los elementos de la geometría; y sin embargo yo dudo que su causa haya sido señalada de una manera satisfactoria.» Locke nos dice: «Lo que constituye la demostración es la evidencia intuitiva de cada paso del raciocinio»; convengo en que si esta evidencia faltase en un solo punto, toda la demostración se arruinaría; mas no creo que la evidencia demostrativa de la conclusión dependa de esta circunstancia, aun cuando añadiésemos esta otra condición sobre la cual Reid insiste mucho: «Que para la evidencia demostrativa es necesario que los primeros principios sean intuitivamente ciertos». Al tratar de los axiomas, hice notar la inexactitud de esta observación, manifestando además que en las matemáticas, los primeros principios de nuestros raciocinios no son los axiomas sino las definiciones. Sobre esta última circunstancia, es decir, sobre esta condición de discurrir partiendo de definiciones, se debe fundar la verdadera teoría de la demostración matemática. Voy a desenvolver aquí extensamente esta doctrina, indicando al mismo tiempo algunas de las consecuencias más importantes que de ella dimanan.

»Como no quiero reclamar injustamente los honores de la invención, debo comenzar por declarar que la idea matriz de esta doctrina ha sido manifestada y aun desenvuelta con extensión por diversos autores tanto antiguos como modernos; pero en todos ellos se la encuentra de tal modo confundida con otras consideraciones del todo extrañas al punto de la discusión, que la atención del autor y del lector se distrae del único principio del cual depende la solución del problema...

»Hemos visto ya en el primer capítulo de esta parte que mientras en las demás ciencias las proposiciones que se han de establecer expresan siempre hechos reales o supuestos, las demostradas en las matemáticas enuncian simplemente una conexión entre ciertas suposiciones y ciertas consecuencias. Así en las matemáticas nuestros raciocinios tienen un objeto muy diferente del que nos sirve en los otros usos de las facultades intelectuales; pues que se proponen, no consignar verdades relativas a existencias reales, sino determinar la filiación lógica de las consecuencias que dimanan de una hipótesis dada. Si partiendo de esta hipótesis raciocinamos con exactitud, es claro que nada puede faltar a la evidencia del resultado, pues que este se limita a afirmar un enlace necesario entre la suposición y la conclusión; en las otras ciencias, aun suponiendo evitada la ambigüedad del lenguaje, y rigurosamente exactos todos los pasos de la deducción, nuestras conclusiones serían siempre más o menos inciertas, pues que en definitiva estriban sobre principios que pueden corresponder o no corresponder con los hechos» (2.a Part. Cap. 2. Secc. 3.). Esta es exactamente la doctrina de Vico sobre la causa de la diferencia en los grados de evidencia y certeza; bien que este filósofo eleva a un sistema general, para explicar el problema de la inteligencia, lo que el escocés solo consigna como un hecho para señalar la razón de la evidencia matemática. El P. Buffier (Trat. de las primeras verdades, 1.ª Part. Cap. 11.) explica lo mismo con mucha claridad.

He dicho también que atendida la infatigable laboriosidad que distingue a los alemanes, no fuera extraño que hubiesen leído a los escolásticos: esto se confirma, si se advierte que Leibnitz recomienda mucho esta lectura; y no es regular que se hayan olvidado del consejo de un autor tan competente, los alemanes más modernos.

Entre los varios pasajes de Leibnitz sobre los escolásticos, prefiero aducir el siguiente que me parece sumamente curioso. «La verdad está más difundida de lo que se cree; pero con harta frecuencia se la halla envuelta, debilitada, mutilada, corrompida con adiciones que la echan a perder, o la hacen menos útil.»

Notando esas huellas de verdad en los antiguos, o para hablar más generalmente, en los «anteriores», se sacaría oro del fango, el diamante de su mina, luz de las tinieblas; y esto sería en realidad «perennis quædam philosophia». Hasta se puede decir que se notaria algún progreso en los conocimientos. Los orientales tienen ideas grandes y hermosas sobre la divinidad; los griegos añadieron el raciocinio y una forma científica; los Padres de la Iglesia desecharon lo que había de malo en la filosofía de los griegos; pero los escolásticos trataron de emplear útilmente para el cristianismo lo que había de aceptable en la filosofía de los paganos.

Repetidas veces he dicho: «Aurum latere in stercore illo scolastico barbarico»; y desearía que se pudiese encontrar algún hombre hábil, versado en esta filosofía irlandesa y española, que tuviese inclinación y capacidad para sacar lo que en ella hay de bueno. «Estoy seguro que su trabajo sería recompensado con muchas verdades bellas e importantes.» En otro tiempo hubo en Suiza un escritor que «matematizó» en la escolástica; sus obras son poco conocidas; pero lo que de ellas he visto me ha parecido «profundo y digno de consideración» (Carta 3. a M. Remond de Montmort).

Así habla Leibnitz, uno de los hombres más eminentes de los tiempos modernos, y de quien Fontenelle ha dicho con razón, que «conducía de frente todas las ciencias». Véase pues si anduve descaminado al recomendar al estudio de aquellos autores, a quien desee adquirir en filosofía conocimientos profundos. Aun prescindiendo de la utilidad intrínseca, sería conveniente dicho estudio para poder juzgar con conocimiento de causa, unas escuelas que, valgan lo que valieren, ocupan una página en la historia del espíritu humano.

SOBRE EL CAPÍTULO XXXII

XXVIII. El autor a quien aludo es Fenelon, quien bajo el nombre de sentido común, comprende también el criterio de la evidencia, como se echa de ver en el siguiente pasaje: «¿Qué es el sentido común? ¿No consiste en las primeras nociones que todos los hombres tienen de las mismas cosas? Este sentido común que siempre y en todas partes es el mismo, que previene todo examen y hasta le tiene por ridículo en ciertas cuestiones, en las cuales se ríe en vez de examinar; que reduce al hombre a no poder dudar por más que en ello se esfuerce; este sentido que pertenece a todos los hombres, que solo espera ser consultado para mostrarse y descubrirnos desde luego la evidencia o lo absurdo de la cuestión, ¿no es esto lo que yo llamo mis ideas"? Helas aquí, pues, estas ideas o nociones generales, que yo no puedo contradecir ni examinar, según las cuales por el contrario, lo examino y lo juzgo todo, de manera que en vez de contestar me río, cuando se me propone algo claramente opuesto a lo que me representan estas "ideas inmutables"» (Existencia de Dios, p. 2, n. 33).

Es indudable que en este pasaje habla Fenelon de la evidencia, pues que a más de que emplea este mismo nombre, se refiere a las ideas inmutables; por sentido común entiende las mismas ideas generales por las cuales juzgamos de todo, o en otros términos, las ideas de donde nace la evidencia.

TOMO II

Libro segundo. De las sensaciones

Capítulo I. La sensación en sí misma

1. La sensación, considerada en sí, es una mera afección interior; pero va casi siempre acompañada de un juicio más o menos explícito, más o menos notado por el mismo que siente y juzga.

Veo dos molduras a una distancia conveniente: no descubro entre ellas ninguna diferencia. Aquí hay dos cosas.

1.ª Esa afección interior, o apellídese como se quiera, que llamamos «ver». En cuanto a esto, no me cabe ni puede caberme duda. Podré estar despierto o dormido, en sano juicio, o demente; podrán ser las molduras semejantes o desemejantes, y hasta existir o no existir; pero en cualquiera de dichas suposiciones, dentro de mí pasa esta representación que llamo «ver las molduras».

2.ª Juzgo que en realidad, a más de la afección que experimento, existen las dos molduras, están colocadas en frente de mí, y son ambas de relieve. En esto cabe error: por ejemplo, si duermo, si deliro; si en vez de tenerlas delante, las tengo a la espalda, y me hace ilusión un espejo que me las refleja; si no hay más que un papel colocado detrás de un vidrio cuya construcción es a propósito para que reciba mi retina la misma impresión que con la presencia del objeto; o si no habiendo ninguna de dichas ilusiones, un pintor hábil ha dado al lienzo la misma apariencia que si fueran de relieve; o siendo la una de perspectiva, no lo es la otra.

De esto se infiere que existiendo el mismo hecho interno que se llama «sensación», pueden suceder los casos siguientes.

1.º Que no haya nada en lo exterior.

2.º Que haya las molduras, pero colocadas en distinta posición.

3.º Que haya un objeto exterior, pero no las molduras.

4.º Que estas existan, pero que sean ambas planas, o una de relieve y otra plana.

Este resultado conduce a una consecuencia evidente y es, que la «simple» sensación no tiene una relación necesaria con el objeto externo; pues ella puede existir, y existe en efecto muchas veces, sin objeto real.

Esta correspondencia entre lo interno y lo externo es de la incumbencia del juicio que acompaña a la sensación, no de la sensación misma.

Si los brutos objetivan las sensaciones, como es muy probable, el instinto suplirá en ellos el juicio; o se hallarán en el mismo caso que el hombre antes del uso de las facultades intelectuales.

La sensación pues, considerada en sí, no atestigua: es un hecho que pasa en nuestra alma: si efectivamente ha habido acción de un objeto externo sobre nuestros órganos, y si este objeto es tal como parece, no le toca el discernirlo a ella que es una afección de nuestro ser, un hecho simple, nada más.

2. Figurémonos un animal reducido al solo sentido del tacto, y aun este, no desarrollado como en nosotros, sino circunscrito a pocas y groseras afecciones, como las de caliente o frío, húmedo o seco, y comparémosle con la sensibilidad humana: ¡qué inmensa distancia! la sensibilidad en dicho animal, está en los confines de lo insensible; y en el hombre se acerca ya a la región de la inteligencia; su representación sensible, es tan extensa y variada, que reproduce en lo interior todo un mundo, y podría reproducir otros infinitos. Nosotros nos hallamos en el grado más alto de la escala, al menos en lo sujeto a nuestra observación: ¿quién es capaz de señalar el más elevado posible?

3. Por desplegada o perfecta que se suponga la sensibilidad, dista mucho de la inteligencia, y permanece siempre separada de la misma, como de una facultad de especie diferente. Por cuya razón, aun cuando supongamos que las facultades sensitivas sean capaces de una perfectibilidad indefinida, no se infiere de esto que pudiesen elevarse jamás a la esfera de la inteligencia propiamente dicha. Esta perfectibilidad sería en un orden diverso, que nunca podría confundirse con el de los seres intelectuales. Si suponemos que un color se perfecciona hasta lo infinito, jamás llegará a ser un sonido, o un sabor o un olor, y viceversa; ¿por qué? porque la perfectibilidad está circunscrita al orden respectivo; de la propia suerte, y con más razón, por más que la facultad sensitiva se perfeccionase, jamás llegaría a ser inteligencia.

Esta observación es importante para prevenir uno de los errores más funestos de nuestra época, que consiste en mirar el universo, como el resultado de una fuerza misteriosa, que desplegándose con un movimiento espontáneo, pero necesario y continuo, va engendrando los seres y elevando sucesivamente las especies con una perenne transformación. Así, la mayor perfección del organismo vegetal produciría las facultades animales; estas, perfeccionándose, se convertirían en sensitivas; y a medida que irían progresando en el orden de las sensaciones, se acercarían a la región de la inteligencia, que al fin podrían alcanzar. Con este sistema tiene no poca analogía el que hace del pensamiento una sensación transformada: con él queda borrada la línea divisoria entre los seres inteligentes y los no inteligentes; las sensaciones de la ostra podrían irse perfeccionando hasta convertirse en una inteligencia superior a la de Bossuet o Leibnitz; el desarrollo de las facultades del hombre estatua, sería un emblema del desarrollo del universo.

4. Ya se ha podido notar que al presente hablo de la facultad sensitiva en sí misma, prescindiendo de sus relaciones con los objetos externos: y por lo mismo comprendo en la palabra «sensación», todas las afecciones de los sentidos, ya sean actualmente producidas, ya recordadas, ya imaginadas, es decir todas las afecciones, en toda la extensión de la escala, desde que hay conciencia directa de las mismas, o están presentes al ser que las experimenta, hasta que se llega al límite en que comienza la inteligencia propiamente dicha.

No es posible tirar aquí la línea divisoria entre lo sensible y lo inteligente; esto exige extensas y profundas consideraciones sobre la sensación comparada con la idea; lo que no corresponde a este lugar: pero bueno será haber señalado la existencia de esta línea para que no haya confusión en una materia delicadísima, y en la que no se yerra sin consecuencias trascendentales.

5. ¿En qué consiste la sensación? ¿Cuál es su naturaleza íntima? Solo sabemos que es una modificación de nuestro ser, y nos es imposible explicarla. Todas las palabras no bastan para dar idea de una sensación a quien no la experimenta; el ciego de nacimiento estaría oyendo cuanto han dicho y escrito los filósofos sobre la luz y los colores, sin poder imaginarse lo que son los colores y la luz.

En esto no cabe otra enseñanza que la experiencia; de suerte que si suponemos un hombre con una alteración de sentido tal que lo verde le parezca constantemente amarillo, y lo amarillo verde, no saldrá jamás de su equivocación a pesar de un continuo trato con los demás hombres; y no llegará nunca a sospechar que durante toda su vida ha estado empleando las dos palabras, verde y amarillo, tomándolas en sentido diferente del que les daban los otros.

6. Por analogía, y hasta por inclinación natural, creemos que los brutos no son meras máquinas, y que tienen también sensaciones. La inmensa escala en que se hallan distribuidos los irracionales, manifiesta que la facultad de sentir está esparcida por el universo con una profusión asombrosa, y en grados muy diferentes.

Nuestra experiencia se limita al globo que habitamos: ¿los límites de la vida sensitiva, son los mismos que los de nuestra experiencia? Aun con respecto al globo, la observación está circunscrita a lo que permite la imperfección de nuestros sentidos y de los instrumentos auxiliares: ¿hasta qué punto se prolonga la cadena de la vida? ¿Dónde está el término? En los seres que tenemos por inanimados, ¿hay alguna participación de esa facultad misteriosa? ¿Se compondrá el universo de un conjunto de mónadas dotadas de cierta percepción, como pretende Leibnitz? Esto es una hipótesis destituida de fundamento; pero siendo tan limitados nuestros medios de observación, andemos con mesura al señalar un linde a la región de la vida.

7. Comúnmente se habla de la facultad de sentir cual de una cosa de un orden muy inferior; así es en efecto, si se la compara con las facultades intelectuales; pero esto no quita que considerada en sí, sea un fenómeno admirable, capaz de asombrar y confundir a quien medite sobre él.

¡Sentir!... con esta sola idea se da un salto inmenso en la escala de los seres. ¿Qué es lo insensible comparado con lo sensible? Lo insensible es, mas no experimenta que sea; nada hay en él, sino él mismo; lo sensible experimenta que es, y hay en él algo más que él mismo, todo cuanto él siente, todo cuanto se representa en él. Lo insensible, aun rodeado de seres, está en completo aislamiento, en la soledad; lo sensible, aun solo, puede estar en un mundo de representaciones de variedad infinita.

8. La idea del «yo» es aplicable en cierto modo a todo ser sensitivo; pues no se concibe la sensación, sin un ser «permanente», que experimenta lo «transitorio»; es decir sin un ser «uno», en medio de la «multiplicidad». Todo ser sensible, si fuese capaz de reflexión, podría a su manera decir, «yo»; porque de todos se verifica que es «uno mismo» el ser que experimenta la «variedad» de sensaciones. Sin este vínculo, sin esa unidad, no hay un ser sensible, sino «sucesión» de sensaciones, como fenómenos inconexos del todo.

9. No hay sensación sin conciencia directa; pues que no siendo esta otra cosa que la misma presencia del fenómeno al ser que lo experimenta, sería contradictorio el decir que se siente sin conciencia. Una sensación experimentada es una sensación presente; no se concibe, es un absurdo, una sensación no presente, es decir no sentida (V. Lib. 1. §. 226.)

10. Toda sensación trae consigo presencia, o sea conciencia directa, más no representación. Esta es una distinción que me parece de importancia. Las sensaciones del olfato, del sabor, del oído, no son representativas: son inmanentes en sí y en su objeto: esto es que un ser que las experimentase, podría creerse encerrado dentro de sí propio, y en una soledad absoluta, sin relación con otros seres; pero el tacto y sobre todo la vista, son de suyo representativos, envuelven relación a objetos; y aunque el ejercicio de ellos sea inmanente, incluyen no obstante, alguna relación a otros seres, y no como a simples «causas» de la afección interna, sino como a «originales» representados en la sensación.

La clase de seres sensibles dotados de facultad representativa, parece de un orden muy superior a los demás; entonces hay no solo conciencia en el ser, sino también una fuerza misteriosa por la cual ve dentro de sí un mundo entero.

11. ¿Cuál es el grado más perfecto de la vida sensitiva? ¿Cuál el más imperfecto? No pudiendo juzgar de estas cosas sino por experiencia y por analogía, nada se puede responder a dichas cuestiones. Pero atendida la inmensidad de la escala que la experiencia nos pone a la vista, podemos conjeturar que la naturaleza es mucho más rica de lo que nosotros nos imaginamos. Dejémosle sus profundos arcanos, y contentémonos con sospechar que existen.

Capítulo II. La materia no puede sentir

12. El fenómeno de la sensibilidad nos revela la existencia de un orden de seres distintos de la materia. La organización material por perfecta que se la suponga, no puede elevarse a la sensación; la materia es de todo punto incapaz de sentir; por manera que el absurdo sistema del materialismo es insuficiente para explicar no solo los fenómenos de la inteligencia, sino también los de la sensación.

Poco importa que nosotros no sepamos en qué consiste la naturaleza íntima del ser sensible, ni aun de la materia; bástanos conocer propiedades que les son esenciales para poder inferir con toda seguridad, que pertenecen a órdenes totalmente distintos. No es verdad que sea necesaria la idea cabal de la esencia de dos cosas, para demostrar que tienen entre sí absoluta contradicción; mil veces consideramos dos figuras geométricas cuya propiedad constitutiva nos es desconocida, y sin embargo no dejamos de ver que son muy diferentes, y que es imposible que la una sea la otra.

La materia, opínese como se quiera sobre su propiedad constitutiva, es por necesidad un ser compuesto: una materia sin partes, no es materia. Un ser compuesto, aunque pueda decirse «uno», en cuanto sus partes tienen entre sí unión y conspiran a un mismo fin, es siempre un conjunto de muchos seres; pues que las partes, por estar unidas, no dejan de ser distintas. Si la sensación perteneciese a un ser compuesto, lo sensible no sería un ser solo, sino un conjunto de seres; es así que la sensación pertenece esencialmente a un ser «uno», y no se la puede dividir sin destruirla, luego ningún ser compuesto es capaz de sensación; luego la materia, por más bien organizada que se la suponga, no puede sentir.

Observando lo que sucede en nosotros, y discurriendo por analogía con respecto a otros seres sensibles, podemos notar que entre la variedad de sensaciones hay un ser solo que las percibe; el mismo ser es el que oye, el que ve, el que toca, el que huele, el que saborea; el mismo ser es el que recuerda estas sensaciones cuando han desaparecido, el que las busca cuando le son agradables, el que las huye si le son ingratas, el que goza con las primeras, el que sufre con las segundas; esto entra en la idea de ser sensible; por manera que si en los brutos no hubiese ese sujeto «común» de todas las sensaciones, «uno» en medio de la multiplicidad, «idéntico» entre la diversidad, «permanente» debajo de la sucesión, no serían seres sensibles tales como nosotros los concebimos, no sentirían propiamente hablando, pues que no hay sensación tal como aquí la entendemos, cuando no hay un ser al cual afecta, un ser que la percibe.

Si fingimos un flujo y reflujo de sensaciones sin ningún vínculo, sin un ser único que las experimente, lo que nos resulta no es un ser sensible, sino un conjunto de fenómenos, de los cuales cada uno por sí solo nos presenta la misma dificultad que todos reunidos; es decir, la necesidad de un ser que le experimente.

13. Tomemos un compuesto de dos partes, A y B, y veamos si se puede lograr la sensación de un sonido por ejemplo. Si ambas partes sienten, o ambas sienten todo el sonido, o cada cual una porción de él; si ambas le sienten por entero, una de ellas está de sobras, pues que no tratamos más que de explicar la realización del fenómeno, que ya se verificaría con una sola. Si cada parte siente, no el sonido por entero, sino una porción de él, tenemos el sonido dividido. ¿Y qué es la división de un sonido?

Además, aun hecha la imaginaria división de sonido, tampoco nos resulta explicado el fenómeno; porque la parte del sonido sentida por A, no será sentida por B; luego jamás podrá resultar una sensación completa.

¿Fingiremos que A y B se ponen en relación, comunicándose recíprocamente la parte que les corresponde? pero en tal caso tendremos que A siente todo lo suyo, y además lo que la comunica B; entonces, ¿a qué viene la B si A lo siente todo? ¿Por qué no poner toda la sensación primitiva en A? Salta a los ojos que dicha comunicación es una hipótesis disparatada, pues que con ella resultaría que para formar la sensación total sería indispensable una sucesiva comunicación de las partes entre sí, y que cada una sintiese lo propio y lo que la transmitiesen las demás, formándose de este modo, no una sensación sola, sino cuantas partes hubiese, y resultando no un ser sensible solo, sino en número igual al de las partes.

Esta hipótesis de la comunicación al fin viene a parar a la admisión de nuestro sistema: pues que reconoce la necesidad de la unidad para constituir la sensación. ¿Por qué se comunicarían las partes lo que respectivamente hubiesen sentido? porque no de otro modo podría constituirse la sensación total, y de esta suerte se haría recibir a cada parte lo que de sí misma no tenía. ¿Y con qué objeto? para que cada una lo sintiese todo; luego la sensación necesita estar toda en un solo sujeto; luego al paso que se niega la unidad, se la reconoce necesaria.

14. Estas partes A y B, o serían simples o no; si fueran simples, ¿a qué empeñarse en sostener el materialismo, si al fin se había de llegar a seres simples? Decir que la sensación es un efecto de la organización, y sin embargo ponerla en un ser simple, es una contradicción manifiesta; porque lo simple

no puede estar organizado; no hay organización cuando no hay partes organizadas. Si se admite el ser simple, y en él se pone la sensación, entonces la organización será, si se quiere, un medio, un conducto, o una condición indispensable para la realización del fenómeno; pero no será ella el sujeto de este, sino el ser simple. Si las partes no son simples, estarán compuestas de otras; en cuyo caso se podrá preguntar de ellas, lo mismo que de las primeras; habiéndose de llegar a seres simples o proceder hasta lo infinito. Si se admite este proceso, el ser sensible no será uno solo, sino infinitos, y las dificultades que teníamos con solas dos partes A y B, se multiplicarán hasta lo infinito, resultando en cada ser sensible, no uno sino infinitos, y en cada sensación no una sino infinitas.

15. Surge aquí una dificultad gravísima. Si la materia es incapaz de sentir, el alma de los brutos no es materia, si es inmaterial, es espíritu, lo que no se puede admitir.

Esta dificultad se desvanece fijando bien el sentido de las palabras. No es lo mismo un ser inmaterial que un espíritu; todo espíritu es inmaterial: pero no todo ser inmaterial es espíritu. Inmaterial, significa negación de la materia; espíritu significa algo más: pues que por esta palabra entendemos un ser simple dotado de inteligencia y de libre albedrío. El alma de los brutos será pues inmaterial sin que sea espíritu.

Dicen algunos: lo que no es cuerpo es espíritu, no hay medio entre estas dos clases de seres. ¿Por qué? ¿En qué se funda tamaña seguridad? Si se dijese que no hay medio entre lo material e inmaterial, se diría bien; porque efectivamente no hay medio entre el sí y el no; cualquier cosa es o no es; pero en la idea de espíritu entra mucho más que simple negación de materia; entra la idea de un principio activo, inteligente y libre.

16. Pero entonces, se dirá, ¿en qué consiste la naturaleza del alma del bruto? y yo preguntaré, ¿en qué consiste la naturaleza de la mayor parte de las cosas que se nos ofrecen? Esta naturaleza, ¿la conocemos en sí o en sus actos? Nuestra misma alma, ¿la vemos acaso intuitivamente? ¿por ventura no la conocemos por los actos de que tenemos conciencia? pues bien; de un modo semejante conocemos el alma sensitiva por sus actos, esto es, por el sentir; conocemos que no es materia, porque la materia es incapaz de sensación; y a la manera que de nuestra alma sabemos que es un ser simple,

principio activo dotado de inteligencia y libertad, podremos decir que el alma de los brutos es un ser simple dotado de la facultad de sentir y de instintos y apetitos en el orden sensible.

Yo no sé lo que es este principio activo considerado en sí; pero sus actos me le revelan como una fuerza superior a los cuerpos; como una de tantas actividades que vivifican la naturaleza. Esa fuerza vivificante la encuentro en una porción de materia admirablemente organizada, y cuya organización conspira a un fin que es el ejercicio armónico de las facultades de ese viviente que llamamos animal; el no saber lo que es esa fuerza en sí misma, no me impide el afirmar su existencia, ya que los fenómenos me la revelan de una manera incontestable.

17. ¿Cuál será entonces el destino de esas almas o de esas fuerzas vitales, en destruyéndose la organización que ellas vivifican? ¿Se reducirán a la nada ya que no pueden descomponerse por no constar de partes? ¿Continuarán existiendo, esperando que les toque el turno de presidir a una nueva organización? Aquí hay varias cuestiones que es bueno deslindar para examinarlas luego por separado.

Si el alma de los brutos no consta de partes, no puede perecer por desorganización; no se desorganiza lo que no está organizado, y no lo está lo que no tiene partes organizables.

De esto se infiere que el alma de los brutos no puede perecer por corrupción propiamente dicha, pues que así se ha de verificar de todo ser que no esté compuesto de materia. No veo que bajo este aspecto pueda ofrecerse ninguna dificultad; pero la cuestión no está resuelta sino en su parte negativa, pues hasta aquí solo sabemos que el alma de los brutos no se corrompe o no muere por descomposición; fáltanos saber qué se hace de ella; ¿se anonada? ¿Continúa existiendo? y en tal caso, ¿de qué manera? Estas son cuestiones diferentes.

Ante todo conviene advertir que aquí caben conjeturas, más bien sobre la posibilidad que sobre la realidad; la filosofía puede hacernos columbrar lo que puede haber, mas no lo que hay; pues la realidad no puede sernos conocida sin la experiencia, y esta nos falta en el caso presente. En buena filosofía, cuando se pregunta lo que hay en este punto, la mejor respuesta es: no lo sé;

cuando se pregunta qué es lo que puede haber, entonces entra el raciocinio fundado en los principios generales, y muy particularmente en la analogía.

18. Suele decirse que nada se aniquila; esta proposición ha menester explicaciones. ¿Qué significa aniquilarse? dejar de ser, sin que reste nada de lo que antes había; si se desorganiza un cuerpo, deja de ser como cuerpo organizado, pero la materia resta; no hay pues aniquilamiento. ¿Es verdad que nada se aniquila? Según algunos, es preciso distinguir entre substancias y accidentes; como estos últimos son una especie de seres incompletos, no hay inconveniente en que dejen de ser sin que reste nada de ellos, pero en esa desaparición no habrá aniquilamiento propiamente dicho: así vemos que las cosas se transforman continuamente, es decir, que padecen una sucesión de accidentes, los cuales dejan de existir cuando la cosa deja de ser modificada de la manera respectiva. En cuanto a las substancias, si dejasen de ser habría verdadero aniquilamiento; pero esto no se verifica porque ninguna substancia se aniquila. Así piensan algunos; ignoro lo que hay de verdad en este sistema, pues no sé cual es el fundamento sólido en que puede estribar. Si hay una substancia destinada a un objeto, en cesando este ¿por qué no podría aniquilarse? Un ser criado, necesita continuamente de la acción conservadora del Ser criador; por lo cual se dice que la conservación es una creación continua; cuando cese el objeto a que se destina la substancia criada, ¿qué inconveniente habrá en que se aniquile? No veo que esto repugne ni a la sabiduría ni a la bondad de Dios; cuando un artífice tiene un instrumento que deja de servir, lo desecha o lo inutiliza: esto en Dios equivaldría a quitar la acción conservadora, y en la criatura, a reducirse a la nada; si no repugna a la sabiduría y bondad de Dios el que un ser organizado se desorganice o deje de existir como ser organizado, ¿por qué les repugnará el que una substancia deje de existir en habiendo cumplido el objeto al cual estaba destinada? de esto se infiere que no sería contrario a la sana filosofía el sostener que las almas de los brutos se reducen a la nada.

19. Pero supongamos que no se quiera acudir al aniquilamiento; ¿hay algún inconveniente en que continúen en su existencia? si lo hay, no lo alcanzo.

¿Para qué servirían? no lo sé; pero es lícito conjeturar que absorbidas de nuevo en el piélago de la naturaleza no serían inútiles. Tampoco sabemos a qué sirven muchos otros seres, y no obstante, ni por eso negamos su existencia, ni ponemos en duda su utilidad. ¿Quién nos ha dicho que la fuerza vital que reside en el bruto no haya de tener ningún objeto en destruyéndose la organización que ella animaba? La destrucción de una planta ¿acarrea por ventura la extinción de todas las fuerzas vitales que en esta residen? y esas fuerzas, por no ejercer su acción sobre el ser organizado que se acaba de destruir, ¿dejan por ventura de ser útiles en el misterioso laboratorio de la naturaleza? ¿Quién nos ha dicho que una fuerza vital no puede ser útil sino ejerciéndose sobre un objeto de nuestra observación? ¿Quién nos ha dicho que en los arcanos de la naturaleza las fuerzas vitales no obran en sentidos muy diferentes, muy varios, y que los efectos de su actividad no se presentan de maneras muy diferentes, según las circunstancias en que se encuentran, todo con arreglo a las leyes establecidas por la sabiduría infinita? La magnífica profusión con que están esparcidas las materias seminales, el sinnúmero de gérmenes que por todas partes descubrimos, esa inmensa cantidad de materia susceptible de transformación y asimilación en el viviente, los misterios de la generación en el reino vegetal y animal, ¿todo esto no nos indica que hay derramadas por el universo un sinnúmero de fuerzas vitales, que ejercen su actividad de manera muy varia y en una escala de extensión asombrosa? ¿Quién nos asegura que un mismo principio vital no pueda presentar fenómenos muy diversos según las condiciones a que está sometido? el que reside en la bellota ¿no es el mismo de la corpulenta encina que ha desafiado el ímpetu de los huracanes durante algunos siglos? Si la experiencia no lo atestiguase ¿quién sería capaz de sospechar que el principio vital de un gusano informe y asqueroso es el mismo de una bellísima mariposa? Véase pues como no es contrario ni a la razón ni a la experiencia, el suponer que el alma de los brutos, esa fuerza vital que en ellos reside, sea lo que fuere, continúa después de destruida la organización de su cuerpo, y que absorbida de nuevo en los tesoros de la naturaleza, se conserva en ellos, no como un ser inútil, sino ejerciendo su actividad en diferentes sentidos según las condiciones a que se halle sujeta.

Capítulo III. El sueño y la vigilia

20. El hecho de la sensación está enlazado con otros, y de este enlace resulta una gran parte de nuestros conocimientos. Se ha dicho con tono de mucha seguridad, que no era posible demostrar por las sensaciones la existencia de los cuerpos, pues que siendo aquellas una cosa puramente interna, no era dable que nos condujesen a inferir la existencia de otra externa, y no había inconveniente en que todas nuestras sensaciones fuesen un conjunto de fenómenos individuales, encerrados dentro de nuestra alma. A primera vista parece imposible soltar la dificultad: sin embargo, si se la examina a fondo, se echará de ver que se le ha dado más importancia de la que merece.

21. La primera objeción que suele hacerse contra el testimonio de los sentidos se funda en la dificultad de distinguir con certeza el estado de vigilia del de sueño. Dormidos recibimos impresiones semejantes a las que nos afectan despiertos: ¿cómo nos aseguraremos de que la ilusión no es perpetua? El abate de La-Mennais, con aquella exageración que le caracteriza, ha dicho: «Quien demostrase que la vida entera no es un sueño, una quimera indefinible, haría más de lo que han podido todos los filósofos hasta hoy».

Yo creo que hay en esto graves dificultades, pero no puedo persuadirme que sean insolubles. Voy ante todo a examinar, si el sueño y la vigilia son diferentes, no solo a los ojos del sentido común, sino también de la razón. La-Mennais pretende que solo en el tribunal del consentimiento común puede obtenerse un fallo definitivo y satisfactorio: yo estoy convencido de que el raciocinio más severo puede llegar al mismo resultado a que nos conducen de consuno, el sentido íntimo, el sentido común, y el consentimiento común, o en otros términos, el testimonio de nuestro ser y el de nuestros semejantes.

22. El hombre encuentra en sí de una manera completamente satisfactoria la certeza de la diferencia entre el sueño y la vigilia: para saber que estamos despiertos no necesitamos del testimonio de los demás.

La diferencia entre dichos estados no debe buscarse únicamente en la claridad y viveza de las sensaciones, y certeza actual que ellas engendran. Es indudable que a veces en el sueño se nos presentan las imágenes con tanta claridad como sí estuviéramos despiertos, y que por el momento la certeza es completa. ¿Quién no ha experimentado durante el sueño, viva alegría, o terribles angustias? Es verdad que alguna y muy rara vez, al despertar, tenemos la reminiscencia de que en el acto mismo del sueño asomaba la duda de si soñábamos; pero esto sucede con poca frecuencia; y en general puede asegurarse, que el sueño no anda acompañado de ese crepúsculo de razón reflexiva, que nos advierte de nuestro estado, y de la ilusión que padecemos. Por lo común, mientras dura el sueño, no abrigamos duda sobre lo que soñamos; y abrazamos a un amigo con tierna efusión, o lloramos desconsolados sobre su tumba, con las mismas afecciones que nos produciría la realidad.

23. La diferencia no se halla en la incertidumbre del momento; pues que por el contrario, solemos tener certeza completa. ¿Dónde está pues? ¿Cómo la señala la razón? ¿Cómo viene la filosofía en apoyo del sentido íntimo y del sentido común? Esto es lo que vamos a examinar.

Prescindiendo de si las sensaciones tienen alguna relación con objetos externos, de si su testimonio es suficiente para este o aquel caso, y considerándolas únicamente como fenómenos de nuestra alma, existen dos órdenes de hechos completamente distintos por caracteres muy marcados: el sueño y la vigilia. En lo íntimo de nuestra alma, estos dos estados son completamente distintos: aun en el sistema de los idealistas, es preciso reconocer esta distinción.

Reflexionando sobre lo que experimentamos desde que vivimos, o desde que tenemos conciencia de lo que pasa dentro de nosotros, podemos observar, que hay en nuestro ser dos clases de fenómenos. De una manera periódica y constante, experimentamos dos series de sensaciones: las unas más o menos claras, más o menos vivas, limitadas simplemente a su objeto, sin el concurso de muchas de nuestras facultades, y sobre todo sin reflexión sobre ellas mismas; en pos vienen otras, siempre claras, siempre vivas, acompañadas de actos de todas nuestras facultades, con reflexión sobre ellas, sobre su diferencia de las anteriores, con entera sujeción a nuestra libre voluntad, en todo lo relativo a variarlas, modificarlas, hacerlas desaparecer y reproducirlas, de mil maneras diferentes.

Yo veo el papel sobre que escribo; reflexiono sobre esta visión, y me la quito cuando quiero y vuelvo a tenerla cuando me agrada; y enlazo esta sensación con otras, y con mil pensamientos, con mil caprichos, si así me gusta. Lo que me sucede en este acto, me ha sucedido siempre, y me sucede mientras se verifica en mí esa serie de fenómenos en este estado que llamo de vigilia; mas si sueño que escribo, aun cuando no me acontezca lo que suele, de no acertar a dirigir la pluma, de no ver bien claro, de confundirse todo, no me siento con ese ejercicio simultáneo de todas mis facultades, no reflexiono sobre el estado en que me encuentro; no me hallo con esa conciencia plena de lo que hago, con ese dominio de mí mismo, con esa luz clara y viva, que en el estado de vigilia se derramaba sobre todos mis actos y sobre sus objetos. Despierto, pienso en lo que hice, en lo que hago, en lo que haré: recuerdo los sueños y los califico de ilusiones, y los juzgo como especies inconexas, extravagantes, y los comparo con el orden y la consecuencia de lo que se me ofrece en la vigilia. Nada de esto hago mientras sueño: quizás habrá también una sensación clara, viva; pero es de una manera independiente de mi voluntad; es una impresión aislada, es el uso de una facultad sola, sin el auxilio de las demás, sin comparaciones fijas y constantes, como las que recibo mientras estoy despierto; y sobre todo ese fenómeno desaparece en breve, y o vuelvo a estar sumido en un estado en que no tengo conciencia de mi ser, o entro en otro, en que se reproduce la misma serie de fenómenos que antes: claros, lúcidos, conexos; sufriendo el examen de la razón que los compara entre sí, y con los anteriores. Luego, aparte toda idea de mundo externo, y aun de todo otro ser fuera de nosotros, tenemos la certeza de la distinción de los dos órdenes de fenómenos, que comprendemos en las palabras, sueño y vigilia.

Cuando pues se ha pretendido atacar la certeza de nuestros conocimientos fundándose en la dificultad de distinguir entre dichos estados, se ha echado mano de un argumento fútil, apoyado en un hecho completamente falso. Tan distante estoy de creer en la imposibilidad de distinguir filosóficamente la vigilia del sueño, que antes bien opino que la diferencia entre estos dos estados es uno de los hechos más claros y ciertos de nuestra naturaleza.

Asentada esta verdad, y supuesto que nadie duda de que las sensaciones que experimentamos durante el sueño, no son producidas por objetos exteriores, y que por tanto no se las ha tomado nunca como medio de adquirir la verdad, pasemos a otra cuestión de más dificultad e importancia.

Capítulo IV. Relación de las sensaciones con un mundo externo

24. Nuestras sensaciones, ¿tienen alguna relación con objetos externos, o son simples fenómenos de nuestra naturaleza? De la existencia de este mundo interno que resulta del conjunto de las escenas ofrecidas por las sensaciones, ¿podemos inferir la existencia de un mundo externo?

No se trata aquí de la práctica sino de la teoría: esta cuestión únicamente se refiere a las fuerzas del raciocinio, no a la voz de la naturaleza: voz más fuerte que todos los discursos, y a que nos es imposible resistir. Sea cual fuere el resultado que nos diere el examen filosófico de las relaciones entre el mundo ideal y el real, es preciso someternos a esa necesidad de nuestra naturaleza, que nos hace creer en la existencia de dichas relaciones. La humanidad, en la inmensa mayoría de sus individuos, no ha pensado jamás, ni probablemente pensará, en semejante examen; y sin embargo, para ella, la existencia de un mundo real, distinto de nosotros, y en continua comunicación con nosotros, está al abrigo de toda duda. La naturaleza es antes que la filosofía.

No quiero indicar con esto que la razón sea impotente a manifestar la legitimidad de la ilación con que se deduce lo real de lo ideal, o la existencia del mundo externo de la del interno; solo me propongo señalar a la filosofía un linde, que si no la ilustra, al menos le inspire sobriedad en sus investigaciones, y desconfianza en sus resultados. Y con efecto: salta a los ojos que debe de ser errónea una ciencia que se oponga a una necesidad y contradiga un hecho palpable: no merece el nombre de filosofía, la que se pone en lucha con una ley que somete a su indeclinable imperio la humanidad entera, incluso el filósofo que contra esta ley se atreve a protestar. Todo lo que ella puede decir contra esa ley será tan especioso como se quiera; pero no será más que una vana cavilación: cavilación que si la flaqueza del entendimiento no bastare a deshacer, se encargaría de resistirla la naturaleza, hasta que una nueva existencia en otra vida nos venga a revelar lo que hay en la profundidad de esos arcanos, y cómo se enlazan esos eslabones cuyos puntos de contacto no divisará la razón, mientras la naturaleza experimenta la irresistible trabazón con que la ligan en todos los momentos de su existencia.

25. Que las sensaciones son algo más que simples fenómenos de nuestra alma, que son efectos de una causa distinta de nosotros, lo demuestra la comparación de ellas entre sí; unas las referimos a un objeto externo, y otras no: estos dos órdenes de fenómenos presentan caracteres muy distintos.

Ahora hay en mi interior la representación del país en que he nacido y vivido en mis primeros años. Se me ofrece con toda claridad la espaciosa llanura con sus campos y praderas, con sus bajas colinas que ora forman montecillos aislados, ora se prolongan en varias direcciones, aplanándose hasta confundirse con el nivel del llano, o levantándose gradualmente hasta entroncarse con los ramales de las montañas. Veo la elevada cordillera de estas que rodea toda la llanura, y que hace de ella una vasta cuenca, donde no se divisa más salida que por la parte del sur, y una que otra quebradura que parece rasgar en algunos puntos la grandiosa muralla alzada por la naturaleza. Todo esto se me representa muy bien en mi interior, a pesar de hallarme a más de cien leguas de distancia: y se me representará cuantas veces yo quiera, y por el tiempo que yo quiera. Quizás podrá acontecer que sin el concurso de mi voluntad se me ofrezca el mismo espectáculo; pero siempre soy libre de distraerme, corriendo por decirlo así el telón, para no ver aquella escena; así como de levantarle de nuevo cuando tenga ganas de presenciarla.

Lo que me acontece en dicho ejemplo, se verifica con respecto a muchísimos otros; y así es que experimento dentro de mí una serie de fenómenos que me representan objetos externos, pero sin ninguna necesidad que me fuerce a estar sometido a ellos; pues los quito y los reproduzco con simples actos de mi libre albedrío.

Al propio tiempo me acontece que siento en mí otra clase de fenómenos que no están pendientes de mi voluntad, que yo no puedo excitar o quitar cuando quiero; sino que están sometidos a ciertas condiciones, de las que me es imposible prescindir, so pena de no alcanzar lo que me propongo.

Ahora estoy experimentando que se me representa un cuadro: o en lenguaje común, veo un cuadro que tengo delante. Supongamos que este sea un fenómeno puramente interno, y observemos las condiciones de su existencia, prescindiendo de toda realidad externa, inclusa la de mi cuerpo, y de los órganos por los cuales se me transmite, o parece transmitirse la sensación.

Ahora experimento la sensación.... ahora no: ¿qué ha mediado? la sensación de un movimiento, que ha producido otra sensación de ver y que ha destruido la visión primera; o pasando del lenguaje ideal al real, he interpuesto la mano entre los ojos y el objeto. ¿Cómo es que mientras hay la sensación última, no puedo reproducir la primera? Si existen objetos exteriores, si mis sensaciones son producidas por ellos, se ve claro que estarán sujetas a las condiciones que los mismos les impongan: pero si mis sensaciones; no son más que fenómenos internos, entonces no hay medio de explicarlo.

Esto es tanto más incomprensible cuanto que en las sensaciones que nosotros consideramos como simples fenómenos, sin relación inmediata con ningún objeto exterior, no hallamos íntima dependencia de unas con respecto a otras; y antes por el contrario notamos mucha discordancia.

Los fenómenos puramente internos, es decir, aquellos que nosotros reputamos verdaderamente por tales, tienen mucha dependencia de la voluntad, con relación a su existencia y también a sus modificaciones. Yo reproduzco siempre que quiero en mi imaginación, una escena en que se me representa la columna de la plaza Vendome de París; y la hago desaparecer cuando me gusta. Lo propio me sucede en todos los demás objetos que recuerdo haber visto: su presencia en mi interior depende de mi voluntad. Es cierto que a veces se representan objetos que no quisiera, y que cuesta trabajo hacerlos desaparecer, pero también lo es que bastan algunos esfuerzos para que al fin desaparezcan. Habremos visto a una persona moribunda: y durante algunos Diaz permanece estampada en nuestra imaginación con su semblante pálido y sudoriento, sus ojos desencajados, sus manos convulsivas, las contorsiones de su boca, su penoso estertor interrumpido por algunos ayes lastimeros; no somos dueños del todo de que no se nos presente repetidas veces la ingrata imagen; pero es bien seguro que si para distraernos nos proponemos un cálculo muy complicado, o resolver un problema muy difícil, conseguiremos que la imagen desaparezca. Por donde se ve que aun en los casos excepcionales, con tal que estemos en sano juicio, siempre ejerce nuestra voluntad una grande influencia sobre los fenómenos puramente internos.

No sucede así con los que están en relación inmediata con lo exterior; si me hallo en presencia del moribundo no podré menos de verle y de oírle: si aquellas sensaciones no son más que un fenómeno interno, este fenómeno es de un orden muy distinto del otro: el uno es del todo independiente de mi voluntad, el otro no.

Los fenómenos puramente internos están relacionados entre sí de una manera muy diferente de los demás: en las relaciones de aquellos influye también mucho la voluntad, en los otros no. Además, los primeros se ofrecen o por un simple acto de voluntad, o por sí mismos, aisladamente, sin ninguna necesidad de encadenamiento con otros que los precedan. Escribo en Madrid y de repente se me ocurre la presencia del Támesis, con sus innumerables embarcaciones de vela y vapor. Para esto no he necesitado pasar por la serie de fenómenos en que se me representa eso que llamamos España y Francia. El Támesis me lo puedo representar, después de mil sensaciones inconexas entre sí y con él; pero si se ha de producir en mí el fenómeno que llamo «ver», entonces será preciso que me resigne a hacer desfilar en mi interior toda la serie de fenómenos que lleva consigo un viaje: y no como quiera, sino sintiendo real y verdaderamente todos los placeres y las incomodidades que le acompañan: y formando una verdadera voluntad de marcharme y de acudir puntualmente a tal hora, so pena de encontrarme sin esa sensación que llamo «ver la diligencia», y con esa otra sensación que llamo ver un dependiente de la oficina que no me quiere devolver el dinero, y sin otra sensación que llamo ver y tocar mi equipaje, y con todas las sensaciones ingratas que resultan de semejantes descuidos.

Cuando esta serie de fenómenos internos o en lenguaje común, aventuras de viaje, me las quiero representar solo interiormente, lo dispongo a medida de mi gusto: me paro, ando con más rapidez, de un salto atravieso cien leguas, me traslado de un punto a otro sin pasar por los intermedios, en fin, no hallo ninguno de los inconvenientes que me hacen tan pesado eso que llamamos realidad. Estoy en un mundo donde yo mando, quiero: y el coche está pronto, y el mayoral en su puesto, y el postillón en el suyo, y vuelo como llevado en alas del viento.

Los bellos paisajes, los ingratos eriales, los montes gigantescos, las llanuras cuyo confín se une con el cielo, todo desfila a mis ojos con una rapidez admirable: me canso de ir por tierra, y sin más ni más me planto en la cubierta de un barco en alta mar, y veo las olas agitadas, y oigo su mugido, y cual azotan los costados de la embarcación, y la voz del piloto que da sus órdenes; veo las maniobras de los marineros, recorro las cámaras, hablo con los viajeros, todo sin sentir mal olor, sin padecer las ansias del mareo, ni presenciar las de otros.

26. Las sensaciones puramente internas, si bien tienen entre sí algún enlace, mayormente cuando proceden de las externas, este enlace no es tal que no podamos modificarle de mil maneras. Cuando pensamos en el obelisco de la plaza de la Concordia, naturalmente se nos presentan las fuentes, y estatuas y surtidores, y el palacio de las Tullerías, y el Templo de la Madalena, y los Campos Elíseos, y el Palacio de la Cámara de los Diputados: pero está en nuestras manos cambiar la escena, y sin más que querer, trasladamos el obelisco en medio de la plaza de Oriente, y estamos mirando qué efecto produce allí: hasta que satisfechos de la operación le colocamos otra vez en su puesto o no pensamos más en él.

Pero si se trata de la visión, o sea el fenómeno externo, en vano nos esforzaremos en hacer semejantes maniobras: cada cosa está en su lugar, o a lo menos así lo parece: y las sensaciones están encadenadas entre sí con eslabones de hierro. La una viene después de la otra, y nos es imposible salvar las intermedias.

Resulta pues que la simple observación de lo que pasa en nuestro interior, nos atestigua la existencia de dos órdenes de fenómenos totalmente distintos: en el uno, todo, o casi todo, depende de nuestra voluntad, en el otro nada; en aquel, los fenómenos tienen entre sí ciertas relaciones, pero muy variables, y sujetas en buena parte a nuestro capricho; en este, vemos dependientes los unos de los otros, y no se producen sino bajo determinadas condiciones. No puedo ver si no abro las ventanas para que entre la luz: el fenómeno de ventana y visión están necesariamente enlazados. Pero es notable que no lo están siempre: de noche las abro y no veo; y necesito otro fenómeno auxiliar que es la luz artificial; y por más que quiero no puedo alterar esa ley de dependencia.

27. ¿Qué indica todo esto? indica que los fenómenos independientes de nuestra voluntad y que están sujetos en su existencia y en sus accidentes

a leyes que nosotros no podemos alterar, son efectos de seres distintos de nosotros mismos. No son nosotros mismos, porque existimos muchas veces sin ellos; no son causados por nuestra voluntad, pues se presentan sin el concurso de ella, y muchas veces contra ella; no son efecto uno de otro en el orden puramente interior, porque acontece con mucha frecuencia que habiéndose seguido mil y mil veces un fenómeno a otro, deja de repente de existir el segundo por más que se reproduzca el primero. Esto me conduce al examen de una hipótesis con el cual se confirmará más y más la doctrina establecida.

Capítulo V. Una hipótesis idealista

28. Si el sistema de los idealistas ha de subsistir, es preciso suponer que ese enlace y dependencia de los fenómenos que nosotros referimos a los objetos externos, solo existe en nuestro interior, y que la causalidad que atribuimos a los objetos externos, solo pertenece a nuestros propios actos.

Tirando de un cordón que está en el despacho, hace largo años que suena una campanilla; o en lenguaje idealista, el fenómeno interno formado de ese conjunto de sensaciones en que entra eso que llamamos «cordón y tirar de él», produce o trae consigo eso otro que apellidamos «sonido de la campanilla». Por el hábito, o una ley oculta cualquiera, existirá esa relación de dos fenómenos cuya sucesión nunca interrumpida nos causa la ilusión, por la cual trasladamos al orden real lo que es puramente fantástico. Esta es la explicación menos irracional de que pueden echar mano; pero con pocas observaciones se puede hacer sentir todo lo fútil de semejante respuesta.

Hoy; tiramos del cordón, y cosa extraña, la campanilla no suena... ¿cuál será la causa? El fenómeno causante existe; porque sin duda pasa dentro de nosotros el acto que llamamos, tirar del cordón; y sin embargo tiramos y volvemos a tirar, y la campanilla no suena. ¿Quién ha alterado la sucesión fenomenal? ¿Por qué poco antes un fenómeno producía el otro, y ahora no? En mi interior no ha ocurrido novedad: el primer fenómeno lo experimento con la misma claridad y viveza que antes; ¿cómo es que no se presenta el segundo? ¿Cómo es que este último lo experimentaba siempre que quería, con solo excitar el primero, y ahora no? El acto de mi voluntad lo ejerzo con la misma eficacia que antes; ¿quién ha hecho que mi voluntad sea impotente?

De aquí se infieren dos cosas: 1.ª que el segundo fenómeno no dependía del primero, considerado este únicamente como un hecho puramente interno, pues que ahora existe este del mismo modo que en los casos anteriores, y sin embargo no produce el otro; 2.ª que tampoco depende del acto de mi voluntad; pues que el acto es firme y resuelto como antes, y no logra nada.

A pesar de esto no puede dudarse que había algún enlace entre los dos fenómenos, ya que infinitas veces se ha observado que el uno seguía al otro; lo que no puede explicarse por una mera casualidad. No siendo pues el uno causa del otro en el orden interior, debieron tener una dependencia en el orden exterior: es decir, que en el caso que estoy examinando, aunque continuó existiendo la causa que producía el uno, debióse de interrumpir la conexión que esta causa tenía con la que producía el otro: y así era en efecto; tirando del cordón no venia el sonido, por la sencilla razón de que habían quitado la campanilla. Esto se comprende, habiendo causas externas de lo que se llaman sensaciones: pero si estas se reducen a simples fenómenos internos, no se puede señalar un motivo razonable.

29. Y es de notar que cuando quiero explicarme la falta de la sucesión de estas sensaciones que antes iban siempre unidas, puedo recurrir a muchas que son muy diferentes como fenómenos internos, que como tales no tienen ninguna relación ni semejanza, y que solo pueden tener algún enlace en cuanto corresponden a objetos externos. Al buscar por qué no suena la campanilla, para explicarme la razón de que se haya alterado el orden regular en mis apariencias, puedo pensar en varias causas, que por ahora consideraremos también como meras apariencias, o fenómenos internos: puedo recibir las sensaciones siguientes: el cordón roto, el cordón enzarzado, la campanilla rota, la campanilla quitada, la campanilla sin badajuelo; a todas estas sensaciones puedo yo referir la falta del sonido; y el referirlo a ellas será lo más irracional del mundo si las considero como simples hechos internos, pues como sensaciones en nada se parecen; y solo discurro racionalmente si a cada una de estas sensaciones le hago corresponder un objeto externo, bastante por sí solo a interrumpir la conexión del acto de tirar del cordón, con la vibración del aire productora del sonido.

30. De estas reflexiones se deduce:

1.º Que considerando nuestras sensaciones como fenómenos puramente internos, se dividen en dos clases muy diferentes: unos que dependen de nuestra voluntad, otros independientes de ella; unos inconexos entre sí, o variables en sus relaciones, a gusto del que los experimenta; otros sujetos a cierta conexión que nosotros no podemos destruir ni variar.

2.º Que así la existencia como las modificaciones de esta última clase, provienen de causas que no son nosotros, de causas independientes de nuestra voluntad, y que están fuera de nosotros. Luego el instinto que nos impulsa a referir dichas sensaciones a objetos externos, está confirmado por la razón; luego el testimonio de los sentidos es admisible en el tribunal de la filosofía, en cuanto nos asegura de la realidad de los objetos.

Con esto queda demostrada en cierto modo la existencia de los cuerpos, pues que examinando filosóficamente el concepto de cuerpo, encontramos en él el de una cosa distinta de nuestro ser, y cuya presencia nos causa tales o cuales sensaciones. La esencia íntima de los cuerpos nos es desconocida; y aun cuando se conociera, esto no serviría de nada para nuestro propósito, pues no tratamos de la idea que en tal caso se formaría el filósofo, sino de la que se forman la generalidad de los hombres.

Capítulo VI. Si la causa externa e inmediata de las sensaciones es una causa libre

31. Contra la existencia de los cuerpos, se puede objetar una dificultad, grave a primera vista, pero que en realidad es muy fútil. ¿Quién sabe, se dirá, si hay alguna causa que produzca en nosotros todos los fenómenos que experimentamos, sin ser nada parecido a la idea que nos formamos de un cuerpo? Dios, si quisiese, podría causar en nosotros una o muchas sensaciones, sin mediar ningún cuerpo: ¿quién nos asegura que esto no sucede? ¿Quién nos da la certeza de que no puedan hacer lo mismo otros seres, y por tanto de que no sea una pura ilusión todo cuanto imaginamos sobre un mundo corpóreo?

32. La primera y más sencilla solución que se ofrece es que Dios, siendo infinitamente veraz, no puede engañarnos, ni permitir que otras criaturas nos engañen constantemente y de una manera para nosotros irresistible: pero esta solución, si bien muy fundada, muy razonable y juiciosa, tiene el incon-

veniente de recurrir al orden moral para cimentar el físico, y así no dejará satisfechos completamente a los que desearían ver demostrada la verdad del testimonio de los sentidos, con argumentos sacados de la misma naturaleza de las cosas. Yo creo que esto último se puede conseguir: voy a intentarlo.

33. Nuestras sensaciones no provienen «inmediatamente» de una causa libre: tanto el ser que las experimenta, como el que las produce, están sujetos a leyes fijas, a una necesidad. Nos convenceremos de esto si reflexionamos que poniéndonos bajo ciertas condiciones, no podemos dejar de experimentar determinada sensación, y que en faltando dichas condiciones, nos es imposible experimentarla: lo que prueba que tanto nosotros como el ser que nos causa la impresión, estamos sometidos a un orden necesario. Si así no fuese, no seríamos dueños de producir la sensación ni aun mediante ciertas condiciones: porque como la causa de ella no estaría sujeta a una ley, sino a su libre voluntad, sucedería una y mil veces que la nuestra no estaría de acuerdo con la suya, y por lo mismo no existiría la impresión que deseábamos.

Sabemos que después de experimentada la sensación de tacto con que nos parece que un cuerpo tupido cubre nuestros ojos, no vemos; y por más que queramos no es imposible producir en nosotros la sensación que llamamos «ver»; al contrario, en quitándose la sensación del contacto del cuerpo tupido, y en hora y lugar correspondientes, nos es imposible dejar de experimentar la sensación de ver diferentes objetos; esto prueba que en esta parte nosotros estamos sometidos a una necesidad; pero también prueba que el ser que nos causa las sensaciones está sujeto a una necesidad semejante, ya que puesta la condición de tapar los ojos, una y mil veces a nuestro capricho, desaparece también una y mil veces la sensación; y dada la condición de tenerlos destapados y abiertos en un lugar iluminado, y de repetir una y mil veces la prueba a nuestro capricho, una y mil veces se presenta también la sensación: la misma, si lo dejamos todo en el mismo estado; variada conforme a nuestro gusto, si variamos de lugar, o varían los objetos que en él haya.

Luego existen fuera de nosotros un conjunto de seres sometidos a leyes necesarias, los cuales producen nuestras sensaciones.

34. Es también de notar que la influencia que ejercen sobre nosotros no solo no dimana en ellos de elección ni espontaneidad, sino que ni aun se

presentan como dotados de actividad propia. El cuadro que está en la pared me produciría mil veces una misma sensación, si mil veces fijo la vista en él; y salvo el deterioro del tiempo, estaría produciendo la misma por toda la eternidad.

Es evidente además, que dichos seres están sujetos a nuestra acción; pues aplicándolos de diferentes maneras somos dueños de hacerles producir impresiones diferentes. Estoy tocando una bola, y la continuidad de la sensación de un cuerpo liso, duro y esférico, me asegura de que es uno mismo el ser que la produce durante cierto tiempo; y no obstante, en este intervalo, con la vista recibo del mismo objeto sensaciones muy varias, presentándole a la luz de diferentes maneras.

35. La sujeción de estos seres a leyes necesarias, no es precisamente con respecto a las sensaciones, sino que más bien es un enlace que tienen entre sí. La conexión de las impresiones que de ellos recibimos, es efecto de la dependencia que unos tienen con respecto a otros: de suerte que para producir una impresión determinada, empleamos muchas veces un objeto, que no sirve para ello, si se le considera en sí, pero que nos proporciona lo que deseamos poniendo en acción a otro. El descorrer una cortinilla nada tiene que ver con un magnífico paisaje; y sin embargo muchas veces no hacemos más cuando queremos proporcionarnos la agradable vista: la relación a que entonces atendemos no es la de las sensaciones sino la de sus objetos: la conexión que tienen estos es la que nos induce a valernos del uno para conseguir el otro.

Luego hay fuera de nosotros un conjunto de seres sometidos a leyes fijas, tanto con respecto a nuestras sensaciones como entre sí: luego existe el mundo externo; luego el interno que nos le representa, no es una pura ilusión.

Capítulo VII. Análisis de la objetividad de las sensaciones

36. El mundo externo, ¿es tal como nosotros nos le figuramos? Estos seres que nos causan las sensaciones, y que llamamos «cuerpos», ¿son en realidad lo que nosotros creemos? después de demostrada la existencia de dichos seres, y su necesaria sujeción a leyes constantes, ¿no podemos dudar todavía de si hemos demostrado la existencia de los cuerpos?

¿Basta para este objeto, el haber probado que existen seres externos, en relación con nosotros y entre sí, por medio de leyes fijas y necesarias, independientes de ellos y de nosotros?

37. Para comprender a fondo esta cuestión, será conveniente simplificarla, reduciéndola a un solo objeto.

Tengo a mi vista y en mi mano una manzana. Por lo demostrado más arriba, estoy cierto de que existe un ser externo, relacionado con otros seres y con el mío por leyes necesarias; estoy cierto que de él me vienen diferentes impresiones: veo su color, figura y tamaño; percibo su olor, experimento su sabor; siento en la mano su magnitud, su peso, su figura, sus concavidades y convexidades, y oigo también el leve ruido que despide cuando la manoteo.

La idea de cuerpo es una idea compuesta; por manera que la de la manzana será: la de una cosa externa, extensa, colorada, olorosa y sabrosa. Siempre que se reúnan estas circunstancias, esto es, siempre que yo reciba de un objeto las mismas impresiones, diré que tengo a la vista una manzana.

38. Examinemos ahora hasta qué punto corresponde el objeto a las sensaciones que nos causa.

¿Qué entendemos significar cuando decimos que es una cosa sabrosa? Nada más sino que nos produce en el paladar una impresión agradable: lo propio se verifica con respecto al olfato. Luego las dos palabras olorosa y sabrosa, solo expresan la «causalidad» de estas sensaciones, residente en el objeto externo. Tocante al color, se puede afirmar lo mismo; porque si bien comúnmente transferimos la sensación al objeto y nos ponemos en cierta contradicción con la teoría filosófica del color y de la luz, esta contradicción no es más que aparente; pues en el fondo, bien examinado el juicio, solo consiste en referir la impresión a objetos determinados; por manera que cuando por primera vez oímos en las cátedras de física que los colores no están en el objeto, fácilmente nos acostumbramos a conciliar la teoría filosófica con la impresión del sentido; pues al fin esa teoría no altera la verdad de que tales o cuales impresiones nos vienen de estos o aquellos puntos de los diferentes objetos.

39. En esta parte, no es difícil explicar los fenómenos de las sensaciones, ni la correspondencia de ellas con los objetos externos; porque para salvar esta correspondencia basta que ellos sean realmente la causa (u ocasión)

de las mismas. No es tan fácil la tarea en lo tocante a la extensión; pues esta propiedad es como la base de todas las otras sensibles: y prescindiendo de si constituye o no la esencia de los cuerpos, lo cierto es que nosotros no concebimos cuerpo donde no hay extensión.

40. Se palpará la diferencia que va de la extensión a las demás calidades sensibles con la observación siguiente. Cuando no hemos pensado jamás en la relación de los objetos externos con nuestras sensaciones, tenemos no sé qué confusión sobre estos puntos; y el color, el olor, el sabor y hasta el sonido, los transferimos en cierto modo a los mismos objetos, considerando confusamente estas cosas como calidades inherentes a ellos. Así el niño y el rústico creen que el color verde está realmente en las hojas, que el olor está en la rosa, el sonido en la campana, el sabor en la fruta. Pero es fácil de notar que este es un juicio confuso de que no se dan cuenta a sí mismos con toda claridad; juicio que puede ser alterado y aun destruido, sin destruir ni alterar el conjunto de las relaciones de nuestros sentidos con los objetos. Así, aun en edad muy tierna, nos acostumbramos con facilidad a referir el color a la luz, y hasta a no fijarle en esta definitivamente, sino a mirarle como una impresión producida en nuestro sentido por la acción de este agente misterioso. El olor tampoco nos cuesta trabajo considerarle como una sensación dimanada de la acción de los efluvios de un cuerpo sobre el órgano del olfato; así como el sonido dejamos de considerarle cual una cosa inherente al cuerpo sonoro, y no vemos en él más que la impresión causada en el sentido por la vibración del aire, conmovido a su vez por la vibración del cuerpo sonoro.

Estas consideraciones filosóficas que a primera vista nos parecían estar en contradicción con nuestro juicio, no alteran para nosotros el mundo externo; no causan un trastorno en las ideas que nos formamos de él; solo nos hacen fijar más la atención en algunas relaciones que deslindábamos mal; y no nos permiten atribuir a los objetos, más de lo que tienen en realidad. Nos hacen limitar el testimonio de los sentidos a la esfera que les pertenece, rectifican en algún modo los juicios que habíamos formado; pero el mundo continúa siendo el mismo que antes; solo que los encantos de la naturaleza, los hemos encontrado en más íntima relación con nuestro ser, notando que en ellos tienen más parte nuestra organización y nuestra alma de lo que nos habíamos imaginado.

41. Pero destruyamos la extensión, quitemos a los objetos externos esta calidad, finjamos que ella no es más que una simple sensación, sin que sepamos otra cosa sino que hay un objeto que nos la causa, y desde entonces, el mundo corpóreo desaparece. Todo el sistema del universo se reducirá a un conjunto de seres que nos causan diferentes impresiones; pero quitada la extensión ya no nos formamos idea del cuerpo, ya no sabemos si todo lo que hemos pensado sobre el mundo es algo más que una pura ilusión. Yo me resigno fácilmente a deshacerme de lo que creía en mi infancia de que el color que veo en mi mano esté en ella, de que el ruido que hace al chocar con la otra esté en ella; pero no puedo de ningún modo privarla de la extensión; no puedo imaginar que la distancia de la palma al extremo de los dedos no sea más que una pura sensación, de que solo haya un ser que me la cause, sin saber si en la realidad esta distancia existe. A la fruta que encuentro sabrosa, le quito sin mucho trabajo los honores del sabor; y considerándola filosóficamente, no tengo inconveniente en admitir que en ella no hay nada semejante a este sabor, y sí tan solo, que está compuesta de tal suerte que afecta el órgano del paladar de la manera conveniente para que yo reciba la sensación agradable; pero no puedo quitar a la fruta su extensión, no puedo de ningún modo considerarla como una cosa indivisible; no me es dable mirar las distancias de uno a otro punto de ella como meras sensaciones. Cuando me esfuerzo por contemplar como indivisible en sí el objeto sabroso, me esfuerzo en vano; y si por un momento me parece que llego a vencer el instinto de la naturaleza, todo se me trastorna: con el mismo derecho que hago de la fruta una cosa indivisible lo hago del universo; y el universo indivisible no es para mí el universo; mi inteligencia se confunde, todo se aniquila al rededor de mí: sufro algo más que la vista del caos; el caos se me presenta al menos como alguna cosa, bien que con horrible confusión de elementos en espantosas tinieblas; pero ahora sufro algo más, pues el universo corpóreo, tal como le había concebido, vuelve a la nada.

Capítulo VIII. Sensación de la extensión

42. Dos sentidos perciben la extensión; la vista y el tacto; el olor, el sabor, el sonido, andan acompañados de la extensión, pero son cosa muy diferente. La vista no percibe nada que no sea extenso; la extensión es de todo punto inseparable de dicha sensación. Embebidos en una deliciosa armonía de muchos instrumentos, podremos saborearnos en la percepción de los sonidos hasta olvidarnos de la extensión de los instrumentos, del aire, y de nuestros órganos: pero al contemplar un cuadro, aun en medio del entusiasmo más ardiente, no puede desaparecer la extensión. Si de la «transfiguración» de Rafael quitamos la extensión, la maravilla desaparece; porque en la esencia de ella, aun considerándola como simple fenómeno de nuestra alma, entran por necesidad la continuidad y las distancias.

Lo propio se verifica con respecto al tacto, bien que no con tanta generalidad. La dureza o la blandura, la aspereza o la lisura, la angulosidad o la rotundidad traen consigo la extensión: pero no puede negarse que hay ciertas impresiones de tacto, en las que no es tan claro que vayan acompañadas de ella. El agudo dolor de una punzada, y otros que se sienten sin causa exterior conocida, no se refieren con tanta claridad a la extensión, y parecen tener algo de aquella simplicidad que distingue las impresiones que nos llegan por el conducto de otros sentidos.

Como quiera, es cierto que el percibir la extensión pertenece de una manera particular a la vista y al tacto.

43. Para formarnos ideas claras sobre la extensión en sus relaciones con la sensación, la analizaremos con algún detenimiento.

En primer lugar es digno de notarse que la extensión envuelve multiplicidad; un ser extenso es por necesidad un conjunto de seres: estos se hallarán más o menos unidos entre sí, por medio de un vínculo que los hará formar un todo: pero esto no quita que ellos no sean muchos. Un hermoso cuadro donde domina la unidad de pensamiento del artista, no deja de ser un compuesto de muchas partes; el vínculo «moral» que las une, no las identifica; solo las enlaza, las ordena, las hace concurrir a un fin. La firmísima adhesión que entre sí tienen las moléculas de que está formado el diamante, no hace que estas moléculas no sean distintas: el vínculo material las une, no las identifica.

Sin multiplicidad pues, no hay extensión; donde hay extensión, no hay un ser solo, en todo el rigor de la palabra, sino muchos.

44. Pero la multiplicidad no constituye la extensión, porque puede existir la primera sin la segunda. La multiplicidad de sonidos no forma la extensión, la multiplicidad de sabores ni de olores tampoco: nosotros concebimos multiplicidad de seres de diferentes órdenes así en el mundo material, como en el moral y en el intelectual, sin que se envuelva en esa multiplicidad la idea de extensión. Aun limitándonos al orden puramente matemático, encontramos multiplicidad sin extensión en las cantidades aritméticas y algebraicas. Luego la multiplicidad, si bien es necesaria para constituir la extensión, no basta ella sola para constituirla.

Reflexionando sobre la especie de multiplicidad requerida para formar la extensión, notaremos que ha de andar acompañada de la continuidad. Las sensaciones así de vista como de tacto, envuelven la continuidad: pues ni me es posible ver ni tocar, sin que reciba la impresión de objetos continuos, inmediatos los unos a los otros, coexistentes en su duración y que a un mismo tiempo se me ofrecen como continuados unos con otros en el espacio. Sin esta continuidad, la multiplicidad no constituye la extensión. Así por ejemplo, si tomo cuatro o más puntos en el papel en que escribo, y por una abstracción los considero indivisibles, esta multiplicidad no me constituye la extensión: necesito unirlos por medio de líneas, cuando menos imaginarias; y a falta de continuidad del cuerpo en que los suponía situados, me será preciso valerme de la continuidad del espacio: es decir, mirar este espacio como un conjunto de puntos, cuya continuación enlaza los primeros. Por más esfuerzos que haga no me será posible considerar como extensión un conjunto de puntos indivisibles no continuos, ni unidos por líneas: aquel conjunto será para mí como si fuera de otros seres, que nada tuviesen que ver con la extensión. Y es digno de notarse, que si les doy un lugar determinado en el espacio, es también enlazándolos por medio de líneas imaginarias con otros puntos: pues no de otra manera puedo concebir distancias, ni situación en el espacio. Que si de todo esto quisiese prescindir, entonces o paso a la nada intelectual, es decir aniquilo toda idea del objeto, o me traslado a otro orden de seres que ninguna relación tengan ni con la extensión ni con el espacio. Habré dejado la materia y las sensaciones, y me habré remontado a la región de los espíritus.

45. Luego la multiplicidad y la continuidad son necesarias para constituir la extensión. ¿Y bastan estas dos condiciones? creo que sí; pues donde ellas existen, existe la extensión: con ellas dos solas, enteramente solas, nos formamos la idea de la extensión. El objeto de la geometría es la extensión; y en ella solo entran multiplicidad y continuidad. Las líneas, las superficies, los volúmenes, tales como son objeto de la geometría, prescinden de todo lo que no sea esa continuidad, mirada en su mayor abstracción. Por esto le basta el espacio vacío; o mejor se diría, que por esto exige el espacio vacío; pues que cuando hace la aplicación a los cuerpos, no encuentra toda la exactitud que hallaba en la continuidad en abstracto.

46. Si la multiplicidad y la continuidad en el espacio constituyen la extensión, esta existe realmente en los objetos que nos causan las sensaciones. Ya he demostrado que a estas les corresponden objetos externos, fundándome en la relación misma de los fenómenos entre sí, y con las causas que los producen: es así que esta relación existe también con respecto a la multiplicidad y a la continuidad, luego estas dos propiedades se hallan realmente en la naturaleza. Las impresiones que recibimos por la vista y el tacto, aun limitándonos a un solo objeto, son múltiplas y por tanto corresponden a muchos objetos; son continuas y por lo mismo corresponden a objetos continuos.

Aclararé algo más esta razón. Mi vista fijada sobre un cuadro recibe una impresión que le viene de muchos puntos diferentes; siendo de notar que esta impresión resulta sin interrupción en toda la superficie que se me ofrece. Si como llevo demostrado, la vista de un punto externo me basta para convencerme de su existencia, la de muchos me bastará para estar seguro de la de muchos; y la continuidad de la impresión me cerciora también de la continuidad de los puntos imprimentes.

Si toco un objeto visto, el tacto me confirma el testimonio en la parte que a él le corresponde, es decir la multiplicidad y la continuidad. Experimento la misma sucesión continuada de sensaciones, lo que me indica la existencia y la continuidad de los objetos que las causan.

47. En resumen: la extensión supone la coexistencia de muchos objetos, pero de tal suerte que estén unos a continuación de otros; de ambas cosas nos aseguran las sensaciones: luego el testimonio de los sentidos basta para estar ciertos de que hay objetos extensos, y pueden producirnos varias impresiones. Estas ideas contienen cuanto encerramos en la idea de cuerpo: luego el testimonio de los sentidos nos cerciora de la existencia de los cuerpos.

Capítulo IX. Objetividad de la sensación de extensión

48. Probado ya que el testimonio de los sentidos es suficiente para asegurarnos de la existencia de los cuerpos, veamos hasta qué punto son exactas las ideas que de los mismos nos hace formar. No basta saber que podemos estar seguros de la existencia de la extensión, es preciso investigar si ella es en realidad tal cual nos la presentan los sentidos; y lo que digo de la extensión puede aplicarse a las demás propiedades de los cuerpos.

En mi concepto, la única sensación que nosotros trasladamos al exterior, y que no podemos menos de trasladar, es la de extensión; todas las otras se refieren a los objetos, solo como efectos a causas, no como copias a originales. El olor, el sabor, el sonido, no nos representan nada que sea parecido a los objetos que los causan; pero la extensión sí: la extensión la atribuimos a los objetos, y no podemos concebirlos sin ella. El sonido fuera de mí, no es sonido; no es más que una simple vibración del aire, producida por la vibración de un cuerpo; el sabor fuera de mí, no es sabor; no es más que un cuerpo aplicado a un órgano, y que le causa una modificación, mecánica o química; y lo propio se verifica con el olor. Aun en la luz y los colores, fuera de mí, no hay más que un fluido que cae sobre una superficie, y que directa o reflexamente, llega o puede llegar a los ojos; pero la extensión fuera de mí, independientemente de toda relación con los sentidos, es verdadera extensión, es algo cuya existencia y naturaleza no necesitan de mis sentidos. Cuando yo la siento, o cuando me la imagino, hay entre mis impresiones y ella, algo más que la relación de un efecto a una causa: hay la representación, la imagen interior, de lo que existe en lo exterior.

49. Para que se comprenda perfectamente y se sienta con viveza la verdad de lo que acabo de asentar, voy a ofrecer al lector un cuadro del cual se vayan eliminando sucesivamente determinadas sensaciones, haciéndole notar el grado de eliminación a que se puede llegar y del cual no se pasa.

Supongamos que todos los animales pierden de una vez el sentido del paladar, o que todos los cuerpos de la naturaleza son destituidos de la propiedad de causar por su contacto con un órgano, la sensación que llamamos sabor. A pesar de esto el mundo externo existe como antes. Los mismos cuerpos que nos causaban las sensaciones ahora perdidas, continuarán existiendo y podrán ser aplicados al mismo órgano que antes afectaban, causando en aquella parte las sensaciones del tacto, como de blando o duro, frío o caliente, u otras semejantes. O los cuerpos sabrosos o los órganos animales habrán sufrido alguna mudanza, con la que se ha cortado la relación que antes tenían: se nota que una causa que antes producía un efecto, es ahora impotente para producirle. Esto puede haber acontecido por una modificación de los cuerpos, que en nada altera su naturaleza, en cuanto nosotros la concebimos; y también es posible que sin haberse mudado ellos, haya sobrevenido esta diferencia con sola la alteración de los órganos. Pero en todo caso, la desaparición de la sensación, no ha hecho desaparecer del universo nada semejante a ella; si la alteración se ha verificado solo en los órganos, los cuerpos exteriores quedan intactos: y si ha tenido lugar en los cuerpos, esta alteración les ha hecho perder una propiedad «causante» de la sensación, mas no una propiedad «representada» por la sensación.

Ya hemos privado a los alimentos de todos sus sabores: el universo existe como antes: privémosle de sus olores, alterando los cuerpos odoríferos, o el órgano del olfato. ¿Qué resultará? lo mismo que hemos notado con respecto al sabor. Los cuerpos odoríferos continuarán existiendo, y hasta enviando a nuestro órgano los efluvios que antes producían la sensación del olor; no habrá más novedad que la no existencia de esta sensación: faltará en nuestros órganos la disposición para recibir la impresión necesaria, o habrá desaparecido del universo una causalidad: mas no una cosa representada por la sensación. Los jardines no serán despojados de su belleza simétrica, los prados de su lozanía y verdor: el árbol ostentará su frondosa copa, y el hermoso fruto continuará pendiente de las ramas mecidas por el viento.

Prosigamos en nuestra tarea destructora, ensordeciendo de repente a todos los animales. Los músicos de los conciertos se convertirán en actores de una silenciosa pantomima; el campanero tirando de la cuerda, hará dar vueltas al metal mudo; las conversaciones se reducirán a gestos orales; los gritos de los brutos, no serán más que abrir y cerrar bocas; pero el aire vibrará como antes; sus columnas vendrán a herir el tímpano como antes; todo existirá como antes: nada faltará en el universo sino una sensación. El rayo brillará en los aires, los ríos proseguirán en su majestuosa carrera, los torrentes se precipitarán con la misma rapidez, la soberbia cascada saltará del altísimo risco, desplegando sus variados lienzos, y sus espumantes oleadas.

Vamos por fin a cometer la mayor de las crueldades: ceguemos en un momento a todos los vivientes que hay sobre la tierra, y aun a todos los que pueda haber en los astros. El Sol continúa esparciendo sus inmensas madejas; ese fluido que llamamos luz, refleja en las superficies, se refringe según los cuerpos que atraviesa, y llega a las retinas de los ojos antes videntes, ahora convertidas en insensibles membranas, colocadas tras un cristal; pero todo eso que se llama color y sensación de luz, todo ha desaparecido. Sin embargo el universo existe todavía: y los cuerpos celestes prosiguen recorriendo como antes sus órbitas inmensas.

Como la sensación de la luz y de los colores, nos es más difícil abstraerla de los objetos; o en otros términos, como tenemos cierta propensión a imaginar que efectivamente existen fuera de nosotros las impresiones que no están más que en nosotros, considerando la sensación como una representación de lo exterior, es algo más costoso el concebir que cegados todos los vivientes, no queda nada de lo que nos representan estas sensaciones, y sí únicamente un fluido que refleja en ciertas superficies, o que atraviesa por los demás cuerpos, ni más ni menos que otro fluido invisible. Por lo cual, en obsequio de los que tengan dificultad en dejar de realizar en lo exterior lo que solo existe en su interior, haré la suposición de otra manera; pues que esto me bastará para demostrar, como se puede eliminar de los objetos todo lo relativo a las varias sensaciones, excepto lo tocante a la extensión.

Así, no cegaremos a los animales; no tendremos la crueldad de Ulises en la caverna de Polifemo; pero desahogaremos el instinto destructor trastornando el mundo. Poco nos importa que los hombres y los animales no se queden ciegos, si logramos que no vean.

Dejaremos pues intactos los órganos, pero en cambio despojaremos al universo de su luz. Apagaremos como febles antorchas el Sol, las estrellas, los astros todos; extinguiremos los más leves destellos que brillen sobre la tierra: las bujías que alumbran la mansión del hombre, los fuegos que resplandecen junto a la cabaña del pastor, las pálidas llamas que revolotean en la broza del cementerio, hasta las chispas que arroja el pedernal. Todo quedará en la oscuridad más profunda; imaginaremos reproducidas aquellas tinieblas que yacían sobre la faz del abismo antes que la palabra criadora dijese: «hágase la luz».

Pero conviene advertir que al dejar el mundo en tan horrible oscuridad, no hemos alterado ninguna de sus otras leyes; existen como antes, las gigantescas moles recorriendo con asombrosa rapidez y admirable precisión sus órbitas inmensas. De donde se infiere que haciendo abstracción del olor, del sabor, del sonido, de los colores, de la luz, el mundo existe todavía, sin que nos cueste ningún trabajo concebirle de esta manera. Aun más, hasta de la sensación del tacto podemos prescindir, pues será fácil suponer que no percibimos ninguna impresión por este sentido; las de color o frío, blandura o dureza, cuyas causas quedarían en los cuerpos, podemos sustituirlas unas con otras y aun hacerlas desaparecer, sin que por eso creyésemos que el universo dejaba de existir.

50. después de hechas todas estas abstracciones, ensayemos otra, y veamos lo que sucede. Hagamos desaparecer la extensión. A esta prueba el universo no resiste: las moles de los astros desaparecen; la tierra se anonada bajo nuestras plantas; las distancias dejan de existir; el movimiento es un absurdo; nuestro propio cuerpo se desvanece; el universo entero se hunde en la nada, o si continúa siendo algo, es cosa del todo diferente de lo que ahora nos figuramos.

Es indudable: si prescindimos de la extensión, si esta sensación, o idea, o sea lo que fuere, que sobre ella tenemos, no la realizamos en lo exterior, si no la consideramos como una representación de lo que existe fuera de nosotros, todo se trastorna; no sabemos qué pensar ni de nuestras sensaciones, ni de sus relaciones con los objetos que las causan: todo da vueltas en derredor, nos falta una de las bases de nuestros conocimientos, tendemos en vano los brazos para asirnos de algún punto fijo, y preguntamos con desconsuelo, si todo lo que sentimos no es más que una pura ilusión, si serán una verdad las extravagancias de Berkeley.

51. Aun con respecto a la extensión es digno de observarse, que si bien la objetivamos trasladándola a lo exterior, no es de todo punto exacto que esté representada por la sensación. Mejor se diría que es un receptáculo de ciertas sensaciones, que no un objeto de ellas; una condición necesaria para las funciones de algunos sentidos, que no una cosa sentida. La extensión abstraída de las sensaciones de la vista y del tacto, se reduce a lo que hemos dicho más arriba, la multiplicidad y la continuidad; el conocimiento de esto, nos viene de los sentidos, pero es diferente de lo que nos representan los sentidos. Cuando a las impresiones que he recibido de la vista les quito el color y la luz me queda ciertamente la idea de una cosa extensa, mas no de una cosa visible, ni de un objeto representado por la sensación. De la propia suerte si despojo las impresiones que me han venido por el tacto, de las calidades que afectan este sentido, no se aniquila el objeto que las causaba, pero no está representado por las impresiones que él me transmite.

52. Estas observaciones manifiestan que no trasladamos a lo exterior nuestras sensaciones, que estas son un medio por el cual se informa, nuestra alma, mas no imágenes en que ella contemple los objetos. Todas ellas le indican una causa exterior; pero algunas, como las de la vista y del tacto, le manifiestan de un modo particular la multiplicidad y la continuidad, o sea la extensión.

De esto se infiere también, que el mundo exterior no es una pura ilusión, que existe en realidad con sus moles inmensas, sus variados movimientos, su geometría infinita; pero que gran parte de su belleza y encantos se hallan más bien en nosotros que en él. La mano todopoderosa e infinitamente sabia que le ha criado, ha ostentado su sabiduría y su poder de una manera particular en los seres sensibles, y sobre todo en los inteligentes. ¿Qué sería el universo si no hubiera quien sintiese y entendiese? En esa íntima relación, en la incesante comunicación de los objetos con los seres sensibles, están la hermosura, la armonía, los arcanos de la naturaleza. El más precioso cuadro, si no hubiese quien le mirara y percibiese su belleza, sería un conjunto de lineamentos, un jeroglífico de caracteres indescifrados: pero desde el momento que está a la vista de un ser que siente y conoce, el cuadro se anima, es lo que debe ser; y en esta misteriosa comunicación, el objeto gana en bellezas todo lo que comunica de hechizo.

Suponed que un conjunto de instrumentos dispuestos con el conveniente mecanismo ejecutan con admirable precisión las mejores concepciones de Bellini o de Mozart; ¿a qué se reduce todo falta un ser sensible? a vibraciones del aire combinadas con cierta ley; a puros movimientos de un fluido sometidos a una precisión geométrica. Introducid a un hombre: entonces la geometría se convierte en armonía celestial, entonces hay música, hay encantos.

La simetría de las tablas de un jardín, la lozanía de sus arbustos, el color y esmalte de sus flores, la fragancia de sus aromas, ¿qué son sin un ser sensible? figuras geométricas, superficies dispuestas con arreglo a ciertas leyes, volúmenes de tal o cual clase, columnas de fluidos que salen de ellos, y se desparraman por el espacio; pero introducid al hombre, entonces las figuras geométricas se revisten de mil gracias, las flores se cubren de galanos colores, las columnas de fluido se convierten en exquisitos aromas.

Capítulo X. Valor del tacto para objetivar las sensaciones

53. Se ha dicho que el tacto es el testigo más seguro y quizás el único, de la existencia de los cuerpos; pues sin él todas las sensaciones no pasarían de simples modificaciones de nuestro ser, y no podríamos atribuirles ningún objeto exterior. Yo no creo que esto sea verdad. Por el tacto recibimos una impresión lo mismo que por los demás sentidos; en todos los casos esta impresión es una afección de nuestro ser, y no una cosa externa; y cuando por la continuación de estas impresiones, por su orden y por su independencia de nuestra voluntad, juzgamos que proceden de objetos que están fuera de nosotros, este juicio se verifica no solo con respecto a las impresiones del tacto, sino también de los demás sentidos.

54. Una de las razones en que se ha pretendido fundar la superioridad del tacto para atestiguar la existencia de los cuerpos, es que él nos da la idea

o la sensación de la extensión; porque si suponemos que un hombre está privado de todos los sentidos excepto el tacto, y recorre con su mano la superficie de su cuerpo, experimenta la continuidad de la sensación, en la cual va envuelta la de extensión. Esta observación de los partidarios de la supremacía del tacto, no convence de lo que se proponen. Porque al recorrer con la vista varios objetos, o las diferentes partes de uno mismo, experimentamos la sensación de continuidad tan claramente como con el tacto. No se puede concebir por qué la sensación de la extensión ha de ser más clara cuando se pasa la mano a lo largo de una barandilla, que cuando se la mira con los ojos.

55. Los sostenedores de dicha opinión alegan que por el tacto de nuestro cuerpo adquirimos una sensación doble, lo que no se verifica con los demás sentidos: pasando la mano por la frente, sentimos con la frente y con la mano; verificándose una continuidad de sensaciones, que todas tienen su origen y término en nosotros mismos. Así tenemos la conciencia de que nos pertenecen tanto la sensación de la mano como la de la frente.

Pero esta razón que algunos han creído concluyente, es sin embargo sumamente fútil: adolece del sofisma que los dialécticos llaman «petición de principio», pues supone lo mismo que se trata de probar. En efecto: el hombre destituido de todos los sentidos excepto el del tacto, experimentará las dos sensaciones y su continuidad; pero ¿de esto qué podrá inferir? ¿Sabe por ventura que tenga mano ni frente? suponemos que no; la dificultad está pues en explicar cómo adquiere dicho conocimiento. Ambas sensaciones le pertenecen, de esto tiene una conciencia íntima, pero ignora de dónde dimanan. La coincidencia de las dos sensaciones ¿le prueba por ventura algo en favor de la existencia de la frente y de la mano, objetos de que suponemos que no tiene ninguna idea?

Si esta coincidencia probase lo que se quiere, con más razón probaría que la combinación de unos sentidos con otros, nos lleva al conocimiento de la existencia de los cuerpos, y por consiguiente que dicho conocimiento no se engendra exclusivamente por el tacto. Yo experimento que siempre que tengo la sensación de un movimiento que es ponerme la mano delante de los ojos, pierdo la vista de los objetos, y se me presenta otro que es siempre el mismo: la mano; si de esta coincidencia infiero la existencia de los objetos externos, queda destruida la supremacía del tacto, pues que para la formación de semejante juicio influye la vista. Observo también que al tener la sensación que resulta de dar una mano con otra, experimento la sensación de oír el ruido de la palmada: luego si la coincidencia vale, influirá el oído como el tacto. Lo que digo de la palmada, puede aplicarse a lo que experimento recorriendo con la mano una parte del cuerpo, por ejemplo toda la longitud del brazo, de suerte que el roce produzca ruido. En este caso, hay las dos sensaciones, coincidentes y continuas.

Se replicará tal vez que estos ejemplos se refieren a diferentes sentidos, y que producen sensaciones de diversa especie: pero esto no altera nada: porque, si el ser que siente infiere la existencia de los objetos de la coincidencia de las varias sensaciones, queda destruida la supremacía del tacto que es lo que nos proponíamos demostrar.

56. La sensación de la mano no es la misma que la de la frente, porque aquella estará más o menos fría, más o menos caliente, más o menos fina, más o menos blanda, y así no será la misma sensación la causada en la mano por la frente, que la producida en la frente por la mano. Siendo de notar que cuanto menor supongamos la diferencia entre las dos sensaciones, menos viva será la percepción de su dualidad, y por tanto menos notable la coincidencia en que se funda el juicio. Por manera que bien analizada la materia venimos a parar a que para formar juicio de la existencia de los objetos contribuye especialmente la diversidad de las sensaciones; y por tanto será más conducente a este fin, la combinación de dos sentidos que las dos sensaciones de uno solo. Así, lejos de que el tacto haya de considerarse como único ni superior en este punto, solo ha de ser tenido como auxiliar de los otros.

57. Y en realidad, apenas cabe duda en que el tacto necesita también del auxilio de los demás sentidos, y que los juicios que del mismo resultan se parecen a los que dimanan de estos. Es probable que solo después de repetidos experimentos referimos la sensación del tacto al objeto que la causa, y aun a la parte afectada. El hombre a quien se ha amputado la mano, experimenta el dolor como si la conservase; y esto ¿por qué? porque con la repetición de actos ha formado el hábito de referir la impresión cerebral al punto donde terminan los nervios que se la transmiten. Luego no hay una relación necesaria entre el tacto y el objeto: y este sentido puede sufrir ilu-

siones como los demás. Luego no es exacto lo que se ha dicho que la idea del cuerpo nace debajo de nuestra mano, si esto se entiende como privativo del tacto; pues lo mismo se verifica de los demás sentidos y particularmente de la vista.

Capítulo XI. Inferioridad del tacto comparado con otros sentidos

58. Esta superioridad, o mejor, este privilegio exclusivo que Condillac y otros filósofos han concedido al tacto, a más de no tener ningún fundamento como acabamos de ver, parece estar en contradicción con la misma naturaleza de este sentido. Cabalmente se da la supremacía al más material, por decirlo así, al más rudo de todos ellos.

Nadie puede saber las ideas que de las cosas se formaría un hombre reducido a solo el tacto: pero me parece que lejos de ponerse en comunicación clara y viva con el mundo exterior, y de que tuviese la suficiente basa para fundar sus conocimientos, debiera vegetar en la más profunda ignorancia, y sufrir las equivocaciones más trascendentales.

59. Al comparar el tacto con la vista, y aun con el oído y el olfato, desde luego se ofrece una diferencia importantísima, en favor de estos y contra aquel. El tacto no nos transmite la impresión sino de los objetos que están inmediatos a nuestro cuerpo; cuando los otros tres, y especialmente la vista, nos ponen en comunicación con objetos muy distantes. Las estrellas fijas están separadas de nosotros por una distancia tal que apenas cabe en nuestra imaginación, y sin embargo las vemos; no llegan a tanto ciertamente ni el olfato ni el oído; pero el primero no deja de advertirnos de la existencia de un jardín que está a muchos pasos de nosotros; y el segundo nos da noticia de una batalla que se ha trabado a muchas leguas de nuestra vivienda, de la chispa eléctrica que ha rasgado la nube en el confín del horizonte, o de la tempestad que brama en la inmensidad de los mares.

60. Esa limitación del tacto a lo que está en sus inmediaciones, traería consigo la estrechez de las ideas que se originarían de él solo, y lo constituyen por necesidad en un grado muy inferior al de los otros tres, y en particular de la vista. Para formarnos ideas claras en este punto, comparemos el alcance de la vista y del tacto con respecto a un objeto: un edificio. Por medio de la vista tomamos en pocos instantes idea de la fachada, y de sus demás

partes exteriores: y en breve tiempo nos enteramos de su disposición interior, y hasta de sus muebles y adornos. ¿Cómo se puede lograr esto por el tacto? Es imposible. Aun suponiéndole muy delicado, y muy tenaz memoria de las impresiones que anduviese comunicando, se necesitarían larga horas para recorrer con la mano el frontispicio, y formarnos de él alguna idea. ¿Qué no sería con respecto a todo lo exterior del edificio? ¿Qué si hablamos de lo interior? Salta a los ojos que sería menester renunciar a semejante tarea, y que tal preciosa labor de una cornisa, de un pedestal, de un peristilo; tal magnificencia de una torre, de una cúpula; tal osadía de un arco, de una bóveda, de una flecha, que el ojo aprecia en un instante, le costarían al pobre que solo poseyese el tacto, andar mucho a gatas y encaramarse por peligrosos andamios, y exponerse a resbalar por horrendos precipicios, y todavía sin poder lograr ni la millonésima parte de lo que con tanta facilidad y rapidez consiguieron los ojos.

Extiéndanse estas consideraciones a una ciudad, a vastos países, al universo, y véase qué superioridad tan inmensa tiene la vista sobre el tacto.

61. Esta superioridad no se presenta tan de bulto cuando se compara el tacto con otros sentidos; sin embargo no deja también de existir, y en un grado muy alto.

Desde luego ocurre una diferencia, cual es la de las distancias. Es cierto que mediando estas, también el tacto puede sentir en algún modo: como por ejemplo la presencia o la ausencia del Sol por medio del calor y del frío; y de la misma manera la presencia o la ausencia, y la mayor o menor cercanía de algunos cuerpos; pero estas impresiones, a más de que están muy lejos de tener la misma variedad y rapidez de las del oído, tampoco nos darían idea de distancia, si no tuviéramos más sentido que el tacto.

Calor y frío, sequedad y humedad, a esto se reducen las impresiones que algunos cuerpos distantes pueden ejercer sobre el tacto; y claro es que las impresiones son de tal naturaleza que podrían dar lugar a numerosas y graves equivocaciones.

62. Si suponemos que un hombre que solo posea el tacto, haya llegado a conocer la presencia y la ausencia del Sol sobre el horizonte, siendo su única norma la temperatura del ambiente, y dependiendo esta de mil causas que nada tienen que ver con el astro del día, sucederá con mucha frecuencia

que el cambio natural o artificial de ella deberá inducirte a error. La humedad que experimentará a las inmediaciones de un lago donde le llevan a bañarse, hará que con ella conozca la inmediación del agua; ¿pero no sentirá mil veces una impresión de humedad por causas que obrarán sobre la atmósfera, del todo independientes de las aguas de un lago?

Es cierto que la concentración de todas las fuerzas sensitivas en un solo sentido, la ninguna distracción, la atención continua sobre un mismo género de sensaciones, podrá llevar la delicadeza del tacto a un punto de perfección que probablemente no concebimos nosotros; así como el hábito de encadenar las ideas con respecto a un solo orden de sensaciones, y de formar los juicios con relación a ellas solas, produciría una precisión, exactitud y variedad muy superior a cuanto podemos imaginar; pero por más que sobre este punto se quieran extender las conjeturas, siempre es claro que hay aquí un límite, cual es la naturaleza del órgano y de sus relaciones con los cuerpos. Este órgano estaría siempre limitado a los objetos contiguos, para recibir impresiones bien determinadas; y con respecto a los distantes, los que pudiesen obrar sobre él, lo ejecutarían causándole la impresión que la naturaleza de ambos consiente; frío o calor, sequedad o humedad, y aun si se quiere, cierta presión en mayor o menor grado; y en cuanto a muchísimos otros, es imposible imaginar que tuviesen acción ninguna. Por más que se ensanche el círculo de esta clase de sensaciones siempre ha de ser muy reducido. Además, es necesario advertir que esta perfectibilidad del tacto por efecto de su aislamiento, no es propiedad suya exclusiva, sino que se extiende también a los otros sentidos, como que está fundada en las leyes de la organización, y en las de la generación de nuestras ideas.

63. Para comprender la superioridad que en esta parte lleva el oído al tacto, basta considerar 1.º la relación de las distancias; 2.º la variedad de los objetos; 3.º la rapidez de la sucesión de las impresiones; 4.º la simultaneidad, tan vasta en el oído, y tan limitada en el tacto; 5.º las relaciones con la palabra relación de las distancias. Claro es que en este punto se aventaja al tacto el oído; aquel necesita en general la inmediación, este no; y aun de suyo requiere para la buena apreciación del objeto, cierta distancia acomodada a la clase del sonido. ¿De cuántos y cuántos objetos distantes, no nos informa el oído, con respecto a los cuales nada puede decirnos el tacto? El galope

del caballo que amenaza atropellarnos, el ruido del torrente que nos puede arrebatar, el trueno que retumba y nos anuncia la tormenta, el estruendo del cañón que nos da noticia de que ha principiado una batalla, el ruido de las carreras, de la gritería, de los tambores y campanas, que nos indican el estallido de la cólera popular, la música estrepitosa que nos informa de la alegría causada por una fausta nueva, el concierto dedicado a los placeres del salón, el canto que nos hechiza con melancólicos recuerdos, con sentimientos de esperanza y de amor, el ay! que nos avisa del sufrimiento, el llanto que nos aflige con la idea del infortunio; todo esto nos dice el oído; sobre todo esto nada puede decirnos el tacto.

Variedad de los objetos. Los objetos distantes de que nos da noticia el tacto son por necesidad muy poco variados; y por lo mismo las ideas que solo de él resultasen, estarían sujetas a una confusión deplorable, y a mucha incertidumbre. El oído al contrario, nos informa de infinitos objetos sumamente diferentes, y lo ejecuta con toda precisión y exactitud.

Rapidez de la sucesión de las impresiones. Es evidente que en esta parte lleva el oído al tacto una superioridad incalculable. Este cuando percibe por yuxtaposición, necesita recorrer sucesivamente los objetos y aun las diferentes partes de uno mismo, si ha de recibir impresiones variadas: lo que exige largo tiempo por poco numerosos que sean. Si los objetos no obran por yuxtaposición, sino por otro medio, todavía se necesita más tiempo para la sucesión, y es mucha menor la variedad. Compárese esta lentitud a la rapidez con que el oído percibe todo linaje de sonidos en las combinaciones musicales, las infinitas inflexiones de la voz, el sinnúmero de articulaciones distintas, la infinidad de ruidos de todas especies que sin interrupción sentimos y clasificamos, y referimos a sus objetos correspondientes.

La simultaneidad de sensaciones tan vasta en el oído, es sumamente reducida en el tacto: cuando existe en este, es solo con relación a pocos objetos; mas en aquel se extiende a muchos y muy diferentes.

Pero lo que decide más victoriosamente la superioridad del oído sobre el tacto, es la facilidad que nos da de ponernos en comunicación con el espíritu de nuestros semejantes por medio de la palabra: facilidad que resulta de la rapidez de las sucesiones que más arriba hemos notado. Sin duda que esta comunicación de espíritu a espíritu puede también establecerse por el tacto, expresando las palabras por caracteres bastante abultados para ser distinguidos; pero, ¿qué diferencia tan inmensa entre estas impresiones y las del oído? Aun suponiendo que el hábito y la concentración de todas las fuerzas sensitivas, llegasen a producir una facilidad tal de recorrer las líneas con los dedos, que superase en mucho a la que vemos en los más diestros tocadores de instrumentos músicos; ¿cómo puede compararse una velocidad semejante con la que nos proporciona el oído? ¿Cuánto tiempo no será menester para recorrer unas tablas donde esté escrito un discurso que oímos en breves minutos? Y además, para hacerse oír, todos los hombres tienen, medios, les basta servirse de los órganos; para lo otro es necesario preparar las tablas, y unas mismas no pueden ser útiles, sino para un objeto, y simultáneamente no pueden servir para dos personas; cuando por medio del oído, un hombre solo comunica en breve rato infinidad de ideas a millares de oyentes.

Capítulo XII. Si la sola vista podría darnos idea de una superficie

64. Creo haber hecho palpable la inferioridad del tacto con respecto a la vista y al oído; y por consiguiente haber hecho sentir la extrañeza de que se le haya querido señalar como base de todos los conocimientos, radicando en él la certeza de los juicios a que los demás sentidos nos conducen, y estableciéndole por árbitro soberano para fallar en última apelación en las dudas que pudieran ofrecerse.

Tengo también manifestado no ser verdad que solo por medio del tacto podamos hacer la transición del mundo interior al exterior, o de la existencia de las sensaciones a la de los objetos que las causan: pues que a más de haber combatido la razón principal, o mejor la única, en que se intentaba cimentar este privilegio, he demostrado el modo con que se hace esta transición con respecto a todos los sentidos, fundándome en la misma naturaleza y encadenamiento de los fenómenos internos.

He dicho también y probado que la única sensación que objetivábamos era la de la extensión; y que en todas las demás, solo había una relación de causalidad, esto es, un enlace de cierta sensación o de un fenómeno interno, con un objeto externo, sin que trasladásemos a este nada semejante a lo que experimentábamos en aquel.

65. Tocante a la extensión, son dos los sentidos que de seguro nos informan de ella: el tacto y la vista; prescindiremos por ahora, de si es una verdadera «sensación» lo que de la extensión tenemos, o si es una «idea» de un orden diferente, la cual resulte de la sensación. Proponiéndome examinar este punto después, me limitaré por ahora a comparar la vista con el tacto en lo relativo a darnos la sensación de la extensión, o sí se quiere, a suministrarnos lo necesario para formarnos idea de ella.

Desde luego se echa de ver que la extensión se halla bajo el dominio del tacto: y esto considerando la extensión no solo en superficie sino también en volumen. A la vista no se le puede negar la misma facultad con respecto a las superficies, porque es imposible ver sin que al mismo tiempo se ofrezca al menos un plano. El punto inextenso no puede pintarse en la retina: desde el momento que un objeto se pinta, tiene partes pintadas. Ni aun por un esfuerzo de imaginación podemos concebir colores inextensos: ¿qué es un color si no hay superficie sobre la cual se extienda?

66. Condillac ha estado tan severo con el sentido de la vista, que no ha querido concederle la facultad de percibir la extensión ni aun en superficie. Como este filósofo es uno de los que más han contribuido a la propagación y arraigo de una opinión tan equivocada, examinaré su doctrina, y las razones en que la funda. A la simple lectura de los capítulos en que la expone, salta a los ojos que no estaba bien seguro de la verdad de ella, sintiéndose contrariado por la inexperiencia y la razón.

En el «Tratado de las sensaciones» (f p., c. XI), donde examina las ideas de un hombre limitado al sentido de la vista, asienta que los colores se distinguen a nuestros ojos, porque parecen formar una superficie de la cual ocupan ellos una parte; y luego pregunta: «nuestra estatua, juzgando que es a un tiempo muchos colores, ¿se sentiría a sí misma como una especie de superficie colorada?» Es menester advertir que según Condillac, la estatua circunscrita a un sentido, se creería la sensación misma; es decir, pensaría que es el olor, el sonido o el sabor, según fueran el olfato, el oído o el paladar, los sentidos que tuviese en ejercicio, por cuya razón, si en las sensaciones de la vista entrase la superficie, la estatua debería creerse superficie colorada. Prescindiré de la exactitud de estas observaciones, concretándome al punto principal que es la relación de la vista con la superficie.

67. Según Condillac, la estatua no llegaría a creerse superficie colorada; esto es, que percibiendo el color, no percibiría la superficie. Dejemos hablar al mismo filósofo, pues bastarán sus propias palabras para condenar su opinión y descubrirnos la incertidumbre con que la profesaba, o la oscuridad que en ella padecía. «La idea de la extensión supone la percepción de muchas cosas «unas fuera de otras; esta percepción no podemos negarla a la estatua», pues que siente que se repite fuera de sí misma tantas veces como hay colores que la modifican; mientras es lo encarnado, se siente «fuera» de lo verde: mientras es lo verde, se siente «fuera» de lo encarnado; y así de lo demás.» Cualquiera creería que conforme a estos principios, Condillac iba a establecer que la vista nos da idea de la extensión, pues que nos hace percibir las cosas, unas «fuera» de las otras, en lo que según el mismo autor, consiste precisamente la idea de la extensión; pero muy al contrario, Condillac, lejos de proseguir por el verdadero camino, se extravía lastimosamente, y a más de ponerse en desacuerdo con los principios que acaba de asentar, altera notablemente el estado de la cuestión y continúa: «mas para tener la idea distinta y precisa de una magnitud, es necesario ver como las cosas percibidas unas fuera de otras, se ligan, se terminan mutuamente, y como todas juntas tienen límites que las circunscriben». Esto, repito, es alterar el estado de la cuestión: no se trata por ahora de una idea distinta y precisa, sino solamente de una idea. Hasta qué punto la vista podría perfeccionar la idea de la extensión, esta es una cuestión diferente; aunque salta a los ojos que si la vista por sí sola puede darnos idea de la extensión, el continuado ejercicio de este sentido iría perfeccionando la misma idea.

68. La estatua, en opinión de Condillac, no podría sentirse circunscrita a ningún límite porque no conocería nada fuera de ella misma; pero ¿no acaba de decirnos el autor que la estatua se creería los diferentes colores, que estos se hallan unos fuera de otros, y que cuando sería el uno se sentiría fuera del otro? ¿No hay por ventura con esto solo, no uno sino muchos límites?

Este argumento no se ocultaba del todo a Condillac; después de haber preguntado si el «yo» de la estatua modificado por una superficie azul orlada de blanco, no se creería un azul terminado, dice: «a primera vista nos inclinaríamos a pensarlo así; pero la opinión contraria es mucho más verosímil». ¿Y por qué? «La estatua no puede sentirse extensa por esta superficie, sino en cuanto cada parte le da la misma modificación; cada una debe producir la sensación de azul; pero si es modificada de la misma manera por un pie de esta superficie que por una pulgada o una línea, no puede representarse en esta modificación, una magnitud más bien que otra; luego no se representa ninguna, luego una sensación de color no trae consigo una idea de extensión.» Es fácil notar que o Condillac supone lo mismo que se disputa, o no dice nada conducente a resolver la cuestión. Según él la estatua es modificada de la misma manera por un pie de una superficie colorada que por una línea; si con esto quiere significar que las dos modificaciones son idénticas bajo todos aspectos, supone lo mismo que debe probar: porque esto es cabalmente lo que se disputa, a saber, si las superficies diferentes en magnitud producen también sensación diferente; y si quiere significar, como parecen indicarlo sus palabras, que la sensación como color, y solamente en cuanto color, es la misma en un pie que en una línea, dice una verdad muy cierta, pero que no nos sirve para nada. Es indudable que la sensación de azul, en cuanto azul, es la misma en diferentes magnitudes, y nadie piensa en negárselo; pero la cuestión no está en eso; la cuestión está en si permaneciendo uno mismo el color, la sensación de la vista se modifica de diferente manera, según la variedad de las magnitudes en que la superficie colorada se le presenta. Condillac lo niega, bien que de un modo incierto y fluctuante: pero creo que esta negativa es tan infundada, que se puede demostrar todo lo contrario.

69. Yo pregunto a Condillac, si puede haber color sin superficie, si puede pintarse en la retina un objeto inextenso, si podemos ni aun concebir un color sin extensión; nada de esto es posible: luego la visión está acompañada necesariamente de la extensión.

70. Condillac pone la idea de extensión en que unas cosas se nos presenten «fuera» de otras; esto, según confiesa él mismo, se verifica con la sensación del color; luego la visión de lo colorado debe producir la idea de la extensión. El efugio de Condillac, es sumamente débil: nos dice que para tener idea de la extensión es necesario tenerla de los límites; pero en primer lugar ya llevo demostrado por la misma doctrina del autor, que estos límites son sentidos; y además, es muy singular pretensión la de otorgar a la vista la facultad de darnos idea de una extensión ilimitada, y negarle la de producir

idea del límite: como si por lo mismo que vemos lo extenso, no naciera la idea del límite, cuando no de otras causas, de la misma limitación del órgano; como si no fuera más inconcebible la sensación ilimitada que la limitada.

Pero quiero suponer que el límite no es sentido; la extensión ilimitada ¿deja de ser extensión? ¿No es más bien la extensión por excelencia? ¿La idea de un espacio sin fin, por ser ilimitada, deja de ser idea de extensión?

71. Pónganse delante de los ojos dos círculos colorados, uno de una pulgada de diámetro, y otro de una vara: prescindiendo de toda sensación de tacto ¿el efecto producido en la retina será el mismo? es evidente que no: a esto se opone la experiencia, se opone la razón fundada en las leyes de la reflexión de la luz y en principios matemáticos. Si esta impresión es diferente, la diferencia será sentida; luego la diferencia de las magnitudes podrá ser apreciada.

Pero quiero suponer que desoyendo la experiencia y la razón, se empeña alguno en sostener que la sensación de los dos círculos será la misma: voy a hacer palpable la extrañeza y hasta la ridiculez de esta opinión. Imaginemos que los dos círculos son de color encarnado y terminados por una línea azul; tomemos el círculo menor y pongámosle dentro del mayor confundiendo sus centros; pregunto: ¿el ojo que mire la figura, no verá el círculo menor dentro del mayor? ¿No verá la línea azul que termina el círculo de una pulgada de diámetro, contenida dentro de la otra línea azul que termina el círculo de una vara? es evidente que sí. Ahora bien: sentir la extensión, ¿es acaso otra cosa que sentir unas partes fuera de otras? sentir la diferencia de magnitudes ¿no es sentir las unas mayores que las otras y conteniendo las otras? es evidente que sí. Luego el ojo siente la magnitud; luego siente la extensión.

72. Todavía se puede confirmar más y más la verdad que estoy demostrando. La experiencia nos enseña, y cuando esta no existiese, la razón nos lo diría, que el campo visual tiene un límite, según la distancia a que nos hallamos del objeto. Así, cuando fijamos la vista sobre una pared de mucha extensión, no la vemos toda, sino una parte de ella. Supongamos que en un campo visual hay un objeto de una magnitud dada, pero que no llena ni con mucho la superficie abarcada por el ojo: según el sistema de Condillac, la visión no puede ser diferente, con tal que el color sea el mismo; de lo cual resultará que la sensación será idéntica, ya sea que el objeto ocupe una pe-

queñísima parte del campo visual, ya sea que lo ocupe casi todo. Resultará también, que si este campo visual es un gran lienzo blanco por ejemplo de cien varas cuadradas, y el objeto es un lienzo azul de una vara cuadrada, la sensación será la misma que si el lienzo azul fuese de una pulgada o de noventa varas cuadradas.

73. Estos argumentos que cuando menos en confuso, debían de ofrecérsele a Condillac, le hacían expresarse con vacilación, y hasta con lenguaje contradictorio. Ya lo hemos podido notar en los pasajes anteriores; pero todavía se ve más claro en los siguientes. «Nos falta el término para expresar con exactitud el sentimiento que tiene de sí misma la estatua modificada por muchos colores a un tiempo; pero al fin ella conoce que existe de muchas maneras, se percibe en cierto modo "como un punto colorado más allá del cual hay otros" en que ella se vuelve a encontrar; y bajo este aspecto se puede decir que "se siente extensa".» Antes nos había dicho que el color no le parecería extenso a la estatua, hasta que instruida la vista por el tacto, su formasen los ojos la costumbre de referir la sensación simple y única, a todos los puntos de la superficie; a renglón seguido afirma lo contrario como acabamos de ver; ya la estatua se siente extensa; y el ideólogo no encuentra otro medio para evitar la contradicción, sino el de advertirnos que el sentimiento de la extensión sería vago, pues que carecería de límites. Esta es una contradicción que ya se ha hecho palpable más arriba; ¿de dónde esa carencia de límites? si en un campo visual de cien varas de superficie blanca, se suponen varias figuras de diferentes colores, verde, encarnado, la vista percibirá los límites de aquellas figuras, como es evidente; ¿dónde pues ha descubierto Condillac esa ilimitación de que nos habla?

74. La observación de que, aun cuando la sensación del color envolviese la de extensión, no se seguiría que nos la produjese, a causa de que nosotros no sacamos de las sensaciones todas las ideas que estas contienen, sino únicamente las que sabemos notar, aunque muy verdadera, no conduce a nada en la cuestión presente: no se trata de lo que nosotros podríamos sacar de la sensación, sino de lo que hay en ella; y si Condillac asienta que de la del tacto podemos sacar la idea de extensión ¿con qué derecho podrá negarnos esta facultad con respecto a la vista, supuesto que la idea de extensión se halle contenida en ambas sensaciones?

Si no me engaño, hay aquí una confesión tácita de la falsedad de su opinión. La idea de la extensión se hallará en la sensación de la vista, pero no podremos sacarla; ¿por qué? porque es vaga; mas entonces, ¿quién quita que el ejercicio, trayendo la comparación y la reflexión, la haga precisa? La dificultad está en adquirirla de un modo u otro; el perfeccionarla es obra del tiempo.

Es indudable que las primeras sensaciones de la vista no tendrían la exactitud a que llegan después de mucho ejercicio; pero lo propio se verificaría del tacto. Este sentido se perfecciona como todos los demás, también necesita su educación por decirlo así: y los ciegos de nacimiento que a fuerza de concentración y de trabajo, llegan a poseerle con una delicadeza asombrosa, nos ofrecen de esta verdad una prueba patente.

Capítulo XIII. El ciego de Cheselden

75. El ciego de Cheselden, de quien nos habla Condillac en confirmación de sus opiniones, no presenta ningún fenómeno en que se puedan apoyar. Era este ciego un jovencito de trece a catorce años, a quien Cheselden, distinguido cirujano de Londres, hizo la operación de las cataratas, primero en un ojo después en el otro. Antes de la operación, alcanzaba a distinguir el día de la noche; y con mucha luz, hasta conocía lo blanco, lo negro y lo encarnado. Esta circunstancia es importante, y sobre ella conviene fijar la atención. Los fenómenos más notables, y que más relación tienen con la cuestión que nos ocupa, fueron los siguientes.

1.º Cuando comenzó a ver, creyó que los objetos tocaban la superficie exterior de su ojo. Esto parece indicar que la vista por sí sola, no puede hacernos juzgar de las distancias; pero bien examinada la cosa se echa de ver que el argumento no es concluyente. Nadie pretenderá que la vista en el primer momento de su ejercicio, pueda comunicarnos ideas igualmente claras y exactas, que cuando con la experiencia nos hemos acostumbrado a comparar sus diferentes impresiones. Lo mismo que en la vista se verifica en el tacto; un ciego con su larga costumbre de guiarse por solas las sensaciones del tacto en muchos de sus movimientos, llega a conocer la posición y distancias de los objetos con una precisión admirable. Si suponemos un hombre privado del sentido del tacto, y que le adquiere de repente, tampoco juzgará con acierto de los objetos de este sentido, sino después de haberle ejercitado. La experiencia nos enseña que la perfección del tacto recorre una grande escala: en los ciegos la vemos en su punto más alto; y es probable que el mínimum de su perfección en los primeros instantes de su ejercicio, se parecería mucho al de la vista en el acto de caer las cataratas; también los objetos se presentarían en confuso, sin que el sujeto que los experimentara, pudiese apreciar bien sus diferencias, antes que la práctica le hubiese amaestrado en discernir y clasificar.

Con respecto a las distancias es de notar que el ciego de Cheselden, no solo estaba privado del hábito de conocerlas, sino que le tenía en contrario. Por lo mismo que no era completamente ciego, la luz que percibía al través de las cataratas, y que si era muy abundante, hasta le hacía distinguir entre lo blanco, negro y encarnado, se le presentaba como pegada al mismo ojo, de lo cual podemos formarnos idea observando lo que nos acontece cerrando los ojos cuando hay mucha luz. De esto resulta que al ver, debió de imaginarse que la nueva visión era la misma que la antecedente, y que por tanto no le sucedía otra cosa que un simple cambio de objeto. Para apreciar la fuerza de la vista con respecto a las distancias, mejor hubiera sido un ciego absoluto, porque no hubiera tenido ningún hábito contrario ni favorable al conocimiento de las mismas.

2.º Le costó mucho trabajo el concebir que hubiese otros objetos más allá de los que él veía; no acertaba a distinguir los límites; todo le parecía inmenso. Tampoco sabía concebir cómo la casa podía parecerle más grande que su gabinete; aun cuando sabía por experiencia que este era más pequeño que aquella.

De estos hechos quiere inferir Condillac la confirmación de su sistema; yo extraño que sobre datos semejantes se pretenda fundar toda una filosofía. Someto a la consideración del lector las observaciones siguientes.

76. Se trata de un niño de trece a catorce años; falto por consiguiente de todo espíritu de observación, y que como es natural, expresaría con el mayor desorden las impresiones que experimentaba en una situación tan singular y tan nueva.

El órgano de la vista ejercitándose por primera vez, debía ser sumamente débil, y por consiguiente servir de un modo muy incompleto para las funciones sensitivas. A cada paso experimentamos que haciendo un tránsito repentino de la oscuridad a la luz, si esta es muy viva, apenas divisamos los objetos, y lo vemos todo con mucha confusión; ¿qué había de suceder al pobre niño que a la edad de trece años abría los ojos por primera vez?

Según refiere el mismo Cheselden, los objetos se le presentaban al ciego en tal confusión que no los distinguía, fuera cual fuese la forma y la magnitud. Esto confirma lo que acabo de indicar, a saber, que la confusión dependía en buena parte, si no en todo, de que el órgano producía mal las impresiones; pues que si estas hubieran sido del modo conveniente, habría distinguido los límites entre diferentes colores; ya que tratándose de la simple sensación, ver es distinguir.

Se nos hace notar que no reconocía con la vista los objetos que tenía conocidos con el tacto: mas esto solo prueba que no habiendo podido comparar los dos órdenes de sensaciones, no sabía lo que correspondía en la una a las impresiones de la otra. Por el tacto conocería los cuerpos esféricos: pero como ignoraba la impresión que una esfera hacia en el ojo, claro es que al presentarle una bola que hubiese manoseado mil veces, no podía ni siquiera sospechar que el objeto visto fuera el mismo objeto tocado. Esto me conduce a otra observación que considero muy importante.

77. Los experimentos fueron recogidos de boca de un hombre que hablaba en una lengua que no conocía; tal era el niño que debía expresar sus sensaciones en el orden visual. Aclararé esta observación. Como las sensaciones son hechos simples, el que está falto de un sentido, carece absolutamente de todas las ideas originadas de la sensación de que se halla privado; de lo cual resulta que no conoce nada de la lengua relativa a dicho sentido; y que las ideas que une a las palabras, son del todo diferentes de las que quieren expresar los que poseen aquel sentido. El ciego hablará de colores y de todas las impresiones relativas a la vista, porque oye continuamente hablar de estas cosas; mas para él, la palabra ver no significa ver, ni la luz luz, ni el color color, tales como lo entendemos nosotros; sino otras ideas compuestas que él se habrá formado, según las circunstancias, y conforme a las explicaciones que haya oído. Véase pues qué importancia se puede dar a lo que diría un niño con el atolondramiento propio de su edad, hallándose en una situación tan nueva y tan extraña, y habiendo de expresarse en

una lengua que ignoraba. Se le preguntaría, por ejemplo, si distinguía una figura mayor de otra menor, sin considerar que las palabras mayor y menor, comprendidas por él en cuanto expresaban ideas abstractas, o se referían a las sensaciones del tacto, no lo eran cuando se las aplicaba a los objetos vistos; pues que él no sabía ni podía saber, qué significaba la palabra mayor, tratándose de una sensación que experimentaba por primera vez. Si en la superficie de un círculo se le pintaban otros círculos menores, de color diferente, él vería los pequeños dentro de los grandes, pues no era posible otra cosa supuesto que veía; pero al preguntársele si el uno le parecía mayor que los otros, si distinguía los límites que separaban a los pequeños entre sí, él, que no había tenido tiempo de aprender el lenguaje relativo a las nuevas sensaciones, debía de dar respuestas muy disparatadas, que los observadores tomarían quizás por la expresión de fenómenos curiosos. Se le hablaría de figuras, de lindes, de extremos, de magnitud, de posición, de distancias y de cuanto se refiere a la vista; y como él ignoraba el lenguaje, e ignoraba que lo ignorase, debía de sostener la conversación de una manera muy extraña. Un observador más atento y más sagaz, hubiera notado que ocurrían con frecuencia lances tan chistosos como suceden cuando se habla con un sordo que se empeña en contestar sin haber oído.

La contradicción que se nota en la misma relación de Cheselden, confirma las anteriores conjeturas. El oculista nos cuenta que el niño no podía distinguir los objetos por más diferentes que fueran en forma y tamaño; y sin embargo añade que encontraba más agradables los que eran más regulares; luego los distinguía; sin este discernimiento, la sensación no podía ser más ni menos grata.

Y aquí es de notar que en la alternativa de la contradicción, debemos optar por el discernimiento, teniendo como tenemos en pro una razón muy poderosa. Cuando se le ofrecerían dos figuras una regular otra irregular, y se le harían preguntas sobre las diferencias y semejanzas de las mismas, respondería disparatadamente hasta el punto de hacer sospechar que no las distinguía. La razón de esto, a más de la confusión de las sensaciones que más o menos, siempre padecería, se halla en la ignorancia de lenguaje; pues aun cuando las distinguiera perfectamente, no podía ni entender lo que se le preguntaba, ni expresar lo que sentía. Pero cuando se le interrogaba sobre una calidad de la impresión, para producir placer o disgusto, entonces se hallaba en un terreno común a todas las sensaciones: las ideas de grato y de ingrato, no eran para él cosas nuevas, y por lo mismo sobre ellas podía decir sin vacilar: «esto me gusta más, aquello no me agrada tanto».

En resumen, creo que los fenómenos del ciego de Cheselden solo prueban que la vista, como todos los demás sentidos, ha menester cierta educación; que sus primeras impresiones son por necesidad confusas; que el órgano no adquiere la debida robustez y precisión sino después de largo ejercicio; y finalmente que los juicios formados en consecuencia, han de ser muy inexactos, hasta que la comparación acompañada de la reflexión haya enseñado a rectificar las equivocaciones. (Véase Lib. I. § 56).

Capítulo XIV. Se examina si la vista puede darnos idea del volumen

78. Se ha dicho que la vista no era capaz de darnos idea de un sólido o de un volumen, y que para esto era indispensable el auxilio del tacto. Creo poder demostrar lo contrario hasta la evidencia.

¿Qué es un sólido? Es un conjunto de tres dimensiones; si la vista nos hace formar idea de la superficie, en la cual entran por necesidad dos dimensiones, ¿por qué no podrá lo mismo con respecto a la otra? Esta sola reflexión basta para demostrar que se ha negado sin razón a este sentido la facultad indicada; sin embargo no quiero limitarme a esto, sino que probaré la existencia de la expresada facultad con la rigurosa observación y el análisis de los fenómenos visuales.

79. Convengo de buen grado en que si suponemos un hombre reducido al solo sentido de la vista, con los ojos inmóviles, y fijos sobre un objeto también inmóvil, no alcanzará a discernir entre lo que en dicho objeto haya de sólido y lo de mera perspectiva: o en otros términos, todos los objetos pintados permanentemente en su retina, se le presentarán como proyectados en un plano. La razón de esto se funda en las mismas leyes del órgano de este sentido, y de la transmisión de sus impresiones al cerebro. El alma refiere la sensación al extremo del rayo visual; y como en el caso presente, no habría podido hacer comparaciones de ninguna clase, no tendría ningún motivo

para colocar esos extremos, unos más lejanos que otros, lo que constituye la tercera dimensión.

Para comprender mejor esta verdad, supongamos que el objeto visto fuese un cubo dispuesto de tal manera que se presentasen al ojo tres de sus caras. Claro es que los tres planos aunque iguales, no se ofrecerían al ojo de la misma manera, por efecto de que su posición respectiva no les permitiría enviar al ojo sus rayos de luz de un modo igual. Pero como el alma no habría tenido ocasión de comparar esta sensación con ninguna otra, no sería capaz de apreciar la diferencia producida por la distinta posición y la mayor distancia; y así referiría todos los puntos a un mismo plano, tomando por desiguales las caras del cubo que en realidad no lo eran.

La vista pues en tal caso, presentaría todo el objeto en un plano de perspectiva; y como además no habría medio de apreciar ni aun de conocer la distancia del ojo al objeto, probablemente se creería el objeto pegado al mismo ojo, o hablando con más verdad y rigor, la sensación no nos representaría más que un simple fenómeno cuyas relaciones y causa no podríamos explicarnos.

80. Es probable, que si permaneciendo fijo el ojo, pudiéramos abrir y cerrar los párpados, ya nos formaríamos idea de que el objeto visto está fuera de nosotros; de suerte que con solo este movimiento, tendríamos ya un punto de comparación, por la sucesión de desaparecer y reproducirse alternativamente la sensación del objeto con la interposición o no interposición de un obstáculo. Entonces nacería ya por necesidad la idea de una distancia poca o mucha; y como esta sería en dirección perpendicular al plano del objeto visto, tendríamos idea del sólido.

Afortunadamente la naturaleza ha sido más benéfica para nosotros, y no hemos de limitarnos a un supuesto que tanto escatima los medios de adquirir ideas de las cosas. Sin embargo no habrá sido inútil examinar el fenómeno en esta suposición, porque de este examen sacaremos luz para la inteligencia de lo que me propongo demostrar.

81. En mi concepto, la vista para dar origen a la idea de un sólido, necesita del movimiento. El movimiento es una condición indispensable; siendo de notar que basta que esté en los objetos, o en el ojo.

Para mayor claridad supondremos el ojo inmóvil; veamos cómo por el movimiento de los objetos, puede la sola sensación de la vista presentarnos el sólido, o engendrar la idea de él. Toda la dificultad está, en manifestar cómo se puede añadir a las dos dimensiones que constituyen el plano, la tercera que completa el sólido.

Sea un ojo fijo mirando hacia un punto A, donde está colocado un paralelepípedo recto y rectángulo B, de manera que se oculten enteramente las dos bases, y que la recta que va del centro del ojo a la arista, divida el ángulo diedro en dos partes iguales. Supondremos también cada una de las caras del paralelepípedo de diferente color, siendo respectivamente, blanca, negra, verde y encarnada. En este caso, el ojo ve los dos planos en uno mismo; por manera que la arista se le ofrece como una recta que divide dos partes de un mismo plano, las cuales solo se diferencian en el color. Le es imposible concebir la inclinación de los dos planos: pues refiriendo el objeto al extremo de la visual, y no habiendo podido comparar las variedades que resultan de la diferencia de distancias, de la posición, y del modo con que el objeto recibe la luz, no puede hacer más que distinguir las varias partes de un mismo plano.

En esto es fácil hacer la contraprueba. Es bien sabido que la perspectiva puede llegar a la perfecta imitación de un sólido; ahora bien, si suponemos que en vez de tener a la vista el sólido B, no hay más que un plano donde están exactamente representadas las dos caras vistas, la sensación será la misma, la ilusión podrá ser completa: luego hay dos medios diferentes de producir una sensación idéntica; luego cuando no precede comparación, no cabe discernimiento entre los dos medios; y es claro que la idea que naturalmente resultaría sería la más simple, esto es, la del plano.

82. Si suponemos que el paralelepípedo B gira alrededor de un eje vertical, irá presentando sucesivamente al ojo los cuatro planos; y según la mayor o menor inclinación de ellos a la visual se presentarán mayores o menores: de suerte que el máximum de la superficie de un plano ofrecido al ojo, será cuando el plano sea perpendicular a la visual; y el mínimum o cero, cuando le sea paralelo.

La sucesión y variedad de las sensaciones hará nacer desde luego la idea de movimiento, pues los mismos planos del paralelepípedo se presentarán ocupando distintos lugares. La uniformidad con que se irán sucesivamente ofreciendo siempre de la misma manera, sugerirá también la idea de que por ejemplo el verde que sale pocos momentos después del negro, es el mismo que se había visto poco antes, y así de los demás: y como constantemente, tras del uno se ocultará el otro, nacerá naturalmente la idea de la extensión en la dirección o prolongación de la visual, lo que basta para formar idea de un volumen.

Con la vista de un plano, teníamos ya las dos dimensiones que constituyen la superficie: para formarnos la idea del volumen solo faltaba la idea de otra dimensión, que no estuviese en el mismo plano, la que se habrá engendrado por el movimiento del paralelepípedo.

83. Este movimiento que antes se verificaba al rededor de un eje vertical, puede después suponerse en torno de un eje horizontal; y entonces se nos presentarán sucesivamente dos caras opuestas, y las bases del paralelepípedo, con diferentes aspectos, según su varia posición, o en otros términos, según el ángulo de los planos con la visual. Estas apariencias contribuirán más y más a producir la idea de otra dimensión que no está en el plano primitivo, y por tanto a suplir lo que faltase para tener idea del volumen.

84. De la propia suerte que hemos supuesto el objeto en movimiento y el ojo fijo, podemos suponer fijo el objeto, y en movimiento el ojo: el resultado será el mismo: porque es claro que si el ojo se mueve alrededor del paralelepípedo, ya en torno del eje vertical ya del horizontal, experimentará las mismas impresiones que cuando él estaba quieto, y el paralelepípedo se movía. Con lo cual, aunque supongamos que el sujeto que ve, está destituido enteramente del sentido del tacto, y que así no puede percibir el movimiento propio, no obstante tendrá lo suficiente para formarse con solas las impresiones de la vista, las ideas que constituyen la del volumen. Verdad es que no le será posible discernir si es él quien se mueve, o si es el objeto; pero esto no quita la formación de la idea compuesta de las tres dimensiones.

Capítulo XV. La vista y el movimiento

85. He dicho que al observador no le será posible discernir si es él quien se mueve o bien el objeto; de lo que resulta que la simple visión no es suficiente: esto es verdad, y se demuestra fácilmente si se considera que en

un barco, no obstante el estar seguros de que nosotros nos movemos, se nos presentan de tal suerte en movimiento los objetos circunvecinos, que la ilusión, es completa. Aun más: si el movimiento del observador y el del objeto son simultáneos, en una misma dirección, y con la misma velocidad, desaparece toda idea de movimiento: como se echa de ver en los objetos que tenemos a la vista en el camarote de un barco.

Es de notar que si se combinan dos movimientos en el objeto, uno en nuestra dirección y otro en otra, percibimos este y no aquel. Así nos sucede cuando en los canales encontramos un caballo que camina en la misma dirección junto a la ventana de la barca: parécenos que el animal salta, sin adelantar: de los dos movimientos que tiene a un tiempo, solo notamos el vertical, mas no el horizontal.

La razón de esto es fácil de señalar: no podemos juzgar del objeto sino por las impresiones; cuando la impresión varía, nace la idea del movimiento, en otro caso no. Si el objeto o el ojo se mueven, hay sucesión de impresiones en la retina, hay pues idea de movimiento. Pero si el movimiento del objeto es seguido por el movimiento del ojo, se compensa el de aquel con el de este, y por tanto la impresión de la retina es la misma. Se verifica pues lo propio que si ambos estuviesen quietos.

86. Así se observa que si hay movimiento en el objeto y en el ojo, pero en velocidad desigual, solo percibimos la diferencia; esto es, que si nosotros andamos como 3 y el objeto como 5, solo nos parecerá que el objeto anda como 2; o sea la diferencia del 3 al 5. Si nuestro movimiento es más rápido, hasta los objetos movidos en la misma dirección nos parecerá que se mueven en la contraria: así cuando en un barco andamos en la dirección de la corriente, con más velocidad que el agua, parécenos que esta corre hacia arriba. Y si no se nos ofrece corriendo con velocidad igual a la de un objeto en quietud en el mismo lugar, es porque moviéndose en la misma dirección que nosotros, solo se nos hace sensible la diferencia. No percibiendo nosotros el movimiento del barco que anda como 5, un objeto fijo que esté a sus inmediaciones se nos presentará movido con la velocidad igual a 5. Si damos que el agua corre con velocidad igual a 3, su movimiento hacia arriba solo se nos presentará igual a 5-3=2.

87. De estas consideraciones parece inferirse que si bien la vista es suficiente para darnos idea del movimiento, no basta para hacernos discernir el propio del ajeno; y así, aun cuando el tacto no sea necesario para lo primero, lo será para lo segundo. Mas esto no es verdad: con la vista sola, podríamos llegar a distinguir entre el movimiento del ojo y el del objeto; y si bien en algunos casos no alcanzaríamos a ello, lo propio se verifica con el tacto. Ante todo conviene notar que en los ejemplos aducidos, de nada nos sirve el tacto para desvanecer la ilusión, siendo aun menos a propósito que la vista. En efecto: quien no poseyese sino el sentido del tacto, ¿cómo podría distinguir el movimiento de la embarcación, que se desliza suavemente a lo largo de un canal? Con el auxilio de la vista, llegamos tal vez a notar el movimiento de la embarcación, sobre todo si atendemos a los objetos a cuyas inmediaciones va pasando; pero con el tacto, de suyo limitado a lo que afecta inmediatamente el cuerpo, no nos es posible discernir nada del movimiento, cuando el cuerpo no está afectado por él. Es también digno de notarse que el movimiento discernido por el tacto, tampoco se refiere al objeto sino después de haberse adquirido este hábito por medio de una comparación repetida: si suponemos que por primera vez la mano se desliza sobre un cuerpo, no discerniríamos, si la mano se desliza sobre el cuerpo, o el cuerpo debajo la mano. La razón de esto es muy sencilla: la sensación del movimiento es esencialmente una sensación sucesiva; y esta sucesión existe, ya sea el miembro lo que se mueva, ya sea el cuerpo. Demos que la mano recorra la longitud de un cuerpo de superficie variada; iremos experimentando la variedad de sensaciones correspondientes a la superficie; y si después estando quieta la mano, pasa el cuerpo por ella con la misma velocidad de movimiento, y con igual presión y roce, las sensaciones serán idénticas. La experiencia está de acuerdo con la razón: cualquiera puede haber observado que al apoyarnos sobre un objeto resbaladizo, hay a veces incertidumbre de si es nuestro cuerpo lo que resbala, o el que tiene debajo. Luego, hasta con el tacto se verifica que el discernimiento entre el movimiento del miembro y el del objeto, no nace de la simple sensación.

88. En esta parte pues, el tacto no se aventaja a la vista; examinemos si esta por sí sola, es capaz, de hacernos distinguir entre el movimiento del ojo y el del objeto. Ya hemos notado que una sola sensación con respecto a un

solo objeto, no es suficiente; pero no es difícil demostrar que con la comparación de varias sensaciones podemos obtener este resultado.

Situado un ojo en un punto A, mirando el objeto B, este se presenta en el fondo del campo visual como proyectado en un plano. Para mayor claridad, imaginémonos que el objeto B es una columna en medio de un gran salón, y que el punto A es un ángulo de la misma pieza. La columna será vista como estampada en un punto de la pared opuesta. Si el ojo cambia de lugar, la columna se presentará en otro punto; de manera que si suponemos que el ojo da vuelta al rededor de la columna, esta se irá presentando sucesivamente en todos los puntos de todas las paredes del salón. Esta sucesión de fenómenos puede verificarse de la misma manera, suponiendo la columna móvil y el ojo fijo: porque es evidente que si situado un observador en el centro, la columna va dando vueltas, esta, sin que el observador se mueva, se irá pintando en todas las paredes. Luego una sensación visual sola con respecto a un solo objeto, no bastaría para discernir si lo que se mueve es el objeto o el ojo.

Pero añadamos la visión simultánea de otros objetos, y no será difícil descubrir cómo este discernimiento se engendra. Supongamos que el ojo al propio tiempo que ve la columna, ve otros cuerpos interpuestos entre él y las paredes: por ejemplo grandes candelabros, quinqués o también otras columnas. Veamos lo que sucede con el movimiento del ojo: al paso que la columna se proyecta en un punto diferente de la pared, se altera la posición de todos los demás objetos; las otras columnas, los candelabros, los quinqués, todo se proyecta en puntos diferentes: hay un cambio total de posición en todos los objetos. Veamos lo que sucede sin el movimiento del ojo; moviéndose la columna sola, nada se altera sino ella: los demás objetos continúan proyectados en los mismos puntos. Luego la simple vista nos presenta dos órdenes de fenómenos de movimiento totalmente diferentes.

1.º Uno en que todos los objetos mudan de posición.

2.º Otro en que solo la muda uno.

Estos dos órdenes de fenómenos no podrían menos de ser notados; y es evidente que con la ayuda de la reflexión, excitada e ilustrada por la repetición de los fenómenos, se llegaría a inferir que cuando hay una alteración total y constante de todos los objetos, no son estos los que se mueven sino el ojo; y que por el contrario, si el variar de posición se verifica únicamente en alguno o algunos objetos, permaneciendo los demás en la misma posición, lo que se mueve no es el ojo, sino los objetos que la toman diferente.

Cuando todo se alteraría en rededor nuestro, inferiríamos que es el ojo lo que se mueve; cuando uno o pocos objetos, deduciríamos que se mueven estos y no el ojo. Y si bien se observa, no solo es esto lo que sucedería sino también lo que sucede; porque las ideas nacidas del tacto son de suyo muy limitadas; y así no es posible que de él nazcan las de los movimientos de objetos distantes, que no se pueden tocar.

89. Creo haber demostrado que la pretendida superioridad del tacto carece de fundamento; que no es verdadera la opinión que le señala como base de nuestro conocimiento con relación a los objetos externos, haciéndole la piedra de toque de la certeza de las sensaciones trasmitidas por los demás sentidos. Sin él podemos adquirir la seguridad de la existencia de los cuerpos; sin él nos formamos idea de la superficie y del volumen; sin él conocemos el movimiento; sin él alcanzamos a distinguir cuando ese movimiento pertenece al objeto o al órgano que recibe la impresión. La teoría de las sensaciones que acabo de exponer, los resultados que se deducen de las relaciones de dependencia o independencia de los fenómenos entre sí, y con nuestra voluntad, todo se aplica a la vista lo propio que al tacto.

90. Resumiendo las doctrinas explicadas hasta aquí resulta lo siguiente:

1.º Distinguimos el sueño de la vigilia, aun prescindiendo de la objetividad de las sensaciones.

2.º Distinguimos dos órdenes de fenómenos de sensación interna y externa; prescindiendo también de la objetividad.

3.º Los sentidos nos cercioran de la existencia de los cuerpos.

4.º Las sensaciones no tienen en lo exterior objeto parecido a lo que nos representan, excepto la «extensión» y el movimiento.

5.º El tacto no goza del privilegio de ser la piedra de toque de la certeza.

6.º Todo cuanto sabemos por conducto de los sentidos se reduce a que hay seres externos, extensos, sujetos a leyes necesarias, y que nos causan los efectos llamados sensaciones.

Capítulo XVI. Posibilidad de otros sentidos

91. La-Mennais ha escrito: «¿Quién nos dice que un sexto sentido no perturbaría el acuerdo de los demás? ¿En qué se podría fundar la negativa? Supongámonos sentidos diferentes de los que nos ha dado la naturaleza, ¿nuestras sensaciones e ideas no serían diferentes también? Quizás, para arruinar toda nuestra ciencia, bastaría una ligera modificación en nuestros órganos. Quizás haya seres organizados de tal manera que estando sus sensaciones en oposición con las nuestras, es verdadero para nosotros lo que es falso para ellos, y viceversa. Porque al fin, si bien se observa, ¿qué relación necesaria se descubre entre nuestras sensaciones y la realidad de las cosas? Y aun cuando existiese, ¿cómo nos lo harían conocer nuestros sentidos?» («Ensayo sobre la Indiferencia» Tom. 2. Cap. 13).

Estas palabras encierran varias cuestiones sumamente graves, dignas de ser examinadas con detenimiento.

92. ¿Hay imposibilidad intrínseca que se oponga a una organización diferente de la que poseemos, y por lo mismo, a un género y orden de sensaciones totalmente diverso del que experimentamos? Parece que no; y si esta imposibilidad existe, el hombre no la conoce.

Sea cual fuere la opinión que se adopte con respecto al modo con que los objetos externos obran sobre el alma por medio de los órganos del cuerpo, no resulta ninguna relación necesaria, ni siquiera analogía, entre el objeto y el efecto que en nosotros produce.

Un cuerpo recibe en su superficie los rayos del fluido que llamamos «luz»; estos reflejando, vienen a parar a la retina, es decir a otra superficie, que está en comunicación con el cerebro: hasta aquí todo va bien; todo se comprende; hay un fluido que se mueve, que va de una superficie a otra, y que puede causar este o aquel efecto puramente físico, en la materia cerebral: pero ¿qué relación hay entre todo esto y esa impresión de un orden totalmente distinto, que se llama «ver»? esa impresión que ni es el fluido, ni el movimiento, sino una afección de que tiene íntima conciencia el ser que vive, que piensa, el «yo»?

Si en vez del mecanismo del fluido luminoso, suponemos otro totalmente distinto, por ejemplo el del aire que vibra y va a dar en el tímpano, ¿qué razón «esencial» hay para que no produzca una sensación semejante a la de la vista? Preciso es confesar que razón «esencial», no se puede señalar ninguna. A quien no tuviese idea de la organización actual, tan incomprensible le parecería lo uno como lo otro.

93. Lo dicho del oído y de la vista, es aplicable a los demás sentidos: en todos hay un órgano corpóreo, afectado por un cuerpo: vemos superficies, o presentadas las unas delante de las otras, o sobrepuestas; vemos movimientos de esta o aquella clase; pero, ¿cómo salvar la inmensa distancia que va de estos fenómenos físicos al fenómeno de la sensación? Por mi parte no encuentro medio: este es un punto en que se detiene la inteligencia humana; todas las apariencias indican que no hay más relación entre estos dos órdenes de fenómenos que la establecida «libremente» por la voluntad del Criador; si existe alguna conexión necesaria, esta necesidad es para el hombre un secreto. Considérense los tejidos que reciben la impresión de los objetos, la masa de que se forma el sistema nervioso conducto de la sensación; y véase qué relación hay entre los fenómenos físicos de esta materia, y el admirable conjunto de los fenómenos sensibles; no se encuentra ninguna.

94. Sube de punto la dificultad si se considera que los órganos, aun conservándose sin lesión alguna, cesan de producir sensaciones desde el momento que están incomunicados con la masa cerebral, o que esta sufre algún trastorno: por manera que la visión se verifica en la cavidad del cráneo, en medio de la más completa oscuridad; y toda esa admirable magia de las sensaciones con que se presenta a nuestro espíritu el magnífico espectáculo del universo, con que llegan hasta el fondo de nuestra alma los prodigios de la música, con que nos saboreamos en exquisitos manjares, en delicados aromas; todo esto se verifica por medio de la masa cerebral, es decir, de una materia blanquecina, al parecer informe y grosera, y de la cual nadie pudiera sospechar que estuviese dedicada a funciones tan nobles.

95. ¿Qué razón hay para que afectado el nervio A en comunicación con dicha masa, hayamos de experimentar la sensación que llamamos «ver», y afectado el nervio B, la que llamamos «oír», y así de los demás sentidos? Razón la habrá, pero no la conocemos; y probablemente no es otra que la libre voluntad del Criador. Con esto la filosofía confiesa su debilidad, es cierto; pero ¿no manifiesta también su alcance, viendo que de un fenómeno a otro

hay distancia inmensa, y que no puede haber entre ellos más punto de comunicación que el establecido por la misma mano del Todopoderoso? Cuando hay causas segundas, el mérito de la filosofía está en señalarlas; pero cuando no existen, este mérito se cifra en elevarse a la primera. Un «no sé» es a veces más sublime para la razón humana, que los esfuerzos impotentes de un orgullo destemplado; el entendimiento también puede ser alto comprendiendo su ignorancia; porque es alto el entendimiento que comprende altas verdades; y a veces la ignorancia es también una verdad muy alta.

96. Es posible pues un nuevo sentido; o al menos no descubrimos en su existencia ninguna imposibilidad. Si el sordo que no tiene idea de los sonidos, el ciego que no sabe lo que son colores, procederían muy mal negando la posibilidad de las sensaciones de que ellos carecen; no discurriríamos con más acierto nosotros afirmando que no es posible un orden de sensaciones diferente del que tenemos.

Si se examina a la luz de la razón el sistema de las sensaciones actuales, no se descubre ninguna dependencia esencial entre ellas y su órgano respectivo, ni entre este y el objeto y circunstancias con que es afectado. ¿Por qué la impresión de la luz sobre los ojos me ha de causar una sensación determinada, que no pueda resultar de la misma impresión en otra parte? ¿Por qué el cerebro no podría recibir de varias maneras una impresión semejante? Y además; ¿por qué ha de ser cabalmente ese fluido que apellidamos «luz», el que nos cause esta impresión? ¿Qué repugnancia se descubre en que la misma sensación de «ver» dimane de otras afecciones cerebrales? Un golpe en la cabeza nos produce la sensación de muchos puntos luminosos; y de aquí el dicho vulgar «me ha hecho ver las estrellas en medio del día». Preciso es confesar, que la filosofía nada sabe sobre estos arcanos; y que hasta ahora no ha sido capaz de penetrar en ellos: nada puede responder a las cuestiones propuestas; ve un orden de hechos, mas no un enlace necesario entre los mismos; antes bien, juzgando por las ideas que tiene sobre los espíritus y los cuerpos, todo la lleva a creer que para esos fenómenos de nuestra vida, no hay más razón que la voluntad del Criador.

97. Si es posible un orden de sensaciones enteramente nuevo, no envuelve ninguna contradicción un animal dotado de un sexto o séptimo sentido: la

imaginación no alcanza lo que serían las nuevas sensaciones, pero la razón no ve en ellas ninguna imposibilidad.

Capítulo XVII. Existencia de nuevos sentidos

98. ¿Es cierto que nosotros mismos no tengamos más que cinco maneras de sentir? Yo abrigo sobre esto algunas dudas. Para presentarlas con toda claridad, y resolver las cuestiones a que dan pie, conviene fijar bien la significación de las palabras.

¿Qué es sentir? En la acepción más ordinaria, expresa percibir la impresión que se nos trasmite por alguno de los órganos de los cinco sentidos. Tomada la palabra en dicha acepción, claro es que debe limitarse a estos solos; pero considerado en cuanto expresa cierta clase de fenómenos animales, significa experimentar alguna afección, motivada por una impresión del organismo. Y esto es tanta verdad que en el mismo uso común se emplea la palabra sentir, en una acepción más lata, no limitándola a las impresiones de los cinco sentidos. Y si bien es cierto que cuando se expresa esta idea sustantivamente, se hace gran diferencia entre el «sentimiento», y la «sensación»; no obstante, aun en este caso, la fuerza misma de las cosas lleva repetidas veces a emplear la palabra «sensación», en acepciones que nada tienen que ver con las de los cinco sentidos. Así se dice: «la noticia causó una sensación profunda». «No pudo resistir al impulso de sensaciones tan vivas etc. etc.»; en cuyos casos es evidente que no se trata de ver, oír, oler, gustar y tocar, sino de un orden de afecciones del alma totalmente diverso.

99. He dicho que la fuerza de las cosas induce a emplear la palabra en sentido más lato; y esta fuerza consiste en que bien examinada la materia, se echa de ver que la acepción lata es más exacta que la circunscrita. Porque a los ojos de la filosofía, el fenómeno de sentir consiste en resultar en el alma una afección determinada por una impresión orgánica; y claro es que existiendo esta afección sea del orden que fuere, y sea cual fuere también el órgano afectado, el fenómeno animal es en substancia el mismo. La diferencia está en la clase de afección, y del órgano que es su conducto; pero la esencia del fenómeno no se muda. Y si llamamos sensaciones a especies de afecciones tan diversas como las de la vista y del tacto, ¿por qué no

podremos aplicar este nombre a otras impresiones causadas por un órgano cualquiera?

100. Pero sea lo que fuere del uso de las palabras sentir y sensación, lo cierto es que a más de las afecciones de los cinco sentidos, experimentamos muchas otras causadas por impresiones orgánicas. ¿Qué son las pasiones sino afecciones del alma nacidas de cierta disposición de los órganos? El amor, la ira, la compasión, la alegría, la tristeza, y tantas otras que nos agitan y perturban, ¿no son excitadas muchas veces por la simple presencia de un objeto?

101. Se dirá que hay una diferencia esencial entre las impresiones de los sentidos y las de las pasiones, y es que aquellas prescinden de toda idea anterior, de toda reflexión, y estas las suponen siempre más o menos des-envueltas. Así, presentado un objeto a nuestros ojos abiertos no podemos menos de verle, y siempre de la misma manera; y sin embargo este mismo objeto unas veces excitará en nosotros una pasión, otras otra, a veces nin-guna, y casi siempre con mucha variación en sus grados de intensidad. No es además la simple presencia del objeto lo que nos afecta; son necesarias distintas condiciones; como por ejemplo, el recuerdo de un beneficio o de una injuria, la idea de sus padecimientos etc.; con lo cual se echa de ver que hay una diferencia esencial entre estas dos clases de impresiones.

Si bien se reflexiona sobre la dificultad que acabo de proponer, se encon-trará que por más especiosa que sea, y por mucha verdad que encierre, no destruye nada de lo establecido más arriba. En efecto: yo no he dicho que las nuevas impresiones no estuviesen sujetas a condiciones muy diferentes de las que median para los cinco sentidos; antes al contrario, he supuesto siempre, que la diferencia podía estar no solo en la clase de impresión y en la diversidad del órgano, sino también en la manera con que este era afectado, y circunstancias con que por su conducto se producía la sensación en el alma; solo he sostenido que el fenómeno animal era en substancia el mismo, que vemos en él las tres cosas que constituyen su naturaleza, objeto cor-póreo; órgano afectado por este; impresión producida en el alma. Que esta impresión para existir, necesite del adminículo de esta o aquella idea, de este o aquel recuerdo, no quita que el fenómeno exista, y que sea el mismo: hay una condición nueva y nada más.

102. Pero aun se puede hacer aquí otra observación: no hay necesidad de admitir que sea menester alguna idea o reflexión para que nazcan en el alma ciertas impresiones a la vista de un objeto: la experiencia de cada día nos enseña lo contrario. ¿Cómo es que la presencia de un objeto, cautive en un instante un corazón tierno, y quizás inocente? ¿De dónde nace aquella fascinación repentina, no precedida de ninguna idea, que no trae consigo reflexiones, y que apenas las consiente? No hay el pensamiento de goces groseros, pues quizá ni aun sabe su existencia el que experimenta la emoción, y por la vez primera siente en su pecho una turbación antes desconocida; luego es preciso recurrir a una afección orgánica, semejante a lo que se experimenta en los demás sentidos. Enhorabuena que sean necesarias ciertas condiciones de edad y de temperamento, que haya sido necesario entre mil objetos uno con circunstancias particulares, de las que no acierta a darse cuenta a sí propio el corazón conmovido: pero la verdad es, que hay un objeto externo, una afección del organismo, y una impresión en el alma, todo coexistiendo enlazado por un vínculo misterioso, pero innegable.

En los fenómenos relativos a la reproducción es fácil notar una serie de impresiones vivísimas, nacidas de la simple presencia de los objetos: y si bien es verdad que suelen presuponer la acción de algunos de los cinco sentidos, no obstante las variadas afecciones que con este motivo se producen en el alma, pertenecen a un orden totalmente distinto. Y para saber que estas afecciones dependen de la organización, no son necesarios conocimientos fisiológicos; basta recordar que la edad, el estado de la salud, el temperamento, los alimentos, el clima, las estaciones, y otras causas semejantes, tienen en esta clase de fenómenos muchísima influencia.

103. Entre los sentimientos y las sensaciones hay una diferencia que, si bien no altera la esencia del hecho, fisiológica y psicológicamente considerado, no obstante parece modificarle algún tanto en sus relaciones intelectuales y morales. Las pasiones se excitan comúnmente por un objeto animado y sensible; y por lo mismo parece que más bien hay una comunicación de espíritu con espíritu, de alma con alma, que no de cuerpo con cuerpo. Una mirada lánguida y dolorosa no solo de una persona humana, sino también de un animal, excita instantáneamente en nuestro pecho el sentimiento de la compasión; pero la mirada no causa este efecto sino en cuanto nos expresa

el sufrimiento de aquel viviente. Esta observación es exacta; mas no prueba otra cosa sino que hay en la naturaleza misteriosos conductos por los cuales se nos trasmite el conocimiento de cosas ocultas; pero esta transmisión se hace por medio de un cuerpo, que afecta de un modo particular nuestra organización. Habrá si se quiere una magia hasta cierto punto más admirable, más penetrante, más espiritual, que la de los simples sentidos; pero la diferencia estará en el más y en el menos, no en la naturaleza del fenómeno.

Es cierto que los vivientes, y en particular los de una misma especie, están de continuo en una comunicación que excita recíprocamente sus afecciones; y que muchas de estas suponen una correspondencia misteriosa, trasmitida por agentes enteramente desconocidos. La naturaleza física está inundada de fluidos cuyas calidades va descubriendo todos los Diaz la observación científica; los fenómenos de la electricidad y del galvanismo nos han revelado secretos que no sospechábamos siquiera; ¿quién sabe por qué medios funciona, ese vasto y complicado sistema de la vida animal, desparramado por el universo?... Es probable que haya profundos secretos que descubrir en la correspondencia de las organizaciones, y en el modo con que influyen unas sobre otras; pero secretos que quizás estén velados para siempre a los ojos del débil mortal.

104. No es verdad tampoco que la excitación de las pasiones sea únicamente debida a la correspondencia con otro ser sensible; mil veces dimana de causas inanimadas que afectan nuestra organización. ¿Por qué nos hallamos ahora alegres, después tristes, al presente pacíficos, luego irritables, sin que hayamos estado en comunicación con ningún ser viviente? Claro es, que esto depende de haber sido afectada nuestra organización, sin relación a lo que experimenta otro ser sensible.

105. Luego, a más de las impresiones causadas por los cinco sentidos, hay otras que dimanan de seres puramente corpóreos, inanimados. Luego, a más del orden de fenómenos de las sensaciones comunes, hay otros que no se diferencian de ellos, sino en la clase de impresión, y en el órgano por el cual se nos trasmiten. Luego, no hay más diferencia de estas impresiones a las primeras, que lo que va de las recibidas por uno de los cinco sentidos, a las recibidas por otro. Luego, no es exacto que no haya sino cinco modos de sentir.

Capítulo XVIII. Solución definitiva de la dificultad de La-Mennais

106. ¿Qué inferiremos de esto? una consecuencia muy importante: la solución de la dificultad presentada por La-Mennais. La existencia de otros sentidos nos traería otras sensaciones; es cierto; mas no perturbaría el acuerdo de las actuales. ¿Por qué? Porque hemos demostrado que los cuerpos afectan nuestra organización de una manera diferente, y producen impresiones diversas de las de los cinco sentidos; y sin embargo con esto no se turba el acuerdo de las sensaciones, ni se alteran nuestras ideas: luego la suposición de La-Mennais no traería consigo el desorden que él sospecha.

107. Las sensaciones en sí mismas, no son más que afecciones del alma; y en lo exterior, no tienen otra cosa que les corresponda sino la existencia y extensión de los cuerpos: luego un nuevo orden de sensaciones solo sería un nuevo orden de afecciones, que no alteraría en nada nuestras ideas.

Por lo dicho hasta aquí, se echa de ver que la suposición de La-Mennais está ya realizada; porque existen sensaciones diferentes de las de los cinco sentidos; luego no se puede atacar con semejante suposición el orden y la naturaleza de nuestras ideas, y la certeza de nuestras conocimientos.

De un instrumento músico ricamente trabajado de una madera aromática, salen gratas impresiones para el oído, la vista, el tacto y el olfato; lo uno no destruye ni altera lo otro; si suponemos pues que el mismo objeto está en nuevas relaciones con nuestra organización, produciendo en el alma impresiones nuevas, ¿por qué será imposible que existan estas junto con aquellas? Lo melodioso del sonido, ¿cesa por ventura al excitarse en nuestra alma mil afectos diferentes, que en su naturaleza nada tienen que ver con él? no ciertamente. ¿A qué pues temer el trastorno de nuestros conocimientos por la introducción de un nuevo orden de sensaciones? ¿A qué dar tanta importancia a una suposición, cuyos efectos podemos calcular muy bien, pues que examinados a fondo los actuales fenómenos sensitivos, la vemos ya realizada?

108. Es verdad que no conocemos otro medio de ponernos en contacto con los cuerpos exteriores, sino por uno de los cinco sentidos; pero también lo es que existiendo ese contacto, hay correspondencias tan misteriosas

entre el alma y los objetos externos, que son totalmente inexplicables, atendiendo tan solo a las simples sensaciones por cuyo medio se ha establecido la comunicación.

Notemos lo que sucede con los mágicos efectos de la música. Reflexionando sobre ellos se descubre que son de dos órdenes: el puramente auditivo, y el intelectual y moral: el uno se detiene por decirlo así en el tímpano, el otro llega al cerebro y al corazón; y tal hombre será de organización muy a propósito para lo uno que no lo será para lo otro. Dos sujetos oyen una sonata, ambos perciben igualmente la música «material»; mas no experimentan los mismos efectos intelectuales y morales. Ambos advertirán el más mínimo desliz de la voz, de un instrumento, del compás; ambos admirarán el arte y el acierto del compositor; ambos gozarán con el mágico embeleso; pero mientras el cerebro y el corazón del uno habrán salido apenas de su estado ordinario y no percibirán más que un placer «material»; se habrán exaltado sobre manera el corazón y el cerebro del otro: su fantasía se sentirá con multiplicadas fuerzas, bullirán en su cabeza los pensamientos y las imágenes, cual si al son del mágico instrumento descendieran sobre su frente inspiraciones divinas. Su corazón estará vivamente agitado: la dulcísima ternura, la profunda y suave melancolía, el odio, el amor, la ira, la generosidad, la audacia, el ímpetu, nacerán repentinamente en su pecho; sentiríase bajo una influencia mágica que le conmueve a pesar suyo: las vibraciones de una cuerda habrán levantado en su corazón misteriosas tempestades que los esfuerzos de la razón bastan apenas a dominar.

109. Esto ¿qué nos dice? Nos dice que a más de las relaciones comunes entre los objetos y los órganos de los sentidos, hay otras más íntimas y delicadas entre aquellos y el sistema de nuestra organización; y que nos constan por la experiencia con igual certeza que las comunes. Hay en ellas más variedad entre los distintos individuos; son más desconocidas las condiciones necesarias para que resulten efectos determinados; pero no cabe duda sobre su existencia; y esto es suficiente para que a los ojos de la sana filosofía no causen mella esas suposiciones con que se pretende minar el edificio de nuestros conocimientos.

110. Resulta pues demostrado lo que se ha de contestar a la siguiente dificultad: «si se nos diese un nuevo sentido ¿qué sucedería?» Nada que

destruyese la certeza de nuestros conocimientos, ni alterase el orden y naturaleza de las ideas; no ocurriría otra novedad, sino que sobre los muchos modos con que nuestra organización es afectada por los objetos, habría uno más. Nos sucedería lo que a un hombre que estuviese privado del olfato, y se lo diesen de repente: tendría una sensación más; nos sucedería lo que a un hombre en cuyo pecho brota de repente un sentimiento que antes no había experimentado: tiene una afección más. Las nuevas impresiones se colocan en su puesto, y no destruyen ni alteran las otras.

Libro tercero. La extensión y el espacio

Capítulo I. La extensión inseparable de la idea de cuerpo

1. Supuesto que entre los objetos de las sensaciones la extensión es lo único que para nosotros existe en lo exterior, como algo más que un principio de causalidad, examinemos a fondo qué es la extensión.

Por de pronto, parece que la idea de extensión es inseparable de la de cuerpo. Yo por lo menos no alcanzo a concebir lo que es un cuerpo inextenso. En faltando la extensión, desaparecen las partes, desaparece todo cuanto tiene relación con nuestros sentidos: o no queda objeto, o es una cosa muy diferente de cuanto encerramos en la idea de cuerpo. Concibamos una manzana: hagámosla de repente inextensa; ¿a qué se reduce?

Prescindiré por ahora de si tiene razón Descartes cuando hace consistir en la extensión la esencia del cuerpo; pero sé muy bien que sin la extensión no concibo el cuerpo. No afirmo la identidad de dos cosas, sino la inseparabilidad de dos ideas en nuestro entendimiento. No se trata de una opinión, sino de un hecho, que el sentido íntimo nos atestigua.

Es verdad que haciendo abstracción de la extensión, se puede concebir una substancia, o más generalmente, un ser, pero entonces ya no hay idea de cuerpo, si no la queremos confundir con la de substancia o la de ser, en general.

2. Todas las nociones que tenemos de los cuerpos nos vienen por los sentidos; faltando la extensión, faltan todas las demás sensaciones; pues sin ella no hay ni tacto, ni color, ni sonido, ni olor; resulta pues, o un objeto reducido a una cosa de que no tenemos ninguna idea, o solo nos quedará una noción abstracta, por la cual no podremos distinguirle de los otros: una pura abstracción, nada más.

3. Si se quisieran deshacer las dificultades que se oponen a la separación de las dos ideas, extensión y cuerpo, sería preciso determinar la esencia del cuerpo; y cuando conociéramos su esencia distinta de la extensión, entonces habríamos soltado la dificultad; de otra manera, no.

4. Para comprender más a fondo la razón de esta inseparabilidad, es necesario tener presente el hecho consignado ya más arriba, a saber, que la extensión es la base de todas las demás sensaciones; siendo con respecto

a ellas una especie de recipiente, de «substratum», que no se confunde con ninguna, que no depende de ninguna en particular, y que es para todas una condición indispensable.

Tengo a la vista una manzana, y voy a examinar la relación que entre sí tienen las sensaciones que me produce.

Es evidente que puedo prescindir del olor sin destruir ninguna de las otras sensaciones que de ella emanan. Siendo inodora, todavía me queda extensa, colorada, sabrosa, y aun sonora en cuanto es capaz de producir algún ruido. De la propia suerte puedo prescindir del sabor, y aun del color, y de cuanto tiene relación con la vista; pues aun en este caso me resulta un objeto tangible, y por lo mismo, extenso, figurado, y con las demás propiedades que afectan el tacto.

Si en vez de prescindir de lo que se refiere a la vista quiero prescindir de lo que pertenece directamente al tacto mismo, puedo también hacerlo sin destruir las demás sensaciones: pues todavía se ofrecerá a mis ojos la manzana con su extensión, figura y colores, y podrá conservar las calidades relativas a los demás sentidos.

Aun puedo llevar más allá la abstracción. Si despojo a la manzana de todas las calidades que la ofrecen a mis sentidos, privándola de sabor, de olor, de color, de luz, y además de calor o frío, de blandura o dureza, y de cuanto puede hacerla sensible al tacto, todavía me queda la extensión; no sensible, pero sí concebible. La extensión existe, prescindiendo de su visibilidad, pues que existe para el ciego; prescindiendo de lo tangible, pues existe para la simple vista; prescindiendo del olor, sabor y sonido, pues existe para los privados de dichos sentidos, con tal que tengan o vista o tacto.

5. Aquí ocurre una dificultad: parece muy posible que haya equivocación en lo que se ha dicho de la existencia de la extensión abstrayendo de las demás sensaciones; porque si bien al hacer esta abstracción nos concebimos privados de las sensaciones, no perdemos sin embargo la «imaginación» de las mismas: así, cuando quito a la manzana todo color, toda luz, se me ofrece la manzana extensa, es cierto; pero es porque todavía imagino el color, o si me esfuerzo en privarla de él, me resta como un objeto negro, en un fondo más o menos oscuro, distinto de la manzana. Esto parece probar que hay ilusión en dichas abstracciones, y que no hay ninguna abstracción completa;

pues a la realidad de ellas, sucede la imaginación de las mismas, o de otras que las suplen para que la extensión sea percibida.

Esta objeción es especiosa, y sería muy difícil desvanecerla satisfactoriamente, si la existencia de hombres privados de la vista no la disipase de un soplo. En efecto: ninguna de dichas imaginaciones tienen cabida tratándose de un ciego: para él no hay ni color, ni sombras, ni luz, ni oscuridad, ni nada de cuanto se refiere a la vista; y sin embargo él concibe la extensión: luego la dificultad claudica por su basa, viene al suelo.

6. Pero al menos, se nos replicará, es menester confesar que la idea de extensión tiene necesaria relación de dependencia con las sensaciones del tacto: los ciegos poseen como nosotros este sentido, y por él adquieren la idea de extensión. Luego la idea de extensión es inseparable de las sensaciones del tacto. Tampoco esta consecuencia es legítima. Es verdad que por el tacto nos viene la idea de la extensión; que este sentido basta para darla, como se ve en los ciegos; pero no lo es que el tacto sea necesario para ella. Ya he demostrado más arriba que la simple vista es suficiente para proporcionarnos el conocimiento de las tres dimensiones, que es lo que constituye el volumen, o la extensión en todo su complemento. Además, aquí puedo prescindir de la idea de volumen, me basta la de superficie; la extensión de superficie es inseparable de la visión. No hay visión cuando no hay color, o luz, de un modo u otro; y esto es imposible, basta imaginarlo, cuando no hay superficie.

Otra razón. Los geómetras, conciben sin duda la extensión; y sin embargo prescinden absolutamente de sus relaciones con el tacto y la vista: luego no hay entre estas y aquella ninguna conexión necesaria.

En un objeto cualquiera sometido a la vista, ¿cuál será la calidad relativa al tacto, necesaria para darnos idea de la extensión? Examinémoslo, y veremos que ninguna. Tenemos delante un líquido; ¿se necesita la fluidez? no: pues congelándose, queda todavía la extensión. ¿El frío o el calor? no: pues salva la extensión, le haremos pasar por muchos grados del termómetro, sin alteración visible. Imagínese la calidad que se quiera de las relativas al tacto, y se notará que se la puede variar, modificar, o quitar del todo, sin alterar la extensión visible.

Nos acontece muchas veces que tenemos muy clara, viva, determinada la idea de la extensión de un objeto, sin saber nada sobre sus calidades relativas al tacto. Veo de lejos un objeto: su color y figura se me presentan a los ojos con todos sus pormenores; pero no sé de qué materia es, si de mármol, o de barro, o de cera; ni cuál es el estado de la materia, si es blanda o dura, húmeda o seca, caliente o fría. Hasta puedo ignorar si es tangible; como sucede en las figuras que se forman de simples vapores imperceptibles al tacto.

7. Sin extensión no hay visión ni tacto, ni tampoco es posible ninguna de las otras sensaciones. En cuanto al sabor no es difícil convencerse de ello si se advierte, que exige el tacto, y que faltando este, no puede existir aquel. No se presenta tan clara esta verdad con respecto al olor y al sonido; porque si bien es cierto que en nosotros estas sensaciones no se separan de la idea de extensión, envolviéndola siempre de un modo u otro, no obstante queda todavía por saber lo que sucedería a quien estuviese privado de todos los sentidos, excepto el oído y el olfato. Pero sin que sea necesario entrar en conjeturas en un supuesto semejante, basta el saber: 1.º Que sobre nuestra organización no puede obrar nada que no sea extenso, a no ser por medios que nos son enteramente desconocidos, y que ninguna idea nos dan de lo que entendemos por cuerpo, 2.º Que aun suponiendo que se recibiesen las sensaciones del oído y del olfato sin acompañarlas ninguna idea de extensión, ellas en tal caso no serían para nosotros más que simples fenómenos de nuestro espíritu, que no nos pondrían en comunicación con el mundo externo, tal como ahora lo comprendemos; porque si no conociéramos que proceden de otra causa no tendríamos más conciencia que la del «yo»; y si lo conociéramos, esta causa no se nos ofrecería sino como un agente que influía sobre nosotros, y de ningún modo como un ser que tuviese nada parecido a lo que entendemos por cuerpo. 3.º Que en tal caso, no tendríamos ninguna idea de nuestra propia organización, ni del universo; pues es claro que reducido todo a fenómenos internos, y a su relación con los agentes que los produjesen, siempre faltando la idea de extensión, ni el universo ni nuestro cuerpo mismo serían para nosotros nada de lo que son ahora. ¿Qué sería el mundo inextenso? ¿Ni nuestro cuerpo mismo? 4.º Que por ahora nos limitábamos a demostrar la dependencia en que según el sistema

actual, se hallan todas las sensaciones con respecto a la extensión; y esto no se destruye, aun suponiendo que quien no poseyese más que olfato u oído, no se formase idea de la extensión, ni la necesitase para experimentar sus sensaciones. 5.º Que aun en esta suposición, siempre queda en pie la proposición asentada: que la idea de la extensión es independiente de las demás sensaciones. 6.º Que permanece también firme la verdad cuya demostración nos proponíamos principalmente; a saber: que para nosotros la idea de extensión es inseparable de la de cuerpo.

8. Esta inseparabilidad es tan cierta que los teólogos al explicar el augusto misterio de la Eucaristía, han distinguido en la extensión del cuerpo, la relación de las partes entre sí, y la relación con el lugar: «in ordine ad se, et in ordine ad locum»; diciendo que el sagrado cuerpo de nuestro Señor Jesucristo está en aquel augusto Sacramento con la extensión «in ordine ad se», aunque carezca de la Cap «in ordine ad locum». Esto prueba que los teólogos han visto no ser posible al hombre perder toda idea de extensión, sin perder al mismo tiempo toda idea de cuerpo; y así han excogitado la ingeniosa distinción que hemos visto, y de la cual pienso hacerme cargo en otro lugar.

Capítulo II. Imperceptibilidad de la extensión como objeto directo e inmediato de las sensaciones

9. La extensión tiene la particularidad muy notable de ser percibida por diferentes sentidos: en cuanto a la vista y al tacto, es evidente; y tampoco es difícil convencerse de lo mismo con respecto a los demás. Percibimos el sabor en diferentes puntos del paladar; referimos el sonido y el olor a puntos distintos en el espacio: y todo esto envuelve la idea de extensión.

Pero lo singular que se ofrece en la extensión es que siendo una base indispensable para todas las sensaciones, y por lo mismo siendo percibida por todos los sentidos, ella en sí, y separada de toda otra calidad, es imperceptible a todos. La vista no percibe lo que de un modo u otro no está iluminado; el oído no percibe lo que no suena, ni el paladar lo que no sabe, ni el olfato lo que no huele, ni el tacto lo que no es o caliente o frío, seco o húmedo, duro o blando, sólido o líquido, etc. etc.; y sin embargo nada de esto es la extensión; ni nada de esto «en particular», es necesario para que sea percibida la extensión, pues que de todas estas calidades la encontramos a cada paso separada, sin dejar de ser perceptible. «En particular» pues, ninguna es necesaria a su perceptibilidad, pero disyuntivamente sí: una u otra de estas calidades le es indispensable; si alguna de ellas no la acompaña, es enteramente imperceptible al sentido.

De esto se infiere que la extensión es una condición necesaria a nuestras sensaciones; pero ella en sí misma, no es sentida. Mas por no ser sentida no deja de ser conocida: y esto me lleva a otras consideraciones, que saliendo del orden fenomenal, y entrando en el trascendental, dan lugar a cuestiones sumamente graves, sumamente difíciles, insolubles hasta ahora, y que es de temer lo sean también en adelante.

10. Hemos visto que la extensión en sí misma, no se confunde con el objeto de las demás sensaciones: ¿en qué consiste pues? Considerada en su naturaleza propia, ¿qué es?

En la idea de extensión podemos considerar dos cosas: lo que ella es en nosotros y lo que nos representa: o en otros términos, su relación con el sujeto o con el objeto. Lo primero, como que está sometido a observación inmediata, pues que existe en nosotros mismos, es difícil, más no imposible de explicar; lo segundo, como que versa sobre el objeto de una idea sumamente abstracta y trascendental, y además necesita de raciocinios, cuyos hilos se rompen fácilmente sin que el razonador advierta la rotura, es tan difícil que raya en lo imposible.

11. La extensión considerada en nosotros no es una sensación, sino una idea. La imaginamos a veces bajo forma sensible confundiéndola con un objeto determinado, o figurándonos una vaga oscuridad en que yacen los cuerpos; pero esto son puras imaginaciones, nada más. El ciego de nacimiento no puede tener ninguna de estas representaciones interiores, y no obstante concibe muy bien la extensión. Nosotros mismos pensamos sobre la extensión, prescindiendo de todas estas formas bajo las cuales nos la imaginamos.

Con dos sensaciones diferentes, la de la vista y la del tacto, no hay más que una sola idea de la extensión. Esto es concluyente para demostrar que la extensión es más bien inteligible que sensible.

Sea lo que fuere de las relaciones de la extensión con la sensación, no puede negarse que es una idea, si se reflexiona que sobre la extensión se funda toda una ciencia: la geometría. Con lo cual se echa de ver que si bien en nuestro interior hay varias representaciones de la extensión, estas no son sino formas particulares de que por decirlo así revestimos la idea, según los casos que ocurren; pero lo que hay en ella de fundamental, de esencial, es de un orden diferente, superior, que nada tiene que ver con esas aplicaciones, las cuales vienen a ser como el encerado interior de que se vale el entendimiento para explanar y aplicar su idea. En esta entran las dimensiones, más no determinadas, no aplicadas, no representativas de algo en particular; sino puramente concebidas.

12. La idea de la extensión es un hecho primario en nuestro espíritu. No puede haber sido producida por las sensaciones: es alguna cosa que las precede, si no en tiempo, al menos en orden de ser. No hay fundamento para asegurar si antes de la primera impresión de los sentidos existe en el espíritu la idea de extensión; pero es imposible concebir estas impresiones sin que les sirva de base la extensión. Ya sea una idea innata, ya se desarrolle o nazca en el espíritu con las impresiones, no cabe duda en que es una cosa distinta de ellas, necesaria para todas, e independiente de cada una en particular.

Tampoco negaré que cuando se reciben las primeras impresiones sea tal vez desconocida la extensión como idea separada; pero lo cierto es que después se separa, se deshace de la forma corpórea, se espiritualiza por decirlo así; y que este fenómeno, puede ser ocasionado por la sensación, mas no causado.

En la visión, prescindiendo de la extensión, tenemos el color: y por más que cavilemos no encontramos en él nada de donde pueda nacer una idea tan fecunda como la de extensión. Lo que sí observamos desde luego es que el mismo color es imperceptible sin la extensión; y que por lo mismo lejos de que esta pueda nacer de aquel, es al contrario una condición indispensable para que pueda sernos percibido.

Los colores, en cuanto «sentidos», no son más que fenómenos individuales, que nada tienen que ver entre sí, ni con la idea general de la extensión. Lo que digo de ellos, puede aplicarse a todas las impresiones del tacto.

Capítulo III. Fecundidad científica de la idea de extensión

13. Para comprender más a fondo la superioridad de la idea de la extensión sobre las simples sensaciones; o más bien, para comprender que de la extensión en sí, hay verdadera idea, pero que no la hay de los demás objetos directos e inmediatos de las sensaciones, haré observar un hecho, que no sé si se ha observado todavía, y es: que entre los objetos de los sentidos, «solo la extensión da origen a una ciencia».

Este hecho es muy importante; para explicarle cual se merece, estableceré las proposiciones siguientes.

PROPOSICIÓN PRIMERA.

La extensión es la base de la geometría.

PROPOSICIÓN SEGUNDA.

La extensión no solo es base de la geometría, sino que todo cuanto conocemos de la naturaleza corpórea, se reduce a pormenores, aplicaciones, y modificaciones de la extensión, agregándose empero las ideas de número y tiempo.

PROPOSICIÓN TERCERA.

Cuanto conocemos sobre las sensaciones, que merezca el nombre de ciencia, se comprende en las modificaciones de la extensión.

PROPOSICIÓN CUARTA.

No nos formamos idea fija de nada corpóreo, no tenemos regla para nada en el mundo sensible, carecemos de toda medida, andamos a ciegas, si no tomamos por norma la extensión.

Las proposiciones que acabo de establecer no expresan más que hechos: bastará consignarlos, para que resulten demostradas aquellas.

14. La extensión es la base de la geometría. Esto es evidente. La geometría solo se ocupa de dimensiones, cuya idea es esencial a la extensión.

Cuando trata de figuras, tampoco sale de la extensión; pues la figura no es más que una extensión con ciertas limitaciones. En el cuadrilátero hay dos triángulos; para distinguirlos basta señalar su límite respectivo, la diagonal. La idea de figura no es más que la de extensión terminada: y la figura será de tal o cual especie, según sea su terminación. La idea de figura, no sale por consiguiente de la idea de extensión; es solo una aplicación de ella.

Y es de notar que la terminación o el límite, no es una idea positiva, es una pura negación: cuando tengo la extensión, si quiero formar todas las figuras posibles, no necesito concebir de nuevo, me basta prescindir; no añadir, quitar. Así en el cuadrilátero para concebir el triángulo, me basta prescindir de una de las mitades separadas por la diagonal. Si en el pentágono quiero concebir el cuadrilátero, me basta prescindir del triángulo que resulta de tirar la diagonal de un ángulo a otro inmediato. Estas observaciones son aplicables a todas las figuras: por manera que la idea de extensión es como un fondo inmenso en que basta «limitar» para que resulte todo lo que se quiera.

Esto no hace que el entendimiento en la formación de las figuras, no pueda proceder por adición o por el método sintético; y así como la sustracción de uno de los triángulos del cuadrilátero ha formado el otro triángulo, de la yuxtaposición o adición de dos triángulos que tengan entre sí un lado igual, resultará también un cuadrilátero. Así es como de los puntos se engendran las líneas, y de las líneas las superficies, y de estas los volúmenes. En todos los casos la idea de figura no es más que la de una extensión terminada; pues las cantidades de que se la constituye y la que resulta, no son más que una extensión con ciertas limitaciones.

15. Aquí no puedo menos de hacer una observación que en mi concepto, aclara mucho la idea de figura. Comparados entre sí los dos métodos para la formación de ella, el sintético o de composición o adición, y el analítico o el de sustracción o limitación; se nota que es más natural el segundo que el primero; que lo que aquel hace permanece en la figura, porque es esencial a ella; y lo que hace este, solo sirve para constituirla; pero luego de constituida, se borra por decirlo así la huella de su formación.

Un ejemplo aclarará mi idea. Para concebir un rectángulo me basta limitar el espacio indefinido con cuatro líneas en posición rectangular; es decir, «afirmar» una parte positiva, y «negar» lo demás; pues las líneas terminantes no son en sí nada, y solo representan el límite de que no pasa el espacio que tomo. De esta terminación, o de esta negación de todo lo que no está en la superficie del rectángulo, no puedo prescindir nunca, porque si prescindo destruyo el rectángulo. La negación pues en que consiste el método, permanece siempre; el modo de la generación de la idea es inseparable de la misma idea.

Por el contrario, si para formar el rectángulo procedo por adición juntando dos triángulos rectángulos por sus hipotenusas, las ideas de las partes componentes no son necesarias para la idea del rectángulo, tan pronto como esté realizada la yuxtaposición: el rectángulo se concibe aun prescindiendo de la diagonal; la idea de esta nada tiene que ver con la del rectángulo.

Resulta pues demostrado que la idea de la extensión es la única base de la geometría: y que esta idea es un fondo común en el cual basta limitar o prescindir, para obtener cuanto forma el objeto de dicha ciencia. La figura no es más que extensión con una limitación; una extensión positiva acompañada de una negación. Luego todo lo que hay de positivo en el objeto de la geometría, no es más que extensión.

16. Que todo cuanto conocemos de la naturaleza corpórea se reduce a modificaciones, o propiedades de la extensión, resulta demostrado si se advierte que las ciencias naturales se limitan a conocer o el movimiento, o bien la diferente relación de las cosas en el espacio: esto no es más que conocer diferentes clases de extensión.

La estática se ocupa en determinar las leyes del equilibrio de los cuerpos: ¿pero cómo? ¿Es por ventura, penetrando en la naturaleza de las causas? No; pues que se limita a fijar las condiciones a que está sujeto el fenómeno; y en este no entran más ideas que, «dirección de la fuerza», es decir una «línea» en el espacio, y velocidad, esto es, la relación del espacio con el tiempo.

Aquí no se mezcla pues con la idea de la extensión, otra que la del tiempo. De esta me ocuparé después manifestando que el tiempo separado de las cosas, no es nada; y por consiguiente aun cuando su idea se mezcle aquí con la de extensión, no se altera la verdad de lo establecido. En la estática todo lo que se refiere a otras sensaciones desaparece; al resolver los problemas de la composición y descomposición de las fuerzas, se prescinde absolutamente del color, olor y demás calidades sensibles del cuerpo movido.

Lo dicho de la estática, puede aplicarse a la dinámica, hidrostática, hidráulica, astronomía, y cuanto tiene relación con el movimiento.

17. Ocurre aquí una dificultad: con la idea del espacio y la del tiempo, parece combinarse otra distinta de ellas, y esencial para completar la idea del movimiento: la del cuerpo movido. Este no es el tiempo, no es tampoco el espacio mismo, pues que el espacio no se mueve: luego su idea es distinta.

A esto debe responderse: 1.º Que yo hablo de la extensión, no del espacio solo; lo que importa tener presente por lo que después diré. 2.º Que lo único que la ciencia considera como cosa movida, es un punto. Así en los sistemas de fuerzas hay un punto de aplicación para cada una de las componentes, y otro punto para la resultante. A este punto no se le considera con ninguna propiedad; es para el movimiento lo que el centro para el círculo; a él se refiere todo, pero él en sí mismo no es nada, sino en cuanto ocupa una posición determinada en el espacio, puede cambiar según la cantidad y dirección de las fuerzas, y recorrer el espacio, o engendrar en él una línea, con más o menos velocidad, de tal o cual naturaleza, y con estas o aquellas condiciones. Las fuerzas B y C obran sobre el punto A impulsando un cuerpo; la ciencia no considera en el cuerpo más que el punto por donde pasa la resultante de las fuerzas B y C, y prescinde absolutamente de los demás puntos, que al moverse el punto A por la diagonal, se moverán también por estar unidos con él.

18. Cuando digo que las ciencias naturales se limitan a la extensión, solo entiendo excluir las demás sensaciones, más no las ideas: así se ve claro que entran en combinación las de tiempo y número. En este sentido, es tanta verdad lo que he dicho de que la mecánica se limita a consideraciones sobre la extensión, que todos sus teoremas y problemas los reduce a expresiones geométricas: siendo de notar que aun la idea de tiempo, está expresada también por líneas.

En toda fuerza se consideran tres cosas: dirección, punto de aplicación e intensidad. La dirección está representada por una línea. El punto de aplicación, está representado por un punto en el espacio. La intensidad está representada, no en sí, sino por el efecto que puede producir: y este efecto se expresa por la mayor o menor longitud de una línea. En este efecto está comprendido el tiempo, pues el valor de un movimiento no está determinado hasta que se sabe su velocidad, la cual no es más que la relación del espacio con el tiempo; luego, aun después de combinada con la idea de extensión, la del tiempo, lo que resulta se expresa todavía por líneas, es decir, por la extensión.

19. Todavía hay otra circunstancia notable que manifiesta la fecundidad de la idea de la extensión, y es que comprende en la expresión de las leyes de la naturaleza casos a que no llega la idea de número. Si suponemos dos fuerzas rectangulares AB, AC, enteramente iguales, y aplicadas al punto A, la resultante será AR. Ahora considerando que AR es la hipotenusa de un triángulo rectángulo, será $AR2=AC2+AB2$; y extrayendo la raíz, tendremos AR=raíz cuadrada {AC2+AB2} Suponiendo que cada fuerza componente sea igual a 1, resultará AR=raíz cuadrada {12+12}=raíz cuadrada; valor que no se puede expresar en números enteros ni quebrados, y que sin embargo se expresa muy fácilmente por medio de la hipotenusa.

20. En las ciencias físicas se emplean a menudo las palabras de fuerza, agente, causa y otras semejantes; pero las ideas que ellas expresan, no forman parte de la ciencia, sino en cuanto están representadas por los efectos. Y no es que la buena filosofía confunda los efectos con las causas, pero no conociendo el físico otra cosa que el fenómeno, solo a él puede atenerse: limitándose por lo que toca a la causa, a la idea abstracta de causalidad, que nada le ofrece de determinado, y por lo mismo no la hace entrar en combinación en sus trabajos científicos. Newton se inmortalizó con su sistema de la atracción universal, y sin embargo comienza por confesar su ignorancia sobre la causa del efecto que consigna. Cuando se quiere salir de los fenómenos y del cálculo a que ellos dan lugar, se entra en el terreno de la metafísica.

21. Las ciencias naturales aprecian calidades de los cuerpos que nada tienen que ver con la extensión, como por ejemplo el calor y otras semejantes; lo que parece echar por tierra lo dicho sobre la extensión. Sin embargo, esta dificultad tan especiosa se disipa examinando el modo con que la ciencia mide estas calidades; y el último resultado, lejos de arruinar lo que he establecido, lo consolida, extiende y aclara.

¿Cómo se aprecia el calor? ¿Por relación a la sensación que nos causa? de ninguna manera. Al entrar en una pieza de temperatura muy elevada experimentamos una viva sensación de calor, que a poco rato desaparece continuando la temperatura la misma. Al estrechar la mano de otro, la encontramos más o menos caliente o fría, según tenemos la nuestra.

El calor y el frío se miden, no en sí mismos, ni con relación a nuestras sensaciones, sino al efecto que producen: y este no sale de las modificaciones de la extensión. El termómetro nos determina la temperatura por la mayor o menor elevación del mercurio en una «línea». Sus grados están expresados por partes de la línea y marcados en ella.

No ignoro que lo que se intenta apreciar es cosa distinta de la extensión; pero lo cierto es que solo se puede conseguir refiriéndonos a ella, ateniéndonos a efectos que sean modificaciones de la misma. Así por ejemplo, el grado de calor de que resulta la ebullición del agua, se aprecia en el termómetro de Réaumur por el grado 80; y con la simple vista conocemos este grado por la agitación del agua, esto es, por el movimiento, también relativo a la extensión. A la misma se reducen la rarefacción y condensación de los cuerpos, pues solo se trata de ocupar mayor o menor espacio, de tener mayores o menores dimensiones, y por tanto mayor o menor extensión.

22. De la luz y de los colores nada sabemos científicamente, sino lo relativo a las diferentes direcciones y combinaciones de los rayos luminosos; pues que en llegando a la sensación misma de tal o cual especie, ya nos limitamos a sentir; no sabemos de aquello otra cosa sino que lo sentimos. Combinando de distintos modos los rayos luminosos, y dirigiéndolos del modo conveniente, sabemos que podemos modificar nuestra sensación: pero en esto mismo no hay más que conocimiento científico de la extensión en el medio de que nos valemos, y sensación experimentada a consecuencia de él. Todo lo demás nos es completamente desconocido.

23. Lo propio pudiéramos aplicar a todas las demás sensaciones, inclusas las del tacto. ¿Qué es lo que apellidamos dureza de un cuerpo? Esa resistencia que sentimos cuando lo tocamos. Pues bien, si prescindimos de la sensación que en sí nada nos ofrece sino la conciencia de ella misma, ¿qué encontramos? la impenetrabilidad. ¿Y qué entendemos por impenetrabilidad? La imposibilidad de ocupar dos cuerpos a un mismo tiempo el mismo espacio. Ya nos encontramos con la extensión. Si por dureza entendemos la cohesión de las moléculas, ¿en qué consiste la cohesión? En la yuxtaposición

de las partes de tal manera, que no se puedan separar sino muy difícilmente. Y ¿qué es separarse? Es ir a ocupar un lugar diferente del que se ocupa. Henos aquí pues otra vez en las ideas de extensión.

Del mismo sonido, nada sabemos científicamente, sino lo relativo a extensión y movimiento. Es sabido que la escala musical se expresa por una serie de números fraccionarios que representan las vibraciones del aire.

24. Con estos ejemplos queda demostrada la tercera de las proposiciones asentadas, de que todo cuanto conocemos sobre las sensaciones, que merezca el nombre de ciencia, se comprende en las modificaciones de la extensión.

25. Del mismo modo queda demostrada la cuarta proposición, a saber, que en faltándonos la idea de extensión, carecemos de toda idea de cosa corpórea, que nos quedamos sin medida fija de ninguna clase con respecto a los fenómenos, que andamos enteramente a ciegas. Basta hacer la prueba para convencerse de ello. Prescindamos por un instante de la idea de extensión, y notaremos que nos es imposible dar un paso. Los ejemplos aducidos en los párrafos anteriores para probar la proposición segunda, hacen inútiles otras explicaciones.

26. La extensión, aunque esencialmente compuesta de partes, tiene sin embargo, algo fijo, inalterable, y en cierto modo simple. Hay más o menos extensión, pero no diferentes especies de ella. Una línea recta será más o menos larga que otra; mas no larga de diferente manera. Una superficie plana será más o menos grande que otra, más no de diferente manera. Un volumen de una clase determinada será más o menos grande que otro de la misma especie, más no de diferente manera.

Cuando se dice que en la idea de la extensión objetivamente tomada, hay «cierta especie» de simplicidad, no se quiere significar que sea una cosa «enteramente» simple; pues que se añade que su «objeto» es «esencialmente» compuesto; tampoco se trata de prescindir de los elementos esenciales para completarla, que son las tres dimensiones, ni de otra idea que también se envuelve en ella, esto es, su capacidad de ser limitada de varios modos, o su limitabilidad; solo se trata de hacer notar que para todas las diferencias de las figuras bastan estas nociones fundamentales, que en sí jamás se modifican, que siempre ofrecen a nuestro entendimiento una misma cosa.

Comparemos una recta con una curva. La recta es una dirección siempre constante. La curva es una dirección siempre variada. ¿Y qué es una dirección siempre variada? un conjunto de «direcciones rectas infinitamente pequeñas». Por esto la circunferencia se considera como un polígono de infinitos lados. Luego con la sola variedad de direcciones, reducidas a valores infinitesimales, se forma la curva. Esta teoría que explica la diferencia de lo recto a lo curvo, es evidentemente aplicable a las superficies y a los volúmenes.

Comparemos un cuadrilátero con un pentágono: ¿qué hay en el segundo que no tenga el primero? un lado más en el perímetro; y en el área, el espacio comprendido por el triángulo formado por la diagonal tirada de un ángulo a otro inmediato. ¿Pero las líneas son de diferente especie en uno y en otro? ¿Las superficies en sí mismas se distinguen, sino por estar terminadas de diferente modo? no. ¿Y qué es la terminación? ¿No es la misma limitación? Luego lo esencial de la idea de extensión, a saber, direcciones y limitabilidad, permanecen siempre inalterables.

Esta fijeza intrínseca es indispensable para la ciencia: lo mudable, puede ser objeto de percepción, mas no de percepción científica.

Capítulo IV. Realidad de la extensión

27. Entremos ahora en otras cuestiones más difíciles. ¿La extensión en sí misma, prescindiendo de la idea, es algo? si es algo, ¿qué es? ¿Se identifica con el cuerpo? ¿Constituye su esencia? ¿Es lo mismo que el espacio?

He demostrado (Lib. II. Cap. IX.) que la extensión existe fuera de nosotros: que no es una pura ilusión de nuestros sentidos; y de consiguiente está resuelta la primera cuestión: a saber, si la extensión es algo.

Sea lo que fuere de su naturaleza, sea lo que fuere de nuestra ignorancia sobre este punto, hay en la realidad algo que corresponde a nuestra idea de la extensión. Quien niegue esta verdad, es necesario que se resigne a negarlo todo, excepto la conciencia de sí propio, si es que también no intente levantar dudas sobre ella. Digan lo que quieran los idealistas, no hay, ni ha habido ningún hombre en su sano juicio, que haya dudado seriamente de la existencia de un mundo exterior: esta convicción es para el hombre una necesidad, contra la cual forcejaría en vano.

El mundo exterior es para nosotros inseparable de lo que nos representa la idea de extensión: o no existe o es extenso. Si se nos persuade de que no es extenso, no será difícil convencernos de que no existe. Yo por mi parte, tanta dificultad encuentro en concebir el mundo sin extensión como sin existencia: cuando creyese que su extensión es una pura ilusión, creería sin trabajo que tampoco es más que ilusión su existencia misma.

28. Y es de notar, que si bien no hay dificultad en conceder que ignoramos la naturaleza íntima de la extensión, no obstante es preciso convenir en que conocemos de ella alguna cosa: es decir las dimensiones, y cuanto sirve de base para la geometría. Por manera que la dificultad no está en saber lo que es la extensión geométricamente considerada, sino lo que es en la realidad. La esencia geométrica la conocemos: pero nos falta saber si esta misma esencia realizada, es algo que se confunda con otra cosa real, o si es únicamente una propiedad que nos es conocida, sin que conozcamos el ser a que pertenece. Sin esta distinción, negaríamos la base de la geometría; porque es evidente que si no conociésemos la esencia de la extensión del modo sobredicho, no estaríamos seguros de si edificamos sobre el aire, cuando levantamos sobre la idea de la extensión toda la ciencia geométrica.

29. Así pues, y bajo este aspecto, estamos también seguros de que la extensión existe fuera de nosotros, que hay verdaderas dimensiones. Esta idea acompaña por necesidad la del mundo externo como hemos dicho más arriba; y las dimensiones en lo exterior, han de estar sujetas a los mismos principios que las que concebimos, so pena de trastornarse la misma idea que tenemos formada del mundo externo; y no quiero decir con esto que un círculo real pueda ser un círculo geométrico; pero sí que de aquel ha de verificarse lo que de este, en proporción a la mayor o menor exactitud con que se haya construido; y que más allá del alcance de los instrumentos más perfectos y delicados, puedo concebir en la misma realidad de las cosas un círculo u otra figura que se aproxime cuanto se quiera a la idea geométrica. La punta más fina no señalará jamás un punto indivisible, ni trazará una línea sin ninguna latitud: pero en la misma superficie donde se traza, hay infinita divisibilidad, para que mi entendimiento pueda concebir en ella un caso, en que la realidad estará infinitamente cercana de la idea geométrica.

30. La astronomía y todas las ciencias físicas estriban sobre la suposición de que la extensión real, está sujeta a los mismos principios que la ideal; y que la experiencia se acerca tanto más a la teoría, cuanto más exactamente se cumplen en la primera las condiciones de la segunda. El arte de construir los instrumentos matemáticos, llevado en la actualidad a una perfección asombrosa, mira también el orden ideal, como el tipo del real; y el progreso en este, es la aproximación a los modelos que ofrece aquel.

La teoría dirige las operaciones de la práctica, y estas a su vez confirman con el resultado las previsiones de la teoría. Luego la extensión existe no solo en el orden ideal, sino también en el real; luego la extensión es algo, independientemente de nuestras ideas: luego la geometría, esa vasta representación de un mundo de líneas y figuras, tiene un objeto real en la naturaleza.

¿Hasta qué punto llega la correspondencia de lo real con lo ideal? Esto lo examinaré en el capítulo siguiente.

Capítulo V. La exactitud geométrica realizada en la naturaleza

31. El desacuerdo que notamos entre los fenómenos y las teorías geométricas, nos induce a creer que la realidad es grosera, y que la pureza y la exactitud solo se hallan en nuestras ideas. Esta es una opinión equivocada, que procede de falta de meditación. La realidad es tan geométrica como nuestras ideas; la geometría existe realizada, en toda su pureza, en todo su rigor, en toda su exactitud. No se asombre el lector de semejante paradoja: bien pronto se convencerá de que esta paradoja es una proposición muy racional, muy verdadera, muy fundada.

Ante todo conviene demostrar que las ideas que son como los elementos de la geometría, tienen objetos existentes en realidad, sujetos a las mismas condiciones que ellas, sin ninguna diferencia. Si demostramos esto, fácilmente se inferirá que la geometría con todo su rigor, existe no solo en el orden de las ideas, sino también en el de los hechos.

32. Comencemos por el punto. En el orden ideal, el punto es una cosa indivisible, límite de la línea, elemento generador de ella, y que ocupa un lugar determinado en el espacio. Límite de la línea: porque prescindiendo de toda longitud, llegamos al punto; el cual, para que no se nos desvanezca completamente o se nos reduzca a un puro nada, perdiendo así el entendi-

miento todo objeto, necesitamos considerarle como un término de la línea al que esta, a medida que se acorta, se acerca de continuo, sin que pueda llegar jamás a él, mientras conserve alguna longitud. Elemento generador de la línea: pues cuando queremos formarnos idea de una dimensión lineal, consideramos el punto en movimiento. La ocupación de lugar determinado en el espacio es otra condición indispensable para la idea del punto, si ha de servirnos en las figuras geométricas. El centro del círculo es un punto: en sí mismo es indivisible; no llena ningún espacio; pero si ha de servirnos como centro, es preciso que a él podamos referir todos los radios: para esto necesita ocupar una posición determinada, equidistante de los puntos de la circunferencia. En general: la geometría necesita dimensiones, y estas han menester puntos en que comiencen, por donde pasen, en que acaben y con respecto a los cuales se midan las distancias, las inclinaciones y todo lo relativo a la posición de las líneas y de los planos; nada de esto podría concebirse si el punto, aunque inextenso, no ocupase en el espacio un lugar determinado.

33. ¿Existe en la naturaleza algo que corresponda al punto geométrico, que reúna todas sus condiciones, con tanta exactitud como puede desearlo la ciencia en su más puro idealismo? creo que sí.

Al examinar los filósofos el arcano de la divisibilidad de la materia, han adoptado diferentes opiniones. La una establece que existen puntos inextensos en los cuales se termina la división, y de los que se forman todos los compuestos. La otra afirma que no es dable llegar a elementos simples, pero que la división se puede llevar hasta lo infinito, acercándose continuamente al límite de la composición, que sin embargo no es posible alcanzar. La primera de estas opiniones equivale a admitir realizados los puntos geométricos; la segunda, aunque no parezca tan favorable a dicha realización, viene a parar a ella.

Las moléculas inextensas son el punto geométrico realizado, en toda su exactitud. Son límite de la dimensión, pues que en ellas termina la división; son elemento generador de la dimensión, pues que con ellas se forma la extensión; ocupan un lugar determinado en el espacio, pues que de ellas se forman los cuerpos con todas sus determinaciones en el mismo espacio. Luego, ateniéndonos a esta opinión, profesada por filósofos tan eminentes como Leibnitz y Boscowich, resulta que el punto geométrico existe en la naturaleza con toda la exactitud del orden científico.

La opinión que niega la existencia de los puntos inextensos, admite sin embargo, y debe admitir por necesidad, la divisibilidad hasta lo infinito. Lo extenso tiene partes, luego cabe la división entre ellas; estas partes a su vez, o son extensas o inextensas; si inextensas, se falta al supuesto y se admite la opinión de los puntos inextensos; si extensas, son susceptibles de división; y así es menester o llegar a puntos indivisibles o continuar la división hasta lo infinito.

He observado que esta opinión, si bien no tan claramente favorable como la otra, a la existencia real de los puntos geométricos, al fin viene a reconocer dicha realización. Las partes en que se divide el compuesto, no se hacen con la división sino que preexisten a la división; para que esta sea posible es necesario que las partes existan; existen, no porque se las puede dividir, sino que se las puede dividir porque existen. Esta opinión pues, no admite expresamente la existencia de los puntos inextensos; pero admite que se puede caminar hacia ellos por toda una eternidad, no solo en el orden ideal sino también en el real, pues que la divisibilidad no se afirma de las ideas, sino de la materia misma.

Enhorabuena que nuestra experiencia tenga un límite en la división, pero la divisibilidad en sí misma no le tiene; un ser dotado de más medios que nosotros pudiera llevar la división más allá; en esta escala no hay límites, pues que en último recurso nos hallamos con Dios cuyo poder infinito puede llevar la división hasta lo infinito, cuya inteligencia infinita ve en un instante todas esas partes en que se haría la división.

Ahora bien: prescindiendo de las dificultades a que está sujeta una opinión que parece suponer la existencia de aquello que niega, preguntaré si toda la exactitud geométrica puede exigir más rigor que el que se halla en los puntos a los cuales llegaría la omnipotencia infinita, considerándola ejerciendo su acción divisora por toda una eternidad, o en otros términos, en las partes vistas por la inteligencia infinita, en un ser infinitamente divisible. Esto no solo satisface a nuestra imaginación y a nuestras ideas en lo tocante a exactitud, sino que parece ir más allá de lo que ellas alcanzan. La experiencia nos enseña que el «imaginar» un punto inextenso nos es imposible:

y el «pensarlo» en el orden puramente intelectual, no es más que concebir la posibilidad de esa divisibilidad infinita y colocarse de repente en el último extremo: extremo que sin duda distará mucho todavía de aquel en que se coloca, no la abstracción, sino la visión de la inteligencia infinita.

Si existe el punto geométrico, existe la línea geométrica, que no será más que una serie de los puntos inextensos; o si no queremos reconocerles esta calidad, una serie de los extremos a que se acerca la división continuada hasta lo infinito. El conjunto de las líneas geométricas formará las superficies; el de estas los sólidos; hallándose acorde, así en su naturaleza como en su formación, el orden real con el ideal.

34. Esta teoría de la geometría realizada, abraza todas las ciencias que tienen por objeto la naturaleza. Cuando se dice por ejemplo que la realidad no corresponde con exactitud a las teorías de la mecánica, se habla con mucha impropiedad: debiera decirse más bien que no es la realidad la que falla, sino los medios de experimentarla; lo que se achaca a la realidad, debiera achacarse a la limitación de nuestra experiencia.

El centro de gravedad en un cuerpo es el punto en el cual concurren todas las fuerzas de gravitación que se hallan en el mismo cuerpo. La mecánica supone este punto indivisible; y con arreglo a dicho supuesto, establece y demuestra sus teoremas y plantea y resuelve sus problemas. Aquí cesa el mecánico, y comienza el maquinista, que en la práctica no puede encontrar jamás ese riguroso centro de gravedad, supuesto en la teoría. Las operaciones discuerdan de los principios; y es menester corregirlas apartándose de lo que estos prescriben. ¿Y por qué? ¿Es que en la naturaleza no exista el centro de gravedad con toda la exactitud que la ciencia supone? no; el centro existe; no es él lo que falta, sino los medios de encontrarle. La naturaleza va tan allá como la ciencia, ni una ni otra se quedan atrás: lo que no puede seguirlas son nuestros medios de experiencia.

El mecánico determina el punto indivisible en que está el centro de gravedad, suponiendo la superficie sin grueso, las líneas sin latitud, y la longitud dividida en un punto designable en el espacio, pero sin extensión ninguna. A estas condiciones satisface cumplidamente la naturaleza: el punto existe; y la realidad no tiene la culpa de la limitación de nuestra experiencia. El punto existe admitiendo cualquiera de las dos opiniones arriba mencionadas.

Ateniéndonos a la que está en favor de los puntos inextensos, resulta sin ninguna dificultad existente el centro de gravedad, en toda su pureza científica. La otra no se atreve a tanto; pero viene a decirnos: «veis esa molécula, ese pequeño globo de un diámetro infinitesimal, cuya pequeñez no alcanza a representarse la imaginación? hacedle más pequeño dividiéndole por toda la eternidad en progresión geométrica decreciente, en la razón mayor que podáis concebir, y os iréis acercando siempre al centro de gravedad sin alcanzarle jamás; la naturaleza no os faltará nunca: el límite se retirará delante de vosotros; pero sabréis de cierto que os acercáis a él. Allá dentro de esa molécula está lo que buscáis; adelantad de continuo hacia su interior: no lo encontraréis, pero allí está». No creo que la realidad en este caso desmerezca de la exactitud científica: la teoría mecánica ni imaginada ni concebida, no va más allá.

35. Estas consideraciones dejan fuera de toda duda que la geometría en toda su exactitud, que las teorías en todo su rigor, existen en la naturaleza. Si fuésemos capaces de seguirla con nuestra experiencia, encontraríamos conforme el orden real con el ideal, y descubriríamos que cuando la experiencia está contra la teoría, con tal que esta no sea errada, es porque la limitación de nuestros medios nos hace prescindir de las condiciones impuestas por la misma teoría. El maquinista que construye un sistema de ruedas dentadas se ve precisado a corregir sus reglas teóricas a causa del roce y otras circunstancias procedentes de la materia en que construye: si le fuera posible ver de un golpe el seno de la naturaleza, descubriría en el roce por ejemplo, un nuevo sistema de engranaje infinitesimal, confirmando con admirable exactitud las mismas reglas, que una experiencia grosera le hacía creer desmentidas por la realidad.

36. Si el universo es admirable en sus moles de inmenso grandor, no lo es menos en sus partes de infinita pequeñez: estamos entre dos infinitos; y el débil hombre que no alcanza ni al uno ni al otro, debe contentarse con sentirlos; esperando que una nueva existencia le aclare los arcanos en que ahora no divisa sino profundas tinieblas.

Capítulo VI. Aclaraciones sobre la extensión

37. Si la extensión es algo, como tenemos ya demostrado, ¿qué es?

En el cuerpo hallamos la extensión; en el espacio hallamos también la extensión: pues que en ambos hallamos lo que la constituye esencialmente: las dimensiones. ¿La extensión de los cuerpos es la misma que la del espacio?

Tengo a mi vista y en mi mano la pluma, en la que hay ciertamente extensión. Ella se mueve, y con ella su extensión se mueve también. Su movimiento se ejecuta en el espacio que permanece inmóvil. En el instante A, la extensión de la pluma se encuentra ocupando la parte A' del espacio; en el momento B, la misma extensión de la pluma se halla ocupando la parte B' del espacio distinta de la parte A'; luego ni la parte A' del espacio, ni la parte B', se identifican con la extensión del cuerpo.

Esto parece tener toda la fuerza de una demostración, que para mayor claridad y generalidad reduciré a un silogismo. Las cosas que se separan o se pueden separar, son distintas; es así que la extensión de los cuerpos se puede separar y se separa de cualquiera parte del espacio, luego la extensión de los cuerpos y la del espacio son cosas distintas. He dicho que este raciocinio parece tener toda la fuerza de una demostración; sin embargo, no deja de estar sujeto a graves dificultades; pero como estas no se pueden entender sin haber analizado profundamente la idea del espacio, me reservo manifestar mi opinión, para cuando trate este punto en los capítulos siguientes.

38. ¿La extensión de un cuerpo es el mismo cuerpo? Yo no concibo cuerpo sin extensión: pero esto no prueba que la extensión sea el mismo cuerpo. Mi espíritu ha adquirido el conocimiento de los cuerpos por medio de los sentidos: estos me han dado o «despertado», la idea de la extensión, pero nada me han dicho sobre la íntima naturaleza del cuerpo que sentía.

En esos seres que llamamos cuerpos, encontramos potencia para producir en nosotros impresiones muy distintas de la de extensión. De cosas de igual extensión recibimos impresiones muy diversas: hay pues en las mismas algo más que la extensión. Si no hubiese más que esta, donde ella sería igual, habría el mismo efecto: la experiencia nos enseña lo contrario.

Además, concebimos extensión en el puro espacio, y no obstante, no concebimos cuerpo. Este no existe cuando no hay movilidad, y el espacio es inmóvil. No existe cuando no hay capacidad de producir impresiones, y la sola extensión del espacio no tiene esta capacidad.

Luego la simple idea de la extensión, no contiene, ni aun en el estado de nuestros conocimientos, toda la idea del cuerpo. Ignoramos en qué consiste la esencia de este: pero sabemos que entra en la idea que de él tenemos, algo más que extensión.

39. Cuando se afirma que el cuerpo es inconcebible sin extensión, no se quiere decir que la extensión sea la noción constitutiva de la esencia del cuerpo. Esta esencia nos es desconocida, y por tanto no podemos saber lo que entra o no en ella. He aquí el sentido razonable de esta inseparabilidad de las dos ideas, extensión y cuerpo. Como nosotros no tenemos conocimiento de los cuerpos «a priori», y cuanto de ellos sabemos, inclusa su existencia, lo recibimos de los sentidos; todo lo que pensamos o imaginamos sobre los cuerpos, ha de suponer la que sirve de base a nuestras sensaciones. Esta base como hemos visto más arriba, es la extensión: sin ella no sentimos: y sin ella por consiguiente, el cuerpo deja de existir para nosotros, o se reduce a un ser que no distinguimos de los demás.

Aclararé estas ideas. Si despojo a los cuerpos de la extensión, y les dejo solo la naturaleza de un ser, causa de las impresiones que recibo, entonces este ser no se distingue para mí, de un espíritu que me produjese los mismos efectos. Veo el papel, y me causa la impresión de una superficie blanca. No cabe duda que Dios podría producir en mi espíritu la misma sensación, sin que existiese ningún cuerpo. Entonces suponiendo que yo supiera que a mi sensación no le corresponde un objeto externo extenso, y que solo es causada por un ser que obra sobre mí, es evidente que en mi espíritu habría dos cosas: 1.ª El fenómeno de la sensación, el cual en todos los supuestos sería el mismo. 2.ª La idea del ser que me la produce; y en esta idea no habría más que la de un ser distinto de mí, que obra sobre mí: tendría con relación a lo externo, dos ideas, distinción y causalidad.

Ahora bien: a este papel le despojo de la extensión; ¿qué resta? Lo mismo que antes. 1.º Un fenómeno interno atestiguado por mi conciencia. 2.º La idea de un ser causa de este fenómeno. Nada más.

Yo no sé si esto será todavía un cuerpo; pero sé que en la idea del cuerpo tal como me la formo, hago entrar algo más: sé que esto para mí, no se distingue de los otros seres; y que si en su íntima naturaleza hay algo que le distinga de ellos, este algo me es desconocido (V. Cap. 1).

40. He aquí pues en qué sentido digo que la idea de extensión es para nosotros inseparable de la del cuerpo. Mas de esto no se infiere que estas cosas se identifiquen; y hasta profundizando la materia, quizá se encontraría que lejos de existir esta identidad, la extensión y el cuerpo son dos cosas enteramente distintas. Ya hemos visto que esto era cierto refiriéndonos a la idea, lo que es un indicio de que lo propio sucede en la realidad.

41. Pocas ideas tenemos más claras que la de extensión geométricamente considerada; toda tentativa para explicarla es inútil; con la simple intuición la conocemos mejor de lo que pudieran decirnos volúmenes enteros. Esta idea es en sí tan luminosa, que sobre ella se funda un cuerpo de ciencia, el más extenso y evidente que posee la humanidad: la geometría. Luego hay razones para creer que conocemos la verdadera esencia de la extensión, considerada en sí misma; pues que conocemos sus propiedades «necesarias», y con tal evidencia, que en ella estriba nuestro mayor edificio científico. Y sin embargo en esta idea no descubrimos, ni impenetrabilidad, ni ninguna de las propiedades del cuerpo; antes por el contrario, vemos una capacidad indiferente para todas ellas. Concebimos tan fácilmente una extensión penetrable como impenetrable; vacía como llena; blanca como verde; con propiedades para ponerse en relación con nuestros órganos como sin ellas. Extensión concebimos en un cuerpo con disposición para afectar a otros, como en el puro espacio: en el Sol que ilumina y calienta el mundo, como en las vagas dimensiones de una inmensidad enteramente vacía.

Capítulo VII. Espacio-nada

42. Por lo explicado en los capítulos anteriores se habrá podido notar, que en las ideas de extensión se mezcla siempre la de espacio; y que cuando se quiere fijar la naturaleza «real» de aquella, se nos ofrecen también las cuestiones sobre la naturaleza de este. No es posible explicar ninguna de las dos cosas, si se deja en la oscuridad alguna de ellas; por lo mismo voy a ocuparme detenidamente en las cuestiones sobre el espacio, así bajo el aspecto ideal como el real, pues solo de esta manera podremos proceder con alguna claridad al determinar la naturaleza de la extensión.

43. «El espacio»: he aquí uno de los profundos misterios que en el orden natural se ofrecen al flaco entendimiento del hombre. Cuanto más se ahonda en él, más oscuro se le encuentra: el espíritu se halla como sumergido en las mismas tinieblas que nos figuramos allá en los inmensos abismos de los espacios imaginarios. Ignora si lo que se le presenta son ilusiones o realidades. Por un momento le parece haber alcanzado la verdad, y luego descubre que ha estrechado en sus brazos una vana sombra. Forma discursos, que en otras materias tendría por concluyentes, y que no lo son en esta, porque se hallan en oposición con otros que parecen concluyentes también. Diríase que se encuentra con el límite que a sus investigaciones le ha puesto el Criador: y que al empeñarse en traspasarle, se desvanece, siente que sus fuerzas flaquean, que su vida se extingue, como la de todo viviente al salir del elemento que le es propio.

Cuando se ven algunos filósofos pasando ligeramente sobre las cuestiones relativas al espacio, y lisonjeándose de explicarlas en dos palabras, bien se puede asegurar que o no han meditado mucho sobre la dificultad que ellas encierran, o que meditando, no la han comprendido. No procedieron así, Descartes, Malebranche, Newton, y Leibnitz.

El profundizar este abismo insondable no es perder el tiempo en una discusión inútil; aun cuando no se llegue a encontrar lo que se busca, se obtiene un resultado muy provechoso, pues se tocan los límites señalados a nuestro espíritu. Es conveniente que conozcamos lo que se puede saber y lo que no; de este conocimiento saca la filosofía consideraciones muy elevadas y provechosas. Además, que aun con pocas esperanzas de buen resultado, no es dable dejar sin examen una idea que tan de cerca toca a la base de todos nuestros conocimientos relativos a los objetos corpóreos: la extensión. Algún motivo hay para investigar cuando todos los filósofos han investigado: ¿y qué sabemos si a largos siglos de esfuerzos les está reservada la luz, como el galardón de la constancia?

44. ¿Qué es pues el espacio? ¿Es algo en la realidad? ¿Es solo una idea? Si es una idea, ¿le corresponde un objeto en el mundo externo? ¿Es una pura ilusión? La palabra espacio, ¿está vacía de sentido?

Si no sabemos lo que es el espacio, fijemos al menos el sentido de la palabra; que con esto, fijaremos también en algún modo el estado de la cuestión. Por espacio entendemos la extensión en que imaginamos colocados los cuerpos: esa capacidad de contenerlos, a la que no atribuimos ninguna calidad de ellos, excepto la extensión misma.

Si suponemos un vaso herméticamente cerrado, cuyo interior quede vacío, reduciéndose a la nada cuanto en él se contiene, y sin que de ningún modo se introduzca nada nuevo; aquella cavidad, aquella capacidad que resulta, y que en nuestro modo de entender, puede ser llenada con un cuerpo, aquello es una parte del espacio. Imaginemos el mundo como un inmenso vaso en que están contenidos todos los cuerpos: vaciémosle de repente; he aquí una cavidad con espacio igual al universo. Figurémonos, que más allá de los límites del mundo, hay capacidad para otros cuerpos, he aquí el espacio sin fin o imaginario.

El espacio se nos presenta a primera vista, si no como infinito, al menos como indefinido. Porque en cualquier punto donde concibamos colocado un cuerpo, concebimos también que se puede mover: describiendo toda clase de líneas; tomando variedad de direcciones, y alejándose indefinidamente del lugar en que se hallaba. Luego a esa capacidad, a esas dimensiones, no les imaginamos límite alguno. Luego el espacio se nos presenta como indefinido.

45. ¿Será el espacio un puro nada?

Asientan algunos que el espacio, prescindiendo de toda superficie de los cuerpos, y considerado como un simple intervalo, es un puro nada; admitiendo que con él solo, puede verificarse el que dos cuerpos sean realmente distantes; y añaden además que aun suponiendo todo el universo reducido a la nada, excepto un solo cuerpo, este podría variar de lugar, moviéndose. Yo creo que esta opinión encierra contradicciones, que difícilmente se pueden conciliar. Quien dice «extensión-nada», se contradice en los términos; y sin embargo a esto se reduce la opinión de que estamos hablando.

46. Si en un aposento se reduce a la nada todo lo que en él se contiene, parece que las paredes no pueden quedar distantes. La idea de distancia, incluye la de un medio entre los objetos: la nada no puede ser un medio, es nada. Si el intervalo es nada, no hay distancia: estas serán palabras vacías de sentido. Decir que la nada puede tener propiedades, es destruir todas las

ideas, es afirmar la posibilidad del ser y no ser a un mismo tiempo, y subvertir por consiguiente el fundamento de los conocimientos humanos.

47. Decir que aniquilándose todo lo contenido queda un espacio negativo, es jugar con las palabras y dejar en pie la misma dificultad. Este espacio negativo, es algo o nada: si es algo, cae la opinión que combatimos; si nada, la dificultad permanece la misma.

48. Si se responde que a pesar de no quedar nada entre las superficies, ellas sin embargo quedan con la capacidad de contener; observaré que esta capacidad no está en las superficies mismas, sino en la distancia respectiva: de lo contrario, dispuestas de cualquier modo las superficies conservarían siempre la misma capacidad, lo que es absurdo. No hemos pues adelantado un paso: falta explicar lo que es esa capacidad, esa distancia; la cuestión está intacta todavía.

49. Tal vez pudiera replicarse que aniquilado lo contenido dentro de las superficies, no se destruye el volumen que forman; y en la idea de este volumen entra la de capacidad. Pero yo replicaré que la idea del volumen envuelve la de distancia; que si esta no existe, no hay volumen; y que no hay tal distancia, si esta distancia es un puro nada.

50. Cavilando para soltar estas dificultades tan apremiadoras, ocurre una respuesta especiosa a primera vista, pero que bien examinada, es tan fútil como las demás. La distancia, pudiéramos decir, es una pura negación de contacto; la negación es un puro nada; luego con este nada tenemos lo que buscamos. Repito que esta solución es tan fútil como las demás: porque si la distancia no es más que la negación del contacto no habrá distancias mayores o menores, todas serán iguales; pues que en habiendo negación de contacto, ya habrá todo lo que puede haber. Lo mismo existe la negación del contacto entre dos superficies que disten entre sí una millonésima de línea, como un millón de leguas. Esta negación pues, nada explica, deja subsistente la misma dificultad.

51. Lejos de que la idea de distancia pueda explicarse por la de contacto, como su opuesta, por el contrario, la de contacto solo puede explicarse por la de distancia. Si se pregunta en qué consiste la contigüidad de dos superficies, lo explicamos por la inmediación; decimos que se tocan porque no hay nada entre los dos, porque no hay distancia. En la idea de contacto,

no entran las calidades relativas a los sentidos, ni tampoco las de la acción que uno de los cuerpos contiguos puede ejercer sobre el otro, como por ejemplo el impulso o la compresión: la contigüidad es una idea negativa, puramente geométrica: no encierra nada más que negación de distancia. La contigüidad no tiene más ni menos; para ser todo lo que puede ser, le basta el que no haya distancia; es una verdadera negación. Dos cosas pueden ser más o menos distantes: pero no pueden tocarse más o menos, con respecto a unas mismas partes. Lo que sí puede haber es contacto en más puntos; pero no más contacto entre los mismos puntos.

52. Esforcemos más el argumento en favor de la realidad del espacio, en el supuesto de que se le atribuyan capacidad y distancias. Supongamos una esfera de dos pies de diámetro, enteramente vacía. Dentro no queda más que espacio: si el espacio es nada, no queda nada.

Pregunto ahora: en lo interior de la esfera vacía ¿es posible el movimiento? Parece indudable; nada se opone; hay un cuerpo movible; hay una extensión mayor que la del cuerpo; hay distancias que recorrer. Además que si el movimiento no fuera posible, sería imposible también que la esfera se llenase con ningún cuerpo, después de estar vacía, ni que se vaciase en estando llena. Ni el vaciarse ni el llenarse puede hacerse sin movimiento de los cuerpos en lo interior de la esfera; y este movimiento no se hace de un cuerpo dentro de otro cuerpo, sino en el espacio: 1.º Porque los cuerpos son impenetrables: 2.º Porque cuando se llena la esfera después de haber estado vacía, el cuerpo que entra no encuentra otro cuerpo; y el que sale cuando la esfera se vacía, va recorriendo el espacio que abandona, en el cual nada hay sino él, y nada queda en saliendo él.

Luego suponiendo una esfera vacía, dentro de ella puede haber movimiento. Ahora bien: si el espacio contenido es un puro nada, el movimiento es nada también; y por lo mismo no existe. El movimiento ni puede existir ni concebirse, sino recorriendo cierta distancia: en esto consiste su esencia; si la distancia es nada, no recorre nada; luego no hay movimiento. ¿Qué significará que el cuerpo haya recorrido la mitad del diámetro, o sea un pie? Si esto no es nada, no significará nada. Yo no sé qué se puede responder a estas razones fundadas todas en aquel axioma: la nada no tiene ninguna propiedad.

53. Por grandes que sean las dificultades que se opongan a conceder al espacio una realidad, no alcanzo que puedan ser tan graves como las que militan contra su nada, en el supuesto de que se le quiera otorgar extensión. Aquellas, como veremos luego, estriban más bien en ciertos inconvenientes nacidos de nuestra manera de concebir, que en razones fundadas en sólidos principios; cuando las que acabamos de proponer se apoyan en las ideas que sirven de base a todo conocimiento: en aquella proposición evidentísima: la nada no tiene ninguna propiedad. Si esta proposición no es admitida como axioma inconcuso, se arruinan todos los conocimientos humanos, incluso el principio de contradicción: pues contradicción evidente será que la nada tenga alguna propiedad, ni partes; que de la nada se pueda afirmar nada; que en la nada se pueda mover nada; que en la idea de la nada se pueda fundar una ciencia como la geometría; que a la nada se refieran todos los cálculos que se hacen sobre la naturaleza.

Capítulo VIII. Opinión de Descartes y de Leibnitz, sobre el espacio

54. Si el espacio es algo, ¿qué es? He aquí otra dificultad sumamente grave: combatir a los adversarios ha sido fácil; sostener la posición que se escoja, no lo será tanto. ¿Podría decirse que el espacio no es otra cosa que la extensión misma de los cuerpos; la cual concebida en abstracto, nos da la idea de eso que llamamos espacio puro; y que la diversidad de puntos y posiciones, no son más que modificaciones de la extensión?

Por lo pronto se echa de ver que si el espacio es la extensión misma de los cuerpos, donde no habrá cuerpo no habrá espacio. Luego el vacío es imposible. Esta consecuencia es inevitable.

Así han pensado dos filósofos tan insignes como Descartes y Leibnitz; pero no sé por qué ambos han querido señalar al universo una extensión indefinida. Es verdad que de esta suerte eludían la dificultad de los espacios que imaginamos más allá de los límites del universo; pues que si el universo no es limitado, no puede haber nada fuera de límites: y por tanto todo lo que podemos imaginar está dentro del universo. Pero no se trata de eludir las dificultades sino de soltarlas; de que una opinión conduzca a eludir una dificultad, nada resulta en pro de su solidez.

55. Según Descartes la esencia del cuerpo consiste en la extensión; y como en el espacio concebimos por necesidad extensión, se sigue que cuerpo, extensión y espacio, son tres cosas esencialmente idénticas. El vacío tal como suele concebirse, es decir una extensión o espacio sin cuerpo, es cosa contradictoria; pues que equivale a suponer cuerpo, por lo mismo que se supone extensión; y no cuerpo, por lo mismo que se le supone quitado.

Descartes acepta basta las últimas consecuencias de esta doctrina. Así, proponiéndose la dificultad fundada en que imaginamos que Dios podría quitar toda la materia contenida dentro de un vaso, permaneciendo la misma figura del vaso, contesta resueltamente que esto es imposible. «Para que podamos, dice, corregir una opinión tan falsa, observaremos, que no hay enlace necesario entre el vaso y tal cuerpo que le llena; pero sí le hay tan absolutamente necesario entre la figura cóncava del vaso, y la extensión que debe estar comprendida en esta concavidad; que no hay más repugnancia en concebir una montaña sin valle, que una tal concavidad sin la extensión que ella contiene, y esta extensión sin alguna cosa extensa; a causa de que la nada, como se ha observado ya muchas veces, no puede tener extensión. Por cuya razón, si se nos pregunta qué sucedería en caso que Dios quitase todo el cuerpo que hay en un vaso, sin permitir que entrase otro, responderemos que los lados de este vaso se encontrarían tan cercanos, que se tocarían inmediatamente. Porque es necesario que dos cuerpos se toquen cuando no hay nada entre ellos; pues habría contradicción en que estos dos cuerpos estuviesen apartados, es decir, que hubiese distancia del uno al otro, y que esta distancia no fuese nada. La distancia es una propiedad de la extensión que no puede existir sin la extensión» (Princ. de la Filos. p. 2. § 18).

56. Si Descartes se ciñese a argumentar que el espacio, pues que contiene verdaderas distancias, no puede ser un puro nada, su raciocinio parecería concluyente; pero cuando añade que el espacio es el cuerpo, por la razón de que el espacio es extensión, y la extensión constituye la esencia del cuerpo, asienta una cosa que no prueba. De que no concibamos o imaginemos cuerpo sin extensión, solo se sigue que la extensión es una propiedad del cuerpo, sin la cual nosotros no le concebimos, mas no que sea su esencia. Para estar seguros de esto, sería necesario que así como tenemos la idea de la extensión, la tuviésemos también del cuerpo, para ver si entre ellas hay

identidad. Mas de los cuerpos nada sabemos sino lo que experimentamos por los sentidos; sin que nos haya sido dado el penetrar su íntima naturaleza.

¿De dónde nace la inseparabilidad de las ideas extensión y cuerpo? Nace de que la idea que tenemos del cuerpo es una idea confusa, pues la concebimos como una substancia que está en ciertas relaciones con nosotros, y nos causa las impresiones que llamamos sensaciones. Y como según hemos demostrado más arriba, la base de las sensaciones es la extensión, este es el único conducto por el cual nosotros nos ponemos en relación con el cuerpo. Cuando esta base nos falta, porque prescindimos de ella, no nos queda del cuerpo más que una idea general de ser, o de substancia, sin nada que le caracterice y le distinga de lo demás. Todo esto lo hallamos en el orden de nuestras ideas; pero no podemos inferir, que en los cuerpos mismos no haya en realidad nada más que extensión.

57. Con el mismo raciocinio se destruye la opinión de la extensión indefinida o infinita. Desenvolviendo Descartes su doctrina sobre la idea de la extensión, dice: «Sabremos también que este mundo, o la materia extensa que compone el universo, no tiene límites: porque donde quiera que nos propongamos fingirlos, podemos imaginar más allá, espacios indefinidamente extensos, que no solo imaginamos, sino que concebimos ser tales en efecto como los imaginamos; de suerte que contienen un cuerpo indefinidamente extenso; porque la idea de la extensión que concebimos en todo espacio, es la verdadera idea que debemos tener del cuerpo» (Ibíd. p. 2. § 21).

En este pasaje, a más del error relativo a la esencia de los cuerpos, hay el tránsito gratuito de un orden puramente ideal, o más bien imaginario, a un orden real. Es cierto que donde quiera que yo imagine los límites del universo, como cerrándole con una inmensa bóveda, imagino todavía fuera de la bóveda nuevas inmensidades de espacio en que mi fantasía se sumerge; pero de esto inferir que la realidad es como yo la imagino, no parece muy ajustado a las reglas de una sana lógica. Si esto es tan claro como supone Descartes, si es no solo imaginación, sino concepción fundada en ideas claras y distintas, ¿cómo es que son muchos los filósofos que no ven en todo esto más que un juego de la imaginación?

58. Leibnitz opina que el espacio es «una relación, un orden, no solo entre las cosas existentes, sino también entre las posibles, como si ellas existie-

sen» (Nuevos Ensayos sobre el entendimiento humano, Lib. 2, Cap. 13, §
17). Cree también que el vacío es imposible, mas no se funda en la razón de
Descartes. He aquí sus palabras.

«"Philalethes". Los que toman la materia y la extensión por una misma
cosa, pretenden que las paredes interiores de un cuerpo cóncavo y vacío se
tocarían; pero el espacio que hay entre dos cuerpos basta para impedir su
contacto mutuo.

»"Theophilo". Yo opino de la misma manera: porque aunque no admita
vacío, distingo la materia de la extensión, y confieso que si hubiese vacío en
una esfera, no por esto se tocarían los polos opuestos. Pero yo creo que este
caso no lo admite la perfección divina» (Ibíd. §. 21).

59. Me parece que Leibnitz comete en este pasaje una petición de principio. Dice que en el caso supuesto las paredes no se tocarían, porque el
espacio que hay entre ellas basta a impedirlo; pero esto es cabalmente lo
que se ha de probar: la existencia real de este espacio. Esto es lo que niega
Descartes.

60. Comparando las opiniones de Descartes y Leibnitz, se puede notar
que ambos convienen en negar al espacio una realidad distinta de los cuerpos; pero fundando su dictamen en razones muy diferentes. Descartes pone
la esencia del cuerpo en la extensión; donde hay extensión hay cuerpo:
donde hay espacio hay extensión: por consiguiente no hay ni puede haber
vacío. Leibnitz no cree intrínsecamente absurda una capacidad vacía; y si no
la admite, es porque, en su concepto, repugna a la perfección divina. Los
dos ilustres filósofos llegaban a un mismo punto partiendo de principios muy
diversos: Descartes estriba en razones metafísicas, fundadas en la esencia
de las cosas; Leibnitz no se apoya en la esencia absoluta, sino en sus relaciones con la perfección divina. La capacidad vacía, no era contradictoria en
sentir de Leibnitz, sino en cuanto se oponía al optimismo.

61. Como quiera, es bien notable que tres filósofos tan insignes como
Aristóteles, Descartes y Leibnitz, hayan estado de acuerdo en negar la existencia de esa capacidad que se llama espacio, considerada como un ser
distinto de los cuerpos, y con posibilidad de existir sin ellos. La diversidad de
sus opiniones solo prueba que en el fondo de la cuestión hay una dificultad
algo más grave de lo que parecen creer algunos ideólogos, que con tanta

facilidad explican la idea del espacio y su generación, como si se tratase de cosas muy sencillas.

Capítulo IX. Opinión de los que atribuyen al espacio una naturaleza distinta de los cuerpos

62. Por las consideraciones que preceden, parece poco menos que demostrada la contradicción que encierra un espacio-nada. Si es una capacidad, con dimensiones que se pueden medir realmente, tiene verdaderas propiedades, y por tanto no es un puro nada. Nosotros tenemos idea del espacio; en ella se funda toda una ciencia tan cierta, tan evidente como la geometría; esta idea nos es necesaria también para concebir el movimiento. A esta idea no puede corresponder un mero nada.

¿El espacio será algo distinto de la extensión misma de los cuerpos? A la opinión que esto sostiene suele objetársele que el espacio ha de ser o cuerpo o espíritu; que si no es cuerpo será espíritu, lo que es contradictorio: porque lo esencialmente compuesto de partes, como el espacio, no puede ser simple como el espíritu.

Razones fuertes militan contra la opinión que atribuye al espacio una naturaleza distinta de la del cuerpo, pero no creo que lo sea mucho la que acabo de proponer, pues en negando la disyuntiva, todo el argumento queda arruinado. ¿Cómo se prueba que no haya medio entre cuerpo y espíritu? De ninguna manera. Además, no conocemos la esencia del cuerpo, tampoco la del espíritu; ¿y nos arrogaremos el derecho de afirmar que no existe nada en el universo que no sea uno de estos extremos cuya naturaleza nos es desconocida?

63. Se replicará que no hay medio entre lo simple y compuesto, como no le hay entre el sí y el no; y que por tanto, no hay medio entre el cuerpo que es compuesto, y el espíritu que es simple. Convengo en que no hay medio entre lo simple y lo compuesto; y que cuanto existe es uno u otro; pero no en que todo lo compuesto sea cuerpo, ni todo lo simple espíritu.

Esta proposición: «Todo cuerpo es compuesto» no es idéntica a esta otra: «Todo compuesto es cuerpo.» Luego puede haber compuestos que no sean cuerpos. La composición, el tener partes, es una propiedad del cuerpo; mas esto no constituye su esencia, o al menos nosotros lo ignoramos. De lo contrario sería preciso abrazar la opinión de Descartes, de que la esencia del cuerpo la constituye la extensión. ¿Qué sabemos sobre si puede haber cosas que tengan partes y no sean cuerpo?

64. Adviértase que el estado mismo de la cuestión nos hacía suponer el espacio como substancia, es decir subsistente por sí mismo, independientemente de la inherencia a otro ser: por lo mismo, habiendo soltado la dificultad en este supuesto, lo queda en el caso más difícil, y por consiguiente en todos. Además, que suponiendo el espacio distinto del cuerpo, y sin embargo verdadera realidad, sería indispensable suponerle substancia, pues no estaría inherente a nada.

65. Para explicar lo que he dicho de que por ser una cosa simple no es necesario que sea espíritu, observaré que: «Todo espíritu es simple» no es lo mismo que «todo simple es espíritu». La simplicidad es necesaria al espíritu, mas no constituye su esencia. La idea de simple, expresa la negación de partes; y la esencia del espíritu no puede consistir en una negación.

66. Contra la opinión que atribuye al espacio una naturaleza distinta del cuerpo, haciéndole una substancia extensa, tampoco parece valer el argumento de los que de ahí quisieran deducir su infinidad; porque aun en este supuesto, no hay ningún inconveniente en señalarle un límite. ¿Qué hay entonces más allá? nada. Nosotros concebimos todavía una vaga extensión, pero la imaginación no es la realidad. También imaginamos lo mismo refiriéndonos a una época que nos figuramos anterior a la creación del mundo: si pues la imaginación probase algo en favor de la infinidad del mundo, probaría también en favor de su eternidad.

Y aquí recordaré que los argumentos con que he combatido el espaciónada, no estriban en lo que nosotros imaginamos; sino en que es imposible que la nada sea extensión, ni tenga ninguna propiedad. Esta es la razón capital con que he impugnado a los que pretenden ser posible que se conciban y existan las propiedades que se atribuyen al espacio, y que sin embargo el espacio sea un puro nada.

Capítulo X. Opinión de los que creen que el espacio es la inmensidad de Dios

67. Abrumados por tan graves dificultades algunos filósofos, no pudiendo conciliar con la nada esa realidad que se nos ofrece en el espacio, ni tampoco concebir en ninguna cosa criada, la inmovilidad, infinidad, y perpetuidad que en el espacio imaginamos; han dicho que el espacio era la misma inmensidad de Dios. Esto a primera vista parece una absurda extravagancia; pero si bien demostraremos luego la falsedad de esta opinión, es necesario hacer justicia no solo a la recta intención de los que la han sostenido, y sanas explicaciones de que procuraban echar mano, sino también al motivo que los llevó a tal extremidad, que por cierto, aunque nada sólido, no es tampoco despreciable.

68. He aquí cómo se puede discurrir en pro de dicha opinión. El espacio es algo. Antes que Dios criase el mundo, el espacio existía. No es posible concebir que los cuerpos existan, sin espacio en que se extiendan. Antes de que existan, concebimos esa capacidad en que pueden colocarse: luego el espacio es eterno. No hay movimiento sin espacio; y en el primer instante de ser criados los cuerpos, se pudieron mover y se movieron. Aunque no supongamos más que un solo cuerpo en el mundo, podría moverse, y este movimiento podría prolongarse hasta lo infinito. Luego el espacio es infinito. Si Dios anonadase todo el universo, menos un cuerpo solo, este cuerpo también se podría mover en todas direcciones, prolongadas hasta lo infinito. Si después fuese reducido a la nada el cuerpo único, quedaría la extensión en que se movía: en ella podrían crearse nuevos cuerpos, nuevos mundos. Luego el espacio es indestructible. Un ser eterno, infinito, indestructible, no puede ser criado; luego el espacio es increado. Luego es Dios mismo. Luego ha de ser Dios en cuanto nosotros lo concebimos con relación a la extensión: luego el espacio es la inmensidad de Dios. La inmensidad es aquel atributo por el cual Dios está en todas partes: este atributo es el que dice relación a la Cap. El espacio pues será la inmensidad de Dios. Adoptada esta teoría no hay inconveniente en hacer el espacio infinito, eterno, indestructible.

69. Esta opinión tiene en contra de sí, el que destruye la simplicidad de Dios. Sí el espacio es una propiedad de Dios, es Dios mismo; pues todo lo

que hay en Dios, es Dios. Luego, siendo el espacio esencialmente extenso, Dios será extenso también.

Clarke vio la fuerza de este argumento, fuerza que además le hacían sentir los argumentos de su adversario Leibnitz; pero responde a él de una manera muy débil. Dice que el espacio tiene partes, más no separables. Luego, sean como fueren, las tiene. Es cierto que en la idea del espacio distinguimos las partes, sin separarlas; pero las concebimos realmente en él; y sin ellas no concebimos el espacio. En este supuesto, ¿a qué se reducirán las pruebas en favor de la inmaterialidad del alma? Si la sabiduría infinita pudiera ser extensa, ¿por qué no podría serlo con mucha más razón el alma humana?

Empujado por su idea favorita, llegó Clarke a escribir lo que no era de esperar de un hombre como él. «En cuestiones de esta naturaleza, dice, cuando se habla de partes, se entienden "partes separables", compuestas, y desunidas, tales como las de la materia, que por esta razón es siempre un compuesto, y no una substancia simple. La materia no es una sola substancia, sino un compuesto de substancias. Por esto, "en mi concepto, la materia es incapaz de pensamiento". Esta incapacidad no le viene de la extensión, sino de que sus partes son substancias distintas, desunidas e independientes las unas de las otras» (Fragmento de una carta). Esta explicación tiende a arruinar la simplicidad del ser pensante; pues que por simplicidad siempre se ha entendido la absoluta carencia de partes, no de tal o cual especie de partes. La inseparabilidad no destruye la existencia de las partes, solo afirma la fuerza de su cohesión.

70. También sería de temer que esta doctrina abriese la puerta al panteísmo. Al mismo Clarke se le objetó ya el que con ella se hacía a Dios alma del mundo; y aunque se defendió de este cargo, no obstante siempre queda en pie una dificultad que no se le propuso, y que sin embargo no deja de ser grave. Si no hay inconveniente en decir que Dios es el espacio, o que el espacio es una propiedad de Dios, ¿qué se opone a que digamos que Dios es el mundo, o que el mundo es una propiedad de Dios? Si el mundo es extenso, también lo es el espacio; si pues Dios y espacio no son cosas contradictorias en un mismo ser, ¿por qué lo serán Dios y el universo?

Dice Clarke que los cuerpos están compuestos de diferentes substancias; ¿pero se sabe de los cuerpos otra cosa sino que son extensos, y que nos producen ciertas impresiones? claro es que no. Pues entonces, no repugnando a Dios la extensión, y mucho menos la causalidad de las impresiones, no habría inconveniente en decir que lo que Clarke llama substancias distintas, no son más que partes, o si se quiere propiedades, de la substancia infinita. Newton llegó a decir que el espacio era el sensorio de Dios; y aunque Clarke sostiene contra Leibnitz que la expresión de Newton tenía un sentido muy racional, pues no era más que una comparación, no obstante el filósofo alemán insiste de tal suerte sobre este cargo que bien se deja conocer le había hecho malísimo efecto una palabra semejante.

71. Todo lo que sea mezclar a Dios con la naturaleza, o ponerle en comunicación perenne con ella, excepto con actos purísimos de entendimiento y voluntad, nos lleva a una pendiente sumamente resbaladiza, en la cual es difícil no precipitarse hasta el fondo: y en ese fondo está el panteísmo, que no es más que una fase del ateísmo.

Capítulo XI. Opinión de Fenelon

72. La opinión de Clarke tiene mucha semejanza con la de Fenelon, quien en su «Tratado de la existencia y atributos de Dios» explica el de la inmensidad, de una manera que a primera vista sorprende. Dice así: «Después de haber considerado la eternidad y la inmutabilidad de Dios, que son una misma cosa, debo examinar su inmensidad. Siendo por sí mismo, es soberanamente; y siendo soberanamente, tiene todo ser en sí; teniendo todo ser en sí, tiene sin duda la extensión; la extensión es una manera de ser de que yo tengo idea. Ya he visto que mis ideas sobre las esencias de las cosas son grados reales del ser, que existen actualmente en Dios, y son posibles fuera de él, porque él mismo los puede producir; luego la extensión existe en Dios, y él no puede producirla a fuera, sino porque la tiene encerrada en la plenitud de su ser».

Hasta cierto punto las palabras de Fenelon pueden ser interpretadas con un sentido que no rechaza el común de los teólogos. Distinguen estos dos clases de perfecciones: unas que no envuelven ninguna imperfección, como la sabiduría, la santidad, la justicia; otras que envuelven alguna imperfección, como por ejemplo, las que pertenecen a los cuerpos, la extensión, la figura etc. Las primeras que también se llaman perfecciones «simpliciter», se hallan en Dios «formaliter», esto es, tales como ellas son; pues que su naturaleza propia no incluye imperfección de ninguna clase; y por consiguiente puestas en Dios, ni disminuyen ni afean su perfección infinita; las segundas, que también se llaman perfecciones «secundum quid», están en Dios, no «formaliter», porque la imperfección que envuelven repugna a la perfección infinita, sino «virtualiter eminenter», esto es, que todo cuanto ellas encierran de perfección, de ser, se encuentra en Dios, perfección infinita, ser infinito; que por esta razón, Dios las puede producir en lo exterior, con su omnipotencia creadora; pero en cuanto preexisten en el ser infinito, están depuradas de toda limitación, de toda imperfección, e identificadas con la esencia infinita, tienen un modo de ser, muy superior a lo que son en realidad: lo que se ha expresado con la palabra «eminenter». Entre estas perfecciones «secundum quid», se ha contado siempre la extensión.

73. Si el ilustre arzobispo de Cambrai se ciñese a este sentido, nada tendríamos que observar con respecto a su doctrina; pero las palabras que siguen parecen indicar que se inclinaba a la opinión de los que afirman que el espacio es la misma inmensidad de Dios, «¿Por qué pues, continúa, no le llamo extenso y corpóreo? porque hay muchísima diferencia, como yo lo he notado, entre atribuir a Dios todo lo positivo de la extensión, y atribuírsela con un límite o una negación: «quien pone la extensión sin límites, cambia la extensión en inmensidad»; quien pone la extensión con un límite, hace la naturaleza corpórea. «Por estas palabras se podría creer que Fenelon no distingue dos modos de ser de la extensión, como lo hacen los teólogos: y que atribuye a Dios todo lo positivo de la extensión, solo que se la da sin límite. De esto parece resultar que Dios es propiamente extenso, bien que con extensión infinita. Con todo el respeto que se merece la ilustre sombra de uno de los primeros ornamentos de la Iglesia Católica, de uno de los hombres más grandes de los tiempos modernos, me atrevo a decir que semejante opinión no me parece sostenible. Un Dios propiamente extenso, aunque fuera con extensión infinita, no es Dios; lo extenso es esencialmente compuesto; Dios es esencialmente simple: estas son cosas contradictorias.

74. Pero oigamos al ilustre Prelado que continúa exponiendo y defendiendo su opinión de la manera siguiente. «Desde que no ponéis límite a la extensión, le quitáis la figura, la divisibilidad, el movimiento, la impenetrabi-

lidad: la figura, porque esta no es más que una manera de ser limitado por una superficie; la divisibilidad, porque lo que es infinito como hemos visto ya, no puede ser disminuido, y por consiguiente ni dividido, ni compuesto, ni divisible; el movimiento, porque si suponéis un todo que no tiene ni partes ni límites, no puede moverse de su lugar, pues que no puede haber un lugar fuera del verdadero infinito; tampoco puede cambiarse el arreglo en la situación de "sus partes, pues que no siendo compuesto no las tiene"; la impenetrabilidad en fin, porque la impenetrabilidad es inconcebible si no se conciben dos cuerpos limitados, de los cuales el uno no es el otro, y no puede ocupar el mismo espacio que el otro. Estos dos cuerpos no existen en la cap infinita e indivisible; luego en ella no hay impenetrabilidad. Asentados estos principios, se sigue que todo lo positivo de la extensión se halla en Dios, sin que sea ni figurado, ni capaz de movimiento, ni divisible, ni impenetrable, ni palpable, ni mensurable.»

Por este pasaje se ve con toda claridad que Fenelon estaba muy lejos de imaginar un Dios compuesto, un Dios con partes: repetidas veces, y en pocas líneas, lo niega terminantemente, como era de esperar de su alta penetración, y pureza de doctrinas. Pero esto, que deja en salvo la rectitud de intención, no satisface las condiciones de la exactitud filosófica. Por de pronto confieso ingenuamente, que si la extensión se ha de tomar en el sentido propio, no concibo cómo el quitarle los límites le quita también las partes; por el contrario, me parece que una extensión infinita tendrá partes infinitas. Si es infinita, no tendrá figura; porque en la idea de figura se encierra la de límite; pero si es extensión verdadera, será como un fondo inmenso en que se podrán trazar todas las figuras imaginables. Ella en sí no tendrá ninguna figura propia; pero será el recipiente de todas las figuras; el piélago inagotable de donde todas surgirán. Lo que en ella se trace, estará en ella; los puntos con que las figuras se terminen, en ella estarán. ¿Quién no ve en esto, las partes, la composición? La extensión infinita será incapaz de figura, no por su carencia de partes, no por su simplicidad, sino por sus partes infinitas, por su composición infinita.

Convengo en que una extensión infinita no será divisible, si por dividir entendemos separar; porque en aquella inmensa plenitud todo estaría en su puesto con una fijeza infinita. Así nos imaginamos el espacio con sus partes inmóviles, lugar de todo movimiento: con sus partes inseparables, campo de todas las separaciones; pero no se trata de separación sino de división; si hay extensión verdadera, será divisible: concebimos el espacio con sus partes inseparables, pero divisibles; pues que las medimos, las contamos, y con respecto a ellas, nos formamos idea de la magnitud, distancia y movimiento de los cuerpos.

75. Estas reflexiones tan obvias y tan concluyentes, no podían ocultarse a la penetración del ilustre filósofo, que parece preferir la inconsecuencia o la oscuridad del lenguaje, a los fatales corolarios que emanan de su primera proposición. Había dicho sin rodeos ni restricciones, que todo lo positivo de la extensión se hallaba en Dios, excepto el límite; había afirmado que la extensión con límite era corpórea, y que para convertir la extensión en inmensidad, bastaba quitarle el límite; por consiguiente atribuía a Dios extensión verdadera, bien que infinita; y luego, queriendo explicar y robustecer su doctrina, nos dice que esa extensión no tiene partes. ¿Qué es una extensión sin partes? ¿Hay quien pueda concebirla? ¿La extensión no envuelve por necesidad, un orden de cosas de las cuales las unas están fuera de las otras? Así se ha entendido siempre; hablar pues de una extensión sin partes, es hablar de una extensión impropiamente dicha; cuando se habla de semejante extensión, no basta decir que no tiene límites, es necesario añadir que es de otra naturaleza; que la palabra extensión, se toma en un sentido totalmente diverso. Así parece conocerlo, a pesar de la oscuridad de las anteriores palabras, cuando se levanta en alas de su religión y de su genio, y continúa: «Dios no está en ningún lugar, ni en ningún tiempo; porque su ser absoluto e infinito no tiene "ninguna relación a los lugares y a los tiempos", que no son más que límites y restricciones del ser. Preguntar si está más allá del universo, si excede de las extremidades de este en longitud, latitud y profundidad; es proponer una cuestión tan absurda como el preguntar, si era antes que el mundo fuese y si será cuando el mundo no sea. Así como en Dios no puede haber pasado ni futuro, no puede haber ni más acá ni más allá; la permanencia excluye toda medida de sucesión, la inmensidad excluye toda medida de extensión; no ha sido, no será, es; no está aquí, no está allá, no está más allá de ningún límite: es absolutamente, todas las expresiones que le refieren a algún término, que le fijan en algún lugar, son impropias e inde-

centes. ¿Dónde está pues? él es; y es de tal modo, que es preciso guardarse de preguntar dónde; lo que no es sino a medias, con límites, es de tal modo una cierta cosa, que no es sino esta misma cosa; pero Dios no es precisamente una cosa singular y restringida, es todo, es el ser, o para decirlo mejor, diciéndolo más sencillamente: "él es"; cuantas menos palabras se dicen de él, más cosas se expresan: "es"; guardaos de añadir nada».

76. En estas magníficas palabras, y otras que pueden leerse en el lugar citado, la elevación y el grandor de ideas sobre Dios y su inmensidad, hacen olvidar las dificultades contra la primera proposición, que si no es falsa, o inexacta, no está expresada con toda la claridad deseable. Por esto, no me atrevo a sostener que su opinión coincida con la de Clarke; ya que en el elocuente escritor, el cristiano y el poeta parece que rectifican al filósofo.

Capítulo XII. Se explica en qué consiste el espacio
77. Ya hemos visto que no está fundada en razón la opinión de Descartes, que confunde enteramente el espacio con el cuerpo, haciendo consistir la esencia de este en la extensión misma, y afirmando que donde quiera que concebimos espacio, allí hay cuerpo. Pero tal vez se acercaría más a la verdad quien dijese, que en efecto el espacio no es más que la extensión misma de los cuerpos; prescindiendo de que constituya o no la esencia de ellos, y negando además su infinidad.

78. Examinemos esta opinión. Analizando la generación de la idea del espacio, se encuentra que no es más que la idea de la extensión en abstracto. Si tengo ante mis ojos una naranja, puedo llegar por medio de abstracciones a la idea de una extensión pura, igual a la de la naranja. Para esto comenzaré por prescindir de su color, sabor, olor, blandura o dureza, y de cuanto pueda afectar mis sentidos. Entonces no me queda más que un ser extenso: el cual, si le despojo de la movilidad, se reduce a una porción de espacio igual al volumen de la naranja.

Claro es que estas abstracciones puedo hacerlas sobre el universo entero: lo que me dará la idea de todo el espacio en que está el universo.

79. Aquí voy a soltar una dificultad que se puede oponer a esta explicación de la idea del espacio; y me aprovecharé de la oportunidad para aclarar

algún tanto el origen de la idea de un espacio infinito, o sea el espacio imaginario.

La dificultad es la siguiente: formando la idea de un volumen de espacio por la simple abstracción de las calidades que acompañan a la extensión, no se concibe más espacio que un volumen igual al del cuerpo sobre el cual se ha hecho la abstracción. Luego la abstracción hecha sobre una naranja no nos dará más que un volumen de espacio igual al de una naranja; así como la hecha sobre el universo, no nos dará más que un volumen de espacio igual al que concibamos en el universo. Pero de esto jamás resultará la idea de un espacio sin límites, cual se nos ofrece siempre que pensamos en el espacio considerado en sí mismo.

Solución. Abstrayendo, prescindimos de lo particular y nos elevamos a lo común. Si en el oro hago abstracción de las propiedades que le constituyen oro, y atiendo únicamente a las que posee como metal, me quedo con una idea mucho más lata, la de «metal», que conviene no solo al oro, sino también a todos los demás metales. Con la abstracción he borrado el límite que separaba el oro de los demás metales, y me he formado una idea que se extiende a todos, que no especifica ni excluye ninguno. Si de la idea de metal, abstraigo lo que le constituye metal, y me atengo únicamente a lo que le constituye «mineral», he borrado otro límite, y la idea es más general todavía. Y si subiendo por la misma escala, paso sucesivamente por la idea de inorgánico, cuerpo, substancia, hasta la de «ser», habré llegado a un punto en que la idea se extiende a todo.1

Con esto se echa de ver que la abstracción lleva a la generalización, borrando sucesivamente los límites que distinguen y como que separan los objetos. Aplicando esta doctrina a las abstracciones sobre los cuerpos, encontraremos la razón de la ilimitabilidad de la idea del espacio.

Cuando hechas las abstracciones sobre la naranja, me quedo únicamente con la idea de su extensión, no he llevado todavía la abstracción al más alto punto posible: porque no concibo aun la extensión en sí misma, sino la extensión de la naranja: concibo «su» extensión, no «la» extensión. Pero si prescindo de ese «su», si me atengo a la extensión en sí misma, entonces la idea de figura se desvanece, la extensión se dilata indefinidamente; me es imposible señalarle ningún término, porque todo límite me daría una extensión determinada, una extensión particular, no la extensión en sí misma. Entonces se retiran por decirlo así las fronteras del universo; pues por grande que este sea, en llegando a un límite, nos ofrece una extensión particular, no la misma extensión. He aquí como parece que se engendra en nosotros la idea de los espacios imaginarios.

80. Esto que se ha explicado con el simple orden del entendimiento, lo podemos confirmar con la observación de los fenómenos de la imaginación. Cuando «imagino» la extensión de una naranja, le imagino un límite, de este o aquel color, de esta o aquellas calidades: pues no cabe imaginar figura sin líneas que la terminen. Este límite en nuestra imaginación, es distinto en algo de la extensión que encierra y de la extensión de que separa lo encerrado: pues si no se nos presentase con alguna cosa característica, no podríamos imaginarle como límite, no llenaría su objeto que es hacernos distinguir aquello que limita. Luego la abstracción no es completa; pues en la imaginación hay todavía una cosa muy determinada, que son las líneas que constituyen el límite. Borrad estos límites, y la imaginación se dilata; y a medida que los límites se retiran, ella se dilata más, hasta sumirse en una especie de abismo tenebroso, sin fin, como nos imaginamos más allá del universo.

Aclararé esta explicación con un ejemplo muy sencillo. Nuestra imaginación se parece a un encerado en que está pintada una figura. Cuando en el encerado vemos la línea blanca, que forma la figura, vemos también la figura; pero si borramos la línea, nos quedamos con la figura uniforme de todo el encerado. Y si suponemos que se retiran indefinidamente las líneas que terminan el encerado, buscaremos en vano una figura; no tendremos más que una superficie negra que se va extendiendo indefinidamente. He aquí con bastante semejanza el modo con que nace la imaginación de un espacio sin fin.

81. Cuando pedimos la idea de la extensión en abstracto, y sin embargo terminada, pedimos una cosa contradictoria. El límite quita a la extensión la generalidad: la generalidad destruye el límite. No cabe pues idea abstracta de extensión con límite. Luego concibiendo la extensión en toda su abstracción, concebiremos la extensión sin límite; y esforzándose la imaginación en seguir al entendimiento, imaginará un espacio indefinido.

82. Resumiendo esta doctrina y deduciendo sus consecuencias, podríamos decir:

1.º Que el espacio no es más que la extensión misma de los cuerpos.

2.º Que la idea del espacio es la idea de la extensión.

3.º Que las diferentes partes concebidas en el espacio, son las ideas de extensiones particulares, en las que no hemos prescindido de sus límites.

4.º Que la idea del espacio infinito, es la idea de la extensión en toda su generalidad, y por tanto prescindiendo del límite.

5.º Que la imaginación de un espacio indefinido nace necesariamente del esfuerzo de la imaginación que destruye los límites, siguiendo la marcha generalizadora del entendimiento.

6.º Que donde no hay cuerpo no hay espacio.

7.º Que lo que se llama distancia no es otra cosa que la interposición de un cuerpo.

8.º Que en desapareciendo todo cuerpo intermedio, no hay distancia; hay pues inmediación, hay contacto, por necesidad absoluta.

9.º Que si existiesen dos cuerpos solos en el universo, es metafísicamente imposible que disten entre sí.

10.º Que el vacío grande o pequeño, coacervado o diseminado, es absolutamente imposible.

83. Estas son las consecuencias que se deducen de la doctrina expuesta en este capítulo. Si el lector me pregunta lo que pienso sobre ellas, y el principio en que estriban, confesaré ingenuamente, que si bien el principio me parece verdadero, y las consecuencias legítimas, no obstante, la extrañeza de algunas de ellas, y todavía más las de otras que haré notar en lo sucesivo, me infunden sospechas de que en el principio se oculta algún error, o que el raciocinio con que se infieren las consecuencias, adolece de algún vicio que no es fácil notar. Así, más bien presento una serie de conjeturas, y de raciocinios para apoyarlas, que no una opinión bien determinada. Con esto, comprenderá el lector lo que quiero significar por la palabra «demostración», cuando en lo sucesivo la vea empleada repetidas veces, al tratarse de la deducción de algunas consecuencias sumamente extrañas; bien que dignas en mi concepto de llamar la atención. Digo esto, no solo para explicar lo que pasa en mi espíritu, sino también para prevenir al lector contra la excesiva

confianza en estas materias, sea cual fuere la opinión que se adopte. Antes de comenzar las investigaciones sobre el espacio ya hice notar, que en estas cuestiones se ofrecen argumentos en opuesto sentido, que al parecer son igualmente concluyentes: lo que indica que la razón humana toca a sus límites, y hace sospechar que la investigación sale de la esfera a que está ceñido el espíritu, por alguna condición primaria de su naturaleza.

Sea como fuere, prosigamos conjeturando: y ya que no podamos traspasar ciertos límites, ejercitemos el entendimiento recorriéndolos en toda su extensión. Así, cuando nos hallamos sobre un terreno elevado, circuido de insondables abismos, nos complacemos en dar vueltas por la circunferencia, mirando la inmensa profundidad que hay bajo nuestros pies.

Voy ahora a deducir otros resultados, soltando en cuanto alcance las dificultades que se ofrezcan; y haciendo algunas aplicaciones cuya inmensa trascendencia produce incertidumbre e inspira timidez.

Capítulo XIII. Nuevas dificultades

84. Si el espacio no es más que la extensión misma de los cuerpos, se seguirá que la extensión carecerá de recipiente; es decir, que no tendrá lugar donde colocarse. Esto parece hallarse en contradicción con nuestras ideas más comunes; pues por lo mismo que concebimos una cosa extensa, concebimos también la necesidad de un lugar igual a ella, en que pueda caber y situarse.

Esta dificultad, a primera vista muy grave, se desvanece muy fácilmente, negando que toda cosa extensa necesite un lugar distinto de ella en que colocarse. ¿Qué es este lugar? Es una extensión en que ella cabe. Ahora bien, ¿esta extensión o lugar, ha menester a su vez otra extensión en que colocarse, o no? si lo primero, diré lo mismo del nuevo lugar, en que se coloque el primer lugar, y así hasta lo infinito. Esto es evidentemente imposible, y por tanto deberemos convenir en que es falso que toda extensión necesite otra extensión en que colocarse. Así como la extensión del espacio no habría menester de otra extensión, del mismo modo la extensión de los cuerpos no necesitará el espacio: no hay ninguna diferencia entre los dos casos; luego la necesidad de un lugar para toda extensión, es una cosa imaginaria que la razón contradice. Luego la extensión puede existir en sí misma, luego no hay inconveniente en que la de los cuerpos exista de este modo.

85. ¿Qué será pues en tal caso el cambiar de lugar? No otra cosa sino el cambiar los cuerpos de posición respectiva. Así se explica el movimiento.

Supónganse tres cuerpos A, B, C, situados en el espacio: sus distancias respectivas no son más que los otros cuerpos interpuestos. El cambio que produzca una nueva posición, será el movimiento.

86. Luego un cuerpo solo no puede moverse. Porque el movimiento encierra por necesidad el correr distancia, y no hay distancia cuando no hay más que un cuerpo.

Este resultado a primera vista parece absurdo, por contrariar nuestro modo de sentir, e imaginar; no obstante, si examinamos con atención ese mismo modo de imaginar y sentir, veremos que los fenómenos de nuestro espíritu se hallan de acuerdo con esta teoría.

El movimiento para nosotros no significa nada, no es sentido, no es percibido de ningún modo, cuando no le podemos referir a la posición de diferentes cuerpos entre sí. Si recorremos un canal encerrados en un gabinete de la barca que nos lleva, nos movemos realmente, sin que lo sintamos de ningún modo. Solo conocemos este movimiento cuando mirando los objetos exteriores, vemos que hay una continua alteración. Aun en este caso, el movimiento nos parece no estar en nosotros, sino en los objetos que nos rodean; de suerte que el mismo, mismísimo fenómeno se verificaría con respecto a nosotros, moviéndose la barca sola, y permaneciendo inmóviles los objetos, que estando ella inmóvil, y moviéndose los objetos, con tal que el movimiento de estos se combinase cual conviene (V. Lib. II. Cap. XV).

Luego si se quita el sacudimiento, que es lo único que nos haría conocer algún movimiento propio, no distinguimos si somos nosotros quien se mueve, o si son los objetos; siendo de notar que naturalmente nos inclinamos a referir el movimiento a ellos, más bien que a nosotros. Cuando nos alejamos de un puerto, sabemos bien que no es el puerto lo que se aleja; y no obstante la ilusión es completa, el puerto huye.

De esto se infiere que el movimiento no es más para nosotros que el cambio de posición respectiva de los cuerpos. Si no hubiésemos experimentado este cambio, no tendríamos idea de movimiento. Así es que nada niega la posibilidad de que los fenómenos del movimiento diurno se nos presenten los mismos, sea que el cielo gire al rededor de nosotros de oriente a occidente, sea que la tierra gire sobre su eje de occidente a oriente.

Luego el movimiento de un cuerpo solo, es una pura ilusión: y por consiguiente nada prueba el argumento que en él se funda contra la doctrina explicada sobre el espacio.

De aquí se infiere también, que considerado el universo entero como un solo cuerpo, no es móvil, y que todos sus movimientos se verifican solo en su interior.

87. Pero una de las consecuencias más curiosas y extrañas que resultan de esta teoría, es la demostración «a priori» de que el universo no puede estar terminado sino de cierto modo, excluyéndose una muchedumbre de figuras porque le repugnan esencialmente.

En efecto: según la doctrina que precede, un cuerpo solo, no podría tener ninguna de las partes de su superficie en disposición tal, que la línea más corta de un punto a otro cualquiera, pasase por fuera del cuerpo. Ese «fuera», existiendo el cuerpo enteramente solo, sería un puro nada; luego en él no hay distancias que puedan ser medidas por líneas. Con esto se excluyen una muchedumbre de figuras irregulares, y encontramos la regularidad geométrica brotando en cierto modo una idea metafísica.

Se infiere de lo dicho que un cuerpo con ángulos entrantes, existiendo solo, es un absurdo. Porque su figura exige que el punto A, vértice de un ángulo saliente, diste del punto D, vértice de otro ángulo, la distancia A D. Esta distancia no puede existir, porque donde no hay cuerpo, no hay distancia. Luego existiría y no existiría la distancia a un mismo tiempo, lo que es contradictorio.

Tenemos pues que este cuerpo solo, es un absurdo, en no llenándose el volumen indicado por las capacidades contenidas en los ángulos entrantes.

Con el resultado anterior concuerda de un modo particular, lo que notamos en la naturaleza; la cual parece inclinarse a terminarlo todo por líneas y superficies curvas. Curvas son las órbitas de los astros; y superficies curvas terminan también los astros mismos. Es verdad que las grandes irregularidades que se notan en la superficie de ellos, parecen destruir la conjetura;

pero es necesario advertir que en estas irregularidades no está el límite de su figura, sino en la atmósfera que los rodea; y que siendo un fluido no las tendrá.

88. Aquí se ofrece otra consecuencia bastante extraña, y es que estamos precisados a admitir la existencia de una superficie geométrica perfecta: y esto «a priori».

Si donde no hay cuerpo, la distancia es metafísicamente imposible, esto se verificará así en las grandes como en las pequeñas, aun en las infinitésimas: por cuya razón se ha dicho que era imposible todo vacío diseminado. Ahora bien; es evidente que una superficie no es perfecta, si en ella hay puntos que salen más que otros; de suerte que se va acercando más a la perfección geométrica, cuanto menos salen. Si pues ninguno puede salir, resultará realizada la superficie geométrica. Es así que por lo demostrado, la superficie última del universo se halla en este caso; luego resulta lo que nos proponemos demostrar.

Hemos demostrado que era imposible que la última superficie tuviese la forma exterior con ángulos entrantes. Luego será también imposible que la tenga con prominencias, aun las más pequeñas. La diferencia está en el más y en el menos; lo que no destruye la imposibilidad metafísica. Luego es absolutamente necesario que en la última superficie desaparezcan todos los ángulos entrantes, aun los infinitésimos. Lo que dará una superficie geométrica perfecta.

Capítulo XIV. Otra consecuencia importantísima

89. Voy por fin a sacar la última consecuencia, notable por lo trascendental, y que parece digna de ser examinada con detenimiento, por los que hacen marchar de frente sus estudios físicos y metafísicos. Hela aquí.

La existencia de la gravitación universal, es demostrable «a priori».

Demostración. La gravitación universal, es una ley de la naturaleza por la cual unos cuerpos se dirigen hacia otros (prescindimos ahora del modo). Esta dirección es metafísicamente necesaria, si se supone que donde no hay cuerpo no hay distancia. Porque en este caso, no pueden existir dos cuerpos separados: la ley de contigüidad, es una necesidad metafísica; y por consiguiente la aproximación incesante de unos cuerpos a otros, es una perenne obediencia a esta necesidad.

La velocidad de la aproximación estará en razón de la velocidad con que se aparta el medio. El límite de la velocidad de este movimiento es la relación del espacio, con un instante indivisible: cual podemos imaginarlo si Dios anonadase de repente el cuerpo intermedio.

Como las moles sólidas que vemos rodar sobre nuestras cabezas, estarían en tal caso sumergidas en un fluido, si este por su naturaleza, se presta mucho a cambiar de posición, resulta que los astros han de estar sujetos a la ley de aproximación, porque el intermedio que los separa se retira incesantemente en varias direcciones. Si supusiéramos pues este fluido enteramente inmóvil, cesaría la necesidad metafísica de la aproximación.

90. Esta teoría parece conducir a explicar el mecanismo del universo por simples leyes geométricas, haciendo desaparecer lo que se llamó primero calidades ocultas, y después fuerzas.

Si bien no hay dificultad en explicar por ideas metafísicas y geométricas el hecho mismo de la gravitación, en cuanto significa tan solo la tendencia de los cuerpos a aproximarse; las hay, y muy grandes, en determinar por este orden de ideas las condiciones a que se halla sometida la gravitación.

91. Si el movimiento de aproximación dependiera solo del medio, a desiguales medios seguiría desigualdad de movimiento. ¿Y cómo se calcula, cómo se gradúa esta desigualdad, en medios no sujetos a nuestra observación?

92. A más de esta dificultad, hay otra todavía más grave, cual es, el que los cuerpos que se moverían en un medio, no tendrían direcciones fijas, sino que estas variarían con la variedad de la dirección del medio. Si la gravitación del cuerpo A hacia el cuerpo B, depende únicamente del movimiento con que su medio se retira, tendremos que la gravitación no será por la recta A B, sino que seguirá las ondulaciones descritas por el medio. Lo que es contra la experiencia.

93. De estas consideraciones resulta, que aun cuando la gravitación naciese naturalmente de la posición misma de los cuerpos, esta necesidad no produciría el orden, si los resultados de ella no estuviesen sometidos a ciertas leyes. Y por tanto los fenómenos de la naturaleza, aunque radicados

en cierto modo en una necesidad, supuesta la existencia y posición de los cuerpos, serían de suyo contingentes en lo relativo a la aplicación y desarrollo de esta misma necesidad.

94. Profundizando más esta materia se descubre, que la tendencia a la aproximación, aun supuesta necesaria, no sería bastante para engendrar el movimiento, ni tampoco para conservarle. En efecto: siempre que un cuerpo se retirase, sería necesario que otro le siguiese, para no interrumpir la contigüidad; pero como estando todo lleno, no habría ninguna razón para que ningún cuerpo se apartase de otro, no habría tampoco ninguna causa de movimiento. De lo que se infiere que las ideas geométricas no bastan para explicar el origen del movimiento, sino que es necesario encontrar su causa en otra parte. Si la contigüidad es una necesidad metafísica, supuesta la existencia de los cuerpos, se seguirá que moviéndose el cuerpo A en un sentido cualquiera, se han de mover también los contiguos, B, C; pero si suponemos que la contigüidad existe ya, no hay ninguna razón porque el A comience a moverse; luego no hay tampoco ninguna razón para que haya movimiento en los B, C.

En un instante cualquiera, aun supuesto el movimiento, la contigüidad o el lleno existirán; pues el estado de la cuestión supone que esta condición nunca falta como metafísicamente necesaria; luego nunca habrá razón para que el movimiento prosiga, pues en todos los instantes imaginables, no habrá motivo para que continúe. El movimiento del cuerpo A arrastrará el cuerpo B; este el C, y así sucesivamente. Si el movimiento del cuerpo A, no tiene otro origen que la necesidad de que se continúe con B, tampoco el de C podrá tener otro origen sino su contigüidad con B; sí el movimiento se hace únicamente para no interrumpirla, se infiere que, existiendo ella siempre, como absolutamente necesaria, no habrá ninguna razón para que el movimiento comience, o comenzado dure.

95. Las leyes de la naturaleza no pueden pues explicarse por ideas geométricas y metafísicas, aunque se suponga que la aproximación es una necesidad intrínseca de los cuerpos. En cualquier supuesto es necesario buscar fuera de la materia una causa superior que imprima, regularice y conserve el movimiento.

Capítulo XV. Ilusión de los puntos fijos en el espacio

96. No siendo el espacio otra cosa que la extensión misma de los cuerpos, y por tanto no existiendo espacio donde no existen cuerpos, se sigue que esa extensión que concebimos distinta de ellos, con dimensiones fijas, con puntos fijos, inmóvil en sí, y receptáculo de todo lo que se mueve, es una pura ilusión, a la cual nada corresponde en la realidad.

Para aclarar más esta doctrina, y soltar al propio tiempo algunas dificultades que contra ella se ofrecen, es necesario analizar la idea de fijeza que tenemos con respecto al espacio. Como en el mundo se nos presentan algunos puntos inmóviles, con respecto a los cuales concebimos las direcciones, se engendra en nuestro ánimo la idea de fijeza de dichos puntos, y con relación a ellos, y por causa de ellos, nos imaginamos la fijeza, la inmovilidad, como una de las propiedades que distinguen a ese receptáculo ideal que apellidamos espacio. Los cuatro puntos cardinales del mundo: oriente, occidente, norte y sur, han debido comenzar naturalmente por producir esta idea de fijeza. Sin embargo no será difícil manifestar que no hay tal fijeza, y que la idea de ella es una pura ilusión.

97. Comencemos por destruir la fijeza de oriente y occidente. En primer lugar, suponiendo a la tierra un movimiento diurno de rotación sobre su eje, como en la actualidad se lo suponen los astrónomos, los puntos de oriente y occidente, lejos de ser fijos, cambian incesantemente para todos los lugares de la tierra. Así suponiendo un observador en A, punto de la tierra, su oriente será el punto B, y su occidente el punto C. Si la tierra gira sobre su eje, el oriente y occidente del observador corresponderán sucesivamente a los m, n, p, q, etc., en el confín que imaginamos como la bóveda celeste. Luego, aun suponiendo esta bóveda fija, el oriente y el occidente no significan nada fijo.

Si se negase el movimiento de rotación de la tierra, las apariencias serían las mismas que si en efecto la rotación existiese; y por tanto, nunca se puede decir más, sino que la fijeza es una apariencia. Además, suponiendo la tierra en quietud y el cielo en rotación, todavía es más imposible señalar los puntos fijos de oriente y occidente: porque en tal caso, los mismos puntos del cielo a que los referíamos, estarían en continuo movimiento.

Lo repito: todo esto son meras apariencias: el hombre que nada sepa sobre la esfericidad de la tierra, y que se la imagine como un plano, si camina de occidente a oriente, creerá que los dos puntos permanecen inmóviles, no obstante de que cambian incesantemente: se imagina que va dejando siempre a su espalda el lugar de donde salió, no obstante de que en habiendo recorrido la circunferencia de la tierra, se volvería a encontrar en él.

98. El norte y el sur parecen ofrecer más dificultad por razón de su fijeza en cuanto a nosotros; pero tampoco será difícil manifestar que no hay en dicha fijeza nada absoluto, y que lo más que puede decirse es que hay una fijeza aparente. Sean N y S los polos norte y sur. Si imaginamos que giran a un mismo tiempo la tierra y la bóveda celeste de sur a norte, es claro que la fijeza de los puntos N S no existirá: y sin embargo el observador A creerá que todo continúa fijo, porque las apariencias serán absolutamente las mismas.

Para un observador que camina del ecuador hacia un polo, este se levanta de continuo sobre el horizonte; para otro que permanece en un mismo lugar, el polo está quieto.

Aun para un mismo lugar de la tierra, cambia la altura del polo, por la variación del ángulo formado por el plano de la eclíptica con el plano del ecuador; variación que según unos, es de 48" por siglo, y según otros, 0", 521 por año, lo que da 52, 1" por siglo.

99. Resulta de estas observaciones, que en la situación de los cuerpos no hay nada absoluto, que todo es relativo; que un cuerpo puede existir solo; pero que la situación entonces no existe, porque es una idea puramente relativa, y no hay relación cuando falta punto de comparación; que absolutamente hablando, no hay «arriba» ni «abajo», y que aun cuando imaginemos esos puntos como fijos, esa imaginación no es más que la comparación que hacemos entre dos puntos; siendo abajo, aquel hacia el cual gravitamos, y arriba, el opuesto; como se ve en los antípodas, que llaman abajo, lo que nosotros arriba, y arriba, lo que nosotros abajo.

100. Sin puntos a los cuales se refiera la dirección, es imposible la dirección. Luego las direcciones sin la existencia de los cuerpos, son cosas puramente ideales; luego un cuerno solo, tampoco las tendría, fuera de su propia extensión.

101. Contra esta explicación se presenta una dificultad, a primera vista muy grave, pero que en realidad vale muy poco. Si existiese un cuerpo solo, ¿podría Dios darle movimiento? Negarlo, parece una limitación de la omnipotencia; concederlo, es destruir todo lo que se ha dicho contra el espacio distinto de los cuerpos.

Esta dificultad saca su gravedad aparente de una confusión de ideas, efecto de no comprenderse bien el estado de la cuestión. Para soltarla preguntaré a quien me la proponga: ¿El movimiento de que se trata es «intrínsecamente imposible», o no? Si lo es, no hay inconveniente en decir que Dios no lo puede hacer; pues que la omnipotencia no se extiende a cosas contradictorias; si se me dice que no es imposible, entonces volvemos a las cuestiones sobre la naturaleza del espacio, y hay que examinar si las razones en que se ha probado dicha imposibilidad, son verdaderas o no.

Las cuestiones relativas a la omnipotencia, no son de este lugar, su resolución es un simple corolario de la resolución principal. Si se demuestra la imposibilidad, el decir que no lo puede la omnipotencia, no es limitarla; así como no se limita cuando se afirma que no puede hacer que un triángulo sea un círculo. Si la imposibilidad no se demuestra, entonces, no entra para nada la cuestión de la omnipotencia.

102. El argumento fundado en la existencia del vacío, tampoco destruye la doctrina establecida. Los físicos lo admiten generalmente, y lo suponen necesario para explicar el movimiento, la condensación, la rarefacción, y otros fenómenos de la naturaleza. A esto responderé lo siguiente.

1.º Descartes y Leibnitz, son votos en materia de física tanto experimental como trascendental; y sin embargo no admitieron vacío.

2.º La observación no puede consignar en ninguna parte la existencia del vacío: ya porque el diseminado, ocuparía espacios tan diminutos que no los alcanzaría ningún instrumento; ya porque la observación no puede ejercerse sino sobre lo que afecta nuestros sentidos, y a esto quizás no llegan algunos cuerpos por su excesiva tenuidad.

3.º Nada se puede resolver de cierto sobre las modificaciones íntimas de la materia, en el movimiento y en la condensación y rarefacción, sin conocer los elementos de que ella se compone.

4.º Así como no se comprende bien ni la infinita divisibilidad, ni la composición de un extenso con puntos inextensos; no es extraño que no se comprendan los fenómenos, que parecen incompatibles con la negación del vacío.

5.º La existencia del vacío es una cuestión metafísica, que está fuera de las regiones de la experiencia, y que por tanto en nada afecta el sistema de las ciencias de observación.

103. Haciendo consistir la idea del espacio en la de extensión abstracta o generalizada, conciliamos todo lo que en ella se nos presenta de necesario, de absoluto, de infinito, con su realidad objetiva. Esta realidad, es la extensión misma de las cosas; la necesidad, la infinidad, no se encuentran en las cosas mismas, sino en la idea abstracta. Los objetos en sí están ceñidos a la esfera de la realidad, y por tanto a la limitación, a la contingencia; la objetividad de la idea abstracta comprende lo existente y lo posible; y por consiguiente no tiene límites, ni está sometida a ninguna contingencia.

Capítulo XVI. Observaciones sobre la opinión de Kant

104. Ya hemos visto que la extensión considerada en nosotros, sale de los límites de las sensaciones; es una verdadera idea: es base de algunas sensaciones; y es al propio tiempo una idea pura. En cuanto se refiere a la sensación, es como el fundamento de nuestras facultades sensitivas; en cuanto idea, es la raíz de la geometría. Esta distinción es importante; y nos servirá luego para apreciar en su justo valor la opinión de Kant sobre el espacio.

105. Más o menos, todas nuestras sensaciones se ligan con la extensión; bien que considerando la sensación «a priori», independientemente de todo hábito, y completamente aislada, parece que solo las de la vista y del tacto, están necesariamente ligadas con un objeto extenso. Un viviente que careciera de estos dos sentidos, no parece que debiera estar privado de recibir las impresiones del oído, y del olor; quizás tampoco del sabor, porque si bien es verdad que con las sensaciones del paladar van siempre unidas las del tacto, como duro, blando, caliente, frío etc. etc., también es cierto que estas sensaciones son enteramente distintas de la del sabor, y no tenemos ninguna razón para asegurar que no puedan separarse.

106. La extensión, considerada en nosotros, o sea en su intuición, puede ser mirada, como una condición necesaria de nuestras facultades sensitivas; Kant vio esta verdad; pero la exagera cuando niega al espacio una realidad objetiva, afirmando que no es más que una condición subjetiva «a priori» para que puedan recibirse las impresiones: la forma de los fenómenos, esto es, de las apariencias; pero nada en la realidad. Ya he dicho que el espacio como distinto de los cuerpos, es nada; pero el objeto de la idea del espacio es la misma extensión de los cuerpos; o mejor, esta extensión es el fundamento de donde sacamos la idea general del espacio, y ella a su vez, queda también comprendida en la idea general.

107. Decir como Kant, que el espacio es la forma bajo la cual se nos presentan los fenómenos, y que es una condición subjetiva necesaria para la percepción de ellos, equivale a decir que los fenómenos, presentándose como extensos, necesitan que el espíritu sea capaz de percibir la extensión; lo que es mucha verdad; pero nada explica sobre la naturaleza de la idea del espacio ni en sí, ni en su objeto. «El espacio, dice Kant, no es un concepto empírico derivado de las intuiciones exteriores: pues para que ciertas sensaciones sean referidas a objetos externos, es decir, a alguna cosa que está en un lugar diferente del que yo ocupo, y hasta para que yo pueda representarme las cosas como exteriores unas a otras, esto es, no solo como diferentes, sino como ocupando lugares distintos, la representación del espacio debe estar ya puesta en principio. De donde se sigue que la representación del espacio no puede derivarse de las relaciones del fenómeno exterior por la experiencia, y que antes bien la experiencia misma no es jamás posible sino por esta representación» (Esthetica trascendental, Sección 1).

108. Aquí hay una confusión de ideas que conviene aclarar. ¿Qué se necesita para el fenómeno de la sensación de lo extenso? Adviértase que no trato de la apreciación de las dimensiones, sino simplemente de la extensión representada, sea como fuere. Para este fenómeno, no veo yo que se necesite nada «a priori»; a no ser que se entienda la facultad de sentir, la que en efecto existe «a priori», es decir que es un hecho primitivo de nuestra alma en sus relaciones con la organización del cuerpo que le está unido, y de los demás que le rodean. Bajo ciertas condiciones de nuestra organización, y de los cuerpos que la afectan, el alma recibe las impresiones de ver o tocar, y

con ellas la de la extensión. Esta no se presenta en abstracto, ni como separada de las demás sensaciones que la acompañan, sino en confuso con ellas. El alma no reflexiona entonces para considerar lo uno puesto aquí, lo otro allá, lo demás acullá, sino que tiene una intuición de esta disposición de las partes, nada más. Mientras el hecho se limita a la pura sensación, es común al sabio, al ignorante, al adulto, al niño, y hasta a todos los animales. Esto, no necesita nada «a priori», si por tal no se entiende, la facultad de sentir: lo que no significando otra cosa sino que un ser para sentir, es necesario que tenga la facultad de sentir, no se debe anunciar como un descubrimiento filosófico.

109. No hay tal descubrimiento en la doctrina de Kant sobre el espacio: no hay más que, por una parte, la consignación de un hecho muy sabido; y por otra, la renovación del idealismo. La consignación de un hecho muy sabido: pues a esto equivale el hacer notar que la intuición del espacio es una condición subjetiva necesaria para que podamos percibir las cosas unas «fuera» de otras. La renovación del idealismo; en cuanto se niega a esta extensión toda realidad, considerando las cosas, y su disposición en el espacio, como puros «fenómenos», o sea meras apariencias. La parte de observación es verdadera en el fondo; porque en efecto, nos es imposible percibir la exterioridad de las cosas entre sí, y con respecto a nosotros, sin la intuición del espacio; pero tal vez no está expresada con bastante exactitud, porque esta intuición del espacio es la misma percepción de la exterioridad; y por consiguiente, más bien debiera decirse que la intuición del espacio y esta percepción son cosas idénticas, que no que la primera sea una condición indispensable para la segunda.

110. Anteriormente a las impresiones, no hay semejante intuición; y reflexionando bien sobre ella, en cuanto es pura intuición, y separada de los conceptos intelectuales, no es concebible sin andar acompañada de alguna representación de los cinco sentidos. Imaginémonos el espacio puro, sin ninguna de estas representaciones, sin dejarle siquiera esa vaguedad sombría que fingimos en las regiones de más allá del universo; ¿qué nos resta? La imaginación se encuentra sin objeto: la intuición cesa; y solo nos quedan los conceptos puramente intelectuales, que nos formamos de la extensión; las ideas de un orden de seres posibles, la afirmación o la negación de la

existencia de este orden; según sean las opiniones que profesemos sobre la realidad o no realidad del espacio.

111. Es claro que de una serie de puras sensaciones, nada resulta general, nada que pueda servir de fundamento a una ciencia. Son un conjunto de fenómenos que dejarán huella en la memoria del ser sensible, que se enlazarán de cierto modo, para que en repitiéndose la representación del uno, se excite la del otro; pero no darán ningún resultado general, que sirva de fundamento a la geometría. El perro habrá visto a un hombre que se inclinaba hacia el suelo, que después se movía, y le arrojaba una piedra; y a consecuencia habrá experimentado una sensación dolorosa; cuando vea pues a otro hombre en la actitud de inclinarse, y enseguida tomando el ademán de la otra vez, echará a correr; porque enlazadas en su memoria las sensaciones de inclinarse, del ademán, y del dolor, se excitará la tercera con la presencia de las dos primeras: y el instinto de preservarse del daño, le inspirará la fuga.

112. Cuando estas sensaciones se hallan en un ser inteligente, excitan otros fenómenos internos, distintos de la mera intuición sensitiva. Sea que en nuestro espíritu se hallen las ideas generales, sea que se formen con el auxilio de la sensación, lo cierto es que se desarrollan en presencia de ella. Así en el caso presente, no solo tenemos la intuición sensitiva de la extensión, sino que percibimos algo común a todas las cosas extensas: la extensión deja de ser un objeto particular, y pasa a ser como una forma general aplicable a todas las cosas extensas. Entonces, ya no hay la intuición de lo extenso, hay la percepción de la extensión en sí; entonces, comienza la reflexión sobre la idea, y su consiguiente descomposición; de lo cual brotan como fecundos gérmenes algunos principios, que se desarrollan hasta lo infinito, formando ese inmenso árbol de ciencia que se apellida geometría.

113. El tránsito de la sensación a la idea, de lo contingente a lo necesario, del hecho particular a la ciencia general, ofrece importantes consideraciones sobre el origen y naturaleza de las ideas, y elevado carácter del espíritu humano.

Kant parece haber confundido la imaginación del espacio con la idea: a pesar de sus esfuerzos analíticos, no ha profundizado tanto como él se figura, cuando considera el espacio como un receptáculo de los fenómenos; esta, repito, es una idea muy común; solo que Kant le ha destruido la objetividad, haciendo del espacio una condición puramente subjetiva. Según este filósofo, el mundo es el conjunto de las apariencias que se presentan a nuestro espíritu: y así como nos imaginamos en lo externo, un receptáculo sin límites que lo contenga todo, y no sea nada de lo contenido, así él ha colocado en nuestro interior el espacio, como una condición preliminar, como una forma de los fenómenos, como una capacidad en la cual los pudiéramos distribuir y ordenar.

114. En esto ha confundido Kant la imaginación vaga, con la idea. He aquí los límites de estas cosas. Vemos un objeto: tenemos la sensación, y la intuición de la extensión. El espacio percibido o sentido, es en este caso la extensión misma sentida. Imaginamos muchos objetos extensos, y una capacidad en que todo está contenido. Ella se nos presenta en nuestra imaginación, como la inmensidad de las regiones etéreas, como abismos insondables, como regiones tenebrosas, más allá de los límites de la creación. Hasta aquí no hay idea, no hay más que imaginación, nacida de que al comenzar a ver los cuerpos, no vemos el aire que los rodea, y la transparencia de este nos permite ver objetos lejanos, y así desde nuestra infancia nos acostumbramos a imaginar una capacidad vacía, donde están situados todos los cuerpos y distinta de ellos.

Hasta aquí no hay idea del espacio, no hay sino imaginación de él; especie de idea sensible, tosca, común probablemente al hombre y al bruto. La verdadera idea, la digna únicamente de este nombre, es la que tiene el espíritu cuando concibe la extensión en sí misma, sin ninguna mezcla de sensación, y que es como la semilla de toda la ciencia geométrica.

115. Y aquí es menester observar que la palabra representación, aplicada a las ideas puramente intelectuales, debe ser tomada en sentido metafórico, a no ser que eliminemos de su significado todo cuanto se puede referir al orden sensible. Por las ideas conocemos los objetos; pero no se nos representan los objetos. La representación propiamente dicha, no tiene lugar sino en la imaginación, que por necesidad se refiere a cosas sensibles. Si demuestro las propiedades del triángulo, claro es que le conozco, que tengo una idea de él; pero esta idea no es aquella representación interior que se me ofrece como en un encerado. Esta representación la tiene todo el mundo, la tienen los mismos irracionales; y sin embargo no se puede decir que los brutos

tengan idea del triángulo. Aquella representación es igualmente perfecta en todos; no hay en ella más y menos; quien se imagina tres líneas, cerrando un área, posee la representación del triángulo con tanta perfección como Arquímedes; lo que no puede verificarse de la misma idea del triángulo, que evidentemente es susceptible de muchos grados de perfección.

116. La representación del triángulo está siempre limitada a cierto tamaño y figura. Cuando imaginamos un triángulo, se nos ofrecen sus lados con tal o cual extensión, y sus ángulos más o menos grandes. La imaginación, al representársele un triángulo obtusángulo, ve una cosa muy diferente de uno rectángulo o acutángulo; mas la idea del triángulo en sí, no está sujeta ni a tamaños ni a figuras particulares; se extiende a todas las figuras triangulares de todos los tamaños. La idea general de triángulo prescinde por necesidad de todas las especies de triángulos; y la imaginación del triángulo es por necesidad la representación de un triángulo de tal o cual especie. Luego la representación y la idea son cosas muy diversas, aun refiriéndose a objetos sensibles.

117. Lo propio sucede con el espacio. La representación de él no es su idea. En esa representación se nos ofrece siempre algo determinado: una claridad como la del aire iluminado por el Sol; una negrura como la del mismo aire en una noche tenebrosa. En la idea, no hay nada de esto: cuando se raciocina sobre la extensión, sobre las distancias, no debe entrar nada de esto.

La idea del espacio es una; las representaciones son muchas; la idea es común al ciego como al que tiene vista; para ambos es igualmente el fundamento de la geometría; pero la representación es muy diferente en ellos. El que tiene vista se representa el espacio como una reproducción confusa de las sensaciones de este sentido; el ciego, solo se le puede representar como una repetición confusa de las sensaciones del tacto.

La representación del espacio es solo indefinida, y esto progresivamente: la imaginación recorre un espacio tras de otro; pero no se representa de un golpe un espacio sin límites: esto le es imposible: si se esfuerza por lograrlo, le sucede lo mismo que a la vista si quisiera abarcar un objeto sin fin. La imaginación es una especie de vista interior, se extiende hasta cierto punto; pero allí encuentra un término. Puede, es verdad, retirar este término, y dilatarse más allá, pero sucesivamente, y siempre con la condición de encontrar otro.

El espacio no se le representa infinito, sino indefinido; es decir que después de un límite dado encuentra todavía más espacio; sin que nunca alcance a imaginar una totalidad infinita. Lo contrario sucede en la idea: instantáneamente, concebimos lo que se entiende por espacio infinito: disputamos desde luego sobre su posibilidad o imposibilidad, le distinguimos perfectamente del indefinido, preguntando de este si en realidad tiene límites o no; llamándole finito en el primer caso, e infinito en el segundo. Vemos en la palabra indefinido, la expresión de la impotencia de encontrar límites; pero distinguimos muy bien entre el existir esos límites y el ser encontrados. Con lo cual se ve que la idea nos ofrece cosas muy diferentes de la representación.

El mirar el espacio como una simple condición de la sensibilidad, es confundir los dos aspectos bajo los cuales se debe considerar la extensión: como base de las sensaciones, y como idea; como el campo de todas las representaciones sensibles, y como el origen de la geometría. Repetidas veces he insistido sobre esta distinción, y no me cansaré de recordarla; porque en ella se encuentra la línea que separa el orden sensible, del orden intelectual puro, las sensaciones, de las ideas.

Capítulo XVII. Inutilidad de la doctrina de Kant, para resolver el problema de la posibilidad de la experiencia

118. Creo que la «Estética trascendental», o sea la teoría de la sensibilidad, de Kant, no es bastante trascendental, pues se ciñe demasiado a la parte empírica, y no se eleva a la altura que su título hacía esperar. El problema de la posibilidad de la experiencia, que Kant se proponía resolver, o queda absolutamente intacto con su doctrina, o está resuelto en un sentido rigurosamente idealista. Queda intacto, si nos atenemos a la parte de observación; pues no se hace más que repetir lo que ya sabíamos, consignándose el hecho de la percepción de la «exterioridad» de las cosas; está resuelto en un sentido rigurosamente idealista, en cuanto estas cosas son consideradas solo como fenómenos o apariencias.

119. El espacio puramente subjetivo, o no explica nada sobre los problemas del mundo externo, o los niega, negando toda realidad. ¿Qué adelanta la filosofía con afirmar que el espacio es una condición puramente subjetiva? Antes de Kant, ¿se ignoraba por ventura, que teníamos la percepción de la

exterioridad de los fenómenos? no por cierto: la dificultad no estaba en la existencia de esta percepción atestiguada por el sentido íntimo; sino en su valor para inferir la existencia de un mundo externo, en sus relaciones con él; la dificultad estaba, no en la parte subjetiva de la percepción, sino en la objetiva.

120. Decir que no hay más en esta percepción, que una condición de subjetividad, es cortar el nudo en vez de desatarle; no es explicar el modo de la posibilidad de la experiencia, sino negar la posibilidad de esta experiencia.

¿Qué significa la experiencia, si no hay más que lo subjetivo? Enhorabuena que haya el «fenómeno» de la objetividad, es decir, la «apariencia»; pero entonces la naturaleza no es más que pura apariencia: y a nuestras percepciones experimentales no corresponde nada en la realidad. Tenemos pues reducida la experiencia a la percepción de las apariencias; y como aun esta misma experiencia puramente fenomenal, no es posible, sino por una condición puramente subjetiva, la intuición del espacio, tendremos que toda la experiencia se refunde en lo puramente subjetivo; y nos hallamos en el sistema de Fichte, admitiendo el «yo» como el hecho primitivo, cuyo desarrollo constituye el universo. Así el sistema de Kant da origen al de Fichte; el discípulo no hace más que sacar la consecuencia de los principios de su maestro.

121. Para la mayor inteligencia del enlace de dichas doctrinas, reflexionemos sobre el sistema de Kant. Si el espacio no es más que una cosa puramente subjetiva, una condición de la sensibilidad, y de la posibilidad de la experiencia, se sigue que el espíritu lejos de recibir nada del objeto, hace todo lo que hay en el objeto, o más bien lo que consideramos en él. Las cosas en sí no son extensas, sino que la extensión es una forma de que las reviste el espíritu: a la manera que no son coloradas, ni sabrosas, ni olorosas, ni sonoras, sino en cuanto trasladamos a ellas, lo que solo está en nosotros. Reducido todo a meras apariencias, no queda en lo externo, ni aun el principio de causalidad de la extensión subjetiva; el espíritu no la recibe, la da a los objetos. Estos no son más que fenómenos; y por consiguiente el alma no ve nada más que lo que hay en ella, ni conoce otro mundo que el que ella misma construye: así vemos surgir del «yo» el mundo real, o más bien, este mundo real no es más que el ideal construido por el mismo espíritu. En este supuesto, las leyes de la naturaleza son las leyes de nuestro mismo espíritu; y

en vez de que debamos buscar en aquella los seres, tipo de nuestras ideas; debemos mirar a estas como el principio generador de todo lo que existe, o parece existir; y las leyes del universo no serán más que las condiciones subjetivas del «yo» aplicadas a los fenómenos.

122. Algunos discípulos de Kant, no se asustan con las consecuencias idealistas; las comparaciones de que se valen para exponer su doctrina, indican que las aceptan sin sobresalto. Si se aplica un sello a un pedazo de cera blanda, el sello se grabará en la cera: si suponemos al sello capaz de percepción, verá en la cera la marca propia, y atribuirá al objeto lo que él mismo le ha dado. Si un vaso lleno de agua fuese capaz de percepción, atribuiría al agua la forma, que en realidad no es más que la forma del vaso mismo, del cual se comunica al agua. De una manera semejante, el alma construye el mundo externo: aplicándole sus sellos y sus formas, y creyendo luego que le viene a ella de fuera, lo que de ella misma se ha comunicado a lo de fuera.

123. Menester es confesar que Kant, en la segunda edición de su «Crítica de la razón pura», rechaza las consecuencias indicadas, y combate expresamente el idealismo. Hasta qué punto contradiga la segunda edición a la primera, no hay necesidad de examinarlo aquí: solo observaré que esta contradicción le ha sido echada en cara al filósofo alemán; y que en su primera edición se hallan palabras tan terminantes en favor del idealismo, que no deja uno de sorprenderse cuando en la segunda se encuentra con el mismo autor, combatiendo vigorosamente el sistema de los idealistas. Como quiera, me basta haber manifestado las consecuencias de la doctrina: si el autor la entendía de un modo diferente del que expresaban sus palabras, esto es una cuestión más bien personal que filosófica.

Capítulo XVIII. El problema de la experiencia sensible

124. El gran problema de la filosofía no está en explicar la posibilidad de la experiencia; sino en señalar la razón de la conciencia de la experiencia, en cuanto experiencia. Esta en sí, es un hecho de nuestra alma, atestiguado por el sentido íntimo; pero el «saber» que este hecho es de experiencia, es una cosa muy distinta de la misma experiencia; pues que con saber esto, hacemos el tránsito de lo subjetivo a lo objetivo, refiriendo a lo exterior lo que experimentamos en lo inferior.

Referimos los objetos a diferentes puntos del espacio; los consideramos unos fuera de otros: decir que este instinto de referencia es una condición de nuestro sujeto y de la experiencia sensible, es consignar un hecho estéril. La dificultad está en saber, por qué tenemos el instinto de semejante referencia: por qué la representación de una extensión se halla en nuestra alma; por qué esa cap subjetiva que reside en un ser simple, se ha de ofrecer a nuestra percepción como la imagen de una cosa exterior realmente extensa.

125. La Estética trascendental puede proponerse los problemas siguientes:

1.º Explicar lo que es la representación subjetiva de la extensión, prescindiendo absolutamente de toda objetividad.

2.º Por qué esta representación se halla en nuestra alma.

3.º Por qué un ser uno, ha de contener en sí la representación de la multiplicidad; y un ser inextenso, la de la extensión.

4.º Por qué pasamos de la extensión ideal a la real.

5.º Determinar hasta qué punto se puede aplicar a la extensión lo que se dice de las demás sensaciones: a las cuales se las considera como fenómenos de nuestra alma, sin objeto «semejante» en lo exterior, y sin más correspondencia con el mundo externo que la relación de efectos a causas.

126. ¿Qué es la representación subjetiva de la extensión, prescindiendo de toda objetividad? Un hecho de nuestra alma: no cabe más explicación: quien lo tenga sabe lo que es; quien no lo tenga, no; exceptuando las inteligencias superiores, las cuales podrán conocer lo que es dicha representación, sin experimentarla tal como nosotros.

127. No alcanzo que se pueda explicar el por qué se halla en nuestra alma la representación de la extensión; tanto valdría preguntar por qué somos inteligentes y sensibles. Para nosotros no hay otra razón «a priori», sino que tales nos ha hecho el Criador. Dicha representación se puede hallar en nosotros, y se halla en efecto, pues que así lo experimentamos: pero esa experiencia interna es el límite de la filosofía: más arriba no hay nada para nosotros que sea objeto de observación inmediata. El raciocinio nos lleva al descubrimiento de una causa que nos ha criado; mas no a un fenómeno raíz del fenómeno de la experiencia.

128. ¿Por qué un ser uno, ha de contener la representación de la multiplicidad; y un ser inextenso, la de la extensión? Esto equivale a plantear el
problema de la inteligencia; que por lo mismo que es inteligencia, es una y
simple, y capaz de percibir la multiplicidad y la composición.

129. ¿Por qué pasamos de la extensión ideal a la real? por un impulso
natural irresistible, confirmado con el asentimiento de la razón, como lo he
demostrado en el tomo I, y también en este, al tratar de la objetividad de las
sensaciones.

130. De los cinco problemas nos falta resolver el último: determinar hasta
qué punto se puede aplicar a la extensión lo que se dice de las demás sensaciones, a las cuales se las considera como fenómenos de nuestra alma, sin
objeto «semejante» en lo exterior, y sin más correspondencia con el mundo
externo que la relación de efectos a causas.

131. Según se resuelva este último problema, queda resuelta la cuestión
en pro o en contra de los idealistas. Si es aplicable a la extensión, lo que se
dice de las demás sensaciones, el idealismo triunfa; el mundo real, si existe,
es un ser que nada tiene de parecido a lo que nosotros pensamos.

Por lo dicho al tratar de las sensaciones (Lib. II, Caps. VII, VIII y IX, y Lib.
III, Cap. IV) resulta probado que la extensión es una cosa real, independiente de nuestras sensaciones; y además llevo explicado (Lib. II, Cap. VIII, y Lib.
III, Cap. VI) que nos representa la multiplicidad y la continuidad: esto basta para combatir el idealismo, como y también para que se entienda hasta
cierto punto, en qué consiste la extensión; pero como en los citados lugares
no se había analizado aun la idea del espacio, íntimamente ligada con la de
extensión, no ha sido posible entrar en otro linaje de consideraciones en que
elevándose sobre el orden fenomenal, se mire a la extensión bajo un aspecto
trascendental, examinándola en sí, prescindiendo de todas sus relaciones
con el mundo de las apariencias. Esto es lo que me propongo hacer en los
capítulos siguientes.

132. Entramos en un terreno sumamente escabroso: se trata de distinguir
en las cosas lo que tienen de aparente de lo que encierran de real; el entendimiento, que en nosotros siempre anda acompañado de representaciones
sensibles, debe prescindir de ellas; lo que equivale a ponerse en cierta lucha

con una condición a que se halla sometido naturalmente en el ejercicio de sus funciones.

Capítulo XIX. Consideraciones sobre la extensión, abstraída de los fenómenos

133. Lo extenso no es un ser solo; sino un conjunto de seres: la extensión contiene por necesidad partes, unas fuera de otras, y por consiguiente distintas; la unión entre ellas no es la identidad; por lo mismo que se unen, se suponen distintas, porque nada se une consigo mismo.

Según esto parece que la extensión en sí misma, y como distinta de las cosas extensas, no es nada; fingir la extensión como un ser cuya naturaleza propia se puede investigar, es entregarse a un juego de imaginación.

La extensión no se identifica con ninguno de los seres unidos, considerado en particular; más bien parece el «resultado» de su unión. Esto se verifica, ya supongamos la extensión engendrada por puntos inextensos, o por puntos extensos, pero divisibles hasta lo infinito. Si se suponen puntos inextensos, es evidente que la extensión no es ellos; pues que extenso e inextenso, son cosas contradictorias. Si se los supone extensos, tampoco se identifican con la extensión: porque esta incluye la idea de un todo; y ningún todo es idéntico con ninguna de sus partes: en una línea de cuatro pies de extensión, no hay identidad entre la misma línea y cada una de sus partes igual a un pie. Así como consideramos estas partes de un pie, podemos fingirlas de una pulgada, y dividirlas hasta lo infinito; en ningún caso se verificará que una parte sea igual con otra de las menores de que se compone; luego ninguna extensión es idéntica con los seres extensos tomados en particular.

134. Envolviéndose en la idea de extensión la de multiplicidad, parece que la extensión debe mirarse, no como un ser en sí, sino como un resultado de la unión de muchos seres; pero ¿qué es semejante resultado? es lo que llamamos continuidad; ya hemos visto (Lib. II, Cap. VIII), que para constituir la extensión no basta la multiplicidad. Esta entra en la idea de número, y sin embargo el número no nos representa una cosa extensa. Concebimos también un conjunto de actos, de facultades, de actividades, de substancias, de seres de varias clases, sin que concibamos extensión; no obstante de que en dichos conceptos entra la multiplicidad.

135. Luego la continuidad es necesaria para completar la idea de la extensión. ¿Qué es la continuidad? el estar unas partes fuera de otras; pero juntas. Mas ¿qué significa «fuera», qué significa «juntas»? Dentro y fuera, junto y separado, implican extensión; presuponen lo mismo que se quiere explicar; la cosa definida entra en la definición, bajo el mismo concepto que necesita ser definida. Precisamente, cuando se busca lo que es la continuidad de la extensión, se pregunta, qué es el estar dentro y fuera, y junto y separado.

136. Conviene no olvidar esta observación para no satisfacerse con las explicaciones que se hallan en casi todos los libros. Definir la extensión por las palabras «dentro» y «fuera», no es decir nada bajo el aspecto filosófico; es expresar con distintas palabras una misma cosa. Sin duda, que si se trata de consignar simplemente el fenómeno, es lo más sencillo emplear este lenguaje; pero la filosofía queda muy poco satisfecha. Esta es una explicación práctica; más no especulativa. Lo propio se puede decir de la definición de la extensión por el espacio o los lugares. ¿Qué es la extensión? la ocupación de un lugar:

—Pero ¿qué es el lugar?

—Una porción del espacio terminado por ciertas superficies:

—¿Qué es el espacio?

—Esa extensión en que consideramos colocados los cuerpos, o la capacidad de recibirlos.

—Pero, aun dando por supuesta la existencia del espacio como una cosa absoluta, ¿qué es en los mismos cuerpos la capacidad para «llenar» el espacio? ¿Quién no ve que se explica una cosa por sí misma, que hay un círculo de que no se sale? La extensión del espacio se explica por la capacidad de «recibir»; la extensión de los cuerpos por la capacidad de «llenar»: siempre queda intacta la idea de extensión: no se la define: se la expresa con distintas palabras, que significan una misma cosa.

Con suponer la existencia del espacio, como una cosa absoluta, nada se adelanta; pero además, esta suposición es enteramente gratuita. El tomar la extensión del espacio como un término de referencia por el cual se pueda explicar la extensión de los cuerpos, equivale también a presuponer hallado lo que se ha de buscar.

Si estas palabras, dentro y fuera, queremos explicarlas refiriéndonos a distintos puntos designados o designables en el espacio, incurrimos en el mismo error, definimos la cosa por sí propia; porque la misma dificultad tenemos con respecto al espacio para saber lo que es dentro y fuera, y junto y separado, o contiguo y distante. Si presuponemos pues la extensión del espacio como una cosa absoluta, y con respecto a ella pretendemos explicar las demás extensiones, nos hacemos la ilusión más completa: se trata de explicar la extensión en sí misma, la del espacio necesita ser explicada como las demás: presuponerla es dar por resuelta la cuestión que se ha de resolver.

137. La extensión con respecto a sus dimensiones, parece independiente de la cosa extensa, en un mismo lugar. Con absoluta fijeza, puede presentársenos una extensión con idénticas dimensiones, a pesar del cambio continuo de la cosa extensa. Si suponemos el tránsito de una serie de objetos por un campo visual fijo, las cosas extensas varían sin cesar, y la extensión es la misma. Supongamos un lienzo que va corriéndose detrás de una ventana que tenemos a la vista: la cosa extensa es diferente de continuo, pues que la parte del lienzo que vemos en el instante A, es distinta de la que vemos en el instante B; y sin embargo la extensión en sus dimensiones, no ha variado. Esto en cuanto a las superficies; no es difícil aplicar la misma doctrina a los volúmenes. Un lugar puede llenarse sucesivamente de infinitas materias, permaneciendo el mismo volumen de su capacidad. En la identidad de la extensión concebida, no tienen ninguna parte las paredes del vaso: porque en el mismo lugar que este ocupa, pueden colocarse infinitos vasos de la misma extensión: el aire circunvecino, u otro cuerpo cualquiera que rodee las paredes del vaso, tampoco tiene nada que ver con la identidad de la extensión: porque ese aire puede cambiarse, y en efecto se cambia continuamente, sin que el volumen se altere.

138. La fijeza de las dimensiones, no obstante la variedad de los objetos, nada prueba en favor de la subjetividad pura de la extensión, aun cuando se supongan indiscernibles los objetos que han variado; de lo contrario resultaría, que la variedad de dimensiones probaría en favor de la objetividad de ellas: y por consiguiente el argumento se retorcería contra los adversarios con la misma fuerza. Esta fijeza nos indica que hay objetos distintos que pueden producir una impresión semejante; y que nos podemos formar idea

de una dimensión determinada, o de una figura, prescindiendo del objeto particular a que corresponde o puede corresponder. Nadie duda de que la representación de las dimensiones esté en nosotros, sin necesidad de referirla a nada en particular: la cuestión está en si dichas dimensiones están realizadas, y cuál es su naturaleza, independientemente de sus relaciones con nosotros.

139. Si admitimos que la continuidad concebida no tiene objeto externo, ni en el espacio puro ni en los cuerpos ¿a qué se reduce el mundo corpóreo? a un conjunto de seres que de un modo u otro, ejercen su acción sobre nuestro ser y en cierto orden.

Adviértase que las dificultades que se objeten contra la continuidad fenomenal realizada, no se deshacen apelando a las necesidades de la organización corpórea del ser sensible. Quien dijese: ¿cómo podrán los seres externos ejercer acción sobre nosotros, si ellos en sí no tienen la continuidad con que se nos presentan? ¿cómo podrán influir sobre nuestros órganos? manifestaría que no ha comprendido el estado de la cuestión: porque es evidente que si despojamos al mundo externo de la continuidad real, dejándole solo la fenomenal, quedará privado de ella nuestra misma organización, que no es más que una parte de este mismo universo. Hay aquí una relación recíproca, una especie de paralelismo de fenómenos y realidades, que se explican y se completan recíprocamente. Si el universo es un conjunto de seres que obran sobre nosotros en cierto orden, nuestra organización será otro conjunto de seres que recibirá la influencia en el mismo orden; o no se explica pues ninguna de las dos cosas, o explicada la una se explica la otra: con tal que este orden sea fijo y constante, y la correspondencia la misma, nada se altera, sea cual fuere la hipótesis adoptada para la explicación del fenómeno.

140. Téngase también en cuenta, que en esta parte de la filosofía, lo que se trata de conocer es la realidad, sujetándola a la condición de explicar el fenómeno, y no ponerse en contradicción con el orden de nuestras ideas.

Se podría objetar a los que quiten al mundo externo las calidades fenomenales o aparentes de la continuidad, el que destruyen la geometría que se funda en la idea del continuo fenomenal; pero esta dificultad claudica por su base, porque supone que la idea geométrica es fenomenal, cuando es trascendental. Ya hemos visto que la idea de extensión no es una sensación, sino una idea pura, y que las representaciones imaginarias en que se sensibiliza, no son la idea, sino formas de que la misma idea se reviste.

141. Toda extensión fenomenal se nos presenta con cierta magnitud: y la geometría prescinde de toda magnitud. Los teoremas y problemas se refieren a las figuras en general, prescindiendo absolutamente del tamaño: y cuando esto entra en consideración, es únicamente en cuanto relativo. En triángulos de bases iguales, los de «mayor» altura serán «mayores» en superficie: aquí la palabra «mayor» se refiere al tamaño, es verdad; pero no a ningún tamaño absoluto, sino puramente relativo: se trata, más bien que de la magnitud, de la «relación» de las magnitudes. Así el teorema se verificará, sea que se hable de triángulos de una extensión inmensa, como de triángulos infinitesimales. Luego la geometría prescinde absolutamente de las magnitudes consideradas como fenómenos, y solo se sirve de ellas en cuanto la representación sensible puede auxiliar a la percepción intelectual.

142. Esta es una verdad importante que se evidenciará más y más al combatir el sistema de Condillac en el tratado de las ideas, donde manifestaré que ni aun las que tenemos de los cuerpos, son ni pueden ser una sensación transformada. Según estos principios, la geometría es la ciencia de un orden de seres, la cual sensibiliza sus ideas puras en una representación fenomenal. Esta representación es necesaria, supuesto que la ciencia geométrica se halla en un ser sometido a este fenómeno; pero en sí y considerada la ciencia en toda su pureza, no ha menester dicha representación.

143. Para que no parezca tan extraña esta doctrina, y se presente más aceptable, preguntaré si los espíritus puros poseen la ciencia geométrica; es cierto que sí, de lo contrario sería menester inferir que Dios, el autor del universo, a quien con profunda verdad se ha llamado el gran geómetra, no conoce la geometría. Ahora bien; ¿tiene Dios esas representaciones con que nosotros imaginamos la extensión? no: estas representaciones son una especie de continuación de la sensibilidad, que no se halla en Dios; son el ejercicio del sentido interno, que no se halla en Dios. Estas son las representaciones a que llama Santo Tomás «phantasmata», las cuales según el mismo Santo Doctor, no se hallan ni en Dios, ni en ningún espíritu puro, ni aun en el alma separada del cuerpo. Luego es posible, y existe en realidad la ciencia

geométrica, sin la representación sensible: luego no hay inconveniente en distinguir dos extensiones, una fenomenal, otra real; sin que por esto se destruyan ni la realidad ni el fenómeno, con tal que se deje entre los dos la debida correspondencia; con tal que el hilo que enlaza nuestro ser con los otros seres no se rompa, poniendo en contradicción las condiciones de nuestra naturaleza con las de los objetos que se le ofrecen.

Capítulo XX. Si hay magnitudes absolutas

144. Se hará más verosímil la doctrina que precede si se atiende a que todas las percepciones puramente intelectuales sobre la extensión, se reducen al conocimiento de orden y de relaciones. A los ojos de la ciencia, ni aun geométrica, parece que nada hay absoluto: lo absoluto en todo lo tocante a la extensión, es una imaginación grosera, que la observación de los mismos fenómenos basta a destruir.

En el orden de las apariencias, no hay ninguna magnitud absoluta, todas son relativas; ni aun nosotros nos formamos idea de una magnitud, sino con respecto a otra que nos sirve de medida. Lo que es absoluto es el número, no la extensión: la magnitud es absoluta en cuanto numerada, mas no en sí misma. En una superficie de cuatro pies cuadrados se encierran dos ideas: el número de las partes a que se refiere, y la clase de estas partes: el número es una idea fija; pero la clase de estas partes es puramente relativa. Procuraré hacerlo sensible.

145. Cuando digo, una superficie de cuatro pies cuadrados, el número cuatro es una idea simple, fija, que no se altera por nada; pero cuando quiero saber lo que es el pie cuadrado, no puedo explicarlo sino por relaciones. Se me pregunta qué es un pie cuadrado, y no sé qué responder, sino apelando a la comparación del pie cuadrado con la vara cuadrada o con la pulgada cuadrada; pero entonces se me puede replicar qué es la pulgada cuadrada, qué es la vara cuadrada, y me veo precisado otra vez, a recurrir a otras medidas mayores o menores, por ejemplo a millas cuadradas o a líneas cuadradas: ¿dónde encontraré la magnitud fija? en ninguna parte. Ensayémoslo.

146. ¿Esta medida fija será alguna dimensión de mi cuerpo? ¿La mano, el pie, el codo? pero, ¿quién no ve que las dimensiones de mi cuerpo, no son

la medida universal, y que todos los hombres podrían tener igual pretensión? ¿Quién no ve que las dimensiones de un miembro, aun en un mismo individuo, están sujetas a mil mudanzas más o menos perceptibles? ¿Se tomará por medida fija el radio de la tierra por ejemplo, o de un cuerpo celeste? Pero, ninguna preferencia merece el uno sobre el otro. Nadie ignora que los astrónomos toman a veces por unidad el radio de la tierra, otras el de su órbita. Y además, si suponemos que estos radios hubiesen sido mayores o menores, ¿no podríamos tomarlos igualmente por medida? el preferirlos a otros objetos, es porque los suponemos constantes; de la propia suerte que formamos las medidas de metal o de otra materia permanente, para que no se nos alteren con facilidad.

Esas magnitudes, aun los mismos astrónomos las consideran como puramente relativas; pues que una misma la tienen por infinita o por infinitésima, según el punto de vista bajo el cual la consideran; el radio de la órbita terrestre es infinito, si se le compara con una pequeña desigualdad de la superficie de la tierra; y es una cantidad infinitamente pequeña, si se le compara con la distancia de las estrellas fijas.

De esas mismas medidas que consideramos constantes, no nos formamos idea sino refiriéndolas a medidas manuales: ¿qué nos representa la magnitud del radio terrestre si no sabemos en cuántos millones de metros está valuado? ¿Y a su vez, qué nos representa el metro, si no le referimos a alguna cosa constante?

147. Hay algo absoluto en las magnitudes, se podría objetar; un pie por ejemplo, es esta longitud que vemos o tocamos, nada más ni menos; la superficie de una vara cuadrada es esto mismo que vemos y tocamos, nada más ni menos; y lo mismo podríamos aplicar a los volúmenes. No hay necesidad de buscar en otra parte, lo que se nos presenta en la intuición sensible de una manera tan clara. Esta objeción supone que en la intuición hay algo fijo y constante, lo que es falso. Apelemos a la experiencia.

Probablemente los hombres ven las magnitudes con mucha variedad según la disposición de sus ojos. Por de pronto nadie ignora que esto sucede cuando median ciertas distancias, pues que el uno ve con toda claridad lo que el otro ni siquiera divisa; para el uno es superficie, lo que para otro no llega a ser ni un punto. Todos experimentamos a cada paso la gran variedad de magnitud en los objetos, cuando nos ponemos o quitamos los anteojos, o los tomamos de diferente graduación. Luego en la magnitud fenomenal, no hay nada fijo, todo está sujeto a mudanzas continuas.

Si tuviéramos los ojos microscópicos, los objetos que ahora nos son invisibles, se nos presentarían de grandes dimensiones; y como la perfección microscópica puede continuarse hasta lo infinito, no es absurdo suponer que hay animales a quienes lo que para nosotros es invisible, se les presenta como de dimensiones mayores que el radio de la tierra. La construcción del ojo podría suponerse en un sentido inverso, y como también en este caso la progresión podría llevarse hasta lo infinito, tal magnitud que para nosotros es inmensa, podría ser todavía invisible. Para ese ojo de visión colosal, el globo de la tierra sería quizás un átomo imperceptible; ¿y no es esto lo que sucede con solo suponer la distancia? ¿Moles de inmenso grandor, no se nos presentan como pequeñísimos puntos luminosos en la bóveda del firmamento?

148. De estas consideraciones resulta con toda evidencia que en la magnitud visual no hay nada absoluto, que todo es relativo; dependiendo del hábito, de la construcción del órgano y de otras circunstancias, el que los objetos se nos ofrezcan mayores o menores. Reflexionando sobre esta materia se observa que la variedad en las apariencias es altamente filosófica, pues que no se descubre ninguna relación necesaria entre el tamaño del órgano y el del objeto. ¿Qué tiene que ver una superficie de pocas líneas, como es nuestra retina, con la magnitud de las superficies que en ella se pintan?

149. Si de la vista pasamos al tacto, no encontraremos más motivos para establecer la fijeza de la magnitud fenomenal. Este sentido nos da idea de las magnitudes por el tiempo que gastamos en recorrerlas y la velocidad de nuestro movimiento; las ideas de tiempo y de velocidad son también relativas: y ellas a su vez se refieren al espacio recorrido. Cuando tratamos de medir la velocidad, decimos que es el espacio dividido por el tiempo; si nos proponemos medir el tiempo, decimos que es el espacio dividido por la velocidad; y si tratamos de medir el espacio, decimos que es la velocidad multiplicada por el tiempo. He aquí un conjunto de ideas y de cosas correlativas; las unas no pueden medirse sin las otras; y su medida resulta del conjunto de sus relaciones. Esto, ¿qué indica? indica que en esas ideas

no hay nada absoluto, que todo es relativo; pues tienen el carácter de toda relación, la cual queda incompleta o más bien nula, cuando le falta el término a que se ordena.

150. Si quisiéramos determinar estas medidas por la impresión que el movimiento nos causa, tampoco conseguiríamos nada. Por ejemplo; si nos propusiéramos determinar el grado de velocidad, por la agitación que sentimos en nuestro cuerpo, tendríamos que la medida sería diferente según lo fuera la agitación; ¿y quién ignora que esta agitación depende de las mayores o menores fuerzas del que se agita, y muy particularmente de su magnitud? El tierno niño, a quien su padre lleva de la mano, ha de andar corriendo, cuando su padre no ha hecho más que tomar un paso acelerado.

Para hacer sensible la imposibilidad de la medida fija por medio de las impresiones, comparemos el movimiento de un caballo con el de un animal microscópico. El caballo adelantará una vara con un movimiento que apenas se le habrá hecho sensible; para recorrer la misma distancia el animal microscópico, tendrá que desplegar toda su actividad, y correr quizás un día entero. El caballo no habría creído moverse de su lugar, y el pobre animalillo se encontraría por la noche sumamente fatigado, como quien ha hecho una larguísima jornada; comparad ahora el movimiento del caballo con el de esos gigantes de la fábula que para escalar el cielo ponían una montaña sobre otra, y veréis que lo que para el caballo es una larga carrera no será más para el gigante que un pequeño movimiento de piernas.

151. En este punto, parece que el arte está de acuerdo con la ciencia. En el arte, el tamaño no significa nada; lo único a que se atiende es la proporción o sea la relación. Un retrato de finísima miniatura, nos representa la persona con igual viveza que otro de dimensiones naturales. Aplíquese el mismo principio a la variedad de los objetos abrazados por el arte; en ninguno se notará que el pensamiento artístico se refiera directamente a la magnitud; la proporción, lo «relativo» es todo; lo absoluto no es nada. Así vemos trasladado el sistema de las relaciones al orden de las apariencias, en cuanto afectan las facultades susceptibles de placer: armonizándose de una manera admirable la razón con el sentimiento, de la propia suerte que habíamos encontrado armonizados el entendimiento y el sentido.

Capítulo XXI. Inteligibilidad pura del mundo extenso

152. Los objetos en sí no cambian de naturaleza, por la diversidad de apariencias que produzcan en uno o muchos sujetos. Un polígono que rueda con velocidad, nos parece una circunferencia: los astros se nos ofrecen como pequeñas moles: y considerando diferentes clases de objetos, podríamos notar que según son las circunstancias, hay mucha variedad de apariencias. La naturaleza de un ser, no está en lo que parece, sino en lo que es. Supongamos que en el universo no hubiese ningún ser sensitivo; no parecería a nadie lo que ahora, en el orden de la sensibilidad; pues faltando los seres sensitivos, faltarían sus representaciones: entonces ¿qué sería el mundo? he aquí un gran problema de metafísica.

153. Un espíritu puro, que siempre se le ha de suponer existente, pues aun cuando se anonadasen todos los finitos, siempre quedaría el infinito que es Dios, conocería el mundo extenso «tal como es en sí», y no tendría las representaciones sensibles que nosotros tenemos, ni externas ni internas. Esto es cierto; a no ser que queramos atribuir imaginación y sensibilidad a los espíritus puros, y hasta al mismo Dios.

En este supuesto, pregunto, ¿qué conocería del mundo externo ese espíritu puro? o hablando con más propiedad, ¿qué conoce, ya que ese espíritu existe y con inteligencia infinita?

154. Lo que este espíritu conoce del mundo externo, aquello es el mundo; porque este espíritu es infalible. Ahora bien: este espíritu no conoce bajo ninguna forma sensible; luego el mundo es inteligible sin ninguna de las formas de la sensibilidad, luego puede ser objeto de una inteligencia pura.

En lo dicho no hay dificultad por lo que toca a las sensaciones: bástanos decir que el espíritu puro conoce perfectamente el principio de causalidad que reside en los objetos, productor de las impresiones que experimentamos. Esto se concibe bien sin que sea necesario atribuir al espíritu inteligente, ninguna sensación de la cosa entendida.

No es tan fácil explicar lo que sucede con la extensión. Porque si decimos que solo conoce el principio de causalidad de la representación subjetiva de lo extenso, resulta que en los objetos no hay la verdadera extensión; pues que viendo él todo lo que hay, si no la ve, no la hay. Estamos pues en el idealismo de Berkeley: un mundo externo sin extensión, no es el mundo tal como lo reputa el sentido común: es el mundo de los idealistas. Por el contrario, si afirmamos que conoce la extensión, entonces parece que le atribuimos la representación sensible; pues que la extensión representada parece envolver la representación sensible. ¿Qué es una extensión sin líneas, superficies y figuras? Y estos objetos tales como los entendemos nosotros, son sensibles: si dichas palabras se toman en otra acepción, entonces la extensión del mundo será también de otra especie, no será nada de lo que nos figuramos; será una cosa de que no tenemos idea; y henos aquí otra vez cayendo en el idealismo.

155. Para soltar esta dificultad, en efecto muy apremiadora, no hay otro medio que recordar la distinción que tanto he recomendado, entre la extensión-sensación, y la extensión-idea. La primera, no puede ser subjetiva, sino para un ser sensible: la segunda puede serlo, y lo es, para un ser puramente intelectual. La extensión-sensación es una cosa subjetiva, es una apariencia: su objeto existe en la realidad; pero sin incluir en su esencia, nada más que lo necesario para producir la sensación. La extensión-idea, será también subjetiva; pero tendrá un objeto real, que le corresponderá para satisfacer todas las condiciones que se hallan en la idea.

156. Según esta teoría ¿resultan dos geometrías? Es menester distinguir. La geometría científica, la ideal pura, será la misma; salva la diferencia de los entendimientos que la posean. Pero a pesar de estas diferencias, lo que será verdad para la una, lo será para la otra. La geometría empírica o sea la parte representativa de la geometría, será diferente: nosotros tenemos idea de la nuestra, no de las demás.

157. Para comprender mejor esta distinción, conviene notar que en nosotros mismos, podemos observar dos partes en la geometría; la una es la puramente científica, la otra de representación sensible: en aquella, está el enlace de las ideas; en esta, las imágenes, los casos particulares, en que sensibilizamos las ideas: en aquella el fondo, en esta la forma. Pero no obstante la diferencia de estas dos cosas, no nos es posible separarlas del todo: la idea geométrica no puede estar sin la representación sensible: nos es preciso entender «per conversionem ad phantasmata» como decían los escolásticos. Así pues, los dos órdenes geométricos, el sensible y el intelec-

tual, aunque diferentes, van siempre juntos en nosotros: ya porque la idea geométrica pura ha nacido de la sensible, o la ha necesitado para despertarse; ya también, porque quizás esta es una condición primitiva, necesaria, impuesta a nuestro espíritu por lo mismo que está unido a un cuerpo.

158. Así se explica cómo la geometría pura es separable de la sensible; y cómo no hay inconveniente en admitirla en los seres intelectuales puros, sin mezcla de ninguna de las formas bajo las cuales el ser sensible se representa la idea geométrica.

159. En tal caso ¿qué será la extensión en sí, despojada de toda forma sensible? Aquí conviene todavía aclarar algunas ideas. Cuando se trata de extensión despojada de formas sensibles, no se entiende privarla de su capacidad para ser «sentida»; solo se quiere prescindir de esta capacidad en sus relaciones con el ser sensible. Así la extensión queda reducida, no a un espacio imaginario; no a un ser infinito y eterno; sino a un orden de seres; al conjunto de sus relaciones constantes, sometidas a leyes necesarias. Esto en sí, ¿qué es? no lo sé: pero sé que existe esta relación constante, y esas leyes necesarias: esto lo sé en cuanto a la realidad, por la experiencia, que así me lo atestigua; en cuanto a la posibilidad, lo conozco por el testimonio de mis ideas, que con su enlace arrancan mi asenso por medio de su evidencia intrínseca.

160. Esta evidencia, se refiere a un aspecto del objeto, es verdad; en el objeto hay muchas cosas que yo no conozco, es verdad también; pero esto solo prueba que nuestra ciencia es incompleta, no que sea ilusoria ni falsa.

161. La inteligibilidad pura del mundo sensible, se nos hace difícil de concebir, ya porque nuestras ideas andan siempre acompañadas de representaciones de la imaginación; ya también, porque nos proponemos explicarlo todo por medio de simples adiciones o sustracciones de partes: como si todos los problemas del universo se pudiesen reducir a expresiones de líneas, superficies y volúmenes. La geometría representa un gran papel en todo lo concerniente a la apreciación de los fenómenos de la naturaleza; pero en queriendo penetrar en la esencia de las cosas, es preciso dejar la geometría y armarse con la metafísica.

No hay filosofía más seductora, que la que reduce el mundo a movimientos y figuras; pero tampoco la hay más superficial; apenas se ha reflexionado un poco sobre la realidad de las cosas, cuando ya se descubre la insuficiencia de semejante sistema. Entonces se descubre, que si la imaginación está satisfecha, no lo está el entendimiento: y ¡cosa notable! como que el entendimiento toma una noble venganza de las ilusiones que le hacía su infiel compañera, cuando al obligarla a fijarse sobre los objetos, la envuelve en un piélago de tinieblas y contradicciones. Los que se han burlado de las formas, de los actos, de las fuerzas, y de otras palabras semejantes, empleadas con más o menos exactitud en diferentes escuelas, debieran haber considerado que aun en el mundo físico, hay algo más de lo que está sujeto a nuestros sentidos; y que los mismos fenómenos que se nos ofrecen en el campo sensible, no se explican por meras representaciones sensibles. La física no es completa, sino pide sus luces a la metafísica.

La mejor prueba de lo que acabo de decir, la encontraremos en el capítulo siguiente, donde veremos a la imaginación enredada en sus propias representaciones.

Capítulo XXII. La divisibilidad infinita

162. La divisibilidad de la materia es el secreto que atormenta la filosofía. La materia es divisible, por lo mismo que es extensa, y no hay extensión sin partes. Estas o serán extensas o no; si lo son, serán otra vez divisibles, si no lo son, serán simples; y resultará que en la división de la materia hemos de llegar a puntos inextensos.

Si se quiere evitar esta última consecuencia, es preciso apelar a la divisibilidad hasta lo infinito: bien que este recurso, más bien parece un medio de eludir la dificultad, que no una verdadera solución. Ya indiqué en otra parte (Cap. V) que con la divisibilidad hasta lo infinito, se suponía al parecer, lo mismo que se negaba. La división no hace las partes sino que las supone: una cosa simple no puede dividirse; luego en el compuesto divisible hasta lo infinito, preexisten las partes en que puede hacerse la división.

Imaginémonos que Dios con su infinito poder hace toda la división posible; ¿se agotará la divisibilidad? Si se dice que no, parece que se ponen límites a la omnipotencia; si se dice que sí, habremos llegado a los puntos simples; pues de lo contrario no habría sido agotada la divisibilidad.

Aun suponiendo que Dios no ejecuta esta división, es cierto que con su inteligencia infinita ve todas las partes en que el compuesto es divisible: estas partes han de ser simples; pues de lo contrario la inteligencia infinita no vería el límite de la divisibilidad. Si se responde, que este límite no existe, y por consiguiente no puede ser visto; replicaré que entonces se ha de admitir un número infinito de partes en cada porción de materia: en tal caso, no hay límite en la divisibilidad, porque el número de partes es inagotable; pero este número infinito tal como sea, será visto por la inteligencia infinita: y también serán conocidas todas estas partes tales como sean. Queda pues la misma dificultad; o son simples o compuestas; si son simples, la opinión que combatimos ha venido a parar a los puntos inextensos; si compuestas, echaremos mano del mismo argumento: serán otra vez divisibles. Resultará pues un nuevo número infinito en cada una de las partes del primer número infinito; pero como esta serie de infinidades será conocida siempre por la inteligencia infinita, es necesario llegar a los puntos simples, o decir que la inteligencia infinita no conoce todo lo que hay en la materia.

Con replicar que las partes no son actuales, sino posibles, no se deshace la dificultad. En primer lugar: partes posibles, ya son partes existentes; pues que si no hay partes reales, hay simplicidad real, y por consiguiente indivisibilidad. Además, si son posibles, pueden hacerse existentes, si interviene un poder infinito; en tal caso, ¿qué son esas partes? son extensas o inextensas; volvemos a la misma dificultad.

163. Dicen algunos que la cantidad matemática o el cuerpo matemáticamente considerado, es divisible hasta lo infinito; mas no los cuerpos naturales, a causa de que en estos, la forma natural exige una cantidad determinada. Esta era una explicación que se daba en las escuelas, pero desde luego se echa de ver que se afirman sin bastante fundamento, esas formas naturales que exigen una cierta cantidad, más allá de la cual no se puede hacer la división. Esto no puede constar ni «a priori» ni «a posteriori»: no «a priori», porque no conocemos la esencia de los cuerpos para decir que hay un punto en el cual termina la divisibilidad, por no consentirla la forma natural; no «a posteriori», porque los medios de observación de que podemos disponer, son demasiado groseros para que podamos alcanzar el último límite de la división, y encontramos con una parte que no la consienta. Además,

que en llegando a esta cantidad de la cual no puede pasar la división, nos hallamos con una cantidad verdadera, pues tal se la supone; si es cantidad, es extensa, luego tiene partes; luego es divisible; luego no parece que haya ninguna forma natural que pueda poner límite a la división.

164. La distinción entre el cuerpo matemático y el natural no parece admisible en lo tocante a la divisibilidad: esta resulta de la naturaleza de la extensión misma, la cual se halla realmente en los cuerpos naturales, como idealmente en el cuerpo matemático. Decir que en el cuerpo natural, las partes no se hallan en acto sino en potencia, puede significar dos cosas; que no están actualmente separadas, o que no son distintas: el no estar separadas no da ni quita nada para la división, pues que esta puede concebirse sin separar las partes; si se quiere significar que estas no son distintas entre sí, en tal caso la división es imposible, porque la división no se puede ni siquiera concebir, cuando no hay cosas distintas.

165. Parece que se ha excogitado la mencionada distinción por no verse en la precisión de admitir la divisibilidad infinita en los cuerpos naturales. Reflexionando sobre este punto se echa de ver que habiendo la dificultad con respecto a los cuerpos matemáticos, el misterio filosófico subsiste por entero. Este misterio se cifra en que no se puede señalar un límite a la división, mientras hay algo extenso; y en que, si para señalar este límite se llega a puntos simples, entonces no hay medio para reconstituir la extensión. Por manera que la dificultad surge de la misma naturaleza de las cosas extensas, ya sean concebidas, ya realizadas; y el orden real no puede menos de resentirse de todos los inconvenientes del ideal. Si con puntos inextensos no se puede constituir la extensión pensada, tampoco se podrá constituir la extensión verdadera; y si la extensión pensada no es susceptible de límites en su división hasta llegar a puntos simples, lo propio sucederá con la verdadera: naciendo estos inconvenientes de la misma esencia de la extensión, son inseparables de ella.

Capítulo XXIII. Los puntos inextensos

166. Contra la existencia de los puntos inextensos militan dos razones poderosas: primera, el que se los ha de suponer en número infinito, pues no parece posible de otro modo, el llegar a lo simple, partiendo de lo extenso;

segunda, que aun suponiéndolos en número infinito, son incapaces de dar por resultado la extensión. Estas dos razones son tan poderosas que hacen excusables todas las cavilaciones en sentido contrario; pues por más extrañas que parezcan, dejan de serlo cuando se las compara con la extrañeza de que con lo simple se haya de formar lo extenso, y que en una porción cualquiera de materia haya de haber un número infinito de partes.

167. No parece que se pueda llegar a puntos inextensos sino pasando por una división infinita: lo inextenso es cero en el orden de la extensión; y en una progresión geométrica decreciente no se llega a cero, sino continuándola hasta lo infinito. Lo que nos dice el cálculo matemático, nos lo hace sensible la imaginación. Donde quiera que hay dos partes unidas, hay una cara por la cual se tocan, y otra en lo exterior que no está en contacto. Separando la interior de la exterior, nos encontramos con dos nuevas caras: una en contacto y otra no. Continuando la división, nos sucederá siempre lo mismo: luego para llegar a lo inextenso, hemos de pasar por una serie infinita: lo que en otros términos equivale a decir que no llegaremos jamás. Por manera que para continuar la división hasta lo infinito nos vemos precisados a suponer partes infinitas, y por tanto, la existencia de un número infinito actual. Desde el momento que suponemos existente este número infinito, parece que se nos convierte en finito, pues que vemos ya un término a la división; y sobre todo vemos números mayores que él. Supongamos que este número infinito de partes se encuentra en una pulgada cúbica: yo digo que hay números mayores que este supuesto infinito: por ejemplo, el de un pie cúbico que contendrá 1728 veces el llamado infinito contenido en la pulgada cúbica.

Así resulta que la opinión de los puntos inextensos, queriendo evitar la división infinita, viene a caer en ella; como sus adversarios proponiéndose huir de los puntos inextensos, parece que al fin llegan a reconocer su existencia. La imaginación se pierde, y el entendimiento se confunde.

168. La otra dificultad no es menos inextricable: supongamos que hemos llegado a los puntos inextensos, ¿cómo reconstituimos la extensión? Lo inextenso no tiene dimensiones; luego por más que se sumen puntos inextensos no formaremos ninguna extensión. Imaginémonos que se reúnen dos puntos: como ni uno ni otro ocupan ningún lugar, tampoco lo llenarán

ambos juntos. No puede decirse que se compenetren, pues no hay penetración cuando no hay extensión; lo que se debe decir es que siendo todos cero en el orden de la extensión, su suma, por grande que sea el número de los sumandos, no llegará a formar nada extenso.

169. Aquí ocurre una dificultad: es cierto que una suma de ceros solo da por resultado cero; pero es cosa admitida entre los matemáticos, que ciertas expresiones iguales a cero, pueden dar por producto una cantidad finita, si se las multiplica por otra infinita.

$0+0+0+0+Nx0=0$; pero si tenemos: $(0/M)=0$; y multiplicamos la expresión por $(M/0)=$infinito resultará $(0/M)x(M/0)=(0xM)/(Mx0)=(0/0)$ que puede ser igual a una cantidad finita cualquiera, que expresaremos por A. Así se demuestra aun con los solos principios del álgebra elementar; y pasando a la sublime, tenemos $(dz/dx)=(0/0)=B$; expresando B el coeficiente diferencial, que puede ser un valor finito. ¿Estas doctrinas matemáticas pueden servir para explicar la generación de lo extenso, partiendo de puntos inextensos? creo que no.

Desde luego salta a los ojos, que no siendo la multiplicación más que una adición abreviada, si una adición infinita de ceros, no puede dar más que cero; tampoco podrá resultar otra cosa de la multiplicación, aunque sea infinito el otro factor. ¿Por qué pues los resultados matemáticos nos dicen lo contrario? No es verdad que haya semejante contradicción; solo es aparente. En la multiplicación de lo infinitésimo por lo infinito, se puede obtener por producto una cantidad finita, porque lo infinitésimo no se considera como un verdadero cero, sino como una cantidad menor que todas las imaginables, pero que todavía es algo. Desde el momento que se faltase a esta condición, todas las operaciones serían absurdas, pues versarían sobre un puro nada. ¿Diremos por esto que las expresiones $(dz/dx)=(0/0)$ sean tan solo aproximativas? no; porque expresan la relación del límite del decremento, de la cual se verifica que es igual a B, solo cuando las diferenciales son iguales a cero; pero como el geómetra no considera más que el límite en sí mismo, salta por todos los intervalos del decremento, y se coloca desde luego en el punto donde está verdadera exactitud. ¿Por qué pues se opera sobre estas cantidades? porque las operaciones son una especie de lenguaje algebraico, que marcan el camino que se ha seguido en los cálculos, y recuerdan el enlace del límite con la cantidad a que se refiere.

170. De la unidad, que no es número, resulta el número. ¿Por qué de los puntos sin extensión no puede resultar la cap? La disparidad es grande. En lo inextenso, como tal, no entra más que la idea negativa de la extensión; pero en la unidad, si bien está negado el número, la negación no constituye su naturaleza, nadie ha definido jamás a la unidad «la negación del número» y todos definimos lo inextenso «lo que no tiene extensión». La unidad es un ser cualquiera tomado en general, no considerando en él, división; el número es un conjunto de unidades; luego en la idea de número entra la de unidad, de un ser «indiviso»; no siendo más el número que la repetición de esta unidad. Todo número se resuelve en la unidad; por lo mismo que es número, la contiene de una manera determinada: lo extenso no puede resolverse en lo inextenso, sino procediendo hasta lo infinito, o haciéndose la descomposición de alguna manera que nosotros no alcanzamos.

Capítulo XXIV. Una conjetura sobre la noción trascendental de la extensión

171. Los argumentos que militan tanto en pro como en contra de los puntos inextensos, y de la infinita divisibilidad de la materia, parecen todos concluyentes: de suerte que el entendimiento como que recela haberse encontrado con demostraciones contradictorias. Cree descubrir absurdos en la divisibilidad infinita; absurdos, si le señala límites, absurdos, si niega los puntos inextensos, absurdos, si los admite. Cuando ataca la opinión contraria se siente invencible; pero su fuerza se convierte en profunda debilidad, tan pronto como quiere establecer y defender la propia. Y sin embargo la razón no puede contradecirse: dos demostraciones contradictorias serían la contradicción de la razón misma y equivaldrían a su ruina completa; la contradicción pues no existe ni puede existir, sino en la apariencia. ¿Pero dónde está el nudo? ¿Cómo se desata? ¿Quién puede lisonjearse de conseguirlo? La excesiva confianza en este punto sería un seguro indicio de que no se comprende el estado de la cuestión: y la vanidad quedaría castigada, resultando convencida de ignorante. Con

estas salvedades, permítaseme emitir algunas observaciones sobre esta cuestión misteriosa.

172. Me inclino a creer que en las investigaciones sobre los primeros elementos de la materia, se padece una equivocación que imposibilita para llegar al resultado. Se busca si la extensión puede resultar de puntos inextensos; y el método que se emplea consiste en imaginarlos aproximados, y ver si con ellos puede llenarse alguna parte del espacio. Esto en mi juicio, equivale a querer que la negación corresponda a la afirmación. El punto inextenso nada nos representa determinado, sino la negación de la extensión; cuando le exigimos pues que junto con otros ocupe el espacio, le exigimos que siendo inextenso sea extenso. Parece que hay aquí un juego de la imaginación que nos hace presuponer la extensión, en el mismo acto en que pretendemos asistir a su generación primitiva. El espacio, tal como le concebimos, es una verdadera extensión; y según llevo manifestado, es la idea de la extensión en toda su generalidad: fingir pues que lo inextenso ha de llenar el espacio, es exigir a la no extensión que se convierta en extensión. Es verdad que esto es lo que precisamente se pide, y que por lo mismo aquí está todo el punto de la dificultad; pero la equivocación parece consistir en que esta dificultad se la quiere resolver por el simple método de yuxtaposición, y que por consiguiente se exige de los puntos inextensos una cosa evidentemente contradictoria.

173. Para saber cómo se engendra la extensión, sería necesario poderse despojar de todas las representaciones sensibles, de todas las ideas, que más o menos estén afectadas por el fenómeno; y poder trasladarse a la contemplación de la misma realidad con ojo tan simple, con mirada tan penetrante, como un espíritu puro; sería necesario que todas las ideas geométricas pudiesen despojarse de las formas fenomenales, o sea de todas las representaciones de la imaginación; y ofrecerse al entendimiento depuradas de todo lo que las mezcla con el orden sensible; sería necesario saber hasta qué punto la extensión, la continuidad real, está acorde con la fenomenal; esto es, eliminar del objeto percibido todo lo que tiene relación con el sujeto que le percibe.

174. Ya vimos que en la extensión se encontraban dos cosas: multiplicidad y continuidad; tocante a la primera, no se ofrece ninguna dificultad en que

resulte de los puntos inextensos: con tal que haya varias unidades, resulta el número, sean aquellas simples o compuestas. El secreto está en la continuidad, en eso que la intuición sensible nos presenta tan claro como la base de las representaciones de la imaginación; y que sin embargo enreda al entendimiento con lazos inextricables. Quizás podría decirse que la continuidad, prescindiendo de la representación sensible y considerada únicamente en el orden trascendental, esto es en su realidad, tal como puede ofrecerse a un espíritu puro, no es más que la relación constante de muchos seres, los cuales son de tal naturaleza que pueden producir en el ser sensitivo el fenómeno que llamamos representación, y ser percibidos en esa intuición que es como su recipiente y que se llama representación del espacio.

Con esta hipótesis la extensión en el mundo externo es real, no solo como un principio de causalidad de nuestras impresiones, sino como un objeto sometido a las relaciones necesarias que nosotros concebimos.

175. Pero entonces, se preguntará, ¿el mundo externo es tal como nosotros lo imaginamos? a esto conviene responder observando que con arreglo a lo que se ha dicho al tratar de las sensaciones, es menester despojarle de lo que estas tienen de subjetivo, y que por una inocente ilusión, convertimos en objetivo; y que en cuanto a la extensión, existe efectivamente fuera de nosotros, independiente de nuestras sensaciones, pero que considerada en sí misma, no tiene nada de lo que estas le atribuyen, sino lo que percibe el entendimiento puro, sin la mezcla de ninguna representación sensible.

176. No parece que hay ningún inconveniente en admitir esta teoría, que a un tiempo afirma la realidad del mundo corpóreo y disipa las dificultades del más acendrado idealismo. Para presentar en pocas palabras mi opinión diré: que la extensión en sí misma, el universo todo en sí mismo, es tal como Dios lo conoce; y en el conocimiento de Dios no se mezcla ninguna de estas representaciones sensibles de que anda siempre acompañada nuestra flaca percepción. En tal caso, lo que resta de positivo en la extensión es la multiplicidad con cierto orden constante. La continuidad en sí no es más que este orden; y en cuanto representada sensiblemente en nosotros, es un fenómeno puramente subjetivo que no afecta a la realidad.

177. Hasta se puede señalar una razón por que se nos haya dado la intuición sensible. Nuestra alma está unida a un cuerpo organizado, es decir a

un conjunto de seres ligados con relación constante entre sí, y con los demás cuerpos del universo. Para que la armonía no se quebrantase y el alma que presidía la organización pudiese ejercer sus funciones de la manera conveniente, era necesario que tuviese una representación continua de ese conjunto de relaciones del cuerpo propio y de los extraños. Esta representación debía ser simultánea, e independiente de las combinaciones intelectuales; pues que sin esto no era posible el ejercicio de las facultades animales, con la prontitud y perseverancia que exige la satisfacción de las necesidades de la vida. Por esta razón se habrá dado a todos los seres sensibles, aun a los destituidos de razón, esa intuición de la extensión o del espacio, que viene a ser en el viviente como un campo sin límites, donde se retratan las diferentes partes del universo.

Capítulo XXV. Armonía del orden real, fenomenal, e ideal

178. En el mundo externo podemos considerar dos naturalezas: una real, otra fenomenal; la primera es propia, absoluta: la segunda, es relativa al ser que percibe el fenómeno: por la primera, el mundo «es»; por la segunda, «aparece».

Un ser intelectual puro conoce lo que el mundo «es»; un ser sensible experimenta lo que «aparece». En nosotros mismos podemos notar esta dualidad: en cuanto sensibles, experimentamos el fenómeno: en cuanto inteligentes, ya que no conozcamos la realidad, nos esforzamos en columbrarla por medio de raciocinios y conjeturas.

179. El mundo externo en su naturaleza real, prescindiendo absolutamente de la fenomenal, no es una ilusión. Su existencia nos es conocida no solo por los fenómenos, sino también por los principios del entendimiento puro, superiores a todo lo individual y contingente. Dichos principios, apoyados un los datos de la experiencia, esto es, en las sensaciones cuya existencia nos atestigua el sentido íntimo, nos aseguran de que la objetividad de las sensaciones, o sea la realidad de un mundo externo, es una verdad.

180. Esta distinción entre lo esencial y lo accidental, y entre lo absoluto y lo relativo, era conocida en las escuelas. La extensión no era considerada como la esencia de los cuerpos, sino como un accidente; las relaciones de los cuerpos con nuestros sentidos, no se fundaban inmediatamente en la

esencia, sino en los accidentes. La esencia de los cuerpos, la constituían la materia y la forma substancial unidas: la materia recibiendo la forma, y la forma actuando la materia. Ni la materia ni la forma substancial eran inmediatamente perceptibles para el sentido, pues que esta percepción necesitaba la determinación de la figura y otros accidentes, distintos de la esencia del cuerpo.

Así es que distinguían los escolásticos objetos sensibles de tres clases: propio, común y por accidente: «proprium, commune, et per accidens». El propio es el que se ofrece inmediatamente al sentido, y no es percibido sino por uno solo: el color, el sonido, el olor, y el sabor. El común, es el que es percibido por varios sentidos, como la figura, la cual es objeto de la vista y del tacto. El accidental, o «per accidens», es el que no es percibido directamente por ningún sentido, que está oculto bajo las calidades sensibles, y se nos descubre por medio de estas: como las substancias. Lo sensible «per accidens», está enlazado con las calidades sensibles; pero estas no lo ofrecen al entendimiento como una imagen el original, sino como un signo la cosa significada. De aquí es que a lo sensible «per accidens», no se le suponían las emisiones de especies para reducir al acto a la facultad sensitiva: era más bien inteligible que sensible.

181. En el universo corpóreo, considerado «en su esencia», no hay necesidad de suponer nada que sea semejante a la representación sensible, pero sí es necesario suponer una correspondencia entre el objeto y la idea; de otro modo sería menester admitir, que las verdades geométricas pueden ser desmentidas por la experiencia.

182. Aunque la extensión no sea más que un orden de seres de que nosotros no podemos formar perfecto concepto, por no sernos dable depurar las ideas de toda forma sensible, este orden ha de corresponder a nuestras ideas, y aun a nuestras representaciones sensibles, en cuanto es necesario para comprobar la verdad de las ideas. Es evidente que el orden fenomenal, aunque distinto del real, está sin embargo ligado con él y depende del mismo, por leyes constantes: si suponemos que no hay un paralelismo entre la realidad y el fenómeno, y que en aquella no hay todas las condiciones necesarias para satisfacer las exigencias de este, no habrá ninguna razón porque los fenómenos estén sometidos a leyes constantes, y no suframos

en nuestra experiencia perturbaciones continuas. No suponiendo una correspondencia fija y constante entre la realidad y la apariencia, el mundo para nosotros se convierte en un caos; y se nos hace imposible toda experiencia constantemente ordenada.

183. Desenvolvamos la observación que precede. Una de las proposiciones elementales de la geometría dice: los ángulos opuestos al vértice son iguales. Para demostrar su verdad, necesito la intuición interna de dos líneas que se cortan prolongándose por ambos lados; pero la proposición geométrica no se ciñe a ninguna de aquellas intuiciones particulares, sino que se extiende a todas las imaginables, sin ningún límite en su número, sin ninguna determinación en cuanto a la medida de los ángulos, ni a la longitud de las líneas, ni a su posición en el espacio. He aquí la idea pura, abarcando infinitos casos; cuando la intuición sensible no representa más que uno solo, si se trata de un mismo tiempo, y varios aisladamente, si se trata de representaciones sucesivas. El entendimiento no se limita a afirmar esta relación entre las ideas, sino que aplica lo mismo a la realidad, y dice: donde quiera que se realicen las condiciones de este orden ideal, se verificará en el real lo mismo que estoy viendo en mis ideas; y si estas condiciones no se realizan con toda exactitud, en proporción de esta se verificará más o menos la relación expresada: cuanto más delicadas sean las líneas reales que se corten, cuanto más se aproximen a la perfección en cuanto a ser rectas, tanto más aproximadamente se verificará la relación de la igualdad de los ángulos. Este convencimiento se funda en el principio de contradicción, el cual resultaría falso si la proposición no se verificase; y se halla confirmado por la experiencia, en cuanto esta puede alcanzar de algún modo las condiciones puestas en el orden ideal.

184. Ahora bien: en la realidad ¿qué es lo que corresponde a dicha proposición? una línea existente o real, será un orden de seres; dos líneas que se corten serán dos órdenes de seres, con una relación determinada; el ángulo será el resultado de esta relación, o mejor la relación misma; y la igualdad del ángulo opuesto será la correspondencia de estas relaciones en razón de igualdad, por la continuación del mismo orden en otro sentido. Este conjunto de relaciones entre los órdenes de los seres, y la correspondencia de estos órdenes entre sí, será lo que corresponde en la realidad a la idea

geométrica pura, o bien a la idea separada de toda representación sensible. Con tal que las relaciones de la idea tengan sus objetos correspondientes en las relaciones de la realidad, la geometría existe no solo en el orden ideal sino también en el real. Como el fenómeno, o sea la representación sensible, está sometido a las mismas condiciones que la idea, habiendo también en el orden de los fenómenos ciertas relaciones en la misma razón que en la idea y en el hecho, tendremos acordes la idea, el fenómeno y la realidad, y explicado por qué el orden intelectual se confirma con la experiencia, y esta a su vez recibe con toda seguridad la dirección de aquel.

185. Esta armonía ha de tener una causa; es menester buscar un principio donde se pueda encontrar la razón suficiente de ese acuerdo admirable entre cosas tan distintas: y aquí surgen nuevos problemas que por una parte abruman el entendimiento y por otra lo ensanchan y le alientan, con el grandioso espectáculo que ofrecen a su vista, y el campo inmenso que le brindan a recorrer.

Capítulo XXVI. Carácter de las relaciones del orden real con el fenomenal

186. El acuerdo de la idea, del fenómeno y de la realidad, ¿es necesario, esto es, fundado en la esencia de las cosas, o ha sido establecido libremente por la voluntad del Criador?

Si el mundo no tuviese más realidad que la expresada por la representación sensible, si las apariencias contuviesen una copia exacta de la esencia íntima de las cosas, sería menester decir que este acuerdo es inalterable, que las cosas no son más que lo que parecen; y que en el supuesto que existan, han de ser tales como parecen, y esto por absoluta necesidad; pues que ninguna cosa puede estar en contradicción con su noción constitutiva. Lo que ahora es extenso, sería por necesidad extenso; y no podría menos de serlo del «mismo modo» que nos lo parece, y bajo las «mismas condiciones»: la relación de los cuerpos entre sí estaría necesariamente sujeta a las mismas leyes fenomenales: todo lo que fuera apartarse de este orden sería una contradicción, que no cae ni bajo el poder de la omnipotencia.

187. Los cuerpos se nos presentan en la intuición sensible con magnitudes determinadas, y estas en cierta relación fija, que nosotros calculamos,

comparándola con una extensión inmóvil, cual nos figuramos el espacio. Por la magnitud ocupan los cuerpos cierto lugar, también determinado, aunque mudable con el movimiento. Por la relación de las magnitudes, ocupan mayor o menor lugar, y se excluyen recíprocamente de uno mismo: esta exclusión la llamamos impenetrabilidad. La cuestión que aquí se ofrece es la siguiente: la determinación de las magnitudes, y la relación de ellas con respecto a la ocupación de lugares, ¿son cosas absolutamente necesarias de manera que su alteración envuelva contradicción? no.

188. La relación al lugar, considerando a este como una porción del espacio puro, no significa nada; pues ya hemos visto que este espacio no es más que una simple abstracción de nuestro entendimiento, y que en sí mismo no tiene ninguna realidad: es nada. Luego la relación a él, será también nada, a causa de que la relación es nula, cuando falta el término a que se ordena. Luego todas las relaciones de los cuerpos a los lugares, no pueden ser otra cosa que las relaciones de los cuerpos entre sí.

189. Este es el principal punto de vista en las presentes cuestiones; el entendimiento se confunde, cuando comienza por suponer al espacio una naturaleza absoluta, con relaciones necesarias con todos los cuerpos. Recuérdese la doctrina de los capítulos (XII, XIII, XIV y XV) donde se explica cómo se engendra en nosotros la idea del espacio, qué objeto le corresponde en la realidad y de qué manera; y se echará de ver que esas relaciones absolutas y esenciales, que creemos descubrir entre los cuerpos y una capacidad «vacía y real», son ilusiones de nuestra imaginación, efecto de que no depuramos bastante el orden ideal, de que no le separamos de las impresiones sensibles. En estas cuestiones, no se puede entender nada, ni aun el sentido de ellas, si no se hace un esfuerzo por lograr esta separación, en cuanto es posible a nuestra naturaleza. Si esto se consigue, las cuestiones que voy a examinar en los capítulos siguientes, parecerán muy filosóficas; y su resolución, si no verdadera, al menos verosímil; pero si se confunden cosas tan distintas como son el orden intelectual puro, y el sensible, dichas cuestiones parecerán absurdas. Es inadmisible el idealismo que destruye el mundo real; pero no lo es menos el empirismo que aniquila el orden ideal; si no pudiéramos elevarnos sobre las representaciones sensibles, debiéramos renunciar a la filosofía, dejando el pensar, y limitándonos a sentir.

Capítulo XXVII. Si todo ha de estar en algún lugar

190. ¿Es necesario que todo lo que existe esté en algún lugar? he aquí una cuestión extraña a primera vista, pero en el fondo muy filosófica. «Ser», no es lo mismo que «estar» en un lugar; el ser, ya se tome sustantivamente en cuanto significa existir, ya copulativamente en cuanto expresa la relación de un predicado con un sujeto, no envuelve la idea de estar en un lugar. La relación de un objeto con un lugar, no le es necesaria, pues que no la encontramos en su noción: es una cosa añadida, ya se la demos nosotros atribuyéndosela con más o menos fundamento, ya la tenga en realidad, o comunicada por otro, o en cuanto se le considera en relación con otro.

La imaginación no se figura nada que no esté «situado»; pero el entendimiento puede concebir las cosas sin situación en ningún lugar. Cuando reflexionamos sobre la esencia de los objetos, ¿los consideramos por ventura con alguna situación? no. El acto intelectual va acompañado de las representaciones sensibles, que a veces le auxilian, y otras le embarazan y confunden; pero en todo caso el acto del entendimiento es siempre distinto de ellas.

191. ¿Qué razón hay para decir que todo ha de estar en algún lugar? ninguna. La imaginación no lo alcanza; pero el entendimiento no descubre ningún absurdo; antes por el contrario, lo ve muy ajustado a los principios de la filosofía. Si el lugar considerado en sí, no es más que una porción del espacio terminada por alguna superficie, y el espacio abstraído de los cuerpos no es nada; la relación a los lugares, o sea a puntos designados o designables en el espacio, no será nada; es preciso pues apelar a los cuerpos para encontrar un término de la relación; luego si suponemos un ser que no tenga ninguna relación con los cuerpos, no es necesario que esté en ningún lugar.

192. La relación de un ser con los cuerpos puede ser de tres maneras: la de conmensurabilidad, como lo es la de las líneas, superficies y volúmenes entre sí; la de generación, como concebimos que la línea se engendra por el punto; y la de acción, en general, como concebimos la de los espíritus puros sobre la materia. La primera relación no existe ni puede existir, cuando el objeto que ha de tenerla carece de dimensiones: pues entonces no es men-

surable; la segunda, solo cabe en los puntos inextensos o infinitésimos, con que se engendra la extensión; de lo que se infiere que dichas dos relaciones no pueden tener cabida sino entre los cuerpos o sus elementos generadores. Luego todo lo que no sea cuerpo o elemento corpóreo, no puede estar «situado» bajo ninguno de estos conceptos. En cuanto a la tercera relación, esto es, la de acción de una causa sobre un cuerpo, puede hallarse en todos los agentes capaces de obrar sobre la materia; pero es evidente que la situación que de esto resulte, será muy diferente de la que concebimos en los cuerpos o en sus elementos: es cosa de un orden totalmente distinto, que más bien se refiere a la idea pura de causalidad, que no a la intuición del espacio.

193. Es claro que podemos concebir un ser que no sea cuerpo, ni elemento de los cuerpos, ni ejerza sobre los mismos ninguna acción: en cuyo caso, este ser no tendrá ninguna de las tres relaciones expresadas; luego no estará en ningún lugar: y el decir que está aquí o que está allá, que está cercano o que está distante, será emplear palabras sin sentido.

194. A la luz de esta doctrina se resuelven con facilidad las cuestiones siguientes.

¿Dónde estaría un espíritu puro que no tuviese ninguna relación de causalidad o influencia de ninguna clase, sobre el mundo corpóreo? en ninguna parte. La respuesta no parecerá extraña, sino a quien no haya comprendido que la pregunta es absurda. En el caso supuesto, no hay «donde»; porque el donde envuelve una relación, y aquí no hay ninguna.

¿Dónde estarían los espíritus puros, si no existiese el mundo corpóreo? en ninguna parte: a no ser que se quiera decir que estarían en sí mismos. Pero entonces la palabra «estar» no significa la situación de que hablamos aquí; sino más bien o la existencia del espíritu, o su identidad consigo mismo.

¿Dónde estaba Dios antes de criar el mundo? «Era; no estaba» en ninguna parte: porque no había partes.

195. Aquí haré notar una equivocación de Kant. Ha creído este filósofo que el espacio era concebido por nosotros como una condición de toda existencia en general; y en esto ha fundado una de sus razones para sostener que el espacio era una forma puramente subjetiva. Al explicar en la segunda edición de su «Crítica de la razón pura», cómo debe entenderse

la subjetividad del espacio, parece afirmar que nosotros no concebimos ni aun las cosas del orden intelectual puro, sin referirlas al espacio. Hace la observación de que en la teología natural, al tratarse de un objeto que no puede serlo de intuición sensible ni para nosotros, ni para sí mismo, se tiene mucho cuidado de no atribuir a su intuición o manera de ver, el tiempo y el espacio, condiciones de las intuiciones humanas: «pero, añade, con qué derecho puede procederse así cuando antes se ha hecho del espacio y del tiempo las formas de las cosas en sí mismas, y formas tales que como condiciones de la existencia de las cosas «a priori», subsisten aun después de haberlo aniquilado todo con el pensamiento: porque como condiciones de toda existencia en general, deben serlo también de la existencia de Dios. Si el espacio y el tiempo no se los hace formas objetivas de «todas» las cosas, «solo resta» hacerlos formas subjetivas de nuestro modo de intuición, tanto interna como externa. Tiene razón Kant en que el espacio y el tiempo no deben ser considerados como formas reales, incapaces de ser anonadadas, y por consiguiente necesarias y eternas; pero no alcanzo la razón de la disyuntiva por la cual pretende que si no hacemos al espacio y al tiempo formas objetivas de «todas» las cosas, estamos precisados a convertirlas en subjetivas, de suerte que en el caso contrario el espacio y el tiempo serían una condición de la existencia del mismo Dios.

196. El espacio lo consideramos como condición actual de la existencia de las cosas situables; pero no de todas las cosas. En los espíritus puros se concibe la existencia sin necesidad de relación a ningún lugar, y por tanto independiente de posición en el espacio.

En este punto, como en todos los relativos al orden intelectual puro, se encuentran en los teólogos doctrinas sumamente importantes, dignas de ser consultadas por los que quieren profundizar las cuestiones filosóficas; en ellos hubiera podido encontrar el autor de la «Crítica de la razón pura», observaciones que le habrían aclarado dificultades cuya solución le embarazaba: en la cuestión presente, habría podido ver cuán inexacto es el que el espacio sea una condición de la existencia de todas las cosas, al encontrar la bellísima y profunda teoría con que muchos escolásticos explican la presencia de Dios en el mundo corpóreo, la de los ángeles en diferentes lugares, la de sus movimientos de un punto a otro sin pasar por el medio, y la manera con que el alma se halla toda en todo el cuerpo, y toda en cualquiera de las partes del mismo. En esas obras tan poco consultadas como dignas de serlo, habría podido notar el filósofo alemán, que la presencia en un lugar tratándose de los espíritus, era una cosa enteramente distinta de la presencia de los cuerpos; y que nada tenía que ver con la intuición del espacio, ni en cuanto es base de la representación sensible, ni aun en cuanto es una idea geométrica.

197. Busca Santo Tomás (1.ª Part. Quest. 8. Art. 1.) si Dios está en todas las cosas, y responde que sí: mas para probar su aserto, no echa mano de la necesidad de que todo esté situado, antes por el contrario, se olvida de la idea de espacio, y apela a la de causalidad. «Siendo Dios el mismo ser por su esencia, es necesario que el ser criado sea su propio efecto: como el inflamar es propio del fuego. Este efecto, Dios le causa en las cosas, no solo cuando empiezan a ser por primera vez, sino mientras se conservan en el ser: como la luz del aire, mientras se conserva iluminado, dimana del Sol. Es necesario pues, que mientras la cosa tiene el ser, Dios le esté presente, según el modo con que ella tiene el ser: el ser es lo más íntimo que hay en cualquiera cosa, y lo que está más profundamente inherente a ella: porque es lo formal de todo lo que hay en la cosa: así pues, Dios está en todas las cosas, e íntimamente.»

El estar situado en el espacio es estar contenido en el mismo: así concebimos todo lo que consideramos situado en él: Santo Tomás rechaza este sentido, cuando se trata de los seres espirituales, y dice, que si bien los corpóreos están en las cosas como contenidos; los espirituales por el contrario, contienen las cosas en que están.

En el artículo segundo pregunta si Dios está en todos los lugares, «ubique»; y dice que Dios está en todas las cosas dándoles el ser, y la fuerza y la operación; y en todo lugar, dándole el ser y la capacidad, «virtutem locativam». Se propone el argumento de que las cosas incorpóreas no están en ningún lugar: y responde con las siguientes palabras altamente filosóficas: «Las cosas incorpóreas no están en el lugar por el contacto de cantidad dimensiva, sino por el contacto de la actividad, "virtutis"». Luego, explicando cómo lo indivisible puede estar en diferentes lugares dice: «lo indivisible es de dos clases; uno que es término de lo continuo, como el punto en lo permanente y el momento en lo sucesivo. Lo indivisible en lo permanente, no puede estar en muchas partes de un lugar, o en muchos lugares, a causa de que tiene una situación determinada: así como lo indivisible en la acción o el movimiento, no puede estar en muchas partes del tiempo porque tiene un orden determinado en el movimiento o en la acción. Pero hay otro indivisible que "está fuera de todo género de continuo", y de este modo las substancias incorpóreas como Dios, el ángel y el alma, se llaman indivisibles. Lo que es indivisible de esta manera, no se aplica a lo continuo "como cosa que le pertenezca", sino en cuanto lo toca con su actividad: y así según que esta pueda extenderse a uno o muchos objetos, a lo pequeño o a lo grande, se halla en uno o muchos lugares y en un lugar pequeño o grande».

¿Qué cosa más clara, refiriéndonos a la intuición del espacio, que cuando una cosa está toda en un lugar, nada haya de ella fuera de aquel lugar? y sin embargo el santo Doctor, elevándose sobre las representaciones sensibles, asienta resueltamente que Dios puede estar todo en todo, y todo en cualquier parte; como el alma está toda en cualquier parte del cuerpo. ¿Y por qué? porque lo que se llama totalidad en las cosas corpóreas, se refiere a la cantidad; y la totalidad de las incorpóreas es totalidad de esencia, que por consiguiente no es conmensurable con una cantidad, ni está ceñida a ningún lugar.

En el Tratado de los ángeles (1.ª Part. Quest. 52. Art. 1.) al decir que están en el lugar, advierte que esto se afirma equívocamente, «æquivocè».

En el Tratado del alma (1.P. Quest.70. Art.8.) afirma que esta, se halla toda en todo el cuerpo y toda en cualquiera de las partes; y vuelve a distinguir entre la totalidad de esencia y la totalidad cuantitativa; valiéndose de un razonamiento semejante al que hemos visto con respecto a los ángeles. Los que se hayan reído de esta doctrina, que se descubre tanto más profunda cuanto más se reflexiona sobre ella, se han manifestado superficiales en lo concerniente a las relaciones de las cosas espirituales con las corpóreas. En general, es peligroso el reírse de opiniones sostenidas por grandes hombres en materias tan graves; porque si no aciertan, tienen por lo menos en su favor razones fuertes. Nada más contrario a las representaciones sensibles que la posibilidad de hallarse una cosa a un mismo tiempo en diferentes lugares; pero nada más filosófico que esta posibilidad, cuando se han analizado profundamente las relaciones de la extensión con las cosas inextensas, y se ha descubierto la diferencia que va de la situación cuantitativa a la situación de causalidad.

198. Infiérese de estas doctrinas que el estar en el espacio no es una condición general de todas las existencias, ni aun según nuestro modo de concebir: pues concebimos muy bien una cosa existiendo, sin relación a ningún lugar. En este punto, se confunde la imaginación con el entendimiento, y se cree imposible para este lo que solo lo es para aquella. Es cierto que nada podemos «imaginar», sin referirlo a puntos del espacio: y que por lo mismo nos sucede que aun al ocuparnos de los objetos del entendimiento puro, siempre se nos ofrece alguna representación sensible: pero no es verdad que el entendimiento se conforme con esas representaciones, pues que las tiene por falsas. Como la imaginación es una especie de continuación de la sensibilidad, o sea un sentido interno, y la base de las sensaciones es la extensión, no nos es posible ejercitar este sentido interno, sin que se nos ofrezca el espacio, que como hemos visto, no es más que la idea de extensión en general. Así pues, la situación en el espacio es una condición general de todas las cosas en cuanto sentidas, pero no en cuanto entendidas.

Capítulo XXVIII. Contingencia de las relaciones corpóreas

199. La situación en el lugar, es la relación de un cuerpo con otros: ¿estas relaciones son necesarias? condicionalmente, sí; esencialmente, no; quiero decir: que Dios las ha establecido así, y en este concepto son necesarias: pero Dios habría podido establecerlas de otra manera, y puede aun en la actualidad alterarlas, sin variar la esencia de las cosas.

Si se admite, como no se puede menos, una correspondencia entre lo subjetivo y lo objetivo, o entre la apariencia y la realidad, no es dable negar que las relaciones de los cuerpos, son constantes; esta constancia dimana de alguna necesidad. Pero, el que el orden actual se halle sujeto a leyes fijas, no prueba que estas radiquen en la esencia de las cosas, de tal manera que, supuesta la existencia de los objetos, sus relaciones no hubiesen podido ser muy diferentes de lo que son en la actualidad.

200. Para afirmar que el orden actual del universo es intrínsecamente necesario, sería preciso conocer su misma esencia, y nosotros no podemos alcanzar a tanto, a causa de que los objetos no están presentes a nuestro

entendimiento sino mediatamente, y bajo un aspecto, cual es, el que los pone en relación con nuestras facultades sensitivas. La mejor prueba de la ignorancia en que nos hallamos sobre la esencia de los cuerpos, es la mucha división que en esta parte ha reinado en las escuelas; sosteniendo unos que la extensión, o sea las dimensiones, constituían la esencia de los cuerpos; y afirmando otros que la extensión no era más que un accidente, no solo distinto de la substancia corpórea, sino también separable.

La profunda oscuridad de que están rodeadas las cuestiones en que se trata de investigar los elementos constitutivos de los cuerpos, manifiesta que estos seres son desconocidos en cuanto a su esencia, y que solo sabemos de ellos, lo que tiene relación con nuestra sensibilidad.

201. El aspecto bajo el cual se presenta un ser, no es necesario que contenga toda su naturaleza: decir que en los cuerpos no hay más que lo que nosotros sentimos, es erigir nuestras facultades en regla de las cosas en sí mismas: pretensión intolerable en un ser que experimenta a cada paso los límites de su actividad, que en sus relaciones con el mundo corpóreo se encuentra casi siempre en una disposición pasiva; y que cuando quiere ejercer sus facultades en lo exterior, se ve precisado a sujetarse a las leyes del mundo externo, so pena de luchar con obstáculos absolutamente invencibles.

Si ignoramos la esencia de los cuerpos, nada podemos resolver sobre lo que es intrínsecamente necesario en ellos; exceptuando la composición, que se nos manifiesta, aun en el orden sensible, y de que no podemos despojarlos sin incurrir en contradicción. Simplicidad y composición, envuelven ser y no ser; lo que en un mismo objeto, es incompatible.

202. De estas doctrinas se infiere, que en todo lo perteneciente a las relaciones de los cuerpos, debemos abstenernos de juzgar bajo el punto de vista absoluto, y limitarnos al condicional. Podemos decir: «esto sucede ahora; esto ha de suceder según el orden actualmente establecido»; pero no podemos decir: «esto sucede, y esto ha de suceder por necesidad absoluta». El tránsito de la primera proposición a la segunda, supone el conocimiento de que el aspecto bajo el cual se nos presenta el mundo externo, es la imagen de su esencia, conocimiento que ningún hombre puede tener.

203. Una de las equivocaciones más graves de Descartes fue el no hacerse cargo de esta diferencia: el constituir la esencia de los cuerpos en las

dimensiones, es confundir el mundo real con el fenomenal, tomando un aspecto de las cosas por la naturaleza de ellas. Es verdad que lo que nos afecta tiene extensión, y que esta es la base de las relaciones de nuestra sensibilidad con el mundo externo; pero de aquí inferir que este mundo considerado en su esencia, no es más que lo que se nos presenta en las dimensiones, es como si se tomasen por la esencia de un hombre, los lineamientos que constituyen su figura.

204. La diversidad de aspectos bajo los cuales se ofrece a nuestros sentidos el mundo externo, es una advertencia de que no debemos confundir lo que en él hay de absoluto con lo que tiene de relativo. Un hombre privado de un sentido, no discurrirá bien, si infiere que el mundo no tiene más aspectos que los que él percibe: ¿qué sabemos nosotros sobre el modo con que los objetos se presentan a los espíritus puros, ni sobre las muchas otras fases con que se pudieran ofrecer a nuestra sensibilidad?

Dejemos pues a la naturaleza sus secretos: no limitemos la omnipotencia, afirmando que el orden del mundo es intrínsecamente necesario de tal manera, que las relaciones actuales no se pueden alterar sin contradicción; y cuando se nos pregunte sobre la posibilidad de un nuevo orden de relaciones entre los seres que apellidamos cuerpos, no resolvamos ligeramente la cuestión, tomando por único tipo de todo lo posible, el flaco alcance de nuestras facultades. ¿Qué pensaríamos del ciego que se riese de los que ven, al oírlos hablar sobre las relaciones de los objetos en cuanto vistos? Tales nos presentaríamos nosotros a los ojos de un espíritu puro, cuando hablásemos de la imposibilidad de un orden diferente del que se ofrece a nuestra sensibilidad.

205. Si examinamos a la luz de esta doctrina, los primeros principios de las ciencias físicas, echaremos de ver que encierran una buena parte de condicional, pues que solo son verdaderos, en el supuesto que se realizan los datos suministrados por la experiencia. Si la ocupación de un lugar, si la relación de los lugares, no son cosas esenciales a los cuerpos, resulta que las distancias y por consiguiente los movimientos, son hechos condicionales, en los cuales la verdad existe solo bajo determinados supuestos. Así todas las ciencias naturales, que como hemos visto ya, se reducen a cálculo de extensión y movimiento, no penetran en la esencia de las cosas, y se limitan

a un aspecto, cual es el presentado a nuestra experiencia. Por manera que, en dichas ciencias no hay nada absoluto en todo el rigor de la palabra; y en esta parte se hallan a mucha distancia de la metafísica, la cual, o no conoce nada, o conoce cosas absolutamente necesarias. Esta doctrina ha menester ulteriores aclaraciones, que se encontrarán en los capítulos siguientes.

Capítulo XXIX. Solución de dos dificultades

206. La teoría que supone variables las relaciones de los cuerpos, ¿no acarrea por necesidad la ruina de todas las ciencias naturales? ¿Puede haber ciencia cuando no hay objeto necesario? ¿Puede haber necesidad compatible con la variabilidad?

Las ciencias naturales tienen dos partes: una física y otra geométrica: la primera, supone los datos suministrados por la experiencia; la segunda forma sus cálculos con arreglo a los mismos datos. Alterad el orden de las relaciones de los seres externos, y los datos serán diferentes; tendremos una experiencia nueva de la que resultará una ciencia física nueva: el cálculo será el mismo, solo que a nuevos datos corresponderán nuevos resultados. He aquí desvanecida la dificultad. Todas las ciencias físicas estriban en la observación; todas sus combinaciones se ejecutan sobre los datos suministrados por la observación; luego todas las ciencias físicas envuelven una parte condicional, no son enteramente absolutas. ¿La teoría de la gravitación universal se desenvuelve como un cuerpo de ciencia geométrica, es verdad; pero cómo? pudiendo partir de los datos ofrecidos por la experiencia; destruid estos datos, el cuerpo de ciencia física se convierte en un cuerpo de geometría pura. En mecánica, los problemas de la composición y descomposición de las fuerzas, tienen un sentido físico en cuanto presuponen los datos de la experiencia; si prescindimos de esta, nada nos queda sino un compuesto de líneas que nada significan, cuando se las llama fuerzas: entonces la mecánica no es más que un sistema de aplicaciones geométricas.

207. Surge aquí otra dificultad, que en apariencia es más grave que la anterior: si las relaciones de los cuerpos no son esenciales y están sujetas a variación; si lo que sobre ellos calculamos, no está fundado en datos de necesidad intrínseca; parece que se destruye la geometría misma, o se la circunscribe de tal modo al orden ideal, que no puede estar segura de que

en descendiendo al campo de la experiencia, no encuentre falso lo que ella tiene por verdadero, y verdadero lo que ella reputa falso. Por ejemplo: las distancias de los cuerpos se calculan por consideraciones geométricas: si la relación de distancias es variable, pudiendo estar un cuerpo en muchos lugares a un mismo tiempo, la geometría resulta falsa. Semejante suposición no es más que una aplicación de la teoría precedente; pues que si las relaciones se hacen variables, esa variación podrá afectar a las distancias, que en sí mismas no son más que una relación. He dicho que esta dificultad era en apariencia más grave que la anterior, porque saliendo del campo de la experiencia, afecta el mismo orden de nuestras ideas: orden que debemos tener por indestructible, si no queremos privarnos de la razón misma. ¿Qué fuera de nuestra razón, si la geometría pudiese ser desmentida por la realidad? ¿Qué fuera un orden de ideas que pudiese estar en contradicción con los hechos? Repito sin embargo, que la fuerza de esta dificultad es aparente; y para soltarla observaré que bien analizada, no tiene más fuerza que la que hemos desvanecido con respecto a las ciencias naturales. Hagámoslo sensible con un ejemplo.

Un cuerpo que dista cien varas de otro, no puede distar una vara sola: a esto la geometría se opone: si las relaciones de los cuerpos son variables, esta proposición no significará nada con respecto a la realidad; luego la geometría quedará desmentida. Admito la consecuencia: pero añado que el principio en que se funda, entraña una suposición contraria a la de mi teoría. Alteradas o destruidas las relaciones de los cuerpos, se destruye la distancia que es una relación: luego no habrá ni distancia de cien varas, ni de una vara, ni de ninguna especie; es así que la contradicción se funda en la suposición de la existencia simultánea de las distancias de cien varas y de una vara, luego no existiendo las distancias no hay contradicción. Si entonces se pregunta ¿cuánto distan? la pregunta es absurda: el «cuanto» supone que distan: si no distan, el «cuanto» no tiene sentido.

208. Esta solución se funda en un principio fundamental que conviene no perder nunca de vista. La verdad geométrica se verifica en la realidad, cuando en la realidad existen las condiciones geométricas: si estas faltan, no hay geometría real. La consecuencia no tiene nada extraño; pues lo propio se verifica en el orden puramente ideal: aun en este, la geometría se funda en

postulados; si no los hay, no hay geometría. Dos triángulos de igual base y altura son equivalentes en superficie; esto es verdad si suponemos los órdenes de puntos que llamamos líneas, y las líneas en ese orden que llamamos formar ángulos y reunirse en tres puntos; si no presuponemos esos órdenes, ese conjunto de relaciones, el teorema geométrico no significa nada.

209. La geometría en sí misma, o sea en el orden puramente ideal, se funda en el principio de contradicción: siendo este verdadero por absoluta necesidad, lo es también aquella. Pero el principio de contradicción, como todos los del orden puramente ideal, prescinde de la existencia, y no se aplica a nada en la práctica, si no se supone algún hecho en el cual pueda estribar. El sí y el no, a un mismo tiempo, son imposibles: pero el principio no resuelve nada ni en pro ni en contra de ninguno de los extremos: solo dice, que verificado el uno, no se verifica el otro: resuelve contra el «sí», suponiéndose el «no», y contra el «no», suponiéndose el «sí»: esto es, ha menester siempre una condición, un dato, que solo la experiencia puede suministrar. Lo propio sucede con la geometría: todos sus teoremas y problemas, se refieren a ese campo ideal que tenemos dentro de nosotros: en ese campo hay ciertas condiciones que conducen a determinadas consecuencias, en fuerza del principio de contradicción: donde quiera que las condiciones se verifiquen, se verificarán también las consecuencias: pero si aquellas faltan, estas faltarán también. Las ciencias ideales, se refieren a un «enlace» de consecuencias con principios, en el orden posible; no a los hechos en sí mismos. Salvado el enlace, la ciencia se salva.

Capítulo XXX. La sensibilidad pasiva

210. La sensibilidad activa, o sea la facultad de sentir, es objeto de grandes cuestiones filosóficas; no son menores las que puede ofrecernos la sensibilidad pasiva, o sea la capacidad de un objeto para ser sentido.

¿Todo lo que existe puede ser sentido?

Para resolver acertadamente esta cuestión es preciso recordar, que ser sentido puede entenderse de dos maneras: 1.º causar una impresión en el ser sensitivo: 2.º ser objeto inmediato de la intuición sensible. Lo primero puede verificarse de todo ser, capaz de producir la impresión; lo segundo, solo puede verificarse de un ser que reúna las condiciones incluidas en la intuición.

211. Producir la impresión, es simplemente «causar»; y la causalidad no repugna a los seres simples. De aquí es que no hay ningún inconveniente en que un espíritu nos produzca de esta manera una de las impresiones sensibles: de lo contrario sería menester decir que Dios no puede ejercer su acción sobre nuestra alma, causando en ella la sensación sin el intermedio de los cuerpos. Esta causalidad, no podría llamarse sensibilidad pasiva: el ser que la tuviese, no sería propiamente sentido. La relación de la sensación, al ser que la produjese, sería únicamente la del efecto a su causa.

212. Ser objeto inmediato de la intuición sensible, es presentarse a ella, como un original a su copia; y bajo este aspecto, no puede ser sentido sino lo que es extenso: esto es, lo que encierra en sí la multiplicidad, combinada con eso que llamamos continuidad, y que sea lo que fuere en sí, es una condición absolutamente necesaria para nuestras facultades sensitivas, en cuanto se refieren a objetos externos.

213. De esta manera, lo simple no puede ser sensible: afirmar lo contrario, sería caer en una contradicción manifiesta. Nuestra intuición sensible, a la cual, por instinto y por razón, le damos un objeto real, se refiere a este objeto, como esencialmente compuesto, y en este orden que llamamos continuidad: si pues convertimos a este objeto en simple, destruimos el objeto como sensible: y por consiguiente afirmamos y negamos su objetividad sensible. El suponer en ejercicio una facultad, y quererla privar de las condiciones a que sus funciones están sometidas necesariamente, es una contradicción.

214. Se observará tal vez, que no hay necesidad de trasladar al objeto las condiciones del sujeto, y que por lo mismo, aun siendo el objeto simple, se puede ofrecer al sentido; pero esto es cambiar el estado de la cuestión: porque, o la intuición sensible se refiere al objeto o no: si lo primero, el objeto no puede ser simple; si lo segundo, estamos otra vez en la cuestión del idealismo, combatido ya en varios lugares de esta obra.

215. Si se replica que en nuestra alma, siendo simple, hay la representación de lo compuesto; observaré que no es lo mismo la percepción subjetiva de lo compuesto, que la representación objetiva: así como no es lo mismo ofrecerse objetivamente como múltiplo, o percibir lo múltiplo. Nuestra alma

percibe lo múltiplo, y por lo mismo que lo percibe, ella no puede serlo, es necesario que sea una. Esto en cuanto a lo subjetivo; por lo que toca a lo objetivo, conviene notar, que las representaciones sensibles no las tenemos siempre de objetos reales, pero se refieren siempre a objetos cuando menos posibles, es decir que la intuición, no está enteramente vacía, sino que a falta del orden de la realidad, necesita el de la posibilidad.

216. El mundo externo, como que encierra la multiplicidad, o sea un conjunto de muchos seres, y es además susceptible de este orden que llamamos continuidad, puede ser objeto de la intuición sensible, como en realidad lo experimentamos. Pero esta sensibilidad pasiva, no le es intrínsecamente necesaria: quiero decir, que el mismo conjunto de seres que componen el universo, podría Dios haberle dispuesto de tal manera que no fuese sensible. La razón de esto no es otra que la variabilidad de las relaciones de los cuerpos: porque es evidente que si estas no existiesen, o no estuviesen sometidas a las condiciones exigidas para la representación sensible, esta no podría verificarse, y el mundo quedaría despojado de su sensibilidad.

217. De esta consecuencia a que nos lleva la filosofía trascendental, tenemos algunos indicios en la experiencia misma, la cual a cada paso nos enseña que los cuerpos sensibles dejan de serlo, y los insensibles se nos hacen sensibles, con solo mediar una pequeña alteración. La condensación del aire lo hace visible; la rarefacción, invisible; un cuerpo líquido es tangible, y pierde esta calidad, pasando al estado de vapor. La variedad que dimana de las alteraciones del objeto, puede también provenir de las modificaciones del órgano. Basta recordar lo que le sucede a la vista, según está auxiliada o privada de ciertos instrumentos. Si pues, aun salvas las leyes que ahora son fundamentales en las relaciones de los cuerpos, notamos esos tránsitos de lo sensible a lo insensible, ¿por qué no podría haber un cambio radical en dichas relaciones, que hiciese los cuerpos de todo punto insensibles?

218. Con variar las relaciones de los seres que componen el universo corpóreo, lo sensible podría convertirse en insensible; y por el contrario, deberemos decir que hay muchos seres insensibles, que con una disposición diferente, podrían hacérsenos sensibles. Hasta cierto punto, tenemos en esta parte algo más que leves conjeturas: los hechos hablan. A medida que se va dilatando el campo de la experiencia, se descubren nuevos fenómenos:

ahí están los de la atracción magnética, de la electricidad, y del galvanismo. En estos fenómenos, obran agentes que en sí mismos son imperceptibles al sentido: ¿por qué no habrían podido estar dispuestos de manera que los sintiéramos como a los demás cuerpos? ¿En qué punto está el límite de la escala de esos agentes? Nosotros no le conocemos: y discurriendo por analogía podemos conjeturar que está muy lejos todavía, para lisonjearnos de alcanzarle.

La perfección de un órgano sensitivo por medio de instrumentos, es una disposición por la cual variamos el sistema ordinario de las relaciones de nuestro cuerpo con los que le rodean: y esta perfección está en una escala indefinida, en la cual descubrimos tanta mayor extensión, cuanto más adelantamos en ella. Es probable pues, que en el universo hay muchos seres imperceptibles a nuestros sentidos, y para cuya percepción sería bastante una modificación de los órganos, o un cambio en algunas leyes de la naturaleza. ¡Ancho campo de atrevidas conjeturas, y meditaciones sublimes!

Capítulo XXXI. Posibilidad de una mayor esfera en la sensibilidad activa

219. Habiendo tratado de la sensibilidad pasiva en el orden de la posibilidad, ocurre naturalmente una cuestión semejante con respecto a la sensibilidad activa de los seres sometidos a condiciones diferentes de las en que se halla nuestra alma, mientras está unida al cuerpo.

Hablo únicamente de la posibilidad, porque estando limitados a lo que nos enseña la experiencia, ignoramos lo que hay en la esfera de los seres con quienes no estamos en comunicación: si algo sabemos de ellos, es lo que Dios nos ha revelado: y la revelación es para enseñarnos, no la filosofía, sino la virtud.

220. El examinar hasta qué punto sea posible la sensibilidad activa en un orden diferente del que nosotros experimentamos, a más de suscitar cuestiones curiosas y agradables, ofrece la oportunidad de aclarar con nuevas consideraciones la naturaleza de este fenómeno, en sus relaciones con la organización corpórea. Hasta media una razón particular para que nos ocupemos de esta materia, y consiste en el interés que debe inspirarnos todo cuanto se refiere a un nuevo estado, a que dentro de poco hemos de pasar.

Breves son los momentos concedidos al débil hombre para morar sobre la tierra: todos nos acercamos con asombrosa rapidez al instante supremo, en que la frágil organización que envuelve nuestro espíritu inmortal, se disolverá, deshaciéndose en polvo; entonces, el ser que dentro de nosotros siente, piensa y quiere, se hallará en un estado nuevo, separado de la organización corpórea. ¿Cuáles serán entonces sus facultades? Esta cuestión no puede sernos indiferente; se trata de nosotros, y de lo que ha de suceder en breve plazo.

221. Cuando se pregunta si un espíritu puro es capaz de sentir, se resuelve la cuestión negativamente, porque al tratar de la sensibilidad activa se supone que no puede tener lugar, en no mediando algún cuerpo. Yo creo que la cuestión es susceptible de algunas aclaraciones que voy a exponer.

Fijemos ante todo el verdadero significado de las palabras. A veces se entiende en general por espíritu puro el que no está unido con ningún cuerpo; pero hablando con más rigor, se limita el significado del adjetivo «puro», al espíritu que ni está unido con un cuerpo, ni está destinado a dicha unión; así el alma humana es un espíritu, mas no un espíritu puro: porque o está unida actualmente con el cuerpo, o está destinada todavía a esta unión.

A primera vista parece que en esta cuestión, limitándonos a la esfera de la posibilidad, no cabe diferencia entre las dos acepciones de la palabra «puro»; porque si al alma separada del cuerpo no le repugna esencialmente el sentir, tampoco repugnará a los demás espíritus. La paridad no es cierta; mas por ahora, al hablar en general de un espíritu puro, comprenderé también a las almas separadas de sus cuerpos.

222. ¿Qué entendemos por sentir? Esta palabra puede significar dos cosas: 1.ª recibir una impresión por medio de órganos corpóreos: 2.ª experimentar simplemente la impresión, independientemente del órgano corpóreo. Por ejemplo: veo un objeto: aquí hay la afección que llamo «ver», y el mecanismo con que el objeto transmite la luz a la retina, y esta una determinada impresión al cerebro. Estas son cosas muy diferentes: la primera es un hecho de mi espíritu, la segunda una modificación corpórea.

223. Es claro que si por sentir, entendemos recibir la impresión de un órgano corpóreo, el espíritu que no tenga cuerpo no podrá sentir; pero si solo entendemos la afección considerada subjetivamente, prescindiendo del

medio por el cual se produce, o se comunica, entonces la cuestión se traslada a otro terreno, y para resolverla afirmativa o negativamente, de nada sirve la existencia o no existencia de los cuerpos.

224. En este caso, la cuestión es la siguiente: ¿un espíritu puro puede tener esas representaciones y afecciones de varias clases, que llamamos sensibles?

Desde luego salta a los ojos que la simplicidad no se opone a la facultad sensitiva: nuestra alma siente, sin embargo de que es simple. En el ejercicio de las facultades sensitivas, la ayuda el cuerpo; pero este auxilio es instrumental; y no de tal manera que sienta «por el cuerpo», como el que ejerce una acción por medio de un instrumento: quien siente es el alma misma; y la acción instrumental del cuerpo se reduce a poner ciertas condiciones, de las cuales resulta la sensación, por influjo físico u ocasional. Luego la simplicidad de un espíritu puro nada prueba contra la posibilidad de las facultades sensitivas: semejante argumento probaría demasiado; y por consiguiente no prueba nada.

225. De esto se infiere que no hay ninguna repugnancia «intrínseca» en que Dios comunique a un espíritu puro facultades sensitivas; ya sean de representación, como esas en que se nos ofrece el mundo corpóreo; ya sean puramente subjetivas, como las de placer o de dolor.

226. Aunque estas funciones en el orden actual, dependan de ciertas condiciones a que están sujetos los cuerpos; no obstante, consideradas en sí, en cuanto son una modificación del alma, no presentan ninguna relación esencial con el mundo corpóreo. Parece pues, que sería contrario a los principios de una sana filosofía, el decir que el alma separada del cuerpo no puede experimentar afecciones semejantes a las que siente mientras se halla en esta vida. Si esto no repugna al alma separada, ¿por qué repugnaría a otros espíritus?

Las facultades sensitivas son una especie de percepción de un orden inferior; aunque las veamos en seres unidas a cuerpos, no son ejercidas inmediatamente por un órgano corpóreo; lejos de repugnar a la simplicidad, la exigen: y por esta razón hemos visto ya, que la materia es incapaz de sentir (Lib. II, Cap. II.). Graves filósofos son de parecer que la causalidad de los cuerpos con respecto a las sensaciones, es meramente ocasional; y esta opinión estriba en la dificultad de explicar cómo un ser compuesto puede producir afecciones de ninguna clase en un ser simple. Lejos pues de que haya ninguna repugnancia entre la simplicidad y las facultades sensitivas, hay un enlace necesario: ningún ser compuesto puede ser sensitivo.

227. Quizás se pudiera creer que no queda ya ninguna duda con respecto a la posibilidad de la sensación, independientemente de los órganos corpóreos: y que para decir lo contrario, sería preciso sostener que Dios no puede producir por sí mismo, lo que produce por medio de las causas segundas. Las observaciones hechas hasta aquí, parecen agotar la cuestión; pero reflexionando más sobre ella, echaremos de ver que está poco menos que intacta.

Conviene no perder de vista que aquí nos ceñimos a examinar la posibilidad de las facultades sensitivas, comparándola con un solo atributo de los seres, la simplicidad. Esto limita sobre manera la cuestión, haciendo que no se la pueda resolver sino bajo un aspecto. La simplicidad, es una propiedad negativa: con decir que una cosa es simple, le negamos las partes, pero no afirmamos ninguna de sus propiedades: decimos lo que no es, más no lo que es. De esto se infiere, que al sostener que las facultades sensitivas no repugnan intrínsecamente a un espíritu puro, debemos restringir la proposición; y nos expresaríamos con más exactitud, si en vez de decir: «Las facultades sensitivas no repugnan a un espíritu puro», dijésemos: «las facultades sensitivas no repugnan a «la simplicidad» de un espíritu puro».

228. Esta última observación presenta en mi juicio, la cuestión en su verdadero punto de vista: lo demás es confundir las ideas, y resolver problemas sin los datos suficientes. En efecto: ¿quién sabe, si la repugnancia que no se halla entre la sensibilidad y la simplicidad, se hallará entre la sensibilidad y algún atributo que nosotros no conocemos? este argumento no vale para el alma humana, de la cual sabemos que es capaz de sentir; pero vale para los demás espíritus, de los cuales ni conocemos la esencia, ni tampoco hemos experimentado cuál es el carácter de sus facultades perceptivas.

229. Uno de los caracteres distintivos de la percepción sensitiva, es la referencia a objetos individuales; y esto, no en lo tocante a la esencia de ellos, sino en cuanto están en cierta disposición, cuyas variedades no afectan a su íntima naturaleza. La misma extensión, que por instinto y por reflexión obje-

tivamos, es más bien un resultado, de las relaciones de los seres, que entran en el compuesto extenso, que no los seres mismos. Esto manifiesta que las facultades sensitivas son el último grado en el orden de la percepción; pues que sus funciones se limitan a indicar al ser que las posee, cierta disposición de los objetos externos, sin enseñarle nada sobre la naturaleza de los mismos. Como los espíritus puros están en un grado más alto en la escala de los seres perceptivos, y uno de los caracteres de la inteligencia es el penetrar en la íntima naturaleza de las cosas; podría muy bien suceder que a inteligencias más elevadas que la nuestra, les repugnase la facultad sensitiva, no por razón de la simplicidad, sino por el género de su percepción.

230. Esta conjetura la podemos fundar en una razón de analogía, por lo que sucede en nosotros mismos. Las representaciones sensibles, son con frecuencia, útiles auxiliares para la percepción puramente intelectual; pero tampoco cabe duda, que otras veces nos embarazan y confunden. Cualquiera habrá podido experimentar que en las meditaciones sobre objetos muy abstractos, las representaciones sensibles son una especie de rémora de la inteligencia, de la cual quisiéramos deshacernos por algunos instantes, si esto fuera dable a nuestra flaqueza. Las representaciones sensibles se parecen en tales casos, a sombras que se atraviesan entre el ojo intelectual y el objeto; la necesidad de estarlas removiendo de continuo, retarda y debilita la percepción. Nos proponemos por ejemplo, pensar en la causalidad: es claro que en esta idea tomada en abstracto, no debe ni puede entrar ninguna representación sensible; y no obstante, por más que nos esforcemos, la representación nos ocurre: ora será la misma palabra «causalidad», escrita o hablada; ora la imagen de un hombre que ejecute alguna cosa; ora la de otro agente cualquiera; pero nunca podremos deshacernos de toda representación sensible. El entendimiento se ve precisado a decirse de continuo a sí propio: «no es esto la idea de causalidad; esto es una imagen, una comparación, una expresión» defendiéndose sin casar de ilusiones que le harían confundir lo particular con lo universal, lo contingente con lo necesario, la apariencia con la realidad.

231. De lo dicho debemos inferir, que la repugnancia de las facultades sensitivas a la naturaleza de un espíritu puro, podría muy bien dimanar del carácter de su misma inteligencia; la cual, a causa de su perfección, no con-

sintiese esa dualidad perceptiva que experimentamos en nosotros. El objeto del entendimiento es la esencia de la cosa, «quidditas», como se expresaban los escolásticos; y las representaciones sensibles nada nos dicen sobre esta esencia. Nos ofrecen un aspecto de las cosas, y aun este se halla limitado a la percepción de la extensión; pues en lo tocante a las demás sensaciones, más bien experimentamos un hecho subjetivo que el instinto y la razón nos hacen atribuir a causas externas, que no percibimos la disposición misma de los objetos.

232. Esta última observación me sugiere otra que puede apoyar la conjetura de que, en elevándose la inteligencia a cierto grado, es incompatible con las facultades sensitivas. En las sensaciones podemos notar, que nada nos dirían ni aun sobre ese aspecto o disposición del mundo externo, si no tuvieran por base la extensión; ¿a qué se reduce el mundo corpóreo si le suponemos inextenso? Habiendo pues demostrado (Cap. II.) que la extensión, aunque base de algunas sensaciones, no es objeto directo e inmediato de la sensación, resulta que lo único que en las facultades sensitivas nos hace percibir algo sobre la realidad de los objetos, no es propiamente sensible. Luego si el carácter de la percepción intelectual, es el conocer la realidad del objeto; cuanto más se eleve la inteligencia, más distante se hallará de la sensación; pudiendo llegar caso en que las facultades intelectuales y las sensitivas sean incompatibles en un mismo sujeto.

233. Comprenderemos mejor la fuerza de la observación que precede, echando una ojeada sobre la escala de los seres, y notando lo que sucede, a medida que son más perfectos.

El aislamiento en un ser, indica imperfección: la más ínfima idea que de un objeto nos formamos, es cuando le concebimos limitado absolutamente a su existencia, sin ninguna actividad interna, ni externa, completamente inerte. Así nos figuramos una piedra: tiene su existencia con su forma determinada: es lo que ha sido hecha, y nada más: conserva la forma que le han dado, pero no encierra ninguna actividad, para comunicarse con otros seres; no tiene ninguna conciencia de lo que es; en todas sus relaciones está completamente pasiva; recibe, pero no da ni puede dar.

234. A medida que los seres se levantan en la escala de la perfección, cesa el aislamiento: con las propiedades pasivas, se combinan las activas:

tales concebimos los agentes corpóreos, que si bien no llegan aun a la categoría de «vivientes», toman ya una parte activa en la producción de los fenómenos que salen del laboratorio de la naturaleza. En estos seres, a más de lo que tienen, encontramos lo que pueden: sus relaciones con los otros son muchas y variadas: su existencia no se limita a su propio círculo; se dilata, comunicándose en cierto modo a lo demás.

235. Al entrar en el orden de los seres orgánicos, ya nos hallamos con una naturaleza más expansiva: la vida es una continua expansión. El ser viviente, se extiende en algún modo al tiempo en que habrá cesado de existir, encerrando en sí mismo los gérmenes reproductivos; no solo es para sí propio, sino también para los otros; en su pequeñez, no es más que un imperceptible eslabón de la inmensa cadena de la naturaleza; pero este eslabón vibra, por decirlo así; y sus vibraciones se propagan hasta los confines más remotos.

236. Cuando la vida se eleva hasta la sensación, se extiende todavía más; el que siente, encierra en algún modo el universo: con la conciencia de lo que experimenta, se pone en nuevas relaciones con todo cuanto obra sobre él. La percepción es inmanente, esto es, reside en el mismo sujeto: pero con la subjetividad se combina la objetividad, por la cual el universo viene a reflejarse en un punto. Entonces el ser no existe solo en sí mismo; es en algún modo las demás cosas: verificándose aquel dicho de los escolásticos, tan lleno de profundo sentido: «lo que conoce es la cosa conocida». En las sensaciones hay cierto orden: son tanto más perfectas, cuanto menos subjetivas: las más nobles, son las que nos ponen en comunicación con los objetos considerados en sí; las que no se limitan a la experiencia de lo que los objetos nos causan, sino al conocimiento de lo que son.

237. Hay para la objetividad de las sensaciones una base que es la extensión: y esta, ya no es directa e inmediatamente sentida: lo único que nos traslada por decirlo así, a lo exterior, ya no es propiamente sentido. La extensión, que ya nos enseña algo sobre la realidad de los seres, en lo tocante a cierta disposición de ellos entre sí, es más bien objeto de la inteligencia, que de una facultad sensitiva; la sensación acaba, y la ciencia nace. Y la ciencia no se limita a lo que aparece de los objetos, sino a lo que hay en los mismos; el entendimiento no se detiene en lo subjetivo, pasa a lo objetivo; y cuando no puede alcanzar la realidad, se dilata por las regiones de la posibilidad.

238. De esta ojeada que acabamos de echar sobre la escala de los seres, resulta que la perfección de estos es proporcional a su expansión; que a medida que son más perfectos, salen más de la esfera propia, y penetran en la ajena. De aquí es que la percepción, cuanto más alta, es menos subjetiva: el más ínfimo grado cual es la sensación, se limita a lo experimentado por el sujeto percipiente; el más alto grado, la inteligencia, prescinde de lo experimentado y se ocupa de lo real, como de su propio objeto.

239. Deberemos inferir de lo dicho que si pudiéramos conocer la naturaleza íntima de los espíritus puros, quizás encontraríamos que las facultades sensitivas, son de todo punto incompatibles con la elevación de su inteligencia: y que las analogías que fundamos en el carácter de nuestras percepciones, no sirven de nada, refiriéndonos a un modo de entender más perfecto que el nuestro. Como quiera, es preciso convenir en que la cuestión estaría resuelta de un modo muy incompleto, si la hubiésemos limitado al solo aspecto de la simplicidad; y que las consideraciones sobre el carácter de la inteligencia deben hacernos cautos para no afirmar como posible, lo que quizá veríamos imposible, si conociésemos mejor la naturaleza de las cosas.

240. Hasta aquí he hablado refiriéndome a la «posibilidad intrínseca», de las cosas; ¿qué pensaremos de la realidad? esta es una cuestión de hecho que solo puede resolverse con datos suministrados por la experiencia, y estos datos nos faltan: porque no estamos en inmediata comunicación, ni con las almas separadas, ni con los espíritus puros.

241. Si quisiéramos buscar alguna razón para negar al alma todas las facultades sensitivas, tan pronto como esté separada del cuerpo, e igualmente a todos los espíritus puros, podríamos encontrarla, más bien que en la esencia de las cosas, en consideraciones sobre el fin a que estas facultades se destinan. El alma, mientras está unida al cuerpo, preside a una organización sometida a las leyes generales del universo corpóreo. Para ejercer sus funciones de la manera conveniente, es necesario que esté en incesante comunicación con su propio cuerpo y con los que le rodean, teniendo la intuición sensible de las relaciones corpóreas, siendo avisada por el dolor de cualquier desorden que en su cuerpo ocurra, y guiándose por el sentimiento del placer, como por un instinto que dirigido y templado por la razón, puede indicarle lo provechoso o lo necesario. Cuando el alma no está unido

al cuerpo, no hay motivo para que tenga ninguna de esas afecciones, no habiéndolas menester para dirigirse en sus actos: y como esta razón militaría con respecto a todos los espíritus puros, se puede conjeturar la causa de la diferencia que debiera haber entre el estado de nuestra alma en esta vida, y el de los seres espirituales no unidos a ningún cuerpo.

242. Este argumento, tomado del fin de las cosas, no puede considerarse como una prueba; no tiene más valor que el de una conjetura: porque no sabiendo hasta qué punto el alma separada y los espíritus puros, podrán estar en relaciones con algunos cuerpos, ignoramos también si estas afecciones sensibles podrían serles necesarias o útiles para fines que están fuera de nuestro alcance. Además, aun suponiendo que ni el alma separada ni los espíritus puros, no tuviesen relación alguna con ningún cuerpo, tampoco podríamos afirmar con entera seguridad que las afecciones sensibles les fuesen inútiles; por el contrario, en cuanto nosotros podemos alcanzar, parece que despojar al alma de su imaginación y de sus sentimientos, es quitarle dos bellísimas facultades, que a más de auxiliar su entendimiento, son un móvil poderoso en muchos de sus actos.

Tenemos alguna dificultad en formarnos idea del dolor ni del placer, sino mediando afecciones de sentimiento. En la voluntad del orden puramente intelectual, concebimos el querer o el no querer: actos de relación simplicísima, que no nos significan afección placentera o ingrata. Muchas veces nos acontece querer una cosa, y no obstante experimentar gran disgusto en ella: y por el contrario, nos sucede muy a menudo que sentimos un placer en aquello que no queremos. Luego el querer y el no querer, por sí solos, y mientras estamos en esta vida, no implican placer o disgusto, son independientes de estas afecciones, y pueden estar en oposición con ellas.

243. Se podría observar que esta discordancia proviene de que las facultades sensibles se hallan en desacuerdo con las intelectuales; esto, aunque sea mucha verdad, no se opone a lo que estamos diciendo. Siempre es indudable que la voluntad del orden intelectual, cuando está en oposición con las afecciones sensibles, no envuelve placer, ni destruye el disgusto; triunfa es verdad, en fuerza de su libre albedrío, pero su triunfo se parece al de un dueño que obligado a recabar obediencia con prescripciones severas, experimenta disgusto, al propio tiempo que consigue la ejecución de sus man-

datos. ¿Quién sabe pues, si la voluntad, aun después de esta vida, andará acompañada de afecciones semejantes a las que ahora siente, bien que depuradas de la parte grosera que mezcla en las mismas, el cuerpo que agrava el alma? No parece que haya en esto ninguna repugnancia intrínseca; y si las cuestiones filosóficas pudiesen resolverse por sentimiento, me atrevería a conjeturar que ese bello conjunto de facultades que llamamos «corazón», no desciende al sepulcro, sino que vuela con el alma a las regiones inmortales.

244. Tocante a la imaginación, a esa facultad misteriosa, que a más de representarnos el mundo real, posee una fecundidad inagotable para crearse otros nuevos, desplegando a los ojos del alma ricos y esplendentes panoramas, tampoco parece que pudiera desdorar a un alma separada del cuerpo. Las inefables armonías que hemos de suponer en la naturaleza ¿por qué no podrían ser percibidas de un modo sensible? Guardémonos de aventurar proposiciones sobre arcanos que nos son desconocidos: pero guardémonos también de señalar lindes a la Omnipotencia, llamando imposible lo que a los ojos de una sana filosofía, está en el orden de la posibilidad.

Capítulo XXXII. Posibilidad de la penetración de los cuerpos

245. Cuanto más se medita sobre el mundo corpóreo, más se descubre la contingencia de muchas de sus relaciones; y por consiguiente, la necesidad de recurrir a una causa superior que las haya establecido. Hasta las propiedades que nos parecen más absolutas, dejan de serlo cuando se las somete al examen de la razón. ¿Qué cosa más necesaria que la impenetrabilidad? Y sin embargo, desde el momento que se la analiza severamente, se la encuentra reducida a un hecho de experiencia, que no se funda en la íntima naturaleza de los objetos, y que por lo mismo puede existir o dejar de existir, sin ninguna contradicción.

246. La impenetrabilidad, es aquella propiedad de los cuerpos, por la cual no pueden estar juntos en un mismo lugar. Para todos los que no hacen del espacio puro una realidad independiente de los cuerpos, esta definición no significa nada: pues que si el lugar como espacio puro, no es nada, hablar de un «lugar mismo», con abstracción de los cuerpos, es hablar de nada. Luego, la impenetrabilidad no puede ser otra cosa que cierta relación, o de los cuerpos o de las ideas.

247. Ante todo conviene distinguir entre el orden real, y el puramente ideal. La impenetrabilidad puede considerarse de dos especies, física y geométrica. La física, es la que vemos en la naturaleza; la geométrica es la que se halla en nuestras ideas. Dos globos de metal no pueden estar en un mismo lugar; he aquí la impenetrabilidad física. Las ideas de dos globos nos ofrecen dos extensiones que se excluyen recíprocamente en la representación sensible; he aquí la impenetrabilidad geométrica. Cuando imaginamos que los dos globos coinciden perfectamente, ya no hay dos, sino uno solo; cuando imaginamos que un globo ocupa una parte del otro, resulta una figura nueva, o bien el uno es considerado como una porción del otro, y por consiguiente está contenido en su idea; así se ve en el caso en que el menor se mete dentro del mayor. En ambos supuestos se consideran los globos penetrándose en todo o en parte, pero esta penetración no es más que la designación de ciertas partes en el uno, considerado como un puro espacio, en las que se coloca el otro, considerado también como un puro espacio. La impenetrabilidad geométrica no existe sino cuando los dos objetos se suponen separados, y solo en cuanto están separados; en cuyo caso la impenetrabilidad es absolutamente necesaria, pues la penetración equivaldría a poner confundido lo que se supone separado, esto es, se afirmaría la separación y la no separación, lo que es contradictorio. Luego la impenetrabilidad geométrica nada prueba en favor de la impenetrabilidad física; pues que existe en el solo caso de que esté presupuesta, es decir, que se la exija so pena de incurrir en contradicción. Es evidente que lo mismo se verificaría en la realidad; pues que si suponemos dos cuerpos separados, no pueden compenetrarse mientras estén separados, sin que se caiga en una contradicción manifiesta. En este punto, el orden ideal nada nos enseña sobre el real.

248. ¿La compenetración puede existir en la realidad? ¿Un globo de metal, por ejemplo, podría entrar dentro de otro globo de metal, como hacemos entrar uno dentro del otro, dos globos geométricos? claro es que no se trata del orden regular, que desmiente suposiciones semejantes; sino de la misma esencia de las cosas. En este supuesto, afirmo que no hay ninguna contradicción en hacer los cuerpos penetrables; y que el análisis de esta materia enseña que la impenetrabilidad de los cuerpos nada tiene de esencial.

Ya hemos visto que la idea de lugar como espacio puro, es una abstracción; luego es una suposición enteramente imaginaria, aquella en que a cada cuerpo le damos cierta extensión, para llenar un cierto espacio, de tal manera que no pueda menos de llenarle, y no le sea dable a un mismo tiempo admitir otro en un mismo lugar. La situación de los cuerpos, en general, es el conjunto de sus relaciones; la extensión particular de cada cuerpo, no es más que un conjunto de las relaciones de sus partes entre sí; hasta llegar o a puntos inextensos, o de una pequeñez infinita, a la cual podemos aproximarnos por una división infinita.

El conjunto de las relaciones de seres indivisibles o infinitésimos constituye lo que llamamos extensión y espacio, y todo cuanto se comprende en el vasto campo que se nos ofrece en la representación sensible. ¿Quién nos ha dicho que estas relaciones no son variables? ¿Nuestra experiencia es acaso el límite de la naturaleza de las cosas? es evidente que no. El universo no se ha calcado sobre nuestra experiencia, sino que nuestra experiencia ha dimanado de él: decir que no hay ni puede haber nada sino lo que la misma nos atestigua, es hacer a nuestro «yo» el tipo del universo, es afirmar que sus leyes están radicadas en nosotros y son emanaciones de nuestro ser: orgullo necio para ese átomo imperceptible que se presenta por algunos instantes en el inmenso teatro de la naturaleza y luego desaparece; orgullo necio, para ese espíritu que a pesar del grandor de su capacidad, siente su impotencia para sustraerse a esas leyes, a esos fenómenos, que según la monstruosa suposición, debieran ser obra de él mismo.

Capítulo XXXIII. Un triunfo de la religión en el terreno de la filosofía

249. Del análisis que acabo de hacer en los capítulos precedentes, resulta que en los objetos extensos hay dos cosas: multiplicidad y continuidad: la primera es absolutamente necesaria, si ha de haber extensión: en esta entran partes distintas, y lo distinto no puede ser idéntico sin contradicción manifiesta; la continuidad representada en la impresión sensible, no es esencial a las cosas extensas; porque no es más que el resultado de un conjunto de relaciones, inseparables en el orden actual de la sensibilidad, mas no absolutamente necesarias en el orden de la realidad. La filosofía

trascendental, elevándose sobre las representaciones sensibles, saliendo de los fenómenos y entrando en la contemplación de los seres en sí mismos, no descubre en ninguna parte la necesidad de dichas relaciones, y se ve precisada a considerarlas como simples hechos, que podrían dejar de ser, sin ninguna contradicción. De esta suerte se salva la correspondencia del fenómeno con la realidad, y se armoniza el mundo interno con el externo; mas no se trasladan a este todas las condiciones subjetivas de aquel de tal manera, que lo necesario para nuestras representaciones, lo sea también en sí y con necesidad absoluta.

250. Al llegar a este punto de la filosofía trascendental, el espíritu se halla como situado en una cúspide elevada, desde la cual descubriese nuevos mundos: y grato es decirlo, y consolador el experimentarlo; entre esos mundos se descubre una nueva prueba en favor de la divinidad de la religión católica, y se recibe una lección muy saludable para no entregarse a los devaneos de una filosofía insensata, que cree divisar contradicciones donde quiera que se le ofrecen sombras augustas.

251. Hay en la religión católica un misterio que la Iglesia celebra con ceremonias augustas, y que el cristiano adora con fe y con amor. El incrédulo ha visto el tabernáculo sacrosanto, y sonriéndose con desdén, ha dicho: «he aquí un monumento de superstición; he aquí al hombre adorando el absurdo». No siendo esta una obra teológica, sino filosófica, podría prescindir de responder a las objeciones de la incredulidad; pero la ocasión me parece tan oportuna para soltar dificultades levantadas por la superficialidad y la ligereza, que no puedo menos de aprovecharla. El género de la obra, me obliga a ser breve en esta discusión; pero la importancia del objeto reclama que no le pase por alto; mayormente cuando los autores católicos que han escrito de filosofía han sólido también hacer algunas aclaraciones sobre esta materia, en los lugares que han creído más oportunos, y muy particularmente al tratar de la extensión.

252. El misterio de la Eucaristía es un hecho sobrenatural, incomprensible al débil hombre, inexplicable con palabras humanas; esto lo confiesan los católicos; esto lo reconoce la Iglesia. No se trata pues de señalar una razón filosófica para aclarar este arcano; ningún fiel será osado a llevar tan lejos su vanidad: se trata únicamente de saber si el misterio es absurdo en sí, esto

es, intrínsecamente contradictorio; porque si tal fuera, el dogma no sería una verdad sino un error: la omnipotencia divina no se extiende a lo absurdo. La cuestión está en si el hecho, sin embargo de estar fuera de las leyes de la naturaleza, es intrínsecamente posible: porque en tal caso la cuestión sale del terreno de la filosofía y entra en el de la crítica: el incrédulo, si admite la existencia de Dios, debe admitir su omnipotencia; y entonces no deberemos disputar sobre si Dios puede o no hacer este milagro, sino únicamente si lo ha hecho.

253. Las dificultades que se pueden objetar contra el augusto misterio de la Eucaristía se reducen a lo siguiente: un cuerpo está sin las condiciones a que están sometidos los otros cuerpos; no produce ninguna de las impresiones sensibles que recibimos de los demás; y por fin, se halla a un mismo tiempo en muchos lugares. Para soltar cumplidamente estas objeciones conviene fijar las ideas.

254. Las doctrinas expuestas en la teoría de la sensibilidad contenida en este volumen, convencen de cuán falsamente se ha dicho que el misterio de la Eucaristía es imposible. Bajo las sagradas especies hay un cuerpo que no afecta nuestros sentidos: aquí encontramos un milagro, más no una cosa imposible. He manifestado que no hay ninguna relación necesaria entre los cuerpos y nuestra sensibilidad; el enlace que ahora experimentamos, no puede explicarse por ninguna propiedad intrínseca del espíritu y de los cuerpos, así, es menester recurrir a una causa superior que libremente haya establecido dichas relaciones. La misma causa puede suspenderlas, luego bajo este punto de vista, la cuestión está reducida a lo siguiente: ¿puede la omnipotencia divina hacer que un cuerpo no nos produzca los fenómenos de la sensibilidad, suspendiéndose las leyes que Dios ha establecido libremente? Presentada la cuestión de esta manera, no es susceptible de dos soluciones: es necesario o resolverla afirmativamente o negar la omnipotencia.

255. Los que se propongan convencer de absurdo nuestro dogma, deben probar lo siguiente.

1.º Que la sensibilidad pasiva, es tan esencial a los cuerpos, que no la pueden perder sin que falte el principio de contradicción.

2.º Que las relaciones de nuestros órganos, con los objetos, son intrínsecamente inmutables.

3.º Que la transmisión de las impresiones del órgano a las facultades sensitivas del alma, es también esencial, y no puede faltar en ningún supuesto.

Si no se dan por verdaderas las proposiciones anteriores, caen todas las dificultades que se funden en los fenómenos de la sensibilidad. Con solo faltar una de estas tres proposiciones, todas las dificultades tienen solución: porque es evidente que los fenómenos de la sensibilidad pueden alterarse por tres causas:

1.ª La ausencia de las disposiciones necesarias al cuerpo, para ser objeto de sensibilidad.

2.ª La interrupción de las relaciones ordinarias, entre nuestros órganos y el cuerpo.

3.ª La falta de la transmisión de las impresiones de los órganos a las facultades sensitivas.

Es decir: que nos basta que una de las tres primeras proposiciones sea falsa, para que el incrédulo no pueda dar un paso.

256. Quien acometiese la empresa de probar las tres proposiciones, no solo podría estar seguro de no alcanzar su objeto, sino que con solo intentarlo, manifestaría que no ha meditado sobre los fenómenos de la sensibilidad, ni posee sobre estas materias más filosofía, que las nociones del vulgo. No es necesario ser filósofo, basta haber adquirido una ligera instrucción filosófica, para saber que una empresa semejante supone completa ignorancia de la historia de la filosofía. Como quiera, no necesito insistir sobre este punto, porque tengo ya largamente ventiladas estas cuestiones, en los dos libros de que se compone el tomo presente.

257. La solución anterior podría bastar para desvanecer satisfactoriamente la dificultad fundada en el modo particular con que un cuerpo está sin las condiciones de extensión a que vemos sometidos los otros: porque desde el momento que se supone suspendida la correspondencia de un cuerpo con nuestros sentidos, como estos son el único conducto que nos informa de lo que pasa en lo exterior, no podemos afirmar que se verifique ningún absurdo en cosa de que no tenemos experiencia. Para percibir la extensión, necesitamos sentirla; luego no podemos decir nada relativo a la extensión sobre un objeto que no sentimos. Pero aunque esta respuesta podría atajar el curso de las objeciones, no quiero limitarme a ella.

258. ¿Qué es la extensión? en la realidad es un conjunto de relaciones de los seres que entran en la composición de lo extenso. Estas relaciones no son intrínsecamente necesarias, como llevo manifestado; luego Dios puede alterarlas. Resulta de esto que la cuestión viene a parar al mismo punto que la anterior: ¿puede la omnipotencia divina suspender, o alterar, o quitar del todo, relaciones que no sean necesarias con necesidad intrínseca? es evidente que sí. La dificultad pues, no está en lo que ha podido ser, sino en lo que es: otra vez nos hallamos fuera del terreno de la filosofía, en el campo de los hechos, o sea en el examen de los motivos de credibilidad.

259. El otro argumento, sobre hallarse un cuerpo a un mismo tiempo en muchos lugares, aunque en apariencia más fuerte, se reduce en el fondo a lo mismo que el anterior. Estar en un lugar tal como lo entendemos ahora, es hallarse con la extensión propia, en la forma ordinaria, y con las relaciones ordinarias también, con respecto a la extensión de otros cuerpos. Si se supone un cuerpo con la extensión sometida a otras condiciones, sin la relación ordinaria a la extensión de los demás; falta el supuesto en que hacemos estribar la imposibilidad de estar un cuerpo a un mismo tiempo en muchos lugares; luego habiendo probado que la omnipotencia divina puede alterar y hasta quitar estas relaciones, no hay ninguna contradicción en que falte lo que de ellas debía resultar.

260. Y he aquí cómo las distinciones de los escolásticos entre las dos clases de extensión: «in ordine ad se, et in ordine ad locum», y la manera cuantitativa y la sacramental, que a los ojos de una filosofía ligera podían parecer sutilezas vanas, excogitadas para eludir la dificultad, eran observaciones profundas que el análisis de la realidad y del fenómeno en el orden sensible, vienen a confirmar. Y no quiero decir con esto que al darse en las escuelas las distinciones expresadas, se comprendiera siempre perfectamente, toda la verdad, toda la delicadeza filosófica que ellas encerraban; ni que se las acompañase de todo el examen analítico de que eran susceptibles; prescindo ahora del mérito de los hombres, y miro únicamente al fondo de las cosas; pero cuanto menor se quisiera suponer la inteligencia filosófica en los que las empleaban, tanto más admirable se nos presenta esa augusta religión que inspira a sus defensores pensamientos fecundos, que los siglos venideros pueden desarrollar. Las escuelas filosóficas disputaban vivamente

sobre la extensión, sobre los accidentes, sobre las facultades sensitivas; el dogma católico enseñaba una verdad contraria a todas las apariencias: esto equivalía a estimular para que se examinase más profundamente la distancia del fenómeno a la realidad; la diferencia entre lo contingente y lo necesario: el augusto misterio pesaba sobre la filosofía suscitando cuestiones que probablemente no se hubieran ofrecido jamás al entendimiento del hombre.

261. Con profunda verdad dijo Bacon de Verulamio que poca filosofía aparta de la religión y que mucha filosofía conduce a ella; un estudio detenido de las dificultades que se objetan al cristianismo manifiesta una verdad, que además está confirmada por la historia de diez y ocho siglos: las dificultades contra la religión católica, cuando se presentan muy graves, lejos de probar nada contra ella, encierran alguna prueba que la confirma más y más; el secreto para que esta prueba se manifieste, es esforzar la dificultad misma, y examinarla profundamente bajo todos sus aspectos. El pecado original es un misterio, pero este misterio explica el mundo entero; la Encarnación es un misterio, pero este misterio explica las tradiciones del humano linaje; la fe está llena de misterios, pero esta fe satisface una de las más grandes necesidades de la razón; la historia de la creación es un misterio, pero este misterio esclarece el caos, alumbra el mundo, descifra la historia de la humanidad; todo el cristianismo es un conjunto de misterios, pero esos misterios se enlazan por ocultos senderos, con todo lo que hay de profundo, de grande, de sublime, de bello, de tierno en el cielo y en la tierra; se enlazan con el individuo, con la familia, con la sociedad, con Dios, con el entendimiento, con el corazón, con las lenguas, con la ciencia, con el arte. El investigador que no se acuerda de la religión, y que tal vez busca medios para combatirla, la encuentra en la entrada y en la salida de los caminos misteriosos, junto a la cuna del niño, como al umbral de los sepulcros, en el tiempo como en la eternidad, explicándolo todo con una palabra, arrostrando impasible los despropósitos de la ignorancia y los sarcasmos del incrédulo, y esperando tranquila que el curso de los siglos venga a dar la razón, al que para tenerla no necesitaba que los siglos comenzaran a correr.

Capítulo XXXIV. Conclusión y resumen

262. Antes de comenzar el tratado sobre las ideas, fijémonos todavía algunos momentos en el origen y carácter de las que tenemos sobre la extensión; lo cual contribuirá a que se eche de ver el fruto recogido en las investigaciones precedentes, y nos preparará el camino para las sucesivas.

La fecundidad científica que tiene en nuestro espíritu esta idea, prueba la distancia que va de la impresión sensible, a la percepción intelectual. No sabemos, ni podemos saber, si esta idea con todo su grandor y fecundidad, existía en nuestro espíritu antes de recibir la impresión sensible: si existía, no teníamos conciencia de ella; bajo este concepto, el decir que es una idea innata, es aventurar una proposición sin prueba; pero no lo es el afirmar que hay dos órdenes de fenómenos internos totalmente distintos; que la sensación no ha podido producir la idea; que esta idea es inmensamente superior a la impresión externa, y aun a la intuición interna sensitiva; y que por tanto, si no existía antes en el espíritu, tampoco ha podido nacer de la sensación, como un efecto de su causa.

263. Y henos aquí haciendo un tránsito importante del orden de las sensaciones al orden de las ideas; henos aquí descubriendo en nuestro espíritu un nuevo género de hechos. Poco importa que estos hechos preexistiesen a la impresión, o sean resultado de la presencia de la impresión. En el primer caso vemos en el espíritu un depósito de gérmenes, que para desarrollarse, solo necesitaban el calor de la vida; en el segundo, hallamos en el espíritu una fecundidad productiva de esos mismos gérmenes. En ambos encontramos un ser privilegiado en la naturaleza; un ser grande, que de un golpe se eleva sobre la región de la materia, y que excitado por las impresiones exteriores, despierta para una vida que no cabe en este mismo mundo, que le acaba de despertar.

264. En este sentido pues, hay ideas innatas; ideas que no han podido dimanar de las sensaciones. En este sentido todas las ideas generales y necesarias son innatas; porque ninguna de ellas ha podido dimanar de la sensación. Toda sensación no es más que un fenómeno, un hecho particular, contingente; incapaz por lo mismo de producir las ideas generales, las ideas de las relaciones necesarias de los seres. La vista, o la representación imagi-

naria de un triángulo, es un fenómeno contingente, que nada nos dice sobre las relaciones necesarias de los lados y de los ángulos entre sí. Para llegar a percibir estas relaciones, esta necesidad, se requiere algo más; ese algo más, llamadle ideas innatas, fuerza, fecundidad, actividad del espíritu, o como queráis: lo cierto es que existe, que no ha podido nacer de la sensación, y que pertenece a un orden totalmente distinto de los fenómenos sensibles, inmensamente superior.

265. después de tan dilatadas investigaciones sobre los fenómenos de la sensación, hemos llegado por fin a encontrar una idea, la de la extensión: idea luminosa, fundamento de la geometría, y de todas sus aplicaciones a las leyes de la naturaleza.

Parece pues que el espíritu humano, para todas sus relaciones con el mundo material, tiene una idea matriz: la de la extensión. Esta, modificada de infinitas maneras, da origen a todas las ciencias que tienen por objeto la materia. En esa idea se liga todo lo material; de ella dimana todo conocimiento de lo material. Ella es una cosa pura, con sus relaciones necesarias, con sus ramificaciones necesarias también; es como una luz que ha sido dada al rey de la creación, para conocer y admirar los prodigios de la naturaleza.

266. Esta asombrosa simplicidad en tan complicada multiplicidad, la encontraremos también en otro orden de ideas; y de aquí inferiremos, que todo el edificio de las ciencias, todos los conocimientos humanos, se fundan en un pequeño número de ideas matrices: quizás en dos solas. Son estas ideas, no representaciones sensibles, sino objeto de intuiciones puras; no se pueden descomponer, pero se pueden aplicar a infinitas cosas; no se explican con palabras, como un conjunto que comprende varios conceptos: la palabra con respecto a ellas, no ha de ser más que una especie de excitante, con que un espíritu obra sobre otro espíritu, no para enseñarle una cosa, sino para hacerle concentrar en sí mismo, para que note que la tiene ya dentro de sí, y aprenda en cierto modo lo que ya sabe.

Tratad de explicar la cap: la idea, por la cual percibimos ese orden que no acertamos a expresar en palabras, pero sobre el que fundamos la experiencia sensible, y la ciencia geométrica, los términos os faltan: «unas partes fuera de otras», decís; pero ¿qué son «partes», y qué es dentro y fuera, si no tenéis la idea de extensión? Señalad una cosa extensa: haced que el espíritu a quien os dirigís, se concentre, y ejerza su acción generalizadora. ¿Este triángulo es ese cuadrilátero? no ¿Son ambos extensos? sí. ¿Esta superficie es ese volumen? no. ¿Son ambos extensos? sí. ¿Todos los triángulos son diferentes de los cuadriláteros? sí. ¿Todas las superficies, todos los volúmenes tienen extensión? sí. ¿Cómo habéis pasado de un hecho a todos? ¿De lo contingente a lo necesario? ¿Habéis explicado lo que es la extensión? no. ¿Habéis explicado en qué convienen esas cosas diferentes entre sí? no. Lo que habéis hecho pues, no ha sido más que excitar la actividad del espíritu, hacerle dirigir la atención hacia la idea general de extensión, y esta idea él la aplica a varias cosas diferentes y las encuentra que convienen; y las distintas modificaciones de ella, las aplica a varias cosas que convienen, y las encuentra diferentes. No le habéis enseñado pues verdades geométricas, las habéis despertado en su espíritu; o preexistían en él o tenía la facultad de producirlas.

267. Recojamos ahora el resultado de las investigaciones hechas hasta aquí. No doy igual valor a todas las proposiciones que siguen: en los respectivos lugares llevo explicada mi opinión sobre ellas, pero considero útil el presentarlas en resumen, para facilitar la inteligencia y auxiliar la memoria.

1. Hay certeza inmediata de nuestras relaciones con seres distintos de nosotros.

2. Hay certeza de la existencia de un mundo externo.

3. El mundo externo no es más para nosotros que un ser extenso que nos afecta, y que está sometido a leyes constantes que podemos determinar.

4. Tenemos idea de la extensión.

5. La idea de la extensión es excitada por las sensaciones, pero no se confunde con ellas.

6. La idea de la extensión, es la idea matriz, fundamental, en todo lo relativo al conocimiento de los cuerpos.

7. La idea de la extensión no debe confundirse con la representación imaginaria de la extensión.

8. Un espacio extenso, y que sin embargo no sea nada real, es un absurdo.

9. El espacio no es nada real distinto de la extensión misma de los cuerpos.

10. Donde no hay cuerpos, no hay distancias.

11. El movimiento es la mudanza de las situaciones de los cuerpos entre sí.

12. No hay vacío, ni puede haberlo de ninguna clase.

13. La idea del espacio es la idea de la extensión en abstracto.

14. La imaginación de un espacio sin límites no es más que un esfuerzo de la imaginación, para seguir al entendimiento en la abstracción de la extensión. Nace también de la costumbre de ver por medios transparentes y de movernos por fluidos sin resistencia.

15. Como nosotros no sabemos de los cuerpos sino que son extensos y nos afectan; lo que reúne estas dos condiciones es para nosotros cuerpo.

16. Pero como no conocemos la esencia del cuerpo, no sabemos si puede existir un cuerpo sin extensión.

17. Tampoco sabemos a qué modificaciones puede estar sujeta la extensión de un cuerpo con respecto a otros.

18. Los elementos de que se componen los cuerpos nos son desconocidos.

19. La aproximación de unos cuerpos a otros, y por consiguiente la gravitación universal, parece ser un efecto necesario de sus relaciones actuales.

20. La necesidad de la aproximación no basta para explicar ni las leyes del movimiento, ni su principio, ni su continuación.

21. La idea del espacio no es una condición absolutamente necesaria para sentir.

22. La idea de la extensión tiene una objetividad real.

23. El tránsito de la subjetividad a la objetividad es en lo tocante a la extensión, un hecho primitivo de nuestra naturaleza.

24. Luego los fenómenos corpóreos tienen una existencia real fuera de nosotros.

25. Luego del testimonio de los sentidos nace una verdadera certeza, no solo fenomenal, sino también científica.

26. La razón al examinar la relación de la subjetividad con la objetividad en las sensaciones, justifica con su examen el instinto de la naturaleza.

27. La geometría considera la extensión en abstracto; pero con certeza de que cuando en la realidad se dé el postulado, resultarán las consecuencias; y que la aproximación del postulado dará consecuencias aproximadas.

28. A pesar de la certeza sobre la realidad de un mundo externo, no conocemos su esencia.

29. Ignoramos lo que es este mundo, visto por un espíritu puro.

30. La intuición sensible a que se refiere nuestra geometría, no constituye la esencia del conocimiento científico; y puede estar separada de él.

31. No es intrínsecamente imposible un cambio en las relaciones de los seres corpóreos entre sí, y con nuestras facultades sensitivas.

Fin del tomo segundo notas

SOBRE EL CAPÍTULO II

I. La inmaterialidad del alma de los brutos, no es un descubrimiento de la filosofía moderna: los escolásticos la conocieron también, y llevaron sus ideas sobre este punto hasta afirmar que ningún principio vital era cuerpo. En este sentido, enseñaban que aun el principio de vida de las plantas o sea su alma, era una cosa superior al cuerpo. Santo Tomás (1.ª Part. Quest. 75. Art. 1.) busca en general si el alma es cuerpo: «ulrum anima sit corpus» y dice lo siguiente:

Respondeo dicendum, quod ad inquirendum de natura animæ, oportet præsupponere, «quod anima dicitur esse primum principium vitæ», in iis quæ apud nos vivunt. Animata enim viventia dicimus, res vero inanimatas vita carentes, vita autem maxime manifestatur duplici opere, scilicet cognitionis et motus. Horum autem principium antiqui philosophi imaginationem trascendere non valentes, aliquod corpus ponebant, sola corpora res esse dicentes, et quod non est corpus, nihil esse, et secundum, hoc animam aliquod corpus esse dicebant. Hujus autem opinionis falsitas, licet multipliciter ostendi possit, tamen uno utemur, quo etiam communius et certius patet animam corpus non esse. Manifestum est enim, quod non quodcumque vitalis operationis principium est anima; sic enim oculus esset anima, cum sit quoddam principium visionis, et idem esset dicendum de aliis animæ instrumentis: sed primum principium vitæ dicimus esse animam. Quamvis autem aliquod corpus possit esse quoddam principium vitæ, sicut cor est principium vitæ in animali; lamen non potest esse primum principium vitæ aliquod corpus. Manifestum est enim, quod esse principium vitæ, vel vivens, non convenit corpori ex hoc quod est corpus, alioquin omne corpus esset vivens, aut principium vitæ, convenit igitur alicui corpori quòd sit vivens, vel etiam principium vitæ, per hoc quòd est tale corpus. Quòd autem est actu tale, habet hoc ab aliquo principio, quod dicitur actus eius, «Anima igitur quæ est primum principium vitæ, non est corpus, sed corporis actus», sicut calor qui est principium calefactionis, non est corpus, sed quidam corporis actus.

A pesar de esta doctrina, podía quedar todavía alguna duda sobre si en el alma, aunque no fuera cuerpo, entraba la materia como un principio componente; y así es que pregunta el Santo Doctor (1.ª Part., Quest. 75, Art. 5.) si el alma se compone de materia y forma, y responde que no; y esto, hablando del alma en general, en cuanto es principio de vida, prescindiendo de que sea «intelectual o no». He aquí sus palabras.

Respondeo dicendum, quòd «anima non habet materiam», et hoc potest considerari dupliciter. «Primo quidem, ex ratione animæ in communi», est enim de ratione animæ quòd sit forma alicuius corporis. Aut igitur est forma secundum se totam, aut secundum aliquam partem sui. Si secundum se totam, impossibile est quòd pars eius sit materia, si dicatur materia aliquid eius in potentia tantum, quia forma in quantum forma est actus. Id autem quòd est in potentia tantum, non potest esse pars actus, cum potentia repugnet actui, utpote contra actum divisa. Si autem sit forma secundum aliquam partem sui, illam partem dicemus esse animam, et illam materiam cuius primo est actus, dicemus esse primum animatum. Secundo specialiter ex ratione humanæ animæ, in quantum est intellectiva.

Aunque los pasajes anteriores son bastante explícitos; hay otro que todavía lo es más, donde afirma expresamente que las almas de los animales perfectos son indivisibles absolutamente, de suerte que la división no puede convenirles «ni per se, ni per accidens». Se propone la cuestión (1.ª Part., Quest 76, Art. 8) de si el alma en general, está toda en cualquiera parte del cuerpo; y responde que sí; distinguiendo entre la totalidad de esencia y la cuantitativa; y dice lo siguiente.

Sed forma quæ requirit diversitatem in partibus, sicut est anima, «et precipue animalium perfectorum», non equaliter se habet ad totum et ad partes; unde «non dividitur per accidens, scilicet per divisionem quantitatis». Sic ergo totalitas quantitativa, non potest attribui animæ, nec per se nec per accidens. Sed totalitas secunda, quæ attenditur secundum rationis et essentiæ perfectionem, proprie et per se, convenit formis.

Según parece, esta doctrina de Santo Tomás encontraba oposición en algunos que no podían concebir cómo podía ser «inextensa» el alma de los brutos; creyendo que la inextensión era exclusiva propiedad del alma intelectual. De esta objeción se hace cargo su comentador el cardenal Cayetano, y defiende resueltamente con Santo Tomás, que las almas de los brutos son inextensas.

Por las palabras del sabio cardenal, se echa de ver que entendía la doctrina de Santo Tomás, sobre la indivisibilidad del alma de los brutos, con todo el rigor de los términos, pues que se propone la objeción del modo siguiente.

Dubium secundo est circa eandem totalitatem quoniam S. Thomas a communi opinione discordare videtur hoc in loco, eo quòd ponat «præter animam intellectivam», aliquam aliam formam in materia «inextensam, scilicet animam sensitivam animalium perfectorum», cum tamen vix possit sustineri, quod anima intellectiva de foris veniens, informet secundum esse, et sit inextensa.

En la solución de la dificultad, lejos de apelar a interpretaciones del texto, reconoce abiertamente la indivisibilidad del alma de los brutos, y trata con cierto desdén a los que opinaban en contrario.

Ad secundum dubium dicitur, quod doctrina hic tradita, «est quidem contra modernorum communem phantasiam, sed non contra philosophicus rationes, parum est autem de horum auctoritate curandum». Cum autem dicitur, quod sine ratione hoc est dictum, respondetur quod ratio insinuata est a posteriori, quia scilicet diversam totaliter habet habitudinem ad totum et partem ipsa forma ex propria ratione. Si enim habet totaliter diversan habitudinem ad totum et ad partes, «hoc provenit ex indivisibilitate formæ». Quia si divideretur forma ad divisionem totius, jam pars formæ proportionaretur parti corporis, et cum pars quantitativa formæ sit tota essentia formæ, ergo ipsa forma secundum rationem suæ essentiæ non habet totaliter diversam habitudinem ad totum et ad partes: sed utrumque, scilicet tam totum quam partem respicit, ut proportionatum perfectibile. Et confirmari potest ista ratio, quia forma extensa ex vi solius divisionis, non desinit esse secundum illam partem quam habet in parte decisa: imo quæ quodammodo erat per modum potentiæ, perficitur, et fit actu seorsum, ut patet in formis naturalibus, ergo a destructione consequentis, si ex sola divisione pars decisa non potest retinere eandem speciem, «ergo non erat extensa et divisibilis ad divisionem subjecti»...

«Non est ergo sine ratione dictum, quod animæ aliquæ præter intellectivam sunt tantæ perfectionis quod sunt inextensæ, tam per se quam per accidens»: quamquain potentiæ omnes earum sint extensæ per accidens: qualitates enim, sunt corporis partibus accomodatæ.

SOBRE EL CAPÍTULO X DEL LIBRO III

II. Leibnitz y Clarke sostuvieron sobre el espacio una polémica muy interesante, de la cual voy a presentar algunas muestras. Leibnitz había escrito una carta a S.A.R. Madama la princesa de Gales, en la que recordando el dicho de Newton de que el espacio es el órgano de que Dios se sirve para sentir las cosas, arguye contra esta opinión, y observa que si Dios para sentir las cosas, ha menester de algún medio, no dependen enteramente de él y no son producidas por él.

Contestación de Clarke.

El caballero Newton no dice que el espacio sea el órgano de que Dios se sirve para percibir las cosas, ni que Dios tenga necesidad de ningún medio para percibirlas; por el contrario, dice que estando Dios presente en todas partes, percibe las cosas por su presencia inmediata en todo el espacio donde ellas están, sin intervención ni auxilio de ningún órgano ni medio. Para hacer esto más inteligible, lo aclara con una comparación diciendo, que así como el alma por estar presente a las imágenes que se forman en el cerebro por medio de los órganos de los sentidos, ve estas imágenes como si fueran las cosas mismas que ellas representan, del mismo modo Dios lo ve todo por su presencia inmediata, estando actualmente presente a las cosas mismas, a todas las que existen en el universo, como el alma está presente a todas las imágenes que se forman en el cerebro. Newton considera el cerebro y los órganos de los sentidos, como el medio por el cual se forman las imágenes, mas no como el medio por el cual el alma ve o percibe las imágenes cuando están formadas; y en el universo no considera las cosas como si fueran imágenes formadas por un cierto medio o por órganos, sino como cosas reales que el mismo Dios ha hecho y que ve en todos los lugares donde se hallan, sin intervención de ningún medio. Esto es todo lo que Newton ha querido significar por la comparación de que se vale cuando supone que el espacio infinito es por decirlo así el sensorio, «sensorium», del ser que está presente en todas partes.

Réplica de Leibnitz.

Se halla expresamente en el apéndice de la Óptica de Newton, que el espacio es el «sensorio» de Dios; esta palabra ha significado siempre el órgano de la sensación. Él y sus amigos, pueden explicarse si quieren de otra manera; no me opongo a esto.

Se supone que la presencia del alma basta para que perciba lo que pasa en el cerebro; pero esto es precisamente lo que el padre Malebranche y toda la escuela cartesiana niegan, y con razón. Algo más se requiere que la sola presencia para que una cosa represente lo que pasa en otra. Para esto se necesita alguna comunicación explicable, algún modo de influencia. El espacio, según Newton, está íntimamente presente al cuerpo que contiene, y está conmensurado con él; ¿se sigue por ventura de esto, que el espacio perciba lo que pasa en el cuerpo y que se acuerde de ello cuando el cuerpo se ha retirado? Además, que siendo el alma indivisible, su presencia inmediata que podríamos imaginar en el cuerpo, no sería sino en un punto; ¿cómo podría percibir lo que se hace fuera de este punto? Yo pretendo ser el primero que ha explicado, cómo el alma percibe lo que pasa en el cuerpo. La razón por la cual Dios lo percibe todo, no es su simple presencia, sino su operación; porque conserva las cosas por una operación que produce continuamente lo que en ellas hay de perfección y de bondad; pero no teniendo las almas influencia inmediata sobre los cuerpos, ni los cuerpos sobre las almas, su correspondencia inmediata no puede ser explicada por la presencia.

Respuesta de Clarke.

La palabra «sensorium» no significa propiamente el órgano, sino el lugar de la sensación: el ojo, la oreja etc. son órganos, pero no sensorios: por otra parte el caballero Newton no dice que el espacio sea el sensorio sino que es (por vía de comparación) como si dijéramos el sensorio.

No se ha supuesto nunca que la presencia del alma baste para la percepción; solo se ha dicho que esta presencia es necesaria para que el alma perciba: si el alma no estuviese presente a las imágenes de las cosas percibidas, no podría percibirlas; pero su presencia no basta, si ella no es una substancia viviente. Las substancias inanimadas, aunque presentes, no perciben nada; y una substancia viviente no es capaz de percepción sino en el lugar donde está presente, ya lo esté a las cosas mismas como Dios a todo el universo, ya a las imágenes de las cosas, como el alma en su sensorio. Es imposible que una cosa obre, o que algún sujeto obre sobre ella, en un lugar donde la misma no está: así como es imposible que esté en un lugar donde no está. Aunque el alma sea indivisible, no se sigue que esté presente en un solo punto; el espacio finito o infinito es absolutamente indivisible, hasta por el pensamiento; porque no se puede imaginar que sus partes se separen la

425

una de la otra, sin imaginar que ellas salen por decirlo así de sí mismas; y sin embargo el espacio no es un solo punto.

Dios no percibe las cosas por su simple presencia ni porque obra sobre ellas, sino porque está no solo presente en todas partes, sino que es un ser viviente e inteligente. Lo mismo debe decirse del alma en su pequeña esfera; percibe las imágenes a las cuales está presente, y no podría percibirlas sin estarlo; pero la percepción no la tiene por su simple presencia, sino porque es una substancia viviente.

Réplica de Leibnitz.

Esos señores sostienen que el espacio es un ser real absoluto; pero esto conduce a grandes dificultades; porque parece que este ser será eterno e infinito, y por esto han creído algunos que era el mismo Dios, o bien su atributo, su inmensidad; pero como el espacio tiene partes, no puede convenir a Dios.

Ya he notado más de una vez que yo miro el espacio como una cosa puramente relativa, para un orden de coexistencias, así como el tiempo es un orden de sucesiones, porque el espacio marca en los términos de la posibilidad, un orden de cosas que existen a un mismo tiempo, en cuanto existen juntas, sin entrar en sus maneras de existir: y cuando se ven muchas cosas juntas, se percibe este orden entre ellas.

Para refutar la imaginación de los que toman al espacio por una substancia o al menos por algún ser absoluto, tengo muchas demostraciones; pero ahora solo quiero valerme de la indicada por la misma oportunidad. Digo pues que si el espacio fuera un ser absoluto, sucedería algo de que no se podría señalar razón suficiente, lo que es nuestro axioma. He aquí la prueba. El espacio es alguna cosa uniforme absolutamente; y si se prescinde de las cosas situadas en él, uno de los puntos del espacio no se diferencia en nada del otro. Síguese de aquí, supuesto que el espacio sea alguna cosa en sí mismo fuera del orden de los cuerpos, que es imposible que haya una razón por la cual Dios guardando las mismas situaciones de los cuerpos entre ellos, haya colocado los cuerpos en el espacio de esta manera y no de otra, y porque no lo ha puesto todo al revés, cambiando por ejemplo el oriente en occidente. Pero si el espacio no es más que este orden o relación, y no es sin los cuerpos otra cosa que la posibilidad de colocarlos, estos dos estados, el uno tal cual es ahora, y el otro supuesto al revés, no se diferenciarían: esta diferencia solo se halla en la suposición quimérica de la realidad de un espacio en sí mismo...

Será difícil hacernos creer que en el uso ordinario «sensorium», solo signifique el órgano de la sensación...

La simple presencia de una substancia animada no basta para la percepción; un ciego o un distraído no ve: es preciso explicar cómo el alma percibe lo que hay fuera de ella.

Dios no está presente a las cosas por situación, sino por esencia; su presencia se manifiesta por su operación inmediata.

Respuesta de Clarke.

Es indudable que nada existe sin que haya razón suficiente de su existencia, y que nada existe de una manera más bien que de otra, sin una razón suficiente para esta manera de existir; pero en cuanto a las cosas indiferentes en sí mismas, la «simple voluntad» es una razón suficiente para darles la existencia o para hacerlas existir de una cierta manera: y esta voluntad no necesita ser determinada por una causa extraña...

El espacio no es una substancia, ni un ser eterno e infinito, sino una propiedad o una consecuencia de la existencia de un ser infinito y eterno; el espacio infinito es la inmensidad, pero la inmensidad no es Dios, [1] luego el espacio infinito no es Dios. Lo que aquí se dice de las partes del espacio, no es una dificultad: el espacio infinito es absoluta y esencialmente indivisible; y es una contradicción en los términos el suponer que sea dividido, porque sería preciso que hubiese un espacio entre las partes que se suponen divididas, lo que es suponer que el espacio es dividido y no dividido a un mismo tiempo... [2]

Nota 1: En esta proposición, o Clarke se expresa con inexactitud y oscuridad, o incurre en error. La inmensidad de Dios, es Dios mismo; todo atributo de Dios, es el mismo Dios.

Nota 2: Aquí Clarke confunde la división con la separación: véase lo que digo en los capítulos X y XI de este libro.

No se trata de saber lo que Goclenio [3] entiende por la palabra «sensorium», sino el significado que el caballero Newton dio a esta palabra; sí Goclenio cree que el ojo, la oreja, u otro cualquiera órgano de los sentidos, es el sensorio, se engaña. Además, que cuando un autor emplea un término del arte, y declara el sentido que le da ¿para qué buscar el que le hayan atribuido otros escritores? Scapula traduce la palabra de que hablamos, por «domicilium», es decir, lugar donde el alma reside.

Nota 3: Goclenio es el autor de un Diccionario filosófico citado por Leibnitz.

Réplica de Leibnitz.

Si el espacio infinito es la inmensidad, el espacio finito será lo opuesto de la inmensidad, es decir, la mensurabilidad o la extensión limitada: la extensión debe ser una propiedad de lo extenso; si este espacio es vacío será un atributo sin sujeto, una extensión sin cosa extensa...

Decir que el espacio infinito es sin partes, es decir que los espacios finitos no le componen, y que el espacio infinito podría subsistir, aun cuando todos los espacios finitos fuesen anonadados...

Yo quisiera ver el pasaje de un filósofo que hubiese tomado la palabra «sensorium» en otro sentido que Goclenio.

Si Scapula dice que el sensorio es el lugar donde reside el entendimiento, hablará del órgano de la sensación interna: así no se apartará de la significación de Goclenio.

Sensorio ha significado siempre el órgano de la sensación: la glándula pineal sería, según Descartes, el sensorio en la acepción que le da Scapula.

En esta materia no hay expresión menos conveniente que la que atribuye a Dios un sensorio; parece que le hace alma del mundo; y será difícil explicar el uso que hace Newton de esta palabra, en un sentido que le pueda justificar.

Respuesta de Clarke.

Se insiste aun sobre el uso de la palabra «sensorium», aunque Newton le haya puesto un correctivo: nada tengo que añadir.

El espacio destituido de cuerpo es una propiedad de una substancia inmaterial; el espacio no está limitado por los cuerpos, sino que existe igualmente en ellos y fuera de ellos: el espacio no está encerrado entre los cuerpos, sino que estos hallándose en el espacio inmenso, son limitados por sus dimensiones propias.

El espacio vacío no es un atributo sin sujeto, pues que no entendemos un espacio donde no haya nada, sino un espacio sin cuerpos. Dios está ciertamente presente en todo el espacio vacío; y quizás hay en este espacio muchas otras substancias que no son materiales, y que por consiguiente no pueden ser tangibles, ni percibidas por ninguno de nuestros sentidos.

El espacio no es una substancia, sino un atributo de un ser necesario; y debe, como todos los atributos de un ser necesario, existir más necesariamente que las substancias mismas que no son necesarias. El espacio es inmenso, inmutable, eterno, y lo mismo debe decirse de la duración; mas no se sigue de esto que haya nada eterno fuera de Dios, porque el espacio y la duración no están fuera de Dios; son consecuencias inmediatas y necesarias de su existencia, sin las cuales no sería eterno, ni se hallaría presente en todas partes.

Los infinitos no se componen de finitos, sino como los finitos se componen de infinitésimos. Ya he manifestado más arriba, en qué sentido puede decirse que el espacio tiene partes y que no las tiene. Las partes, en el sentido que se da a esta palabra cuando se la aplica a los cuerpos, son separables, compuestas, desunidas, independientes las unas de las otras, y capaces de movimiento. Pero, aunque la imaginación pueda en algún modo concebir partes en el espacio infinito, sin embargo como estas partes impropiamente dichas, quedan esencialmente inmóviles e inseparables las unas de las otras, se sigue que el espacio es esencialmente simple, y absolutamente indivisible.[4]

Nota 4: Aquí Clarke vuelve a confundir la divisibilidad con la separabilidad, y esta confusión le lleva a proposiciones contradictorias.

Réplica de Leibnitz.

Como yo había objetado que el espacio tomado por una cosa real y absoluta sería eterno, impasible e independiente de Dios, se ha tratado de eludir esta dificultad diciendo que el espacio es una propiedad de Dios; ya objeté a esto en mi escrito precedente, que la propiedad de Dios es la inmensidad; pero que el espacio conmensurado con los cuerpos, no es lo mismo que la inmensidad de Dios...

He preguntado, supuesto que el espacio sea una propiedad, de qué cosa podrá serlo un espacio vacío, limitado, cual lo imaginamos en el recipiente de donde se haya quitado el aire. No me parece razonable decir que este espacio vacío, redondo o cuadrado, sea una propiedad de Dios...

Si los espacios limitados y el espacio infinito son la propiedad de Dios, será preciso, ¡cosa extraña! que la propiedad de Dios sea compuesta de afecciones de las criaturas, porque todos los espacios finitos juntos componen el espacio infinito...

Si el espacio es una propiedad de Dios, entra en la esencia de Dios; es así que el espacio tiene partes, luego también los tendría la esencia de Dios. «Spectatum admisi»...

Además los espacios, ora están vacíos ora llenos; luego habrá en la esencia de Dios partes ora vacías ora llenas y por consiguiente sujetas a un cambio perpetuo. Los cuerpos, llenando el espacio, llenarían una parte de la esencia de Dios, y serían conmensurados con ella; y en la suposición de un vacío, una parte de la esencia de Dios estará en el recipiente; este Dios con partes se parecerá mucho al Dios de los estoicos, que era el universo todo entero, considerado como un animal divino...

La inmensidad de Dios hace que Dios esté en todos los espacios; si Dios está en el espacio, ¿cómo puede decirse que el espacio está en Dios, o que es su propiedad? Se dice que la propiedad está en el sujeto: pero ¿quién ha oído jamás que el sujeto esté en su propiedad?

Como yo había objetado que el espacio tiene partes, se busca un efugio, alejándose de la significación usual de los términos, porque estas partes no son separables, y no podrían apartarse las unas de las otras por escisión; pero basta que el espacio tenga partes, sean estas separables o no, y se las puede asignar en el espacio, ya por los cuerpos que están en él, ya por las líneas y superficies que se pueden tirar. Se alega la excusa de que no se ha dicho que el espacio fuera el sensorio de Dios, sino «como» su sensorio. Parece que lo uno es tan poco conveniente e inteligible como lo otro...

Si Dios siente lo que pasa en el mundo por medio de un sensorio, parece que las cosas obran sobre él, y que es como concebimos el alma del mundo. Se me imputa que repito las objeciones sin hacerme cargo de las respuestas; pero yo no veo que se me haya soltado esta dificultad: mejor sería renunciar enteramente a ese pretendido sensorio.

No me es posible copiar otros pasajes de esta interesante polémica, que puede leerse por extenso en la colección de las obras de Leibnitz: pero bastan esas muestras para que se vea la importancia que daban a las cuestiones sobre el espacio, filósofos eminentes.

SOBRE EL CAPÍTULO XVII DEL LIBRO III

III. Para que el lector forme concepto cabal de la opinión de Kant sobre el espacio, y juzgue por sí mismo de si hay o no la contradicción indicada, pongo a continuación algunos pasajes del autor.

«El concepto trascendental de los fenómenos[5] en el espacio, es una advertencia crítica de que en general, "nada" de lo percibido en el espacio, "es una cosa en sí"; que el espacio es además una forma de las cosas, que tal vez les sería propia, si fuesen consideradas en sí mismas; pero que los objetos en sí, nos son completamente desconocidos; y que lo que llamamos "objetos exteriores no es otra cosa que las representaciones puras de nuestra sensibilidad", cuya forma es el espacio, y cuyo correlativo verdadero, es decir, la cosa en sí misma, es por esta razón totalmente desconocida, y lo será siempre; pero sobre la cual no se interroga jamás a la experiencia» (Estética trascendental, sección primera).

Nota 5: Kant define el fenómeno: «el objeto indeterminado de una intuición empírica». Llama intuición empírica: «la que se refiere a un objeto por medio de la sensación». Entiende por sensación: «el efecto de un objeto sobre la facultad representativa, en cuanto nosotros somos afectados por él». Estética trascendental, 1.ª Part.

«Es de todo punto cierto, y no solo posible o verosímil, que el espacio y el tiempo como condiciones necesarias de toda experiencia, tanto interna como externa, son condiciones puramente subjetivas de toda nuestra intuición. Luego es igualmente cierto que "todos los objetos con relación al espacio y al tiempo, no son más que simples fenómenos, y no cosas en sí", si se los considera según el modo con que nos son dadas. Mucho se puede decir "a priori" de la forma de los objetos, pero nada de la cosa en sí, que debe servir de base a estos fenómenos.»

Esta doctrina de Kant le atrajo la inculpación de idealismo, y provocó explicaciones del filósofo alemán, que algunos consideran como una contradicción manifiesta.

He aquí cómo se defiende Kant de la nota de idealismo: «Cuando digo que en el espacio y el tiempo, la intuición de los objetos exteriores y la del espíritu, representan estas dos cosas tales como ellas afectan nuestros sentidos, "no quiero decir que los objetos sean una pura apariencia"; porque en el fenómeno, los objetos y hasta las propiedades que nosotros les atribuimos, son siempre consideradas como alguna cosa dada realmente; sino que como esta calidad de ser dada, depende únicamente de la manera de percibir del sujeto en su relación con el objeto dado, este objeto como fenómeno, es diferente de sí mismo, como objeto en sí. "Yo no digo que los cuerpos parezcan simplemente" que son exteriores, o que mi alma "parezca simplemente" haberme sido dada en mi conciencia: cuando yo afirmo que la calidad del espacio y del tiempo (conforme a la cual yo pongo el cuerpo y el alma como siendo la condición de su existencia) existe únicamente en mi modo de intuición y no en los objetos en sí mismos, caería en error si convirtiese en pura apariencia lo que debo tomar por un fenómeno; pero esto no tiene lugar si se admite mi principio de la idealidad de todas nuestras intuiciones sensibles. Por el contrario, si se atribuye una realidad objetiva a todas esas formas de las representaciones sensibles, no se puede evitar el que todo se convierta en pura apariencia; porque si se considera el espacio y el tiempo como calidades que deban hallarse, en cuanto a su posibilidad, en las cosas en sí, y se reflexiona sobre los absurdos en que entonces se cae, pues que dos cosas infinitas que no pueden ser substancias ni nada inherente a las substancias, y que son no obstante alguna cosa existente y hasta la condición necesaria de la existencia de todas las cosas, subsistirían todavía, aun cuando todo lo demás fuese anonadado, en tal caso no se puede reprender al excelente Berkeley de haber reducido los cuerpos a una mera apariencia» (Ibíd. 2.ª edición).

En su «Lógica trascendental», se encuentra también una refutación del idealismo. En dicho lugar, Kant establece el siguiente teorema:

«La simple conciencia de mi propia existencia, determinada empíricamente, prueba la existencia de los objetos, fuera de mí, en el espacio.»

No me es posible exponer aquí las doctrinas de Kant en su «Lógica trascendental»; me basta haber indicado sus aclaraciones sobre la realidad de los objetos; otros las llaman retractaciones o contradicciones, y hasta señalan varias causas que de nada sirven en el terreno de la filosofía.

SOBRE EL CAPÍTULO XIX DEL LIBRO III

IV. Los escolásticos separaban siempre con mucho cuidado el orden sensible del inteligible. No es Kant el primero que ha descubierto las fronteras que separan el mundo inteligible del sensible; las cosas en sí como objetos de un entendimiento puro, «noumena», como él las llama, y las cosas en cuanto representadas en la intuición sensible: «phenomena». Las representaciones sensibles, tan lejos estaban de bastar a la inteligencia, según la opinión de los escolásticos, que antes bien se les negaba el carácter de inteligibles. El entendimiento podía conocer las cosas sensibles, pero le era necesario abstraerlas de las condiciones materiales: por su limitación había menester la intuición de los objetos en representaciones sensibles: «conversio ad phantasmata»; pero esas intuiciones no eran el acto intelectual, sino una condición necesaria para su ejercicio. De esta teoría dimanó la del «entendimiento agente», de que se han reído algunos con sobrada ligereza. Esta hipótesis, sea cual fuere su valor intrínseco, tiene en su apoyo consideraciones de gran peso, si prescindiendo de las formas con que se la ha expresado, se atiende tan solo a su profundidad ideológica.

Al leer algunos pasajes de la «Lógica trascendental» de Kant, sobre los fenómenos y los noumenos, sobre la intuición sensible necesaria en los conceptos puros, sobre la distinción entre estos y aquella, sobre los mundos sensible e inteligible, correspondientes a las facultades sensitivas e intelectuales, se podría sospechar que el filósofo alemán había leído a los escolásticos. No importa que él se aparte de las doctrinas de las escuelas: los autores que nos ilustran, no son solo aquellos cuyas opiniones profesamos.

Al tratar de las ideas, tendré ocasión de manifestar mis opiniones sobre este particular; y así por ahora, me ceñiré a copiar algunos textos de Santo Tomás, el representante más ilustre de la filosofía escolástica. En ellos verá el lector la necesidad para nosotros, de las representaciones sensibles, «phantasmata»; y la línea divisoria entre estas representaciones, y el orden intelectual puro.

(1.ª Part., Quest. LXXIX, Art. 3.) Sed quia Arístoteles non posuit formas rerum naturalium subsistere sine materia, «formæ autem in materia existentes non sunt intelligibiles actu»; sequebatur, quod naturæ, seu formæ rerum sensibilium quas intelligimus, non essent intelligibiles actu. Nihil autem reducitur de potentia in actum, nisi per aliquod ens actu: sicut sensus fit in actu per sensibile in actu. Oportet igitur ponere aliquam virtutem ex parte intellectus, quæ faceret intelligibilia in actu per abstractionem specierum a «conditionibus materialibus». Et hæc est necessitas ponendi intellectum agentem.

(1.ª Part., Quest. LXXIX, Art. 4.) Ad cuius evidentiam considerandum est, quod supra animam intellectivam humanam, necesse est ponere aliquem superiorem intellectum, a quo anima virtutem intelligendi obtineat...

Nihil autem est perfectius in inferioribus rebus anima humana. Unde oportet dicere, quod in ipsa sit aliqua virtus derivata a superiori intellectu, per quam possit «phantasmata illustrare». Et hoc experimento cognoscimus, dum percipimus «nos abstrahere formas universales a conditionibus particularibus, quòd est facere actu intelligibilia».

(1.ª Part., Quest. LXXXIV. Art. 1.) Etiam in ipsis sensibilibus videmus, quod forma alio modo est in uno sensibilium, quam in altero; puta cum in uno est albado intensior, in alio remisior, et cum in uno est albedo cum dulcedine, in alio sine dulcedine. Et per hunc etiam modum, forma sensibilis alio modo est in re, quæ est extra animam, et alio modo in sensu, qui suscipit formas sensibilium absque materia, sicut colorem auri sine auro. Et similiter intellectus species corporum, quæ sunt materiales et mobiles, recipit immaterialiter, et immobiliter, secundum modum suum, nam receptum est in recipiente per modum recipientis. Dicendum est ergo, quod anima per intellectum cognoscit corpora, «cognitione immateriali, universali et necessaria».

(1.ª Part., Quest. LXXXIV. Art. 6.) Et ideo ad causandam intellectualem operationem secundum Aristotelem non sufficit sola impressio sensibilium corporum, sed requiritur aliquid nobilius, quia agens est honorabilius patiente, ut ipse dicit. Non autem ita quod intellectualis operatio causetur, ex sola impressione aliquarum rerum superiorum, ut Plato posuit, sed illud superius, et nobilius agens, quod vocat intellectum agentem, de quo jam supra diximus quòd «facit phantasmata a sensibus acceptu intelligibilia in actu», per modum abstractionis cuiusdam. Secundum hoc ergo, ex parte phantasmatum intellectualis operatio a sensu causatur. Sed quia phantasmata non sufficiunt immutare intellectum possibilem, sed oportet quod fiant intelligibilia actu per intellectum agentem, non potest dici quod sensibilis cognitio sit totalis, et perfecta causa intellectualis cognitionis, sed magis quodammodo est materia causæ.

FIN DE LAS NOTAS

TOMO III

Libro cuarto. De las ideas

Capítulo I. Ojeada sobre el sensualismo

1. Acabamos de tratar de las sensaciones, y vamos a ocuparnos de las ideas. Para hacer debidamente este tránsito, es necesario investigar antes, si hay en nuestro espíritu algo más que sensaciones, si todos los fenómenos internos que experimentamos, son algo más que sensaciones transformadas.

Salido el hombre de la esfera de las sensaciones, de esos fenómenos que le ponen en relación con el mundo exterior, se encuentra con otro orden de fenómenos, igualmente presentes a su conciencia. No puede reflexionar sobre las sensaciones mismas, sin tener conciencia de algo que no es sensación; no puede reflexionar sobre el recuerdo de las sensaciones, o sobre la representación interior de ellas, sin experimentar algo distinto de ese recuerdo y de esa representación.

2. Aristóteles dijo: «nada hay en el entendimiento que antes no haya estado en el sentido»; y las escuelas han repetido durante largos siglos el pensamiento del filósofo: «nihil est in intellectu quod prius non fuerit in sensu». Así los conocimientos humanos procedían de lo exterior a lo interior. Descartes vino a invertir este orden, pretendiendo que debía procederse de lo interior a lo exterior; su discípulo Malebranche hizo más: en su concepto, le conviene al entendimiento encerrarse en lo interior, no comunicar con lo exterior sino lo menos posible; según él, no hay aliento más nocivo a la salud intelectual que el del mundo de los sentidos; las sensaciones son un perenne manantial de error; y la imaginación es una hechicera tanto más peligrosa cuanto que tiene su habitación a la puerta misma del entendimiento, donde le espera para arrastrarle, con su belleza seductora y brillantes atavíos.

3. Locke quiso rehabilitar el principio de Aristóteles sujetándole a la piedra de toque de la observación: pero a más de la sensación admitió la reflexión, y convino en reconocer al alma facultades innatas. Su discípulo Condillac no se limitó a esto: según él, todos los actos de nuestra alma no son más que sensaciones transformadas; opina que, en vez de distinguir como Locke dos orígenes de nuestras ideas, el sentido y la reflexión, sería más exacto no reconocer más que uno; ya porque la reflexión no es en su principio sino

la sensación misma, ya porque la reflexión es más bien el canal por donde pasan las ideas que vienen de los sentidos, que no el manantial de ellas (Extracto razonado del Tratado de las sensaciones. Resumen de la primera parte).

El juicio, la reflexión, los deseos, las pasiones, no son más en concepto de Condillac, que la sensación transformada de diferentes modos. Por esta razón, le parece inútil el suponer que el alma recibe inmediatamente de la naturaleza todas las facultades de que está dotada. La naturaleza nos da órganos para advertirnos, por medio del placer, lo que debemos buscar, y por el dolor, lo que debemos huir; pero se detiene aquí, y deja a la experiencia el cuidado de hacernos contraer hábitos, y acabar la obra que ella ha comenzado (Tratado de las sensaciones. Prefacio).

4. A la vista de este sistema, en que no se otorgan al alma ni siquiera facultades naturales, y se consideran las que posee, como un simple efecto de las sensaciones, se nota desde luego la contradicción en que incurre su autor, cuando en el mismo lugar se declara ocasionalista, pretendiendo que las impresiones de la organización no son más que la ocasión de nuestras sensaciones. ¿Puede darse facultad natural más inexplicable que la de ponerse en relación con objetos que no producen las sensaciones, y que son con respecto a ellas una mera ocasión? Si al alma se le concede esta facultad, ¿qué inconveniente hay en admitir las otras? ¿No es una facultad natural, y muy singular, la de sentir por medio de causas que no pueden obrar sino ocasionalmente? En este caso ¿no se atribuye al alma una facultad natural de producirse ella misma las sensaciones, con ocasión de las impresiones orgánicas, o no se la supone en relación inmediata con otro ser superior que se las produzca? ¿Por qué esa actividad interna, o esa receptividad, no puede aplicarse a las ideas? ¿Por qué no se han de admitir en el alma otras facultades innatas? o más bien ¿por qué se dice que no se las supone, cuando se comienza por suponerlas?

Condillac, tan enemigo de hipótesis y sistemas, es eminentemente hipotético y sistemático. Concibe el origen y la naturaleza de las ideas a su modo; y a este modo de concebirlas quiere que todo se adapte. Para dar una idea de las opiniones de Condillac y combatirlas con buen resultado, al mismo tiempo que con cumplida lealtad, examinaré brevemente los fundamentos de

436

la obra en que más se complace el autor, lisonjeándose de haber dado a su doctrina el mayor grado de claridad y certeza: el Tratado de las sensaciones.

Capítulo II. La estatua de Condillac

5. Supone Condillac una estatua a la cual anima sucesivamente, concediéndole un sentido después de otro; y comenzando por el olfato dice: «Los conocimientos de nuestra estatua, limitada al sentido del olfato, no pueden extenderse sino a los olores: no puede tener ideas de extensión, ni de figura, ni de nada que esté fuera de ella, ni otras sensaciones como el color, el sonido, el sabor» (Cap. 1). Si a la estatua no se le concede, como la hipótesis lo exige, ninguna actividad, ninguna facultad, excepto la de sentir el olor, es cierto que no podrá tener ninguna otra idea, ni sensación; y aun se puede añadir, que la sensación del olor no será para ella ninguna idea.

«Si le presentamos una rosa, continúa Condillac, será para nosotros una estatua que siente una rosa; mas para sí misma, solo será el mismo olor de la rosa. Será pues olor de rosa, de clavel, de jazmín, de violeta, según los objetos que obrarán sobre su órgano; en una palabra; los olores con respecto a ella, no son más que sus modificaciones propias o maneras de ser, y no podría creerse otra cosa, siendo estas las únicas sensaciones de que es susceptible.»

6. Si bien se observa, ya en los primeros pasos, se hace dar a la estatua un gran salto. A vueltas de la aparente simplicidad del fenómeno sensible, se introduce ya uno de los actos que suponen el entendimiento muy desarrollado: la reflexión. Ya la estatua se cree algo, se cree olor; ya se le atribuye pues la conciencia del yo, comparativamente a la impresión que recibe; ya se le hace emitir una especie de juicio, en que afirma la identidad del yo con la sensación. Esto es imposible, si no hay más que la sensación enteramente sola. Entonces no hay ni puede haber nada más que aquella impresión puramente pasiva. Es un fenómeno aislado, sobre el cual no hay reflexión de ninguna clase; la estatua no tiene otra conciencia de sí misma que esta sensación; pero esta conciencia no es digna de tal nombre en el orden reflexivo. La hipótesis de Condillac, aplicada en todo rigor, no ofrece más que un fenómeno que no puede conducir a nada; desde el momento en que sale de

la sensación para desenvolverla, admite en el espíritu una actividad distinta y muy diferente de la sensación, y arruina todo su sistema.

La estatua limitada a la sensación del olor, no se creerá olor; esta creencia es un juicio, supone comparación, y nada de esto se halla en el fenómeno sensible, considerado en toda su pureza, como lo exige la hipótesis de Condillac. Este filósofo comienza sus investigaciones analíticas, introduciendo condiciones, que él mismo supone eliminadas: quiere explicarlo todo, con la sensación sola; y desde sus primeros pasos, combina esta sensación con operaciones de un orden diferente.

7. La capacidad de sentir aplicada a la impresión recibida, la llama Condillac atención. Si no hay más que una sensación, no habrá más que una atención; pero si las sensaciones se suceden con variedad dejando rastro en la memoria de la estatua, cuando se presente una nueva sensación, la atención se dividirá entre la actual y la pasada. La atención dirigida simultáneamente a dos sensaciones, es la comparación. Con la comparación se percibirán las semejanzas o diferencias; esta percepción es el juicio. Todo esto se hace con sensaciones solas; luego la atención, la memoria, la comparación, el juicio, no son más que la sensación transformada. En apariencia nada más sencillo, más claro, más verdadero; en realidad nada más confuso, más falso.

8. Por el pronto, la definición de la atención es inexacta. La capacidad de sentir, por el mero hecho de estar en ejercicio, se halla aplicada a la impresión: no se siente, cuando la facultad sensitiva no está en ejercicio; y no está en ejercicio, si no está aplicada a la impresión. En este concepto, la atención no sería más que el acto de sentir: toda sensación sería atención; y toda atención sensación: nadie ha dado jamás a estas palabras semejante significado.

9. La atención es la aplicación del ánimo a alguna cosa: y esta aplicación supone el ejercicio de una actividad, concentrada sobre un objeto. Cuando el espíritu se halla enteramente pasivo, no atiende, hablando con propiedad; y respecto de las sensaciones, hay atención, cuando por un acto reflejo conocemos que sentimos. Si no hay este conocimiento, no hay verdadera atención, y sí únicamente sensación más o menos viva, según el grado con que está afectada nuestra sensibilidad. Si a las sensaciones muy vivas, se las quiere llamar atención, el uso de la palabra será impropio; cabalmente,

los que sienten con más viveza, suelen distinguirse por su falta de atención. La sensación es la afección de una facultad pasiva; la atención es el ejercicio de una actividad; y así es que los brutos no participan de ella, sino en cuanto encierran un principio de actividad para dirigir a un objeto determinado sus facultades sensitivas.

10. La percepción de la diferencia de los olores de rosa y de clavel, ¿es una sensación? Si se me dice que no, infiero que el juicio no es la sensación transformada; pues no es ni siquiera sensación; si lo es, entonces observo que si es la del clavel, o la de la rosa, se sigue que con una sola de estas sensaciones, tendré la percepción comparativa, lo que es absurdo. Si se me dice que es las dos juntas, contesto que esto, o no significa nada para la cuestión, o expresa un absurdo. Porque, si al decir que es las dos sensaciones juntas, se quiere dar a entender lo que significan las palabras en su rigor, tendremos una sensación que será al mismo tiempo la de clavel y la de rosa, permaneciendo aquella distinta de esta, por exigirlo así la comparación. Pero si se quiere dar a entender que las dos sensaciones existen juntas, nada adelantamos, pues esto lo dábamos ya por supuesto; y la dificultad estaba en explicar cómo la coexistencia producía la comparación y el juicio, o sea la percepción de la diferencia.

La sensación de clavel no es más que sensación de clavel, y la de rosa, de rosa. Desde el momento que se las compara, y se supone en el espíritu un acto por el cual percibe la diferencia, se le atribuye algo más que la pura sensación, se le añade una facultad distinta de la de sentir, esto es, la de comparar las sensaciones y apreciar sus semejanzas y diferencias.

11. Esa comparación, esa fuerza intelectual que lleva los dos extremos a un terreno común, sin confundirlos; que ve el punto en que se tocan, y el en que se separan, que falla por decirlo así entre ellos, es distinto de la sensación; es efecto de una actividad de otro orden: su desarrollo dependerá de las sensaciones como de una condición sine qua non, como de causas excitantes; pero nada tiene que ver con las sensaciones mismas, es esencialmente distinta de ellas, no puede confundirse con ellas, sin destruir la idea de la comparación, sin hacerla imposible.

No hay juicio posible, sin las ideas de identidad o semejanza; y estas ideas no son sensaciones. Las sensaciones son hechos particulares que no salen de su esfera, que no se aplican de un caso a otro; las ideas de identidad y semejanza envuelven algo de común, que se aplica a muchos.

12. ¿Qué le sucederá pues a un ser limitado a la facultad de experimentar varias sensaciones? Las tendrá sin compararlas. Cuando sentirá de un modo, no sentirá de otro, la una sensación no será la otra, es cierto; pero el ser sensible no se dará cuenta de la variedad. Las unas sensaciones vendrán en pos de las otras, sin ser comparadas entre sí. Aun suponiendo la memoria de ellas, esa memoria no será más que una repetición de las mismas, con menos intensidad. Si se admite que el ser sensible las compara, y que percibe sus relaciones de identidad o distinción, de semejanza o diferencia; se admiten ya una serie de actos reflejos, que no son sensaciones.

13. Ni la memoria de las sensaciones propiamente dicha, puede explicarse por ellas solas; y en esto se equivoca también Condillac. La sensación de olor de rosa que la estatua recibió ayer, puede recordarla hoy; pero este recuerdo puede ser de dos maneras: 1.º reproduciéndose interiormente la sensación sin ninguna causa externa, y sin ninguna relación a tiempo pasado, ni por consiguiente a la existencia anterior de una sensación semejante; entonces el recuerdo no es para la estatua un recuerdo propiamente dicho, solo es una sensación más o menos viva; 2.º reproduciéndose con relación a una existencia de la misma, u otra semejante en un tiempo anterior, en lo que consiste esencialmente el recuerdo; y entonces ya hay algo más que sensación: hay las ideas de sucesión, de tiempo, de anterioridad, de identidad o semejanza, todas muy distintas de la sensación, y no solo distintas sino separables.

Dos sensaciones enteramente distintas pueden referirse a un mismo tiempo en la memoria; el tiempo pues será idéntico y las sensaciones distintas. La sensación puede existir sin recuerdo del tiempo en que antes existía, y hasta sin ningún recuerdo de que haya existido; luego la sensación no envuelve la relación del tiempo; luego estas son cosas distintas, muy diferentes; luego se engaña Condillac, cuando quiere explicar la memoria de las sensaciones por sensaciones puras.

14. Las reflexiones anteriores arruinan enteramente el sistema de Condillac. O admite algo más que sensaciones o no; si lo primero, peca contra su supuesto principal; si lo segundo, no le es posible explicar ninguna idea

abstracta, ni aun la memoria sensitiva; se verá pues reducido a admitir con Locke la reflexión sobre las sensaciones, y por la misma razón, otras facultades del alma.

15. Compréndese fácilmente lo que han sostenido algunos filósofos de que todas nuestras ideas vienen de los sentidos, entendiéndose que las sensaciones despiertan nuestra actividad interior, y ofrecen por decirlo así, los materiales a la inteligencia; pero no se comprende cómo se ha podido dar por cosa cierta, clara, sumamente sencilla, que en nuestro espíritu no hay más que esos materiales, las sensaciones. Basta fijar un momento la atención sobre nuestro interior para descubrir muchos fenómenos distintos de la sensación, y varias facultades que nada tienen que ver con la sensitiva. Si Condillac se hubiese limitado a sostener que esas facultades para desenvolverse, han menester el sentir como una especie de excitación, nada hubiera dicho que no fuera muy conforme a la sana filosofía; pero pretender que todo lo excitado, que todo lo desenvuelto, no es más que el mismo principio excitante, y esto empeñarse en confirmarlo con la observación, es contrariar abiertamente la observación misma, es condenarse a no poder dar un paso en la explicación de la actividad intelectual, so pena de apartarse del supuesto en que se estriba. Sin embargo, el autor del Tratado de las sensaciones parece estar muy satisfecho de su sistema: impresión actual, he aquí la sensación; recuerdo de la sensación, he aquí la idea intelectual: esto si no es sólido es alucinador; con la apariencia de una observación delicada, se detiene en la superficie de las cosas, y no fatiga al discípulo. Todo sale de la sensación: pero es porque Condillac hace hablar a la estatua, del modo que a él le parece bien, sin atenerse a la hipótesis de la sensación sola.

16. Este sistema, a más de su flaqueza filosófica, es funesto a las ideas morales. ¿Qué es la moral, si no hay más ideas que las sensaciones? ¿Qué son los deberes, si todo se reduce a necesidades sensibles, a placer o dolor? ¿Qué es de Dios, qué es de todas las relaciones del hombre para con Dios?

Capítulo III. Diferencia entre las ideas geométricas y las representaciones sensibles que las acompañan

17. Nuestras ideas intelectuales andan siempre acompañadas de representaciones sensibles. Esto hace que al reflexionar sobre aquellas, las

confundimos con estas. Digo al reflexionar sobre ellas, mas no al servirnos de ellas. Todos nos servimos muy bien de cada idea según las circunstancias: el error está en el acto reflejo, no en el directo. Conviene no perder de vista esta última observación.

18. Es poco menos que imposible que el geómetra piense en el triángulo, sin que divague por su imaginación la semejanza del triángulo, tal como le ha visto mil veces en las láminas: y por este motivo, estará el geómetra inclinado a creer que la idea del triángulo no es más que aquella representación sensible. Si así fuese, se verificaría en la idea del triángulo lo que afirma Condillac, de que la idea no es más que el recuerdo de la sensación. En efecto, aquella representación es la sensación repetida; no hay entre las dos afecciones del alma más diferencia, sino que la sensación actual es causada por la presencia actual del objeto, y por tanto es más fija y más viva. En prueba de que la diferencia no es esencial, sino que solo está en el más o en el menos, se puede notar, que si la representación imaginaria llega a un grado muy alto de viveza, no la distinguimos de la sensación, como les sucede a los visionarios, y como todos lo experimentamos durante el sueño.

19. No será difícil demostrar cuán diferentes son la idea del triángulo y su representación imaginaria, si se atiende a los hechos siguientes.

1.º La idea del triángulo es una: conviene a todos los triángulos de todos tamaños, y de todas especies. La representación es múltipla, y varía en tamaño y en forma.

2.º Mientras raciocinamos sobre las propiedades del triángulo, estribamos sobre una idea fija, necesaria; la representación cambia incesantemente, sin alterarse la unidad de la idea.

3.º La idea del triángulo de cada especie en particular, es clara, evidente, en ella vemos del modo más luminoso sus propiedades; por el contrario la representación sensible, es vaga, confusa; así apenas distinguimos el triángulo rectángulo del acutángulo u obtusángulo de poca inclinación. La idea corrige estos errores, o más bien prescinde de ellos; si se sirve de la figura imaginaria es como de un auxiliar: del mismo modo que al trazar las figuras en el papel, damos la demostración, prescindiendo de que sean o no bien exactas, y hasta sabiendo que no lo son, y que es imposible que lo sean del todo.

4.º La idea del triángulo es la misma para el ciego de nacimiento que para el hombre con vista: como lo prueba el que los dos la desenvuelven del mismo modo, en sus raciocinios y usos geométricos. La representación es diferente; pues para nosotros, es una imagen de lo visto, lo que es imposible en el ciego. Este, al pensar en el triángulo, no tiene en su imaginación la misma representación sensible que nosotros, ni la puede tener; pues carece de todo lo que se refiere a la sensación de la vista. Si el ciego tiene alguna representación concomitante de la idea, ha de venirle del solo tacto; y para los triángulos de alguna extensión cuyas tres líneas no pueden ser tocadas juntas, la representación ha de ser una serie sucesiva de sensaciones del tacto, como el recuerdo de un pasaje de música es esencialmente una representación sucesiva. En nosotros la representación del triángulo es casi siempre simultánea; excepto el caso de triángulos muy grandes, mucho mayores que los que acostumbramos a ver; pues en este caso, particularmente cuando no hay costumbre de considerarlos, parece que necesitamos ir extendiendo sucesivamente las líneas.

20. Lo que se ha dicho del triángulo, la más sencilla de las figuras, puede aplicarse con mayor razón a todas las demás. Muchas de ellas no pueden ser representadas distintamente en la imaginación, como se ve en las que constan de muchos lados; y aun el círculo, que en la facilidad de ser representado se acerca al triángulo, no podemos imaginarlo con tal perfección que le distingamos de una elipse cuyos dos ejes se diferencien poco entre sí.

Capítulo IV. La idea y el acto intelectual

21. Demostrado que las ideas geométricas no son las representaciones sensibles, resulta también demostrado de toda clase de ideas. Si en algunas podía haber dificultad, era sin duda en las relativas a la geometría, pues estas tienen objetos que se prestan a ser representados sensiblemente; cuando los objetos no son figurados, no pueden ser percibidos por ningún sentido; hablar entonces de representación sensible, es incurrir en una contradicción.

22. Estas consideraciones tiran una línea divisoria entre el entender y el imaginar; línea que tiraron todos los escolásticos, línea que conservaron, y por decirlo así, marcaron más Descartes y Malebranche, línea que comenzó

a borrar Locke, y que hizo desaparecer Condillac. Todos los escolásticos reconocieron esta línea; pero así ellos como muchos otros emplearon un lenguaje que mal entendido, era muy a propósito para contribuir a borrarla. A toda idea la llamaron imagen del objeto; explicaron el acto de entender, cual si en el entendimiento hubiese una especie de forma que expresase el objeto, como el retrato delante de los ojos ofrece a estos la imagen de la cosa retratada. Este lenguaje dimana de la continua comparación que naturalmente se hace entre el entender y el ver. Cuando los objetos no están presentes, nos valemos de retratos; y como los objetos en sí mismos no pueden estar presentes a nuestro entendimiento, se concibió una forma interior que hiciese las veces de un retrato. Por otra parte, las únicas cosas que se prestan a representación propiamente dicha, son las sensibles; el único caso en que hallamos dentro de nosotros esa forma en que se retratan los objetos es el de la representación imaginaria; y así era peligroso que a esta se le llamase idea, y a toda idea representación imaginaria, en lo que consiste el sistema de Condillac.

23. Santo Tomás llama a las representaciones de la imaginación, phantasmata, y dice que mientras el alma está unida al cuerpo no puede entender sino per conversionem ad phantasmata, esto es, sin que preceda y acompañe al acto intelectual la representación de la fantasía, que sirve como de material para la formación de la idea, y de auxiliar para aclararla y avivarla. La experiencia nos enseña de continuo que siempre que entendemos, se agitan en nuestra imaginación formas sensibles relativas al objeto que nos ocupa. Ya son las imágenes de la figura y color del objeto, si este los tiene; ya son las imágenes de aquellos con que se le puede comparar; ya son las palabras con que se expresa en la lengua que habitualmente hablamos. Así, hasta pensando en Dios, en el acto mismo en que afirmamos que es espíritu purísimo, se nos ofrece en la imaginación bajo una forma sensible. Si hablamos de la eternidad, vemos al anciano de días, tal como lo hemos visto representado en los templos; si de la inteligencia infinita, nos imaginamos quizás un piélago de luz: si de la infinita misericordia, nos retratamos un semblante compasivo; si de la justicia, un rostro airado. Al esforzarnos por concebir algo de la creación, se nos representa un manantial de donde

brotan la luz y la vida, así como la inmensidad, la sensibilizamos también en una extensión sin límites.

La imaginación acompaña siempre a la idea, mas no es la idea; y la prueba evidente e irrefragable de la distinción y diferencia de estas cosas, se halla en que si en el acto mismo de tener la imaginación de un piélago de luz, de un anciano, de un rostro airado o compasivo, de manantial, de extensión etc. etc., se nos pregunta si Dios es algo de aquello, si tiene algo de parecido a nada de aquello, responderemos al instante que no, que esto es imposible; lo que demuestra la existencia de una idea que nada tiene que ver con aquellas representaciones, y que esencialmente excluye lo que ellas incluyen.

24. Lo dicho de la idea de Dios es aplicable a muchas otras. Apenas entendemos nada, sin que entre como un elemento indispensable la idea de relación; ¿y cómo se representa la relación? En la imaginación de mil maneras, como punto de contacto de dos objetos, como hilos que los unen; pero ¿la relación es algo de esto? no. Al preguntársenos en qué consiste, ¿tenemos ni el menor asomo de duda de que pueda ser algo de esto? no.

25. El llamar a toda idea imagen, es un error, si se quiere concebir la idea como algo distinto del acto intelectual, y que se ponga delante del entendimiento, cuando este ha de ejercer sus funciones. Imagen es lo que representa, como semejanza; y yo pregunto, ¿cómo se sabe que exista esta representación o semejanza? ¿Cómo se sabe que para entender, necesitamos una forma interior, que sea como un retrato del objeto? ¿Qué es retrato, cuando se sale del orden sensible? En el orden intelectual, hay semejanzas, pero no en el sentido en que las tomamos en el orden material. Yo entiendo, otro hombre entiende también; en esto tenemos una semejanza, pues que se halla en el uno lo mismo que en el otro, no idéntico en número, sino en especie. Pero esta semejanza es de un orden muy diferente de las sensibles.

26. Al entender, conocemos lo que hay en el objeto entendido; pero no sabemos si esto se hace por el simple acto del entendimiento, sin necesidad de un medio representativo por la semejanza. Entendemos la cosa, no la idea, y tanta dificultad encuentro en que el entendimiento perciba sin la idea, como en que la supuesta representación se refiera al objeto. ¿Cómo es que mi idea se refiere a un objeto? si por sí misma, luego ella por sí sola, siendo puramente interior, se refiere a lo exterior, me pone en relación con lo exte-

rior sin necesidad de ningún intermedio. Lo que hace ella, también lo podrá hacer el acto intelectual por sí solo. Si la relación de la idea con el objeto, me viene por otra idea, tengo sobre la intermedia la misma dificultad que sobre la primera. De todos modos siempre llegamos a un caso en que se hace la transición del entendimiento al objeto sin intermedio.

Si tengo a la vista un objeto imagen de otro desconocido, veré el objeto en sí mismo, pero sin conocer que tiene relación de imagen, hasta que me lo digan; conoceré su realidad, mas no su representación. Lo propio sucederá en las ideas-imágenes: luego nada explican para hacer el tránsito del acto interior al objeto, pues no encontramos que ellos puedan hacer para sí, lo que se quiere que hagan para el entendimiento.

27. En el acto intelectual hay algo misterioso que el hombre procura explicar de mil modos, sensibilizando lo que experimenta allá en su interior. De aquí tantas locuciones metafóricas; útiles, si solo se emplean para llamar y fijar la atención, y darse a sí propio cuenta del fenómeno; nocivas a la ciencia, si sacándolas de estos límites, se olvida que son metáforas, y que jamás pueden confundirse con la realidad.

Por la inteligencia vemos lo que hay en las cosas; experimentamos el acto perceptivo, pero al reflexionar sobre él andamos a tientas, como si en el manantial mismo de la luz hubiese una densa nube que nos impidiese verle con claridad. Así el firmamento está a veces inundado con la luz del Sol, mientras el astro cercado de nubes se oculta a nuestros ojos, sin que podamos ni aun determinar su posición en el horizonte.

28. Una de las causas de la oscuridad en esta materia es el mismo esfuerzo que se hace por aclararla. El acto de entender es sumamente luminoso en su parte objetiva, pues por él vemos lo que hay en los objetos; pero en su naturaleza subjetiva, o en sí mismo, es un hecho interno simple, que no puede explicarse con palabras. Esto no es una particularidad del acto intelectivo, conviene a todos los fenómenos internos. ¿Qué es ver, gustar, oír; qué es una sensación, un sentimiento cualquiera? Es un fenómeno interno, del cual tenemos conciencia, que no podemos descomponer en partes explicando la combinación de estas por medio de un discurso. Indicamos el fenómeno con una palabra, pero esta palabra nada significa para quien no le experimenta también, o no le ha experimentado alguna vez. Todas las explicaciones del

mundo no harían entender al ciego de nacimiento lo que es un color, ni al sordo lo que es un sonido.

El acto intelectivo pertenece a esta clase: es un hecho simple que podemos designar, mas no explicar. La explicación supone varias nociones cuya combinación se expresa en el discurso; en el acto intelectivo no las hay: cuando se ha dicho pensar o entender, se ha dicho todo. Esta simplicidad no se destruye por la multiplicidad objetiva; tan simple es el acto con que se percibe un solo objeto, como otro con que se comparan dos o más. Si no es posible hacerlo todo en un acto, resultan muchos; pero al fin hay uno que se enlaza con ellos, o los resume, mas no un acto compuesto.

Capítulo V. Cotejo de las ideas geométricas con las no geométricas

29. La idea es cosa muy diferente de la representación sensible, pero tiene con ella relaciones necesarias que conviene examinar. Cuando digo necesarias, hablo únicamente del modo de entender de nuestro espíritu, y en su estado actual, prescindiendo de la inteligencia de otros espíritus y aun de la del humano, para cuando se halle sujeto a condiciones diferentes de las que le han sido impuestas en su presente unión con el cuerpo. Tan pronto como salimos de la esfera en que se ejerce nuestra experiencia, es preciso que seamos sobrios en el establecimiento de proposiciones generales, guardándonos de aplicar a todas las inteligencias, calidades que tal vez solo convienen a la nuestra; y que quizás respecto de ella misma se variarán del todo, cuando pasemos a otra vida. Previas estas observaciones, muy importantes para deslindar cosas que hay peligro de confundir, examinemos las relaciones de nuestras ideas con las representaciones sensibles.

30. Fijando la consideración sobre la diferencia de los objetos a que se refieren nuestras ideas, ocurre desde luego una clasificación de estas en geométricas y no geométricas. Las primeras, abarcan todo el mundo sensible en cuanto es percibido en la representación del espacio; las segundas, se extienden a toda especie de seres, prescindiendo de que sean o no sensibles; aquellas suponen un elemento primitivo que es la representación de la extensión; y en las divisiones y subdivisiones en que se distribuyen, no

ofrecen más que la idea de la extensión limitada y combinada de diferentes maneras; estas, nada ofrecen relativo a la representación del espacio, y aun cuando se refieran a él, solo le consideran en cuanto numerado, por las varias partes en que se puede dividir. De aquí resulta una línea que en las matemáticas separa la geometría de la aritmética universal; pues aquella tiene por base la idea de extensión, cuando esta solo considera el número, ya sea determinadamente como en la aritmética propiamente dicha, ya indeterminadamente, como en el álgebra.

31. Aquí es de notar la superioridad que las ideas no geométricas tienen sobre las geométricas. En los dos ramos de las matemáticas, aritmética universal y geometría, se echa de ver esta superioridad de una manera evidente. La geometría necesita a cada paso el auxilio de la aritmética, y esta jamás necesita el auxilio de la geometría. Se podrían tratar todos los ramos de la aritmética y álgebra, desde sus nociones más elementales hasta sus complicaciones más sublimes, sin mezclar para nada la idea de la extensión, y por consiguiente sin hacer uso de ninguna idea geométrica. Hasta el cálculo infinitesimal, nacido en cierto modo de consideraciones geométricas, se ha emancipado de estas, y se ha constituido en un cuerpo de ciencia del todo independiente de la idea de extensión. Por el contrario, la geometría ha menester desde sus primeros pasos, del auxilio de la aritmética. La comparación de los ángulos, punto fundamental en la ciencia geométrica, no se hace sin medirlos; y la medida se refiere a un arco de la circunferencia dividido en cierto número de grados que se pueden contar: henos aquí en la idea del número, en la operación de contar, esto es, en el terreno de la aritmética.

La misma prueba de superposición, no obstante su carácter eminentemente geométrico, necesita la numeración, en cuanto se haga una superposición repetida. Si se comparan dos arcos enteramente iguales, demostrando esta igualdad por medio de la superposición, no necesitamos la idea del número; pero si comparamos dos arcos desiguales con la mira de apreciar la relación de su cantidad y empleamos el método de superponer el menor al mayor, repetidas veces, ya contamos, ya empleamos la idea de número y nos hallamos otra vez en el terreno de la aritmética. Al comparar entre sí los radios de un círculo, sacamos su igualdad por el método de superposición, prescindiendo de la idea de número; pero si nos proponemos conocer la relación del diámetro a los radios, nos valemos de la idea de dos diciendo que el diámetro es duplo del radio, y entramos otra vez en los dominios de la aritmética. A medida que se adelanta en la combinación de las ideas geométricas, se van empleando más y más las aritméticas. Así en el triángulo entra por necesidad la idea del número tres; y en una de sus propiedades esenciales entran la de suma, la de tres y la de dos: la suma de los tres ángulos de un triángulo es igual a dos rectos.

32. No se crea que la idea del número pueda ser reemplazada por la intuición sensible de la figura cuyas propiedades y relaciones se trata de averiguar. Esta intuición en muchos casos es imposible, como se ve cuando se habla de figuras de muchos lados. Fácilmente nos representamos en la imaginación un triángulo y hasta un cuadrilátero; la representación se nos hace ya algo difícil al tratarse de un pentágono; más todavía, de un hexágono o un heptágono; y en llegando la figura a cierto número de lados se va escapando a la intuición sensible, hasta que se hace ya imposible de todo punto, apreciarla por la mera intuición. ¿Quién es capaz de representarse en la imaginación un polígono de mil lados?

33. Esta superioridad de las ideas no geométricas con respecto a las geométricas, es sumamente notable, porque indica que la esfera de la actividad intelectual se dilata a medida que se eleva sobre la intuición sensible. La extensión, que como hemos visto ya (Lib. III.) sirve de base no solo a la geometría sino también a las ciencias naturales, en cuanto representa sensiblemente la intensidad de ciertos fenómenos, es del todo inútil para hacernos penetrar en la íntima naturaleza de estos y conducirnos de lo que aparece a lo que es. Esta idea y las demás que a ella se subordinan, es por decirlo así una idea inerte de la cual no brota ningún principio vital que fecunde nuestro entendimiento y mucho menos la realidad: fondo insondable en que puede ejercerse nuestra actividad intelectual con la seguridad de no encontrar en él otra cosa que lo que pongamos nosotros mismos; objeto muerto que se presta a todas las combinaciones imaginables sin que por sí mismo sea capaz de producir nada ni contener sino lo que se le ha dado. Los físicos al considerar la inercia como propiedad de la materia, han atendido, tal vez más de lo que ellos se figuran, a la idea de extensión que nos presenta lo inerte por excelencia.

34. Las ideas de número, de causa, de substancia, son fecundas en resultados y se aplican a todos los ramos de las ciencias. Apenas se puede
hablar sin que se las exprese; diríase que son elementos constitutivos de
la inteligencia, pues que sin ellas se desvanece como fugaz ilusión. Con-
ducidlas por todo el ámbito que ofrece objetos a la actividad intelectual,
y a todo se extienden, a todo se aplican, para todo son necesarias, si se
quiere que la inteligencia pueda percibir y combinar. Es indiferente que los
objetos sean sensibles o insensibles, que se trate de nuestra inteligencia o
de otras sometidas a leyes diferentes; donde quiera que concebimos el acto
de entender, concebimos también aquellas ideas primitivas como elementos
indispensables para que el acto intelectual pueda realizarse. La existencia
misma, y hasta la posibilidad del mundo sensible, son indiferentes a la existencia y combinación de dichos elementos: ellos existirían en un mundo
de inteligencias puras, aun cuando el universo sensible no fuera más que
ilusión o una absurda quimera.

Por el contrario, tomad las ideas geométricas y hacedlas salir de la esfera
sensible: todo cuanto sobre ellas fundareis serán palabras que no significan
nada. Las ideas de substancia, de causa, de relación y otras semejantes, no
brotan de las ideas geométricas: cuando nos fijamos en estas solas, tenemos delante un campo inmenso donde la vista se dilata por espacios sin fin;
pero donde reinan el frío y el silencio de la muerte. Los seres, la vida, el movimiento que en este campo os propongáis introducir, es necesario traerlos
de otra parte; es necesario emplear otras ideas, combinarlas, para que de
su combinación surjan la vida, la actividad, el movimiento, para que en las
ideas geométricas se vea algo más que ese fondo inmóvil, inerte, vacío, cual
concebimos las regiones del espacio más allá de los confines del mundo.

35. Las ideas geométricas propiamente dichas, en cuanto se distinguen
de las representaciones sensibles, no son simples, pues encierran por necesidad las de relación y número. No se da un paso en geometría sin comparar; y esta comparación se hace casi siempre interviniendo la idea de
número. De donde resulta que las ideas geométricas, en apariencia tan diferentes de las puramente aritméticas, son idénticas con ellas, en cuanto a su
forma, o bien en cuanto a su carácter ideal puro; y solo se distinguen de las
mismas en que se refieren a una materia determinada, cual es la extensión,

tal como se ofrece en la representación sensible. Luego la inferioridad de las ideas geométricas que he consignado anteriormente (31), solo se refiere a su materia, o sea a las representaciones sensibles, que presupone como un elemento indispensable.

36. Inferiré de esta doctrina otra consecuencia notable, y es la unidad del entendimiento puro, y su distinción de las facultades sensitivas. En efecto: por lo mismo que aun con respecto a los objetos sensibles, empleamos ideas que nos sirven también para otros no sensibles, con solas las diferencias que consigo trae la diversidad de la materia percibida, se deduce que más arriba de las facultades sensitivas hay otra superior, con una actividad propia, con elementos distintos de las representaciones sensibles, centro donde se reúnen todas las percepciones intelectuales, y donde reside esa fuerza intrínseca, que si bien es excitada por las impresiones sensibles, se desenvuelve también por sí propia, apoderándose de aquellas impresiones y convirtiéndolas por decirlo así en propia substancia, por medio de una asimilación misteriosa.

37. Y aquí repetiré lo que ya hice notar en otra parte, sobre el profundo sentido ideológico que encerraba la doctrina del entendimiento agente de los aristotélicos, que ha sido ridiculizada, por no haber sido comprendida. Pero dejemos este punto y pasemos a analizar con mucho detenimiento las ideas geométricas, para ver si nos será posible divisar algún rayo de luz en esa profundidad tenebrosa que envuelve la naturaleza y origen de nuestras ideas.

Capítulo VI. En qué consiste la idea geométrica; y cuáles son sus relaciones con la intuición sensible

38. En los capítulos anteriores he distinguido entre las ideas puras y las representaciones sensibles; y creo haber demostrado la diferencia que va de aquellas a estas, aun limitándonos al orden geométrico. Mas con esto no queda explicada la idea en sí misma; se ha dicho lo que no es, pero no lo que es; y aunque llevo indicada la imposibilidad de explicar las ideas simples y la necesidad de contentarnos con designarlas, no quiero limitarme a esta observación, en la cual más bien parece que la dificultad se elude que no que se suelta. Solo después de las debidas investigaciones con que se

pueda comprender mejor lo que se intenta designar, será lícito limitarnos a la designación; porque entonces se echará de ver que la dificultad no ha sido eludida. Comencemos por las ideas geométricas.

39. ¿Es posible una idea geométrica, sin representación sensible, concomitante, o precedente? Para nosotros creo que no. ¿Qué significa la idea de triángulo si no se refiere a líneas que forman ángulos y que cierran un espacio? ¿Y qué significan, líneas, ángulos, espacio, en saliendo de la intuición sensible? Línea es una serie de puntos, pero esta serie no representa nada determinado, susceptible de combinaciones geométricas, si no se refiere a esa intuición sensible en que se nos aparece el punto como un elemento generador de cuyo movimiento resulta esa continuidad que llamamos línea. ¿Qué serán los ángulos, sin esas líneas representadas o representables? ¿Qué será el área del triángulo, si se prescinde de un espacio, de una superficie representada o representable? Se puede desafiar a todos los ideólogos a que den un sentido a las palabras empleadas en la geometría, si se prescinde absolutamente de toda representación sensible.

40. Las ideas geométricas, tales como nosotros las poseemos, tienen una relación necesaria a la intuición sensible: no son esta, pero la presuponen siempre. Para comprender mejor esta relación propongámonos definir el triángulo diciendo que es la figura cerrada por tres líneas rectas. En esta definición entran las ideas siguientes: espacio, cerrado, tres, líneas. Las cuatro son indispensables; en quitando cualquiera de ellas, desaparece el triángulo. Sin espacio no hay triángulo posible, ni figura de ninguna clase. Con un espacio y tres líneas que no cierren la figura, tampoco se forma un triángulo; luego no se puede omitir la palabra cerrado. Si se cierra una figura con más de tres líneas, el resultado no es un triángulo; y si se toman menos de tres, no se puede cerrar la figura. Luego la idea de tres, es necesaria en la idea del triángulo. Excusado es añadir que la idea de línea es no menos necesaria que las otras; pues que sin ella no se concibe el triángulo.

Aquí es de notar, que se combinan varias ideas distintas, pero todas referidas a una intuición sensible, bien que de una manera indeterminada. Se prescinde de que las líneas sean largas o cortas, de que formen ángulos más o menos grandes; de lo cual no se puede prescindir en ninguna intuición determinada: porque esta cuando existe, tiene calidades propias; de lo contrario no sería una representación determinada, y por tanto no fuera sensible, como se la supone; pero, aunque la referencia sea a una intuición indeterminada, supone siempre alguna, existente o posible; pues en otro caso le faltaría al entendimiento la materia de combinación; y las cuatro ideas que hemos encontrado en la del triángulo, serían formas vacías que no significarían nada, y cuya combinación fuera extravagante, o más bien absurda.

41. Parece pues que la idea del triángulo no es más que la percepción intelectual de la relación que entre sí tienen las líneas, presentadas a la intuición sensible, pero considerada esta en toda su generalidad, sin ninguna circunstancia determinante que la limite a casos ni especies particulares. Con esta explicación no se pone una cosa intermedia entre la representación sensible y el acto intelectual: este, ejerciendo su actividad sobre los materiales ofrecidos por la intuición sensible, percibe las relaciones de los mismos; y en esta percepción pura, simplicísima, consiste la idea.

42. Se entenderá mejor lo que acabo de explicar, si en vez de tomar por ejemplo el triángulo, consideramos una figura de muchos lados, incapaz de ser presentada claramente a la intuición sensible, como un polígono de un millón de lados. La idea de esta figura es tan simple como la del triángulo: con un acto intelectual la percibimos, y podríamos expresarla con una sola palabra; calculamos sus propiedades, sus relaciones, con la misma exactitud y certeza que las del triángulo, sin embargo de que nos es absolutamente imposible representarla distintamente en nuestra imaginación. Reflexionando sobre lo que en este supuesto se ofrece al acto intelectual, notamos los mismos elementos que en la idea de triángulo, con la diferencia de que el número tres, se ha convertido en un millón. Este número de líneas no podemos representárnoslas sensiblemente; pero el entendimiento para percibir su objeto, tiene bastante con la idea de línea en general, combinada con la del número, un millón. Encontramos pues los mismos elementos que en la idea del triángulo; pero estos elementos son los materiales sobre que se ejerce el acto perceptivo, considerándolos en general, sin más determinación que la que consigo trae el número fijo.

43. La idea de un polígono en general, prescindiendo del número de sus lados, no ofrece al espíritu nada determinado en la representación sensible: lo único que de esta se toma, es la idea de línea recta considerada en abs-

tracto y la de un espacio cerrado, mirándolo todo en su mayor generalidad. Con el acto intelectual se percibe la relación que entre sí tienen esos objetos de la intuición sensible, aun en medio de su indeterminación. Este acto perceptivo es la idea. Todo lo demás que se introduce es inútil; y sobre ser inútil, es afirmado sin fundamento.

44. Se preguntará tal vez, cómo es posible que el entendimiento perciba lo que hay fuera de él, en cuyo caso se halla la intuición sensible, la cual es función de una facultad distinta del entendimiento. Para desvanecer esta dificultad, prescindiré de las cuestiones que se agitan en las escuelas sobre la distinción de las potencias del alma; y me limitaré a observar, que ya sean estas realmente distintas entre sí, ya no sean más que una sola ejerciendo su actividad sobre diferentes objetos y de diversas maneras, siempre es necesario admitir una conciencia común de todas las facultades. El alma que siente, piensa, recuerda, quiere, es una misma, y tiene conciencia de todos estos actos. Sea lo que fuere de la naturaleza de las facultades con que los ejerce, ella es quien los ejerce, y quien sabe que los ejerce. Hay pues en el alma una conciencia única, centro común donde está el sentido íntimo de toda actividad ejercida, de toda afección recibida, sea cual fuere el orden a que pertenezcan. Ahora bien: supongamos el caso menos favorable a mi teoría, cual es el que la facultad a que corresponde la intuición sensible, sea realmente distinta de la facultad que ejerce el acto perceptivo de las relaciones de los objetos ofrecidos por la intuición sensible; ¿se seguirá de ahí, que el entendimiento necesite algo intermedio para ejercer su actividad sobre los objetos presentados por dicha intuición? no por cierto. El acto del entendimiento puro y el de la intuición sensible, aunque diferentes, se encuentran en un campo común: la conciencia: allí se ponen en contacto, ofreciendo el uno los materiales, y ejerciendo el otro su actividad perceptiva.

Capítulo VII. El entendimiento agente de los aristotélicos

45. Voy a explicar brevemente la teoría de los escolásticos sobre el modo con que el entendimiento conoce las cosas materiales. De esta explicación resultará comprobado con cuánta verdad he dicho que esta doctrina de las escuelas, solo puede ser ridiculizada por quien no la comprenda; y

que sea lo que fuere de su fundamento, no se le puede negar importancia ideológica.

46. En las escuelas se partía del principio de Aristóteles «nihil est in intellectu quod prius non fuerit in sensu»; nada hay en el entendimiento que antes no haya estado en el sentido. Con arreglo a este principio solía decirse también, que el entendimiento, antes de que el alma reciba las impresiones de los sentidos, es como una tabla rasa en la cual nada hay escrito: «sicut tabula rasa in qua nihil est scriptum». Según esta doctrina, todos nuestros conocimientos dimanaban de los sentidos; y a primera vista podría parecer, que el sistema de las escuelas era idéntico o muy semejante al de Condillac. En ambos se busca en la sensación el origen de nuestros conocimientos; en ambos se establece que anteriormente a las sensaciones, no hay en nuestro entendimiento ninguna idea. Sin embargo, y a pesar de semejantes apariencias, los dos sistemas son muy diferentes, diametralmente opuestos.

47. El principio fundamental de la teoría de Condillac está en que la sensación es la única operación del alma; y que todo cuanto existe en nuestro espíritu, no es más que la sensación transformada de varias maneras. Anteriormente a las impresiones sensibles, no admite este filósofo ninguna facultad; el desarrollo de la sensación es lo único que fecunda el alma, no excitando sus facultades, sino engendrándolas. La escuela de los aristotélicos tomaba las sensaciones como punto de partida, pero no las consideraba como productoras de la inteligencia; por el contrario, deslindaba muy cuidadosamente entre el entendimiento y las facultades sensitivas, reconociendo en aquel una actividad propia, innata, muy superior a todas las facultades del orden sensitivo. Basta abrir alguna de las innumerables obras de aquella escuela para encontrar a cada paso las palabras de fuerza intelectual, luz de la razón, participación de la luz divina, y otras por el mismo estilo, en que se reconoce expresamente una actividad primordial de nuestro espíritu, no comunicada por las sensaciones, sino anterior a todas ellas. El entendimiento agente, intellectus agens, que tanto figuraba en aquel sistema ideológico, era una condenación permanente del sistema de la sensación transformada, sostenido por Condillac. Para la mejor inteligencia de este punto, son necesarias algunas aclaraciones.

48. Dominados los aristotélicos por su idea favorita de explicarlo todo por materia y forma, modificando la significación de estas palabras según lo exigía el objeto a que se las aplicaba, consideraban también las facultades del alma como una especie de potencias incapaces de obrar, si no se les unía una forma que las pusiese en acto. Así es que explicaban las sensaciones por especies o formas, que ponían en acto la potencia sensitiva. La imaginación era una potencia, que si bien se elevaba un tanto sobre los sentidos externos, no contenía otra cosa que especies del orden sensible, aunque sujetas a las condiciones que necesitaba dicha facultad. Estas especies eran las formas que ponían en acto a la potencia imaginativa, que sin ellas no podía ejercer sus funciones. Explicados de esta manera los fenómenos del sentido externo y de la imaginación, quisieron los aristotélicos explicar los del orden intelectual, en lo que lucieron su ingenio, excogitando un auxiliar que llamaron entendimiento agente. Esta invención era motivada por la necesidad de poner acordes dos principios que parecían contradecirse. De una parte asentaban los aristotélicos que nuestros conocimientos dimanan todos de los sentidos; y de otra afirmaban que hay una diferencia intrínseca, esencial, entre sentir y entender. Tirada esta línea divisoria, se hacía una separación entre el orden sensitivo y el intelectual; y como por otro lado era preciso establecer una comunicación entre estos dos órdenes, si se quería salvar el principio de que nuestros conocimientos venían de los sentidos, fue necesario echar un puente que uniese las dos riberas.

No se podía negar al entendimiento puro el conocimiento de las cosas materiales; y como este conocimiento no le era innato, ni podía adquirirle por sí mismo, preciso era establecer una comunicación por medio de la cual el entendimiento alcanzase los objetos sin contaminar su pureza con especies sensibles. La imaginación las contenía, depuradas ya de la grosería del sentido externo: en ella estaban más aéreas, más puras, más cercanas a la inmaterialidad; pero distaban aun inmensamente del orden intelectual, y llevaban consigo el peso de las condiciones materiales que no les consentía levantarse a la altura necesaria para que pudiesen ponerse en comunicación con el entendimiento puro. Este, para conocer, necesitaba formas que se le uniesen íntimamente; y si bien es verdad que las divisaba allá a lo lejos en las bajas regiones de las facultades sensitivas, no podía descender hasta ellas, sin faltar a su dignidad y negar su propia naturaleza. En este conflicto preciso era encontrar un mediador; y este fue el entendimiento agente. ¿Cuáles eran las atribuciones de esta facultad? vamos a explicarlo.

49. Las especies sensibles contenidas en la imaginación, y verdadero retrato del mundo externo, no eran inteligibles por sí mismas, a causa de andar envueltas, no con materia propiamente dicha, sino con formas materiales, a las que no puede referirse directamente el acto intelectual. Si se pudiera encontrar una facultad que tuviese la incumbencia de hacer inteligible lo que no lo es, se habría resuelto satisfactoriamente el difícil problema; porque en tal caso, aplicando su actividad a las especies sensibles el misterioso transformador, podrían estas servir al acto intelectual, elevándose de la categoría de especies imaginarias, phantasmata, a la de ideas puras o especies inteligibles. Esta facultad es el entendimiento agente: verdadero mago que posee el maravilloso secreto de despojar a las especies sensibles de sus condiciones materiales, de quitarles toda la parte tosca que las impedía ponerse en contacto con el entendimiento puro, transformando el grosero pábulo de las facultades sensitivas en purísima ambrosia que pudiera servirse en la mesa de los espíritus.

50. Esta invención, más bien que ridícula debiera llamarse poética, y antes merece el título de ingeniosa que el de extravagante. Pero lo que hay en ella más notable es que envuelve un sentido profundamente filosófico, ya porque consigna un hecho ideológico de la mayor importancia, ya también porque indica el verdadero camino para explicar los fenómenos de la inteligencia en sus relaciones con el mundo sensible. El hecho consignado es la diferencia entre las representaciones sensibles y las ideas puras, aun con respecto a los objetos materiales. La indicación del verdadero camino consiste en presentar la actividad intelectual obrando sobre las especies sensibles y convirtiéndolas en alimento del espíritu.

Quítese a la explicación de las escuelas la parte poética, y véase si lo que en ella se envuelve vale tanto por lo menos, como lo dicho por Kant al combatir el sensualismo, distinguiendo entre las intuiciones sensibles, y el entendimiento puro.

Capítulo VIII. Kant y los aristotélicos

51. A fin de que no se me pueda acusar de ligereza por lo que acabo de decir, comparando la filosofía de las escuelas con la de Kant, en lo relativo a la distinción entre las facultades sensitivas y las intelectuales, voy a examinar rápidamente la doctrina de este filósofo en lo concerniente a esta materia.

Como el filósofo alemán se expresa por lo común con bastante oscuridad, y emplea un lenguaje desusado, que fácilmente se pudiera prestar a interpretaciones diferentes, insertaré sus propias palabras: de esta suerte el lector juzgará por sí mismo, y rectificará las equivocaciones en que pueda yo incurrir, al comparar la doctrina de Kant con la de los aristotélicos.

«Sea cual fuere el modo, dice Kant, con que un conocimiento puede referirse a objetos, y cualquiera que sea el medio, este modo que hace que el conocimiento se refiera inmediatamente a las cosas, y que el pensamiento sea mirado como un medio, constituye la intuición. Esta intuición no existe sino en cuanto se nos da un objeto; lo que no es posible, al menos para nosotros hombres, sino en cuanto el espíritu es afectado de alguna manera. La capacidad de recibir las representaciones por el modo con que los objetos nos afectan, se llama sensibilidad. Por medio de la sensibilidad los objetos nos son dados: solo ella nos suministra intuiciones; pero el entendimiento es quien los concibe, y de aquí vienen los conceptos. Todo pensamiento debe en último resultado, referirse directa o indirectamente, por medio de ciertos signos, a intuiciones, y por consiguiente a la sensibilidad: puesto que ningún objeto puede sernos dado de otra manera.»

«El efecto de un objeto sobre la facultad representativa, en cuanto nosotros somos afectados por él, se llama sensación. Toda intuición que se refiere a un objeto por medio de la sensación, se llama empírica. El objeto indeterminado de una intuición empírica se llama fenómeno» (Estética trascendental, 1.ª Part.).

La distinción entre la facultad de sentir y la de concebir, es fundamental en el sistema de Kant, y así vemos que ya la expone, aunque rápidamente, antes de comenzar sus investigaciones sobre la Estética, o sea la teoría de la sensibilidad. Más adelante, al tratar de las operaciones del entendimiento, desenvuelve más ampliamente su doctrina; y por el modo en que insiste sobre ella, se trasluce que la consideraba como de alta importancia, y quizás como el descubrimiento de una región enteramente desconocida en el mundo filosófico. He aquí cómo se expresa en su Lógica trascendental.

«Nuestro conocimiento, dice, procede de dos manantiales intelectuales: el primero es la capacidad de recibir las representaciones (la receptividad de las impresiones), el segundo es la facultad de conocer un objeto por sus representaciones (la espontaneidad de los conceptos). Por el primero, el objeto nos es dado; por el segundo, es pensado en relación con esta representación (como pura determinación del espíritu). intuición y conceptos, he aquí los elementos de todo nuestro conocimiento; por manera que los conceptos sin una intuición correspondiente, o una intuición sin conceptos, no pueden dar un conocimiento.»...

«Llamaremos sensibilidad la capacidad (receptividad) de nuestro espíritu de tener representaciones, en tanto que es afectado de un modo cualquiera; por el contrario, la facultad de producir representaciones, o la espontaneidad del conocimiento, se llamará entendimiento. Es propio de nuestra naturaleza el que la intuición no pueda ser sino sensible, es decir que no comprenda sino el modo con que nosotros somos afectados por los objetos. El entendimiento es la facultad de concebir el objeto de la intuición sensible. De estas propiedades del alma no es la una preferible a la otra: las dos son de igual importancia. Sin la sensibilidad, ningún objeto nos sería dado, y sin el entendimiento, ninguno sería pensado. Pensamientos sin materia y sin objetos, son vanos; intuiciones sin conceptos, son ciegas. Es pues igualmente indispensable el hacer sensibles los conceptos (es decir, darles un objeto en intuición); y el hacer inteligibles las intuiciones, sometiéndolas a conceptos. Estas dos facultades o capacidades, no pueden suplirse la una a la otra cambiando sus funciones. El entendimiento no puede percibir nada y el sentido no puede pensar: el conocimiento solo resulta de su unión. No se deben pues confundir sus atribuciones; por el contrario, importa mucho distinguirlas y separarlas cuidadosamente. Nosotros distinguimos pues, la ciencia de las leyes de la sensibilidad en general, es decir la Estética, de la ciencia de las leyes del entendimiento en general, es decir de la Lógica» (Lógica trascendental. Introducción).

Nótese bien el sentido de esta doctrina. Se establecen dos hechos: la intuición sensible, y el concepto sobre ella: en consecuencia se afirma la existencia de dos facultades: sensibilidad y entendimiento: a la primera corresponden las representaciones sensibles, al segundo los conceptos. Estas dos facultades, aunque diferentes, están íntimamente enlazadas: se necesitan recíprocamente, para producir el conocimiento. ¿Cómo se prestan la una a la otra el auxilio de que han menester?

«El entendimiento, dice Kant en otro lugar, ha sido definido más arriba solo negativamente: una facultad de conocer no sensible. Como nosotros no podemos tener ninguna intuición independiente de la sensibilidad, se sigue que el entendimiento no es una facultad intuitiva. Quitada la intuición, no hay otro modo de conocer que por conceptos; de donde se infiere que el conocimiento de toda inteligencia humana, es un conocimiento por conceptos, no intuitivo, sino discursivo (general). Todas las intuiciones, como sensibles, reposan sobre afecciones, y por consiguiente, los conceptos sobre funciones. Entiendo por funciones la unidad de acción necesaria para ordenar diferentes representaciones, y hacer de ellas una representación común. Los conceptos tienen pues por base la espontaneidad del pensamiento, como las intuiciones sensibles la receptividad de las impresiones. El entendimiento no puede hacer otro uso de estos conceptos que el juzgar por medio de los mismos; y como la intuición es la sola representación que tiene inmediatamente un objeto, jamás un concepto se refiere inmediatamente a un objeto, sino a alguna otra representación de este objeto, ora sea esta una intuición, ora sea también un concepto. El juicio es el conocimiento mediato de un objeto, y por consiguiente la representación de este objeto. En todo juicio hay un concepto aplicable a muchas cosas, y que bajo esta pluralidad comprende también una representación dada, la cual se refiere inmediatamente al objeto. Así en el juicio: todos los cuerpos son divisibles; el concepto divisible, conviene a otros diferentes conceptos, entre los cuales el de cuerpo, es el a que se refiere aquí particularmente. Pero este concepto de cuerpo es relativo a ciertos fenómenos que tenemos a nuestra vista; estos objetos son pues mediatamente representados por el concepto de divisibilidad. Todos los juicios son funciones de la unidad en nuestras representaciones; pues que en lugar de una representación inmediata, otra más elevada que contiene a la primera con muchas otras, sirve al conocimiento del objeto; así un gran número de conocimientos posibles, son reducidos a uno solo. Pero nosotros podemos reducir todas las operaciones del entendimiento al juicio; de suerte que el entendimiento en general, puede ser representado como una facultad de juzgar; porque según lo dicho, esto es la facultad de pensar. El pensamiento es el conocimiento por conceptos; pero los conceptos, como atributos de juicios posibles, se refieren a una representación cualquiera de un objeto, todavía indeterminado. Así el concepto de cuerpo, significa alguna cosa, por ejemplo un metal, que puede ser conocido por este concepto. Este concepto pues no es tal, sino porque contiene en sí otras representaciones, por cuyo medio se puede referir a objetos. Es pues el atributo de un juicio posible, por ejemplo de este: todo metal es un cuerpo» (Lógica trascendental. Analítica trascendental. Lib. 1.º Cap. 1. Sección 1.ª).

52. En esta doctrina de Kant conviene distinguir dos cosas: primera: los hechos sobre que se funda; segunda: el modo con que los examina y explica y las consecuencias que de ellos deduce.

Desde luego se echa de ver una diferencia radical entre el sistema de Kant y el de Condillac, con respecto a la observación de los hechos ideológicos: mientras este no descubre en el espíritu otro hecho que la sensación, ni más facultad que la de sentir; aquel asienta como un principio fundamental, la distinción entre la sensibilidad y el entendimiento. En esto triunfa del filósofo francés el alemán, porque tiene en su apoyo la observación de lo que atestigua la experiencia. Pero este triunfo sobre el sensualismo, lo habían obtenido antes muchos otros filósofos, y particularmente los escolásticos. También estos admitían con Kant y Condillac, que todos nuestros conocimientos vienen de los sentidos; pero también habían notado lo que vio Kant y no alcanzó Condillac, a saber, que las sensaciones por sí solas, no bastan a explicar todos los fenómenos de nuestro espíritu, y que a más de la facultad sensitiva, era preciso admitir otra muy diferente, llamada entendimiento.

Considera Kant las sensaciones como materiales suministrados al entendimiento, que este combina de varias maneras, reduciéndolos a conceptos. «Pensamientos sin materia, dice, son vanos, intuiciones sin conceptos son ciegas. Es pues igualmente indispensable, el hacer sensibles los conceptos, esto es darles un objeto en intuición, y el hacer inteligibles las intuiciones, sometiéndolas a conceptos. ¿Quién no ve en este pasaje, el entendimiento agente de los aristotélicos, bien que expresado con otras palabras? Sustitúyase a intuición sensible, especie sensible; a concepto, especie inteligible, y nos encontraremos con una doctrina muy semejante a la de los escolásticos. Hagamos el parangón.»

Dice Kant: es necesaria la acción de los sentidos, o bien la experiencia sensible, para que podamos adquirir conocimiento. Los escolásticos dicen: nada hay en el entendimiento, que antes no haya estado en el sentido: «nihil est in intellectu, quod prius non fuerit in sensu».

Dice Kant: las intuiciones sensibles por sí solas, son ciegas. Dicen los escolásticos: las especies de la imaginación, o sensibles, que también se llaman phantasmata, no son inteligibles.

Dice Kant; es indispensable hacer sensibles los conceptos, dándoles un objeto en intuición. Dicen los escolásticos: es imposible entender, ya sea adquiriendo ciencia, ya sea usando de la adquirida, sin que el entendimiento se dirija a las especies sensibles: «sine conversione ad phantasmata».

Dice Kant: es indispensable hacer inteligibles las intuiciones, sometiéndolas a conceptos. Dicen los escolásticos: es necesario hacer inteligibles las especies sensibles, para que puedan ser objeto del entendimiento.

Dice Kant, que por medio de los conceptos juzgamos; y que el juicio es el conocimiento mediato de un objeto y por consiguiente su representación. Dicen los escolásticos, que conocemos los objetos por medio de una especie inteligible, la cual está sacada de la especie sensible, y es su representación inteligible.

Dice Kant, que en todo juicio hay un concepto aplicable a muchas cosas, el cual bajo de esta pluralidad comprende también una representación dada, la que se refiere inmediatamente al objeto. Dicen los escolásticos, que la especie inteligible es aplicable a muchas cosas, porque es universal; pues aunque abstraída de una especie sensible y particular, prescinde de las condiciones materiales e individuantes, y por consiguiente abraza todos los objetos individuales, en una representación común.

Para significar ese acto intelectual, forma, o lo que se quiera, con que el entendimiento aprovechándose de las intuiciones sensibles, combina con arreglo a las leyes del orden intelectual los materiales ofrecidos por la sensibilidad, emplea Kant las palabras concepto, concebir. Los escolásticos enseñan también que la especie inteligible, llamada también especie impresa, fecunda al entendimiento, produciendo en él una concepción intelectual, de la que resulta el verbo, locución interior, o especie expresa, que también denominan concepto.

Dice Kant, que el conocimiento de la inteligencia humana es un conocimiento por conceptos, no intuitivo sino discursivo, general; y que para nosotros no hay verdadera intuición, sino en la esfera de la sensibilidad. Dicen los escolásticos que nuestro entendimiento, mientras estamos en esta vida, tiene una relación necesaria a la naturaleza de las cosas materiales; que por este motivo, no puede conocer primo et per se, las substancias inmateriales; resultando que no las conocemos perfectamente, sino por algunas comparaciones con las cosas materiales, y principalmente por vía de remoción, per viam remotionis, o sea de un modo negativo.

53. El parangón que precede es sobre manera interesante para apreciar en su justo valor los puntos de semejanza de dos sistemas que ocupan un distinguido lugar en la historia de la ideología: semejanza que tal vez no ha sido notada hasta ahora, no obstante de que salta a los ojos a la simple lectura del filósofo alemán. Esto no es de extrañar: el estudio de los escolásticos es sumamente difícil: es preciso resignarse al lenguaje, al estilo, a las opiniones, a las preocupaciones de aquella época, y revolver mucha tierra inútil, para sacar un poco de oro puro. Pero nótese bien que yo no me propongo descubrir en las obras de los escolásticos el sistema de la crítica de la razón pura; y que me limito a consignar un hecho poco conocido, cual es, el que lo bueno, lo fundamental, lo concluyente que se halla en el sistema del filósofo alemán contra el sensualismo de Condillac, lo habían dicho siglos antes los escolásticos.

¿Deberemos inferir de esto que la doctrina de Kant haya sido tomada de dichos autores? No lo sé; pero creo que se podría afirmar con algún fundamento, no ser imposible que el filósofo alemán, hombre muy laborioso, de vasta lectura, y de felicísima memoria, hubiese recibido inspiraciones cuya reminiscencia se trasluciese en sus doctrinas. Sin ser plagiario, puede un escritor verter como propias, ideas que no le pertenecen. Muy a menudo se verifica, que el hombre se figura crear, cuando no hace más que recordar.

54. Aunque el filósofo alemán conviene con los escolásticos en la observación de las facultades primitivas de nuestro espíritu, se aparta luego de ellos en las aplicaciones; y mientras aquellos van a parar a un dogmatismo filosófico, él es conducido a un escepticismo desesperante. Nada de lo que los filósofos más eminentes habían reconocido por incontestable, se sostiene a los ojos del filósofo alemán. Ha distinguido, es verdad, el orden sensible del inteligible; ha reconocido dos facultades primitivas en nuestra alma, sensibilidad y entendimiento; ha señalado la línea que las separa, encargando con solicitud que no se la borre jamás; pero en cambio, ha reducido el mundo sensible a un conjunto de puros fenómenos, explicando el espacio de tal manera, que es muy difícil evitar el idealismo de Berkeley; y por otra parte, ha circunvalado el entendimiento, impidiéndole toda comunicación que se extienda más allá de la experiencia sensible, reduciendo todos los elementos que en él se encuentran a formas vacías que a nada conducen cuando se las quiere aplicar a lo no sensible, que nada pueden decirnos sobre los grandes problemas ontológicos, psicológicos y cosmológicos; esos problemas, objeto de las meditaciones de los más profundos metafísicos, y en cuya resolución han vertido un caudal de doctrinas sublimes, justo título de noble orgullo para el espíritu humano, que conoce la dignidad de su naturaleza, que demuestra su alto origen, y columbra la inmensidad de su destino.

Capítulo IX. Ojeada histórica sobre el valor de las ideas puras

55. Consignados los puntos de semejanza entre el sistema de Kant y el de los escolásticos, voy a indicar las diferencias, mayormente en lo que toca a la aplicación de las doctrinas. Para dar una idea de lo grave y trascendental de estas diferencias, basta observar la discrepancia de los resultados. Los aristotélicos hacen estribar sobre sus principios todo un cuerpo de ciencia metafísica, a la que consideran como la más digna de las ciencias, y cual luz poderosa y brillante que fecunda y dirige a todas las demás; por el contrario Kant, partiendo de los mismos hechos, arruina la ciencia metafísica, despojándola de todo valor para el conocimiento de los objetos en sí mismos.

56. Es de notar que en esta parte, Kant se halla en oposición, no solo con los escolásticos propiamente dichos, sino también con todos los metafísicos

más eminentes que le han precedido. Sobre este particular, los escolásticos tienen en su favor a Platón, Aristóteles, san Agustín, san Anselmo, santo Tomás, Descartes, Malebranche, Fenelon y Leibnitz.

57. La trascendencia de estas cuestiones, no puede desconocerla quien no ignore lo vital que es para el espíritu humano el saber si es posible una ciencia superior al orden puramente sensible, y por la cual el hombre extienda su actividad más allá de los fenómenos que le ofrece la materia. Hay aquí cuestiones sumamente profundas que no pueden ser tratadas ligeramente. Lo difícil y sumamente abstruso de los objetos y relaciones que se han de considerar; lo importante, lo trascendental, de las consecuencias, a que se llega, según el camino que se sigue, exigen que se desentrañen estas materias sin perdonar trabajo de ninguna clase. Bien puede asegurarse que de estas cuestiones dependen la conservación de las sanas ideas sobre Dios y sobre el espíritu humano; esto es, sobre cuanto puede ofrecerse más importante y elevado a la consideración del hombre.

Para profundizar debidamente la materia elevémonos al origen de la divergencia en las opiniones filosóficas; investiguemos la causa de que partiendo de unos mismos hechos se pueda llegar a resultados contradictorios. Para esto es necesaria una exposición clara de las doctrinas opuestas.

58. Todos los filósofos convienen en admitir el hecho de la sensibilidad; sobre él no puede caber ninguna duda: es un fenómeno atestiguado por el sentido íntimo de una manera tan palpable, que los mismos escépticos no han podido negar la realidad subjetiva de la apariencia, por más que hayan puesto en duda su realidad objetiva. Los idealistas al negar la existencia de los cuerpos, no han negado su existencia fenomenal, esto es, su apariencia a los ojos del espíritu bajo una forma sensible. La sensibilidad pues, y los fenómenos que ella contiene, han sido en todas épocas un dato primitivo en los problemas ideológicos y psicológicos; discrepancia puede haberla con respecto a la naturaleza y consecuencias de este dato, mas no en cuanto a la existencia del mismo.

59. La historia de las ciencias ideológicas nos presenta dos escuelas: la una no admite más que la sensación, y explica todas las afecciones y operaciones del alma por la transformación de las sensaciones; la otra admite hechos primitivos, distintos de la sensación: facultades diferentes de la de

sentir; y reconoce en el espíritu una línea que separa el orden sensible del intelectual.

60. Esta última escuela se divide en otras dos, de las cuales la una considera el orden sensible, no solo como distinto, sino también como separado del orden intelectual, como reñido en cierto modo con él; y en consecuencia establece que el orden intelectual nada puede recibir del sensible, a no ser exhalaciones malignas que o emboten su actividad o la extravíen. De aquí el sistema de las ideas innatas en toda su pureza; de aquí esa metafísica de un orden intelectual, enteramente exento de las impresiones sensibles; metafísica que cultivada por genios eminentes, ha sido profesada con sublime exageración en los tiempos modernos, por el autor de la Investigación de la verdad. La otra ramificación de dicha escuela, aunque admite el orden intelectual puro, no cree que se le contamine poniéndole en comunicación con los fenómenos sensibles; antes por el contrario, opina que los problemas de la inteligencia humana, tal como se halla en esta vida, no pueden resolverse sin atender a dicha comunicación.

61. La experiencia enseña que esta comunicación existe por una ley del espíritu humano; negar esta ley es luchar contra una verdad atestiguada por el sentido íntimo; intentar destruirla es acometer una empresa temeraria, es arrojarse a una especie de suicidio del espíritu. Por esta razón, la escuela de que acabo de hablar, aceptando los hechos tales como la experiencia interna se los ofrece, ha procurado explicarlos, señalando los puntos en que pueden estar en comunicación el orden sensible y el intelectual, sin que se destruyan ni confundan.

62. Esta escuela que admite la existencia de los dos órdenes sensible e intelectual, y que al propio tiempo admite la posibilidad y la realidad de su comunicación e influencia recíprocas, tiene por principio fundamental que el origen de todos los conocimientos está en los sentidos, siendo estos las causas excitantes de la actividad intelectual, y como una especie de obreros que le ofrecen materiales que después ella combina de la manera necesaria para levantar el edificio científico.

63. Hasta aquí andan acordes Kant y los escolásticos: pero luego se separan en un punto de la mayor trascendencia, de lo cual resulta que van a parar a consecuencias opuestas. Los escolásticos creen que en el enten-

dimiento puro hay verdaderas ideas con verdaderos objetos, sobre los cuales se puede discurrir con entera seguridad, independientemente del orden sensible. Aunque admiten el principio de que nada hay en el entendimiento que antes no haya estado en el sentido, pretenden sin embargo que en el entendimiento hay algo realmente; lo cual puede conducir al conocimiento de la verdad de las cosas en sí mismas, no solo materiales sino también inmateriales. Las ideas del orden intelectual puro son originadas de los sentidos como excitantes de la actividad intelectual; pero esta actividad, por medio de la abstracción y demás operaciones, se ha formado ideas propias, con cuyo auxilio puede andar en busca de la verdad, fuera del orden sensible.

64. En esta explicación del orden intelectual puro están acordes los metafísicos escolásticos y no escolásticos, en cuanto se trata de atribuir a las ideas un valor objetivo real, y hacerlas un medio seguro para encontrar la verdad, independientemente de los fenómenos sensibles. Estas escuelas, si bien discordes en cuanto al origen de las ideas, convienen en lo tocante a la realidad y valor de las mismas.

65. Kant, al propio tiempo que admite el principio de los escolásticos de que todos nuestros conocimientos vienen de los sentidos, y que reconoce con ellos la necesidad de admitir un orden intelectual puro, una serie de conceptos diferente de la intuición sensible, sostiene que estos conceptos no son verdaderos conocimientos, sino formas vacías que por sí solas nada dicen, nada enseñan al espíritu, que a nada pueden conducir para conocer la realidad de las cosas. Estos conceptos solo significan algo cuando se los llena por decirlo así con intuiciones sensibles: en faltándoles estas intuiciones, no corresponden a nada, ni pueden tener más uso que el puramente lógico, esto es, que el entendimiento pensará sobre ellos combinándolos, sin caer en contradicción, pero sin que jamás puedan dar ningún resultado.

«El entendimiento, dice Kant, no puede hacer jamás un uso trascendental de todos sus principios a priori, no puede emplear sus conceptos sino empíricamente, jamás trascendentalmente. Este es un principio que si puede ser conocido con convicción, trae las más graves consecuencias. El uso trascendental de un concepto en un principio, consiste en que se refiere a las cosas en general y en sí, mientras que el uso empírico se refiere a los solos fenómenos, es decir, a los objetos de una experiencia posible: por donde se echa de ver que este último uso es el solo que puede tener lugar. Para todo concepto es necesaria la forma lógica de un concepto en general, del pensamiento, y enseguida la posibilidad de someterle un objeto al cual se refiera: sin este objeto carece de sentido; no contiene nada, aunque pueda encerrar la función lógica para formar un concepto por medio de ciertos datos. Un objeto no puede ser dado a su concepto sino en la intuición; y aunque una intuición pura sea posible a priori antes que el objeto, sin embargo no puede recibir su objeto y por consiguiente su valor objetivo, sino por la intuición empírica de la cual ella es la forma. Todos los conceptos, y con ellos todos los principios, aunque sean a priori, se refieren no obstante a intuiciones empíricas, es decir, a datos de la experiencia posible. De otro modo no tienen ningún valor objetivo, no son más que un verdadero juego ya de la imaginación ya del entendimiento, con las representaciones respectivas de una u otra de estas facultades...»

«Lo mismo se verifica en las categorías y principios que de ellas se forman; lo cual se manifiesta por la imposibilidad en que nos hallamos de definir realmente una sola de ellas, es decir, que no podemos hacer inteligible la posibilidad de su objeto, sin atenernos a las condiciones de la sensibilidad, por consiguiente a la forma de los fenómenos; condiciones a las cuales deben restringirse estas categorías, como a su único objeto. Si esta condición desaparece, desaparecerá también todo valor, todo sentido, esto es, toda relación al objeto, y con ningún ejemplo se puede hacer concebir cuál es el objeto propio de estos conceptos...»

«Si no se llevan en cuenta todas las condiciones de la sensibilidad que las señalan (habla de las categorías) como conceptos de un uso empírico posible, si se las toma como conceptos de las cosas en general y por consiguiente de uso trascendental, nada queda por hacer en cuanto las concierne, sino guardar la función lógica en los juicios, como la condición de la posibilidad de las cosas mismas, sin poder mostrar en qué caso su aplicación y su objeto, y por consiguiente ellas mismas, pueden tener en el entendimiento puro, y sin la intervención de la sensibilidad, un sentido y un valor objetivo...»

«Se sigue incontestablemente de lo dicho, que los conceptos puros del entendimiento no pueden jamás tener un uso trascendental, y sí únicamente un uso siempre empírico, y que los principios del entendimiento puro no se refieren a los objetos de los sentidos, sino cuando los sentidos están en relación con las condiciones generales de una experiencia posible; pero jamás a las cosas en general, sin relación a la manera con que nosotros las podemos percibir» (Lógica trascendental, Lib. 2. Cap. 3.).

66. Así destruye Kant toda la ciencia metafísica, y en esta deplorable ruina van envueltas las ideas más fundamentales, más preciosas, más sagradas, del espíritu humano. Según él, la analítica trascendental hace ver que el entendimiento no puede traspasar jamás los límites de la sensibilidad, únicos en que nos son dados los objetos en intuición sensible. Los principios que eran considerados como eternas columnas del edificio científico, se reducen a formas vacías, a palabras sin sentido, en cuanto se los saca de la esfera de la sensibilidad. La ontología con sus doctrinas trascendentales para explicar la naturaleza y el origen de las cosas, nada vale a los ojos del filósofo alemán: estos principios, dice, son simplemente principios de la exposición de los fenómenos; y el nombre fastuoso de una ontología que pretende dar un conocimiento sintético a priori de las cosas, en una doctrina sistemática, por ejemplo el principio de causalidad, debe reemplazarse por la denominación modesta de simple analítica del entendimiento puro.

67. Difícilmente se puede encontrar doctrina más dañosa: ¿qué le resta al espíritu humano si se le quitan los medios para salir de la esfera sensible? ¿A qué se reduce nuestro entendimiento si sus ideas más fundamentales y sus principios más elevados, no tienen ningún valor para enseñarle algo sobre la naturaleza de las cosas? Si el mundo corpóreo no es más para nosotros que un conjunto de fenómenos sensibles, y nada podemos conocer fuera de ellos, nuestros conocimientos nada tienen de real, todos son puramente subjetivos, el alma vive de ilusiones, y se envanece con creaciones imaginarias a las que nada corresponde en la realidad. Forma subjetiva el espacio, forma subjetiva el tiempo, conceptos vacíos las ideas puras, todo es subjetivo en nosotros; nada sabemos de los objetos, ignoramos absolutamente lo que hay, y solo sabemos lo que nos aparece. Esto es el escepticismo puro; ciertamente que para llegar a él no era necesario consumir tanto tiempo en investigaciones analíticas. En la doctrina de Kant no se presenta tan chocante la extravagancia ni tan deforme el error como en las obras de Fichte, Schelling

y Hegel; pero en ella está el germen de las mayores extravagancias y de los más funestos errores. Él es quien ha hecho una revolución filosófica, que algunos incautos han tenido por un progreso; no viendo sin duda el fondo de escepticismo que en ella se encierra, y que es tanto más peligroso cuanto más se envuelve con formas analíticas.

68. Sin embargo de la importancia que doy a la impugnación de los errores del filósofo alemán, no pienso seguirle paso a paso, combatiendo sus doctrinas; este sistema de impugnación tiene el gravísimo inconveniente de dejar poco satisfecho al lector; porque le parece ver que se arruina un edificio sin reemplazarle con otro. Considero más útil examinar detenidamente las cuestiones, a medida que se vayan ofreciendo según el orden de materias, establecer mi opinión, apoyarla del mejor modo que alcance: y luego rebatir los errores de Kant, cuando se los encuentre al paso, obstruyendo el camino de la verdad. Suele ser fácil decir lo que una cosa no es, pero no suele serlo tanto el decir lo que es; y conviene que a los sostenedores de las buenas doctrinas no se nos pueda hacer el cargo de que impugnamos las ajenas y no cuidamos de exponer las propias. Yo creo que en estas materias la buena filosofía puede presentarse a la luz del Sol luchando con el error, que no debe contentarse con ser instrumento de guerra para derribar a su adversario, sino que ha de pretender a fundar un establecimiento sólido y bello en el mismo sitio que aquel ocupara.

Los espíritus no se satisfacen con solas impugnaciones: desean una doctrina que sustituya a lo impugnado: quien impugna niega; y el entendimiento no se contenta con negaciones, ha menester afirmaciones, porque no puede vivir sin la verdad positiva.

Permítaseme esta breve digresión, que estoy lejos de tener por inútil: a la vista de la trascendencia de los errores del filósofo alemán he recordado la necesidad que hay de trabajos detenidos, asiduos, profundos, para oponerse a ese diluvio de errores que amenazan una inundación en el campo de la verdad; y no he podido menos de insistir sobre este punto, advirtiendo que no basta impugnar, sino que es necesario establecer. Haya impugnaciones en buen hora; pero abunden las doctrinas positivas: en la extensa línea en que despliega el error sus ataques, no basta cubrir la frontera con cuerpos ligeros y briosos que rechacen al enemigo; es preciso fundar colonias, focos de civilización y cultura, que al propio tiempo que defiendan al país, le hagan prosperar y florecer.

Capítulo X. La intuición sensible

69. ¿En qué consiste la intuición? La intuición propiamente dicha, es el acto del alma con que percibe un objeto que la afecta: así lo indica la significación latina del nombre, el cual se deriva del verbo intueri, mirar una cosa que se tiene presente.

70. La intuición no cabe sino en las potencias perceptivas, es decir, en aquellas por las que el sujeto afectado distingue entre su afección y el objeto que la causa. No quiero decir que semejante distinción haya de ser reflexiva; sino únicamente que el acto interno se ha de referir a un objeto. Si suponemos un ser que experimenta varias afecciones, sin referirlas a ningún objeto, ni reflexionar sobre las mismas, no se podrá decir con propiedad que tenga verdadera intuición: esta parece envolver el ejercicio de una actividad que se ocupa en un objeto presente. El objeto de la intuición no siempre ha de ser externo; puede ser una de las afecciones o acciones del alma objetivadas por un acto de reflexión.

71. Las sensaciones que con más propiedad se llaman intuitivas, son las de la vista y del tacto; puesto que percibiendo la extensión misma, y siéndonos imposible considerar a esta como un hecho puramente subjetivo, los actos de ver y tocar envuelven necesariamente relación a un objeto. Los demás sentidos, aunque en algún modo están relacionados con la extensión, no la perciben directamente; y por tanto si estuviesen solos, tendrían más de afectivo, que de intuitivo: esto es, que el alma sería afectada por estas sensaciones, sin necesidad de referirlas a objetos externos. Si la reflexión, fijándose sobre dichas sensaciones, llegase a enseñar, como en efecto lo enseñaría, que la causa de ellas es un ser distinto del que las experimenta, tampoco habría verdadera intuición: porque esta no existiría ni para los sentidos, que permanecerían ajenos a las combinaciones reflexivas; ni para el entendimiento, que conocería la causa de las sensaciones, no por intuición, sino por discurso.

72. De esto se infiere que no toda sensación es intuición; y que las reproducciones imaginarias de sensaciones pasadas, o la producción imaginaria

también, de sensaciones posibles, aunque se llamen a menudo intuiciones, no merecen con propiedad el nombre de tales, a causa de que no se refieren a un objeto. Sin embargo, aquí es menester observar, que los fenómenos de la sensibilidad puramente interna, tal vez deben el no referirse a objetos, al hábito de la reflexión, la cual percibe las diferencias de tiempo, la mayor o menor viveza de las sensaciones, su enlace más o menos constante, y otras circunstancias, por las cuales distingue entre las representaciones que se refieren actualmente a un objeto, como las sensaciones externas, y las que solo le tienen pasado o posible, como las representaciones puramente internas. Así experimentamos que cuando la sensibilidad puramente interna, se halla del todo abandonada a sí misma, sin el auxilio de la reflexión, traslada a lo exterior todo cuanto se le ofrece, convirtiendo en realidades las apariencias imaginarias. Esto se verifica en el sueño, y aun durante la vigilia, cuando por algún trastorno cerebral, la sensibilidad obra enteramente sola, independientemente de la reflexión.

73. La causa de que la sensibilidad entregada a sí misma, objetive todas sus impresiones, se halla en que siendo una facultad no reflexiva, no puede distinguir entre la afección procedente de lo exterior y la puramente interna. Como la comparación, por poca que sea, implica un acto reflejo, la sensibilidad no compara: de donde resulta, que cuando el sujeto no hace más que sentir, no puede apreciar las diferencias de las sensaciones, midiendo los grados de su viveza, ni tampoco percibir la existencia o la falta del orden y constancia de su enlace.

La facultad de sentir es enteramente ciega para todo lo que no es su objeto determinado; lo que no se halla en este, en cuanto objeto de dicha facultad, no existe para ella en ninguna parte; por lo cual se echa de ver que abandonada a sí misma, objetivará su impresión, se creerá siempre intuitiva, convirtiendo en realidad la simple apariencia.

74. Es digno de notarse que de las facultades sensitivas, las unas serían siempre intuitivas, esto es, se referirían siempre a un objeto externo, si no las acompañase la reflexión; mientras que otras no lo serían jamás, si estuviesen separadas de la reflexión, o no anduviesen acompañadas de las que lo son por su naturaleza. Son de la primera clase las representativas propiamente dichas, esto es, las que afectan al sujeto sensitivo, presentándole una forma,

imagen real o aparente, de un objeto. Tales son las de la vista y del tacto, que no pueden existir ni aun concebirse, sin dicha representación. Por el contrario, las demás sensaciones no ofrecen al sujeto sensitivo, ninguna forma; son simples afecciones del mismo sujeto, aunque procedan de una causa externa: si las referimos a los objetos es por reflexión; y cuando esta nos advierte que llevamos la referencia demasiado lejos, atribuyendo al objeto externo no solo el principio de causalidad sino también la sensación en sí misma, fácilmente conocemos la ilusión y nos despojamos de ella. Esto no se verifica en las sensaciones representativas: nadie por más esfuerzos que haga, será capaz de persuadirse que fuera de sí no hay algo real, semejante a la representación sensible, en que se ofrecen los objetos como extensos.

75. Cuando digo que algunas sensaciones no serían intuitivas si no las acompañase la reflexión, no quiero dar a entender que el hombre las refiera a un objeto, previa la reflexión explícita, puesto que no puedo olvidar lo que en otra parte (V. Lib. II y III) llevo explicado extensamente sobre el modo instintivo con que se desenvuelven nuestras facultades en sus relaciones con el mundo corpóreo, anteriormente a toda reflexión; solo quiero significar que en dichas sensaciones, consideradas en sí mismas, y en completo aislamiento, no se encuentra una relación necesaria a un objeto como representado; y que probablemente, en el instinto que nos las hace objetivar, si no se mezcla una reflexión confusa, entra alguna parte de la influencia de las demás sensaciones que son representativas por su objeto propio.

Capítulo XI. Dos conocimientos: intuitivo y discursivo
76. Explicada la intuición sensible, pasemos a la intelectual. Hay dos modos de conocer: uno intuitivo, otro discursivo. El conocimiento intuitivo es aquel en que el objeto se presenta al entendimiento tal como es, sin que la facultad perceptiva haya de ejercer otra función que la de contemplarle; por esto se llama intuición, de intueri, mirar.

77. Esta intuición puede verificarse de dos maneras: o presentándose el objeto mismo a la facultad perceptiva, uniéndose a ella sin ningún intermedio; o bien con la intervención de una idea o representación, que ponga en acto a la facultad perceptiva de modo que esta vea al objeto en aquella representación, sin necesidad de combinaciones. Para lo primero, es necesario

que el objeto percibido sea inteligible por sí mismo, pues de otro modo no se podría verificar la unión del objeto entendido con el sujeto inteligente; para lo segundo, basta una representación que haga las veces del objeto; y por tanto no es indispensable que este sea inteligible con inteligibilidad inmediata.2

78. El conocimiento discursivo es aquel en que el entendimiento no tiene presente el objeto mismo, y se lo forma por decirlo así, reuniendo en un concepto total los conceptos parciales, cuyo enlace en un sujeto ha encontrado por el raciocinio.

Para hacer sensible la diferencia entre el conocimiento intuitivo y el discursivo la explicaré con un ejemplo. Tengo a la vista un hombre: su fisonomía se me ofrece tal como es; sin necesidad ni aun posibilidad, de combinaciones que me lo presenten diferente. Sus rasgos característicos los veo tales como son: el conjunto no es una cosa producida por mis combinaciones; es un objeto dado a la facultad perceptiva, sobre el cual esta nada tiene que hacer sino percibir. Cuando un objeto se ofrece a mi entendimiento de una manera semejante, el conocimiento que de él tenga será intuitivo.

He dicho que el objeto de la intuición intelectual puede unirse inmediatamente a la facultad perceptiva, o bien presentársele por un medio que haga las veces del objeto. Ateniéndonos al mismo ejemplo podremos decir que estas dos clases de intuiciones se parecen a las del hombre visto por sí mismo o por un retrato. En ambos casos habría la intuición de la fisonomía, y no serían necesarias ni aun posibles las combinaciones para formarla.

Pero supongamos que se me habla de una persona a quien no he visto jamás, y cuyo retrato no se me puede presentar. Si se me quiere dar idea de su fisonomía se me irán enumerando sus rasgos característicos, con cuya reunión formaré idea del semblante que se me acaba de describir. A esta representación imaginaria se puede comparar el conocimiento discursivo, por el cual no vemos el objeto en sí mismo, sino que lo construimos en cierto modo con el conjunto de ideas que por medio del discurso hemos enlazado, formando de ellos el concepto total representante del objeto.

79. Kant en su Crítica de la razón pura, habla repetidas veces del conocimiento intuitivo y del discursivo; bien que sin explicar con entera claridad los caracteres distintivos de estas dos clases de conocimiento. No se crea

sin embargo que el descubrimiento de estas dos maneras de percibir sea debido al filósofo alemán; muchos siglos antes las habían conocido los teólogos; y no podía menos de ser así, cuando la distinción entre la intuición y el discurso está íntimamente enlazada con uno de los dogmas fundamentales del cristianismo.

Sabido es que nuestra religión admite la posibilidad y la realidad de un verdadero conocimiento de Dios, aun en esta vida. El sagrado texto nos dice que podemos conocer a Dios por sus obras, que lo invisible de Dios se nos manifiesta por sus criaturas visibles, que los cielos cuentan su gloria, y que el firmamento anuncia las hechuras de sus manos; que son inexcusables los que habiendo conocido a Dios de esta manera no le glorificaron como debían; pero esta misma religión nos enseña que en la otra vida los bienaventurados conocerán a Dios de otro modo, cara a cara, viéndole tal como es. He aquí pues al cristianismo haciendo la diferencia entre el conocimiento intuitivo y el discursivo; entre el conocimiento por el cual el entendimiento se eleva a Dios procediendo de los efectos a la causa, y reuniendo en esta las ideas de sabiduría, de omnipotencia, de bondad, de santidad, de perfección infinita; y el conocimiento en que el espíritu no necesitará de andar recogiendo discursivamente varios conceptos para formar con ellos la idea de Dios, en que el Ser infinito se ofrecerá claramente a los ojos del espíritu no en un concepto elaborado por la razón, ni bajo los sublimes enigmas ofrecidos por la fe, sino tal como es en sí propio, siendo un objeto dado inmediatamente a la facultad perceptiva; no un objeto encontrado por la fuerza discursiva, ni presentado bajo sombras augustas.

Aquí encontramos otra prueba de la profundidad luminosa que se oculta en los dogmas de la religión cristiana. ¿Quién pudiera sospechar que la religión nos enseñase una distinción tan importante en la ciencia ideológica? y sin embargo esta distinción se halla en el catecismo. El niño, si se le pregunta quién es Dios, responde enumerando sus perfecciones y por consiguiente manifestando que le conoce; cuando a este mismo niño se le pregunta cuál es el fin para que el hombre ha sido criado, responde que para ver a Dios etc.; he aquí la distinción entre el conocimiento discursivo o por conceptos, y el intuitivo; al primero se le llama simplemente conocer, al segundo ver.

Capítulo XII. El sensualismo de Kant

80. Kant asegura que mientras estamos en la presente vida solo tenemos intuición sensible, y considera dudosa la posibilidad de una intuición puramente intelectual, ya sea para nuestro espíritu, ya sea para otros. Como por otra parte, según hemos visto ya (Cap. IX), Kant no atribuye ningún valor a los conceptos separados de la intuición, se infiere que el filósofo alemán, no obstante sus largas disertaciones sobre el entendimiento puro, es profundamente sensualista; y que el autor de la Crítica de la razón pura y el del Tratado de las sensaciones, distan entre sí mucho menos de lo que pudiera parecer a primera vista. Si nuestro espíritu no tiene más intuición que la sensible, y los conceptos del entendimiento puro son formas enteramente vacías mientras no encierran una de dichas intuiciones; si cuando se prescinde de estas solo se encuentran en el entendimiento funciones puramente lógicas, que nada significan, que de ningún modo merecen el nombre de conocimiento, resulta que en nuestro espíritu no hay más que sensaciones, las que se pueden distribuir ordenadamente en los conceptos, como si dijéramos en una especie de casillas donde se registran y conservan. Según esta teoría, el entendimiento puro queda reducido a tan poca cosa, que hubiera podido admitirle el mismo Condillac.

81. En efecto: en el sistema de la sensación transformada se supone en el espíritu una fuerza transformadora; pues de otro modo no sería posible explicar todos los fenómenos ideológicos por la mera sensación; y hasta el título del sistema resultaría contradictorio. Ahora bien: ¿hubiera tenido Condillac ningún escrúpulo sensualista, en admitir la síntesis de la imaginación, las relaciones de todas las intuiciones sensibles a la unidad de la apercepción, y por fin la variedad de funciones lógicas para clasificar y comparar las intuiciones sensibles? Parece que antes por el contrario el fondo de estas doctrinas se halla en el sistema del filósofo francés, cuyo principio fundamental se cifraba en no ver en el espíritu más que sensaciones, sin negar por esto una fuerza capaz de transformarlas, clasificarlas y generalizarlas.

82. He aquí pues un nuevo quebranto para la originalidad del filósofo alemán: al combatir el sensualismo había dicho en substancia lo mismo que repitieron siglos antes todas las escuelas (V. Cap. VIII); y luego, querien-

do seguir un nuevo camino para explicar el orden intelectual puro, vuelve a caer en el sistema de Condillac: sus conceptos vacíos, sin significado, sin aplicación ninguna fuera del orden sensible, no dicen nada más de lo que enseña Condillac al analizar la generación de las ideas, explicando cómo estas dimanan de la sensación, por medio de transformaciones sucesivas. Si alguna dificultad pudiera haber, versaría sobre los nombres, no sobre las cosas: ningún sensualista debe tener inconveniente en adoptar por entero la Crítica de la razón pura, cuando haya visto las aplicaciones que hace de sus doctrinas el espiritualista alemán. Sería de desear, que se penetrasen de estas observaciones los que nos presentan enfáticamente el espiritualismo de Kant arruinando el sensualismo de Condillac.

Capítulo XIII. Existencia de la intuición intelectual pura

83. No es verdad que el espíritu humano, aun en esta vida, no tenga más intuición que la sensible. En nuestro interior hay muchos fenómenos no sensibles, de los cuales tenemos conciencia muy clara. La reflexión, la comparación, la abstracción, la elección y todos los actos del entendimiento y de la voluntad, nada encierran de sensible. Curioso fuera saber a qué especie de sensibilidad pertenecen las ideas abstractas y los actos con que las percibimos; así como esos otros: yo quiero, no quiero, elijo esto, mas quiero esto que aquello. Ninguno de dichos actos puede ser presentado en intuición sensible; son hechos de un orden superior a la esfera de la sensibilidad, y que sin embargo están presentes a nuestro espíritu en una conciencia clara, viva; reflexionamos sobre ellos, los tomamos por objetos de nuestros estudios, los distinguimos perfectamente entre sí, los clasificamos de mil maneras. Estos hechos nos son presentados inmediatamente; los conocemos, no por discurso, sino por intuición: luego no es verdad que la intuición del alma solo se refiera a fenómenos sensibles, pues que dentro de sí misma encuentra una dilatada serie de fenómenos no sensibles, que le son dados en intuición.

84. Nada vale el decir que estos fenómenos internos son formas vacías que nada significan, sino en cuanto se refieren a una intuición sensible. Sean lo que fueren, son algo distinto de la misma intuición sensible; y este algo lo

percibimos nosotros, no por discurso sino por intuición: luego a más de la intuición sensible, hay otra del orden intelectual puro.

La cuestión no está en si estos conceptos puros tienen o no algún valor para hacernos conocer los objetos en sí mismos: trátase únicamente de saber si existen y si son sensibles. Que existen es cierto; así lo atestigua la conciencia, así lo confiesan todos los ideólogos; que sean sensibles no puede sostenerse, sin destruir su naturaleza; y menos que nadie puede sostenerlo Kant, puesto que con tal cuidado distingue entre la intuición sensible y dichos conceptos.

85. Ese piélago de fenómenos no sensibles que experimentamos en nuestro interior, es como un espejo en que se reflejan las profundidades del mundo intelectual. Es verdad que los espíritus no se presentan inmediatamente a nuestra percepción, y que para conocerlos necesitamos un procedimiento discursivo; pero si bien se observa, en esa intuición de nuestros fenómenos internos hallamos la representación, aunque imperfecta, de lo que se verifica en inteligencias de un orden superior. Aquí tenemos en cierto modo ideas-imágenes, pues que no cabe mejor imagen de un pensamiento que otro pensamiento, ni de un acto de voluntad que otro acto de voluntad. De esta suerte conocemos a los espíritus distintos del nuestro, por una especie de intuición no inmediata sino mediata, en cuanto se presentan en nuestra conciencia como la imagen en un espejo.

86. La comunicación de los espíritus por medio de la palabra, y por otros signos convencionales y naturales, es un hecho de experiencia, íntimamente ligado con todas las necesidades intelectuales, morales y físicas. Cuando un espíritu se ha puesto en comunicación con otro, el conocimiento que tiene aquel, de lo que pasa en este, no es por meros conceptos generales, sino por una especie de intuición, que aunque mediata, no deja de ser verdadera. El pensamiento o el afecto de otro, que entran en nuestro espíritu por medio de la palabra, excitan en nosotros un pensamiento o afecto semejantes a los del espíritu que nos los comunica. Entonces, en la conciencia propia, no solo conocemos sino que vemos la conciencia ajena: siendo a veces tan perfecta la semejanza, que adivinamos todo lo que se nos va a decir, desenvolviéndose en nuestro interior la misma serie de fenómenos que están verificándose en el espíritu, con quien nos hallamos en comunicación. Así sucede cuando

decimos: «comprendo perfectamente lo que usted piensa, lo que quiere, lo que intenta expresar».

87. Esta observación me parece importante para dejar fuera de duda que en nuestro espíritu, independientemente del orden sensible, hay conceptos, no vacíos, sino que se refieren a objeto determinado. El que se nos trasmita el conocimiento del orden de los fenómenos intelectual puro, por medio de la palabra o de otro signo, no destruye el carácter de la intuición: pues que se reúnen todas las condiciones necesarias, cuales son: la representación interna, y la relación de esta a un objeto determinado que nos afecta.

88. De esta análisis de hechos ideológicos, cuya existencia no se puede poner en duda, resulta demostrada la falsedad de la doctrina de Kant, de que solo hay en nuestro espíritu intuiciones sensibles, así como la no existencia del problema del filósofo alemán sobre si es posible o no que a otros espíritus les sean dados los objetos en una intuición diferente de la sensible. Este problema se halla resuelto en nosotros mismos; puesto que la atenta observación de los fenómenos internos y de la recíproca comunicación de los espíritus, nos ha dado a conocer no solo la posibilidad sino también la existencia de intuiciones diferentes de la sensible.

Capítulo XIV. Valor de los conceptos intelectuales, prescindiendo de la intuición intelectual

89. Aun cuando admitiéramos que para nuestro espíritu no hay otra intuición que la sensible, no se inferiría que los conceptos del orden intelectual puro fuesen formas vacías, inútiles para el conocimiento de los objetos en sí mismos. Siempre se había entendido que las ideas generales no eran intuitivas; pues por lo mismo que eran generales no podían referirse inmediatamente a un objeto determinado; pero a nadie se le había ocurrido que no pudieran servir para darnos verdaderos conocimientos.

90. Es cierto que las ideas generales por sí solas, no conducen a ningún resultado positivo, o en otros términos, no nos hacen conocer los seres existentes; pero si se las une con otras particulares, se establece entre aquellas y estas una influencia recíproca, de donde resulta el conocimiento. Cuando afirmo en general: «todo ser contingente necesita una causa»; esta proposición, aunque muy verdadera, nada me dice en el orden de los hechos, si

prescindo absolutamente de que existen seres contingentes y causas de cualquiera especie. En tal supuesto la proposición expresa una relación de ideas, no de hechos; el conocimiento que resulta es meramente ideal, no positivo.

91. Esta relación de las ideas envuelve tácitamente una condición, que les da para los hechos un valor hipotético; porque cuando se afirma que todo ser contingente ha de tener una causa, no se entiende afirmar una relación de ideas destituida de toda aplicación posible; antes por el contrario, se quiere significar que si existe en la realidad un ser contingente, habrá tenido realmente una causa.

92. Para que este valor hipotético de las ideas se convierta en positivo, basta que se verifique la condición envuelta en la proposición general. «Todo ser contingente necesita una causa»: esto por sí solo, nada me enseña sobre el mundo real: pero desde el momento que la experiencia me ofrece un ser contingente, la proposición general, antes estéril, se hace sobre manera fecunda. Tan pronto como la experiencia me da un ser contingente, conozco la necesidad de su causa; infiero además la necesidad de la proporción que ha de guardar la actividad producente con la cosa producida; por las calidades de esta discurro sobre las que deben hallarse en aquella. De esta manera construyo una verdadera ciencia positiva, referida a hechos determinados, fundándome en dos bases: la una es la verdad ideal, la otra es la real, o sea el dato suministrado por la experiencia.

93. Como el ser que piensa tiene por necesidad conciencia de sí propio, ningún ser pensante puede estar limitado al conocimiento de verdades ideales puras. Aun cuando le supongamos enteramente aislado de todos los demás seres, en absoluta incomunicación con todo lo que no es él, de tal suerte que ni influya sobre ellos ni reciba ninguna influencia, no podrá estar reducido al conocimiento de un orden puramente ideal, puesto que por lo mismo que es pensante, tiene conciencia de sí propio; y la conciencia es esencialmente un hecho particular, un conocimiento de un ser determinado, pues que sin esto no sería conciencia.

94. Esta observación destruye por su base el sistema que pretende incomunicar el orden ideal con el real. Por ella se ve que la experiencia es no solo posible, sino absolutamente necesaria en todo ser pensante; pues que

la conciencia es ya de suyo una experiencia, y la más clara y segura de las experiencias. Luego las verdades del orden ideal se enlazan indispensablemente con las del real: suponer posible su incomunicación es desconocer un hecho fundamental de las ciencias ideológicas y psicológicas: la conciencia.

95. Para evidenciar la verdad y exactitud de la doctrina que precede, supongamos a un hombre o más bien a un espíritu humano, que ignorase absolutamente la existencia de un mundo externo, la de todo cuerpo, y hasta la de todo espíritu; que no supiese nada sobre su origen ni sobre su destino, pero que al propio tiempo ejerciera su actividad intelectual, pues que sin esto, sería como una cosa muerta que no ofrecería campo a la observación. Suponiendo que tiene las ideas generales, como de ser y no ser, de substancia y accidente, de absoluto y condicional, de necesario y contingente etc., es claro que las podrá combinar de diferentes maneras, y llegar a los mismos resultados puramente ideales, a que llegamos nosotros. Este es el supuesto más favorable a una serie de conocimientos abstractos, independiente de la experiencia: no obstante, ni aun en este caso, las verdades conocidas quedarían limitadas al orden puramente ideal, y sería imposible que no descendiesen al real, si no se despojase al ser pensante de toda conciencia de sí propio.

En efecto: por lo mismo que se supone un ser que piensa, se supone un ser que puede decirse a sí mismo: «yo pienso». Este acto es eminentemente experimental, y basta su reunión con las verdades generales en una conciencia común, para que el ser aislado pueda salir de sí mismo creándose una ciencia positiva, por la cual pase del mundo de las ideas al mundo de los hechos. La instabilidad de sus pensamientos y la permanencia del ser que los experimenta, le ofrecerán un caso práctico, en que se particularicen las ideas generales de substancia y accidente; la aparición y desaparición sucesiva de sus propios conceptos, le manifestará realizadas las ideas de ser y de no ser; el recuerdo del tiempo en que comenzaron sus operaciones, más allá del cual no se extiende la memoria de su existencia, le hará conocer la contingencia de su ser propio; cuyo hecho combinado con los principios generales que expresan las relaciones entre los seres contingentes y los necesarios, le sugerirá el pensamiento de que debe haber otro que le haya comunicado la existencia.

Capítulo XV. Aclaraciones sobre el valor de los conceptos generales

96. Las ideas que un espíritu aislado se formase de los seres distintos de él, por más vagas que fuesen, no lo serían hasta el punto de no referirse a una cosa real; el espíritu podría no conocer la naturaleza de esta realidad, pero sabría de cierto que existe. Un ciego de nacimiento no se forma idea clara de los colores, ni de la sensación de ver; pero, ¿ignora por esto que la sensación existe, y que las palabras, color, ver, y otras que se refieren a la vista tienen un objeto positivo y determinado? no por cierto. El ciego no sabe en qué consisten esas cosas de que oye hablar; pero sabe que son algo; los conceptos que a ellas se refieren, pueden llamarse imperfectos, mas no vanos; las palabras con que los expresa, tienen para él una significación incompleta, pero positiva.

97. Hay mucha diferencia entre los conceptos incompletos y los indeterminados: los primeros pueden referirse a una cosa positiva, aunque conocida imperfectamente; los segundos encierran tan solo una relación de ideas que nada significa en el orden de los hechos. Hagamos palpable esta diferencia ampliando el ejemplo del párrafo anterior.

Un ciego de nacimiento no tiene intuición de los colores, ni de nada que se refiera al sentido de la vista, pero está seguro de que existen unos hechos externos, que corresponden a una afección interna que se llama ver. Su idea es incompleta, pero encierra un objeto determinado. La existencia de este, le es atestiguada por la palabra de los que poseen el sentido de la vista: no sabe lo que es, pero sabe que es; o hablando en otros términos, no conoce la esencia, pero sí la existencia. Supongamos ahora, que se trata de la posibilidad de un orden de sensaciones diferentes de las nuestras, y que no se parezcan en nada a ninguna de las que nosotros experimentamos: el concepto que se refiera a las nuevas sensaciones, no solo será incompleto, sino que no tendrá relación con ningún objeto real. La idea general de afección de un ser sensitivo, he aquí todo lo que habrá en nuestro espíritu; pero sin saber nada sobre su existencia, y con meras conjeturas sobre las condiciones de su posibilidad. Este ejemplo aclara mi idea: en el ciego de nacimiento que oye hablar de lo perteneciente al sentido de la vista, hallamos un concepto incompleto, pero al cual corresponde la existencia de una serie de hechos, conocida por su espíritu; pero en nosotros, pensando en una especie de sensaciones diferentes de las nuestras, encontramos conceptos, que tienen un objeto general, de cuya realización nada sabemos.

98. He aquí explicado cómo nuestro espíritu, sin tener intuición de una cosa, puede sin embargo conocerla, y estar completamente cierto de su existencia; he aquí demostrado que los conceptos, aunque no se refieran a una intuición sensible, pueden tener un valor, no solo en el orden de las ideas, sino también en el de los hechos.

99. Para probar la esterilidad de los conceptos fuera de la intuición sensible, aduce Kant una razón y es, que nosotros no podemos definir las categorías y los principios que de ellas emanan, sin referirnos a los objetos de la sensibilidad. Esto no prueba nada: porque en primer lugar, la imposibilidad de una definición, no siempre procede de que el concepto que se ha de definir esté vacío; sino que muchas veces dimana de que el concepto es simple, y por tanto no es susceptible de una descomposición en partes, que se puedan expresar con palabras. ¿Cómo se define la idea de ser? En todo cuanto se diga para definir, entrará lo definido: las palabras, cosa, realidad, existencia, todas significan ser.

Como la intuición sensible es la base de nuestras relaciones con el mundo externo, y por consiguiente, con nuestros semejantes, natural es que al proponernos expresar un concepto cualquiera echemos mano de aplicaciones sensibles: pero de esto no se infiere, que independientemente de ellas, no haya en nuestro espíritu una verdad real, contenida en el concepto que deseamos explicar.

100. Esta capacidad de conocer los objetos bajo ideas generales, es una de las propiedades características de nuestro espíritu; y en nuestra debilidad para penetrar en la esencia de las cosas, es un auxiliar indispensable para que podamos pensar. En el curso mismo de los negocios ordinarios de la vida, nos acontece necesitar conocimientos de la existencia de una cosa, y de alguno de sus atributos, sin que nos sea preciso tener de ella un conocimiento perfecto. Para estos casos nos sirven las ideas generales, que ayudadas por algún dato de la experiencia, nos ponen en comunicación mediata con el objeto que no se presenta a nuestra intuición. ¿Por qué no podrá

verificarse lo mismo, con respecto a los seres insensibles, y que solo son objeto de intuiciones intelectuales? No alcanzo lo que se puede contestar a estas reflexiones, que a más de tener en su apoyo la observación de los fenómenos internos, están confirmadas por el sentido común.

Capítulo XVI. Valor de los principios, independientemente de la intuición sensible

101. El principio de contradicción, condición indispensable de toda certeza, de toda verdad, y sin el cual, así el mundo externo como la inteligencia, se reducen a un caos, nos ofrece un ejemplo del valor intrínseco de los conceptos intelectuales puros, independientemente de la intuición sensible.

Al afirmarse la posibilidad de que una cosa sea y no sea al mismo tiempo, o bien la exclusión del no ser por el ser, no se une al concepto de ser ninguna idea determinada; y por tanto se prescinde absolutamente de toda intuición sensible. Sea cual fuere el objeto, sea cual fuere su naturaleza y las relaciones de su existencia; corpóreo o incorpóreo, compuesto o simple, accidente o substancia, contingente o necesario, finito o infinito, siempre se verifica que el ser excluye al no ser, y el no ser al ser, siempre se verifica la absoluta incompatibilidad de estos dos extremos; por manera que la afirmación del uno es siempre, en todos casos, en todas las suposiciones imaginables, la negación del otro.

Ahora bien: limitar el valor de estos conceptos a la intuición sensible, sería destruir el principio de contradicción. La limitación del principio equivale a su nulidad. Su universalidad absoluta se liga a su necesidad absoluta: si se le restringe, se le hace contingente; porque si suponemos que el principio de contradicción puede faltar en un caso, nos falta para todos. Admitir la posibilidad de un absurdo es negar su absurdidad: si la contradicción del ser y del no ser no existe en todos los supuestos, no existe en ninguno.

102. La dificultad está en saber cómo se puede hacer tránsito del principio de contradicción a las verdades reales; porque no afirmándose en él nada determinado, y sí únicamente la repugnancia del sí al no y del no al sí, tendremos que será imposible afirmar ninguno de estos extremos no negando al otro y viceversa; y como por otra parte, esto es imposible limitándonos

al solo principio de contradicción, que nada encierra sino la relación más general entre las dos ideas más generales, se infiere que él por sí solo, es completamente estéril para conducirnos a ningún resultado positivo. Todo esto es mucha verdad; pero no se opone en nada a lo dicho sobre el valor intrínseco de los conceptos generales.

Ya llevo observado que las verdades del orden puramente ideal solo tienen un valor hipotético, y que para producir una ciencia positiva, necesitan hechos a que puedan aplicarse; pero he observado también, que estos hechos los suministra la experiencia; y que todo ser pensante posee cuando menos uno, que es la conciencia de sí propio. Luego todo ser pensante hará un uso positivo del principio de contradicción, supuesto que hallará en su propia conciencia hechos a los cuales le podrá aplicar.

103. Aun admitiendo la suposición de que en nuestro espíritu no hay más intuición que la sensible, no se inferiría que los principios generales y muy particularmente el de contradicción, no pudiesen tener un valor positivo; porque si suponemos que estos principios combinados con las intuiciones sensibles producen un conocimiento de que hay otros seres fuera del orden de la sensibilidad, resultará que estos, sin sernos dados en intuición inmediata, serán realmente conocidos. Esto es lo que se verifica cuando el espíritu humano se eleva por discurso al conocimiento de lo no sensible. De una parte, los datos suministrados por la experiencia, y de otra, las verdades generales y necesarias, forman un enlace constitutivo de una ciencia positiva, la cual nos guía con entera seguridad al conocimiento de objetos no sometidos a experiencia inmediata.

Esta teoría es tan clara, tan evidente, tan fundada en la conciencia de nuestros propios actos, tan acorde con cuanto observamos en los procedimientos del espíritu humano, que causa extraña sorpresa el encontrarse con filósofos cuyas erróneas doctrinas obliguen a defenderla y explanarla.

104. El tránsito de lo conocido a lo desconocido es un proceder característico de nuestro entendimiento; y este tránsito es imposible si se niega la realidad de todo conocimiento que no se refiera a una intuición. Lo que se nos presenta de este último modo, nos es dado, está presente a nuestra vista, no necesitamos buscarlo; si pues no hay objeto realmente conocido, sino el que se ofrece en intuición, el progreso intelectual es imposible; todos

los adelantos de nuestro espíritu se reducirán entonces a combinaciones de las formas presentadas por sensibilidad, y aun estas no conducirán a nada, cuando dejen de ser intuitivas, esto es, cuando no se refieran a objetos determinados inmediatamente sentidos. La Crítica de la razón pura es la ruina do toda razón; esta se examina a sí propia para suicidarse o sea para convencerse de que en sí no contiene nada positivo.

Reducidos los principios generales al solo valor relativo a las intuiciones sensibles, la ciencia muere. Lo que hemos demostrado del principio de contradicción se aplicará a fortiori a todos los demás; si este no se salva del naufragio, no puede salvarse ninguno. Entonces, la necesidad entrañada por los principios resulta minada por su basa; nada sabemos sino que hay en nosotros una serie de fenómenos que nos parecen necesarios. ¿Cuál es el uso que de ellos podremos hacer, fuera del orden subjetivo? ninguno. Henos aquí pues en el escepticismo más completo, condenados a simples apariencias, sin medio para conocer ninguna realidad.

105. no, no está condenado el espíritu humano a una esterilidad tan desesperante: la razón no es una palabra vana; el raciocinio no es un juego pueril que solo sirva de entretenimiento. En medio de las preocupaciones, de los errores, de los extravíos de la mísera humanidad, descuella esa fuerza, esa actividad admirable, con la cual el espíritu se lanza fuera de sí propio, conoce lo que no puede ver, y presiente un nuevo mundo que ha de sentir un día. La naturaleza está velada a nuestros ojos; arcanos impenetrables nos rodean; encontramos por do quiera sombras que nos encubren la realidad de los objetos; pero al través de esas tinieblas columbramos algunos destellos de luz: no obstante el profundo silencio que reina en el piélago de los seres entre cuyas oleadas nos agitamos, como gotas imperceptibles en la inmensidad del océano, oímos de vez en cuando voces misteriosas que nos indican el rumbo que debemos seguir para llegar a playas desconocidas.

Capítulo XVII. Relaciones de la intuición con el grado del ser perceptivo

106. La perfección de la inteligencia trae consigo la extensión y la claridad de sus intuiciones: cuanto más perfecta sea, será más intuitiva. La inteligencia infinita no conoce por discurso, sino por intuición; no necesita

buscar los objetos, los contempla delante de sí: con intuición de identidad, en lo que toca a su esencia propia; con intuición de causalidad, en lo relativo a lo que existe o puede existir fuera de ella. Los demás espíritus tienen la intuición tanto más perfecta, cuanto más elevado es el orden a que pertenecen; por manera que el conocimiento por conceptos indica una imperfección de la inteligencia.

107. Según el lugar que ocupa un ser en la escala del universo, serán sus relaciones con los demás seres. Dios, ser infinito, y causa de todo lo que existe o puede existir, tiene íntimas e inmediatas relaciones con todo el universo, no solo considerado en su conjunto, sino también en sus más pequeños pormenores. Por esta razón, existe en Dios una representación perfectísima de todos los seres, no solo tomados en su generalidad, sino también en sus últimas diferencias. El Ser causa de todo, no conoce los objetos por conceptos vagos, por medio de representaciones que solo le ofrezcan lo que los seres encierran de común; sino que habiendo causado hasta sus más pequeñas diferencias, es preciso que estas se presenten a sus ojos con perfecta claridad. Su conocimiento se funda en una realidad infinita que es él mismo; su entendimiento no divaga fluctuante por un mundo ideal e hipotético, sino que fijo con clarísima intuición en la realidad infinita, ve todo lo que es el ser infinito y todo lo que puede producir con su actividad infinita. Para Dios no hay experiencia procedente de afuera; porque nada puede influir sobre él; toda su experiencia consiste en el conocimiento y amor de sí mismo.

108. Los seres criados, que ocupan un lugar determinado en la escala del universo, no se refieren a este sino bajo ciertos aspectos: sus relaciones con los demás están reducidas a un punto de vista, al cual se subordinan sus facultades perceptivas. La representación que en sí contienen, debe ser proporcionada al conocimiento que ha de producir; de donde resulta que cada ser inteligente tendrá su representación adaptada a las funciones que ha de ejercer en el universo. Si el ser no pertenece al orden de las inteligencias, sus facultades perceptivas se limitarán a las intuiciones sensibles, en la medida que le corresponde según el lugar a que está destinado.

109. Ya hemos visto que las facultades intelectuales se fecundan con las ideas generales, y la intuición de objetos determinados; de lo que se infiere

que toda inteligencia ha menester intuiciones, si su conocimiento no se ha de limitar a un orden puramente hipotético.

Al espíritu humano, destinado a la unión con el cuerpo, y a estar en continua comunicación con el universo corpóreo, le ha sido dada la intuición sensible, como base de sus relaciones con los cuerpos. Lo propio les sucede a los brutos: debiendo estar en continuas relaciones con el mundo corpóreo, les ha sido dada también la intuición sensible. Pero limitados a las funciones de la vida animal, carecen de intuiciones superiores a la esfera de la sensibilidad, y no poseen la fuerza necesaria para convertir las representaciones sensibles en objeto de combinaciones intelectuales.

110. Al pasar del bruto al hombre se da un salto inmenso en la escala de los seres. Como toda inteligencia tiene conciencia de sí propia, y puede fijar su atención sobre sus actos, el espíritu humano conoce los suyos intuitivamente, y por tanto encuentra en sí mismo una intuición superior a la sensible. A más de dichas intuiciones, nos ha sido dada la fuerza discursiva, por medio de la cual construimos representaciones con las que llegamos al conocimiento de los objetos, que no se ofrecen inmediatamente a nuestra percepción.

Así, partiendo de los datos que nos suministra la experiencia externa e interna, y auxiliados con las ideas generales que encierran las condiciones primitivas de toda inteligencia y de todo ser, podemos penetrar en el mundo de la realidad, conociendo, aunque imperfectamente, el conjunto de seres que constituyen el universo, y la causa infinita que los ha criado a todos.

Capítulo XVIII. Aspiraciones del alma humana

111. La atenta observación de los fenómenos internos nos enseña que el alma humana tiene aspiraciones que van mucho más lejos de lo que posee en la actualidad. No satisfecha con los objetos que se le dan en intuición inmediata, se lanza en busca de otros de un orden superior; y en los mismos que se le ofrecen inmediatamente, no se contenta con el aspecto bajo el cual se le aparecen, quiere saber lo que son.

Lo puramente individual no satisface al espíritu. Enclavado en un punto de la escala inmensa de los seres, no se limita a percibir los que tiene en su alrededor y que forman como la atmósfera en que debe vivir; aspira al conocimiento de los que le preceden y le siguen, quiere conocer el conjunto, descubrir la ley de donde resulta la inefable armonía que preside a la creación. Sus goces más puros los encuentra en salir de la esfera en que le tiene encerrado la limitación de sus facultades: su actividad es mayor que sus fuerzas; sus deseos son superiores a su ser.

112. El fenómeno que notamos en la inteligencia, lo descubrimos también en el sentimiento y en la voluntad. Para satisfacer sus necesidades y atender a la conservación del individuo y de la especie, tiene el hombre sensaciones y sentimientos que se dirigen a objetos determinados; pero al lado de esas afecciones, limitadas a la esfera en que se halla circunscrito, experimenta sentimientos más elevados que le arrojan fuera de su órbita, y que por decirlo así, absorben su individualidad en el piélago de lo infinito.

Cuando el hombre se pone en contacto con la naturaleza en sí misma, despojada de todas las condiciones que la refieren a individuos; experimenta un sentimiento indefinible, una especie de presentimiento de lo infinito. Sentaos a la orilla del mar en una playa solitaria; escuchad el sordo mugido de las olas que se estrellan bajo vuestros pies, o el silbido de los vientos que las agitan; con la vista fija en aquella inmensidad mirad la línea azulada que une la bóveda del cielo con las aguas del océano; colocaos en una vasta y desierta llanura o en el corazón de un bosque de árboles seculares; en el silencio de la noche contemplad el firmamento sembrado de astros que siguen tranquilamente su carrera, como la siguieron muchos siglos antes, como la seguirán siglos después; sin esfuerzo, sin trabajo de ninguna clase, abandonaos a los movimientos espontáneos de vuestra alma, y veréis como brotan en ella sentimientos que la conmueven hondamente, que la levantan sobre sí misma, y como que la absorben en la inmensidad. Su individualidad desaparece a sus propios ojos; siente la armonía que preside al conjunto inmenso de que forma una pequeñísima parte: en aquellos momentos solemnes, es cuando el genio canta inspirado las grandezas de la creación, y levanta una punta del velo que cubre a los ojos de los mortales el esplendente solio del supremo Hacedor.

113. Aquel sentimiento grave, profundo, calmoso, que se apodera de nosotros en ocasiones semejantes, nada tiene de relativo a objetos individuales: es una expansión del alma que se abre al contacto de la naturaleza, como

la flor de la mañana a los rayos del Sol; es una atracción divina con que el Autor de todo lo criado nos levanta de este montón de polvo en que nos arrastramos por breves días. Así se armonizan el entendimiento y el corazón; así este presiente lo que aquel conoce; así se nos avisa por diferentes caminos que no creamos limitado el ejercicio de nuestras facultades a la estrecha órbita que se nos ha concedido sobre la tierra: guardémonos de helar el corazón con el frío de la insensibilidad, y de apagar la antorcha del entendimiento con el desolante soplo del escepticismo.

Capítulo XIX. Elementos y variedad de caracteres de la representación sensible

114. Examinemos ahora cuáles son los elementos primitivos de las combinaciones de nuestro espíritu, empezando por los sensibles. En todo acto de sensibilidad representativa, entra la extensión: sin ella nada se nos representa, y las sensaciones se reducen a meras afecciones del alma, sin relación a ningún objeto.

115. La extensión por sí sola, prescindiendo de su limitabilidad, no se presta a ninguna combinación: solo ofrece una representación vaga, indefinida, inmensa, de la cual nada resulta distinto de ella misma. Pero si con la extensión se combina la limitabilidad, resulta la figurabilidad, es decir el campo infinito por el cual se explaya la ciencia geométrica.

116. extensión, limitable, he aquí los dos elementos de la intuición sensible. Estos elementos pueden ofrecérsenos de dos maneras: o bien ligados a sensaciones que nos presentan objetos determinados; o bien como producciones de nuestra actividad interna. Si miro el disco de la Luna, tengo una intuición de la primera clase; y si queriendo considerar las propiedades de un círculo, produzco su representación en mi interior, esta será de la segunda clase.

117. Esa actividad interior, con que producimos a nuestra voluntad y capricho, un número indefinido de representaciones, con indefinida variedad de formas, es un fenómeno importante en que conviene fijar la atención. Él nos manifiesta que la actividad productiva no está limitada al orden intelectual puro, pues que la vemos en él sensible; y no como quiera, sino desplegada en una escala infinita. Una recta podemos prolongarla hasta lo infinito;

a su lado en un mismo plano, podemos tirar otras infinitas; la variedad de ángulos en que podemos considerar la posición de varias rectas, se extiende hasta lo infinito: de suerte que con solas líneas rectas, la actividad productiva en el orden de la sensibilidad no conoce ningún límite. Si apartándonos de la dirección recta nos fijamos en las curvas, sus combinaciones en tamaño, en naturaleza, en respectiva posición, en relaciones con ejes determinados, son también infinitas: de suerte que sin salir del orden sensible, encontramos en nosotros una fuerza productiva de infinitas representaciones, no habiendo menester otros elementos que la extensión terminable o figurable.

118. La facultad representativa sensible se desenvuelve unas veces por la presencia de un objeto; otras, espontáneamente, sin ninguna dependencia de la voluntad; y otras por fin, a consecuencia de un acto libre. No es de este lugar el examen del modo con que el fenómeno de la representación está ligado con las afecciones de los órganos corpóreos; por ahora, solo me propongo consignar y explicar los hechos en la esfera ideológica, prescindiendo absolutamente de su aspecto fisiológico.

Entre las representaciones sensibles arriba clasificadas, y que podríamos llamar pasivas, espontáneas y libres, hay diferencias notables que conviene observar.

119. La representación pasiva es dada al alma, independientemente de su actividad. Al estar en presencia de un objeto, con los ojos abiertos nos es imposible no verle: y aun el no verle de cierta manera, en no alterando el punto de vista u otras condiciones de la visión. Por esta causa, parece que en el ejercicio de sus sentidos el alma está puramente pasiva; pues que sus representaciones dependen necesariamente de las condiciones a que están sujetos sus órganos corpóreos en relación con los objetos.

120. La representación espontánea, o sea la facultad productiva de representaciones sensibles obrando independientemente de los objetos externos y de la voluntad, parece también tener algo de pasiva, y que su ejercicio depende de las afecciones orgánicas. Así parece indicarlo el que estas representaciones suelen existir sin ningún orden, o a lo más, con el que han tenido en otro tiempo, si son recuerdos de sensaciones anteriores. Nótase también que algunas veces se nos ofrecen estas representaciones, no obstante los

esfuerzos de la voluntad por disiparlas y olvidarlas; algunas son tan tenaces, que triunfan por mucho tiempo de toda la resistencia del libre albedrío.

Este fenómeno no es fácil explicarlo, sino apelando a causas orgánicas que en determinadas ocasiones, producen en el alma el mismo efecto que las impresiones de los sentidos externos. Lo cierto es que en algunos casos la representación interna llega a tal punto de viveza, que el sujeto la confunde con las impresiones de los sentidos; lo que tampoco puede explicarse sino diciendo que la afección orgánica interior ha llegado a ser tan fuerte, que ha equivalido a la que hubiera podido causar la impresión de un objeto obrando sobre el órgano externo.

121. En esa producción espontánea es de notar, que las representaciones no siempre corresponden a otras recibidas anteriormente; sino que se descubre en ellas una fuerza de combinación de donde resultan objetos imaginarios enteramente nuevos. Esta combinación a veces se ejerce de una manera completamente ciega; en cuyo caso solo resultan productos extravagantes; pero otras veces la actividad, sometida a ciertas condiciones independientemente del libre albedrío, produce objetos artísticos bellos o sublimes.

El genio no es otra cosa que la espontaneidad de la imaginación y del sentimiento, que se desenvuelven con subordinación a las condiciones de lo bello. Los artistas no dotados de genio, no carecen de fuerza de voluntad para producir las obras del genio; tampoco están destituidos de imaginación para reproducir el objeto bello cuando se les ha presentado; no les faltan discernimiento y gusto para distinguir y admirar los objetos bellos, ni ignoran las reglas del arte, y cuanto se puede decir en explicación del carácter de la belleza; lo que les falta es la espontaneidad instintivamente bella; esa espontaneidad que se desenvuelve misteriosamente en los más recónditos senos del alma, que lejos de estar pendiente de la libre voluntad de su poseedor, le dirige y le señorea, persiguiéndole en el sueño como en la vigilia, en la diversión como en las ocupaciones, y que consume frecuentemente la existencia del hombre privilegiado, cual un fuego violento rompe las paredes del frágil vaso en que se le encierra.

122. La producción libre se verifica cuando las representaciones se nos ofrecen por imperio de nuestra voluntad, y bajo las condiciones que esta

prescribe, lo que sucede en las construcciones del arte, y en las combinaciones de figuras que sirven de objeto a la ciencia geométrica.

123. Esta construcción a priori, no puede referirse a un tipo existente en nuestra imaginación; porque en tal caso, como este tipo sería la misma representación sensible, no habría necesidad de construirla. ¿Cómo es posible, pues, que se construya una representación de la cual no tenemos imagen? no basta el que poseamos los elementos, es decir, la extensión figurable, pues que con estos se pueden construir infinitas figuras; luego se necesita algo que pueda servir de norma para que resulte la representación deseada.

Para la inteligencia de esto conviene observar que las intuiciones sensibles están ligadas a conceptos generales, con cuyo auxilio se pueden reconstruir. Aunque en la actualidad no se me ofrezca la representación sensible de una figura cualquiera, por ejemplo, un hexágono regular, me basta el concepto formado de las ideas, línea, seis, e igualdad de ángulos, para que pueda producir en mi interior la representación sensible del hexágono, y construirla en lo interior si lo necesito. Por donde se echa de ver que la actividad libre productiva de representaciones sensibles determinadas, se funda en conceptos generales que aunque independientes de la sensibilidad, se refieren a ella de un modo indeterminado. De esto resulta también que el entendimiento puede concebirlo sensible indeterminadamente, conservando las condiciones a que están sujetos en sus respectivos casos los elementos suministrados por la sensibilidad, sin que el acto intelectual se refiera a ninguna intuición determinada.

124. Analizando el objeto de estos conceptos generales, referidos a la intuición sensible, considerada también en general, parece que en ellos el entendimiento se ocupa de cosas que no se le ofrecen distintamente, y que solo tiene vinculadas en algunos signos; con la seguridad empero de que le es posible desenvolver lo que en estos se encierra, y contemplarlo con entera claridad.

Capítulo XX. Si hay representaciones intermedias entre la intuición sensible y el acto intelectual

125. Ocurre aquí la cuestión de si es necesario que el entendimiento, para recibir las relaciones geométricas ofrecidas en la intuición sensible, posea

algunas representaciones intermedias que le pongan en contacto con el orden sensible (V. Cap. VI). A primera vista parece que en efecto hay la indicada necesidad; puesto que siendo el entendimiento una facultad no sensitiva, no pueden ser su objeto inmediato los elementos sensibles. Pero bien examinada la materia, parece más probable que no hay necesidad de ningún intermedio; excepto un signo que sirva de enlace a los elementos sensibles, y con cuyo auxilio se encuentre el punto donde se han de reunir, y las condiciones a que se han de sujetar. Como este signo será una palabra, u otra cosa cualquiera, capaz de ser representada sensiblemente, su mediación tampoco resolvería la dificultad; pues que siempre quedaría la cuestión de cómo el entendimiento se pone en comunicación con el signo sensible.

La dificultad propuesta dimana de que se consideran las facultades del alma, no solo como distintas, sino también como separadas, ejerciendo cada cual sus funciones en una esfera propia, exclusiva, enteramente aislada de la esfera de las demás. Este modo de considerar las facultades del alma, aunque favorable a la clasificación de las operaciones, no está de acuerdo con la enseñanza de la experiencia.

No puede negarse que observamos en nuestro interior afecciones, operaciones muy diferentes entre sí, que nacen de distintos objetos, y producen resultados también muy diferentes; esto induce a establecer distinción de facultades, y a separar en cierto modo sus funciones, para que no se mezclen y confundan. Pero tampoco cabe duda en que todas las operaciones y afecciones del alma, se ligan en un centro común, como lo atestigua la conciencia. Sea lo que fuere de la distinción de las facultades entre sí, lo cierto es que la conciencia nos atestigua que es uno mismo el ser que piensa, el que siente, el que quiere, el que hace o el que padece; lo cierto es que esa misma conciencia nos atestigua la íntima comunicación en que se hallan todas las operaciones del alma. Instantáneamente reflexionamos sobre la impresión sentida, instantáneamente experimentamos una sensación agradable o ingrata a consecuencia de una reflexión que nos ocurre; pensamos sobre la voluntad; queremos o rechazamos el objeto del pensamiento; hay dentro de nosotros un hervidero, por decirlo así, de fenómenos de diferentes clases, que se enlazan, se modifican, se producen, se reproducen, influyendo recíprocamente los unos sobre los otros en comunicación incesante. De todos tenemos conciencia, todos se hallan en un campo común, en ese yo, que los experimenta. ¿Qué necesidad hay pues, de fingir seres intermedios para poner en comunicación las facultades del alma? ¿Por qué esta con su actividad llamada entendimiento, no podrá ocuparse inmediatamente de las afecciones y representaciones sensibles, y de cuanto halla en su conciencia? Supuesto que esa conciencia, en su indivisible unidad, comprende toda la variedad de los fenómenos internos, no alcanzo por qué la actividad intelectual del alma no podría referirse a todo cuanto ella encierra de activo o de receptivo; sin que sea necesario fingir especies que sirvan como de correos para comunicar a unas facultades lo que está sucediendo en las otras.

126. El entendimiento agente de los aristotélicos, admisible en buena filosofía en cuanto significa una actividad del alma aplicada a las representaciones sensibles, no lo parece tanto, si se le supone productor de nuevas representaciones distintas del acto mismo intelectual. El entender es todo actividad; la receptividad del alma no tiene en ello más parte que el proporcionar los materiales: los conceptos elaborados en presencia de dichos materiales no parecen ser otra cosa que el ejercicio de esa misma actividad, sujeta de una parte a las condiciones entrañadas por la cosa entendida, y subordinada por otro lado a las condiciones generales de toda inteligencia.

127. No quiero decir que el acto intelectual no se refiera a ningún objeto: reemplazo la idea por otros actos del alma, o por afecciones o representaciones de cualquiera clase, sean activas o pasivas. Ahora, si se me pregunta, por ejemplo, cuál es el objeto inmediato del acto intelectual perceptivo de una intuición sensible determinada, diré que es esta misma intuición. Si se insiste en la dificultad de explicar la unión de cosas tan diferentes, replicaré 1.º que esta unión existe en la unidad de la conciencia, como el sentido íntimo lo atestigua; 2.º que la misma dificultad objetada, milita contra los que pretenden que el entendimiento elabora una especie inteligible, sacándola de la misma intuición sensible; pudiéndose preguntarles cómo el entendimiento, para elaborar su especie inteligible, se pone en contacto con dicha intuición. Si este contacto inmediato es imposible en un caso, lo será también en otro; y si admiten la posibilidad para el suyo, no podrán negarla para el nuestro.

Cuando el entendimiento no se refiera a ninguna intuición determinada, y sí únicamente a intuiciones sensibles en general, su objeto inmediato es la posibilidad de ellas también en general, con sujeción a las condiciones del objeto, considerado en general, y a las de toda inteligencia: entre las cuales figura como la primera, el principio de contradicción.

Capítulo XXI. Ideas indeterminadas y determinadas

128. A más de los actos intelectuales que se refieren a objetos sensibles en general, debemos admitir otros, so pena de caer en el sensualismo, limitando el entendimiento a la percepción y combinación de los objetos que le ofrece la sensibilidad. En este caso ¿cuál es el objeto del acto intelectual? He aquí una cuestión tan difícil como interesante.

129. El entendimiento puro puede ejercer sus funciones por ideas determinadas o indeterminadas: esto es, por ideas que encierren algo determinado, realizable en un ser que se ofrece, o puede ofrecerse a nuestra percepción; o por ideas que representen relaciones generales, sin aplicación a ningún objeto. Es preciso no confundir las ideas generales con las indeterminadas, ni las particulares con las determinadas. Toda idea indeterminada es general: pero no viceversa; la idea de ser, es general e indeterminada; la idea de inteligencia, es general, pero determinada. La idea particular se refiere a un individuo; la determinada, a una propiedad; y no deja de ser determinada por prescindirse en ella de toda relación a un individuo existente. Esta distinción da lugar a consideraciones de la mayor trascendencia.

130. Parece que el principal objeto del entendimiento, cuando procede por conceptos indeterminados, es el ser, en su mayor universalidad. Esta es la idea matriz, fundamental, en cuyo alrededor se agolpan y ordenan todas las otras. De la idea del ser brota el principio de contradicción con sus infinitas aplicaciones a toda clase de objetos; de ella dimanan también las de substancia y accidente, de causa y efecto, de necesario y contingente, y cuantas se encierran en la ciencia ontológica, que por esta razón se ha llamado ontología, o ciencia del ente.

131. En estos conocimientos, que expresan las relaciones generales de todos los seres, no se contiene nada característico, mientras no salen de su esfera puramente metafísica, y no descienden al campo de la realidad.

Para que podamos concebir un ser real, es necesario que se nos presente con alguna propiedad. Ser y no ser, substancia y accidente, causa y efecto, son ideas sumamente fecundas, cuando se las combina con alguna cosa positiva; pero tomadas en general, sin añadirles nada que las determine, no nos presentan un objeto existente ni aun posible.

132. Ser, ¿qué nos ofrece esta idea? la de una cosa en abstracto; pero si queremos concebir que esta cosa existe, o es posible, necesitamos pensar que esta cosa es algo con propiedades características. Tan pronto como se nos habla de una cosa que existe, buscamos instintivamente qué es, cuál es su naturaleza. Dios es el ser por esencia, es el mismo ser infinito; pero nada representaría a nuestro espíritu, si no lo concibiéramos no solo como ser, sino también como ser inteligente, activo, libre, y con las demás perfecciones de su esencia infinita.

133. La idea de substancia nos ofrece la de un ser permanente, que no está inherente a otro, a manera de modificación. Esta idea, tomada en su generalidad, sin más determinación que la que añade a la idea de ser, la de subsistente, tampoco nos ofrece nada real, ni realizable. Para que una substancia exista, o sea posible, no basta la permanencia en general, la subsistencia por sí misma, la no inherencia a un sujeto; es preciso además alguna nota característica, algún atributo; como corpóreo, inteligente, libre, u otro cualquiera, que determine la idea general de substancia.

134. Lo propio se puede decir de la idea de causa o actividad productora. Una cosa activa en general nada nos ofrece real ni posible. Para concebir una actividad existente, necesitamos referirnos a una actividad determinada: no nos basta la idea de hacer o poder hacer, en general; es preciso que nos representemos la acción ejerciéndose de tal o cual modo, refiriéndose a objetos determinados, produciendo, no seres en general, sino seres con sus atributos característicos. Es verdad que no necesitamos saber cuáles son esos atributos; pero sí necesitamos saber que existen con sus determinaciones. La causa más universal que concebimos, es la primera, la infinita, Dios: sin embargo no la concebimos como causa en abstracto, ateniéndonos a la simple idea de actividad productiva; sino que añadimos a la idea general de causa, las de inteligencia y voluntad libre. Cuando decimos que Dios es omnipotente extendemos su poder a una esfera infinita: no conocemos

los atributos característicos de todos los seres que pueden ser criados por aquella actividad infinita; pero estamos seguros de que todo ser existente o posible, tiene una naturaleza determinada; y no concebimos que pueda ser producido un ser, que no sea más que ser, sin ninguna determinación.

135. Esta determinación, indispensable para concebir la existencia o la posibilidad de un ser, no la encontramos en las ideas indeterminadas, y necesitamos tomarla de la experiencia; por cuya razón, si nuestro entendimiento estuviese limitado a la combinación de las relaciones que se le ofrecen en los conceptos indeterminados, se hallaría condenado a una ciencia completamente estéril. Ya hemos visto (Cap. XIV) que la absoluta incomunicación del orden ideal con el real, es imposible, en no destituyendo al ser inteligente de toda conciencia de sí propio; pero es preciso no contentarnos con saber que existe semejante comunicación, procurando averiguar, en qué puntos se verifica, y hasta dónde se extiende.

136. Antes de pasar a dicha investigación, quiero hacer notar que la doctrina expuesta en este capítulo no debe confundirse con la del capítulo XIV. Allí se manifiesta que las ideas generales por sí solas, tienen un valor puramente hipotético, y que no conducen a nada real, en no combinando con ellas algún dato positivo, suministrado por la experiencia; aquí he probado que las ideas indeterminadas de ser, substancia y causa, por sí solas, no bastan a hacernos concebir nada existente ni aun posible, si no van acompañadas de alguna idea determinada, que dé un carácter a la idea general; allí se daba a las ideas generales un valor hipotético, con respecto a la existencia, aquí se afirma la necesidad de acompañar las ideas indeterminadas, con alguna propiedad que las haga capaces de constituir una esencia, siquiera en el orden posible. Estas son cosas muy diferentes que importa no confundir, para lo cual es necesario no olvidar la distinción entre las ideas generales y las indeterminadas, y entre las particulares y las determinadas (129).

Capítulo XXII. Límites de nuestra intuición

137. Si podemos señalar los límites del campo de la experiencia, y determinar exactamente cuanto en ellos se encierra, habremos determinado

también los atributos característicos con que un ser puede presentársenos como existente o posible.

138. Sensibilidad pasiva, sensibilidad activa, inteligencia, voluntad, he aquí, si no me engaño, todo cuanto se contiene en nuestra experiencia, y he aquí por qué nos es imposible concebir ningún atributo característico de un ser, fuera de los cuatro indicados. Examinémoslos separadamente y con detención, puesto que así lo exige la importancia de los resultados que consigo trae el hacer bien este deslinde.

139. Sensibilidad pasiva. Por este atributo entiendo la forma bajo la cual se nos presentan los seres que llamamos cuerpos. Como ya llevo explicado en distintos lugares, esa forma se reduce a extensión terminada o figurada.

Que este atributo encierra una verdadera determinación, no puede negarse: para nosotros nada más determinado que esos objetos que se presentan a nuestros sentidos, con extensión y figura, y demás propiedades anejas a esos atributos fundamentales. El movimiento y la impenetrabilidad, son determinaciones que acompañan a la extensión, o más bien son relaciones de la misma extensión. Para nosotros el movimiento es la alteración de las situaciones de un cuerpo en el espacio, o sea la alteración de las posiciones de la extensión de un cuerpo, con respecto a la extensión del espacio. La impenetrabilidad es la recíproca exclusión de dos extensiones: las ideas de sólido y líquido, duro y blando, y otras semejantes, expresan relaciones de la extensión de un cuerpo, con respecto a admitir, con más o menos resistencia, la extensión de otro en un mismo lugar.

Nada importan aquí las cuestiones sobre la naturaleza de la extensión; bástanos el que sea para nosotros un objeto determinado, que se nos ofrece en intuición clarísima. El atributo de la sensibilidad pasiva ha sido considerado siempre como una de las determinaciones más características; y de aquí es el haber entrado como una clasificación fundamental en la escala de los seres. Tanto en las escuelas como en el lenguaje común, son vulgares las divisiones de corpóreo e incorpóreo, material e inmaterial, sensible e insensible; y es fácil notar que las palabras corpóreo, material, sensible, aunque no enteramente sinónimas bajo ciertos aspectos, se las suele tomar como tales, en cuanto expresan una especie de seres que tienen por propiedad característica esas formas bajo las cuales se ofrecen a nuestros sentidos.

140. La sensibilidad activa es la facultad de sentir. Esta es para nosotros objeto de experiencia inmediata; pues que la tenemos en nosotros mismos. Con esa presencia clarísima de los actos sensitivos, concebimos muy bien lo que es el sentir en los sujetos distintos de nosotros; aunque no tengamos conciencia de lo que pasa en otro sujeto sensitivo cuando ve, sabemos muy bien lo que es el ver: es en los demás lo que en nosotros: en la conciencia propia, está retratada la ajena. Cuando se nos habla de un ser sensitivo, sabemos muy bien de qué se trata, y no por medio de una idea vaga, sino determinada perfectamente. Al ofrecerse la cuestión de si son posibles otros sentidos, entonces la idea del ser dotado de ellos, pierde un tanto de su determinación; nuestro entendimiento no tiene intuición de lo que aquel sería; discurre sobre la realidad o la posibilidad por medio de conceptos generales.

141. La inteligencia, o bien la fuerza de concebir y combinar independientemente del orden sensible, es otro dato suministrado por la experiencia propia. Como que este es un hecho de conciencia, no le conocemos por ideas abstractas, sino por intuición: es el ejercicio de una actividad que sentimos en nosotros, en ese yo que somos nosotros mismos; esa actividad está presente para nosotros de un modo tan íntimo, que si alguna dificultad tenemos en percibirla, es a causa de su misma unión, de su identidad con el sujeto que la ha de percibir.

La idea de la inteligencia no es para nosotros indeterminada sino intuitiva, puesto que ofrece un objeto dado inmediatamente a nuestra percepción en el fondo del alma. Cuando hablamos de inteligencia, tenemos fija la vista en lo que pasa dentro de nosotros: la mayor o menor perfección en la escala de los seres inteligentes, la vemos retratada en la gradación de conocimientos que experimentamos en nosotros; y cuando queremos concebir una inteligencia mucho mayor, agrandamos, perfeccionamos el tipo que hemos encontrado en nosotros; de la propia suerte que para representarnos objetos sensibles más grandes, más perfectos, más hermosos, que los que tenemos a la vista, no salimos de la esfera de la sensibilidad, sino que nos valemos de los mismos elementos que ella nos suministra, agrandándolos y embelleciéndolos para que lleguen al tipo ideal preconcebido en nuestra imaginación.

142. La voluntad, compañera inseparable de la inteligencia, y que no puede existir sin ella, es sin embargo una facultad muy diferente de la misma; porque ofrece a nuestra intuición una serie de fenómenos muy diversos de los intelectuales. Entender no es querer; se puede entender una cosa sin quererla; con el mismo acto de inteligencia en varios tiempos, o en distintos sujetos, pueden enlazarse actos de la voluntad, no solo diferentes sino contradictorios: querer y no querer, o sea inclinación y aversión.

El conocimiento de esta serie de fenómenos que llamamos actos de voluntad, no es un conocimiento general, sino particular; no abstracto, sino intuitivo. ¿Quién necesita abstraer, ni discurrir, para tener conciencia de que quiere o no quiere, de que ama o aborrece? Este conocimiento es intuitivo en lo tocante a los actos de nuestra voluntad; y con respecto a la de los demás, aunque no tenemos una intuición inmediata, conocemos perfectamente lo que pasa en ellos, viéndolo en cierto modo retratado en lo que experimentamos en nosotros. Cuando se nos habla de actos de voluntad ajena ¿tenemos por ventura ninguna dificultad en concebir el objeto de que se trata? ¿Necesitamos proceder discursivamente por ideas abstractas? no por cierto: lo que pasa en los demás, es lo que pasa en nosotros: cuando quieren o no quieren, experimentan lo mismo que nosotros cuando queremos o no queremos; la conciencia de nuestra voluntad, es el retrato de todas las demás existentes o posibles. Concebimos una voluntad más o menos perfecta, en la que reúne en grado mayor o menor las perfecciones actuales o posibles de la nuestra; y al proponernos concebir una voluntad de perfección infinita, elevamos a un grado infinito la perfección actual o posible que encontramos en la finita.

143. Cuando el sagrado Texto nos dice que el hombre es criado a imagen y semejanza de Dios, nos enseña una verdad sumamente luminosa, no solo bajo el aspecto sobrenatural, sino también bajo el puramente filosófico. En nuestra alma, en esa imagen de la inteligencia infinita, hallamos, no solo un caudal de ideas generales para traspasar los límites de la sensibilidad, sino también una representación admirable, en la cual contemplamos como en un espejo, lo que pasa en aquel piélago infinito, que mientras estamos en esta vida no podemos conocer con intuición inmediata. Esta representación es imperfecta, es enigmática, pero es una verdadera representación: en sus pequeñas dimensiones, agrandadas infinitamente, podemos contemplar lo

501

infinito; en sus endebles resplandores, se nos refleja el resplandor infinito. La leve centella que salta del pedernal puede conducirnos a la imaginación del océano de fuego que descubren los astrónomos en el astro del día.

Capítulo XXIII. Necesidad entrañada por las ideas

144. Hay en las ideas, aun en las relativas a hechos contingentes, algo necesario, de donde nace la ciencia; y que por lo mismo, no puede dimanar de la experiencia sola, por multiplicada que la supongamos. La inducción que resultase, se limitaría a un cierto número de hechos; número que, aun admitiéndole tan crecido como podría darle la experiencia de todos los hombres de todos los siglos, distaría infinitamente de la universalidad, que se extiende a todo lo posible.

Además, por poco que reflexionemos sobre la certeza de las verdades íntimamente enlazadas con la experiencia, cuales son las aritméticas y geométricas, desde luego echaremos de ver, que la seguridad con que en ellas estribamos, no se apoya en la inducción, sino que independientemente de todo hecho particular, les damos asenso, considerando su verdad como absolutamente necesaria, aun cuando no pudiéramos comprobarla nunca con la piedra de toque de la experiencia.

145. La comprobación de las ideas por los hechos es imposible en muchos casos; pues que la debilidad de nuestra percepción y de nuestros sentidos, y lo grosero de los instrumentos que empleamos, nos impiden asegurarnos con toda exactitud de la correspondencia de los hechos con las ideas. A veces, la imposibilidad para hacer esta prueba es absoluta, a causa de que la verdad geométrica supone condiciones que en la práctica no podemos realizar.

146. Apliquemos estas observaciones a las más sencillas verdades de la geometría. No habrá ciertamente quien ponga en duda la solidez de la prueba que se llama de superposición: es decir, que si dos líneas o superficies, puesta la una sobre la otra, se confunden exactamente, serán iguales. Esta verdad no puede depender de la experiencia. 1.º Porque la experiencia está reducida a algunos casos, y la proposición es general. Decir que uno sirve para todos, es decir que hay un principio general independiente de la experiencia; pues no de otro modo se podría deducir lo universal de lo particular,

sino reconociendo una necesidad intrínseca en aquella verdad. 2.º Porque aun cuando esa experiencia pudiese valer, nos es imposible hacerla exacta; pues la superposición hecha del modo más delicado que imaginarse pueda, no llegará jamás a la exactitud geométrica, que no consiente que haya la más pequeña diferencia en ningún punto.

Es un teorema elemental, el que los tres ángulos de un triángulo equivalen a dos rectos. Esta verdad no puede depender de la experiencia. 1.º Porque de lo particular no se puede deducir lo universal. 2.º Porque toda la delicadeza de los instrumentos para medir los ángulos no llegaría a la exactitud geométrica. 3.º Porque la geometría supone condiciones irrealizables para nosotros en la práctica: las líneas sin grueso, y los vértices de los ángulos, puntos indivisibles.

147. Si los principios generales dependiesen de la experiencia, dejarían de serlo, se limitarían a un cierto número de casos. La enunciación tampoco podría ser absoluta, ni aun para los casos observados; porque sería menester ceñirse a lo observado, es decir, a un poco más o menos que jamás llegaría a perfecta exactitud. Así, no podría afirmarse que en todo triángulo los tres ángulos equivalen a dos rectos; se debería decir; en todos los triángulos sobre los cuales se ha podido hacer la experiencia, se ha observado que los tres ángulos valen dos rectos, a poca diferencia.

Claro es que con esto se destruirían todas las verdades necesarias; y que las matemáticas mismas, no serían más ciertas que las relaciones de los prácticos de una profesión que nos cuentan lo que han observado en los objetos respectivos.

148. Sin verdades necesarias, no hay ciencia; y hasta el conocimiento de las verdades contingentes se haría sumamente difícil. ¿Cómo recogemos los hechos que nos suministra la observación, cómo los coordinamos? ¿No es aplicándoles ciertas verdades generales, las de la numeración por ejemplo? Si pues aun ni de estas tuviésemos completa seguridad, ni de los resultados de la observación podríamos tenerla.

149. La razón humana se destruyo, si se le quita ese fondo de verdades necesarias que constituyen su patrimonio común. La razón individual no podría dar sino muy cortos pasos; puesto que se hallaría abrumada de continuo con la balumba de la observación; distraída sin cesar por las comprobacio-

nes a que siempre tendría que recurrir; falta de una luz que le sirviese para todos los objetos; y privada para siempre de reunir los rayos de la ciencia en un centro común, que le permitiese simplificar.

La razón general dejaría también de existir, los hombres no se entenderían; cada cual habría hecho sus experiencias; y como en todas ellas no habría nada necesario, nada que las enlazase entre sí, el conjunto de las observaciones de todos los hombres, no tendría ninguna unidad; serían las ciencias un campo de confusión donde el reinado del orden fuera del todo imposible. Las lenguas no se habrían formado; y aun suponiéndolas formadas no se habrían podido conservar. En todas ellas, no solo en la complicación de un largo discurso, sino también en las enunciaciones más sencillas, se halla la expresión de un fondo de verdades generales, necesarias, que sirven como de trama para el enlace de las contingentes.

150. Preguntar pues si hay verdades necesarias, es preguntar si hay razón individual, si hay razón general; si esto que llamamos razón, y que encontramos en todos los hombres, existe en realidad, o es una ilusión de la fantasía. Esa razón existe; negarla es negarnos a nosotros mismos; no querer reconocerla, es rechazar el testimonio de la conciencia que nos asegura de ello en el fondo de nuestra alma; es hacer impotentes esfuerzos para destruir una convicción impuesta irresistiblemente por la naturaleza.

151. Y aquí observaré de paso, que esa comunidad de razón entre todos los hombros, de todos los países, de todos los siglos; esa admirable unidad, que se halla en medio de tanta variedad; ese acuerdo fundamental que no destruyen la diversidad y contradicción de opiniones, es una prueba evidente de que las almas humanas tienen un origen común; que el pensamiento no es obra del acaso: que más arriba de las inteligencias humanas hay otra inteligencia que les sirve de apoyo, que las ilumina, dotándolas desde el primer momento de su existencia, de las facultades que necesitan para percibir, y cerciorarse de lo que perciben. El orden admirable que reina en el mundo material, el concierto, la unidad de plan, que se descubren en él, no son una prueba más concluyente de la existencia de Dios, que el orden, el concierto, la unidad que nos ofrece la razón en su asentimiento a las verdades necesarias.

Por mi parte confieso ingenuamente, que no encuentro prueba más sólida, más concluyente, más luminosa, de la existencia de Dios, que la que se deduce del mundo de las inteligencias. Ella tiene sobre las demás una ventaja, y consiste en que su punto de partida es el hecho más inmediato a nosotros, la conciencia de nuestros actos. Es verdad que la prueba más acomodada a la capacidad del común de los hombres, es la que se funda en el orden admirable que reina en el universo corpóreo; pero es porque no se han acostumbrado a meditar sobre los objetos insensibles, sobre lo que experimentan dentro de sí propios; y por consiguiente abundan más de conocimiento directo, que de fuerza de reflexión.

Pregunta el ateo qué medio tenemos para cerciorarnos de la existencia de Dios; y como que exige una aparición de la divinidad para creer en ella; pues bien, esa aparición existe, y no fuera de nosotros, sino dentro de nosotros: y si es perdonable que no la vean los hombres poco reflexivos, no lo es el que no acierten a descubrirla, los que se precian de entendidos en ciencias metafísicas. El sistema de Malebranche, de que el hombre lo ve todo en Dios, es insostenible; pero revela un pensador muy profundo.

Capítulo XXIV. Existencia de la razón universal

152. La verdad general tiene alguna relación con la particular: porque si la verdad general no ha de ser una vana ilusión, es necesario que esté ligada con un objeto existente o posible. Todo lo que existe es particular: ni aun el ser posible se concibe, si no se le particulariza por decirlo así, en las regiones de la posibilidad. Dios mismo, ser por esencia, no es un ser en abstracto, es una realidad infinita. En él está particularizada, por decirlo así, la idea general de la plenitud del ser, de toda perfección, de la infinidad.

Las verdades generales pues serían vanas ilusiones, si no se refirieran a algo particular, existente o posible. Sin esta relación el conocimiento sería un fenómeno puramente subjetivo; la ciencia carecería de objeto; se sabría, pero no habría cosa sabida.

La apariencia del saber se nos ofrece siempre, no como un hecho puramente subjetivo; es decir, que cuando creemos conocer, creemos conocer algo en nosotros o fuera de nosotros, según las materias de que nos ocupamos; suponiendo pues que el fenómeno del conocimiento sea puramente subjetivo, y que se convierta a sí mismo en objetivo, tendremos que nos inducirá de continuo en error; adoleciendo la razón humana de un vicio radical que la obligará a mirar estos fenómenos como medios de percibir la verdad, cuando solo serán perennes manantiales de engaño.

153. En esta correspondencia de la verdad general con la particular, puede dudarse dónde está el principio; esto es, si la verdad general es verdad, por las verdades particulares, o si estas lo son por la general. «Todos los diámetros de un círculo son iguales.» Esta es una verdad general. Si supongo existente un círculo, todos sus diámetros son iguales. Ya hemos visto que la certeza de la verdad general no nos viene ni puede venirnos de la verdad particular; pero en cambio tampoco la verdad particular necesita de la general; pues parece que aun cuando prescindamos de toda inteligencia que pudiese percibir esa verdad general, el círculo existente no dejará de tener sus diámetros iguales.

154. Todavía más: la verdad no podría ser general, si fallara en un solo caso: y la particular podría ser verdad, aunque fallara la general. La igualdad de los diámetros en el círculo existente, es pues condición necesaria para la verdad general; y esta no parece necesaria para la igualdad de los diámetros. Es verdad en general que todos los diámetros son iguales, porque así se verifica en todos los existentes y posibles; y la verdad general no es más que la expresión de esta verificación; mas no parece que los diámetros en un caso particular, sean iguales porque lo sea la verdad general. Es verdad que un todo particular es mayor que su parte, aun cuando se le considere en sí, y prescindiendo de toda verdad general; pero no sería verdad en general, que el todo fuese mayor que su parte, si en un solo todo particular, fallase el axioma.

155. De estas observaciones parece inferirse que la verdad de los principios depende de la verdad de los hechos y no recíprocamente. Sin embargo, reflexionando más sobre la materia, se descubre que la raíz de la verdad no está en los hechos particulares, sino en otra cosa superior a ellos.

1.º De un hecho particular no podemos inferir la verdad universal; y de la verdad universal podemos inferir la verdad de todos los hechos particulares existentes y posibles. La razón de la legitimidad de la consecuencia se halla en el enlace necesario del predicado con el sujeto: y esta necesidad no puede encontrarse en los hechos particulares de suyo contingentes.

2.º La razón de esta necesidad tampoco puede hallarse en la simple proposición que la enuncia; pues esta nada funda, solo expresa. La enunciación es verdadera, porque expresa la verdad; y la existencia de la verdad no depende de la enunciación.

3.º Tampoco puede depender de nuestras ideas. Estas no son productivas de las cosas; todas las percepciones imaginables no cambian en un ápice la realidad. La idea puede expresar la cosa, mas no la hace. La relación de las ideas entre sí, en tanto vale algo en cuanto expresa la relación de los objetos: si por un momento llegásemos a dudar de esta correspondencia, nuestra razón quedaría reducida a una impotencia completa, a una vana ilusión de la que no deberíamos hacer ningún caso. Las propiedades del triángulo están contenidas en la idea que tengo de él; pero si esta idea fuese puramente subjetiva, si no tuviese ninguna relación exacta o aproximada con ningún objeto real ni posible; esta idea y cuanto sobre ella edificase, serían meros fenómenos de mi espíritu, que nada absolutamente significarían, sin más valor que los sueños de un delirante.

4.º La razón de las verdades necesarias no se puede hallar de ningún modo en nuestra inteligencia particular: cada cual las percibe sin pensar en los otros, ni aun en sí mismo. Nuestro individuo no existía hace poco, y la verdad existía; cuando nosotros hayamos desaparecido, la verdad continuará la misma, sin haber perdido nada.

5.º Hay ciertas verdades necesarias que todos los hombres perciben sin haberse convenido, ni podido convenir; luego todas las inteligencias individuales beben en algún manantial común, luego existe la razón universal.

Capítulo XXV. En qué consiste la razón universal

156. ¿Qué es la razón universal? Si la consideramos como una simple idea, como una abstracción de las razones individuales, como algo que, separado de ellas, no sea nada real, damos en el mismo escollo que nos proponíamos evitar. Queríamos señalar la causa de la unidad de la razón humana, y apelamos a la razón universal; y luego para explicar en qué consiste la razón universal, recurrimos a una abstracción de las razones indi-

viduales. Círculo evidentemente vicioso; ponemos la causa de un hecho tan fecundo, en una abstracción, en una generalización de lo mismo que queremos explicar: a un grande efecto le señalamos una causa nula, que no tiene más existencia que en nuestro entendimiento, y que solo nace del mismo efecto cuyo origen investigamos.

157. Un hecho real ha de tener un principio real; un fenómeno universal ha de tener una causa universal; un fenómeno independiente de todo entendimiento finito, ha de nacer de alguna causa independiente de todo entendimiento finito. Luego existe una razón universal, origen de todas las razones finitas, fuente de toda verdad, luz de todas las inteligencias, lazo de todos los seres. Luego sobre todos los fenómenos, sobre todos los individuos finitos, existe un ser, en el cual se halla la razón de todos los seres, una grande unidad en la cual se halla el lazo de todo orden, de toda comunidad de los demás seres.

Luego la unidad de la razón humana da una cumplida demostración de la existencia de Dios. La razón universal existe; y la razón universal es una palabra sin sentido, si no significa un ser por esencia, inteligente, activo, productor de todos los seres, de todas las inteligencias, causa de todo, luz de todo.

158. La razón impersonal de que hablan algunos filósofos es una palabra sin sentido. O existe una razón distinta de las nuestras, o no: si existe no es impersonal: si no existe, no se puede explicar la comunidad de las razones humanas; esta comunidad será para nosotros un fenómeno, que podremos apellidar razón impersonal, o como mejor nos parezca, sin que nos sea dable señalarle ningún origen: será un efecto sin causa; un hecho sin razón suficiente.

159. La inteligencia se extiende por un mundo de cosas posibles, y allí descubre un conjunto de relaciones necesarias: unas de dependencia, otras de contradicción: si no hay una realidad en que se funde la posibilidad, esta es un absurdo: no habrá nada posible, sino lo existente.

En la nada no se puede fundar nada: y por consiguiente ni la posibilidad. El conjunto de relaciones necesarias que descubrimos en los seres posibles, ha de tener un tipo primitivo, al cual se refiera: en la nada no hay tipos.

160. La colección de los entendimientos humanos no puede fundar la posibilidad. Considerado aisladamente cualquiera de ellos, no es necesario para la verdad general: y en todos juntos no puede haber lo que no hay en ninguno. La verdad necesaria la concebimos con absoluta abstracción del entendimiento humano, incluso el propio; los entendimientos individuales aparecen y desaparecen, sin que nada se altere en las relaciones de los seres posibles: por el contrario, para que el entendimiento pueda ejercer sus funciones ha menester de un conjunto de verdades preexistentes, y sin ellas nada puede pensar.

Lo que es necesario para cada uno de los entendimientos individuales, lo es para todos. La reunión de ellos, no aumenta la fuerza de cada uno; pues que esta reunión no es más que una colección que formamos en nuestra mente, sin que le corresponda nada en la realidad, sino los entendimientos individuales con sus fuerzas respectivas.

161. Las verdades necesarias preexisten pues a la razón humana: y esta preexistencia es una palabra sin sentido, cuando no se la refiere a un ser, origen de toda realidad, y fundamento de toda posibilidad. No hay pues razón impersonal propiamente dicha: hay comunidad de la razón, en cuanto a todos los entendimientos finitos los ilumina una misma luz: Dios que los ha criado.

Capítulo XXVI. Aclaraciones sobre el fundamento real de la posibilidad pura

162. Como el argumento con que se prueba la necesidad de la existencia de un ser, en que se halle el fundamento de todas las relaciones del orden posible, es uno de los más trascendentales en la región de la metafísica, y al propio tiempo uno de los más difíciles de ser comprendidos con perfección, juzgo conveniente ampliar algún tanto las consideraciones emitidas en el capítulo anterior.

Un ejemplo en que se ensaye el construir la posibilidad de las cosas, independientemente de un ser en que se halle la razón de todo, será mejor para el objeto, que reflexiones abstractas.

163. «Dos círculos de diámetros iguales son iguales.» Esta proposición es evidentemente verdadera. Analicemos lo que significa. La proposición se

refiere al orden posible, prescinde absolutamente de la existencia de los diámetros y de los círculos. Ningún caso se exceptúa: todos vienen comprendidos en la proposición.

Desde luego salta a los ojos que la verdad de la proposición no se funda en nuestra experiencia; esta debe circunscribirse a lo que nosotros hemos experimentado; el número de sus casos ha de ser muy reducido; y por grande que le supusiéramos, distaría infinitamente de lo que ha menester para igualar la universalidad de la proposición.

164. Tampoco la verdad se refiere a nuestro modo de entender; antes por el contrario, nosotros la concebimos como independiente de nuestro pensamiento. Si se nos pregunta qué sería de esta verdad en caso de que nosotros no existiéramos, responderemos sin vacilar que la verdad sería la misma, que no adquiere nada con nuestra existencia, ni perdería nada con nuestra desaparición. Si creyésemos que esta verdad depende en algún modo de nosotros, dejaría de ser lo que es, no fuera una verdad necesaria, sino contingente.

165. El mundo corpóreo tampoco es indispensable para la verdad y necesidad de la proposición; por el contrario, si suponemos que no existe ningún cuerpo, la proposición no habrá perdido nada de su verdad, necesidad y universalidad.

166. ¿Qué sucederá si desapareciendo todos los cuerpos, todas las representaciones sensibles, y hasta todos los entendimientos, imaginamos la nada universal y absoluta? Aun en este supuesto, vemos que la proposición es verdadera; siéndonos imposible tenerla por falsa. En todos los supuestos, nuestro entendimiento ve un enlace que no puede destruir: establecida la condición se sigue infaliblemente el resultado.

167. Un enlace absolutamente necesario, que no se funda en nosotros ni en el mundo externo; un enlace que preexiste a cuanto podemos imaginar, y que subsiste aun después de haberlo aniquilado todo con un esfuerzo de nuestro entendimiento, se ha de fundar en algo, no puede tener por origen la nada: decir esto, sería afirmar que hay un hecho necesario sin razón suficiente.

168. Es verdad que en la proposición que nos ocupa, no se afirma nada real; pero si bien se reflexiona, se halla en esto mismo la mayor dificultad

contra los que niegan a la posibilidad pura, un fundamento real. Precisamente, lo singular de este fenómeno está en que nuestra inteligencia se sienta obligada a dar su asenso a una proposición, en que se afirma un enlace absolutamente necesario sin relación a ningún objeto existente. Se concibe que una inteligencia afectada por otros seres, conozca la naturaleza y relaciones de los mismos; pero no se alcanza cómo se pueden descubrir esta naturaleza y estas relaciones de un modo absolutamente necesario cuando se prescinde de toda existencia, cuando el fondo en que se fijan los ojos del entendimiento es el abismo de la nada.

169. Nos hacemos ilusión creyendo que podemos prescindir de toda existencia. Aun cuando suponemos que nuestro espíritu ha desaparecido del todo, suposición muy fácil, dado que en nuestra conciencia encontramos la contingencia de nuestro ser, el entendimiento percibe todavía un orden posible, y cree ocuparse de la posibilidad pura, independientemente de un ser en que la funde. Repito que esto es una ilusión que se desvanece tan pronto como se reflexiona sobre ella. En la pura nada no hay nada posible; no hay relaciones, no hay enlaces de ninguna especie: en la nada todas las combinaciones son absurdas; es un fondo en que nada se puede pintar.

170. La objetividad de nuestras ideas, la percepción de relaciones necesarias en un orden posible, revelan una comunicación de nuestra inteligencia con un ser en que se funda toda posibilidad. Esta posibilidad es inexplicable en no suponiendo dicha comunicación, que consiste en la acción de Dios dando a nuestro espíritu facultades perceptivas de la relación necesaria de ciertas ideas, fundada en el ser necesario y representada en su esencia infinita.

171. Sin esta comunicación, el orden de la posibilidad pura no significa nada: todas las combinaciones que a ella se refieren, no encierran ninguna verdad: y con esto se arruina toda la ciencia. No puede haber relaciones necesarias, cuando no hay algo necesario en que se funden, y donde se representen: sin esta condición todos los conocimientos se han de referir a lo existente, y aun limitado a lo que parece, a lo que nos afecta, sin poder afirmar nada que salga del orden actual. En cuyo supuesto la ciencia no es digna de este nombre; no es más que una colección de hechos recogidos en el campo de la experiencia: no podemos decir, «esto será o no será, esto

puede ser o no puede ser»; nos es preciso limitarnos a lo que es; o más bien, deberemos circunscribirnos a lo que nos afecta, a la simple apariencia, sin podernos elevar nunca sobre la esfera de los fenómenos individuales.

Capítulo XXVII. Explicación de los fenómenos intelectuales individuales, por la razón universal subsistente

172. Partiendo de los fenómenos observados en la razón individual, hemos llegado a la razón universal; hagamos, por decirlo así, la contraprueba: tomemos esta razón universal subsistente, y veamos si se explican las razones individuales en sí, y en sus fenómenos.

1.º ¿Qué son las verdades necesarias? Son las relaciones de los seres, tales como están representadas en el ser, que contiene la plenitud del ser. Ninguna razón individual finita, es entonces necesaria para estas verdades; la razón de ellas se halla en un ser infinito.

2.º La esencia de todas las cosas, abstraída de todos los seres particulares, es algo real; no en sí, y por separado, sino en el ser donde se halla la plenitud de todo.

3.º En este supuesto, las ciencias no se ocupan de vanas ideas, ni de meras creaciones de nuestra razón, sino de relaciones necesarias representadas en un ser necesario, conocidas por él desde la eternidad.

4.º La ciencia es posible: hay algo necesario en los objetos contingentes; la destrucción de estos no destruye los tipos eternos de todo ser, único que considera la ciencia.

5.º Todas las razones individuales, nacidas de un mismo origen, participan de una misma luz; todas viven de una misma vida, de un mismo patrimonio, indivisible en el principio creador, divisible en las criaturas. Luego la unidad, o mejor la uniformidad o comunidad de la razón humana es posible, es necesaria.

6.º Luego la razón de todos los hombres tiene por lazo común la inteligencia infinita: luego Dios está en nosotros; y encierran profundísima filosofía aquellas palabras del Apóstol; «in ipso vivimus, movemur et sumus».

7.º Luego toda filosofía que quiere explicar la razón aislándola; que solo considera fenómenos particulares, sin lazo general; que pretende levantar el magnífico edificio de nuestra razón con solos los hechos particulares; que no apela a un fondo común, a un manantial de luz de donde nazcan todas las luces, es una filosofía falsa, superficial, en lucha con la teoría, en contradicción con los hechos. Cuando se reflexiona sobre esto, lástima dan Locke y más aun Condillac, con sus explicaciones de la razón humana por solas las sensaciones.

8.º Así se concibe por qué no podemos señalar la razón de muchas cosas: las vemos; son así; son necesarias; nada más podemos decir. El triángulo no es círculo; ¿qué razón señalaremos? ninguna. Es así, y nada más. ¿Y por qué? Porque efectivamente existe una necesidad inmediata en la relación representada en el ser infinito, que es verdad por esencia. La misma inteligencia infinita no ve más razón de sí misma que a sí misma. En la plenitud de su ser, lo encuentra todo, y las relaciones de todo; más allá, no hay nada. Al crear las razones individuales, les ha dado una intuición de esas relaciones; no hay discurso para probarlas; las vemos, y nada más.

9.º Los que admiten el valor subjetivo de las ideas, dudando de su objetividad, o negándola, pierden de vista este hecho. Quieren un argumento, donde solo cabe una visión; exigen grados, donde no los hay. Cuando la razón humana ha visto ciertas verdades, no puede ir más allá, ni dudar de ellas. Está sometida a una ley primitiva de su naturaleza; de la cual no puede prescindir sin dejar de ser lo que es. Por lo mismo que ve el objeto, está segura de él; la diferencia entre la subjetividad y la objetividad, cabe en el terreno de las ilaciones, mas no en el de la razón inmediata, o sea en la inteligencia de las verdades necesarias.

173. Dejo a la consideración del lector si la explicación que precede es algo más satisfactoria que la de la razón impersonal; la teoría que acabo de exponer ha sido la de todos los metafísicos más eminentes. Con Dios todo se aclara; sin Dios, todo es un caos. Esto es verdad en el orden de los hechos, y no lo es menos en el orden de las ideas. Nuestra percepción es también un hecho; nuestras ideas son hechos también: a todo preside un orden admirable, en todo hay un enlace que no podemos destruir; y ni este enlace, ni este orden, depende de nosotros. La palabra razón, tiene un significado profundo: porque se refiere a la inteligencia infinita. No puede haber dos razones humanas, siendo verdadero para uno, lo que sea falso para otro: independientemente de toda comunicación entre los espíritus humanos, y

de toda intuición, hay verdades necesarias para todos. Si queremos explicar esta unidad, es necesario salir de nosotros, y elevarnos a la grande unidad de donde sale todo, y a donde se dirige todo.

174. Este punto de vista es alto, pero es el único: si nos apartamos de él, no vemos nada; estamos precisados a emplear palabras que nada significan. ¡Pensamiento sublime y consolador! aun cuando el hombre no se acuerda de Dios, y quizás le niega, tiene a Dios en su entendimiento, en sus ideas, en todo cuanto es, en todo cuanto piensa; la fuerza perceptiva se la ha comunicado Dios: la verdad objetiva se funda en Dios: no puede afirmar una verdad, sin que afirme una cosa representada en Dios. Esta comunicación íntima de lo finito con lo infinito, es una de las verdades más ciertas de la metafísica: aunque las investigaciones ideológicas no produjesen más resultado que el descubrimiento de una verdad tan importante, deberíamos tener por muy aprovechado el tiempo que hubiésemos consumido en ellas.

Capítulo XXVIII. Observaciones sobre la relación de las palabras con las ideas

175. La relación entre el pensamiento y la palabra es uno de los fenómenos ideológicos más importantes. Mientras hablamos, pensamos; y mientras pensamos, hablamos con locución interior: el entendimiento ha menester de las palabras, como una especie de hilo conductor en el laberinto de las ideas.

176. El enlace de las ideas con un signo parece necesario: entre estos signos el más universal y más cómodo es la palabra; pero conviene no olvidar que esta es signo arbitrario, como lo manifiesta la variedad de palabras en las diferentes lenguas, para expresar una misma idea.

177. El fenómeno de la relación de las ideas con el lenguaje, tiene su origen en la necesidad de vincular las ideas con determinados signos; y la importancia de la palabra resulta de que es un signo más general, más cómodo, y más flexible. Así es que en cuanto estas circunstancias se pueden reunir en otro signo, se consigue el mismo objeto. Físicamente hablando, la palabra escrita es muy diferente de la hablada; y no obstante para muchísimos casos, nos sirve igualmente la primera que la segunda.

178. La locución interior es a veces, más bien una reflexión en que se amplía y desenvuelve la idea, que expresión de la misma. Es verdad que por lo común no pensamos sin hablar interiormente; pero como se ha observado más arriba, la palabra es un signo arbitrario, y por consiguiente no puede establecerse un paralelismo del todo exacto entre las ideas y la locución interior.

179. Pensamos con una instantaneidad que no se aviene con la sucesión de las palabras, por rápidas que las supongamos. Es verdad que la locución interna es más veloz que la externa; pero siempre envuelve sucesión, y exige más o menos tiempo, según las palabras que se han de suceder.

Esta observación es importante para no exagerar las relaciones de la idea con la palabra. El lenguaje es ciertamente un conducto maravilloso en la comunicación de las ideas, y un poderoso auxiliar de nuestro entendimiento; pero, sin desconocer estas calidades, podemos guardarnos de la exageración que parece declarar imposible todo pensamiento al que no corresponda una palabra pensada.

180. Experimentamos con bastante frecuencia que nos ocurren instantáneamente una muchedumbre de ideas, que luego se desenvuelven en un discurso: así lo vemos en aquellas réplicas prontas, vivas, excitadas por una palabra, un hecho, o un gesto que ha contrariado nuestras opiniones, o herido nuestros sentimientos. Al replicar, nos es imposible haber hablado interiormente; pues que la instantaneidad con que replicamos no nos consiente el hacerlo. ¿Cuántas veces al oír un raciocinio, notamos al instante un vicio, que si tuviéramos que explicar con palabras nos obligaría a un discurso? ¿Cuántas veces, al proponérsenos una dificultad, vemos al instante la solución, que nos es imposible expresar sin muchas palabras? ¿Cuántas veces descubrimos a la primera ojeada, el punto flaco de una razón, la fuerza de un argumento, la facilidad de retorcerle contra el que le propone, y todo esto sin medir ninguno de los intervalos necesarios para la locución externa o interna? De esto proviene que en dichos casos, el pensamiento que asalta se expresa con un gesto, una mirada, un movimiento de cabeza, un sí, un no, una exclamación, u otros signos semejantes; todos mucho más veloces de lo que podrían serlo las palabras, con que se expusiera el pensamiento.

181. Aclaremos esta observación con algunos ejemplos. Uno dice: «todos los hombres son naturalmente iguales». El sentido de esta proposición no podía saberse cuál era, hasta sonar la palabra iguales: ¿cómo es que un hombre entendido y juicioso, dirá no, por un impulso instantáneo, y tomará la palabra al momento, y desvanecerá con mucha copia de razones el vago tema del declamador? El entendimiento estaba en suspenso hasta la palabra naturalmente; nada había que manifestase el sentido de la proposición, puesto que en vez de iguales, podía haberse dicho, débiles, mortales, inconstantes etc. etc., pero suena la palabra iguales; e instantáneamente el entendimiento dice no, sin que haya tenido tiempo de emplear una locución externa ni interna. Luego es imposible el exacto paralelismo que algunos suponen entre las ideas y las palabras; y los que le defienden, caen en una exageración incompatible con la experiencia.

Otro dice: «la justicia no tiene más regla que el límite de la fuerza». El no instantáneo con que replican todos los que tengan ideas morales, ¿ha necesitado por ventura alguna locución interior, la ha consentido siquiera? Es verdad que cuando se explique lo que se expresa por aquel no, y en qué se le funda, se emplearán muchas palabras; y que si se reflexiona sobre la proposición, se hablará interiormente; pero todo esto es independiente de aquel acto intelectual, significado por el no, y que se habría expresado más brevemente si hubiera sido posible.

Otro dice: «Si el hecho está atestiguado por los sentidos será verdadero; y si es verdadero, los sentidos le atestiguarán». El oyente asentía a la primera parte de la proposición; y estaba suspenso en cuanto a la segunda, hasta que suena la palabra atestiguarán. Entonces un no instantáneo sale de sus labios, o se expresa con un gesto negativo: ¿ha precedido locución interior? no, ni era posible que precediese. Las palabras expresivas de aquel acto intelectual serían estas: «no es verdad que todo hecho haya de ser atestiguado por los sentidos; pues que hay hechos muy verdaderos, que no pertenecen a la sensibilidad». Véase si estas palabras, u otras semejantes, son compatibles con la instantaneidad del no.

182. Se me objetará tal vez, que una cosa es la negación, y otra la razón de la negación; que para la primera, bastaba el simple no, y que solo para la segunda eran menester las palabras ulteriores. Pero en esto hay una equi-

vocación: cuando se ha dicho el no, se ha dicho con motivo; y este era la visión de la inconsecuencia que luego se ha expresado con las palabras. De otro modo, sería preciso admitir que el juicio negativo era un juicio ciego, sin ninguna razón. Ahora bien: esta razón, fundamento del juicio, aun expresada del modo más lacónico posible, necesita de algunas palabras; las que no han tenido tiempo de formarse ni exterior ni interiormente. Esta es cuestión de cálculo. El que oía la proposición, no podía saber lo que se expresaría en ella, hasta que se pronunció la palabra atestiguarán, y con punto final. Antes de llegar a la palabra atestiguarán, ignoraba el sentido de la proposición, no le era dable formar ningún juicio, pues que el otro en vez de decir «si es verdad, los sentidos, lo atestiguarán» podía haber dicho: si es verdad, los sentidos no lo desmentirán.

He hablado del punto final, para manifestar la instantaneidad de la percepción y del juicio, haciendo ver que el entendimiento no se determina, hasta el último instante. En efecto: supongamos que se hubiese empleado la misma palabra atestiguarán, sin punto final, diciendo: «si es verdad, los sentidos lo atestiguarán, si este hecho cae bajo su jurisdicción». Las palabras son las mismas, y no obstante no provocan un juicio negativo: ¿y por qué? porque el interlocutor continúa. Si hubiese cesado de hablar, o hubiese empleado aquella inflexión de voz, que indica la terminación del período, el no hubiera surgido como un relámpago. El mismo efecto, que la pausa y el acento en la voz, producen una coma, o un punto, en la escritura. Al ver estas señales, juzgamos instantáneamente, con una velocidad incomparablemente mayor que toda locución externa o interna.

Fácil sería multiplicar los ejemplos en que se manifestase la superioridad que lleva el pensamiento a la palabra, en punto a velocidad; pero considero bastantes los aducidos, para demostrar que hay alguna exageración en el dicho de que «el hombre, antes de hablar su pensamiento, piensa su palabra»; si se entiende que sea imposible todo pensamiento sin una palabra pensada.

Capítulo XXIX. Origen y carácter de la relación entre el lenguaje y las ideas

183. Parece que muchas ideas son como las sensaciones y los sentimientos; hechos simples que no podemos descomponer y que por lo

mismo no alcanzamos a explicar con palabras (Lib. IV, Cap. V). Estas aclaran las ideas; ¿pero no podría decirse que algunas veces las confunden? cuando se habla de una idea, se reflexiona sobre ella; y ya hice notar (Lib. I, Cap. III y XXIII) que la fuerza refleja de nuestros actos perceptivos era muy inferior a la directa.

184. He pensado algunas veces, que quizás sabemos cosas que creemos ignorar, e ignoramos otras que pensamos saber. Lo cierto es que hay muchas ideas sobre las cuales se ha disputado en todas las escuelas filosóficas, sin que se haya obtenido un resultado satisfactorio; y no obstante estas ideas deben de ser bastante claras para nuestro espíritu, puesto que todos las empleamos continuamente sin equivocarnos nunca. Los filósofos no han llegado a ponerse de acuerdo sobre las ideas de espacio y tiempo; y sin embargo el hombre más ignorante se sirve de estas palabras, y las aplica con exactitud, en todos los casos que se le ofrecen. Esto parece probar que la dificultad no está en la idea, sino en la explicación de la misma.

185. Se ha notado que en el lenguaje común hay mucha verdad y exactitud; por manera que el observador se asombra al profundizar en la recóndita sabiduría que se oculta en una lengua: tantas, tan varias y delicadas son las gradaciones en que se distribuye el sentido de las palabras. Esto no es fruto de la reflexión, es obra de la razón operando directamente, y por tanto valiéndose de las ideas sin reflexionar sobre las mismas.

186. En las investigaciones ideológicas se quiere idea de la idea; y no se advierte que si esto es necesario a la ciencia, se podrá exigir otra idea de la otra idea, y así proceder hasta lo infinito. Debiérase tener presente que cuando se trata de hechos simples, tanto externos como internos, no cabe otra explicación que designarlos.

187. Las ideas-imágenes son una fuente de error; y probablemente no lo son menos las ideas explicables con palabras. La idea-imagen induce a creer que no hay más ideas en nuestro espíritu que las representaciones sensibles; y el suponer que toda idea puede expresarse con palabras hace que nos figuremos compuesto lo que es simple, y atribuyamos al fondo lo que solo corresponde a la forma.

188. Una idea compuesta parece ser un conjunto, o más bien una serie eslabonada de ideas, que o se excitan simultáneamente, o se suceden con

mucha rapidez. Nuestro entendimiento necesita las palabras para ligar este conjunto y retener el hilo con que le enlaza: de aquí es que cuando la idea es simple, la palabra no es indispensable. Se dice que la palabra es necesaria para pensar; tal vez se hablaría con más exactitud, diciendo que es necesaria para recordar.

189. Cuando el objeto de que nos ocupamos se ofrece a la intuición sensible, no hemos menester de la palabra. Al reflexionar sobre la línea recta, sobre el ángulo, sobre el triángulo, podemos observar que nos basta su representación imaginaria, y que no necesitamos ligar estos objetos con palabras. Lo mismo acontece al pensar en la unidad, o en los números, dos, tres y cuatro, que fácilmente nos representamos sensiblemente. La necesidad de las palabras comienza cuando la imaginación no puede representarse distintamente los objetos, y es preciso combinar varias ideas. Si no ligásemos a una palabra la idea de un polígono de muchos lados, estaríamos en la mayor confusión, y nos sería imposible discurrir sobre él.

190. Como nuestras facultades perceptivas, no crean sus objetos, sino que están limitadas a combinarlos, y por otra parte nuestra percepción no es capaz de abarcar muchos a un tiempo; resulta que el ejercicio de nuestras facultades, es por necesidad sucesivo, sirviendo de lazo a las percepciones, la unidad de la conciencia. Esta, para asegurarse de lo que en ella ha pasado, no tiene otro medio que ligar sus operaciones con determinados signos, y de aquí dimana la necesidad de los signos arbitrarios. Los signos han de ser sensibles, a causa de las relaciones que ligan a nuestra inteligencia con las facultades sensitivas: por cuya razón se observa que todo signo a que vinculamos una idea, puede ser objeto de un sentido. La muchedumbre y variedad de las ideas y de sus combinaciones, exigen un signo sumamente vario y flexible, y que a esta variedad y flexibilidad, reúna ciertos caracteres que simplificándole, hagan fácil su retención en la memoria, y he aquí las ventajas del lenguaje: en medio de su asombrosa variedad, posee dichos caracteres en las sílabas radicales. La conjugación de un solo verbo nos ofrece un número considerable de ideas muy diferentes; cuya retención sería sobre manera difícil, si no estuviesen ligadas por algún vínculo, cual es, la sílaba radical: como es en el verbo amar, la sílaba am. Así es de notar, que al aprender una lengua nos cuestan mucho más trabajo los verbos irregulares; y en los niños

se observa también, que se equivocan en las irregularidades. Yo compararía el lenguaje a un registro de biblioteca; que será tanto más perfecto cuanto mejor reúna la sencillez y la variedad, para designar con exactitud las clases de los libros, y los estantes donde se hallan.

191. sucesión de ideas y operaciones, he aquí el origen de la necesidad de un signo que las recuerde y ligue; relación de nuestro entendimiento con las facultades sensitivas; he aquí la razón de que los signos hayan de ser sensibles; variedad y simplicidad del lenguaje, he aquí su mérito, como signo de las ideas (V. Lib. I, Cap. XXVII).

Capítulo XXX. Ideas innatas

192. Hay entre los adversarios de las ideas innatas, diferencias profundas. Los materialistas sostienen que el hombre lo recibe todo por los sentidos, de tal manera que cuanto posee nuestro entendimiento no es más que el producto del organismo que se ha ido perfeccionando, como una máquina adquiere con el uso, mayor facilidad y delicadeza de movimiento. Nada suponen preexistente en el espíritu, sino la facultad de sentir; mejor diremos, no admiten espíritu, sino un ser corpóreo cuyas funciones producen naturalmente lo que se llama el desarrollo intelectual.

Los sensualistas, que no atribuían a la materia la facultad de pensar, tampoco admitían ideas innatas; confesaban la existencia del espíritu, pero solo le otorgaban facultades sensitivas: todo su caudal debía sacarlo de las sensaciones, y no podía ser otra cosa que sensación transformada.

Contaban las ideas innatas con otros adversarios que no eran materialistas, ni sensualistas. Tales eran los escolásticos, que defendiendo por una parte el principio de que nada hay en el entendimiento que antes no haya estado en el sentido, combatían por otra, el materialismo y el sensualismo. La diferencia entre los escolásticos y los defensores de las ideas innatas, quizás no hubiera sido tanta como se cree, si la cuestión se hubiese planteado de otra manera.

193. Los escolásticos consideraban las ideas como formas accidentales, de suerte que un entendimiento con ideas, podía compararse a un lienzo cubierto de figuras. Los defensores de las ideas innatas decían «en el lienzo preexisten las figuras: para que se ofrezcan a la vista, basta levantar el velo

que las cubre». Esta explicación es algo dura, pues contraría abiertamente la experiencia que atestigua: 1.º la necesidad de la excitación del entendimiento por las sensaciones; 2.º la elaboración intelectual que experimentamos al pensar, y que nos dice que hay dentro de nosotros una especie de producción de ideas.

«El lienzo está en blanco, decían los adversarios de las ideas innatas, ved en prueba de ello, como trabaja de continuo el artista para cubrirle de figuras.» Pero la doctrina de estos, ¿suponía por ventura que nada absolutamente preexistiese a la experiencia? ¿Admitían que el hombre fuese la simple obra de la instrucción y educación? ¿Defendían que nuestro mundo interior no fuese más que una serie de fenómenos causados por las impresiones, y que hubiese podido ser otro el orden intelectual, si las impresiones hubieran sido otras? no ciertamente. Ellos admitían: 1.º una actividad interna, que se aprovechaba de la experiencia sensible y que era excitada por ella; 2.º la necesidad de los primeros principios intelectuales y morales; 3.º una luz interior que nos hace verlos, cuando se nos presentan, y asentir a ellos con irresistible necesidad. El «signatum est super nos lumen vultus tui Domine», se halla citado a cada página en estos autores.

194. Santo Tomás dice que es preciso que nos hayan sido comunicados naturalmente, los primeros principios, tanto los especulativos, como los prácticos; «Oportet igitur naturaliter nobis esse indita, sicut principia speculabilium, ita et principia operabilium» (1.ª Part., Quest. 79, Art. 12). En otro lugar, buscando si el alma conoce las cosas inmateriales en las razones eternas (in rationibus æternis), dice que la luz intelectual, que hay en nosotros, es una semejanza participada de la luz increada, en que se contienen las razones eternas. «Ipsum enim lumen intellectuale, quod est in nobis, nihil est aliud, quam quædam participata similitudo luminis increati, in quo continentur rationes æternæ» (1.ª Part., Quest. 84, Art. 5).

195. En estos pasajes se halla expresamente consignado que hay en nosotros algo más de lo adquirido por la experiencia, en lo cual convienen los escolásticos con los defensores de las ideas innatas. La diferencia entre ellos está en que los primeros consideran la luz intelectual, como insuficiente para el conocimiento, cuando faltan las formas o especies, sobre que pueda refle-

jar; y los otros creen que en esta misma luz van envueltas las ideas; aquellos, distinguen la luz de los colores, estos los hacen brotar de la misma luz.

196. La cuestión de las ideas innatas agitada con tanto calor en las escuelas filosóficas, no ofrecería tantas dificultades si se la plantease con la debida claridad. Para esto sería menester clasificar de la manera correspondiente los fenómenos internos llamados ideas; y determinar con precisión el sentido de la palabra innatas.

197. Por lo dicho anteriormente tenemos que hay en nuestro espíritu representaciones sensibles; acción intelectual sobre ellas, o ideas geométricas; ideas intelectuales puras, intuitivas y no intuitivas; e ideas generales determinadas e indeterminadas. Para mayor claridad pondré un ejemplo de todos estos casos. Un triángulo particular representado en mi imaginación, he aquí una representación sensible; acto intelectual perceptivo de la naturaleza del triángulo considerado en general, he aquí una idea relativa al orden sensible o geométrica; conocimiento de un acto mío de entendimiento o de voluntad, he aquí una idea pura e intuitiva; inteligencia, voluntad, concebida en general, he aquí una idea general determinada; substancia, he aquí una idea general indeterminada (V. Cap. XII y XIII).

198. ¿Qué se entiende por innato? Lo no nacido, lo que el espíritu posee, no por trabajo propio, no por impresiones venidas de lo exterior, sino por don inmediato del Autor de su naturaleza. Lo innato pues se opone a lo adquirido; y preguntar si hay ideas innatas, es preguntar si antes de recibir impresiones y de ejercer ningún acto, tenemos ya en nuestra mente las ideas.

199. No puede sostenerse que las representaciones sensibles sean innatas. La experiencia atestigua que sin las impresiones de los órganos no tenemos las representaciones que les corresponden; que una vez puestos aquellos en acción de la manera conveniente, no podemos menos de experimentarlas. Esto es general a todas las sensaciones, ya sean actuales ya recordadas. Los que se empeñen en defender que las representaciones sensibles existen en nuestra alma, anteriormente a todas las impresiones orgánicas, sostienen una opinión que no pueden apoyar ni con hechos de experiencia ni con razones a priori.

200. Es de notar que el argumento fundado en la imposibilidad de que el cuerpo trasmita impresiones al espíritu, no prueba nada en favor de la

opinión que combatimos. Aun cuando el argumento fuera concluyente, no se inferiría la necesidad de las ideas innatas; pues que con el sistema de las causas ocasionales se salvaría la incomunicación física del cuerpo con el espíritu, y al propio tiempo se pudiera defender que las ideas no preexistían, sino que han sido causadas a la presencia y con ocasión de las afecciones orgánicas.

201. Las ideas relativas a las representaciones sensibles, parecen consistir, no en formas del entendimiento, sino en actos de este ejercidos sobre dichas representaciones (V. Cap. XX). Llamar innatas a estas ideas es contrariar la experiencia, y hasta desconocer la naturaleza de las mismas. No pueden ejercerse dichos actos cuando les falta el objeto que es la representación sensible; y esta no existe sin la impresión de los órganos corpóreos. Luego el apellidar innatas a estas ideas, o carece de sentido, o no puede significar otra cosa que la preexistencia de la actividad intelectual, desarrollada después con la presencia de las intuiciones sensibles.

202. Las ideas intuitivas que no se refieren a la sensibilidad, como son las que tenemos al reflexionar sobre los actos de entender y querer, tampoco pueden ser innatas. Lo que en este caso sirve de idea es el mismo acto del entendimiento o de la voluntad, que se presenta a nuestra percepción en la conciencia: decir pues que estas ideas son innatas, equivale a decir que estos actos existían antes de existir. Aun cuando la percepción no se refiera a los actos presentes, sino a los recordados, el argumento conserva la misma fuerza: porque no puede haber recuerdo de ellos, sin que hayan preexistido; y siendo actos nuestros, no pueden haber existido antes que los ejerciésemos.

203. Infiérese de esto que ninguna idea intuitiva es innata; pues que la intuición supone un objeto presentado a la facultad perceptiva.

204. Las ideas generales determinadas son las que se refieren a una intuición: luego no pueden existir antes que esta; y como por otra parte la intuición no es posible sin un acto, resulta que estas ideas no pueden ser innatas.

205. Quedan por último las ideas generales indeterminadas, es decir, aquellas que por sí solas no ofrecen al espíritu nada existente ni aun posible (V. Cap. XXI). Si bien se observa el carácter de estas ideas, se echará de ver que no son otra cosa que percepciones de un aspecto de los objetos, consi-

derados bajo una razón general. Es indudable que uno de los caracteres de la inteligencia es la percepción de estos aspectos; pero también lo es que no se alcanza por qué hemos de figurarnos esas ideas como una especie de formas preexistentes en nuestro espíritu, y distintas de los actos con que ejerce su facultad perceptiva. No veo con qué fundamento se puede afirmar que estas ideas son innatas, y que yacen ocultas en nuestro espíritu anteriormente al desarrollo de toda actividad, a manera de cuadros arrinconados en un museo no abierto todavía a la curiosidad de los espectadores.

206. Parece que en vez de entregarnos a suposiciones semejantes, debemos reconocer en el espíritu una actividad innata, con sujeción a las leyes que le ha impuesto la infinita inteligencia que le ha criado. Aun cuando se pretenda que las ideas son distintas de los actos perceptivos, no hay necesidad de admitirlas preexistentes. Es verdad que en tal caso será preciso reconocer en el espíritu una facultad productiva de las especies representativas; de lo que tampoco nos eximiríamos, identificando las ideas con las percepciones. Estas son actos que brotan por decirlo así, del fondo de nuestra alma, y que aparecen y desaparecen como las flores en la planta; y así de todos modos hemos de reconocer en nosotros una fuerza, que colocada en las debidas circunstancias, produce lo que antes no existía. Sin esto, no es posible formarse idea de lo que es la actividad.

207. Resumiendo la doctrina emitida hasta aquí sobre las ideas innatas, podremos formularla de la manera siguiente.

1.º Existen en nosotros facultades sensitivas que se desarrollan por efecto, o con ocasión, de las impresiones orgánicas.

2.º Nada sentimos sino con sujeción a las leyes del organismo.

3.º Las representaciones sensibles internas no pueden formarse de otros elementos que de los suministrados por las sensaciones.

4.º Todo cuanto se diga sobre preexistencia de representaciones sensibles, anteriormente a las impresiones orgánicas, a más de carecer de fundamento, está en contradicción con la experiencia.

5.º Las ideas geométricas, o sean las relativas a intuiciones sensibles, no son innatas; puesto que son los actos del entendimiento que opera sobre los materiales ofrecidos por la sensibilidad.

6.º Las ideas intuitivas del orden intelectual puro, no son innatas; porque no son otra cosa que los actos de entendimiento o voluntad, ofrecidos a nuestra percepción en la conciencia reflexiva.

7.º Las ideas generales determinadas no son innatas; puesto que son la representación de intuiciones, en las que se ha ejercido por necesidad algún acto.

8.º Se afirma sin fundamento que sean innatas las ideas generales indeterminadas; las cuales parecen ser los actos de la facultad perceptiva de los objetos bajo una razón general.

9.º Lo que hay innato en nuestro espíritu es la actividad sensitiva y la intelectual; pero ambas, para ponerse en movimiento, necesitan objetos que las afecten.

10.º El desarrollo de esta actividad principia por las afecciones orgánicas; y aunque va mucho más allá de la esfera sensible, permanece siempre más o menos sujeta a las condiciones que le impone la unión del espíritu con el cuerpo.

11.º La actividad intelectual tiene condiciones a priori, del todo independientes de la sensibilidad; y que aplica a todos los objetos, sean cuales fueren las impresiones que le causen. Entre estas condiciones, figura como la primera, el principio de contradicción.

12.º Luego en nuestra inteligencia hay algo a priori y absoluto, que no podría alterarse aun cuando se variasen completamente todas las impresiones que recibimos de los objetos, y sufriesen un cambio radical todas las relaciones que tenemos con los mismos.

FIN DEL LIBRO CUARTO

Libro quinto. Idea del ente

Capítulo I. Hay en nuestro entendimiento la idea del ente

1. Independientemente de las sensaciones, y en un orden muy superior a ellas, existen en nuestro entendimiento ideas, que se extienden a todo, y que son un elemento necesario de todo pensamiento. La que figura entre ellas como principal, es la de ser, o del ente. Cuando los escolásticos decían que el objeto del entendimiento es el ente, «objectum intellectus est ens», enunciaban una verdad profunda, y consignaban uno de los hechos ideológicos más ciertos y más importantes.

2. El ser o ente en sí, y prescindiendo de toda modificación, de toda determinación, considerado en su mayor generalidad, es concebido por nuestro entendimiento. Sea cual fuere el origen de esta idea, o el modo con que se forma en nuestro entendimiento, lo cierto es que existe. De ella hacemos continuas aplicaciones, sin ella nos es casi imposible el pensar. En todas las lenguas se encuentra el verbo ser, expresión de esta idea; en todas las oraciones, aun las más sencillas, se halla esta expresión; el sabio como el ignorante, la emplean de continuo, en el mismo sentido, con igual acierto.

La única diferencia que en el uso de esta idea, se nota entre el rudo y el filósofo, es que aquel no reflexiona sobre ella, y este sí; pero la percepción directa es en ambos la misma, igualmente clara en todos los casos. Tal cosa es o no es; fue o no fue; será o no será; hay algo o no hay nada; hubo o no hubo; habrá o no habrá; he aquí aplicaciones de la idea de ser, aplicaciones que todos hacen, sin la menor sombra de oscuridad; comprendiendo perfectamente el sentido de las palabras, y por consiguiente teniendo en su espíritu la idea que les corresponde. La dificultad, si alguna hay, comienza en el acto reflejo, en la percepción, no del ente, sino de la idea del ente. Tocante al acto directo, hay un concepto clarísimo, que nada deja que desear.

3. Esto que la experiencia nos enseña, se puede probar con razones concluyentes. Todos los filósofos convienen en que el principio de contradicción es evidente por sí mismo, para todos los hombres, sin necesidad de explicación, bastando la inteligencia del sentido de las palabras; lo que no se podría verificar si todos los hombres no tuviesen la idea del ente. El principio dice: «es imposible que una cosa sea y no sea a un mismo tiempo». Aquí no se ha-

bla de nada determinado; ni de cuerpos ni de espíritu; ni de substancias ni de accidentes; ni de infinito o finito; sino del ente, de una cosa en su mayor generalidad, sea lo que fuere: y de esto se afirma que no puede ser y no ser a un mismo tiempo. Si no tenemos idea de ser, el principio no significa nada; la contradicción no es concebible, cuando no hay idea de los extremos que se contradicen; y aquí los extremos son ser y no ser.

4. Lo mismo se manifiesta en el otro principio muy parecido al de contradicción, si no es idéntico con él: «cualquiera cosa o es o no es». También aquí se habla del ser en su mayor indeterminación, considerándole solo como ser, nada más: faltando la idea de ser, el axioma carece de significado.

5. El principio de Descartes «yo pienso luego soy» incluye también la idea de ser «yo soy». El mismo filósofo, al tratar de explicarle, se funda en que lo que no es, no puede obrar; luego la idea del ser entra, no solo en el principio, sino en el fundamento en que Descartes le apoya.

6. Ya se establezca como base de nuestros conocimientos el sentido íntimo, ya se prefiera la evidencia con que una idea está contenida en otra, siempre es necesario tomar como elemento primitivo la idea del ente; es preciso suponer que el entendimiento es, para que pueda pensar; es preciso suponer que el pensamiento es, para que podamos ocuparnos de él; es necesario suponer que nuestras sensaciones, que nuestros sentimientos, que las operaciones y afecciones de nuestra alma son, para que podamos investigar sus causas, su origen, y examinar su naturaleza; es necesario suponer que nosotros somos, que el yo es, para que podamos dar un paso en ningún sentido.

Luego la idea del ente existe en nuestro entendimiento; y es un elemento indispensable para todos los actos intelectuales.

Capítulo II. Simplicidad e indeterminación de la idea de ente

7. Nada se puede concebir más simple que la idea del ente. Es imposible componerla de otros elementos. Nada admite determinado; pues en sí, es absolutamente indeterminada. Desde el momento que se hace entrar en ella una determinación cualquiera, se la destruye en cierto modo; ya no hay la idea de ser, sino de tal ser; una idea aplicada, mas no la del ser mismo, en toda su generalidad.

8. ¿Cómo daremos a entender lo que expresamos por la palabra ser o ente? Diciendo que en ella lo comprendemos todo, aun las cosas más diferentes, más opuestas; añadiendo que ninguna particularidad es necesaria, así como ninguna obsta, para ser comprendido en esta denominación. Todo lo que sea unir con la idea de ente, cualquiera determinación, es introducir en ella un elemento heterogéneo, que no le pertenece de ningún modo, que la puede acompañar por pura agregación, pero que jamás puede combinarse con ella, sin quitarle lo que ella es. Combinad con la idea de ser, la de la subsistencia, ya no tenéis la idea pura de ser, sino la de substancia.

9. Luego la idea del ente es una idea simplicísima, que es irresoluble en otros elementos, y que por tanto no puede nacer de la palabra, sino como de una causa excitante.

Si por ejemplo se nos pregunta lo que entendemos por substancia, por modificación, por causa, por efecto, lo explicamos uniendo a la idea de ser, la de subsistencia o de inherencia, la de fuerza productiva, o de cosa producida; pero el ser, nos es imposible explicarlo de otra manera que por sí mismo. Emplearemos las palabras de algo, alguna cosa, lo que es, la realidad etc., etc., pero todo esto viene a significar lo mismo; son esfuerzos que hacemos para excitar en el entendimiento del otro, la idea que contemplamos en el nuestro. Si queremos dar otras explicaciones, manifestando que la idea que corresponde a la palabra ser, es aplicable a todo; y para esto enumeramos las diferentes clases de seres, aplicándola a todos ellos, no hacemos más que manifestar el uso que tiene la idea, las aplicaciones de que es susceptible; pero no la descomponemos. Indicamos que en todo hay algo que corresponde a ella, mas este algo no lo descomponemos, solo lo señalamos.

10. De esto se infiere que la idea de ente no es para nosotros intuitiva; pues que con su indeterminación misma, excluye el que pueda ofrecer a nuestra percepción un objeto determinado.

Capítulo III. El ser sustantivo y el copulativo

11. Para comprender más a fondo estas materias conviene distinguir entre la idea absoluta del ser y la relativa; es decir, entre lo que se expresa por el verbo ser, cuando significa la realidad, la simple existencia, y cuando significa la unión de un predicado con un sujeto. El diverso significado

de esta palabra, es, se ve clarísimamente en las dos proposiciones que siguen: Pedro es; Pedro es bueno. En la primera, el verbo es significa la realidad de Pedro, o su existencia; en la segunda, expresa la unión del predicado, bueno, con el sujeto, Pedro. En el primer caso, el verbo ser es sustantivo, en el segundo es copulativo. El sustantivo expresa simplemente la existencia; el copulativo una determinación, un modo de existir. La mesa es, significa la simple existencia de la mesa; la mesa es alta, expresa un modo de ser, la altura.

12. El ser puramente sustantivo no se encuentra en otra proposición que en la siguiente: el ser es, o lo que es es; pues en todas las demás, en el sujeto mismo está envuelto algún predicado que determina un modo. Cuando decimos la mesa es; si bien el predicado directo de la proposición es la existencia, expresada por la palabra es; no obstante, en el sujeto mesa, entra ya una determinación del ser de que hablamos: esto es de un ser que es mesa. Luego observábamos con verdad que el verbo ser en su significación puramente sustantiva, no se halla en otra proposición que en la dicha, el ser es. Esta es enteramente idéntica, absolutamente necesaria, absolutamente convertible, es decir, que el predicado se puede afirmar de todos los sujetos, y el sujeto de todos los predicados. Así, poniendo la proposición en otra forma, se tendrá: el ser es existente; y se puede decir todo ser es existente; y al contrario, lo existente es ser; y todo lo existente es ser.

13. Si se me opone que el ser posible no es existente, observaré que el ser puramente posible, no es ser, en todo rigor; y que en el modo en que lo es, a saber, en el orden posible, es también existente. Pero como de esto me ocuparé más abajo, voy a las proposiciones en que el ser es copulativo. La mesa es, equivale a, la mesa es existente. Es verdad que toda mesa real es existente; pues real es lo mismo que existente; y así en algún sentido se podría decir que la proposición se parece a la otra: todo ser es. Pero salta desde luego a los ojos una diferencia, y consiste en que en la idea de mesa, no entra por necesidad la de existencia, pues podemos concebir una mesa que no exista, mas no un ser como tal, sin existencia, es decir, un ser que no sea ser. De todos modos, se encuentra entre las dos proposiciones una diferencia más notable: en la primera, el sujeto se puede afirmar de todos

los predicados diciendo, todo lo existente es ser; pero es evidente que no se puede decir, todo lo existente es mesa.

14. La razón de esto se halla en que la proposición: el ser es, es absolutamente idéntica, es la expresión de un concepto puro, reducido a forma de proposición; y por tanto los términos que sirven de extremos, se pueden tomar indistintamente los unos por los otros: el ser es; lo que es, es ser; el ser es existente; lo existente es ser. Pero en las demás proposiciones se combinan diferentes órdenes de ideas; y aunque la idea común de ser, es aplicable a todo; como esta idea es esencialmente indeterminada, no se sigue que una de las cosas a que conviene la idea general, se identifique con otra que entra también en la misma idea general. De que a toda mesa existente le convenga el ser; no se sigue que todo ser sea mesa.

15. El ser copulativo se aplica sin el sustantivo: así cuando decimos la elipse es curva; prescindimos de si existe o no alguna elipse; y la proposición sería verdadera, aunque no existiese ninguna elipse en el mundo. La razón está en que el verbo ser, cuando es copulativo, expresa la relación de dos ideas.

16. Esta relación es de identidad; por manera que para que un predicado pueda afirmarse de un sujeto no basta la unión de los dos. La cabeza está unida con el hombre, y no puede decirse: «el hombre es su cabeza»; la sensibilidad está unida con la razón en el mismo hombre; y no puede decirse: «la sensibilidad es la razón»; la blancura está unida con la pared, y no puede decirse: «la pared es la blancura».

La afirmación pues de un predicado expresa la relación de identidad; y así es que no existiendo esta identidad con respecto al predicado en abstracto, se le expresa en concreto, para hacer entrar en el mismo, algo que envuelva la identidad. La pared es la blancura; esta proposición es falsa, porque se afirma la identidad que no existe; la pared es blanca: la proposición es verdadera, porque blanco significa alguna cosa que tiene blancura, y en efecto la pared es una cosa que tiene blancura; hay pues la identidad que verifica la proposición (V. Lib. I, Cap. XXVI, XXVII y XXVIII).

17. Luego en toda proposición afirmativa el predicado se identifica con el sujeto. Luego cuando percibimos la identidad afirmamos. Luego el juicio es la misma percepción de la identidad. No niego que en lo que llamamos asenso hay a veces algo más que la simple percepción de la identidad, pero no

concibo cómo, al verla evidentemente, necesitamos algo más para asentir. Lo que se llama asenso, adhesión del entendimiento, parece ser una especie de metáfora, como si el entendimiento se adhiriese, se uniese a la verdad, cuando ella se le presenta; pero en el fondo, dudo mucho que respecto a lo evidente, haya otra cosa que percepción de la identidad.

18. De aquí se sigue que si a las mismas palabras correspondiesen exactamente las mismas ideas y del mismo modo, en diferentes entendimientos, sería imposible la oposición y la diversidad de juicios. Luego cuando hay esta diversidad u oposición, hay siempre discrepancia en las ideas.

19. Concebimos las esencias de las cosas, y raciocinamos sobre ellas, prescindiendo de que existan o no; y aun suponiendo que no existen; es decir, que concebimos relaciones entre los predicados y los sujetos, sin la existencia de los sujetos ni de los predicados. Y como todos los seres contingentes pueden ser y dejar de ser, y aun puede señalarse un instante en que han comenzado, se sigue que la ciencia, o sea el conocimiento de la naturaleza y relaciones de los seres, fundado en principios ciertos y evidentes, no tiene por objeto nada contingente en cuanto existe. Luego hay un mundo infinito de verdades fuera de la realidad contingente.

Reflexionando sobre esto se deduce que fuera del mundo contingente ha de haber un ser necesario en el cual esté fundada esa verdad necesaria que es el objeto de la ciencia. Esta no puede tener por objeto la nada; pues bien, los seres contingentes prescindiendo de su existencia, son pura nada. No cabe esencia, no propiedades, no relaciones, en lo que es pura nada: luego hay algo necesario en que estriba la verdad necesaria de esas naturalezas, propiedades y relaciones que el entendimiento concibe en las mismas cosas contingentes. Luego hay Dios; y el negarlo es convertir la ciencia en una pura ilusión. La comunidad de la razón humana nos ha dado una prueba de esta verdad; la necesidad de la ciencia humana nos suministra otra, y nos confirma la primera (V. Lib. IV, Cap. XXIII hasta el XXVII).

20. En toda proposición necesaria en que no se afirma o niega el ser sustantivo, sino el relativo, como esta: todos los diámetros de un círculo son iguales, se halla envuelta una proposición condicional. Así la anterior viene a equivaler a esta otra: si existe un círculo, todos sus diámetros serán iguales. En efecto: no existiendo ningún círculo, no hay diámetros, ni igualdad, ni

nada; la nada no tiene ninguna propiedad; por lo cual, en todo cuanto se afirme, ha de ir sobrentendida la condición de la existencia.

21. En las proposiciones generales se afirma el enlace concebido de dos objetos: pero es necesario advertir que si bien suele decirse que lo que se afirma es el enlace de dos ideas, esto no es del todo exacto. Cuando yo afirmo que todos los diámetros de un círculo son iguales, no entiendo tan solo que así esté en mis ideas, que yo lo conciba así; sino que en efecto es así en la realidad, fuera de mi entendimiento, prescindiendo de mis ideas, y aun de mi propia existencia. Mi entendimiento pues ve una relación, un enlace en los objetos; y afirma que siempre que estos existan, existirá realmente el enlace, con tal que se cumplan las condiciones bajo que es concebido el objeto.

Capítulo IV. El ente, objeto del entendimiento, no es él posible, en cuanto posible

22. Réstanos aclarar un punto importante sobre la idea del ente: esto es, si dicha idea tiene por objeto el ser real, o el posible. Los escolásticos decían que el objeto del entendimiento es el ente; y no sin razón, porque una de las cosas que con más claridad concebimos, y que más fundamental se encuentra en nuestras ideas, es la idea del ser, la cual en cierto modo las comprende todas. Pero como el ente se distingue en actual, y en posible, surge aquí la dificultad, a cuál de estas categorías es aplicable la idea del ser, objeto principal de nuestro entendimiento.

23. El abate Rosmini (*Nuovo saggio sull'origine delle idee*) pretende que la forma y la luz de nuestro entendimiento, y el origen de todas nuestras ideas, está en la de ser, mas no real, sino posible. «La simple idea del ser, dice, no es percepción de alguna cosa existente, sino intuición de alguna cosa posible: no es más que la idea de la posibilidad de la cosa» (Sección 5, Part. 1, Cap. 3, Art. 1, §. 2).

Yo dudo mucho que esto sea verdad; y me parece que hay aquí confusión de ideas. Antes de hacer entrar la idea de posibilidad en la de ser, era necesario definirnos la posibilidad misma. Tratemos de dar esta definición, que ella aclarará mucho lo demás.

24. ¿Qué es la posibilidad? La idea de posibilidad, prescindiendo de sus clasificaciones, nos ofrece una idea general de la no repugnancia o la no

exclusión de dos cosas entre sí; como la idea de imposibilidad nos presenta esa repugnancia, esa exclusión. El triángulo no puede ser un círculo. El triángulo puede ser equilátero. En el primer caso afirmamos la repugnancia de las ideas de círculo y triángulo; en el segundo, la no repugnancia de que un triángulo tenga sus tres lados iguales. Si bien se observa, en estos casos no se habla del triángulo ni del círculo, con respecto a su existencia; y la posibilidad o imposibilidad se refieren a la repugnancia de sus esencias mismas, prescindiendo de que existan o no; bien que la imposibilidad ideal trae consigo la imposibilidad real.

25. Como siempre que se afirma la imposibilidad, se afirma también la repugnancia, y no hay repugnancia de una cosa consigo misma, resulta que la imposibilidad solo es dable cuando se comparan dos o más ideas. Por otra parte, en no habiendo repugnancia, hay posibilidad; luego ninguna idea simple, por sí sola, puede ofrecernos un objeto imposible. Luego el objeto de toda idea simple es siempre posible; es decir, no repugnante.

26. Las cosas intrínsecamente imposibles son aquellas que envuelven el ser y el no ser, de una misma; y por esto se las llama contradictorias. Cuando se nos presenta un absurdo de esta naturaleza, recordamos desde luego el principio de contradicción; «esto no puede ser, decimos; pues sería y no sería a un mismo tiempo». ¿Por qué es imposible un triángulo circular? porque a un mismo tiempo, sería y no sería triángulo.

En la idea de imposibilidad, entra pues la del no ser; sin esto no hay exclusión del ser; y por tanto ni contradicción, ni imposibilidad.

27. La posibilidad puede entenderse de dos maneras: 1.º en cuanto no expresa más que la simple no repugnancia; y entonces es posible no solo lo que no existe, pero que no entraña ninguna contradicción; sino también lo existente, lo actual; 2.º en cuanto expresa la no repugnancia, unida a la idea de no estar realizado; y entonces solo se aplica a las cosas que no existen. Lo posible tomado en el primer sentido, se opone a lo imposible; en el segundo, se opone a lo existente; envuelta empero la condición de la no repugnancia. La posibilidad en el primer caso, se llama simplemente con este nombre; en el segundo, se apellida posibilidad pura.

De estas observaciones se deduce que la idea de posibilidad añade algo a la de ser: es decir, la no repugnancia, la no exclusión; y si se trata de posibilidad pura, se añade además la no existencia del ser posible.

28. Cuando el entendimiento percibe el ser en sí mismo, no puede considerar que haya o no repugnancia. Esta se descubre en la comparación; y la idea del ser en sí, es simple, no incluye términos comparables. La idea de ser solo puede encontrar repugnancia cuando se le aplica a una cosa determinada, a una esencia en la cual se fingen condiciones contradictorias; así se verificará en el caso de querer aplicar el ser a un triángulo circular.

29. La idea del ser, en sí misma, tanto dista de poder prescindir de la idea de la existencia, que antes bien es la misma idea de la existencia. Cuando concebimos el ser en toda su abstracción, no concebimos otra cosa que el existir; estas dos palabras significan una misma idea.

30. En las cosas determinadas, puedo concebir la esencia sin la existencia; así puedo muy bien considerar todas las figuras geométricas imaginables, y examinar sus propiedades y relaciones, prescindiendo de que existan o no; pero la idea del ser, como que es absolutamente indeterminada, si la abstraigo de la existencia, la abstraigo de sí misma, la anonado.

Quisiera que se me dijese, a qué corresponde la idea del ser en general, prescindiendo de que exista. Si después de haber prescindido de todas las determinaciones, prescindo también del ser mismo, ¿qué me resta?

—Resta, se me dirá, una cosa que puede ser.

—¿Qué significa una cosa? Supuesto que prescindimos de todo lo determinado, cosa no puede significar sino un ser; tendremos pues que una cosa que puede ser, equivaldrá a un ser que puede ser. Ahora bien; cuando se habla de un ser que puede ser ¿se trata simplemente de posibilidad no pura? entonces no se prescinde de la existencia, y se falta a lo supuesto; ¿se trata de posibilidad pura? entonces se niega la existencia: y la proposición equivale a esta otra: un ser que no es, pero que no envuelve ninguna repugnancia. Veamos lo que significa esta expresión: «un ser que no es». ¿Qué significa el sujeto, un ser? una cosa, o bien, lo que es; ¿Qué significa una cosa? un ser; pues se prescinde de todo lo determinado. Luego, o el sujeto de la proposición no significa nada, o la proposición es absurda, pues equivale a esta otra, «una cosa que es, que no es, pero que no envuelve repugnancia».

31. El origen de la equivocación que combatimos está en que se aplica a la idea misma del ser, lo que solo conviene a las cosas que son algo determinado, concebible sin la existencia. El ser puro, en toda su abstracción, no es concebible sin ser actual, es la existencia misma.

32. Ni la posibilidad pura significa nada, sino en orden a la existencia. ¿Qué es ser posible, sino poder ser realizado, poder existir? Luego la idea del ser es independiente de la idea de posibilidad; y esta no es aplicable sino con relación a aquella.

33. La idea pues de ser, es la misma idea de la existencia, de la realización. Si concebimos el ser duro, sin mezcla, sin modificación, subsistente en sí mismo, concebimos lo infinito, concebimos a Dios; si consideramos la idea de ser, como participada, de una manera contingente, con aplicación a las cosas finitas, entonces concebimos la actualidad o la realización de ellas.

34. Cuando aplicamos a las cosas la idea de ser, no entendemos aplicarles la de posibilidad; sino la de realidad. Si digo la mesa es, afirmo del sujeto mesa, el predicado contenido en la idea del ser: y sin embargo, no quiero decir que la mesa es posible, sino que existe en realidad.

35. Todavía más: la idea de ser, excluye la del no ser; es así que, si la idea del ser, fuera únicamente de lo posible, no excluiría la del no ser, pues lo puramente posible hasta incluye el no ser; luego la posibilidad no entra en sola la idea del ser; y esta idea no expresa más que la existencia, la realidad.

Capítulo V. Solución de una dificultad

36. ¿Qué significa pues la idea de ser puramente posible? Si sostengo que el objeto de la idea de ser es la realidad, parece que estas dos ideas: ser, y puramente posible, son contradictorias; la realidad no es puramente posible, porque si es puramente posible, no existe: y en no existiendo ya no es realidad. Examinemos esta dificultad, investigando el origen de la idea de la posibilidad pura.

37. Como estamos rodeados de seres contingentes, y aun nosotros mismos lo somos, presenciamos incesantemente la destrucción de unos y la producción de otros, es decir el tránsito del ser al no ser, y del no ser al ser. Un sentimiento íntimo nos atestigua que este tránsito del no ser al ser, lo hemos experimentado nosotros mismos: todos nuestros recuerdos se limi-

tan a un término muy breve, antes del cual existía ya el mundo. Así pues, la razón, la experiencia y el sentido íntimo nos manifiestan que hay objetos que son y después desaparecen, y otros que antes no eran y después aparecen. A las cosas que experimentan este cambio, las vemos propiedades y relaciones, que dan lugar a cierta combinación de nuestras ideas; combinación que subsiste, ya existan, ya dejen de existir, los objetos a que se refieren. De este modo concebimos la idea general de cosas, que aunque no sean, pueden ser; pero este sujeto, cosas, no expresa el ser, sino en general objetos finitos, determinados.

38. He aquí pues soltada la dificultad. El ser puramente posible, tal como lo concebimos de la manera explicada, no envuelve contradicción alguna. No significa «una realidad que no es realidad» sino un objeto, o una cosa, finita, determinada, cuya idea tenemos, aunque no exista, pero cuya existencia no envuelve contradicción, o repugnancia con ninguna de las condiciones contenidas en su idea. El decir pues, ser puramente posible, si se le explica de este modo, no es más que la generalización de estas y otras proposiciones semejantes. Una mesa que no es, es posible. ¿Qué queremos decir con esto? que en la idea de la mesa, no hay nada que repugne a que exista; pues bien, ser puramente posible, no significa más tampoco, sino que tenemos muchas ideas de cosas finitas, a que no repugna la existencia. La expresión se refiere a cosas determinadas, concebidas por nosotros, pero prescindiendo en aquel caso de que sea esta o aquella la esencia de que hablamos, y comprendiendo todas las que no ofrecen repugnancia.

39. Se me objetará, que entonces un ser infinito no existente, es una cosa contradictoria; y no tengo dificultad en admitirlo. Si un ser infinito no existe, es absurdo; y si al comparar estas dos ideas, infinidad y no existencia, nosotros no vemos con toda claridad la repugnancia, es porque no comprendemos bien qué es la infinidad. Solo por esta causa ha sufrido y sufre dificultades, la demostración de la existencia de Dios fundada simplemente en su idea. Pero es cierto que si el ser infinito no existiese, sería imposible. Imposible es lo que no puede existir: y no podría existir, si ya no existiese. Esta existencia no le podría venir de otro, pues lo infinito no puede ser producido; ni de sí mismo, pues que no existiría. Nosotros, es verdad, imaginamos lo infinito en su esencia, prescindiendo de su existencia; pero repito que esta precisión

solo nos es posible, porque no comprendemos bien la infinidad; que si la comprendiéramos, veríamos la repugnancia de los términos, infinidad y no existencia, con tanta claridad como las del triángulo y círculo.

Capítulo VI. Cómo se entiende que la idea del ente sea la forma del entendimiento

40. Cuando se afirma que el objeto del entendimiento es el ente, hay la duda de si se quiere significar que la idea de ente sea la forma general de todas las concepciones; o si tan solo se quiere decir que todo lo que el entendimiento concibe es ente; o en otros términos, si la calidad de objeto, se la atribuye al ente, en cuanto ente, por manera que solo bajo esta forma sean concebibles los objetos; o bien si solo se significa que la calidad de ente conviene a todo lo que el entendimiento concibe. En el primer caso, se tomaría la proposición reduplicativamente; y equivaldría a esta: «El entendimiento nada concibe, sino en cuanto es ente»; en el segundo, se tomaría formalmente, y equivaldría a esta otra: «todo lo que el entendimiento concibe es ente».

41. Yo creo que no puede decirse que el objeto del entendimiento sea solo el ente en cuanto ente; de manera que la idea del ente sea la única forma que el entendimiento conciba; pero sí que esta forma es una condición esencial a toda percepción.

42. Que la idea de ente, no es la única forma concebida por el entendimiento, se ve claro si se considera que esta idea en sí, no incluye ninguna determinación, ninguna variedad, no expresa más que el ser, en toda su abstracción; luego si el entendimiento no percibiese en los objetos otra cosa que esta idea, no conocería las diferencias de ellos; su percepción no pasaría de lo que les es común a todos: el ser.

43. Si se dice que estas diferencias percibidas son maneras de ser, modificaciones de lo representado en la idea general, ya se conviene en que el ser en sí, no es la única forma percibida; pues que la modificación, la manera de ser, ya añade algo a la idea del ser. El triángulo rectángulo es una manera de triángulo; su idea es una modificación de la idea general; y nadie dirá que la idea de rectángulo no añade algo a la del triángulo, y que sean

una misma cosa. Lo propio se verifica con respecto a la idea del ente y sus modificaciones.

44. Ya hemos visto (Lib. IV, Cap. XXI) que las ideas indeterminadas no nos conducen por sí solas a conocimientos positivos: y por cierto que ninguna merece mejor este nombre, que la de ente. Si nuestro entendimiento se limitase a ella, la percepción no sería más que un concepto vago, incapaz de toda combinación.

45. La misma negación, que como veremos más abajo, es conocida por nosotros, no podría serlo, si admitiésemos que el entendimiento nada concibe sino en cuanto es ente; en cuyo caso, nos faltaría la condición indispensable de todo conocimiento: el principio de contradicción.

46. Bastan estas razones para dejar fuera de duda lo que me proponía manifestar: pero como este punto tiene íntimas relaciones con lo más trascendental de la lógica y de la metafísica, quiero explicarle más por extenso en el capítulo siguiente.

Capítulo VII. Toda ciencia se funda en el postulado de la existencia

47. He dicho que la idea de ente no es la única forma percibida, pero que es una forma necesaria a toda percepción. Mas no quiero significar con esto, que no podamos percibir sino lo existente en acto; sino que la existencia entra cuando menos, como una condición de todo lo percibido. Me explicaré. Cuando percibimos simplemente un objeto, sin afirmar nada de él, se nos presenta siempre como una realidad. Nuestra idea nos expresa algo; y fuera de la realidad no hay nada. Aun la percepción de las relaciones esenciales de las cosas, envuelve la condición si existen. Así, cuando digo que en un mismo círculo o en círculos iguales, arcos iguales están subtendidos por cuerdas iguales, supongo implícitamente la condición, «si existe un círculo».

48. Como esta manera de explicar el conocimiento de las relaciones esenciales de las cosas, puede parecer extraña, voy a presentarla bajo el punto de vista más claro que me sea posible. Cuando afirmo o niego una relación esencial de dos cosas, ¿la afirmo o niego de mis ideas o de las cosas? Claro es que de las cosas y no de mis ideas. Si digo «la elipse es una curva» no

digo esto de mi idea, sino del objeto de mi idea. Bien sabemos que nuestras ideas no son elipses; que dentro de nuestra cabeza no las hay; y que cuando pensamos por ejemplo, en la órbita de la tierra, la órbita de la tierra no está en nosotros. ¿De qué hablamos pues? No de la idea, sino de su objeto; no de lo que está en nosotros, sino de lo que está fuera de nosotros.

49. Tampoco significamos que nosotros lo vemos así: significamos que es así: cuando digo que la circunferencia es más larga que el diámetro, no significa que así lo veo, sino que es así. Tanto disto de hablar de mi idea, que afirmaré ser verdad lo mismo, aunque yo no lo viese, aunque yo no existiese. Solo hablamos de la idea, cuando dudamos de su correspondencia con el objeto: entonces no hablamos de la realidad, sino de la apariencia; y en tales casos el lenguaje tiene de por sí una admirable exactitud: no decimos: es, sino me parece.

50. Nuestras afirmaciones y negaciones se refieren pues, a los objetos. Ahora discurro así: lo que no existe, es un puro nada; es así que de la nada, nada se puede afirmar ni negar, pues no tiene propiedad, ni relación de ninguna clase, es una pura negación de todo; luego nada se puede afirmar ni negar, nada combinar, nada comparar, nada percibir, sino bajo la condición de la existencia.

Digo bajo la condición; porque conocemos las propiedades, las relaciones, de muchas cosas que no existen, pero en todo lo que de ellas concebimos, entra siempre la condición: si existiesen.

51. De aquí resulta que nuestra ciencia estriba siempre en un postulado; y empleo a propósito esta palabra matemática, para hacer ver que esta condición que exijo a toda ciencia, no la desdeñan las que por antonomasia se denominan exactas. La mayor parte de sus demostraciones empiezan por un postulado. «Tírese una línea etc. etc.» «Si se supone un ángulo recto en B etc. etc.» «Tómese una cantidad A mayor que B etc. etc.» He aquí pues como el matemático mismo, con todo el rigor de sus demostraciones, supone siempre la condición de la existencia.

52. Esta existencia es necesario suponerla: de otro modo no se puede explicar nada. Lo que no han visto algunos metafísicos, lo alcanza el sentido común. Hagamos la prueba; veamos cómo hablaría un matemático que jamás hubiese pensado en metafísica. Supondré que el interlocutor me haya

de demostrar que en un triángulo rectángulo el cuadrado de la hipotenusa es igual a la suma de los cuadrados de los catetos; y que para ejercitar su inteligencia, o mejor, para que sin advertirlo nos explique lo que pasa en su mente, con respecto a la percepción de su objeto, le hacemos varias preguntas, en apariencia necias, pero que en realidad solo serán escudriñadoras. Para mayor claridad lo pondré en forma de diálogo; y suponiendo que no hay encerado y que la demostración se da de memoria.

Demostración. Bájese una perpendicular desde el ángulo recto a la hipotenusa.

¿Dónde?

Es claro: en el triángulo de que hablamos.

Pero señor, si no hay tal triángulo...

Pues entonces ¿de qué se trata?

Ya se ve; se trata de un triángulo rectángulo; y el caso es que no hay ninguno.

No lo hay, pero lo puede haber. Si tuviésemos el encerado o papel, y regla, lo haríamos desde luego.

Es decir que usted habla del triángulo que haríamos...

Sí señor.

Ya lo entiendo, pero entonces lo tendríamos, mas ahora no lo tendremos.

Enhorabuena; pero si lo tuviésemos, ¿no podríamos bajar la perpendicular?

Sí señor.

Pues no quiero decir otra cosa.

Pero usted ya decía que se bajase...

Claro es que si no hay triángulo, no se puede bajar; pero entonces no hay ni vértice del ángulo recto, ni hipotenusa, ni nada; pero cuando digo que se baje la perpendicular, siempre supongo el triángulo. Y como es evidente que este triángulo se puede construir, no expreso la suposición; se la sobrentiende.

Ya comprendo esto; pero entonces bajaremos la perpendicular en aquel triángulo solo, y usted me habla como si se la bajase en todos.

El triángulo se construiría para un ejemplo; y lo que con él hiciésemos, claro es que podríamos hacerlo con todos.

¿Con todos?

Sí señor; ¿pues no concibe usted que en todo triángulo rectángulo se puede bajar una perpendicular del ángulo recto a la hipotenusa?

Aquí dentro se me representa así: pero como esto que hay en mi cabeza, no son triángulos, pues algunos se me representan con lados de millares de varas, y no tengo yo la cabeza tan grande...

Mas no se trata de lo que tiene usted en su cabeza, sino de los triángulos mismos...

Pero como estos triángulos no los hay, nada puedo decir de ellos...

Pero, al menos ¿los puede haber?

¿Quién lo duda?

Pues bien, si los hubiese, grandes o pequeños, en una posición u otra, en una parte u otra, ¿no es verdad que se podría tirar una perpendicular desde el vértice del ángulo recto a la hipotenusa?

Es claro.

Pues yo no quiero decir otra cosa; sino que en todo triángulo rectángulo sea cual fuere, se puede bajar esta perpendicular.

Pero se entiende que usted no habla de los que no son... ¿no es verdad?

Hablo de todos, de los que son y de los que no son.

Ya se ve que la perpendicular no se la puede tirar en un triángulo que no existe. Lo que no existe no es nada. Pero lo que no existe puede existir; y veo con toda claridad que suponiendo que exista, se verificará lo que digo. Así puedo hablar, y hablo de todos, de los existentes, y de los no existentes, sin excepción alguna.

El lector juzgará si al molestar al pobre matemático con las importunas dificultades de un taimado haciéndose el rudo, no le hemos hecho responder como respondería cualquiera que no estuviese prevenido con ninguna idea metafísica; y es evidente que estas respuestas las aceptarían como razonables, como satisfactorias, como las únicas que se pueden dar en este caso, todos los matemáticos del mundo.

Pues bien: en estas respuestas y explicaciones está lo que hemos dicho: toda la ciencia fundada en un postulado: todo raciocinio para demostrar aun las propiedades y relaciones más esenciales de las cosas, parte de la suposición de su existencia.

Capítulo VIII. El fundamento de la posibilidad pura, y la condición de la existencia

53. He dicho que el fundamento de la posibilidad pura de las cosas, y de sus propiedades y relaciones, se hallaba en la esencia de Dios, donde está la razón de todo (v. L. IV desde el Cap. XXIII hasta el XXVII): y a primera vista pudiera parecer que a la ciencia le basta aquel fundamento, y que no necesita apoyarse en la condición de la existencia de las cosas.

Porque, si las esencias están representadas en Dios, se halla en la esencia divina el objeto de la ciencia: y por tanto no es concluyente el argumento fundado en que de la nada, no se puede afirmar nada. Suponiendo dicha representación, la ciencia no se ocupa de un puro nada, sino de una cosa muy real; y por consiguiente, tiene a la vista un objeto muy positivo, aun cuando prescinda de la realidad de la cosa considerada.

Veamos cómo se puede desvanecer esta dificultad.

54. Las relaciones necesarias de las cosas, independientemente de su existencia, han de tener una razón suficiente: esta solo puede encontrarse en el ser necesario. Luego, la condición de la existencia, presupone la representación de la esencia del ser contingente, en el ser necesario; luego la condición «si existe» no se puede poner, si no se presupone el fundamento de la posibilidad.

55. Esta observación manifiesta que hay aquí dos cuestiones: 1.ª ¿Cuál es el fundamento de la posibilidad intrínseca de las cosas? 2.ª Supuesta la posibilidad, ¿cuál es la condición que se envuelve en cuanto se afirme o niegue del objeto posible? El fundamento de la posibilidad es Dios: la condición es la existencia de los objetos considerados.

Ambas cosas son necesarias para que haya ciencia: si faltase el fundamento de la posibilidad intrínseca, no se podría poner la condición de la existencia; y si admitida la posibilidad, no añadimos la condición, la ciencia carece de objeto.

56. Para entender más a fondo esta materia conviene observar, que al afirmar o negar las relaciones de los seres representadas en Dios, no tratamos de lo que estos seres son en Dios, sino de lo que serían en sí mismos, cuando existiesen. En Dios, son el mismo Dios; porque todo lo que hay en Dios, se

identifica con Dios; si pues considerásemos las cosas solo en cuanto están en él, no tendríamos por objeto a las cosas, sino a Dios mismo. Es cierto que en Dios hay el fundamento, o sea la razón suficiente, de las verdades geométricas: pero la geometría no se ocupa de estas en cuanto están en Dios, sino en cuanto realizadas o posibles de realizar. En Dios no hay líneas, ni dimensiones de ninguna clase; luego no hay el objeto de la geometría propiamente dicha. Las verdades geométricas tienen en él un valor objetivo, o de representación, y no subjetivo; de lo contrario sería necesario decir que Dios es extenso.

57. He aquí manifestado como lo dicho en el citado lugar, no se opone a lo que se establece aquí: y como el poner en Dios el fundamento de toda posibilidad, no excluye la necesidad científica de la condición de la existencia.

58. Para dejar este punto fuera de toda duda, voy a presentar la cuestión bajo otro aspecto, manifestando que cuando Dios conoce las verdades finitas, ve también en ellas esta condición: «si existen». Dios conoce la verdad de esta proposición: «Los triángulos de igual base y altura son iguales en superficie». Esto es verdad a los ojos de la inteligencia infinita como de la nuestra; si así no fuese, la proposición no sería verdadera en sí misma: nosotros estaríamos en error. Ahora bien; en Dios, ser simplicísimo, no hay figuras verdaderas, aunque haya la percepción intelectual de las mismas. Luego el conocimiento de Dios en lo tocante a las cosas finitas, se refiere a la existencia posible de ellas; y por consiguiente envuelve la condición: «si existen». El conocimiento de Dios, no se refiere a la representación puramente ideal, sino a su realidad, actual o posible: cuando Dios conoce una verdad sobre los seres finitos, no la conoce de la sola representación de las mismas que en sí propio tiene, sino de lo que ellas serían, si existiesen.

59. Todo objeto, puede ser considerado o en el orden real, o en el ideal. El ideal, es su representación en un entendimiento, la cual solo tiene algún valor, en cuanto se refiere a la realidad actual o posible. Solo de este modo tiene la idea objetividad; pues sin esto sería un hecho puramente subjetivo del cual no se podría afirmar ni negar nada, excepto lo puramente subjetivo. La idea que tenemos del triángulo nos sirve para conocer y combinar, en cuanto tiene un objeto real o posible; lo que afirmamos o negamos de ella, lo referimos a su objeto: si este desaparece, la idea se convierte en un hecho

puramente subjetivo, al cual no podremos aplicar sin abierta contradicción, las propiedades de una figura triangular.

Capítulo IX. Idea de la negación

60. Se dice que el entendimiento no concibe la nada; y esto es verdad, en el sentido de que no concebimos la nada como algo, lo que sería contradictorio; pero no se sigue de esto, que de ningún modo concibamos la nada. El no ser es la nada; y no obstante concebimos el no ser. Esta percepción nos es necesaria; sin ella no percibiríamos la contradicción, y por tanto nos faltaría el principio fundamental de nuestros conocimientos: «es imposible que una cosa sea y no sea a un mismo tiempo».

61. Se dirá que el concebir la nada, el no ser, no es concebir, sino no concebir; pero esto es falso; porque no es lo mismo concebir que una cosa no es, y el no concebirla. Lo primero envuelve un juicio negativo, que se puede expresar por una proposición negativa; y lo segundo es la simple ausencia del acto de percepción que nada tiene que ver con la cosa: lo primero es objetivo, lo segundo es subjetivo. Al dormir no percibimos las cosas; pero esta no percepción no equivale a percibir que no sean. De una piedra se puede decir que no percibe a otra piedra; pero no que perciba el no ser de otra piedra.

62. La percepción del no ser es un acto positivo; y no se puede decir que sea la misma percepción del ser, lo que fuera contradictorio: se seguiría que siempre que percibiéramos el ser, percibiríamos su negación, el no ser, y viceversa, lo que es absurdo.

63. Cuando percibimos el no ser, es verdad que lo percibimos con relación al ser; y que no es concebible un entendimiento percibiendo el no ser absoluto, sin ninguna idea de ser; mas esto no prueba que las dos ideas no sean distintas, y contradictorias.

64. Si bien se observa, la idea de la negación, a más de entrar en los principios fundamentales de nuestro entendimiento, «es imposible que una cosa sea y no sea, a un mismo tiempo», «cualquiera cosa o es, o no es»; es necesaria también a casi todas nuestras percepciones. No concebimos los seres distintos, sin concebir que el uno no es el otro; y nos es imposible formar un juicio negativo, sin que en él entre la negación. De donde resulta que

así como hay idea del ser absoluta y relativa; la hay también del no ser; así como se puede decir: «El Sol es» «los diámetros de un círculo son iguales»; se puede decir también: «El Fénix no es» «los diámetros de una elipse no son iguales».

65. A los que sostienen que toda idea es imagen del objeto, se les puede preguntar, ¿de qué será imagen la idea del no ser? Esto confirma lo que hemos indicado más arriba de que no conviene figurarse todas las ideas como una especie de tipos semejantes a las cosas; y que muchas veces no podemos dar explicación ninguna de esos fenómenos internos que apellidamos ideas, sin embargo de que con ellos conocemos y explicamos los objetos.

66. Se dice también que el objeto del entendimiento es el ser; pero esto no puede explicarse en el sentido de que el entendimiento no perciba el no ser; sino que el no ser lo percibimos con orden al ser; y que el no ser por sí solo, no puede dar origen a ningún conocimiento.

Y aquí es de notar una diferencia importante: con la idea del ser podemos entenderlo todo; cuanto más hay de ser en la idea, mas entendemos; y si se supone una idea que represente un ser sin ninguna limitación, o lo que es lo mismo, sin ninguna negación, tendremos el conocimiento de un ser infinito. Por el contrario: la percepción del no ser, no nos enseña nada, sino en cuanto nos manifiesta la limitación de determinados seres, y sus relaciones; si suponemos que la idea del no ser va extendiéndose, notamos que a medida que se acerca a su límite, esto es al no ser puro, a la nada absoluta, el entendimiento pierde sus objetos, le van faltando los puntos de comparación y los elementos de combinación, toda luz se extingue, la inteligencia muere.

67. No concebimos la nada universal, absoluta, sino como una condición momentánea, que fingimos y no admitimos. En ella vemos la imposibilidad de que exista algo, pues si fuera dable señalar un momento en que no hubiese habido nada, no habría ahora nada. No hallamos en esa nada imaginaria ningún punto de partida para la inteligencia; toda combinación es imposible, absurda: el espíritu se siente perecer de inanición en el vacío que él se ha fabricado.

68. La idea de negación es completamente estéril si no se combina con la del ser; mas con esta combinación posee también a su modo una especie de fecundidad. Las ideas de distinción, de limitación, de determinación envuel-

ven una negación relativa, no concebimos seres distintos sin concebir que el uno no es el otro; ni seres limitados, sin concebir que carecen, es decir, que no son en algún sentido; ni determinados, sin concebir alguna cosa que los hace tales, y no tales otros.

Capítulo X. Identidad, distinción; unidad, multiplicidad

69. Veamos cómo de la idea del no ser nace la explicación de las de ideas de identidad, distinción; unidad y multiplicidad.

Si concebimos un ser, sin compararle con nada que no sea él, fijándonos únicamente en él, sin hacer entrar ninguna idea de no ser; tendremos las ideas de identidad y unidad, con respecto a él: o mejor diremos, esas ideas de identidad y unidad, no serán otra cosa que las ideas del mismo ser. Por esta causa, las ideas de identidad y unidad son inexplicables por sí solas, porque son simples, o se confunden con una idea simple, en la cual no hay comparación; y en que si entra negación, no es advertida, no se la hace objeto de reflexión. Así por ejemplo, en la percepción de todo ser limitado, entra en algún modo la idea de un no ser, pero también podemos prescindir de esta negación, considerando lo que el objeto es, y no atendiendo a lo que no es.

70. Si percibo un ser, y luego otro ser; la percepción de que el uno no es el otro, da la idea de distinción, y por consiguiente la de multiplicidad. Sin percepción pues de un no ser relativo combinado con el ser, no hay distinción ni número; pero esta percepción basta para la distinción y el número.

71. Las ideas de identidad y unidad son simples, las de distinción y número compuestas: las primeras no envuelven negación; las segundas implican un juicio negativo: «esto no es aquello». No es posible que se nos presente A distinto de B, sin que percibamos que B no es A; y por el contrario nos basta saber que B no es A, para decir también que son distintos. Estas expresiones «A no es B; o A y B son distintos», son enteramente idénticas.

72. De aquí se infiere que la combinación primordial de nuestra inteligencia consiste en la percepción del ser y del no ser. Con ella percibimos la identidad y la distinción; la unidad y el número; con ella comparamos, con ella afirmamos o negamos. Sin esta percepción no nos es posible pensar. Sin la percepción de la negación, no tendríamos más que la del ser; es decir

una intuición fija en un objeto idéntico, uno, inmutable, cual concebimos la inteligencia divina contemplando la infinidad del ser, en la esencia infinita.

73. ¿Conoce Dios las negaciones? Sí; porque cuando un ser deja de existir, Dios conoce esta verdad, y en esta verdad hay una negación. Dios conoce la verdad de todas las proposiciones negativas, ya expresen el ser sustantivo, ya el relativo; luego conoce la negación. ¿Es esto imperfección? no. Porque no puede serlo el conocer la verdad. La imperfección está en los objetos, que por lo mismo de ser finitos incluyen la negación, el ser combinado con el no ser. Si Dios no conociera la negación, sería porque la negación fuera imposible en sí misma, lo que equivaldría a la imposibilidad de la existencia de lo finito; y conduciría a la necesidad absoluta y exclusiva de un ser infinito solo.

Capítulo XI. Origen de la idea del ente

74. Si nada hemos podido pensar sin la idea del ente, ella preexiste a todo acto reflexivo; y parece que no ha podido nacer de la reflexión. Luego la idea de ente será innata. Examinemos esta cuestión.

75. Que no podemos pensar sin la idea de ente, lo demuestra lo dicho en los capítulos anteriores; y además cualquiera puede consultar la experiencia en sí mismo, esforzándose para hacer una reflexión en que no entra la idea del ser. Ya hemos visto que ni aun los primeros principios pueden prescindir de ella; y es seguro que nadie irá más allá de los primeros principios.

76. ¿Podrá habernos venido de las sensaciones? La sensación en sí, no nos presenta sino cosas determinadas: la idea del ente es cosa indeterminada; la sensación no nos ofrece sino cosas particulares; la idea del ente es lo más general que hay y que puede haber; la sensación nada nos enseña, nada nos dice, fuera de lo que ella es, una simple afección de nuestra alma; la idea del ente es una idea vasta, que se extiende a todo, que fecunda admirablemente nuestro espíritu, que es el elemento de toda reflexión, que funda por sí solo una ciencia; la sensación no sale de sí misma, no se extiende siquiera a las otras sensaciones; la del tacto nada tiene que ver con la del oído; todas pertenecen a un instante de tiempo y no existen fuera de él; la idea del ente conduce al espíritu por todo linaje de seres, por lo corpóreo y lo incorpóreo, por lo real y lo posible, por el tiempo y la eternidad, lo finito y

lo infinito. Si algo sacamos de las sensaciones, si nos producen algún fruto intelectual, es porque reflexionamos sobre ellas; y la reflexión es imposible sin la idea del ente.

77. La idea del ser tampoco parece que pueda formarse por abstracción. Para abstraer es necesario reflexionar: y la reflexión es imposible, sin tener de antemano dicha idea; luego esta es necesaria para la abstracción, luego la abstracción no puede ser su causa.

78. Por otra parte, a este argumento que tan concluyente parece, se le puede oponer una explicación sumamente sencilla del método con que la abstracción se ejecuta. Yo veo el papel en que escribo; la sensación envuelve dos cosas: blanco y extenso. Si no tengo más que la simple sensación, aquí me pararé, y solo recibiré esta impresión: extenso y blanco. Si hoy en mí alguna facultad distinta de la de sentir, que me haga capaz de reflexionar sobre la misma sensación que experimento, podré considerar que esta sensación tiene algo semejante con otras, que recuerdo haber experimentado. Podré pues considerar la existencia y blancura en sí, prescindiendo de que sean estas que en la actualidad me afectan. Enseguida puedo reflexionar que estas sensaciones tienen algo común con las demás, en cuanto todas me afectan de algún modo; entonces tengo la idea de sensación en general. Si luego considero que todas las sensaciones tienen algo común con todo lo que hay en mí, en cuanto me modifican de alguna manera, formaré la idea de una modificación mía, prescindiendo de que sea sensación, o pensamiento, o acto de voluntad; y si en fin, prescindiendo de que estas cosas se hallen en mí, de que sean substancias o modificaciones, solo atiendo a que son algo, habré llegado a la idea del ser. Luego esta idea puede formarse por abstracción. Esta explicación es seductora por su sencillez; pero no deja de sufrir graves dificultades.

79. Desde los primeros pasos de la operación nos servimos sin advertirlo, de la idea de ser: luego nos hacemos ilusión cuando creemos formárnosla. Para reflexionar sobre lo extenso y blanco, es necesario considerar que existe; que es algo semejante a otras sensaciones; cuando prosigo pensando en que me afecta, ya sé que yo soy, que aquello que me afecta es, ya hablo de ser o no ser, de tener o no tener algo común; y por fin cuando prescindo de que las modificaciones de mi espíritu sean esto o aquello, y solo las miro

como una cosa, como algo, como un ser, claro es que no podría considerarlas como tales; si no existiese en mí la idea de algo en general, es decir del ente. Aquí el ser es un predicado que yo aplico a las cosas; luego ya conocía este predicado. Lo que hago es colocar las cosas particulares y determinadas en una idea general e indeterminada, que preexistía en mi entendimiento. Las operaciones sucesivas que he hecho para la abstracción no han sido más que una descomposición del objeto, una clasificación de él en varias ideas generales, hasta llegar a la superior, la del ente.

80. En vista de estas razones, todas muy fuertes, no es fácil resolverse por ninguna de las opiniones opuestas sin temor de errar: no obstante yo emitiré la mía, con arreglo a los principios que llevo consignados en diferentes lugares de esta obra. La idea del ente, no la tengo por innata, en el sentido de que preexista en nuestro entendimiento, como un tipo anterior a las sensaciones, y a los actos intelectuales (V. Lib. IV, Cap. XXX); pero no veo inconveniente en que se la llame innata, si con este nombre no se significa otra cosa, que la facultad innata de nuestro entendimiento, para percibir los objetos bajo la razón general de ente o de existencia, tan pronto como reflexiona sobre ellos. De esta suerte, la idea no dimana de las sensaciones; y se la reconoce como un elemento primordial del entendimiento puro; tampoco se la forma por abstracción, como si se la produjese totalmente; sino que se la separa de las demás, se la depura por decirlo así, contribuyendo a esta depuración ella misma. Así puede preexistir a la reflexión, y ser en algún modo fruto de la reflexión, según los varios estados en que se la considera. En cuanto anda mezclada y confusa con las demás ideas, preexiste a la reflexión; pero es fruto de la misma reflexión, en cuanto esta la ha separado y depurado.

81. Para resolver cumplidamente las dificultades propuestas conviene fijar las ideas con precisión y exactitud.

La idea de ente es no solo general sino también indeterminada; no ofrece al espíritu nada real, ni aun posible; pues que no concebimos que exista ni pueda existir un ser que no sea más que ser, de tal modo que no se pueda afirmar del mismo ninguna propiedad excepto la de ser. Dios tiene en sí la plenitud de ser; es su mismo ser, se llama con profunda verdad: el que es;

pero de él afirmamos también con verdad que es inteligente, que es libre, y que tiene otras perfecciones no expresadas en la idea general y pura de ser.

De esto se infiere que no debemos considerar la idea de ente como un tipo que nos represente algo determinado, ni aun en general.

82. El acto con que percibimos el ser, la existencia, la realidad, es necesario a nuestro entendimiento, pero está confundido con todos los demás actos: intelectuales, como una condición sine qua non de todos ellos, hasta que viene la reflexión a separarle de los mismos, depurándole, y haciéndole objeto de nuestra percepción.

Como al percibir, percibimos algo, es evidente que la razón de ser anda siempre envuelta en todas nuestras percepciones; por el mero hecho de conocer, conocemos el ente, es decir una cosa. Pero como al fijarse nuestra percepción en un objeto no siempre distinguimos las varias razones en que puede ser descompuesto; aunque la idea de ser se halle en todos los objetos percibidos, no es directamente percibida por nuestro entendimiento, hasta que la reflexión la separa de todo lo demás.

83. Si pienso en un objeto azul, claro es que en la idea de azul entra la de color; pero si no reflexiono, no distinguiré entre el género que es color y la diferencia que es azul. En el objeto percibido, estas dos cosas no se distinguen realmente; pues sería hasta ridículo el pretender que en un objeto particular de color azul, una cosa es el color y otra lo azul; no obstante cuando reflexiono sobre el objeto, puedo distinguir muy bien entre las dos ideas de color y de azul, y fijarme y discurrir sobre la una sin ocuparme de la otra. ¿Será necesario decir que yo tenga la idea de color en general, anteriormente a la representación sensible? no por cierto. Solamente será preciso reconocer en el espíritu una fuerza innata por la que considera en general lo que se le ofrece en particular, y descompone un objeto simple en varias ideas o aspectos.

84. Nuestro entendimiento posee la fuerza de concebir la unidad bajo la idea de multiplicidad, y la multiplicidad bajo la idea de unidad. De lo último hallamos el ejemplo en las ideas generales, en cuanto reunimos en un solo concepto lo que es múltiplo en la realidad. Nuestro entendimiento puede compararse a un prisma que descompone en muchos colores un rayo de luz; de aquí nacen los diferentes conceptos relativos a un objeto simple. Cuando no necesitamos reducir la multiplicidad a la unidad, la fuerza intelectual obra

en un sentido inverso: en vez de dispersar reúne: la variedad de colores desaparece; y vuelve a presentarse el rayo luminoso en toda su pureza y simplicidad.

85. Por el mismo hecho de estar limitado nuestro espíritu a conocer muchas cosas por conceptos, y no por intuiciones, ha menester de la facultad de componer y descomponer, de mirar una cosa simple bajo aspectos distintos, y de reunir diferentes cosas bajo una razón común. No se pierda pues de vista que la fuerza generalizadora y divisora, de que está dotado nuestro entendimiento, aunque es para él un poderoso recurso, indica sin embargo su debilidad en el orden intelectual, y la advierte continuamente de la circunspección con que debe proceder cuando se trata de fallar sobre la íntima naturaleza de las cosas.

86. Según esta doctrina, las ideas generales y muy particularmente las indeterminadas, resultan de la reflexión ejercida sobre nuestros propios actos perceptivos; y no hay en la idea general más de lo que se halla en la percepción particular, excepto su misma generalidad nacida de que se prescinde de las condiciones individuantes. Esto se verifica muy particularmente en la idea del ser, que como ya hemos visto, entra como condición necesaria en todas nuestras percepciones; y es además indispensable para todas las operaciones, tanto de composición como de descomposición.

No podemos concebir, sin concebir algo, o un ente; he aquí el ser sustantivo. No podemos afirmar o negar, sin decir es o no es; he aquí el ser copulativo. Luego la idea de ser es más bien que idea, una condición necesaria para que nuestro entendimiento pueda ejercer sus funciones: no es un tipo que le represente nada determinado; es más bien su condición de vida; sin ella no le es posible ejercer su actividad.

87. Pero esta condición de todos nuestros pensamientos, la podemos percibir con la reflexión; y entonces la idea de ser que estaba envuelta con lo demás, se ofrece depurada a nuestros ojos; y concebimos esa razón general, de ser, de cosa, que entra en todas las percepciones, pero que antes no habíamos distinguido con bastante claridad.

Capítulo XII. Distinción entre la esencia y la existencia

88. Se ha disputado mucho en las escuelas sobre si la existencia es distinta de la esencia. Esta cuestión a primera vista indiferente, no lo es cuando se atiende a las consecuencias que de ella dimanan en opinión de autores respetables, quienes pretendían nada menos que establecer en la distinción de la esencia y de la existencia una nota característica de lo finito, atribuyendo al solo ser infinito la identidad de su esencia con su existencia.

89. Que nosotros distinguimos entre la esencia y la existencia de las cosas, es indudable: en cuanto concebimos el objeto como realizado, concebimos la existencia; y en cuanto concebimos que ese objeto existe con esta o aquella determinación que le constituye en tal o cual especie, concebimos la esencia. La idea de existencia, nos representa la realidad pura; la idea de la esencia, nos ofrece la determinación de esta realidad. Pero las escuelas han ido más lejos, y han querido trasladar a las cosas, la distinción que se halla en los conceptos: su opinión parece más sutil que sólida.

90. La esencia de una cosa es aquello que le constituye tal, y le distingue de todo lo demás; y la existencia es el acto que da el ser a la esencia, o aquello por lo cual la esencia existe. De estas definiciones parece resultar que no hay distinción entre la esencia y la existencia. Para que dos cosas sean distintas es necesario que la una no sea la otra; y como la esencia abstraída de la existencia, no es nada, no se puede decir que haya entre ellas una distinción real.

La esencia de un hombre, si se prescinde de su existencia ¿a qué se reduce? a nada: luego no se debe admitir ninguna relación entre ellas. Convengo en que prescindiendo de la existencia del hombre, concebimos todavía la esencia del hombre; pero la cuestión no está en si distinguimos entre la idea del hombre y su existencia, sino en si hay una distinción real entre su esencia propia y su misma existencia.

91. Las esencias de todas las cosas están en Dios; y en este sentido puede decirse que se distinguen de la existencia finita; pero esto, si bien se considera, no afecta en nada la cuestión presente. Cuando las cosas existen en Dios, no son nada distinto de Dios; están representadas en la inteligencia infinita, la cual con todas sus representaciones, es la misma esencia infinita.

Comparar pues la existencia finita de las cosas con su esencia, en cuanto se halla en Dios, es variar radicalmente el estado de la cuestión, y buscar la relación de la existencia de las cosas, no con sus esencias particulares, sino con las representaciones del entendimiento divino.

92. Puede objetarse que si la existencia de los seres finitos es lo mismo que su esencia, resultará que la existencia será esencial a dichos seres; porque nada más esencial que la misma esencia: luego los seres finitos existirán por necesidad, pues que todo lo que pertenece a la esencia es necesario. Los radios de un círculo son iguales entre sí, porque la igualdad está contenida en la esencia del círculo; del mismo modo, si la existencia pertenece a la esencia de las cosas, estas no podrán menos de existir, y la no existencia sería una verdadera contradicción.

Esta dificultad se funda en el sentido ambiguo de la palabra esencia, y en la falta de exactitud con que se ligan las ideas de esencial y de necesario. La relación de las propiedades esenciales es necesaria, porque destruyéndola se cae en contradicción. Los radios del círculo son iguales porque en la misma idea del círculo entra ya la igualdad; y por consiguiente si esta se negase, se afirmaría y se negaría a un mismo tiempo. La contradicción no existe cuando no se comparan unas propiedades con otras; y esta comparación no se hace cuando se trata de la esencia y de la existencia. Entonces no se compara una cosa con otra, sino una cosa consigo misma; si se introduce la distinción, no se la refiere a dos cosas, sino a una misma, considerada bajo dos aspectos, o en dos estados: en el orden ideal y en el real.

Cuando nos ocupamos de la esencia prescindiendo de la existencia, el objeto es el conjunto de las propiedades que dan al ser tal o cual naturaleza; prescindimos de que estas existían o no, y solo atendemos a lo que serían si existiesen. En todo cuanto afirmamos o negamos de las mismas, envolvemos expresa o tácitamente, la condición de la existencia; pero cuando consideramos la esencia realizada, o existente, no comparamos propiedad con propiedad, sino la cosa consigo misma. En este caso, la no existencia no implica contradicción; porque desapareciendo la existencia desaparecerá también la misma esencia, y por consiguiente todo lo que ella incluye. La contradicción resultaría si dijésemos que la esencia implica la existencia, y quisiéramos que permaneciendo la primera, desapareciese la segunda, lo que no se verifica en este supuesto. La igualdad de los radios del círculo no puede faltar mientras el círculo no falte; y la contradicción está en querer que los radios sean desiguales y el círculo continúe círculo: mas si el círculo deja de serlo, no hay inconveniente en que los radios sean desiguales. La esencia es lo mismo que la existencia; mientras haya esencia habrá también existencia; si la esencia falta, faltará también la existencia: ¿dónde está la contradicción? De la esencia del hombre es la vida, y sin embargo el hombre muere; se me dirá que entonces se destruye el hombre, y que por esto no hay contradicción; pues bien, también se destruirá la esencia cuando deje de existir, y no habrá ninguna contradicción en que falte la existencia que estaba identificada con aquella.

93. Decían los escolásticos que el ser cuya esencia fuese lo mismo que su existencia, sería infinito y absolutamente inmutable, a causa de que siendo la existencia lo último en la línea de ente o de acto, dicho ser no podría recibir cosa alguna. Esta dificultad se funda también en el sentido equívoco de las palabras. ¿Qué se entiende por último en la línea de ente o de acto? Si se quiere significar que a la esencia identificada con la existencia nada le puede sobrevenir, se comete petición de principio, pues se afirma lo que se ha de probar. Si se entiende que la existencia es lo último en la línea de ente o de acto, en tal sentido que puesta ella nada falte para que las cosas cuya es la existencia, sean realmente existentes, se afirma una verdad indudable, pero de ella no se infiere lo que se intentaba demostrar.

94. Parece pues que a la distinción de los conceptos de la esencia y de la existencia, no le corresponde una distinción real en las cosas. La esencia no se distingue de la existencia; y no por esto deja de ser finita la primera y contingente la segunda. En Dios, la existencia se identifica con la esencia; pero de tal suerte que su no existencia implica contradicción, y su esencia es infinita.

Capítulo XIII. Opinión de Kant sobre la realidad y la negación

95. Kant cuenta entre sus categorías la realidad y la negación, o sea la existencia y la no existencia, y las define con arreglo a sus principios, diciendo: «la realidad en un concepto puro del entendimiento, es lo que corresponde en general a una sensación cualquiera; por consiguiente aquello cuyo

concepto designa un ser en sí, en el tiempo. La negación es aquello cuyo concepto representa un no ser en el tiempo. La oposición de estas dos cosas consiste en la diferencia del mismo tiempo como lleno o vacío. Pues que el tiempo consiste únicamente en la forma de la intuición, por consiguiente en la forma de los objetos como fenómenos, se sigue que lo que en ellos corresponde a la sensación, es la materia trascendental de todos los objetos, como cosas en sí, realidad esencial. Toda sensación tiene un grado o intensidad por la cual puede llenar más o menos el mismo tiempo, es decir el sentido íntimo relativamente a la representación de un objeto hasta que se reduzca a la nada=0=negación». En este pasaje hay un error fundamental que destruye por su base toda inteligencia; y hay además mucha confusión en las aplicaciones que se hacen de la idea del tiempo.

96. Según Kant, la realidad solo se refiere a las sensaciones: luego la idea de ente será la idea de los fenómenos de la sensibilidad en general; luego esta idea no significará nada cuando se la quiera aplicar a lo no sensible; luego el mismo principio de contradicción está necesariamente limitado a la esfera de la sensibilidad; luego ni conocemos ni podemos conocer nada fuera del orden sensible. Estas son las consecuencias: veamos la solidez del principio de que dimanan.

97. Si la idea de realidad no fuese más que la idea de lo sensible en general, no la aplicaríamos jamás a cosas no sensibles; no obstante, la experiencia enseña todo lo contrario. Hablamos continuamente de la posibilidad y aun de la existencia de seres no sensibles; y hasta con respecto a los fenómenos de nuestra alma, distinguimos entre los que pertenecen a la sensibilidad, y los que corresponden al orden intelectual puro: luego para nosotros la idea de ente expresa un concepto general, no circunscrito al orden sensible.

98. Responderá Kant que las aplicaciones que hacemos de esta idea, extendiéndola más allá de la esfera de la sensibilidad, son vanas ilusiones que se expresan en palabras que no significan nada. A esto replicaré lo siguiente.

1.º Ahora no tratamos de saber si las aplicaciones de la idea de ente o realidad fuera del orden sensible, son fundadas o infundadas; se trata únicamente de saber qué es lo que no representa dicha idea, sea o no ilusorio el objeto representado. Cuando Kant define la realidad, la considera como una de sus categorías; y por consiguiente como uno de los conceptos puros del entendimiento: para que la definición sea buena, debe expresar este concepto puro con toda la extensión que en sí tiene, y como he demostrado que el concepto en sí mismo, no está limitado a la esfera de la sensibilidad, resulta que la definición de Kant es inadmisible. Si este filósofo hubiese dicho que las aplicaciones del concepto, cuando se las llevaba fuera del orden sensible eran infundadas, habría caído en error, pero no destruido el mismo concepto; mas ahora, su equivocación está no solo en los usos del concepto, sino en la naturaleza de este, el cual queda destruido, si se le limita a la esfera de la sensibilidad.

2.º En la idea de ente se funda el principio de contradicción, el cual se extiende tanto a lo insensible como a lo sensible. Si admitiésemos la doctrina de Kant se seguiría que el principio de contradicción, «es imposible que una cosa sea y no sea a un mismo tiempo» equivaldría a esta proposición: «es imposible que un fenómeno de la sensibilidad aparezca y no aparezca a un mismo tiempo». Es evidente que ni la filosofía ni el sentido común han dado jamás al principio de contradicción una significación semejante. Cuando se afirma la imposibilidad de que una cosa sea y no sea a un mismo tiempo, se habla en general, y se prescinde absolutamente de que esta cosa pertenezca o no al orden sensible. Si así no fuese, o deberíamos decir que son absolutamente imposibles los seres no sensibles, lo que no se atreve a sostener el mismo Kant, o bien que dudamos si el principio de contradicción es aplicable a ellos, dado caso que existan. ¿Quién no ve lo absurdo de esta duda, y que con solo admitirla por un momento, destruimos toda inteligencia? Si limitamos la generalidad del principio de contradicción, la imposibilidad no es absoluta; y entonces, supuesto que pueda fallar en algunos casos, ¿quién nos asegura que no fallará en todos?

3.º El mismo Kant admite la distinción entre los fenómenos de la sensibilidad y los conceptos intelectuales puros; luego para él mismo, la realidad comprende algo más que lo sensible. Los conceptos intelectuales puros son una realidad, son algo, siquiera como fenómenos subjetivos de nuestro espíritu, y sin embargo no son sensibles, según lo confiesa el mismo Kant; luego este filósofo incurre en contradicción cuando limita la idea de realidad a lo puramente sensible.

99. Kant no concibe la realidad y la negación sino como llenando o dejando vacío el tiempo, el cual en opinión del filósofo alemán, es forma primitiva de nuestras intuiciones, y una especie de fondo en el cual ve el alma todos los objetos, inclusas sus operaciones propias. Según esta doctrina, la idea del tiempo precede a las de realidad y negación; pues que estas dos últimas no son concebibles sino con relación a aquel. Desde luego salta a los ojos la extrañeza de una forma, o llámese como se quiera, a la cual se hayan de referir las ideas de realidad y negación, cuando fuera de la idea de realidad no es concebible nada. Kant tan escrupuloso en el análisis de los elementos contenidos en nuestro espíritu, y tan desdeñoso para con todos los metafísicos que le han precedido, debiera habernos explicado la naturaleza de esta forma en la cual vemos la realidad, y que sin embargo no está contenida en la idea de realidad. Si es algo, será también una realidad; y si no es algo, será un puro nada; por consiguiente no podrá ser una forma que llenándose o vaciándose, ofrezca al espíritu las ideas de realidad o negación. Fácil me sería manifestar con abundante copia de razones la equivocación del filósofo alemán, cuando determina con tanta inexactitud las relaciones entre el tiempo y la idea del ser; pero como me propongo explicar detenidamente la idea del tiempo, no quiero adelantar aquí lo que corresponde a otra parte de la obra.

Capítulo XIV. Resumen y consecuencias de la doctrina del ente
100. Resumamos la doctrina expuesta en los capítulos anteriores, para que podamos verla de una ojeada en su conjunto y trabazón.

La idea de ente es tan fecunda en resultados, que conviene profundizarla bajo todos sus aspectos, y no perderla nunca de vista en las investigaciones de la filosofía trascendental.

101. Tenemos la idea de ente, o de ser en general: así lo atestiguan la razón y el sentido íntimo.

102. Esta idea es simple, y no podemos resolverla en otros elementos: expresa una razón general de las cosas, y se la desnaturaliza en cierto modo, si se la mezcla con ideas particulares. No es intuitiva, sino indeterminada, hasta el punto de que por sí sola, no nos daría idea de un ser real y posible. En todo ser, no solo concebimos que es, sino que es alguna cosa, la cual es

su predicado: el mismo ser infinito, no solo es un ser, sino un ser inteligente y libre, y que posee formalmente todas las perfecciones que no implican nada de imperfección.

103. La idea del ser puede expresar o la simple existencia, o la relación de un predicado con un sujeto: en el primer caso, es sustantiva, en el segundo copulativa. He aquí dos ejemplos: «el Sol es»; «el Sol es luminoso»: en la primera proposición, el ser es sustantivo, o expresa la existencia; en la segunda, es copulativo, o significa la relación del predicado con el sujeto.

104. Las ideas de identidad y distinción nacen de las ideas del ser y del no ser; y así la idea del ser copulativo, que afirma la identidad de un predicado con un sujeto, dimana también en algún modo de la idea del ser sustantivo.

105. El ser, que es el principal objeto del entendimiento, no es él posible, en cuanto posible; no concebimos la posibilidad sino en orden a la actualidad: aquella nace de esta; no esta de aquella. No concebiríamos la posibilidad pura, esto es la posibilidad sin existencia, si no concibiésemos seres finitos, en cuya idea no está envuelto el ser por necesidad, y cuya aparición y desaparición estamos experimentando continuamente.

106. El entendimiento percibe el ser; y esta es una condición indispensable para todas sus percepciones; pero la idea del ser no es la única que se le ofrece; pues que conoce diferentes modos de ser, los cuales por lo mismo que son modos, añaden algo a la idea general y absoluta de la existencia.

107. Cuando consideramos las esencias de las cosas prescindiendo de su realidad, nuestros conocimientos envuelven siempre la siguiente condición: si existen. De lo posible puro, en cuanto no es, solo hay ciencia condicional; es decir, si el objeto pasa de la posibilidad a la realidad. Para fundar la posibilidad pura, de suerte que haya en ella relaciones necesarias, bajo la condición de la existencia, es menester recurrir a un ser necesario origen de toda verdad.

108. Las esencias de las cosas en abstracto, nada significan, ni pueden ser objeto de afirmación o negación, si no suponemos un ser necesario, en que se halle la razón de las relaciones de las cosas, y de la posibilidad de su existencia.

109. La verdad pura, independientemente de todo entendimiento, de todo ser, no solo creado, sino también increado, es una ilusión, o mejor diremos, un absurdo. De la pura nada, no es verdad nada.

La verdad no puede ser atea: sin Dios no hay verdad.

110. No solo conocemos el ser, sino también el no ser; tenemos idea de la negación. Esta se refiere siempre a algún ser: la nada absoluta, no puede ser objeto de la inteligencia. La idea de la negación tiene su fecundidad peculiar: combinada con la de ser, funda el principio de contradicción, engendra las ideas de distinción y multiplicidad, y hace posibles los juicios negativos.

111. La idea de ser no dimana de las sensaciones; ni tampoco es innata, en el sentido de que preexista en nuestro entendimiento como un tipo anterior a todas las percepciones. No hay inconveniente en llamarla innata, si por esta palabra se significa una condición sine qua non de todos nuestros actos intelectuales, y por consiguiente del ejercicio de nuestras facultades innatas. En toda percepción intelectual se halla mezclada la idea de ser, pero esta no se ofrece con toda claridad y distinción a nuestro entendimiento; hasta que por medio de la reflexión, la separamos de las ideas particulares que la acompañan.

112. La esencia no se distingue de la existencia, ni aun en los seres finitos. Esta es una distinción de conceptos a que no corresponde una distinción en la realidad.

113. La identidad de la esencia con la existencia, no lleva consigo la necesidad de las cosas finitas. Los argumentos con que se pretende sacar esta consecuencia se fundan en el sentido equívoco que se da a las palabras.

114. La opinión de Kant que limita la idea de la realidad y de la negación al orden puramente sensible, acarrea la ruina de toda inteligencia; pues que hace vacilar el mismo principio de contradicción. Esta doctrina del filósofo alemán, está en oposición con lo que él propio enseña sobre los conceptos intelectuales puros, distintos de las representaciones sensibles. Refiriendo las ideas de realidad y de negación a la idea del tiempo, como forma primitiva del sentido íntimo, deja fuera de la idea de realidad lo que no puede menos de pertenecer a ella; y presenta la del tiempo bajo un punto de vista totalmente equivocado.

115. Así como la representación sensible tiene por base la intuición primitiva de la extensión, así las facultades perceptivas del entendimiento puro, reconocen por base la idea de ser; y de la propia suerte que la extensión se ofrece a la sensibilidad, como limitable, y de la limitabilidad resulta la figurabilidad, y por consiguiente, todos los objetos de la ciencia geométrica, así también la idea del no ser, se combina con la del ser, y fecundiza en cierto modo las ciencias metafísicas.

116. Ese paralelismo de las dos ideas extensión y ser, no es de tal naturaleza, que la primera sea independiente de la segunda. La idea de extensión es estéril para la ciencia, si no se combina con las ideas generales de ser y no ser. Esto podría manifestarse de varias maneras; pero basta recordar que la geometría a cada paso echa mano del principio de contradicción; en el cual entran las ideas de ser y no ser (V. Lib. IV, Cap. V).

117. De las ideas de ser y de no ser, combinadas con las intuitivas, nacen todos nuestros conocimientos. En los libros siguientes tendremos ocasión de observar esa admirable fecundidad de una idea que aunque por sí sola no enseñaría nada positivo, no obstante unida con otras y modificada ella misma de varias maneras, ilumina de tal modo el mundo intelectual, que con razón ha podido llamarse el objeto del entendimiento.

FIN DEL LIBRO QUINTO

Libro sexto. Unidad y número

Capítulo I. Consideraciones preliminares sobre la idea de unidad

1. Antes de analizar la idea del número, comencemos por su elemento más simple, la unidad. El número es un conjunto de unidades; si ignoramos lo que es la unidad, no podremos saber lo que es el número (V. Lib. V, Cap. X).

2. ¿Qué es la unidad? ¿Cuándo una cosa es una? Parece que todos sabemos lo que es la unidad, pues con ella construimos el edificio de nuestros conocimientos aritméticos. Todos sabemos cuándo una cosa es una, sin que nos equivoquemos jamás sobre el significado de la palabra. En esto no hay diferencia entre el sabio y el rudo. La voz uno, en nuestra lengua, significa lo mismo para todos los que la comprenden; lo propio sucede a los demás pueblos con respecto a la palabra con que expresan la misma idea. Cuando se ha encontrado el guarismo 1 que corresponde a esta idea, y que la expresa de un modo general, prescindiendo de las diferencias de idiomas, todos los hombres le han entendido y aplicado de la misma manera.

3. La idea de la unidad, es la misma en todos los hombres; es un patrimonio común del género humano. No se liga a este o aquel objeto; ni a este o aquel acto del espíritu; se extiende a todo de la misma manera. Aun las cosas compuestas, las cosas múltiplas, no llegan a ser llamadas unas, sino en cuanto participan de la idea general. El punto indivisible es uno. La línea que consta de muchos puntos, no sería una, si estos puntos no tuviesen enlace de contigüidad, sí no contribuyesen a formar un objeto que nos causa una impresión, que está sometido a un acto de nuestro entendimiento.

4. La idea de unidad no es ninguna sensación particular, pues conviene a todas; no es la sensación en general, pues conviene a lo que no es sensación: una es la sensación del color, pero una es también la conciencia del yo, que no es ninguna sensación; uno es el tamaño del rectángulo que tengo a la vista, que siento, y una es la relación de igualdad de sus ángulos, que no es sensación.

5. La idea de unidad, es una idea simple, que acompaña a nuestro espíritu desde sus primeros pasos: la hallamos en todo, la comprendemos bien; no la explicamos como desearíamos, porque es simple, y no puede descom-

ponerse expresándose con varias palabras. No quiero decir con esto, que sea necesario renunciar a toda explicación de la idea de la unidad; solo me propongo advertir al lector de la clase de explicación que debe prometerse; la cual no puede ser otra que el análisis del hecho en cuanto está en los objetos, y del fenómeno en cuanto se presenta a nuestro espíritu.

Capítulo II. Qué es la unidad

6. Los escolásticos han dicho con verdad que todo ser es uno, y que todo lo uno es ser. La unidad es un atributo general a todo ser, pero no distinto del mismo. Por poco que se reflexione, salta a los ojos que la unidad y el ser no se distinguen, la idea de unidad por sí sola, no nos ofrece nada real, ni aun posible: ¿qué sería la unidad que no fuese más que unidad? Esta idea va envuelta en la de ser, es un aspecto del mismo, una razón bajo la cual se presenta el ser al entendimiento.

7. Pero ¿qué es el concepto de unidad, bajo el cual se nos ofrecen los seres? Decimos que hay unidad en el objeto, cuando no hay distinción en el concepto que le presenta; y no hay distinción, cuando la percepción del no ser relativo no se combina en el objeto con la del ser. Donde quiera que hay percepción de un objeto simplemente, hay unidad. Percibo el objeto B. Sea lo que fuere B, será uno para mí, si no le percibo compuesto de c, d, de los cuales el uno no sea el otro. Si en el objeto B percibo la distinción entre c y d, la unidad desaparece.

Es evidente que aun cuando conozca esta composición, puedo prescindir de ella y considerar simplemente el resultado, el todo, B; entonces la unidad aparece de nuevo.

8. Por lo dicho se ve que la unidad es de dos maneras, real y facticia. La real existe, cuando en la cosa no solo no se percibe la distinción, sino que no la hay; la facticia se halla en los compuestos, que en sí mismos encierran cosas distintas, las que pueden ofrecerse al entendimiento, en cuanto subordinadas a una unidad de orden y prescindiendo de la distinción real que contienen.

9. En las escuelas se definía algunas veces lo uno, ens indivisum in se, et divisum ab aliis: la primera parte parece muy exacta con tal que por indivision, no se entienda no separación, sino indistinción; pero la segunda la

considero cuando menos redundante. Si no existiese más que un ser solo y simplicísimo; no dejaría de ser uno; y sin embargo, no se le podría aplicar el que estuviese dividido de los otros: divisum ab aliis. No habiendo otros, no habría la división de ellos. Luego este miembro de la definición es redundante.

10. Se dirá que el ser uno está dividido de los otros reales o posibles; y que en el supuesto de un ser solo, si bien no habría seres reales, los habría posibles; pero esto no deshace la dificultad. El ser solo, sería uno realmente, y la división de los otros, sería solo posible: pues que la división de dos extremos no puede ser real cuando uno de ellos no es más que posible; luego la división de los otros, divisio ab aliis, no es un constitutivo necesario de la unidad: porque esta es ya real, cuando el constitutivo es solo posible.

11. Todavía se puede hacer otra observación que confirma esta doctrina. En el uso común, la unidad se opone a la distinción: en no habiendo distinción, hay unidad. Para que no haya distinción, basta que el ser uno no sea concebido como múltiplo; y esto se consigue, independientemente de su comparación con los demás. Las palabras otros, demás, suponen seres unos; la idea de unidad precede a la de distinción: los seres no se consideran distintos entre sí, sino después que se los concibe, como unos, cada cual de por sí.

12. Me parece pues que el ser uno está definido con decir ens indivisum in se; o un ser que en sí no tiene división. Según sea la indivisión, será la unidad. Si la indivisión significa indistinción, la unidad será real; pero si solo significa, no separación, o sea reunión, la unidad será facticia. Las moléculas inextensas de que algunos suponen compuesta la materia, serían unas realmente; porque en ellas no habría distinción. Los cuerpos son unos facticiamente, porque sus partes son realmente distintas, aunque estén reunidas.

13. Puede proponerse la dificultad de si sería uno el ser, indiviso en sí, y no dividido de los otros; porque si no fuese uno, se inferiría que la definición no ha sido justamente censurada: puesto que no sería uno lo que careciese de la segunda propiedad señalada en la definición. A esto respondo que el ser que no encerrase distinción en sí, y no se distinguiese de los otros, sería también uno: y que en dicho caso, no habrá otros, pues no los hay cuando

no hay distinción. En este supuesto, solo habría una unidad, la unidad del panteísmo, el gran todo, el absoluto, en que todo se identificaría.

14. Se ha dicho que la unidad que se confundía con el ente, era distinta de la unidad que da origen al número. En efecto, se encuentran aquí dos conceptos diferentes de la unidad, en cuanto la primera significa solamente indistinción, y la otra expresa la relación a engendrar cantidad. Mas de esto no se infiere que lo uno que se identifica con el ente se distinga del que engendra el número. Todos los seres unos en sí, pero distintos entre sí, sean cuales fueren, pueden ser concebidos bajo la idea de número. En el augusto misterio de la Trinidad, entra el número tres; y decimos con mucha verdad, que en Dios hay tres personas.

15. La unidad que engendra el número no es necesario que sea real; basta que sea facticia. Tomando por unidad el pie, nos servimos de una unidad facticia, pues que el pie consta de partes; y sin embargo el número que resulta es un verdadero número.

Capítulo III. Unidad y simplicidad

16. La unidad real, se confunde con la simplicidad. Lo realmente uno carece de distinción en sí mismo; no consta de partes de las cuales se pueda decir: esta no es aquella. Es evidente que nada más se requiere para que haya simplicidad; lo simple se opone a lo compuesto; a lo que está formado de varios seres, de los cuales el uno no es el otro.

17. Esta simplicidad no la encontramos en ninguno de los objetos sometidos a nuestra intuición, excepto en los actos de nuestra alma. Por manera que, aun cuando conocemos por el discurso que hay substancias realmente unas, o simples, no las vemos en sí mismas.

Lo extenso consta esencialmente de partes: de donde resulta que la unidad real, o la simplicidad, no la hallamos en el mundo corpóreo, en cuanto es objeto de nuestra sensibilidad. Pero como lo compuesto se ha de resolver en lo simple, y no es dable proceder hasta lo infinito; se infiere también que el mismo universo corpóreo es un conjunto de substancias, que, llámense puntos inextensos o como se quiera, parece que no pueden descomponerse en otras, y por consiguiente son realmente unas, o simples.

18. De esto se infiere, que en cierto modo podría decirse que las substancias son realmente simples; y que los llamados compuestos, son conjuntos de substancias, que a su vez forman una tercera substancia, reuniéndose bajo una cierta ley que las preside, y que les da la unidad que he llamado facticia.

19. Aquí no puedo menos de hacer observar como el análisis trascendental confunde a los que no admiten la simplicidad en los seres pensantes; pues que encontramos que la simplicidad es primero que la composición, y que esta no puede ni aun concebirse, si no presuponemos aquella. La simplicidad es una ley necesaria de todo ser: un ser compuesto, más bien que un ser, debe llamarse un conjunto de seres.

20. He dicho que las substancias simples no se ofrecían a nuestra intuición; y que esta no tenía más objetos que mereciesen el nombre de simples que los actos de nuestra alma. Esto dimana de que el principal medio de intuición para nosotros es la sensibilidad; la cual estriba en representaciones basadas sobre la extensión. Tocante a los actos de nuestra alma, que nos son dados en intuición, en el sentido íntimo, no cabe duda de que son perfectamente simples. ¿Quién es capaz de descomponer una percepción, un juicio, un raciocinio, un acto de voluntad?

21. La percepción de ciertos objetos necesita de actos preparatorios, y lo mismo puede decirse del juicio y del raciocinio; pero estas operaciones en sí mismas, son sumamente simples, y es imposible dividirlas en varias partes. La simplicidad se encuentra igualmente en los actos de la voluntad, ya sean de la voluntad pura, o intelectual, ya de la sensible. ¿Cómo se pueden dividir en partes estos actos, quiero, no quiero, amo, aborrezco, gozo, sufro?

22. Conviene no confundir la multiplicidad de los actos con los actos: no niego que estos sean muchos, solo digo que estos son simples en sí mismos. En nuestro espíritu se suceden continuamente pensamientos, impresiones, afecciones de varias clases: estos fenómenos son distintos entre sí, como lo prueba, el que existen en tiempos diferentes, y en un mismo tiempo existen los unos sin los otros, y algunos de ellos son incompatibles porque se contradicen: pero cada fenómeno de por sí, es incapaz de ser descompuesto, no admite dentro de sí la distinción en varias partes, y por consiguiente es simple.

23. La verdadera unidad solo se encuentra pues en la simplicidad: donde no hay verdadera simplicidad, hay unidad facticia, no real; pues aun cuando no haya separación, hay distinción entre las varias partes de que el compuesto se forma.

24. Se infiere de esto que en la definición del ser uno, en vez de indivisum, quizás debería ponerse indistinctum; porque la distinción se opone a la unidad de identidad, la división a la unión. A la unidad facticia, le basta la indivisión; pero la unidad real, necesita la indistinción. Por más unidas que estén dos cosas, si la una no es la otra, son distintas, y no se pueden llamar unas en todo rigor metafísico.

25. Estas observaciones solo van dirigidas a fijar bien las ideas, no a modificar el lenguaje. En el uso común, se aplica la idea de unidad en un sentido menos riguroso; y lejos de oponerme a este uso, convengo en que está fundado en razón. De la unión de cosas realmente distintas resulta un conjunto que puede llamarse uno, en cuanto está sometido también a cierta unidad; y si no fuese permitido el emplear esta palabra en una acepción menos rigurosa de lo que exige el análisis metafísico, sería preciso desterrar la unidad de la mayor parte de los objetos. Ya he dicho que las substancias simples no se nos ofrecen en intuición inmediata; y que vemos más bien los conjuntos que los elementos de que se componen; si solo pudiésemos aplicar la unidad a los elementos simples, las ciencias se estrecharían sobre manera; el lenguaje se empobrecería; y la literatura y las bellas artes se verían despojadas de una de sus perfecciones características: la unidad.

Capítulo IV. Origen de la tendencia de nuestro espíritu hacia la unidad

26. Encontrando la multiplicidad en todos los objetos sensibles, que son los que llaman más principalmente nuestra atención, ¿cómo adquiere nuestro espíritu la idea de unidad? Buscamos la unidad en las ciencias, la unidad en la literatura, la unidad en las artes, la unidad en todo. ¿De dónde nace esa irresistible tendencia hacia la unidad, que nos la hace buscar facticia, cuando no la encontramos real; y esto, a pesar de la multiplicidad que se nos ofrece en los objetos de nuestra percepción?

27. Si no me engaño, se pueden señalar dos orígenes de esta tendencia a la unidad: uno objetivo, otro subjetivo. El primero consiste en el mismo carácter de la unidad, en la cual está entrañado principalmente el objeto del entendimiento; el otro es la unidad que se halla en el ser inteligente, y que este experimenta en el fondo de sí mismo. Estas ideas necesitan mayor explicación.

28. La unidad es el ser: todo ser es uno: y propiamente hablando, el ser no se halla sino en la unidad. Tomemos un objeto compuesto: en él hallamos dos cosas: los elementos simples de que se compone, y la reunión de los mismos. El ser propiamente dicho, no está en la unión, sino en los elementos unidos. La unión es una mera relación, que no es ni siquiera posible, cuando no hay elementos que se hayan de unir. Por el contrario, estos elementos en sí mismos, prescindiendo de la unión, son verdaderos seres, que existían antes de la unión y que existen después. ¿Qué es un cuerpo organizado? Un conjunto de moléculas unidas bajo cierta ley, según es el principio que preside a la organización. Las partes existían antes de que esta se formase; y cuando sea destruida, continuarán existiendo. Luego el ser se hallaba propiamente en los elementos; y la organización era una relación de estos entre sí.

29. La organización necesita un principio que la domine, sujetando sus funciones a leyes determinadas para llenar su objeto. Por donde se ve que aun la misma relación está sometida a la unidad; esto es, a la unidad de fin y a la unidad del principio que la domina y dirige.

30. No se concibe que la unión de cosas distintas pueda significar nada ni conducir a nada, sino en cuanto preside a ella la unidad. En los objetos sometidos a nuestra experiencia, las cosas se unen de tres maneras: por yuxtaposición en el espacio; por coexistencia en el tiempo; y por asociación en el ejercicio de su actividad. Del primer modo, están unidos los elementos que constituyen la extensión; del segundo todos los objetos que pertenecen a un mismo tiempo; y del tercero todos los que reúnen sus fuerzas dirigiéndolas a un mismo fin.

31. La unión que consiste en la continuidad de los elementos en el espacio, no tiene un valor, a los ojos de la ciencia, sino en cuanto hay un ser inteligente que percibe las formas que resultan de la continuidad, reduciéndolas a

principios de unidad en tipos ideales. Cuatro líneas de puntos dispuestas de manera que formen un cuadrilátero, no significan nada científico, hasta que hay una inteligencia que percibe bajo la unidad, la forma de cuadrilátero. No niego la existencia del cuadrilátero independientemente de la percepción intelectual; prescindiendo de la inteligencia, existirían ciertamente aquellas líneas dispuestas de la misma manera; pero esta disposición en forma de cuadrilátero, es una relación, no es un ser distinto del conjunto de los elementos dispuestos; y por sí sola no ofrece objeto a la inteligencia, sino en cuanto se presenta bajo la unidad de la forma de cuadrilátero.

Cuando la inteligencia busca un verdadero ser, no lo encuentra sino en los elementos; y al querer percibir la relación de estos, se ve precisada a echar mano de la unidad de forma.

32. La coexistencia en el tiempo es una relación que por sí sola, no da ni quita nada a los objetos. Estos tienen su existencia independiente de dicha relación: para que coexistan es necesario que existan. La relación solo significa algo perceptible por el entendimiento, en cuanto se presenta a este bajo la unidad: que en tal caso es unidad de tiempo, así como en el anterior, era unidad de espacio.

33. La asociación de actividades tampoco significa nada concebible, sino en cuanto expresa la convergencia de las fuerzas hacia un mismo objeto. Si faltase la unidad del punto de dirección, la reunión no expresaría nada; y la inteligencia tendría por objeto las actividades dispersas sin ninguna relación.

34. Queda pues demostrado que la unidad es una ley de nuestro entendimiento, fundada en la misma naturaleza de las cosas. El ser absoluto no se encuentra en lo compuesto sino en lo simple; y el ser relativo no es ni siquiera concebible, sino en cuanto está sometido a la unidad.

35. El otro origen de la tendencia de nuestro espíritu hacia la unidad, le encontramos en la naturaleza del mismo. Él en sí, es uno, simple, y por consiguiente procura asimilárselo todo en esa unidad y simplicidad. Bajo la variedad inmensa de los fenómenos sensibles, intelectuales y morales, que experimenta sin cesar, se siente uno en medio de la multiplicidad, permanente al través de la sucesión. La identidad del yo le está atestiguada por el sentido íntimo con una certeza irresistible. Esa unidad, esa identidad, es tan cierta, tan evidente para el niño que comienza a sentir dolor o placer, y

que está seguro de que es él mismo quien experimenta ambas impresiones, como para el filósofo que ha invertido largos años en investigaciones profundas sobre la idea del yo y la unidad de la conciencia.

La unidad y simplicidad que experimentamos en nosotros, nos obligan a reducir lo compuesto a lo simple, y lo múltiplo a lo uno. La percepción de las cosas más compuestas se refiere a una conciencia esencialmente una: aun cuando percibiésemos con un solo acto toda la complicación que hay en el universo, este acto sería simplicísimo, pues que no de otro modo podría el yo decir: yo percibo.

36. Existen pues dos razones para que nuestro espíritu busque en todo la unidad. La inteligibilidad de los objetos no existe sino en cuanto están sometidos a una cierta unidad perceptible, a una forma bajo la cual lo múltiplo se haga uno y lo compuesto simple. El objeto del entendimiento es el ser; y el ser está en lo simple. Lo compuesto envuelve un conjunto de elementos simples, con la relación que se llama unión: pero esta no forma objeto perceptible, sino en cuanto se presenta bajo cierta unidad.

La inteligencia es inconcebible en el sujeto, sin la indivisible unidad de la conciencia. Todo ser inteligente necesita este vínculo que une la variedad de los fenómenos, de que es sujeto: si llegase a faltar dicha unidad, estos fenómenos serían un conjunto informe, sin ninguna relación entre sí; serían actos intelectuales sin un ser inteligente.

La tendencia a la unidad nace de la perfección de nuestro espíritu, y es en sí misma una perfección: pero es necesario guardarse de extraviarla, buscando una unidad real, donde solo podemos encontrarla facticia. De esta exageración dimana un error funesto, el error de nuestra época, el panteísmo. La unidad está en nuestro espíritu; está en la esencia infinita, causa de todos los seres finitos; pero no está en el conjunto de estos seres, que aunque unidos por muchos lazos, no dejan de ser distintos. En el mundo hay unidad de orden, unidad de armonía, unidad de origen, unidad de fin; pero no hay unidad absoluta. En la unidad armónica entra también el número, el cual es incompatible con esa unidad absoluta, que combaten a un mismo tiempo la experiencia y la razón.

Capítulo V. Generación de la idea del número

37. La unidad es el primer elemento del número, mas por sí sola no constituye el número: este no es la unidad, sino la colección de unidades.

38. El dos, ya es número. ¿Qué es la idea del dos? Salta a la vista que esta idea no se confunde con su signo: los signos son muchos y muy diferentes; ella es una, y siempre la misma.

39. A primera vista parece que la idea del dos es independiente del modo de su generación; y que siendo única se puede formar por adición o sustracción; sumando uno con uno; o restando uno de tres. 1+1=2; 3-1=2. Pero reflexionando sobre estas dos expresiones se descubre que la segunda es imposible sin la primera. No sabríamos que 3-1=2, si no supiéramos que el dos entra en la composición del tres, y de qué modo; nada de esto puede sernos conocido, si no tenemos de antemano idea del dos. La idea de suma es pues esencial a la idea del dos: y esta no es más que la percepción de dicha suma.

40. La idea del dos no es sensación, pues que se extiende a lo sensible como a lo insensible, a lo simultáneo como a lo sucesivo. Su objeto es compuesto; ella en sí, es simple.

41. Como en el dos la colección es de pocos objetos, la imaginación puede representarse lo que el entendimiento percibe; así la idea nos parece más clara, porque tiene delante una representación, en que puede sensibilizarse. La idea de adición hecha in facto, es decir la de suma, entra en la idea del dos; mas no la adición in fieri. Tenemos de este número una idea clarísima, sin pensar en uno más uno, sucesivamente.

42. La idea del dos se refiere así a lo simultáneo como a lo sucesivo; pero nuestro espíritu no la descubre en las cosas hasta que se ha puesto la última. Esta percepción tiene por objeto la relación de las cosas reunidas; el entendimiento las percibe como tales, y solo entonces tiene idea del dos.

43. La percepción sucesiva, o simultánea de dos objetos, si no está acompañada de relación, no es idea del dos. En esto se funda lo que suele decirse de que un hombre y un caballo no hacen dos, sino uno y uno: porque entonces se presentan al entendimiento el hombre y el caballo, no por lo que se parecen, sino por lo que se diferencian; y solo forman número cuando se

ofrecen al espíritu bajo una idea común. Así, prescindiendo de su diferencia, y considerados solo como animales, o seres corpóreos, o seres, o cosas, forman dos.

44. No hay pues número cuando entre los objetos no hay semejanza, o no están comprendidos de algún modo bajo una idea común. El número por excelencia es el abstracto; porque prescindiendo de lo que distingue las cosas numeradas, las considera únicamente como seres, y por tanto como semejantes, como contenidas bajo la idea general de ser. Los números concretos, no son números, sino cuando participan de esta propiedad. Dos, que puede aplicarse a un caballo y un caballo, no es aplicable a un caballo y un hombre; pero lo es, si no pensando en la diferencia de racional e irracional, los confundo en la idea de animal. El número concreto necesita una denominación común; de lo contrario no es número.

45. En la idea del dos, entra la de distinción; es decir la de que un objeto no sea otro: por manera que envuelve por necesidad una afirmación y una negación. Afirmación de la existencia, real, o posible, o imaginada, de los objetos contados; negación del uno con respecto al otro. La afirmación, sin distinción, sin negación, envuelve la identidad. Las dos ideas de identidad y de distinción entran en la del dos, y de todo número. Identidad de cada extremo para consigo; distinción de ellos entre sí. La identidad en la cosa es la cosa misma; la identidad en la idea es la simple percepción de la cosa. La distinción en la cosa es la negación con respecto a otra; la distinción en la idea, es la percepción de la negación. Cuando percibimos una cosa siempre la percibimos idéntica: y por tanto la idea de unidad está contenida en toda percepción. Cuando percibimos una cosa, no siempre atendemos a su negación con respecto a otra, y por tanto no siempre percibimos el número. La idea de este nace al hacer la comparación; cuando vemos un objeto que no es otro.

46. En la idea del dos entran las siguientes: ser, distinción, semejanza. Ser, porque la nada no se cuenta. Distinción, o negación de que uno sea otro; porque lo idéntico no forma número. Semejanza; porque solo se numeran las cosas, en cuanto se prescinde de su diferencia. El ser es la base de la percepción. La distinción es la base de la comparación. La semejanza es la base de la reunión. La percepción comienza por la unidad, sigue por la distinción,

y acaba por la semejanza, que es una especie de unidad. La percepción de esta semejanza hace reunir lo distinto. La reunión no siempre está en las cosas, basta que se halle en la idea que las comprende. Los polos del mundo son dos, y no están reunidos. Para la percepción del número dos, no basta percibir simplemente los objetos, es necesario poder compararlos y enseguida reunirlos en una idea común. Luego esta percepción exige comparación y abstracción, y he aquí por qué los animales son incapaces de contar. Ellos no comparan ni generalizan.

47. El análisis de la idea del dos, es el análisis de todos los números; la diferencia no está en su naturaleza, sino en el más y en el menos. Está en la repetición de las mismas percepciones.

48. Aquí se ofrece una cuestión: ¿el número se halla en las cosas o solo en el espíritu? Está en las cosas como en su fundamento, porque en las cosas están la distinción, y la semejanza; es decir el no ser la una la otra, y el tener ambas una cosa común. Está en el espíritu, que percibe este ser y no ser.

49. Percibida la distinción y la reunión de dos objetos, podemos percibir todavía un objeto, que no sea ninguno de ellos, y que pueda ser contenido con ellos en una idea general. Esta es la percepción o la idea del tres. Imagínense todos los números que se quiera, y no se encontrará en ellos otra cosa, que percepción simultánea de objetos, de distinción de objetos, de semejanza de objetos. Cuando estos se determinan, el número es concreto; cuando se comprenden en la idea general de ser, de cosa, el número es abstracto.

50. La limitación de nuestro espíritu hace que ni pueda comparar muchos objetos a un tiempo, ni recordar fácilmente las comparaciones que haya hecho. Para auxiliar la percepción de estas relaciones, y la memoria, empleamos los signos. En pasando de tres o cuatro, ya falta la fuerza para una percepción simultánea; entonces dividimos el objeto en grupos que nos sirven de nuevas unidades, y estos grupos los expresamos por signos. En el sistema decimal se ve claro que el grupo general es el diez; pero antes de llegar a él ya hemos formado otros subalternos, pues para contar el diez no decimos uno más uno, más uno etc. etc.; sino uno más uno, dos. Dos más uno, tres. Tres más uno, cuatro etc. etc. En lo que se ve que a medida que

añadimos una unidad, formamos un nuevo grupo, que a su vez nos sirve para formar otro. Con el dos formamos el tres; con el tres el cuatro y así sucesivamente. Esto da una idea de la relación de los números con sus signos; pero la importancia de la materia exige ulteriores explicaciones, que daré en los capítulos siguientes.

Capítulo VI. Vinculación de las ideas de los números con los signos

51. La vinculación de las ideas e impresiones en un signo, es uno de los fenómenos intelectuales más curiosos; y al propio tiempo, uno de los mejores auxiliares de nuestro espíritu. Sin esta vinculación, apenas podríamos pensar en objetos algo complexos: y sobre todo, la memoria sería sumamente limitada (V. Lib. IV. Cap. XXVIII y XXIX).

52. Condillac, que ha hecho excelentes observaciones sobre esta materia, las aplica de una manera especial a los números, haciendo notar que sin signos no podríamos contar sino un número muy corto, que según él, no pasaría de tres o cuatro. En efecto: supóngase que no tenemos más signo que el de la unidad; podemos contar fácilmente el dos, diciendo uno y uno. Como no hay más que dos ideas, nos es fácil asegurarnos de que hemos repetido dos veces el uno. Pero si hemos de contar, hasta tres, diciendo uno y uno y uno, ya no es tan fácil asegurarnos de la exactitud de la repetición; pero todavía no es difícil. Ya lo es algún tanto con el cuatro; y es poco menos que imposible en llegando por ejemplo a diez. Hágase un esfuerzo por prescindir de los signos, y se verá que no es posible formarse idea de un diez con la repetición del uno; y que no es dable asegurarse de que el uno se ha repetido diez veces, si no se emplea algún signo.

53. Suponiendo inventado el signo dos, ya las dificultades disminuyen por mitad. Así el tres, será mucho más fácil diciendo dos y uno, que diciendo uno, uno y uno. El cuatro en este caso, no será más difícil que el dos en el primero; pues así como para el dos decíamos uno y uno, para el cuatro diremos, dos y dos. La atención que se había de dividir en la repetición de cuatro veces uno se dividirá solo en dos. El seis que en el primer supuesto era un número muy difícil de contar, será ahora tan fácil como antes lo era el tres; pues repitiendo dos, dos y dos, se tendrá seis. La atención que antes se dividía en seis sig-

nos, se divide ahora en solo tres. Es evidente que si se continúa inventando los nombres, tres, cuatro y demás que expresen distintas colecciones, se irá facilitando la numeración hasta llegar a la sencillez de la que ahora empleamos, llamada decimal.

54. Ocurre aquí una cuestión: ¿el sistema actual es el más perfecto posible? Si la facilidad depende de la distribución de las colecciones en signos, ¿cabe perfeccionar esta distribución? Puede hablarse de nuevos signos para designar nuevas colecciones; o de la combinación de ellos. Nada hay que inventar para significar nuevas colecciones, pues que con nuestro sistema no hay número que no podamos expresar. Para las mismas colecciones, podrían inventarse nuevos signos; esas mismas colecciones podrían quizás distribuirse de otra manera más sencilla y más cómoda. En esto último admito la posibilidad de un adelanto, aunque me parece difícil: en lo primero no. En una palabra: el progreso puede estar en expresar mejor, no en expresar más.

55. El signo vincula muchas ideas que sin él no tendrían enlace: de aquí su necesidad en muchos casos; de aquí su utilidad en todos. Con la palabra ciento, o su cifra 100, yo sé muy bien que tengo la repetición de uno, uno, uno, hasta ciento. Si este auxilio me faltase, me sería imposible hablar del ciento, ni calcular sobre él, ni aun formarle. Porque si bien se observa, no llego a su formación sino pasando por diez, y repitiendo la colección diez, otras diez veces.

56. Mas no se crea por esto que la idea del número sea la idea del signo: porque es evidente que la misma idea del diez corresponde a la palabra hablada diez, a la escrita, y a la cifra 10; que son tres signos muy diferentes. Cada lengua tiene su palabra propia para expresar el diez, y la idea es una misma en todos los pueblos.

57. De esta última consideración nace una dificultad particular; ¿en qué consiste la idea del diez? No podemos decir que sea el recuerdo de la repetición de uno, uno, hasta diez veces: 1.º porque en este recuerdo no pensamos, cuando pensamos en el diez. 2.º Porque por lo dicho (52) nos es imposible un recuerdo claro de esta repetición. Tampoco es la idea del signo; porque cuando se ha inventado el signo, existía ya la idea significada; de lo

contrario la invención no tenía objeto, y hasta era imposible. No hay signo cuando no hay nada que significar.

La idea del número encierra más dificultades de lo que creyó Condillac; quien, si después de haber analizado con sagacidad lo que facilita la numeración, hubiese meditado profundamente sobre la idea misma, no habría reprendido tan fácilmente a san Agustín, a Malebranche, y a toda la escuela platónica, por haber dicho que los números percibidos por el entendimiento puro, eran algo muy superior a los percibidos por los sentidos.

Capítulo VII. Análisis de la idea del número, en sí y en sus relaciones con los signos

58. Para concebir con toda claridad lo que es la idea del número, y cómo se engendra en nuestro espíritu, enseñemos a contar a un sordo mudo.

La idea de unidad, no se la podemos dar mejor que presentándole un objeto. Veamos ahora cómo le daremos la del dos. Mostrémosle dos dedos; después dos naranjas; después dos libros; y en cada una de estas operaciones, hágase un signo cualquiera, pero siempre el mismo. Repitiéndose esta operación muchas veces, el sordo mudo unirá la idea de dos a la del signo, y con la una se le excitará la otra. Para indicaros que ha visto dos objetos cualesquiera, procurará acompañar la expresión del objeto con el signo de dos. Lo mismo sucederá con el tres, y con el cuatro. En llegando a números más altos, ya el signo se hace más indispensable; ya la idea del número no se representa tan fácilmente, y por tanto le será todavía más necesario el vincularla. Lo que haremos para dar cuenta de los números al sordo mudo; lo que hace él propio para expresar el número que concibe, esto hacemos todos para dárnosla a nosotros mismos.

59. La numeración es una repetición de operaciones; y el arte para facilitarla consiste en dejar señales que nos recuerden lo que hemos hecho. Es un laberinto muy complicado; podemos recorrerle todo con seguridad de volver, si a medida que adelantamos, tenemos el cuidado de marcar el camino.

La admirable sencillez del sistema decimal, unida a su inagotable variedad, es la causa de la facilidad y fecundidad de nuestra aritmética. El álgebra que ha dado un paso más, que expresa los números sin determinarlos, y que presenta los resultados de las operaciones sin borrar la huella del camino por donde se ha llegado a ellos, es muy superior a la aritmética, y ha hecho dar agigantados pasos al espíritu humano. ¿Con qué medio? Solo auxiliando la memoria. De suerte, que el mismo principio que guía al niño para decir cuatro y uno cinco; en vez de decir uno y uno etc. etc.; el mismo que guía al mudo para que exprese el cinco por una mano; el ciento por un grano, por un nudo etc. etc., guía al algebrista que expresa por una fórmula fácil de retener en la memoria, el resultado de prolijas operaciones. Ambos alcanzan su objeto, con solo auxiliar la memoria. Para el mudo, un grano de maíz expresará la idea del ciento, que luego aplicará a todos las colecciones semejantes; para el matemático algunas letras combinadas de una manera sencilla, expresarán una propiedad de ciertas cantidades, que luego aplicará a todas las que se hallen en el mismo caso.

60. La numeración no es más que un conjunto de fórmulas; cuanto más fáciles sean de transformarse la una en la otra con una ligera modificación, tanto la numeración será más perfecta. Cuanto mejor se conocen las relaciones de estas fórmulas, y el modo de transformarlas, tanto más se sabe contar. Cuanto más fuerza intelectual hay para dirigir simultáneamente la atención a muchas fórmulas, comparándolas, hay más perfección aritmética, porque la simultánea comparación de muchas hace percibir nuevas relaciones.

61. ¿Qué es para mí la idea de ciento? Es la reunión de las unidades que le componen, reunión que hice una o más veces, cuando me enseñaron a contar. ¿Y cómo sé que es la misma? Porque me dieron una fórmula, la llamaron ciento, y me la expresaron con una cifra 100; y como esta fórmula es muy fácil de recordar, recuerdo con facilidad la idea del ciento y todas las propiedades que se han ligado con ella, aunque haya sido por una sola vez. Me preguntan si el ciento es mayor que noventa; si hubiese de contar uno, más uno, más uno, perdería la cuenta, y jamás llegaría a distinguir cuál es mayor; pero como sé que para llegar a la fórmula ciento, pasamos antes por otra fórmula, noventa, y que esto era creciendo, sé muy bien con una vez para todas, que por el ciento expresamos el noventa y algo más, es decir que el ciento es mayor que el noventa. Si me preguntan cuánto es el exceso, tampoco lo buscaré por uno, más uno etc. etc., sino por la relación de las dos fórmulas noventa y diez, con las que compuse la fórmula ciento.

62. En la generalización reunimos en una idea muchas cosas semejantes. La idea general, es una especie de fórmula. En la numeración reunimos en un signo, muchas cosas, que convienen en una idea general, pero este signo representa al propio tiempo su distinción respectiva. Así la idea general, conviene a todos los particulares como predicado: el número, no conviene a ninguno en particular, sino a todos juntos. En la abstracción percibimos una propiedad común, y prescindimos de los particulares que nos la han suministrado; en la numeración, percibimos la semejanza, pero siempre con la distinción. En la abstracción hay el resultado de la comparación; mas no la comparación. En la numeración hay la comparación perenne, o el recuerdo de ella.

63. La idea del número no es convencional, el ciento es siempre ciento, con todas sus propiedades y relaciones, anteriormente a toda convención, y aun a toda percepción humana. Lo que hay convencional es el signo, nada más. Si no existiendo ninguna criatura intelectual, existiesen cien seres distintos entre sí, habría en la realidad el número. En el augusto misterio de la Trinidad existe el número tres, desde toda la eternidad, por una necesidad absoluta. Para el número, basta la existencia de cosas distintas; pues por más diferentes que sean entre sí, tendrán algo común, que podrá ser contenido en una idea general, el ser, y por tanto reunirán las dos condiciones necesarias para formar número.

64. La percepción del ser y de la distinción, es decir del ser sustantivo y del no ser relativo, es la percepción del número; la ciencia de las relaciones de cada colección con su medida que es la unidad, es la ciencia de los números.

FIN DEL LIBRO SEXTO

Libro séptimo. El tiempo

Capítulo I. Importancia y dificultad de la materia

1. La explicación de la idea del tiempo no es una mera curiosidad, es un objeto de la más alta importancia. Basta para convencerse de ello el considerar, que se interesa en la explicación todo el edificio de los conocimientos humanos. El principio más fundamental, el indispensable para que los demás se sostengan, encierra la idea del tiempo. Es imposible que una cosa sea y no sea a un mismo tiempo. «Impossibile est idem simul esse, et non esse.» La imposibilidad de ser y no ser, solo subsiste, por el simul, a un mismo tiempo. Luego la idea del tiempo entra por necesidad en el mismo principio de contradicción.

2. La idea del tiempo se mezcla en todas nuestras percepciones; se extiende a muchos más objetos que la del espacio. Con el tiempo medimos, no solo el movimiento de los cuerpos, sino también las operaciones del espíritu. Concebimos que se mide con el tiempo una serie de pensamientos, lo mismo que una serie de movimientos corpóreos.

3. En la idea del tiempo entra por necesidad la de sucesión; y recíprocamente, en la de sucesión, entra por necesidad la de tiempo. Podemos concebir que una cosa sucede a otra; pero esta sucesión es imposible, sin antes y después, es decir, sin tiempo. Este cálculo vicioso en apariencia, tal vez indica que las ideas de sucesión y tiempo, no se han de explicar la una por la otra, porque son idénticas.

4. El tiempo no parece que pueda ser distinto de las cosas; porque ¿hay quien pueda pensar ni imaginar lo que es una duración distinta de lo que dura, una sucesión distinta de lo que sucede? ¿Será una substancia? ¿Será una modificación inherente a las cosas, pero distinta de ellas? Todo lo que es algo, existe; y sin embargo, el tiempo no lo encontráis existente nunca. Su naturaleza se compone de instantes divisibles hasta lo infinito, esencialmente sucesivos, y por tanto incapaces de simultaneidad. Fingid el instante más pequeño que queráis, ese instante no existe; porque se compone de otros infinitamente pequeños, que no pueden existir juntos. Para concebir un tiempo existente, es necesario concebirle actual; y para esto es preciso

sorprenderle en un instante indivisible; mas este ya no es tiempo; ya no envuelve sucesión; ya no es duración en que haya antes y después.

5. Nada más fácil que contar el tiempo; pero nada más difícil que concebirle en su esencia. En lo primero no se distingue el rudo del sabio; ambos tienen ideas igualmente claras; lo segundo, es sumamente difícil aun a los hombres más eminentes. Conocido es el pasaje de las confesiones de san Agustín en que el santo doctor se esfuerza en penetrar este misterio.

Capítulo II. Si el tiempo es la medida del movimiento

6. Dicen muchos filósofos que el tiempo es la medida del movimiento. Esta idea es fecunda, pero necesita ser aclarada.

Medimos el movimiento refiriéndonos a algo fijo. Así medimos la velocidad con que hemos andado cierto espacio, atendiendo al tiempo marcado en el reloj. Pero ¿cómo medimos el tiempo del reloj? Por el espacio andado por la aguja en la muestra. Si bien se reflexiona, esto es puramente convencional, o mejor dicho, depende de una condición arbitraria. Porque si suponemos que el tiempo marcado es una hora, el espacio andado por la aguja de los cuartos de hora, es decir, la circunferencia de la muestra, no tiene más relación con la hora, sino la que ha dado el artífice al construir el reloj de tal modo, que en cada hora la aguja diese la vuelta. Si el relojero lo hubiese construido de otro modo, como lo ha hecho con respecto a la aguja de las horas, el tiempo sería el mismo, y el espacio andado muy diferente.

7. Luego el tiempo marcado por el reloj no sirve de medida, sino en cuanto está sujeto a otra; luego él no es la medida primitiva. Y como es evidente que lo mismo se podría decir de todos los relojes, pues suponiéndolos arreglados unos por otros, siempre habremos de llegar a uno primero, que no se ha arreglado por los demás, resulta que ninguna de las medidas suministradas por el arte, es medida primitiva.

8. No encontrando esta medida en los artefactos del hombre, preciso es buscarla en la naturaleza; y así podremos encontrar medidas fijas. Refiriéndonos al curso del Sol, y tomando por unidad el tiempo que gasta en volver al meridiano, tenemos el día, que dividido en 24 partes nos da las horas. Con lo cual hallamos un gran reloj, que nos sirve para arreglarlos todos.

9. Sin embargo, por poco que se reflexione, se echa de ver que la solución no es tan satisfactoria como parece a primera vista.

El tiempo solar no es igual al tiempo sideral. Así, tomando el momento en que una estrella se encuentra en el meridiano junto con el Sol, se nota que al día siguiente la estrella llega al meridiano un poco antes que el Sol. ¿Quién tiene razón? ¿Será la estrella la que habrá gastado las 24 horas justas, o será el Sol? Si el tiempo es cosa fija, independientemente del movimiento, una u otra de estas medidas no corresponde exactamente al tiempo.

10. Este argumento que podría llamarse práctico, se fortalece con otro puramente teórico. Tomando los movimientos celestes por medida del tiempo, ¿será verdad que ha pasado un determinado tiempo fijo, siempre que se haya verificado el movimiento que sirve de norma? Si se me dice que sí, inferiré que aun cuando se acelerase o retardase, por ejemplo, si una revolución solar se hiciese con la mitad o el duplo de la velocidad ordinaria, habría siempre el mismo tiempo, lo que parece absurdo.

Si se replica que se supone el movimiento uniforme, haré observar que se comete una petición de principio. La uniformidad del movimiento consiste en que con tiempos iguales se recorran espacios iguales. Si el tiempo pues en su naturaleza depende del movimiento del Sol, o de otro astro, como medida primitiva, nada significará la uniformidad ni la variedad. Si el haber pasado 24 horas depende solo de haberse hecho la revolución, hágase esta como se quiera, con la velocidad de la luz, o la torpeza de una tortuga; nunca habrá más ni menos de 24 horas. Pero si estas dependen de otra medida, si anteriormente a ellas, hay un tiempo que mide la velocidad del movimiento, y determina lo que este se ha acelerado o retardado, entonces el movimiento del astro no es medida primitiva; entonces el astro se encuentra en el mismo caso que nuestros relojes; marca el tiempo trascurrido; pero el tiempo no ha trascurrido porque él le marque. El tiempo es medida de su movimiento; su movimiento no es medida del tiempo. El movimiento está en el tiempo, no el tiempo en el movimiento.

11. Claro es que para soltar esta dificultad, no basta apelar al movimiento del primer cielo; lo que se ha dicho del Sol, puede decirse del astro más retirado del firmamento. No basta apelar a los movimientos anuos, solares o siderales; siempre queda en pie la misma dificultad. Los años siderales

¿serían los mismos, si el movimiento se hubiese hecho con más o menos velocidad? Si son los mismos, parece que se sigue un absurdo; si no lo son, la medida no es primitiva.

12. Además, reflexionando sobre el movimiento podremos observar, que independientemente de toda medida, parece que concebimos más o menos velocidad; así es que en la idea de velocidad entra necesariamente la de tiempo, pues la velocidad es la relación del espacio recorrido, con el tiempo empleado; luego la idea de tiempo es anterior a la idea de toda medida particular, y por lo mismo, independiente de ella.

13. Para medir el tiempo, nos servimos del movimiento; y para medir la velocidad del movimiento, necesitamos del tiempo: aquí hay tal vez un círculo vicioso; pero también es posible que haya la indicación de que estas son ideas correlativas, que se explican las unas por las otras; o más bien, que hay diferentes aspectos de una misma idea. La dificultad de separar estas ideas, la íntima trabazón en que se las encuentra unidas por un lado, cuando se las separa por otro, confirma esta conjetura.

Hagamos la prueba. ¿Cuánto tiempo ha pasado? dos horas. ¿Cómo lo sabemos? por el reloj, ¿Y si él se hubiese adelantado o atrasado? la medida no sirve. Henos aquí el tiempo como una medida fija, anterior a la del reloj con que le queríamos medir. Pero ¿qué son esas dos horas, prescindiendo de toda medida, no solo del reloj, sino también de los astros? Dos horas en abstracto, no se las encuentra en ninguna categoría de los seres reales o posibles; de ellas no podemos dar idea, ni formárnosla nosotros mismos, sin echar mano de una medida. La idea de hora se refiere a un movimiento determinado de cuerpos conocidos; este a su vez se refiere al de otros; y al fin llegamos a uno en el cual no encontramos ningún privilegio para eximirle de la ley general a que están sujetos los demás. Entonces no siendo posible otra referencia, se acaba toda medida; y faltando este, el tiempo se nos desvanece, a fuerza de ser analizado.

14. Con referir pues el tiempo al movimiento, no se explica nada; se expresa una cosa sabida, esto es, la relación mutua entre el tiempo y el movimiento; relación conocida hasta por los más ignorantes, y de la cual se sirven continuamente, en los usos comunes; pero la idea filosófica permanece

intacta; queda siempre la misma dificultad; ¿qué es el tiempo? Prosigamos investigando.

Capítulo III. Semejanzas y diferencias entre el tiempo y el espacio

15. El tiempo parece ser para nosotros algo fijo: una hora no es más ni menos que una hora, anden los relojes, y el mundo mismo como se quiera; así como un pie cúbico del espacio es siempre un pie cúbico, ni más ni menos, ya le ocupen los cuerpos, ya no le ocupen.

16. Si el tiempo existe, independientemente de todo movimiento, de toda sucesión, ¿qué será? Si es una cosa absoluta con valores determinados en sí mismos, aplicable a todo lo mudable, sin que él se mude; medida de todo lo sucesivo, sin que él sea medido; ¿qué será? Su inmutabilidad, su universalidad, parecen no consentirle el carácter de accidente. Todo vive en él; mas él no vive en nada; todo muere en él, pero la muerte no le alcanza a él. El accidente perece, en pereciendo la substancia; el tiempo continúa el mismo, después de no existir la substancia. Anteriormente a todo ser creado, concebimos siglos y más siglos, es decir tiempo; posteriormente a la destrucción de todo lo criado, aun suponiendo que todo entrase en la nada, concebimos todavía una duración sucesiva, pero interminable, es decir tiempo. La idea del tiempo pues, no necesita de la idea del universo; preexiste a ella, sobrevive a ella; pero el universo no es concebible sin el tiempo.

17. La idea del tiempo parece ser independiente de la idea de todo ser; duración; todo puede durar en él; pero no comienza ni acaba con lo que dura en él; se puede aplicar a todo lo que dura, mas no es nada de lo que dura. Le imaginamos uno en lo múltiplo, uniforme en lo vario, fijo en lo móvil, eterno en lo perecedero; y sí aparece reunir algunos de los caracteres de los atributos de la divinidad; pero como por otra parte, está esencialmente despojado de toda propiedad, que no sea la de sucesión en su manera más abstracta; como no entraña ninguna fuerza, como es de suyo radicalmente estéril, sin ninguna condición de ser, ni de acción, ofrece grandes sospechas de que sea una pura idea, una abstracción, que como el espacio, hayamos formado en presencia de las cosas.

18. Los puntos de semejanza entre el tiempo y el espacio son dignos de atención. Ambos infinitos, ambos inmóviles, ambos medida general, ambos esencialmente compuestos de partes continuas, e inseparables. Tratad de limitarlos, y no podéis; señaláis un límite, pero más allá del límite sentís que hay un océano. Vuestros esfuerzos son impotentes; más allá del último cielo, hay los abismos de un espacio sin fin; más allá del principio de las cosas, hay una cadena de siglos interminable.

Queréis mover el espacio; pero en vano; lo que hacéis es moveros en él, recorrer sus diferentes partes. Los puntos son fijos; con respecto a ellos, tomáis distancias, direcciones, mas ellos no se alteran. Queréis mover el tiempo, y os sucede una cosa análoga. El instante de ahora, no es el instante anterior, ni el que viene en pos. Son esencialmente distintos. Se excluyen necesariamente. Su naturaleza consiste en sucederse. Si se cambia de lugar en la consideración de los tiempos ya no es el mismo. Forcejad cuanto quisiereis para imaginaros que mañana es hoy, que hoy es ayer; ¿lo lograréis? es imposible. Lo que ha sido en un tiempo, no puede no haber sido. Si fuera dable mover el tiempo, no habría esta imposibilidad; pues para lograr que lo que fue ayer, no haya sido, bastaría volver el ayer en mañana. Esto es absurdo; lo pasado, lo presente, lo futuro, son cosas esencialmente distintas.

Un espacio simple, un espacio sin partes, no es espacio, es una contradicción; un tiempo simple, un tiempo sin partes, tampoco es tiempo, es una contradicción.

Un espacio cuyas partes no sean continuas, no es espacio; un tiempo cuyas partes no sean continuas, no es tiempo. Las partes del espacio son inseparables; las distinguiréis unas de otras, las contaréis unas después de otras; las compararéis unas con otras, pondréis lo que quisiereis en unas y otras, mas no lograréis separarlas. En el gabinete donde escribo, pueden existir todos los cuerpos imaginables, uno o muchos, en reposo o en movimiento; pero el espacio que concibo, es uno, fijo, siempre el mismo, mido su volumen, que consta de tantos pies cúbicos, y estos pies son fijos, inseparables; si me empeño en separar un pie cúbico de otro, no puedo; porque mientras le anonado, se me presenta allá, en la misma distancia que necesito para concebir la separación. Si no concibo distancia, no concibo separación, y si no concibo espacio, no concibo distancia. Separo unos cuerpos de otros;

pero no un espacio de otro: al hacer la separación de los cuerpos, el espacio permanece con la misma continuidad, y mido los grados de separación, por esa continuidad que sigue inalterable. Lo mismo nos sucede con el tiempo. Es una cadena que no se puede romper. ¿Puedo concebir tres instantes A, B, C, sucesivos, inmediatos, y luego suprimir el B? no. Esta supresión o será imposible, o no consistirá más que en un vano juego. Destruido por un capricho el B, quedarán continuos el A y el C. Pues no separándose sino por el B, en desapareciendo este, los extremos se tocan. Pero entonces el A no es A, sino B; porque el B, no es más que el instante que precede a C. No tenemos otra nota para distinguirle que la anterioridad, con respecto a C, y su continuidad con él. Luego cuando el A, por la imaginada desaparición del B, se pone en contacto con el C, el A se convierte en B. Además el A, no está solo ligado con B y C; está precedido por otros: si se te hace dar un paso, por la desaparición del B, lo da a un mismo tiempo toda la cadena infinita que le precede. Todo queda pues soldado; o mejor diremos, no hay soldadura posible, porque a la cadena infinita la hemos hecho finita, quitándole un instante. Más claro: ¿podemos concebir mañana y ayer, sin hoy; futuro y pasado sin presente? Es evidente que no: el tiempo es pues esencialmente compuesto de partes inseparables.

19. Esta semejanza del espacio con el tiempo, nos conduce naturalmente a creer, que así como el espacio es una idea abstracta, lo será también el tiempo. Lo que hemos dicho de aquel será aplicable a este, pero con algunas modificaciones que nacen de la naturaleza misma de la cosa. Sea como fuere no puede ser inútil en las investigaciones científicas, el aproximar y comparar esas grandes ideas, que son como inmensos receptáculos donde nuestra espíritu deposita sus caudales. En la idea de espacio, tiene encerrado el universo corpóreo actual y todos los posibles; en la de tiempo incluye todos los seres finitos, sean o no corpóreos.

20. Es de sospechar que estas ideas, tan íntimamente unidas a nuestras percepciones, se forman en el espíritu de una manera semejante; porque es probable que pertenecen al orden de las leyes primitivas que regulan el desarrollo de nuestra inteligencia.

21. La semejanza entre el espacio y el tiempo, no debe hacernos desconocer las diferencias que los distinguen. Las más notables son las siguientes.

1.ª El espacio tiene todas sus partes coexistentes; sin esta coexistencia, no es ni siquiera concebible la continuidad que le es esencial. El tiempo consta de partes sucesivas: imaginarlas coexistentes, es destruir la esencia del tiempo.

2.ª El espacio se refiere únicamente al mundo corpóreo, y bajo un solo aspecto: el de la continuidad. El tiempo se extiende a todo lo sucesivo, sea corpóreo o incorpóreo.

3.ª De esto resulta que la idea del espacio se halla únicamente en el orden geométrico, al cual sirve de base. La idea del tiempo se mezcla en todo, y muy particularmente en nuestros propios actos.

4.ª Nuestra alma, cuando reflexiona sobre sí misma, puede prescindir enteramente del espacio, olvidándose de todas las relaciones que tiene con los objetos extensos; pero no puede prescindir del tiempo, al que halla por necesidad en sus mismas operaciones.

Esta última diferencia es muy luminosa para comprender en qué consiste la idea del tiempo. Me atrevo a recomendarla a la atención y memoria del lector.

Capítulo IV. Definición del tiempo

22. El tiempo es duración; duración sin algo que dure, es una idea absurda. No hay pues tiempo, sin alguna cosa que exista. La duración que concebimos, después de reducirlo todo a la nada, es una vana imaginación; no es una idea, antes bien está en contradicción con las ideas.

De esto resulta una consecuencia importante, y es, que el tiempo no puede definirse en sí mismo, con absoluta abstracción de alguna cosa a que se refiera. Luego el tiempo carece de existencia propia; y no es posible separarle de los seres, sin anonadarle.

23. De aquí resulta también que la infinidad que atribuimos al tiempo, carece de fundamento racional. Para afirmar esa infinidad, no tenemos otro motivo, sino la concepción vaga que nos la presenta así; pero ya acabamos de ver que dicha concepción existe también, aun suponiéndolo todo reducido a la nada: si pues en este supuesto es un vano juego de la imaginación; no una idea, sino una contradicción con las ideas; ya que nos engaña en un caso, no merece crédito para otro. Los infinitos siglos de tiempo que

concebimos antes de la creación del mundo, no son nada; son tiempos imaginarios, semejantes al espacio imaginario.

24. El tiempo no tiene ninguna relación necesaria con el movimiento; pues si nada se moviese, ni aun existiesen cuerpos, todavía concebiríamos tiempo en la sucesión de las operaciones de nuestra alma. Esto último es indispensable; para concebir tiempo, se necesita alguna sucesión de cosas. Si suponemos que nada se muda, que nada se altera, que hay un ser, sin mudanza externa ni interna, con un solo pensamiento, siempre el mismo; con una sola voluntad, siempre la misma; sin ninguna sucesión de ideas, ni de actos de ninguna clase; nada concebimos a que sea aplicable la idea del tiempo.

El tiempo es de suyo una medida: ¿y qué medirá en un ser de esta clase? ¿La sucesión? no la hay. ¿La duración? ¿Qué medirá de la duración, siempre la misma, y que no es más que el mismo ser? Para medir la duración, es necesario darle partes y ¿qué partes son estas? ¿Las del tiempo? Entonces hay una petición de principio, pues se le aplica el tiempo, mientras se busca si se le puede aplicar. Cuando los teólogos han dicho que la existencia de Dios no se media con el tiempo; que en la eternidad no había sucesión, que todo estaba reunido en un punto, han dicho una verdad profunda. Clarke, antes de ridiculizarla, debía tratar de entenderla.II

25. El tiempo comienza con las cosas mudables; y si estas acabasen, acabaría con ellas. Si no hay mudanza, no hay sucesión, y por consiguiente no hay tiempo.

26. ¿Qué es pues el tiempo? Es la sucesión de las cosas considerada en abstracto.

¿Qué es la sucesión? Es el ser y el no ser. Una cosa existe; cesa de existir; he aquí la sucesión. Siempre que se cuenta tiempo, hay sucesión; siempre que se cuenta sucesión, se considera un ser y un no ser. La percepción de esta relación, de este ser y no ser, es la idea del tiempo.

27. Es imposible que exista tiempo sin ser y no ser: porque en esto consiste la sucesión. Siempre que hay sucesión, hay alguna mudanza: y no cabe mudanza sin que algo sea de otra manera, y no es posible otra, sin que deje de ser la anterior.

Substancias, modificaciones, o apariencias, no tienen sucesión, sin este ser y no ser. ¿Qué es el movimiento? la sucesión de las posiciones de un cuerpo con respecto a varios puntos. ¿Y cómo se verifica esta sucesión? tomando unas posiciones y perdiendo otras. ¿Qué es la sucesión de pensamientos o afecciones de nuestro espíritu? Es el no ser de unas que eran, y el ser de otras que no eran.

28. El tiempo pues, en las cosas, es la sucesión de las mismas; su ser y no ser: el tiempo en el entendimiento, es la percepción de esta mudanza, de este ser y no ser.

Capítulo V. El tiempo no es nada absoluto

29. El tiempo, ¿es algo absoluto? no. La definición dada en el capítulo anterior lo manifiesta bien claro. El tiempo en las cosas, no es el ser solo, ni el no ser solo; sino la relación del ser y no ser. El tiempo en el entendimiento, es la percepción de esta relación.

La medida del tiempo no es más que la comparación de las mudanzas entre sí. Para nosotros sirven de medida primitiva aquellas mudanzas que nos parecen inalterablemente uniformes. Por esto hemos tomado el movimiento solar. Este movimiento que comparado con el sideral es vario, deja de ser medida primitiva, cuando se refiere a él: y en esto se han fundado los escolásticos cuando han dicho, que la medida primitiva del tiempo es el movimiento del primer cielo.

30. ¿Qué sucedería pues si el Sol, aumentando su velocidad hiciese su revolución en la mitad del tiempo? Las horas ¿permanecerían las mismas? Es preciso distinguir. Si la alteración se verificase únicamente en el movimiento solar, entonces percibiríamos la discordancia con todos los demás movimientos; y por lo mismo hallando la alteración en el Sol, continuaríamos refiriendo las horas como cosas fijas, a otras medidas: a nuestro movimiento, a nuestros relojes, a los demás astros.

Pero si suponemos que todo se altera, a un mismo tiempo, y en la misma proporción; que todo el cielo, y todo cuanto hay en la tierra, hace su movimiento doblemente acelerado; pero de tal modo que la rapidez de nuestros pensamientos no haya crecido; entonces descubriremos una alteración, que no sabremos si atribuir al mundo o a nosotros: hallaremos una discrepancia entre la sucesión de nuestros pensamientos, y la de los movimientos; pero no sabremos si es que estos se hayan acelerado, o que nuestro pensamiento sea más tardo.

Si esta rapidez se nos comunica también a nosotros; de modo que si tal o cual serie de pensamientos que antes correspondían a tantos minutos, se haga en la mitad; entonces hallaremos en todo una perfecta correspondencia, y nos será imposible percibir la mudanza. Una hora por ejemplo, no es más para nosotros que la percepción de la relación de ciertas mudanzas: cuando esta relación continúe la misma, no habrá alteración en la hora.

31. Esto de quitar toda idea de absoluto al tiempo, parece un absurdo a la imaginación, pero no a la razón. He aquí un caso que lo hace evidente. El hombre más aventajado en percibir la sucesión del tiempo, no es capaz de distinguir si en el espacio de doce horas, en que no haya visto ningún reloj, ni tenido a mano otra medida, han transcurrido once horas y media o doce. Si por mucho tiempo se le hace vivir así, perderá enteramente la cuenta del tiempo; estando en un oscuro calabozo durante algunos meses, podría creer que han pasado años. Luego la idea de la medida del tiempo no es nada absoluto; es esencialmente relativa; es la percepción de las relaciones entre varias mudanzas. Siempre que estas relaciones permanecieran intactas todas, el tiempo sería para nosotros el mismo.

Capítulo VI. Dificultades sobre la explicación de la velocidad

32. Preséntase aquí una dificultad grave. Si el tiempo no es nada absoluto, la mayor o menor velocidad es inexplicable. Aun parece resultar de lo dicho, que no alterándose la relación de los movimientos, el aumento o disminución de velocidad es imposible. Porque, si la velocidad está en relación necesaria con el tiempo, y este tiempo no es más que la relación de las mudanzas, es inconcebible que se altere el tiempo, y por consiguiente la velocidad, no alterándose la relación de las mudanzas. Así, será imposible que la velocidad de la máquina del universo se altere en su totalidad; por manera que sería absurdo decir que los astros, y todo cuanto existe, pueden experimentar las mudanzas mismas que ahora, con mayor o menor velocidad. Con esto se destruye la misma idea de la velocidad, a lo menos tomada como algo absoluto, en lo cual se puedan considerar diferentes grados.

33. Examinemos esta dificultad, que bien es digna de ello, cuando parece contrariar nuestras ideas más comunes.

En primer lugar, conviene advertir que la velocidad no es nada absoluto: es una relación. Los físicos y matemáticos la expresan por un quebrado, cuyo numerador es el espacio recorrido, y cuyo denominador es el tiempo empleado. Llamando V a la velocidad, E al espacio, y T al tiempo, resulta: $V = E/T$. Esto manifiesta que la velocidad es esencialmente una relación; pues no se ha podido expresar de otra manera que por la razón del espacio al tiempo.

34. Esta fórmula matemática es la expresión de la idea que todos tenemos de la velocidad: es una fórmula que dice en tres letras, lo que está diciendo a cada paso el hombre más rudo. La velocidad de dos caballos, se compara, no por el trecho que han andado, considerado en sí solo; ni por solo el tiempo que han empleado en su carrera; sino por el mayor o menor espacio en un mismo tiempo; o por el menor o mayor tiempo empleado en recorrer el mismo espacio.

Tenemos pues que el negar a la velocidad su naturaleza absoluta, no es nada nuevo; ya que todos la hacemos consistir esencialmente en una relación.

35. En la expresión $V = E/T$, entran dos términos: el espacio, y el tiempo. Al primero, mirado en el orden real, y prescindiendo del fenomenal, le consideramos más fácilmente como cosa fija; en un caso dado, le comprendemos sin una relación. El pie siempre es pie; la vara siempre es vara; estas son cantidades existentes en la naturaleza; y que si nosotros las referimos a otras cantidades, es únicamente para asegurarnos de que es así; no porque la realidad dependa de la relación. Un pie cúbico de agua, no es un pie cúbico porque así lo diga su medida; por el contrario, la medida lo dice así, porque es así. La misma medida es también una cantidad absoluta; y en general todas las extensiones son absolutas; pues de otro modo, sería necesario buscar la medida de la medida hasta lo infinito. Es verdad que el llamar las cosas grandes o pequeñas, depende de la comparación; mas esto no altera su cantidad propia. El diámetro de la tierra es inmenso, comparado con una pulgada; y es un punto imperceptible, comparado con la distancia de las estrellas fijas; mas esto no quita que la pulgada, el diámetro de la tierra, y la

distancia de las estrellas fijas, sean valores determinados en sí, e independientes unos de otros (V. Lib. III, Cap. XX).

Si el denominador de E/T, fuese una cantidad del género del espacio; es decir, que tuviese valores determinados, concebibles por sí solos, existentes por sí solos, la velocidad, aunque fuera relación, podría tener también valores determinados; no enteramente absolutos, pero sí en la suposición de compararse dos términos E y T con valores fijos. Por manera que al pedírsenos 4 de velocidad por ejemplo, no tendríamos más que tomar una cantidad fija de espacio, y otra cantidad fija de tiempo, que tuviesen entre sí la relación de 4 a 1; lo que sería muy fácil, siendo do E y T cantidades absolutas. En este supuesto, si se pidiese una aceleración o un retardo en la totalidad del universo, no habría más que hacer sino disminuir o aumentar el tiempo en que se recorre el espacio respectivo. Pero como por una parte hemos visto ya las dificultades que ofrece el considerar el tiempo como cosa absoluta; y por otra, no se puede aducir ninguna prueba sólida en que se funde esta propiedad, resulta que no sabemos tampoco de qué manera considerar a la velocidad como absoluta, ni aun en el sentido arriba explicado.

36. De esto se deduce una consecuencia tan importante como curiosa, con respecto a la posibilidad de una aceleración o retardo universal. Si se nos pide una aceleración o retardo en toda la máquina del universo, quitándonos todo movimiento a que pudiésemos referir el tiempo, alterándolos todos a la vez, en la misma proporción, inclusas las operaciones de nuestra alma, se nos propone un problema que parece insoluble; nada menos que realizar un imposible; se quiere que alteremos la relación de muchos términos, sin alterarla. Si la velocidad no es más que la relación del espacio con el tiempo, y el tiempo no es más que la relación de los espacios andados; alterar todas estas relaciones, en la misma proporción, es lo mismo que no alterarlas: es dejarlo todo intacto.

37. La extrañeza de consecuencias semejantes, no debe ser título suficiente para desecharlas. Es preciso no olvidar que las ideas comunes de tiempo y velocidad, las examinamos en su región más trascendental; y que por tanto, no es de admirar que nuestro espíritu al salir de la esfera en que vive por lo común, se halle con una atmósfera nueva, en que le parezca descubrir cosas contradictorias. Al examinar las ideas de tiempo y de velocidad, incurrimos

sin pensarlo en el defecto de mezclarlas en la misma explicación; queremos prescindir de ellas, pero lo hacemos con mucha dificultad, cayendo con frecuencia en un círculo vicioso. De esto resulta que cuando por un esfuerzo particular, llegamos a prescindir realmente, las consecuencias nos parecen contradictorias: pero esta contradicción aparente, solo dimana de que no hemos continuado con bastante firmeza en la misma precisión; en cuyo caso, como el entendimiento parte de dos supuestos diferentes creyendo partir de uno mismo, los resultados le parecen contradictorios, aunque no lo sean en la realidad. Una cosa semejante nos ha sucedido examinando la idea del espacio (V. Lib. III, Cap. XII, XIII y XIV).

Capítulo VII. Explicación fundamental de la sucesión

38. Las razones que destruyen la naturaleza absoluta del tiempo, en cuanto está sujeto a medida, no parecen satisfacer plenamente a otra dificultad que nace del tiempo considerado en sí mismo. En efecto; si el tiempo es la sucesión, ¿qué es esta sucesión? ¿Las cosas se suceden entre sí? es evidente; y ¿qué significa sucederse, si no hay antes y después, es decir tiempo preexistente a la sucesión, ya que la sucesión consiste en venir unas cosas después de otras? De este modo, se explica el tiempo por la sucesión, y la sucesión por el tiempo. ¿Qué es después, sino una parte del tiempo, que está en relación con un antes?

39. Lo que se ha dicho en el capítulo IV no parece resolver cumplidamente la dificultad: porque el ser y el no ser, no forman sucesión, sino en cuanto el uno viene después del otro; esto es en cuanto se presupone ya el mismo tiempo que se trata de explicar. El ser y no ser de cosas distintas puede ser simultáneo; y en una misma cosa, no hay repugnancia entre el ser y el no ser, sino en cuanto se refieren a un mismo tiempo. Luego en tal caso, este se halla siempre presupuesto; pues que, en una misma cosa, no son concebibles el ser y el no ser, sino como distribuidos en varios instantes de tiempo. De donde resulta que el tiempo no está bastante explicado, con el ser y el no ser.

40. Para satisfacer a esta dificultad, que en efecto es grave, es preciso encontrar una explicación fundamental de la sucesión. Vamos a ensayarlo, evitando emplear la idea del tiempo, como supuesta en ningún sentido.

41. Hay cosas que se excluyen y otras que no. Cuando hay existencia de cosas que se excluyen, hay sucesión. En una línea a b c, si un cuerpo está en a, no puede pasar a b, sin dejar de estar en a; la situación en b, excluye pues la en a; axial como la en c, excluye la en b. Cuando a pesar de la exclusión recíproca, vemos que existen las cosas, hallamos que hay sucesión.

42. La sucesión en la realidad, es la existencia de cosas que se excluyen. Lo que envuelve respectivamente, el ser de la excluyente, y el no ser de la excluida.

43. En toda variación, hay esta exclusión: y por lo mismo en toda variación, hallamos sucesión. Variación es mudanza de estados; pérdida de uno, y adquisición de otro; hay pues exclusión; pues el ser excluye el no ser, y el no ser el ser.

44. Cuando percibimos esas exclusiones realizadas, esas destrucciones, percibimos la sucesión, el tiempo: cuando contamos esas exclusiones, esas destrucciones en que se nos ofrecen cosas distintas y exclusivas, como ser y no ser, contamos el tiempo.

45. Aquí se levanta una dificultad. Si la sucesión entraña exclusión, y no hay sucesión, sino cuando hay exclusión, resulta, que las cosas que no se excluyen son simultáneas; de lo cual se infiere el absurdo de que las cosas sucedidas en tiempo de Adán, que no excluyen las del nuestro, son simultáneas. El movimiento de las hojas del paraíso no excluye el de las hojas de los jardines actuales; luego aquel movimiento es simultáneo con este; luego el movimiento de entonces, es ahora; y el de ahora, era entonces: lo que es un absurdo inconcebible.

Esta dificultad es grave; la razón que la constituye parece fundada en verdades evidentes; sin embargo, no es imposible desvanecerla.

46. Si existiese una cosa que no excluyese nada, ni fuera excluida por nada, esta cosa sería simultánea con todo. ¿Y sabéis cuál es esta cosa? No hay más que una: Dios. Y por esto dicen los teólogos con mucha verdad, con mucha profundidad, con una profundidad, quizás no siempre comprendida por los mismos que lo han dicho, que Dios está presente a todos los tiempos; que para él no hay sucesión, no hay antes y después: que para él, todo es un ahora, nunc.

47. Pero esto solo se verifica de Dios: en todo lo demás hay alguna exclusión, hay ser y no ser, y por tanto sucesión. Veamos por ejemplo, cómo se excluye el movimiento de las hojas de nuestros jardines con las del jardín de Adán. Las de nuestros jardines, ¿cómo pueden moverse? existiendo, y además, estando sujetas a las condiciones necesarias para el movimiento. ¿Cómo existen? Por un desarrollo de los gérmenes que las contenían. ¿Qué es el desarrollo? una serie de movimientos, de ser y no ser, y por tanto de cosas que se excluyen. No hay pues simultaneidad de existencia entre las del paraíso y las de nuestros jardines; porque entre aquellas y el primer germen, no mediaban más que los movimientos para el primer desarrollo, y para la existencia de las nuestras, han mediado otros muchos. He aquí la exclusión, el ser y el no ser: el número de las exclusiones necesarias para la existencia, es muy diferente en unas y en otras: no hay pues simultaneidad. Considerando todos los desarrollos, y todas las mudanzas del orbe, como una dilatada serie de términos, enlazados entre sí por una dependencia mutua; como en efecto lo están por las leyes de la naturaleza; y llamando esos términos A, B, C, D, E, F,... N, las hojas del paraíso pertenecían al término A, y las actuales al N.

48. Del mismo modo que la no simultaneidad de la existencia, se prueba la no simultaneidad del movimiento; pues que el movimiento es una manera de existir. Además, el aire que agita las hojas actuales, ha sido movido por otro, y este por otro; y estos movimientos, sujetos todos a las leyes de la naturaleza, fijas y constantes, se van eslabonando entre sí, hasta el primer movimiento, con tanta necesidad, como las del engranaje de una serie de ruedas. Y así como el engranar de un diente es el no engranar del otro, por excluir el uno al otro, así se excluyen los movimientos, en cuyo último eslabón se encuentra el del aire que mueve las hojas actuales.

49. Esta explicación de la sucesión y del tiempo, aclara algún tanto la idea de la eternidad; y manifiesta que la eternidad, es decir la simultaneidad de toda la duración, corresponde al ser inmutable, y solo a él. Los seres mudables, que incluyen por necesidad, tránsito de no ser a ser, y de ser a no ser, cuando no en sus substancias, al menos en sus modificaciones, todos envuelven sucesión.

50. Por lo dicho se explica cómo la idea del tiempo, se encuentra en casi todos nuestros conceptos, y se la expresa en todas las lenguas. Y es que el hombre percibe de continuo el ser y el no ser, en todo cuanto le rodea; lo percibe dentro de sí, en esa muchedumbre de pensamientos, de afecciones que se suceden rápidamente, que ora se contrarían, ora se favorecen, ora se separan, ora se enlazan, pero siempre se distinguen unos de otros; siempre modifican de diferente manera el espíritu, y por tanto se excluyen, no pueden coexistir: la existencia del uno exige la no existencia del otro.

Capítulo VIII. Qué es la coexistencia

51. Si la sucesión del tiempo envuelve exclusión, se sigue que en no habiendo exclusión habrá coexistencia: de lo que se infiere que en el supuesto de haber Dios criado otros mundos, todos por necesidad habrían sido contemporáneos con el actual; porque es evidente que no se hubieran excluido; y que no teniendo además entre sí la relación de causas y de efectos como los fenómenos del mundo actual, no cabe la explicación que hemos dado para manifestar que el movimiento de las hojas del paraíso no era contemporánea, con el de las hojas de nuestros jardines. Así tendríamos que habría sido imposible que hubiese existido otro mundo, antes del actual; y que todos cuantos seres pudiese Dios criar, con tal que no tuviesen entre sí exclusión, todos deberían ser contemporáneos.

52. Esta dificultad es bastante especiosa, si no se ha comprendido perfectamente el sentido de la palabra, exclusión. Cuando digo exclusión, no entiendo únicamente la repugnancia intrínseca de los seres entre sí; y solo quiero significar, que por una u otra razón, intrínseca o extrínseca, al poner la existencia del uno, se ponga la negación de la existencia del otro. Esta aclaración basta para soltar la dificultad.

53. Dos mundos totalmente independientes, pueden estar sometidos a esta exclusión por la voluntad de Dios. Dios puede crear el uno, sin crear el otro: he aquí puesta la existencia del primero, y la negación del segundo: Dios puede dejar de conservar el primero, y crear el segundo: he aquí la existencia del segundo y la negación del primero: he aquí un antes y después, una sucesión en la existencia. Dios puede crear los dos; podemos concebir

existentes los dos, sin negación de la existencia de ninguno de ellos: he aquí la coexistencia.

54. Para profundizar más esta cuestión, detengámonos un momento en comprender qué es la coexistencia. ¿Cuándo se dirá que dos seres coexisten, o que existen a un mismo tiempo? Cuando no hay sucesión entre ellos; cuando los dos existen: cuando no hay la existencia del uno y la negación del otro. Para concebir la coexistencia, no necesitamos más que concebir simplemente la existencia de los seres; la idea de sucesión se forma, cuando con la idea de la existencia del uno, combinamos la idea de la negación del otro. Coexistir pues los seres, es existir; sucederse, es ser los unos y no ser los otros: el ser se refiere solo a lo presente; lo pasado y lo futuro no es ser; solo es lo que es; no lo que fue o será. Aquellas palabras del sagrado texto: «Yo soy el que soy; el que es, me envió a vosotros»; envuelven una verdad profunda, una filosofía asombrosa, una ontología admirable.

55. Donde no hay ser y no ser, no hay pues sucesión; no hay tiempo; no hay más que presente; hay la eternidad. Concebid un ser inmutable en sí y en todos sus actos; concebid su inteligencia una, su voluntad una; siempre con el mismo objeto; siempre inalterable, siempre con la plenitud de ser; sin negación de ninguna clase; para este ser, no hay antes ni después; no hay sino ahora; sí le atribuís la sucesión de instantes, le aplicáis la obra de vuestra imaginación, pero sin fundamento alguno. Reflexionad bien lo que quiere decir antes y después, en lo que no se muda ni se puede mudar, en nada, por nada ni para nada; y veréis que la sucesión es en tal caso una palabra sin sentido. ¿Y por qué le atribuimos esta sucesión? Porque juzgamos del objeto por nuestras percepciones: y estas percepciones se suceden, tienen una alternativa de ser y no ser, aun cuando versan sobre un objeto inmutable.

56. Haga cada cual la prueba en su interior: conciba dos seres existentes, sin añadir a este pensamiento nada accesorio, ni de negación de ser, ni de tiempo, ni de otra cosa; perciba simplemente la existencia de los dos seres; y vea si le falta nada para tener idea de su coexistencia. Por el contrario; quiera percibir la sucesión, diferencia de instantes; es necesario que perciba la existencia del uno, y la negación de la existencia del otro. Luego la idea de coexistencia es simple; nada envuelve sino existencia de los seres: luego la de sucesión es compuesta de la combinación del ser con el no ser.

57. No puedo menos de hacer notar aquí, la fecundidad de la idea del ser, la cual combinada con la de no ser, nos suministra la del tiempo. Hemos visto en el libro anterior, que las de unidad y número se formaban de una manera semejante; y en lo sucesivo tendremos ocasiones de observar, que brotan de las ideas de ser y de no ser, algunas otras, que aunque secundarias con respecto a las que las engendran, son sin embarga de las más capitales que posee el espíritu humano. Llamo sobre este particular la atención, deseoso de que el lector vaya acostumbrándose a referir todas las ideas a pocos puntos, en que todas se enlacen, no con un vínculo facticio, producto de métodos arbitrarios, sino por la íntima naturaleza de las cosas. Lo que es la extensión para las intuiciones sensibles, es la idea de ente para los conceptos, intuición de la extensión; idea del ente: estos son dos puntos fundamentales en toda la ciencia ideológica y ontológica: dos datos primitivos que posee el espíritu humano para resolver todos los problemas, así en el orden sensible como en el intelectual puro. Situándose en este punto de vista todo se esclarece, y se dispone en un orden sumamente lógico, porque es natural.

58. Permítaseme una observación sobre el método que voy siguiendo. He creído que no era conveniente desenvolver por separado mi opinión sobre estos vínculos generales, de todas las ideas; en cuyo caso, hubiera sido preciso tratar la filosofía por un orden sistemático, poniendo al principio lo que solo debe hallarse al fin, y queriendo establecer como doctrina preliminar lo que solo debe ser el resultado de un conjunto de doctrinas. Para conseguir mi objeto era indispensable ir analizando sucesivamente las ideas y los hechos, prescindiendo de todo sistema; no violentándolos para que se acomodasen a este, sino examinándolos para ver lo que de ellos resultaba. Este es sin duda el mejor método; así se alcanza el conocimiento de la verdad como un fruto del trabajo sobre los hechos; y no se alteran los objetos para forzarlos a plegarse a la opinión del autor. Cuando acabamos de experimentar la aplicación que tienen, las ideas de ser y de no ser a uno de los puntos más abstrusos de la metafísica, no habrá sido inoportuno el llamar un momento la atención del lector para que eche de ver la trabazón de las doctrinas.

Capítulo IX. Presente, pasado y futuro

59. Explicada la idea de coexistencia, vamos a definir las varias relaciones que nos ofrece el tiempo. Las principales son tres: presente, pasado y futuro: todas las demás son combinaciones de estas entre sí.

60. El presente es el único tiempo absoluto; quiero decir, que no necesita de ninguna relación para ser concebido. Lo presente se concibe sin relación a lo pasado ni a lo futuro. Lo pasado ni lo futuro, no pueden concebirse sino con relación a lo presente.

61. Pasado: esta es una idea esencialmente relativa. Cuando se habla de pasado, se ha de tomar siempre un punto a que se refiera, y con respecto al cual se diga que pasó. Este punto es presente en la realidad o en el orden ideal; esto es, que con el entendimiento nos colocamos en dicho punto, nos le hacemos presente por decirlo así, y con respecto a él hablamos de lo pasado.

En prueba de que la idea de pasado es esencialmente relativa, se puede observar, que variando los puntos de referencia, lo pasado deja de considerarse como tal y se ofrece como presente o futuro. Hablando actualmente de los acontecimientos del tiempo de Alejandro, se nos presentan como cosas pasadas, porque las referimos al momento presente; peco si hablamos por ejemplo del imperio de Sesostris, la época de Alejandro deja de ser pasada y se convierte en futura. Si tratásemos de sucesos contemporáneos a aquellos, dicha época dejaría de ser pasada y futura, y se convertiría en presente.

Lo pasado pues se refiere siempre a un punto presente tomado en la cadena de los tiempos; y con respecto a este, se dice que una cosa fue o pasó: sin esta relación es imposible concebir la idea de pasado; es absurda.

62. ¿Qué es la relación de pasado? Ateniéndonos a la definición que hemos dado del tiempo, diremos que cuando percibimos el ser de una cosa, y luego su no ser y el ser de otra, aquella es pasada con respecto a esta.

63. ¿Qué sucedería pues si percibiésemos el ser de una cosa, y luego su no ser, sin relación a otro ser? Esta es una hipótesis absurda: porque este otro ser lo hemos de hallar siempre, siquiera en nosotros que percibimos el ser y el no ser.

Se replicará que podemos suponer la completa desaparición de nosotros mismos, y que entonces queda en pie la dificultad. Aunque nosotros desapareciésemos, habría inteligencias capaces de percibir el ser y el no ser. Cuando no hubiese ninguna inteligencia finita, permanecería la infinita.

64. Aquí surge una nueva dificultad: porque se puede preguntar, si con relación a la inteligencia infinita, la cosa sería pasada. Admitiendo que sí, parece que introducimos el tiempo en la duración de Dios, con lo cual destruimos su eternidad que excluye toda sucesión. Si decimos que a los ojos de la inteligencia infinita la cosa no es pasada, no lo será realmente, porque las cosas son tales como Dios las conoce. Entonces resulta la idea de ser y no ser, y sin embargo no resulta la idea de pasado. Esta dificultad se funda en la confusión de los términos.

Supongamos que Dios no hubiese criado más que un ser solo, y que este hubiese dejado de existir: y examinemos los resultados de esta hipótesis. Dios conoce la existencia del objeto y la no existencia. Este acto intelectual, es simplicísimo: en él no ha habido ni podido haber sucesión alguna. Con respecto a Dios no hay propiamente pasado; y si esta idea se quiere aplicar al objeto, significa simplemente su no existencia con relación a su existencia destruida ya. Presentadas las ideas bajo este punto de vista se comprende perfectamente como en Dios no hay pasado, pero sí conocimiento de las cosas pasadas.

65. En esta hipótesis ¿cómo se mediría el tiempo de la criatura única? por sus mudanzas; ¿y si estas no existiesen? en esta suposición imaginaria, no habría tiempo.

Aunque a primera vista esta consecuencia parezca extraña, es necesaria absolutamente: o se debe desechar la definición que hemos dado del tiempo, o es preciso admitir que no hay tiempo cuando no hay mudanza.

66. Sea lo que fuere de estas cuestiones fundadas en hipótesis imaginarias, siempre resulta cierto que la idea de pasado es esencialmente relativa; y que en ninguna suposición podemos concebir lo pasado despojándole de toda relación. La palabra fue recuerda el ser y el no ser: la sucesión constitutiva del tiempo. En esta relación, el orden es de tal naturaleza que el no ser es percibido después del ser; por esto se llama pasado.

67. La idea de futuro es también relativa a lo presente. Sin esta relación, el futuro es inconcebible. Futuro es lo que ha de venir, lo que ha de ser con respecto a un ahora real o hipotético; porque de lo futuro se verifica lo mismo que observamos de lo pasado (61), esto es, que se le hace cambiar mudando el punto de su referencia: lo futuro para nosotros será pasado para los que vengan después: lo que era futuro para los pasados, es presente o pasado para nosotros.

El punto de referencia de lo futuro es siempre un presente: no puede referirse a lo pasado como a último término, porque este en sí, se refiere también a lo presente.

68. Luego lo único que se encuentra absoluto en la idea del tiempo, es lo presente: este no necesita de ninguna relación; y no solo no la necesita, pero ni la consiente; pues que no lo podemos referir a lo pasado ni a lo futuro, ya que estos dos tiempos presuponen la idea de presente, sin la cual no se pueden ni siquiera concebir.

69. El tiempo es una cadena cuyas partes son divisibles hasta lo infinito: no hay tiempo que no podamos dividir en otros tiempos: el instante indivisible nos representa una cosa análoga al punto indivisible: un límite al cual nos aproximamos, sin poderle alcanzar nunca: un elemento inextenso generador de la extensión. El punto geométrico para engendrar una línea, necesita moverse; y no concebimos posible el movimiento, sin presuponer espacio en el cual el punto se mueva; es decir, que tratamos de engendrar la extensión, y comenzamos por presuponerla. Una cosa semejante nos sucede con el tiempo. Imaginamos un instante indivisible, de cuya fluxión resulta esa continuidad de duración que llamamos tiempo; pero esta fluxión es imposible, si no suponemos un tiempo en que fluya. Queremos pues asistir a la generación del tiempo, y le suponemos ya existente, prolongando hasta lo infinito, como en una línea inmensa en la cual se realice la fluxión del instante. ¿Qué debemos inferir de estas contradicciones aparentes? nada menos que una robusta confirmación de la doctrina establecida.

El tiempo no es nada distinto de las cosas: la duración en abstracto, distinta de la cosa que dura, es un ente de razón, una obra que nuestro entendimiento elabora aprovechando los elementos que le suministra la realidad. Todo ser es presente; lo que no es presente no es ser; el instante actual, el nunc, es la realidad misma de la cosa; no basta para constituir el tiempo, pero es indispensable para el tiempo; puede haber presente sin pasado ni futuro; no puede haber pasado ni futuro si no hay presente. Cuando a más de ser hay no ser, y se percibe esta relación, el tiempo comienza; concebir pasado y futuro sin la alternativa de ser y no ser, como una especie de línea que se prolonga hasta lo infinito en dos direcciones opuestas, es tomar por idea filosófica un vano juego de la fantasía, es aplicar al tiempo la ilusión de los espacios imaginarios.

70. Luego si no hay más que ser, solo hay duración absoluta, presente; entonces no hay pasado ni futuro, y por consiguiente no hay tiempo. Este es por esencia una cantidad sucesiva, fluyente; no se la puede sorprender en su actualidad; porque esta es siempre divisible, y toda división en el tiempo constituye pasado y futuro: lo cual es una demostración de que el tiempo es una pura relación, y de que en cuanto está en las cosas, solo expresa ser y no ser.

Capítulo X. Aplicación de la doctrina anterior a varias cuestiones importantes

71. Se comprenderá mejor esta teoría, haciendo aplicación a la resolución de varias cuestiones.

1.º Antes de la creación del mundo, ¿cuánto tiempo había trascurrido? ninguno. No habiendo sucesión, no había más que presente: la eternidad de Dios. Lo demás que imaginamos, es una pura ilusión, combatida por la buena filosofía.

2.º ¿Era posible que al comenzar la existencia de este mundo, hubiese existido otro? Sin duda: para esto bastaba que Dios le hubiese criado, sin criar el actual; bastaba el ser del uno; con el no ser del otro. Y como el no ser lo hay, con solo no poner la creación, resulta que si Dios hubiese criado el uno sin criar el otro, y dejado de conservar el primero criando el segundo, habría sucesión, habría anterioridad de tiempo.

3.º Hay aquí otra cuestión curiosa, algo extraña, y que a primera vista ofrece bastante dificultad. ¿Era posible la existencia de un mundo anterior a este, en algún tiempo? o en otros términos: en el momento de principiar el actual, ¿podría haber cesado de existir otro mundo algún tiempo antes?

—Si bien se observa, esta cuestión implica una contradicción: supone un intervalo de tiempo, es decir de sucesión, sin nada que se pueda suceder. Si había dejado de existir un mundo, y no existía el nuevo, no había nada sino Dios: luego no había sucesión; no había más que eternidad. Preguntar pues cuánto tiempo distaron las dos existencias, es suponer que hay tiempo, cuando no le hay; la respuesta debe ser, que la cuestión es absurda.

Pero se nos dirá: ¿distaron o no distaron?

—No hay distancia de tiempo, cuando no hay tiempo; esta distancia es una pura ilusión, con que imaginamos tiempo, mientras por el estado de la cuestión suponemos que no hay tiempo.

Entonces se nos objetará: los dos mundos sucesivos serán inmediatos por necesidad; es decir que el primer instante de la existencia del uno, será inmediato al último instante de la existencia del otro. Lo niego: la inmediación de instantes supone la sucesión de seres enlazados entre sí con cierto orden, como los fenómenos del mundo actual: los dos mundos en cuestión, no tendrían entre sí relación alguna; no habría pues entre ellos, ni distancia ni inmediación.

Se replicará que no hay medio entre el ser y el no ser; que siendo la distancia la negación de la inmediación, y esta la negación de la distancia, negando la una ponemos la otra y viceversa: o estarán pues distantes o inmediatos.

—Esta réplica supone también una cosa que negamos; habla de la distancia y de la inmediación, es decir del tiempo, como si este fuera una cosa positiva, distinta de los mismos seres. El principio de que cualquiera cosa es o no es, «quodlibet est vel non est», es aplicable cuando hay una cosa, pero cuando no hay nada, no hay disyuntiva. El tiempo de los dos mundos no es nada distinto de ellos; es la sucesión de sus respectivos fenómenos; la sucesión de los dos entre sí, tampoco es nada distinto de ellos; es el ser del uno y la negación del otro; y después, el ser de este y la negación de aquel. Dios vería esto; y lo podría ver una criatura inteligente que sobreviviese al anonadamiento del primer mundo. A los ojos de Dios, que vería la realidad, la sucesión sería simplemente la existencia y la no existencia respectiva de los dos objetos; en cuanto a la criatura inteligente, diría que los dos mundos son inmediatos, si a la percepción del último instante del mundo anonadado, hubiese seguido sin otra percepción intermedia, la del nuevo mundo existente; y diría que hay distancia, si entre el anonadamiento, y la percepción de la nueva creación, hubiese experimentado varias percepciones. La medida de este tiempo, se hubiera tomado del único ser que sentía en sí las mudanzas de percepciones, y hubiera sido más o menos largo, según que estas habrían sido en mayor o menor número.

72. La idea del tiempo es esencialmente relativa; como que es la percepción ordenada del ser y del no ser. La simple percepción de uno de los dos extremos no basta para engendrar en nuestro espíritu la idea del tiempo, esta encierra pues por necesidad la comparación. Lo mismo se verifica en la del espacio, que en casi todo, tiene con la del tiempo notable semejanza. No concebimos espacio, ni extensión de ninguna clase, sin yuxtaposición; es decir, sin relación de varios objetos. La multiplicidad pues, entra necesariamente en las ideas de espacio y tiempo: de donde se infiere que concibiendo un ser absolutamente simple, que no contenga multiplicidad, ni en su esencia ni en sus actos, en que todo esté identificado con su esencia, no caben las ideas de espacio y tiempo; y axial son meras ficciones de la imaginación, cuando les atribuimos algo de real más allá del mundo corpóreo, y anteriormente a la existencia de lo criado.

Capítulo XI. El análisis de la idea del tiempo, confirma la semejanza de esta con la del espacio

73. Explicada ya la idea del tiempo, y hecha aplicación de la misma a las cuestiones más difíciles, podremos aclarar esta doctrina, haciendo notar lo que ya habíamos indicado (Cap. III), sobre la semejanza que hay entre el tiempo y el espacio. Análogas son las dificultades; análoga la definición de ambas ideas; análogos los resultados; análogas las ilusiones que nos impiden el conocimiento de la verdad. Lo que antes se anunciaba con respecto a las dos ideas, considerada la del tiempo por lo que a primera vista presentaba, ahora podemos consignarlo como un seguro resultado de las investigaciones analíticas. Llamo muy particularmente la atención sobre el siguiente paralelo, porque esclarece sumamente las ideas.

74. El espacio en sí no es nada distinto de los cuerpos: es la misma extensión de los cuerpos; el tiempo en sí, no es nada distinto de las cosas: es la misma sucesión de las cosas.

75. La idea de espacio es la idea de la extensión, en toda su generalidad; la idea del tiempo es la idea de la sucesión, en toda su generalidad.

76. Cuando no hay cuerpos, no hay espacio; cuando no hay cosas que se suceden, no hay tiempo.

77. Un espacio infinito anterior a los cuerpos, o fuera de los cuerpos, es una ilusión de la fantasía; un tiempo infinito, un tiempo anterior a las cosas, o fuera de las cosas, es también una ilusión de la fantasía.

78. El espacio es continuo; el tiempo también lo es.

79. Una parte del espacio excluye la otra; una parte del tiempo excluye también la otra.

80. Un espacio puro en que se hayan de situar los cuerpos, es un juego de la imaginación; una sucesión, un tiempo, en que se hayan de suceder las cosas, es también un juego de la imaginación.

81. Lo puramente simple no necesita para nada el espacio; puede existir sin él; lo inmutable no necesita para nada el tiempo, puede existir sin él.

82. Lo simple e infinito, está presente a todos los puntos del espacio, sin perder su simplicidad; lo inmutable e infinito, está presente a todos los instantes del tiempo, sin alterar su eternidad.

83. Dos cosas distan en el espacio, porque hay cuerpos interpuestos; esta distancia no es más que la extensión de los mismos cuerpos; dos seres distan en el tiempo, porque hay otros seres interpuestos: esta distancia es la misma existencia de los seres que se interponen.

84. La extensión no necesita otra extensión donde colocarse, pues de lo contrario resultaría un processus in infinitum; la sucesión de las cosas tampoco necesita otra sucesión, donde suceder.

85. Así como nos formamos idea de la sucesión continua en el espacio, distinguiendo varias partes de la extensión y percibiendo que la una excluye a la otra; así nos formamos idea de la sucesión continua del tiempo, distinguiendo los varios hechos, y percibiendo que el uno excluye al otro.

86. Para formarnos ideas determinadas de las partes del espacio, necesitamos tomar una medida y referirnos a ella; para formarnos idea de las

partes del tiempo, necesitamos también tomar una medida. La del espacio es la extensión de algún cuerpo que conocemos; la del tiempo es de algún conjunto de mudanzas que conocemos. Para medir el espacio, buscamos cosas fijas en cuanto cabe; a falta de mejor, recorrieron los hombres a partes de su cuerpo, palmos, pies, codos, pasos, que les diesen aproximación, ya que no exactitud, y habiendo adelantado las ciencias exactas, se ha tomado el metro, que es un 1/40.000.000. del meridiano de la tierra; para el tiempo se ha recorrido también al movimiento de los cuerpos celestes, al movimiento diurno, al año lunar, al solar, al sideral.

87. La idea del número es necesaria para determinar el espacio y comparar sus partes diferentes; la misma idea es necesaria del mismo modo al tiempo. La cantidad discreta es la luz de la continua.

Capítulo XII. Relaciones de la idea del tiempo con la experiencia

88. Si el tiempo no es nada distinto de las cosas ¿cómo es que nosotros le concebimos en abstracto, independientemente de las mismas cosas? ¿Cómo es que se nos ofrece cual un ser absoluto, en el que todo se mueve, todo se transforma, sin que él sufra transformación ni movimiento? Si es un hecho subjetivo, ¿por qué le aplicamos a las cosas? Si es objetivo, ¿por qué se mezcla en todas nuestras percepciones? porque entraña necesidad suficiente para ser objeto de la ciencia.

La idea del tiempo, sea lo que fuere, parece anterior a la percepción de todas las transformaciones; inclusa la conciencia de todos los actos internos. Nada de esto podemos conocer, si el tiempo no nos sirve como de un recipiente en el cual coloquemos las mudanzas propias y las ajenas.

89. La idea del tiempo no nace de la observación; porque en tal caso sería la expresión de un hecho contingente, que no podría dar origen a la ciencia. Medimos el tiempo con la misma exactitud que el espacio; y su idea es una de las más fundamentales en las ciencias exactas, en cuanto tienen alguna aplicación a los objetos de la naturaleza.

90. De esto parece inferirse que la idea del tiempo es innata en nuestro espíritu; y que es anterior a todas las ideas y aun a las sensaciones; pues que ni estas ni aquellas pueden eximirse de estar contenidas en la duración sucesiva.

91. La necesidad entrañada por la idea del tiempo, parece indicar que el tiempo es independiente de las cosas transitorias; en cuyo caso, nos vemos precisados, o a convertirle en un hecho puramente subjetivo, o a otorgarle una realidad objetiva, independiente de todo lo mudable. Con lo primero le destruimos; con lo segundo, le damos el carácter de un atributo de la divinidad. Negar el tiempo, es negar la luz del Sol; elevarle al rango de atributo de la divinidad, es admitir mudanza en el ser inmutable. La pura subjetividad nos conduce a la negación; la objetividad a la divinización: ¿no habrá un camino medio?

92. Convengo sin dificultad en que la idea del tiempo no es de pura experiencia. Esta, por sí sola no es capaz de proporcionarnos un elemento tan sólido y fijo, sobre el cual descansamos con entera seguridad, en todas las observaciones científicas. Mucho menos puede sostenerse que la idea del tiempo nazca de la experiencia puramente sensible, ni que en sí misma sea una sensación.

93. La idea del tiempo no es una sensación: aquella es relativa; esta es una afección de nuestro ser; todo lo que sea referir o comparar, no entra para nada en ella. Cuando experimentamos la sensación, si no tuviésemos una facultad distinta de la de sentir, nos quedaríamos limitados a la sensación pura, sin considerar ni antes ni después, ni relación de ninguna clase. La sensación, estando limitada a determinadas especies de objetos, no puede extenderse a todos, como lo hace la idea del tiempo. Con este medimos no solo el mundo externo, sino el interno; no solo las afecciones corporales, sino las más recónditas y más abstractas acciones de nuestro espíritu. Siendo el tiempo, en sí, la sucesión misma; y en nuestro entendimiento, la percepción de esta sucesión, no ofrece al espíritu ningún objeto sensible; aun cuando el tiempo se refiera a ellos, y sea como el lazo de ellos, no es ellos mismos, ni la intuición de ninguno de ellos por sí solo. En el tiempo que mide la sucesión de un sonido y de una visión, claro es que la idea del tiempo no puede ser ni la visión, ni el sonido, sino la percepción de su sucesión, de su enlace. Si fuera la visión sola, o la audición sola, bastaría una de ellas para percibir el tiempo, lo que es absurdo, pues no hay tiempo sin sucesión, y de consiguiente no habrá tiempo medidor de las dos sensaciones, si no las hay. Esta idea de tiempo es independiente de cualquiera de las dos; es algo

superior a las mismas; es una especie de forma universal, independiente de esta o aquella materia; por manera que, si después del sonido, en lugar de la visión, se nos ofrece inopinadamente otro sonido, la medida de la sucesión será idéntica, y esta medida no es más que la idea del tiempo. Las sensaciones, como simples hechos contingentes, no fundan verdades necesarias y universales, no sirven de cimiento a una ciencia: pero la idea del tiempo es una de las más capitales de todas las ciencias físicas, y que se somete a riguroso cálculo, como la extensión; luego no es una sensación, ni puede nacer de ella.

94. Los conocimientos puramente experimentales, se limitan a la esfera de la experiencia; la idea del tiempo, se extiende al orden real y al posible: no solo enseña lo que hay, sino lo que puede y debe haber; todo en relaciones de necesidad absoluta, capaces de ser sometidas a riguroso cálculo; luego encierra algo más que los elementos suministrados por la experiencia, tanto sensible como insensible. Sin esto, no es posible explicar la necesidad que entraña, ni salir de una colección de hechos contingentes, llegando a la posesión de un elemento científico.

95. Observemos de paso que aquí encontramos otra prueba de cuán insubsistente y errado es el sistema de Condillac. Hasta ahora, no hemos podido explicar con dicho sistema ninguna de las ideas fundamentales; y lo mismo se manifiesta en la del tiempo, que por su naturaleza parecía deber estar en relaciones más íntimas en el orden sensible.

96. Si la idea del tiempo no es meramente experimental, ¿de qué especie son su prioridad y necesidad?

Capítulo XIII. Opinión de Kant
97. Kant pretendiendo explicar el tiempo se sirve de la misma teoría que ha empleado para el espacio. El tiempo, según él, no es nada en sí, ni es tampoco inherente a las cosas: es una condición subjetiva de la intuición, una forma interior, por medio de la cual los fenómenos se nos ofrecen como sucesivos, así como en la forma del espacio se nos presentan como continuados. Hablando ingenuamente, me parece que decir esto, es no decir nada; es consignar un hecho muy sabido, mas no explicarle. Que lo que percibimos lo percibimos en sucesión; que en sucesión percibimos

hasta nuestras mismas percepciones ¿quién lo ignora? pero ¿qué es la sucesión? esto es lo que se debía explicar.

98. Dice Kant que el tiempo está solo en nosotros; mas yo le preguntaré, si la sucesión está solo en nosotros. Kant pretende que nada sabemos del mundo externo, sino que tenemos tales o cuales apariencias, fenómenos; pero no niega que fuera de la apariencia pueda haber una realidad. Pues bien, si esta realidad es posible, en ella puede haber mudanzas; y no se conciben mudanzas sin sucesión, ni sucesión sin tiempo.

99. Según Kant, las ideas de espacio y tiempo son a priori, no pueden ser empíricas, o experimentales; pues entonces no fundarían ciencia; solo podríamos afirmar lo que hubiésemos experimentado, y esto únicamente con respecto a los casos en que hubiésemos tenido experiencia. Esto es verdad, y lo tengo demostrado en el capítulo anterior; pero concediendo esta prioridad, nada se sigue en pro del sistema de Kant. Las ideas de espacio y tiempo, aunque a priori, podrían tener muy bien su correspondencia en la realidad; como se verifica ateniéndonos a la teoría con que las he explicado.

100. Es cierto que el tiempo no es una cosa que subsista por sí misma; mas no que no pertenezca a las cosas como una determinación objetiva, y que no quede nada de él, en prescindiendo de todas las impresiones subjetivas de la intuición. Hemos demostrado que el tiempo no subsiste por sí mismo, y que es absurda una duración sin cosa que dure; pero de esto no se sigue que el orden representado por la idea de tiempo, no sea una cosa real en los objetos. En prescindiendo de nuestra intuición, queda todavía algo que es lo que verifica las proposiciones en que expresamos las propiedades del tiempo.

101. El filósofo alemán pretende convertir el tiempo en una cosa puramente subjetiva, y se funda en la razón siguiente. «Si el tiempo fuese una determinación inherente a las cosas mismas, o un orden, no podría preceder los objetos como condición de los mismos; ni por consiguiente ser reconocido ni percibido a priori por juicios sintéticos. Este último hecho, se explica fácilmente, si el tiempo no es más que la condición subjetiva, bajo la cual las intuiciones son posibles en nosotros; porque entonces esta forma de intuición interior, puede ser representada antes que los objetos, y por consiguiente a priori...»

«Si hacemos abstracción de nuestra manera de percibirnos a nosotros mismos interiormente, y de abrazar por esta intuición todas las intuiciones exteriores en la facultad de la representación, y por consiguiente tomamos los objetos como pueden ser en sí mismos, el tiempo entonces no es nada...»

«Yo puedo decir que mis representaciones son sucesivas; pero esto solo significa que tenemos conciencia de ellas en una sucesión, es decir en la forma del sentido interno. El tiempo no será por esto nada en sí mismo, ni una determinación inherente a las cosas» (Estética trascendental).

102. Es fácil observar que el filósofo alemán lucha entre las dos dificultades siguientes:

1.ª ¿Cómo se puede explicar la necesidad entrañada en la idea del tiempo, si se la hace dimanar de la experiencia?

2.ª Si no dimana de la experiencia, ¿cómo puede hallarse realmente en las cosas; o a lo menos cómo podemos nosotros saber que se halle en las mismas?

De esto infiere el autor de la Estética, que no es posible salvar la necesidad entrañada en la idea del tiempo, si no se le convierte en un hecho puramente subjetivo, en una forma de nuestra intuición; si no se le hace del todo independiente de la realidad de las cosas.

Me parece que ateniéndonos a los principios establecidos más arriba se puede dar al tiempo un valor objetivo, independientemente de nuestra intuición; y explicar sus relaciones con la experiencia, salvando cumplidamente la necesidad contenida en la idea del mismo.

Capítulo XIV. Explicación fundamental de la posibilidad objetiva, y de la necesidad de la idea del tiempo

103. Las cosas en sí mismas, prescindiendo de nuestra intuición, son susceptibles de mudanzas: cuando hay mudanza, hay sucesión: cuando hay sucesión hay un cierto orden entre las cosas que se suceden; orden que, aunque no subsista por sí mismo separadamente de las cosas, está realmente en las cosas mismas.

Kant podría objetar que las mudanzas quizás no estarían en las cosas sino en los mismos fenómenos; esto es, en el modo con que se presentan a nuestra intuición; pero al menos no podrá negar que sea lo que fuere de

la realidad de estas mudanzas, son cuando menos posibles, independientemente de los fenómenos; luego asegura sin razón que el tiempo en las cosas
no es nada, y que solo es la forma de nuestro sentido interno. Si admite la
posibilidad de las mudanzas reales, debe admitir la posibilidad de un tiempo
real; y si negase la posibilidad de que las cosas en sí mismas se mudasen
realmente, le preguntaríamos cómo ha llegado a conocer esta imposibilidad,
él, que limita todos nuestros conocimientos al orden puramente fenomenal.
No es dable conocer que una cosa es imposible en un orden, cuando nada
se sabe de aquel orden: si Kant sostiene que nada sabemos de las cosas
en sí mismas no puede defender que conozcamos la imposibilidad de que
se muden realmente.

104. Queda pues demostrado que el tiempo, o un orden real en las cosas,
es cuando menos posible; luego no podemos decir que el tiempo es una
condición puramente subjetiva, a la cual nada corresponda ni pueda corresponder en la realidad.

105. Teniendo ya la posibilidad de un valor objetivo para la idea del tiempo, no solo en cuanto se refiere al orden puramente fenomenal, sino también
al trascendental, o bien al de las cosas consideradas en sí mismas, prescindiendo de nuestra intuición; vamos a ver cómo se puede manifestar la objetividad de la idea del tiempo y sus relaciones con la experiencia, salvando
la necesidad intrínseca que le hace uno de los principales elementos de las
ciencias exactas.

106. El tiempo considerado en las cosas, es el orden entre el ser y no
ser de las mismas. La percepción de este orden en su mayor generalidad,
prescindiendo de los objetos que en él se contienen, es la idea del tiempo.
Como es evidente que nuestro entendimiento puede considerar un orden
de cosas puramente posible, resulta que el tiempo se extiende no solo a la
realidad, sino también a la posibilidad. Esta es la razón porque concebimos
tiempo antes y después del mundo actual; a semejanza del espacio que
imaginamos más allá de los límites del universo. Elevada la idea de ser a una
región puramente posible, en que se prescinde de todo fenómeno individual,
claro es que ha de estar libre de la instabilidad a que se hallan sometidos
los objetos de nuestra experiencia: de esta suerte puede ser un elemento científico absolutamente necesario, porque expresa una relación que no

está afectada por nada contingente. Con las observaciones que preceden se deshacen todas las dificultades.

Capítulo XV. Corolarios importantes

107. La idea del tiempo, ¿dimana de la experiencia? Esta cuestión se halla resuelta con lo dicho sobre la idea del ente. No es un tipo preexistente a toda sensación y a todo acto intelectual; es una percepción de ser y no ser que acompaña a todos nuestros actos, pero que no se nos presenta separada hasta que la reflexión elimina de ella, todo lo que no le pertenece. Esta percepción es el ejercicio de una actividad innata, la cual, aunque sometida a las condiciones de la experiencia en cuanto al principio y continuación de sus actos, no lo está con respecto a sus leyes, pues estas le son características y corresponden al orden intelectual puro. La actividad se desenvuelve en presencia de las causas u ocasiones excitantes, y cesa en su ejercicio cuando faltan las condiciones de dicha excitación; pero mientras la actividad obra, ejerce sus funciones con arreglo a leyes fijas, independientes de los objetos excitantes.

108. Échase pues de ver que la idea del tiempo no dimana propiamente de la experiencia, sino en cuanto con esta se excita al espíritu para que desenvuelva su actividad; pero no es del todo independiente de la experiencia, pues que sin esta no se conocerían mudanzas, y por consiguiente el entendimiento no percibiría en ellas el orden de ser y no ser, en que consiste la esencia del tiempo.

109. De lo dicho se infiere que la idea del tiempo no es una forma de la sensibilidad, sino del orden intelectual puro; y que si bien desciende al campo de la experiencia sensible, lo hace a la manera que los demás conceptos generales.

110. La idea del tiempo es una de las percepciones más universales e indeterminadas que hay en nuestro espíritu; porque no es otra cosa que la combinación de las dos ideas más universales y más indeterminadas: ser y no ser. En esto se halla la razón de que la idea de tiempo sea común a todos los hombres, y se nos ofrezca cual una forma de todos nuestros conceptos, y de todos los objetos conocidos. Las ideas de ser y no ser, entrando en todas nuestras percepciones como elementos primordiales, engendran la idea de

tiempo; y por esta razón la encontramos en lo más íntimo de nuestra alma, como una condición a que no podemos sustraernos, y de la cual no alcanzamos a eximir al mismo Ser infinito, sino por un esfuerzo de reflexión.

111. El tránsito del orden intelectual puro al campo de la experiencia, se verifica en la idea del tiempo, de la misma manera que en los demás conceptos intelectuales. Nada tengo pues que añadir a lo que llevo explicado en el lugar correspondiente (Lib. IV, Cap., XIV y XV).

Capítulo XVI. El tiempo ideal puro y el empírico

112. El tiempo no es concebido simplemente como un orden general de mudanzas, o como una relación de ser y de no ser; sino como una cosa fija que se puede medir con toda exactitud. Así, antes del mundo actual, concebimos no solo un orden o un tiempo en toda su abstracción, sino también un tiempo compuesto de años, de siglos, u otras medidas. Pero esto, si bien se reflexiona, no es más que una idea en que concebimos bajo un aspecto general, los fenómenos de la experiencia, sacándolos de la actualidad, y contemplándolos en la esfera de la posibilidad. No existían ni los años ni los siglos, cuando no había nada por lo cual se pudiesen medir. Si prescindiendo de la medida y del objeto medido, y hasta negando su existencia, imaginamos una especie de fondo vago, una línea de duración que se prolonga hasta lo infinito, nos hallamos con un puro juego de la fantasía; juego que examinado por una razón severa, es un conjunto de ideas contradictorias.

113. La idea del tiempo considerada en toda su pureza y abstracción, prescinde de medidas, es una simple relación entre el ser y no ser. La medida solo tiene lugar cuando la idea pura del tiempo se combina con los fenómenos de la experiencia.

Es evidente que siendo nosotros seres mudables, y hallándonos en medio de otros que lo son igualmente, tendríamos la mayor confusión en nuestras ideas, si en ese flujo y reflujo de existencias que aparecen tanto en lo exterior como en lo interior, no se nos hubiese comunicado una suma facilidad para referirlas a medidas fijas, que nos sirviesen como de hilo conductor en ese laberinto de variaciones incesantes.

114. Para esta medida echamos mano de dos cosas: 1.ª un fenómeno sensible; 2.ª la idea del número. Por manera que la idea del tiempo común, vulgar, que sirve para la generalidad de los usos de la vida, está compuesta de los tres elementos siguientes: 1.º idea pura del tiempo, o sea relación del ser y del no ser. 2.º un fenómeno sensible, al cual aplicamos esta idea pura. 3.º la numeración de las mudanzas de dicho fenómeno. Hágase la prueba, aplíquese esta observación a todas las medidas del tiempo, y se echará de ver, que los tres elementos bastan, pero que los tres son indispensables.

115. De aquí resulta la necesidad del tiempo aun considerado empíricamente; pues que envuelve una idea metafísica y otra matemática, aplicadas ambas a un hecho. Idea metafísica, la relación del ser y del no ser; idea matemática el número; hecho, el fenómeno sensible, como por ejemplo el movimiento solar, el sideral etc., etc. La metafísica y la aritmética se encargan de la certeza absoluta; el hecho observado responde de la certeza experimental; y como por otra parte, este fenómeno se supone cierto, pues que en caso necesario se prescindiría de la realidad y se atendería únicamente a la posibilidad, resulta que el tiempo aun empíricamente considerado, puede ser objeto de las ciencias exactas.

116. Con esta teoría no hay necesidad de convertir el tiempo en una condición puramente subjetiva, ni de otorgarle una naturaleza independiente de las cosas: el orden intelectual puro se concilia con el de la experiencia; y el hombre se halla en comunicación con el mundo real, sin ponerse en contradicción con sus ideas.

Capítulo XVII. Relaciones entre la idea del tiempo y el principio de contradicción

117. Expliquemos el verdadero sentido del principio de contradicción. Es imposible que una cosa sea y no sea a un mismo tiempo. A primera vista parece que el enlace de las ideas contenidas en este principio es de tal naturaleza, que no puede haber ninguna dificultad en su explicación; por manera que con solo suscitar cuestiones sobre su verdadero sentido, nos ponemos en contradicción con una de las verdades fundamentales en que se apoya todo el edificio de nuestros conocimientos. Porque, si hay alguna duda sobre el verdadero sentido del principio, es señal que se le puede

entender de varios modos; y entonces hay también la duda de si la generalidad de los hombres le entiende como se debe, y por tanto si para ellos sirve de fundamento sólido en el edificio de los conocimientos.

Este reparo, a primera vista muy grave, deja de serlo si se reflexiona que los axiomas más evidentes pueden ser considerados de dos maneras: empírica, o científicamente; o en otros términos, en cuanto sirven a la aplicación, o en cuanto son objeto de un examen analítico. Bajo el primer aspecto, son de igual certeza y claridad para todos los hombres; bajo el segundo, pueden estar sujetos a dificultades. Las cosas iguales a una tercera son iguales entre sí; este principio empíricamente considerado, es absolutamente cierto y evidente para todos los hombres: desde el más sabio hasta el más rudo, todos comparan a una tercera las cantidades de cuya igualdad o desigualdad se quieren asegurar; lo cual no es otra cosa que una aplicación del principio expresado. Si se les pregunta la razón de este procedimiento, aunque no enuncien el axioma en términos precisos, se refieren a él de diferentes maneras. «Estas dos mesas son iguales porque las hemos medido, y las dos tienen cuatro pies de largo.» Probablemente la generalidad de los hombres que no están acostumbrados a reflexionar sobre sus conocimientos, y por tanto no separan fácilmente lo general de lo particular, no acertarían a expresar el principio en términos universales y precisos, diciendo: «estas dos mesas son iguales porque tienen una común medida; y las cosas iguales a una tercera son iguales entre sí»; mas no dejarían por esto de conocer el principio con toda certeza y claridad, y de aplicarle sin peligro de equivocación, a todos los casos reales o posibles. A esto llamo yo conocimiento empírico de los principios; conocimiento que tiene toda la perfección en el orden directo, faltándole únicamente la del orden reflejo (V. Lib. I, Cap. III).

Con esta claridad, suficiente para todos los usos, no solo comunes sino también científicos, es muy conciliable la dificultad en el análisis del principio; así en el ejemplo citado se puede analizar el sentido de la palabra igual, lo que conduce al análisis del sentido de otra palabra cantidad, y en estas cosas puede ejercitarse la reflexión descubriendo verdaderas dificultades, que aun cuando no perturben al género humano en la posesión de la verdad, no dejan por esto de ser dificultades. La geometría es indudablemente una ciencia, que nada deja que desear en su evidencia y certeza; pero

¿quién negará que llamada al tribunal de la metafísica la idea de extensión, ofrezca gravísimas dificultades? La aritmética universal es indudablemente una ciencia; y no obstante el análisis de las ideas de cantidad y de número, indispensables para ella, levanta cuestiones sumamente abstrusas en el campo de la metafísica y de la ideología. En general se puede asegurar, que no hay ningún ramo de nuestros conocimientos, que se pueda eximir de dificultades, si se le considera en su raíz; pero estas, que surgen en el terreno de la reflexión, no dañan en ningún modo a la certeza del conocimiento directo.

Infiérese de lo dicho que no hay ningún inconveniente en que el análisis del principio de contradicción ofrezca dificultades; y que por esto no es de temer que vacile el edificio de nuestros conocimientos. Además de que poco importaría el no atender a estos reparos si ellos existiesen en la realidad; una dificultad no desaparece con taparse los ojos para no verla. Examinemos pues sin vanos temores el verdadero sentido del principio de contradicción.

118. Parece que el principio no existe, o no tiene sentido, si no se presupone la idea del tiempo; y por otra parte, tampoco se concibe el tiempo, si no se presupone el principio de contradicción. ¿Tendremos por ventura un círculo vicioso, y esto nada menos que en el principio fundamental de todo conocimiento? He aquí la dificultad: presentémosla más clara todavía, desenvolviendo estas indicaciones.

El principio de contradicción presupone la idea de tiempo; pues que la contradicción no se verifica si el ser y el no ser no se refieren a un mismo tiempo. Es evidente que esta última condición es de todo punto indispensable; porque en quitando la simultaneidad no hay ningún inconveniente en que una cosa sea y no sea. No solo no hay en esto ningún inconveniente, sino que lo estamos experimentando sin cesar en todo cuanto nos rodea. Vemos continuamente el ser y el no ser en cosas que pasan de la existencia a la no existencia y de la no existencia a la existencia.

Aun cuando en el principio de contradicción no se expresase la simultaneidad, se daría siempre por sobrentendida; por manera que nada adelantaríamos en esta parte con adoptar la fórmula de Kant (V. Lib. I, Cap. XX). Sean cuales fueren los términos en que se enuncie el principio, siempre resultaría que una misma cosa no puede ser y no ser a un mismo tiempo, pero que puede muy bien ser y no ser en tiempos diferentes.

Luego la idea de tiempo es necesaria para que resulte contradicción en ciertos casos, y para que desaparezca en otros; en cuanto contiene simultaneidad, engendra la contradicción: en cuanto encierra sucesión, hace desaparecer la contradicción; pues que el ser y el no ser son imposibles, si no se presupone una duración sucesiva, entre cuyas varias partes se puedan distribuir cosas que de otro modo serían contradictorias.

119. La idea de tiempo presupone a su vez el principio de contradicción; porque si el tiempo no es más en las cosas, que el ser y el no ser; y en el entendimiento, la percepción de este ser y no ser; resulta que no podemos percibir el tiempo sin haber percibido el ser y el no ser; y como estas ideas consideradas sin sucesión no pueden presentársenos sin contradicción, resulta que cuando percibimos el tiempo hemos percibido por necesidad el mismo principio de contradicción. He dicho que la sucesión envuelve exclusión recíproca de las cosas que se suceden: y la principal de las exclusiones es la del principio de contradicción; al percibir el tiempo, percibimos la sucesión; luego hemos percibido ya la contradicción.

120. Estas observaciones podrían inclinar a creer que es necesario optar entre un círculo vicioso, cosa inadmisible en el fundamento de todos los conocimientos, y una explicación del tiempo, independiente de las ideas del ser y no ser. Si concibiésemos el tiempo como una cosa existente por sí misma, como una especie de línea prolongada hasta lo infinito, forma de todas las cosas, pero distinta de todas ellas; como una especie de capacidad vaga en la cual se pudieran colocar los seres sucesivos, a la manera que situamos en el espacio los coexistentes; entonces la idea del tiempo no se explicaría por el principio de contradicción, y solo podría decirse que este se completa con aquella. En efecto; al decir, es imposible que una cosa sea y no sea a un mismo tiempo, pero es posible que sea y no sea en tiempos diferentes, se pone la contradicción o se la quita según que el ser y el no ser se refieren a un mismo punto o a puntos distintos de esa vaga extensión, de esa línea infinita que llamamos duración sucesiva, en la cual concebimos distribuidas las cosas mudables. Esta explicación es cómoda, pero tiene el defecto de que no puede resistir al examen filosófico, como se ha demostrado en los capítulos anteriores; y así es menester apelar a consideraciones de otra especie.

121. Para desvanecer cumplidamente estas dificultades conviene aclarar las ideas. La expresión, círculo vicioso, se aplica a este caso con inexactitud; y llamo la atención sobre este particular, porque una vez entendida esta inexactitud las dificultades desaparecen por sí mismas. En la explicación de las cosas el círculo es un defecto, y merece el nombre de vicioso, cuando se han de aclarar las que no son idénticas; pero cuando hay dos ideas idénticas en el fondo, aunque aparezcan distintas porque se ofrecen bajo aspectos diferentes, es imposible que al explicar la una no se tropiece por decirlo así con la otra, y al pararse en esta, no se vuelva de algún modo sobre aquella. El examen si está bien hecho, debe conducir al conocimiento del fondo de las cosas. Si pues en este fondo hay la identidad, la identidad debe presentarse, y tanto más visible cuanto el examen es más profundo. En tal caso hay círculo, mas no vicioso: dos ideas se explican la una por la otra, a causa de que las dos son una misma. Como se presentaban bajo dos aspectos diferentes, inducían a creer que eran dos cosas distintas; pero entrando en un examen analítico, se ha prescindido de la diversidad de los aspectos, se ha penetrado en la íntima realidad de las cosas, y por consiguiente se ha llegado al punto donde se unen, o mejor diremos donde se confunden con absoluta identidad.

122. De esta observación sacaremos un criterio que podrá servirnos en muchísimos casos: cuando al explicar dos objetos nos encontramos conducidos alternativamente del uno al otro, sin que nos sea posible evitar el círculo, podemos sospechar que los dos objetos, en apariencia distintos, no lo son en realidad, y que nuestro entendimiento tiene a la vista un solo objeto, percibido bajo dos razones diferentes.

123. Esto se verifica en la presente cuestión. Al explicar el principio de contradicción, nos encontramos con la idea de tiempo; y al definir el tiempo nos encontramos con el principio de contradicción, o con las ideas de ser y no ser. Hay círculo, pero inevitable; y por lo mismo deja de ser vicioso. Aclaremos estas ideas.

124. ¿Qué significa el principio de contradicción? significa que el ser excluye al no ser; y recíprocamente, el no ser al ser; significa que estos extremos son de tal naturaleza que puesto el uno desaparece el otro, no solo en el orden de nuestros conceptos, sino también en la realidad. Llamando B a un

ser cualquiera, tendremos que el principio de contradicción significa que B excluye al no B, y el no B excluye al B. Pensado B, desaparece en el concepto el no B; y pensado el no B, desaparece en el concepto el B. Puesto en la realidad B, desaparece el no B; y puesto en la realidad el no B, desaparece el B. He aquí el verdadero sentido del principio de contradicción. Si bien se reflexiona, se notará que en cuanto cabe, hemos prescindido de la idea de tiempo; pues que hemos considerado únicamente la exclusión recíproca de B y de no B refiriéndolo todo a un simul, a un punto indivisible de duración, el cual, no encerrando sucesión, no nos da idea de tiempo. He dicho, en cuanto cabe; pues por lo mismo que pensábamos B y no B, germinaba ya en nuestro entendimiento la idea de sucesión y por consiguiente de tiempo.

125. Pensando B y luego no B, encontramos contradicción; pero no de tal manera que estas dos cosas no puedan realizarse absolutamente. La exclusión es condicional; esto es, en cuanto los extremos contradictorios son simultáneos, o se refieren a un ahora indivisible; pero en la idea de B, no descubrimos una necesidad intrínseca de existencia; y por consiguiente aunque conocemos que mientras es B no puede ser no B; concebimos muy bien que B puede dejar de ser, y pasar a ser no B. En tal caso desaparece la idea de contradicción; y se concilian muy bien en nuestro entendimiento las dos ideas de B y no B, con tal que estén distribuidas en diferentes instantes.

126. De esto se infiere que la percepción del tiempo implica la percepción de seres no necesarios; de seres, que cuando existen pueden dejar de existir, y cuando no existen pueden pasar a existir. La diferencia que va del ser necesario al contingente, consiste en que en el primero la existencia excluye absolutamente su no existencia; y en el segundo la existencia excluye la no existencia solo condicionalmente, es decir, en el supuesto de la simultaneidad.

127. He aquí la razón porque nosotros necesitamos poner en el principio de contradicción la condición del tiempo. Los objetos que nosotros percibimos son mudables; de suerte que ni en sus modificaciones, ni en su íntima naturaleza, encierran nada que les asegure la existencia. Cuando son, pueden dejar de ser; y si esto no sucede de continuo en cuanto a su substancia, se verifica en sus accidentes. Por esta razón no podemos afirmar

la contradicción absoluta, sino la condicional: la repugnancia del ser y del no ser no existe sino en el supuesto de la simultaneidad.

128. Si solo concibiésemos seres necesarios, no podríamos tener idea de tiempo; la existencia excluiría absolutamente la no existencia; y por consiguiente la contradicción siempre sería absoluta, nunca condicional.

129. De este análisis resulta una consecuencia sobre manera importante. La percepción del tiempo en nosotros viene a parar a la percepción de la no necesidad de las cosas; desde el momento que percibimos un ser no necesario, percibimos un ser que puede dejar de ser, en cuyo caso tenemos ya idea de la sucesión o del tiempo real o posible. Aquí asalta una reflexión sumamente grave: la idea del tiempo es la idea de la contingencia; la conciencia del tiempo es la conciencia de nuestra debilidad.

130. La idea del tiempo es tan íntima en nuestro espíritu, que sin ella no nos formaríamos idea del yo. La conciencia de la identidad del yo supone un vínculo (V. Lib. I, Cap. XXV), que es imposible encontrar sin la memoria. Esta incluye por necesidad la relación de pasado, y por consiguiente la idea de tiempo.

Capítulo XVIII. Resumen
Presentemos en resumen la doctrina de los capítulos anteriores.

131. El tiempo es una cosa muy difícil de explicar; quien niega semejante dificultad manifiesta haber meditado muy poco sobre el fondo de la cuestión.

132. El movimiento se mide por el tiempo; mas este no se define cumplidamente con solo llamarle medida del movimiento.

133. No es posible encontrar una medida primitiva del movimiento: al fin es necesario pararse en una u otra, aunque sea tomada arbitrariamente, y referirse a ella. Esta debe ser la más uniforme posible.

134. La semejanza entre la idea del tiempo y la del espacio, hace sospechar que deben ser explicadas de una manera semejante.

135. No hay duración sin algo que dure; luego no hay duración separada de las cosas. Si no hubiese nada, no habría duración.

136. No hay sucesión si no hay cosas que se suceden; luego la sucesión, aunque por sí sola pueda concebirse en abstracto, no puede ser realizada como una forma independiente de las cosas.

137. El tiempo entraña antes y después, y por consiguiente sucesión. Bien considerado, es la sucesión misma; pues que en concibiendo sucesión, ya concebimos tiempo.

138. La sucesión envuelve exclusión de algunas cosas entre sí. Esta exclusión puede fundarse en la esencia de las mismas, o dimanar de una causa externa.

139. El tiempo pues, envuelve la idea de exclusión de varias cosas entre sí: es la idea general del orden de las mudanzas, o de la relación entre el ser y el no ser.

140. Si no hubiese mudanzas, no habría tiempo.

141. Antes de la existencia del mundo no había transcurrido ningún tiempo. No había más duración que la eternidad.

142. La eternidad es la misma existencia del ser infinito, sin ninguna alteración real ni posible.

143. El tiempo no es nada absoluto independiente de las cosas, pero está realmente en ellas. Es el orden entre el ser y el no ser.

144. La idea del tiempo es la percepción de este orden de ser y no ser.

145. La coexistencia es la simple existencia de varios seres. En no habiendo idea de negación de ser, si se conciben muchos seres, hay percepción de coexistencia.

146. El tiempo puede ser considerado bajo tres aspectos: presente, pasado y futuro. Todas las demás relaciones de tiempo expresadas de diferentes modos en los varios idiomas, son combinaciones de aquellos aspectos.

147. El presente es el solo tiempo absoluto: se le concibe sin relación a lo pasado y a lo futuro; mas lo pasado y lo futuro no se conciben sin relación a lo presente.

148. La idea de presente acompaña a la misma idea del ser, o mejor diremos se confunde con la misma idea de la existencia; lo que no existe de presente, no es ser.

149. La idea de tiempo pasado es la percepción de un no ser o de un ser ya destruido, con relación a un ser presente; así como la del futuro es la

percepción de un ser posible pendiente de una causa ya determinada y con relación a un ser presente.

150. La idea del tiempo es excitada por la experiencia; pero no puede llamarse un hecho de mera observación; a esto se opone su necesidad intrínseca que la hace capaz de ser objeto de las ciencias exactas.

151. Mucho menos puede decirse que esta idea se ciña al orden sensible, pues que abraza en general todo género de mudanzas, sean sensibles o insensibles.

152. Siendo la idea del tiempo la percepción del orden entre el ser y el no ser; considerada esta relación en su mayor generalidad, pertenece al orden intelectual puro. Su tránsito a la experiencia, se realiza del mismo modo que el de los demás conceptos generales e indeterminados.

153. Es necesario distinguir entre el tiempo ideal puro y el empírico: el puro es la relación entre el ser y el no ser consideraba en su mayor generalidad y en su indeterminación más completa; el empírico es la misma relación sujeta a una medida sensible.

154. Para medir esta sucesión se necesitan tres cosas, cuyo conjunto forma la idea del tiempo empírico. 1.ª Idea pura de ser y de no ser, o de mudanza. 2.ª aplicación de esta idea a un fenómeno sensible, por ejemplo del movimiento solar. 3.ª Idea de número aplicada a la determinación de las mudanzas de este fenómeno.

155. Así se concibe por qué el tiempo empírico entraña una verdadera necesidad, objeto de ciencia. De los tres elementos de que se compone, el uno es una idea metafísica, el otro una idea matemática, y el tercero es un hecho de observación al cual se aplican dichas ideas. Si este hecho no fuese real, sería cuando menos posible, con lo que salvaríamos la necesidad del cálculo que sobre él estribase.

156. Hay una relación íntima entre la idea del tiempo y el principio de contradicción. Este se explica por aquella y recíprocamente, sin que por esto haya círculo vicioso. Consistiendo el principio de contradicción en la exclusión mutua entre el ser y no ser; y siendo la idea del tiempo la percepción del orden entre el ser y el no ser; resulta que en el examen se ha de venir a parar a un fondo idéntico, esto es, a la comparación entre las ideas de ser y no ser.

157. Sin la idea de tiempo nos sería imposible la memoria, y por consiguiente la unidad de conciencia.

Capítulo XIX. Ojeada sobre las ideas de espacio, número y tiempo

158. Hemos llegado al punto en que se pueden señalar y deslindar con entera precisión, los elementos necesarios que forman el objeto de las ciencias naturales y exactas. Esto a más de ser muy curioso, es sobre manera importante; a causa de que presenta bajo un aspecto muy sencillo un conjunto de conocimientos que en la actualidad abarcan un campo inmenso; campo cuyos límites pueden retirarse continuamente, y que en efecto se retiran, sin que se alcance ningún término posible a este progreso indefinido.

159. Espacio, número, tiempo: he aquí los tres elementos de todas las ciencias naturales y exactas. Lo demás que en ellas se contiene, pertenece a la mera experiencia, al orden de los hechos contingentes, que no entrañando ninguna necesidad, no pueden ser en rigor objetos científicos.

160. En la idea del número se funda la aritmética universal; en la del espacio la geometría; y la de tiempo nos pone en comunicación con el mundo sensible para determinar las relaciones de sus fenómenos. Estos son hechos aislados, contingentes, incapaces de servir para objeto de ciencia, si no se los somete a las ideas generales de espacio, número y tiempo.

161. Por donde se echa de ver que en todas las ciencias naturales hay dos partes: la teórica y la experimental. La primera se funda en ideas necesarias, la segunda en hechos contingentes: aquella sin esta no descendería al mundo real; esta sin aquella no se elevaría a la región científica.

162. Las ciencias naturales merecen con tanta más razón el título de ciencia, cuanto mayor es la cantidad que encierran de elementos necesarios, y cuanto más íntimo es el enlace con que a ellos pueden unir los hechos contingentes. Pero como no hay ninguna ciencia natural que pueda desentenderse de estos últimos, tampoco es dable encontrar una capaz de purificarse enteramente de la contingencia que ellos le comunican.

163. Estas observaciones manifiestan una gran simplicidad en los elementos científicos, pero todavía se la puede llevar mucho más lejos, recordando lo que se ha dicho al analizar las ideas de número y tiempo. 164. Llevo ex-

plicado que la idea de número nace de la de ser y no ser; y que lo mismo se verifica en la de tiempo; luego en el fondo de estas dos ideas se encuentra una sola, aunque presentada bajo diferentes aspectos.

165. De esto se infiere que todas las ciencias naturales y exactas se reducen a dos elementos: la intuición de la extensión y el concepto general del ser. La extensión es la base de todas las intuiciones sensibles; en lo exterior, es una condición necesaria para las relaciones que concebimos en el universo corpóreo; en lo interior, es una percepción indispensable para que la sensibilidad pueda ser representativa de objetos externos. El concepto de ser es la base de todos los conceptos; desenvuelto de varias maneras engendra las ideas de número y tiempo; las que combinadas con la de extensión, constituyen la parte necesaria de todas las ciencias naturales y exactas.

166. Las ideas de espacio, número y tiempo, son comunes a todos los hombres; y la prueba de que todos las tienen idénticas, es que en las aplicaciones todos son conducidos a unos mismos resultados; y en el habla, todos se expresan de la misma manera. Todos miden el espacio, y sus varias dimensiones; todos cuentan, todos conciben el tiempo: ¿por qué pues se halla tanta dificultad en explicar estas ideas? ¿Por qué tanta diferencia en las opiniones de los filósofos? En esto tenemos una confirmación de lo que he dicho más arriba (Lib. I, Cap. III), sobre la fuerza de la percepción directa de nuestro espíritu, y la debilidad de la refleja. Cuando nos contentamos con la percepción directa del espacio, del número, del tiempo, las ideas son muy claras, el entendimiento se siente lleno de robustez y energía, extiende ilimitadamente la esfera de sus conocimientos, levantando el edificio de las matemáticas y de las ciencias naturales. Pero tan pronto como se vuelve sobre sí mismo, y dejando la percepción directa pasa a la refleja, queriendo percibir la misma percepción, sus fuerzas flaquean, y cae en la confusión, origen de interminables disputas. Sentimos vagamente aquella idea que poco antes aplicábamos a todo; que se filtraba por decirlo así en todos nuestros conocimientos; que era como la vida que circulaba y que sentíamos en todas nuestras percepciones; pero ella en sí, en su aislamiento, en su pureza, nos escapa de continuo; mezclada con todas las cosas, vemos que es algo distinto de las cosas; la separamos de una, y se une con otra; hacemos un esfuerzo por incomunicarla con todo lo que no sea ella misma, y entonces el espíritu siente una especie de desfallecimiento, como que todo se desvane-

ce a sus ojos; y a falta de realidades, parece contentarse con nombres, que pronuncia y repite mil veces, como envolviendo en ellos lo poco que le resta de realidad.

167. Una de las causas de este desvanecimiento, y de los errores que suelen ser su consecuencia, es la que he dicho más arriba, la manía de querernos representar toda idea como una forma, como un retrato interior; cuando deberíamos considerar que en muchos casos no hay más que una percepción, un acto simple allá en las profundidades de nuestro espíritu; acto que con nada se puede representar, que no se parece a nada sensible, que no se puede explicar con palabras, porque no se puede descomponer, y que solo nos está presente como un hecho de conciencia; pero hecho de acción, de penetración, con que nos introducimos, por decirlo así, en las cosas, y vemos lo que hay en ellas de común, separándolo después de todas las particularidades, y estableciendo en nuestro entendimiento como un punto céntrico, culminante, desde el cual contemplamos el mundo externo y el interno y nos arrojamos por las inmensas regiones de la posibilidad.

Fin del tomo tercero notas

SOBRE El LIBRO VII, CAPÍTULO I

I. No falta quien ha creído que el tiempo es una cosa de explicación sumamente fácil: tal es la opinión del padre Buffier en su célebre obra Tratado de las primeras verdades. Después de haber explicado a su modo, en qué consisten la duración y el tiempo, dice: «me admiro pues de que tantos filósofos hayan hablado del tiempo y de la duración, como de cosas inexplicables o incomprensibles: «si non rogas intelligo» se les ha hecho decir, y según la paráfrasis de Mr. Locke, cuanto más me aplico a descubrir la naturaleza del tiempo menos la concibo; el tiempo que descubre todas las cosas, no puede ser comprendido. Sin embargo, ¿a qué se reducen todos estos misterios? a dos palabras que acabamos de explicar» (2.ª Part. Cap. 27).

Es extraño que un escritor tan distinguido, no supiese o no recordase, que esta dificultad en la explicación del tiempo la encontraba con los demás filósofos un hombre tan eminente como san Agustín; y que precisamente, las palabras indicadas, se leen en las confesiones del mismo Santo, Lib. 11, Cap. 14: «quid enim est tempus, quis hoc facile breviterque explicaverit? quis hoc ad verbum de illo preferendum vel cogitatione comprehenderit?.... quid ergo est tempus? si nemo ex me quæerat scio, si quæerenti explicare velim nescio». Qué es el tiempo? si no me lo preguntan lo sé; si lo quiero explicar no lo sé.

El Santo Doctor descubría aquí una cuestión profunda: y como todos los grandes ingenios cuando se hallan a la vista de un abismo insondable, sentía un vivo deseo de conocer lo que se ocultaba en aquellas profundidades. Lleno de un santo entusiasmo se dirigía a Dios pidiéndole la explicación del misterio. «Exarsit animus meus nosse istud implicatissimum enigma. Noli claudere Domine Deus, bone pater; per Christum obsecro, noli claudere desiderio meo ista et usitata, et abdita, quo minus in ea penetret, et dilucescant allucente misericordia tua Domine! Quem percunetabor de his? et cui fructuosius confitebor imperitiam meam nisi tibi, cui non sunt molesta studia mea flammantia vehementer in scripturas tuas? Da quod amo; amo enim et hoc tu dedisti. Da pater qui vere nosti data bona dare filiis tuis. Da, quoniam suscepi cognoscere te; et labor est ante me donec aperias.

»Per Christum obsecro, in nomine ejus sancti sanctorum nemo mihi obstrepat. Et ego credidi propter quod et loquor. Hæc est spes mea, ad hanc vivo, ut contempler delectationes Domini. Ecce veteres posuisti dies meos, et transeut; et quomodo, nescio. Et dicimus, Tempus et tempus, tempora et tempora. Quamdiu dixit hoc ille; quamdiu fecit hoc ille; et quam longo tempore illud non vidi; et duplum temporis habet hæc syllaba; ad illam simplam brevem. Dicimus hæc, et audimus hæc; et intelligimur, et intelligimus. Manifestissima et usitatissima, sunt et eadem rursus nimis latent, et nova est inventio eorum» (Lib. 11, Cap. 22).

«Video igitur tempus, quamdam esse distensionem, sed video an videre mihi videor? Tu demostrabis lux, veritas» (Cap. 23).

«Et confiteor tibi (Domine) ignorare me adhuc, quid sit tempus; et rursus confiteor tibi Domine scire, me in tempore ista dicere, et diu me jam loqui de tempore; atque idipsum diu, non esse nisi moram temporis. Quomodo igitur hoc sciam, quando quid sit tempus nescio? an forte nescio quemadmodum dicam, quod scio? Hei mihi qui nescio saltem quid nesciam. Ecce Deus meus coram te, quia non mentior; sicut loquor ita est cor meum. Tu illuminabis lucernam meam Domine Deus meus illumina tenebras meas» (Cap. 25).

Dar por muy fáciles cosas que los hombres más eminentes creyeron difíciles, es cuando menos muy aventurado; en tales casos suele suceder que el autor se lisonjea de haber esclarecido la cuestión, cuando solo la tiene examinada en su superficie. Acontece con harta frecuencia que algunos objetos se presentan sumamente claros a primera vista; y solo se descubre la mucha dificultad cuando se profundiza sobre ellos. Preguntad a un hombre no versado en las cuestiones filosóficas qué es la extensión, qué es el espacio, qué es el tiempo, y se admirará de que tengáis dificultad en cosas tan claras. ¿Y por qué? porque su primer acto reflexivo se limita a la idea común de estos objetos, o más bien al uso de esta idea. Dice el padre Buffier en el lugar citado, que en todas estas investigaciones de metafísica, tan complicadas en la apariencia, basta distinguir las ideas más simples que tenemos en el espíritu, con los nombres que usualmente las expresan, para descubrir lo que en ellas debe ser tenido por primeras verdades; no niego que haya en esta observación un criterio útil, pero no puedo convenir en que sea este un medio tan sencillo para resolver las más altas cuestiones filosóficas; porque la dificultad suele estar en distinguir con exactitud estas ideas más simples; las cuales, por lo mismo que constituyen el fundamento de nuestros conocimientos, suelen estar colocadas muy hondo, y cubiertas con mil objetos diferentes, que nos impiden el percibirlas con claridad y distinción. El padre Buffier se engañó con la misma lucidez de su explicación del tiempo creyendo ver el fondo del abismo cuando solo veía un reflejo de la superficie.

«¿Qué es durar? dice, es existir sin ser destruido, he aquí la explicación más precisa que se puede dar; pero la simple palabra duración, hace comprender la cosa con tanta claridad como la explicación misma...

»A más de la idea de la duración tenemos idea de la medida de la duración, que no es la duración misma; aunque confundamos con frecuencia la una con la otra, como nos sucede ordinariamente que confundimos nuestros sentimientos con sus efectos o sus causas, o con sus otras circunstancias.

»Esta medida de la duración es precisamente lo que llamamos tiempo, el cual no es más que la revolución regular de alguna cosa sensible, como del curso anual del Sol, o del mensual de la Luna, o del diario de una aguja en el cuadrante de un reloj.

«La atención que hacemos a esta revolución regular, causa precisamente en nosotros la idea del tiempo. El intervalo de esta revolución dividiéndose por diversos intervalos menores, forma la idea de las partes del tiempo, a las cuales damos también el nombre de tiempo más largo o más corto, según los diversos intervalos de la revolución.

»Cuando nos hemos formado esta idea de tiempo la aplicamos a toda duración que concebimos o suponemos que responde a tal intervalo de revolución regular; y por esto damos a la duración misma el nombre de tiempo, aplicando el nombre de la medida a la cosa medida; pero sin que la duración que se mide, sea en el fondo el tiempo con el cual se la mide, y que es una revolución. Así Dios ha durado antes del tiempo; es decir ha existido sin cesar de existir antes de la creación del mundo y de la revolución regular de todo cuerpo» (Ibíd.).

Sigue luego manifestando su extrañeza de que se haya creído tan difícil la explicación del tiempo, y después de haber prescrito la regla citada sobre la distinción de las ideas más simples, y de las palabras con que se expresan, concluye: «por estos dos medios hallamos de un golpe la idea o la noción de la duración y del tiempo. Yo tengo la idea de un ser, en cuanto no cesa de existir; esto se llama duración; tengo idea de esta duración en cuanto es medida por la revolución regular de un cuerpo o por los intervalos de esta duración; esto es lo que llamo tiempo. Me parece que estas nociones son tan claras como se pueden desear, y que quien se empeñe en aclararlas más, es igualmente juicioso que quien quisiese aclarar que dos y dos hacen cuatro y no cinco».

¿Qué explicación se contiene en los anteriores pasajes? En mi concepto ninguna. La duración, dice Buffier, es la existencia no interrumpida, y el tiempo es la medida de esta duración. Pero debía reflexionar que no se mide lo que no tiene cantidad; y por consiguiente la duración no puede medirse, si no se le supone una especie de longitud anterior a la medida. Precisamente en esto encontramos la dificultad. Es bien sabido que el tiempo se mide con referencia a la revolución de algún cuerpo; pero lo que se debe explicar es la naturaleza de lo medido, de aquella cantidad o longitud independiente de la medida. Para medir es necesario que haya más y menos; y este más y menos se halla independientemente de toda medida. ¿Cuál es la naturaleza de esta cantidad, de ese más y menos? He aquí la cuestión.

Dice Buffier que aun cuando no hubiese en nosotros sucesión de pensamiento, y no tuviésemos más que uno solo, no dejaríamos de poseer la idea de duración. Es cierto, confundiendo la idea de duración con la simple idea de existencia no interrumpida; pero la dificultad está en que esta duración no podríamos medirla y por consiguiente nos faltaría la idea del tiempo.

En Dios, añade Buffier, no hay sucesión, y sin embargo, su ser dura. Es indudable; mas el argumento lejos de confirmar la doctrina de este filósofo, manifiesta su debilidad. La duración de Dios no puede medirse si no queremos introducir en la duración del ser necesario e infinito, más y menos; luego con tener la idea de duración o de existencia no interrumpida, no tenemos la idea del tiempo o de una duración capaz de medirse.

SOBRE EL LIBRO VII. CAPÍTULO IV

II. No es una vana sutileza de las escuelas el negar toda sucesión a la eternidad, y ponerla toda presente sin pasado ni futuro. Mucho antes que hubiesen emitido esta idea los escolásticos se la encuentra en autores eminentes, «Idipsum enim tempus, dice san Agustín, tu feceras: nec præterire potuerunt tempora antequam faceres tempora. Si autem ante coelum et terram nullum erat tempus, cur quæritur, quid tunc faciebas? Non enim erat tunc, ubi non erat tempus; nec in tempore tempora præcedis; alioquin non omnia tempora præcederes».

«Sed præcedis omnia tempora præterita, celsitudine semper præsentis æternitatis: et superas omnia futura; quia et illa futura sunt; et cum venerint præterita erunt; tu autem idem ipse es, et anni tui non deficient. Anni tui nec eunt, nec veniunt: isti autem nostri, et eunt, et veniunt; ut omnes veniant. Anni tui omnes simul stant, quoniam stant; nec euntes a venientibus excluduntur, quia non transeunt: isti autem nostri omnes erunt cum omnes non erunt. Anni tui dies unus: et dies tuus non quotidie, sed hodie: quia hodiernus tuus non cedit crastino neque succedit hesterno. Hodiernus tuus æternitas; ideo coæternum genuisti, cui dixisti: Ego hodie genui te. Omnia tempora tu fecisti, et ante omnia tempora tu es, nec aliquo tempore non erat tempus» (Lib. XI, Cap. 13).

En otro lugar consigna la misma doctrina con las siguientes palabras. «Anni Dei æternitas Dei est. Æternitas ipsa Dei substantia est, quæ nihil habet mutabile. Ibi nihil est præteritum, quasi jam non sit; nihil est futurum, quasi nondum sit. Non est ibi, nisi est. Non est ibi, fuit et erit, quia et quod fuit jam non est; et quod erit nondum est; sed quidquid ibi est; non nisi est» (in Psal, 101. Serm. 2. num. 10).

Esta verdad no se había ocultado al mismo Platón; y los santos padres la han enseñado constantemente. Cuando pues los escolásticos adoptaron la definición de Boecio diciendo que la eternidad es la «posesión perfecta y simultánea de una vida interminable», interminabilis vitæ tota simul et perfecta possessio, no se entregaron a una vana cavilación, sino que adoptaron una doctrina tan sólida como universal.

Es difícil hablar con más elevación y profundidad de lo que hace Fenelon en su Tratado de la existencia de Dios (2.ª Part.; Art. 3), al explicar estas sublimes ideas. «Querer imaginar en Dios algo relativo a la sucesión, es caer en la idea de tiempo, y confundirlo todo. En Dios nada dura, porque nada pasa; todo es fijo, simultáneo, inmóvil. Nada ha sido, nada será; pero todo es. Suprimamos pues todas las cuestiones a que nos inclina la costumbre y la flaqueza del espíritu finito, que quiere abrazar lo infinito a su manera estrecha y diminuta. ¿Diré, o Dios mío, que habíais tenido ya una eternidad de existencia antes que me hubieseis criado, y que después de mi creación, os resta todavía otra eternidad en que existir siempre? Estas palabras ya y después, son indignas de El que es. En vos no hay pasado ni futuro; es una locura el querer dividir vuestra eternidad, que es una permanencia indivisible; es querer que la ribera huya porque descendiendo yo a lo largo del río, me aparto siempre de esta ribera que está inmóvil. ¡Insensato de mí, yo quiero, o verdad inmóvil! atribuiros el ser limitado, variable, sucesivo de vuestra criatura; no hay en vos ninguna medida con la cual se pueda medir vuestra existencia; nada ¡tenéis mensurable, pues que carecéis de límites y de partes; las mismas medidas que se pueden sacar de los seres limitados, variables, divisibles y sucesivos, no pueden servir para mediros a vos que sois infinito, indivisible, inmutable y permanente!

»¿Qué relación diré pues que tiene la duración de la criatura a vuestra eternidad?, ¿y no erais antes que yo?, ¿y no seréis después de mí? Estas palabras se encaminan a significar alguna verdad, pero en rigor son indignas e impropias: lo que encierran de verdad es que lo infinito sobrepuja infinitamente a lo finito; y que así vuestra existencia infinita sobrepuja en todo sentido a mi existencia, que siendo limitada, tiene un principio, un medio y un fin.

»Pero es falso que la creación de vuestra obra divida vuestra eternidad en dos eternidades; dos eternidades no harían más que una sola: una eternidad dividida que tuviese una parte anterior y otra posterior, no sería verdadera eternidad; queriendo multiplicarla se la destruiría; porque una parte sería necesariamente el límite de la otra, por el cabo en que se tocarían: quien dice eternidad, si entiende lo que dice, no dice sino: lo que es; nada más, porque todo lo que se añade a esta infinita simplicidad, la anonada. Quien dice eternidad no sufre el lenguaje del tiempo: el tiempo y la eternidad son inconmensurables; no pueden compararse; y es una ilusión de nuestra debilidad el imaginarnos que hay alguna relación entre cosas tan desproporcionadas.

»Sin embargo, o Dios mío, vos habéis hecho algo fuera de vos; porque yo no soy vos, y disto infinitamente de serlo. ¿Cuándo pues me habéis hecho? ¿Es que no erais antes de hacerme? ¡Pero qué digo! heme aquí recayendo en mi ilusión, y en las cuestiones de tiempo. Hablo de vos como de mí, o de algún otro ser pasajero, al que pudiese medir conmigo. Lo que pasa puede ser medido con lo que pasa; pero lo que no pasa está fuera de toda medida y de toda comparación con lo que pasa; no es permitido preguntar ni cuándo ha sido, ni si era antes, que lo que es, o lo que es solo pasado. Vos sois, y se ha dicho todo. ¡Oh, y cuánto me agrada esta palabra!, ¡y cuánto me llena para todo lo que he de conocer de vos! Todo lo que no es esta palabra, os desagrada: solo ella se os parece; no añadiendo nada a la palabra ser, nada disminuye de vuestra grandeza; esta palabra, me atrevo a decirlo, es infinitamente perfecta como vos: solo vos podéis hablar así, y encerrar vuestra infinidad en tres palabras tan sencillas.

»Yo no soy, o Dios mío, lo que es; ay! yo soy casi lo que no es; me veo como un medio incomprensible entre la nada y el ser; yo soy lo que ha sido; yo soy lo que será, yo soy lo que ya no es lo que ha sido; yo soy lo que todavía no es lo que será; y entre estos dos,

¿qué soy? un yo no sé qué, que no puede detenerse en sí propio, que no tiene ninguna consistencia, que pasa rápidamente como el agua; un yo no sé qué, que no puedo coger, que se escapa de mis manos; que ya no es, desde que quiero cogerle o percibirle; un yo no sé qué, que acaba en el instante en que comienza; de suerte que no puedo ni por un solo momento hallarme fijo a mí mismo y presente a mí mismo, para decir simplemente: yo soy; así mi duración no es otra cosa que un perpetuo desfallecimiento...

»¡O Ser! o Ser! vuestra eternidad que no es más que vuestro ser mismo, me asombra, pero me consuela; yo me hallo delante de vos como si no fuese; me abismo en vuestra infinidad; lejos de medir vuestra permanencia con relación a mi instabilidad continua, comienzo a perderme de vista a mí propio, a no hallarme, y a no ver en todo sino al que es, sino a vos mismo.

»Lo que he dicho de lo pasado lo digo de lo venidero. No se puede decir que seréis después de lo que pasa, porque vos no pasáis, vos no seréis, sois; y me engaño cuando al hablar de vos salgo de lo presente. De una ribera inmóvil no se dice que se adelanta a las olas de un río, o que las sigue; ni las sigue, ni se adelanta; porque no se mueve. Lo que digo de esta ribera respecto de la inmovilidad local, debo decirlo del Ser infinito respecto de la inmovilidad de la existencia; lo que pasa ha sido, y será, y pasa del pretérito al futuro por un presente imperceptible que no se puede señalar jamás; pero lo que no pasa existe absolutamente, y solo tiene un presente infinito; es, y no es permitido decir más; es sin el tiempo en todos los tiempos de la criatura; quien sale de esta simplicidad cae de la eternidad en el tiempo.»

FIN DE LAS NOTAS

Libro octavo. Lo infinito

Capítulo I. Ojeada sobre el estado actual de la filosofía

1. En las obras de filosofía trascendental publicadas de algunos años a esta parte, se emplean con mucha frecuencia las palabras infinito, absoluto, indeterminado, incondicional, haciéndolas representar un gran papel en la explicación de los más recónditos arcanos que ofrecerse puedan a la consideración del hombre. Con ellas se combinan las de finito, relativo determinado, condicional; y de esta combinación se pretende que ha de surgir el rayo de luz que disipe las tinieblas de las regiones filosóficas.

2. A pesar del mal uso que muchos hacen de semejantes palabras, preciso es confesar, que es consolador el hecho indicado por el mismo prurito de emplearlas. Este hecho es un esfuerzo del espíritu humano para levantarse del polvo en que le hundiera la impía escuela del pasado siglo.

3. ¿Qué era el mundo a los ojos de los falsos filósofos que precedieron a la revolución francesa? un conjunto de materia, sujeta a movimiento por simples leyes mecánicas, cuya explicación estaba dada pronunciando: ciega necesidad. ¿Qué era el espíritu humano? nada más que materia. ¿Qué era el pensamiento? una modificación de la materia. ¿En qué se diferenciaba la materia pensante de la no pensante? En un poco más o menos de sutileza, en una disposición de átomos más o menos feliz. ¿Qué era la moral? una ilusión. ¿Qué eran los sentimientos? un fenómeno de la materia. ¿Cuál era el origen del hombre? el de la materia; de un fenómeno ofrecido por una porción de moléculas, que ahora se hallan en una disposición y luego en otra muy diferente. ¿Hablabais de un destino más allá del sepulcro? Se os contestaba con una desdeñosa sonrisa. ¿Pronunciabais la palabra religión? El desdén aumentaba, se convertía en desprecio. ¿Recordabais la dignidad humana? Sí, se os otorgaba esta dignidad, con tal que os consideraseis como una graduación más perfecta, mas no de distinta naturaleza, de los demás animales. No se os negaba que vuestra figura fuese más noble y galana que la del mono; no se os disputaba la superioridad de la inteligencia; pero debíais guardaros de pretender ni a origen ni a destino más elevados. El curso de los siglos podía desarrollar y perfeccionar las formas del mono, e igualarlas con las vuestras; podía desarrollar y perfeccionar su masa cerebral de tal suerte

que de los descendientes de ese mono que os divierte con sus movimientos extravagantes y sus actitudes ridículas, nacieran hombres como Platón, san Agustín, Leibnitz o Bossuet.

4. Con semejante sistema, inútil era pensar en ideas; no había más que sensaciones: cuanto se agita en la mente del hombre, desde el más imbécil, hasta el genio más poderoso, no era más que una sensación trasformada. Los elementos de la humana inteligencia eran absolutamente los mismos de que dispone el bruto; pensar no era más que sentir mejor. Tal era el último término del análisis, tal el resultado de la más delicada observación, tal la solución que a los problemas del entendimiento del hombre encontrara la más profunda filosofía. Platón, Aristóteles, san Agustín, santo Tomás, Descartes, Malebranche, Leibnitz, no eran más que soñadores sublimes, cuyo genio contrastaba con su ignorancia de la verdadera naturaleza de las cosas. Todos ellos no sabían nada en materia de ideología y metafísica: estas ciencias eran un mundo desconocido, hasta que vinieron a descubrirlo Locke y Condillac.

5. Esa escuela tan funesta como frívola, había envuelto el espíritu en la materia, y le había ahogado. La mariposa no podía desplegar sus leves alas, de lindos y variados colores; era preciso que se despojase de ellas, y que se convirtiese en gusano torpe e inmundo, enredado en una envoltura, tan inmunda y torpe como él. En esto consistía el progreso. El límite de la perfección ideológica era negar las ideas; el de los estudios metafísicos, negar los espíritus; el de los morales, negar la moral; el de los sociales, negar el poder; el de los políticos, establecer la licencia; el de los religiosos, negar a Dios. Así marchaba la razón humana en una dirección retrógrada, creyendo avanzar; así pensaba levantar el edificio de sus conocimientos, cuando no hacía más que demoler; así quería llegar a un resultado científico, negando cuanto encontraba al paso, y negándose por fin a sí misma.

6. En la actualidad, hay una verdadera reacción contra filosofía tan degradante; basta abrir los escritos de los filósofos de este siglo para convencerse de esta verdad consoladora. En todas partes se encuentra la palabra idea, contrapuesta a la de sensación; la de espíritu, a la de materia; la de actividad del pensamiento, a la de movimiento corpóreo; las de causa, orden, libertad de albedrío, moral, infinidad. Las ideas que las acompañan son a veces

inexactas, a veces monstruosas; pero en el fondo se ve un afán por salir del abismo en que sumiera al espíritu humano una filosofía atea y materialista. Algunos filósofos que han contribuido a la reacción no admiten un Dios inteligente y libre, distinto del universo; es verdad, y por esto he dicho más arriba que el panteísmo era un ateísmo disfrazado; pero al menos el ateísmo de los panteístas de la época, es un ateísmo que se avergüenza de confesarse tal, que algunas veces procura quizás engañarse a sí propio, persuadiéndose que no lo es.

7. El ateísmo de los modernos filósofos se aviene con lo infinito; no rechaza esas grandes ideas que vagaban por el mundo antiguo, como restos de una tradición primitiva, y que luego fueron fijadas, aclaradas y elevadas por la superior enseñanza del cristianismo. La filosofía del siglo pasado se había sentado en las tinieblas y sombras de la muerte, y se declaraba a sí propia en posesión de la luz y de la vida. La filosofía actual está todavía en la oscuridad, pero no se contenta con ella; anda a tientas en busca de una salida a las regiones de la luz. De aquí esos esfuerzos desesperados por fijarse, no en la materia, sino en el foco de la inteligencia, en el yo, es decir en el espíritu; de aquí ese continuo empleo de las palabras, absoluto, incondicional, infinito; palabras que si bien las más veces solo la conducen a un absurdo, indican sin embargo una aspiración sublime.

8. Estas observaciones manifiestan, que no confundo la filosofía actual con la del siglo pasado; que no considero el panteísmo de ahora, como un materialismo puro; y que a pesar del ateísmo de que acuso la doctrina de algunos filósofos, no desconozco que en medio de su extravío conservan una especie de horror hacia él, y perdidos en el laberinto de sus especulaciones buscan el hilo que los conduzca a las puertas de la verdad.

9. Esta justicia que les hago gustoso a los modernos filósofos, no impedirá que combata sus pretensiones a un mérito que no tienen. Ellos se apellidan los restauradores de la espiritualidad del alma, y de la libertad humana; y cuando hablan de Dios, poco falta si no le exigen un tributo de gratitud por haber restaurado su trono. Antes de ostentar pretensiones tan orgullosas, debieran considerar que distan mucho todavía de la verdad con respecto a Dios y al hombre, no solo tal como la ha enseñado en todos tiempos el cristianismo, sino como la han profesado los más ilustres filósofos modernos.

Quieren apellidarse restauradores, pero su restauración es con sobrada frecuencia, una nueva revolución, a veces tan terrible como la que tratan de combatir.

10. Hay otra consideración que debiera moderarlos cuando se quieren dar el aire de inventores, y es, que al hablar de Dios, del espíritu humano, del pensamiento, de las ideas, de la libertad de albedrío, nada bueno dicen que no se halle en todas las obras de los filósofos que florecieron antes del siglo XVIII, y aun a principios de él. Abrid los libros de texto de las escuelas, y en ellos encontraréis muchas de las cosas que ahora se os presentan cual descubrimientos importantes. Los grandes filósofos se glorían de saber, lo que antes aprendían los niños. La tradición filosófica de las sanas ideas no se interrumpió durante el siglo pasado; en muchos puntos de Europa se conservaban escuelas que los enseñaban con escrupulosa fidelidad. Y a más de las escuelas humanas había la del Hombre-Dios, la Iglesia de Jesucristo, que entre sus dogmas sobrenaturales conservaba también las verdades naturales, que esfuerzos insensatos se empeñaban en hacer olvidar.

11. ¿A qué se reducen pues la invención y la restauración? Invención con respecto a Dios, al espíritu humano, y a la moral, no la hay; todo lo que se diga de verdad, estaba dicho ya. Restauración tampoco la hay propiamente hablando; no se restaura lo que no pereció. La verdad existía; y conocida y atacada por los siete mil que no habían doblado la rodilla ante Baal; cuando los tránsfugas vuelven y se acercan al número escogido, que no digan que restauran, digan que recobran; no dan, reciben; no iluminan al mundo, son ciegos a quienes la bondad de la Providencia les abre los ojos a la luz.

Capítulo II. Importancia y anomalía de las cuestiones sobre la idea de lo infinito

12. El examen de la idea de lo infinito es un objeto de la mayor importancia. A más de que la encontramos en varias ciencias, inclusas las exactas, encierra uno de los principales caracteres en que distinguimos a Dios de las criaturas. Un Dios finito no sería Dios; una criatura infinita no sería criatura.

En la escala de los seres finitos notamos una gradación, por la cual se eslabonan los unos con los otros: los menos perfectos, a medida que se perfeccionan, van acercándose a los perfectos; y salvos los límites de la naturaleza de cada uno, hay puntos de comparación que nos sirven para medir las distancias respectivas. Entre lo finito y lo infinito, no hay comparación; todas las medidas son insuficientes, desaparecen: pasamos de la gota imperceptible a la inmensidad del océano; del átomo que se escapa a toda observación, al piélago de materia difundida por los espacios; y por mucho que esos tránsitos expresen, son nada para representar la idea de lo infinito: estos océanos comparados con la infinidad verdadera, se convierten a su vez en nuevas gotas imperceptibles, y así recorre el espíritu una escala interminable, en busca de algo que pueda corresponder a su idea. El examen de la idea de lo infinito, aunque no tuviese más objeto que la contemplación del grandor de la misma, debería ocupar un puesto preferente en los estudios filosóficos.

13. Al fijar la consideración en las disputas sobre la idea de lo infinito, relativas no solo a la naturaleza de ella, sino también a su misma existencia, échase de ver una extraña anomalía. Si existe en nuestro entendimiento, parece que debería llenarlo todo; y que ha de ser imposible el dejar de experimentarla. No obstante es bien sabido que los filósofos disputan hasta sobre la existencia de esta idea, de suerte que siendo ella un tesoro infinito, los que le poseen dudan de su realidad: a la manera de los antiguos caballeros que hallándose en un soberbio castillo adornado con gran riqueza y esplendor, dudaban de si lo que estaban presenciando era realmente un castillo o una ilusión producida por un hechicero.

14. La simple disputa sobre si la idea de lo infinito es positiva o negativa, equivale también a la cuestión de su existencia. Si es negativa, expresa una falta de ser: si es positiva, significa una plenitud del ser; ¿puede acaso entablarse disputa más vital para una idea que la de buscar si representa la falta o la plenitud de una cosa?

15. Henos aquí pues con el hecho que hemos notado ya en las discusiones anteriores: la razón tocando a sus cimientos, y como amenazada de encontrar la muerte entre las ruinas de los más altos edificios que encuentra en sí propia.

Capítulo III. Si tenemos idea de lo infinito

16. ¿Tenemos alguna idea de lo infinito? Parece que sí; de lo contrario la palabra infinito no significaría nada para nosotros; y al emplearla, no nos entenderíamos recíprocamente, como nos entendemos.

17. Sea lo que fuere de la naturaleza y perfección de nuestra idea de lo infinito, es cierto que envuelve algo fijo, común a todas las inteligencias. Fácilmente podemos observar que esta idea la aplicamos a cosas de órdenes muy diferentes; y que la significación en cada caso, es una misma para todos los hombres. Hasta las dificultades que nos abruman al querer explicarla en sí, y en sus aplicaciones, dimanan de ella misma; y a todos nos confunden igualmente, porque todos concebimos de un mismo modo, lo que se entiende por infinito, tomado en general.

18. Infinito e indefinido expresan cosas muy diversas. Infinito significa carencia de límites; indefinido significa que los límites se retiran continuamente; se prescinde de la existencia de los mismos, y solo se dice que no se los puede asignar.

19. Todo cuanto existe es o finito o infinito: pues que, o tiene límites o no los tiene; en el primer caso, es finito, en el segundo, infinito: no hay medio entre el sí y el no.

20. Por donde se echa de ver que propiamente hablando, no hay en la realidad nada indefinido: esta palabra expresa una manera de concebir, o más bien una vaguedad en el concepto, o una indecisión en el juicio. Cuando no conocemos los límites de una cosa, y por otra parte no nos atrevemos a afirmar su infinidad, la llamamos indefinida. Así han dicho que era indefinido el espacio, los que no han visto medio de señalarle un límite, y consideraban que no era conveniente apellidarle infinito. Hasta en el lenguaje común se llama indefinido, lo que no tiene señalados los límites: así se dice «se ha concedido tal o cual cosa por un tiempo indefinido» aunque este, con ciertas condiciones, haya de ser limitado en alguna época que no se determina.

21. La idea de la infinidad no consiste en concebir que a una cantidad dada se le pueda siempre añadir otra; o que a una perfección se la pueda hacer más intensa: esto no expresa más que la posibilidad de una serie de conceptos con la que procuramos acercarnos a la idea absoluta de lo

infinito. Que esta idea absoluta es algo distinto de aquellos conceptos, se ve claro en que la miramos como un tipo al cual referimos la serie, y al que no podemos igualarla por más que la prolonguemos.

22. Notemos el lenguaje con que naturalmente expresamos lo que pasa en nuestro interior al pensar en lo infinito.

Qué es una línea infinita?

Una línea que no tiene límites.

¿Será de un millón, de un billón de varas?

No se puede expresar su longitud con ningún número; será siempre mayor.

A medida que prolongamos una línea finita, ¿nos acercamos a la infinita?

Cierto, en cuanto acercarse significa poner cantidades que se encuentran en aquello a que nos acercamos; pero no que esta diferencia pueda asignarse. No hay comparación, entre lo finito y lo infinito; y por consiguiente, no es dable asignar la diferencia.

Sumando todas las líneas finitas, ¿se formaría una infinita?

No: porque en esta adición es concebible la multiplicación de cada uno de los sumandos; y por tanto, un aumento en lo infinito, lo que es absurdo.

La infinidad de la línea, ¿consistirá en que no conozcamos sus límites, o no pensemos en ellos?

No: sino en que no los tenga.

23. Por este diálogo, que está al alcance de las inteligencias más comunes, y que no expresa más de lo que diría cualquiera persona de una comprensión regular, aunque no se hubiese ocupado nunca en estudios filosóficos, se echa de ver que la idea de lo infinito se halla en nuestro entendimiento, como un tipo constante, al cual no pueden llegar todas las representaciones finitas. Conocemos las condiciones que se han de llenar, pero vemos la impotencia de llenarlas: cuando se nos quiere persuadir que esto se ha conseguido, reflexionamos sobre la idea de lo infinito: y decimos: «no; todavía no; esto es contradictorio con la infinidad; esto no es infinito, sino finito.» Distinguimos perfectamente, entre la falta de la percepción del límite, y su no existencia: si se quiere que confundamos estas dos cosas, respondemos: «no; no deben confundirse: hay mucha diferencia entre el no concebir un objeto, y su no existencia: no se trata de que nosotros concibamos o no el límite; sino de

que exista o no.» Por más que se retire un límite, ocultándose por decirlo así a nuestros ojos, no nos engañamos: existe o no: si existe, no está cumplida la condición encerrada en el concepto de la infinidad; el objeto no es infinito, sino finito; si no existe, hay infinidad verdadera: la condición está cumplida.

24. Mientras la idea de lo infinito es considerada en general, no se puede confundir nunca con la de lo finito; hay entre las dos una línea divisoria, que no nos permite equivocarnos, pues que está tirada por el mismo principio de contradicción: se trata de distinguir entre el sí y el no: con decir finito, se afirma el límite, con decir infinito, se niega: no caben ideas más claras y precisas.

Capítulo IV. El límite

25. Infinito parece expresar una negación, puesto que equivale a no finito. Pero las negaciones no siempre son verdaderamente tales, aunque así lo indiquen las palabras: porque, si aquello que se niega es una negación, el resultado es una afirmación. Por esto suele decirse que dos negaciones afirman. Si alguno dice: no ha llovido; y otro contesta que no es verdad, niega la negación del otro, pues que negar la proposición: no ha llovido, es lo mismo que decir ha llovido, esto es, afirmar la lluvia. Así para conocer si la palabra infinito significa una verdadera negación, es necesario saber qué se entiende por la palabra finito.

26. Finito es lo que tiene límite. Límite es el término más allá del cual no hay nada del objeto limitado. Los límites de una línea son los puntos más allá de los cuales la línea no se extiende; el límite de un número es el extremo más allá del cual no se extiende el número; el límite de los conocimientos de un hombre es el punto a donde llegan, y del cual no pasan. Siendo el límite, negación; negar el límite es negar la negación, y de consiguiente afirmar.

27. Por estos ejemplos se echa de ver que el límite tomado en el sentido vulgar, expresa una idea algo distinta del límite definido por los matemáticos. Estos llaman límite a toda expresión finita, infinita o nula, a la cual se puede acercar continuamente una cantidad, sin que jamás pueda alcanzarla. Así el valor 0/a es el límite del decremento de un quebrado, cuyo numerador es variable x/a; porque, suponiendo que x va menguando continuamente, el quebrado se acercará a la expresión 0/a, sin que jamás pueda llegar a

confundirse con ella, mientras la cantidad x no se desvanezca del todo. Si suponemos (b+x)/a donde la x vaya decreciendo, la expresión se acercará continuamente a esta otra (b+0)/a = b/a, la cual será el límite del quebrado. Suponiendo la expresión a/x y que x va menguando, nos acercaremos continuamente a la expresión a/0 = ∞, valor infinito a que el quebrado no llegará nunca mientras x no se convierta en 0, lo que jamás podrá verificarse, habiendo de ser x una verdadera cantidad. Con estos ejemplos se ve por qué los matemáticos admiten límites finitos, infinitos, y nulos. Además se manifiesta también como en estos casos se toma la palabra límite, en un sentido diferente del vulgar, que es también el filosófico.

28. Límite pues, expresa una verdadera negación; y así la palabra finito o limitado envuelve por necesidad una negación. No se limita lo que no es; por consiguiente, lo finito no puede ser una negación absoluta. Esta sería la nada, y la nada no se llama finita. Luego en la idea de finito entran dos: 1.º ser, 2.º negación de otro ser. Una línea de un pie envuelve dos cosas: el valor positivo de un pie, y la negación de todos los otros valores fuera del de un pie. Luego lo finito en cuanto finito, envuelve una negación referida a un ser. Si pudiésemos expresar en abstracto esta idea usando del término finidad, así como tenemos el de infinidad, diríamos que la finidad en sí, nada expresa, sino la negación de ser referida a un ser.

29. De esto se infiere que la palabra infinito no es negativa; pues que con ella se niega una negación; infinito es lo no finito, esto es lo que no tiene carencia de ser; y por consiguiente lo que posee todo el ser.

30. Tenemos pues alguna idea de lo infinito, y esta no es una pura negación; sin embargo no se crea que con esto hemos llegado al último término del análisis de la idea de lo infinito. Mucho nos falta que andar, y después de largas investigaciones es dudoso que obtengamos un resultado satisfactorio.

Capítulo V. Consideraciones sobre la aplicación de la idea de lo infinito a la cantidad continua, y a la discreta en cuanto se expresa en series

31. Una de las propiedades características de la idea de lo infinito es su aplicación a órdenes muy diferentes. Esto da lugar a importantes consideraciones que contribuyen no poco a la aclaración de dicha idea.

32. Desde el punto en que me encuentro, tiro una línea en la dirección del norte, y es evidente que puedo prolongarla hasta lo infinito. Dicha línea es mayor que otra cualquiera finita; ninguna de estas puede ser tan larga como ella; porque siendo finita, tendrá un valor determinado, por lo cual si la superpongo a la infinita, solo llegará hasta un cierto punto, y no pasará de allí. Parece pues que esta línea es infinita en toda la propiedad de la palabra; porque no habiendo medio entre lo finito e infinito, y no siendo ella finita pues que acabamos de demostrar que es mayor que todas las finitas, habrá de ser infinita.

La demostración anterior parece que nada deja que desear; no obstante, hay también en contra de la infinidad de dicha línea una razón concluyente. Lo infinito carece de límites, y esta línea los tiene, pues que partiendo del punto desde el cual se la tira, hacia el norte, no se extiende en la dirección del sud.

33. Esta línea es mayor que todas las finitas; pero es dable encontrar otra mayor que ella. Si la suponemos prolongada en la dirección del sud, la que resulte de ella más la prolongación, será más larga; y si en la dirección del sud se la prolonga hasta lo infinito, el resultado será una línea doble de la primera.

34. Con la prolongación de una línea hasta lo infinito en las dos direcciones opuestas, parece que resulta una línea absolutamente infinita. A primera vista no se concibe que pueda haber un valor lineal mayor que el de una recta prolongada hasta lo infinito, en direcciones opuestas; sin embargo no es así; y considerando que al lado de esta recta se pueda tirar otra, finita o infinita, y que la suma de las dos formará un valor lineal mayor que la primera, tenemos que esta no era infinita; puesto que es dable encontrar otras mayores que ella. Y como por otra parte es evidente que se pueden tirar infinitas líneas prolongadas hasta lo infinito, resulta que ninguna de ellas forma un valor lineal infinito, puesto que no es más que una parte de la suma lineal que resulta del conjunto de las líneas que se pueden tirar.

35. Reflexionando sobre esta contradicción que parece encontrarse en nuestras ideas, se descubre que la idea de infinito es indeterminada, y por tanto susceptible de aplicaciones diferentes. Así en el caso que nos ocupa, no puede dudarse de que la recta prolongada hasta lo infinito tiene alguna

infinidad, pues que es cierto que carece de límite en sus respectivas direcciones.

36. Este ejemplo hace conjeturar que la idea de infinito no nos representa nada absoluto; pues que aun en los objetos que más claros se ofrecen a nuestro espíritu, cuales son los de la intuición sensible, encontramos bajo un aspecto la infinidad, que por otro vemos contrariada.

37. Lo que hemos observado en los valores lineales, se extiende también a los numéricos expresados en series. En las matemáticas se habla de las series infinitas; pero si bien se reflexiona no hay ninguna que merezca este nombre. Sea la serie a, b, c, d, e,.... se la llamará infinita, si sus términos continúan hasta lo infinito. No puede negarse que hay infinidad bajo un aspecto, porque falta el límite que ponga fin a la serie en un sentido; pero es evidente que el número de sus términos no será jamás infinito, pues que hay otros mayores; cual sería por ejemplo, si al continuar la serie de izquierda a derecha la continuásemos al mismo tiempo de derecha a izquierda en esta forma

...., e, d, c, b | a, b, c, d, e,....

en cuyo caso es evidente que el número de los términos sería duplo del primero.

Luego las series llamadas infinitas no lo son ni pueden serlo, hablando con rigor.

38. Pero lo curioso es que la infinidad no se encuentra en la serie, ni aun suponiéndola prolongada en direcciones opuestas; porque si a su lado imaginamos otra, es evidente que la suma de los términos de las dos, será mayor que la de una de ellas; de donde resultará que ninguna será infinita. Y como es evidente que sean cuales fueren las series, siempre se pueden imaginar otras, resulta demostrado que no puede haber una serie infinita en el sentido que los matemáticos toman la palabra serie; esto es, por una continuación de términos; no excluyendo la posibilidad de otras continuaciones, a más de la supuesta infinita.

39. Las dificultades contra la infinidad lineal, se extienden a la de superficie. Suponiendo un plano infinito, es evidente que se pueden tirar infinitos planos distintos del primero, y que le corten en infinita variedad de ángulos: la suma de estas superficies será mayor que una cualquiera de ellas. Luego

la prolongación infinita de un plano en todas direcciones, no constituye una verdadera superficie infinita.

40. Un sólido dilatado en todas direcciones parece infinito; pero si se reflexiona que en la idea matemática del sólido no entra la de impenetrabilidad; se verá que dentro de un sólido infinito, se puede colocar otro, cuyo volumen sumado con el del primero, dará un valor duplo de este. Sea E un espacio puro y vacío, que imaginaremos infinito; sea M, un mundo de igual extensión que se coloca en él, y le llena; es evidente que E+M, será mayor que E. Luego aunque supongamos a E infinito igual a ∞; tendremos que siendo M también igual a ∞, resultará E+M $= \infty + \infty = 2\,\infty$. Y como este valor expresa el volumen; el primero no será infinito, porque se puede duplicar. Si se prescinde de la impenetrabilidad, la operación puede repetirse hasta lo infinito; luego, el primer infinito, lejos de merecer este nombre parece una cantidad susceptible de incrementos infinitos.

Capítulo VI. Origen de la vaguedad y aparentes contradicciones en la aplicación de la idea de lo infinito

41. Las dificultades que se ofrecen al aplicar la idea de la infinidad, parecen probar que dicha idea o no existe para nosotros, o es muy confusa; pero estas mismas dificultades también indican por otra parte, que la poseemos, y muy perfecta. ¿Por qué descubrimos que no son infinitos los números que a primera vista nos lo parecían? ¿por qué negamos la infinidad de ciertas dimensiones, no obstante su infinita prolongación en un sentido? porque examinando bien dichos objetos, hallamos que no corresponden al tipo de la infinidad. Si este tipo no existiera en nuestro entendimiento ¿cómo sería posible que nos sirviésemos de él? ¿Cómo podríamos compararle los seres, si él nos fuese desconocido? ¿Es posible saber cuándo una cosa llega a un extremo, si no tenemos idea del extremo? Esto equivaldría a comparar sin punto de comparación, es decir, a ejercer un acto contradictorio.

42. A pesar de estas razones que parecen concluyentes en favor de la existencia de la idea de lo infinito, si interrogamos nuestro interior no podemos negar que experimentamos cierta vaguedad, cierta confusión, que inspira vehementes dudas sobre la realidad de esta idea. ¿Qué se le ofrece a

nuestro espíritu al pensar en lo infinito? la imaginación abandonada a sí misma, extiende el espacio, agranda las dimensiones de cuanto le ocurre, multiplica indefinidamente los números, pero sin ofrecer a la inteligencia nada con el carácter de infinito. Si prescindimos de la imaginación, y nos referimos al entendimiento puro, aunque descubrimos en él un tipo para juzgar de la infinidad o no infinidad de los objetos que se le presentan, al reflexionar sobre el tipo en sí, perdemos la claridad que antes nos iluminaba, y hasta nos quedamos perplejos sobre la existencia del mismo.

43. ¿Negaremos la existencia de dicha idea? ¿abandonaremos el intento de explicarla? creo que no debemos hacer ni uno ni otro, que es preciso admitirla, que no es imposible explicarla, y que hasta se puede señalar la razón de la oscuridad que en ella encontramos.

44. Ante todo conviene advertir que una de las causas de la confusión en que andan envueltas las discusiones sobre la idea de lo infinito, nace de que no se hace distinción entre el conocimiento intuitivo y el abstracto (Lib. V, cap, XI). Si se hubiese atendido a esta distinción, se hubieran evitado muchas dificultades. Con decir que la idea de lo infinito no es intuitiva sino abstracta, se prepara la solución a las principales objeciones que contra ella se dirigen.

45. La idea de infinidad no es para nosotros intuitiva: esto es, no ofrece a nuestro entendimiento un objeto infinito; esa intuición no puede verificarse mientras no veamos la misma esencia de Dios, como sucederá en la otra vida.

46. Si tuviésemos ahora la intuición de un objeto infinito, veríamos sus perfecciones infinitas, tales como son, con sus propios caracteres; o más bien, veríamos como todas las perfecciones, dispersas en los seres limitados, se reúnen en una sola perfección infinita. Cuando quisiésemos referir la idea de lo infinito a objetos determinados, por ejemplo a la extensión, veríamos que estos objetos se hallan en contradicción con la idea; no nos sería dable modificarla de varias maneras, aplicarla primero en un sentido y luego en otro muy diferente: la idea única, simplicísima se referiría siempre a un objeto único, simplicísimo; y este no indeterminado, no vago, como ahora, sino con la determinación de una existencia necesaria y de una perfección infinita. El ser infinito nos sería dado en intuición, como se nos dan los hechos de nuestra

propia conciencia: el conocimiento que de él tendríamos sería de un objeto eminentemente incomunicable como predicado, a cualquier orden de cosas finitas; y cuando se nos preguntase si la idea de esa infinidad es aplicable a un número o a una extensión, veríamos una contradicción tan manifiesta como si nos propusiéramos identificar un acto de nuestra conciencia con los objetos externos.

47. La indeterminación que nos ofrece la idea de infinidad; la facilidad que experimentamos para modificarla de varias maneras y aplicarla a objetos diversos, en sentidos muy diferentes; nos está indicando que no es intuitiva sino abstracta e indeterminada: que es uno de aquellos conceptos generales que nos sirven para tener algún conocimiento de las cosas cuya intuición no se nos ha concedido.

Esta observación hasta para señalar el origen de la vaguedad que experimentamos en la idea de lo infinito. Como los conceptos indeterminados, por lo mismo que son indeterminados, no se refieren a ningún objeto en particular, ni a ninguna propiedad, que por sí sola sea concebida como realizable, no encierran aquellas determinaciones que fijan de una manera absoluta nuestro conocimiento. La misma indeterminación con que ofrecen alguna propiedad de los seres, da motivo a la diversidad de las aplicaciones, según son diversas las propiedades particulares que se combinan con la general. Si se nos da un triángulo rectángulo, conociendo la medida de todas sus líneas y de sus ángulos agudos, la determinación de la idea evita la vaguedad intelectual, y no permite la aplicación a diversos casos de lo que de suyo es determinado y fijo; pero si se nos da un triángulo rectángulo en general, sin determinársenos el valor de sus líneas y de sus ángulos agudos, las aplicaciones pueden ser infinitas. A medida que la idea del triángulo vaya siendo más general e indeterminada, se aumentará la variedad de sus aplicaciones.

48. Las ideas indeterminadas, para representar algo, necesitan una propiedad a la cual se apliquen, y que sea como la condición bajo la cual se realicen o se puedan realizar; hasta que dicha aplicación se verifica, son formas intelectuales puras, a las cuales no se puede pedir la representación de nada determinado. Y no quiero decir con esto que dichas ideas sean conceptos vacíos, e inaplicables fuera del orden sensible, como pretende Kant cuya opinión llevo ya impugnada (Lib. V, cap. XIV, XV y XVI); sino que

concediéndoles un valor universal, les niego el que por sí solos tengan un valor representativo de algo realizable, sin más propiedad que lo que ellos expresan. Ateniéndonos al mismo ejemplo podemos observar, que la idea pura de triángulo es irrealizable; porque todo triángulo real, contendrá algo más que lo contenido en la idea; pues que será rectángulo u oblicuángulo, etc. etc. de todo lo cual prescinde la idea pura. Si las notas encerradas en el concepto van siendo más indeterminadas, la indeterminación del objeto será mayor; y por consiguiente más vago será lo que se ofrezca al entendimiento, y más numerosas y variadas las aplicaciones que se podrán hacer de la idea. Así sucede en las de ser, no ser, límite, y otras semejantes.

Capítulo VII. Explicación fundamental de la idea abstracta de lo infinito

49. Supuesto que nuestra idea de lo infinito no es intuitiva, sino abstracta, veamos cómo se puede explicar su verdadera naturaleza.

Tenemos idea del ser y de su opuesto el no ser: consideradas en sí mismas, son ideas generales puras, sumamente indeterminadas, aplicables a cuanto se somete a nuestra experiencia.

De todo ser limitado podemos afirmar y negar algo: afirmar lo que es; negar lo que no es; el límite como tal, no se concibe sino cuando se niega una cosa de otra.

50. Nuestro ser nos ofrece una actividad nunca agotada, pero siempre limitada, por la falta o la resistencia de los objetos; el mundo externo es un conjunto de seres que se nos ofrece con mucha variedad de limitaciones.

Luego la experiencia tanto interna como externa nos da idea de lo finito, esto es, de un ser que envuelve algún no ser: el bruto siente, mas no entiende: es sensitivo, he aquí el ser; no es inteligente, he aquí el límite. El hombre es sensitivo e inteligente; el límite del bruto no es el del hombre. Entre los seres inteligentes, el uno entiende más cosas que otro; el límite de este no es el límite de aquel.

51. Encontrando límite en la experiencia interna y externa, es evidente que podemos formarnos la idea general de límite, esto es, de una negación aplicada a un objeto.

52. La misma experiencia nos enseña que los límites de unas cosas no son los de otras; que tal límite aplicado a un objeto debe ser negado de otro; comparando los seres entre sí, nos hallamos frecuentemente en el caso de negar ciertos límites. Como nuestro entendimiento tiene la fuerza de generalizar, es evidente que la negación de ciertos límites que encontramos aplicable a muchos objetos, podemos concebirla en general, teniendo un concepto indeterminado en que se incluyan estas dos ideas negación y límite.

53. No veo que se pueda objetar nada a la posibilidad y existencia de este concepto: sin embargo como necesito de este hecho para explicar la idea de infinidad, voy a robustecerle con algunas observaciones.

Tenemos alguna idea de la negación en general; este es un hecho primitivo de nuestro espíritu; sin él no son posibles los juicios negativos, ni nos sería dado conocer el principio de contradicción: es imposible que una cosa sea y no sea a un mismo tiempo: no sea, he aquí la negación; luego es indudable que la concebimos. Este concepto es general, pues no encierra ninguna determinación: se habla del no ser sin referirse a ningún objeto particular, ni siquiera a una especie o género que contenga alguna determinación; luego el concepto de la negación es general y absolutamente indeterminado.

54. Tenemos idea de límite; porque como hemos visto ya, es una negación aplicada a un ser. Tenemos además la idea de negación de límite, porque así como le concebimos aplicado o aplicable, podemos concebirle y le concebimos en efecto, no aplicado o no aplicable. A cada paso negamos límites determinados: generalizando esta idea, resulta la negación general de límite en general.

55. Con las observaciones que preceden podemos señalar lo que se contiene en la idea de lo infinito. En mi juicio esta idea es un concepto general que envuelve los dos siguientes: 1.º ser en general; 2.º negación de límite, también en general. La reunión de estos dos conceptos constituye la idea abstracta de lo infinito.

56. El concepto de límite generalizado y negado, nos da alguna idea de la infinidad en abstracto, pero no idea de una cosa infinita. Sin conocer intuitivamente un objeto infinito, y solo alcanzando a formarnos idea muy imperfecta de él, podemos hablar de la infinidad, sin caer en contradicción, determinando los casos en que se halla aplicada a un ser, o a un orden de

seres, real o posible. Si bien se observa, el hombre tiene muchas ideas de este género vago; pero que no obstante le sirven para cuanto necesita. Hagámoslo sensible con algunas aplicaciones.

57. Se le muestran a un ignorante algunos sabios, y se le asegura que uno entre ellos sabe más que todos los otros juntos. El pobre ignorante no tiene ninguna idea de lo que sabe el que más ni el que menos, ni del grado de la ciencia, ni de la ciencia misma, pero tiene en general las ideas de grado, de más y de menos, así como la de conocimiento; pues bien, esto le basta para hablar sin contradecirse, ni confundirse, de la mayor ciencia del uno y de la menor ciencia de los otros, y aun para resolver con acierto las cuestiones que se le ofrezcan sobre la ciencia de aquellos individuos, en cuanto se hallan contenidas en la idea general de que la ciencia de uno es mayor que la de todos los otros juntos.

Otro ejemplo. Un dependiente de un establecimiento donde se hallen reunidos los más bellos productos del arte, puede hablar de todos ellos sin confundirse ni contradecirse, aun cuando sea incapaz de conocer su mérito, e ignore absolutamente las circunstancias que constituyen la belleza de los objetos. Le bastará tener idea de perfección o belleza en general, y vincular con ciertos signos arbitrarios los grados de perfección o belleza de los objetos, para que pueda designarlos a los concurrentes, y ponderar la mayor habilidad de un artista, la menor felicidad de otro, el atinado acierto de aquel, los desaciertos de este, el mayor valor de las obras del primero, la inferioridad de las del segundo, y formar otros pensamientos por este tenor que a primera vista pudieran hacernos creer que el dependiente es un artista consumado, o cuando menos un aficionado de grande inteligencia y de gusto exquisito.

58. Fácil sería manifestar con otros ejemplos la fecundidad de ciertas ideas generales, y cómo se prestan a innumerables combinaciones, sin que por ellas conciba el entendimiento nada determinado. He aquí precisamente lo que nos sucede con la idea de lo infinito: en vano nos preguntamos qué es lo que corresponde a ella en nuestro interior: el concepto de ser en general y de negación de límite, nada nos presentan fijo, sino ciertas condiciones abstractas a que vamos sometiendo los objetos, a medida que se ofrecen a nuestra intuición, o que por lo menos se nos presentan con algunas propie-

dades que los caractericen, permitiéndonos formar una idea menos vaga de la negación del límite.

Capítulo VIII. Se comprueba con aplicaciones a la extensión, la definición de la infinidad

59. Hemos explicado la idea de infinidad en general, por los conceptos indeterminados de ser y negación de límite. Para cerciorarnos de que la explicación es fundada, y de que se han señalado los caracteres constitutivos del concepto, veamos si sus aplicaciones a objetos determinados corresponden a lo que se ha establecido en general.

Si la idea de infinidad consiste en lo que se ha dicho, se verificará que será susceptible de aplicarse a todos los objetos de la intuición sensible o del entendimiento puro, obteniéndose los resultados que deben obtenerse, inclusas las anomalías que anteriormente se han hecho notar (Cap. V).

60. Las anomalías, o más bien contradicciones, que parecen encontrarse en las aplicaciones de la idea de infinidad, ofreciéndose como infinita una cosa que luego se descubre no serlo, se originan de que se aplica dicha idea bajo condiciones diferentes. Esta variedad no sería posible, si la idea representase algo determinado; pero como solo contiene la negación de límite en general, unida a un ser también en general, resulta que esta negación la sometemos en cada caso a condiciones particulares, y así sucede que cuando pasamos a otras condiciones, la idea general no puede darnos el mismo resultado.

61. Una línea tirada desde el punto en que nos encontramos, en dirección del norte y prolongada hasta lo infinito, nos ha resultado infinita y no infinita (Cap. V). Esta contradicción solo es aparente: en la realidad no hay más que el diferente resultado a que debe conducir la idea general por la condición bajo la que se le aplica.

Cuando consideramos una línea prolongada hasta lo infinito en la dirección del norte, no aplicamos la idea de infinito a un valor lineal en abstracto, sino a una recta que parte de un punto y prolongada solo en una dirección: el resultado es el que debe ser; se afirma la negación del límite bajo una condición; el infinito resulta sujeto a la misma condición. Se dirá que no hay medio entre el sí y el no, y por consiguiente entre lo infinito y no infinito; pero no es difícil soltar la dificultad observando que el sí y el no para ser contradictorios, se han de referir a una misma cosa, lo que no sucede cuando se han cambiado las condiciones del objeto.

62. Si en vez de suponer una prolongación sola, hubiésemos tratado de aplicar la negación de límite a una recta en general, es evidente que debiéramos haberla prolongado en los dos sentidos opuestos; entonces nos resultaba un nuevo infinito con arreglo a la nueva condición.

Ya hemos visto (Cap. V) que ni aun en este caso teníamos un valor lineal infinito en todo rigor; pues que esta recta solo formaba parte de la suma de otras que se podían imaginar. ¿Qué diremos pues de ella? ¿será infinita o no? ambas cosas se pueden decir haciendo la distinción debida. Será infinita, esto es, tendremos la idea de infinidad o negación de límite, aplicada con todo rigor a una linea recta sola; pero si en vez de tratar de una recta sola se trata de un valor lineal, sin ninguna condición, la línea supuesta no será infinita; la negación de límite no está aplicada bajo aquella condición; el resultado pues será diferente, dejará de ser infinito.

63. Considerando dos líneas solas se puede hacer notar la misma anomalía. Supóngase una recta prolongada en los dos sentidos hasta lo infinito, y descríbase a su lado una curva que en ondulaciones continuas se vaya prolongando hasta lo infinito en dirección paralela a la recta. Serán ambas infinitas según como se las considere. Si se atiende solo a su dirección, prescindiendo del valor lineal que encierran, ambas son infinitas; pero si se atiende a este, la curva es más larga que la recta porque es evidente que tomando una parte de la curva correspondiente a una parte de la recta y extendiendo o rectificando la de la curva, resultará mayor que la de la recta; y como esto se puede hacer en toda la prolongación de las líneas tendremos que el valor lineal de la curva será mayor que el de la recta en proporción a la ley de sus ondulaciones.

64. Por esta doctrina se echa de ver como la idea de infinidad puede aplicarse bajo diferentes condiciones, y producir diferentes resultados, sin ninguna contradicción. Lo que es infinito bajo un aspecto, no lo es bajo otro; y de aquí procede lo que se llama órdenes de infinitos, y que tanto figuran en las matemáticas; pero repito que estas contradicciones no son susceptibles

de explicación si se atribuye a la idea de infinito un valor absoluto y no se le considera como la representación abstracta de negación de límite.

65. ¿Es posible concebir en una línea recta o curva, una longitud infinita absolutamente hablando, o sea un valor lineal, al cual se aplique absolutamente la negación de límite? creo que no: porque sea cual fuere la línea que consideremos, siempre se podrán tirar otras cuyo valor sumado con el de la primera, será mayor que el de esta sola. He aquí un caso en que hallamos contradicción entre la negación de límite y la condición a la cual se la quiere someter. Se exige un valor lineal al cual se aplique absolutamente la negación de límite; y por otra parte se exige que este valor lineal se presente en una línea determinada, la cual por el hecho de ser determinada excluye la negación absoluta de límite: se ponen en el problema datos contradictorios, el resultado ha de ser pues una contradicción.

66. ¿Qué deberemos suponer para concebir un valor lineal absolutamente infinito? bastará no suponer ninguna condición que excluya la negación absoluta de límite. Aquí es menester distinguir entre el concepto puro, y la intuición sensible en que se exprese. El concepto de un valor lineal infinito existe, desde el momento que unimos las dos ideas generales: valor lineal y negación de límite. La intuición sensible en que pueda representarse dicho concepto no es tan fácil excogitarla, ni aun en general. Para llegar a ella en algún modo, es preciso que imaginemos un espacio sin ningún límite; y que entonces considerando en general todas las líneas que en él se pueden tirar rectas o curvas, en todas direcciones, y bajo todas las condiciones posibles, tomemos la suma de todos estos valores lineales: el resultado será un valor lineal absolutamente infinito, porque le habremos aplicado la negación de límite sin ninguna restricción.

67. Del mismo modo podremos obtener un valor de superficie infinito; porque es evidente que se le puede aplicar todo cuanto hemos dicho de los valores lineales.

68. Es de notar que en todos estos casos aplicamos la negación de límite a la extensión considerada únicamente en algunas de sus dimensiones. Si queremos obtener una extensión infinita absoluta, es necesario que no prescindamos de ninguna dimensión; por manera que el infinito absoluto de este orden es la extensión en todas sus dimensiones, negando absolutamente el

límite. Pero también es de notar que aun para obtener un valor de líneas o de superficies, absolutamente infinito, necesitamos ya presuponer el valor de extensión absolutamente infinito; pues a esto equivale el suponer el espacio infinito en que se puedan tirar las líneas y las superficies en todas las direcciones, y bajo todas las condiciones posibles.

Capítulo IX. Concepto de un número infinito

69. ¿Concebimos nosotros un número infinito? Por una parte parece que no, pues que dudamos de su posibilidad; duda que no existiría, si tuviéramos su idea. Por otro lado parece que sí, pues que conocemos desde luego cuándo un número no es infinito; lo que no sucedería, si no tuviésemos idea de número infinito.

Lo que hemos demostrado con respecto a la infinidad de las series (Cap. V), parece indicar que la idea del número infinito es una ilusión, puesto que números que habíamos creído infinitos, se nos presentan luego como no infinitos.

Yo creo que esta cuestión se puede resolver por los mismos principios que las del capítulo precedente. No veo ninguna dificultad en admitir la idea de un número infinito, ni que de ella resulte contradicción de ninguna clase.

70. Número es una colección de unidades; esta idea nosotros la tenemos en toda su generalidad; para concebir el número, no necesitamos saber ni de qué clase son ni cuántas. La idea de número en general prescinde absolutamente de semejantes determinaciones. Es evidente que sea cual fuere el número determinado que imaginemos, siempre podemos concebir otro mayor; aun cuando al número le podemos señalar un límite, este podemos retirarle indefinidamente, de suerte que el límite de uno no sea el límite de otro. Unimos pues a la idea de número la idea de límite y la de negación de cierto límite; luego si además unimos a la idea de número en general, la de negación de todo límite en general, formaremos idea de un número infinito.

71. ¿Qué nos representará esta idea? Nada determinado: es un concepto enteramente abstracto, formado de dos igualmente abstractos: número y negación de límite. No le corresponde ningún objeto determinado; es obra de nuestro entendimiento referida a objetos en general, sin determinación de ninguna especie. Ahora podremos resolver las dificultades arriba indicadas.

72. ¿Por qué una serie de términos se nos ofrece como infinita, y luego bien examinada, vemos que no reúne los caracteres de infinidad? Porque en el primer caso aplicamos la negación de límite bajo una condición de que nos desentendemos en el segundo.

Tomemos una serie

a, b, c, d, e, ...

Es evidente que la podemos continuar hasta lo infinito, y concebir que se niega todo límite a su prolongación: el número de términos es infinito en este sentido, porque la idea de negación de límite está realmente aplicada a la serie. Cuando preguntamos si el número de los términos es infinito absolutamente, prescindimos de la condición con que habíamos unido la negación de límite: lo que era pues infinito en un caso, no puede serlo en otro: no hay una verdadera contradicción; porque el sí y el no se refieren a suposiciones diferentes.

73. Tomemos una línea y midámosla por pies. Prolongando esta línea se multiplicará el número de pies; y en general podemos concebir negado el límite a dicha multiplicación. Entonces el número de pies resultará infinito. Considerando luego que el pie tiene doce pulgadas, si en vez de tomar por unidad el pie tomamos la pulgada, el resultado será un número doce veces mayor: he aquí dos números infinitos, mayores el uno que el otro. ¿Hay en esto alguna contradicción? no por cierto: lo que hay es una diferente combinación de ideas. En el primer caso, la idea de negación de límite estaba subordinada a una condición: la división de la línea en pies; en el segundo, introducimos una condición diferente: la división de la línea en pulgadas.

74. Pero se nos replicará tal vez, estos números considerados en sí mismos, prescindiendo de que se refieran a pies o a pulgadas, ¿son iguales o no? y en ambos casos ¿son infinitos o no? la objeción se desvanece haciendo notar la equivocación en que se funda. Si se prescinde enteramente de toda relación a divisiones determinadas, se considera el número en general, en cuyo supuesto no hay dos casos sino uno; solo entonces no puede haber relación de mayor y menor, porque solo se tiene el concepto del número en general combinado con la idea de negación de límite también en general: el resultado pues, será el número infinito en toda su abstracción (70).

La dificultad estriba en una contradicción, que a primera vista no se nota; se quiere prescindir de condiciones particulares, para saber si los números en sí, son infinitos o no; y no se quiere prescindir de ellas, pues solo atendiendo a las mismas, tiene sentido la objeción, que siempre supone la división en varias especies de unidades. Cuando se habla pues de estos números, y al mismo tiempo se pretende considerarlos en sí, se incurre en una contradicción, tomándolos a un mismo tiempo con las condiciones particulares y sin ellas.

75. Inferiremos de lo dicho que el concepto de número infinito considerado en su mayor abstracción, prescindiendo de la naturaleza y relaciones de las cosas numeradas, no es contradictorio, pues que no encierra más que las dos ideas de número, o sea conjunto de seres, y absoluta negación de límite; pero esto no es bastante para afirmar que el número infinito sea realizable. El número infinito no puede ser actual, sin que haya un conjunto de seres infinito; y estos seres realizados, no pueden ser seres abstractos, que no encierren nada más que ser, sino que han de tener sus propiedades características, y han de estar sujetos a las condiciones que estas les impongan. Como en el concepto general se prescinde absolutamente de dichas condiciones, no puede descubrirse por el concepto solo, la contradicción que en ellas pueda haber; de donde resulta que no encerrándose en el concepto ninguna contradicción, se puede tropezar con ella tan pronto como se quiera realizar lo que está contenido en el mismo. Así podrá suceder que sin ser contradictorio el concepto general e indeterminado, lo sea su realización: a la manera que se conciben perfectamente ciertas teorías mecánicas, que sin embargo no pueden reducirse a la práctica, porque no lo consiente la materia a que se debieran aplicar. Los seres finitos son, por decirlo así, la materia en que se han de realizar los conceptos metafísicos e indeterminados: la posibilidad de estos no prueba de una manera absoluta la posibilidad de aquellos. La realidad puede traer consigo tales determinaciones que envuelvan una contradicción que en el concepto general se hallaba en estado latente, y que al llegar a la realidad se pone de manifiesto.

Capítulo X. Concepto de la extensión infinita

76. ¿Es concebible la extensión infinita? Este concepto incluye dos ideas: la de extensión y la de negación absoluta de límite. La de extensión es a su vez un concepto general, referido a esa intuición, que sea lo que fuere en sí y en su objeto, representa la extensión o el conjunto de las tres dimensiones, cuya forma pura es el espacio. Es evidente que nosotros podemos reunir en un concepto estas dos ideas: extensión en general, y negación de límite; y si a esto se llama idea de una extensión infinita, es claro que poseemos dicha idea. Salta a los ojos que en este concepto de la extensión infinita, se prescinde de todas las condiciones de realidad; y que no sabemos todavía, si en la naturaleza de los seres extensos, se hallaría algo, que se opusiese a la absoluta infinidad de su extensión; y por consiguiente ignoramos, si hay aquí alguna contradicción latente, que no podemos conocer por solo el concepto general.

77. Nótese bien que aquí hablo de la idea, y no de la representación sensible de la extensión; porque si bien tengo por posible aun para nosotros, el concepto de una extensión infinita, no pienso lo mismo de su representación sensible. Esta podemos dilatarla indefinidamente, mas no hacerla infinita.

A más de que la conciencia nos atestigua dicha imposibilidad, la razón la demuestra. En efecto: las representaciones sensibles internas, no son más que una repetición de las externas; o cuando menos están formadas de los elementos que estos suministran. La vista y el tacto son los dos sentidos que nos producen representación de extensión, y es evidente que ambos necesitan un límite: al tacto no se le ofrece sino lo inmediato; la vista no ve, sin un límite que le envíe los rayos luminosos. Las representaciones sensibles internas, sean las que fueren, no pueden perder ese carácter de limitación: dilatarán el objeto cuanto se quiera; retirarán el límite, más no le destruirán, so pena de destruirse a sí propias. Luego es imposible para nosotros, y para todo ser sensible, la imaginación de una extensión infinita.

78. Contra la infinidad de la extensión, en cuanto nos la podemos representar en un volumen sin límites, he propuesto más arriba [40] una dificultad fundada en que como la idea de impenetrabilidad no entra en el concepto de sólido, dentro de un infinito, se podrá colocar otro, y así sucesivamente;

por manera que la penetrabilidad da origen a otra serie que tampoco tendrá fin. Pero esta dificultad que es concluyente si se trata del concepto de sólidos que encierra algo más que la pura idea de extensión, no lo es cuando nos limitamos a esta idea: porque entonces, la extensión implica necesariamente el que unas partes estén fuera de otras, pues que sin este fuera, no es posible concebirla. Es cierto que dentro de una parte del espacio puede situarse un cuerpo; y que despojando a este de la impenetrabilidad, podemos todavía colocar otro en el mismo lugar, y así hasta lo infinito; pero en tal caso concebimos ya algo más que extensión pura; unimos algo más, siquiera en general e indeterminadamente, a la idea de cosas situadas; pues de otro modo, no distinguiríamos entre el espacio, representante de la extensión pura, y los sólidos que en él se colocasen; y aun estos mismos no los distinguiríamos entre sí, a no reconocer en ellos alguna diferencia, siquiera en general e indeterminadamente.

79. Parece pues más probable que la idea pura de la extensión infinita está en la de un volumen infinito; la cual no es otra que la del espacio. Lo demás que puede introducirse en la idea es un elemento extraño a la misma; pues a la extensión pura añade algo que no le pertenece, como son las diferencias entre los seres extensos, aunque concebidas con indeterminación.

Capítulo XI. Sobre la posibilidad de la extensión infinita

80. ¿Qué pensaremos de la posibilidad de esas infinidades que nosotros concebimos? examinémoslo.

¿Es posible una extensión infinita? no se descubre ninguna repugnancia: la idea de extensión y la de negación de todo límite, no se excluyen, por lo menos según nuestro modo de concebir; más bien tenemos dificultad en concebir el límite absoluto de la extensión que no en concebirla ilimitada: más allá de todo término imaginamos espacios sin fin.

81. Considerando la cuestión con respecto a la omnipotencia divina, tampoco se descubre ninguna imposibilidad en la existencia de una extensión sin límites. Más allá de toda extensión puede Dios criar otra extensión; si suponemos que haya querido aplicar su fuerza creadora a toda la extensión posible, habrá criado una extensión infinita.

82. Ofrécese aquí una dificultad. Si Dios hubiese criado una extensión infinita, no podría criar otra extensión; luego su poder estaría agotado, luego no sería infinito.

Esta dificultad nace de que se entiende en un sentido falso el poder infinito. Cuando se dice que Dios lo puede todo, no se quiere significar que pueda hacer cosas contradictorias; la omnipotencia no es un atributo absurdo, como lo sería si se refiriese a cosas absurdas. Una extensión absolutamente infinita es contradictoria con otra extensión distinta; pues por lo mismo que es infinita absolutamente, contiene todas las extensiones posibles. Si la suponemos existente, no será posible otra distinta de ella; al afirmar que Dios no podría producir otra, no se limita su omnipotencia, solo se dice que no puede hacer una cosa absurda.

83. Aclaremos más la solución anterior. La inteligencia de Dios es infinita, y no puede entender más que lo que ahora entiende: todo progreso supondría imperfección, pues que envolvería mudanza de una inteligencia menor a una inteligencia mayor. Ahora bien; si se dice: Dios no puede entender más de lo que entiende en la actualidad, ¿se limita su inteligencia? es cierto que no: pues que no puede entender más porque entiende todo lo real y todo lo posible, y no es dable concebir sin contradicción que pueda entender más que lo que entiende en la actualidad; esto no limita la inteligencia, antes afirma su infinidad; porque no es susceptible de perfección por lo mismo que es infinita. Con este ejemplo se comprende el sentido de la expresión no puede, aplicada a Dios: lo que se niega, no es una perfección, sino un absurdo: por cuya razón observa muy oportunamente Santo Tomás, que más bien se debiera decir que la cosa no puede ser hecha, que no que Dios no puede hacerla.

Capítulo XII. Solución de varias dificultades contra la posibilidad de una extensión infinita

84. Las discusiones sobre la posibilidad de una extensión infinita datan de muy antiguo; y no puede menos de ser así, supuesto que el grandioso espectáculo del universo, y los espacios que imaginamos más allá de todo confín, deben suscitar naturalmente las cuestiones que siguen. ¿Existe

algún límite de tamaña inmensidad? ¿Puede existir? ¿Es posible que no exista?

Algunos filósofos opinan en contra de la posibilidad de una extensión infinita; examinemos las razones en que se fundan.

85. La extensión es propiedad de una substancia finita, y lo que pertenece a una cosa finita no puede ser infinito; pues no se concibe cómo la infinidad de ninguna clase puede caber en un ser finito. Este argumento no es concluyente. Es verdad que la substancia extensa es finita, en el sentido de que no tiene la infinidad absoluta, cual se concibe en el Ser Supremo; más de aquí no se infiere que no pueda ser infinita bajo ciertos aspectos. Con decir que ninguna substancia finita puede tener ninguna propiedad infinita, porque las propiedades dimanan de la substancia, y de lo finito no puede salir lo infinito, tampoco se consolida la razón. Para que este argumento valiese sería menester probar que todas las propiedades de un ser dimanan de su substancia: las figuras de los cuerpos son propiedades accidentales de los mismos, y sin embargo muchas de ellas no tienen ninguna relación con la substancia, son meros accidentes que aparecen o desaparecen, no por la fuerza interior de la substancia, sino por la acción de una causa externa. Nosotros vemos la extensión en los cuerpos; pero no conociendo la esencia de la substancia corpórea, no podemos decir hasta qué punto están ligadas dicha propiedad y la substancia, y si aquella dimana de esta, o es únicamente una cosa que se le ha dado y que se le puede quitar sin alteración esencial (V. Lib. III, cap. XIX, XXI, XXIV, XXV, XXVI, XXVII, XXVIII).

Además: al decir que de lo finito no puede salir lo infinito, no negamos que de una substancia finita en su esencia, pueda salir cierta propiedad infinita. En efecto: por lo mismo que en tal caso admitiríamos la propiedad infinita, podríamos admitir también todo lo que fuese necesario en la substancia para que en ella se radicase dicha propiedad, con tal que se salvase el carácter de finito que debe siempre tener toda criatura. Cuando se niega de estas el que sean infinitas, y que puedan serlo, se habla de la infinidad esencial, de la que implica necesidad de ser e independencia absoluta bajo todos respectos; mas no se trata de una infinidad relativa, cual lo sería la de extensión.

Empezar por sostener que la extensión infinita es imposible porque toda propiedad de la substancia finita es finita; equivale a suponer lo mismo que se disputa; pues precisamente la cuestión está en si una de estas propiedades, la extensión, puede ser infinita. Para afirmar que ninguna lo puede ser, es necesario probar que lo mismo se verifica de la extensión: pues de otro modo la proposición negativa: «ninguna propiedad de la substancia finita es infinita» no podría establecerse. Por donde se ve que el argumento que combatimos, implica en algún modo una petición de principio, cuando se funda en una proposición general, de la que no podemos estar ciertos antes de tener resuelta la cuestión presente.

86. La extensión infinita debiera ser la mayor de todas, y no hay ninguna que pueda tener este carácter. Dada una cualquiera, Dios puede quitarle una cierta cantidad, por ejemplo una vara; y en este caso la extensión infinita se habrá convertido en finita, porque será menor que la primera; y como la diferencia entre las dos será de sola una vara, resultará que ni aun la primera habrá sido infinita; pues entre lo finito y lo infinito, es imposible que no haya más diferencia que de una vara. Esta dificultad merece una contestación bien meditada; porque a primera vista parece tan concluyente, que no se concibe la posibilidad de una solución satisfactoria.

La proposición de que la diferencia entre lo finito y lo infinito no puede ser finita, no es de todo punto exacta, y da lugar a diversas consideraciones. Ante todo es necesario advertir que la diferencia entre dos cantidades positivas, finitas o infinitas, no puede ser absolutamente infinita en el sentido del minuendo. Diferencia es el exceso que va de una cantidad a otra, y esto entraña por necesidad algún límite; pues por lo mismo que se trata solo de exceso, se entiende que no entra en la diferencia la cantidad excedida. Llamando D la diferencia, A la cantidad mayor, y a la menor, digo que D en ningún caso puede ser infinita. Por el supuesto tenemos: $D=A-a$; luego $D+a=A$; luego para que llegue D al valor de A, es necesario añadirle a; luego D no puede ser infinita. Si suponemos A infinita haciendo $A=\infty$; tendremos: $D=A-a=\infty-a$; lo que nos da: $D+a=\infty$. Luego para que D se nos haga infinita necesita que le añadamos a; y nunca será $D=\infty$, sino en el caso de $a=0$; pero entonces no será una verdadera diferencia; pues la ecuación $D=A-a$, se convertirá en $D=A-0=A$; y por tanto la diferencia no será real sino figurada.

Se sigue de lo dicho que ninguna diferencia entre cantidades positivas puede ser infinita absolutamente; y que si en algún modo lo es, no puede serlo en el sentido del minuendo, y que en tal caso el reunir estas dos ideas de diferencia e infinito, es incurrir en una contradicción [1].

La diferencia entre una cantidad infinita, y otra finita dada, no podrá ser otra finita dada, sino que será infinita en algún sentido. Supongamos una línea infinita, y otra finita de un valor dado; la diferencia entre las dos no la podemos expresar en un valor lineal finito dado. Porque supuesto que la línea es finita y dada, podremos suponerla a la línea infinita en una cualquiera de sus direcciones, y desde uno cualquiera de sus puntos, en cuyo caso llegará hasta un cierto punto de la infinita, pero esta continuará prolongándose hasta lo infinito. Si suponemos otra línea finita dada, en la cual pensamos representar la diferencia, deberemos superponerla a la infinita desde el punto en que acaba la otra finita, y es evidente que se acabará en otro punto determinado por la longitud de la misma, luego no agotará la diferencia entre la línea infinita, y la finita.

El mismo resultado se encuentra con expresiones algebraicas. Si A es un valor finito dado, la diferencia entre A y ∞ no puede ser otro valor finito dado. Porque expresando la diferencia por D, tendremos $\infty - A = D$. Luego $D + A = \infty$, luego si ambos fuesen valores finitos dados, un infinito resultaría de dos valores finitos dados, lo que es imposible.

Se infiere de esto que una diferencia puede ser infinita en cierto sentido, según la acepción que diésemos a la palabra infinidad. Si desde el punto en que nos hallamos se tira una línea en la dirección del norte hasta lo infinito, y luego se la prolonga en la dirección del sud también hasta lo infinito, la diferencia entre la suma de las dos y una de ellas, será infinita en un solo sentido (Cap. VIII).

Lo que hallamos en valores lineales lo encontraremos también en expresiones algebraicas: si tenemos el valor infinito 2∞, y lo comparamos con ∞, resultará $2\infty - \infty = \infty$.

En general teniendo un valor infinito cualquiera, podemos sacar con respecto a él una diferencia finita cualquiera, con tal que no tomemos por substraendo, un valor finito dado. Sea ∞ el valor infinito, digo que podemos encontrarle una diferencia finita. Porque siendo ∞ un valor infinito, contiene todos los valores finitos de su orden; luego contiene el valor finito A; y por consiguiente puedo formar esta ecuación: ∞-A=B. Sea cual fuere el valor de B, tengo que lo que va de B a ∞ es A; pues con solo añadir A a B, me resulta ∞. La ecuación ∞-A=B; me da B+A=∞, y también ∞-B=A; y como A es un valor finito dado por el supuesto, y A es la diferencia finita dada, entre ∞ y B, resulta que a todo valor infinito se le puede encontrar una diferencia finita.

Inferiremos de esto que el poderse asignar a una extensión infinita una diferencia finita no prueba nada contra su verdadera infinidad. Lo infinito, por lo mismo que es tal, contiene todo lo perteneciente al orden en que es infinito: tomando uno cualquiera de aquellos valores, y considerándole como una diferencia, nos resultará una diferencia finita. Mas esto lejos de probar la falta de infinidad, confirma su existencia; pues indica que todo lo finito está contenido en lo infinito.

En tal caso el substraendo será infinito bajo cierto aspecto; pero no lo será en el orden del minuendo, por faltarle la cantidad que se ha quitado.

87. Hay en contra de la infinidad absoluta de la extensión otro argumento que me parece más fuerte que ninguno de los anteriores, y que no sé por qué no habrá ocurrido a los que combaten dicha posibilidad; helo aquí. Supongamos existente una extensión infinita. Dios puede anonadarla, y después criar otra nueva igualmente infinita. La suma de las dos es mayor que una cualquiera de ellas; luego ninguna de por sí será infinita. Es evidente que este aniquilamiento se puede suponer repetido tantas veces como se quiera; de donde resultará una serie de extensiones infinitas. Los términos de esta serie no pueden existir a un mismo tiempo, pues que una extensión infinita actual excluye las otras; luego como la suma de las extensiones es mayor que un número cualquiera de los sumandos, la extensión infinita absoluta debe hallarse, no en los sumandos sino en la suma, luego la extensión infinita en acto es intrínsecamente imposible.

Para desvanecer esta dificultad se debe distinguir entre la extensión y la cosa extensa: toda la cuestión gira sobre la posibilidad intrínseca de la infinidad de la extensión, considerada en sí, prescindiendo absolutamente del sujeto en que se halla. La dificultad propuesta hace desfilar a nuestros ojos una serie de extensiones infinitas que se suceden; pero si bien se reflexiona la sucesión se verifica entre los seres extensos, cuyo número se va multiplicando; pero no en la extensión misma. La idea pura de la extensión infinita que tenemos para un caso, no se aumenta con las nuevas extensiones que vienen; la extensión aparece, desaparece, reaparece y vuelve a desaparecer, mas con esto no se aumenta. La sucesión nos indica la posibilidad intrínseca de su aparición y desaparición, su contingencia esencial, por lo que no le repugna el dejar de existir cuando existe, y el pasar de nuevo de la no existencia a la existencia. Examinemos nuestras ideas, y echaremos de ver que concebida la extensión infinita, no la podemos agrandar con ninguna suposición imaginable; y que todo cuanto hacemos se reduce a una sucesión de producciones y aniquilamientos. La idea de la extensión infinita parece un hecho primitivo de nuestro espíritu; esa infinidad que imaginamos en el espacio, no es otra cosa que el resultado de los esfuerzos de nuestra idea para expresarse en una realidad. Habiendo sido criados con intuición sensible, se nos ha dado la posibilidad de dilatar esa intuición en una escala infinita; para esto necesitábamos la idea de una extensión infinita.

Capítulo XIII. Si existe la extensión infinita

88. La cuestión sobre la posibilidad de una extensión infinita es muy diferente de la de su existencia. Admitiendo la primera se puede negar la segunda.

Descartes sostiene que la extensión del mundo es indefinida; pero esta palabra que puede tener un sentido muy razonable, si se refiere al alcance de nuestra inteligencia, carece de significado cuando se la aplica a las cosas. No hay inconveniente en decir que la extensión del mundo es indefinida, si se entiende que nosotros no podemos asignar sus límites; pero en la realidad los límites existirán o no existirán, independientemente de la posibilidad de asignarlos nosotros; no hay medio entre el sí y el no; luego no hay medio entre la existencia de los límites, y su no existencia. Si existen, la extensión del mundo es finita; si no existen, es infinita; en todo caso la palabra indefinido no expresa nada.

El argumento de Descartes, si prueba algo, prueba la verdadera infinidad del mundo; pues que si hemos de retirar indefinidamente los límites de este, porque indefinidamente concebimos siempre una extensión más allá de toda otra extensión; como por otra parte sabemos que esta serie de conceptos no tiene ningún límite, podemos trasladar desde luego la limitación al objeto que corresponde a los conceptos, y afirmar que la extensión del mundo es absolutamente infinita. Desgraciadamente, el argumento de Descartes flaquea por su base, pues consiste en un tránsito del orden ideal o más bien imaginario, al real; tránsito que una sana lógica no puede permitir (V. Lib. III, cap. VIII).

89. Leibnitz sostiene que si bien parece que Dios puede hacer el universo material finito en extensión, no obstante es más conforme a su sabiduría el no haberlo hecho. «Yo no digo, como se me imputa aquí, que Dios no pueda dar límites a la extensión de la materia; mas parece que no lo quiere y que ha considerado mejor el no dárselos» (Cartas entre Leibnitz y Clarke. Respuesta a la 4.ª réplica de Clarke, §73). La opinión de Leibnitz se funda en su sistema del optimismo, sujeto a muchas dificultades de que no me es posible hacerme cargo aquí.

90. Emitiendo ingenuamente mi opinión, diré que esta es una cuestión irresoluble, por principios puramente filosóficos; pues que no hallando en las ideas ninguna necesidad intrínseca en pro ni en contra de la existencia de una extensión infinita, debemos esperar la resolución de lo que nos enseñe la experiencia; y esta es imposible tratándose de una extensión infinita; todo el tiempo que se gasta en resolver dicha cuestión, es completamente perdido. Lo que podemos asegurar es que la extensión del mundo excede a toda ponderación; que cuanto más adelantan las ciencias astronómicas, tanta mayor profundidad se descubre en el océano del espacio. ¿Dónde está la ribera? ¿hay siquiera alguna? La sola razón no es capaz de resolver semejantes cuestiones. ¡Y qué sabemos nosotros, pobres gusanos que nos arrastramos un momento sobre ese pequeño montón de polvo, que apellidamos globo de la tierra!

Capítulo XIV. Sobre la posibilidad de un número infinito actual

91. ¿Es posible un número infinito? La unión que nosotros hacemos de la idea de número con la de negación absoluta de límite, ¿entraña alguna contradicción que impida la realización del concepto?

Por grande que concibamos un número, podemos concebirle siempre mayor; lo que parece indicar que, sea cual fuere el número existente, nunca podrá ser absolutamente infinito. En efecto: supóngase realizado este número; una inteligencia podrá conocerle, y formar este acto: multiplíquese el número existente por dos, por tres u otro cualquiera; luego no implicará ninguna contradicción el que dicho número se aumente, luego no será infinito.

Esta dificultad, concluyente a primera vista, dista mucho de serlo, si se la examina con cuidado. El acto intelectual de que se trata, sería imposible en la suposición de la existencia de un número infinito. Si la inteligencia no conociese la infinidad del número, podría hacer el acto de la multiplicación; pero incurriría en una contradicción a causa de su ignorancia: siendo el número absolutamente infinito no puede tener aumento, su multiplicación es absurda: la inteligencia que quisiese ejecutarla combinaría dos ideas cuya repugnancia no conociera, pero que no dejarían por esto de ser repugnantes. Conocida por la inteligencia la absoluta infinidad del número existente, no podría asociarle nunca la idea de multiplicación; porque sabría que existen ya todos los productos posibles.

92. El número absolutamente infinito, no puede expresarse en valores, ni algebraicos ni geométricos; con solo intentar dicha expresión, se le limita en algún sentido, y por tanto se destruye su infinidad absoluta. La expresión ∞, si representase un número absolutamente infinito, no sería susceptible de ninguna combinación, que la pudiese aumentar; por lo mismo que se la supone multiplicable por otros números finitos o infinitos, no se toma su infinidad en un sentido absoluto.

El quebrado $a/0$, expresión de un valor infinito, tampoco merece en rigor este nombre: porque es evidente que sea cual fuere el valor de $a/0$, siempre será menor que $2a/0$ y en general que $na/0$, representando n, un valor mayor que la unidad.

93. En valores geométricos, tampoco es posible representar un número infinito.

Tomemos una línea de un pie. Es evidente que si prolongamos esta línea hasta lo infinito, en direcciones opuestas, el número de los pies será en algún modo infinito; pues que se supone que el pie se repetirá infinitas veces: la expresión del número de los pies será la de un valor infinito. Ahora digo que este número no es infinito; porque hay otros mayores que él. En cada pie hay doce pulgadas; luego el número de pulgadas contenidas en la línea será doce veces mayor que el número de pies; luego este no es infinito. Tampoco lo será el de las pulgadas, porque estas a su vez pueden subdividirse en líneas, como estas en puntos y los puntos en otras cantidades menores; y es evidente que el número expresivo de cada uno de los valores menores, será respectivamente tantas veces mayor, cuantas expresa el número que designa la relación del menor al mayor. Habrá doce veces más pulgadas que pies: doce veces más líneas que pulgadas: doce veces más puntos que líneas; y así sucesivamente, sin que se pueda terminar jamás esta progresión a causa de la infinita divisibilidad del valor lineal.

94. Llevando hasta lo infinito la divisibilidad de una línea infinita parece que tenemos un número infinito en los elementos que la constituyen; sin embargo por poco que se reflexione, se desvanece la ilusión. Porque salta a los ojos, que se pueden tirar infinitas líneas a más de la supuesta, y como en todas ellas se puede llevar la divisibilidad hasta lo infinito, resulta que la suma de los elementos que entran en todas ellas formará un número mayor que el de una cualquiera de las mismas.

95. Si quisiéramos representarnos un número infinito de partes en valores de extensión, deberíamos suponer un sólido infinito en todas sus dimensiones; y además divididas todas sus partes hasta lo infinito. Pero ni aun en este caso tendríamos un número infinito absolutamente hablando, aunque tuviéramos el mayor que se puede representar en valores de extensión.

Dado que existiese una extensión infinita con una divisibilidad infinita, el número de sus partes no sería absolutamente infinito; porque fuera de los seres extensos se pueden concebir otros de diferente especie; y entonces, considerando a aquellos y a estos bajo la idea general de ser, se los puede reunir en un número que resultará mayor que el de los seres cuyo conjunto forma la extensión.

96. Fínjase una especie cualquiera de seres multiplicada hasta lo infinito: el resultado no puede ser un número absolutamente infinito. La razón es la misma que la señalada en el párrafo anterior: la existencia de los seres de una especie, no hace imposible la existencia de los seres de otra especie; luego fuera de la supuesta infinidad del número en una especie determinada, hay otros números que reunidos con el primero, constituirán otro mayor que el pretendido infinito.

97. Para la existencia de un número absolutamente infinito se necesita: 1.º la existencia de infinitas especies de seres; 2.º la existencia de infinitos individuos en cada especie. Veamos si estas condiciones se pueden realizar.

98. La posibilidad intrínseca de especies infinitas parece indudable. La escala de los seres está entre dos extremos: la nada y la perfección infinita: el espacio que hay entre estos dos extremos es infinito; los seres que en él existan pueden estar distribuidos en una gradación infinita.

99. Admitida la posibilidad intrínseca de una gradación infinita en la escala de los seres, ocurre la cuestión de si su posibilidad es no solo ideal sino también real: esto es, si podría ser realizada. Dios es infinitamente poderoso; si la gradación infinita es intrínsecamente posible, Dios puede realizarla, porque todo cuanto no es intrínsecamente imposible cae bajo la omnipotencia divina. Por otra parte, suponiéndose como se debe suponer la libertad de Dios, no cabe duda en que es libre de querer criar todo lo que puede criar. Si pues no repugna la infinidad de las especies de los seres, distribuidos en una gradación infinita, estos podrían existir si Dios lo hubiese querido. Entonces, negando todo límite al número de las especies y al de los individuos de cada especie, parece que existiría el número infinito, pues que no es dable excogitar al conjunto de todos los seres ningún aumento ni límite.

En este supuesto, existirían los seres criados más perfectos posibles, y en la esfera de las criaturas no sería dable concebir un ser más perfecto. Todo cuanto se pudiese imaginar existiría ya, desde la nada hasta la perfección infinita.

100. Sin embargo, conviene observar que el conjunto de seres criados, fuera cual fuese su perfección, estaría sujeto necesariamente a una condición de que solo se exime el ser infinito por esencia: la dependencia de otro ser. Esta condición envuelve la limitación; luego todos los seres criados serán finitos.

101. Ocurre aquí una cuestión. El carácter de finito que se encuentra en todos los seres creados, ¿envuelve un límite determinado del cual no puedan pasar? Si este límite existe ¿no queda limitado también el número de las especies posibles? Y si estas especies no son infinitas ¿no es una ilusión el número infinito?

Aunque la posibilidad intrínseca de la escala infinita de los seres, nos parezca indudable[98], debemos guardarnos de resolver con demasiada ligereza la cuestión presente. Ateniéndonos a los conceptos indeterminados, no vemos ningún límite posible; pero ¿sucedería lo mismo, si poseyésemos un conocimiento intuitivo de las especies? ¿podemos asegurar que en las propiedades particulares de los seres, combinadas con la limitación y dependencia que les son esenciales, no descubriríamos un término, del cual no pueden pasar, por el constitutivo de su propia naturaleza?

¡Cuán impotente es la filosofía para resolver semejantes cuestiones! Contentémonos con plantearlas.

102. Sea lo que fuere de esta infinidad de especies, y de su perfección respectiva, creo que no puede existir un número actualmente infinito.

Entre las especies de los seres se contarían las inteligencias que ejercen sus actos con sucesión. Esto es evidente; ya que en dicho número entrarían los espíritus humanos de los cuales no podemos dudar que piensan y quieren de una manera sucesiva. Los actos de estas inteligencias son numerables, como nos lo atestigua la conciencia; luego no existirá jamás un número infinito; pues que dichos actos, por lo mismo que son sucesivos, no pueden existir juntos.

103. Si se responde que en tal caso se podría suponer que todos los espíritus incluso el nuestro, no tienen más que un solo acto de inteligencia y voluntad, replicaré que esto, a más de hallarse en contradicción con la naturaleza de los seres criados, que por lo mismo que son finitos están sujetos a mudanzas, tiene el inconveniente de que elimina de un golpe muchas especies de seres: y así, lejos de salvar la infinidad del número, la hace imposible. Además ¿quién puede negar la posibilidad de lo que existe? y si ahora existen como nos lo enseña la experiencia propia, seres que tienen sus actos sucesivos ¿por qué no habrían de ser posibles los mismos seres en el supuesto de que la omnipotencia divina hubiese ejercido en toda su plenitud su infinita fuerza creadora?

104. Esta dificultad que fundada en las naturalezas de las inteligencias finitas, parece que imposibilita la existencia de un número infinito, se robustece todavía más considerando la cuestión bajo un punto de vista más general.

Para que exista un número verdaderamente infinito, es necesario que fuera de lo existente no pueda haber nada numerable. Lo que se numera no son solo las substancias, sino también las modificaciones. Esto ya lo he demostrado con respecto a las inteligencias: y se verifica en general de todos los seres finitos. Todo ser finito es mudable, y sus mudanzas se pueden contar. Las modificaciones traídas por las mudanzas no pueden existir juntas, porque algunas de ellas se excluyen recíprocamente; luego no es posible jamás el número actual infinito.

105. Apliquemos estas observaciones al mundo sensible. El movimiento es una modificación a que están sujetos los cuerpos. Esta modificación es sucesiva esencialmente. Un movimiento cuyas partes coexistiesen, es un absurdo. La coexistencia de los diferentes estados, resultantes de movimientos diversos, es también un absurdo: cosas contradictorias no pueden existir juntas; y contradictorias son muchas de estas situaciones, pues que la una envuelve por necesidad la negación de las demás. Si una línea que cae sobre otra, gira al rededor de un punto, irá describiendo sucesivamente diferentes ángulos. Cuando forme un ángulo de 45 grados, no lo formará de 30, ni de 40, ni de 70, ni de 80: estas cosas se excluyen recíprocamente. Una porción de materia formará diferentes figuras según la disposición que se dé a las partes de que se compone. Cuando formen una esfera, no formarán un cubo: estos dos sólidos no pueden existir a un mismo tiempo formados de una misma porción de materia.

106. Esta variedad de movimientos y de formas es numerable. A cada paso medimos el movimiento, aplicándole la idea de número; a cada paso contamos las figuras que ha tenido una porción de materia, por ejemplo un pedazo de cera al que se han dado sucesivamente diferentes formas; y sea cual fuere el número de los seres que se supongan existentes, cada uno de ellos será susceptible de transformaciones que se podrán contar: luego se halla en la misma naturaleza de las cosas una imposibilidad intrínseca para la existencia de un número actual infinito.

107. Me inclino a creer que estas razones demuestran plenamente la imposibilidad del número actual infinito, y si no me atrevo a decir que estoy seguro de haber dado una demostración completa, es porque la naturaleza del objeto ofrece de suyo tantas y tan graves dificultades, ofusca y confunde

de tal suerte el débil entendimiento del hombre, que siempre hay motivos para temer que aun en los raciocinios al parecer más claros, más bien trabados, más concluyentes, se oculte algún vicio que los haga claudicar, y así tomemos por verdad incontestable lo que es pura ilusión. Sin embargo, no puedo menos de observar que para combatir esta demostración, parece que será preciso desentenderse de nuestras ideas primordiales; exclusión entre el ser y el no ser; y la necesidad de sucesión, de tiempo, para que puedan realizarse cosas contradictorias.

108. Quizás se me objetará que las modificaciones contradictorias no entran en el número infinito, el cual se refiere a solo lo posible; pero esto no destruye mi demostración, antes bien la confirma; porque como el número absolutamente infinito, implica absoluta negación de todo límite; por lo mismo que al tratar de realizar este concepto, me hallo con cosas contradictorias, digo que la realización del concepto es contradictoria, porque el concepto general e indeterminado se extiende más que todo número posible.

109. El origen de esta mayor extensión se halla en que el concepto indeterminado prescinde de todas las condiciones, inclusa la del tiempo; y de estas condiciones no prescinde ni puede prescindir la realidad. De aquí dimana el conflicto entre el concepto y su realización; y así se explica, por qué siendo la realización imposible, el concepto no es contradictorio.

Supongamos realizado un número con todas las especies posibles, con todos los individuos posibles, nosotros podemos reflexionar sobre el concepto del número infinito, y decir: para la verdadera infinidad del número se necesita absoluta carencia de todo límite; ahora bien, pensando en el conjunto de cosas que existen, le hallamos un límite, porque concibiendo aquel conjunto de unidades en general, le podemos añadir otro número que exprese las nuevas modificaciones que puedan sobrevenir. En el instante A el conjunto de unidades, por grande que sea, le supondremos expresado por M. En el instante B habrá un conjunto nuevo de unidades que podremos expresar por N. Luego tendremos que el resultado N + M será mayor que N o que M solos; luego ni N ni M son infinitos absolutamente. El concepto indeterminado, prescinde de los instantes, y se refiere a la sola suma; y de aquí es que abarca cosas que no pueden existir juntas.

Capítulo XV. Idea del ser absolutamente infinito

110. Entramos en una cuestión sumamente difícil. Si la idea de lo infinito en general ofrece graves dificultades, no son menores las que presenta la idea del ser absolutamente infinito. Hemos encontrado que hay diferentes órdenes de infinitos, siendo cada uno de ellos un concepto formado por la asociación de dos ideas: la de un ser particular, y la de negación de límite. Pero es fácil echar de ver que ninguno de los infinitos examinados hasta ahora, lo es en todo el rigor de la palabra; todos son limitados bajo muchos aspectos; ninguno de ellos puede confundirse con el ser infinitamente perfecto. La idea de este ser, aunque siempre muy incompleta para nosotros mientras estamos en esta vida, es susceptible de más análisis del que emplean algunos autores que la usan sin las aclaraciones debidas. Las muchas y graves dificultades que tendremos que soltar en este análisis, indican la necesidad de una meditación profunda, y la trascendencia de los errores a que puede dar origen la mala inteligencia del verdadero sentido de la palabra infinito, aplicada a Dios.

111. ¿Qué es un ser absolutamente infinito? A primera vista parece que se ha explicado todo con decir que el ser absolutamente infinito es el que no tiene ninguna negación de ser; pero esto es una noción general que deja mucho que desear. En efecto, el ser infinito no tiene ninguna negación de ser; esto es una verdad incontestable; pero verdad tal, y tan superior a nuestro alcance, que ofrece a nuestro flaco entendimiento una confusión asombrosa, tan pronto como queremos fijar con exactitud su verdadero sentido.

112. Si el ser absolutamente infinito no tiene ninguna negación de ser, parece que nada se podrá negar de él; por el contrario, todo se podrá afirmar, porque será todo; en cuyo caso el panteísmo surge de la idea de infinidad. Si con respecto al ser infinito se puede establecer una proposición negativa verdadera, hay en él alguna negación de ser, esto es, del predicado que se niega en la proposición.

No se puede decir que cuando se aplican a Dios las proposiciones negativas, se niegue solo una negación, porque en realidad se niegan de Dios cosas positivas. Cuando digo Dios no es extenso; niego de él una realidad que es la extensión. Cuando digo Dios no es el universo; niego de él una realidad que es el universo. Luego las proposiciones negativas aplicadas a Dios, no niegan solas negaciones, sino realidades.

La dificultad parece que no se suelta diciendo que estas realidades negadas envuelven imperfección, y que por consiguiente repugnan a Dios: Esto es mucha verdad, pero ahora tratamos de explicar la idea de lo absolutamente infinito, y la dificultad milita contra el supuesto de que la idea de absolutamente infinito se quiera explicar por la absoluta ausencia de negación de ser. Si estas realidades son algo, cuando se las niega de Dios, se niega algún ser; y como la proposición no puede ser verdadera si no hay en Dios la negación del ser negado, resulta que no es exacto el decir que el ser absolutamente infinito es el que no tiene ninguna negación de ser.

113. Además, un ser de esta naturaleza parece que no podría tener ninguna propiedad; porque entre las propiedades positivas las unas se excluyen a las otras: la inteligencia y la extensión son propiedades positivas que se excluyen recíprocamente. La libertad de albedrío y la necesidad, son propiedades que con respecto a una misma cosa, se excluyen también: luego el ser infinito no puede tener todas las propiedades, si no queremos convertirle en un conjunto de absurdos, a manera de los panteístas.

114. El ser infinito contendrá todo ser en cuanto no incluye imperfección: esto es mucha verdad; pero todavía nos restan grandes dificultades. ¿Qué es perfección? ¿qué es imperfección? he aquí dos cuestiones nada fáciles de resolver; y sin embargo no podemos adelantar un paso hasta que hayamos fijado el sentido de estas palabras.

115. La idea de perfección envuelve la de ser; la nada no puede ser perfecta: un no ser perfecto es una contradicción manifiesta.

116. No todo ser es perfección absoluta; pues que hay maneras de ser que envuelven imperfección: lo que es perfección para una cosa, es imperfección para otra.

117. En los seres finitos, la perfección es relativa: una fábrica muy perfecta sería un templo muy imperfecto; una pintura muy propia para un salón de lujo, podría ser una profanación si se la colocase en un Santuario. La perfección parece consistir en ser una propiedad conducente al fin de la cosa. Esta idea no en aplicable al ser infinito, el cual no tiene ni puede tener más

fin que a sí propio: luego la perfección en lo absolutamente infinito, no puede ser relativa, ha de ser absoluta.

118. Si la perfección es ser, parece que la del ser infinito ha de consistir en algunas propiedades, que se hallen formalmente en el mismo, las cuales en tal caso es menester que no incluyan imperfección. Un ser absolutamente indeterminado, esto es, sin ninguna propiedad, no se concibe en qué podrá consistir: ¿qué sería una cosa sin inteligencia, sin voluntad, sin libertad? Las proposiciones en que se afirman de Dios estas propiedades, son verdaderas; luego las propiedades existen realmente en el sujeto del cual se afirman.

119. Un ser infinitamente perfecto ha de tener todo perfección; ¿qué es todo en este caso? ¿serán todas las posibles? ¿cuáles son las posibles? las que no repugnan. ¿A qué se refiere la repugnancia? se habla de la repugnancia recíproca, o de la repugnancia con un tercero; si de la primera, es necesario presuponer uno de los dos extremos para que el otro pueda repugnar; en tal caso, ¿cuál es el preferible? Si se habla de la segunda ¿qué será este tercero al cual se refiere la repugnancia? ¿en qué se fundará esta?

Si se dice que por toda perfección se entiende todo lo que nosotros podemos concebir, permanece la misma dificultad: porque si se habla de la concepción de un ser finito, la concepción no es infinita; si de la de un ser infinito, se comete petición de principio: pues al tratar de explicar sus perfecciones se apela a lo que él puede concebir.

Para resolver las dificultades que preceden, es necesario fijar las ideas.

120. Negar una cosa de otra puede hacerse de dos maneras: refiriéndose la negación a una propiedad o a un individuo. Si digo que una superficie no es un triángulo, puedo referir el predicado o a la especie del triángulo en general, o a un triángulo individual; en el primer caso negaré que la figura sea triangular; en el segundo negaré que la figura sea otro triángulo dado. Dios no es extenso; aquí se niega una propiedad; Dios no es el mundo; aquí se niega un individuo.

Es evidente que para atribuir a un ser la infinidad absoluta, es necesario que tanto con respecto a propiedades como a individuos, no se niegue de él ningún ser propiamente dicho, con tal que la afirmación del predicado pueda hacerse sin faltar al principio de contradicción. Esta excepción es absolutamente indispensable; si no se quiere que el ser infinito se convierta en el mayor de los absurdos, como sucedería si de él pudiesen afirmarse cosas contradictorias.

Con esta aclaración creo que se puede explicar algún tanto la idea de la infinidad absoluta, no considerada en abstracto, sino aplicada a un ser realmente existente.

Capítulo XVI. Se afirma de dios toda la realidad, contenida en los conceptos indeterminados

121. Ya hemos visto que nuestros conocimientos son de dos clases: unos generales e indeterminados, otros intuitivos (Lib. IV): recorramos todos los objetos conocidos por nosotros, indeterminada o intuitivamente, y veremos que ninguno se niega de Dios sino en cuanto implican contradicción.

122. Los conceptos generales e indeterminados son los de ser y no ser, substancia y accidente, simple y compuesto, causa y efecto. Todo lo que hay de real en estos conceptos se afirma de Dios.

123. Ser, o cosa realmente existente, se afirma del ser infinito. Lo que no es, no tiene ninguna propiedad.

124. Substancia o ser subsistente por sí mismo, se afirma también de Dios.

Prescindo de si las ideas de ente y substancia se aplican unívocamente a Dios y a las criaturas: esta es una cuestión de las escuelas; para mi objeto me basta el que se entienda que se aplica al ser infinito la idea de ser en cuanto opuesta a la del no ser, y la de substancia en cuanto se opone a la de accidente, o bien en cuanto significa una cosa que encierra lo necesario para subsistir por sí misma, sin necesidad de estar inherente a otra.

125. La idea de accidente no puede aplicarse al ser infinito; mas por esto no se niega de él nada positivo; antes se afirma una perfección, cual es el que no tiene necesidad de estar inherente a otro. Esto es perfección, es ser, es fuerza de ser; negarle pues la calidad de accidente es remover una negación. Además, por lo mismo que se le atribuye el ser substancia, se le niega el ser accidente; estas dos ideas son contradictorias, no pueden atribuirse a un mismo tiempo a un mismo sujeto.

126. Se afirma de Dios que es simple. Con esto no se niega nada; y para convencernos de esta verdad recordemos lo que es simple. Lo simple es lo

uno (Lib. VI, Cap. II y III); lo compuesto es un conjunto de seres; si las partes son reales, como deben serlo para que haya verdadera composición, el resultado es un conjunto de seres reales, subordinados a cierta ley de unidad. Cuando se dice pues que Dios es simple, se viene a significar que Dios no es un conjunto de seres sino un ser; lo que no envuelve ninguna negación, antes por el contrario encierra la afirmación de una existencia no dividida en varios seres.

127. La idea de causa, es decir de actividad que produce en otro un tránsito de no ser a ser, o de ser de una manera a ser de otra, se atribuye también a Dios. Esto no envuelve ninguna negación, sino una afirmación de ser; puesto que la causa es no solo ser, sino un ser que abunda de perfección para comunicarla a los otros.

128. La idea de efecto no se puede aplicar a Dios; pero esto lejos de ser una negación, es una afirmación. Todo efecto es una cosa producida, y que por consiguiente ha pasado del no ser al ser: negar pues la calidad de efecto, es remover la negación del ser, es afirmar la plenitud del ser.

129. Lo que se ha dicho de las ideas de causa y efecto, se puede extender a las de necesario y contingente. La proposición negativa: Dios no es contingente; es una afirmación; porque la contingencia es la posibilidad de no ser. Negar esta posibilidad, es afirmar la necesidad de ser: lo que es perfección y plenitud de perfección.

Capítulo XVII. Como se afirma de dios todo lo no contradictorio contenido en las ideas intuitivas

130. Todo lo positivo que se encierra en los conceptos generales e indeterminados, se afirma de Dios: la reseña que precede lo deja fuera de duda. Veamos ahora si se verifica lo mismo en cuanto a las ideas intuitivas. Estas por lo que toca a nuestro entendimiento, se reducen a lo siguiente: sensibilidad pasiva, sensibilidad activa, inteligencia, voluntad.

131. La sensibilidad pasiva, o sea la forma bajo la cual se ofrecen a nuestros sentidos los objetos del mundo externo, no conviene al ser infinito. Esta proposición negativa, «el ser infinito no es pasivamente sensible», es rigurosamente verdadera. ¿Con esta proposición se niega de Dios algo positivo? examinémoslo.

La forma de la sensibilidad pasiva es la extensión, en la cual entra necesariamente la idea de multiplicidad. Lo extenso es por necesidad un conjunto de partes: negar de Dios la extensión es afirmar su simplicidad, es negar que sea un conjunto de seres, es afirmar la unidad indivisa de su naturaleza.

132. Prescindiendo de la extensión, no hay en la sensibilidad pasiva de los objetos nada más que la relación de causas que producen en nosotros los efectos llamados sensaciones. Esta causalidad se debe y puede afirmar de Dios; porque es cierto que la causa infinita es capaz de producirnos todas las sensaciones sin que necesite ningún intermedio.

133. La proposición negativa, «el ser infinito no es material», no significa más en el fondo que la otra: «el ser infinito no es pasivamente sensible.» La íntima naturaleza de la materia nos es desconocida; lo que de ella sabemos es que se ofrece en intuición a nuestra sensibilidad como un objeto esencialmente múltiplo, bajo la forma de extensión. Cuando negamos pues que Dios sea material o corpóreo, negamos su sensibilidad pasiva, o bien su multiplicidad bajo la forma de extenso.

134. Las demás propiedades de la materia, como movilidad, impenetrabilidad, divisibilidad y otras semejantes, se refieren todas a la extensión o a alguna impresión particular causada en nuestros sentidos. Las dificultades que pudieran suscitarse quedan pues desvanecidas con lo dicho en los párrafos anteriores.

La inercia, o sea la indiferencia para el movimiento o la quietud, significa una propiedad puramente negativa. La incapacidad de toda acción, la falta de un principio interno productivo de mudanzas, la disposición puramente pasiva a recibir todas las que se le quieran comunicar.

135. Resulta pues demostrado que el negar a Dios la sensibilidad pasiva o la naturaleza corpórea, es la afirmación de su naturaleza indivisa, de su actividad productiva, y de la imposibilidad de sufrir ninguna especie de mudanza.

136. La sensibilidad activa o sea la facultad de sentir, tiene dos caracteres que conviene deslindar. En la sensación hay dos cosas: 1.ª la afección causada en el ser sensitivo por el objeto sensible; 2.ª la representación del ser sensible en lo interior del sensitivo. Lo primero es puramente pasivo, y supone la posibilidad de ser afectado por un objeto, y por consiguiente de

estar sujeto a mudanza. Esto no conviene ni puede convenir al ser infinito; negarlo es afirmar la inmutabilidad, esto es, la necesidad de permanecer siempre en un mismo estado. Lo segundo es una especie de conocimiento de un orden inferior, por el cual el ser sensitivo percibe a su modo el objeto sensible. La representación de todos los objetos debe hallarse por necesidad en el ser infinito; por consiguiente todo lo que se encuentra de intuitivamente perceptivo, en las facultades sensitivas, debe hallarse en la percepción del ser infinito; quiero decir, que todo cuanto la sensibilidad nos ofrece de los objetos externos, todo cuanto traslada a nuestro interior de lo que existe en lo exterior, todo se debe hallar en la representación que tiene dentro de sí la inteligencia infinita. ¿Bajo qué forma se presentan los objetos a la intuición del ser infinito? el hombre lo ignora; pero es cierto que a esta intuición se ofrece todo lo que se encierra de verdad en las representaciones sensitivas.

137. La inteligencia, o sea la percepción de los objetos, prescindiendo de las formas de la sensibilidad, encierra algo positivo que es la percepción de los seres y sus relaciones; pero en nosotros está acompañada muchas veces de una circunstancia negativa, cual es la falta de objetos determinados a que se pueda referir el concepto general. El ser infinito que ve en una sola intuición todo cuanto existe y puede existir, encierra todo lo que hay de positivo en la inteligencia, y no adolece de lo negativo que es una imperfección.

138. En cuanto a la voluntad, es evidente que se debe afirmar de Dios; porque al ser infinito no se le puede negar esa actividad íntima, espontánea, que se llama querer, y que por su naturaleza no implica ninguna imperfección.

139. La voluntad de Dios, aunque una y simplicísima, se distingue en necesaria y libre, según los objetos a que se refiere. Esto da origen a varias proposiciones negativas cuyo sentido conviene examinar.

Se dice: Dios no puede querer el mal moral; esta proposición aunque negativa, lógicamente considerada, es en el fondo afirmativa. Dios no puede querer el mal moral, porque su voluntad está invariablemente fija en el bien, en aquel tipo sublime de toda santidad que contempla en su esencia infinita. La impotencia para el mal moral es en Dios una infinita perfección de su santidad infinita.

140. La voluntad divina puede referirse a objetos exteriores, que siendo finitos, se prestan a ser combinados de diferentes maneras, y cuya existencia o no existencia pueden ser convenientes o no convenientes según el fin que se proponga el agente que los debe producir y modificar. Sobre estos objetos se ejerce la voluntad libre de Dios; y al decirse que no tiene necesidad de hacer esto o aquello, no se niega nada, antes se afirma una perfección: esto es, la facultad de querer o no querer, o querer de este modo o de otro, objetos que por su naturaleza finita no pueden ligar la voluntad infinita.

141. De lo dicho resulta que toda la realidad no contradictoria que se halla en las ideas generales, ya sean indeterminadas ya intuitivas, se afirma del ser absolutamente infinito. En cuanto a las realidades individuales (120) es evidente que no se pueden afirmar del ser infinito las finitas, sin caer en contradicción. Esta proposición: «el ser infinito es el universo corpóreo», equivale a esta otra: «el ser infinito es un ser esencialmente finito.» La misma contradicción se hallará en cualquiera proposición donde el sujeto sea el ser infinito, y el predicado una realidad individual distinta del ser infinito. Bastan aquí estas indicaciones, que se comprenderán más a fondo al tratar de la multitud de las substancias, contra el error de los panteístas.

Capítulo XVIII. La inteligencia y el ser absolutamente infinito

142. No se debe concebir al ser infinito como un objeto vago cual se ofrece en la idea general de ser, sino como dotado de verdaderas propiedades que sin dejar de ser reales, se identifican con su esencia infinita. Un ser que no sea algo, del cual no se pueda afirmar alguna propiedad, es un ser muerto, que nosotros no concebimos sino bajo la idea general de cosa, y que hasta se nos ofrece como imposible de realizar. No es así como ha concebido la humanidad al ser infinito: la idea de actividad se ha unido siempre a la idea de Dios; y esta actividad no en general, sino de una manera fija: en lo interior, actividad de inteligencia; en lo exterior, actividad productiva de los seres.

143. La idea de actividad en general, no excluye toda imperfección: la actividad para el mal es una actividad imperfecta; la actividad con que obran recíprocamente unos sobre otros los seres sensibles, está sujeta a las condiciones de movimiento, de extensión, y por consiguiente no está exenta de

imperfecciones. La actividad intrínsecamente pura, hermosa, y que considerada en sí, no envuelve ninguna imperfección, es la intelectual.

Esta es una actividad inofensiva, que por sí sola nunca daña; una facultad inmaculada que por sí sola nunca se mancilla.

144. Entender el bien es bueno; entender el mal también es bueno; querer el bien es bueno; querer el mal es malo; he aquí una diferencia entre el entendimiento y la voluntad: esta puede mancharse por su objeto, el entendimiento nunca; el moralista considera, examina, analiza las mayores iniquidades, estudia los pormenores de la corrupción más degradante; el político conoce las pasiones, las miserias, los crímenes de la sociedad; el jurisconsulto conoce la injusticia bajo todos sus aspectos; el naturalista, el médico fijan su contemplación en los objetos más deformes y asquerosos; y por eso la inteligencia no se mancilla. Dios mismo conoce todo lo malo que hay y puede haber en el orden físico, como en el moral, y su inteligencia permanece inmaculada.

145. De la libertad como tal, abusan los seres criados; porque ella de suyo es principio de acción, y puede dirigirse a lo malo; en cuanto a la inteligencia por sí sola, no se abusa de ella; de suyo es un acto inmanente o intransitivo, en que se representan objetos reales o posibles; el abuso no comienza hasta que la voluntad libre combina los actos de la inteligencia y los ordena a una acción mala; hasta que se introduce en las combinaciones intelectuales el acto de la voluntad no hay conocimiento malo. Un conjunto de estratagemas para cometer el más horrendo de los crímenes, podrá ser inocente objeto de una contemplación intelectual.

146. Admirable cosa es la inteligencia. Con ella hay relaciones, hay orden, hay reglas, hay ciencia, hay arte; sin inteligencia no hay nada. Concebid si podéis el mundo sin que ella preexista, todo es un caos; imaginad el orden ya existente y extinguid la inteligencia, el universo es un hermoso cuadro ante la helada pupila de un difunto.

147. A medida que los seres se elevan en el orden de la inteligencia los concebimos más perfectos. Al salir de la esfera de lo insensible, y al entrar en el orden de la representación sensitiva, comienza un mundo nuevo cuyo primer eslabón es el animal que tiene limitadas sus sensaciones a un reducido número de objetos, y cuya cima se halla en la inteligencia. La moral brota de

la misma inteligencia, o mejor, es una de sus leyes; es la prescripción de la conformidad con un tipo infinitamente perfecto. Con la inteligencia, la moral se explica; sin ella, la moral es un absurdo. La inteligencia tiene sus leyes, sus deberes, pero que brotan de su propio seno, como el Sol se alumbra a sí mismo con su propia luz. La libertad se explica con la inteligencia, sin esta la libertad es un absurdo. Sin inteligencia la causalidad se nos ofrece como una fuerza obrando sin objeto ni dirección, sin razón suficiente, es decir el mayor de los absurdos. Cuando algunos teólogos han dicho que el atributo constitutivo de la esencia de Dios era la inteligencia, han emitido una idea que encierra un sentido filosófico admirablemente profundo.

148. Con el acto intelectual el ser no sale de sí mismo: el entender es una acción inmanente, que puede dilatarse hasta lo infinito, y ser ejercida con una intensidad infinita, sin que el ser inteligente se aparte de su interior; cuando más profundo sea su entender, más profunda será su concentración en el abismo de su conciencia. La inteligencia es esencialmente activa; ella misma es actividad. Ved lo que sucede en el hombre: piensa, y la voluntad se despierta, y quiere; piensa, y su cuerpo se mueve; piensa, y sus fuerzas se multiplican, y todo cuanto tiene se halla a las órdenes del pensamiento. Figurémonos una inteligencia infinita en extensión y en intensidad; una inteligencia en que no haya alternativas de acción y de descanso, de energía y de abatimiento; una inteligencia infinita que se conozca infinitamente a sí misma, que conozca infinitos objetos reales o posibles, y con un conocimiento infinitamente perfecto; una inteligencia origen de toda verdad, sin mezcla de error; manantial de toda luz, sin mezcla de sombra; y nos formaremos alguna idea del ser absolutamente infinito. Con esa inteligencia infinita concibo la voluntad, y voluntad infinitamente perfecta; concibo la creación, acto purísimo de voluntad fecundando la nada, llamando a la existencia los tipos que preexisten en la inteligencia infinita; concibo la santidad infinita, concibo todas las perfecciones identificadas en aquel océano de luz. Sin inteligencia no concibo nada; todo se me presenta ciego; si se me habla de un ser absoluto que se halla en el origen de todas las cosas, me parece ver el caos antiguo, que en vano intento esclarecer. Las ideas de ente, de substancia, de necesidad divagan por mi entendimiento; pero todo en la mayor confusión: lo infinito no es para mí un foco de luz, es un abismo tenebroso; ignoro

si estoy sumergido en una realidad infinita, o si me pierdo en los espacios imaginarios de un concepto vacío.

Capítulo XIX. Resumen

Resumiendo la doctrina de los capítulos anteriores, diremos lo siguiente.

149. El examen de la idea de lo infinito es de la mayor importancia; puesto que va inseparablemente unida con la idea de Dios.

150. Tenemos idea de lo infinito; pero las disputas que hay sobre su naturaleza y aun sobre su existencia, indican la oscuridad de la misma.

151. Finito es lo que tiene límites.

152. Infinito no es lo mismo que indefinido: lo infinito es lo que carece de límites: in-finito; lo indefinido es aquello cuyos límites no están señalados: in-definido.

153. La diferencia entre lo infinito y lo finito se funda en el principio de contradicción: lo finito afirma los límites, lo infinito los niega: no hay medio entre el sí y el no.

154. Límite es la negación de un ser o de algo real, aplicada a un ser; el límite de una línea es el punto más allá del cual no se prolonga; el límite de una fuerza es el punto más allá del cual no se extiende.

155. La idea de lo infinito, negando el límite, niega una negación, luego es una idea afirmativa; así como la idea de lo finito es negativa, porque afirma una negación.

156. La idea de lo infinito se aplica a muchos órdenes de seres, y presenta singulares anomalías que parecen contradicciones. Una línea prolongada hasta lo infinito en una sola dirección, parece infinita, porque es mayor que todas las finitas; y no es infinita porque tiene límite, en el punto de donde parte. Una cosa semejante se verifica en las superficies y en los volúmenes. Para explicar estas anomalías debemos atenernos a lo siguiente.

157. La idea de lo infinito no es intuitiva. No tenemos intuición de ningún objeto infinito con infinidad absoluta ni aun relativa.

158. La idea de lo infinito es indeterminada, es un concepto formado de la unión de dos ideas indeterminadas: ser, y negación de límite; todo en la mayor generalidad.

159. El concepto indeterminado de lo infinito no nos hace conocer ninguna cosa infinita.

160. Las anomalías y aparentes contradicciones que hallamos en la aplicación de la idea de lo infinito, se desvanecen atendiendo a que la diferencia de los resultados depende de la diferencia de condiciones bajo las cuales se aplica al concepto indeterminado de lo infinito. Cosas que serán infinitas bajo una condición, dejarán de serlo si se las considera bajo otra; la contradicción aparente resulta de que no se advierte el cambio de condiciones.

161. Tenemos concepto del número infinito, porque podemos unir en nuestro entendimiento las dos ideas indeterminadas: número, y negación de límite.

162. Tenemos concepto de la extensión infinita, porque podemos unir las dos ideas: extensión, y negación de límite.

163. La posibilidad, o la no contradicción de los conceptos, en el orden puramente ideal, no nos asegura de su posibilidad en el orden real. Cuando los conceptos se realizasen, su realidad no estaría en una extensión abstracta, ni en un número abstracto, sino en tales seres extensos, en tales unidades; la determinación implicada por la realidad, puede envolver contradicciones con la infinidad verdadera, no siéndonos posible descubrirlas en el concepto indeterminado, que prescinde de las condiciones de su realización.

164. Aunque tenemos concepto de la extensión infinita, nos es imposible imaginárnosla.

165. No se descubre ninguna repugnancia extrínseca ni intrínseca en la existencia de la extensión infinita.

166. Por medios puramente filosóficos no podemos saber si la extensión del universo es finita o infinita.

167. Un número absolutamente infinito, aunque puede concebirse indeterminadamente, no es susceptible de ninguna expresión aritmética ni geométrica; ninguna serie de las que los matemáticos llaman infinitas, expresa un número absolutamente infinito.

168. Se puede dar una demostración de la imposibilidad intrínseca de un número actual infinito, fundada en la repugnancia intrínseca de la coexistencia de ciertas cosas numerables.

169. La idea del ser absolutamente infinito real, no puede ser indeterminada; es necesario que envuelva perfecciones positivas y formales.

170. Se debe afirmar del ser infinito, todo lo que no implica contradicción. Lo absurdo no es perfección.

171. Analizando las ideas indeterminadas y las intuitivas, encontramos que toda la realidad que en las mismas se encierra, se afirma de Dios.

172. El ser absolutamente infinito debe ser inteligente.

173. La inteligencia es una perfección que no implica ninguna imperfección.

174. La voluntad y la libertad deben también hallarse en el ser absolutamente infinito.

175. La idea indeterminada de lo infinito, se forma de la combinación de las de ser y no ser.

176. La idea indeterminada de un ser absolutamente infinito, consiste en la idea del conjunto de todo ser, que no implique contradicción.

177. La idea determinada de un ser infinito real, o de Dios, se forma de la idea indeterminada de un ser absolutamente infinito, combinada con las ideas intuitivas, de inteligencia, voluntad, libertad, causalidad, y las demás que se puedan concebir sin imperfección, todas existentes en un grado infinito(I).

Libro noveno. La substancia

Capítulo I. Nombre e idea general de la substancia

1. ¿Qué es la substancia? ¿Tenemos de ella una idea bien clara y distinta? Las incesantes disputas de los filósofos sobre la idea de substancia y las continuas aplicaciones que hacemos de la misma, prueban dos cosas: 1.ª que la idea de substancia existe; 2.ª que su claridad y distinción no son tales como fuera de desear. Un mero nombre, vacío de toda idea, no llamaría tan vivamente la atención de todos los filósofos, ni se emplearía con tanta generalidad, aun en el lenguaje ordinario; una idea bien clara y distinta no permitiría tantas disputas.

2. La importancia de esta idea se muestra en los resultados a que se hallan conducidos los filósofos, según el modo con que la explican: el sistema de Spinosa se funda todo entero en una mala definición de la substancia.

3. En esta materia como en muchas otras, no parece lo más acertado el comenzar por una definición, a no ser que lo definido sea solo el nombre: definir una cosa es explicarla; y no se la puede explicar ignorándose lo que es, como se ignora, o se supone ignorarse, cuando empiezan las investigaciones para conocerla. Si al principiar los filósofos sus tratados, en vez de decir la substancia es tal cosa, hubiesen dicho, por el nombre substancia entiendo tal cosa, se habrían ahorrado muchas dificultades.

4. Definido el nombre de substancia, aun cuando se le hiciese corresponder una idea clara y distinta, todavía fuera preciso averiguar hasta qué punto la idea representa objetos realmente existentes; o si pertenece al orden de las que solo expresan la relación de varias ideas, sin que tengamos medio de averiguar si esta relación se halla o no en el mundo positivo: es decir, si la idea de substancia es solo obra de nuestro entendimiento, mero resultado de la combinación de ciertas ideas, o si nos es suministrada por la experiencia misma. Procuraré no incurrir en ninguno de estos defectos; no sé si podré evitarlos. Para este objeto, comenzaré analizando la palabra, atendiendo a su valor etimológico, y luego examinaré los diversos sentidos que se le dan. Este análisis de las palabras, es muy útil para el análisis de las ideas; porque muchas veces se halla en las palabras un fondo de verdad y exactitud, que

no se habría sospechado; y del cual no nos aprovechamos debidamente, por falta de atender al significado común.

5. La palabra substancia, sub-stancia, indica algo que está bajo, sub-stat, que es el sujeto sobre el cual están otras cosas; así como su correlativa accidente o modificación, expresa algo que sobreviene al sujeto, accidit; algo que le modifica, que está en él, como una manera de ser, modus.

6. Por este sujeto, substancia, parece que entendemos también algo constante en medio de las variaciones, algo que, si bien es sucesivamente de varias maneras, según la diversidad de modificaciones que lo afectan, se conserva constante, e idéntico, bajo las diferentes transformaciones. Cuando decimos que la substancia ha recibido tal o cual modificación nueva, si bien entendemos que la substancia es de un modo nuevo, no queremos significar que ella en sí, sea otra, que haya perdido su íntimo y primitivo ser de substancia para revestirse de otro; sino que esta mudanza la consideramos como externa, y que ha dejado intacto un cierto fondo que es lo que apellidamos substancia.

Si así no fuese, si no concibiésemos algo que permanece constante, idéntico, bajo la modificación, no concebiríamos la substancia como distinta de la modificación. Esta pasa del no ser al ser, y viceversa; ahora es, y luego cede su puesto a otra muy diferente; pero la substancia es una misma bajo las diferentes modificaciones; con la sucesión de estas no pasa del no ser al ser, y del ser al no ser, no cede su lugar a otra substancia. Desde el momento que atribuyésemos a la substancia la instabilidad de su modificación, no se distinguirían entre sí.

El lenguaje común nos confirma esta verdad. Cuando ha habido una variación de modificaciones, decimos que tal substancia se ha mudado, esto es, concebimos algo que existía ya antes de la mudanza, y que existe todavía después de ella. Así decimos que tal modificación ha desaparecido completamente; lo que no decimos de la substancia, sino que se presenta, o que es de otra manera. Algo pues concebimos que permanece constante, idéntico a sí mismo, bajo las diferentes modificaciones; y a esto que es el sujeto en que se hacen las mudanzas, a ese algo que no desaparece con la desaparición de las modificaciones, que no se muda íntimamente con las mudanzas de ellas, a eso lo llamamos substancia, sub-stancia, substratum.

Capítulo II. Aplicación de la idea de substancia a los objetos corpóreos

7. Apliquemos a un objeto corpóreo, las ideas encerradas en la de substancia, que esto podrá contribuir a aclararlas, y tal vez nos sugerirá otras nuevas.

Este papel en que escribo, es susceptible de muchas modificaciones; sobre él puedo escribir mil cosas diferentes, en varios caracteres, en diversos colores; puedo plegarle de infinitas maneras; puedo darle infinita variedad de posiciones con respecto a los objetos que le rodean; puedo hacerle mover en todas las direcciones imaginables. Bajo esta infinidad de mudanzas, hay algo constante, algo que no se muda. Hay muchas cosas nuevas, pero hay una que no lo es, que es siempre la misma. Hay una que sufre esas mudanzas, pero conservando algo que no se muda. Si tiño el papel de verde, y luego de rojo; lo que es ahora rojo, es lo mismo que antes era verde, y primitivamente blanco; y a esto permanente refiero todas las mudanzas. Si se me presenta primero un papel blanco, y después otro verde, y enseguida otro rojo, claro es que no es lo mismo que si a un solo papel se le dan todas estas transformaciones. ¿En qué está la diferencia, a pesar de que las impresiones que me causa el color son las mismas? Está en que en un caso hay algo permanente, que ha pasado por las transformaciones sucesivas; y en otro, este algo no es lo mismo, es otro diferente. En un caso hay distintas modificaciones, en otro distintas substancias.

8. Profundicemos más esta materia. Si solo recibiésemos las impresiones sucesivas, sin que tuviéramos ningún medio para referirlas a un mismo objeto, para enlazarlas en un punto común, no encontraríamos ninguna diferencia entre los dos casos expresados. Así, supongamos que se nos pone delante el papel blanco, y luego obligados a apartar la vista encontramos después en el mismo lugar, con las mismas dimensiones, y con la misma posición un papel verde; y enseguida apartando otra vez los ojos, nos hallamos con un papel rojo: claro es que nos será imposible distinguir por la simple sucesión de las impresiones visuales, si es el mismo papel pintado sucesivamente con dichos colores, u otros papeles que se le hayan sustituido. Pero si estamos presentes, si no apartamos la vista del lugar en que está el papel, veremos

si se le pinta de nuevo o si se le muda. En el primer caso, la aparición del nuevo color se continuará con la misma sensación del papel, no movido, haciéndose la transformación sin perderle nosotros de vista, recibiendo él la sucesión continua de sus movimientos, de sus posiciones, bajo la mano del pintor. Aseguraremos pues que el papel es el mismo, porque ha habido continuidad de sensación, o bien enlace de las sensaciones de los diferentes colores, con una tercera, que es la que resulta de la situación del papel, de sus movimientos, y de cuanto nos sirve para conocer lo que es común a lo segundo, y a lo primero. Pero si no hay nueva pintura del papel, sino sustitución de otro papel pintado, veremos que el primer papel se quita; se interrumpe pues todo el orden de las sensaciones, y se presentan otras nuevas. Estas no tienen enlace con aquellas, y así hay para nosotros una cosa distinta.

9. Esto manifiesta como se engendra en nosotros la idea de substancia con respecto a los cuerpos; o hablando con más propiedad, como aplicamos a los cuerpos la idea de substancia. Cuando encontramos un lazo de varias sensaciones que las une por decirlo así en un mismo punto, aquello en que concebimos que se unen, lo llamamos substancia. Y como encontramos en la naturaleza muchos de esos puntos independientes entre sí, naturalmente decimos que hay muchas substancias corpóreas.

10. Al sentir una impresión, si la referimos a un objeto, o la consideramos como objetiva, jamás la llamamos substancia, porque aquel objeto por sí solo, no es capaz de enlazar varias sensaciones. Recibimos la sensación de encarnado; y sabido es que el vulgo, y aun los filósofos, fuera del acto en que filosofan, objetivan el color, es decir, consideran el encarnado no como una simple sensación, sino como una calidad externa. A esta calidad por sí sola, nadie la llamará substancia; porque no es posible que por sí sola sirva de lazo a otras impresiones, o a otras calidades. Si hay mudanza de color, el encarnado desaparece, y por tanto la impresión nueva se enlaza en el orden del tiempo con la de encarnado, mas no reside en ella. Si hay cambio de figura, aunque el encarnado continúe, no concebimos a este color como lazo necesario entre las dos figuras; pues que sabemos que la permanencia del encarnado es indiferente a la variedad de figuras, y estas podrían muy bien haber sufrido el mismo cambio, continuando o desapareciendo aquel color.

Como en general hemos experimentado que ninguna sensación se enlaza necesariamente con la otra, y que de muchas sensaciones enlazadas en un punto común, desaparecen unas sin desaparecer las otras y recíprocamente, inferimos que ninguna de ellas es lazo necesario; y por tanto, aunque las objetivemos, no las atribuimos el carácter de substancia, de algo que permanezca idéntico a pesar de las mudanzas, y que sea como el recipiente de todas ellas.

11. Una propiedad hay en los cuerpos que es necesaria a todas las sensaciones, o cuando menos a las dos principales, visión y tacto; la extensión; a la cual miramos como un recipiente de todas las sensaciones, ya las consideremos en nosotros, ya en los objetos. No vemos ni imaginamos, blanco o negro, no tocamos ni imaginamos, caliente o frío, blando o duro, sin extensión en que residan la blancura o negrura, la blandura o la dureza, el calor o el frío. Así la extensión podría quizás merecernos el honor de substancia, si no estuviese sujeta a otra condición que la priva de este título. Si bien, cuando concebimos la extensión en general, en toda su abstracción, considerándola con el puro entendimiento como una mera continuidad, prescindimos absolutamente de toda figura; no obstante, cuando hemos menester una extensión aplicada, que nos sirva de recipiente de las sensaciones, nos es imposible hallarla sin una configuración determinada. No vemos simplemente un color, sino que le vemos en una extensión circular, triangular o de otra especie. Estas figuras se confunden con la extensión misma, en cuanto es aplicada; y además tampoco sirven de lazo para las demás sensaciones. A veces, es verdad, una misma figura recibe diferentes colores, diferentes grados de calor o frío, diferentes posiciones etc. etc., pero también a veces sucede lo contrario, y con el mismo color, con el mismo grado de calor o frío, es decir con la continuidad de otras sensaciones, el objeto cambia de figura; y así como un círculo rojo se hacía antes círculo verde, así el mismo objeto rojo se hace circular, y después triangular. En el primer caso la figura circular servia de lazo a las sensaciones de los colores; en el segundo el mismo color sirve de lazo a las figuras.

12. Privada la extensión de los honores de substancia, así como todas las demás sensaciones, en cuanto objetivadas; observamos que todas estas variaciones se suceden en los objetos, enlazándose unas sensaciones

con otras. Así un mismo círculo toma diferentes colores, y un mismo color diferentes figuras; y otra vez cambian los colores y se reproducen los primeros, permaneciendo la misma figura; y otra vez se reproducen las primeras figuras permaneciendo los mismos colores. Inferimos pues que bajo aquella variedad hay algo constante; que bajo aquella multiplicidad hay algo uno; que bajo aquella sucesión de ser y no ser, hay algo permanente; y a esto constante, uno, permanente, a esto en que se verifican aquellas mudanzas, a esto que es el recipiente de ellas, que es el punto que las enlaza fuera de nosotros, y que nos proporciona a nosotros el concebirlas enlazadas, a esto lo apellidamos substancia.

Capítulo III. Definición de la substancia corpórea

13. Pero ¿qué es en el orden sensible, el sujeto permanente de las transformaciones? ¿Es una pura ilusión? ¿Es una realidad? ¿Qué realidad será esa? ¿No se parece más bien a una abstracción? Una cosa que no es ningún color, sino que se presta a tenerlos todos; que no es ninguna calidad de las que experimentamos, sino el sujeto causa de todas ellas; que no es ninguna figura, sino que puede acomodarse a todas; que no es la extensión pura, pues esta es una abstracción, y aquello es un ser que sirve como de fondo a las demás cosas; un objeto corpóreo, que en sí, no puede afectar ningún sentido, ¿que será? ¿No parece una cualidad oculta de los peripatéticos, un ser misterioso, fantástico, una mera ilusión? Examinémoslo, y para guardarnos de ilusiones apelemos a la experiencia.

14. Tomemos un pedazo de cera sin soltarle jamás de la mano, pintémosle de diferentes colores, borrémoslos, y volvámosle a pintar, sujetémosle a diferentes temperaturas, ablandémosle al fuego, y luego endurezcámosle; démosle distintas figuras, de un globo, cilindro, paralelepípedo, mesa, vaso, estatua; yo pregunto: ¿todas esas mudanzas se han verificado en una misma cosa? sí. ¿Aquella cosa era ninguno de los colores, ni figuras ni grados de temperatura? no; pues todas estas calidades, eran y dejaban de ser permaneciendo la cosa la misma. ¿Cómo sé que la cosa ha permanecido la misma y no es otra? Porque ha habido continuidad de sensación en el ojo fijo sobre el objeto; en el tacto, que si bien ha sentido las transformaciones de caliente y frío, duro y blando, esta figura o la otra, ha experimentado que estas se

hacían sin interrumpir la sensación común del tacto, de un objeto que no se soltaba, cuyo peso se experimentaba incesantemente. Luego hay algo allí que no es las transformaciones, sino lo que se transforma; algo que es común a todas, que las recibe, que las enlaza, fuera de mí, y en mí.

15. Examinando lo que concebimos de aquello permanente, lo que nos resta después de prescindir de sus cualidades, notamos lo siguiente.

1.º La idea de ser. Decimos, aquella cosa, algo, sujeto etc., etc., hablamos pues de un ser, de una realidad. Sin realidad no hay más que nada: y la nada no puede ser sujeto de transformaciones, ni lazo de impresiones.

2.º La idea de ser que aquí encontramos, no es pura, no es de solo ser. Las calidades existen, son seres: y sin embargo no las confundimos con el sujeto.

3.º Lo que acompaña la idea de ser, es la de permanencia entre lo sucesivo, y la relación de esta permanencia como punto de enlace, como centro fijo en medio de la sucesión.

16. Si quisiésemos pues definir la substancia corpórea, deberíamos limitarnos a decir que es un ser permanente en que se verifican las mudanzas que se nos ofrecen en los fenómenos sensibles. A esto se reduce nuestra ciencia: todo cuanto se añada sobre este punto, no puede pasar de hipótesis y conjeturas. En vano se me preguntará, qué es este ser: dadme la intuición de la esencia de las cosas corpóreas, y os lo diré; pero mientras no las conozco sino por sus efectos, es decir, por las impresiones que en mí producen, no lo sé. Conozco que aquello es algo; conozco esta relación con sus formas; conozco que estas se hallan en aquel sujeto, y no son el sujeto; aquí encuentro el límite de mi conocimiento. Al objeto que corresponde a esta idea compuesta de ser permanente y de su relación a varias formas, a esto lo llamo substancia corpórea.

17. Por lo mismo que la substancia cambia de accidentes, permaneciendo ella la misma, se sigue que en su existencia es independiente de ellos; prescindiendo ahora de si puede o no existir sin ninguno, solo afirmo que ninguno de ellos en particular le es necesario. Y aquí es de notar una diferencia entre la substancia en sí y el medio por el cual se nos manifiesta y se pone en comunicación activa o pasiva con nosotros. Este medio son los accidentes, son esas formas transitorias con que se reviste. ¿Cómo podríamos tener ni aun noticia de la existencia de los cuerpos, sino por medio de las sensacio-

nes? Y el objeto de estas no es la substancia en su íntima naturaleza, sino sus calidades en cuanto afectan nuestros sentidos.

Capítulo IV. Relaciones de la substancia corpórea con sus accidentes

18. En la idea de substancia corpórea, se incluye perfectamente la idea de permanencia, pero la de unidad, solo entra de un modo muy imperfecto. En toda substancia corpórea no concebimos sino una unidad facticia por decirlo así: pues lo que en ella permanece, no es uno, sino un agregado de muchos, como lo manifiesta la divisibilidad de la materia. De cualquiera substancia corpórea podemos hacer muchas, que tendrán el mismo derecho que la primera a llamarse substancias. Un pedazo de madera es substancia; este pedazo le podemos dividir en otros muchos que serán igualmente substancias. Todos ellos juntos formaban aquello que llamábamos una substancia; pero es claro que esta unidad era muy imperfecta, que más bien era una reunión, y que si la considerábamos como una, era por relación a la unidad de efecto que nos producía, con el enlace que daba a nuestras sensaciones y a los fenómenos que de ella resultaban.

19. De esto se infiere que toda substancia corpórea encierra multiplicidad; y por consiguiente combinación de los elementos que la componen. Esta combinación no es permanente como lo enseña la experiencia; y por tanto, no hay substancia corpórea que no tenga cuando menos una modificación: la disposición de sus partes. Prescindiendo de las mudanzas de esta modificación, claro es que nunca se la puede confundir con la substancia: aun cuando los cuerpos se presentasen constantemente a nuestros sentidos con la misma disposición de sus partes, el ser permanente, se hallaría en las partes, y no en su disposición. Esta es una cosa externa, que sobreviene a lo existente; no hay reunión y combinación, si no hay partes que reunir y combinar.

20. Entre la substancia y las modificaciones notamos una diferencia, y es, que la substancia es independiente de las modificaciones, pero las modificaciones no son independientes de la substancia. Esta, permaneciendo la misma, cambia de accidentes; pero un accidente permaneciendo uno mismo, no puede cambiar de substancia. La misma madera puede recibir

sucesivamente muchas figuras; pero la misma figura en número, no puede pasar de una madera a otra. Dos pedazos de madera pueden tener una figura semejante o diferente; cúbica, esférica, piramidal, etc. y tomar la una la de otra; pero en tal caso, no hay identidad de figuras, sino semejanza; son las mismas en especie, mas no en número.

21. Si se me pregunta, cómo sé que no hay más que semejanza y no identidad numérica en las figuras que sucesivamente toman los cuerpos, que no hay permanencia en las figuras que cambian de sujeto, y por consiguiente que una misma figura no pasa de una substancia a otra, así como una misma substancia pasa de una a otra figura, no me será difícil demostrarlo.

Por de pronto salta a los ojos la extrañeza de una figura cúbica, por ejemplo, pasando de un cuerpo a otro. ¿Qué es esta forma separada del cuerpo? ¿Cómo se sostiene en el tránsito? ¿Cómo no es exactamente igual en ambos, y se presenta con ligeras modificaciones? En el tránsito ¿habrá también sufrido modificación? Entonces habrá modificación de modificación, y la figura en sí, en abstracto de todo cuerpo, resultará una especie de substancia de segundo orden, permanente en medio de las modificaciones. Claro es que esto son sueños, en que se aplica a la realidad lo que solo conviene a la idea en abstracto; que ese tránsito de formas supondría una existencia de ellas, por separado; y así podríamos tener cubos, esferas, triángulos, círculos etc., en abstracto, y toda clase de figuras, subsistentes en sí, sin aplicación a nada figurado.

22. Pero todavía se puede dar de esta verdad otra demostración más rigurosa. Si se supone que una misma figura en número, pasa de un cuerpo a otro, tendremos que el pedazo de madera A, que pierde la forma cúbica, la transmite al cuerpo B. Ahora, esta forma individual no puede estar en los dos a un mismo tiempo. Supongamos que después de haber quitado a la madera A, la forma cúbica, se la devolvemos sin tocar al cuerpo B; claro es que no será la misma en los dos; luego tanta razón había para que dijésemos que el cuerpo B no había adquirido la misma sino otra semejante. Es evidente además que para dar a un cuerpo la forma cúbica no necesitamos quitársela al otro; luego la forma del uno no es individualmente la del otro; pues de lo contrario sería preciso decir, que es y no es, que se conserva y deja de existir a un mismo tiempo.

23. Las palabras transmisión o comunicación del movimiento, que tanto se usan en la física, expresan una realidad, en cuanto se limitan al fenómeno sujeto a cálculo; pero significarían un absurdo, si se las entendiese en el sentido de que el mismo movimiento que se hallaba en un cuerpo, ha pasado a otro. La suma de las cantidades de movimiento después del choque de los cuerpos duros, es la misma que antes; y esto se verifica repartiéndose entre ellos la velocidad, perdiendo el uno, y ganando el otro. Así lo enseña el cálculo, y lo atestigua la experiencia. Pero es evidente que no puede suceder que la misma velocidad individual que estaba en el cuerpo chocante se haya trasmitido al chocado; pues lejos de que la velocidad sea separable del cuerpo, pasando de un sujeto a otro, ni siquiera se la concibe sino como una relación en cuya idea entran las del cuerpo movido, del espacio y del tiempo. Es verdad que siendo Q la cantidad del movimiento antes del choque, el valor de Q permanece constante después del choque; pero esto solo expresa el fenómeno con relación a sus efectos, en cuanto sujeto a cálculo; pero no que la velocidad que entra en el segundo miembro de la ecuación sea formada de las partes de las anteriores. Sean A y B dos cuerpos, con cuyas letras expresaremos sus masas, y V, v, sus velocidades respectivas antes del choque. La cantidad del movimiento será $Q = A \times V + B \times v$. Después del choque resultará una nueva velocidad, que llamaremos u y tendremos que la cantidad del movimiento será $Q = A \times u + B \times u$. Matemáticamente hablando, el valor de Q será el mismo; pero esto solo significa que si se expresan los resultados del movimiento, en números o en líneas, tendremos lo mismo después que antes del choque; mas no se entiende ni se puede entender, que en la velocidad u, considerada en cuanto se halla en el sujeto, haya un trozo de velocidad que se ha despegado de la V, para unirse con la v.

24. De esto resulta que los accidentes de los cuerpos no los concebimos realizables sin sujeto al que estén inherentes; y que las substancias no están inherentes a otro ser, y son concebidas y existen realmente, sin esta inherencia. La figura no puede existir sin cosa figurada; pero esta cosa figurada puede existir muy bien aunque se anonaden todas las demás cosas. Analizando su naturaleza podremos encontrar, y encontraremos en efecto, que su existencia supone la existencia de otro ser que la haya producido; pero entre

las dos hallamos la relación de causa y de efecto, mas no la de inherencia, no la de sujeto y modificación.

25. Estas últimas consideraciones explican más la idea de substancia corpórea. Habíamos encontrado (Cap. III) las notas siguientes: 1.ª ente; 2.ª relación de permanente a lo variable; 3.ª sujeto de estas variaciones; ahora encontramos la cuarta que es una negación: la no inherencia a otro. Este carácter negativo se halla incluido en el positivo: sujeto permanente de variaciones; porque es claro que al concebir sujeto permanente de variaciones, ya no incluimos la inherencia, antes bien se la negamos, al menos implícitamente. La no inherencia supone algo positivo, algo en que se funde el no tener esta necesidad de estar adherido. ¿Qué es esto? No lo sabemos. Conocemos que existe, pero no alcanzamos a explicarlo. Probablemente es inexplicable sin la intuición de la misma esencia de las cosas; y esta intuición nos falta.

Capítulo V. Consideraciones sobre la substancia corpórea en sí misma

26. La idea de substancia, tal como la hemos explicado hasta aquí, envuelve una relación a los accidentes en general (Cap. III). Pero esta idea no es la de una substancia indeterminada, sino la de substancia corpórea; y preciso es confesar la dificultad de concebir una substancia corpórea particular sin ningún accidente. Si a este papel en que escribo le despojo de todo cuanto tiene relación con mis sentidos, y hasta prescindo de su figura y de su extensión: ¿qué me resta para concebir algo particular determinado, algo que no sea la idea de ser en general, sino la de este ser en particular? Claro es que para que el objeto no se me desvanezca completamente, o para que perdiendo toda individualidad, no se me confunda en la idea universal, debo reservarme algo por lo cual pueda decir esto; es decir, esto que se halla aquí, o que me ha afectado de tal o cual manera, o que ha sido el sujeto de tales o cuales modificaciones. Por donde se echa de ver que considero cuando menos su posición con respecto a los demás cuerpos, o su causalidad con relación a las impresiones que me ha producido, o su naturaleza de sujeto de determinados accidentes. Así pues como la idea de substancia finita en general, envuelve relación a ciertos

accidentes en general, así la de substancia en particular, la envuelve a accidentes particulares.

27. Dicha relación la encontramos en nuestro modo de concebir la substancia corpórea; no es fácil asegurar si la envuelve también en su naturaleza misma. Esta no la conocemos, y al querer examinarla, nos hallamos sobre un terreno distinto; se presentan a nuestra consideración las cuestiones sobre la esencia de los cuerpos.

28. La identidad de la substancia corpórea bajo sus diversas transformaciones, tampoco podemos asegurar hasta qué punto continúa. Los partidarios de la filosofía corpuscular consideran todas las transformaciones como simples movimientos locales, y todas las variaciones que vemos en los cuerpos, como simples resultados de la diferente posición de las moléculas entre sí. Leibnitz resuelve la materia en una infinidad de mónadas, que no son los átomos de Epicuro, pero que conducen también a la invariabilidad substancial de los cuerpos, los cuales según él, no son más que el conjunto de substancias indivisibles llamadas mónadas. Los aristotélicos creían que de las mudanzas de los cuerpos, unas eran accidentales, como la de figura, movimiento, densidad, calor, frío etc. etc., otras substanciales, como el tránsito de la madera a ceniza. Pero en medio de esta variedad de sistemas, es notable el acuerdo en admitir algo permanente sujeto de las mudanzas. Con respecto a los atomistas, y a Leibnitz, es claro que admitían la identidad del sujeto; y por lo que toca a los aristotélicos, aunque la mudanza que inducía una forma substancial diferente de la primera, transformaba substancialmente el ser, de suerte que después de la mudanza de la forma substancial, no podía decirse que el uno era substancialmente el otro; no obstante opinaban que había un sujeto común en esas mismas trasformaciones substanciales, que ellos llamaban materia prima. Tan claro, tan evidente es, que en medio de las transformaciones del mundo corpóreo hay algo permanente, que se encuentra reconocida esta verdad en todos los sistemas filosóficos.

29. Si esta substancia corpórea es una realidad, como lo es en efecto, es necesario que no solo exista, sino que sea algo determinado. A esta determinación substancial del cuerpo, a esto que le constituye tal cosa, y que le distingue en su íntima naturaleza, en su esencia, de todos los demás cuerpos de otras especies, a esto llamaban los aristotélicos forma substan-

cial; y al sujeto de esa forma, de esa actualidad, a ese sujeto común a todos los cuerpos, le apellidaban materia prima, que era una pura potencia, una especie de medio entre el puro nada, y el ser en acto.

30. Sobre estos puntos se ha disputado desde que hay escuelas filosóficas y es probable que se disputará en adelante; pero siempre con escaso fruto. Del mundo corpóreo conocemos su existencia, conocemos sus relaciones con nosotros, conocemos sus propiedades y sus leyes, en cuanto está sujeto a nuestra observación; pero a su íntima naturaleza no alcanzan nuestros sentidos, no llegan nuestros instrumentos. A medida que adelanta el hombre en sagacidad de observación y fuerza y delicadeza de instrumentos, descubre nuevos misterios, y ve que las barreras que él creía un non plus ultra, se retiran más allá, en la inmensidad de un océano. ¿Las alcanzará algún día? ¿Podrá dar la vuelta a ese mundo científico? ¿Está reservado al porvenir un conocimiento de la íntima naturaleza del sujeto de esa infinidad de fenómenos que nos asombran? difícil es creerlo. El telescopio a medida que se perfecciona, extiende los límites del universo, y parece caminar a lo infinitamente grande; la perfección del microscopio siguiendo la dirección opuesta, parece caminar hacia lo infinitamente pequeño. ¿Dónde están los límites? Es probable que el encontrarlos no es permitido al débil mortal, mientras habita sobre la tierra. El espíritu humano, tan activo, tan fecundo, se lanza sucesivamente hacia los dos extremos: pero cuando se lisonjea de llegar al último confín, siente que algo le detiene antes de alcanzar el objeto de sus nobles deseos; es la cadena que le une al cuerpo mortal, y que no le permite el libre vuelo de los espíritus puros.

Capítulo VI. Substancialidad del yo humano

31. Al considerar las substancias corpóreas, no hemos encontrado la perfecta unidad; todas cuantas se sujetan a nuestros sentidos se resuelven en muchas otras, que a su vez son substancias también: resultando que los cuerpos, más bien son agregados de substancias, que una sola substancia. La unidad no la encontramos en ellos; nosotros se la atribuimos, o en cuanto forman un lazo común de nuestras sensaciones, o en cuanto esas diversas substancias las consideramos subordinadas a una que las vivifica

y dirige. Así las partes de un cuerpo animado, constituyen una especie de unidad, en cuanto están subordinadas al principio que las anima.

32. De aquí no debemos inferir que la unidad verdadera no existe ni aun en los mismos cuerpos; si pudiésemos conocer su esencia misma, la hallaríamos sin duda, ya sea en las mónadas escogitadas por Leibnitz, ya en otra cosa más o menos semejante. Aunque este conocimiento de las esencias nos falte, sin embargo el raciocinio nos conduce a esta unidad. Lo compuesto se forma de partes; si este a su vez se compone de otras, y así sucesivamente, al fin hemos de llegar a algo que no se descompone: allí está lo indivisible; o mejor, la verdadera unidad. Este raciocinio vale, aun suponiendo que la materia es divisible hasta lo infinito. La divisibilidad hasta lo infinito supondría infinidad de partes en que se podría dividir: estas partes pues existirían; esos elementos infinitésimos serían reales, en ellos estaría la unidad.

33. Independientemente del mundo corpóreo, encontramos la idea de substancia, su aplicación real, su unidad perfecta, en nosotros mismos, en el testimonio de nuestra conciencia. Esta nos cerciora de que pensamos, de que deseamos, de que sentimos, de que experimentamos una infinidad de afecciones, las unas sujetas a nuestra voluntad, y como hijas de la actividad que hay allá en el fondo de nosotros mismos; otras independientes de nosotros, que nos vienen sin nuestra voluntad, a veces contra ella, y cuya reproducción no está siempre en nuestra mano.

Ese flujo y reflujo de ideas, de voliciones y sentimientos, tienen un punto en que se enlazan, un sujeto que los recibe, que los recuerda, que los combina, que los busca, o los evita, ese ser de que tenemos conciencia íntima, que los filósofos han dado en llamar el yo. Este es uno, idéntico bajo todas las transformaciones; y esa unidad, esa identidad es para nosotros un hecho indisputable, un hecho atestiguado por la conciencia. ¿Quién sería capaz de hacernos dudar, que el yo que piensa en este momento, es el mismo que pensaba ayer y años atrás? No obstante la variedad de los pensamientos y deseos; a pesar del cambio de opiniones y voluntad, y de la oposición de unos actos con otros, ¿quién nos quitaría la convicción profunda, incontrastable, de que somos nosotros mismos quienes lo experimentamos, de que hay algo aquí dentro que sirve de sujeto a todo?

34. Si en nosotros no hubiese algo permanente en medio de tanta variedad, la conciencia del yo sería imposible. Entonces no habría en nosotros más que una sucesión de fenómenos inconexos, y por tanto serían imposibles la memoria y la combinación. El pensamiento es un absurdo, si no hay algo que piense, permaneciendo idéntico bajo la variedad de las formas del pensar. En nosotros pues hay un sujeto simple que todo lo enlaza, en el cual se verifican esas mudanzas; hay pues una substancia. En ella hay una unidad; esa unidad que no encontramos en las substancias corpóreas, sino después de haber recorrido una serie infinita de descomposiciones, se nos presenta en la substancia espiritual en el primer momento, como un simple hecho interno, sin el cual son absurdos todos los fenómenos que sentimos en nuestro interior, y nos es imposible toda experiencia del mundo externo. Sin la unidad del yo, no hay sensaciones; y sin estas nada podemos experimentar de los seres que nos rodean.

Capítulo VII. Relaciones de la proposición yo pienso, con la substancialidad del yo

35. Si no admitimos que el alma es substancia, la proposición yo pienso, carece de sentido. Entonces la filosofía pierde su punto de apoyo; todo cuanto experimentamos en nuestro interior, es una serie de fenómenos inconexos, incapaz de ser observada, y de estar sometida a ninguna regla.

36. Mi pensamiento de ahora no es individualmente mi pensamiento de ayer; como mi pensamiento de mañana, no será mi pensamiento de hoy; estos pensamientos considerados en sí, con precisión de un sujeto en el cual se hallen, no tienen nada que ver el uno con el otro: quizás versan sobre objetos sin ninguna relación, quizás son contradictorios; quizás el pensamiento de hoy es negación del de ayer.

37. Lo mismo se verifica en todos los pensamientos, en todos los actos de voluntad, en todos los sentimientos, en todas las representaciones imaginarias, en todas las sensaciones, y en general en todo cuanto experimento en mí mismo. Fijando la consideración en todas las afecciones internas, sean las que fueren, no veo en ellas más que una serie de fenómenos, una especie de río de existencias que pasan y desaparecen, unas para no volver, otras para reaparecer de nuevo en tiempo diferente, y ofreciéndome expresamente esta

diferencia. La reaparición no es individual, sino de semejanza; esto es, que la afección repetida, no es la misma que antes hubo, sino otra semejante. Cuando la afección vuelve, tengo conciencia de su actualidad en el momento presente, y conciencia de su actualidad en un tiempo anterior: esta doble conciencia que constituye el recuerdo, me hace distinguir entre las dos afecciones, e implica necesariamente el juicio de que la una no es la otra. La afección recordante (permítaseme la expresión) que se identificase con la afección recordada, no sería recuerdo: una cosa se presenta a sí misma, mas no se recuerda.

38. Luego en nuestro interior todo pasa para no volver; el flujo es real; el reflujo no es más que aparente; lo que deja de ser, no vuelve a ser jamás; habrá una cosa semejante, pero no la misma; lo que fue, pasó; y el tiempo no vuelve atrás.

39. Luego la serie de los fenómenos internos, considerados en sí solos, y prescindiendo de un sujeto en que residan, es por necesidad inconexa, y no hay medio para subordinar sus términos a una ley ni a ningún lazo.

40. Sin embargo esta ley existe en todos nuestros actos intelectuales; una razón sin leyes que la gobiernen, es el mayor de los absurdos; este lazo se encuentra en todas nuestras afecciones: el flujo de ellas, con su distinción y sus diferencias y semejanzas, es un hecho presente a nuestro interior, hecho al cual estamos sometidos como a una condición primitiva e indeclinable de nuestra existencia.

41. La proposición: yo pienso, incluyéndose en la palabra pensar todas las afecciones internas, no se refiere tan solo a fenómenos aislados, sino que implica por necesidad un punto en que se enlazan, al cual llamamos el yo. Si este punto no existe, si no es uno, si no es idéntico, el pensamiento de hoy no tiene ningún lazo con el de ayer: siendo dos cosas distintas, que se hallan en tiempos diversos, y que quizás son contradictorias: cuando hoy digo yo pienso y entiendo decir que este yo es el mismo de la proposición, yo pensaba ayer, mi lenguaje es absurdo; si no hay más que los puros fenómenos, los dos pensamientos sin un punto de enlace, el yo no es nada, no puedo decir yo pensaba, yo pienso; debo decir había pensamiento, hay pensamiento. Si entonces se me pregunta, dónde, en quién, deberé responder que no hay

dónde, que no hay quién; deberá negar el supuesto, y limitarme a repetir: había pensamiento, hay pensamiento.

42. Para decir yo, es necesario suponer una realidad permanente: realidad, porque lo que no es real es nada; permanente, porque lo que pasa desaparece, deja de ser y no puede servir de punto para unir nada.

Capítulo VIII. Consideraciones sobre la intuición que el alma tiene, o puede tener, de sí misma

43. La realidad permanente del yo, considerada en sí misma y prescindiendo de las cosas que pasan en ella, es un hecho que sentimos en nuestro interior, y expresamos en todas nuestras palabras. Si a esta presencia, esta experiencia íntima, se la quiere llamar intuición del alma, nosotros tenemos intuición de nuestra alma. Esta intuición se halla reproducida en todas las intuiciones particulares, y en general en todas las afecciones internas; porque si bien son fenómenos aislados, implican la intuición del yo, por lo mismo que implican conciencia de sí propio.

44. La misma variedad de los fenómenos aislados, lejos de probar nada contra la unidad de la intuición del yo, la confirma hasta la evidencia. Si concebimos un pensamiento solo, fijo, idéntico, no necesitamos tanto de unirle la idea de un sujeto en que resida; pero cuando hay muchedumbre de fenómenos diversos, y aun contradictorios en su coexistencia, debemos referirlos a una cosa constante, so pena de convertir el mundo interno en un caos absoluto.

45. Hay pues cierta intuición del alma en sí misma; esto es, hay una presencia de sentimiento de su unidad entre la muchedumbre, de su identidad entre la diversidad, de su permanencia entre la sucesión, de su duración constante entre la aparición y desaparición de los fenómenos. O es necesario admitir esto, o renunciar a la legitimidad del testimonio de toda conciencia; lo que produciría el escepticismo más completo que ha existido jamás, extendiéndole a los dos mundos externo e interno.

46. Encontramos pues que los conceptos indeterminados de ser, unidad, permanencia, sujeto de modificaciones, se hallan realizados en nuestro interior: esta realización nos la asegura la conciencia, y nos la confirma el análisis

lógico de la serie de los fenómenos en sus relaciones con un punto de enlace.

47. Ser, uno, permanente, sujeto de modificaciones, incluye todo cuanto se encierra en la idea de substancia finita: esto lo encontramos en el alma, con la experiencia lo sentimos, nos afecta íntimamente; si a esto se lo quiere llamar intuición, la tenemos de la substancialidad del alma.

48. El sujeto pensante no solo se siente a sí propio, sino que se conoce como un objeto real, al cual aplica por medio de la reflexión las ideas indeterminadas de ser, unidad, permanencia, sujeto de modificaciones. Luego el alma puede ser un verdadero predicado en proposiciones que tengan el doble apoyo de la conciencia y de la lógica.

49. Puede preguntarse si nosotros tenemos otra intuición del alma que la que acabamos de explicar; a esto respondo que no, mientras estamos en esta vida; pero pregunto al mismo tiempo, si es cierto que en esta materia haya otra intuición posible, que la del sentido íntimo. Acostumbrados a las intuiciones sensibles que implican la extensión en el espacio, preguntamos ¿qué es el alma en sí misma? y parece que no quedamos satisfechos porque no vemos su retrato. Abstrayéndonos del orden de la sensibilidad, levantándonos a la esfera intelectual pura, ¿quién sabe si podríamos decir que no hay otra intuición del alma que la que tenemos ahora; que ella, en sí misma, en su entidad una, simple, es esta misma fuerza que sentimos; que esta misma fuerza es el sujeto de las modificaciones, que es la substancia, sin que sea preciso excogitar otro fondo muerto digámoslo así, en que resida esta fuerza? ¿por qué la misma fuerza no podrá ser subsistente? ¿por qué debemos imaginar otro substratum en el cual se apoye? Y si esto fuese así, si fuese aplicable a la substancia del alma lo que pensaba de todas las substancias el gran Leibnitz, haciendo consistir la idea de substancia en la idea de fuerza, ¿por qué no podríamos decir que la presencia de sentido íntimo, la conciencia de sí propia, es toda la intuición que el alma puede tener de sí misma?

50. Me preguntáis qué es el alma separada del cuerpo, qué sentirá de sí, qué conocerá de sí, cuando se hallará sola. ¿Acaso en la actualidad no siente y no conoce sola? ¿Acaso los órganos de que se vale, sienten ni piensan? ¿Sabe por ventura de qué manera se sirve de ellos, ni sabría que

se sirve de ellos, sino por la experiencia? ¿No se halla sola en las profundidades de su actividad, con sus pensamientos, con sus actos de voluntad, con sus sentimientos, con su alegría, con su tristeza, con sus placeres, con sus dolores? En hora buena, dígase que tal vez no nos formamos ideas bastante claras del modo de conciencia que tendremos de nosotros mismos después de esta vida; dígase que quizás son posibles otras intuiciones de nosotros mismos; pero no se pinte como una cosa inconcebible el alma sola: dejadme el pensamiento, la voluntad, el sentimiento, todo presente en lo íntimo de mi conciencia; para hallarme a mí propio, no necesito más: dadme comunicación con otros seres que me afecten o a quienes yo afecte, que me trasmitan sus pensamientos y sus voluntades, que me causen placeres o dolores, y no necesito nada más para tener un mundo que concibo muy bien: me falta el conocimiento de la calidad de los pormenores, no de su posibilidad: el alma muda de estado, no de naturaleza.

Capítulo IX. Examen de la opinión de Kant sobre los argumentos con que se prueba la substancialidad del alma

51. Los argumentos psicológicos en favor de la substancialidad del alma, son meros paralogismos en la opinión de Kant, y si bien prueban una substancia ideal, no pueden nunca conducir a una substancia real. Este filósofo, a más de las razones con que ataca la prueba psicológica de la substancialidad del alma, tenía una personal, que era muy poderosa para él, atendida la flaqueza del corazón humano: o debía poner en duda la substancialidad del alma, o consentir en la ruina de todo su sistema. «Sería, dice, un grande, y hasta el único escollo de toda nuestra crítica, la posibilidad de demostrar a priori que todos los seres pensantes son substancias simples, y que por consiguiente tienen necesariamente la personalidad y la conciencia de su existencia separada de toda materia; porque de este modo habríamos dado un paso fuera del mundo sensible, habríamos entrado en el campo de los noumenos, y nadie nos disputaría el derecho de desmontar este terreno, de edificar en él y tomar posesión del mismo, según que lo permitiría la fortuna de cada uno» (Dialéctica trascendental, libro 2, cap. 1).

52. En concepto de Kant, el primer paralogismo de la psicología pura en favor de la substancialidad del alma, es el siguiente. «Aquello cuya representación es la substancia absoluta de nuestros juicios, y que no puede servir de determinación a otra cosa, es substancia. El yo, como ser pensante, es la substancia absoluta de todos sus juicios posibles, y esta representación de sí mismo no puede ser el predicado de otra cosa; luego el yo como ser pensante, es substancia.»

En estos términos presenta en la primera edición de su Crítica el discurso psicológico que se propone combatir; en la segunda edición, queriendo ser más claro, o quizá más oscuro, expresa el mismo raciocinio en otros términos. «Lo que no puede ser concebido sino como sujeto, no existe sino como sujeto, y por consiguiente es substancia; es así que el ser pensante, considerado simplemente como tal, no puede ser pensado sino como sujeto; luego no existe sino como tal, es decir, como substancia.» Preciso es confesar que si la psicología no tuviese expositores más claros que Kant, y en sus demostraciones hubiese de emplear las formas de que se vale este filósofo en los pasajes que se acaban de ver, haría muy escasos prosélitos, por la sencilla razón de que pocos entenderían su lenguaje. Estoy seguro que la mayoría de los lectores no queda convencida por los silogismos favorables a la substancialidad del alma, tales como los presenta Kant: de este modo la posición del filósofo es muy ventajosa, porque debe probar que no tiene fuerza un argumento, cuya fuerza en verdad no se ha sentido. Pero supongamos que un filósofo se digna descender del Olimpo de las abstracciones incomprensibles, y no se desdeña de hablar el humilde lenguaje de lo mortales, presentando el argumento psicológico bajo una forma más sencilla, ¿quién sabe si la convicción producida sería algo más difícil de destruir? ensayémoslo.

53. Por substancia entiendo un ser o una realidad permanente, en la cual se verifican diferentes modificaciones, continuando ella idéntica a sí misma. Es así que en mi interior hay esa realidad, que permaneciendo idéntica, tiene variedad de pensamientos, de actos de voluntad, de sentimientos, de sensaciones, como me lo atestigua la conciencia; luego esto que hay en mi interior es substancia.

Creo que se puede desafiar a todos los filósofos del mundo, a que señalen en este silogismo una proposición falsa, ni dudosa, o indiquen un vicio en la consecuencia, si no quieren ponerse en abierta contradicción, por una parte con el testimonio de la conciencia, y por otra con todas las leyes de la razón humana.

54. Pretende Kant que el raciocinio en favor de la substancialidad del alma no es concluyente, porque las puras categorías, y por consiguiente la de la substancia, no tienen absolutamente ningún valor objetivo, sino en cuanto son aplicadas a la diversidad de una intuición sometida a las mismas; esto es, que el concepto de substancia es una pura función lógica que no vale nada ni significa nada objetivamente, sino en cuanto se refiere a cosas sensibles; y que tan pronto como sale de la esfera de la sensibilidad, no puede conducir a ningún resultado. Es evidente que la substancialidad del alma no puede ser objeto de la intuición sensible; y por consiguiente, aplicar al alma la idea de substancia es extender el concepto más de lo que permite su naturaleza. Menester es confesar que el raciocinio de Kant es concluyente, si se admiten sus principios; y en esto tenemos una prueba de la necesidad de combatir ciertas teorías que a primera vista parecen inocentes por estar en el mundo de las abstracciones, pero que en realidad son funestísimas por los resultados a que conducen. Tal es el sistema de Kant sobre la falta de valor objetivo de las categorías puras; y por esto le he combatido (Lib. IV, Cap. XIII, XIV, XV, XVI, XXI, XXII) demostrando: 1.° Que los conceptos indeterminados y los principios generales que en ellos se fundan, tienen un valor objetivo fuera del campo de la experiencia sensible, con respecto a los seres que de ningún modo están sujetos a nuestra intuición. 2.° Que no es verdad que solo tengamos intuición sensible; pues que conocemos intuitiva-mente un orden intelectual puro, superior a la esfera de la sensibilidad. Con esta doctrina queda arruinado el argumento de Kant, porque se deshace el fundamento en que estriba.

55. El filósofo alemán parece que sentía el punto flaco de su discurso; y así es que procura exponer el argumento psicológico en términos tales que ofrezca un tránsito del orden ideal al real, sin que se vea el punto que une cosas tan distantes. Su lenguaje es puramente ideológico: «aquello cuya representación es la substancia absoluta de nuestros juicios y que no puede

servir de determinación a otra cosa, es substancia», nótese bien: define la substancia por la representación y por la incapacidad de servir de determinación a otra cosa, es decir, por atributos puramente ideológicos o dialécticos. La forma de que se vale en la segunda edición, adolece del mismo defecto. «Lo que no puede ser concebido sino como sujeto, no existe sino como sujeto, y por consiguiente es substancia.» ¿Por qué no nos dice que la substancia de que se trata aquí, es un ser permanente en que se realicen las modificaciones sin dejar de ser idéntico a sí mismo? ¿Por qué nos habla solo de la representación, del concepto, de la determinación o predicado? porque le convenía presentar el argumento como un sofisma en que se hace tránsito de un orden a otro muy diferente; le interesaba una forma oscura que le permitiese decir lo que sigue. «En la mayor se trata de un ser, que en general puede ser concebido bajo todos los respectos, y por consiguiente tal que puede ser dado en intuición; en la menor no se habla del mismo ser, sino en cuanto se considera a sí propio como sujeto, y únicamente con relación al pensamiento y a la unidad de la conciencia, mas no a la intuición por la cual la unidad sería dada como objeto al pensamiento; por consiguiente la conclusión está sacada por el sofisma figuræ dictionis, o por un falso raciocinio. . . . .

»El pensamiento presenta en las dos premisas un sentido totalmente diverso; en la mayor es considerado en relación a un objeto general, y tal por consiguiente, que puede ser dado en intuición; pero en la menor no consiste sino en la relación a la conciencia de sí propio, donde no se piensa ningún objeto, sino que se encuentra uno representado a sí mismo con relación a sí, como sujeto, como la forma del pensamiento; en el primer caso se trata de cosas que no pueden ser pensadas sino como sujeto, en el segundo por el contrario, no se habla ya de cosas, sino del pensamiento, pues que se hace abstracción de todo objeto; y en el pensamiento, el yo sirve siempre de sujeto para la conciencia. No se puede pues llegar a la conclusión: yo no puedo existir sino como sujeto; solo se tiene esta otra: yo no puedo, en el pensamiento de mi existencia, servirme de mí sino como sujeto del juicio; proposición idéntica que nada absolutamente dice sobre el modo de mi existencia.» Indignación causa que con semejante embrollo de ideas y de palabras se pretenda arrebatar al espíritu humano su existencia, pues que a esto equivale el negarle que sea substancia; indignación causa el que con una confusión tal se quiera hacer vacilar uno de los argumentos más claros, más evidentes, de fuerza más irresistible, que ofrecerse puedan a la razón humana. Yo pensaba ayer, yo pienso hoy; en toda la variedad de mis situaciones me hallo que soy el mismo, no otro; a esa realidad que permanece idéntica en medio de la diversidad, la llamo mi alma; luego mi alma es una realidad permanente, sujeto de las modificaciones; luego es substancia. ¿Se puede encontrar nada más claro?

56. La psicología para demostrar la substancialidad del alma, se vale, es cierto, de la idea general de substancia; mas para aplicar legítimamente esta idea al caso presente, se apoya en un hecho experimentado, en el testimonio de la conciencia. ¿Qué quiere decirnos Kant cuando recuerda haber demostrado que el concepto de una cosa que puede existir en sí como sujeto, mas no como simple atributo, no trae consigo ninguna realidad objetiva? Cuando nos habla de sujeto, ¿trata de sujeto real, es decir sujeto de modificaciones? entonces el alma es sujeto, pero no decimos que sea sujeto únicamente, sino que su realidad la concebimos bajo este aspecto, sin que por esto neguemos el que encierre en sí otros caracteres; por el contrario, reconocemos expresamente el de principio activo, lo cual implica algo más que simple sujeto de modificaciones, lo que más bien expresa una calidad pasiva que activa. Si por sujeto entiende Kant el sujeto lógico, entonces le negaremos que el alma haya de tener este carácter exclusivamente, de manera que no pueda con legitimidad lógica, ser atributo o predicado de una proposición.

57. «No es posible saber, dice el filósofo alemán, si a dicho concepto puede corresponderle algún objeto en ninguna parte, pues que no se concibe la posibilidad de una tal manera de existir, y por consiguiente no resulta ningún conocimiento. Para que este concepto pueda designar bajo la denominación de substancia, un objeto que pueda ser dado, que pueda convertirse en conocimiento, es preciso poner por fundamento una intuición constante, como condición indispensable de la realidad objetiva de un concepto, a saber, aquello por lo cual solo el objeto es dado. Nosotros no tenemos absolutamente nada permanente en una intuición interna, porque el yo no es más que la conciencia de mi pensamiento; si pues nos detenemos en el pensamiento solo, nos falta la condición necesaria para aplicar el concepto

de substancia, es decir, de un sujeto existente como ser pensante.» No cabe argumentación más sofística y vulgar: no admite Kant la substancialidad del alma porque no podemos tomar la misma substancia y presentársela en intuición sensible; pero entonces tampoco debiera hablarnos de los conceptos intelectuales puros, de las funciones lógicas, de las ideas, pues que todas estas cosas, como que se hallan fuera del orden de la sensibilidad, no pueden sernos dadas en intuición sensible. Y sin embargo estas cosas existen realmente, como fenómenos internos, como hechos subjetivos de los cuales habla Kant incesantemente, consagrando a ello la mayor parte de la Crítica de la razón pura. ¿Se dirá acaso que la idea pura de relación no significa nada, porque no podemos presentar una relación abstracta en intuición sensible? ¿Se dirá que la idea de fuerza no significa nada, porque no podemos presentarla en intuición sensible? ¿Se dirá que los principios de donde dimanan los fenómenos de la atracción, de la afinidad, de la electricidad, del magnetismo, del galvanismo, de la luz y de cuanto nos admira y encanta en la naturaleza, no existe, no son cosas permanentes, que son palabras vacías, porque no podemos representarlos en intuición sensible? Este modo de argumentar es indigno de un filósofo. Podrá ser excusable que un hombre rudo, solo acostumbrado a los fenómenos de la sensibilidad, y que jamás ha descendido a las profundidades del alma en la esfera intelectual pura, al hablarse de un espíritu, de una causa, de una substancia, pregunte sencillamente ¿qué es esto? y exija que se le exponga lo insensible bajo una forma sensible; pero quien se precia de enmendar la plana a todos los filósofos antiguos y modernos, quien desde la inaccesible altura de su sabiduría trata con desdén tan soberano, todos los discursos que hasta entonces se habían mirado como concluyentes, debiera producir otros títulos de su superioridad, que el decir: no se concibe la posibilidad de un tal modo de existencia; no tenemos intuición interna de eso permanente de que habláis; el yo no es más que la conciencia de mi pensamiento. ¿Y qué? se necesita más que esta misma conciencia para demostrar lo que nos proponemos? En la variedad de los pensamientos, ¿la conciencia no es una? El pensamiento de ayer, el de hoy, el de mañana, no se enlazan en un punto? Por diferentes y contradictorios que sean ¿no pertenecen todos a una misma cosa, a esa cosa que llamamos el yo, y que nos autoriza para decir: yo que pienso ahora, soy el mismo que pensaba ayer, y que pensaré mañana? ¿Se puede discurrir de una manera más clara, más convincente, que afirmando una permanencia real que sentimos tan profundamente atestiguada en lo íntimo de nuestra conciencia? Yo no veo, diréis, mi substancia, no tengo de ella una intuición; solo siento mi conciencia; pues bien, esto basta; no se necesita más; esa conciencia que experimentáis, una entre la muchedumbre, idéntica entre la distinción, constante entre la variedad, permanente entre la sucesión de los fenómenos que aparecen y desaparecen; esa conciencia que no es ninguno de vuestros pensamientos individuales, que dura siempre cuando ellos pasan para no volver; esa conciencia os ofrece la substancialidad de vuestra alma; esa conciencia os la da en cierto modo en intuición, no en intuición de sensaciones, pero sí en intuición de sentido íntimo, como una cosa que os afecta profundamente, y de cuya presencia no podéis dudar, como no dudáis del placer y del dolor en el acto de experimentarlo.

58. Al atacar el argumento psicológico de la substancialidad del alma, supone Kant que los que se valen de dicho argumento, quieren probar la substancialidad del alma, partiendo de las propiedades de la categoría pura y simple de substancia. A esta equivocación podría dar lugar la forma con que presenta Kant dicho argumento; pero ya hemos visto que esta forma, con premeditación o sin ella, está dispuesta del mejor modo para ofrecer puntos flacos a los ataques del filósofo. Ábranse por do quiera los tratados de psicología, y se verá que si bien se emplea la idea general de substancia, no se hace uso de ella sin legitimarlo con un hecho de experiencia; no se infiere de la categoría pura de la substancia que el alma sea substancia: sino que establecida la idea de substancia como un tipo general, se escudriña el fondo de la conciencia para ver si allí se encuentra algo a que dicho tipo se pueda aplicar. Así lo acabo de hacer en los párrafos anteriores; y si Kant hubiese querido ser más exacto al dar cuenta de las opiniones de sus adversarios, no habría dicho que el primer raciocinio de la psicología racional no nos da sino una luz que se pretende nueva, cuando nos presenta el sujeto lógico constante del pensamiento, como el conocimiento del sujeto real de la inherencia. «Lejos, dice, de que sea posible inferir estas propiedades de la categoría pura y simple de una substancia, por el contrario, la permanencia de un objeto dado, no puede ser tomada en principio, sino partiendo de la

experiencia, cuando queremos aplicarle el concepto empíricamente usual de una substancia.» Tiene razón el filósofo; las propiedades de la categoría pura y simple de una substancia, no pueden hacernos salir del orden ideal, si no podemos apoyarnos en un hecho de experiencia; pero olvida una parte del argumento psicológico cuando añade que en el caso actual, no hemos puesto en principio ninguna experiencia, y que solo hemos concluido del concepto de la relación de todo pensamiento al yo, como al sujeto común al cual este pensamiento se liga. La experiencia existe, en esta misma conciencia de la relación de todos los pensamientos al yo; en este punto al cual todos se ligan; la relación al yo no es posible, si el yo no es algo; los pensamientos no pueden ligarse en el yo, si el yo es un puro nada. «Refiriendo, continúa Kant, el pensamiento al yo, no podríamos establecer por una observación cierta una permanencia semejante; porque si bien el yo se halla en el fondo de todo pensamiento, no obstante ninguna intuición propia para distinguirle de todo otro objeto perceptible, está ligada con esta representación.» Es cierto que el yo permanente no le percibimos de la misma manera que los objetos de las demás intuiciones; pero le percibimos con el sentido íntimo, con esa presencia de que no podemos dudar, y que según confiesa el mismo Kant, nos hace referir todos los pensamientos al yo como a un sujeto común en el cual se ligan.

59. «Se puede bien notar, dice, que esta representación (la del yo) se reproduce constantemente en todo pensamiento; pero no que esta sea una intuición fija y permanente en la cual los pensamientos variables se sucedan.» En este pasaje hay una contradicción evidente. La representación del yo se reproduce constantemente en todo pensamiento; es así que el yo, o no significa nada, o significa una cosa idéntica a sí misma; porque si el yo que piensa ahora, no es el yo que pensaba ayer, la palabra yo significa una cosa muy diversa de lo que entiende todo el mundo; luego si la representación del yo vuelve en todo pensamiento, el yo es el mismo en todo pensamiento; luego el yo es fijo, permanente, luego el yo es una substancia en que se suceden todos los pensamientos variables.

60. No alcanzo qué se puede replicar a este argumento fundado en las mismas palabras de Kant, donde consigna un fenómeno cuya existencia no podía poner en duda: a saber, la presencia del yo en todo pensamiento. Son

ajenas de este lugar las cuestiones filosóficas sobre la no interrupción de la conciencia, esto es, si hay algún tiempo en que el alma no piense, y en que no tenga conciencia de sí propia: muchos filósofos creen que hay en efecto esta interrupción, para lo cual se apoyan en la experiencia del sueño y de los accidentes de que volvemos sin ningún recuerdo; pero Leibnitz opina que el pensamiento nunca se extingue del todo, que nunca hay una falta absoluta de conciencia, que nuestro pensamiento es una luz que despide a veces muy poco resplandor, pero que nunca se apaga del todo. Sea lo que fuere de estas opiniones, la permanencia de la substancia del alma queda fuera de duda: y es de notar que la interrupción en el pensamiento y en la conciencia, lejos de favorecer a los adversarios de la permanencia del alma, los confunde de la manera más concluyente. Porque si en no suponiendo algo permanente, es imposible concebir cómo se ligan en una conciencia muchos fenómenos continuados en una serie no interrumpida, todavía es más inconcebible cómo pueden ligarse, si suponemos interrumpida dicha serie, interponiéndose un cierto espacio de tiempo entre la existencia de los fenómenos que se ligan.

61. Sean los pensamientos A, B, C, D continuados sin ningún intervalo de tiempos; y que pasan en la conciencia Q; si este Q no es algo, no se concibe cómo se pueden ligar los términos de la serie, y cómo a pesar de la distinción y diversidad de los mismos, se puede encontrar en el fondo de todos ellos eso común, idéntico que llamamos el yo, y que nos autoriza a decir yo que pienso el D soy el mismo que pensaba el C y el B y el A.

Pero si la conciencia es interrumpida, esto es, si entre el pensamiento C y el D han transcurrido algunas horas, en que no había ningún pensamiento, ninguna conciencia, todavía es más inconcebible, porque en el fondo del pensamiento D se ha de encontrar el mismo yo del pensamiento C; todavía es más inconcebible por que al pensar D, podemos decir: yo que pienso D soy el mismo que pensaba C, y que he estado un cierto tiempo, privado de pensar. Sin algo permanente, sin algo que dure entre la sucesión, ¿cómo se explica semejante enlace? ¿Y por ventura tratamos de hechos desconocidos? ¿por ventura no es esto lo que experimentamos todos los días al despertar? Si esto no es concluyente, neguemos la conciencia, neguemos la razón; no perdamos el tiempo hablando de filosofía.

Capítulo X. Examen de la opinión de Kant sobre el argumento que él llama el paralogismo de la personalidad

62. El argumento fundado en el testimonio de la conciencia lo combate Kant de un manera particular, en el examen de lo que él llama el paralogismo de la personalidad. Lo propone en esta forma. «Lo que tiene conciencia de la identidad numérica de sí mismo en diferentes tiempos, es por este mero hecho una persona; esto se verifica del alma; luego el alma es persona.» Con harta inexactitud emplea Kant la palabra persona; sabido es que para merecer este nombre, no basta ser substancia inteligente; sino que se necesita el ser principio completo de las operaciones, independientemente de la agregación a otra substancia, y de la unión con un supuesto. Como quiera, el filósofo alemán entiende aquí por persona una substancia inteligente; y en este sentido se propone combatir el argumento con que se prueba la personalidad del alma.

63. «Si yo quiero, dice, conocer, por experiencia, la identidad numérica de un objeto externo, aplico mi atención a lo que hay de constante en el fenómeno, al que todo lo demás se refiere como una determinación a su sujeto; y noto la identidad del sujeto en el tiempo en que la determinación cambia. Yo soy un objeto del sentido interno, y el tiempo no es más que la forma del mismo sentido; por lo cual refiero todas mis determinaciones sucesivas, y cada una de ellas en particular, al mismo numéricamente idéntico, en todo tiempo, es decir en la forma de la intuición interna de mí mismo. Según esto, la personalidad del alma no debería ser deducida o concluida sino como una proposición perfectamente idéntica de la conciencia en el tiempo; por cuya razón esta proposición vale a priori, porque no anuncia realmente otra cosa que esto: en todo tiempo en que yo tengo conciencia de mí mismo, tengo conciencia de este tiempo como de una cosa que hace parte de la unidad de mí mismo. Así, tanto vale decir: todo este tiempo está en mí como unidad individual, o bien: yo me hallo en todo este tiempo, con identidad numérica.»

Sería de desear que Kant nos explicase por qué el sentido íntimo de la identidad numérica puede ser expresado con esta proposición: todo este tiempo se halla en mí como en una unidad individual; o con esta otra: en todo el tiempo en que yo tengo experiencia de mí mismo, yo tengo conciencia de este tiempo como de una cosa que hace parte de la unidad de mí mismo. Es cierto que la identidad numérica se siente en la diversidad del tiempo; mas no el que tengamos conciencia del tiempo como de una cosa que hace parte de nosotros. Aquí se trata de la conciencia de sí mismo, tal como se halla en la generalidad de los hombres; quienes, lejos de considerar el tiempo como una cosa que hace parte de ellos, le miran como una especie de vaga extensión o sucesión, en que duran ellos y todo lo variable.

Sabido es que aun entre los filósofos hay disputas sobre la verdadera naturaleza del tiempo; y que el considerarle como la forma del sentido interno es una opinión de Kant, de la cual no participan muchos otros; y que él mismo, según llevo probado (Lib. VII, caps. XIII, XIV), explica muy mal y la prueba peor, por más que pretenda haber elevado su teoría a la región de las doctrinas incontestables. La identidad numérica de nosotros mismos la sentimos en la sucesión del tiempo, prescindiendo de que esta sea una forma interna o externa, y hasta de que sea una ilusión o realidad; luego cuando el filósofo alemán para atacar la solidez del argumento de la conciencia, se funda en su teoría del tiempo, estriba en un supuesto que no tenemos ninguna necesidad de admitir; y además, explica este sentimiento de identidad en términos que hasta él nadie había empleado. Si quiere hacer entrar el tiempo en el sentimiento de la identidad numérica, puede decir: yo me hallo en todo este tiempo con identidad numérica; o bien: ha pasado sobre mí todo este tiempo, como en una unidad individual; pero no que tengamos conciencia del tiempo como de una cosa que hace parte de nosotros. Si nos atuviéramos a la conciencia, más bien nos inclinaríamos a creer que el tiempo es una especie de extensión sucesiva en que nosotros vivimos, y que mide nuestra existencia.

64. «La identidad de la persona, continúa Kant, debe hallarse inevitablemente en mi propia conciencia; pero si yo me miro desde el punto de vista de otro (como objeto de su intuición externa) este observador extraño no me concibe sino en el tiempo; porque en la apercepción, el tiempo no está propiamente representado sino en mí; luego, del yo que él concede, y que acompaña todas las representaciones en todo tiempo en mi conciencia y con una perfecta identidad, no concluirá todavía a la permanencia objetiva de mí mismo. El tiempo en que me coloca el observador no siendo el que

se halla en mi propia sensibilidad, sino el que acompaña a la suya, resulta que la identidad que se liga necesariamente a mi conciencia, no está ligada a la suya, es decir, a la intuición externa de mi sujeto.» Difícil es comprender bien lo que quiso decir Kant en este pasaje; y parece muy dudoso que lo entendiese él mismo: como quiera, veamos lo que se puede sacar de aquí contra la permanencia del alma.

Conviene el filósofo alemán en que la identidad de la persona se halla inevitablemente en nuestra conciencia; esto es, que el yo se halla a sí propio numéricamente idéntico en la diversidad del tiempo. Es verdad también que un observador extraño, no concibe al yo sino en el tiempo; esto es, que si un hombre piensa en el alma de otro hombre, no la concebirá sino en el tiempo. Pero no se alcanza por qué dice Kant que el observador no inferirá de aquí la permanencia objetiva del alma observada. Lo que sucederá será lo siguiente. El hombre al pensar en el alma de otro hombre, si cree que pasa en el interior del otro lo mismo que siente en sí mismo, inferirá que la otra alma es permanente, por la misma razón que afirma la permanencia de la propia. Es cierto que no pudiendo entrar en la conciencia del otro, esta no puede serle conocida, sino por señales externas; pero si él llega a convencerse de que estas señales son suficientes para indicarle una serie de fenómenos de conciencia semejantes a los que experimenta en sí mismo, inferirá que el alma observada es tan permanente como la suya propia. ¿Qué quiere pues decirnos Kant cuando advierte que la identidad que se liga necesariamente con mi conciencia no está ligada con la del observador? ¿quién duda de esta verdad? ¿quién duda de que la percepción de la identidad con relación a la conciencia propia, es muy diferente de cuando se refiere a la ajena? La identidad propia la tenemos atestiguada por la conciencia inmediata; la identidad ajena nos la indican una serie de fenómenos externos que nos inducen por discurso y por analogía, a la convicción de que fuera de nosotros hay seres semejantes a nosotros.

65. «La identidad de la conciencia de mí mismo en diferentes tiempos, prosigue Kant, no es más que una condición formal de mis pensamientos y de su enlace: pero no prueba la identidad numérica de mi sujeto, en que a pesar de la identidad lógica del yo, puede realizarse un cambio tal que sea imposible conservar la identidad de este yo; lo que no impide el atribuirle

siempre el yo idéntico que puede sin embargo conservar en todo otro estado, hasta en la metamórfosis del sujeto, el pensamiento del sujeto precedente, y trasmitirlo al que viene después.» Esto es precisamente lo que debía explicamos Kant: pues el fenómeno del sentimiento de la identidad en medio de la incesante variedad, es lo que nos induce de una manera irresistible a creer que el yo es una cosa permanente. No es verdad que tengamos solo identidad lógica del yo; pues no se trata del sujeto de una proposición, sino de un sujeto real, experimentado, sentido en lo más hondo de nuestra conciencia.

Este sentimiento de identidad, Kant se imagina poder explicarle con mucha sencillez. Voy a ensayar si alcanzo a expresar su singular opinión de una manera inteligible. Sean los instantes de tiempo A, B, C, D, E.... a que correspondan... a, b, c, d, e.... pensamientos u otros fenómenos internos de cualquiera clase. En el instante A, existe el pensamiento a. En el instante B, sucede el pensamiento b. En el instante B, el alma que existía en el tiempo A, ya no existe. La del instante B, es una cosa enteramente nueva: ya no es a, sino b. Lo mismo se verifica en todos los demás. Pero, ¿cómo es posible, me diréis, que en todos los instantes el alma se crea siempre la misma? es muy sencillo: el sujeto a trasmite el pensamiento al sujeto b; el b trasmite el suyo y el de a al c. Nada permanece idéntico; pero la conciencia de la identidad siempre dura. Semejante hipótesis ¿no os parece admirable, y sobre todo muy filosófica? ¿Qué cosa más clara y satisfactoria puede imaginarse?

El lector creerá tal vez que me estoy chanceando, y que presento la opinión de Kant bajo un aspecto ridículo para combatirla con más facilidad; pues muy al contrario; la exposición que acabo de dar a la doctrina de Kant, es todavía más seria de la que le da él mismo. He aquí sus palabras. «Una bola elástica que choca con otra, en línea recta, le comunica todo su movimiento, y por consiguiente todo su estado (no considerando sino las posiciones en el espacio). Admitid ahora por analogía con estos cuerpos, unas substancias tales que la una hiciese pasar a la otra las representaciones, con la conciencia que las acompaña; entonces puede concebirse toda una serie de representaciones semejantes, de las cuales la primera comunica su estado y la conciencia de su estado, a la segunda,—esta su propio estado, más el de la substancia precedente, a la tercera;—esta del mismo modo los estados de todas las substancias anteriores con el suyo propio, y la conciencia que las acompaña: la última tendría, pues, conciencia de todos los estados de las substancias que la han precedido, como de los suyos propios; porque estados y conciencia de estos estados, todo le habría sido trasmitido. Sin embargo ella no habría sido la misma persona en todos esos estados.»

Kant pretendiendo combatir el argumento psicológico fundado en la conciencia, trastorna, destruye el carácter de la conciencia; una conciencia trasmitida no es verdadera conciencia, no es más que la simple noticia de un pensamiento precedente.

Estas substancias que existirían sucesivamente, y se trasmitirían sus conciencias, ¿serían algo distinto del acto mismo de la conciencia o no? si fuesen algo distinto, deberíamos admitir un sujeto de la conciencia que en sí mismo, y en cuanto sujeto, no estaría sometido a la intuición sensible, y por consiguiente podríamos argüir ad hominem y oponerle a Kant la misma dificultad que él nos objetaba anteriormente (V. Cap. IX). Si estas substancias transitorias no fuesen nada más que el acto mismo de la conciencia, resulta que cuando deja de existir este acto, nada resta de la substancia; y por tanto nada queda trasmisible.

La transmisión supone algo que se puede trasmitir: si pues el acto de la conciencia se trasmitiese, resultaría que él en sí sería algo permanente, al través de la sucesión de las substancias; y he aquí una consecuencia bien extraña a que se hallará conducido el filósofo alemán con su teoría de las trasmisiones. Todos los psicólogos habían dicho que la substancia del alma es permanente y que sus fenómenos son transitorios; ahora por el contrario, tendremos que lo transitorio será la substancia y lo permanente el fenómeno, esto es, el acto de la conciencia que se irá trasmitiendo.

66. Tal vez se responderá que por transmisión no se entiende comunicación de algo constante, sino la simple sucesión de fenómenos unidos entre sí por un lazo cualquiera; de este modo, suponiendo los instantes de tiempo A. B. C. D., los actos de conciencia a. b. c. d. que les correspondan, no serán propiamente idénticos en número, sino sucesivos, y estarán ligados entre sí. Pero esta réplica con que se evita el reconocer la permanencia del acto de conciencia, tiene el inconveniente de no explicar nada, y de hacer incomprensible como en el instante D. por ejemplo, puede haber conciencia de

los actos c, b, a, y con una irresistible inclinación a creer que en el fondo hay algo numéricamente idéntico. Cuando d existe, ya no queda nada de c; no queda substancia porque por el supuesto o no hay tal substancia, o es una cosa transitoria; no queda acto de conciencia, porque el d es numéricamente distinto del c, y además hemos visto que no se puede admitir la permanencia del fenómeno; luego es absolutamente inexplicable, incomprensible, como en el acto d puede haber la representación del c.

67. Decir que los fenómenos están ligados con un lazo cualquiera, es eludir la dificultad con un vano juego de palabras. ¿Qué significa aquí ligar, qué se entiende por lazo? estas son metáforas que si no carecen de sentido, deben expresar la permanencia de una cosa en la variedad de los fenómenos; la ligadura, el lazo, debe extenderse a las varias cosas que liga y enlaza; luego debe ser común a todas ellas; y a esto, sea lo que fuere, que permanece constante en la variedad, lo llamaremos substancia.

68. La simple sucesión de los fenómenos o actos de conciencia, no basta para que se vaya trasmitiendo la creencia de la identidad numérica; si esto bastase, se seguiría que todos los hombres tendrían conciencia de los actos precedentes de los demás. Sean a, b, dos actos sucesivos de conciencia: si para que el acto b numéricamente distinto del a, represente identidad numérica de conciencia, es bastante que el b suceda al a; como esta sucesión se encuentra entre los actos de conciencia de distintos hombres, resultará que todos tendremos conciencia de todos los actos de los demás. Risum teneatis? y sin embargo consecuencia es absolutamente necesaria; y no puede eludirse con decir que el tiempo es una forma del sentido interno y que la sucesión se verifica en cada hombre en su respectivo sentido interno, y por tanto la sucesión de los fenómenos internos del uno está en un tiempo, en una forma diferente de la en que se hallan los del otro. Las palabras sentido interno respectivo, forma interna de cada hombre, significan algo, si admitimos en nuestro interior una cosa permanente; pero si no hay más que fenómenos sucesivos, entonces la palabra respectivo, expresa un absurdo; porque no hay sentido interno respectivo si no hay nada a que se pueda referir. Puesto que el hombre M y el N no serán más que simple sucesión de fenómenos, y en cada uno, no hay más que simple sucesión; tanta razón hay para que se enlacen los fenómenos de M entre sí, como con los de N; luego

si en los de M hay una comunidad de conciencia, y para esto no hay más razón suficiente que la simple sucesión, esta comunidad deberá hallarse en todos, pues que para todos hay la misma razón suficiente.

69. Nótese bien que en toda esta argumentación prescindo de la naturaleza de la substancia del alma; y solo me propongo demostrar que es necesario admitir algo constante en medio de la variedad de los fenómenos internos, y común a todos ellos. Llámese a esto, lazo, forma, acto de conciencia, o como se quiera; ¿es algo real o no? si no es real, quien lo expresa emplea una palabra vacía; si es algo real, está confesada la substancialidad del alma, pues que está confesada una realidad permanente en medio de la variedad de los fenómenos. Los que admitimos esta substancialidad, no pretendemos que el alma pueda ser dada en intuición sensible, ni tampoco que podamos expresar en una definición exacta sus propiedades íntimas, prescindiendo de los fenómenos que en ella experimentamos; lo que decimos es que conocemos su existencia real, y su permanencia, e identidad numérica, entre la sucesión y la diversidad de los fenómenos; luego desde el momento que se confiesa que hay en nuestro interior algo real, permanente, numéricamente idéntico en medio de la diversidad, se confiesa la substancialidad del alma que nosotros defendemos. Podrán suscitarse disputas sobre el carácter distintivo de esta naturaleza; sobre si es o no una fuerza como pretendía Leibnitz, o si su esencia consiste en el mismo pensar, como opinaba Descartes; pero estas cuestiones son ajenas de la que ahora ventilamos; ¿hay algo real y permanente entre la variedad de los fenómenos internos? sí o no. Si no hay algo, la conciencia de la identidad numérica es absurda: si hay algo, queda demostrada la substancialidad del alma.

70. «Aunque la opinión, dice Kant, de algunos filósofos antiguos de que todo es transitorio y no hay nada constante en el mundo, no sea sostenible desde que se admiten substancias, no se la puede refutar por la unidad de conciencia; porque nosotros no podemos ni aun juzgar por la conciencia, si como algo, somos o no permanentes; porque no atribuimos a nuestro yo idéntico, sino aquello de que tenemos conciencia; y así debemos necesariamente juzgar que somos precisamente los mismos en todas las duraciones de que tenemos conciencia.» Nótese bien; Kant reconoce expresamente que el juzgar que somos los mismos, lo hacemos por necesidad; esto es,

que la identidad del yo es para nosotros un hecho de conciencia necesario. Difícilmente se puede hacer una confesión más ingenua y concluyente para destruir los argumentos del filósofo alemán. Si estamos precisados a juzgarnos idénticos, si esto nos lo dice la conciencia, ¿podremos negar ni poner en duda esta identidad, si no queremos faltar al hecho fundamental de todas las investigaciones psicológicas, y por consiguiente caer en el más completo escepticismo? Si no es valedero el testimonio de la conciencia, si no es seguro el juicio a que él nos impele por necesidad, ¿de qué podremos asirnos para no precipitarnos en el escepticismo más absoluto? ¿dónde podremos buscar un cimiento sólido para levantar el edificio de nuestros conocimientos?

71. «Pero, continúa Kant, desde el punto de vista de un extraño, no podemos tener por valedero este juicio, porque no hallando en el alma otro fenómeno constante que la representación yo, que los acompaña y los une todos, no podemos jamás decidir si este yo (un simple pensamiento) no es tan pasajero como los otros pensamientos, que están respectivamente ligados por él.» En hora buena, no se admita que la representación del yo, a pesar de representar esencialmente una identidad, no es valedera; dígase que aunque transitoria, nos induce necesariamente a la ilusión de la permanencia; pero sáquense todas las consecuencias de esta doctrina, y sosténgase que la razón humana no vale nada, absolutamente nada; dígase que el recuerdo es una pura ilusión, que aunque por necesidad nos hallamos inducidos a creer que el pensamiento que tenemos ahora, es un recuerdo de otro pensamiento anterior, todo esto es pura ilusión; que no estamos seguros de que haya la relación de recuerdo, y no sabemos más sino que en la actualidad tenemos conciencia de un pensamiento que nos parece ligado con otro anterior; dígase que el valor de los raciocinios es nulo, porque todo enlace de ideas es imposible si nos falta la memoria; y si a pesar de que una representación interna nos produce por necesidad un asenso, no debemos fiarnos del juicio que la necesidad nos arranque; dígase que todo cuanto pensamos, todo cuanto sentimos, todo cuanto queremos, todo cuanto experimentamos en nuestro interior, no puede servirnos para conocer nada, que estamos condenados a una impotencia completa de adquirir ninguna seguridad sobre nada; y que el lenguaje de todo filósofo deberá ser el siguiente: «ahora me parece esto; tengo conciencia de esto; ignoro todo lo demás; experimento

una necesidad de creer tal cosa, pero quizás esta creencia será una pura ilusión; nada sé del mundo externo; nada sé tampoco del mundo interno; todo conocimiento me está negado; yo mismo no soy nada más que una sucesión de fenómenos que pasan y desaparecen; una necesidad irresistible me impulsa a creer que estos fenómenos tienen un lazo común, pero este lazo no es nada; pues en desapareciendo un fenómeno, nada queda de él; si confieso una realidad permanente, sea la que fuere, ya caigo en la substancialidad del alma, que me había propuesto no admitir; todo es ilusión, todo es nada; porque no estando seguro ni aun de los hechos de conciencia, no estoy seguro de la ilusión misma.» ¿Quién tiene valor para arrostrar semejantes consecuencias?

Capítulo XI. Simplicidad del alma

72. En los capítulos anteriores me he ceñido a probar la substancialidad del alma; para lo cual me bastaba demostrar por el mismo testimonio de la conciencia, que hay dentro de nosotros una realidad permanente, sujeto de las modificaciones que experimentamos. Ahora voy a demostrar que esta substancia es simple.

Para proceder con buen método fijemos el sentido de la palabra, simple. Cuando hay muchos seres reunidos que forman un conjunto, el resultado se llama compuesto; por manera que hay verdadera composición, siempre que hay varios seres substancialmente distintos, pero unidos con un lazo; este lazo puede ser de diferentes especies, lo que da origen a la diversidad de compuestos. La simplicidad se opone a la composición, de suerte que la idea de simplicidad excluye esencialmente la de composición; y como en esta última se comprende un número de cosas distintas que se reúnen para formar un todo, resulta que la idea de simplicidad excluye esencialmente la de número de cosas reunidas, para formar un todo; luego lo simple es propiamente uno, y hay verdadera simplicidad en una substancia, cuando ella no es un conjunto de substancias.

Al decir pues que la substancia del alma es simple, significamos que no es un conjunto de substancias, sino que es una substancia.

73. Fijada con exactitud la idea de simplicidad, veamos si conviene a nuestra alma. Como el alma no nos es dada en intuición a la manera de las

cosas sensibles, y solo la conocemos por la presencia de sentido íntimo, y por los fenómenos que experimentamos en el fondo de nuestra conciencia, debemos examinar estos dos manantiales para ver si encontramos en ellos la simplicidad.

Es un hecho incontestable que en todos nuestros actos, en todas nuestras afecciones internas, sentimos la identidad del yo (Cap. VI, VII, VIII, IX, X). No hay identidad entre cosas distintas; y por consiguiente el sentido íntimo rechaza desde luego la multiplicidad del alma. Se dirá tal vez que esta identidad no existe entre las substancias distintas; pero que una substancia compuesta es idéntica consigo misma, y que quizás la identidad atestiguada por la conciencia, no es más que la identidad de un compuesto consigo mismo; pero esta réplica se desvanece con solo atender al mismo testimonio de la conciencia. Lo que sentimos vario y múltiplo, no es el yo, sino lo que sucede en el yo; pensamos, queremos, sentimos cosas diferentes: pero la conciencia nos atestigua que quien las piensa, las quiere, las siente, es uno mismo: el yo. Luego con el solo testimonio de la conciencia está probada la simplicidad del alma; pues no de otro modo se puede explicar cómo sentimos dentro de nosotros esa unidad permanente entre la muchedumbre de fenómenos que se suceden en nuestro interior.

74. Prescindiendo del testimonio del sentido íntimo y ateniéndonos únicamente a la naturaleza de los fenómenos internos, se puede demostrar que el sujeto de ellos es una substancia simple. Si esto no se verifica, la substancia pensante será compuesta de varias substancias; veamos lo que resulta en este supuesto. Sean las substancias componentes tres por ejemplo, que llamaremos A B C: digo que este conjunto no puede pensar. Para demostrarlo hasta la última evidencia, tomemos este juicio: el metal es cuerpo; y veamos si es posible que el conjunto de A B C forme dicho juicio. Supongamos que la representación del sujeto metal, se halla en la substancia A; que la idea del predicado cuerpo, está en la B; y la idea general de la relación del predicado con el sujeto, o la cópula es, se encuentra en C; ¿puede resultar un juicio? no: de ningún modo. A percibirá el metal; B el cuerpo; C la idea general de cópula, es. Cada una de estas substancias tendrá conciencia de lo suyo; y como no la tendrá de la que hay en las demás, no formará juicio, que consiste esencialmente en la relación del predicado con el sujeto.

75. Si se dice que en cada una de las substancias se halla la representación de las tres cosas, tendremos tres juicios, y no resultará un solo ser pensante, sino tres.

Además, o cada una de las substancias A B C está compuesta de otras o no; si no está compuesta, es simple, y nos hallamos con una substancia simple y perceptiva; entonces, ¿a qué poner tres bastando una? si está compuesta, todavía se aumenta la dificultad: porque supongamos que A está formada de dos substancias que llamaremos m, n; la representación de metal que había en A, tendremos que distribuirla en m, n, en cuyo caso lejos de poder llegar a un juicio, no tendremos ni aun sujeto, pues que no será dable formar la representación de metal, supuesto que m, n, se la tendrán repartida.

Si no es posible formar un juicio, ni aun idea de un término, es evidente que no se podrá raciocinar ni pensar de ningún modo: el raciocinio implica un enlace de juicios pues que se trata de sacar una consecuencia ligada con las premisas.

76. Los actos de voluntad son también imposibles en una substancia compuesta; no hay voluntad cuando no hay conocimiento; y este como acabamos de ver, es inseparable de la simplicidad. Pero todavía se puede esforzar más la demostración. El acto de voluntad implica una inclinación, tendencia o llámese como se quiera, hacia un objeto conocido; supongamos que las dos substancias A, B, que componen la substancia que tiene voluntad, se reparten entre sí lo necesario para el acto de querer, de modo que el conocimiento del objeto querido se halle en A, y la inclinación o tendencia esté en B; digo que semejante acto de voluntad es un absurdo. Para sentir la fuerza de esta verdad supongamos que se pretende formar un acto de voluntad con el conocimiento de un hombre y la inclinación de otro, hacia el objeto conocido; el puro conocimiento del uno no es acto de voluntad; y la inclinación del otro hacia un objeto es imposible, si no tiene conocimiento del objeto a que se ha de inclinar: esto equivaldría a poner una relación sin un punto de referencia. Semejantes contradicciones debe admitir quien niegue la simplicidad de las substancias que quieren; porque o debe repartir entre las partes de las mismas la inclinación y el conocimiento, o debe concentrarlo todo en una, en cuyo caso las otras están de sobras.

Además, las substancias componentes de la substancia que quiere, o son simples o compuestas: si son simples, hemos llegado a substancias simples que entienden y quieren; si son compuestas, cada acto de voluntad será un conjunto de la acción de muchas partes, ¿y qué será un acto de voluntad que consiste en un conjunto?

77. La reunión que nosotros concebimos en substancias distintas es, o de yuxtaposición en el espacio, o de simultaneidad en el tiempo, o de concurso de fuerzas para producir un efecto común: la yuxtaposición en el espacio y la simultaneidad en el tiempo, nada nos dicen para explicar ni el pensamiento ni el acto de voluntad, ni ninguno de los fenómenos internos; el concurso de fuerzas para producir un efecto común, tampoco puede servirnos para resolver el problema. En este supuesto deberíamos concebir los fenómenos internos como productos de una elaboración a que han concurrido varias substancias: admitamos por un momento semejante absurdo, tampoco se adelanta nada; porque entonces preguntaremos ¿dónde reside el fenómeno elaborado: si en todas las substancias juntas, él en sí, será una cosa compuesta, y la conciencia del mismo deberá ser también una cosa compuesta; ninguna de las substancias componentes podrá decir yo, con respecto a dicho fenómeno; luego habrá multiplicidad de conciencias. Ahora bien; estas conciencias se reunirán en un punto para formar una conciencia común o no. Si se reúnen, el punto de reunión deberá ser una substancia simple so pena de caer de nuevo en la multiplicidad de conciencias; si no se reúnen, las muchas conciencias internas de cada hombre se parecerán a las conciencias de distintos hombres, cada substancia pensará lo suyo, sin saber nada de lo que piensa la otra.

78. Por fin esta divisibilidad de substancias y de conciencias, o se llevará hasta lo infinito o no; si lo primero, en vez de un ser pensante habrá infinitos en cada uno de nosotros; si no se lleva hasta lo infinito la divisibilidad, vamos a parar a substancias simples con pensamiento y con conciencia, que es precisamente lo que se proponían huir los adversarios. La misma divisibilidad infinita no los salva tampoco de la simplicidad; la división separa las partes pero las supone distintas; luego la división infinita debe suponer una muchedumbre infinita de seres simples que hagan posible la división.

Capítulo XII. Examen de la opinión de Kant sobre el argumento con que se prueba la simplicidad del alma

79. El argumento con que acabamos de probar la simplicidad del alma lo apellida Kant el segundo paralogismo de la psicología, y lo propone en estos términos: «aquello cuya acción no puede nunca ser concebida como el concurso de muchos agentes, es simple; el alma o sujeto pensante, se halla en este caso; luego el alma es simple.» Conviene el filósofo alemán en que este argumento no es un juego puramente sofístico, imaginado por algún dogmático, para dar a sus aserciones una ligera apariencia de verdad; y confiesa que es un raciocinio que parece desafiar el examen más atento y la reflexión más profunda. Sin embargo, él se lisonjea de poder reducirle a polvo, manifestando que este principal apoyo de la psicología racional, es un cimiento falso, y que por consiguiente todo el edificio de esta ciencia se halla fundado en el aire.

80. Kant observa que el nervus probandi del argumento se halla en que muchas representaciones no pueden formar un pensamiento, sino en cuanto están contenidas en la unidad absoluta del sujeto pensante; «pero nadie, dice, es capaz de probar por conceptos semejante proposición.

En efecto, ¿por dónde comenzaremos la tarea? La proposición: «un pensamiento no puede ser sino el efecto de la unidad absoluta del ser pensante», no puede ser tratada analíticamente; la unidad del pensamiento (y todo pensamiento resulta de muchas representaciones) es colectiva; y en cuanto a los simples conceptos, del mismo modo puede referirse a la unidad colectiva de substancias que contribuyen a producir el pensamiento (así como que el movimiento de un cuerpo es el movimiento de todas las partes de este cuerpo) que a la unidad absoluta del sujeto. La necesidad de la suposición de una substancia simple no puede por tanto ser conocida por la regla de la identidad en un pensamiento compuesto; quien conozca la razón de la posibilidad de los juicios sintéticos a priori tal como la hemos expuesto más arriba, no osará afirmar que esta proposición deba ser conocida sintéticamente, y perfectamente a priori o por conceptos puros.» Esta argumentación es un puro sofisma que voy a desvanecer a la luz de la evidencia.

81. En primer lugar, no es exacto que todo pensamiento resulte de muchas representaciones; en la percepción de una idea simple, por ejemplo ser, no hay muchas representaciones, luego flaquea por su base el argumento de Kant; pues que si encontramos un solo pensamiento que exija simplicidad, la tenemos ya demostrada; si el alma es simple para un caso no dejará de serlo para los otros.

82. Examinemos ahora cómo entra la diversidad de representaciones en los pensamientos que las admiten. Cuando estas forman lo que se llama un pensamiento, se reúnen por decirlo así en un punto que hace necesaria la unidad de la percepción y del sujeto que percibe. En el pensamiento apellidado juicio, se combina variedad de representaciones, la del sujeto y la del predicado; pero estas varias representaciones, no constituyen el pensamiento llamado juicio, sino en cuanto se ofrecen enlazadas con la relación, que autoriza para afirmar o negar el predicado del sujeto; luego en el fondo de la diversidad hay la unidad, es decir la relación; luego el pensamiento con que se percibe esta relación es uno, y por tanto la acción de percibir es esencialmente una, a pesar de la variedad de las representaciones.

83. No hay en nuestros pensamientos ningún orden sino en cuanto los comparamos unos con otros: todos nuestros actos intelectuales se reducen a percepción de ideas y a comparación de las mismas; en la percepción hay simplicidad; en la comparación la hay también, pues no hay comparación de lo vario, sino en cuanto lo vario se reduce a lo uno, esto es a la relación que se percibe en la comparación. Luego en todo pensamiento hay unidad; luego el pensamiento no puede ser concebido jamás como el concurso de muchos agentes; luego queda demostrada esta proposición que Kant considera indemostrable: muchas representaciones no pueden formar un pensamiento, sino en cuanto están contenidas en la unidad absoluta de un sujeto pensante.

84. Presentemos la misma demostración bajo una forma más rigurosa; supongamos que han de concurrir a la formación del pensamiento tres agentes A B C: cada parte pondrá su contingente; a la primera supondremos que le corresponda a, a la segunda b, a la tercera c; el resultado del concurso será el conjunto compuesto de a b c, esto será el pensamiento; luego será triple, luego no puede constituir jamás un punto de comparación; luego, o

es menester rechazar esta hipótesis, o negar el pensamiento. El sofisma de Kant se funda pues en que atiende solo a la diversidad de las representaciones, y prescinde de la unidad que siempre se encuentra en la percepción de esta diversidad; así no es extraño que en el concepto del pensamiento no encuentre la unidad. Este concepto lo presenta incompleto o más bien falso; nos ofrece el pensamiento como un conjunto de las representaciones, cuando debería ofrecérnosle como un punto simplicísimo en que las representaciones se reúnen para ser percibidas en la relación que entre sí tienen. La diversidad de las representaciones no forma un conjunto a la manera de los objetos sensibles; el pensamiento en que se conoce la relación de dos triángulos diversos, no puede ser expresado por la suma de las figuras de los dos triángulos; es algo diferente de ellas; algo que está en medio de ellas, que las reúne comparándolas, y que hace confluir su diversidad en la unidad de su relación.

85. El ejemplo que aduce Kant manifiesta la grosería de la idea con que concibe el carácter de la reunión de las representaciones para formar un pensamiento total. La unidad del pensamiento, dice, es colectiva, y puede referirse a la unidad colectiva de muchas substancias, como el movimiento de un cuerpo es el movimiento compuesto de todas las partes de este cuerpo.» Aquí se presenta de bulto la equivocación de Kant: toma el conjunto de las representaciones por el pensamiento que se refiere a ellas; así no es extraño que no eche de ver la unidad implicada en la diversidad, supuesto que esta diversidad haya de ser pensada.

Para llevar la convicción hasta el último punto atengámonos al mismo ejemplo del movimiento; supongamos movido un cubo, y llamemos a sus ocho vértices A. B. C. D. E. F. G. H; todos se mueven; y el conjunto de sus movimientos, así como de los puntos que están entre ellos, forma el movimiento total. En el resultado de este concurso de agentes ¿qué hay de común? nada, sino la yuxtaposición en el espacio, y la relación que van conservando con la velocidad igual del movimiento. Pero el movimiento del vértice H. no es el del vértice A, como lo demuestra el que si suponemos que el vértice A. queda cortado del cubo y permanece quieto, el movimiento del vértice H. podrá continuar sin ninguna alteración; luego los dos movimientos eran cosas absolutamente distintas. Es evidente que lo mismo se verifica respecto a los demás puntos; luego la unidad del movimiento compuesto es puramente facticia; lo que hay realmente es una multiplicidad de substancias y de movimientos, sin más lazo que una cosa puramente extrínseca: la relación de las posiciones en el espacio.

Troquemos ahora los vértices en representaciones y veamos lo que resulta. ¿Se las supone existentes sin más lazo que su coexistencia? entonces no forman un pensamiento, sino un conjunto de fenómenos que podrá ser considerado como una reunión de cosas, pero no como un pensamiento; en tal caso el conjunto de todas las representaciones será semejante al conjunto de los movimientos, pero no producirá ningún resultado para el objeto que nos proponemos. Si a estas representaciones se les señala un punto de reunión, esto es, la relación bajo la cual son percibidas, tendremos ya pensamiento; pero ¿qué semejanza hay entre este acto uno, simplicísimo, y la totalidad de muchos puntos que se mueven?

86. Si Kant hubiese querido presentar un ejemplo más seductor, debía echar mano de una teoría mecánica, cuya aplicación al presente caso ofrecía, si no más dificultad, cuando menos una apariencia más engañosa: hablo de la resultante de un sistema de fuerzas y de su punto de aplicación.

Cuando muchas fuerzas obran sobre una línea, un plano, o un sólido, producen un efecto igual al de una fuerza única, que se llama resultante; la que tiene una dirección determinada, y un punto de aplicación, cual si fuera simple, o si no hubiese dimanado de otras; ¿por qué no se podría aplicar lo mismo al pensamiento? ¿por qué, a pesar de ser una cosa simple, no podría ser el producto del concurso de varios agentes? Este ejemplo es más especioso, porque presenta el resultado de la composición concentrado todo en un punto; pero bien examinado tampoco prueba nada para el caso presente.

La disparidad está en que el pensamiento es un acto simple en sí mismo, y la resultante de las fuerzas lo es únicamente en su relación al efecto experimentado, único que nosotros podemos calcular. Cuando dos fuerzas se aplican a los dos extremos de una recta inflexible, el efecto es el mismo que si aplicásemos a un punto de la línea una fuerza sola igual a la suma de las componentes, y en una distancia del punto de aplicación de las mismas, inversamente proporcional al valor de cada una de ellas. Pero la unidad de este efecto depende de la cohesión de las partes, que no permitiendo movimientos aislados, debe hacer refluir la fuerza en un solo punto: mas las fuerzas componentes no dejan de ser distintas, y de estar separadas, de tal suerte que en el momento que cesase la cohesión, los puntos respectivos sentirían cada cual la acción de la fuerza que les corresponde, y marcharían en la dirección y con la velocidad que esta les imprimiese. Si mientras dura la cohesión fuese posible dar a cada una de las fuerzas componentes conciencia de la acción que están ejerciendo, habría dos conciencias realmente distintas, que no llegarían a formar una conciencia común, y que no se reunirían en otra cosa que en la producción del efecto. Si el punto a que se aplican tuviese conciencia de la acción que experimenta, podría tener una conciencia semejante al de la acción de una fuerza sola, igual a la suma de las componentes, si desconociese el modo con que se le trasmite la acción de estas; pero desde que tuviese conciencia de la acción respectiva de las mismas, sabría que el resultado se debe a la imposibilidad de que cada una de ellas produjese aisladamente el efecto respectivo. Por manera que si comparásemos el sujeto pensante a este punto de aplicación de las fuerzas, deberíamos atribuirle conciencia de la diversidad de origen de las representaciones que concurrirían a la producción del efecto total.

Se nos objetará tal vez, que por el análisis mismo del ejemplo, hemos proporcionado el triunfo a los adversarios de la simplicidad del alma; porque merced a suposiciones arbitrarias, hemos venido a parar a un efecto simple, inherente a una cosa simple, y todo producido por el concurso de varios agentes; pero si bien se reflexiona, el pretendido triunfo nunca había estado más lejos que en el último caso a que nos conduce el análisis de las fuerzas. Porque para llegar a un resultado simple producido por el concurso de varias fuerzas, necesitamos también un punto simple en el cual se concentre dicho resultado. Entonces, y precisamente solo porque hemos llegado a esta simplicidad, podemos prescindir de las fuerzas componentes, y considerar la resultante en la clase de un efecto simple producido por una fuerza simple, e inherente también a un sujeto simple que es el punto indivisible, al cual se considera aplicada; luego continuando la comparación, deberíamos también decir que sea cual fuere el número de agentes que concurren a la producción del pensamiento, este reside en un sujeto simple, en cuyo caso está confesada la simplicidad del alma. Es verdad que entonces se fingiría un cierto número de agentes que influirían sobre el alma para producir en ella el pensamiento; pero una vez producido, ella sola sería el sujeto pensante, a la manera que el punto indivisible es el solo en que se reúne toda la fuerza de las componentes. Así nuestros adversarios no habrían ganado nada sino el cargar con la ridícula extravagancia del concurso de agentes, para venir a parar a una substancia simple pensante, que es lo único cuya existencia nos proponíamos demostrar.

87. Pretende Kant que es imposible el sacar de la experiencia la unidad necesaria del sujeto pensante como condición de posibilidad de todo pensamiento; porque la experiencia no hace conocer ninguna necesidad, y el concepto de la unidad absoluta se halla en una esfera muy diferente de la que conviene a este caso. Es cierto que la sola experiencia no nos hace conocer la necesidad, porque limitándose a hechos particulares, todos contingentes, no se extiende a la razón universal de los objetos; pero no se verifica lo mismo de la experiencia considerada objetivamente, esto es, en cuanto al conocimiento de las razones generales de las cosas: porque si bien este conocimiento considerado subjetivamente, como un acto individual, es un hecho contingente, sin embargo, en cuanto existe, nos representa verdadera necesidad en ciertos objetos, a no ser que queramos renunciar a la certeza de todas las ciencias, inclusas las matemáticas.

Es claro que al hablar del pensamiento y del sujeto pensante, no podemos desentendernos de la experiencia, pues que nos es imposible prescindir de la base de todas las investigaciones psicológicas, yo pienso, cuya proposición expresa un hecho de conciencia, un acto de experiencia interna; pero con esta experiencia se combina la idea de unidad en general, es decir de la exclusión de la distinción y multiplicidad en el acto del pensamiento y en el sujeto pensante. Por manera que la demostración de la simplicidad del alma sigue los mismos trámites que cuantas no se limitan a un orden puramente ideal, y que por consiguiente se forman de una premisa que contiene una verdad necesaria, y de otra que consigna un hecho de experiencia. La premisa necesaria es aquí la misma definición de la unidad y simplicidad: y la otra expresa el hecho experimentado, esto es la naturaleza del pensamiento, tal como lo sentimos en nuestra conciencia.

88. De esta suerte, la demostración de la simplicidad de los seres pensantes no se limita a los espíritus humanos, sino que se extiende a todos los sujetos donde se halle el hecho de conciencia. Cuando Kant nos oponga que no podemos extender esta demostración porque entonces salimos del campo de la experiencia, le replicaremos con este raciocinio: nuestra demostración se funda en la idea de unidad y en el hecho de conciencia; la idea de unidad es general, y de consiguiente vale para todos los casos; el hecho de conciencia es una cosa que se encuentra en todo ser pensante, pues el pensamiento no es concebible sin un sujeto que pueda decir yo pienso; luego procedemos legítimamente al extender la demostración de la simplicidad, a no ser que se pretenda dar a la palabra pensar, una significación muy diversa de la que le damos todos, en cuyo caso salimos del terreno filosófico y entramos en una cuestión de palabras.

89. La idea de un ser pensante la hemos debido recibir de la experiencia que hallamos en nosotros mismos; esta idea la dilatamos o la restringimos aumentando o disminuyendo su perfección, pero en el fondo queda siempre la misma: y no concebimos el pensamiento en otro ser, sin atribuirle algo semejante a lo que sentimos en nosotros. En este concepto tiene razón Kant cuando dice que al querer representarnos un ser pensante, debemos ponernos a nosotros mismos en lugar del objeto. Según el mismo filósofo no exigimos para el pensamiento la unidad absoluta del sujeto, sino porque sin esta unidad sería imposible decir yo pienso; pues que si bien la totalidad del pensamiento puede estar distribuida entre muchos sujetos, el yo subjetivo no puede estar dividido ni repartido, y este yo le suponemos en todo pensamiento. La proposición, yo pienso, es el fundamento sobre el cual la psicología edifica sus conocimientos; esto lo confiesa Kant, y no se comprende por qué admitiendo que esta proposición es la forma de la apercepción que se liga con toda experiencia y la precede, dice que no es experimental; como si no estuviese sujeto a verdadera experiencia tanto el pensamiento como su forma; cuando si bien se considera, más bien debe ser experimentada la forma que el mismo pensamiento, supuesto que este es distinto en cada caso; mientras la forma es idéntica en todos; porque ella en sí no es otra cosa, que la conciencia de la unidad, idéntica en medio de la diversidad.

90. Al concebir esta unidad absoluta en el yo, no concebimos una unidad lógica como pretende Kant; sino una unidad real, supuesto que permanece la misma realmente entre la variedad del pensamiento. Cuando enunciamos esta unidad en la proposición, yo pienso, no hablamos de una forma en abstracto, común a todas las percepciones, sino de una cosa positiva que hay en nosotros, y cuya realidad es indispensable para que el pensamiento sea posible.

91. Dice el filósofo alemán: «esta condición subjetiva de todo conocimiento no sería justo convertirla en condición de la posibilidad de un conocimiento de los objetos, es decir, en un concepto del ser pensante en general, atendido que nosotros no podemos representarnos este ser sin ponernos a nosotros mismos en su lugar, con la fórmula de nuestra conciencia.» No creo que los psicólogos que han pretendido poder demostrar la simplicidad del alma, se hayan lisonjeado de llegar a una idea perfecta de los seres pensantes, ni tampoco negado el que el tipo de esta idea lo sacamos de nuestra experiencia; lo que han pretendido es que la razón los conducía a inferir que había unidad absoluta de sujeto, donde quiera que hubiese un ser pensante; aunque su pensamiento perteneciese a una escala más o menos perfecta que la nuestra.

92. Cuando Kant observa que el sujeto de la inherencia del pensamiento está solo indicado de una manera trascendental sin que se descubran sus propiedades, y que por esto no conocemos la simplicidad del sujeto mismo, consigna un hecho que en algún modo se puede admitir, pero saca una consecuencia falsa. Es verdad que no conocemos la substancia del alma sino por la presencia del sentido íntimo, y por su relación con los actos; y que por consiguiente ella en sí misma, con abstracción de todos los fenómenos que experimentamos, no nos es dada en intuición inmediata, y que cuando llegamos a este punto nos quedamos reducidos a la idea de un ser simple; pero esta indeterminación y vaguedad en el conocimiento de la substancia del alma, no nos impide el conocer su simplicidad, si esta se halla atestiguada por el sentido íntimo, y además por la naturaleza de los fenómenos que nos dan a conocer al sujeto pensante.

93. Creerán algunos que la indeterminación en el conocimiento de la substancia del alma, es un hecho descubierto recientemente por el filóso-

fo alemán; pero es fácil probar que este hecho había sido notado de muy antiguo, hallándose consignado de una manera muy especial y muy interesante, en los escritos de Sto. Tomás. Este metafísico eminente se propone la cuestión de si el alma intelectual se conoce a sí misma, por su esencia; utrum anima intellectiva seipsam cognoscat per suam essentiam; y después de varias consideraciones sobre la inteligencia y la inteligibilidad de los objetos, la resuelve con las siguientes notabilísimas palabras. «El entendimiento no se conoce pues a sí mismo por su esencia, sino por su acto, y esto de dos maneras: en particular, en cuanto Sortes o Platón percibe que tiene alma intelectual, por lo mismo que percibe que entiende: y en universal, en cuanto consideramos la naturaleza de la mente humana por el acto del entendimiento. El juicio y la eficacia de este conocimiento de la naturaleza del alma lo tenemos por derivación de la luz que nuestro entendimiento recibe de la verdad divina, la cual contiene la razón de todas las cosas, según lo dicho más arriba; de aquí es que san Agustín en el libro 9 de Trinitate dice: vemos la inviolable verdad, por la cual en cuanto podemos, definimos perfectamente, no cuál es el alma de cada hombre, sino cuál debe ser, según las razones eternas. Entre estos dos conocimientos hay una diferencia; porque para tener el primero, basta la misma presencia del alma, que es principio del acto, con el cual el alma se percibe a sí misma, y así decimos que se conoce por su presencia; mas para el segundo conocimiento dicha presencia no basta, sino que se necesita una investigación diligente y sutil, y por esto muchos ignoran la naturaleza del alma y muchos erraron sobre ella, por lo cual dice san Agustín en el libro 10 de Trinitate: no se busque el alma a sí misma como para ver una cosa ausente, sino procure discernirse como una cosa presente; esto es, conocer lo que la diferencia de las otras cosas, en lo que consiste el conocer su esencia y su naturaleza [2].

94. Aquí es de notar que Santo Tomás admite dos conocimientos del alma para sí misma: el de presencia, en cuanto la sentimos por lo mismo que pensamos, «percipit se habere animam intellectivam, ex hoc quod percipit se intelligere», y después otro que es el que sacamos del análisis del acto intelectual discurriendo por consideraciones generales, ateniéndonos a la luz que las razones eternas arrojan sobre este hecho de experiencia; he aquí pues cómo se hallan explicados en Sto. Tomás el conocimiento de presencia

o de conciencia contenido en la proposición, yo pienso; y el general que es el que se saca del acto mismo intelectual en sus relaciones con la unidad del sujeto que lo ejerce: este último conocimiento tiene algo de abstracto, de indeterminado, nadie lo niega; y cuando Kant nos lo hace notar, no nos dice nada que no hubiese enseñado el Sto. Doctor cuando afirma expresamente que el alma no se conoce a sí misma por su esencia sino por su acto: «non per essentiam suam sed per actum suum.» Todo cuanto se halla de verdad en la dilatada exposición de Kant sobre la limitación de nuestro conocimiento a los actos de conciencia y sobre la falta del conocimiento intuitivo de la misma substancia del alma, del sujeto trascendental del pensamiento, está expresado en aquellas lacónicas palabras: no por su esencia sino por su acto.

Capítulo XIII. Como la idea de substancia es aplicable a Dios

95. En la idea de substancia, tal como nos la formamos por las cosas que nos rodean, y por el testimonio de nuestra conciencia, hemos encontrado la relación a las mudanzas que en ella se verifican, como en un sujeto o recipiente. Pero ya hemos observado también, que a más de esta relación, había la negación de estar inherente a otro ser, como las modificaciones lo están a ella; cuya negación supone una perfección que exime de la necesidad de inherencia a que están sometidos los seres endebles y transitorios que apellidamos accidentes o modificaciones. Como nosotros no conocemos la íntima esencia de las substancias, ignoramos lo que sea esta perfección; pero no podemos dudar que existe en la misma naturaleza del sujeto, y que es independiente de las modificaciones que le transforman. Así pues, si en algo se ha de constituir la esencia misma de la substancia, ha de ser en esa perfección, de que tenemos noticia, mas no conocimiento intuitivo; y por tanto, cuando se define la substancia con relación a los accidentes, «quod substat accidentibus», más bien se la define por el modo con que se nos presenta a nosotros, que por lo que ella es en sí misma.

96. De aquí resulta, que de las dos definiciones que a veces se daban en las escuelas, «ens per se subsistens», un ente subsistente por sí mismo, «id quod substat accidentibus», el sujeto de los accidentes; la primera es la más propia, porque se acerca más a expresar la cosa como es en sí. Aunque sea verdad que nosotros no conocemos las substancias finitas, sino en cuanto se

nos revelan por los accidentes, y hasta nuestro mismo espíritu no se conozca a sí propio sino por sus actos, la razón nos dice que las cosas para ser conocidas, es necesario que existan, y que para que nuestro entendimiento halle en las mismas algo permanente, es preciso que ese algo esté en ellas. Nuestro conocimiento no es productivo de sus objetos; para que sean conocidos, es necesario que existan.

97. Estas consideraciones nos manifiestan la posibilidad de que exista una substancia no sujeta a modificaciones, ni a mudanzas de ninguna clase; y que esta substancia lejos de perder el carácter de tal, por su inmutabilidad, le poseería en un grado mucho más perfecto. La perfección de la substancia no está en las mudanzas, sino en lo permanente que encierra; no está en tener una sucesión de modificaciones inherentes a ella, sino en existir de tal modo que no necesite estar adherida a otro ser. La substancia que reuniese esa permanencia, esa perfección que le diese fuerza para existir por sí misma, y que al propio tiempo no tuviese ninguna modificación, no experimentase ninguna mudanza, sería la substancia por excelencia, infinitamente superior a todas las demás. Esta substancia es Dios.

98. Ahora es fácil resolver la cuestión, si cuando la idea de substancia es aplicada a Dios se la entiende en el mismo sentido que al aplicarla a las criaturas; o hablando en términos de las escuelas; si se toma en sentido unívoco o análogo.

99. En la idea de toda substancia entra la de un ser; lo que no existe, no puede ser substancia. En cuanto concebimos el ser como una realidad, como contrapuesto a la nada, la idea de ser conviene a Dios y a las criaturas: Dios es, es decir, Dios es una cosa real, no la nada. Pero si de esta idea general, tal como nosotros la concebimos, en oposición con la nada, pasamos a su realización en los objetos, al modo por decirlo así con que se la aplica, entonces encontramos la diferencia que va de lo contingente a lo necesario, de lo finito a lo infinito. Aunque no vemos intuitivamente al ser infinito, ni la esencia de los seres finitos, no obstante conocemos con toda evidencia que la palabra ser aplicada a lo infinito, significa una cosa muy diferente de cuando se la aplica a lo finito.

100. En la idea de substancia entra la de una cosa permanente; esta permanencia conviene también a Dios; el ser infinito es permanente por esencia.

101. En las substancias que nos rodean, hallamos esa permanencia combinada con la sucesión de las modificaciones que las afectan; estas mudanzas son imposibles en Dios. Esta cualidad de relación a las modificaciones, es característica de las substancias finitas.

102. Las substancias no están inherentes a otras, como las modificaciones lo están a ellas; esta no inherencia conviene también a la substancia divina.

103. Las substancias deben encerrar algo en sí que las exima de la necesidad de la inherencia, que las eleve sobre los seres que se suceden con tanta rapidez, y que en su existencia han menester siempre de otro que los sustente; esta perfección se halla en la substancia divina, ser por esencia, piélago de perfección.

104. Resulta de este análisis que todo cuanto se encierra de perfección en la idea de substancia, puede aplicarse al ser infinito; y que lo único que de esta idea no se le puede aplicar, es lo que supone negación, imperfección.

Capítulo XIV. Una aclaración importante; y un resumen

105. Cuando se dice que la substancia es un ser subsistente por sí mismo, no se entiende que sea un ser que absolutamente no haya necesitado de otro para su existencia. El confundir estas dos cosas es dar pie a una monstruosa confusión de ideas, y nace a su vez de otra confusión no menos monstruosa, de la relación de causa y efecto, con la relación de substancia y accidente.

106. La relación de causa y efecto está en que la causa da el ser al efecto; y la relación de substancia y accidente, está en que la substancia sirve de sujeto al accidente. Tanta diferencia va de una cosa a otra, que no solo la razón nos las muestra distintas, sino que a cada paso la experiencia nos las ofrece separadas. Nuestra alma es sujeto de muchos accidentes en cuya producción no tiene ella ninguna parte; antes por el contrario, se opone a esta producción en cuanto le es posible. Tales son todas las sensaciones dolorosas, todas las impresiones desagradables; todos los pensamientos importunos que nos ocurren a pesar nuestro, y cuando quisiéramos pensar en otra cosa. Entonces es el alma sujeto y no causa; se halla en ella la razón de substancia

con respecto a cosas en que lejos de ser causa, es solo paciente. Si no me engaño, este ejemplo es concluyente del todo, para demostrar la existencia de una línea divisoria entre el carácter de causalidad y el de substancia, y el de efecto y accidente.

107. El ser subsistente por sí mismo, significa cierta exclusión: si esta se refiere a la causalidad, ser subsistente por sí mismo[1], significa ser no causado; si dicha exclusión se refiere a la inherencia, ser subsistente por sí mismo, significa ser no inherente a otro, como lo están los accidentes a la substancia. Cuando se define la substancia un ser subsistente por sí mismo, se entiende en el segundo sentido, no en el primero; y esta distinción basta para derribar todo el sistema de Spinosa, y de todos los panteístas, sea cual fuere el aspecto bajo el cual presenten su error.

108. Para entrar desembarazadamente en la cuestión del panteísmo, resumamos en pocas palabras, lo que la razón y la experiencia nos dicen sobre la substancia.

1.º En nuestro interior hay un ser uno, simple, idéntico, permanente, sujeto de los fenómenos que experimentamos.

2.º En lo exterior hay objetos, que conservan algo constante, en medio de la variedad de sus fenómenos.

3.º En la idea de substancia entran las de ser, permanencia, no inherencia a otro en clase de modificación.

4.º La relación de sujeto a sus modificaciones se halla en todas las substancias finitas.

5.º La relación a modificaciones, no es inseparable de las ideas de ser, permanencia, y no inherencia a otro.

6.º Una substancia inmutable, no implica ninguna contradicción.

7.º Subsistente por sí mismo, no es lo mismo que independiente de otro ser. No debe confundirse la relación de causa y efecto, con la de substancia y accidente.

8.º La no inherencia a otro ser, es característico de la substancia; pero esta idea negativa se ha de fundar en una cosa positiva: en una fuerza de subsistir por sí mismo, para no necesitar de estar adherido a otro.

Capítulo XV. El panteísmo examinado en el orden de las ideas

109. La idea de substancia, y todas sus aplicaciones así al mundo externo como al interno, de ningún modo nos conducen a inferir la existencia de una substancia única; por el contrario, la razón de acuerdo con la experiencia nos obliga a reconocer muchedumbre de substancias. ¿Por qué deberíamos admitir una substancia única? Examinemos a fondo esta cuestión, una de las más capitales de la filosofía, y que desde muy antiguo ha dado ocasión a los errores más funestos.

110. Los sostenedores de la substancia única, o se han de fundar en la misma idea de la substancia, o en la experiencia; nuestro espíritu no tiene otros recursos que sus ideas primitivas, o la enseñanza de la experiencia. Empecemos por el método a priori, o por el que se funda en la idea.

111. ¿Qué entendéis por substancia? les preguntaremos. Si por substancia entendéis un ser subsistente por sí mismo, y por esta subsistencia significáis, que no necesita de ningún otro para existir, que no lo ha necesitado nunca, entonces habláis de un ser no causado, de un ser necesario, que tiene en sí propio la razón suficiente y necesaria de su existencia. Si decís que este ser es único, o que no hay otro de su clase, convenimos con vosotros; solo os advertiremos que tomáis el nombre de substancia en un sentido impropio. Pero en el fondo la diferencia estará en el nombre; y para entendernos perfectamente, solo nos será necesario saber que por substancia entendéis un ser absolutamente necesario, y por tanto absolutamente independiente. Pero si afirmáis que este ser es único, en tal sentido que nada hay, ni puede haber fuera de él, entonces afirmáis gratuitamente, y os exigimos prueba de lo que afirmáis.

¿Por qué el ser necesario excluiría la posibilidad de los demás seres? ¿No es más legítimo el deducir que en él se contiene la razón de la posibilidad y de la existencia de los mismos? El ser que tenga en sí la necesidad de existir, ha de estar dotado de actividad; y el término de la actividad en lo exterior es la producción. ¿Por qué de esta producción no podrán resultar otros seres? Por lo mismo de ser producidos serán distintos del que los produce.

112. Sin salir de nuestras ideas encontramos la contingencia y la multiplicidad. La experiencia nos enseña que en nosotros mismos hay una sucesión

continua de formas: estas apariencias algo son, no pueden ser un puro nada, pues deben ser algo, siquiera como apariencias. En ellas vemos un continuo tránsito del no ser al ser, y del ser al no ser, luego hay producción de algo que no es necesario, puesto que es y deja de ser; luego hay algo fuera del ser que se quiere suponer único. Este argumento se funda en los fenómenos puramente internos y así vale, aun contra los idealistas, contra los que quitan al mundo externo toda realidad, y lo reducen solo a meras apariencias, a simples fenómenos de nuestro espíritu. Esas apariencias existen por lo menos como apariencias; ellas pues son algo, ellas son contingentes, ellas no son pues el ser necesario. Luego fuera de este hay algo que no es él; luego es insostenible el sistema que afirma la existencia de un ser único.

La idea de un ser absolutamente independiente por razón de su absoluta necesidad, no excluye la existencia de los seres contingentes; solo manifiesta que el ser necesario es único entre los necesarios, mas no único entre los seres.

113. Tampoco se sigue de la idea del ser necesario el que no pueda haber seres contingentes causados, y sin embargo subsistentes por sí mismos, en él sentido de que no están inherentes a otros como modificaciones. El no ser causado, y el no estar inherente, son cosas muy distintas; la primera trae consigo a la segunda, mas no la segunda a la primera. Todo ser no causado, ha de estar libre de la inherencia; pues por lo mismo que no es causado, es necesario, y encierra en sí cuanto ha menester para no estar inherente a otro. Por lo mismo que es necesario, es absolutamente independiente de los demás, lo que no se verificaría si los necesitase como la modificación necesita la substancia. Pero no todo lo que no es inherente ha de ser no causado; pues su causa puede haberle hecho tal que no necesite de estar inherente a otro ser como modificación. Entonces dependerá de otro, como el efecto de su causa, no como accidente de su substancia: habrá entre ellos la relación de causalidad, mas no la de substancia, cosas muy diferentes como hemos explicado más arriba (Cap. XIV).

114. Jamás los panteístas llegarán a probar que porque una cosa no sea modificación, haya de ser no causada: y esto es precisamente lo que deberían demostrar para sacar triunfante su sistema. Una vez demostrado que todo lo que subsiste en sí, es no causado, tendrían probado también que

todo lo que subsiste en sí, es necesario. Y como el ser necesario ha de ser único, tendrían probado también que no hay más que una substancia.

115. La clave del sistema panteísta es esta: confundir la no inherencia, con la independencia absoluta; y la clave para desvanecer todos sus argumentos, es distinguir constantemente estas cosas. Todo lo no causado es substancia; mas no toda substancia es incausada. Todo lo no causado es necesario, y por tanto no inherente; mas no toda substancia es necesaria. La substancia finita no es inherente a otro ser; pero es causada por otro ser. No puede existir sin él, es verdad; pero esta dependencia, no es la de la modificación a la substancia, sino del efecto a la causa.

La causa da el ser al efecto; la substancia sustenta al accidente; la causa no es modificada por el efecto; la substancia es modificada por el accidente. Estas ideas son claras, distintas; con ellas se debe estrechar al panteísmo en todas sus transformaciones; quien así lo haga conseguirá lo que Menelao con el viejo Proteo; reducirle a su forma primitiva, al ateísmo puro. Esta es su naturaleza; este debe ser su nombre. Muchos de los erróneos sistemas que turban al mundo de las ideas, se fundan en un equívoco; para acabar con ellos es necesario fijarse en el punto que le aclara y no salir de allí. El equívoco se presentará de diferentes maneras, pero conviene no dejarse alucinar, ni confundir: volver siempre a la misma distinción y estrecharle con ella. El pasaje del poeta inmortal en el lugar aludido, podría tomarse como un mito de un excelente método para desbaratar sofismas. «Echaos sobre él, decía la diosa Idothea a Menelao y sus compañeros; cogedle, y a pesar de todos sus esfuerzos para escaparos, no le soltéis, continuad estrechándole fuertemente. Todo lo imitará: agua, fuego, reptil, tomará todas las formas; pero apretadle más, redoblad sus ligaduras. Cuando habrá vuelto a ser lo que era, suspended vuestros esfuerzos y dadle libertad» (Odisea, Canto 4). Así será el panteísmo: hablará de materia, de espíritu, de realidad de fenómenos, del yo, del no yo; de subsistencia y no subsistencia, de necesario y de contingente; pero no salgáis de las ideas fundamentales, conducidle a ellas; al fin volverá a su forma primitiva; y cuando haya vuelto a ella, entonces soltadle, mostrándole a los pueblos tal cual es, diciéndoles: «vedle en su horrible deformidad; siempre ha sido lo que es ahora; a pesar de todas sus trasformaciones, no es más que el ateísmo.»

Capítulo XVI. El panteísmo examinado en el orden de los hechos externos

116. Si en la región de las ideas es insostenible el panteísmo, no lo es menos en el campo de la experiencia. Esta, lejos de conducirnos a la exclusiva unidad de la substancia, nos muestra por todas partes la multiplicidad.

117. Hay unidad cuando no hay división, cuando en la cosa una no se pueden distinguir otras distintas, cuando no cabe en ella un juicio negativo. Nada de esto observamos ni en el mundo externo, ni en el interno; antes una experiencia constante nos ofrece todo lo contrario.

118. En el mundo externo la división es visible, palpable; no hay más que unidad de orden, la dirección a un fin: fuera de esto, todo es multiplicidad. El único medio por el cual estamos en comunicación con el mundo externo son los sentidos; y estos encuentran la multiplicidad en todas partes: sensaciones distintas en números diferentes en especie, graduadas de mil modos diversos, distribuidas entre infinitos grupos, que si bien se enlazan en tal o cual punto, se pueden dividir y se dividen en otros mil.

119. La multiplicidad está tan atestiguada por la experiencia de los sentidos, como la existencia misma de los objetos. Si para lo primero les negamos el crédito, sería preciso negárselo para lo segundo. No solo nos dicen que hay tal cuerpo, sino que del mismo modo nos cercioran de que un cuerpo no es el otro. No conocemos con más certeza que a una sensación le corresponda en lo exterior un objeto, que la distinción entre los dos objetos de distintas sensaciones.

Decir que los sentidos no son buenos jueces en esta materia, porque ellos se limitan a la simple sensación, y por lo mismo no sirven para juzgar de los objetos, es apelar al idealismo; pues que con la misma razón se podría afirmar que los sentidos, limitándose como se limitan a la simple sensación, no bastan a cerciorarnos de la existencia de los objetos respectivos.

120. Todo lo que sea establecer la unidad fuera de nosotros, es destruir el mundo corpóreo. La idea de la extensión se opone a la unidad. En lo extenso, unas partes no son las otras. Esto es evidente; y quien lo ponga en duda combate la certeza de la misma Geometría. Si el mundo es algo real, es

extenso; si no es extenso, no podemos asegurar que sea nada real. Con igual seguridad conocemos la extensión que la existencia. Esta existencia misma nos es manifestada por la extensión ofrecida a nuestras sensaciones. Si pues esta extensión no existe, las sensaciones son un mero fenómeno interno, una pura ilusión, en cuanto les atribuimos correspondencia en lo exterior.

121. El argumento que acabo de proponer es, si no me engaño, uno de los más concluyentes contra Spinosa, quien con la unidad de substancia admite la extensión, como uno de sus atributos. Lo extenso es esencialmente múltiplo; siempre lleva consigo la distinción entre sus partes; siempre se puede hacer el juicio negativo, «la parte A no es la parte B.» El panteísmo no puede deshacerse de este argumento sino salvándose en el idealismo puro; y en este concepto tal vez Fichte y Hegel han sido más lógicos de lo que algunos creen. Quien quiera sostener la exclusiva unidad de substancia, es preciso que convierta el mundo externo en meros fenómenos, cuya única realidad se cifra en presentarse así a nosotros. Esto es absorber el mundo en el yo, y concentrar la realidad en la idea; pero esta absorción y concentración, en medio de su oscuridad, son una consecuencia lógica, necesaria, del principio establecido. Hay absurdo, pero hay al menos la consecuencia de la absurdidad.

122. Los que llaman a Spinosa discípulo de Descartes, no han advertido que entre los dos sistemas hay una contradicción necesaria. El argumento que acabo de proponer fundado en la extensión, si bien es concluyente en todos los supuestos, lo es más, si cabe, admitiendo con Descartes que la esencia de los cuerpos consiste en la extensión. En este caso, las varias partes de la extensión se distinguen esencialmente, pues cada parte constituye una esencia. La multiplicidad esencial y substancial de los cuerpos será tanta, cuanta sea la multiplicidad de la extensión.

123. Si se quisiere sostener que la extensión no es la misma esencia de los cuerpos, sino un atributo o una modificación, ya se hable de una determinación fundada en la esencia, ya de una determinación accidental, pretendiendo además que esta modificación o atributo puede pertenecer a la substancia única, preguntaremos si esta substancia en sí misma, prescindiendo de la extensión, es simple o compuesta. Si es compuesta, hay en ella la multiplicidad, y por tanto cae Spinosa en la opinión común, es decir, de

un mundo corpóreo, compuesto de muchas partes, de las que no tendrá la una más derecho que la otra a ser una verdadera substancia. Entonces pues, no habrá substancia única, sino un compuesto de muchas; y el universo corpóreo no podrá llamarse una substancia, sino en el sentido en que se llama comúnmente, uno, no tomando la unidad en sentido riguroso, sino en cuanto todas sus partes están entre sí enlazadas, y dispuestas con cierto orden para conspirar a un mismo fin. Si la substancia, sujeto de la extensión, es simple, resulta una substancia simple determinada o modificada por la extensión, una substancia simple extensa, lo que es contradictorio. No puede concebirse que una cosa sea modificación de otra, sin que la modifique; esto es lo que expresan las palabras mismas. Una modificación, modifica, dando a la cosa modificada la forma de la modificación, aplicándose a sí propia a la cosa modificada. La extensión no puede modificar sino haciendo a la cosa modificada extensa: y el ser extenso o tener extensión, son expresiones absolutamente idénticas. Luego repugna el que una substancia simple tenga por una de sus modificaciones la extensión; luego el sistema de Spinosa es absurdo.

Capítulo XVII. El panteísmo examinado en el orden de los hechos internos

124. La multiplicidad de las substancias no está menos atestiguada por la conciencia de nosotros mismos, o sea del mundo interno. Por de pronto encontramos en nosotros algo uno, indivisible, que permanece siempre lo mismo en medio de todas las transformaciones de nuestro ser. Esa unidad del yo es indispensable para el enlace de todos los fenómenos en un punto; sin ella es imposible todo recuerdo, toda combinación, toda conciencia; nuestro propio ser se desvanece, no es más que una serie de fenómenos inconexos. Pero de esta unidad que es preciso tomar como un hecho íntimo, que la conciencia pone a cubierto de toda duda, y a cuya convicción nos es imposible resistir, nace el conocimiento de la multiplicidad. Hay algo que nos afecta, y este algo no somos nosotros. Nuestra voluntad, nuestra actividad, son impotentes para resistir otras actividades que obran sobre nosotros; hay algo pues que no somos nosotros, que es independiente de nosotros. Hay algo que no es una modificación nuestra;

pues que muchísimas veces no nos afecta, no nos modifica. Este algo es una realidad, porque la nada no puede afectar. Este algo no es inherente a nosotros; está pues en sí, o en alguna cosa que no es nosotros. Hay pues una substancia que no es nuestra substancia; y el yo y el no yo, que tanto ruido mete en la filosofía alemana, lejos de conducir a la unidad de la substancia conduce a la multiplicidad; y por consiguiente destruye el panteísmo atrincherado en el idealismo.

125. Desde el primer paso nos encontramos cuando menos con la dualidad, con el yo y el no yo; pero llevando más allá la observación, encontramos una asombrosa multiplicidad.

Nuestro espíritu no está solo: la conciencia de lo que estamos experimentando todos los días, nos atestigua la comunicación con otros espíritus, que como el nuestro tienen una conciencia de sí propios, que como el nuestro tienen una esfera de actividad, que como el nuestro se hallan sometidos a actividades ajenas, sin su voluntad y a veces contra su propia voluntad. El yo y el no yo, que existe para nuestra conciencia, existe para las demás; y lo que en nosotros solos era la dualidad, se convierte en asombrosa multiplicidad, por medio de la repetición del mismo hecho que hemos experimentado en nosotros.

126. Atribuir esta variedad de conciencias, a un mismo ser, tomarlas como modificaciones de una misma substancia, como revelaciones de ella misma a sus propios ojos, es una aserción gratuita, y sobre gratuita, absurda.

Con entera confianza se puede retar al primer filósofo del mundo a que señale una razón, no diré satisfactoria, pero ni aun especiosa, para probar que dos conciencias individuales pertenecen a una conciencia común, o son conciencias de un mismo ser.

127. En primer lugar esta doctrina se halla en contradicción con el sentido común, y es rechazada con fuerza irresistible por el sentido íntimo de cada hombre. El sentimiento de nuestra existencia anda siempre acompañado del sentimiento de nuestra distinción con respecto a nuestros semejantes. No solo estamos ciertos que existimos, sino también de que somos una cosa distinta de los demás, y si en algo está profundamente marcado el sentimiento de esta distinción es en lo que toca a los fenómenos de nuestra conciencia. Jamás en ningún tiempo ni país, en ninguna fase de la sociedad, se

llegará a persuadir a los hombres, que la conciencia de todos sus actos e impresiones, pertenece a un mismo ser, en que se enlacen las conciencias individuales. Mala filosofía la que comienza por luchar con la humanidad, y por ponerse en abierta contradicción con un sentimiento irresistible de la naturaleza.

128. La idea misma de conciencia excluye esa monstruosidad, por la cual las conciencias individuales se quieren transformar en modificaciones de una conciencia universal. La conciencia, esto es, el sentimiento íntimo de lo que experimenta un ser, es esencialmente individual, es por decirlo así incomunicable a todo otro. A los demás les damos conocimiento de nuestra conciencia, mas no la conciencia misma. Esta es una intuición o un sentimiento, pero siempre tal que se consuma en lo más íntimo, en lo más recóndito, en lo más propio de nuestro ser. ¿Qué será pues esta conciencia, si no nos pertenece, si no es nuestra como individuos, si no es nada de lo que creemos, y solo es propiedad de un ser que no conocemos, que no sabemos lo que es, y del cual nosotros no somos más que un fenómeno, una modificación pasajera? ¿Dónde estará la unidad de la conciencia en medio de tanta diversidad, y oposición, y exclusión recíproca de ellas? Este ser modificado con tantas conciencias, no tendrá ninguna, pues no se podrá dar cuenta a sí propio de lo que experimenta.

Capítulo XVIII. Sistema panteísta de Fichte

129. Voy a cumplir lo prometido (Lib. I, Cap. VII) sobre la exposición e impugnación del sistema de Fichte. Ya hemos visto en el lugar citado las formas cabalísticas empleadas por el filósofo alemán, para llegar ni más ni menos que a un resultado tan sencillo, como es el principio de Descartes: yo pienso luego soy. El lector no podrá figurarse que sobre este hecho de conciencia se pretenda fundar el panteísmo; y que el espíritu humano por encontrarse a sí propio, haya de tener la arrogancia de que nada existe sino él mismo; que todo cuanto hay, sale de él mismo; y lo que es todavía más singular, que él mismo se produce a sí mismo. Para creer que semejantes cosas están escritas, es necesario leerlas; por cuya razón al exponer el sistema de Fichte, copiaré sus mismas palabras.

Así, aun cuando haya de sufrir algún tanto el habla castellana, y el lector se fatigue un poco en descifrar enigmas, tendrá una idea del fondo y de la forma del sistema; lo cual no se lograría, si queriendo extractarle, le despojásemos de su extravagante originalidad, que si cabe, resalta todavía más en la forma que en el fondo.

130. «Este acto, es decir X = yo soy, no descansa sobre ningún principio más elevado» (Doctrina de la ciencia, 1.ª parte, §. I).

Esto es verdad hasta cierto punto, en cuanto significa que en la simple serie de los hechos de conciencia, vamos a parar a nuestra propia existencia, como al último término que no nos consiente ir más allá. El acto reflejo con que percibimos nuestra existencia, está expresado por la proposición: yo soy; o yo existo; pero esta proposición por sí sola, no nos dice nada sobre la naturaleza del yo, y está muy lejos de probarnos nuestra absoluta independencia. Por el contrario, desde el momento que comencemos a reflexionar se nos ofrecerán hechos internos que nos inclinarán a creer que nuestro ser depende de otro; y a medida que continuaremos reflexionando, adquiriremos de esta verdad una convicción profunda, nacida de una demostración rigurosa.

De ningún modo se puede afirmar que el acto yo soy, no dependa de un principio más elevado, si se entiende que el acto no nace de ningún principio de acción, y que él por sí solo produzca la existencia. Esto, a más de ser abiertamente contrario al sentido común, carece de toda razón en que estribe, y se opone a las nociones más fundamentales de una buena filosofía.

131. Fichte opina de otro modo; y sin saber por qué, deduce de la proposición citada las consecuencias que verá el curioso lector. «Luego (el acto, yo soy) es el principio puesto absolutamente, siendo a sí propio su fundamento, de un cierto acto del espíritu humano (se verá por el conjunto de la Doctrina de la ciencia, que se debe decir de todo acto del espíritu humano). Su verdadero carácter es el puro carácter de la actividad en sí; haciendo abstracción de las condiciones empíricas que le son particulares.» No es mucho descubrimiento que el carácter de un acto sea la actividad; bien que este carácter no es puro, pues en nosotros, ningún acto es pura actividad, sino tal ejercicio de actividad.

«Así, continúa, para el yo, ponerse a sí mismo, es lo que constituye la pura actividad. —El yo se pone a sí mismo, y existe en virtud de esta simple acción; y recíprocamente, el yo existe y pone su ser, simplemente en virtud de su ser. —Él es al mismo tiempo el agente y el producto de la acción; lo que obra y lo que es producido por la acción; en él, la acción y el hecho son una sola y misma cosa; y por esto, yo soy es la expresión de un acto, pero también del solo acto posible, como se verá por toda la Doctrina de la ciencia.»

Comprenda quien pueda lo que significa el ser a un mismo tiempo producente y producido; principio y término de la acción, causa y efecto de la misma; comprenda quien pueda lo que significa el existir en virtud de una simple acción, y el ejercer esta acción en virtud de la existencia. Si esto no son contradicciones, no sé dónde podrán encontrarse. En Dios, ser infinito, la esencia, la existencia y la acción se identifican; pero no se dice que la acción produzca su ser, que se ponga con su acción; se dice sí que existe por necesidad, y que por lo mismo es imposible que haya sido producido, pasando del no ser al ser.

132. Ocurre una explicación racional de la algarabía de Fichte; explicación que si fuera admisible, tampoco excusaría al filósofo de haber expresado cosas muy sencillas con palabras contradictorias; como quiera hela aquí. El alma es una actividad; su esencia consiste en el pensamiento, y por esto se manifiesta a sus propios ojos encontrándose a sí misma en el acto de la conciencia. En este sentido, se puede decir que el alma se pone, esto es, se conoce a sí propia, se toma como un sujeto de una proposición, al cual aplica el predicado de la existencia. El alma es principio de su acto de conciencia; y así es producente; ella misma está presentada en el acto de conciencia como un objeto, por lo cual se podrá decir aunque inexactamente, que en el orden ideal es producida; y de este modo será bajo diferentes aspectos el principio y el término de una acción. Esta exposición más o menos fundada, sería cuando menos razonable, inteligible siquiera; y su base, el constituir la esencia del alma en el pensamiento, tendría en su favor el voto de Descartes. Así, aunque no salvásemos las palabras de Fichte, salvaríamos al menos sus ideas. Mas por desgracia, el filósofo ha tenido buen cuidado de cerrarnos esta salida, sus palabras no pueden ser más terminantes.

«Examinemos todavía la proposición: yo soy yo.

»El yo es puesto absolutamente: si se admite que el yo que ocupa en la proposición precedente el lugar del sujeto formal, designa el yo puesto absolutamente; y que el yo que se encuentra en el lugar del predicado, designa el yo existente; el juicio que tiene un valor absoluto afirma que ambos son completamente una misma cosa, o puestos absolutamente; el yo existe porque se ha puesto a sí mismo.»

Todo juicio implica identidad del predicado con el sujeto; pero en la proposición: yo soy yo; la identidad está no solo implicada, sino explícitamente consignada; por cuya razón, pertenece a la clase de las que se llaman idénticas, porque su predicado no explica nada de la idea del sujeto, solo la repite. ¿De dónde saca pues Fichte que el yo existe porque se ha puesto a sí mismo? Hasta aquí no tenemos sino que el yo diciendo: yo soy yo, se afirma a sí mismo, y así se pone como sujeto y predicado de una proposición; pero es más claro que la luz del día que poner afirmando, no es poner produciendo; por el contrario, el sentido común y la razón enseñan, que para la legitimidad de la afirmación es necesaria la existencia de la cosa afirmada. Confundir estas ideas, tomando afirmar por poner produciendo, es una monstruosidad inconcebible.

133. Explicando esto en una nota, añade Fichte lo siguiente. «Lo mismo se verifica relativamente a la forma lógica de toda proposición. En la ecuación A=A, la primera A es lo que es puesto en el yo, sea absolutamente como el yo mismo, sea sobre un fundamento cualquiera, como todo no yo determinado. El yo representa en esta el papel de sujeto absoluto, por lo cual se llama a la primera A, sujeto. La segunda A designa el yo haciéndose a sí mismo objeto de la reflexión, como puesto en sí, porque él ha puesto este objeto en sí. El yo que juzga, hace un predicado de alguna cosa, no propiamente de A, sino de sí mismo; porque en sí mismo halla la A; y por esto la segunda A se llama predicado. Así en la proposición A=B, A es lo que es puesto en el momento en que la proposición es enunciada, y B lo que era puesto anteriormente; la palabra es expresa el tránsito del yo, del acto de poner a la reflexión sobre lo que es puesto.»

¿Qué quiere decir Fichte con ese embrollo de ideas y de lenguaje? ¿querrá significar que en esta proposición, el yo es sujeto y predicado, según los diferentes aspectos bajo los que se le considera? ¿querrá decir que el yo en cuanto ocupa el lugar de sujeto, expresa simplemente la existencia, y que como predicado se ofrece cual un objeto de reflexión? ¿qué entiende por la palabra poner? si entiende producir de nuevo ¿cómo es posible que una cosa que no es se produzca a sí misma? si entiende manifestarse, de suerte que el objeto manifestado pueda servir de término lógico de una proposición, entonces ¿por qué dice que el yo existe porque se pone a sí mismo? Pero sigamos al filósofo alemán en sus peregrinas deducciones.

134. «El yo de la primera acepción y el de la segunda, deben ser puestos como absolutamente idénticos el uno con el otro: luego se puede convertir la proposición precedente, y decir, el yo se pone a sí mismo absolutamente porque existe, se pone a sí mismo por el simple hecho de su existencia, y existe simplemente porque es puesto.»

Sin haber definido la palabra poner, sin haber dicho nada más que lo que sabe todo el mundo: que el yo es el yo, infiere que el yo existe porque se pone, y se pone porque existe; identifica la existencia con el poner, sin reparar que eran necesarios cuando menos algunos preliminares para atreverse a combatir de este modo el sentido común y la doctrina de todos los filósofos incluso Descartes, que para la operación exigen la existencia, y reputan por contradictorio que una cosa pueda ser activa sin existir. Pensaba Leibnitz que nada hay ni puede haber sin razón suficiente; pero gracias al autor de la Doctrina de la ciencia, podremos poblar el mundo de los seres finitos o infinitos que nos viniere en talante; y cuando se nos pregunte de dónde han salido diremos que se han puesto; y si se nos importuna preguntándonos por qué se han puesto, diremos porque existen; y si todavía se nos exige que digamos por qué existen, responderemos, porque se han puesto; de manera que pasaremos del poner al existir, y del existir al poner, sin peligro de vernos jamás confundidos.

135. Esta filosofía que como se echa de ver, no tiene nada de luminosa, le dejaba satisfecho a su autor hasta el punto de proseguir con admirable serenidad diciendo: «estas observaciones aclaran completamente el sentido en que empleamos aquí la palabra yo; y nos suministran una explicación limpia y lúcida del yo, como sujeto absoluto. El yo sujeto absoluto es este ser que existe simplemente porque se pone a sí mismo, como existente. Es en cuanto se supone, y en cuanto es, en tanto se pone. El yo existe pues

absoluta y necesariamente para el yo. Lo que no existe para sí mismo, no es yo.» El panteísmo idealista no puede ser establecido de una manera más explícita y al propio tiempo más gratuita: se asombra uno de tener que ocuparse seriamente de tamañas extravagancias. Pero ellas meten ruido porque son desconocidas; y así conviene presentarlas al lector tales como son, aun a riesgo de fatigarle.

136. Fichte cuidará de aclarar sus ideas, con el bien entendido que cada aclaración añade nuevos grados a su oscuridad. Dejémosle continuar.

«Aclaración. —Qué era yo, se preguntará, antes que tuviese conciencia de mí mismo? La respuesta es natural: yo no existía: porque no era yo; el yo no existe, sino en cuanto tiene conciencia de sí mismo. —Proponer esta cuestión es confundir el yo como sujeto con el yo como objeto de la reflexión del sujeto absoluto; y esto es una inconsecuencia: el yo se pone a sí mismo; se percibe en este caso bajo la forma de la representación, y solo entonces es alguna cosa, un objeto; bajo esta forma la conciencia percibe un substratum que es, bien que sin conciencia real, y que además es concebido bajo forma corpórea. Esta manera de ser, es la que se considera cuando se pregunta qué es el yo, es decir el substratum de la conciencia; pero entonces sin advertirlo se concibe el sujeto absoluto, como teniendo intuición de este substratum; y así, casi sin notarlo, se tiene a la vista aquello de que se quería prescindir, y se cae en contradicción. No se puede pensar nada, sin pensar su yo, como teniendo conciencia de sí mismo, no se puede jamás hacer abstracción de su conciencia; por consiguiente no es dable responder a semejantes cuestiones, porque no es posible suponerlas cuando se entiende uno consigo mismo.»

Que antes de tener conciencia de sí propio, el yo no existe como objeto de su reflexión, es una verdad palpable; antes de pensarse a sí mismo no se piensa a sí mismo; ¿quién lo duda? pero la dificultad está en si el yo es algo, independientemente de su propia reflexión, o de su objetividad para sí mismo; esto es, si en el yo se encuentra algo más que el ser pensado por sí mismo. La cuestión no es contradictoria; sino que se ofrece naturalmente a la razón y al sentido común; porque tanto la razón como el sentido común se resisten a tomar por cosas idénticas: ser conocido y existir; conocerse y producirse. No se trata en la actualidad de si tenemos o no idea clara del substratum de la conciencia; pero es curioso lo que nota el filósofo alemán, de que cuando no concebimos al yo como objeto de reflexión, lo concebimos bajo una forma corpórea. Esto es confundir la imaginación con las ideas, cosas muy diferentes como he demostrado en otro lugar (Lib. IV, desde el Cap. I, hasta el X).

137. Resulta de la doctrina de Fichte que la existencia del yo consiste en ponerse a sí mismo, por medio de la conciencia; y que si esta no existiese, el yo no existiría. En tal caso, ser y conocerse es una misma cosa. Aunque podrían pedirse a Fichte las pruebas de una aserción tan extravagante, me limitaré a insistir en la dificultad que él mismo se propone, y que elude confundiendo las ideas. ¿Qué sería el yo si no tuviese conciencia de sí mismo? si existir es tener conciencia, cuando no hay conciencia, no hay existencia. Responde Fichte que el yo sin conciencia no es el yo, en cuyo caso no existe; pero que la objeción supone una cosa imposible, cual es, el prescindir de la conciencia. «Nada se puede pensar, dice, sin pensar su yo, como teniendo conciencia de sí propio; no se puede jamás hacer abstracción de su conciencia.» Repito que con estas palabras no se suelta la dificultad, se la elude. Prescindo ahora de si la conciencia es lo mismo que la existencia; pero lo cierto es que nosotros concebimos un instante en que el yo no tenga conciencia de sí mismo. ¿Este concepto ha sido realizado nunca? esto es, ha habido un instante en que el yo no haya tenido conciencia de sí propio? sí o no? Admitiendo dicho instante, admitimos también que en el mismo instante el yo no existía; luego no ha podido existir nunca, a no ser que conceda Fichte que el yo dependa de un ser superior y por tanto admita la doctrina de la creación. Si no admitimos dicho instante, el yo ha existido siempre, y con conciencia de sí propio; luego el yo es una inteligencia eterna e inmutable, luego es Dios. Este argumento no tiene salida para Fichte. Aquí no cabe la distinción entre el yo como sujeto y como objeto; se trata del yo con conciencia, con esa conciencia en que el filósofo alemán hace consistir su existencia; y de esto se pregunta si ha existido siempre o no; en el primer caso, el yo es Dios; en el segundo, o se debe reconocer la creación o admitir que un ser que no existe se da la existencia a sí mismo.

138. Fichte no retrocede ante la primera consecuencia, y aunque no llama Dios al yo, le concede sus atributos. «Si el yo no existe sino en cuanto se

pone, no existe sino cuando se pone; y no se pone sino cuando existe. —El yo es para el yo. —Pero si él se pone a sí mismo absolutamente, en cuanto existe; se pone necesariamente y existe necesariamente para el yo; yo no existo sino para mí; pero para mí existo necesariamente (diciendo para mí, yo pongo mi ser).

«Ponerse a sí mismo y ser, son hablando del yo, completamente idénticos. La proposición: yo soy, porque me he puesto a mí mismo; se puede expresar así: yo soy absolutamente porque soy.

»El yo poniéndose, y el yo existiendo, son completamente idénticos: son una sola y misma cosa. El yo es aquello por lo cual se pone; y él se pone aquello que es. Así yo soy absolutamente lo que soy.

»La expresión inmediata del acto que acabamos de desenvolver, sería la fórmula siguiente: yo soy absolutamente; es decir, yo soy absolutamente, porque soy para mí; y soy absolutamente lo que soy para mí.

»Si se quisiese que precediera a la ciencia del conocimiento la enunciación de este acto; he aquí a poca diferencia, en qué términos debería ser expresado; el yo pone primitiva y absolutamente su propio ser» (Ciencia del conocimiento P. 1, §. 1).

En tan extravagante lenguaje solo resulta claro un hecho, y es, el panteísmo profesado abiertamente por Fichte; la divinización del yo; y por consiguiente la absorción de toda realidad en el yo. El yo deja de ser un espíritu limitado; es una realidad infinita. Fichte no lo niega; «el yo se determina a sí mismo, se concede al yo la totalidad absoluta de la realidad, porque es puesto absolutamente como realidad, y ninguna negación es puesta en él» (2. p. §. 4. Letra B).

«Hay realidad puesta en el yo, por consiguiente el yo debe ser puesto respecto a la realidad como totalidad absoluta (es decir como una suma que comprende todas las demás sumas y puede ser la medida de todas) y hasta primitiva y absolutamente, si la síntesis que acabamos de exponer problemáticamente es posible; y la contradicción debe ser resuelta de una manera satisfactoria.

»Así el yo pone absolutamente y sin ninguna condición posible, la totalidad absoluta de la realidad como una suma sobre la cual es absolutamente imposible que haya una mayor; y este máximum absoluto de la realidad él le pone en sí mismo; todo lo que es puesto en el yo, es realidad, y todo lo que es realidad es puesto en el yo....

»La noción de la realidad es idéntica a la de actividad; toda realidad está puesta en el yo; es decir, toda actividad es puesta en él; y recíprocamente, toda realidad en el yo, es decir el yo, no es más que actividad; él no es yo sino en cuanto es activo, y en cuanto no es activo es el no yo» (Ibíd. letra D).

«No hay realidad sino en el entendimiento; él es la facultad de lo real; lo ideal se hace real en él» (2. p. Deducción de la representación, §. 3).

«El yo no es sino lo que él se pone, es infinito, es decir se pone infinito. .
. . . .

«Sin la infinidad del yo, sin una facultad productiva cuya tendencia sea ilimitada e ilimitable, no podría explicarse la posibilidad de la representación» (2. p. Deducción de la representación, p. 148 y 152).

139. Demos una ojeada a ese conjunto de delirios. La psicología parte de un hecho fundamental: el testimonio de la conciencia. El espíritu humano no puede pensar sin hallarse a sí propio; el punto de partida de sus investigaciones psicológicas es la proposición, yo pienso: en ella se encuentra la identidad de que nos habla Fichte: el yo es el yo. Todo pensamiento desde el momento que existe, se siente sometido a una ley; la percepción de toda cosa lleva consigo la percepción explícita o implícita de la identidad de la misma cosa. En este sentido la fórmula más simple en que podemos expresar la ley primera de nuestra percepción es esta: A es A; pero fórmula tan estéril como simple; de suerte que no se alcanza por qué se pretende levantar sobre ella nada menos que un sistema filosófico. En el fondo de esta fórmula, supuesto que se la enuncie, está envuelta la existencia del yo enunciante; no se puede enunciar que A es A, si no hay un ser en que se ponga la relación de la identidad. Por lo mismo que la proposición A = A es verdadera, es necesario suponer un A, o un ser donde exista. Una verdad puramente ideal sin fundamento en una verdad real, es un absurdo como demostramos y explicamos largamente en otro lugar (Lib. IV, Caps. XXIII, XXIV, XXV, XXVI, XXVII, y Lib. V, Caps. VII y VIII).

140. Pero la existencia de una verdad ideal en cuanto está representada en nosotros, es decir, en cuanto es un hecho de nuestra conciencia, no es necesaria sino hipotética, existe mientras existe; mas cuando existe puede

no existir; y cuando no existe puede existir. De la existencia no se puede inferir la necesidad; el testimonio de la conciencia se limita a cerciorarnos del hecho; pero en esta misma conciencia no encontramos ningún indicio de que este hecho sea necesario, de que no haya dependido de un agente superior; muy al contrario, el sentimiento de nuestra debilidad, la brevedad del tiempo a que se extienden los recuerdos de nuestra conciencia, la interrupción natural y periódica que en ella experimentamos durante el sueño; todo manifiesta que el hecho de la conciencia no es necesario, y que el ser que lo experimenta ha comenzado de poco tiempo atrás su existencia, y que podría perderla, siempre que dejase de conservársela el ser infinito. El yo que sentimos en nosotros, se conoce a sí propio, se afirma; esta palabra ponerse, no puede significar nada racional, sino que el yo afirma su existencia; pero este conocer no es producirse; quien asienta semejante monstruosidad tiene obligación de probarla.

141. En verdad que se necesita toda la serenidad de Fichte para pretender convertir en ciencia un conjunto de absurdos y extravagancias tales como acabamos de ver. Estaba reservado a los tiempos modernos el tener que ocuparse seriamente de un sistema, cuya existencia creerán con dificultad los que lean la historia de las aberraciones del espíritu humano. El sistema de Fichte está juzgado por todos los hombres pensadores; y para hacerle caer en el olvido no hay medio más seguro que exponerlo a los ojos del lector juicioso.

142. Establecida la existencia necesaria y absoluta del yo, se propone Fichte demostrar que del yo sale el no yo; es decir, todo lo que no es el yo. «El no yo no puede ser puesto sino en tanto que en el yo (en la conciencia idéntica) hay puesto un yo, al cual pueda ser opuesto. El no yo debe ser opuesto en la conciencia idéntica, por consiguiente el yo debe ser puesto allí, en cuanto debe ser puesto allí el no yo....

»Si yo=yo, todo lo que es puesto, es puesto en el yo.... El yo y el no yo son ambos igualmente productos de acciones primitivas del yo; y la conciencia misma es un producto semejante de la primera acción originaria del yo: el acto por el cual el yo se pone a sí mismo.»

He aquí pues que el no yo, es decir, eso que llamamos mundo externo, y todo cuanto no es el yo, nace según Fichte del yo; la distinción entre una cosa y otra, es una ilusión pura; un juego de relaciones con que el yo se concibe como no yo en cuanto se limita; pero tanto el yo como el no yo, son cosas absolutamente idénticas. «El yo y el no yo en cuanto son puestos idénticos y opuestos por la noción de la limitación recíproca, son algo en el yo (accidentes) como substancias divisibles, puestas por el yo, sujeto absoluto, ilimitable, al cual nada es idéntico y nada es opuesto. —Por lo cual todos los juicios cuyo sujeto lógico es el yo limitable o determinable, o alguna cosa que defina el yo, deben ser limitados o definidos por alguna cosa más elevada; pero todos los juicios cuyo sujeto lógico es el yo absolutamente ilimitable, no pueden ser determinados por nada más elevado; porque el yo absoluto no es determinado por nada, ellos son fundados y definidos absolutamente por sí mismos» (1. p. §. 3). He aquí el último resultado del sistema de Fichte, el yo convertido en un ser absoluto que no es determinado por nada superior, en un sujeto ilimitado e ilimitable, en un ser infinito, en Dios.

De este sujeto absoluto dimana todo. «En cuanto el yo se pone como infinito, no se dirige más que sobre el yo, y su actividad es el fundamento y forma de todo ser; el yo es pues infinito en cuanto su actividad vuelve sobre sí mismo, y bajo este aspecto su actividad es infinita, porque su producto es infinito (producto infinito, actividad infinita: actividad infinita, producto infinito); aquí hay un círculo más no vicioso; esto es un círculo del que la razón no puede salir, porque expresa lo que es absolutamente cierto para sí mismo; producto, actividad, agente son una sola y misma cosa; y no los distinguimos sino para expresarnos; esto es, únicamente la pura actividad del yo, únicamente el puro yo que es infinito; la actividad pura es la que no tiene ningún objeto, que vuelve constantemente sobre ella misma.

«En cuanto el yo se pone límites, y se pone en estos límites, su facultad de poner no se dirige inmediatamente sobre sí mismo; se dirige sobre un no yo que debe serle opuesto....

¿Cómo resumiremos esta doctrina? con las mismas palabras de Fichte. «En cuanto el yo es absoluto, es infinito e ilimitado, él pone todo lo que existe, y lo que él no pone no existe para él, y fuera de él no hay nada. Todo lo que él pone lo pone como el yo; y él pone el yo como todo lo que él pone; por consiguiente el yo bajo este aspecto abraza en sí toda realidad, es decir una realidad infinita e ilimitada. En cuanto el yo se opone un no yo, pone necesariamente límites, y se pone a sí mismo en estos límites. Él reparte entre el yo y el no yo la totalidad de lo que es puesto en general» (3. p. Principios del conocimiento práctico § 5, II, p. 199).

143. Así destruye Fichte en pocas palabras la realidad del mundo externo, convirtiéndole en una modificación o desarrollo de la actividad del yo; ¿será necesario detenerse más en impugnar una doctrina tan monstruosa, y que se establece sin ninguna prueba? Creo que no: mayormente, cuando tenga asentada sobre principios sólidos la demostración de la existencia de un mundo externo, y lleno explicados el origen y carácter de los hechos de conciencia, sin necesidad de recurrir a tan absurdas extravagancias (Libs. II, III y IV).

Capítulo XIX. Relaciones del sistema de Fichte con las doctrinas de Kant

144. Ya llevo explicado (Lib. III, cap. XVII) como el sistema de Kant conduce al de Fichte; cuando se asienta un principio peligroso nunca falta un autor bastante atrevido para sacar las consecuencias, sean cuales fueren. El autor de la Doctrina de la ciencia extraviado por las doctrinas de Kant establece un panteísmo el más extravagante que hasta ahora se ha excogitado. Al concluir su obra dice que ha conducido al lector al punto donde Kant le toma; mas bien hubiera podido decir que toma al lector donde Kant le deja. El autor de la Crítica de la razón pura, convirtiendo el espacio en un hecho puramente subjetivo, destruye la realidad de la extensión, y abre la puerta a los que quieren hacer surgir del yo la naturaleza toda; y haciendo del tiempo una simple forma del sentido interno, induce a considerar la sucesión de los fenómenos en el tiempo, como meras modificaciones del yo a cuya forma se refieren.

145. Pero, ¿es por ventura necesario el andar en busca de deducciones, cuando el mismo filósofo en medio de su oscuridad y de su lenguaje enigmático, no deja de consignar de la manera más terminante esta monstruosa doctrina? Oigámosle como habla en su Lógica trascendental, sección tercera, donde se propone explicar la relación del entendimiento a los objetos en general, y a la posibilidad de conocerlos a priori. «El orden y la regularidad en los fenómenos, eso que nosotros llamamos naturaleza, es pues nuestra

propia obra: nosotros no la encontraríamos allí, si nosotros no la hubiésemos puesto por la naturaleza de nuestro espíritu; porque esta unidad natural, debe ser una unidad necesaria, es decir una cierta unidad a priori del enlace de los fenómenos; ¿pero cómo podríamos nosotros producir una unidad sintética a priori, si no hubiese en los manantiales primitivos de nuestro espíritu razones subjetivas de semejante unidad a priori, y si estas condiciones subjetivas no fuesen al mismo tiempo valederas objetivamente, ya que ellas son los fundamentos de la posibilidad de conocer en general un objeto en la experiencia?» ¿Quién no ve bosquejado en estas palabras el sistema de Fichte que hace nacer del yo el no yo, es decir el mundo, y que no da más valor a la naturaleza que el que puede recibir del mismo yo?

146. Todavía está más expreso el autor de la Crítica de la razón pura; he aquí cómo explica la naturaleza y las atribuciones del entendimiento. «Hemos definido más arriba el entendimiento de diferentes maneras, le hemos llamado una espontaneidad del conocimiento (por oposición a la receptividad de la sensibilidad) una facultad de pensar, o bien una facultad de los conceptos o de los juicios; definiciones todas que bien explicadas, no son más que una sola. Ahora podemos caracterizarle como la facultad de las reglas. Este signo es más fecundo, y se acerca más a la esencia de la cosa: la sensibilidad nos da formas (de la intuición) y el entendimiento reglas. Este se aplica siempre a observar los fenómenos para hallar en ellos alguna regla. Las reglas si son objetivas (si por consiguiente se ligan necesariamente al conocimiento del objeto) se llaman leyes. Aunque nosotros conozcamos muchas leyes por experiencia, estas leyes sin embargo no son más que determinaciones particulares de otras leyes superiores, entre las cuales las más elevadas (a las que todas las demás están sometidas) proceden a priori del entendimiento mismo, y no son tomadas de la experiencia, antes al contrario dan a los fenómenos su legitimidad, y deben por esta misma razón hacer posible la experiencia. El entendimiento pues, no es simplemente una facultad de hacerse reglas, comparando fenómenos; es hasta la legislación para la naturaleza; es decir que sin el entendimiento, no habría naturaleza o unidad sintética de la diversidad de los fenómenos, según ciertas reglas. Porque los fenómenos como tales, no pueden existir fuera de nosotros; por el contrario solo existen en nuestra sensibilidad; pero esta como objeto del

conocimiento en una experiencia, con todo lo que ella puede contener, no es posible sino en la unidad de la apercepción. La unidad de la apercepción es el fundamento trascendental de la legitimidad necesaria de todos los fenómenos en una experiencia; esta misma unidad de la apercepción con relación a la diversidad de las representaciones (para determinarla partiendo de una sola) es la regla; y la facultad de estas reglas es el entendimiento. Todos los fenómenos pues como experiencias posibles, están a priori en el entendimiento; y de él sacan su posibilidad formal, del mismo modo que están a título de puras intuiciones en la sensibilidad; y no son posibles sino por ella con relación a la forma.»

En la Idea sumaria de la legitimidad y de la única posibilidad de la deducción de los conceptos intelectuales puros, pretende Kant no solo que los objetos de nuestro conocimiento no son cosas en sí, sino que es imposible que lo sean, so pena de que no podamos tener conceptos a priori. Y añade que la representación misma de todos estos fenómenos, por consiguiente todos los objetos de que podemos ocuparnos, están todos en el yo, es decir son determinaciones de mi yo idéntico, lo cual expresa la necesidad de una unidad universal de estas determinaciones en una sola y misma apercepción.

147. De los pasajes anteriores se infiere con toda claridad que el sistema de Fichte, o sea el panteísmo idealista que lo reduce todo a modificaciones del yo, se halla de acuerdo con los principios establecidos en la Crítica de la razón pura, y aun se le encuentra expresamente consignado, por más que no forme el objeto principal de la obra. En obsequio de la imparcialidad, no puedo menos de recordar lo que llevo dicho en la nota tercera al libro tercero, sobre las explicaciones con que el filósofo alemán procura rechazar estas consecuencias. Allí puede ver el lector las mismas palabras de Kant; y dejo a su buen juicio el fallar sobre la solidez de la defensa.

148. Como quiera, mi opinión sobre el enlace del moderno panteísmo con la Crítica de la razón pura, está confirmado por los mismos alemanes: «de allí, de aquellas profundidades, dice Mr. de Rosenkranz hablando de la Crítica de la razón pura, los resultados de la estética y de la lógica trascendental reciben para los grandes problemas de la teología, de la cosmología, de la moral, de la psicología, una importancia nueva, y que no sospechan siquiera los sentidos groseros de la mayor parte de sus aficionados. Ellos no conocen

nada del encadenamiento que une la Teoría de la ciencia de Fichte, el Sistema del idealismo trascendental de Schelling, la Fenomenología y la Lógica de Hegel, la Metafísica de Herbart, con la Crítica de Kant.... «Puede decirse en particular que los ingleses y los franceses no entenderán nada el desarrollo de la filosofía alemana después de Kant, hasta que habrán penetrado la Crítica de la razón pura, porque nosotros los alemanes dirigimos siempre allí nuestras miradas....»Así como para orientarse en el laberinto de las calles de una gran ciudad, sirven las casas, los palacios, los templos, pero más aun las torres que lo dominan todo; así en la filosofía contemporánea, en el enredo de sus querellas, no se puede dar un solo paso seguro, si no se tiene fija la vista sobre la Crítica de Kant. Fichte, Schelling, Hegel y Herbart, hicieron de esta obra su gran centro de operaciones tanto para el ataque como para la defensa» (Prefacio a la edición de Leipzig de 1838).

149. No quiero decir con esto que los filósofos alemanes posteriores a Kant no hayan añadido algo a la Crítica de la razón pura; ya tengo observado (Lib. I, cap. VII) que la mayor oscuridad que se encuentra en las obras de Fichte depende de que fue más allá que Kant prescindiendo de toda objetividad así externa como interna, y colocándose en no sé qué acto primitivo puro, de donde quiere que salga todo; a diferencia del autor de la Crítica de la razón pura, cuyos trabajos no anonadaban tan absolutamente la objetividad del mando interior; por cuyo motivo sus observaciones son menos incomprensibles, y aun ofrecen acá y acullá algunos puntos luminosos; solo me he propuesto manifestar la trascendencia funesta de las obras de Kant, para prevenir a los incautos que juzgándole de oídas, se inclinan a considerarle como el restaurador del espiritualismo y de la sana filosofía, cuando en realidad es el fundador de las escuelas más disolventes que nos ofrece la historia del espíritu humano; y aun sería uno de los escritores más peligrosos que existieron jamás, si la oscuridad de sus conceptos aumentada todavía con la oscuridad de la expresión, no hiciese insoportable su lectura a la inmensa mayoría, aun de los versados en los estudios filosóficos.

Capítulo XX. Contradicción del panteísmo con los hechos primordiales del espíritu humano

150. No sé cómo puede inclinarse al panteísmo ningún filósofo que haya meditado sobre el espíritu humano. Cuanto más se profundiza en ese yo, de donde se quiere sacar tan absurdo sistema, tanto más se descubre la contradicción en que se halla el panteísmo, con respecto a las ideas, y a los hechos más primordiales de nuestro espíritu. Voy a desenvolver esta observación en una reseña, que podrá ser muy breve, a causa de versar sobre puntos examinados ya largamente en sus lugares respectivos.

151. Ya hemos visto (Lib. VI. Cap. V), que la idea de número se encuentra en todos los entendimientos; y la experiencia nos enseña que la empleamos, explícita o implícitamente en casi todas nuestras palabras. Apenas hablamos sin usar del plural; y este no significa nada si no presupone la idea del número. El panteísmo reduce todo lo existente a la unidad absoluta; la multiplicidad, o no existe realmente, o se limita a fenómenos que a juicio de algunos partidarios de dicho sistema no contienen realidad de ninguna especie, y que en opinión de todos los panteístas, no pueden contener ninguna realidad substancial. Según ellos pues la idea de número, o carece de toda correspondencia en la realidad, o se refiere tan solo a modos de ser, a varias manifestaciones del mismo ser, y por tanto no se extiende a los seres mismos, pues que en dicho sistema no hay más que un ser solo. Si esto es así ¿cómo es que la idea de número existe en nuestro entendimiento? ¿cómo es que concebimos no solo muchos modos de ser, sino muchos seres? En el sistema de los panteístas no solo no hay multiplicidad de seres, sino que es imposible que la haya; ¿por qué pues habrá en nuestro entendimiento este vicio radical que nos induce por necesidad a concebir posible la multiplicidad de cosas, cuando esta multiplicidad es absurda? ¿por qué este defecto ideal se hallará confirmado por la experiencia, la cual también por necesidad nos induce a creer que hay muchas cosas distintas?

152. En el sistema panteísta nuestro entendimiento no será más que una modificación, una manifestación de la substancia única; así será inexplicable ese desacuerdo entre el fenómeno y la realidad; ese error necesario a que un fenómeno de la substancia, nos induce con respecto a la misma substancia.

Siendo nosotros una pura manifestación de la unidad, ¿por qué hallamos en nosotros como un hecho primitivo, la idea de la multiplicidad? ¿por qué esa contradicción continua entre el ser y sus apariencias? Si todos somos una misma unidad, ¿de dónde nos viene la idea del número? Si los fenómenos de la experiencia no son más que evoluciones por decirlo así de esta misma unidad, ¿por qué nos sentimos irresistiblemente inclinados a poner multiplicidad en los fenómenos y a multiplicar las cosas en que suceden?

153. La idea de distinción, opuesta a la de identidad, es también fundamental en nuestro espíritu (Lib. V, Caps. IX y X); sin embargo el panteísmo no le otorga ninguna correspondencia en la realidad. Si no hay más que un ser, si todo es idéntico, no hay nada distinto; la idea de distinción es una pura quimera. En el sistema panteísta, la distinción no solo no existe, sino que es imposible; luego la idea de distinción es absurda; luego uno de los hechos primitivos de nuestro espíritu es una contradicción.

154. Los juicios negativos forman una buena parte del caudal de nuestro entendimiento; Lib. V. Cap. IX): el panteísmo los destruye. En este sistema nunca puede ser verdadera la proposición: A no es B; porque si todo es idéntico, no se podrá negar una cosa de otra, no habrá cosas distintas, no habrá una y otra; todo será uno; el juicio negativo deberá limitarse a lo siguiente; en realidad A es lo mismo que B; solo hay la apariencia de la distinción; B es el mismo A, que es o se presenta de diferente modo.

155. La idea de relación es también absurda en el sistema panteísta: no hay relación sin extremo de referencia, y no hay referencia sin distinción. Según los panteístas, el sujeto referido y el extremo de la referencia, son absolutamente idénticos; no hay pues relaciones verdaderas sino aparentes; y así nos encontramos con otro hecho primitivo de nuestro entendimiento radicalmente absurdo, porque está en contradicción con la realidad y hasta con la posibilidad.

156. El sostén de todos nuestros conocimientos, el principio de contradicción: es imposible que una cosa sea y no sea a un mismo tiempo, carece de sentido, no tiene ninguna aplicación real ni posible, si se admite la doctrina panteísta. Cuando decimos que es imposible que una cosa sea y no sea a un mismo tiempo, entendemos que hay posibilidad de un no ser; por manera que en nuestro entendimiento la idea de ser no es exclusiva de la del no ser,

sino con respecto a una misma cosa y a un mismo tiempo. Si no hay más que un ser solo, y es imposible todo ser que no sea el mismo, resulta que la idea de no ser es absolutamente contradictoria, y que todas las proposiciones en que se la expresa son absurdas. En tal caso no hay ni puede haber más que un ser que lo es todo; a él no se le puede aplicar nunca la negación de ser; esta negación pues será absolutamente absurda, y por consiguiente hallamos en nuestro entendimiento otra idea absolutamente contradictoria.

157. La idea de contingencia es también contradictoria admitido el panteísmo: todo lo que puede ser es; y todo lo que no existe es imposible; luego cuando nosotros distinguimos la contingencia de la necesidad, estamos en contradicción con la realidad y la posibilidad. Henos aquí pues con otra ilusión primordial de nuestro espíritu; la cual nos ofrece como posible y aun existente, lo que en sí mismo es absurdo.

158. Las ideas de finito e infinito tampoco pueden coexistir en el sistema panteísta. Una de ellas es contradictoria; si el ser único es infinito, no hay ni puede haber nada finito, luego la oposición entre lo finito y lo infinito es una quimera de nuestro espíritu a la que nada corresponde en la realidad. No habrá más que una sola cosa; esta será o finita o infinita; en ambos casos uno de los extremos desaparece, una de las ideas es contradictoria, pues que está en oposición con una necesidad absoluta.

159. El sistema de la unidad absoluta destruye la idea del orden: en esta idea se encierra la disposición de cosas distintas, distribuidas de la manera conveniente para conspirar a un fin. En faltando la distinción no hay orden, y la distinción es imposible, si hay unidad absoluta. Ello es sin embargo que una de las ideas fundamentales de nuestro espíritu es la del orden; la unidad literaria, la artística y en general la de toda belleza sensible, es unidad de orden; sustituid a esta la unidad absoluta y se anonadan todas las bellezas de la imaginación; el arte es absorbido por el caos.

160. Excusado es añadir que el panteísmo mata la libertad de albedrío: esa libertad de que tenemos conciencia tan clara, tan viva, y que acompaña todos los momentos de nuestra existencia. En este monstruoso sistema, la unidad absoluta es inseparable de la necesidad absoluta; lo existente y lo posible se confunden; nada de lo que es, puede dejar de ser; nada de lo que no es, puede ser. La acción nacerá de la substancia única en un desarrollo

espontáneo; entendiéndose por espontaneidad, la ausencia de una causa externa; pero esta acción no podrá menos de haber existido, será por decirlo así una irradiación de la substancia única, a la manera que la luz brota de los cuerpos luminosos. Sin libertad de albedrío el mérito es un absurdo; un ser que obra por necesidad absoluta, no puede tener mérito ni demérito. Entonces son inútiles las leyes, los premios y castigos; y la historia de los individuos como de la humanidad entera, se reduce a la historia de las fases de la substancia única, que se va desenvolviendo eternamente con sujeción a condiciones absolutamente necesarias, que no tienen más fundamento que ella misma.

161. El panteísmo no solo mata la libertad de albedrío, sino que hace incomprensibles todas las afecciones que se refieren a otro. Si no hay más que un ser, ¿qué significan los sentimientos de amor, de respeto, de gratitud, y en general, todos cuantos suponen una persona distinta del yo que los experimenta? Estas afecciones, por más que supongan término distinto, no lo tendrán; y aunque parezcan proceder de principios diferentes, nacerán de uno solo. El hombre que ama a un hombre, y aborrece a otro, será el mismo yo que se ama y se aborrece a sí mismo; las apariencias indicarán diversidad, y oposición; pero en el fondo no habrá más que unidad, identidad. ¿Quien es capaz de devorar semejantes absurdos?

162. Así el panteísmo después de haber destruido al hombre intelectual, aniquila al hombre moral; después de haber declarado contradictorias las ideas más fundamentales de nuestro espíritu, nos arrebata el hecho más precioso de nuestra conciencia: la libertad de albedrío; hasta destruye los sentimientos del corazón; negando nuestra individualidad nos arroja a todos en el hondo abismo de la substancia única, del ser absoluto, confundiéndonos, identificándonos con él disolviendo así nuestra existencia propia como se disipan las moléculas de un grano de polvo en la inmensidad del espacio.

Capítulo XXI. Rápida ojeada sobre los principales argumentos de los panteístas

163. Los argumentos principales en que se apoya el panteísmo, se fundan en la unidad de la ciencia, la universalidad de la idea del ser, lo absoluto

y exclusivo de la de substancia, lo absoluto y exclusivo de la noción de lo infinito.

164. La ciencia debe ser una, dicen los panteístas, y no puede serlo completamente, si no hay unidad de ser. La ciencia debe ser cierta; y no puede haber certeza absoluta, si no hay identidad del ser que conoce con la cosa conocida.

La solución de estas dificultades consiste en negar las proposiciones gratuitas en que estriban.

No es exacto que la ciencia humana deba ser una, ni es verdad que para la unidad de la ciencia se necesite la unidad del ser. Ambas proposiciones deben probarlas los panteístas: para triunfar en la discusión no basta afirmar; lejos de que ninguna esté debidamente probada, la razón y la experiencia enseñan todo lo contrario. No es necesario repetir aquí lo que llevo expuesto largamente al tratar de la posibilidad y existencia de la ciencia trascendental, así en el orden intelectual absoluto como en el humano. (Lib. I, Caps. IV, V, VI, VII).

La segunda proposición que exige la identidad del sujeto que conoce con el objeto conocido, tampoco necesito combatirla aquí. En el lugar correspondiente he manifestado que el sistema de la identidad universal no sirve para explicar el problema de la representación, y he probado con razones incontestables, que a más de las representaciones de identidad, hay las de causalidad e idealidad (Lib. I, desde el Cap. VIII, hasta el XV). El valor objetivo de las ideas en cuanto distintas de los objetos, también lo tengo demostrado fundándome en la unidad de conciencia (Lib. I, Cap. XXV).

Las doctrinas de Kant que conducen a convertir el mundo externo en un hecho puramente subjetivo, y que por tanto dan origen al idealismo trascendental de Fichte, están refutadas en el libro II donde se demuestra la objetividad de las sensaciones; en el III donde se manifiesta la realidad de la extensión, y en el VII donde se prueba que el tiempo no es una pura forma del sentido interno.

165. El argumento fundado en la idea de la universalidad del ente, esto es, en que no puede haber más que un ser porque la idea de ser es absoluta y lo abraza todo, es un sofisma en que se hace tránsito del orden ideal al real convirtiéndose en un ser absoluto una idea abstracta e indeterminada. Para

formar concepto cabal de dicha idea y de sus relaciones con la realidad, véase lo que se dijo en el libro V al tratar de la idea del ente.

166. Spinosa, Fichte, Cousin, Krause, y cuantos han enseñado el panteísmo, bajo una u otra forma, todos parten de una errada definición de la substancia. Nunca se puede encarecer demasiado la necesidad de adquirir ideas claras y distintas sobre esta definición; porque es indudable, que aquí se encuentra el origen del error de los panteístas y el secreto para no dejarles adelantar un solo paso. Cuando se profundizan bien los principios, se sorprende uno al contemplar en su desnudez la insubsistencia de sistemas que tanto ruido meten en las escuelas filosóficas. No se pierdan nunca de vista las doctrinas resumidas en el capítulo XIV.

167. Con la importancia y trascendencia de la definición de la substancia, compite la de la noción de lo infinito. Es increíble lo que se abusa de esta palabra, sin cuidarse de explicar ni sus diferentes sentidos, ni su origen, ni la legitimidad de sus aplicaciones. Todos cuantos argumentos pretenden fundar los panteístas en la idea de lo infinito, se desvanecen como el humo, si se comprenden a fondo, el carácter, origen y aplicaciones de dicha idea (Véase todo el libro XIII).

168. Terminaré con una observación. Estoy profundamente convencido, de que los sistemas más funestos en filosofía, nacen en buena parte de la confusión de las ideas; de la superficialidad con que se examinan los puntos más fundamentales de la ontología, ideología y psicología. Mi idea dominante en la presente obra, es prevenir este daño; por cuya razón, me extiendo tanto en la parte de filosofía fundamental, prescindiendo en cuanto me es posible, de las cuestiones secundarias. Estas se resuelven por sí mismas y bien, cuando se tiene un conocimiento claro y exacto de las ideas fundamentales de la ciencia humana (II).

Libro décimo. Necesidad y causalidad

Capítulo I. Necesidad

1. Los seres se dividen en dos clases: necesarios y contingentes: el necesario es el que no puede menos de ser, el contingente es el que puede ser y dejar de ser. En estas definiciones está dicho todo; pero su laconismo no permite que se entienda fácilmente todo lo que se expresa en ellas. La necesidad y la contingencia se refieren a diferentes aspectos, los que pueden dar lugar a consideraciones muy diversas. Esto exige que analicemos con detención las ideas expresadas.

2. ¿Qué se entiende por necesidad? En general se llama necesario lo que no puede menos de ser; pero la expresión no puede, se toma en diferentes sentidos: moral, como cuando se dice: no puedo menos de cumplir este deber; físico, como en esta proposición: un paralítico no puede moverse; metafísico, como en esta otra: el triángulo no puede ser un cuadrilátero. En el primer ejemplo, el obstáculo se funda en la ley; en el segundo, nace de la naturaleza; en el tercero, surge de la misma esencia de las cosas. En todos los supuestos, la necesidad envuelve la imposibilidad de lo contrario, y según es la imposibilidad resulta la necesidad.

3. De esto se sigue que las ideas de necesidad e imposibilidad son correlativas; y que lo metafísicamente necesario es aquello cuyo opuesto es metafísicamente imposible. La imposibilidad consiste en la exclusión de una cosa por otra: así «un triángulo circular es imposible» significa lo mismo que «la naturaleza del triángulo excluye la del círculo.» En toda imposibilidad pues, hay un extremo negado; como en toda necesidad hay un extremo afirmado; lo metafísicamente necesario es aquello cuyo opuesto es contradictorio; la existencia de lo absurdo es imposible, la no existencia de lo necesario es absurda. Es contradictorio que un triángulo tenga cuatro lados; y es absurdo que un triángulo no tenga tres ángulos.

4. En el orden puramente ideal, vemos muchas necesidades sin ninguna relación a la existencia: tales son por ejemplo, todas las verdades geométricas. Aun en el orden real, concebimos muchas necesidades hipotéticas en los seres contingentes; tales son las que resultan cuando les aplicamos principios absolutos en alguna hipótesis suministrada por la experiencia. El

principio de contradicción sirve en infinitos casos, para fundar una cierta necesidad, aun en los seres contingentes. No hay necesidad absoluta de que existan seres extensos; pero en el supuesto de que existan, es necesario que tengan las propiedades consiguientes a la extensión.

5. En ninguno de los seres finitos puede hallarse una necesidad absoluta: la única que les conviene es la hipotética. La relación de sus atributos esenciales es necesaria; pero como su esencia no existe por necesidad, todo lo que en ella se encuentra de necesario, lo es solo hipotéticamente, es decir, en el supuesto de que existan.

6. Debemos pues distinguir dos necesidades: una absoluta, otra hipotética. Esta se refiere a las esencias de las cosas, prescindiendo de su existencia, aunque implicándola como una condición, y suponiendo otra necesaria, como un fundamento de posibilidad (Lib. IV, Caps. XXIII, XXIV, XXV, XXVI, XXVII), aquella se refiere a la existencia misma de la cosa. Lo necesario absolutamente es aquello cuya existencia es absolutamente necesaria.

7. En la esencia del ser necesario ha de estar la existencia: su idea debe envolver la del existir, no solo lógico y concebido, sino también realizado.

8. Podemos concebir la existencia del ser necesario distinto de su esencia; pero la razón de esto se halla en la imperfección de la idea; en que esta para nosotros, no es intuitiva sino discursiva; y por consiguiente podemos distinguir entre el orden lógico y el real.

Aquí se encuentra el defecto del raciocinio de Descartes cuando pretende demostrar la existencia de Dios fundándose en que el predicado, existencia, está incluido en la idea de un ser necesario e infinito. La idea de ser necesario envuelve la existencia, mas no real, sino lógica o concebida; pues que teniendo la idea del ser necesario, nos resta todavía la dificultad de si le corresponde algún objeto; el predicado conviene al sujeto en el modo que se pone el mismo sujeto; y como este no es puesto sino en un orden puramente ideal, el predicado es también puramente ideal.

9. Con sola la idea del ser necesario no se puede demostrar su realidad; pero esta es demostrable hasta la última evidencia, introduciendo en el raciocinio otros elementos que la experiencia nos proporciona.

Existe algo; cuando menos nosotros, cuando menos esta percepción que en este acto sentimos, cuando menos la apariencia de esta percepción.

Prescindo ahora de todas las cuestiones que se agitan entre los dogmáticos y los escépticos; solo pongo un dato que nadie me puede negar, siquiera se lleve el escepticismo hasta la última exageración. Cuando digo que existe algo, solo entiendo afirmar que no todo es puro nada.

Si existe algo, ha existido siempre algo, y no es designable un momento en el cual se hubiese podido decir con verdad: no hay nada. Si hubiese un momento designable de un nada universal, ahora no existiría nada, jamás hubiera podido haber nada. Finjamos la nada universal y absoluta, pregunto: ¿de la nada puede salir algo? es evidente que no: luego en el supuesto de la nada universal la realidad es absurda.

10. Luego ha existido siempre algo, sin causa, sin condición de la cual dependiese; luego hay un ser necesario. La existencia de este es puesta siempre, sin relación a ninguna hipótesis: luego su no ser es siempre excluido bajo todas las condiciones; luego su no existencia es contradictoria; luego existe un ser absolutamente necesario, esto es, un ser cuyo no ser implica contradicción.

11. Resumiendo la doctrina que precede podemos decir:

1.° Tenemos la idea de un ser necesario.

2.° De su idea sola no sacamos su existencia.

3.° Para demostrar la existencia de un ser necesario nos basta saber que existe algo.

4.° El conocimiento de que existe algo, lo tenemos por experiencia; la cual nos presenta, cuando no otra cosa, la existencia de nuestro propio pensamiento.

Capítulo II. Lo incondicional

12. En las escuelas modernas se emplean frecuentemente las palabras, de condicional e incondicional: como las ideas que con estos nombres se expresan, tienen mucha analogía con las explicadas en el capítulo anterior, las expondré con brevedad aquí.

13. Lo condicional es lo que depende de una condición; esto es, aquello que se pone, si se pone otra cosa, que se apellida condición. Si el Sol está en el horizonte, hay luz: la luz es lo condicional; el Sol su condición. Lo incondicional es lo que no supone condición; como lo expresa el mismo nombre.

14. El universo es un conjunto de seres condicionales: así lo manifiesta la experiencia, tanto exterior como interior: ¿existe algo incondicional? Sí.

15. Representando el universo por una serie A, B, C, D, E, F, . . . etc. tendremos, que la condición de F estará en E; la de E en D; la de D en C; y así sucesivamente: si no hay algo incondicional, este retroceso se extenderá hasta lo infinito; resultará pues una serie infinita de términos condicionales.

Para llegar a un término cualquiera, por ejemplo, B, habrá sido necesario pasar por las infinitas condiciones que le preceden: la serie infinita habrá sido agotada; esto es contradictoria. Y como lo que se dice de B, puede decirse de A, y de cualquiera de los términos, anteriores o posteriores, resulta que todos son imposibles: luego la serie es absurda.

16. En la serie supuesta, todo es condicional; no hay nada incondicional; y sin embargo la existencia de su totalidad sucesiva, es necesaria. Luego la serie en sí misma, es incondicional; luego un conjunto de términos condicionales es incondicional, a pesar de que se supone imposible señalar nada, fuera de la serie, que sea incondicional. ¿Quién puede devorar semejante absurdo?

17. Formulemos con más precisión el argumento. Tomando en la serie tres términos cualesquiera: A. . . F. . . N; se pueden formar las siguientes proposiciones.

Si A existe, existirán, F y N.

Si N existe, existieron, F y A.

Si F existe, existió A, y existirá N.

Dificultades. 1.ª ¿De dónde procede el enlace de unas condiciones con otras?

2.ª ¿Por qué se ha debido poner ninguna de ellas?

18. Admitiendo un ser necesario, incondicional, donde se halla la condición de cuanto existe; todo queda explicado. A la primera dificultad se responde, que el enlace de las condiciones condicionales, depende de la condición incondicional. A la segunda se contesta, que la condición primitiva no ha menester de otra condición, supuesto que es un ser necesario. El preguntar por qué se ha debido poner, es caer en contradicción; por lo mismo que es incondicional, no tiene porque, la razón de su existencia está en ella misma.

19. Pero si no admitimos nada necesario, nada incondicional; son inexplicables, tanto la existencia de los términos, como su enlace. Existirán infinitos términos, necesariamente enlazados, sin razón suficiente externa ni interna. No habrá más razón para existir el universo, que para no existir: ser y nada serán indiferentes: y no se concibe, por qué ha debido prevalecer la existencia. Para la nada, es evidente que no se necesita nada; ¿por qué pues no hay una nada absoluta y eterna?

20. Cuanto más se pondere la necesidad del enlace de unas condiciones con otras, tanto más se fortalece la dificultad propuesta: porque si se dice que una condición no puede existir sin la otra; con mayor razón preguntaremos por qué no se necesita una condición primitiva para el conjunto de las condiciones, o sea la totalidad de la serie.

21. Luego lo condicional supone lo incondicional; luego siéndonos dado lo primero, podemos inferir lo segundo. Es así que lo condicional nos es dado, tanto en el mundo externo como en el interno, luego existe un ser incondicional, de cuya existencia no hay la razón en ninguna parte fuera de él mismo.

Capítulo III. Inmutabilidad del ser necesario e incondicional

22. Lo absolutamente necesario e incondicional es inmutable. Porque su existencia es, o hablando el lenguaje moderno, es puesta absolutamente, sin ninguna condición, por necesidad intrínseca; y con esta existencia se halla también puesto su estado. Prescindimos ahora de la naturaleza de dicho estado; y de si es tal o cual perfección, en este o aquel grado, finito o infinito. Siendo puesta incondicionalmente su existencia, es puesto incondicionalmente su estado; luego así como su no existencia es contradictoria (Cap. I) también es contradictorio su no estado. La mudanza no es otra cosa que el tránsito de un estado a otro estado, que implica el no estado del primero; luego la mudanza en lo necesario es contradictoria.

23. Aclaremos y precisemos más estas ideas. Llamemos E al ser necesario e incondicional. Como E es puesto absolutamente sin ninguna condición, por necesidad intrínseca, el no E, será contradictorio. El ser E, no es abstracto sino real; y por consiguiente tiene tales o cuales perfecciones, como inteligencia, voluntad, actividad, u otras cualesquiera; y estas perfecciones las

tiene en un cierto grado, prescindiendo ahora de que sea grande o pequeño, finito o infinito. Con la existencia absoluta E, se hallará puesto un estado de perfección, que llamaremos N. ¿Qué es lo que ha determinado el estado N? Por el supuesto, no puede haberlo determinado nada; pues el estado es incondicional. Luego si hay absoluta y necesariamente el estado N, será contradictorio el no N. Luego la mudanza con que E debería pasar de N a no N, es contradictoria.

24. Pero admitamos por un momento la mudanza en el ser necesario, y salida de su propio seno. Como la razón de la mudanza será necesaria y eterna, deberemos admitir una serie infinita de evoluciones; henos aquí pues cayendo de nuevo en la imposibilidad de conciliar la infinidad de la serie, con la existencia de un término cualquiera (Cap. II).

25. Resulta demostrado que el ser necesario e incondicional, no puede sufrir ninguna mudanza que le haga perder su estado primitivo.

El ser necesario no puede perder nada; no puede pasar de N a no N; pero ¿quién sabe si sería posible que sin perder N, y sin pasar a no N, adquiriese algo que se reuniese con N, de un modo u otro? Más claro: dado N, es contradictorio el no N; pero dado N, ¿será contradictorio el N + P, expresando P una perfección cualquiera, o un grado de la misma? Esto es imposible: porque P que viene de nuevo, deberá salir de N; luego en N, estaba todo lo que hay en P; luego no ha habido mudanza; luego el suponerla es contradictorio.

26. Se replicará que P estaba en N virtualmente; y que el nuevo estado solo añade una nueva forma. Pero ¿esta forma como tal encierra algo nuevo en realidad? Sí o no; si no encierra nada, no hay mudanza; si encierra, o se hallaba en N o no; si se hallaba, no hay mudanza; si no se hallaba, ¿de dónde ha salido?

27. Para eludir esta demostración se pueden fingir varios seres necesarios, influyendo los unos sobre los otros, y causándose recíprocamente las mudanzas: así parece explicarse de dónde salen los nuevos estados. Pero a más de que estas ficciones son evidentemente cavilaciones infundadas y que están en contradicción con los principios de la ontología, todavía se las puede desvanecer con una razón concluyente.

Sean A, B, C, D, los seres necesarios e incondicionales: cada cual es puesto absolutamente, y con un estado primitivo que llamaremos respectivamente a, b, c, d. Entonces resulta que tomando las cosas en su estado primitivo, el conjunto de las existencias se hallará con un conjunto de estados, necesarios e incondicionales, que podremos representar en esta fórmula: (Aa, Bb, Cc, Dd)(1). La expresión representa un estado primitivo, necesario, incondicional: ahora pregunto ¿de dónde salen las mudanzas? Todo es incondicional, ¿cómo se introduce lo condicional, lo mudable?

28. Si se finge que en los estados primitivos a, b, c, d, se podría tal vez implicar la acción recíproca y primitiva de A, B, C, D, entre sí; no se debilita por esto la fuerza de la dificultad. Porque las acciones respectivas, como primitivas y absolutas, producirán primitiva y absolutamente un resultado en sus términos respectivos. Este resultado será primitivamente necesario, y estará contenido en la fórmula (1). Luego la fórmula no sufre ninguna variación, con la suposición nueva; luego no ha habido mudanza de ninguna clase.

29. Imaginando que la acción recíproca no supone un estado primitivo, sino que es una serie sucesiva de estados, caemos en la serie infinita, y por consiguiente en la imposibilidad de llegar a ningún término de ella, no suponiendo agotado lo infinito (Cap. II).

30. Además, siendo distintas las esencias de los seres necesarios e incondicionales A, B, C, D, ¿qué razón hay para fingirlos en relación de actividad? ¿Cuál es el fundamento de esta relación, si los cuatro son necesarios, incondicionales, y por tanto independientes los unos de los otros?

31. Pero dejemos semejantes absurdos, y prosigamos en el análisis de la idea de un ser necesario e incondicional. La inmutabilidad excluye la perfectibilidad, por manera que, o es preciso suponer primitivamente en el ser necesario el colmo de la perfección, o admitir que no le puede alcanzar nunca. La perfectibilidad es uno de los caracteres de lo contingente que mejora su modo de ser, por una serie de transformaciones; lo absolutamente necesario es lo que es, y no puede ser otro cosa.

32. Lo contingente debe dimanar de lo necesario; lo condicional de lo incondicional; luego todas las perfecciones sean del orden que fueren, se han de hallar en el ser necesario e incondicional: luego en él han de estar, cuando menos virtualmente, todas las perfecciones de la realidad que existe;

y ha de tener formalmente, todas las que no implican imperfección (Lib. VIII, desde el Cap. XV hasta el fin).

33. La posibilidad de lo no existente, ha de tener un fundamento (Lib. IV, desde el Cap. XXIII hasta el XXVIII, y Lib. V, Caps. VII y VIII); las perfecciones posibles han de existir en un ser real, si la idea de ellas ha de ser posible; luego la escala infinita de las perfecciones, a más de las existentes, que concebimos en el orden de la posibilidad pura, se hallan realizadas en el ser necesario e incondicional.

Capítulo IV. Ideas de causa y efecto

34. Nosotros tenemos la idea de causa: así lo muestra el uso continuo que estamos haciendo de la misma. Esta idea no la poseen solos los filósofos, es patrimonio de la humanidad. Pero ¿qué entendemos por causa? Todo aquello que hace pasar algo del no ser al ser; así como efecto es todo aquello que pasa del no ser al ser. Prescindo ahora de si lo que pasa del no ser al ser, es substancia o accidente, y del modo con que la causa influye en este tránsito: así se comprende en la definición toda clase de causas y toda especie de causalidad.

35. En la idea de causa entra:

1.° La idea de ser.

2.° La relación a lo que pasa del no ser al ser, como de condición a condicional.

En la de efecto entran:

1.° La de ser.

2.° La del tránsito del no ser al ser.

3.° La relación a la causa, como de lo condicional a la condición.

36. Axioma I: La nada, no puede ser causa; o en otros términos: toda causa es un ser, o existe.

37. Digo que esto es un axioma; porque no se puede demostrar, por qué el predicado de existencia está contenido evidentemente en la idea de causa. Lo que es causa, es; si no es, no es causa. Afirmar la causa, y negar que sea, es afirmar y negar a un mismo tiempo. Luego la proposición establecida es un axioma. Para convencernos de su verdad, nos basta atender a las ideas de causa y de ser, y vemos evidentemente la de ser contenida

en la de causa. La explicación que he dado no debe ser mirada como una demostración, sino como una aclaración, para que se comparasen mejor las dos ideas. Quien las compare como es debido, no necesitará demostración, lo verá por intuición; lo que constituye el carácter del axioma.

38. Axioma II: No hay efecto sin causa.

39. Para comprender el sentido de este axioma conviene advertir que aquí la palabra efecto, significa únicamente lo que pasa del no ser al ser, prescindiendo de que sea causado o no; pues si por efecto se entendiese aquí una cosa causada, el axioma sería una proposición idéntica e inútil. Así sustituyendo en vez de efecto su significado, diría: «No hay cosa causada sin ser causada:» lo que es mucha verdad, pero de nada sirve. El sentido pues, es el siguiente: «Todo lo que pasa del no ser al ser, necesita algo distinto de sí, que produzca este tránsito.»

40. Digo que esta proposición es un axioma, y bastará para convencernos de ello el fijar la atención sobre las ideas que en la misma se contienen.

Consideremos una cosa que es, y trasladémonos al tiempo en que no fue. Prescindamos de todo lo que no sea ella misma, no supongamos ningún otro ser que la pueda haber producido, o que tome parte en su producción; yo afirmo que vemos evidentemente que el tránsito al ser, no se hará jamás. De la idea pura del no ser del objeto, no solo nos es imposible hacer salir el objeto, sino que vemos evidentemente que no saldrá jamás. No hay ser, no hay acción, no hay producción de ninguna clase: hay la pura nada; ¿de dónde saldrá el ser? Intuitivamente se nos presenta pues la verdad de la proposición: en la pura idea del no ser por sí sola, no solo no vemos la posible aparición del ser, sino que vemos la imposibilidad de la aparición. Son ideas que se excluyen: el no ser no es posible, sino con la exclusión del ser, y viceversa.

41. Si pensamos una acción productiva, o la referimos a la cosa que del no ser ha de pasar al ser, o a otra distinta de ella. Si lo primero, caemos en contradicción; suponemos acción y no la suponemos, porque no hay acción en el puro nada. Suponemos que la cosa es causa antes de ser; y nos hallamos en contradicción con el Axioma I (36). Si lo segundo, pensamos ya la causa: pues causa no es otra cosa que lo que produce el tránsito del no ser al ser.

42. El dicho común «ex nihilo nihil fit», es una verdad, si se la entiende en el sentido del Axioma 2.°

Capítulo V. Origen de la noción de causalidad

43. ¿Hay en el mundo alguna causa, y algún efecto? Esto equivale a preguntar si en el mundo hay alguna mudanza. Toda mudanza envuelve un tránsito del no ser al ser. La más ligera mudanza no es concebible sin este tránsito. Todo lo que se muda, es de otra manera después de mudado que antes de mudarse; luego tiene este modo de ser que antes no tenía. Este modo, antes no existía, ahora existe: ha pasado pues del no ser al ser.

44. Aun cuando no estuviéramos en relación con el mundo externo, y se limitara nuestro espíritu a los solos hechos internos, a la sola conciencia del yo y de sus modificaciones, sabríamos que hay tránsito del no ser al ser, por el testimonio de la sucesiva aparición de nuevas percepciones, de nuevos afectos. Dentro de nosotros mismos experimentamos ese flujo y reflujo de modificaciones que pasan del no ser al ser, del ser al no ser.

45. Por lo dicho se ve que las ideas de causa y efecto suponen un orden de seres contingentes, real o posible. Si no hubiese más que seres necesarios e inmutables, no habría causas y efectos.

46. He dicho (Cap. IV) que en la idea de causa entran la de ser, y la de la relación con el no ser que ha pasado o pasa al ser. La idea de causa pues no es idea simple, es compuesta de las dos indicadas. Para constituirla no basta la de ser; pues podemos concebir ser, sin concebir causa. Lo que la idea de causa añade a la de ser, es algo distinto de la idea de ser, algo no incluido en ella; y se llama causalidad, fuerza, virtud productiva, actividad, u otros nombres semejantes; todos expresan la relación de un ser para realizar en otro el tránsito de un no ser al ser.

47. En la idea de causalidad se incluye otra idea simple, que si bien acompaña la idea de ser, no se confunde con ella. Si se la quiere apellidar una modificación de la misma idea de ser, no me opondré a ello.

48. ¿De dónde nace la idea de causalidad? Parece que la sola intuición de la idea del ser no basta a engendrarla. La idea de ser es simple, nada expresa sino ser; en ella pues no encontramos ninguna relación con el tránsito del no ser al ser.

49. ¿Nace tal vez de la experiencia? Aquí es necesario distinguir entre la idea misma de la causalidad y el conocimiento de la existencia de la causa.

La experiencia nos manifiesta la sucesión de los seres, es decir, su tránsito del no ser al ser y viceversa. Hemos notado que en la intuición del no ser, con relación al ser, vemos la imposibilidad de un tránsito, a no mediar un ser que lo ejecute; luego la certeza de la existencia de la causa nace de la experiencia combinada con la intuición de las ideas de no ser y ser.

50. Si esta experiencia no existiese, no sabríamos si la causalidad es posible; porque en la idea del ser, tal como nosotros la tenemos, no vemos la de fuerza: podríamos concebir tal vez la fuerza, pero ignorando si le corresponde alguna realidad. Así tendríamos la noción de la fuerza, mas no la noticia de su existencia, ni aun la seguridad de su posibilidad.

51. Pero si bien se considera, esta falta de experiencia es un supuesto imposible; pues un ser inteligente limitado, por lo mismo que reúne la inteligencia con la limitación, siente la sucesión de sus percepciones, y por tanto experimenta en sí propio el tránsito de un no ser al ser. Y como por otra parte, siente también su fuerza de combinar las ideas, siente en sí mismo la existencia de la causalidad, de una fuerza productiva de sus reflexiones.

52. El ejercicio de nuestra voluntad, así con respecto a los actos internos como externos, nos da también conocimiento de la dependencia de unas cosas respecto de otras; así como las impresiones que recibimos sin nuestra voluntad y a pesar de ella, nos confirman en la misma convicción. Sin esta experiencia, veríamos la sucesión de los fenómenos, mas no conoceríamos sus relaciones de causalidad; porque es claro que la inclinación a señalar como causa de un fenómeno lo que ha sucedido antes que él, supone la idea de causa y el conocimiento de la dependencia de los fenómenos en la relación de causas y efectos.

53. Dicen algunos que el hombre no tiene ninguna idea de la creación; y con esto, sin advertirlo, vienen a suponer que tampoco la tenemos de ninguna causa. Por creación se entiende el tránsito de una substancia del no ser al ser, en virtud de la acción productiva de otra substancia. Yo sostengo que esto no es más que la idea de causalidad en su grado superior, es decir, aplicada a la producción de la substancia; es así que la idea de causa la tenemos, luego la idea de creación no es una idea nueva, inconcebible, sino una perfección de una idea común a toda la humanidad. Hemos visto que en la idea de causa entra el producir un tránsito del no ser al ser; a todos

los seres activos se les atribuye esta virtud, pero con la diferencia que en tratándose de las causas finitas, solo se les concede una fuerza productiva de modificaciones, así como al ser infinito se le reconoce la fuerza productiva de las substancias.

54. Aquí parece verificarse lo mismo que en los demás ramos de los conocimientos filosóficos: la idea de la esencia pertenece a la razón, la noticia de la existencia depende de la experiencia. La primera es independiente de la segunda; y se puede discurrir sobre ella, con sola la condición de la existencia, es decir, con un postulado (Lib. V, Caps. VII y VIII). Este postulado, lo tenemos siempre, cuando no en otra cosa, en los fenómenos de nuestra conciencia.

Capítulo VI. Se formula y demuestra el principio de causalidad

55. El principio de causalidad, o sea esta proposición: todo lo que comienza ha de tener una causa; ha sido puesto en duda en los últimos tiempos; por lo cual es necesario dejarle a cubierto de todo género de ataques. Creo posible conseguirlo, presentando la doctrina de los capítulos anteriores bajo un punto de vista luminoso, que destierre todas las dudas y acabe con todas las dificultades. Ruego al lector que me siga con atención por algunos momentos en el raciocinio que voy a presentarle.

56. Tomemos un ser cualquiera que llamaremos A. Para que se le pueda aplicar el principio de causalidad, es preciso que haya comenzado a ser, y que antes no existiese; porque si no suponemos este comienzo, A debiera haber existido siempre.

Tenemos pues, que hay una duración asignable en que no había A; y en que había no A. Y que así en el orden de la duración ha habido una pequeña serie de dos términos:

no A, A.

Comenzar es pasar del primer término no A, al A. El principio de causalidad dice: que no es posible el tránsito del primer término al segundo, sin que intervenga un tercer término, B, que debe ser algo real.

57. ¿Qué representa el término no A, por sí solo? la pura negación del A; el puro nada de A. En el concepto del no A, en vez de encontrar el A, vemos su término contradictorio; por manera que lejos de estar incluido el

segundo en el primero, se excluyen, y hacen verdadera absolutamente esta proposición: Es imposible que no A, y A, existan a un mismo tiempo. Así, del concepto no A, es imposible que salga jamás el A; y por consiguiente, si no hay un término real, para hacer el tránsito, nunca se puede pasar del no A, al A, ni aun en el orden puramente ideal.

58. Nótese bien que no quiero decir que concibiendo el no A, de suerte que se negase el A, como conocido, fuera imposible concebir el A; pues es evidente, que quien concibiese el no A, ya concebiría el A, y aun podría concebirle, enteramente solo, con solo quitar la negación; sino que en el supuesto de que hubiese un concepto del no A, absoluto, acomodado al no A, absoluto objetivo, jamás saldría de este concepto el A; y si bien se reflexiona, no habría ni siquiera concepto; pues que el pensamiento de negación pura, no es pensamiento, no es concepto. Así, habría una ausencia absoluta de concepto; y en el orden puramente ideal nos hallaríamos en el primer término de la serie, en la negación pura: no A, sin ningún medio para pasar al segundo: A.

59. Los que niegan pues el principio de causalidad, conciben el tránsito del no A, al A, sin ninguna razón, sin ningún intermedio: ellos que niegan la creación, admiten una cosa mil veces más incomprensible que la creación. ¿De dónde infieren la posibilidad de este tránsito? No de la experiencia, porque esta no les ofrece sino sucesión, y por tanto ninguna aparición absoluta, a la manera que ellos fingen; no de la razón, pues que esta no alcanza a hacer salir de una pura negación un concepto positivo.

60. ¿Cómo se pasa del no A, al A? Los que reconocen el principio de causalidad dicen que se pasa con la acción de B, que llaman causa. Si se trata de producir una substancia, hacen intervenir la acción de un ser en quien suponen un poder infinito. Pero los que niegan el principio de causalidad, no pueden responder nada a dicha pregunta; sino que se pasa del no A, al A, absolutamente. Fingen el instante M, en que A no existía; y luego el instante N, en que A existe. ¿Por qué? no alegan razón ninguna: sin saber cómo, ha surgido de la nada el A, sin la acción de nada. Esto es una contradicción manifiesta.

61. El principio de causalidad se funda en las ideas puras de ser y no ser. Puesto el no ser solo, vemos evidentemente que no puede comenzar el ser.

El principio es pues puramente ontológico: los que apelan a solas razones de experiencia para establecerle o combatirle, plantean mal la cuestión: la sacan de su verdadero terreno: confunden la noticia de la causalidad con la noción o idea de la causalidad.

Los filósofos que no salgan del orden sensible, no pueden afianzar sólidamente este principio: por cuya razón, solo han caído en el error o en la duda sobre este punto, los que no admiten más ideas que las sensaciones; y debieran haber caído en la misma duda todos los sensualistas, si hubiesen sido bastante lógicos para sacar las últimas consecuencias de su doctrina.

Capítulo VII. El principio de la precedencia

62. El tránsito del no ser al ser implica sucesión: para concebir que algo comienza, es preciso concebir que este algo no existía. La serie

no A, A,

carece de sentido en faltando uno cualquiera de los términos: y estos, como contradictorios, no pueden existir a un mismo tiempo.

63. Imaginemos la nada absoluta. El primer término, no A, está solo. Toda existencia está negada: nada se puede afirmar, sin contradecir al supuesto. Entonces, no hay tiempo; porque siendo este la sucesión de las cosas, o del ser y no ser (Lib. VII) no puede existir, cuando no se puede suceder nada, por no haber nada. Si suponemos que algo comienza, establecemos la serie no A, A; en cuyo caso imaginamos dos instantes diferentes M, N, a que corresponden respectivamente los términos de la serie, en esta forma:

<u>no A,   A,</u>
M,   N.

Y se podrá decir con verdad: M no es N. ¿Qué significa esta proposición? Ya que el tiempo, y en general ninguna duración se distingue de las cosas que duran (Lib. VII, Caps. IV y V), N no puede representar sino la existencia de A, con relación a no A; así como M, tampoco representará sino el no A, con relación al A. De esto se sigue que en el concepto de A, en cuanto comienza, se incluye la relación al no A, sin lo cual no puede ser concebido como comenzado.

64. Suponiendo al menos una inteligencia para conocer esta relación, es concebible lo que se acaba de explicar; porque esta inteligencia, referiría el no A y el A, a su duración propia, sucesivamente, si esta duración fuese sucesiva, como la nuestra; de otro modo, si esta duración no fuese sucesiva. Pero si no hay nada absolutamente, la serie no A, A, es inconcebible, pues la relación del A, en cuanto comienza carece de término de comparación, real o pensado, a no ser que finjamos un tiempo puro, enteramente vacío, donde imaginemos colocados los términos de la serie.

65. Así parece, que por el mero hecho de pensar el A, en cuanto comenzado, pensamos también una existencia precedente; pues no hay comienzo, si al A no le ha precedido el no A; y esta precedencia no significa nada, si no hay una existencia a que se refiera, ya sea como a serie sucesiva, ya como a duración inmutable.

66. Si A, debe ser precedido de una existencia B, tenemos que nada puede comenzar absolutamente, sin que algo exista; y que en el simple concepto de la sucesión hallamos la necesidad de algo existente siempre, para que algo pueda comenzar.

67. Como la duración no es nada distinto de las cosas; los dos términos de la serie, B, A, de los cuales el uno precede al otro, no pueden ser colocados en una duración absoluta, distinta de las mismas cosas; o en dos instantes distintos, independientemente de las cosas. Esa relación pues, que existe entre A y B, no es relación de instante a instante, ya que los instantes en sí no son nada, sino de cosa a cosa; luego, por lo mismo que A comienza, tiene relación necesaria con B. Por lo dicho, A no podría comenzar sin existir B; luego B, es condición necesaria para la existencia de A. Luego resulta demostrado que todo ser que comienza, depende de un ser existente.

68. Esta demostración se halla, bien que no desenvuelta de este modo, en las obras del barón Pascual Galluppi, profesor de filosofía en la universidad de Nápoles (Cartas filosóficas sobre las vicisitudes de la filosofía, carta XIV); y aunque no se le puede negar que encierra mucha profundidad, sin embargo parece que no deja el entendimiento satisfecho del todo. He aquí las palabras del filósofo italiano.

«Esta proposición, no hay efecto sin causa, ¿es una proposición idéntica? Yo he demostrado su identidad de la manera que sigue. Lo que tiene un comienzo de existencia debe haber sido precedido o de un tiempo vacío o de un ser; porque de otro modo la cosa de que se trata sería la primera existencia y la primera letra del alfabeto de los seres, y no se podría decir que ella comienza a ser; porque esta noción de comienzo de existencia implica en sí una prioridad con relación al ser que comienza. Estas dos nociones existencia comenzada y existencia precedida de otro cosa, son pues idénticas; pero ¿es posible que una existencia sea precedida de un tiempo vacío? Yo he demostrado que una duración vacía es una quimera, un producto de la imaginación, falto de toda realidad. El desarrollo de esta prueba que no puedo exponer aquí, se hallará en mis Ensayos sobre la crítica del conocimiento. Allí tengo establecido que el tiempo no es otra cosa que el número de las producciones. Aristóteles ha dicho que el tiempo es el número del movimiento. Luego la existencia comenzada es una existencia precedida de otra existencia. Esta proposición es idéntica; pero ¿cómo puede una existencia ser precedida de otra? La que precede ¿se halla por ventura en un instante de tiempo anterior al en que se encuentra la precedida? en este caso se recae en la doctrina del tiempo distinto de las cosas existentes. Así es menester admitir que la existencia que precede es tal que hace la existencia precedida existencia comenzada. Esta no es comenzada sino porque es precedida; la anterioridad de la existencia que precede es una anterioridad de naturaleza; una anterioridad objetiva, una anterioridad que hace el comienzo de la existencia precedida; ella es pues la causa eficiente de esta existencia. Así el gran principio de la causalidad resulta invenciblemente demostrado: es una proposición idéntica.»

69. Repito que esta demostración no deja del todo satisfecho; no porque ella en sí misma no sea concluyente, sino porque necesita más desarrollo. El nervio de la prueba está en la imposibilidad de concebir un comienzo, sin concebir algo preexistente; y de concebir precedencia, sin relación de lo que comienza a lo que preexiste. No se comprende fácilmente, cómo de esta razón, se infiere la dependencia intrínseca de las cosas; y hasta el fundarse el argumento en una idea tan difícil como la del tiempo, aumenta mucho las dudas.

70. Supongamos que el mundo existe, y que algo comienza ahora. Entonces se concibe la precedencia sin la dependencia. Si bien se reflexiona,

esto sucede a cada paso; pues que en realidad comienzan de continuo muchos seres, precedidos por otros de los cuales no dependen. Se dirá que no dependen de todos, sino de uno, pero esto mismo es lo que se busca. Para probar que el principio de causalidad está demostrado por la simple idea del orden de la duración, es necesario probar que la relación de precedencia es relación de dependencia. Lo que comienza, supone algo; ciertamente; pero falta probar si depende de este algo, como de una cosa producente, o tan solo como de una condición, que nos haga posible el concepto del comienzo. Hasta que se haya probado que para el tránsito del no ser al ser, es indispensable la acción de un ser, parece no quedar probado el principio de la causalidad, sino el de la precedencia; y como el orden de las cosas en la duración, o sea la anterioridad y posterioridad, no nos representa más dependencia que la de pura sucesión, resultaría que si nos limitásemos a la precedencia, no habríamos probado que todo lo que comienza debe depender de otro, sino que todo lo que comienza debe suceder a otro; esto último no es el principio de causalidad, sino de sucesión.

71. Aclaremos algo más estas ideas.

Para que se comprenda mejor la dificultad que milita contra la demostración anterior, observaré que para los que no admiten el principio de causalidad, no es imposible que comience cualquiera cosa, en cualquiera momento, sin ninguna causa. Representemos los seres sucesivos del universo por la serie ... A, B, C, D, E, ... y los tiempos en que existen, por la serie ... a, b, c, d, e, ... Según la demostración que examinamos, ningún término ha podido comenzar, sin que le haya precedido otro; por manera que el D, comenzado, significa lo mismo que el D, precedido. Luego el D, tiene una relación necesaria con el C, por la razón de que los instantes d y c, no son nada en sí mismos, en cuanto distintos de D y C.

Quien no admita el principio de causalidad, dirá que el D, puede comenzar sin ninguna dependencia del C; y que para hacer posible el concepto del comienzo, basta que haya existido siempre algo, aunque los términos precedentes y precedidos no tengan entre sí ninguna relación. Así como el orden de los seres está representado por la serie... A, B, C, D, E, se podrá imaginar otra serie... M, N, P, Q, R, de modo que a las dos les corresponda la misma serie de tiempo... a, b, c, d, e. Entonces el D, puede comenzar sin dependencia necesaria del C, porque basta que preexista P, en el instante c, para que se nos haga posible el concepto del comienzo; en cuyo caso, el D, no tendrá ninguna relación necesaria con C, ni con P; bastándole la precedencia de uno u otro. Y como es evidente que lo que se dice de C y de P, se podrá decir de otros cualesquiera términos de las mismas series o de otras, resulta que la demostración no conduce sino a la necesidad de concebir algo preexistente; y esto solamente para hacer posible el concepto de un comienzo. Y si a esto se añade la dificultad que de suyo ofrece la naturaleza de las ideas de tiempo y de toda duración, parece que deberemos inferir que la demostración no es tan satisfactoria como sería de desear. Los que no profundicen mucho en la idea del tiempo, apenas entenderán el sentido de la prueba; y los demás verán demostrada la contradicción que se encierra en un comienzo absoluto; y por tanto la necesidad de que haya existido siempre algo; mas no la dependencia intrínseca que se implica en la relación de un efecto a su causa. Estas dificultades obligan a un examen más riguroso y profundo.

72. El principio de la precedencia nos conduce a un resultado importante. Nuestro entendimiento concibe absolutamente una existencia como eterna; pues que le es imposible el concebir un comienzo absoluto, sin un ser anterior.

73. El concepto de la nada absoluta nos es imposible. 1.º Porque este sería un concepto completamente vacío; o más bien la ausencia de todo concepto. La negación, la concebimos relativamente a una existencia (Lib. V, cap. IX); pero no absolutamente. 2.º Porque no es posible el concepto sin conciencia; y en esta, se halla implicada la idea de ser, de algo, la cual es contradictoria con la nada absoluta.

74. No pudiendo concebir la nada absoluta, concebimos siempre algo existente; y como por lo demostrado anteriormente, no podemos concebir un comienzo absoluto, resulta que no podemos pensar sin que nuestro pensamiento implique el concepto de una existencia eterna.

¡Que verdad tan luminosa! ¡Cuántas reflexiones inspira! Sigamos meditando.

75. Resulta pues que es un hecho primitivo de nuestro espíritu la necesidad de pensar lo necesario y eterno; y que la confusión que sentimos al

pensar en la duración en abstracto, y esa inclinación a fingir tiempos, antes que existiera el mundo, nace de la necesidad de concebir lo eterno, necesidad de que nuestro espíritu no puede emanciparse, supuesto que piense.

76. La basa del principio de contradicción: la idea de ser, se halla en nuestros conceptos de una manera absoluta; su opuesta la de no ser, se halla tan solo con respecto a lo contingente; es una especie de condición implicada en la contingencia.

77. Todo lo contingente incluye algo de no ser; por lo mismo que es contingente, puede no ser, y por tanto su no ser, está cuando menos en el orden de la posibilidad. Pero esos tránsitos del no ser al ser, no son ni siquiera concebibles, sino presuponiendo algo existente, necesario y eterno.

78. Así, hallamos en nuestras ideas el ser como absoluto, y el no ser como relativo; y el ser que ha salido del no ser, o que ha comenzado, no lo podemos concebir sino con relación a un ser absoluto.

79. Esta relación objetivamente considerada, no nos parece a primera vista la de causalidad, sino la de sucesión; pero nos ofrece un hecho subjetivo que nos lleva al conocimiento de la verdad objetiva. En efecto: ya que nuestros conceptos de no ser y ser, están ligados de tal suerte que no podemos concebir el tránsito del no ser al ser, sin concebir un ser preexistente: hallamos aquí un reflejo de la causalidad objetiva, que se nos revela en los hechos subjetivos. La duración, como distinta de las cosas, es una pura imaginación; la relación pues de las duraciones es la relación de los seres. Es verdad que por lo dicho, en esta relación de duraciones descubrimos solo la sucesión, y no la dependencia intrínseca; pero esta dependencia, aunque no conocida intuitivamente, se halla representada en el mismo enlace con que concebimos los seres en la duración. Es cierto que podemos imaginar diferentes series; pero la de los tiempos, es una pura imaginación, en cuanto la concebimos distinta de los demás. Si la serie de los tiempos desaparece, solo restan las series de las cosas: la relación entre los términos será la relación entre las cosas; y la dependencia llamada de sucesión, será una dependencia de realidad. La relación real, de lo que pasa del no ser al ser, con lo que es absolutamente, es una dependencia de causalidad.

80. Imaginemos las series de realidades que se quieran.

A.	B.	C.	D.	E.	....
M.	N.	P.	Q.	R.	....

la del tiempo a, b, c, d, e, en cuanto distinta de las demás, no significa nada. En este caso, se la puede eliminar; y todas las relaciones de unos términos a otros, no serán de tiempos, sino de cosas.

Ahora bien: se ha demostrado que un término D, por ejemplo, no puede ser concebido pasando del no ser al ser, o comenzando, sino con una relación; y esta por lo explicado, es relación real del D, a un término cualquiera. Se había objetado que el D podía comenzar, con tal que hubiese otro término, que hiciese posible el concepto de la prioridad, y por tanto del comienzo; para lo cual se le iba a buscar en otra serie distinta; pero si bien se reflexiona, esto no es más que cambiar de nombres: porque si el término necesario para el comienzo, se halla en otra serie, en ella se hallará la causa, pues que allí estará lo que se necesita para el efecto.

81. Todos los términos comenzados, presuponen otros, uno o más, pues aquí prescindimos de su unidad; luego al fin hemos de parar a uno o más términos no comenzados. Los comenzados no pueden haber comenzado, sin la existencia de los no comenzados; luego la existencia de estos les es necesaria para la suya. Luego en la de estos se halla la razón de su existencia comenzada; luego la verdadera causalidad.

82. Las dificultades que se oponen a esta demostración nacen de que sin advertirlo, se falta al supuesto, atribuyendo a la duración una existencia distinta de los seres. Para comprender toda la fuerza de la prueba es necesario eliminar del todo el concepto imaginario de la duración pura: y entonces se ve que la dependencia representada como relación de duración, es una dependencia de los seres en sí mismos, dependencia que no nos ofrece otra cosa que la misma relación expresada por el principio de causalidad.

83. Eliminado completamente el concepto de duración pura, como de una cosa distinta de los seres, resta solo el tránsito del no ser al ser, única cosa que puede expresarse por la palabra comenzar. En este caso hallamos, que el principio de la precedencia es el mismo principio de causalidad; y como para soltar las dificultades, hemos tenido que prescindir completamente de la duración en sí misma, nos hallamos con que el principio de causalidad, si ha de quedar fuera de duda, y ha de ser contado entre los axiomas, no

puede fundarse sino en la contradicción entre el ser y el no ser; en la imposibilidad de concebir un ser que aparece de repente, sin que le preceda nada más que un puro no ser.

84. Así en último resultado, y después de haber dado tantas vueltas a la cuestión, venimos a parar a lo mismo que teníamos establecido en los capítulos anteriores; un no ser no puede llegar a ser, sin la intervención de un ser: la serie no A, A, es imposible, si no interviene un ser, B. Así lo hallamos en nuestras mismas ideas; y contradecir a esta verdad, es negar nuestra propia razón.

Creo pues, que el principio de causalidad no resulta completamente explicado sino ateniéndonos a lo dicho en los capítulos anteriores. El comenzar, supone un no ser de lo que comienza; y del concepto de no ser, es imposible que salga el ser: esto es contradictorio. El principio es verdadero subjetivamente, pues estriba en nuestras mismas ideas; pero lo es también objetivamente, a causa de que en tales casos la objetividad está necesariamente ligada con la subjetividad (Lib. I, Cap. XXV). El ser apareciendo repentinamente, sin causa, sin razón, sin nada; es una representación absurda, que nuestro entendimiento rechaza con la misma fuerza e instantaneidad que admite el principio de contradicción.

Como el tiempo es la relación del no ser al ser, el orden entre lo variable, se concibe también que el concebir sucesión, sin algo que preexista, es contradecirse; y así el principio de la precedencia, viene a fortalecer el principio de causalidad; o más bien, se manifiesta que son uno solo, bien que presentados bajo diferentes aspectos: el de precedencia, se refiere a la duración, el de causalidad al ser: pero ambos expresan una aplicación del principio fundamental: es imposible que una cosa sea y no sea a un mismo tiempo.

Capítulo VIII. La causalidad en sí misma. Insuficiencia y error de algunas explicaciones

85. La causalidad implica relación: si está puesta en ejercicio, implica relación actual; considerada sin ejercicio, o in potentia, implica relación posible. Nada se causa a sí mismo; la causalidad se refiere siempre a otro. No hay causa cuando no hay efecto; y no hay efecto cuando no hay tránsito del no ser al ser. Si este tránsito se verifica en una substancia que no

era, y comienza a ser, se apellida creación: esta se llama pasiva, relativamente al efecto; activa, con respecto a la causa. Si el tránsito es de solos accidentes, el efecto es una modificación nueva; no se dice que hay un nuevo ser, sino que un ser es de otro modo.

86. De esto se infiere que causalidad no es lo mismo que actividad; toda causalidad es actividad; mas no toda actividad es causalidad. Dios es activo en sí mismo; pero no es causa sino con relación a lo externo. Su inteligencia y su voluntad consideradas en sí, prescindiendo de la creación, como concebimos a Dios antes del principio del mundo desde toda la eternidad, son ciertamente actividad infinita; y sin embargo en cuanto son puramente inmanentes, no son causalidad, porque no producen nada nuevo en Dios: su inteligencia es un acto puro, infinitamente perfecto, que jamás sufre ni puede sufrir ninguna mudanza; lo mismo debe decirse de su voluntad; luego la inteligencia y la voluntad divina con respecto al mismo Dios, no son actos de causalidad; y aun en cuanto se refieren a los objetos externos, no son causa producente en la realidad, sino con sujeción a la voluntad libre del Criador; de otro modo deberíamos admitir que Dios ha criado el mundo por necesidad.

La actividad en la criatura, aun en las operaciones inmanentes, es siempre causalidad; porque no puede ejercerla, sin que produzca nuevas modificaciones. Los actos de entendimiento y voluntad son ejercicio de una actividad inmanente, y no dejan por esto de modificarnos de diferentes maneras. Cuando pensamos o queremos, somos de otro modo que cuando no queremos ni pensamos; y cuando pasamos de pensar o querer una cosa, a pensar o querer otra, este tránsito no puede verificarse, sin que experimentemos modos nuevos de ser.

87. ¿En qué consiste la relación de causalidad eficiente? ¿qué significa la dependencia del efecto con respecto a la causa? Esta es una cuestión difícil, profunda, una de las más difíciles y profundas que puedan ofrecerse a la ciencia. El vulgo de los hombres y aun de los filósofos, cree resolverla empleando palabras que bien analizadas, no aclaran nada.

88. Causar, se dice, es dar el ser. —¿Qué significa dar? —Dar, es aquí sinónimo de producir. —¿Qué significa producir? Con esto se acaban las

explicaciones, si no se quiere caer en un círculo, diciendo, que producir es causar o dar el ser.

Causa, se dice también, es aquello de que resulta una cosa. —¿Qué se entiende por resultar? —Dimanar. —¿Qué es dimanar? —Dimanar es venir, salir una cosa de otra. —Siempre lo mismo: palabras metafóricas que en el fondo tienen un significado idéntico.

Se dice de la causa que da, produce, hace, comunica, engendra, etc., y del efecto, que recibe, dimana, procede, resulta, viene, nace etc.

89. La causalidad implica sucesión; pero no se identifica con ella. Concebimos muy claramente que B es después de A, sin que A sea causa de B. La experiencia interna y externa nos ofrece continuos ejemplos de una sucesión distinta de la causalidad. Un hombre sale al campo, otro sale después de él; entre las salidas hay sucesión, y puede no haber ninguna causalidad. Los dos fenómenos considerados ya objetivamente, esto es, en sí mismos, ya subjetivamente esto es, en cuanto son conocidos por nosotros, están enlazados por la relación de sucesión; mas no por la de causalidad. Tanto en el lenguaje filosófico como en el oratorio, el post y el propter, después y por, significan cosas muy diferentes. En los fenómenos puramente internos, se verifica lo mismo. Pienso en una cuestión filosófica, y luego me ocupo de una cuestión literaria: los dos pensamientos son sucesivos, sin que el uno sea causa del otro.

90. La relación de causalidad no es el enlace de las ideas de las cosas. Las representaciones de A y B pueden estar fuertemente enlazadas en nuestro espíritu, sin que nos acordemos siquiera de la relación de causalidad. En un lugar hemos visto una escena que nos ha hecho impresión profunda; el recuerdo del lugar nos recordará siempre la escena, y el recuerdo de la escena nos recordará siempre el lugar: aquí encontramos dos representaciones internas, fuertemente enlazadas, sin que por esto atribuyamos a los objetos la relación de causalidad. Sabemos que dos personas acuden a un mismo punto, por motivos diferentes, sin que la ida de la una influya en la de la otra. La idea de la ida de la una se asociará en nuestro entendimiento con la de la ida de la otra; habrá pues enlace de representaciones, no obstante de que negaremos a los objetos la relación de causalidad.

91. Aun cuando el enlace de las ideas sea tal que en nuestro entendimiento, por efecto de una experiencia constante, la una sea precedida siempre de la otra como lo condicional lo es de la condición, esto no basta para la verdadera causalidad. Un observador ha notado constantemente la correspondencia del flujo y reflujo del mar con el movimiento de la Luna; pero ya sea por razones filosóficas, ya porque no le haya ocurrido que el movimiento de la Luna pueda influir en el movimiento del mar, considera estos fenómenos como del todo independientes el uno del otro, por más que no acierte a explicarse la razón de tan singular coincidencia. En el entendimiento de este observador se ligarán los dos fenómenos de tal suerte que el de la Luna precederá al del flujo y reflujo, sin que le sea dable invertir el orden, haciendo preceder el del flujo y reflujo al del movimiento de la Luna. He aquí pues una prioridad necesaria en una idea, sin que se atribuya al objeto verdadera causalidad.

92. Si bien se reflexiona, hay en la historia de la filosofía un hecho que prueba hasta la última evidencia la exactitud de lo que acabo de decir: el sistema de las causas ocasionales sostenido por filósofos eminentes. Si un cuerpo en movimiento, dicen ellos, choca con otro cuerpo que está en quietud, le comunicará su movimiento; pero esta comunicación no significa verdadera causalidad, sino que el movimiento del cuerpo chocante es una simple ocasión del movimiento del cuerpo chocado. He aquí pues concebida una cosa como una condición necesaria para la existencia de la otra, sin embargo de que se niega que haya entre ellas la relación de causalidad. Al pensar en los dos fenómenos, no podemos invertir el orden, concibiendo el movimiento del cuerpo chocado como condición del movimiento del cuerpo chocante; y a pesar de esto, se puede negar la relación de causalidad entre la condición y lo condicional. Luego la idea de causalidad nos representa algo más que el orden necesario de las cosas entre sí.

93. Esto nos conduce a una nueva fase de la cuestión. ¿La relación de causalidad, está fielmente representada en la proposición condicional: si A existe, existirá B? El enlace expresado por esta proposición no es la relación de causalidad. En cierto país, si el frutal N florece, florecerá el M; así lo ha enseñado una experiencia constante; la proposición condicional en este caso, no expresa relación de causalidad del florecer de N con respecto al de

M; y sin embargo la proposición es verdadera. Un fenómeno puede ser signo de la inmediata venida del otro, sin ser su causa.

94. Las proposiciones condicionales en que se afirma la existencia de un objeto como condición de la existencia de otro, expresan un enlace; pero este puede no ser de los objetos entre sí, sino con un tercero. Si un criado de un caballero se dirige a un punto, luego se dirige hacia el mismo punto otro criado: la dirección del primero podrá no ser causa de la del segundo, sino de que el amo quiere que los dos vayan el uno tras del otro. Las mieses de un terreno indican el estado de las de otro; y este indicio puede expresarse en una proposición condicional; ¿por qué? ¿es acaso por razón de la causalidad del estado de unas mieses respecto al de las otras? no por cierto; sino porque las circunstancias del clima y de la tierra, producen entre ellas un orden de tiempo bastante fijo, para verificar la proposición condicional, sin que intervenga la idea de causalidad de la una con respecto a la otra.

95. Hay muchos casos en que la relación entre la condición y lo condicional es necesaria, y sin embargo la condición no es ni puede ser causa de lo condicional. Recuérdese que aquí tratamos de causa eficiente, de aquella que da el ser a la cosa, y sería muchas veces absurdo el atribuir este género de causalidad a condiciones, que por otra parte están necesariamente ligadas con lo condicional. Si se quita una coluna en que se apoya un cuerpo, el cuerpo caerá; el enlace de la condición con lo condicional, o de quitar la coluna con la caída del cuerpo, es necesario; la proposición en que se expresa, es verdadera y necesaria en el orden natural; y sin embargo no se puede decir que la remoción de la coluna sea la causa eficiente de la caída del cuerpo.

96. Para que la proposición condicional se verifique basta el enlace, aunque sea puramente ocasional; y nadie ha confundido jamás la ocasión con la causa. En el ejemplo presente, el cuerpo no podía caer sin remover la coluna; y debía caer por necesidad en cuanto se la removiese; pero la causa de la caída no está en la remoción sino en la gravedad, como lo manifiesta el que si el cuerpo que se hallaba sobre la coluna hubiese tenido una gravedad específica igual a la del fluido en que se hallaba sumergido, la remoción de la coluna no le habría hecho caer.

97. La causalidad no puede expresar una relación necesaria de la condición a lo condicional, si no se quieren destruir las causas libres. Suponiendo que la idea de causalidad estuviese exactamente expresada en la proposición: si A existe, existirá B; tendríamos que sustituyendo a las letras A y B, Dios y mundo, se nos convertiría en esta otra: si Dios existe, existirá el mundo; lo que nos haría caer en el error de la necesidad de la creación, y sustituyendo en vez de A y B, hombre y acciones determinadas, tendríamos: si el hombre existe, existirán sus acciones determinadas; lo que si implica necesidad, mata el libre albedrío.

98. Aquí se presenta una cuestión: ¿la relación de causalidad estaría exactamente expresada en una proposición condicional, tomada en sentido inverso, poniendo el efecto como condición y la causa como condicional (no condicional de existencia, sino de cosa necesariamente supuesta), esto es, si en vez de decir: si A existe existirá B, dijésemos, si B existe, existe A? En este caso la proposición se puede aplicar aun a la dependencia de las criaturas con respecto a Dios; y en general a las acciones libres con respecto a sus causas, porque se puede decir con verdad: si el mundo existe, Dios existe; si hay una acción libre, existe un agente libre.

99. Aunque a primera vista parezca que la relación de causalidad se explica de este modo, desde luego se descubre que la nueva fórmula tampoco es exacta. Porque, si bien es verdad en general, que si hay el efecto hay la causa, también es cierto que muchas veces una cosa supone a otra, no como un efecto a una causa, sino como una simple ocasión, o como una condición sine qua non, que dista mucho de la verdadera causalidad. Suponiendo que el cuerpo sustentado por la coluna estuviese afianzado de tal modo que no hubiese podido caer sin removerse la coluna, se podría formar la proposición condicional: si el cuerpo ha caído, la coluna ha sido removida; la proposición sería verdadera sin que la remoción de la coluna fuese causa eficiente de la caída del cuerpo.

100. Dios podría haber criado el mundo de manera que las criaturas no tuviesen verdadera acción de causalidad las unas sobre las otras; y no obstante haberlas dispuesto de tal modo que los fenómenos se correspondiesen los unos con los otros en el mismo orden que en la actualidad. Así lo piensan los defensores de las causas ocasionales; y a esto viene a parar

también la armonía prestabilita de Leibnitz, en la cual todas las mónadas que constituyen el universo, son como otros tantos relojes, que aunque independientes los unos de los otros, andan acordes con admirable precisión. En estas hipótesis se podrían formar infinitas proposiciones condicionales, expresando las correspondencias de los fenómenos, sin que interviniese para nada la idea de causalidad.

101. Inferiremos de lo dicho que esta idea es algo distinta del enlace necesario; y que aun considerada en toda su pureza, no está exactamente expresada por la relación significada en las proposiciones condicionales, ya sea que la causa se tome como condición, ya sea que se tome como condicional. La dependencia del efecto respecto a la causa, es algo más que un simple enlace; decir que todo lo que está ligado por necesidad, aun cuando sea sucesivamente, y en un orden fijo, está ligado con relación de causalidad, es confundir las ideas así vulgares como filosóficas.

Capítulo IX. Condiciones necesarias y suficientes para la verdadera causalidad absoluta

102. Acabamos de ver que no basta el enlace necesario de dos objetos para que atribuyamos a esta relación el carácter de causalidad: ¿qué circunstancias son menester para dicho carácter?

103. Si concebimos B, objeto que comienza, y suponemos que para su existencia ha sido necesario el objeto A; y este por sí solo, ha bastado para la existencia de B, encontramos en la relación de A con B, el verdadero carácter de relación de una causa a su efecto. Por manera que para el completo carácter de causa absoluta, son indispensables dos condiciones: 1.ª la necesidad de la existencia de A para la existencia de B. 2.ª El que sea bastante la existencia de A para que pueda existir B, sin que se requiera nada más.

Estas condiciones pueden formularse en las proposiciones siguientes.

Si B existe, A existe.

Con solo existir A, basta para que pueda existir B.

Cuando entre dos objetos se halla una relación tal que hace verdaderas simultáneamente estas dos proposiciones, hay relación de causalidad absoluta.

104. Desde luego se echa de ver que con la explicación que precede, pierden el carácter de causa todas las meras ocasiones, pues que no se les puede aplicar la segunda proposición. De dos hechos enlazados ocasionalmente se dirá, que si el uno existe, existirá el otro, y por tanto se verificará de ellos la primera proposición; pero no se dirá que con tal que el uno exista, haya lo bastante para existir el otro; así fallará en este caso la proposición segunda. Si dos hombres están concertados para que el uno dispare un tiro en el momento que otro le haga una seña con la mano, se podrá decir que si se hace la seña se disparará el tiro; pero no que con la seña sola, haya todo lo suficiente para que se dispare el tiro. En efecto; supongamos que el que tiene el arma de fuego se duerme, la señal se repetirá muchas veces, pero el tiro no saldrá.

105. También se quita el carácter de causa a toda condición, que solo lo es para remover obstáculos, removens prohibens. En tales casos es aplicable la primera proposición, mas no la segunda. De un cuerpo afianzado sobre una coluna de modo que no pueda caer sin que la coluna se remueva, se podría decir: si el cuerpo ha caído, la coluna ha sido removida; pero no que baste la remoción de la coluna para la caída del cuerpo; pues que si este fuese específicamente menos grave que el fluido en que se halla sumergido, o bien estuviese unido con otro que no le dejase caer, no caería. Es evidente que para la caída no basta remover el obstáculo, sino que se necesita algo más, como la fuerza de gravedad, o un impulso cualquiera.

106. Todos los fenómenos enlazados en sucesión de tiempo de un modo necesario, y en un orden fijo, pierden también la relación de causas y efectos, si no se les atribuye algo nuevo que legitime la aplicación de estas ideas; pues que aun cuando el orden constante autorice a decir que, si viene A vendrá B, y luego C y luego D, y así sucesivamente, no se puede decir que con la existencia de A haya todo lo bastante para la de B ni en la de B para la de C, ya que suponemos fuera de la serie algo que debe contribuir como una condición indispensable.

107. La primera proposición: Si B existe, existe A; es verdadera con relación a toda causa, necesaria o libre. La segunda proposición es aplicable también a estas dos especies de causas. Es preciso notar con cuidado que la proposición no dice que si A existe existirá B; sino que la existencia de A

basta para que pueda existir B. Si puesto A, se pusiese necesariamente B, la causa sería necesaria; pero si puesto A, solo se pone lo suficiente para la existencia de B, la causa queda libre; pues que no se afirma la existencia de B, sino la posibilidad de la existencia.

108. Apliquemos esta doctrina a la primera causa. Si el mundo existe, Dios existe; esta proposición es absolutamente verdadera. Si Dios existe, el mundo existe; la proposición es falsa; pues que existiendo Dios, el mundo podría no haber existido. Si Dios existe, el mundo puede existir; esto es, con la existencia de Dios hay lo suficiente para la posibilidad de la existencia del mundo: esta proposición es verdadera: porque en el ser infinito se funda la posibilidad de los seres finitos, y en él se halla el poder suficiente para darles la existencia, si así lo quiere con su voluntad libre.

Capítulo X. Causalidad secundaria

109. Al fijar en el capítulo anterior las condiciones para la verdadera causalidad, he hablado siempre de la causalidad absoluta; y esto, por las consideraciones que voy a exponer, y que versan sobre la diferencia entre la causa primera y las segundas.

110. Ya hemos visto que la idea pura de causalidad absoluta es la percepción de tres condiciones: la necesidad de una cosa para la existencia de otra; la suficiencia de la primera sola para la existencia de la segunda; y por fin (cuando la causa sea libre) el acto de voluntad necesario para realizar el efecto. Estas tres condiciones se hallan absoluta y plenamente en la causa primera, pues que nada puede existir sin que Dios exista; y para la existencia de un objeto cualquiera, basta la existencia de Dios con la voluntad libre de criar el objeto. Es evidente que la causalidad no puede entenderse del mismo modo en las causas segundas; de ninguna de ellas puede verificarse que su existencia sea absolutamente necesaria para la de otro efecto, pues que Dios podría haberle producido por medio de otro agente secundario, o inmediatamente por sí mismo; ni tampoco que su sola existencia sea suficiente para la existencia del efecto, pues que todo cuanto existe presupone y necesita la existencia de la causa primera.

111. Así pues la idea de causalidad aplicada a Dios, significa una cosa muy diferente de cuando se la aplica a las causas segundas: lo cual debiera

haberse tenido presente para no suscitar cuestiones sobre las causas segundas antes de fijar con exactitud la significación de la palabra causa. Es
cierto que la relación del efecto a la causa es una relación de dependencia;
pero ya hemos visto que estas palabras, dependencia, enlace, condición etc.
son susceptibles de sentidos muy diversos; si estos no se fijan con claridad
y precisión, las cuestiones no pueden menos de embrollarse.

112. ¿Qué se entenderá pues por causalidad secundaria? Con las obser- .
vaciones que preceden, podremos determinarlo sin mucha dificultad. En el
orden de los seres criados A será causa de B cuando se reúnan las condiciones siguientes.

1.ª Que la existencia de A sea necesaria (según el orden establecido)
para la existencia de B, lo cual deberá poder formularse en esta proposición:
si B existe, A existe o existió.

2.ª Que en el orden establecido, B y A formen una serie que suba hasta
la causa primera, sin que sea necesario el concurso de los términos de otras
series.

Esta condición tal vez no se la entendería, si no se la aclarase con ejemplos.

113. El movimiento de la pluma es efecto del movimiento de mi mano;
y hallo aquí la verdadera relación de causalidad secundaria, porque subo
por una serie de condiciones, que no han menester de las de otra serie: el
movimiento de la pluma depende del de la mano; el de la mano depende de
los espíritus animales (o de la causa que mejor parezca a los fisiólogos); el
de los espíritus animales depende del imperio de mi voluntad; y la voluntad
depende de Dios que la ha criado y la conserva. Aquí encuentro una serie
de causas segundas, a las que atribuyo el verdadero carácter de causalidad,
en cuanto se puede hallar en un orden secundario; y la causa eficiente,
principal entre las secundarias, será mi voluntad, porque en el orden secundario ella es el primer término de la serie. El movimiento de la pluma de mi
escribiente depende de mi voluntad, pero no como de una verdadera causa
eficiente, sino como de una ocasión; porque en el escribiente se halla la misma serie que en el ejemplo anterior, y en esta serie se encuentra el primer
término que es su voluntad, la cual yo no puedo determinar absolutamente,
pues que por ser libre se determina a sí propia. La causalidad eficiente ver-

dadera se halla en la voluntad del escribiente; pues allí se termina la serie cuyo primer término no está a mi disposición, sino en un sentido impropio, es decir, mientras el escribiente quiere.

114. Un cuerpo A en movimiento, choca con el cuerpo B que está en quietud: el movimiento del cuerpo A es causa del movimiento del cuerpo B, y la causalidad se irá encontrando en todos los términos de la serie, esto es, de todos los movimientos cuyas comunicaciones sucesivas hayan sido necesarias para que el movimiento llegase al cuerpo B. Supongamos que en la serie de las comunicaciones se han removido obstáculos, que hubieran impedido la comunicación del movimiento; las remociones eran condiciones indispensables en el supuesto de haber los obstáculos; pero no eran verdaderas causas, por ser términos ajenos a la serie de las comunicaciones, y que hubieran podido no existir, sin que dejase de existir el movimiento. Porque suponiendo que no hubiese habido obstáculos, no hubiera habido remociones, y sin embargo el movimiento se habría comunicado. Esto no se verifica respecto de los términos que forman la serie de las comunicaciones; pues que si las representamos por

A. B. C. D. E. F. . . . .

el movimiento de A no puede llegar a F, si se quita uno de los cuerpos intermedios que sirven de vehículo a la comunicación.

115. De esta teoría se infiere que la idea de causalidad secundaria nos representa el encadenamiento de varios objetos que forman una serie, la cual va a terminar en la causa primera; ya sea por un orden necesario, como sucede en los fenómenos de la naturaleza corpórea; ya mediando un término primero en el orden secundario, con determinación propia, como sucede en las cosas que dependen de la voluntad libre.

Capítulo XI. Explicación fundamental del origen de la oscuridad de las ideas en lo tocante a la causalidad

116. Se preguntará de qué naturaleza es este enlace de los términos de la serie; cómo se comunican unos con otros, qué es lo que se transmitía, en fuerza de qué calidad se ponen en relación. Todas estas cuestiones nacen de confusión de ideas; la cual ha dado ocasión a interminables disputas. Para evitarlas es necesario recordar la diferencia entre los conocimientos

intuitivo y discursivo, y las ideas determinadas e indeterminadas, intuitivas y no intuitivas, lo que llevo explicado en su lugar (Lib. IV, Caps. XI, XIII, XIV, XV, XVI, XIX, XX, XXI, XXII).

117. Allí (Cap. XXI) dije que el entendimiento puro puede ejercer sus funciones por ideas indeterminadas, esto es, representativas de relaciones generales, sin aplicación a ningún objeto real ni posible, hasta que se les añade una determinación suministrada por la experiencia (Ibíd. §. 135). La idea de causa pertenece a las indeterminadas (Ibíd. §. 134); y por consiguiente tomada en toda su generalidad, no puede ofrecernos sino la relación de ser y no ser, o de seres enlazados entre sí con cierta necesidad, todo con absoluta indeterminación (Ibíd. 130). Luego para determinar el carácter de la misma actividad, y sus medios de comunicación, no nos basta la idea de causa: esta por sí sola, nada puede decirnos sobre el particular; ella se limita a enseñarnos ciertas verdades a priori; la aplicación de estas a los seres depende de la experiencia.

118. He dicho (Ibíd. Cap. XXII) que nuestra intuición se limita a lo siguiente: sensibilidad pasiva, sensibilidad activa, inteligencia, voluntad; todo lo que sale de esta esfera nosotros no lo conocemos sino por conceptos indeterminados, y por consiguiente nos es imposible exponer a la intuición ajena lo que sentimos que falta a la intuición propia. Apuremos más esta doctrina, aplicándola a las cuestiones filosóficas sobre la causalidad.

119. Se ha disputado mucho sobre si los cuerpos ejercen unos sobre otros verdadera acción, y los que sostenían la negativa, no se cansaban de preguntar cómo un cuerpo causa algo en otro, qué es lo que le transmite, cuál es el carácter de su calidad activa. A esto se daban varias respuestas, pero dudo mucho que sea posible ninguna satisfactoria, en no ateniéndose a la doctrina que acabo de exponer. ¿Qué debía responderse pues? helo aquí. Nosotros no conocemos intuititivamente de los cuerpos, sino la sensibilidad pasiva, la cual en último resultado no es otra cosa que la extensión con sus varias modificaciones (Ibíd. 139). Ahora bien; estas modificaciones se reducen a figura y movimiento; todo lo que sea apartarse de estas dos intuiciones, exigiendo una explicación con determinaciones características, es pedir al hombre una cosa a que no llegan sus fuerzas. Los límites de nuestra intuición en este punto, nos reducen a la extensión, al movimiento

y a las relaciones de estas dos cosas con nuestra sensibilidad: así debemos contentarnos con observar los fenómenos corpóreos y sujetarlos a cálculo en el círculo de dicha intuición: todo lo demás nos es imposible. Sabemos que el cuerpo A se mueve con cierta velocidad que medimos por la relación del espacio con el tiempo; al llegar al lugar en que se encuentra B, este comienza a moverse en la dirección y con la velocidad correspondiente. Aquí hay sucesión de fenómenos en el tiempo y en el espacio; fenómenos sometidos a reglas constantes, de las cuales nos cerciora la experiencia. Nuestros conocimientos intuitivos no pasan más allá: en saliendo de esto entramos en las relaciones generales de ser y no ser, de ser antes y ser después, de condición y de condicional, que no nos ofrecen nada determinado para explicar el verdadero carácter de la causalidad secundaria.

120. La filosofía al ocuparse de los cuerpos, está condenada a ceñirse a los límites de la física propiamente dicha; cuando quiere elevarse a la región de la metafísica, los cuerpos desaparecen, en cuanto fenómenos sujetos a observación sensible, y no resta de ellos otra cosa que las ideas generales indeterminadas.

121. Tocante a la facultad de sentir, nos hallamos en algún modo pasivos, en cuanto recibimos las impresiones que llamamos sensaciones; y la parte de actividad que en ello pueda cabernos, no depende de nuestro libre albedrío, supuesto que estemos sometidos a las condiciones de la sensibilidad. Si aplicamos la mano al fuego, nos es imposible no experimentar la sensación del calor. Por lo que toca a la causalidad que puede haber en nosotros respecto a la reproducción de sensaciones pasadas, o a la producción de representaciones sensibles nuevas, en vano se nos preguntaría sobre el modo con que ejercemos esta actividad: su ejercicio es un hecho de conciencia, del cual solo sabemos que existe de tal o cual manera, en nuestra conciencia.

122. Lo propio podemos decir de la elaboración de las ideas. Todos los filósofos no son capaces de explicar el modo con que se hace esta producción inmanente; las investigaciones ideológicas se limitan a caracterizar y clasificar dichos fenómenos y a exponer el orden con que se suceden; pero no enseñan nada sobre el modo con que estos fenómenos son producidos.

123. El ejercicio de la voluntad ofrece a nuestra intuición, o si se quiere a la conciencia, otra serie de fenómenos, sobre cuya producción nada sa-

bemos, en cuanto al modo. La conciencia nos atestigua que se hallan en nuestro interior, y que en nosotros está el principio libre que ejerce dicha actividad: sobre este punto no sabemos nada más; pero estos fenómenos se hallan a veces ligados con los movimientos de nuestro cuerpo, que una experiencia constante nos ofrece como dependientes de nuestra voluntad: ¿de qué manera se ligan cosas tan diferentes? no lo sabemos; la filosofía no lo alcanzará jamás.

Capítulo XII. Causalidad de puro imperio de la voluntad

124. Preguntan algunos en qué consiste la creación, cómo se entiende que Dios saque las cosas de la nada: «esto, dicen, es incomprensible» sin reflexionar que una incomprensibilidad semejante la encontramos en el modo con que se ejerce la causalidad secundaria, tanto en el mundo corpóreo como en el incorpóreo. Si conociésemos a Dios intuitivamente, como según el dogma católico lo conocen los bienaventurados en la mansión de la gloria, podríamos conocer intuitivamente el modo con que se ejecuta la creación. Ahora, en cuanto podemos formarnos alguna idea de la acción del Criador, decimos que saca de la nada con el imperio de su voluntad; lo cual, a más de estar acorde con la enseñanza de la religión, se halla en consonancia con lo que experimentamos en nosotros mismos. Dios quiere, y el universo sale de la nada; ¿cómo se puede comprender esto? a quien nos lo pregunte le diremos: el hombre quiere, y su mano se levanta; el hombre quiere, y todo su cuerpo se pone en movimiento; ¿cómo se puede comprender esto? he aquí una imagen pequeña sin duda, pálida, incompleta, pero verdadera imagen de la creación: un ser inteligente queriendo, y un hecho apareciendo. ¿Dónde está el vínculo? si no podéis explicárnosle con respecto a los seres finitos, ¿nos exigiréis que lo expliquemos tratándose del ser infinito? La incomprensibilidad del enlace del movimiento del cuerpo con el imperio de la voluntad, no nos autoriza a negarle; luego la incomprensibilidad del enlace de un ser que aparece de nuevo por efecto del imperio de la voluntad infinita, tampoco nos autoriza para negar la verdad de la creación; por el contrario, el hallar una cosa tan semejante en nosotros mismos fortalece poderosamente los argumentos ontológicos con que se ha demostrado su necesidad. En los dogmas de la

religión cristiana, a más de lo que encierran de sobrenatural, se encuentran a cada paso verdades filosóficas tan importantes como profundas.

125. La causalidad, refiriéndose a efectos puramente posibles, no se comprende lo que puede significar, sino poniéndola en una inteligencia. La causa que no produce, pero que puede producir el efecto, encierra una relación de lo existente a lo no existente; la causa existe, el efecto no existe; la causa no lo produce, pero puede producirle; ¿qué significa esta relación de lo que existe a lo que no existe? ¿no parece una cosa contradictoria, una relación sin término? Así es efectivamente, si se prescinde de la inteligencia: solo esta puede referirse a lo que no existe; pues que puede pensar lo no existente. Un cuerpo no puede tener relación con un cuerpo que no existe; pero la inteligencia puede tenerla con lo que no existe, aun sabiendo que no existe; nosotros mismos nos espaciamos a nuestro talante por las regiones de la posibilidad pura.

126. La voluntad también participa de este carácter de la inteligencia. El deseo se refiere a un goce que no es, pero que puede ser; nuestro querer y no querer, nuestro amor y nuestro odio, se refieren muchas veces a cosas puramente ideales, cuyo puro idealismo conocemos perfectamente; mas esto no quita que no las queramos. Así deseamos que sucedan cosas que no son; y podemos llevar nuestra veleidad hasta desear lo que sabemos que es imposible. Quisiéramos recobrar una cosa que nos consta hemos perdido para siempre, quisiéramos la presencia de un amigo, la cual nos es imposible por la distancia; quisiéramos que el tiempo se retardase o se acelerase conforme a nuestras necesidades o caprichos.

127. Así nos hallamos con la inteligencia y la voluntad en relación con lo no existente; relación que no es ni siquiera concebible en un ser destituido de inteligencia. Esto conduce a un resultado importante. El comienzo absoluto de una cosa no es posible sino concibiendo la causalidad radicada en la inteligencia. Lo que comienza pasa del no ser al ser, ¿cómo es posible que el ser haya producido en otro, un tránsito del no ser al ser, cuando la relación a otro, antes de existir este otro, era intrínsecamente imposible? El ser inteligente puede pensar en otro, aunque este otro no exista; pero para el ser no inteligente cuando el otro no existe en realidad, no existe de ningún modo; por consiguiente no es posible ninguna relación; todas las que se

finjan son contradictorias, y por tanto es absurdo el imaginar que lo que no es, comienza a ser.

128. Esta razón prueba que en el origen de las cosas hay un ser inteligente causa de todo, y que sin esta inteligencia nada podría haber comenzado. Si algo ha comenzado, algo existía desde toda la eternidad; y lo que ha comenzado era conocido por lo que no existía. En no admitiendo la inteligencia, el comienzo es absurdo. Fingid en el origen de las cosas, un ser falto de inteligencia, sus relaciones serán con lo existente; pero no puede tener ninguna con lo no existente: ¿cómo es posible pues que lo no existente comience a existir, por la acción de lo existente? Para que lo que no existe comience, es necesaria alguna razón; pues que de otro modo sería indiferente el comenzar esto o aquello, y aun el comenzar o no comenzar. Si no suponemos que hay un ser que conoce lo que no existe, y que pueda establecer, por decirlo así, una comunicación con la nada, el ser que no existe no podrá existir jamás.

Capítulo XIII. La actividad

129. Para comprender más a fondo la idea de causalidad, conviene reflexionar sobre las de actividad y acción, como y también sobre la de inercia o inactividad, e inacción.

130. Si concebimos un ser sin inteligencia, sin voluntad, sin sensibilidad, sin conciencia de ninguna especie, y que además, no encierre en sí nada que pueda alterar su estado, ni el de otros, concebimos un ser absolutamente inactivo.

Así, la inactividad o la inercia absoluta requiere las condiciones siguientes. 1.ª Absoluta falta de todo principio, de inteligencia, de voluntad, de sensibilidad, y en general de todo cuanto trae consigo conciencia. 2.ª Absoluta falta de todo principio de mudanzas cualesquiera en sí propio. 3.ª Absoluta falta de todo principio de mudanza en los otros. La reunión de estas condiciones forma la idea de una inactividad o inercia absoluta; el estado de un tal ser, es el de una inacción absoluta.

131. Un ser de esta naturaleza considerado en general, no nos ofrece más que la idea de una cosa existente: la cual podemos considerar también como una substancia, suponiendo que no está inherente a otro en clase de

modificación, o bien figurándonosle como un substratum en que hay capacidad de ser modificado por la acción que sobre él ejerzan otros seres.

Si queremos caracterizar algún tanto esta idea general para que pueda ofrecer algo a nuestra intuición, no encontramos otro medio que el de añadirle la idea de extensión, con lo cual formamos en algún modo la idea de materia inerte.

132. Explicadas las ideas de inercia e inacción, quedan explicadas sus opuestas, las de actividad y acción.

Concibiendo un ser que tiene en sí propio la razón de sus mudanzas, concebimos un ser activo.

Concibiendo un ser que tiene en sí la razón de las mudanzas de otros seres, concebimos también un ser activo.

Concibiendo un ser que entiende, quiere, o siente, o que de un modo u otro tiene conciencia, concebimos también un ser activo.

De esto se infiere que la actividad para nosotros puede representar tres cosas: origen de las mudanzas propias: origen de las mudanzas ajenas; conciencia.

133. La primera especie de actividad solo puede convenir a los seres mudables; la segunda puede convenir a los inmutables, que sean causa; la tercera es una actividad que puede convenir tanto a los mudables como a los inmutables, prescindiendo absolutamente de la idea de causalidad.

134. La relación general de principio de mudanzas propias o ajenas, pertenece a las ideas indeterminadas; por consiguiente la única actividad de que nosotros tenemos idea intuitiva, es la de inteligencia, de voluntad, y en general de todo cuanto se refiere a los fenómenos que necesitan esa percepción que llamamos conciencia.

135. Es preciso considerar la conciencia como una actividad y comprender en este orden las ideas de inteligencia y voluntad prescindiendo de toda relación a mudanzas propias o ajenas, si no queremos decir que Dios desde toda la eternidad era un ser inactivo, porque no tenía más acción que los actos inmanentes de entender y querer.

136. De esto se deduce que no toda actividad es transitiva, que hay verdadera actividad inmanente, de la cual tenemos conocimiento intuitivo en los fenómenos de nuestra conciencia.

137. La actividad que podemos concebir en los cuerpos se reduce a un principio de las mudanzas propias o de las ajenas, sin que nos sea dado el tener de ella un conocimiento intuitivo. En efecto: nosotros no estamos en relación con los cuerpos, sino por medio de los sentidos, los cuales nos ofrecen solamente dos órdenes de hechos con respecto a la naturaleza corpórea: hechos subjetivos, esto es, las impresiones que experimentamos llamadas sensaciones, las cuales creemos dimanadas de la acción que los cuerpos ejercen sobre nuestros órganos; hechos objetivos, esto es, la extensión, el movimiento y las diferentes modificaciones que con los sentidos descubrimos en las cosas extensas que se mueven. Ni la primera clase de hechos ni la segunda, nos dan idea intuitiva de la actividad de los seres corpóreos.

Los hechos subjetivos o las sensaciones, son inmanentes, esto es, se hallan en nosotros y no en las cosas; y en cuanto subjetivos, no nos dicen lo que hay fuera de nosotros, sino lo que hay en nosotros. Aun cuando supusiéramos que las sensaciones son un verdadero efecto de la actividad de los cuerpos, esta actividad no se halla representada en el efecto mismo. Cuando el fuego calienta la mano tenemos percepción intuitiva de la sensación del calor, en cuanto se halla en nosotros; si suponemos que esta sensación es realmente un efecto de la actividad del fuego, conocemos la relación de nuestra sensación a dicha actividad considerada en general e indeterminadamente, como origen de nuestra sensación; pero no conocemos intuitivamente la actividad en sí misma, porque esta como tal, no está representada en nuestra sensación.

Los hechos objetivos, esto es, la extensión, el movimiento y todo cuanto concebimos que no está en nuestra sensación sino en el objeto mismo, tampoco nos ofrece ninguna idea intuitiva de la actividad de los seres corpóreos. Las modificaciones de la extensión, o sea las figuras, el movimiento con todos sus accidentes, y en general todo cuanto ofrece a nuestros sentidos el mundo corpóreo, son las mudanzas mismas y sus relaciones, mas no el principio mismo de estas relaciones, ni de estas mudanzas. El cuerpo A, que está en movimiento, choca con el cuerpo B, que está en quietud; y este, después del choque, comienza a moverse; prescindiendo de si el choque de A ha sido causa del movimiento de B, lo que nosotros podemos asegurar es, que no tenemos intuición de la actividad productiva del movimiento. ¿Qué nos dicen los sentidos sobre el cuerpo A? solo nos dicen que se ha movido con tal o cual velocidad hasta el punto M, en que se hallaba el cuerpo B. ¿Qué nos dicen sobre el cuerpo B? solo nos dicen que ha comenzado a moverse en el instante en que el cuerpo A ha llegado al punto M; hasta ahora solo tenemos relaciones de espacio y tiempo entre dos objetos extensos A y B. ¿Donde está la intuición de la actividad de A, y de su acción sobre B? carecemos absolutamente de ella. Por raciocinio, por analogía, por consideraciones de orden, de conveniencia, u otras semejantes, podremos probar con más o menos solidez, que en el cuerpo A había una actividad, causa del movimiento del cuerpo B; pero con esto tendremos solamente una idea indeterminada de la actividad, no una intuición de la misma.

138. Las observaciones que preceden son concluyentes para todos los fenómenos de la naturaleza corpórea. Tómese el que se quiera, escogiendo el que más nos induzca a imaginar una verdadera actividad: analizándole bien, hallaremos limitada nuestra intuición a relaciones de la extensión en el espacio, y en el tiempo.

Todos los cuerpos son pesados; así lo enseña la experiencia; ¿conocemos nosotros intuitivamente el principio de que dimanan los fenómenos de la pesadez? no, de ninguna manera. Examinémoslo en el orden subjetivo y en el objetivo. ¿Qué nos ofrece la pesadez en cuanto sentida por nosotros? nada más que esa afección, que llamamos peso, esto es, una presión en nuestros miembros. ¿Qué nos ofrece la pesadez objetivamente? la dirección de los cuerpos hacia un centro con tal o cual velocidad, según las circunstancias; en todo esto solo hallamos, o un hecho puramente interno que es la sensación ingrata de peso o prisión, o puras relaciones de objetos extensos en el espacio y en el tiempo.

139. El fuego quema, reduce a cenizas los objetos; nada más propio para darnos idea de actividad; no obstante ¿podemos decir que la conozcamos intuitivamente? no, de ninguna manera. En el orden subjetivo tenemos la sensación dolorosa de quemadura, y que en cuanto tal, es un fenómeno puramente interno; en el orden objetivo tenemos la desorganización de los cuerpos quemados, la cual no ofrece a nuestros sentidos otra cosa que mudanzas en el volumen, en la figura, en el color, y en las demás calidades

relativas a nuestros sentidos: todo esto será tal vez efecto de la actividad, mas no la actividad misma.

140. La luz reflejando sobre un objeto viene a parar a nuestros ojos, pintando en la retina el objeto en que se refleja. ¿Tenemos aquí intuición de la actividad de la luz? no, de ninguna manera. En el orden subjetivo hallamos la sensación llamada ver; en el objetivo encontramos el tamaño, la figura y demás relaciones del objeto en el espacio; considerando la luz misma hallamos un fluido cuyos rayos tienen tal o cual dirección sometida a leyes determinadas, pero de ningún modo conocemos intuitivamente su actividad; y para persuadirnos de que la actividad existe necesitamos raciocinar echando mano de principios que no están en la esfera de nuestra intuición.

141. Las cuatro intuiciones de sensibilidad pasiva, sensibilidad activa, inteligencia y voluntad (Lib. IV, cap. XXII), se reducen a dos: extensión y conciencia; comprendiendo en la extensión todas sus modificaciones, y en la conciencia todos los fenómenos internos de un ser sensitivo o intelectual, en cuanto se hallan en ese fondo común, que se apellida conciencia. Así pues nosotros conocemos intuitivamente dos modos de ser; la conciencia y la extensión; la conciencia la tenemos en nosotros mismos, es un hecho subjetivo; la extensión está fuera de nosotros, y su existencia nos la atestiguan las sensaciones, y en particular las de la vista y del tacto.

142. La clasificación de estas dos intuiciones es sobre manera importante para distinguir lo activo de lo inerte. En la conciencia hallamos un tipo de verdadera actividad; en la extensión como tal, hallamos un tipo de verdadera inercia; con solo pensar en la conciencia pensamos en algo activo sin necesidad de añadir otra idea; pensando en la extensión sola, se nos ofrece la imagen de una cosa susceptible de muchas modificaciones y que no encierra el principio de ninguna de ellas; para pensar en una actividad corpórea debemos salir de la idea pura de extensión y pensar en general en un principio de mudanzas; lo que nada tiene que ver con la intuición de lo extenso.

143. Así la única actividad de que nosotros tenemos conocimiento intuitivo, es la de conciencia; pues de las actividades corpóreas solo tenemos ideas indeterminadas. Las palabras de acción, reacción, fuerza, resistencia, impulso, solo expresan relaciones indeterminadas y que no representan nada fijo sino en sus efectos. Los mecánicos expresan las fuerzas por líneas

o por números, esto es, por los resultados sujetos a cálculo. El mismo Newton al establecer su sistema de la atracción universal, declara su ignorancia de la causa inmediata del fenómeno, y se limita a señalar las leyes a que se hallan sometidos los movimientos de los cuerpos.

144. En los seres mudables la actividad nos representa un principio de las trasformaciones propias y ajenas, como si dijéramos una sobreabundancia de ser que se va desenvolviendo y que a proporción de su desarrollo, se va perfeccionando. En nuestro espíritu hallamos un ejemplo de este desarrollo. El niño al nacer recibe confusamente las impresiones de cuanto le rodea. Con la repetición de estas su actividad se va desenvolviendo, y lo oscuro se aclara, lo confuso se ordena, lo débil se fortalece, el pensamiento nace, la comparación comienza, la reflexión se despliega, y aquel ser torpe y poco menos que inerte, llega quizás a ser un genio que asombra al mundo. Los materiales le han venido de afuera; pero ¿de qué habrían servido sin ese vivísimo foco de actividad que los trasformaba y que sacaba de ellos productos nuevos y exquisitos? Los mismos fenómenos de la naturaleza se ofrecen a los ojos de los brutos animales que a los de Kepler o de Newton; sin embargo lo que para aquellos no sale de la esfera de las impresiones sensibles, se convierte para estos en un manantial de teorías admirables.

145. El ser activo contiene virtualmente las perfecciones que debe adquirir; es comparable a un germen en que se halla el árbol colosal y cuyo desarrollo depende de las circunstancias del terreno y del clima; por el contrario el ser inactivo nada se puede dar a sí propio, tiene un estado y lo conserva hasta que un agente se lo muda; y a su vez permanece en el nuevo hasta que otra acción que también le viene de fuera, se lo quita y le comunica otro diferente.

146. La actividad es un principio de determinaciones propias o ajenas; pero este principio puede obrar de dos modos: con inteligencia o sin ella. Cuando el ser es inteligente, su inclinación a lo conocido, se llama voluntad. Esta, o se inclina necesariamente al objeto o no: en el primer caso, es una espontaneidad necesaria; en el segundo es una espontaneidad libre. La libertad pues no existe con sola la ausencia de coacción; ha menester también de la ausencia de toda necesidad aunque sea espontánea; la voluntad

ha debido poder querer o no querer el objeto; si esta condición falta, no hay libre albedrío.

147. Es digno de notarse que nuestra intuición de lo externo, se refiere solo a lo inactivo: la extensión; y que la de lo interno, se refiere principalmente a la actividad: la conciencia. Por lo primero, conocemos un substratum de mudanzas, pues todas parecen verificarse en la extensión; por lo segundo, no conocemos intuitivamente ningún sujeto, sino las mudanzas mismas. La unidad del sujeto de ellos, la probamos por raciocinio, pero no la vemos intuitivamente (Lib. IX, Caps. VI, VII, IX, XI). La extensión, como tal, se nos presenta simplemente pasiva; la conciencia, como tal, es siempre activa; pues aun en los casos en que se halla más pasiva, como en las sensaciones, todavía, en cuanto conciencia, encierra actividad; pues por ella, el sujeto se da cuenta a sí propio explícita o implícitamente, de la afección experimentada.

Capítulo XIV. Se examina si es posible la actividad corpórea

148. Señalado el límite de nuestro conocimiento intuitivo con respecto a la causalidad y a la actividad, resultan desvanecidos los argumentos que puedan objetarse a la causalidad secundaria, aprovechándose de la confusión de las ideas intuitivas con las indeterminadas; pero falta todavía examinar si hay verdaderas causas segundas, esto es, si se halla realmente en los seres finitos un principio de las mudanzas propias o ajenas. No han faltado filósofos, y entre ellos el ilustre Malebranche, que han negado a las causas segundas toda eficacia, reduciéndolas a meras ocasiones. El autor de la Investigación de la verdad se adelanta a sostener que la causalidad secundaria no solo no existe, sino que es imposible.

149. Dos especies de seres se nos presentan en el universo, los inmateriales y los corpóreos: ambas ofrecen dificultades particulares que conviene examinar por separado. Comencemos por la materia. Se dice que la materia es incapaz de toda actividad, que por su esencia es indiferente para todo, que es susceptible de todo linaje de modificaciones. Yo no alcanzo en qué se funda esta proposición tan general, y no veo como sea posible apoyarla ni en la razón ni en la experiencia.

150. Para sostener que la materia es completamente inactiva, de tal suerte que hasta sea incapaz de toda actividad, sería preciso conocer su misma

esencia, y este conocimiento nos falta. ¿Con qué derecho negamos la posibilidad de un atributo ignorando cuál es la naturaleza del objeto a que debe pertenecer, o no conociendo por lo menos alguna de sus propiedades, a la cual el atributo repugne? Es verdad que negamos a la materia la posibilidad de pensar, y aun de sentir; pero esta negación no es legítima, sino porque conocemos de la materia lo bastante para dicha imposibilidad. En la materia, sea cual fuere su esencia íntima, hay partes, y por consiguiente multiplicidad; y los hechos de conciencia requieren necesariamente un ser uno y simple (Lib. IX).

No sucede lo mismo con respecto a la actividad; esta cuando no nos ofrece la idea intuitiva de conciencia, nos presenta solamente el concepto indeterminado de un principio de mudanzas propias o ajenas; lo cual no es contradictorio con la idea de multiplicidad. Fínjase que en los cuerpos que se mueven, hay una verdadera actividad, realmente productiva del movimiento en los otros; no hay ninguna contradicción en que dicha actividad se halle distribuida entre las diferentes partes del cuerpo, las cuales en el momento del choque, produzcan su efecto respectivo causando el movimiento a las partes del otro cuerpo con las que se han puesto en contacto.

151. Tenemos pues que examinada la cuestión a priori, o por la idea misma del cuerpo, no hallamos ninguna razón para negarle la posibilidad de ser activo. Es verdad que la extensión de los cuerpos en cuanto tal, se nos ofrece como una cosa muerta, indiferente a todas las figuras y a todos los movimientos sin que descubramos en ella ningún principio de actividad (Cap. XIII); mas para que esto pueda probar algo, sería necesario suponer que la esencia de los cuerpos consiste en la misma extensión, y que esta no tiene más de lo que ofrece a nuestros sentidos, sin que encierre nada en que pueda fundarse su actividad. Lo primero es una opinión, pero destituida de todo fundamento; lo segundo, no puede ser demostrado nunca, pues que se escapa a toda observación, y no puede ser objeto de investigaciones a priori.

152. ¿Cómo podrá probarse que la esencia de los cuerpos consista en la extensión? (Lib. III). Lo que nosotros podemos decir es que la experimentamos, y que toda la naturaleza corpórea se nos ofrece bajo la forma de extensa: en pasando de este punto afirmamos sin ningún fundamento, sustituimos a la realidad un juego de nuestra fantasía. La esencia de una cosa es aquello

que la constituye lo que es; aquello que le sirve de fondo íntimo, siendo la raíz de sus propiedades; ¿quién nos ha dicho que conocemos ese fondo, esa raíz en los objetos corpóreos? Nosotros no sentimos nada que no sea extenso, es verdad; no concebimos a qué se reduce el cuerpo en faltándole la extensión; también es verdad; pero de esto solo se deduce que la extensión es una forma bajo la cual se presentan los cuerpos a nuestros sentidos, que esta forma es una condición necesaria para que pueda ser afectada nuestra sensibilidad; pero no que la forma sea la misma esencia de la cosa; no que en la cosa no haya algo más íntimo en que radique la forma misma.

153. Si la esencia de los cuerpos consistiese en la extensión tal como se ofrece a nuestros sentidos, habiendo igualdad de extensión habría igualdad de esencia; las esencias de los cuerpos estarían sujetas a medida como lo están las dimensiones: dos globos de diámetros enteramente iguales serían dos cuerpos esencialmente iguales; a esto se opone la experiencia y hasta el sentido común. Se nos dirá que no basta la pura dimensión en cuanto sujeta a medida, para formar igualdad de esencias; sino que es necesaria la igualdad de naturaleza de extensión de ambos cuerpos; pero yo preguntaré qué significa naturaleza de extensión? Si la palabra naturaleza no ha de ser aquí una palabra sin sentido, deberá significar algo distinto de la extensión en cuanto sometida a nuestra sensibilidad; en cuyo caso inferiré que así como para diversificar las esencias de los cuerpos se finge algo que no se encierra en la extensión en cuanto sujeta a la intuición sensible, también se podrá fingir algo que sea capaz de actividad, y que por consiguiente ofrezca a nuestro entendimiento una idea accesoria que vivifique por decirlo así ese fondo muerto que hallamos en la extensión, considerada como simple objeto de las ideas puramente geométricas.

154. La experiencia es incapaz de demostrarnos la imposibilidad de que los cuerpos sean activos. La inacción absoluta no puede afectarnos, y de consiguiente no podemos conocerla por experiencia. Lo que podemos experimentar es la acción o sea el ejercicio de la actividad; pero la inacción o sea el estado de una cosa absolutamente inactiva, no puede ser objeto de experiencia: esto es contradictorio.

Capítulo XV. Conjeturas sobre la existencia de la actividad corpórea

155. Ateniéndonos a la experiencia, lejos de que debamos inferir la inercia absoluta de los cuerpos, nos hallamos inclinados a creer que están dotados de actividad. Aunque los sentidos no nos ofrezcan la intuición de ninguna actividad corpórea, nos presentan no obstante una continua serie de mudanzas, con un orden fijo en los fenómenos del mundo corpóreo; y si algo valen para inferir la verdadera actividad de unos sobre otros, la coincidencia de sus relaciones en el espacio y en el tiempo, la constante sucesión con que vemos que los unos vienen después de los otros, la invariable experiencia de que para que se sigan los unos basta poner los otros; es necesario que admitamos en los cuerpos verdadera actividad. Esta razón, valga lo que valiere en el tribunal de la metafísica, ha sido en todos tiempos bastante poderosa para convencer a la generalidad de los hombres, y así es que el negar a los cuerpos el carácter de activos se halla en oposición con el sentido común.

156. Si atendemos a las relaciones que tenemos con el mundo corpóreo, todo nos induce a creer que hay en los cuerpos verdadera actividad. Sea cual fuere nuestra ignorancia sobre el modo con que son producidas en nosotros las sensaciones, lo cierto es que las experimentamos en presencia de los cuerpos, que están ligadas con estos por relaciones de espacio y tiempo en un orden fijo y constante, que nos autoriza para pronosticar con toda seguridad lo que debe suceder en nuestros sentidos, si tales o cuales cuerpos son puestos en relación con nuestros órganos. La idea de actividad nos ofrece la de un principio de mudanzas en otros seres; los cuerpos las están produciendo de continuo en nosotros, real o aparentemente. El ejercicio de las facultades sensitivas, implica una comunicación con los seres corpóreos; y en esta comunicación el ser sensitivo recibe de los cuerpos una multitud de impresiones, que le hacen sufrir continuas mudanzas.

157. Se dice que la experiencia enseña que los cuerpos son indiferentes para el reposo o el movimiento; y se asienta como cosa indudable en los preámbulos de algunas obras de física que un cuerpo puesto en quietud permanecería en el mismo estado por toda la eternidad, y que puesto en mo-

vimiento se movería también por toda la eternidad en línea recta y siempre con la misma velocidad que recibiera desde un principio. No sé cómo se han podido conocer por experiencia semejantes proposiciones; yo sostengo que no solo no se han podido conocer, sino que la experiencia parece indicar todo lo contrario.

158. ¿Dónde se ha encontrado jamás un cuerpo indiferente para el movimiento o el reposo? En todos los terrestres hallamos una tendencia al movimiento, cuando no de otra clase, de gravitación hacia el centro de la tierra. Los celestes que hemos podido observar, están todos en movimiento; y el cálculo de acuerdo con la experiencia nos los manifiesta sometidos a la atracción universal: ¿dónde está la indiferencia para el reposo o el movimiento, atestiguada por la experiencia? Más bien deberemos decir que la experiencia nos atestigua una inclinación general de los cuerpos hacia el movimiento.

159. Se nos objetará tal vez que esta inclinación no dimana de ninguna actividad de los cuerpos, sino que es un simple efecto de una ley del Criador. Sea en buen hora; pero al menos no se diga que la experiencia nos presenta los cuerpos como indiferentes para el movimiento y el reposo; si se quiere, explíquese el movimiento sin actividad, sosténgase que no hay actividad, no obstante las apariencias experimentales; pero no se diga que estas apariencias demuestran la falta de actividad.

160. Si pongo sobre mi bufete un cuerpo, permanece en reposo, y allí le encuentro al día siguiente y le encontraré a la vuelta de muchos años. El cuerpo sin embargo, no está indiferente para el movimiento o el reposo; allí se está quieto, pero va ejerciendo continuamente su actividad; así lo muestra su presión sobre el bufete que le sustenta. Este ejercicio es incesante, se le experimenta en todos los momentos, como lo prueba el que si se le quiere levantar ofrece resistencia, si se aparta el bufete se cae, si se le pone la mano debajo la comprime, y hace cambiar de forma los cuerpos blandos sobre que pesa.

161. El decir que la atracción del centro de la tierra obra sobre el cuerpo, no prueba nada contra la actividad corpórea, antes bien la confirma; pues que este centro es otro cuerpo, y así quitando la actividad al uno la damos al

otro. Además según todas las observaciones, la atracción es recíproca, y por consiguiente la actividad atraente se halla repartida entre todos los cuerpos.

162. El mundo corpóreo, lejos de ofrecernos una masa inerte, nos presenta más bien la apariencia de una actividad que despliega fuerzas colosales. Colosal es la masa de los cuerpos que se mueven por los espacios; colosal es la órbita que describen; colosal la velocidad con que la recorren; colosal la influencia, al menos aparente, que ejercen los unos sobre los otros; colosal la distancia al través de la cual se ponen en comunicación. ¿Donde está la falta de actividad atestiguada por la experiencia? Raudales de luz inundan los espacios produciendo en los seres sensitivos los admirables fenómenos de la visión; raudales de calórico se extienden en todas direcciones y llevan por todas partes el movimiento y la vida; ¿dónde está la falta de actividad atestiguada por la experiencia? La vegetación que cubre nuestro globo, los fenómenos de la vida que experimentamos en nosotros mismos y en esa muchedumbre de animales que nos rodean, ¿no han menester de un continuo movimiento de la materia, de un flujo y reflujo por decirlo así, de acciones y reacciones que los cuerpos ejercen los unos sobre los otros, en la realidad o en la apariencia? Los fenómenos de la electricidad, del magnetismo, del galvanismo ¿no nos ofrecen más bien principios de mucha actividad, origen de movimiento donde quiera que se hallen, que no objetos indiferentes para el movimiento o para el reposo? Las ideas de actividad, de fuerza, de impulso, nos han sido sugeridas no solo por nuestra actividad interna, sino también por la experiencia del mundo corpóreo que despliega a nuestros ojos bajo leyes constantes, una continua variedad de escenas magníficas, cuyo origen parece indicar un fondo de actividad incalculable.

163. Véase pues cuán sin fundamento se apela a la experiencia para combatir la existencia de una causalidad corpórea, y cuánto más acordes van con dicha experiencia los filósofos que otorgan a los mismos cuerpos una actividad verdadera. Al señalar los límites de nuestra intuición en lo tocante a la causalidad y actividad en sí mismas (Caps. XI y XIII) he dicho lo bastante para que no se crea que juzgo posible el demostrar metafísicamente la existencia de actividad en el mundo corpóreo; pero no puedo menos de insistir en que si algo vale en favor de la causalidad la relación constante de los fenómenos en el espacio y en el tiempo, si algo vale la sucesión invariable de

unas cosas después de otras; es preciso inclinarse a la opinión de que hay en los cuerpos verdadera actividad: que en un orden secundario se halla en los unos la razón de las mudanzas en los otros; y que por consiguiente hay en el mundo corpóreo un encadenamiento de causas segundas hasta llegar a la primera donde está el origen y la razón de todo.

Capítulo XVI. Causalidad interna

164. La conciencia nos atestigua que hay en nosotros una verdadera facultad productiva de ciertos fenómenos internos. Es indudable que concentrando la atención por medio de un acto libre de la voluntad, experimentamos una producción de imágenes y de ideas. Las obras de imaginación, son una muestra irrecusable de nuestra actividad interna. Las sensaciones nos suministran los materiales en bruto; pero con ellos levanta la fantasía edificios admirables. Aquella nueva forma ¿quién se la ha dado sino nosotros mismos? Preciso es confesar que si carecemos absolutamente de actividad, la naturaleza nos alucina completamente, haciéndonos creer que somos muy activos.

Los simples recuerdos nos ofrecen otra muestra de verdadera actividad. Nos proponemos pensar en un país que hemos visto detenidamente, y deseamos recordar sus pormenores: al imperio de la voluntad la imaginación se excita y va desplegando a nuestra intuición las escenas que viéramos en otro tiempo. Se dirá que estas imágenes ya existían y que solo ha sido necesario despertarlas, pero no se puede negar que no existían en acto pues que no teníamos de ellas conciencia actual; y que para lograr su reaparición ha sino necesario y suficiente el imperio de nuestra voluntad. Esta presencia nueva algo añade a su estado habitual; pues bien, ese algo se ha producido dentro de nosotros, con solo quererlo.

Es verdad que no conocemos el modo de esta producción; pero lo cierto es que la conciencia nos asegura de que sigue inmediatamente a un acto de nuestra voluntad: y que por tanto tenemos cuando menos un vehemente indicio, de que con respecto a esas imágenes, hay en nosotros una fuerza productiva del tránsito de su estado habitual al actual. Lo mismo se puede decir de todos los recuerdos; y si bien experimentamos con harta frecuencia que no podemos recordar todo lo que queremos, esto solo prueba que nuestras facultades activas son limitadas por ciertas condiciones de que no se pueden libertar.

165. Prescindiendo de los recuerdos ¿quién no ha experimentado la elaboración de conceptos al meditar sobre una materia? ¿Nuestras ideas son las mismas cuando comenzamos a reflexionar sobre un objeto, que cuando hemos meditado sobre él durante largas horas? no ciertamente. A veces no hemos recogido ningún dato nuevo, no hemos leído ningún libro ni oído ninguna observación que nos pudiera ilustrar, y sin embargo por sola la fuerza de la reflexión propia, nos hemos formado ideas claras y distintas, cuando antes solo las teníamos confusas. Con decir que las nuevas ideas son el resultado de otras que se hallaban ya en nuestro espíritu no se prueba que no haya en el entendimiento verdadera actividad; porque este resultado, sea cual fuere su origen, es siempre una cosa nueva; produce en el alma un nuevo estado; porque ahora sabe perfectamente lo que antes ignoraba del todo, o conocía muy en confuso. En una curva la relación de la subsecante a la secante, y la de la subtangente a la tangente son ideas geométricas que se hallan al alcance de los entendimientos más comunes; así como la semejanza de los triángulos que se pueden excogitar para comparar unas líneas con otras, y la aproximación sucesiva con que la subsecante se acerca a la subtangente, y la secante a la tangente; pero de aquí a reducir todos estos elementos a un punto de donde brota con vivísima luz la admirable teoría del cálculo infinitesimal, hay una distancia inmensa; ¿se dirá que los genios que salvaron esta distancia, no pensaron nada nuevo, porque tenían en sí los elementos de cuya combinación resulta la teoría?

166. Si en algunos fenómenos se ve con toda claridad la actividad productiva, es ciertamente en los actos de la voluntad libre: ¿a qué se reduce la libertad, si el alma no produce sus voliciones? Si estas no son más que fenómenos producidos por otro ser, y en los cuales el alma no tiene otra parte que el ser sujeto de los mismos, la libertad no significa nada. Es hasta contradictorio el decir que el alma sea libre, y negarle al mismo tiempo que sea el principio de sus determinaciones.

167. La simple inteligencia, hasta la mera sensibilidad, y en general todo fenómeno que implica conciencia, parece ser el ejercicio de una actividad; y en este sentido llevo explicado (Cap. XII) que tenemos intuición de la acti-

vidad interna. Si entender, si querer, si el tener conciencia de que se siente, no son acciones, no sé dónde podremos hallar el tipo de una verdadera acción. El percibir una cosa; el quererla; el acto imperativo de la voluntad para emplear los medios que puedan proporcionárnosla son indudablemente acciones: y la acción es el ejercicio de la actividad. La idea de la vida nos representa la actividad en su grado más perfecto; y entre los fenómenos vitales, los más perfectos son los que implican conciencia; si a estos no los llamamos acciones, es preciso decir que no tenemos ninguna idea de acción ni actividad.

Aunque no conozcamos el modo de la producción, tenemos conciencia de esta producción; tenemos intuición de la acción en sí misma. Cuando vemos un movimiento corpóreo, vemos una modificación pasiva; pero cuando experimentamos en nosotros los fenómenos de conciencia, vemos una acción, y por consiguiente tenemos intuición del ejercicio de nuestra actividad.

168. Aquí se ofrece una objeción. Si los fenómenos internos, son verdaderamente acciones, ¿cómo es que con tanta frecuencia, son independientes de nuestra voluntad? Sufrimos dolores, a pesar nuestro; nos ocupan ideas que quisiéramos desechar; nos ocurren a veces pensamientos con una instantaneidad y espontaneidad, que más bien parecen inspiraciones que fruto de nuestro trabajo; en casos semejantes, ¿dónde está la actividad? ¿No deberemos decir que estos fenómenos son puramente pasivos?

169. Esta objeción a primera vista tan concluyente, no prueba nada contra la actividad interna. En primer lugar, podría responderse que el estar el alma pasiva en algunos casos, no prueba que lo esté en todos; y que para afirmar la existencia de la actividad interna, nos basta que haya ciertos fenómenos producidos por ella. Pero ni siquiera es necesario conceder que la actividad no se encuentra en los casos que nos recuerda la objeción; pues que examinándolos a fondo se descubre que aun en ellos, el alma ejerce verdadera actividad.

El nervio de la dificultad consiste en que aparecen en nuestro interior algunos fenómenos sin el curso de nuestra voluntad, y a veces a pesar de ella; mas esto solo nos conduce a inferir que hay en nuestra alma funciones independientes del libre albedrío, sin obligarnos a creer que estas funciones no sean activas. Con esta observación se desvanece la dificultad. Hay en nuestro interior fenómenos que nosotros no hemos querido, antes que apareciesen, ni después; es verdad; luego hay en nuestro interior fenómenos en que el alma está puramente pasiva; lo niego. La consecuencia es ilegítima; lo único que se puede inferir es que hay en nuestra alma fenómenos para cuya aparición o conservación no es necesario el concurso de nuestra voluntad.

Una cosa semejante experimentamos con respecto al cuerpo: hay funciones que se ejercen independientemente de nuestro libre albedrío, como la circulación de la sangre, la respiración, la digestión, la asimilación de los alimentos, la transpiración y otras semejantes; pero las hay también que no se ejercen sino por el imperio de la voluntad, como el comer, el andar, y en general todo lo que se refiere al movimiento y posiciones de los miembros. ¿Quién prohibe pues que suceda en el alma una cosa semejante, y que haya facultades activas que se desenvuelvan, y produzcan varios fenómenos sin el concurso de la voluntad.

No creo que se pueda replicar nada a esta solución; sin embargo, todavía me propongo ampliarla con algunas observaciones sobre el carácter de los fenómenos en que se quiere suponer que nuestra alma está puramente pasiva.

170. Se habla en la objeción de sensaciones dolorosas, las cuales efectivamente presentan un caso en que al parecer la actividad no existe de ningún modo. ¿Quién podría afirmar que un hombre a quien se le aplica un hierro candente, y que experimenta dolores atroces, ejerce en aquello mismo la actividad de su alma? ¿no es más conforme a razón, el decir que el alma se halla puramente pasiva, y en un estado muy semejante al de un cuerpo que se comprime por la presión de otro cuerpo? Actividad, si alguna se ejerce en semejantes casos, es más bien de reacción contra la sensación dolorosa. Si bien se reflexiona, en estas observaciones no hay ninguna dificultad cuya solución no se halle en lo que acabo de exponer en el párrafo anterior. Convengo en que la sensación dolorosa no depende de la libre voluntad del que la sufre, y que la acción libre de este se ejerce contra la misma sensación; pero esto no quita que haya en el alma una verdadera actividad en el mero hecho de sentir, y sí únicamente que el ejercicio de esta actividad se halla sometido a condiciones necesarias, las cuales cuando existen, son más poderosas para el desarrollo de ella, que no lo es nuestra voluntad para

impedirle. Nada más cierto que el desarrollo de ciertas facultades activas, independientemente de nuestro libre albedrío: ¿qué cosa más activa que las pasiones vehementes? y sin embargo, muchas veces nos es imposible dejar de sentirlas; y es necesario todo el imperio de la voluntad libre, para que no traspasen los límites de la razón.

171. La sensación en sí misma, no puede ser toda pasiva; y los que sostienen esta opinión manifiestan haber meditado poco sobre los hechos de conciencia. Estos hechos son esencialmente individuales; y en cuanto hechos de conciencia, son absolutamente incomunicables. Otro puede experimentar un dolor muy parecido y aun igual al que yo siento; pero no puede experimentar el mismo dolor numéricamente considerado; porque mi dolor es tan esencialmente mío, que si no es mío no existe. Luego el dolor no puede serme comunicado como una entidad individual; y para producirle en mí, lo único que se puede hacer es excitar mi fuerza sensitiva para que lo experimente.

Esta observación manifiesta que las sensaciones no pueden ser hechos meramente pasivos. La modificación pasiva es recibida toda; el sujeto paciente no hace nada. Desde el momento que el sujeto tiene en sí algún principio de su modificación, no es puramente pasivo. La sensación no puede ser recibida toda; debe nacer en el sujeto sensitivo, por tal o cual influencia, con tal o cual ocasión; pero el ser que la experimenta ha de contener un principio de su propia experiencia, de lo contrario es un ser sin vida; no puede sentir.

172. En la objeción se habla de sensaciones dolorosas como si su necesidad fuera una excepción de la regla general; pero es de notar que no hay aquí excepción ninguna, y que todas las sensaciones, sean gratas o ingratas, son necesarias igualmente, con tal que nuestras facultades sensitivas se hallen bajo condiciones en que pueden desplegarse. Tan necesario es el sentir dolor en la mano si me aplican a ella un carbón encendido, como la vista de un cuadro halagüeño, si me lo ponen delante de los ojos.

173. La espontaneidad de los fenómenos internos, en el orden intelectual puro, o en el de la imaginación o sentimiento, confirma la existencia de una actividad independiente de nuestro libre albedrío, y de ningún modo indica que semejantes fenómenos sean puramente pasivos.

Aquí es de notar una circunstancia importante. El ejercicio de las funciones del alma está ligado con los fenómenos de la organización. La experiencia enseña que según la disposición del cuerpo, el espíritu se siente con más o menos actividad: es una verdad conocida de muy antiguo que ciertos licores generosos tienen su fuerza inspiradora. El estado de la digestión causa sueños pesados y abruma la fantasía con apariciones espantosas; la fiebre exalta la imaginación o la abate; a veces produce un aumento de fuerzas intelectuales, a veces causa un estupor en que la inteligencia se extingue. Estos fenómenos cuando se presentan en su grado más alto, como sucede en una fuerte perturbación de las funciones orgánicas, ofrecen más cuerpo a la observación: pero esto mismo indica que antes de llegar al extremo hay una extensa escala; de suerte que algunos fenómenos cuya aparición espontánea nos parece inexplicable, dependerán quizás de ciertas condiciones desconocidas a que se hallara sometida nuestra organización. Sea cual fuere la opinión que se adopte sobre la igualdad o desigualdad de las almas humanas, nadie duda de que las diferencias en la organización pueden influir en el talento y en la índole; y que ciertos espíritus de facultades extraordinarias, deben una parte de sus dotes a una organización privilegiada.

De estas consideraciones se infiere que lo que se llama, espontaneidad del alma, y que tanto llama la atención de algunos filósofos modernos, es un fenómeno muy generalmente conocido, que ni destruye la actividad interna ni nos dice nada nuevo sobre el carácter de esta actividad.

Es cierto que hay en nuestra alma ciertos fenómenos independientes del libre albedrío; pero también es indudable que la presencia de ellos es a veces inesperada y repentina, porque nos son desconocidas las condiciones de organización con las cuales se encuentra ligada. Esto, si bien se considera, no es más que extender a mayor número de casos, lo mismo que observamos frecuentemente en los hechos psicológicos, efectos de causas morbosas; y que además experimentamos constantemente en las sensaciones. ¿Qué es una sensación, sino una aparición repentina de un fenómeno en nuestra alma, por efecto de una alteración del estado de los órganos?

174. No quiero decir con esto que todos los pensamientos espontáneos, y en general todos los fenómenos que aparecen repentinamente en nuestro interior sin preparación conocida, nazcan de las afecciones de la organi-

zación; solo he querido recordar un hecho fisiológico y psicológico, cuyo olvido puede producir divagaciones inútiles, y hasta perjudiciales. Al leer las obras de algunos filósofos modernos que tratan de este punto, parece que se proponen allanar el camino para sostener luego que la razón individual no es más que un fenómeno de la razón universal y absoluta; y que las inspiraciones, y en general todos los fenómenos espontáneos independientes de nuestro libre albedrío, son indicios de que la razón absoluta se aparece a sí misma en la razón humana; que lo que llamamos nuestro yo, es una modificación del ser absoluto; y que la personalidad de nuestros seres no es más que una fase de la razón absoluta e impersonal.

175. Lo que se llama la espontaneidad, la intuición de los tiempos primitivos, no puede ser otra cosa a los ojos de la razón y de la crítica, que la primitiva enseñanza que recibió de Dios el linaje humano; todo cuanto dicen en contra algunos filósofos modernos, es una repetición, bien que algo disfrazada, de los sofismas de los incrédulos de todas épocas, presentados bajo engañosas galas por hombres que abusan de su talento. Léanse con reflexión los escritos a que aludimos, despójeselos de algunas palabras altisonantes y enigmáticas, y no se encontrará en ellos nada que no dijeran a su modo Lucrecio y Voltaire.

Capítulo XVII. Aclaraciones sobre la espontaneidad

176. Nada más fácil que escribir algunas páginas brillantes sobre el fenómeno de la espontaneidad: el genio de los poetas, de los artistas, de los grandes capitanes de todos los siglos; los tiempos fabulosos y los heroicos; el misticismo; las religiones, todo lo aprovechan algunos filósofos de nuestros días, para escribir trozos, que ni son de filosofía, ni de historia, ni de poesía; y que solo deben mirarse como raudales de palabras, relumbrantes y sonoras, que escritores de fantasía galana y facundia inagotable derraman sobre el abrumado entendimiento del cándido lector. Y bien ¿a qué se reduce esa espontaneidad, esa inspiración de que tanto se nos habla? Fijemos las ideas, consignando y clasificando los hechos.

177. La razón propiamente dicha, no se despliega en el espíritu humano completamente aislado de otros espíritus; y no bastan a despertarla los espectáculos de la naturaleza. La estupidez de los niños encontrados en

los bosques, y la escasa inteligencia de los sordo-mudos, son irrecusable prueba de esta verdad.

178. El espíritu humano puesto en comunicación con otros espíritus, experimenta un desarrollo en parte espontáneo y directo, en parte laborioso y reflexivo. Este es otro hecho que sentimos todos en nosotros mismos. Los espíritus a proporción de que sus cualidades son más aventajadas, se desenvuelven con más espontaneidad.

179. De los pensamientos que nos ocurren repentinamente y que nos parecen puramente espontáneos, no pocos son reminiscencias más o menos fieles de lo que hemos leído, u oído, o reflexionado anteriormente; y por consiguiente dimanan de un hecho preparatorio, del cual no nos acordamos. Así se explica, por qué la inventiva en todos géneros se perfecciona con el trabajo.

180. Como en el desarrollo de las facultades del alma, ejerce poderosa influencia la organización de nuestro cuerpo, podemos decir que la espontaneidad de algunos fenómenos internos, está ligada con ciertas alteraciones de nuestra organización.

181. No hay ninguna dificultad filosófica en admitir una comunicación inmediata de nuestro espíritu con otro espíritu superior; y por consiguiente tampoco la hay en conceder que algunos fenómenos internos espontáneos, nacen de la influencia directa que dicho espíritu superior ejerce sobre el nuestro.

182. El género humano no ha tenido primitivamente un desarrollo espontáneo, independiente de la acción del Criador; la filosofía nos indica la necesidad de una enseñanza primitiva, sin la cual el espíritu humano no habría salido jamás de un estado de embrutecimiento y estupidez. Esta última observación merece algunas aclaraciones.

183. La religión nos atestigua una instrucción y educación primitivas del linaje humano, hechas por el mismo Dios en la persona del primer hombre: esto es altamente conforme a la enseñanza de la razón y de la experiencia.

Nuestro espíritu posee innumerables gérmenes, pero es preciso que una causa externa los desarrolle. Un hombre enteramente solo desde su niñez, ¿qué sería? poco más que un bruto: la piedra preciosa estaría cubierta con tierra grosera, que no la dejaría brillar.

La palabra no produce ni puede producir la idea; esto es cierto; la razón de las ideas no está en el lenguaje; la razón del lenguaje está en las ideas. La palabra es un signo: y no se significa lo que no se concibe. Pero este signo, este instrumento, es de un uso maravilloso: las palabras son al entendimiento lo que las ruedas a la potencia de una máquina; la potencia le da el movimiento, pero la máquina no andaría sin las ruedas. Faltando la palabra, la inteligencia podría tener algún movimiento; pero muy lento, muy imperfecto, muy pesado.

184. La Biblia nos presenta al hombre hablando luego de criado: el lenguaje le fue pues enseñado por Dios. Este es otro hecho admirable que la razón confirma plenamente. El hombre no puede inventar el lenguaje. Esta invención excede a cuantas se pueden imaginar ¿y se quiere atribuirla a hombres tan estúpidos como son los que carecen del lenguaje? Menos extraño sería que un hotentote inventara de repente el cálculo infinitesimal.

185. El hombre más rudo que sabe una lengua, posee un tesoro de ideas mayor de lo que se cree. En el discurso más sencillo se encuentran muchas ideas físicas, metafísicas y morales. En el grado más ínfimo del estado social, se oyen discursos semejantes al siguiente: «no he querido perseguir más lejos la fiera, por temor de que irritada, no hiciese daño.» Aquí hay las ideas de tiempo, de acto de voluntad, de acción, de continuidad, de espacio, de causalidad, de analogía, de fin y de moral.

Tiempo pasado = no he Idea de acto de voluntad = querido, Acción = perseguir. Continuidad = más, Espacio = lejos. Analogía = irritada.

Pues que por la irritación observada en otros casos, se infiere la del presente; y además se conoce la irritación, por lo que nos sucede cuando nos molestan.

Motivo y fin = por temor de que irritada etc, etc. Causalidad = no hiciese daño. Moralidad = el no dañar a otros.

186. La ciencia va descubriendo la afinidad de las lenguas, encontrándolas reunidas en grandes centros: las lenguas de los salvajes no son elementos, sino fragmentos: no son la palabra balbuciente de la infancia, sino la pronunciación torpe y extravagante de la degradación y embriaguez.

187. La palabra no puede producir en el espíritu la idea de una sensación que no tenga: todos los discursos del mundo no darían la idea de color a un

ciego de nacimiento. Mucho menos podrán resultar de la palabra las ideas puras, distintas de toda sensación; y esto es una razón poderosa en favor de las ideas innatas.

188. Las ideas de unidad, número, tiempo, causalidad, expresan cosas no sensibles; luego no pueden ser producidas en nosotros por ninguna representación sensible expresada por palabras. Sin embargo, estas ideas existen en nosotros como gérmenes susceptibles de un gran desarrollo; primero por la experiencia de los sentidos, y luego por la reflexión. El niño que habiendo acercado su mano a la lumbre se quema, comienza a percibir la relación de causalidad, que luego generaliza y depura. Las grandes ideas de Leibnitz sobre la causalidad, eran la idea de un Leibnitz niño. La diferencia estaba en el desarrollo. Así la organización de la colosal encina, se halla bajo la corteza de la bellota.

Unos han dicho que el entendimiento del hombre era como una tabla rasa en que nada hay escrito; otros que era un libro que bastaba abrir para leer; yo creo que se podría comparar a uno de esos papeles escritos con tinta incolorada, que parecen blancos hasta que una fricción de un líquido misterioso hace salir los caracteres negros. El líquido mágico es la instrucción y la educación.

189. Yo quisiera que se me mostrara un pueblo que por sí solo haya salido del estado salvaje, ni aun del bárbaro. Todas las civilizaciones que se conocen están subordinadas unas a otras por una cadena no interrumpida. La civilización europea debe mucho al cristianismo, y algo a la romana; la romana a la griega; la griega a la egipciaca; la egipciaca a la oriental; y allí se encuentra un velo que con nada se levanta, sino con los primeros capítulos del Génesis.

190. Para conocer al espíritu humano es preciso estudiar la historia de la humanidad: quien aísla demasiado los objetos corre peligro de mutilarlos; por esta razón se han escrito tantas frivolidades ideológicas que han pasado por investigaciones profundas, no obstante que distaban tanto de la verdadera metafísica como el arte de disponer simétricamente un museo, de la ciencia del naturalista.

191. Si se defienden las ideas innatas, tampoco se puede negar a nuestro entendimiento una fuerza para componer otras nuevas, a medida que los objetos, y sobre todo la locución, le excitan a ello; de lo contrario sería me-

nester decir que nada aprendemos ni podemos aprender, y que lo tenemos ya todo de antemano en nuestro espíritu, como escrito en un libro. Nuestro entendimiento parece una caja donde hay todos los caracteres; mas para decir algo, ha menester de la mano del cajista.

Esta imagen de los caracteres de imprenta me recuerda un hecho ideológico que importa consignar: hablo del escasísimo número de ideas que hay en nuestra mente, y de la asombrosa variedad de combinaciones a que se prestan. Cuanto hay en el orden intelectual, se puede encerrar en las categorías; las que, ora se adopten las de Aristóteles, ora las de Kant, u otro cualquiera, siempre se reducen a muy pocas. Cada idea de esas que se pudieran llamar matrices, se parece a un rayo de luz que pasando sucesivamente por innumerables prismas, y reflejando en muchos espejos, presentase infinita variedad de colores, matices y figuras.

Como nuestro pensamiento se reduce casi todo a la combinación, y esta puede hacerse de tantas maneras, es singular la comunidad necesaria que en las combinaciones fundamentales tienen todos los espíritus. En los puntos secundarios hay divergencia; mas no en lo principal. Esto prueba que la razón humana, en su existencia y en su desarrollo, depende de una inteligencia infinita causa de todos los espíritus, y maestra de todos ellos.

192. En apartándose de estas doctrinas, tan acordes con la filosofía y la historia, la espontaneidad, ya sea del hombre, ya sea del linaje humano, o no significa nada, o expresa las vagas y absurdas teorías del panteísmo idealista.

Capítulo XVIII. Causalidad final. Moralidad

193. Los seres activos que obran por conocimiento, necesitan tener, a más de su actividad eficiente, un principio moral de sus determinaciones. Para querer, no basta la sola facultad de querer, es necesario conocer lo que se quiere; pues nada es querido sin ser conocido. Esto da origen a la causalidad final, esencialmente distinta de la eficiente, y que solo tiene lugar en los seres dotados de inteligencia.

194. Recordando lo que se ha dicho (Cap. X) podemos notar que las causas finales forman una serie distinta de las eficientes; y que lo que en estas es acción física, es en aquellas influencia moral. En la pintura de un cuadro,

la serie de la causalidad eficiente, es esta: el pincel, la mano, los músculos, los espíritus animales, el imperio de la voluntad. Con esta serie, siempre necesaria para que el cuadro se pinte, se pueden combinar diferentes series de causalidad final. El artista puede haberse propuesto las que siguen. Lucir su ingenio y esto para adquirir fama, y la fama para disfrutar el placer que se experimenta con una nombradía gloriosa. Otra serie: contentar una persona, para quien se trabaja el cuadro; y esto para que la persona pague una cantidad de dinero; y el dinero, o para las necesidades del artista, o para sus placeres. Otra: buscar en la pintura la distracción de una pesadumbre; y esto para conservar la salud. Es evidente que se pueden excogitar muchas series de una influencia puramente moral o intelectual, series que solo concurren a la producción del efecto en cuanto se combinan con la serie eficiente, influyendo en la determinación del artista.

195. Esta influencia moral puede ejercerse de dos maneras: arrastrando necesariamente la voluntad, o dejándola con facultad para querer o no querer; en el primer caso hay una espontaneidad voluntaria, pero necesaria; en el segundo, hay una espontaneidad libre. Todo acto libre es voluntario, mas no todo acto voluntario es libre. Dios quiere libremente la conservación de las criaturas; pero quiere necesariamente la virtud, y no puede querer la iniquidad.

196. Mientras atendemos únicamente a la causalidad de eficiencia, no hallamos más que relaciones de causas y efectos; pero en atendiendo a la causalidad final, se presenta un nuevo orden de ideas y de hechos: la moralidad. Ante todo consignemos la existencia del hecho.

197. Bien y mal, moral, inmoral, justo, injusto, derecho, deber, obligación, mandato, prohibición, lícito, ilícito, virtud y vicio, he aquí unas palabras que todos emplean de continuo y aplican a todo el curso de la vida, a todas las relaciones del hombre con Dios, consigo mismo y con sus semejantes, sin ninguna duda sobre su verdadero significado, y entendiéndose perfectamente unos a otros; cual si hablasen de los colores, de la luz o de otros objetos de nuestros sentidos. Al oír la palabra lícito o ilícito aplicada a un acto ¿quién pregunta lo que significa? Cuando se dice este hombre es virtuoso, aquel vicioso, ¿quién duda sobre el sentido de estas expresiones? ¿Hay nadie que encuentre alguna dificultad en comprender lo que significan estas

otras: tiene derecho a ejecutar este acto, está obligado a cumplir con tal circunstancia, este es su deber, ha faltado a su deber, esto está mandado, aquello está prohibido, esto es justo, aquello es una injusticia, esto es una virtud heroica, aquello una maldad, un crimen? No hay ideas más comunes, más vulgares, corren entre los ignorantes como entre los sabios, en los pueblos bárbaros como en los cultos, en la juventud de las sociedades como en su infancia y vejez, en medio de costumbres puras como de la corrupción más escandalosa: expresan algo primitivo, innato en el espíritu humano, algo indispensable a su existencia, algo de que no puede despojarse mientras está en el ejercicio de sus facultades. Habrá más o menos equivocación o extravagancia en la aplicación de dichas ideas a ciertos casos particulares; pero las ideas matrices de bueno y malo, justo e injusto, lícito e ilícito, son las mismas en todos tiempos y países, forman como un ambiente en que el espíritu humano respira y vive.

198. Es notable que ni aun aquellos que niegan la diferencia entre el bien y el mal, pueden prescindir de esta diferencia. A un filósofo que está escribiendo un tratado en que se burla de lo que él llama preocupaciones del humano linaje sobre la diferencia entre el bien y el mal, decidle: «me parece, señor filósofo, que es V. un insigne malvado, pues que de tal modo se propone combatir lo más santo que hay sobre la tierra;» y veréis como se olvida de su filosofía, y de cuanto ha dicho sobre el vano significado de las palabras virtud y vicio, y se indigna de verse calificado de esta manera, y se defiende con calor, y se empeña en probaros que es el hombre más virtuoso del mundo, y que en aquello mismo está dando repetidas pruebas de lealtad, de sinceridad, de honradez. Poco importa que allá en sus altas teorías, la honradez, la lealtad y la sinceridad sean palabras destituidas de sentido, puesto que nada significan ni pueden significar, en no admitiendo un orden moral; el filósofo arrostra sin vacilar una inconsecuencia, o mejor diremos, ni aun repara en ella: las ideas y sentimientos morales se agitan en su alma desde el momento que se le llama inmoral: deja de ser sofista y vuelve a ser hombre.

199. La idea de este orden moral, ¿podrá ser una preocupación que no teniendo cosa alguna que le corresponda en la realidad, y sin fundamento en la naturaleza humana, deba su origen a la educación, de suerte que hu-

biese sido posible que los hombres viviesen sin ideas morales o con otras directamente contrarias a las que ahora tenemos? Si es preocupación, ¿cómo es que sea general a todos los tiempos y países? ¿quién la ha comunicado al humano linaje? ¿quién ha sido tan hábil y tan poderoso, para lograr que la adoptasen todos los hombres? ¿cómo se ha conseguido que las pasiones, hallándose en posesión de la libertad, renunciasen a ella, admitiendo un dique que les impide desbordarse, recibiendo un freno que de continuo las detiene y molesta? ¿Quién fue ese hombre extraordinario, cuya acción alcanzó a dominar todos los tiempos y países, las costumbres más brutales, las pasiones más violentas, los entendimientos más obtusos, que pudo difundir la idea de un orden moral por toda la faz de la tierra, no obstante la diversidad de los climas, de las lenguas, de las costumbres, de las necesidades, de la variedad en el estado social de los pueblos, y que consiguió dar a esta idea del orden moral, tal fuerza, tal consistencia, que se conserva al través de todas las vicisitudes, a pesar de los más profundos trastornos, entre las ruinas de los imperios, entre las fluctuaciones y transmigraciones de la civilización, permaneciendo como una columna que no pueden conmover las impetuosas olas de la corriente de los siglos?

No hay aquí la mano del hombre; un fenómeno de este género no nace de combinaciones humanas; se funda en la naturaleza misma; es indestructible porque es natural; así, y solo así, pueden explicarse su universalidad y permanencia.

200. El negar toda diferencia entre el bien y el mal, es ponerse en abierta contradicción con las ideas más arraigadas en el espíritu humano, con los sentimientos más profundos y poderosos; todos los sofismas del mundo no serán capaces de persuadir a nadie, incluso el mismo sofista, que no hay ninguna diferencia intrínseca entre consolar a un afligido y aumentar su aflicción, entre socorrer a un infortunado y agravar su infortunio, entre agradecer un beneficio y dañar al bienhechor, entre cumplir la promesa y faltar a ella, entre hacer limosna y robar el bien ajeno, entre ser fiel a un amigo y hacerle traición, entre morir por su patria y venderla alevemente a los enemigos, entre respetar las leyes del pudor y violarlas con descaro, entre la sobriedad y la embriaguez, entre la templanza en todos los actos de la vida y el desorden de las pasiones desbocadas. No hay razón, no hay ingenio, no hay cavilación,

de ninguna especie, capaces de borrar esta línea divisoria. El sofista discute, imagina, finge, sutiliza, pero todo es en vano; la naturaleza está aquí: ella dice al insensato: hasta aquí llegarás, y aquí se quebrantará el orgullo de tus olas.

201. Si no hay diferencia intrínseca entre el bien y el mal, y todo cuanto se dice sobre la moralidad o inmoralidad de las acciones no es más que un conjunto de palabra sin sentido, o que al menos no tienen otro que el recibido de las convenciones humanas, ¿cómo es que mientras el justo duerme sosegado en su lecho, el malvado se agita con el corazón destrozado por los remordimientos? ¿de dónde vienen aquellos sentimientos de amor y de respeto que nos inspira lo que llamamos virtud y la aversión que nos excita lo que apellidamos vicio? El amor a los hijos, la veneración a los padres, la fidelidad con los amigos, la compasión por la desgracia, la gratitud hacia los bienhechores; el horror que nos causa un padre cruel, un hijo parricida, una esposa adúltera, un amigo desleal, un traidor a su patria, una mano salpicada con la sangre de una víctima, la opresión del desvalido, el desamparo del huérfano, la ingratitud con el bienhechor; estos sentimientos, ¿no muestran más claro que la luz del día, la mano del Todopoderoso esculpiendo en nuestras almas las ideas del orden moral, y fortaleciéndolas con sentimientos que instintivamente, aun cuando nos faltase el tiempo para reflexionar, nos indicasen el camino que debemos seguir?

202. No niego que en el examen de los fundamentos de la moral se tropieza con graves dificultades; convengo en que el análisis de la ciencia del bien y del mal es uno de los puntos más recónditos de la filosofía; pero estas dificultades nada prueban contra la expresada diferencia. Nadie niega la existencia de un edificio aunque no se pueda descubrir hasta dónde llegan sus cimientos; la misma profundidad es un indicio de su solidez, una garantía de su duración. La diferencia entre el bien y el mal demostrada a priori por los sentimientos más íntimos del corazón humano, se puede evidenciar con solo atender a los resultados que produce su existencia o no existencia. Admitamos el orden moral e imaginemos que todos los hombres arreglan su conducta conforme a esta preocupación. ¿Cuál es el resultado? el mundo se convierte en un paraíso; los hombres viven como hermanos, usan con templanza de los dones de la naturaleza, comparten su dicha, se ayudan en su

desgracia; en el individuo, en la familia, en la sociedad, reina la armonía más encantadora; si el orden moral es una preocupación, necesario es confesar que jamás la hubo de consecuencias más grandes, más saludables, más bellas; si la virtud es una mentira, jamás la hubo más útil, más hermosa, más sublime.

203. Hagamos la contraprueba. Supongamos que la preocupación desaparece, y que todos los hombres se convencen de que el orden moral es una vana ilusión y que es preciso desterrarla del entendimiento, de la voluntad y de las obras; ¿cuál será el resultado? Destruido el orden moral quedará solo el físico; cada cual pensará y obrará según sus cálculos, pasiones o caprichos; no habrá más guía para los hombres que el ciego instinto de la naturaleza o las frías especulaciones del egoísmo; el individuo se convertirá en un monstruo, la familia verá rotos todos sus lazos; y sumida la sociedad en un caos espantoso, caminará rápidamente a su total aniquilamiento. Estas son las consecuencias necesarias del destierro de la preocupación. El lenguaje mismo quedaría horriblemente mutilado si desapareciesen las ideas del orden moral: una conducta buena o mala serían palabras sin sentido: la alabanza y el vituperio carecerían de objeto; la misma vanidad perdería gran parte de su pábulo; la lisonja debería limitarse a las prendas naturales consideradas en el orden puramente físico: la palabra mérito, no podría pronunciarse sin caer en el absurdo.

204. Véase pues si hay dificultad de ninguna clase que pueda hacer admisibles tamañas consecuencias; quien, arredrado por las sombras que se descubren al examinar los primeros principios de la moral, se empeñase en negarla, sería tan insensato como el labrador que a la vista de un caudaloso río que fertiliza sus campiñas, se obstinase en afirmar que no existen las aguas fertilizadoras, fundado en la razón de que algunos despeñaderos inaccesibles le impiden acercarse al benéfico manantial.

Capítulo XIX. Examen de algunas explicaciones de la moralidad

205. Se ha disputado mucho sobre el origen y carácter de la moralidad de las acciones, sucediendo en esta materia lo mismo que en todas las demás; el entendimiento del hombre vacila y se confunde, siempre que trata de penetrar en los primeros principios de las cosas. Como no me propongo

escribir un tratado de moral, y sí únicamente, analizar los fundamentos de esta ciencia, me limitaré a caracterizar, en cuanto me sea posible, las ideas y sentimientos primordiales del orden moral, sin descender a sus aplicaciones. Para esto, procederé como acostumbro, por el método analítico, descomponiendo el hecho consignado en el capítulo anterior, recorriendo varias exposiciones del mismo, y señalando la insuficiencia y la inexactitud de alguna de ellas, antes de llegar a la única que me parece verdadera y cumplida.

206. ¿Qué es bien? ¿qué es mal? las cosas que son buenas o malas ¿por qué lo son? ¿en qué consiste su bondad o malicia? ¿cuál es el origen de estas propiedades?

Se dice que es bueno lo que es conforme a la razón, lo que se hace con arreglo a la ley eterna, lo que es agradable a Dios; y malo lo que se opone a la razón, lo que contradice a la ley eterna, lo que es desagradable a Dios. Esto es verdad; pero ¿resuelve cumplidamente la cuestión en el terreno científico?

El valor moral del dictamen de la razón depende de su conformidad con la ley eterna; cuando pues para fundar el orden moral se echa mano de la primera, se habla de una participación de la segunda; luego no se tienen con esto dos resoluciones de la cuestión, sino una sola.

Los actos no pueden ser agradables o desagradables a Dios, sino en cuanto son conformes a la ley eterna; luego el juzgar de la bondad o malicia de los actos por su relación al agrado o desagrado de Dios, es juzgarlos por su conformidad a la ley eterna.

Infiérese de lo dicho que acto conforme a razón, acorde con la ley eterna, o agradable a Dios, aunque expresen diversos aspectos de una idea, no significan nada diferente, en cuanto se trata de explicar los cimientos del orden moral.

207. Las prescripciones de la ley eterna, no dependen de la libre voluntad de Dios; pues en tal caso se seguiría que Dios podría hacer lo bueno malo, y lo malo bueno. La ley eterna, no puede ser otra cosa que la razón eterna, o bien la representación del orden moral en el entendimiento divino. En tal caso, la moralidad parece, según nuestro modo de concebir, que precede a su representación; esto es, que la moralidad está representada en el enten-

dimiento divino, porque ella es; pero no es, porque esté representada. En el orden moral llegamos a un caso semejante al de las esencias metafísicas y geométricas. Las verdades geométricas por ejemplo, son eternas en cuanto están representadas en la razón eterna; y esta representación supone una verdad intrínseca en ellas mismas, y absolutamente necesaria, pues que de otro modo la representación podría ser falsa. Mas, como quiera que dicha verdad ha de tener algún fundamento eterno (Lib. IV, Caps. XXIV, XXV, XXVI y XXVII), y este no se halla en los seres finitos, se le ha de buscar en el ser infinito por esencia, donde está la razón de todo. Su entendimiento representa la verdad, y por tanto es verdadero; pero esta misma verdad se funda en la esencia del mismo ser infinito que la conoce.

208. Las verdades morales no se distinguen en este punto de las metafísicas; su origen está en Dios, la moral no puede ser atea. ¿Por qué se representan en Dios unas cosas como buenas y otras como malas? buscar la razón de esto equivale a preguntar por qué los triángulos no se representan circulares, y los círculos triangulares. Si hay una necesidad intrínseca, o no podremos señalar la razón de ella, o de todos modos debemos llegar a una razón que no puede explicarse por otra razón. Siempre será preciso pararnos en un punto donde digamos: es así, y nada más. La ulterior satisfacción que en tal caso pudiéramos desear, nos es imposible alcanzarla, en no viendo intuitivamente la esencia infinita donde se halla la primera y la última razón de todo.

209. Para estar representadas las cosas como buenas o malas, y aun para concebirlas representadas como tales, es necesario que se les suponga bondad o malicia.

¿Qué es ser una cosa buena? si decimos que es el ser representada como buena en el entendimiento divino, hacemos entrar en la definición la misma cosa definida: siempre queda la dificultad: ¿qué significa ser representada como buena?

La bondad no puede consistir en la simple representación, de suerte que sea bueno todo lo que está representado en Dios, porque entonces se seguiría que todo es bueno porque todo está representado en Dios.

Luego para que una cosa sea buena, no solo debe ser representada, sino representada bajo tal o cual carácter, que la constituya buena; en cuyo caso, hallamos aun en pie toda la dificultad: ¿cuál es este carácter?

210. Aclaremos las ideas comparando una verdad metafísica con una verdad moral. Todos los diámetros de un mismo círculo son iguales; esta verdad no depende de ningún círculo particular; se funda en la misma esencia del círculo; y esta a su vez, con todas sus propiedades y relaciones, se halla representada desde toda la eternidad en la esencia infinita, donde con la plenitud del ser, hay la representación y el conocimiento de todas las participaciones finitas en que se pueden ejercer la sabiduría y la omnipotencia infinita. Todas las participaciones están sujetas al principio de contradicción; en ninguna de ellas se puede verificar que el ser deje de excluir al no ser y recíprocamente; de aquí dimana la necesidad de todas las propiedades y relaciones, sin las cuales no subsiste el principio de contradicción: entre ellas se cuenta la igualdad de todos los diámetros del mismo círculo.

211. Estas consideraciones sugieren la cuestión: ¿es posible explicar el orden moral del mismo modo que el metafísico y el matemático, manifestándole contenido en el principio de contradicción?

212. Es fácil de notar que en todas las verdades metafísicas y matemáticas se expresa o se niega la identidad. A es B, o A no es B; a esto se reducen todas las proposiciones posibles; esta es la fórmula general de todas las verdades de un orden absoluto. De otra manera sucede en el orden moral, donde nunca se expresa nada absolutamente, como lo indica la misma forma de las proposiciones morales. Dios es bueno. Aquí se expresa una verdad metafísica. Dios debe ser amado, o en otros términos: se ha de amar a Dios. Aquí se expresa una verdad moral. Nótese la diferencia: en un caso se dice es, absolutamente; en el otro, debe ser, se ha, hay obligación de, empleándose diferentes expresiones que todas significan una misma cosa; pero en todas ellas ha desaparecido el ser, como afirmación absoluta. Al parecer ninguna proposición moral puede expresarse de esta manera, atendiendo a los elementos primitivos de nuestras ideas morales, porque en todas estas proposiciones se implica la idea del deber, que es esencialmente una idea relativa.

213. El amar a Dios es bueno. Esta es una proposición moral cuya estructura parece contradecir lo que acabo de establecer. Aquí se encuentra una afirmación absoluta expresada simplemente por es, como en las proposiciones metafísicas o matemáticas. No obstante, por poco que se reflexione, se echará de ver que este carácter absoluto desaparece, si se atiende a la naturaleza del predicado. ¿Qué significa bueno? henos aquí con una idea esencialmente relativa, lo cual comunicará este mismo carácter a la proposición que se presentaba como absoluta. El amar a Dios es bueno, significará: el amar a Dios es una cosa conforme a la razón o a la ley eterna, o agradable a Dios, o una cosa a que estamos obligados; siempre una idea relativa, jamás una idea absoluta como estas otras: ser, no ser, triángulo, círculo etc. etc.

214. Bueno, dicen algunos, es lo que conduce al fin que corresponde al ser inteligente. Esta explicación no debe confundirse con la teoría del interés privado; teoría rechazada por la religión, por los sentimientos del corazón, y combatida por los pensadores más profundos; aquí, al hablar de fin se trata de un fin último, superior a lo que suele entenderse por la expresión: interés privado. Sin duda que el llegar al último fin, es un grande interés del ser inteligente; pero al menos este interés se toma en un sentido grandioso, que no alienta el desarrollo de un egoísmo mezquino.

Reconocida esta diferencia entre las dos doctrinas, diré que tampoco esta última me parece admisible. La bondad moral ha de ser conducente al fin; mas esto no constituye el carácter de la moralidad. En efecto: ¿qué se entiende por fin? si se entiende el mismo Dios, acto moral será el acto que conduce a Dios; en cuyo caso permanece en pie la dificultad, pues que faltará saber, qué se entiende por conducir. Si es el acarrear la felicidad, que consiste en la unión con Dios ¿cómo se acarrea esta felicidad? Cumpliendo lo que Dios ha mandado—Cierto; pero entonces preguntaremos: 1.º por qué el hacer lo que Dios ha mandado, conduce a la felicidad; 2.º por qué Dios ha mandado unas cosas, y ha prohibido otras; lo cual equivale a plantear de nuevo la cuestión de la moralidad intrínseca.

215. Además, la idea de felicidad nos ofrece una cosa muy distinta de la de moralidad. Imaginando un ser que sacrifica toda su dicha por otros seres, tendremos la idea de un ser altamente moral, y sin embargo infeliz. Si la moralidad consistiese en la felicidad, la participación de la felicidad sería la

participación de la moralidad; todo goce sería un acto moral; y solo podría ser inmoral, por no ser bastante vivo o bastante duradero. A medida que nos elevaríamos a la idea de un goce más duradero y vivo, nos formaríamos la idea de una moralidad más alta; el goce más exento de disgusto, sería el acto de moralidad más pura: y ¿quién no ve que esto trastorna nuestras ideas morales, y repugna a nuestros sentimientos?

216. No basta decir que un ser moral alcanzará la felicidad; y que su felicidad será tanto mayor, cuanto mayor haya sido su moralidad; esto solo prueba que la felicidad es el premio de la virtud; pero no autoriza a confundir aquella con esta, el galardón con el mérito.

217. El confundir la moralidad con la dicha, es reducir la moral a una combinación de cálculo, es despojar la virtud de ese brillo purísimo que nos atrae y encanta, y que nos la hace parecer tanto más bella, cuanto más unida está con el sufrimiento. Si identificamos la felicidad con la moralidad; el desinterés será un cálculo de interés, un sacrificio de un interés menor a un interés mayor, una pérdida en lo presente, para ganar en el porvenir.

No, la moralidad de las acciones, no es un negocio de cálculo: el virtuoso alcanza premio; puede también desear este premio; mas para que el acto sea virtuoso, se necesita algo más que la combinación para alcanzarle; es preciso que hallemos algo que haga el acto meritorio del premio; y ni siquiera concebimos que pueda estarle reservado el premio a ningún acto, sino porque en sí mismo es meritorio.

Cuando Dios ha preparado castigos para unos actos y premios para otros, ha debido hallar en ellos una diferencia intrínseca; y por esto les ha señalado destinos diferentes; pero según el sistema que combatimos, los actos no serían buenos sino en cuanto conducentes al premio, y no habría ninguna razón porque condujesen a él los unos con preferencia, a los otros. Esta razón se ha de encontrar en una diferencia intrínseca de los mismos; si no se quiere caer en el absurdo de que todas los acciones son indiferentes en sí mismas, y que las malas podrían ser buenas, y las buenas malas.

218. El ser conducente al bien de la humanidad es otro carácter incompleto de la moralidad de las acciones. Desde luego salta a la vista, que esta moralidad, sería solamente la humana; y por tanto no comprendería la moralidad intrínseca, que consideramos común a todos los seres inteligentes.

219. Además; ¿de qué bien se trata? en qué estado se considera la humanidad? ¿Se habla de una sociedad constituida en nación; o de la humanidad propiamente dicha; de una generación o de muchas; de su destino en la tierra o en el porvenir de la otra vida? ¿Se habla de su bienestar, o de su desarrollo y perfeccionamiento prescindiendo de su mayor o menor bienestar? Si la moralidad de las acciones se ha de tomar de su conducencia, por decirlo así, al bien general de la humanidad, ¿en qué consiste este bien supremo? ¿Es el desarrollo de la inteligencia, es el de la fantasía o del corazón; es el de las artes útiles que proporcionan goces materiales? No se puede entonces poner como término la perfección moral, pues que por el supuesto, la moralidad sería un medio; y las acciones serían tanto más morales, cuanto serían medios más útiles para lograr el bien general.

220. Decir que la moralidad es únicamente objeto del sentimiento, y que no se puede señalar otro carácter de lo bueno, sino esa perfección misteriosa que sentimos en la virtud; es desterrar la moral como ciencia, cerrando completamente las puertas a toda investigación. No niego que hay en nosotros un sentimiento moral; y que nuestro corazón abriga misteriosas simpatías por la virtud; pero creo que con este hecho, es muy compatible el estudio científico de los fundamentos del orden moral. Es necesario reconocer el carácter primitivo de algunos hechos de nuestro espíritu, y no empeñarse en querer explicarlo todo; pero conviene guardarse de la exageración, que en esto será tanto más peligrosa, cuanto se cubrirá con el manto de la modestia.

Capítulo XX. Explicación fundamental del orden moral

221. En la moralidad ha de haber algo absoluto. No es posible concebir una cosa relativa sola, sin algo absoluto en que se funde. Además, toda relación implica un término de referencia, y por consiguiente, aun cuando supongamos una serie de referencias, es necesario llegar al término último. Esto manifiesta por qué no satisfacen al entendimiento las explicaciones de la moralidad puramente relativas: la razón y hasta el sentimiento, buscan algo absoluto en que puedan fijarse.

A más de este argumento puramente ontológico en favor de lo absoluto de la moralidad, hay otros más al alcance del común de los hombres, y no menos concluyentes.

222. En el ser infinitamente perfecto concebimos santidad infinita, independientemente de la existencia de las criaturas; ¿y qué es la santidad infinita, sino la perfección moral en un grado infinito? Esta razón es decisiva para todo el mundo, excepto los ateos: quien admite la existencia de Dios debe admitir su santidad; lo contrario repugna a la razón, al corazón, al sentido común. Luego existe algo moral absoluto; luego la moralidad en sí misma, no puede explicarse por ninguna relación de las criaturas a un fin; pues que la moralidad en un grado infinito, existiría, aun cuando no hubiese habido ni hubiese jamás, ninguna criatura.

223. Al concebir un ser inteligente criado, concebimos también la moralidad como una ley inflexible a que sus acciones deben sujetarse. Es de notar que esta moralidad la concebimos, aun suponiendo un ser inteligente enteramente solo: luego la moralidad no puede explicarse por la relación de unas criaturas con otras. Fingid un hombre enteramente solo sobre la tierra ¿podréis concebirle exento de toda moralidad? ¿Será igualmente bello en el orden moral el que trabaje para perfeccionar su entendimiento y desarrollar armónicamente todas sus facultades, o el que se abandone a instintos groseros confundiéndose con los brutos por su estupidez y envilecimiento? Imaginad que desaparece la tierra y todo el universo corpóreo, y todos los seres criados, excepto una sola inteligencia: ¿podéis concebir a esta criatura enteramente exenta de toda ley moral? En sus pensamientos, en sus actos do voluntad, ¿podéis figuraros que sea todo indiferente, y que la moralidad sea para ella una palabra sin sentido? Es imposible, si no queremos luchar abiertamente con nuestras ideas primitivas, con nuestros sentimientos más profundos, con el sentido común de la humanidad. He aquí pues otra prueba de que hay en el orden moral algo absoluto, una perfección intrínseca, independiente de las relaciones mutuas de las criaturas; una belleza propia, en ciertas acciones de la criatura inteligente y libre.

224. La imputabilidad de las acciones nos ofrece otro argumento en confirmación de la misma verdad. La moralidad no se mide nunca por el resultado; los quilates de ella se aprecian por lo inmanente; esto es, por los motivos que han impulsado a querer, por la mayor o menor deliberación que ha precedido al acto de la voluntad, por la mayor o menor intensidad de este mismo acto. Si alguna vez se atiende a los resultados, todo el valor moral

que a estos se atribuye nace de lo interior del alma: la previsión o imprevisión de ellos, o la posibilidad o imposibilidad de preverlos; el haberlos querido o no; el habérselos propuesto como objeto principal o secundario; el haberlos deseado con ahínco o el haberlos arrostrado con dolor y repugnancia; estas y otras consideraciones semejantes se tienen presentes cuando se quieren apreciar y graduar el mérito o demérito de una acción que ha tenido tales o cuales resultados. De donde se infiere que estos no significan nada en el orden moral, sino en cuanto está expresado en ellos el acto de la voluntad.

225. Este carácter de inmanencia, esencial a los actos morales, destruye por su base todas las teorías que fundan la moralidad en combinaciones externas, sean las que fueren; y demuestra que el acto de un ser inteligente y libre es bueno o malo en sí mismo, prescindiendo absolutamente de todas sus consecuencias buenas o malas, que de un modo u otro no hayan estado contenidas en el acto interno. Un hombre, que por un acto cuyas consecuencias no previese ni pudiese prever, perjudicase gravemente a todo el linaje humano, sería inocente; y otro que con una intención dañada, hiciese un gran beneficio a la humanidad entera, sería un perverso. Un hombre salva a su patria, por un sentimiento de vanidad, o con un fin de ambición o de codicia: su acción salvadora, no es mirada como un acto virtuoso. Otro, con la intención más desinteresada y pura, con el más ardiente anhelo de salvar a su patria, la compromete, por un error, la pierde; este desventurado no deja de ser un hombre virtuoso; la misma acción funesta en resultados, es considerada como un acto de virtud.

226. ¿En qué consiste pues la moralidad absoluta? ¿dónde se halla el manantial oculto del cual fluye ese raudal de belleza que todos sentimos, que lo inunda todo, hermoseándolo todo; ese raudal con cuya falta se marchitaría el mundo de las inteligencias?

Me parece que en este punto, como en muchos otros, la ciencia no ha notado bastante la admirable profundidad de la Religión cristiana; esta lo ha dicho todo con una palabra tan tierna, como llena de sentido: Amor.

Permítaseme llamar muy particularmente la atención de los lectores sobre la teoría que voy a desenvolver. Después de tantas dificultades como hemos amontonado hasta aquí, sobre el fundamento del orden moral, necesario es que procuremos adquirir alguna luz sobre un objeto tan importante. Esta luz nos confirmará más y más una verdad que la ciencia nos pone de manifiesto repetidas veces: cuando se llega a los principios de las ciencias, o a sus últimos resultados, estad seguros de que las ideas cristianas no os serán inútiles, y que os comunicarán alguna lección de trascendencia; en el edificio de los conocimientos humanos las hallaréis iluminando el cimiento y la cúpula.

No se imagine el lector, que en vez de una teoría científica, voy a ofrecerle un capítulo de mística: estoy seguro de que al concluir la lectura, se hallará convencido, de que aun bajo el aspecto puramente científico, hay en esta doctrina mucha más exactitud y profundidad que en otras cuyos autores se guardan de emplear la palabra Dios, como si este nombre augusto manchase las páginas de la ciencia.

227. La moralidad absoluta es el amor de Dios; todas las ideas y sentimientos morales son aplicaciones y participaciones de este amor.

Hagamos la prueba llevando este principio fecundo a todas las regiones del mundo moral.

¿Qué es la moralidad absoluta en Dios? ¿cuál es el atributo del ser infinito que llamamos santidad? El amor de sí mismo, de su perfección infinita. En Dios no hay deber propiamente dicho, hay necesidad absoluta de ser santo; porque tiene necesidad absoluta de amar su perfección infinita. Así la moralidad en su sentido más absoluto, en su grado más alto, esto es la santidad infinita, es independiente de todo libre albedrío. Dios no puede dejar de ser santo.

228. Pero se preguntará por qué Dios se ha de amar a sí mismo? esta cuestión carece de sentido cuando se profundiza la materia sobre que versa; porque supone que se puede expresar exactamente en términos relativos lo que es enteramente absoluto. La proposición: Dios se ha de amar a sí mismo no es exacta; la rigurosa exactitud solo se halla en esta otra: Dios se ama a sí mismo; porque expresa de una manera absoluta, un hecho absoluto. Si ahora se pregunta ¿por qué Dios se ama a sí mismo? responderemos que tanto valdría preguntar: por qué Dios se conoce a sí mismo; o por qué entiende la verdad, o por qué existe; en llegando a estas cuestiones nos encontramos en el origen primitivo, con cosas absolutas, incondicionales; entonces, todo porque es absurdo.

229. Infiérese de esta doctrina que no es exacto que la moralidad no pueda ser expresada en una proposición absoluta. Ella en sí misma, en su grado infinito, es una verdad absoluta; implica una identidad cuyo opuesto es contradictorio; por manera que considerada en su mayor altura, está no menos ligada con el principio de contradicción, que todas las verdades metafísicas y geométricas. He aquí su fórmula más simple: El ser infinito se ama a sí mismo.

230. Continuemos desenvolviendo esta doctrina.

Dios, en las profundidades de su inteligencia, ve desde toda la eternidad una infinidad de criaturas posibles. Encerrando en sí propio el fundamento de la posibilidad de las mismas y de todas las relaciones que las pueden enlazar entre sí o con su Criador, nada puede existir independiente de Dios; así, no es posible que ningún ser deje de ordenarse a Dios. El fin que Dios se ha propuesto en la creación, no puede ser otro que el mismo Dios; pues que antes de la creación nada existía sino él, y después de la creación todas cuantas perfecciones se hallan en las criaturas, las tiene Dios formal o virtualmente en un grado infinito. Luego este orden de todas las criaturas a Dios como a ultimo fin, es una condición inseparable de las mismas; condición vista por Dios desde toda la eternidad, en todos los mundos posibles. Todo lo que ha sido criado y todo lo que puede serlo, es la realización de una idea divina, de lo que está representado en el entendimiento infinito, y con las propiedades absolutas o relativas que se hallen preexistentes en aquella representación. Así, todo cuanto existe y puede existir, debe hallarse sometido a la condición de ordenarse a Dios, sin lo cual su existencia sería imposible.

231. Entre las criaturas en que se realiza la representación preexistente en el entendimiento divino, las hay dotadas de voluntad; esta es la inclinación a lo conocido; y significa un principio de las determinaciones propias, mediante un acto de inteligencia. Si la criatura conociese intuitivamente a Dios, su acto de voluntad sería necesariamente moral, porque sería necesariamente un acto de amor de Dios. La rectitud de la voluntad criada sería entonces un incesante reflejo de la santidad infinita, o del amor que Dios se tiene a sí propio. En tal caso, la perfección moral de la criatura tampoco sería libre; mas no dejaría por esto de ser perfección moral y en un grado eminente. Habría entonces una perpetua conformidad de la voluntad criada con la voluntad infinita; porque la criatura amando a Dios con una feliz necesidad, no querría,

ni podría querer otra cosa que lo que quisiese el mismo Dios. La moralidad de la voluntad criada sería esta conformidad perenne con la voluntad divina; conformidad que no se distinguiría del acto moral y santo por esencia: el amor de la criatura al ser infinito.

Pero cuando el conocimiento de Dios no es intuitivo, cuando la idea que de él tiene la criatura es un concepto incompleto y que encierra varias nociones indeterminadas, el bien infinito en sí mismo, no es amado por necesidad, porque no es conocido como es en sí mismo. La voluntad tiene una inclinación al bien, pero al bien indeterminadamente; y por tanto no siente una inclinación necesaria hacia ningún objeto real. El bien se le ofrece bajo una idea general e indeterminada, con aplicaciones muy varias, y hacia ninguna de ellas se inclina con necesidad absoluta; de aquí dimana su libertad para salirse del orden visto por Dios, como conforme a sus soberanos designios: en lo cual la libertad lejos de ser una perfección, es un defecto, que nace de la debilidad del conocimiento del ser que la posee.

232. La criatura racional conformándose en sus actos con la voluntad de Dios, realiza el orden que Dios quiere; amando este orden, ama lo que Dios ama. Si aunque realice este orden, la criatura en su libertad no ama el mismo orden, y procede por motivos independientes de él, su voluntad, ejecutando materialmente el acto, no ama lo que Dios ama; y he aquí la linea divisoria de la moralidad y de la inmoralidad. La moralidad del acto propiamente dicha, consiste en la conformidad explícita o implícita de la voluntad criada con la voluntad divina; y esa perfección misteriosa que descubrimos en los actos morales, esa hermosura que nos encanta y atrae, no es otra cosa que la conformidad con la voluntad divina; el carácter absoluto que encontramos en la moralidad, es el amor explícito o implícito de Dios; y por consiguiente un reflejo de la santidad infinita, o del amor con que Dios se ama a sí mismo.

Hagamos aplicaciones de esta doctrina que se muestra tanto más exacta cuanto más se la hace descender al terreno de los hechos.

233. El amar a Dios es un acto bueno moralmente; el aborrecer a Dios es un acto malo moralmente, y de una fealdad la más detestable. ¿Dónde está la moralidad del acto del amor de Dios? en el acto mismo, reflejo de la moralidad absoluta, o de la santidad infinita, que consiste en el amor que Dios tiene a su perfección infinita; he aquí una prueba palpable de la verdad de

la teoría que estamos exponiendo. El amor de la criatura al Criador, ha sido siempre mirado como un acto esencialmente moral; como lo más puro de la moralidad; en lo que se manifiesta que en el orden secundario y finito, este acto es la más pura y fiel expresión de la moralidad absoluta.

234. Al preguntarse la razón de por qué debemos amar a Dios, se suelen recordar los beneficios que nos dispensa, el amor que nos tiene; y hasta se suele aducir el ejemplo del amor que debemos a nuestros amigos y bienhechores, y sobre todo a nuestros padres; estas razones son ciertamente muy buenas para hacer palpable en cierto modo la moralidad del acto, y conmover nuestro corazón; pero no satisfacen completamente en el terreno de la ciencia. Porque, si pudiésemos dudar de que debemos amar al ser infinito, autor de todas las cosas, claro es que dudaríamos también de que debiésemos amar a los padres, a los amigos y bienhechores. Luego el amor a estos se ha de fundar en algo más elevado, si no queremos que al preguntársenos, por qué debemos amarlos, nos quedemos sin ninguna respuesta.

235. El querer perfeccionar el entendimiento es un acto moral en sí mismo. ¿De dónde nace la moralidad del acto? helo aquí. Dios, al dotarnos de inteligencia ha querido evidentemente que usásemos de ella. El uso de la misma pues, entra en el orden conocido y querido por Dios; al querer esto queremos lo que Dios quiere; amamos este orden que Dios amaba desde toda la eternidad, como una realización de sus soberanos designios; por el contrario, si la criatura no perfecciona sus facultades intelectuales, y en uso de su libertad las deja sin ejercicio, se aparta del orden establecido por Dios; no quiere lo que Dios quiere, no ama lo que Dios ama.

236. Al perfeccionar estas facultades, puede el hombre hacerlo meramente para proporcionarse el goce que le produce la alabanza de sus semejantes; en este caso realiza el orden de la perfección del entendimiento, pero no lo realiza amando este orden en sí mismo, sino por amor de una cosa distinta que no entra en el orden querido por Dios; porque es evidente que Dios no nos ha dotado de facultades intelectuales para el estéril objeto de alabarnos unos a otros. He aquí pues la diferencia que conocemos, que sentimos, entre dos acciones iguales, hechas con fines diferentes: la voluntad del uno perfecciona el entendimiento como una simple realización del orden divino: no acertamos tal vez a explicar lo que encontramos allí, pero de cierto sabemos

que aquella voluntad es recta; el otro hace lo mismo, quiere lo mismo, pero deja mezclar un motivo ajeno a este orden; y el entendimiento y el corazón nos dicen: este acto con que se hace un bien, no es bueno; esto no es virtud, es miseria.

237. Hay una persona necesitada, que sin embargo, tiene muchas probabilidades de mejorar pronto de fortuna. Léntulo y Julio, le dan cada cual una limosna. Léntulo da su limosna, solo con el fin de que el socorrido cuando mejore de fortuna, se acuerde del bienhechor, y le favorezca si este lo necesita. La acción de Léntulo no tiene ningún valor moral: al juzgarla se ve una combinación de cálculo, no un acto virtuoso. Julio da la limosna, solo por socorrer al infeliz que le inspira lástima, sin pensar en la retribución con que el socorrido le pueda corresponder: la acción de Julio es bella moralmente, es virtuosa. ¿De dónde la diferencia? Léntulo hace el bien, aliviando al necesitado; pero no con el amor del orden íntimo que hay en su acto; sino torciendo este orden hacia sí mismo. Dios, queriendo que los hombres necesitasen unos de otros, ha querido también que se socorrieran; el socorrer pues simplemente para aliviar al necesitado, es realizar simplemente el orden querido por Dios; el aliviar para un fin particular, es realizar este orden, no como se halla establecido por Dios, sino como le combina el hombre. Hay complicación de miras: falta la sencillez de intención; esa sencillez tan recomendada por el cristianismo, y que aun en la región de la filosofía encierra un sentido tan profundo.

238. Atendiendo al orden puramente natural, se descubre, que todas las obligaciones morales, tienen en último resultado un objeto útil; así como todas las prohibiciones, se dirigen a prevenir un daño; mas para la moralidad, no basta el querer la utilidad de ella, se necesita querer el orden mismo, de donde la utilidad resulta; siendo de notar que con cuanta más reflexión, con cuanto más amor se quiere este orden, sin mezcla de miras heterogéneas, tanto más moral es el acto.

Socorrer al pobre, con la simple mira de aliviarle, con amor hacia el pobre, es un acto virtuoso; socorrerle con este amor, y con la reflexión explícita de que se cumple con un deber de humanidad, es todavía más virtuoso; socorrerle con el pensamiento en Dios, viendo en el pobre a un hombre, imagen de Dios, y a quien Dios nos manda amar, es un acto todavía más virtuoso:

ontra los impulsos del propio corazón, agriado quizás por
.o, o agitado por otras pasiones, y dominarse a sí mismo con
irme por amor de Dios; es ya un acto de virtud heroica. Nótese
bien. ección moral del acto se aumenta a proporción de que se quiere
la cosa en sí misma con más reflexión y amor; y llega al más alto punto cuando en la cosa amada, se ama al mismo Dios. Si las miras son egoístas, el orden se pervierte, y la moralidad se disipa; cuando no hay miras de egoísmo,
y se obra principalmente a impulsos del sentimiento, la acción ya es bella,
pero su carácter es más bien de sensibilidad que de moralidad; mas cuando,
con el corazón desgarrado por el dolor del sacrificio, la voluntad, precedida
por la reflexión, manda este sacrificio, y se cumple el deber, porque es un
deber; o quizá se hace un acto no obligatorio, por el amor a su bondad moral,
y porque el acto es agradable a Dios, vemos en la acción, algo tan bello, tan
amable, tan digno de alabanza, que nos quedaríamos desconcertados si se
nos preguntase entonces la razón del sentimiento respetuoso que experimentamos hacia la persona que por tan nobles motivos se sacrifica por sus
semejantes.

Con arreglo a estos principios, podemos fijar clara y exactamente las ideas
morales.

239. La moralidad absoluta, y por consiguiente el origen y tipo de todo el
orden moral, es el acto con que el ser infinito ama su perfección infinita. Este
es un hecho absoluto, del cual no podemos señalar ninguna razón a priori.

En Dios no hay deber propiamente dicho; hay necesidad absoluta de ser
santo.

240. El acto esencialmente moral en toda criatura es el amar a Dios. Es
imposible, fundar la moralidad de este acto, en la moralidad de otro acto.

241. Los actos de la criatura son morales, en cuanto participan explícita o
implícitamente, de este amor.

242. Cuando la criatura ve intuitivamente a Dios, le ama necesariamente;
y así todos sus actos, llevando este augusto sello, son necesariamente morales.

243. Cuando la criatura no ve intuitivamente a Dios, ama necesariamente
el bien en común, o sea bajo una idea indeterminada: pero no ama necesariamente, ningún objeto en particular.

244. En este amor hacia el bien en común, sus actos libres son morales, cuando su voluntad quiere el orden que Dios ha querido, sin mezclar combinaciones ajenas o contrarias a este orden.

245. Para ser moral un acto, no es necesario que el que lo hace piense explícitamente en Dios, ni que su voluntad, le ame explícitamente.

246. El acto será tanto más moral, cuanto vaya acompañado de más reflexión sobre su moralidad, y sobre su conformidad con la voluntad de Dios.

247. El sentimiento moral, es un sentimiento que se nos ha dado para percibir la belleza del orden querido por Dios: es por decirlo así un instinto de amor de Dios.

248. Como este sentimiento es innato, indeleble, e independiente de la reflexión, lo experimentan hasta los ateos.

249. La idea de obligación moral o deber, resulta de dos ideas: orden querido por Dios; libertad física de apartarse de este orden. Dios otorgándonos la vida, ha querido que procurásemos conservarla; pero el hombre es libre, y a veces se suicida. El que conserva su vida cumple con un deber; el que se mata, le infringe. Así en la idea del deber, entra la de libertad física, que no puede ejercerse en cierto sentido, sin salir del orden querido por Dios.

250. La pena es una sanción del orden moral; sirve para suplir la necesidad imposible para los seres libres. Las criaturas que obran sin conocimiento, cumplen su destino por necesidad absoluta; los seres libres, cumplen su destino, no por necesidad absoluta, sino por la especie de necesidad producida por la vista de un resultado doloroso.

251. Aquí se palpa la diferencia entre el mal físico y el mal moral, aun en el mismo ser libre: el físico es el dolor; el moral, es el desviarse del orden querido por Dios.

252. Ilícito es lo contrario a un deber.

253. Lícito es todo lo que no se opone a ningún deber.

254. Ley eterna es el orden de los seres inteligentes querido por Dios, con arreglo a su santidad infinita.

255. Acciones intrínsecamente morales, son las que forman parte del orden que Dios (supuesta la voluntad de criar tales o cuales seres), ha querido

por necesidad, en fuerza del amor de su perfección infinita. Semejantes acciones, están mandadas porque son buenas.

256. Las acciones que son buenas porque están mandadas, son las que forman parte del orden querido por Dios libremente, y del cual ha dado conocimiento a sus criaturas.

257. El mandato de Dios, es su voluntad comunicada a la criatura. Si esta voluntad es necesaria, el precepto es natural; si esta voluntad es libre, es positivo.

258. Atendiendo a lo puramente natural, el orden querido por Dios, es el que conduce a la conservación y perfección de los seres criados. Las acciones serán morales cuando se conformen con este orden.

259. La perfección natural de los seres consiste en el uso de sus facultades acomodado al fin a que su misma naturaleza los muestra destinados.

260. La naturaleza ha encargado a cada individuo el cuidado de su propia conservación y perfección.

261. La imposibilidad natural de que el hombre viva solo, indica que la conservación y perfección de los individuos, se ha de conseguir en sociedad.

262. La primera sociedad, es la de familia.

263. Los padres deben alimentar y educar a sus hijos; porque sin esto no puede conservarse el linaje humano.

264. Los deberes conyugales, nacen del orden necesario para la conservación y perfección de la sociedad de familia, indispensable para la conservación del humano linaje.

265. Cuanto más necesario es el enlace de un acto con la conservación y perfección de la familia, más necesaria es su moralidad, y por consiguiente menos sujeta a modificaciones.

266. La inmoralidad de los actos contrarios al pudor, y muy especialmente los contrarios a la naturaleza, se funda en grandes razones de un orden indispensable para la conservación del individuo y de la especie.

267. Las pasiones, por lo mismo que son ciegas, es evidente que nos han sido dadas como medios, no como fines.

268. Luego cuando la satisfacción de las pasiones se toma no como un medio, sino como un fin, el acto es inmoral. Un ejemplo sencillo aclarará esta idea. El placer de la comida tiene un objeto muy útil para la conservación

del individuo; así el comer con placer, no es nada malo, sino bueno; pero el comer por el placer de la comida, es invertir el orden: el acto no es bueno. La misma acción que en el primer caso es muy racional, en el segundo es un acto de glotonería. Así lo juzga el sentido común sin necesitar de análisis.

269. Viviendo el hombre solo, el uso de su libertad física, no perjudicaría jamás sino a sí mismo; el límite moral de su libertad sería el de satisfacer sus necesidades y deseos, con arreglo al dictamen de la razón. Pero viviendo los hombres en sociedad, el ejercicio de la libertad física del uno, tropieza por necesidad con el del otro; para impedir el desorden es necesario restringir un poco la libertad física de cada uno, y someterlos a todos a un orden conforme a razón, y conducente al bien general: he aquí la necesidad de una legislación civil. Esta no puede establecerse, ni conservarse, por sí sola: he aquí la necesidad de un poder público. El objeto de la sociedad, es el bien general, con sujeción a los principios de la moral eterna; este mismo es el objeto del poder público.

270. Con la teoría que precede, se explica satisfactoriamente el doble carácter que presenta el orden moral: lo absoluto y lo relativo. La razón, el sentido común, el corazón, nos obligan a reconocer en el orden moral algo absoluto, independiente de la consideración de la utilidad: esto se explica, elevándose a un acto absoluto, de perfección absoluta; y mirando la moralidad de las criaturas, como una participación de aquel acto. La razón y la experiencia nos enseñan que la moralidad de las acciones tiene resultados útiles; esto se explica, observando, que en aquel acto absoluto, está comprendido el amor del orden que había de reinar entre los seres criados, para cumplir sus destinos. Este orden pues, era a un tiempo querido por Dios, y conducente al fin especial de cada criatura; será pues a un mismo tiempo moral y útil.

271. Pero los dos caracteres se conservan siempre esencialmente distintos: el primero, lo sentimos; el segundo lo calculamos. Cuando nos falta el primero, somos malos; cuando el segundo, somos desgraciados. El resultado doloroso, es pena, si nuestra voluntad ha infringido a sabiendas el orden; cuando no, es simplemente desdicha.

272. Permítaseme lisonjearme con la idea de que esta teoría es algo más satisfactoria, que las que han excogitado algunos filósofos modernos, para

socorrerle, aun contra los impulsos del propio corazón, agriado quizás por un resentimiento, o agitado por otras pasiones, y dominarse a sí mismo con una voluntad firme por amor de Dios; es ya un acto de virtud heroica. Nótese bien: la perfección moral del acto se aumenta a proporción de que se quiere la cosa en sí misma con más reflexión y amor; y llega al más alto punto cuando en la cosa amada, se ama al mismo Dios. Si las miras son egoístas, el orden se pervierte, y la moralidad se disipa; cuando no hay miras de egoísmo, y se obra principalmente a impulsos del sentimiento, la acción ya es bella, pero su carácter es más bien de sensibilidad que de moralidad; mas cuando, con el corazón desgarrado por el dolor del sacrificio, la voluntad, precedida por la reflexión, manda este sacrificio, y se cumple el deber, porque es un deber; o quizá se hace un acto no obligatorio, por el amor a su bondad moral, y porque el acto es agradable a Dios, vemos en la acción, algo tan bello, tan amable, tan digno de alabanza, que nos quedaríamos desconcertados si se nos preguntase entonces la razón del sentimiento respetuoso que experimentamos hacia la persona que por tan nobles motivos se sacrifica por sus semejantes.

Con arreglo a estos principios, podemos fijar clara y exactamente las ideas morales.

239. La moralidad absoluta, y por consiguiente el origen y tipo de todo el orden moral, es el acto con que el ser infinito ama su perfección infinita. Este es un hecho absoluto, del cual no podemos señalar ninguna razón a priori.

En Dios no hay deber propiamente dicho; hay necesidad absoluta de ser santo.

240. El acto esencialmente moral en toda criatura es el amar a Dios. Es imposible, fundar la moralidad de este acto, en la moralidad de otro acto.

241. Los actos de la criatura son morales, en cuanto participan explícita o implícitamente, de este amor.

242. Cuando la criatura ve intuitivamente a Dios, le ama necesariamente; y así todos sus actos, llevando este augusto sello, son necesariamente morales.

243. Cuando la criatura no ve intuitivamente a Dios, ama necesariamente el bien en común, o sea bajo una idea indeterminada: pero no ama necesariamente, ningún objeto en particular.

244. En este amor hacia el bien en común, sus actos libres son morales, cuando su voluntad quiere el orden que Dios ha querido, sin mezclar combinaciones ajenas o contrarias a este orden.

245. Para ser moral un acto, no es necesario que el que lo hace piense explícitamente en Dios, ni que su voluntad, le ame explícitamente.

246. El acto será tanto más moral, cuanto vaya acompañado de más reflexión sobre su moralidad, y sobre su conformidad con la voluntad de Dios.

247. El sentimiento moral, es un sentimiento que se nos ha dado para percibir la belleza del orden querido por Dios: es por decirlo así un instinto de amor de Dios.

248. Como este sentimiento es innato, indeleble, e independiente de la reflexión, lo experimentan hasta los ateos.

249. La idea de obligación moral o deber, resulta de dos ideas: orden querido por Dios; libertad física de apartarse de este orden. Dios otorgándonos la vida, ha querido que procurásemos conservarla; pero el hombre es libre, y a veces se suicida. El que conserva su vida cumple con un deber; el que se mata, le infringe. Así en la idea del deber, entra la de libertad física, que no puede ejercerse en cierto sentido, sin salir del orden querido por Dios.

250. La pena es una sanción del orden moral; sirve para suplir la necesidad imposible para los seres libres. Las criaturas que obran sin conocimiento, cumplen su destino por necesidad absoluta; los seres libres, cumplen su destino, no por necesidad absoluta, sino por la especie de necesidad producida por la vista de un resultado doloroso.

251. Aquí se palpa la diferencia entre el mal físico y el mal moral, aun en el mismo ser libre: el físico es el dolor; el moral, es el desviarse del orden querido por Dios.

252. Ilícito es lo contrario a un deber.

253. Lícito es todo lo que no se opone a ningún deber.

254. Ley eterna es el orden de los seres inteligentes querido por Dios, con arreglo a su santidad infinita.

255. Acciones intrínsecamente morales, son las que forman parte del orden que Dios (supuesta la voluntad de criar tales o cuales seres), ha querido

explicar la naturaleza absoluta de la moralidad. He necesitado de la idea de Dios, es cierto; porque no concibo orden moral, en quitando a Dios del mundo. Sin la idea de Dios, la moralidad no puede ser otra cosa que un sentimiento ciego, tan absurdo en su objeto, como en sí mismo; la filosofía que no lo funde en Dios, no podrá llegar jamás a una explicación científica: deberá limitarse a consignar el hecho como una necesidad, cuyo carácter y origen se ignoran del todo.

273. Añadiré una observación que compendia toda mi teoría, y que pone de manifiesto lo que la diferencia de las otras, que reconocen en Dios el fundamento del orden moral, y el amor de Dios, por el primero de los deberes. Los sistemas a que me refiero suponen la idea de moralidad distinta de la del amor de Dios, pero yo digo que la esencia de la moralidad es el mismo amor de Dios. Así afirmo que la santidad infinita, es esencialmente el amor con que Dios se ama a sí mismo; que el acto primitivo y esencialmente moral de la criatura es el amor a Dios; que la moralidad de todas sus acciones, consiste en conformarse explícita o implícitamente con la voluntad de Dios; lo que equivale a un amor explícito o implícito de Dios.

Uno de los resultados más notables de esta teoría que pone la esencia de la moralidad en el amor de Dios o del bien infinito, es el que hace desaparecer la diferencia entre la forma de las proposiciones metafísicas y las morales, manifestando como el se debe y se ha, que se encuentra en estas, se reduce al es absoluto de aquellas (V. 210, 211, 212 y 213). He aquí la aplicación de este importante resultado.

La proposición: El amar a Dios es bueno moralmente; es una proposición absoluta e idéntica, porque la bondad moral no es otra cosa que el amor de Dios.

La proposición: El amar al prójimo es bueno; se reduce a la primera, porque amar al prójimo es un cierto modo de amar a Dios.

La proposición: el socorrer al prójimo es bueno: se reduce a la anterior, porque socorrer es amar.

La proposición: El hombre debe conservar su vida, se explica por esta otra absoluta: la conservación de la vida del hombre, es querida por Dios. Así la palabra debe, significa la necesidad de que el hombre conserve su vida, si no quiere oponerse al orden querido por Dios.

Estos ejemplos bastan para que se vea con cuánta facilidad pueden reducirse a una forma absoluta, las proposiciones morales. Esto, no alcanzo de qué manera se podrá conseguir, si en vez de decirse: el amor de Dios es la misma moralidad; se dijese: el amor de Dios es un acto moral, distinguiendo entre el amor y la moralidad.

274. Sea cual fuere el juicio que se forme de esta explicación, no puede negarse que con ella, se reconoce una sabiduría profunda, aun ateniéndonos al solo orden natural y filosófico, en aquella admirable doctrina del Divino Maestro, en que llama al amor de Dios el mayor y el primero de los mandamientos, y en que, cuando quiere señalar el carácter del bien moral, recuerda, muy especialmente, el cumplimiento de la voluntad divina.

275. Puesta la esencia de la moralidad en el amor, lo moral debe parecernos bello, porque nada más bello que el amor; debe ser agradable al alma, porque nada más grato que el amor. Entonces se comprende también por qué las ideas de desinterés, de sacrificio, se nos presentan tan bellas en el orden moral, y nos hacen rechazar instintivamente la teoría del interés propio: nada más desinteresado, que el amor; nada más capaz de grandes sacrificios que el amor.

276. Así el egoísmo queda desterrado del orden moral: Dios se ama a sí mismo, porque es infinitamente perfecto; fuera de sí no encuentra nada que amar, que él no haya criado. El amor que tiene a las criaturas es completamente desinteresado, porque nada puede recibir de las mismas. La criatura se ama a sí propia y ama también a las demás; pero este amor, no es de un egoísmo estrecho, sino que ama en sí misma, y en sus semejantes, el reflejo del bien infinito. Desea unirse con el bien supremo, y en esto pone su última felicidad; pero este deseo lo enlaza con el amor del bien supremo en sí mismo, y no le ama precisamente porque de ello deba resultar su propia felicidad.

Capítulo XXI. Ojeada sobre la obra

277. Llego al término de mi trabajo; y así conviene echar una ojeada sobre el largo camino que acabo de recorrer.

Me había propuesto examinar las ideas fundamentales de nuestro espíritu, ya considerado en sí mismo, ya en sus relaciones con el mundo.

278. Con relación a los objetos, hemos encontrado en nuestro espíritu dos hechos primitivos: la intuición de la extensión; la idea del ente. En la intuición de la extensión se funda toda la sensibilidad objetiva; en la idea del ente se funda todo el orden intelectual puro en lo tocante a las ideas indeterminadas. De la idea del ente, hemos visto salir las de identidad, distinción, unidad, número, duración, tiempo, simplicidad, composición, finito, infinito, necesario, contingente, mutable, inmutable, substancia, accidente, causa, efecto.

279. En el orden subjetivo, hallamos como hechos de conciencia, la sensibilidad, o el ser sensitivo (incluyendo en esto no solo la sensación, sino también el sentimiento); la inteligencia y la voluntad; lo que nos da ideas intuitivas de modos de ser determinados, y distintos del de los seres extensos.

280. Así todos los elementos de nuestro espíritu se reducen a las ideas intuitivas de extensión, de sensibilidad, inteligencia y voluntad, y a las ideas indeterminadas, que a su vez se fundan todas en la idea de ser.

281. De la idea de ser, combinada con la del no ser, nace el principio de contradicción: que por sí, da origen solamente a conocimientos indeterminados. Para que la ciencia tenga un objeto realizable, es necesario que el ser se le presente bajo alguna forma. Nuestra intuición nos ofrece dos: extensión y conciencia.

282. La conciencia nos ofrece tres modos de ser: sensibilidad, o el ser sensitivo, inteligencia y voluntad.

283. La extensión considerada en toda su pureza, cual la imaginamos en el espacio, es la base de la geometría.

284. La misma extensión modificada de varias maneras, y puesta en relación con nuestra sensibilidad, es la base de todas las ciencias naturales, o que tienen por objeto el universo corpóreo.

285. La inteligencia da origen a la ideología y a la psicología.

286. La voluntad, en cuanto movida por fines, da origen a las ciencias morales.

287. La idea de ser engendra el principio de contradicción; y con él, las ideas generales e indeterminadas, de cuya combinación nace la ontología; y que además circulan por todas las demás ciencias como un fluido vivificante.

288. Así concibo el árbol de las ciencias humanas: examinar las raíces de este árbol, era mi objeto en la Filosofía Fundamental.

FIN

Notas

SOBRE EL LIBRO VIII

(I) Quizás no faltarán algunos lectores poco versados en la historia de lo filosofía, a quienes parezca que me he extendido demasiado en la explicación de la idea de lo infinito, considerando estas cuestiones, en la clase de aquellas que sirven mas bien para sutilizar, que para adquirir conocimientos sólidos. Este es un error de mucha gravedad. En todos tiempos, han ocupado un lugar preferente entre las cuestiones filosóficas, las que versan sobre la idea de lo infinito; y en nuestra época, apenas hay ninguna que deba merecer mas atención, si se quieren atajar los progresos del panteísmo. No me cansaré de repetir que muchos errores gravísimos dimanan de confusión en las ideas fundamentales; para quien esté bien radicado en el conocimiento de estas, dejarán de ser peligrosas ciertas obras, cuyo secreto, para extraviar, consiste o en emplear palabras incomprensibles, o en dar falsas acepciones a las que se pueden comprender. Como quiera, los que creyeren que aquí solo se trata de cavilaciones escolásticas, recuerden que deberán tener por caviladores a los metafísicos mas eminentes antiguos y modernos.

SOBRE EL LIBRO IX

(II) No ignoro, que algunos filósofos modernos, y muy particularmente M. Cousin, tratan de sincerarse de la acusación de panteísmo, explicando a su manera los pasajes de sus obras donde se halla profesado este error. No siéndome posible, extenderme en una cuestión que exigiría la inserción y cotejo de largos pasajes, me contentaré con remitir al lector a lo que tengo dicho en el cuerpo de la obra, y con respecto a M. Cousin, a los trozos que llevo citados en mis Cartas a un escéptico en materia de religión (Carta X). Sea como fuere, los impugnadores de M. Cousin no tienen la culpa de que este filósofo se valiese de palabras tan claras y terminantes, que a ningún hombre de sano juicio le podía quedar ninguna duda, de que contenían lisa y llanamente la profesión del panteísmo. Dejando pues a este filósofo la responsabilidad de sus intenciones, me contentaré con rogar encarecidamente a nuestros jóvenes, que no juzguen con ligereza sobre las disputas que se agitan en el vecino reino, cuyo ruido llega hasta nosotros, por órganos no siempre fieles; y que se abstengan de dar fe a los que se empeñan en persuadirles que las alarmas de los hombres de sanas doctrinas en materias filosóficas, carecen de fundamento.

FIN DE LAS NOTAS.

Libros a la carta

A la carta es un servicio especializado para
empresas,
librerías,
bibliotecas,
editoriales
y centros de enseñanza;
y permite confeccionar libros que, por su formato y concepción, sirven a
los propósitos más específicos de estas instituciones.

Las empresas nos encargan ediciones personalizadas para marketing editorial o para regalos institucionales. Y los interesados solicitan, a título personal, ediciones antiguas, o no disponibles en el mercado; y las acompañan con notas y comentarios críticos.

Las ediciones tienen como apoyo un libro de estilo con todo tipo de referencias sobre los criterios de tratamiento tipográfico aplicados a nuestros libros que puede ser consultado en Linkgua-ediciones.com.

Linkgua edita por encargo diferentes versiones de una misma obra con distintos tratamientos ortotipográficos (actualizaciones de carácter divulgativo de un clásico, o versiones estrictamente fieles a la edición original de referencia).

Este servicio de ediciones a la carta le permitirá, si usted se dedica a la enseñanza, tener una forma de hacer pública su interpretación de un texto y, sobre una versión digitalizada «base», usted podrá introducir interpretaciones del texto fuente. Es un tópico que los profesores denuncien en clase los desmanes de una edición, o vayan comentando errores de interpretación de un texto y esta es una solución útil a esa necesidad del mundo académico.

Asimismo publicamos de manera sistemática, en un mismo catálogo, tesis doctorales y actas de congresos académicos, que son distribuidas a través de nuestra Web.

El servicio de «Libros a la carta» funciona de dos formas.

1. Tenemos un fondo de libros digitalizados que usted puede personalizar en tiradas de al menos cinco ejemplares. Estas personalizaciones pueden ser de todo tipo: añadir notas de clase para uso de un grupo de estudiantes,

introducir logos corporativos para uso con fines de marketing empresarial, etc. etc.

2. Buscamos libros descatalogados de otras editoriales y los reeditamos en tiradas cortas a petición de un cliente.

www.ingramcontent.com/pod-product-compliance
Lightning Source LLC
Chambersburg PA
CBHW020603040726
47498CB00003B/616